Springer-Lehrbuch

Weitere Bände siehe
www.springer.com/series/1183

Klaus Laubenthal

Strafvollzug

Sechste, neu bearbeitete Auflage

Professor Dr. Klaus Laubenthal
Richter am Oberlandesgericht
Lehrstuhl für Kriminologie
und Strafrecht
der Universität Würzburg
Domerschulstraße 16
97070 Würzburg
Deutschland
l-kriminologie@jura.uni-wuerzburg.de

ISSN 0937-7433
ISBN 978-3-642-19799-4   e-ISBN 978-3-642-19800-7
DOI 10.1007/978-3-642-19800-7
Springer Heidelberg Dordrecht London New York

Die Deutsche Nationalbibliothek verzeichnet diese Publikation in der Deutschen Nationalbibliografie; detaillierte bibliografische Daten sind im Internet über http://dnb.d-nb.de abrufbar.

© Springer-Verlag Berlin Heidelberg 1995, 1998, 2003, 2007, 2009, 2011
Dieses Werk ist urheberrechtlich geschützt. Die dadurch begründeten Rechte, insbesondere die der Übersetzung, des Nachdrucks, des Vortrags, der Entnahme von Abbildungen und Tabellen, der Funksendung, der Mikroverfilmung oder der Vervielfältigung auf anderen Wegen und der Speicherung in Datenverarbeitungsanlagen, bleiben, auch bei nur auszugsweiser Verwertung, vorbehalten. Eine Vervielfältigung dieses Werkes oder von Teilen dieses Werkes ist auch im Einzelfall nur in den Grenzen der gesetzlichen Bestimmungen des Urheberrechtsgesetzes der Bundesrepublik Deutschland vom 9. September 1965 in der jeweils geltenden Fassung zulässig. Sie ist grundsätzlich vergütungspflichtig. Zuwiderhandlungen unterliegen den Strafbestimmungen des Urheberrechtsgesetzes.
Die Wiedergabe von Gebrauchsnamen, Handelsnamen, Warenbezeichnungen usw. in diesem Werk berechtigt auch ohne besondere Kennzeichnung nicht zu der Annahme, dass solche Namen im Sinne der Warenzeichen- und Markenschutz-Gesetzgebung als frei zu betrachten wären und daher von jedermann benutzt werden dürften.

Einbandentwurf: WMXDesign GmbH, Heidelberg

Gedruckt auf säurefreiem Papier

Springer ist Teil der Fachverlagsgruppe Springer Science+Business Media (www.springer.com)

Vorwort

Das vorliegende Lehrbuch stellt das Strafvollzugsrecht in materieller und formeller Hinsicht dar. Relevante Probleme werden anhand von Beispielen näher erläutert, wobei sich diese vor allem auf Entscheidungen des Bundesverfassungsgerichts und der Oberlandesgerichte stützen.

Das Werk ist zunächst für Studierende der Rechtswissenschaft sowie für Rechtsreferendare konzipiert, welche innerhalb des Studiums bzw. der Ausbildung in ihrem Schwerpunktbereich mit dem Strafvollzugsrecht befasst sind oder die allgemein Interesse an Fragen des Freiheitsentzugs besitzen. Das Buch wendet sich darüber hinaus an die Mitarbeiter der Vollzugseinrichtungen sowie an alle Juristen, Psychologen, Sozialpädagogen, Sozialarbeiter und andere Berufsgruppen, die sich bei ihrer Berufsvorbereitung oder -tätigkeit mit dem Strafvollzug beschäftigen.

Die Legislative hat mit dem Föderalismusreformgesetz 2006 die Gesetzgebungskompetenz für den Strafvollzug auf die Bundesländer übertragen. Hiervon haben bislang Baden-Württemberg, Bayern, Hamburg, Hessen und Niedersachsen in weitem Umfang Gebrauch gemacht. Im Übrigen gilt das Bundes-Strafvollzugsgesetz als partikulares Bundesrecht fort. Das Lehrbuch erläutert das Strafvollzugsrecht somit nicht nur auf der Grundlage des Bundes-Strafvollzugsgesetzes. Es bezieht vielmehr die vorhandenen landesrechtlichen Regelungen zum Erwachsenenvollzug ein. Zudem gelten in allen Bundesländern den Jugendstrafvollzug betreffende Gesetze, welche in den Erörterungen Berücksichtigung finden; dies gilt gleichermaßen für die Neuregelungen des Vollzugs von Untersuchungshaft. Behandelt werden ebenso die jüngsten Entwicklungen im Bereich der Sicherungsverwahrung.

Für die engagierte Mithilfe beim Zustandekommen dieser neu bearbeiteten sechsten Auflage habe ich mich bei meinem gesamten Lehrstuhlteam zu bedanken; bei den wissenschaftlichen Mitarbeiterinnen Frau Sabine Gröne und Frau Daniela Ruderich sowie bei den studentischen Mitarbeiterinnen Frau Teresa Frank und Frau Katharina Steinmeyer. Auch meine Sekretärin Frau Helga Bieber hat sich bei der Entstehung des Werkes verdient gemacht. Besonders hervorzuheben und Dank auszusprechen ist meiner Assistentin Frau Dr. Nina Nestler, die mit großem Engagement und wissenschaftlich fundierter Unterstützung in stets zuverlässiger Weise die zügige Realisierung der Neuauflage entscheidend mit ermöglicht hat.

Würzburg, im Februar 2011   Klaus Laubenthal

Inhaltsverzeichnis

Tabellenverzeichnis XIII

Abkürzungen XV

Einleitung 1

1 Grundlagen des Strafvollzugs 9
   1.1   Abgrenzung zur Strafvollstreckung 9
   1.2   Gesetzliche Regelungen 11
         1.2.1   Bundes-Strafvollzugsgesetz 11
         1.2.2   Landes-Strafvollzugsgesetze 17
   1.3   Verfassungsrechtliche Prinzipien 18
   1.4   Internationale Rechtsquellen 20
   1.5   Durchführung des Strafvollzugs als Ländersache 23
         1.5.1   Verwaltungsvorschriften für den Justizvollzug .. 24
         1.5.2   Grenzen einer Vollzugsprivatisierung 26
   1.6   Die Vollzugsanstalten 33
         1.6.1   Trennungsgrundsätze 34
         1.6.2   Differenzierungsprinzip 35
         1.6.3   Anstaltsformen für den Vollzug von Freiheitsstrafe 36
         1.6.4   Aufgabenpluralität 39
   1.7   Die Vollzugspopulation 40

2 Historische Entwicklung 49
   2.1   Entstehung der Freiheitsstrafe 49
   2.2   Erste Ansätze modernen Besserungsvollzugs 51
   2.3   Reformen des 19. Jahrhunderts 54
         2.3.1   Nordamerikanische Vollzugssysteme 55
         2.3.2   Englischer und irischer Stufenstrafvollzug 56
         2.3.3   Uneinheitliche Entwicklung in den deutschen Partikularstaaten 57
   2.4   Entwicklung vom Inkrafttreten des RStGB 1871 bis zum Jahr 1945 60
         2.4.1   Stagnation während des Kaiserreichs 60
         2.4.2   Weimarer Zeit: Progressivstrafvollzug und Bemühen um normative Regelung 62

		2.4.3	Nationalsozialistisches Abschreckungs- und Vernichtungskonzept	64
	2.5	Der bundesdeutsche Strafvollzug		66
		2.5.1	Dienst- und Vollzugsordnung von 1961	66
		2.5.2	Das Bundes-Strafvollzugsgesetz	68
		2.5.3	Föderalismusreform und Landes-Strafvollzugsgesetze	70
		2.5.4	Strafvollzugsvorschriften der DDR	73

3 Vollzugsaufgaben und Gestaltungsprinzipien 75
   3.1 Das Vollzugsziel 76
      3.1.1 Die (Re-)Sozialisierung 76
      3.1.2 (Re-)Sozialisierung durch Behandlung 86
      3.1.3 Täter-Opfer-Ausgleich als ein Lernfeld sozialer Verantwortung 92
   3.2 Die Vollzugsaufgabe der Sicherung 95
   3.3 Allgemeine Strafzwecke keine Gestaltungskriterien des Strafvollzugs 97
      3.3.1 Strafbemessung und Vollzugsaufgaben 98
      3.3.2 Gestaltungswirkung der Schuldschwere? 100
   3.4 Grundsätze der Vollzugsgestaltung 108
      3.4.1 Angleichung an die allgemeinen Lebensverhältnisse 109
      3.4.2 Schädliche Haftfolgen und Gegensteuerungsprinzip 111
      3.4.3 Eingliederungsgrundsatz 133
   3.5 Die Stellung des Gefangenen 134
      3.5.1 Mitwirkung an der Behandlung 135
      3.5.2 Allgemeine Rechtsstellung des Inhaftierten 137

4 Personelle Rahmenbedingungen 143
   4.1 Beamte der Aufsichtsbehörde 144
   4.2 Der Vollzugsstab in einer Anstalt 145
   4.3 Die Anstaltsleitung 149
   4.4 Anstaltspersonal 152
      4.4.1 Verwaltungsdienst 153
      4.4.2 Allgemeiner Vollzugsdienst 154
      4.4.3 Werkdienst 155
      4.4.4 Sozialstab 156
   4.5 Ehrenamtliche Vollzugshelfer 164
   4.6 Anstaltsbeiräte 166
   4.7 Die Gefangenenmitverantwortung 167
   4.8 Kriminologische Forschung 169

5 Der Vollzugsablauf als Interaktionsprozess 171
   5.1 Strafantritt, Aufnahmeverfahren und Vollzugsplanung 171
      5.1.1 Strafantritt 172
      5.1.2 Individualisierung und Klassifizierung 174
      5.1.3 Aufnahmeverfahren 179

	5.1.4	Behandlungsuntersuchung	181
	5.1.5	Vollzugsplan	185
	5.1.6	Behandlungspläne	190
	5.1.7	Nichtdeutsche Strafgefangene	190
5.2	Die Unterbringung		200
	5.2.1	Offener und geschlossener Vollzug	200
	5.2.2	Verlegungsmöglichkeiten	208
	5.2.3	Gestaltung und innere Gliederung der Anstalten	213
	5.2.4	Räumlichkeiten in der Anstalt	218
5.3	Arbeit, Ausbildung, Weiterbildung		230
	5.3.1	Arbeit und Beschäftigung	231
	5.3.2	Berufliche und schulische Bildung	253
	5.3.3	Finanzielle Leistungen an den Inhaftierten	259
	5.3.4	Verwendung der finanziellen Leistungen	280
	5.3.5	Sozialversicherung der Gefangenen	290
5.4	Die Kommunikation mit der Außenwelt		292
	5.4.1	Schriftwechsel, Paketempfang und Telekommunikation	295
	5.4.2	Empfang von Besuchen	310
	5.4.3	Partnerbesuche mit Sexualkontakten	320
	5.4.4	Vollzugslockerungen	323
	5.4.5	Hafturlaub, Freistellung aus der Haft	335
	5.4.6	Weisungserteilung, Widerruf und Rücknahme	340
	5.4.7	Missbrauch von Lockerungen und Urlaub	342
	5.4.8	Haftung bei Missbrauch von Vollzugslockerungen	343
5.5	Therapeutische Maßnahmen		348
	5.5.1	Gesetzliche Vorgaben	348
	5.5.2	Behandlungsgruppen	349
	5.5.3	Behandlung drogenabhängiger Gefangener	350
	5.5.4	Die sozialtherapeutische Anstalt	354
5.6	Freizeit und Information		371
	5.6.1	Gestaltung der Freizeit	371
	5.6.2	Information	372
	5.6.3	Besitz von Gegenständen zur Fortbildung und Freizeitbeschäftigung	376
5.7	Religionsausübung		381
5.8	Existentielle Grundbedingungen		387
	5.8.1	Gesundheitsfürsorge	387
	5.8.2	Bekleidung	389
	5.8.3	Ernährung und Einkauf	390
5.9	Soziale Hilfe		391
5.10	Entlassung und soziale Integration		394
	5.10.1	Entlassungsarten	395
	5.10.2	Entlassungsvorbereitung	403
	5.10.3	Der Entlassungsvorgang	406
	5.10.4	Nachgehende Überwachung und Hilfe	407
	5.10.5	Wiederaufnahme in den Strafvollzug	408

6	**Besonderheiten des Frauenstrafvollzugs**		409
	6.1	Gesetzliche Regelungen	410
	6.2	Mutter-Kind-Einrichtungen	413
	6.3	Vollzugsgestaltung	416
7	**Sicherheit und Ordnung**		419
	7.1	Verhaltensvorschriften	421
	7.2	Sicherungsmaßnahmen	424
		7.2.1 Allgemeine Sicherungsmaßnahmen	424
		7.2.2 Besondere Sicherungsmaßnahmen	433
	7.3	Unmittelbarer Zwang	436
		7.3.1 Zwangsmittel und Anwendungsvoraussetzungen	437
		7.3.2 Schusswaffengebrauch	439
		7.3.3 Zwangsmaßnahmen zur Gesundheitsfürsorge	440
	7.4	Disziplinarmaßnahmen	442
		7.4.1 Allgemeine Disziplinarvoraussetzungen	443
		7.4.2 Disziplinarverfahren	448
		7.4.3 Disziplinarmaßnahmen	453
	7.5	Ersatzansprüche der Vollzugsbehörde	456
8	**Vollzugsverfahrensrecht**		457
	8.1	Vollzugsinterne Kontrolle	461
		8.1.1 Beschwerderecht	461
		8.1.2 Gespräch mit Vertreter der Aufsichtsbehörde	462
		8.1.3 Dienstaufsichtsbeschwerde	463
		8.1.4 Vorbringen von Beanstandungen beim Anstaltsbeirat	464
	8.2	Gerichtliches Kontrollverfahren, §§ 109 ff. StVollzG	464
		8.2.1 Zulässigkeit des Antrags auf gerichtliche Entscheidung	467
		8.2.2 Verfahren und Prüfungsumfang	492
		8.2.3 Gerichtliche Entscheidung	500
		8.2.4 Rechtsbeschwerde	503
		8.2.5 Vorläufiger Rechtsschutz	508
		8.2.6 Reformerfordernisse	511
	8.3	Verfassungsbeschwerde, Art. 93 Abs. 1 Nr. 4a GG	515
	8.4	Kontrolle auf europäischer Ebene	516
	8.5	Sonstige vollzugsexterne Kontrollmöglichkeiten	518
		8.5.1 Petitionen	518
		8.5.2 Eingaben bei Bürgerbeauftragten	518
		8.5.3 Ombudsmann für Justizvollzug	519
		8.5.4 Gnadenbegehren	519
9	**Besondere Vollzugsformen**		521
	9.1	Jugendstrafvollzug	521
		9.1.1 Inhaftierte in Jugendstrafanstalten	521
		9.1.2 Gesetzliche Regelungen des Jugendstrafvollzugs	523
		9.1.3 Vollzugsgrundsätze und Vollzugsorganisation	527

		9.1.4	Vollzugsablauf	534
		9.1.5	Sicherheit und Ordnung	543
		9.1.6	Rechtsschutz	549
		9.1.7	Vollstreckung	554
	9.2	Vollzug freiheitsentziehender Maßregeln der Besserung und Sicherung		555
		9.2.1	Unterbringung im psychiatrischen Krankenhaus	555
		9.2.2	Unterbringung in einer Entziehungsanstalt	560
		9.2.3	Organisationshaft	562
		9.2.4	Sicherungsverwahrung	563
	9.3	Sonstige in Justizvollzugsanstalten vollzogene Haftarten		572
		9.3.1	Untersuchungshaft	572
		9.3.2	Zwischenhaft	577
		9.3.3	Zivilhaft	577
		9.3.4	Abschiebungshaft	579
		9.3.5	Auslieferungshaft	581

10 Datenschutz 583
    10.1 Informationelles Abwehrrecht 583
    10.2 Anwendbarkeit 584
    10.3 Systematisierung 587
    10.4 Eingriffsgrundlagen 590
        10.4.1 Erhebung personenbezogener Daten 590
        10.4.2 Verarbeitung und Nutzung personenbezogener Daten 594
        10.4.3 Schutz besonderer Daten und spezifische Eingriffsvoraussetzungen 596
        10.4.4 Speicherung in Akten und Dateien 602
        10.4.5 Berichtigung, Löschung und Sperrung 603
    10.5 Auskunft und Akteneinsicht 605
        10.5.1 Rechte des Betroffenen 605
        10.5.2 Auskunft und Akteneinsicht für wissenschaftliche Zwecke 610
    10.6 Kontrolle 611
    10.7 Datenschutz und besondere Vollzugsformen 612

Gesetzestext: Bundes-Strafvollzugsgesetz 613

Literatur 657

Sachverzeichnis 723

Tabellenverzeichnis

1.1	Zahl der Justizvollzugsanstalten und Belegungsfähigkeit am 31.3.2010 nach Bundesländern	24
1.2	Gefangenenpopulation am 31.3.2010	39
1.3	Inhaftierte in den Bundesländern nach Art des Strafvollzugs am 31.3.2010	40
1.4	Zu Freiheitsstrafen verurteilte Inhaftierte 1982–2010, jeweils am 31.3.	41
1.5	Gefangenenraten 2009 in Europa	42
1.6	Strafgefangene am 31.3.2010 nach der Dauer ihrer zu verbüßenden Freiheitsstrafe	43
1.7	Gefangene im Vollzug der Freiheitsstrafe am 31.3.2010 nach Altersgruppen	43
1.8	Entwicklung des Ausländeranteils an den Strafgefangenen seit 1982, jeweils am 31.3.	44
1.9	Zu Freiheitsstrafen verurteilte Strafgefangene am 31.3.2010 nach Art der Straftat	45
4.1	Gliederung der insgesamt 5 247 Stellen in bayerischen Justizvollzugsanstalten im Jahr 2010	147
5.1	Versagerquoten bei Vollzugslockerungen und Hafturlaub in Bayern 2009	342
5.2	Sozialtherapeutische Einrichtungen am 31.3.2010 nach Bundesländern	370
5.3	Entlassene aus dem Strafvollzug am 31.3.2010	395
6.1	Weibliche Strafgefangene am 31.3.2010 nach der Dauer der zu verbüßenden Freiheitsstrafe	409
6.2	Zu Freiheitsstrafe verurteilte Frauen am 31.3.2010 nach Art der Straftat	410
6.3	Verteilung der weiblichen Strafgefangenen am 31.3.2010 nach Bundesländern	417
9.1	Inhaftierte im Vollzug der Jugendstrafe 1992–2010, jeweils am 31.3.	522
9.2	Zu Jugendstrafe verurteilte Inhaftierte am 31.3.2009 nach Art der Straftat	523
9.3	Im psychiatrischen Krankenhaus nach § 63 StGB Untergebrachte 1995–2010, jeweils am 31.3. (alte Bundesländer)	558
9.4	In der Erziehungsanstalt nach § 64 StGB Untergebrachte 1995–2010, jeweils am 31.3. (alte Bundesländer)	562
9.5	In der Sicherungsverwahrung Untergebrachte 1995–2010, jeweils am 31.3.	564
9.6	In der Sicherungsverwahrung Untergebrachte am 31.3.2010 nach Art der Straftat	564

Abkürzungen

a.A.	anderer Ansicht
a.a.O.	am angegebenen Ort
abgedr.	abgedruckt
Abs.	Absatz
abw.	abweichend
AE	Alternativ-Entwurf
a.E.	am Ende
a.F.	alte Fassung
AFG	Arbeitsförderungsgesetz
AFRG	Gesetz zur Reform der Arbeitsförderung
AG	Amtsgericht
AGGVG	Gesetz zur Ausführung des Gerichtsverfassungsgesetzes
AGVwGO	Ausführungsgesetz zur Verwaltungsgerichtsordnung
Aids	Acquired Immunodeficiency Syndrome
AK	Alternativkommentar zum Strafvollzugsgesetz
Alt.	Alternative
amtl.	amtlich
Anm.	Anmerkung
AO	Abgabenordnung
APuZ	Aus Politik und Zeitgeschichte
ArbGG	Arbeitsgerichtsgesetz
ArchKrim	Archiv für Kriminologie
ARSP	Archiv für Rechts- und Sozialphilosophie
Art.	Artikel
AufenthG	Gesetz über den Aufenthalt, die Erwerbstätigkeit und die Integration von Ausländern im Bundesgebiet
Aufl.	Auflage
Az.	Aktenzeichen
BAföG	Bundesausbildungsförderungsgesetz
BAG	Bundesarbeitsgericht
BAnz.	Bundesanzeiger
BayDSG	Bayerisches Datenschutzgesetz
BayGVBl.	Bayerisches Gesetz- und Verordnungsblatt
BayJMBl.	Bayerisches Justizministerialblatt
BayObLG	Bayerisches Oberstes Landesgericht
BayStVollzG	Bayerisches Strafvollzugsgesetz
BayStVollzVergV	Bayerische Strafvollzugsvergütungsverordnung
BayVBl.	Bayerische Verwaltungsblätter

BayVerfGH	Bayerischer Verfassungsgerichtshof
BbgJStVollzG	Brandenburgisches Jugendstrafvollzugsgesetz
BbgUVollzG	Brandenburgisches Untersuchungshhaftvollzugsgesetz
BBiG	Berufsbildungsgesetz
Bd.	Band
BDSG	Bundesdatenschutzgesetz
Begr.	Begründung
Bek.	Bekanntmachung
BerHG	Beratungshilfegesetz
Beschl.	Beschluss
BewHi	Bewährungshilfe
BFH	Bundesfinanzhof
BGB	Bürgerliches Gesetzbuch
BGBl.	Bundesgesetzblatt
BGH	Bundesgerichtshof
BGHSt.	Entscheidungen des Bundesgerichtshofs in Strafsachen
BlGefK	Blätter für Gefängniskunde
BlStVK	Blätter für Strafvollzugskunde
BMJ	Bundesminister der Justiz
BR-Drs.	Drucksache des Bundesrates
BremJStVollzG	Bremisches Jugendstrafvollzugsgesetz
BremUVollzG	Bremisches Untersuchungshaftvollzugsgesetz
BRRG	Beamtenrechtsrahmengesetz
BSG	Bundessozialgericht
BSHG	Bundessozialhilfegesetz
bspw.	beispielsweise
BT-Drs.	Drucksache des Bundestages
BtMG	Gesetz über den Verkehr mit Betäubungsmitteln
BUrlG	Bundesurlaubsgesetz
BVerfG	Bundesverfassungsgericht
BVerfGE	Entscheidungen des Bundesverfassungsgerichts
BVerfGG	Bundesverfassungsgerichtsgesetz
BVerwG	Bundesverwaltungsgericht
BVerwGE	Entscheidungen des Bundesverwaltungsgerichts
BWDSG	Baden-Württembergisches Datenschutzgesetz
BWGVBl.	Baden-Württembergisches Gesetz- und Verordnungsblatt
bzgl.	bezüglich
bzw.	beziehungsweise
ca.	circa
DAV	Deutscher Anwaltsverein
DDR	Deutsche Demokratische Republik
ders.	derselbe
d.h.	das heißt
dies.	dieselbe(n)
DÖV	Die Öffentliche Verwaltung
DRiZ	Deutsche Richterzeitung
DStRE	Deutsches Steuerrecht-Entscheidungsdienst

DSVollz	Dienst- und Sicherheitsvorschriften für den Strafvollzug
DuD	Datenschutz und Datensicherheit
DVBl.	Deutsches Verwaltungsblatt
DVJJ	Deutsche Vereinigung für Jugendgerichte und Jugendgerichtshilfe e.V.
DVollzO	Dienst- und Vollzugsordnung der Länder
Ed.	Editor(s)
EGGVG	Einführungsgesetz zum Gerichtsverfassungsgesetz
EGJVollz	Entwurf eines Gesetzes zur Regelung des Jugendstrafvollzuges
EGMR	Europäischer Gerichtshof für Menschenrechte
EGStGB	Einführungsgesetz zum Strafgesetzbuch
Einl.	Einleitung
E-JStVollzG-BW	Baden-Württemberger Entwurf eines Jugendstrafvollzugsgesetzes
EMRK	Europäische Konvention zum Schutze der Menschenrechte und Grundfreiheiten
EuGRZ	Europäische Grundrechtezeitschrift
e.V.	eingetragener Verein
f.	folgende
FamFG	Gesetz über das Verfahren in Familiensachen und in den Angelegenheiten der freiwilligen Gerichtsbarkeit
ff.	fortfolgende
FS	Forum Strafvollzug
GA	Goltdammer's Archiv für Strafrecht
GBl.	Gesetzblatt
gem.	gemäß
GewArch	Gewerbearchiv
GG	Grundgesetz für die Bundesrepublik Deutschland
ggf.	gegebenenfalls
Grdl.	Grundlagen
GSSt.	Großer Senat für Strafsachen
GVBl.	Gesetz- und Verordnungsblatt
GVBl. LSA	Gesetz und Verordnungsblatt für das Land Sachsen-Anhalt
GVG	Gerichtsverfassungsgesetz
GVOBl. M-V	Gesetz- und Verordnungsblatt Mecklenburg-Vorpommern
Halbbd.	Halbband
Halbs.	Halbsatz
HDSG	Hessisches Datenschutzgesetz
HessJStVollzG	Hessisches Jugendstrafvollzugsgesetz
HIV	Human Immunodeficiency Virus
h.M.	herrschende Meinung
HmbDSG	Hamburgisches Datenschutzgesetz
HmbGVBl.	Hamburgisches Gesetz- und Verordnungsblatt
HmbJStVollzG	Hamburgisches Jugendstrafvollzugsgesetz
HmbStVollzG	Hamburgisches Strafvollzugsgesetz
HmbStVollzVergO	Hamburgische Strafvollzugsvergütungsordnung

HmbUVollzG	Hamburgisches Untersuchungshaftvollzugsgesetz
HRRS	Höchstrichterliche Rechtsprechung Strafrecht
Hrsg.	Herausgeber
HStVollzG	Hessisches Strafvollzugsgesetz
HUVollzG	Hessisches Untersuchungshaftvollzugsgesetz
i.d.F.	in der Fassung
i.e.S.	im engeren Sinne
IfSG	Gesetz zur Verhütung von Infektionskrankheiten beim Menschen
ILO	International Labor Organization
InfAuslR	Informationsbrief Ausländerrecht
InfoStVollzPr	Info zum Strafvollzug in Praxis und Rechtsprechung
insg.	insgesamt
InsO	Insolvenzordnung
IRG	Gesetz über die internationale Rechtshilfe in Strafsachen
i.S.d.	im Sinne der/des
i.S.v.	im Sinne von
i.V.m.	in Verbindung mit
JA	Juristische Arbeitsblätter
JGG	Jugendgerichtsgesetz
JK	Jura-Kartei
JMBl.	Justizministerialblatt
JR	Juristische Rundschau
JStVollzG	Jugendstrafvollzugsgesetz
JStVollzG Bln	Jugendstrafvollzugsgesetz Berlin
JStVollzG B-W	Jugendstrafvollzugsgesetz Baden-Württemberg
JStVollzG M-V	Jugendstrafvollzugsgesetz Mecklenburg-Vorpommern
JStVollzG NRW	Jugendstrafvollzugsgesetz Nordrhein-Westfalen
JStVollzG LSA	Jugendstrafvollzugsgesetz des Landes Sachsen-Anhalt
JStVollzG RLP	Jugendstrafvollzugsgesetz Rheinland-Pfalz
JStVollzG S-H	Jugendstrafvollzugsgesetz Schleswig-Holstein
JuS	Juristische Schulung
JVA	Justizvollzugsanstalt
JVollzDSG	Gesetz über den Datenschutz im Justizvollzug in Baden-Württemberg
JVollzGB	Gesetzbuch über den Justizvollzug in Baden-Württemberg
JVollzGE	Entwurf eines Jugendstrafvollzugsgesetzes
JZ	Juristenzeitung
Kap.	Kapitel
KE	Kommissionsentwurf
KG	Kammergericht
KJ	Kritische Justiz
KrimJ	Kriminologisches Journal
KrimPäd	Kriminalpädagogische Praxis
krit.	kritisch
KritV	Kritische Vierteljahresschrift für Gesetzgebung und Rechtswissenschaft

KSZE	Konferenz für Sicherheit und Zusammenarbeit in Europa
KZfSS	Kölner Zeitschrift für Soziologie und Sozialpsychologie
LAG	Landesarbeitsgericht
LDSG	Landesdatenschutzgesetz
LDSG (B-W)	Landes-Datenschutzgesetz Baden-Württemberg
LG	Landgericht
Lit.	Literatur
LJStVollzG RLP	Landesjugendstrafvollzugsgesetz Rheinland-Pfalz
LK	Leipziger Kommentar zum Strafgesetzbuch
LuftSiG	Luftsicherheitsgesetz
LUVollzG	Landesuntersuchungshaftvollzugsgesetz
MDR	Monatsschrift für Deutsches Recht
MedR	Medizinrecht
MRK	Menschenrechtskonvention
MschrKrim	Monatsschrift für Kriminologie und Strafrechtsreform
MuSchG	Mutterschutzgesetz
MVollzG	Maßregelvollzugsgesetz
m. w. Nachw.	mit weiteren Nachweisen
m. zahlr. Nachw.	mit zahlreichen Nachweisen
NDSG	Niedersächsisches Datenschutzgesetz
Nds. GVBl.	Niedersächsisches Gesetz- und Verordnungsblatt
Nds.Rpfl	Niedersächsische Rechtspflege
n.F.	neue Fassung
NJVollzG	Niedersächsisches Justizvollzugsgesetz
NJW	Neue Juristische Wochenschrift
NK	Neue Kriminalpolitik
Nr.	Nummer
NStZ	Neue Zeitschrift für Strafrecht
NStZ-RR	NStZ-Rechtsprechungs-Report
NVwZ	Neue Zeitschrift für Verwaltungsrecht
NZV	Neue Zeitschrift für Verkehrsrecht
ÖJZ	Österreichische Juristenzeitung
OLG	Oberlandesgericht
öStVG	Österreichisches Strafvollzugsgesetz
OVG	Oberverwaltungsgericht
OWiG	Gesetz über Ordnungswidrigkeiten
PsychKG	Gesetz über Hilfen und Schutzmaßnahmen bei psychisch Kranken
PsychRdsch	Psychologische Rundschau
PUAG	Gesetz zur Regelung des Rechts der Untersuchungsausschüsse des Deutschen Bundestages
RBerG	Rechtsberatungsgesetz
RdErl	Runderlass
RDG	Rechtsdienstleistungsgesetz
RdJB	Recht der Jugend und des Bildungswesens
Rdn.	Randnummer
RE	Regierungsentwurf

RE StVollzG	Regierungsentwurf eines Strafvollzugsgesetzes
RGBl.	Reichsgesetzblatt
Rpfleger	Der Deutsche Rechtspfleger
Rspr.	Rechtsprechung
RStGB	Reichsstrafgesetzbuch
RuP	Recht und Politik
RVO	Reichsversicherungsordnung
S.	Seite(n)/Satz
Sächs. GVBl.	Sächsisches Gesetz- und Verordnungsblatt
SächsJStVollzG	Sächsisches Jugendstrafvollzugsgesetz
SächsUHaftVollzG	Sächsisches Untersuchungshaftvollzugsgesetz
SG	Sozialgericht
SGB	Sozialgesetzbuch
SH	Sonderheft
SJStVollzG	Sächsisches Jugendstrafvollzugsgesetz
sog.	so genannte(r/s)
StA	Staatsanwaltschaft
StGB	Strafgesetzbuch
StPO	Strafprozessordnung
StraFo	Strafverteidiger Forum
StRR	StrafRechtsReport
StrRG	Gesetz zur Reform des Strafrechts
StrVert	Strafverteidiger
StVG	Straßenverkehrsgesetz
StVG-DDR	Strafvollzugsgesetz der DDR
StVollstrO	Strafvollstreckungsordnung
StVollzÄndG	Gesetz zur Änderung des Strafvollzugsgesetzes
StVollzG	Strafvollzugsgesetz des Bundes
StVollzVergO	Strafvollzugsvergütungsordnung
SUVollzG	Saarländisches Untersuchungshaftvollzugsgesetz
ThUG	Gesetz zur Therapierung und Unterbringung psychisch gestörter Gewalttäter
ThürGVBl.	Thüringer Gesetz- und Verordnungsblatt
ThürJStVollzG	Thüringer Jugendstrafvollzugsgesetz
ThürOLG	Thüringer Oberlandesgericht
ThürUVollzG	Thüringer Untersuchungshaftvollzugsgesetz
u.a.	und andere; unter anderem/n
ÜAG	Überstellungsausführungsgesetz
ÜberstÜbk	Übereinkommen über die Überstellung verurteilter Personen
UBG	Unterbringungsgesetz Baden-Württemberg
UJ	Unsere Jugend
UNO	United Nations Organization
UVollzG Bln	Berliner Untersuchungshaftvollzugsgesetz
UVollzG LSA	Untersuchungshaftvollzugsgesetz Sachsen-Anhalt
UVollzG M-V	Untersuchungshaftvollzugsgesetz Mecklenburg-Vorpommern
UVollzG NRW	Untersuchungshaftvollzugsgesetz Nordrhein-Westfalen

UVollzG S-H	Untersuchungshaftvollzugsgesetz Schleswig-Holstein
UVollzO	Untersuchungshaftvollzugsordnung
v.	vom/von
VerbrBekG	Verbrechensbekämpfungsgesetz
VerfO	Verfahrensordnung des Europäischen Gerichtshofs für Menschenrechte
VerwArch	Verwaltungsarchiv
VG	Verwaltungsgericht
vgl.	vergleiche
VGO	Vollzugsgeschäftsordnung
VollstrÜbk	Übereinkommen zwischen den Mitgliedstaaten der Europäischen Gemeinschaften über die Vollstreckung ausländischer strafrechtlicher Verurteilungen
VV	Verwaltungsvorschrift(en)
VVDStRL	Veröffentlichungen der Vereinigung der Deutschen Staatsrechtslehrer
VVJug	Bundeseinheitliche Verwaltungsvorschriften für den Jugendstrafvollzug
VVStVollzG	Bundeseinheitliche Verwaltungsvorschriften zum Strafvollzugsgesetz
VwGO	Verwaltungsgerichtsordnung
VwVfG	Verwaltungsverfahrensgesetz
WEG	Wiedereingliederungsgesetz der DDR
WGM	Wiedergutmachung
WRV	Verfassung des Deutschen Reiches vom 11.8.1919
WStG	Wehrstrafgesetz
ZAR	Zeitschrift für Ausländerrecht und Ausländerpolitik
z.B.	zum Beispiel
ZfJ	Zentralblatt für Jugendrecht
ZFSH/SGB	Zeitschrift für Sozialhilfe und Sozialgesetzbuch
ZfStrVo	Zeitschrift für Strafvollzug und Straffälligenhilfe
ZIS	Zeitschrift für Internationale Strafrechtsdogmatik
zit.	zitiert
ZPO	Zivilprozessordnung
ZRP	Zeitschrift für Rechtspolitik
ZStW	Zeitschrift für die gesamte Strafrechtswissenschaft

Einleitung

Freiheitsentzug ist eine notwendige Form strafrechtlicher Reaktion auf kriminelles 1
Verhalten, um das Zusammenleben der Bürger in der staatlichen Gemeinschaft zu schützen. Alle Tatbestände des Strafgesetzbuchs drohen daher für Rechtsverletzungen (zumindest auch) die Verhängung von Freiheitsstrafen an.

Die Vollstreckung[1] und der Vollzug freiheitsentziehender Sanktionen bleiben aus general- und spezialpräventiven Gründen unersetzlich. Abolitionistische Bestrebungen, die auf eine vollständige Abschaffung stationärer Unrechtsreaktionen abzielen und nach Wegen in eine gefängnislose Gesellschaft suchen, würden das strafrechtliche Sanktionensystem letztlich seines Rückgrats[2] entledigen.[3] Jedoch bedeutet **Strafvollzug** für die Betroffenen – trotz sozial integrativer Zielsetzungen – eine Übelszufügung mittels institutioneller Beschränkungen der Fortbewegungsfreiheit. Diese muss deshalb als **Ultima Ratio** auf zwingend notwendige Fälle besonders sozialschädlichen Handelns begrenzt werden. Denn eine nicht erforderliche zwangsweise Ausgliederung von Personen aus ihrer gewohnten sozialen Umwelt und ihre Unterbringung in Vollzugsanstalten als mehr oder weniger gesellschaftlich isolierten Verbüßungsstätten tangiert bereits die Würde des Menschen. Freiheitsentzug ist daher vor allem bei schweren Delikten – insbesondere Gewaltverbrechen – oder bei wiederholt rückfälligem Verhalten zur Aufrechterhaltung der Generalprävention und Bewahrung der öffentlichen Sicherheit vor weiteren Taten eines Straffälligen unentbehrlich. Allerdings muss dann die Dauer auch auf das generalpräventiv Notwendige beschränkt bleiben und darf sich spezialpräventiv nicht schädlich auswirken. Dies bedingt einen Abbau des in Deutschland noch immer praktizierten Langstrafenvollzugs[4], insbesondere eine Abschaffung der lebenslangen Freiheitsstrafe.[5] Machen wegen besonderer Gefährlichkeit eines Täters Sicherheitsbelange einen längeren Aufenthalt außerhalb der sozialen Gemeinschaft notwendig, verbleibt im Einzelfall zum Schutz der Allgemeinheit die Möglichkeit der Unterbringung im Maßregelvollzug.

---

[1] Dazu eingehend, Laubenthal/Nestler, 2010, S. 39 ff.
[2] Jescheck, 1984, S. 2155.
[3] Zum Abolitionismus: Mathiesen, 1989; Papendorf, 1985; Schumann/Steinert/Voß, 1988; siehe ferner Arnoldshainer Thesen zur Abschaffung der Freiheitsstrafe, in: Zeitschrift für Evangelische Ethik, 1990, S. 218 ff.
[4] Siehe auch Thesen des Fachausschusses Strafrecht und Strafvollzug, in: Jung/Müller-Dietz, 1994, S. 11 ff.; Müller-Dietz, 1993a, S. 18 ff.
[5] Dazu Komitee für Grundrechte und Demokratie, 1990; Laubenthal, 1987, S. 271 ff.; Nickolai/Reindl, 1993; Pilgram, 1989.

2 Die Strafrechtsreform hat seit 1969 nicht nur eine Neugestaltung des Sanktionensystems mit sich gebracht, sondern zugleich auch eine **Zurückdrängung freiheitsentziehender Reaktionen** zugunsten solcher ambulanter Art eingeleitet. Dieser Prozess schreitet bis heute fort und ist durch **Schaffung weiterer Surrogate** auszudehnen. Als Alternativen zu Freiheits- und Geldstrafe finden sich aktuell Wiedergutmachung, Täter-Opfer-Ausgleich, Mediation, gemeinnützige Arbeit und Fahrverbot teilweise bereits erprobt, zumindest aber diskutiert. Ein „Entwurf eines Gesetzes zur Reform des Sanktionenrechts" der Bundesregierung akzentuierte unter anderem die gemeinnützige Arbeit und die Verhängung eines Fahrverbots als Hauptstrafen.[6] Als mit dem stationären Vollzug einer Freiheitsstrafe in der Justizvollzugsanstalt am engsten verwandt lässt sich die ambulante Überwachung verurteilter Straftäter einordnen.

3 **Täter-Opfer-Ausgleich** und **Schadenswiedergutmachung** als Reaktionsformen auf strafbares Handeln sind in § 46a StGB normiert. Nach dieser Norm kann das Gericht die Strafe nach den Grundsätzen des § 49 Abs. 1 StGB mildern oder – falls keine höhere Strafe als Freiheitsstrafe bis zu einem Jahr oder Geldstrafe bis zu 360 Tagessätzen verwirkt ist – ganz von Strafe absehen. Der Täter muss sich entweder um Wiedergutmachung im Rahmen eines Täter-Opfer-Ausgleichs bemüht (Nr. 1) oder das Opfer ganz oder zum überwiegenden Teil unter erheblichem persönlichen Einsatz bzw. Verzicht entschädigt haben (Nr. 2). Täter-Opfer-Ausgleich und Schadenswiedergutmachung stellen als Weisung (§ 10 Abs. 1 S. 3 Nr. 7 JGG) bzw. Auflage (§ 15 Abs. 1 S. 1 Nr. 1 JGG) seit Langem bewährte Erledigungsmöglichkeiten im Bereich des Jugendstrafrechts dar, deren Anwendbarkeit der Gesetzgeber deshalb auch für das allgemeine Strafrecht nutzbar gemacht hat. Allerdings eignen sich die Reaktionsformen des Täter-Opfer-Ausgleichs und der Schadenswiedergutmachung aufgrund der eingeschränkten Konsequenzen, welche § 46a StGB zu ziehen gestattet, nur in engen Grenzen dazu, die Verbüßung von Freiheitsstrafen zu vermeiden. Gleiches gilt bei Durchführung im Gesetz nicht ausdrücklich vorgesehener **mediativer Verfahren**.[7] Hiermit soll ein Ausgleich zwischen Täter und Opfer einer Straftat herbeigeführt werden, wobei es durch Einschalten eines Mediators und die Anwendung spezieller Kommunikationstechniken zu einer Durchbrechung der üblichen Rollenverteilung zwischen Straffälligem und Opfer kommt. Soweit ein solches Vorgehen nicht im Rahmen des § 46a StGB verfolgt wird, kann eine Integration in das geltende Verfahrensrecht auch über § 153a StPO erfolgen, wonach bei Erfüllung von Auflagen und Weisungen eine Einstellung des Verfahrens zulässig ist.

4 **Gemeinnützige Arbeit** stellt bereits nach geltendem Recht unter eingeschränkten Voraussetzungen eine Alternative zur Vollstreckung einer stationären Sanktion dar. Art. 293 EGStGB gestattet den Landesregierungen, durch Rechtsverordnung Regelungen zu treffen, wonach der Verurteilte die Vollstreckung einer Ersatzfreiheitsstrafe i.S.d. § 43 StGB durch unentgeltliche gemeinnützige Arbeit abwenden

---

[6] Gesetzentwurf v. 17.3.2004, BT-Drs. 15/2725; vgl. schon den seitens der Fraktionen von SPD und Bündnis 90/DIE GRÜNEN vorgelegten Entwurf gleichen Namens v. 11.6.2002, BT-Drs. 14/9358; dazu Wolters G., 2002, S. 63 ff.; zu neuen Sanktionsformen siehe Streng, 2002, Rdn. 783 ff.

[7] Dazu Mühlfeld, 2002.

darf.⁸ Von dieser Ermächtigung haben die meisten Bundesländer Gebrauch gemacht.⁹ Zudem wird diskutiert, die Bedeutung gemeinnütziger Arbeit zu steigern.¹⁰ Indes lassen sich hiergegen manche **Bedenken** vorbringen. So bedeutet es einen nicht unerheblichen Verwaltungsaufwand, geeignete Arbeitsstellen zu beschaffen und die Erbringung der Leistungen zu überwachen. Gemeinnützige Arbeitsleistungen sollten ferner keine Nachteile für den ersten Arbeitsmarkt zur Folge haben. Weiter erscheinen die Erfahrungen mit dem Unterfangen, die Ersatzfreiheitsstrafe durch gemeinnützige Arbeit zu substituieren, nur teilweise als ermutigend. In zahlreichen Fällen hat sich gezeigt, dass der Klientel, welche zur Bezahlung der Geldstrafe nicht in der Lage ist, zusätzlich die Fähigkeit abgeht, über einen gewissen Zeitraum hin überhaupt brauchbare Arbeitsleistungen zu erbringen.¹¹ Für solche Personen erscheint möglicherweise die Absolvierung einer Arbeitstherapie auch um ihrer Sozialisation willen sinnvoll, nicht aber die Verpflichtung zu Arbeitsleistungen. Zusätzliche Probleme resultieren aus einer Kollision der Sanktionsart mit dem Verfassungsrecht.¹² Nach Art. 12 Abs. 3 GG bleibt Zwangsarbeit nur bei einer gerichtlich angeordneten Freiheitsentziehung zulässig. Eine solche soll aber de lege ferenda durch eine neue Sanktionsart der gemeinnützigen Arbeit gerade vermieden werden. Als eine gem. Art. 12 Abs. 2 GG verfassungsrechtlich unproblematische, herkömmliche, allgemeine und für alle gleiche öffentliche Dienstleistungspflicht lässt sich die Verhängung gemeinnütziger Arbeit als Folge eines Strafurteils schon aufgrund der mit dem Urteil verbundenen Stigmatisierung nicht bezeichnen. Ohne Vornahme einer Verfassungsänderung erscheint damit die Sanktionierung von Fehlverhalten mit gemeinnütziger Arbeit nur zulässig, soweit dem Verurteilten ein Wahlrecht zwischen dieser und einer anderen Rechtsfolge eingeräumt ist. Davon gehen auch die Verfasser des Entwurfs eines Gesetzes zur Reform des Sanktionenrechts aus, wenn sie die Zustimmung des Verurteilten verlangen.¹³ Weiter bedarf es eines Schlüssels, mit dessen Hilfe Geld- oder Freiheitsstrafe in gemeinnützige Arbeit umgerechnet werden kann. Nach den bisher gesammelten Erfahrungen darf weder der Umrechnungsfaktor zu ungünstig noch die Zahl der danach zu leistenden Arbeitsstunden zu hoch sein, um die Verurteilten dazu zu bewegen, von der Ableistung gemeinnütziger Arbeit Gebrauch zu machen. Während im Rahmen der nach Art. 293 EGStGB getroffenen Regelungen ein Tag Freiheitsstrafe meist mit sechs Stunden gemeinnütziger Arbeit als abgegolten gilt¹⁴, wurde demgegenüber vorgeschlagen, für einen Tages-

---

[8] Dazu Dünkel/Grosser, 1999; zu vergleichbaren Sanktionen im europäischen Ausland siehe van Kalmthout/Dünkel, 2000, S. 26 ff.
[9] Nachweise zum Landesrecht in: Schönfelder, Deutsche Gesetze, Nr. 85a, Anmerkung zu Art. 293 EGStGB.
[10] Befürwortend Arloth, 2002a, S. 7; Roxin, 1999, S. 147 f.; siehe auch Cornel, 2002a, S. 821 ff.
[11] Vgl. Dolde, 1999, S. 584 f.; Dünkel/Scheel/Grosser, 2002, S. 57.
[12] Dazu Streng, 2002, Rdn. 795.
[13] BT-Drs. 15/2725, S. 21.
[14] Vgl. Feuerhelm, 1999, S. 23; Meier, 2009, S. 71.

satz Geldstrafe drei Stunden gemeinnützige Arbeit anzusetzen.[15] In der Literatur findet sich zusätzlich die Forderung, insgesamt eine Grenze von 100 Arbeitsstunden nicht zu überschreiten.[16] Bei der Verurteilung zu einer Geldstrafe von einer hohen Anzahl an Tagessätzen besteht nach dieser Auffassung somit für die Substituierung durch gemeinnützige Arbeit kein Raum mehr. Da im deutschen Strafrecht kurzfristige Freiheitsstrafen von weniger als sechs Monaten nach Möglichkeit vermieden werden sollen (§ 47 StGB), wird sich die Sanktion der gemeinnützigen Arbeit daher auch in Zukunft kaum als Alternative zur Freiheitsstrafe eignen. Eine Ausnahme mag gelten, sofern gemeinnützige Arbeit an die Stelle der Vollstreckung einer widerrufenen Bewährungsstrafe tritt.[17] Indes sah der Entwurf eines Gesetzes zur Reform des Sanktionenrechts v. 17.3.2004 nur die Substituierung der Ersatzfreiheitsstrafe durch Ableistung gemeinnütziger Arbeit vor – zudem ohne eine Obergrenze der Arbeitsleistung. Erfolgt keine ordnungsgemäße Erbringung der Arbeit, so wird die Ersatzfreiheitsstrafe vollstreckt, wobei anders als nach altem Recht zwei Tagessätze Geldstrafe durch einen Tag Freiheitsstrafe abgegolten sein sollen.[18]

5   Während ein **Fahrverbot**[19] nach geltendem Recht nur als Nebenstrafe verhängt werden darf (§ 44 StGB), wird gefordert, Personen zukünftig auch im Wege der Hauptstrafe dazu zu verurteilen, das Führen von Kraftfahrzeugen im Verkehr zu unterlassen.[20] Für diesen Ansatz spricht zunächst, dass in einer Gesellschaft, in der die selbst bestimmte Mobilität einen hohen Stellenwert genießt, das Fahrverbot als gravierende Sanktion empfunden werden mag. Eine derartige Reaktion dürfte manchen Verurteilten härter treffen als die Verhängung einer Geldstrafe. Deshalb wird teilweise gewünscht, eine Beschränkung des Fahrverbots auf Straftaten, die mit dem Führen eines Kraftfahrzeugs in Zusammenhang stehen, nicht aufrechtzuerhalten. Spiegelt dann die verhängte Strafe auch das begangene Delikt nicht mehr wider, so bestehen hiergegen keine grundlegenden Bedenken. Freiheits- und Geldstrafe stellen ebenfalls keine Reaktionsformen dar, welche die Art des begangenen Unrechts wiedergeben.[21] Gleichwohl sind gegen die Schaffung einer neuen Hauptstrafe des Fahrverbots gravierende **Einwände** vorzubringen.[22] So trifft die Sanktion potentielle Adressaten je nach ihren individuellen Fahrgewohnheiten in höchst unterschiedlichem Umfang. Geht man davon aus, dass das Fahrverbot eher für

---

[15]   Vgl. § 43 Abs. 1 S. 2 StGB i.d.F. des Entwurfs eines Gesetzes zur Reform des Sanktionenrechts, BT-Drs. 15/2725, S. 7; krit. König, 2003, S. 271.
[16]   So Kaiser/Schöch, 2002, S. 133; anders Heghmanns, 1999a, S. 301; ausführlich dazu Feuerhelm, 1999, S. 26 f.; Streng, 1999, S. 839 ff.; ein Entwurf des Bundesrats für einen neuen § 40a StGB v. 6.3.1998 (BR-Drs. 82/98) sah eine Obergrenze von insgesamt 540 Arbeitsstunden vor.
[17]   Vgl. Heghmanns, 1999a, S. 300.
[18]   Dazu v. Selle, 2002, S. 228 f.
[19]   Dazu Laubenthal/Nestler, 2010, S. 179 ff.
[20]   So etwa Busemann, 2010, S. 239; Gronemeyer, 2001, S. 138 ff.; Heghmanns, 1999a, S. 299; König, 2001, S. 6 ff.; ablehnend Fehl, 2001, S. 161 ff.; Franke, 2002, S. 20 ff.
[21]   Anders Streng, 1999, S. 852 f.; ders., 2002, Rdn. 790; ders., 2004, S. 238 f.
[22]   Zusammenstellung bei Streng, 1999, S. 854 f.; siehe ferner Kilger, 2009, S. 13 ff.; Meyer P., 2010, S. 239; v. Selle, 2002, S. 230 f.

Fälle leichter Kriminalität geeignet erscheint, so tritt es in ein Konkurrenzverhältnis nicht zur Freiheits-, sondern zur Geldstrafe. Berufskraftfahrern oder Pendlern kann deshalb das Risiko des Arbeitsplatzverlusts drohen, während sich finanziell besser gestellte Personen durch die Einstellung eines Chauffeurs für die Zeit des Fahrverbots zu behelfen vermögen. Hinzu kommen erhebliche Kontrolldefizite. Die Abgabe des Führerscheins beschränkt die Verurteilten nicht in der Möglichkeit, ihr Fahrzeug tatsächlich zu nutzen. Angesichts der relativ geringen Kontrolldichte im Straßenverkehr dürfte trotz der Strafbarkeit eines solchen Verhaltens nach § 21 StVG ein erheblicher Anreiz hierzu bestehen. Derjenige, dessen Verstoß gegen das Fahrverbot in das Hellfeld gerät, muss zudem erneut sanktioniert werden. Abhilfe erscheint insofern denkbar, als der Zugriff auf eigene Fahrzeuge der Verurteilten für die Dauer des Fahrverbots durch technische Vorrichtungen wie etwa Parkkrallen oder sogar die behördliche Inverwahrnahme zu verhindern ist. Indes bedingt dies einen nicht unerheblichen personellen und logistischen Aufwand und zieht weitere Probleme nach sich, sofern das Fahrzeug von anderen Personen, etwa Angehörigen, benutzt wird. Der Entwurf eines Gesetzes zur Reform des Sanktionenrechts beschränkte sich wohl auch im Lichte dieser Schwierigkeiten darauf, in einem modifizierten § 44 StGB die Verhängung eines Fahrverbots zur Hauptstrafe aufzustufen, die mögliche Dauer der Sanktion zu verlängern und die Reaktion regelmäßig auch in solchen Fällen zur Anwendung zu bringen, in denen der Täter zwar nicht wegen eines Verkehrsdelikts verurteilt wird, aber wegen einer anderen Tat, zu deren Begehung oder Vorbereitung er ein Kraftfahrzeug als Mittel der Tat geführt hat.

Das Hauptaugenmerk gilt bei der Zurückdrängung freiheitsentziehender Unrechtsreaktionen allerdings auch in Deutschland[23] technisch neu entwickelten Methoden einer ambulanten Überwachung verurteilter Straftäter. Der **elektronisch überwachte Hausarrest** wird meist durchgeführt, indem man am Körper des Verurteilten einen Sender anbringt, der einem Überwachungssystem den jeweiligen Aufenthaltsort signalisiert. Verlässt der Betroffene seine Wohnung als den ihm zugewiesenen Bereich oder versucht er, sich von dem Sender zu befreien, erfolgt die Alarmierung einer Kontrollinstanz.[24] Auf diese Weise bleibt zum einen die Einhaltung des Hausarrests gewährleistet, während zum anderen der Verurteilte zu bestimmten Zeiten von seiner Anwesenheitspflicht dispensiert werden kann, etwa um weiterhin seiner Arbeit nachzugehen oder Besorgungen zu erledigen.

---

[23] Siehe Arloth, 2002a, S. 5 f.; Asprion, 1999, S. 23 ff.; Bernsmann H., 2000; Bösling, 2002, S. 105 ff.; Kaiser/Schöch, 2002, S. 134 ff.; Kawamura, 1999, S. 7 ff.; Krahl, 1997, S. 457 ff.; Lindenberg, 1999a, S. 81 ff.; Ostendorf, 1997, S. 473 ff.; Schädler/Wulf, 1999, S. 3 ff.; Schlömer, 1998, S. 155 ff.; Streng, 2002, Rdn. 786 ff.; Walter M., 1999b, S. 287 ff.

[24] Zu den technischen Methoden der Überwachung näher Bernsmann H., 2000, S. 3 ff.; Hudy, 1999, S. 32 ff.; Nogala/Haverkamp, 2000, S. 32 ff.; Weichert, 2000, S. 336; Wittstamm, 1999, S. 34 ff.

International liegen seit Längerem nennenswerte Erfahrungen mit elektronisch überwachtem Hausarrest in den USA[25], Großbritannien[26], Schweden[27] und den Niederlanden[28] vor.[29] Weiter kennen Australien, Kanada, Israel und Singapur eine derartige Sanktion.[30] Die gewonnenen Ergebnisse werden überwiegend positiv bewertet, wobei entscheidende Bedeutung der sorgfältigen Auswahl für die Maßnahme geeigneter Kandidaten zuzukommen scheint.[31] Diese müssen nicht nur über eine Wohnung mit Telefon (für Kontrollnachfragen) verfügen, sondern sollten zweckmäßigerweise eine Arbeitsstelle innehaben. Allerdings sind bei einer Übertragung der Bewertung auf deutsche Verhältnisse landestypische Besonderheiten zu beachten. So kennt Schweden etwa in viel größerem Umfang kurzzeitige unbedingte Freiheitsstrafen.[32]

In Deutschland ist der elektronisch überwachte Hausarrest bisher weder als selbständige Sanktionsform in das Strafgesetzbuch noch als besondere Vollzugsart[33] in die Strafvollzugsgesetze aufgenommen worden. Ein vom Bundesrat im Jahr 1999 beschlossener Gesetzentwurf zur entsprechenden Änderung des Strafvollzugsgesetzes[34] fand keine Mehrheit im Bundestag. Im Jahr 2000 hat Hessen gleichwohl einen zweijährigen Modellversuch zur Erprobung des elektronisch überwachten Hausarrests gestartet.[35] Als Probanden kamen aufgrund der fehlenden spezialgesetzlichen Regelung nur Personen in Betracht, die sich entweder zum Zweck der Vermeidung von Untersuchungshaft[36] oder im Rahmen einer Bewährungsweisung (§ 56c StGB)[37] zur Teilnahme bereit erklärten.

---

[25] Näher Bernsmann H., 2000, S. 18 ff.; Hudy, 1999, S. 19 ff.; Schlömer, 1998, S. 35 ff.; Whitfield, 1999, S. 44 ff.; Wittstamm, 1999, S. 19 ff.
[26] Vgl. Hudy, 1999, S. 65 ff.; ders., 1999a, S. 55 ff.; Schlömer, 1998, S. 101 ff.
[27] Dazu Bösling, 2002, S. 116 f.; Haverkamp, 1999, S. 51 ff.; dies., 1999a, S. 21 ff.; dies., 2002, S. 99 ff., 355 ff.
[28] Ausführlich Droogendijk, 1999, S. 45 ff.; Spaans, 1999, S. 68 ff.
[29] Vgl. Albrecht H.-J., 2002, S. 84 ff.; Brown/Elrod, 1995, S. 332 ff.; Jolin/Rogers, 1990, S. 201 ff.; Lindenberg, 1997, S. 157 ff.; ders., 1999, S. 12 f.; Vosgerau, 1990, S. 166 ff.; Weigend, 1989, S. 296 ff.
[30] Siehe Bösling, 2002, S. 119; Nogala/Haverkamp, 2000, S. 35 ff.; Schlömer, 1998, S. 129 ff.
[31] Dazu Kaiser/Schöch, 2002, S. 134 f., 137.
[32] Kaiser/Schöch, 2002, S. 135; Lindenberg, 1999, S. 15; Streng, 1999, S. 850.
[33] Krit. Pätzel, 2000, S. 28.
[34] BR-Drs. 401/99 v. 9.7.1999; dazu Bernsmann H., 2000, S. 151 ff.; ablehnend Böhm, 2003, S. 2; Bösling, 2002, S. 124, die eine Erweiterung des Sanktionenkatalogs im Strafgesetzbuch fordern.
[35] Dazu Albrecht/Arnold/Schädler, 2000, S. 466 ff.; Mayer, 2002, S. 1 ff.
[36] Schlömer, 1998, S. 278 ff.; Wittstamm, 1999, S. 154 ff.; skeptisch Bammann, 2001, S. 477; Bernsmann H., 2000, S. 146 f.; Hudy, 1999, S. 182 ff.; Lindenberg, 1999, S. 18 f.
[37] Vgl. LG Frankfurt, NJW 2001, S. 697; Bammann, 2001, S. 476; Schlömer, 1998, S. 186 ff.; ders., 1999, S. 31 ff.; Wittstamm, 1999, S. 144 ff.; v. Zezschwitz, 2000, S. 11 ff.; ablehnend Bernsmann H., 2000, S. 140; Hudy, 1999, S. 147 ff.

Gegen den elektronisch überwachten Hausarrest findet sich eine Reihe von Einwänden vorgebracht. So stelle die unverschlossene Haustür eine ständige Versuchung dar, welche den psychologischen Druck auf den Betroffenen verstärke.[38] Die mit der Sanktion einhergehende Überwachung der Privatsphäre sei – zumal als möglicher erster Schritt auf dem Weg zu einer totalen Kontrolle – verfassungsrechtlich bedenklich.[39] Ein derartiger Eingriff in die Privatsphäre[40] erscheint aber selbst unter Berücksichtigung potentieller Nachteile für die Angehörigen des Hausarrestanten[41] weniger gravierend als der gänzliche Verlust der Freiheit und die damit verbundenen zusätzlichen Belastungen des Aufenthalts in der Justizvollzugsanstalt sowohl für die Familie als auch für den Verurteilten selbst (z.B. Übergriffe auf subkultureller Ebene). Eine Kontrolle von Lebensäußerungen auf optischem oder akustischem Weg findet gerade nicht statt. Die Angehörigen können sich dem erzwungenen Beisammensein durch zeitweises Verlassen der Wohnung entziehen, und sie kommen weiter in den Genuss der mit der Beibehaltung der Erwerbstätigkeit des Verurteilten verbundenen vermögenswerten Vorteile. Allerdings erscheint es diskutabel, die Anordnung eines elektronisch überwachten Hausarrests an die Einwilligung der Familienangehörigen zu knüpfen. Gegen den Einwand des starken Fluchtanreizes spricht, dass sich diesem auch diejenigen Gefangenen ausgesetzt sehen, die ihre Strafe im offenen Vollzug verbüßen. Verlangt man als Voraussetzungen für die Anordnung des Hausarrests Wohnung, Telefon und Arbeitsplatz, so führt dies nicht zu einer gleichheitswidrigen Benachteiligung derjenigen Verurteilten, die hierüber nicht verfügen. Denn derartige Kriterien erlangen seit jeher sowohl für Entscheidungen im Bereich der Strafzumessung als auch des Strafvollzugs Bedeutung.[42] Zudem mag sich die Justiz bemühen, im Übrigen geeigneten Kandidaten bei der Beschaffung der erforderlichen Logistik Hilfestellung zu leisten.

Es sollte allerdings betont werden, dass die Durchführung eines elektronisch überwachten Hausarrests aufgrund der mit der Überwachung verbundenen Aufwendungen keineswegs notwendigerweise zu nennenswerten Kosteneinsparungen führt.[43] Auch muss der Eintritt eines net-widening-Effekts[44] unbedingt unterbleiben, weshalb eine Evaluation der Anwendung von elektronisch überwachtem Hausarrest unerlässlich ist. Denn diese Maßnahme dient gerade der Substitution von stationären freiheitsentziehenden Reaktionen. Keinesfalls darf dort zu elektronisch überwachtem Hausarrest gegriffen werden, wo ohne diese Möglichkeit

---

38 So Kaiser/Schöch, 2002, S. 137; vgl. auch Hudy, 1999, S. 257.
39 In diesem Sinne Kaiser/Schöch, 2002, S. 137.
40 Krit. Kaiser, 1996, S. 1040; Lindenberg, 1999, S. 17; Streng, 1999, S. 849; Walter M., 1999b, S. 291; siehe auch Wittstamm, 1999, S. 129 ff.
41 Vgl. Bernsmann H., 2000, S. 116 ff.; Hudy, 1999, S. 113 ff.; Schlömer, 1998, S. 251 ff.; Streng, 1999, S. 849; ders., 2002, Rdn. 787.
42 Albrecht H.-J., 2002, S. 92 f.; Walter M., 1999b, S. 291 f.; anders Hudy, 1999, S. 110; Wittstamm, 1999, S. 180.
43 Anders aber die hessischen Erfahrungen, Hess. Ministerium der Justiz, 2005, S. 6; Mayer, 2002, S. 14.
44 Befürchtungen äußern Hudy, 1999, S. 107; Kaiser/Schöch, 2002, S. 137; Kube, 2000, S. 633 f.; Walter M., 1999, S. 379; Wittstamm, 1999, S. 180.

lediglich Geldstrafen oder zur Bewährung ausgesetzte Freiheitsstrafen verhängt würden. Es erscheint allerdings unter zwei Aspekten fraglich, ob mittels Hausarrests tatsächlich die Vollstreckung von Ersatzfreiheitsstrafen[45] in nennenswertem Umfang vermieden werden kann: Zum einen verfügen zahlungsunfähige Geldstrafenschuldner möglicherweise nicht über die infrastrukturellen Voraussetzungen der Maßnahme, zum anderen rechtfertigt der finanzielle und organisatorische Aufwand ihre Durchführung nicht, wenn nur eine kurze Zeitspanne zu vollstrecken ist.[46] Unbeschadet seiner Einsatzmöglichkeiten zur Vermeidung von Untersuchungshaft und im Rahmen von Bewährungsweisungen stellt der elektronisch überwachte Hausarrest in erster Linie eine Alternative zur Verbüßung von Freiheitsstrafen im offenen Vollzug dar. In Hessen sieht das 2010 in Kraft getretene Strafvollzugsgesetz in § 16 Abs. 3 S. 4 HStVollzG zur Entlassungsvorbereitung vor: Die Gewährung der dafür möglichen Freistellung aus der Haft kann davon abhängig gemacht werden, dass die Überwachung erteilter Weisungen mit Einwilligung der Gefangenen durch den Einsatz elektronischer Überwachungssysteme (elektronische Fußfessel) unterstützt wird.

Gerade auch für bestehende und neue Alternativen der Freiheitsstrafe bedarf es aber der **Existenz des Strafvollzugs**. Denn die ambulanten Maßnahmen bleiben nur dann glaubwürdig, wenn eine Enttäuschung des damit verbundenen Vertrauensvorschusses durch Zuwiderhandlungen eine Konsequenz in freiheitsentziehenden Reaktionen hat.

---

[45] Dazu Haverkamp, 2002, S. 520 f.; Wirth, 2000, S. 337 ff.
[46] Siehe Heghmanns, 1999a, S. 301.

1 Grundlagen des Strafvollzugs

Das Strafvollzugsrecht gehört wie das Kriminalrecht insgesamt zum **öffentlichen Recht** im weiteren Sinne. Es umfasst alle Rechtsnormen, welche die Vollziehung freiheitsentziehender Kriminalsanktionen betreffen. Schon begrifflich bedeutet Strafvollzug nicht die Durchführung sämtlicher strafgerichtlich verhängter Rechtsfolgen (z.B. auch Geldstrafen). Er beschränkt sich vielmehr auf den **stationären Vollzug** der die Freiheit eines Straftäters entziehenden **Kriminalsanktionen**. Zum Bereich des Strafvollzugs zählen damit die Unrechtsreaktionen:
- Freiheitsstrafe (§§ 38 f. StGB),
- Jugendstrafe (§§ 17 f. JGG),
- Unterbringung in einem psychiatrischen Krankenhaus (§ 63 StGB), in einer Entziehungsanstalt (§ 64 StGB), in der Sicherungsverwahrung (§ 66 StGB) und
- militärischer Strafarrest (§ 9 WStG), soweit er in Justizvollzugsanstalten verbüßt wird.

1.1 Abgrenzung zur Strafvollstreckung

Ist ein Täter von einem Strafgericht verurteilt worden und die Entscheidung in formelle Rechtskraft erwachsen, bedarf es einer Realisierung der angeordneten Rechtsfolge.

Diese **Strafverwirklichung** untergliedert sich bei den freiheitsentziehenden Kriminalsanktionen in
- die Strafvollstreckung und
- den Strafvollzug.

Im Gegensatz zum Strafvollzug stellt die Strafvollstreckung einen (letzten) Teil des Strafprozesses dar.[1] Die Vollstreckung strafrichterlicher Entscheidungen ist geregelt in §§ 449 ff. StPO, ergänzt durch die Strafvollstreckungsordnung (StVollStrO) als bundeseinheitlich gültige Verwaltungsvorschrift.[2]

---

[1] Zur Strafvollstreckung siehe Bringewat, 1993, S. 32 ff.; Laubenthal/Nestler, 2010; Meier B.-D., 2009, S. 88 ff.; Pohlmann/Jabel/Wolf, 2001; Röttle/Wagner, 2009; Wagner A., 2009.

[2] Vereinbarung des Bundesministeriums der Justiz und der Landesjustizverwaltungen, für den Bund einheitlich bekannt gemacht in: BAnz. Nr. 87/1956, i.d.F. v. 1.4.2001, in: BAnz. Nr. 87/2001; dazu Wolf, 2002, S. 122 ff.

Die Strafvollstreckung umfasst alle Maßnahmen, die zur **Ausführung des richterlichen Erkenntnisses** notwendig sind:[3]
- das Vorgehen von der Rechtskraft der Entscheidung an bis hin zum Strafantritt;
- während der Strafverbüßung insbesondere die generelle Überwachung dahin gehend, dass Art und Dauer des Vollzugs den sanktionsrechtlichen Festsetzungen des Gerichts entsprechen;
- das Verfahren zur Aussetzung des Restes einer Freiheitsstrafe zur Bewährung.

11 Die Strafvollstreckung obliegt im allgemeinen Strafrecht gem. § 451 StPO der **Staatsanwaltschaft als Vollstreckungsbehörde**. Ist das Urteil rechtskräftig, wurde vom Urkundsbeamten eine Vollstreckbarkeitsbescheinigung erteilt und liegen keine Vollstreckungshindernisse vor, hat sie unverzüglich die Vollstreckung einzuleiten.[4]

Bei Nichtaussetzung einer Freiheitsstrafe zur Bewährung und dem Fehlen von Strafaufschubgründen i.S.d. § 455 StPO (Vollzugsuntauglichkeit des Verurteilten), § 455a StPO (Strafausstand aus vollzugsorganisatorischen Gründen) und § 456 StPO (persönlicher Härtefall) lädt die Vollstreckungsbehörde zur Durchführung der gerichtlich angeordneten Freiheitsentziehung[5] den auf freiem Fuß befindlichen Verurteilten zum Strafantritt, wenn ein geeigneter Haftplatz zur Verfügung steht (§ 27 StVollstrO). Stellt der Betroffene sich nicht, ist die Staatsanwaltschaft nach § 457 Abs. 2 S. 1 StPO befugt, einen Vorführungs- oder Haftbefehl zu erlassen. Befindet sich der Verurteilte bereits in behördlicher Verwahrung (z.B. in Untersuchungshaft), veranlasst die Staatsanwaltschaft dessen Überführung in die zuständige Vollzugsanstalt, § 28 Abs. 1 StVollStrO. Die im Rahmen der Strafvollstreckung notwendigen gerichtlichen Entscheidungen trifft gem. § 462a Abs. 1 StPO die Strafvollstreckungskammer beim Landgericht (Ausnahmen § 462a Abs. 2 bis 5 StPO: Zuständigkeit des Gerichts des ersten Rechtszuges).[6] Aus § 463 StPO ergibt sich die weitgehende Anwendbarkeit der strafvollstreckungsrechtlichen Normen auf die Vollstreckung von Maßregeln der Besserung und Sicherung.

12 Freiheitsentziehende Kriminalsanktionen werden nicht nur vollstreckt, sondern auch vollzogen. Geht es bei der **Strafvollstreckung** vor allem um das **Ob** der Sanktionsverwirklichung, umfasst der **Strafvollzug** den Bereich von der Aufnahme des Verurteilten in die Vollzugsanstalt bis zu seiner Entlassung. Er betrifft die Art der praktischen Durchführung des Vollzugs unter den organisatorischen Bedingungen der jeweiligen Institution – das **Wie**. Strafvollstreckungsrechtliche und strafvollzugsrechtliche Maßnahmen und Entscheidungen beeinflussen damit während der Dauer des Freiheitsentzugs auf getrennten Ebenen die Realisierung der Unrechtsreaktion, wobei das Strafvollstreckungsrecht insbesondere in verfahrensrechtlicher Hinsicht gestaltend in den Strafvollzug eingreift.[7]

---

[3] Siehe auch Laubenthal/Nestler, 2010, S. 3.
[4] Zu den Vollstreckungsvoraussetzungen Laubenthal/Nestler, 2010, S. 7 ff.
[5] Eingehend zu den vollstreckungseinleitenden Maßnahmen Laubenthal/Nestler, 2010, S. 51 ff.
[6] Zu den gerichtlichen Zuständigkeiten Laubenthal/Nestler, 2010, S. 28 ff.
[7] Müller-Dietz, 1978, S. 28.

Unter dynamischen Aspekten stellt der Strafvollzug zwar eine Phase der Sanktionierung dar, die schon mit der gesetzlichen Strafdrohung beginnt und vom Ermittlungsverfahren über die Verurteilung des Täters sowie die Urteilsvollstreckung bis hin zum Vollzug der Sanktion reicht. Anders als der Bereich der Strafvollstreckung gehört der des Strafvollzugs aber nicht zum Strafverfahrensrecht. Er stellt auch keinen Bestandteil des materiellen Strafrechts dar, denn das Strafgesetzbuch enthält keine Rechtsgrundlage des Sanktionsvollzugs, sondern rechtliche Voraussetzungen der Verhängung freiheitsentziehender Folgen. Das **Strafvollzugsrecht** bildet daher neben materiellem und formellem Strafrecht eine **eigenständige Rechtsmaterie** innerhalb des gesamten Kriminalrechts.[8]

Diese Dreiteilung entspricht der überkommenen Drei-Säulen-Theorie[9] im Gesamtsystem der Strafrechtspflege:
1. das Gesetz droht die Strafe an,
2. der Strafrichter spricht die Sanktion aus,
3. der Staat vollzieht die verhängte Unrechtsreaktion.

Den Säulen gemäß kommen verschiedenen Instanzen jeweils divergierende Aufgaben zu, welche auch in generalpräventive Gesetzgebung, vergeltende Rechtsprechung und resozialisierenden Strafvollzug aufgeteilt werden.[10] Zwar bringt die Drei-Säulen-Theorie im Ergebnis zutreffend zum Ausdruck, dass der Strafvollzug als das Wie der Sanktionsverwirklichung einen selbständigen Bereich gegenüber materiellem Strafrecht und Strafverfahrensrecht darstellt. Sie erfasst aber den Sanktionierungsprozess insgesamt nur unvollständig[11]: Strafgesetze und deren richterliche Anwendung verfolgen auch spezialpräventive Zwecke; die Tätigkeit von Ermittlungsorganen bleibt ebenso außer Betracht wie die der Bewährungshilfe; vernachlässigt wird die Dynamik der Strafrechtsrealisierung.

1.2 Gesetzliche Regelungen

Bei den Strafvollzugsgesetzen ist zwischen bundesgesetzlichen Normierungen und Landes-Strafvollzugsgesetzen zu differenzieren.

1.2.1 Bundes-Strafvollzugsgesetz

Der Strafvollzug gehörte nach Art. 74 Abs. 1 Nr. 1 GG a.F. bis zur Übertragung der Gesetzgebungskompetenz im Rahmen der sog. Föderalismusreform[12] auf die

---

[8] Calliess, 1992, S. 9; Müller-Dietz, 1978, S. 23; Roxin, 1998, S. 470; a.A. Maurach/Zipf, 1992, S. 22 (Teil des Strafvollstreckungsrechts); siehe auch Röttle/Wagner, 2009, S. 2.
[9] Für viele Jescheck/Weigend, 1996, S. 16 ff.
[10] Vgl. Böhm, 2003, S. 37.
[11] Krit. auch Böhm, 2003, S. 38; Kaiser/Schöch, 2002, S. 180; Müller-Dietz, 1978, S. 24.
[12] Dazu Kap. 2.5.3.

Bundesländer durch Art. 1 Nr. 7 a) aa) des Gesetzes zur Änderung des Grundgesetzes (Föderalismusreformgesetz) vom 28.8.2006[13] zum Bereich der konkurrierenden Gesetzgebung. Der Bund hatte mit dem **Strafvollzugsgesetz** von seiner Gesetzgebungskompetenz Gebrauch gemacht und die Materie abschließend normiert.

Das Gesetz über den Vollzug der Freiheitsstrafe und der freiheitsentziehenden Maßregeln der Besserung und Sicherung – Strafvollzugsgesetz[14] – trat am 1.1.1977 in Kraft. Seitdem wurden einzelne Vorschriften insbesondere in den Bereichen Maßregelvollzug, sozialtherapeutische Anstalten, medizinische Zwangsmaßnahmen, Kontrolle des Schriftverkehrs, Gesundheitsfürsorge, Arbeitsentlohnung und Datenschutz geändert bzw. neu eingefügt. Dies hat jedoch zu keinen substanziellen Modifikationen der dem Bundes-Strafvollzugsgesetz zugrunde liegenden Konzeption geführt.

Mit dem Beitritt der DDR zur Bundesrepublik Deutschland am 3.10.1990 erweiterte sich gem. Art. 8 des Einigungsvertrags[15] der Geltungsbereich des Strafvollzugsgesetzes im Wesentlichen auch auf die fünf neuen Bundesländer.[16] Gemäß § 202 StVollzG wurden die von den Gerichten der früheren DDR verhängten freiheitsentziehenden Sanktionen den entsprechenden bundesdeutschen Unrechtsreaktionen gleichgestellt, so dass die Vollziehung rechtskräftig erkannter Freiheits- und Haftstrafen nach den Vorschriften des Strafvollzugsgesetzes erfolgte. Die im Einigungsvertrag noch ausgeklammerte Ausdehnung der Sicherungsverwahrung auf das Gebiet der ehemaligen DDR wurde vom Gesetzgeber 1995 nachgeholt.[17]

15 Nachdem durch das Föderalismusreformgesetz 2006 die Aufgabe des Strafvollzugs den Gegenständen der konkurrierenden Gesetzgebung entnommen und der Kompetenz der Ländergesetzgebung zugeordnet wurde, sind diese befugt, jeweils eigene Strafvollzugsgesetze zu verabschieden. Hiervon haben zunächst die Länder Bayern, Hamburg und Niedersachsen weitgehend Gebrauch gemacht. Es folgen zwischenzeitlich Baden-Württemberg und Hessen. Gemäß Art. 125a Abs. 1 GG gilt das Bundes-Strafvollzugsgesetz (StVollzG) in den übrigen Ländern, welche es nicht durch Landesrecht ersetzt haben, als **partikulares Bundesrecht** fort. Sein **Geltungsbereich** umfasst also die Bundesländer Berlin, Brandenburg, Bremen, Mecklenburg-Vorpommern, Nordrhein-Westfalen, Rheinland-Pfalz, Saarland, Sachsen, Sachsen-Anhalt, Schleswig-Holstein und Thüringen. In Baden-Württemberg, Bayern, Hamburg, Hessen und Niedersachsen gelten einzelne Vorschriften des Bundes-Strafvollzugsgesetzes nur fort, soweit dies im jeweiligen Landesgesetz ausdrücklich normiert ist bzw. diese den im Bundes-Strafvollzugsgesetz geregelten Vollzug bestimmter Haftarten ihrem Anwendungsbereich nach nicht erfassen. Zudem ging die Regelungskompetenz für das gerichtliche Rechtsschutzverfahren in Strafvollzugssachen nicht auf die Bundesländer über.

---

[13] BGBl. I 2006, S. 2034 ff.
[14] BGBl. I 1976, S. 581 ff.
[15] BGBl. II 1990, S. 875 ff.
[16] Eingehend dazu Bölter, 1990, S. 323 ff.
[17] BGBl. I 1995, S. 818.

1.2.1.1 Regelungsbereiche des Bundes-Strafvollzugsgesetzes

§ 1 StVollzG (erster Abschnitt) bestimmt als **Anwendungsbereich** des Gesetzes „den Vollzug der Freiheitsstrafe in Justizvollzugsanstalten und der freiheitsentziehenden Maßregeln der Besserung und Sicherung." Das Bundes-Strafvollzugsgesetz enthält die wesentlichen Normen des Strafvollzugsrechts zur Durchführung dieser Unrechtsreaktionen: die Ausgestaltung des Vollzugs von Freiheitsstrafen und freiheitsentziehenden Maßregeln mit rechtlichen Regelungen der organisatorischen und personellen Voraussetzungen, der vollzugsbehördlichen Eingriffsbefugnisse und Leistungsverpflichtungen sowie der Rechtsstellung der Betroffenen. 16

Das Bundes-Strafvollzugsgesetz unterteilt dabei den Strafvollzug in zwei Bereiche: 17
- der **Vollzug als Prozess**, beginnend mit der Aufnahme des Verurteilten in die Anstalt bis hin zu seiner Entlassung in die Freiheit,
- die **Vollzugsstruktur**, insbesondere die Anstaltsorganisation und das Vollzugspersonal.

Die wesentlichen Regelungskreise des Vollzugs als Interaktionsprozess sind im **zweiten Abschnitt** des Bundes-Strafvollzugsgesetzes über den Vollzug der Freiheitsstrafe normiert: die Vollzugsplanung (§§ 5–16); Unterbringung und Ernährung (§§ 17–22); Besuche, Schriftwechsel sowie Urlaub, Ausgang und Ausführung aus besonderem Anlass (§§ 23–36); Arbeit, Ausbildung und Weiterbildung (§§ 37–52); Religionsausübung (§§ 53–55); Gesundheitsfürsorge (§§ 56–66); Freizeit (§§ 67–70); soziale Hilfe (§§ 71–75); Besonderheiten des Frauenstrafvollzugs (§§ 76–80); Sicherheit und Ordnung (§§ 81–93); unmittelbarer Zwang (§§ 94–101); Disziplinarmaßnahmen (§§ 102–107); Rechtsbehelfe (§§ 108–121); Sozialtherapeutische Anstalten (§§ 123–126). Vorangestellt hat der Bundesgesetzgeber in § 2 und § 3 die Vollzugsaufgaben sowie die wesentlichen Gestaltungsprinzipien. Er verpflichtet die Vollzugsanstalt zur Gewährung der erforderlichen Hilfen zur Vorbereitung auf die soziale Wiedereingliederung und die künftige Führung eines Lebens in sozialer Verantwortung. Mit dem Vollzug verbundene Beschränkungen der Gefangenenrechte müssen dem Rechtsstaatsprinzip gemäß im Gesetz selbst festgelegt oder aber für die Aufrechterhaltung der Sicherheit oder zur Abwendung einer schwerwiegenden Störung der Anstaltsordnung unerlässlich sein (§ 4 Abs. 2).

In seinem **dritten Abschnitt** enthält das Bundes-Strafvollzugsgesetz besondere Vorschriften über den Vollzug der freiheitsentziehenden Maßregeln der Besserung und Sicherung: Sicherungsverwahrung (§§ 129–135); Unterbringung in einem psychiatrischen Krankenhaus und in einer Entziehungsanstalt (§§ 136–138).

Im **vierten Abschnitt** (§§ 139–166) finden sich die Regelungen über die Vollzugsbehörden: Arten und Einrichtungen der Justizvollzugsanstalten (§§ 139–150); Aufsicht über die Justizvollzugsanstalten (§§ 151–153) sowie deren innerer Aufbau (§§ 154–161); Anstaltsbeiräte (§§ 162–165); Kriminologische Forschung im Strafvollzug (§ 166).

Von Relevanz auch für den Strafvollzug ist der fünfte Titel des **fünften Abschnitts**, der die bereichsspezifischen Regelungen zum Datenschutz enthält (§§ 179–187).

18 Die positive Gegenstandsumschreibung des § 1 StVollzG hat keinen abschließenden Charakter.[18] Das Bundes-Strafvollzugsgesetz beinhaltet über die in § 1 genannten Sanktionsarten hinausgehend – insbesondere in seinem **fünften Abschnitt** – Regelungen, die nicht den Strafvollzug betreffen:
- §§ 171–175: Rechtsgrundlagen zum Vollzug von Ordnungs-, Sicherungs-, Zwangs- und Erzwingungshaft;
- § 177: Arbeitsentgelt für Untersuchungsgefangene;
- § 178: Anwendung unmittelbaren Zwangs durch Justizvollzugsbedienstete außerhalb des Anwendungsbereichs des Strafvollzugsgesetzes;
- §§ 13 Abs. 5, 122: Strafvollstreckungsfragen.

19 Das Bundes-Strafvollzugsgesetz deckt jedoch den Bereich des Strafvollzugs nicht gänzlich ab. Von den **freiheitsentziehenden Maßregeln** der Besserung und Sicherung[19] ist allein der Vollzug der Sicherungsverwahrung in §§ 129 bis 135 StVollzG abschließend geregelt. Hinsichtlich der Unterbringung in einem psychiatrischen Krankenhaus bzw. in einer Entziehungsanstalt beschreiben §§ 136 und 137 lediglich die Vollzugsziele. § 138 verweist – abgesehen von den Kosten der Unterbringung (§ 50), dem Pfändungsschutz des Überbrückungsgeldes (§ 51 Abs. 4 und 5) und der Entlassungsbeihilfe (§ 75 Abs. 3) sowie den Vorschriften des gerichtlichen Rechtsschutzes (§§ 109–121) – auf die landesrechtlichen Bestimmungen der Psychisch-Kranken-Gesetze, Unterbringungsgesetze bzw. Maßregelvollzugsgesetze.

20 Zur **Jugendstrafe** finden sich im Bundes-Strafvollzugsgesetz §§ 176 und 178: Arbeitsentgelt und Anwendung unmittelbaren Zwangs. Den beiden Vorschriften kommt jedoch keine Bedeutung mehr zu, weil der Vollzug der Jugendstrafe nach den Vorgaben der Entscheidung des Bundesverfassungsgericht vom 31.5.2006[20] gesetzlich zu regeln war und die Bundesländer jeweils eigene Jugendstrafvollzugsgesetze geschaffen bzw. den Jugendstrafvollzug in die Strafvollzugsgesetze integriert haben.[21] Aufgrund Rechtsfolgenverweisung finden die Vorschriften des Strafvollzugs für Erwachsene nach § 89b Abs. 1 JGG auch auf zur Jugendstrafe Verurteilte Anwendung, die das achtzehnte Lebensjahr vollendet haben, sich nicht mehr für den Jugendvollzug eignen und deshalb durch Entscheidung des Jugendrichters als Vollstreckungsleiter ihre Strafe in einer Anstalt für Erwachsene verbüßen. Im Geltungsbereich des Bundes-Strafvollzugsgesetzes ist dieses somit in den Fällen der Ausnahme vom Jugendstrafvollzug anzuwenden.

21 Der **militärische Strafarrest** i.S.d. § 9 WStG wird – solange der Verurteilte Soldat ist – der Bundeswehrvollzugsordnung (BwVollzO) gemäß von Behörden der Bundeswehr selbst durchgeführt.[22] Steht umgekehrt nach dem Ausscheiden der verurteilten Person aus der Bundeswehr noch militärischer Strafarrest zur Vollstreckung an, ist dieser, dem Vollzug einer Freiheitsstrafe weitgehend angeglichen, nach §§ 167 bis 170 StVollzG in der Justizvollzugsanstalt zu verbüßen.

---

[18] Calliess/Müller-Dietz, 2008, § 1 Rdn. 2.
[19] Dazu Kap. 9.2.
[20] BVerfGE 116, S. 69 ff.
[21] Zum Jugendstrafvollzug Kap. 9.1.
[22] Siehe Röttle/Wagner, 2009, S. 172 ff.

Gemäß § 5 Abs. 2 WStG kann die Bundeswehr jedoch auf Ersuchen der Vollstreckungsbehörde auch gegen Soldaten und Soldatinnen der Bundeswehr verhängte Freiheitsstrafen sowie Jugendarrest von nicht mehr als sechs Monaten Dauer vollziehen. Dies betrifft sowohl vormilitärische Delikte als auch Straftaten während des Wehrdienstverhältnisses. Die Sanktion wird dann nicht in der Justizvollzugsanstalt, sondern in Einrichtungen der Bundeswehr wie militärischer Strafarrest vollzogen.[23]

1.2.1.2 Unvollständigkeit des Bundes-Strafvollzugsgesetzes

Als das Bundes-Strafvollzugsgesetz am 1.1.1977 in Kraft trat, war lediglich „ein Torso Gesetz geworden"[24]. Das einem modernen Behandlungskonzept folgende Gesetz traf auf eine Vollzugsrealität, welche sich überwiegend noch an den Erfordernissen einer sicheren Verwahrung der Gefangenen orientierte. Nicht nur das Anstaltspersonal musste sich daher den gesetzlichen Vorgaben gemäß auf ein modifiziertes Organisationssystem einstellen und dem veränderten Vollzugsziel entsprechend neue Verhaltensweisen erlernen, auch die vorhandenen Justizvollzugsanstalten waren – teilweise im 19. Jahrhundert errichtet – vorwiegend nach Sicherheitsbelangen konzipiert. Dies gilt vor allem für die panoptische Bauweise, bei der von einem zentralen Punkt aus sämtliche Flügel und die darin befindlichen Zellentüren einsehbar sind. Hatten nach §§ 139, 141 Abs. 1 StVollzG die Bundesländer zwar verschiedene Anstalten einzurichten, in denen eine auf die divergierenden Bedürfnisse der Gefangenen abgestimmte Behandlung zu gewährleisten ist, so waren schon aus finanziellen Erwägungen heraus die vorhandenen Anstalten weiterhin zu nutzen und den normativen Vorgaben gemäß umzugestalten.

Der Bundesgesetzgeber hat daher wesentliche Problembereiche des Strafvollzugs nicht konkretisiert, ungeregelt gelassen oder sie einer späteren legislatorischen Entscheidung vorbehalten: Dies gilt bereits für den strafvollzugsrechtlichen Behandlungsbegriff, den das Gesetz nicht definiert. Zudem enthält es keinen abgeschlossenen Katalog von Behandlungsmethoden. Der Bundesgesetzgeber wollte insoweit der **Übergangssituation des Strafvollzugs** Rechnung tragen und die Anwendung unterschiedlicher Behandlungsmaßnahmen offenhalten, „ohne im Einzelnen in methodische Fragen einzugreifen, die der weiteren Entwicklung in Praxis und Wissenschaft überlassen bleiben müssen"[25].

Bietet der offene Behandlungsbegriff des Bundes-Strafvollzugsgesetzes gerade die erforderlichen Möglichkeiten zu einer dauerhaften – wissenschaftlich kontrollierten – Erprobung und Weiterentwicklung von Behandlungsformen und -methoden, gefährden andererseits die Vorschriften über das Inkrafttreten einzelner Normen (§ 198 StVollzG) sowie die Übergangsregelungen der §§ 199 und 201 StVollzG die faktische Realisierung eines nach Behandlungsgesichtspunkten ausgestalteten Vollzugs. Denn um die bestehenden Anstalten den gesetzlichen Grundkonzeptionen entsprechend umwandeln zu können, aber auch wegen der

---

[23] Dazu Schölz/Lingens, 2000, § 5 Rdn. 6.
[24] Müller-Dietz, 1978, S. 76; siehe auch Laubenthal, in: Schwind/Böhm/Jehle/Laubenthal, 2009, § 198.
[25] BT-Drs. 7/918, S. 45.

hohen Kostenfolgen von Regelungen in den Bereichen Arbeit, Sozialversicherung, Aus- und Weiterbildung, hatte der Bundesgesetzgeber zunächst einen Stufenplan für das Inkrafttreten der im Katalog des § 198 StVollzG aufgezählten Vorschriften aufgestellt und für die Zwischenzeit **Übergangsregelungen** getroffen (§§ 199 ff. StVollzG). Dabei ist die Legislative jedoch zum Teil ihren eigenen zeitlichen Vorgaben nicht gerecht geworden (z.B. fehlt es an der gem. § 198 Abs. 4 StVollzG bis zum 31.12.1983 zu erfolgenden Entscheidung über das Inkrafttreten der Bestimmung über die Zustimmungsbedürftigkeit bei Beschäftigung von Strafgefangenen in Unternehmerbetrieben nach § 41 Abs. 3 StVollzG).

24 Von zeitlich begrenzten Übergangsvorschriften sind solche zu unterscheiden, hinsichtlich deren Inkrafttreten erst durch ein weiteres Gesetz befunden werden sollte. Das Bundes-Strafvollzugsgesetz beinhaltet insoweit eine legislatorische Besonderheit: In § 198 Abs. 3 StVollzG werden – auch ohne zeitliche Festlegungen – die Länderhaushalte belastende Regelungen (etwa die Einbeziehung in die Kranken- und Rentenversicherung, Leistungen an Gefangene) bis zum Erlass eines **besonderen Bundesgesetzes** zurückgestellt. Es ist aber keine der in § 198 Abs. 3 StVollzG benannten Normen durch ein derartiges Bundesgesetz in Kraft gesetzt worden. Damit hat sich der Weg einer Fortschreibung der ursprünglich angestrebten Reformen durch Selbstverpflichtung des Gesetzgebers[26] nicht bewährt; die Vollzugsreform blieb insoweit ein letztlich unverbindlicher Programmsatz.[27] Unbeschadet der Frage nach dem Rechtscharakter dieses legislatorischen Vorgehens – Schaffung einer Norm, deren Inkrafttreten ohne inhaltliche Bindungswirkung einer zukünftigen gesetzlichen Regelung vorbehalten bleibt – bestand allerdings Einigkeit darüber, das erforderliche Bundesgesetz nicht auf unabsehbare Zeit hinauszuschieben.[28] Denn der Bundesgesetzgeber selbst hat durch die Schaffung von Übergangsfassungen diese nur als Provisorien konzipiert.

25 Übergangsbestimmungen für sog. **Altanstalten**, deren Errichtung schon vor Inkrafttreten des Bundes-Strafvollzugsgesetzes begonnen hatte, enthält § 201 StVollzG.[29] Damit sollte der damals bestehenden baulichen, personellen und organisatorischen Situation Rechnung getragen werden.

> So konnte bis zum 31.12.1985 die Unterbringung der Inhaftierten abweichend von § 10 StVollzG ausschließlich im geschlossenen Vollzug erfolgen, wenn die konkrete Anstaltssituation es erforderte. Die zeitliche Befristung dieser das Differenzierungsprinzip des § 141 StVollzG tangierenden Übergangsregelung wurde durch Art. 22 des Gesetzes zur Verbesserung der Haushaltsstruktur vom 22.12.1981[30] gestrichen. Lassen räumliche, personelle und organisatorische Gegebenheiten in einer Justizvollzugsanstalt, deren Bau vor dem 1.1.1977 begonnen hat, keine offenen Vollzugsformen zu, kommt es dort weiterhin zur Unterbringung aller Gefangenen im geschlossenen Vollzug.

---

[26] AK-Feest, 2006, § 198 Rdn. 5.
[27] Böhm, 2002, S. 94.
[28] Siehe AK-Feest, 2006, § 198 Rdn. 5; Calliess/Müller-Dietz, 2008, § 198 Rdn. 3; Laubenthal, in: Schwind/Böhm/Jehle/Laubenthal, 2009, § 198.
[29] Dazu BGH, NStZ 2006, S. 57; KG, NStZ-RR 2003, S. 125.
[30] BGBl. I 1981, S. 1523.

Ein solches Zurücktreten der Realisierung wesentlicher Behandlungsmaßnahmen hinter fiskalischen Sachzwängen hat das Sozialisationspotenzial des Behandlungsvollzugs reduziert. Dies gilt vor allem auch für die Justizvollzugsanstalten in den neuen Bundesländern, hinsichtlich derer es immer noch erheblicher Aufwendungen bedarf, um diese zumindest dem vorhandenen westlichen Standard anzupassen.[31]

Die Vorschriften der §§ 198 ff. StVollzG – verbunden mit dem ergebnislosen Verstreichenlassen bestimmter Zeitpunkte zum Inkrafttreten einzelner Normen und damit einem bloßen Fortbestand des Status quo mangels Initiative zum Erlass eines besonderen Bundesgesetzes i.S.d. § 198 Abs. 3 StVollzG – beeinträchtigten nicht nur das Vertrauen in die Glaubwürdigkeit der staatlichen Selbstbindung.[32] Infolge knapper finanzieller Ressourcen blieb der „Torso" Strafvollzugsgesetz von 1977 eine „Ruine".[33] Mit dem Gesetz konnte nur ein Teilerfolg bei den lang andauernden Bemühungen um eine umfassende gesetzliche Grundlage des Strafvollzugs in Deutschland erzielt werden.[34]

1.2.2 Landes-Strafvollzugsgesetze

Von der Gesetzgebungskompetenz auf dem Gebiet des Erwachsenenvollzugs 26 haben die Bundesländer **Baden-Württemberg**[35], **Bayern**[36], **Hamburg**[37], **Hessen**[38] und **Niedersachsen**[39] Gebrauch gemacht.[40] Das Bayerische Gesetz über den Vollzug der Freiheitsstrafe, der Jugendstrafe und der Sicherungsverwahrung (Bayerisches Strafvollzugsgesetz – BayStVollzG) vom 10.12.2007 bezieht den Jugendstrafvollzug ein. Das gilt auch für das Gesetz zur Neuregelung des Justizvollzugs in Niedersachsen (Niedersächsisches Justizvollzugsgesetz – NJVollzG) vom 14.12.2007 sowie das Gesetzbuch über den Justizvollzug in Baden-Württemberg (Justizvollzugsgesetzbuch – JVollzGB) vom 10.11.2009, welche darüber hinausgehend auch den Vollzug der Untersuchungshaft umfassen.

Beim **Erwachsenenstrafvollzug** regeln die Landesgesetze den Vollzug der 27 Freiheitsstrafe und der Unterbringung in der Sicherungsverwahrung, in Baden-Württemberg und Bayern zudem den des Strafarrestes in Justizvollzugsanstalten (siehe die Bestimmungen über den Anwendungsbereich des jeweiligen Länderge-

---

[31] Dazu Dünkel F., 1993a, S. 37 ff.; Essig, 2000, S. 225 ff.; Freise, 2001, S. 83 ff.
[32] AK-Feest, 2006, § 198 Rdn. 5.
[33] Calliess/Müller-Dietz, 2008, § 198 Rdn. 1, § 201 Rdn. 2; Dünkel F., 1996, S. 519; Laubenthal, in: Schwind/Böhm/Jehle/Laubenthal, 2009, § 198.
[34] Dazu auch Arloth, 2001, S. 310.
[35] BWGVBl. 2009, S. 545 ff.; dazu Egerer, 2010, S. 34 ff.
[36] BayGVBl. Nr. 28/2007, S. 866 ff.; dazu Arloth, 2008b, S. 561 ff.; Schneider R., 2010, S. 312 f.
[37] HmbGVBl. Nr. 35/2009, S. 257 ff.; dazu Dünkel/Kühl, 2009, S. 82 ff.
[38] HGVBl. Nr. 12/2010, S. 185 ff.; dazu Kreuzer/Bartsch, 2010, S. 87 ff.
[39] Nds. GVBl. Nr. 41/2007, S. 720 ff.; dazu Feest, 2008, S. 553 ff.; Paeffgen, 2009, S. 46 ff.
[40] Krit. zu Landesstrafvollzugsgesetzen Köhne, 2009, S. 130 ff.

setzes: § 1 Abs. 1 JVollzGB I, Art. 1 BayStVollzG, § 1 HmbStVollzG, § 1 HStVollzG, § 1 NJVollzG). Für andere Haftarten, für deren Vollzug im Bundes-Strafvollzugsgesetz Regelungen vorgegeben sind, gelten diese fort (z.B. Unterbringung im psychiatrischen Krankenhaus oder in einer Entziehungsanstalt; Vollzug von Ordungs-, Sicherungs-, Zwangs- und Erzwingungshaft). Sowohl hinsichtlich der Untergliederung der Regelungsbereiche als auch der Norminhalte lassen sich in den fünf Landes-Strafvollzugsgesetzen viele **Gemeinsamkeiten** mit dem Bundes-Strafvollzugsgesetz konstatieren. Deutliche **Divergenzen** bestehen dagegen vor allem im Bereich von Zielsetzungen bzw. Aufgabenstellungen des Vollzugs[41], beim Verhältnis von offenen zu geschlossenen Vollzugsformen, bei der Zulässigkeit der Mehrfachbelegung von Haftäumen während der Ruhezeit sowie bezüglich der Voraussetzungen für eine Verlegung in eine sozialtherapeutische Einrichtung.[42]

28   Die Bestimmungen über den **Jugendstrafvollzug** sind in Bayern und Niedersachsen in die jeweiligen Landes-Strafvollzugsgesetze integriert. In Baden-Württemberg enthält das Buch 4 des Justizvollzugsgesetzbuchs die jugendstrafvollzugsrechtlichen Normen. Dagegen haben die übrigen Bundesländer jeweils eigene Jugendstrafvollzugsgesetze erlassen.[43]

29   Art. 196 ff. BayStVollzG, §§ 118 ff. HmbStVollzG, §§ 58 ff. HStVollzG, §§ 190 ff. NJVollzG enthalten Bestimmungen zum **Datenschutz**. Auf landesrechtlicher Ebene hatte für den Bereich der Verarbeitung personenbezogener Daten im Justizvollzug das Bundesland **Baden-Württemberg** zunächst im Jahr 2007 von seiner Kompetenz zur Vollzugsgesetzgebung Gebrauch gemacht und hierzu ein Gesetz über den Datenschutz im Justizvollzug in Baden-Württemberg (Justizvollzugsdatenschutzgesetz – JVollzDSG) vom 3.7.2007 geschaffen.[44] Die Regelungen über den Datenschutz sind dort seit Inkrafttreten des Justizvollzugsgesetzbuchs im Jahr 2010 in §§ 27 ff. JVollzGB I enthalten.

1.3 Verfassungsrechtliche Prinzipien

30   Bestimmende Bedeutung für die Vollzugsgestaltung und die Rechtsstellung der von freiheitsentziehenden Maßnahmen Betroffenen erlangen über die bundes- bzw. landesgesetzlichen Regelungen zum Strafvollzug hinaus die verfassungsrechtlichen Grundprinzipien. Dies gilt hinsichtlich des Verhältnisses zwischen Inhaftierten bzw. Untergebrachten und dem Staat für den **Grundrechtskatalog der Art. 1 bis 19 und 104 GG**. Die äußeren Bedingungen sowie die Einwirkungen auf den Verurteilten haben zudem den **Grundsätzen des demokratischen und sozialen Rechtsstaats (Art. 20 und 28 GG)** zu entsprechen.

Schon die vollzugliche Zielsetzung der Befähigung des Gefangenen zu einer sozial verantwortlichen Lebensführung ohne weitere Straftaten (§ 2 S. 1 StVollzG,

---

[41] Dazu Schneider R., 2010, S. 58 ff.
[42] Siehe auch Arloth, 2008a, S. 130 ff.
[43] Dazu Kap. 9.1.
[44] BWGBl. Nr. 11/2007, S. 320.

§ 1 JVollzGB III, Art. 2 S. 2 BayStVollzG, § 2 S. 1 HmbStVollzG, § 2 S. 1 HStVollzG, § 5 S. 1 NJVollzG) leitet sich unmittelbar aus der Verfassung ab. Es folgt aus dem Gebot zur Achtung der Menschenwürde und dem Sozialstaatsprinzip.[45] Auf das Sozialisationsziel gestützt kommt es jedoch auch zu Grundrechtseinschränkungen.[46] § 196 StVollzG, § 57 JVollzGB I, Art. 207 BayStVollzG, § 129 HmbStVollzG, § 82 HStVollzG, § 202 NJVollzG benennen insoweit ausdrücklich Art. 2 Abs. 2 S. 1 u. 2 GG sowie Art. 10 Abs. 1 GG.[47] Freiheitsbeschränkungen des Inhaftierten ergeben sich zudem aus verfassungsunmittelbaren und verfassungsimmanenten Schranken, durch Regelungsvorbehalte und mit dem Eingriff in das Freiheitsgrundrecht zwangsläufig verbundene Annexwirkungen.[48]

Der Vollzug freiheitsentziehender Unrechtsreaktionen in den Institutionen birgt vor allem Gefährdungspotenziale für das Grundrecht der **Menschenwürde** (Art. 1 Abs. 1 GG).[49] Hierzu hat das Bundesverfassungsgericht wiederholt betont, dass die Verpflichtung der staatlichen Gewalt zu Achtung und Schutz der Würde des Menschen auf den Strafvollzug bezogen bedeutet: Dem Gefangenen müssen die grundlegenden Voraussetzungen individueller und sozialer Existenz des Menschen auch in der Haft erhalten bleiben.[50] Damit sind Rechtsbeschränkungen im Freiheitsentzug nicht nur durch Art. 2 Abs. 1 GG und das Rechtsstaatsprinzip des Art. 20 Abs. 3 GG gebundene Maßnahmen, sie finden gerade in den Forderungen des Art. 1 Abs. 1 GG ihre unüberwindbare Schranke.[51] **31**

Da die Strafvollzugsgesetze den Vollzugsbehörden vielfache Ermessens- und Beurteilungsspielräume gewähren, ist die **Gefahr einer Minimalisierung von Grundrechtspositionen**[52] gegeben. Dass insoweit Handlungsbedarf bestand und weiter besteht, zeigt eine Reihe von Entscheidungen des Bundesverfassungsgerichts, mit denen Anstaltsleitungen und Vollstreckungsgerichte zur Beachtung der Grundrechtspositionen Inhaftierter angehalten werden mussten.[53] Die beim Bundesverfassungsgericht eingegangenen Verfassungsbeschwerden in Vollzugssachen haben deutlich zugenommen.[54]

Die verfassungsgerichtlichen Entscheidungen betreffen nicht nur die Einhaltung grundlegender Voraussetzungen menschlicher Existenz (z.B. wenn ein Ge- **32**

---

[45] Dazu Kap. 3.1.1.1.
[46] Siehe in Kap. 3.5.2.1.
[47] Dazu Laubenthal, in: Schwind/Böhm/Jehle/Laubenthal, 2009, § 196.
[48] Siehe Kap. 3.5.2.1.
[49] Dazu Bemmann, 1998, S. 123 ff.; Feest/Bammann, 2000, S. 61 ff.; v. Hinüber, 1994, S. 212 ff.; Lüderssen, 1997, S. 179 ff.; Müller-Dietz, 1994a; ders., 1994b, S. 43 ff.; Wulf, 1996, S. 228 ff.
[50] BVerfGE 45, S. 228; BVerfG, StrVert 1993, S. 487; BVerfGE 109, S. 150.
[51] BVerfG, ZfStrVo 2002, S. 177; BVerfGE 116, S. 85 f.; Winchenbach, 1996, S. 12 f.
[52] Müller-Dietz, 1994b, S. 49.
[53] Dazu Kruis/Cassardt, 1995, S. 521 ff., S. 574 ff.; Kruis/Wehowsky, 1998, S. 593 ff.; Leyendecker, 2002, S. 141 ff.; Lübbe-Wolff/Geisler, 2004, S. 478 ff.; Lübbe-Wolff/Lindemann, 2007, S. 450 ff.; Müller-Dietz, 1997, S. 503 ff.; Rotthaus K., 1996a, S. 3 ff.
[54] Vgl. Lübbe-Wolff/Lindemann, 2007, S. 450.

fangener nach Ansicht der Anstaltsleitung dulden sollte, dass es in seinem Haftraum öfter zu Überschwemmungen aus Toiletten und anderen Abflüssen kam).[55] Das Bundesverfassungsgericht sieht sich insbesondere auch immer wieder veranlasst, den aus Art. 19 Abs. 4 S. 1 GG folgenden Anspruch auf einen möglichst **effektiven Rechtsschutz** im Freiheitsentzug durchzusetzen.[56] Daneben besteht für das Gericht die Notwendigkeit, auf die Beachtung des **Rechtsstaatsprinzips** (Art. 20 Abs. 3 GG) hinzuweisen – sei es, weil disziplinarische Eingriffe schuldunangemessen und unverhältnismäßig sind[57] oder das aus Art. 20 Abs. 3 GG herzuleitende Gebot des Vertrauensschutzes nicht hinreichend beachtet wird.[58] Die Rechtsprechung betrifft zudem das Grundrecht auf **freie Meinungsäußerung** und **Informationsfreiheit** (Art. 5 GG).[59]

1.4 Internationale Rechtsquellen

33 Der Strafvollzug ist nicht nur innerstaatlich geregelt; neben der nationalen erlangt eine internationale Ebene des Strafvollzugsrechts wachsende Relevanz.[60] Hierbei handelt es sich um national übergreifende Regelungen zur Verbesserung der rechtlichen Situation der Gefangenen, die teilweise in bundesdeutsches Recht umgesetzt wurden oder bei der Anwendung des deutschen Vollzugsrechts zumindest ergänzend bzw. als Auslegungshilfen zu berücksichtigen sind.[61] Insoweit hat das Bundesverfassungsgericht in seinem grundlegenden Urteil vom 31.5.2006 zum

---

[55] BVerfG, StrVert 1993, S. 487; siehe auch Kap. 5.2.4.2.
[56] Siehe BVerfG, StrVert 1993, S. 484; BVerfG, StrVert 1993, S. 487; BVerfG, StrVert 1994, S. 94; BVerfG, NStZ 1994, S. 101; BVerfG, ZfStrVo 1995, S. 371; BVerfG, ZfStrVo 1996, S. 46; BVerfG, StrVert 1996, S. 445; BVerfG, NStZ 1999, S. 428; BVerfG, NStZ 1999, S. 532; BVerfG, NJW 2001, S. 3770; BVerfG, ZfStrVo 2002, S. 176; BVerfG, NStZ 2004, S. 223; BVerfG, Beschl. v. 15.3.2006 – 2 BvR 917/05; BVerfG, Beschl. v. 27.5.2006 – 2 BvR 1675/05; BVerfG, StraFo 2006, S. 429; BVerfG, NStZ-RR 2007, S. 92; BVerfG, NStZ 2007, S. 413; BVerfG, Recht und Psychiatrie 2007, S. 211; BVerfG, Beschl. v. 18.6.2007 – 2 BvR 2395/06; BVerfG, Beschl. v. 27.12.2007 – 2 BvR 1061/05; BVerfG, Recht und Psychiatrie 2008, S. 46; BVerfG, Beschl. v. 24.3.2008 – 2 BvR 2347/08; BVerfG, EuGRZ 2010, S. 531 ff.; BVerfG, StRR 2010, S. 323.
[57] BVerfG, StrVert 1994, S. 437; BVerfG, ZfStrVo 1995, S. 53; BVerfG, Beschl. v. 6.11.2007 – 2 BvR 1136/07; BVerfG, NStZ 2007, S. 413; BVerfG, RuP 2008, S. 46.
[58] BVerfG, NStZ 1993, S. 300; BVerfG, NStZ 1994, S. 100; BVerfG, StrVert 1994, S. 432; BVerfG, NStZ 1996, S. 252; ähnlich BVerfG, NJW 2005, S. 2137.
[59] BVerfG, StrVert 1993, S. 600; BVerfG, NJW 1994, S. 244; BVerfG, StrVert 1994, S. 434; BVerfG, StrVert 1994, S. 437; BVerfG, ZfStrVo 1995, S. 302; BVerfG, ZfStrVo 1996, S. 111; BVerfG, ZfStrVo 1996, S. 174; BVerfG, ZfStrVo 1996, S. 175; BVerfG, ZfStrVo 1996, S. 244; BVerfG, NStZ 2005, S. 286; BVerfG, NJW 2007, S. 1194; BVerfG, StraFo 2009, S. 379 ff.; BVerfG, StrVert 2010, S. 142; BVerfG, StRR 2010, S. 323.
[60] Dazu Kaiser, 1999, S. 25 ff.; Müller-Dietz, 2002, S. 115 f.
[61] Calliess/Müller-Dietz, 2008, Einl. Rdn. 54 ff.

Jugendstrafvollzug allerdings ausgeführt: „... auf eine den grundrechtlichen Anforderungen nicht entsprechende Gewichtung der Belange der Inhaftierten kann es hindeuten, wenn völkerrechtliche Vorgaben oder internationale Standards mit Menschenrechtsbezug, wie sie in den im Rahmen der Vereinten Nationen oder von Organen des Europarates beschlossenen einschlägigen Richtlinien und Empfehlungen enthalten sind ... nicht beachtet beziehungsweise unterschritten werden."[62]

Wesentliche Quellen des internationalen Strafvollzugsrechts sind:
- Die **Konvention zum Schutze der Menschenrechte und Grundfreiheiten** (EMRK) von 1950, durch Bundesgesetz vom 7.8.1952[63] in nationales Recht transformiert, die als europäische Übereinkunft unter Bezugnahme auf die UNO-Menschenrechtserklärung Individualrechte der Bürger gewährleistet und damit auch Grenzen für staatliche Eingriffe in die Rechtssphäre der im Freiheitsentzug befindlichen Personen aufstellt. **34**

  Für den Bereich des Strafvollzugs relevant[64] sind von den Grundrechten der EMRK insbesondere Art. 2 (Recht auf Leben), Art. 3 (Verbot der Folter und anderer unmenschlicher oder erniedrigender Strafe oder Behandlung), Art. 4 (Verbot der Zwangs- und Pflichtarbeit), Art. 5 (Recht auf Freiheit und Sicherheit), Art. 6 (Recht auf ein rechtsstaatliches Verfahren), Art. 8 (Achtung des Privatlebens), Art. 9 Abs. 2 (Gedankens-, Gewissens- und Religionsfreiheit), Art. 10 Abs. 1 (freie Meinungsäußerung), Art. 11 Abs. 2 (Vereinigungsfreiheit), Art. 13 (Beschwerderecht) und Art. 14 (Gleichheit vor dem Gesetz).

- Die **Mindestgrundsätze für die Behandlung der Gefangenen** nach einer Entschließung des Wirtschafts- und Sozialrats der Vereinten Nationen aus dem Jahr 1957, die auf Beschlüssen des 1955 abgehaltenen Ersten Kongresses der Vereinten Nationen über Verbrechensverhütung und Behandlung Straffälliger beruhen.[65] Diese sog. Minima erlangten keine Rechtsverbindlichkeit. Sie stellen bis heute geltende Empfehlungen dar, die als moralisch verpflichtend[66] Beachtung finden. **35**

- Der **Internationale Pakt über bürgerliche und politische Rechte** (Vereinte Nationen) von 1966, im Gegensatz zu den Mindestgrundsätzen von 1957 für den Unterzeichnerstaat Bundesrepublik Deutschland geltendes Recht[67], der das Verbot von Folter und anderer unmenschlicher oder erniedrigender Behandlung verbindlich festschreibt und in Art. 10 Fragen des Strafvollzugs wie den Vollzugszweck der Besserung und sozialen Reintegration der Insassen sowie die getrennte Unterbringung jugendlicher und erwachsener Verurteilter betrifft. **36**

---

[62] BVerfGE 116, S. 90.
[63] BGBl. II 1952, S. 685 ff.
[64] Ausführlich Laubenthal, 2002c, S. 179 ff.
[65] Dazu Jescheck, 1955, S. 137 ff. (mit Abdruck der Beschlüsse in deutscher Übersetzung).
[66] Böhm, 1986, S. 24.
[67] BGBl. II 1973, S. 1534.

- Das **Abschlussabkommen des Wiener KSZE-Folgetreffens** von 1989[68], das – unbeschadet seiner fehlenden Rechtsverbindlichkeit – die Teilnehmerstaaten zur Gewährleistung einer menschlichen Behandlung der Gefangenen verpflichtet.

37 - Das **Europäische Übereinkommen zur Verhütung von Folter und unmenschlicher und erniedrigender Behandlung und Strafe** von 1987 (sog. Anti-Folter-Konvention), in Kraft seit 1.2.1989[69], das den Schutz Inhaftierter vor menschenunwürdigen Maßnahmen durch ein präventives Besuchssystem zu verstärken sucht: Einem Commitee for the Prevention of Torture (CPT) als unabhängigem Expertenausschuss (sog. Anti-Folter-Ausschuss) steht das Recht zu jederzeitigen Anstaltsbesuchen zu, um erforderlichenfalls Folter und unmenschliche oder erniedrigende Behandlung von Strafgefangenen aufzuzeigen (Art. I).[70] Seit Inkrafttreten des Übereinkommens führt das CPT Inspektionen in den Vollzugseinrichtungen der Länder des Europarats durch – sowohl alle fünf Jahre stattfindende planmäßige als auch Ad-hoc-Inspektionen. Der Ausschuss erstellt Berichte über seine Beobachtungen und Erkenntnisse, die Empfehlungen zu einer Verbesserung des Schutzes der Inhaftierten enthalten. Formuliert wurden als Ergebnis der Inspektionen in den Mitgliedsländern des Europarats CPT-Standards.[71]

38 - Die **Europäischen Strafvollzugsgrundsätze** 2006[72] des Ministerkomitees des Europarats, von diesem verabschiedet als „Recommendation Rec (2006) 2 on the European Prison Rules". Dabei handelt es sich um eine den gewandelten sozialen Verhältnissen und Gegebenheiten im Vollzug entsprechende überarbeitete Fassung der Europäischen Strafvollzugsgrundsätze von 1987[73], welche wiederum auf die sog. Minima der Vereinten Nationen zurückgingen. Die European Prison Rules 2006 berücksichtigen vor allem die bisherigen Ergebnisse der Inspektionen des sog. Anti-Folter-Ausschusses und der daraus entwickelten CTP-Standards, die Rechtsprechung des Europäischen Gerichtshofs für Menschenrechte in Vollzugsangelegenheiten sowie Resolutionen des Europäischen Parlaments zur Gewährleistung der Menschenrechte in den Vollzugseinrichtungen und stellen damit ein Resultat des Menschenrechtsdiskurses der letzten Jahre in Europa dar. Die Strafvollzugsgrundsätze betonen eine menschenwürdige, rechts- und sozialstaatliche Vollzugsgestaltung. An der Spitze der Recommendation sind in Teil I „Basic Principles" festgelegt, wobei nicht nur auf die Men-

---

[68] Siehe Tretter, 1989, S. 79 ff. (mit Abdruck des Abkommenstextes).
[69] BGBl. II 1989, S. 946 ff.
[70] Zu Mandat, Organisation und Besuchsverfahren: Alleweldt, 1998, S. 245 ff.; Bank, 1996, S. 87 ff.; Best, 1999, S. 55 ff.; Feest, 2007, S. 307; Kaiser, 1996a, S. 777 ff.; ders., 1999, S. 25 ff.; Koeppel, 1999, S. 188 ff.; Morgan/Evans, 2003; Neubacher, 1999, S. 213 ff.; Schmidt Jü., 2008, S. 120 f.
[71] Text unter www.cpt.coe.int.
[72] Council of Europe, European Prison Rules, 2006 (siehe auch https://wcd.coe.int/ViewDoc.jsp?id=955747); dazu Coyle, 2006, S. 101 ff.; Dünkel/Morgenstern/Zolondek, 2006, S. 86 ff.
[73] European Prison Rules, 1987; dazu Neubacher, 1999, S. 212; krit. Doleisch, 1989, S. 35 ff.

schenwürde, sondern auf die Beachtung der Menschenrechte insgesamt Bezug genommen wird. Die weiteren Teile beziehen sich auf Haftbedingungen mit Sonderregelungen für bestimmte Gefangenengruppen, auf die Bereiche der Gesundheitsfürsorge, Sicherheit und Ordnung, das Anstaltspersonal, Inspektion und Aufsicht, Untersuchungshaft sowie rechtskräftig verurteilte Strafgefangene. Die European Prison Rules 2006 bleiben aber nur Empfehlungen und begründen keine subjektiven Rechte und Pflichten des Gefangenen. Darüber hinaus existieren weitere nicht rechtsverbindliche Empfehlungen des Europarats, die sich mit Angelegenheiten des Strafvollzugs befassen.[74]

- **UN-Konvention gegen Folter und andere grausame, unmenschliche oder erniedrigende Behandlung oder Strafe** (UNCAT)[75] von 1984, in Kraft seit 27.6.1987.[76] Die Konvention[77] verpflichtet die Staaten innerstaatlich und zwischenstaatlich zu wirksamen Maßnahmen gegen Folter, sowohl durch präventive Vorkehrungen als auch mittels effektiver Strafverfolgung. Zudem ist die Einsetzung eines Commitee Against Torture (CAT) vorgesehen. Dieses soll Beschwerden von betroffenen Inhaftierten oder seitens der Mitgliedsstaaten prüfen sowie selbständige Untersuchungen bei zuverlässigen Hinweisen auf eine systematische Folterpraxis in einem Staat durchführen.

39

Ein im Jahr 2002 vereinbartes **Fakultativprotokoll** zur Anti-Folter-Konvention von 1984 (OPCAT)[78] ist am 22.6.2006 nach Ratifikation durch die dafür erforderliche Mindestzahl von Mitgliedern der Vereinten Nationen in Kraft getreten[79] und wurde im gleichen Jahr seitens der Bundesrepublik Deutschland unterzeichnet.[80] Das OPCAT sieht u.a. die Verpflichtung zur Einrichtung von Präventionsmechanismen auch auf nationaler Ebene vor.[81]

1.5 Durchführung des Strafvollzugs als Ländersache

Bereits vor der Übertragung der Gesetzgebungskompetenz für den Strafvollzug auf die Bundesländer durch das Föderalismusreformgesetz von 2006[82] gab es keinen Bundesstrafvollzug. Die **Verwaltungshoheit** liegt insoweit bei den Bundesländern. Da es keine besondere verfassungsrechtliche Regelung über die Ausübung staatlicher Befugnisse und die Aufgabenerfüllung auf dem Gebiet des

40

---

[74] Sammlung in Bundesministerium der Justiz/Bundesministerium für Justiz/Eidgenössiches Justiz- und Polizeidepartement, 2004, S. 29 ff.
[75] United Nations Convention against Torture and other Cruel, Inhuman or Degrading Treatment or Punishment.
[76] BGBl. II 1990, S. 246 ff.
[77] Dazu Bank, 1996, S. 9 ff.
[78] Optional Protocol/Convention against Torture.
[79] Text unter www.apt.ch.
[80] Dazu Follmar-Otto, 2007, S. 57 ff.
[81] Siehe auch Feest, 2007, S. 307 f.
[82] Dazu Kap. 2.5.3.

Sanktionsvollzugs gibt, führen die Länder das Strafvollzugsgesetz als **eigene Angelegenheit** aus.

41 Die einzelnen Bundesländer verfügen – gebunden an das Strafvollzugsgesetz – über eigene Vollzugssysteme, was insbesondere in der divergierenden personellen und sachlichen Ausstattung der Anstalten zum Ausdruck kommt.

Tabelle 1.1. Zahl der Justizvollzugsanstalten und Belegungsfähigkeit am 31.3.2010 nach Bundesländern

	Anstalten	Belegungsfähigkeit
Baden-Württemberg	19	8 185
Bayern	36	11 916
Berlin	9	5 147
Brandenburg	6	2 308
Bremen	1	748
Hamburg	6	2 596
Hessen	16	5 767
Mecklenburg-Vorpommern	2	1 547
Niedersachsen	14	7 233
Nordrhein-Westfalen	37	18 390
Rheinland-Pfalz	10	3 606
Saarland	3	886
Sachsen	10	3 840
Sachsen-Anhalt	8	2 456
Schleswig-Holstein	6	1 695
Thüringen	7	2 130
Gesamt	190	78 450

Quelle: Statistisches Bundesamt, Bestand der Gefangenen und Verwahrten in den deutschen Justizvollzugsanstalten, 2010.

§ 150 StVollzG ermächtigt in seinem Geltungsbereich die Länder zur Bildung übergreifender Vollzugsgemeinschaften.[83] Dies gibt gerade kleineren Bundesländern die Möglichkeit, im Hinblick auf eine differenziertere Behandlung Gefangene in besonderen Anstalten zusammenzufassen, bewirkt andererseits aber eine räumlich weitere Entfernung des Verurteilten von seinen Bezugspersonen.

1.5.1 Verwaltungsvorschriften für den Justizvollzug

42 Da die Bundesländer den Strafvollzug selbst verwalten, besitzen sie in ihren jeweiligen Zuständigkeitsbereichen auch die Kompetenz zum Erlass von Verwaltungsvorschriften für den Justizvollzug. Mittels besonderer Vereinbarungen haben die Landesjustizverwaltungen sich in der Vergangenheit um übereinstimmende Regelungen unterhalb der Gesetzesebene bemüht.

---

[83] Dazu Laubenthal, in: Schwind/Böhm/Jehle/Laubenthal, 2009, § 150.

Bundeseinheitlich erlassen wurden:[84]
- Verwaltungsvorschriften zum Strafvollzugsgesetz (VVStVollzG),
- Dienst- und Sicherheitsvorschriften für den Strafvollzug (DSVollz),
- Vollzugsgeschäftsordnung (VGO).

Diese Regelungen gelten in den Bundesländern fort, soweit diese von ihrer Gesetzgebungskompetenz auf dem Gebiet des Strafvollzugs keinen Gebrauch gemacht haben. Daneben existieren in den einzelnen Bundesländern unterschiedliche ergänzende Verwaltungsvorschriften[85] bzw. Ausführungsvorschriften, Erlasse und Rundverfügungen zu Einzelbereichen (z.B. Besuchsverkehr, Überwachung des Schriftwechsels, Anstaltsbeiräte usw.).

Die Verwaltungsvorschriften prägen die Vollzugspraxis zu einem erheblichen Teil. Sie stellen jedoch nur **verwaltungsinterne Entscheidungshilfen** dar, die den Handlungsspielraum des Gesetzes konkretisieren und an welche die den Landesjustizverwaltungen nachgeordneten Vollzugsbehörden im Rahmen der Zielsetzungen des jeweiligen Strafvollzugsgesetzes und der allgemeinen Rechtsgrundsätze gebunden sind.[86] Als innerbehördliche Entscheidungshilfen entfalten sie keine unmittelbare Bindungswirkung für die Gerichte.

Die Verwaltungsvorschriften können eine doppelte **Funktion** haben.[87] Zum einen dienen sie der Auslegung von unbestimmten Rechtsbegriffen (z.B. Flucht- und Missbrauchsgefahr bei der Entscheidung über die Gewährung von Vollzugslockerungen) auf der Tatbestandsebene. Sie beinhalten dabei keine den gesetzlichen Merkmalen entsprechenden zusätzlichen Gesichtspunkte. Vielmehr sind die einzelnen Kriterien der Verwaltungsvorschriften lediglich als Indizien für das Vorliegen der gesetzlichen Voraussetzungen im konkreten Fall heranzuziehen.[88] Neben dem Charakter als tatbestandsinterpretierende Auslegungsrichtlinien betreffen Verwaltungsvorschriften zum anderen – wenn ein entsprechender Spielraum eröffnet ist – als Ermessensrichtlinien die Ermessensausübung. Sie konkretisieren das behördliche Ermessen und bewirken innerhalb des gesetzlichen Rahmens eine Vereinheitlichung der vollzuglichen Entscheidungen und Maßnahmen zur Vermeidung von Ungleichbehandlungen.[89] Die innerbehördliche Verrechtlichung darf allerdings zu keiner schematischen Anwendung der Entscheidungshilfen führen. Sie entbindet nicht von der Verpflichtung zu einer konkret einzelfallbezogenen Prüfung und Begründung[90], was im Ergebnis durchaus ein Abweichen vom Inhalt einer Verwaltungsvorschrift zur Folge haben kann.[91]

43

---

[84] Abgedruckt in: Hellstern, 2003.
[85] Siehe z.B. Verwaltungsvorschriften zum BayStVollzG v. 1.7.2008 (BayJMBl. 2008, S. 89 ff.).
[86] Calliess/Müller-Dietz, 2008, § 13 Rdn. 8.
[87] Dazu Müller-Dietz, 1981a, S. 409 ff.; Ullenbruch, in: Schwind/Böhm/Jehle/Laubenthal, 2009, § 13 Rdn. 15; Treptow, 1978, S. 2229 f.
[88] Calliess/Müller-Dietz, 2008, § 13 Rdn. 8.
[89] BVerwGE 31, S. 212 f.
[90] OLG Frankfurt, ZfStrVo 1981, S. 122; OLG Hamm, NStZ 1984, S. 143; OLG Celle, Nds. Rpfl. 2005, S. 122.
[91] OLG Hamburg, NStZ 1981, S. 237.

1.5.2 Grenzen einer Vollzugsprivatisierung

44 Die verfassungsrechtliche Zuordnung des Strafvollzugs und die Ausführung auch des Bundes-Strafvollzugsgesetzes nach Art. 83 GG als Ländersache besagen nichts über die Gestaltungsformen des Vollzugs im Einzelnen und schließen daher eine Übertragung der damit verbundenen Verwaltungsaufgaben durch die Bundesländer auf Private nicht aus. Dennoch stieße die Einführung von **kommerzialisierten Privatgefängnissen** zur Reduzierung von Vollzugskosten[92], Überwindung von staatlicher Personalknappheit und Anstaltsüberbelegungen auf rechtliche Grenzen.

45 In den USA existiert im Bereich des Strafvollzugs bereits eine Reihe von stationären Einrichtungen, die von privaten Unternehmen betrieben werden.[93] Je nach Organisationsform bezahlt dort der Staat an den Unternehmer eine feste Miete pro Gefangenem und Tag, oder der Betreiber unterhält die Anstalt auf eigenes Risiko und erzielt seinen Gewinn aus dem Verkauf der von seinen Gefangenen hergestellten Produkte.

Zurückzuführen ist diese in den achtziger Jahren eingeleitete Entwicklung auf die Überfüllung der staatlichen Gefängnisse und den gerichtlichen Druck auf die Bundesstaaten, gegen Missstände in den Anstalten vorzugehen sowie für einen Minimalstandard an Lebensbedingungen Sorge zu tragen.[94] Die Errichtung neuer, sauberer und besser ausgestatteter Privatgefängnisse in den USA ließ die Diskussion über eine Vollzugsprivatisierung auch nach Europa übergreifen. Vor allem in Großbritannien[95] und in Frankreich[96] sind entsprechende Tendenzen erkennbar. Ende 1997 befanden sich weltweit bereits 85 201 Haftplätze in privater Hand, davon allerdings 91 % in Nordamerika.[97] Im Jahr 1999 belief sich die Anzahl der privat geleiteten Strafanstalten allein in den USA auf 137, welche über 93 789 Haftplätze verfügten.[98] Die Privatisierungsrate im US-amerikanischen Strafvollzug hat jedoch ihren Zenit bereits überschritten. Zugleich nahm die Intensität von Berichten über die Defizite privater Einrichtungen zu.[99] In Deutschland haben derartige Entwicklungen einer Vollzugsprivatisierung im Sinne einer kommerziellen Leitlinie dagegen bislang nicht eine mit der nordamerikanischen Entwicklung vergleichbare Resonanz gefunden. Im Lichte der nordamerikanischen Erfahrungen bleibt ungeklärt, ob Vollzugsprivatisierung eine

---

[92] Dazu Kulas, 2001, S. 7 ff.; Lindenberg, 1996, S. 89 ff.; krit. Cornel, 2006, S. 7 ff.
[93] Siehe Bosch/Reichert, 2001, S. 211 ff.; Gasch, 2004, S. 262 ff.; Giefers-Wieland, 2002; Kaiser, 2002, S. 873 ff.; Kulas, 2001, S. 118 ff.; Lilly, 1999, S. 78 ff.; Magliana, 2005, S. 75 ff.; Meyer F., 2004, S. 279 ff.; Nibbeling, 2001, S. 85 ff.; Weigend, 1989, S. 292 ff.; ausführlich zur Entwicklung im gesamten angelsächsischen Bereich Harding, 1997.
[94] Vgl. Jung H., 1988, S. 377; Nibbeling, 2001, S. 65 ff.
[95] Siehe Kulas, 2001, S. 123 ff.; Matthews, 1993, S. 32 ff.; Ryan/Sim, 1998, S. 185 ff.; Salewski, 2001; Smartt, 1995, S. 290 ff.; dies., 2001, S. 67 ff.; dies., 2001a, S. 8 ff.; dies., 2002, S. 50 ff.; Wagner Ch., 2000, S. 170.
[96] Dazu Maelicke B., 1999, S. 75.
[97] Vgl. Nibbeling, 2001, S. 86.
[98] Giefers-Wieland, 2002, S. 58.
[99] Siehe Magliana, 2005, S. 92.

nennenswerte Kostenersparnis zur Folge hat.¹⁰⁰ So müssen die staatlichen Mehrkosten, die durch die Überwachung der privaten Vollzugstätigkeit entstehen, in die Kalkulation mit einfließen.¹⁰¹ Vollends offen ist, ob – etwa durch eine bessere Motivation nicht beamteter Bediensteter – die Effizienz des Vollzugs eine Steigerung erfahren wird. Ferner wäre zu überlegen, ob nicht auch staatliche Institutionen bessere Wirtschaftlichkeit erreichen können¹⁰², etwa durch die Anwendung neuer Methoden im Zuge der allgemeinen Verwaltungsmodernisierung.¹⁰³

Jedoch kennt auch das deutsche Strafrecht Möglichkeiten privater Beteiligung. Beispielsweise lässt sich das Institut der Zurückstellung der Strafvollstreckung nach § 35 BtMG durchaus als privatrechtlich ausgestaltete Form der Strafhaft interpretieren: Danach darf die Vollstreckung einer Freiheitsstrafe von nicht mehr als zwei Jahren zurückgestellt werden, wenn der Straftat eine Drogenabhängigkeit zugrunde liegt und der Verurteilte sich in eine therapeutische Behandlung begibt.¹⁰⁴ Die in einer (privaten) Therapieeinrichtung verbrachte Zeit wird dann auf die Freiheitsstrafe angerechnet.

Im Juli 1996 wurde in Waldeck bei Rostock die erste von einem privaten Investor errichtete Justizvollzugsanstalt Deutschlands eröffnet. Das Bundesland Mecklenburg-Vorpommern hat die Anlage für zunächst 30 Jahre der damaligen Vereinbarung gemäß für 7 Millionen DM pro Jahr gemietet.¹⁰⁵ 1996 begann ein zweiter privater Gefängnisneubau im Bundesland Mecklenburg-Vorpommern in Neu-Strelitz.¹⁰⁶ Derartige Modelle wurden bei der Errichtung einer Anstalt in Gelsenkirchen nachgeahmt.¹⁰⁷ Auch in Bayern wird ein Gefängnisneubau in München durch einen privaten Investor geplant, errichtet und vorfinanziert.¹⁰⁸ Das lässt sich allerdings mit einer Privatisierung nach angelsächsischem Vorbild nicht gleichsetzen, denn in den eigentlichen Anstaltsbetrieb ist der private Investor nicht involviert. Insoweit dient dieses Privatisierungsmodell rein fiskalischen Zwecken.¹⁰⁹ Das gilt auch für den Bau einer Anstalt in Gablingen bei Augsburg¹¹⁰ im Wege eines sog. public private partnership, der sich letztlich als teurer erwies.¹¹¹

Sektorale Bereiche des Strafvollzugs sind bereits seit Längerem einer Privatisierung zugänglich.¹¹² So lassen Unternehmen in den Justizvollzugsanstalten von den Inhaftierten Waren produzieren; Strafgefangene gehen im Wege der Außenbeschäftigung und des Freigangs einer Arbeit in externen Firmen nach. Fachper-

46

---

¹⁰⁰ Skeptisch Arloth, 2010, S. 349; Bosch/Reichert, 2001, S. 30 ff.; Kaiser/Schöch, 2002, S. 196; Magliana, 2005, S. 82; Walter M., 1999a, S. 29; anders Aumüller, 2001, S. 62 ff.; Kulas, 2001a, S. 35 f.; Lange, 2001, S. 900 f.; Olschok, 2001, S. 115 f.
¹⁰¹ Zum Ganzen Magliana, 2005, S. 90; Nibbeling, 2001, S. 154 ff.
¹⁰² Augustin, 2002, S. 111.
¹⁰³ Böhm, 2003, S. 45.
¹⁰⁴ Dazu Dammann, 1985, S. 97 ff.; Egg, 1988, S. 21 ff.; siehe auch Kap. 5.5.3.
¹⁰⁵ Siehe ZfStrVo 1996, S. 369; AK-Huchting/Lehmann, 2006, vor § 139 Rdn. 6; Burmeister, 1997, S. 11 ff.
¹⁰⁶ Vgl. FAZ Nr. 228 v. 30.9.2005, S. V17.
¹⁰⁷ Vgl. Salewski, 1999, S. 277; Smartt, 1999, S. 270 ff.
¹⁰⁸ Pressemitteilung Nr. 74/07 des Bayer. Staatsministeriums der Justiz v. 23.5.2007.
¹⁰⁹ Hierzu Flügge, 2000, S. 261; Kruis, 2000, S. 2.
¹¹⁰ Pressemitteilung Nr. 184/07 des Bayer. Staatsministeriums der Justiz v. 28.11.2007.
¹¹¹ Vgl. Arloth, 2010, S. 347.
¹¹² Dazu Bongartz, 2005, S. 25 ff.; Krieg, 2001.

sonen (wie Ärzte oder Psychologen) werden zur Durchführung von Gesundheitsfürsorge bzw. einzelner spezieller Behandlungsmaßnahmen aufgrund privatrechtlichen Vertrags im Vollzug nebenamtlich tätig (§ 155 Abs. 1 S. 2 StVollzG, § 12 Abs. 1 S. 2 u. Abs. 2 JVollzGB I, Art. 176 Abs. 1 S. 2 BayStVollzG, § 105 Abs. 1 S. 2 HmbStVollzG, § 76 Abs. 1 S. 2. u. 3 HStVollzG, § 177 Abs. 1 S. 2 und § 178 NJVollzG). Das Bundesland Hessen hat im Jahr 2005 in Hünfeld eine in weiter gehendem Umfang privatisierte Anstalt eröffnet, in der die Bereiche der Versorgung, Ausbildung, Freizeitgestaltung und soziale Betreuung nebst Teilen der Verwaltung für zunächst fünf Jahre einem privaten Dienstleistungsunternehmen übertragen wurden, wovon sich das Land eine Einsparung von etwa 15 % der Gesamtbetriebskosten (660.000,– EUR jährlich) versprach.[113] Bereits zwei Jahre nach Inbetriebnahme der Anstalt wuchsen jedoch Zweifel am Einsparungspotenzial der Teilprivatisierung.[114] In Burg in Sachsen-Anhalt erfolgte der Bau einer Anstalt, die von Privaten sowohl errichtet als auch in vergleichbarem Umfang wie die Anstalt in Hünfeld betrieben wird.[115] Eine ähnliche Einrichtung entstand in Offenburg in Baden-Württemberg.[116]

47 Die Privatisierung einer kompletten Strafanstalt[117] oder gar eines ganzen Vollzugssystems im Sinne von Kommerzialisierung würde dagegen eine andere, neue Qualität erlangen und mit dem **Rechtsstaatsprinzip** und dem **Sozialstaatsauftrag** des Grundgesetzes kollidieren. Denn der Staat hat innerhalb der verfassungsorganisatorisch bereitgestellten Möglichkeiten nicht das Recht, seine Verwaltung beliebig zu konstruieren und Verwaltungsbereiche auf Private zu übertragen. Vielmehr ist der Zusammenhang von verfassungsrechtlichen Organisationsnormen und Grundrechtsgarantien zu beachten. Dies heißt insbesondere, dass die Privatisierung **kein Defizit an Rechtspositionen** bewirken darf.

Die Grenzlinien einer Privatisierung sind vor allem:
– Schutz vor Rechtsverlust,
– Erhaltung der Rechtssicherung.[118]

48 Lange Zeit wurde deshalb die Auffassung vertreten, die Beteiligung Privater an staatlichen Aufgaben müsse auf in ihrem administrativen Machtgehalt schwache Dienstleistungen reduziert bleiben, also auf entscheidungsarmes Verwaltungshandeln.[119] Die Rechtspraxis blieb aber bei der Herausnahme von Dienstleistungen

---

[113] Vgl. Bericht der Arbeitsgruppe „Privatisierung des Strafvollzugs", in: Der Vollzugsdienst Heft 2/2000, S. 20 ff.; Kirsch, 2005, S. 128 ff.; Kunze, 2003, S. 695 ff.; Päckert, 2007, S. 217 ff.; Pressemitteilung des Hess. Ministeriums der Justiz v. 15.11.2005; Wagner Ch., 2000, S. 171 f.; zur Justizvollzugsanstalt Hünfeld siehe auch Fennel, 2006, S. 298 f.; Hess. Ministerium der Justiz, 2005a.
[114] Siehe „Der Traum ist geplatzt – Haftplätze in teilprivatisierter JVA Hünfeld kosten mehr als in staatlichem Gefängnis", in: Südd. Zeitung v. 1.4.2008, S. 5.
[115] Vgl. FS 2007, S. 54; Kratz, 2007, S. 215 ff.
[116] Dazu Steindorfner, 2007, S. 208 f.
[117] Für zulässig hält dies Kulas, 2001, S. 142; ders., 2001a, S. 39.
[118] Günther, 2000, S. 309 f.; Laubenthal, 2004b, S. 419; Ossenbühl, 1971, S. 164 f.; vgl. auch Kaiser/Schöch, 2002, S. 202.
[119] Ossenbühl, 1971, S. 201.

aus dem Kanon staatlicher Aufgabenerfüllung nicht stehen. Über die Privatisierung von Bahn, Post und Telekommunikationsdienstleistungen hinaus ist beispielsweise mit der Übertragung von Gefahrenabwehraufgaben auf Flughafen- und Luftfahrtunternehmen der Bereich bloßer Leistungsverwaltung verlassen.[120]

Eine Übertragung auf Unternehmen als Betreiber von Justizvollzugsanstalten, die dann kommerziell-gewinnorientiert die Strafverbüßung organisieren und durchführen, würde aber das **staatliche Gewaltmonopol** unmittelbar tangieren, zu dessen klassischen Anwendungsbereichen gerade der Strafvollzug zählt.[121] Die mit dem staatlichen Gewaltmonopol einhergehenden Formalisierungen gehören zu den Grundbedingungen des Rechtsstaats. Es kann deshalb prinzipiell nur eine **öffentlich-rechtliche Organisationsform** die Ausübung des unmittelbaren Zwangs und der damit notwendigerweise verbundenen Beschränkungen in den rechtlichen Grenzen gewährleisten. Das Jedermann zustehende Recht zur vorläufigen Festnahme nach § 127 Abs. 1 StPO und zur Notwehr gem. § 32 StGB gegen rechtswidrige Angriffe bietet keine zureichende Befugnisgrundlage für eine Gewaltanwendung durch privates Anstaltspersonal.[122] Die in der Unfreiheit einer Strafanstalt rechtsstaatlich notwendige Grenzziehung zwischen Herrschaft und Freiheit – realisiert durch das 1977 in Kraft getretene Strafvollzugsgesetz bzw. die Landes-Strafvollzugsgesetze – würde mit einer Vollzugsprivatisierung wieder in Frage gestellt werden. Dies gilt erst recht deshalb, weil die privaten Notrechte anders als öffentlich-rechtliche Befugnisnormen nicht die Verhältnismäßigkeit des Handelns verlangen.[123]

Eine totale Privatisierung des Strafvollzugs hat damit jedenfalls als verfassungswidrig zu gelten. Es bleibt dem Staat verwehrt, nur noch die Entscheidungen über die Strafvollstreckung in eigener Verantwortlichkeit wahrzunehmen und im Übrigen den Strafvollzug völlig dem privaten Unternehmer anheimzugeben.[124] Ganz im Gegenteil wird für die Bereiche des öffentlichen Rechts, in denen die Verwaltungsprivatisierung bereits vorangeschritten ist, eine besondere Verpflichtung des Staates zu Privatisierungsfolgen verantworteter Tätigkeit bejaht. Man spricht insoweit in Anlehnung an die strafrechtliche Terminologie von einer Ingerenzpflicht.[125] Die Verantwortung des Staates zur Kontrolle der von ihm

---

[120] Dazu BVerfG, NVwZ 1999, S. 177; Di Fabio, 1999, S. 591.
[121] Siehe auch Jung H., 1988, S. 383 f.; ders., 1996, S. 72 ff.; Krölls, 1997, S. 453; Lange, 2001, S. 904; a.A. Hoffmann-Riem, 1999, S. 428; Kulas, 2001, S. 142.
[122] Laubenthal, 2004b, S. 419 f.; a.A. Siekmann, 1997, S. 355; differenzierend Mösinger, 2007, S. 427.
[123] Gramm, 1999, S. 341 f.; ders., 2001, S. 434; Gusy/Lührmann, 2001, S. 50.
[124] So AK-Feest/Lesting, 2006, vor § 1 Rdn. 11; Arloth, 2001, S. 320; ders., 2008, § 155 Rdn. 2; Bonk, 2000, S. 437; Calliess/Müller-Dietz, 2008, Einl. Rdn. 50, § 155 Rdn. 2; Hessler, 1999, S. 39; Kruis, 2000, S. 5; wohl auch Nibbeling, 2001, S. 247; Wydra, in: Schwind/Böhm/Jehle/Laubenthal, 2009, § 155 Rdn. 1; zur Situation bezüglich des Maßregelvollzugs siehe Baur, in: Kammeier, 2010, Rdn. C 61; Kammeier, in: Kammeier, 2010, Rdn. A 75; Ostendorf, 2006, S. 39; Willenbruch/Bischoff, 2006, S. 1776 ff.; anders OLG Schleswig bei Ostendorf, 2006, S. 38 f.
[125] Dazu Hadamek, 2002, S. 137 ff. m. w. Nachw.; vgl. auch Gusy, 2001, S. 7; Kruis, 2000, S. 4.

durchgeführten Privatisierung erscheint dabei umso stärker, je mehr sich der betroffene Verwaltungsbereich als grundrechtsrelevant darstellt. Die grundrechtlichen Schutzpflichten des Staates für die von seinem Rückzug aus der Wahrnehmung einer Aufgabe betroffenen Bürger werden aktualisiert.[126] Angesichts der engen Bezüge des staatlichen Strafvollzugs zu den von seiner Durchführung in mannigfacher Weise betroffenen Grundrechten der Gefangenen treffen die zuständigen Behörden umfangreiche Kontroll- und Überwachungspflichten auch in den Bereichen, in denen eine Privatisierung des Vollzugs grundsätzlich nicht auf Bedenken stößt.

51 Als **verfassungsrechtlich zulässig** wird man eine Organisationsweise anzusehen haben, in deren Rahmen das Betriebsmanagement der Anstalt einem privaten Betreiber obliegt, während sämtliche hoheitlichen Aufgaben – namentlich die Anwendung eines unmittelbaren Zwangs und die Verhängung von Disziplinarmaßnahmen – bei staatlichen Bediensteten verbleiben und die Allzuständigkeit des Anstaltsleiters (§ 156 Abs. 2 S. 2 StVollzG, § 13 Abs. 2 JVollzGB I, Art. 177 Abs. 2 S. 2 BayStVollzG, § 104 Abs. 2 HmbStVollzG, § 75 Abs. 1 S. 1 HStVollzG, § 176 Abs. 1 S. 1 NJVollzG) sich nicht angetastet findet.[127] Gegenstand der von Privaten wahrgenommenen Vollzugsaufgaben dürften also Dienst- und Serviceleistungen sein, die keinen Rechtseingriff bedingen.[128] Zu beachten sind dabei auch die für die Datenübermittlung an Private geltenden Beschränkungen (§ 180 Abs. 5 StVollzG, § 37 Abs. 1 JVollzGB I, Art. 197 Abs. 5 BayStVollzG, § 120 Abs. 5 HmbStVollzG, § 60 Abs. 3 S. 1 HStVollzG, § 192 Abs. 3 NJVollzG).[129] Die Behandlungs- und Resozialisierungsaufgaben dürften sich aufgrund der verfassungsmäßigen Fundierung im Sozialstaatsprinzip ebenfalls als grundsätzlich privatisierungsfest erweisen.[130] Das gilt umso mehr, als Eingriffe und Behandlungsmaßnahmen im Vollzugsalltag eng verflochten sind, etwa bei der Gewährung von Vollzugslockerungen.[131] Die Wahrung der Allzuständigkeit des Anstaltsleiters erscheint schon deshalb geboten, um dem Gericht angesichts des weit gespannten Rahmens der nach §§ 109 ff. StVollzG überprüfbaren Angelegenheiten einen zentralen Ansprechpartner zu erhalten. Hieraus ergeben sich aber sogleich neue Zweifel, ob eine trennscharfe Abgrenzung zwischen reinen Dienstleistungen und Rechtseingriffen überhaupt erfolgen kann bzw. eine derartige Vollzugsgestaltung Vorteile mit sich bringt. Die Verpflegung der Gefangenen etwa erscheint auf den ersten Blick als eine nicht mit Rechtsbeeinträchtigungen verbundene Serviceleistung. Gleichwohl ist dieser Bereich unter Umständen auch einer gerichtlichen Kontrolle zugänglich.[132]

---

[126] So Hadamek, 2002, S. 136 f.
[127] Vgl. Arloth, 2010, S. 347 f.; Bonk, 2000, S. 440; Laubenthal, 2004b, S. 421; Nibbeling, 2001, S. 249; ferner Di Fabio, 1999, S. 591 f.; restriktiver Gramm, 1999, S. 343.
[128] So Bonk, 2000, S. 438; siehe auch Wohlgemuth, 2002, S. 66 ff.
[129] AK-Weichert, 2006, § 180 Rdn. 44.
[130] Ähnlich Arloth, 2008, § 155 Rdn. 3; Calliess/Müller-Dietz, 2008, § 155 Rdn. 3; Gusy, 2001, S. 11 f., S. 19; a.A. Bonk, 2000, S. 442; Kulas, 2001, S. 55; Wagner Ch., 2000, S. 172; Wohlgemuth, 2001, S. 321.
[131] Müther, 2005, S. 17; siehe auch Meyer F., 2004, S. 276.
[132] Dazu unten Kap. 5.7.

In jedem Fall bedarf es auch für die ständige Übertragung von Dienstleistungs- 52
aufgaben auf Private einer gesetzlichen Grundlage. Nach § 155 Abs. 1 S. 2
StVollzG, Art. 176 Abs. 1 S. 1 BayStVollzG, § 106 Abs. 1 S. 2 HmbStVollzG,
§ 76 Abs. 1 S. 1 HStVollzG können die der Vollzugsanstalt obliegenden Aufgaben nur aus besonderen Gründen nichtbeamteten oder vertraglich verpflichteten Personen bzw. nebenamtlich beschäftigten Personen übertragen werden (§ 177 Abs. 1 S. 2 NJVollzG). § 12 Abs. 2 JVollzGB I lässt zudem die Übertragung der Erledigung nichthoheitlicher Aufgaben auf freie Träger sowie auf private Dienstleister zu. Es kann schwerlich Sinn solcher Ausnahmetatbestände sein, einen Paradigmenwechsel hin zu einem teilprivatisierten Vollzug zu ermöglichen.[133] Der verfassungsrechtliche Funktionsvorbehalt des Art. 33 Abs. 4 u. 5 GG, dem zufolge die Ausübung hoheitsrechtlicher Befugnisse als ständige Aufgabe in der Regel Beamten zu übertragen ist, steht einer Vollzugsprivatisierung im beschriebenen Ausmaß jedoch nicht entgegen.[134]

Das Hauptaugenmerk muss sich damit auf die Frage richten, in welchem Um- 53
fang **Aufgaben, die mit Rechtseingriffen** verbunden sind, durch eine Gesetzesänderung im Wege der Beleihung[135] auf Subunternehmer in den Anstalten, die in staatlicher Generalverantwortung verbleiben, übertragen werden dürfen. Insoweit erscheint Skepsis geboten. Rechtfertigt man etwa die Sicherungspflichten der Flughafenunternehmen mit der Erwägung, der Gesetzgeber dürfe eine Aufgabenteilung in Hoheitsbefugnisse und Eigensicherung ohne Einsatz des staatlichen Gewaltmonopols anordnen[136], so lässt sich eine derartige Unterscheidung für den Bereich der totalen Institution Strafvollzug kaum nachvollziehen. Die Flugpassagiere unternehmen freiwillig Flugreisen, vor denen sie sich einer Sicherheitskontrolle unterziehen müssen, während sich die Gefangenen schon aufgrund fremder Entscheidung im Vollzug befinden. Nicht einmal die Bewachung des Anstaltsareals lässt sich – anders als etwa die Sicherung von Kasernen – de lege lata in die Hände eines privaten Sicherheitsunternehmens legen.[137] Mag das Hausrecht in Verbindung mit den Jedermannsrechten aus StGB und StPO noch zur Abwehr von Eindringlingen ausreichen, so fehlt es doch an einer Rechtsgrundlage für Private, um gegenüber den Insassen den Zwang zum Verbleib in der Einrichtung zumal unter Gewaltanwendung durchzusetzen. Deshalb erweist sich auch die in einigen Bundesländern wie Nordrhein-Westfalen und Rheinland-Pfalz praktizierte Beaufsichtigung von Abschiebehäftlingen durch private Sicherheitsdienste als äußerst problematisch, selbst wenn deren Mitarbeiter unter der Aufsicht des beamteten Vollzugspersonals stehen und in Rechte Dritter nur auf Weisung im Einzelfall

---

[133] Vgl. Arloth, 2002a, S. 5; Braum/Varwig/Bader, 1999, S. 68; Calliess/Müller-Dietz, 2008, § 155 Rdn. 10; Gusy, 2001, S. 13 ff.; Müller-Dietz, 2006a, S. 11 f.; a.A. Bonk, 2000, S. 441; Kaiser/Schöch, 2002, S. 202; Nibbeling, 2001, S. 249.

[134] So Bonk, 2000, S. 439; Gusy, 2001, S. 24; Lange, 2001, S. 902; weiter gehend Müther, 2005, S. 18; siehe auch Krölls, 1997, S. 453 f.; Kulas, 2001, S. 69; Mösinger, 2007, S. 425.

[135] Vgl. Bonk, 2000, S. 437; Burgi, 2001, S. 47 ff.; Di Fabio, 1999, S. 589; Gusy/Lührmann, 2001, S. 51; Kaiser, 2002, S. 882 f.; Kulas, 2001, S. 31; Nibbeling, 2001, S. 252.

[136] In diesem Sinne Di Fabio, 1999, S. 591.

[137] Anders Böhm, 2003, S. 44; Winterhoff, 2007, S. 481.

eingreifen dürfen.[138] Obwohl die Privaten damit nicht als Beliehene, sondern als Verwaltungshelfer[139] zu gelten haben, dürfen sie gleichwohl nicht die öffentlich-rechtlichen Befugnisnormen ihrem Handeln zugrunde legen. Als zweifelhaft stellt sich deshalb auch die Monitorüberwachung durch Private dar, nachdem – unbeschadet der hierbei auftretenden datenschutzrechtlichen Probleme – eine derartige Tätigkeit zu einer Verhaltenssanktionierung innerhalb der Anstalt führen mag.[140] Gefangenentransporte hat man ebenfalls als überwiegend hoheitlich zu beurteilen, weshalb sie einer Privatisierung neben der Fuhrparkträgerschaft und reiner Fahrtätigkeit nicht zugänglich sind.[141]

54   Bei einem kommerzialisierten Gefängnissystem wäre zudem der **Konflikt mit dem Sozialstaatsauftrag** des Grundgesetzes vorprogrammiert, denn das Sozialisationsziel des Strafvollzugs und dessen äußere Bedingungen sind letztlich auf das Sozialstaatsprinzip als verfassungsrechtliche Grundlage zurückzuführen.[142] Danach muss der Staat ungeachtet finanzieller und organisatorischer Schwierigkeiten den Vollzug so ausstatten, wie es zur Realisierung des Vollzugsziels erforderlich ist. Es gehört zu seinen Aufgaben, die notwendigen Mittel für den Personal- und Sachbedarf bereitzustellen.[143] Bei privatwirtschaftlich agierenden Vollzugsunternehmen blieben die Inhaftierten dagegen dem Risiko ausgesetzt, dass zum Zweck der Gewinnerzielung eine Kostenersparnis durch Reduzierung von Leistungen – insbesondere von zeit- und personalintensiven therapeutischen Behandlungsmaßnahmen – erfolgen könnte. Denn die Ausgestaltung der Behandlungsangebote wird im Gesetz nicht detailliert vorgeschrieben. Zudem gehen § 154 Abs. 1 StVollzG, § 12 Abs. 1 S. 1 JVollzGB I, Art. 175 Abs. 1 BayStVollzG, § 105 Abs. 1 S. 2 HmbStVollzG, § 76 Abs. 1 S. 1 HStVollzG davon aus, dass die Bediensteten sowohl Behandlungs- als auch Bewachungsfunktionen wahrnehmen, weil sie zur Erfüllung sämtlicher Vollzugsaufgaben berufen bleiben.[144] Auch dies bindet die Realisierbarkeit eines gemischt staatlich-privaten Vollzugs an eigene Grenzen.

55   Ein an Gewinnmaximierung orientiertes Management mag ein größeres Kostenbewusstsein bei der Tätigung der für Vollzugszwecke erforderlichen Ausgaben zeigen. Zugleich besteht jedoch die Gefahr, dass die Kostenminimierungsbestrebungen sich auf die Entlohnung des Personals und damit auf die Qualität der für die Vollzugsaufgaben zu gewinnenden Mitarbeiter des neuen privaten Anstaltsbetreibers auswirken. Ferner bezieht sich sein wirtschaftliches Interesse auf die volle Belegung der Institution. In Phasen eines geringeren Inputs an Verurteilten würde

---

[138] Hierzu Gramm, 1999, S. 339 ff.; Krölls, 1997, S. 454; siehe auch Huber, 2000, S. 50; a.A. Gollan, 1999, S. 85; Kramer, 2005, S. 31 ff.; Starke, 2005, S. 24.
[139] Näher Gramm, 1999, S. 339; Gusy, 2001, S. 9; Gusy/Lührmann, 2001, S. 48; siehe auch Giefers-Wieland, 2002, S. 164 f.; Mösinger, 2007, S. 421 f., S. 426; Winterhoff, 2007, S. 471 ff.
[140] Vgl. Mackeben, 2004, S. 220.
[141] Mackeben, 2004, S. 220; Winterhoff, 2007, S. 481; a.A. Böhm, 2003, S. 44.
[142] BVerfGE 35, S. 235 f.; Müller-Dietz, 2006a, S. 11.
[143] BVerfGE 40, S. 284.
[144] Siehe Müther, 2005, S. 17.

daher die Gefahr einer Sogwirkung leerer Haftzellen drohen.[145] Zwar hätte ein privater Betreiber selbst keinen Einfluss auf Anzahl und Länge strafgerichtlich verhängter Freiheitsstrafen. Dennoch könnte er im Einzelfall auf die faktische Dauer eines Freiheitsentzugs einwirken: auf die Entscheidung über eine Strafrestaussetzung zur Bewährung nach §§ 57, 57a StGB. Obgleich diese die Strafvollstreckungskammer trifft, ist für eine vorzeitige Entlassung aber die Erstellung einer günstigen Legalprognose erforderlich. Als ein dabei zu berücksichtigendes Kriterium benennt § 57 Abs. 1 S. 2 StGB das Verhalten des Verurteilten im Vollzug, das vom privaten Vollzugsmanagement jedenfalls dann beurteilt werden müsste, wenn diesem nicht nur Serviceleistungen zur eigenständigen Erbringung übertragen worden sind.

Im Hinblick auf die vom Bundesverfassungsgericht vorgenommene Auslegung des Art. 12 Abs. 3 GG, der zufolge eine Pflichtarbeit im Freiheitsentzug nur unter staatlicher Verantwortung zulässig bleibt[146], bestehen schließlich Bedenken gegen die völlige Privatisierung des Arbeitsbereichs.[147] Als problematisch erweist sich bei einem Nebeneinander staatlich und privat organisierter Anstalten zudem die Vornahme von Verlegungen. Dies gilt erst recht, sofern mehrere private Betreiber unterschiedliche Voraussetzungen für die Aufnahme von Gefangenen in die Institution vorsehen. Ein Anstaltswechsel bewirkt nach § 110 S. 1 StVollzG zudem regelmäßig eine Änderung der gerichtlichen Zuständigkeit für Verfahren nach §§ 109 ff. StVollzG. Im Hinblick auf den Anspruch auf den **gesetzlichen Richter** (Art. 101 Abs. 1 S. 2 GG) bedarf eine Verlegungsentscheidung deshalb verfassungsrechtlicher Rechtfertigung, für die kommerzielle Interessen bei der Verteilung der Inhaftierten nicht ausreichen. Nicht nur vor diesem Hintergrund bedarf es mannigfacher Überlegungen und sorgfältig geführter Verhandlungen vor dem Abschluss von Verträgen mit privaten Vollzugsanbietern.

1.6 Die Vollzugsanstalten

Die Justizvollzugsanstalten gliedern sich individuellen Behandlungserfordernissen und divergierenden Vollzugszwecken entsprechend in **verschiedene Anstaltsformen**. Gesetzliche Organisationsgrundsätze hierfür sind das Trennungsprinzip sowie das Differenzierungsprinzip. Die Regelung der sachlichen (Zweckbestimmung) und örtlichen Zuständigkeit der einzelnen Institutionen erfolgt im Wege der Aufstellung von Vollstreckungsplänen durch die Landesjustizverwaltungen.

---

[145] Laubenthal, 2004b, S. 424; a.A. Kaiser, 2002, S. 881; Kaiser/Schöch, 2002, S. 200; vgl. dazu auch Nibbeling, 2001, S. 146 ff.
[146] BVerfGE 98, S. 206.
[147] AK-Huchting/Lehmann, 2006, § 139 Rdn. 2; Arloth, 2008, § 155 Rdn. 2; ders., 2010, S. 348; Calliess/Müller-Dietz, 2008, Einl. Rdn. 50; Gusy, 2001, S. 26 f.; Hessler, 1999, S. 41; Kirchner, 1999, S. 47 f.; a.A. Mösinger, 2007, S. 420 f.

1.6.1 Trennungsgrundsätze

58 Für den Erwachsenenvollzug normieren § 140 StVollzG, § 4 Abs. 1 bis 3 JVollzGB I, Art. 166 Abs. 2 bis 4 BayStVollzG, § 98 Abs. 3 u. 4 HmbStVollzG, § 70 Abs. 2 u. 4 HStVollzG, §§ 170 Abs. 2, 171 f. NJVollzG die **Trennung nach Haftart und Geschlecht**.
Weibliche Inhaftierte sind abgesondert von den männlichen Gefangenen in Frauenanstalten unterzubringen, wobei in der Praxis angesichts der geringen Anzahl weiblicher Gefangener[148] die Trennung überwiegend durch deren Unterbringung in speziellen Abteilungen von Männeranstalten verwirklicht wird. § 4 Abs. 1 S. 1 JVollzGB I, Art. 166 Abs. 3 2. Alt. BayStVollzG, § 98 Abs. 3 HmbStVollzG, § 70 Abs. 2 HStVollzG, § 171 Abs. 1 2. Alt. NJVollzG lassen den Vollzug in gesonderten Abteilungen der Justizvollzugsanstalten genügen, ohne dabei eine Einschränkung entsprechend der des § 140 Abs. 2 S. 2 StVollzG zu enthalten. Eine Unterbringung lediglich in gesonderten Abteilungen bedarf somit – anders als im Geltungsbereich des Bundes-Strafvollzugsgesetzes – keiner besonderen Gründe.
Neben der Trennung nach Geschlecht sollen für verschiedene **Vollzugsarten** – den jeweiligen Zwecken folgend – grundsätzlich unterschiedliche Institutionen zur Verfügung stehen, um dadurch eine den eigenständigen Bedürfnissen der einzelnen Gruppen von Inhaftierten angepasste Entwicklung des Straf- und Maßregelvollzugs zu erreichen.[149] So sind auch für die **Sicherungsverwahrung** gesetzliche Trennungsanordnungen zu beachten. § 140 Abs. 1 StVollzG, § 4 Abs. 3 JVollzGB I, Art. 166 Abs. 2 S. 2 BayStVollzG, § 98 Abs. 4 HmbStVollzG, § 70 Abs. 4 HStVollzG, § 171 Abs. 2 S. 1 NJVollzG normieren die Trennung des Vollzugs der Freiheitsstrafe einerseits sowie von Sicherungsverwahrung andererseits. Eigene Sicherungsverwahrungsanstalten bestehen jedoch wegen der kleinen Zahl der Verwahrten[150] nicht. Die Unterbringung in der Sicherungsverwahrung wird in der Praxis deshalb vor allem in getrennten Abteilungen von für den Vollzug von Freiheitsstrafe bestimmten Einrichtungen durchgeführt. Die Bundesländer Baden-Württemberg, Bayern und Hamburg sehen sogar nur diese Möglichkeit vor.
Abweichungen von den Prinzipien der Trennung nach Haftart und Geschlecht sind nach § 140 Abs. 3 StVollzG, § 4 Abs. 6 S. 1 JVollzGB I, Art. 166 Abs. 4 BayStVollzG, § 98 Abs. 5 HmbStVollzG, § 70 Abs. 5 Nr. 3 HStVollzG, §§ 171 Abs. 2 S. 3 Nr. 2, 172 Abs. 1 S. 2 NJVollzG zulässig, um einem Gefangenen die **Teilnahme an Behandlungsmaßnahmen** in einer anderen Anstalt oder Abteilung zu ermöglichen. Damit haben die Gesetzgeber die Voraussetzungen für eine gemeinsame Beteiligung von Männern und Frauen an Behandlungsprogrammen geschaffen.[151]

59 Die Trennungsgrundsätze für den Erwachsenenvollzug werden für den **Vollzug der Jugendstrafe** ergänzt durch landesrechtliche Vorgaben in den Jugendstraf-

---

[148] Siehe Kap. 6.
[149] Dazu bereits BT-Drs. 7/3998, S. 43.
[150] Siehe Kap. 9.2.4.
[151] Prinzipiell gegen eine nach Geschlechtern getrennte Unterbringung: Köhne, 2002, S. 221 ff.

vollzugsgesetzen. So bestimmen § 4 Abs. 4 JVollzGB I, Art. 166 Abs. 1 BayStVollzG, § 98 Abs. 1 S. 1 JStVollzG Bln, § 98 Abs. 1 S. 1 1. Alt. BbgJStVollzG, § 99 Abs. 2 HmbStVollzG, § 68 Abs. 1 S. 1 1. Alt. HessJStVollzG, § 98 Abs. 1 1. Alt. JStVollzG M-V, § 170 Abs. 2 1. Alt. NJVollzG, § 112 Abs. 1 S. 1 JStVollzG NRW, § 98 Abs. 1 S. 1 Var. 1 LJStVollzG RLP, § 98 Abs. 1 S. 1 Var. 1 SächsJStVollzG, § 108 Abs. 1 S. 1 1. Alt. JStVollzG LSA, § 98 Abs. 1 S. 1 Var. 1 JStVollzG S-H, § 98 Abs. 1 S. 1 Var. 1 ThürJStVollzG die grundsätzliche Trennung der Jugendstrafgefangenen von erwachsenen Gefangenen im Vollzug der Freiheitsstrafe und damit einhergehend den Vollzug der Jugendstrafe in besonderen Jugendstrafanstalten.[152]

Hinsichtlich des **Vollzugs von Untersuchungshaft** in den Justizvollzugsanstalten ist zu beachten: Aus der Unschuldsvermutung des Art. 6 Abs. 2 EMRK folgt, dass Untersuchungsgefangene von den Inhaftierten anderer Vollzugsarten – insbesondere von Strafgefangenen – prinzipiell getrennt unterzubringen sind. Die Untersuchungshaft wird deshalb grundsätzlich in selbständigen Untersuchungshaftanstalten vollzogen. Soweit solche Einrichtungen nicht zur Verfügung stehen, sind in anderen Justizvollzugsanstalten regelmäßig besondere Abteilungen für den Untersuchungshaftvollzug eingerichtet. **60**

1.6.2 Differenzierungsprinzip

Über die Trennung nach Vollzugsarten hinaus muss auch die äußere und innere Struktur der Vollzugsanstalten auf die verschiedenen Behandlungsbedürfnisse der verurteilten Strafgefangenen zugeschnitten sein. Um eine den individuellen Erfordernissen entsprechende variable Verteilung der Sanktionierten zu ermöglichen, sind die **Behandlungseinrichtungen differenziert auszugestalten**, d.h. Institutionen mit einem unterschiedlichen Grad an Vollzugslockerungen und Sicherheitsvorkehrungen, mit divergierender Größe, verschiedenen Behandlungsangeboten oder mit spezialisiertem Personal für bestimmte Tätergruppen.[153] Eine solche Differenzierung sehen die Strafvollzugsgesetze für den Vollzug der Freiheitsstrafe vor, um Gefangene mit gleichen **Klassifikationsmerkmalen**[154] auf die nach divergierenden Zwecken und Mitteln eingerichteten Anstalten verteilen zu können: Nach § 141 Abs. 1 StVollzG, § 5 Abs. 1 JVollzGB I, Art. 167 Abs. 1 BayStVollzG, § 99 Abs. 1 S. 1 HmbStVollzG, § 72 Abs. 1 HStVollzG, § 173 S. 1 NJVollzG sind Haftplätze in verschiedenen Anstalten oder Abteilungen vorzusehen, in denen eine auf die unterschiedlichen Bedürfnisse abgestimmte Behandlung gewährleistet ist. **61**

Die Strafvollzugsgesetze haben die Differenzierungsmöglichkeiten des Vollzugs der Freiheitsstrafe jedoch nur partiell konkretisiert. § 141 Abs. 2 StVollzG, § 5 Abs. 2 JVollzGB I, Art. 167 Abs. 2 BayStVollzG, § 99 Abs. 3 HmbStVollzG, § 72 Abs. 2 HStVollzG, § 12 NJVollzG nennen etwa die Unterteilung in geschlossene und offene Anstalten. Abzustellen ist dabei auf die Intensität der gegen Ent- **62**

---

[152] Zur Trennung von Jugendstrafgefangenen Kap. 9.1.
[153] Paetow, 1972, S. 10 f.
[154] Zur Klassifizierung siehe Kap. 5.1.2.

weichungen zu treffenden Maßnahmen, welche sich allerdings auch nachhaltig auf den Gestaltungsbereich von Behandlungsangeboten auswirken. Neben offenen und geschlossenen Einrichtungen gibt es noch die sozialtherapeutische Anstalt bzw. Abteilung. In § 152 Abs. 2 StVollzG ist die Einweisungsanstalt oder -abteilung erwähnt, in § 147 StVollzG die gesonderte offene Einrichtung für den Übergangsvollzug. Im Übrigen legen § 141 Abs. 1 StVollzG, § 5 Abs. 1 JVollzGB I, Art. 167 Abs. 1 BayStVollzG, § 99 Abs. 1 HmbStVollzG, § 72 Abs. 1 HStVollzG, § 173 S. 1 NJVollzG nicht im Einzelnen fest, welche Anstaltsformen zu schaffen sind. Damit bleibt es Aufgabe des jeweiligen Bundeslandes, entsprechend seinen Ressourcen den Differenzierungsgrundsatz zu realisieren.

1.6.3 Anstaltsformen für den Vollzug von Freiheitsstrafe

63 Am 31.3.2010 bestanden in Deutschland 190 Justizvollzugsanstalten mit einer Belegungsfähigkeit von insgesamt 78 450 Gefangenen.[155] Dem Trennungs- und Differenzierungsgrundsatz folgend lassen sich die für den Vollzug der Freiheitsstrafe vorhandenen Anstalten im Wesentlichen in folgende Typen aufteilen:

64 – **Einweisungsanstalten und -abteilungen** (§ 152 Abs. 2 StVollzG, § 71 Abs. 2 Nr. 1 HStVollzG, §§ 12 Abs. 1, 185 S. 2 NJVollzG), in denen nach Strafantritt die Behandlungsuntersuchung durchgeführt und eine Vollzugsprognose erstellt werden. Soweit derartige Einrichtungen bestehen, kommt es dort zur Klassifizierung der Gefangenen mit nachfolgender Verlegung in die den jeweiligen Behandlungsbedürfnissen entsprechenden Institutionen des differenzierten Vollzugssystems.[156]

65 – **Anstalten des geschlossenen Vollzugs** (§§ 10 Abs. 2, 141 Abs. 2 StVollzG; §§ 5 Abs. 2 JVollzGB I, 7 Abs. 2 JVollzGB III; Art. 12 Abs. 1, 167 Abs. 2 S. 1 BayStVollzG; §§ 11 Abs. 1, 99 Abs. 3 HmbStVollzG; §§ 13 Abs. 1 S. 1, 72 Abs. 2 S. 1 HStVollzG; § 12 Abs. 1 NJVollzG), die in erster Linie eine sichere Unterbringung vor allem von langstrafigen bzw. ein großes Sicherheitsrisiko darstellenden Inhaftierten gewährleisten. Dabei soll es auch innerhalb der geschlossenen Einrichtungen zu einer Zusammenfassung der besonders gefährlichen Straftäter kommen.[157] Dadurch werden Lockerungen der Sicherheitsvorkehrungen in anderen Bereichen und damit Abstufungen nach verschiedenen Sicherheitsgraden ermöglicht.

66 – **Anstalten des offenen Vollzugs** (§§ 10 Abs. 1, 141 Abs. 2 StVollzG; § 5 Abs. 2 JVollzGB I, § 7 Abs. 1 JVollzGB III; Art. 12 Abs. 2, 167 Abs. 2 S. 2 BayStVollzG; §§ 11 Abs. 2, 99 Abs. 3 HmbStVollzG; §§ 13 Abs. 3 Nr. 1, 72 Abs. 2 S. 2 HStVollzG; § 12 Abs. 2 NJVollzG), die keine oder nur verminderte Vorkehrungen gegen Entweichungen vorsehen. Ein Verzicht auf physische Sicherungsmittel, das Fehlen einer ständigen und unmittelbaren Beaufsichtigung

---

[155] Statistisches Bundesamt, Bestand der Gefangenen und Verwahrten in den deutschen Justizvollzugsanstalten, 2010; Aufteilung nach Bundesländern: oben Kap. 1.5, Tab. 1.1.
[156] Dazu Kap. 5.1.2.
[157] So bereits BT-Drs. 7/918, S. 92.

der Gefangenen außerhalb der Hafträume kennzeichnen den offenen Vollzug. Dessen wesentliches Ziel besteht in einer Vermeidung der psycho-sozialen Stressfaktoren geschlossener Inhaftierung und deren möglichen schädlichen Nebenwirkungen.[158]

- **Halboffene Anstalten** als Vollzugsart im Grenzbereich zwischen geschlossener und offener Unterbringung der zu Freiheitsstrafen Verurteilten. Der in der Literatur entwickelte Begriff[159], den die Strafvollzugsgesetze nicht übernommen haben, betrifft Institutionen, die nur teilweise ohne Sicherheitsvorrichtungen auskommen. Er bringt zugleich den fließenden Übergang zwischen den Anstaltstypen zum Ausdruck. 67

- **Sozialtherapeutische Anstalten** (§§ 9, 123 ff. StVollzG; §§ 8, 94 ff. JVollzGB III; Art. 11, 117 ff. BayStVollzG; § 10 HmbStVollzG; § 12 HStVollzG; §§ 103 ff. NJVollzG) als inhaltlich und strukturell eigenständige Vollzugsform mit speziellen Behandlungsangeboten. Therapiebedürftigen und behandlungsfähigen Gefangenen werden dort besondere therapeutische Mittel und soziale Hilfen gewährt, wenn das Anforderungsprofil der Anstalt den therapeutischen Notwendigkeiten im Einzelfall entspricht. Daneben bestehen besondere sozialtherapeutische Einrichtungen für Sexual- und Gewaltstraftäter. 68

- **Anstalten und Abteilungen für Frauen** (§ 140 Abs. 2 StVollzG, § 4 Abs. 1 S. 1 JVollzGB I, Art. 116 Abs. 3 BayStVollzG, § 98 Abs. 3 HmbStVollzG, § 70 Abs. 2 HStVollzG, § 171 Abs. 1 NJVollzG), in denen weibliche Verurteilte ihre Freiheitsstrafen getrennt von den Männern verbüßen. Dabei macht die relativ geringe Anzahl von Frauen im Strafvollzug deren Zusammenlegen in Schwerpunkteinrichtungen erforderlich, was eine weiter gehende Differenzierung des Frauenvollzugs unter Behandlungsaspekten erschwert. §§ 80, 142 StVollzG; § 10 JVollzGB I; Art. 86, 168 BayStVollzG; §§ 21, 100 HmbStVollzG; § 74 Abs. 2 HStVollzG; § 73 NJVollzG ermöglichen die Unterbringung noch nicht schulpflichtiger Kinder bei der inhaftierten Mutter in sog. Mutter-Kind-Stationen. 69

- **Einrichtungen für die Entlassung** (§ 147 StVollzG, § 6 Abs. 3 JVollzGB I) zur Erleichterung des Übergangs in die Freiheit. Die Entlassungsvorbereitung kann in einer gesonderten offenen Anstalt erfolgen oder in einer offenen Einrichtung, die einer geschlossenen angegliedert ist. Unter § 147 StVollzG fallen nicht nur an Strafvollzugsanstalten angegliederte oder von diesen räumlich getrennte sog. Übergangshäuser, sondern auch angemietete Häuser oder Großwohnungen an dem Ort, an dem die Betroffenen nach ihrer Entlassung leben werden.[160] 70

- **Einrichtungen des Altenstrafvollzugs**, in denen spezifischen Bedürfnissen alter Gefangener Rechnung getragen werden kann.[161] 71

---

[158] Dazu Kap. 3.4.2.
[159] Grunau/Tiesler, 1982, § 141 Rdn. 2; Loos, 1970, S. 12 ff.
[160] AK-Huchting/Lehmann, 2006, § 147 Rdn. 2.
[161] Dazu Kaiser/Schöch, 2002, S. 443 ff.; Laubenthal, 2008a, S. 506 ff.; Oberfeld, 2009, S. 234 ff.; Rotthaus K., 2010, S. 327 ff.; Schollbach/Krüger, 2009, S. 130 ff.;

Die steigenden Bevölkerungs- und Tatverdächtigenzahlen alter Menschen schlagen sich auch in der Strafvollzugsstatistik nieder. Danach hat sich – zurückzuführen auf die sog. Überalterung der Bevölkerung – die absolute Zahl der über 60-jährigen Insassen seit 1993 fast verdreifacht; dennoch bleibt die Gruppe der alten Gefangenen ab 60 Jahre noch vergleichsweise klein.[162] Abgesehen von den chronischen Straftätern kann bei dem Großteil der über 60-jährigen Inhaftierten von einer sozialen Gefährlichkeit aber nicht mehr ausgegangen werden. Aufgrund eingeschränkter Prägbarkeit infolge des hohen Alters verliert hier die herkömmliche Resozialisierungsarbeit an Bedeutung.[163] Entsprechend ist ein stärkerer Ausbau ambulanter Maßnahmen sowie des offenen Vollzugs für diese Verurteiltengruppe notwendig. Erachtet man geschlossenen Strafvollzug dennoch für erforderlich, kommt ihm eher die Aufgabe zu, die Insassen „auf erfolgreiches Altern" vorzubereiten.[164] Die besonderen Betreuungs- und Behandlungsbedürfnisse legen eine Separierung lebensälterer Strafgefangener in gesonderten Abteilungen von Justizvollzugsanstalten oder in eigenen Vollzugseinrichtungen nahe. Es sind darüber hinausgehend die auch im bundesdeutschen Strafvollzug den Strafalltag mitbestimmenden subkulturellen Aktivitäten, die eine derartige Konzentration und Zusammenlegung der Betroffenen als notwendig erscheinen lassen. Die aufgrund des psychischen und physischen Prozesses des Alterns regelmäßig eintretende schwächere Position gegenüber jüngeren Mitinhaftierten setzt sie einem erhöhten Viktimisierungsrisiko aus. Die lange Zeit einzige Einrichtung für Altenstrafvollzug befindet sich im baden-württembergischen Singen.[165] Inzwischen praktizieren bzw. planen auch andere Bundesländer wie z.B. Hessen[166] eine solche Haftform. In Nordrhein-Westfalen existieren in den Anstalten Hövelhof und Bochum zwei spezielle Einrichtungen als Pflegeabteilungen.[167] In der bayerischen Justizvollzugsanstalt Straubing ist in der Krankenabteilung eine geriatrische Station eingerichtet.[168]

72 – **Einrichtungen** für die Verbüßung von **Ersatzfreiheitsstrafen**, in denen zu Geldstrafen Verurteilte, bei denen diese uneinbringlich ist (§ 43 StGB), die gegen sie von der Vollstreckungsbehörde angeordneten kurzen Ersatzfreiheitsstrafen verbüßen. Die als „Gefängnis light" bezeichneten Haftanstalten weisen geringere Sicherheitsstandards auf und senken durch Einsparungen bei Freizeitmöglichkeiten und Verzicht auf längerfristig angelegte Aus- und Fortbildungsmaßnahmen die Haftplatzkosten. Zudem dienen sie einer Entlastung der allgemeinen Justizvollzugsanstalten.[169]

Schramke, 1996, S. 315 ff.; zur Alterskriminalität: Kessler, 2005; Kreuzer/Hürlimann, 1992; Laubenthal, 1990a, S. 36 ff.; ders., 2005b, S. 5 ff.; ders., 2008a, S. 499 ff.
[162] Siehe Tab. 1.7.
[163] Görgen/Greve, 2005, S. 116.
[164] Laubenthal, 2005b, S. 7.
[165] Dazu Rennhak, 2007, S. 19 ff.; dazu Schollbach/Krüger, 2009, S. 135 f.
[166] Siehe Fennel, 2006, S. 270.
[167] Vgl. Oberfeld, 2009, S. 234.
[168] Vgl. Schollbach/Krüger, 2009, S. 135.
[169] Vgl. Informationsdienst Straffälligenhilfe 3/1999, S. 15; ZfStrVo 2001, S. 115; krit. Streng, 2001, S. 71 f.

1.6.4 Aufgabenpluralität

Nach dem Trennungsprinzip sind die unterschiedlichen Sanktionsarten in gesonderten Einrichtungen zu vollziehen, um dadurch bei der Ausgestaltung den jeweiligen Vollzugszwecken besser Rechnung tragen zu können. Doch die Strafvollzugsgesetze selbst sehen z.B. die Möglichkeit des Vollzugs der Sicherungsverwahrung lediglich in speziellen Abteilungen der für Freiheitsstrafen bestimmten Anstalten vor. Auch die Trennung der Strafgefangenen nach Geschlechtern erfolgt häufig nur durch Unterbringung inhaftierter Frauen in eigenen Abteilungen der Männeranstalten.

73

Darüber hinaus erfüllen die für Freiheitsstrafen zuständigen Justizvollzugsanstalten zahlreiche weitere Aufgaben in anderen Vollzugsbereichen. Dies gilt zum einen gem. § 89b Abs. 1 JGG für den Vollzug von Jugendstrafe bei Verurteilten, die das achtzehnte Lebensjahr vollendet haben und sich nicht mehr für den Jugendstrafvollzug eignen bzw. für die mehr als 24 Jahre alten verurteilten Jugendstraftäter. Ferner ist nach Ausscheiden des Verurteilten aus der Bundeswehr der militärische Strafarrest in der Justizvollzugsanstalt zu verbüßen. Da nur in einigen größeren Städten Untersuchungshaftvollzugsanstalten bestehen, wird auch die Untersuchungshaft regelmäßig in getrennten Abteilungen der für Freiheitsstrafen zuständigen Institutionen vollzogen. Dort kommt es zudem zur Durchführung von Auslieferungshaft, weil insoweit nach § 27 IRG die Vorschriften der Strafprozessordnung über die Untersuchungshaft entsprechend gelten. Ferner findet in der Justizvollzugsanstalt der Vollzug gerichtlich angeordneter Ordnungs-, Sicherungs-, Zwangs- und Erzwingungshaft statt. Gleiches gilt nach § 422 Abs. 4 FamFG im Wege der Amtshilfe für die Abschiebungshaft i.S.d. § 62 AufenthG.

74

Eine solche Aufgabenpluralität birgt die Gefahr einer Beeinträchtigung der Effektivität vor allem des Freiheitsstrafenvollzugs in sich, obwohl diese Vollzugsart in der Praxis der Justizvollzugsanstalten dominiert – wie die Gefangenenpopulation in Deutschland am 31.3.2010 zeigt:

75

Tabelle 1.2. Gefangenenpopulation am 31.3.2010

Freiheitsstrafe	52 868
Sicherungsverwahrung	524
Militärischer Strafarrest	1
Jugendstrafe gem. § 91 Abs. 1 JGG	6 008
Untersuchungshaft	10 941
Abschiebungshaft	555
Sonstige Arten der Freiheitsentziehung	1 711

Quelle: Statistisches Bundesamt, Bestand der Gefangenen und Verwahrten in den deutschen Justizvollzugsanstalten, 2010.

Die Vollziehung einer Vielfalt von Arten des Freiheitsentzugs in einer Justizvollzugsanstalt bedingt eine – dem Trennungsprinzip zuwiderlaufende – gewisse

Egalisierung in der Vollzugsgestaltung.[170] Denn die Trennung in verschiedenen Abteilungen lässt sich hinsichtlich der Unterbringung, häufig aber nicht auch im Rahmen der sonstigen Vollzugsgestaltung realisieren. Zudem führen kurzzeitige Inhaftierungen, insbesondere der Untersuchungshaftvollzug sowie der Vollzug von Ersatzfreiheitsstrafen, zu einer vermehrten Gefangenenbewegung, d.h. zu einer hohen Zahl an Zugängen bzw. Abgängen. Diese belasten die Anstalten in organisatorisch-technischer Hinsicht und können sich abträglich auf den Vollzug der Freiheitsstrafe und die damit verbundenen Behandlungsangebote auswirken.

1.7 Die Vollzugspopulation

76 Am 31.3.2010 befanden sich in Deutschland 52 868 Inhaftierte im Vollzug der Freiheitsstrafe und 6 684 im Jugendstrafvollzug. Dabei waren 524 Personen als Sicherungsverwahrte in den Justizvollzugsanstalten der Bundesländer untergebracht (siehe Tabelle 1.3).

Tabelle 1.3. Inhaftierte in den Bundesländern nach Art des Strafvollzugs am 31.3.2010

	Freiheits-strafe	Jugend-strafe	Sicherungs-verwahrung
Baden-Württemberg	5 207	546	77
Bayern	8 643	666	73
Berlin	3 842	388	37
Brandenburg	1 184	206	5
Bremen	504	43	—
Hamburg	1 303	85	22
Hessen	3 831	357	54
Mecklenburg-Vorpommern	1 074	172	3
Niedersachsen	4 235	635	35
Nordrhein-Westfalen	13 103	1 451	148
Rheinland-Pfalz	2 634	361	39
Saarland	618	87	1
Sachsen	2 628	354	5
Sachsen-Anhalt	1 628	291	12
Schleswig-Holstein	1 028	148	12
Thüringen	1 406	218	1

Quelle: Statistisches Bundesamt, Bestand der Gefangenen und Verwahrten in den deutschen Justizvollzugsanstalten, 2010.

77 Obwohl seit der Reform des Sanktionenrechts Ende der sechziger Jahre die kriminalpolitischen Bemühungen um eine Zurückdrängung freiheitsentziehender Unrechtsreaktionen zugunsten solcher ambulanter Art fortgeschritten sind, entwickelte sich die **Anzahl der Inhaftierten** nicht kontinuierlich rückläufig. Während der Tiefststand im Jahr 1975 (jeweils am 31.3.) bei 28 840 eine Freiheitsstrafe

---

[170] Siehe dazu Calliess, 1992, S. 40.

Verbüßenden lag[171], stieg die Zahl bis Mitte der achtziger Jahre deutlich an, um dann in einer Art wellenförmigen Bewegung bis zum Jahr 1991 wieder abzunehmen. Seit 1992 bezieht sich die Gefangenenstatistik auf Gesamtdeutschland. Insoweit ist von 1992 bis 2000 ein kontinuierlicher Anstieg der Strafgefangenen zu verzeichnen, im Jahr 2001 ein leichter Rückgang, dessen kriminalpolitische Hintergründe nicht erhellt sind.[172] Ab 2003 war dann wieder ein deutliches Ansteigen der Gefangenenraten festzustellen (Tab. 1.4). Seit dem Jahr 2008 sind die Zahlen wieder rückläufig.

Tabelle 1.4. Zu Freiheitsstrafen verurteilte Inhaftierte 1982–2010, jeweils am 31.3.

Jahr	Inhaftierte	Männlich	Weiblich
1982	38 620	37 322	1 298
1983	40 819	39 424	1 395
1984	42 140	40 661	1 479
1985	41 852	40 397	1 455
1986	39 407	37 949	1 458
1987	36 987	35 611	1 376
1988	36 076	34 734	1 342
1989	36 101	34 619	1 482
1990	34 799	33 334	1 465
1991	33 392	32 002	1 390
1992	35 401	33 940	1 461
1993	37 128	35 647	1 481
1994	39 327	37 714	1 613
1995	41 353	39 776	1 577
1996	43 475	41 793	1 682
1997	45 718	43 962	1 756
1998	50 021	47 916	2 105
1999	52 351	50 081	2 270
2000	53 183	51 001	2 182
2001	52 939	50 630	2 309
2002	52 988	50 520	2 468
2003	55 012	52 503	2 509
2004	56 069	53 262	2 807
2005	56 122	53 380	2 742
2006	57 142	54 170	2 972
2007	57 284	54 212	3 072
2008	55 343	52 308	3 035
2009	55 043	51 971	3 072
2010	53 973	51 056	2 917

Quelle: Statistisches Bundesamt, Strafvollzug 1982–2010.

---

[171] Statistisches Bundesamt, Strafvollzug 1991 Reihe 4.1, S. 7.
[172] Cornel, 2002, S. 43.

78 **Tabelle 1.5.** Gefangenenraten 2009 in Europa

Staat	Inhaftierungsrate pro 100 000 der nationalen Wohnbevölkerung
Albanien	159
Andorra	37
Armenien	109
Aserbaidschan	229
Belgien	93
Bosnien-Herzegowina	67
Bulgarien	134
Dänemark	63
Deutschland	89
Estland	259
Finnland	64
Frankreich	96
Georgien	415
Griechenland	109
Großbritannien	131
Irland	76
Island	44
Italien	92
Kroatien	93
Lettland	288
Liechtenstein	20
Litauen	234
Luxemburg	155
Malta	95
Mazedonien	107
Moldawien	227
Monaco	105
Niederlande	100
Norwegen	69
Österreich	95
Polen	221
Rumänien	124
Russland	629
Portugal	104
Schweden	74
Schweiz	76
Slowakei	148
Slowenien	65
Spanien	160
Tschechien	182
Türkei	142
Ukraine	323
Ungarn	149
Weißrussland	468
Zypern	83

Quelle: Walmsley, World Prison Population List, 2009.

Im internationalen **europäischen Vergleich**[173] (Tabelle 1.5) der Gefangenenraten (= Zahl aller Strafgefangenen, strafrechtlich Untergebrachten und Untersuchungshäftlinge pro 100 000 der strafmündigen Wohnbevölkerung) lag die Bundesrepublik Deutschland im Jahr 2009 noch im unteren Bereich.

Die Aufgliederung der Strafgefangenen in Deutschland nach der **zu verbüßenden Haftzeit** ergibt einen Anteil von 12,9 % mit einer zu erwartenden Inhaftierung von mehr als fünf Jahren. Ein Viertel hat eine Freiheitsstrafe zwischen zwei und fünf Jahren Dauer zu verbüßen (Tabelle 1.6).

Tabelle 1.6. Strafgefangene am 31.3.2010 nach der Dauer ihrer zu verbüßenden Freiheitsstrafe

Dauer des Vollzugs	Anzahl der Strafgefangenen	Prozent
Unter 1 Monat	946	1,6
1 bis unter 3 Monaten	5 292	8,8
3 bis unter 6 Monaten	7 658	12,7
6 bis einschließlich 9 Monate	6 908	11,5
Mehr als 9 Monate bis 1 Jahr	5 237	8,7
Mehr als 1 Jahr bis 2 Jahre	11 628	19,3
Mehr als 2 Jahre bis 5 Jahre	14 936	24,8
Mehr als 5 Jahre bis 10 Jahre	4 662	7,7
Mehr als 10 Jahre bis 15 Jahre	842	1,4
Lebenslange Freiheitsstrafe	2 048	3,4

Quelle: Statistisches Bundesamt, Strafvollzug – Demographische und kriminologische Merkmale der Strafgefangenen 2010 Reihe 4.1, S. 16 f.

Tabelle 1.7. Gefangene im Vollzug der Freiheitsstrafe am 31.3.2010 nach Altersgruppen

Altersgruppe nach Jahren	Insgesamt Anzahl	Prozent	Männlich Anzahl	Prozent	Weiblich Anzahl	Prozent
18 bis unter 21	222	0,4	212	0,4	10	0,3
21 bis unter 25	5 209	9,7	4 958	9,7	251	8,6
25 bis unter 30	11 806	21,9	11 278	22,1	528	18,1
30 bis unter 40	17 424	32,3	16 470	32,3	954	32,7
40 bis unter 50	12 091	22,4	11 352	22,2	739	25,3
50 bis unter 60	5 178	9,6	4 865	9,5	313	10,7
60 und mehr	2 043	3,7	1 921	3,8	122	4,2

Quelle: Statistisches Bundesamt, Strafvollzug – Demographische und kriminologische Merkmale der Strafgefangenen 2010 Reihe 4.1, S. 14.

Die **Altersstruktur** der Strafgefangenen spiegelt nicht die Altersverteilung in der Bevölkerung wider. Am 31.3.2010 waren bei den eine Freiheitsstrafe verbü-

---

[173] Zu europäischen Vollzugsperspektiven Arloth, 2003, S. 15 ff.; Müller-Dietz, 2006, S. 621 ff.; siehe auch Dünkel, 2010, S. 4 ff.

ßenden Insassen der Justizvollzugsanstalten 32 % jünger als 30 Jahre. Die über 60-Jährigen machen mit 3,7 % der mit Freiheitsstrafe Inhaftierten nur eine kleine Gruppe aus (Tabelle 1.7).

Ein Vergleich der Altersverteilung von männlichen und weiblichen Inhaftierten lässt bei den Frauen eine geringe Verschiebung zu den älteren Jahrgängen hin erkennen.

81 Der Ausländeranteil unter den zu Freiheitsstrafen Verurteilten (Tabelle 1.8) ist in den achtziger und neunziger Jahren des 20. Jahrhunderts deutlich angestiegen. Lag die Quote der **Nichtdeutschen** in den achtziger Jahren lange bei etwa 10 %, wuchs diese seit Beginn der neunziger Jahre sprunghaft an. Im Jahr 2010 war mehr als jeder fünfte Gefangene im Vollzug der Freiheitsstrafe Ausländer.[174]

Tabelle 1.8. Entwicklung des Ausländeranteils an den Strafgefangenen seit 1982, jeweils am 31.3.

Jahr	Inhaftierte	Deutsche	Nichtdeutsche Anzahl	Prozent
1982	38 620	34 897	3 723	9,6
1983	40 819	36 845	3 974	9,7
1984	42 140	37 997	4 143	9,8
1985	41 852	37 785	4 067	9,7
1986	39 407	35 667	3 740	9,5
1987	36 987	33 325	3 662	9,9
1988	36 076	32 344	3 732	10,3
1989	36 101	32 000	4 101	11,4
1990	34 799	30 432	4 367	12,5
1991	33 392	28 757	4 635	13,9
1992	35 401	30 076	5 325	15,0
1993	37 128	30 739	6 389	17,2
1994	39 327	31 447	7 880	20,0
1995	41 353	32 428	8 925	21,6
1996	43 475	33 686	9 789	22,5
1997	45 718	34 720	10 998	24,0
1998	50 021	37 788	12 233	24,5
1999	52 351	39 597	12 754	24,4
2000	53 183	40 555	12 628	23,7
2001	52 939	40 810	12 129	22,9
2002	52 988	40 823	12 165	23,0
2003	55 012	42 417	12 595	22,9
2004	56 069	43 622	12 447	22,2
2005	56 122	43 546	12 576	22,4
2006	57 142	44 415	12 727	22,3
2007	57 284	44 366	12 918	22,5
2008	55 343	43 046	12 297	22,0
2009	55 043	42 760	12 283	22,3
2010	53 973	41 892	12 081	22,4

Quelle: Statistisches Bundesamt, Strafvollzug 1982–2010.

---

[174] Zur vollzuglichen Ausländerproblematik siehe Kap. 5.1.7.

Eine Aufteilung der Strafgefangenen unter dem Gesichtspunkt der **Delikts-** 82
struktur (Tabelle 1.9) verdeutlicht, dass Diebstahl und Unterschlagung an erster Stelle stehen, gefolgt von Betrug und Untreue sowie – neben Körperverletzungen – Raub, Erpressung und anderen gegen das Vermögen gerichteten Straftaten.

Tabelle 1.9. Zu Freiheitsstrafen verurteilte Strafgefangene am 31.3.2010 nach Art der Straftat

Straftatengruppe	Freiheitsstrafe verbüßende Gefangene	Prozent
Straftaten gegen den Staat, die öffentliche Ordnung und im Amt (§§ 80–168, 331–357 StGB)	986	1,8
Straftaten gegen die sexuelle Selbstbestimmung (§§ 174–184b StGB)	3 938	7,3
Beleidigung (§§ 185–189 StGB)	281	0,5
Straftaten gegen das Leben (§§ 211–222 StGB)	4 105	7,6
Körperverletzungen (§§ 223–231 StGB)	6 126	11,4
Straftaten gegen die persönliche Freiheit (§§ 234–241a StGB)	627	1,2
Sonstige Straftaten gegen die Person (§§ 169–173, 201–206 StGB)	216	0,4
Diebstahl und Unterschlagung (§§ 242–248c StGB)	11 065	20,5
Raub, Erpressung, räuberischer Angriff auf Kraftfahrer (§§ 249–255, 316a StGB)	5 728	10,6
Begünstigung, Hehlerei (§§ 257–261 StGB)	307	0,6
Betrug, Untreue (§§ 263–266b StGB)	6 568	12,2
Urkundenfälschung (§§ 267–281 StGB)	1 189	2,2
Sonstige Straftaten gegen das Vermögen (§§ 283–305a StGB)	310	0,6
Gemeingefährliche Straftaten (§§ 306–323c, ohne 316a StGB)	564	1,0
Straftaten gegen die Umwelt (§§ 324–330a StGB)	6	0,01
Straftaten im Straßenverkehr	2 550	4,7
Straftaten nach anderen Gesetzen (ohne StGB, StVG)	9 357	17,3
Verurteilte nach dem Strafrecht der früheren DDR	50	0,1

Quelle: Statistisches Bundesamt, Strafvollzug – Demographische und kriminologische Merkmale der Strafgefangenen 2010 Reihe 4.1, S. 22.

Bei der Straftatengruppe Diebstahl und Unterschlagung beruhte 2010 mit 2 456 83
Strafverbüßungen ein deutlicher Anteil auf dem Delikt des Einbruchdiebstahls gem. §§ 242, 243 Abs. 1 S. 2 Nr. 1 StGB einschließlich Wohnungseinbrüchen nach § 244 Abs. 1 Nr. 3 StGB. 47,6 % der zu verbüßenden Freiheitsstrafen wegen Straftaten im Straßenverkehr gründeten auf der Trunkenheit der Betroffenen. Im Bereich der Straftaten nach anderen Gesetzen handelte es sich ganz überwiegend

(91,5 %) um Verstöße gegen das Betäubungsmittelgesetz.[175] Den im Jahr 2010 noch nach dem Strafrecht der früheren DDR zu verbüßenden Freiheitsstrafen lagen im Wesentlichen Verurteilungen wegen Straftaten gegen das Leben zugrunde.

Die spezialpräventiven Erwartungen an den Behandlungsvollzug mit dem Ziel einer Befähigung der Gefangenen zu einer sozial verantwortlichen Lebensführung ohne weitere Straftaten werden angesichts der strafrechtlichen und vollzuglichen **Vorbelastungen** der Inhaftierten deutlich reduziert:

Von den am 31.3.2010 einsitzenden Strafgefangenen und Sicherungsverwahrten waren insgesamt 68,3 % vorbestraft. Bezogen allein auf den Vollzug der Freiheitsstrafe in Anstalten für Erwachsene lag der Vorstrafenanteil sogar bei 71,2 %. Ganz überwiegend handelte es sich dabei um Jugend- und Freiheitsstrafen. 56,1 % der eine Freiheitsstrafe in den Justizvollzugsanstalten verbüßenden Gefangenen waren bereits zuvor zu einer oder mehreren Jugend- und/oder Freiheitsstrafe(n) verurteilt worden; 42,8 % verfügten bereits über Hafterfahrung. Bei den Strafgefangenen mit Hafterfahrung erfolgte die erneute Inhaftierung bei 26,6 % im ersten Jahr nach der Entlassung, bei 19,1 % im zweiten Jahr, bei 32,0 % im dritten bis fünften Jahr und bei 22,3 % nach mehr als fünf Jahren.[176]

84 Die **Vorbestraftenquote** darf nicht verwechselt werden mit der **Rückfallquote**[177]. Diese versuchen **Evaluationsstudien**[178] zu ermitteln, indem sie prospektiv den Behandlungserfolg im Strafvollzug anhand von Kriterien der Legalbewährung an sich oder der Nichtrückkehr in den Vollzug aufgrund erneuter Verurteilung messen. Dabei mangelt es allerdings an aktuellen umfassenden bundesweiten Rückfallstudien. Lediglich Teilpopulationen[179], bestimmte Arten der Vollzugsgestaltung (z.B. Behandlung in sozialtherapeutischen Anstalten[180]) oder die Teilnahme an Behandlungsmaßnahmen (z.B. schulische und berufliche Bildung[181]) waren in erster Linie Gegenstand solcher Erhebungen.[182] Hinweise für Erfolgsbeurteilungen des Behandlungsvollzugs gab auch die vom Generalbundesanwalt – bis zum Berichtsjahr 1990 – herausgegebene Rückfallstatistik des Bundes, in der im Abstand von sechs Jahren nach der Eintragung ins Bundeszentralregister ein Verurteiltenjahrgang auf erneute förmliche Sanktionierung überprüft wurde (z.B. ergab die Rückfallstatistik 1990 eine Rückfallquote von 50,9 %; eine Verurteilung zu erneuter Freiheitsstrafe wurde bei 33 % ermittelt).[183] Eine auf das Basisjahr

---

[175] Statistisches Bundesamt, Strafvollzug – Demographische und kriminologische Merkmale der Strafgefangenen 2010, S. 22.
[176] Statistisches Bundesamt, Strafvollzug – Demographische und kriminologische Merkmale der Strafgefangenen 2010, S. 21.
[177] Zur Rückfallkriminalität: Hermann/Kerner, 1988, S. 485 ff.; Kerner, 1996, S. 3 ff.
[178] Zur Methodik der Evaluationsforschung: Kury, 1986, S. 89 ff.
[179] Siehe z.B. Baumann/Maetze/Mey, 1983, S. 133 ff.; Berckhauer/Hasenpusch, 1982, S. 281 ff.; Dolde/Grübl, 1996, S. 219 ff.; Kerner/Janssen, 1996, S. 137 ff.
[180] Dazu in Kap. 5.5.4.
[181] Siehe z.B. Geissler, 1991, S. 25 ff., S. 245 ff.
[182] Dazu auch Egg, 2006a, S. 65 ff.; Egg/Pearson/Cleland/Lipton, 2001, S. 321 ff.; Walter M., 1999, S. 322 ff.
[183] Rückfallstatistik '90, Berlin 1992.

1994 bezogene Rückfallstatistik des Bundesministeriums der Justiz mit Erfassung der Rückfälle des vierjährigen Folgezeitraums ergab bei den unbedingten Freiheitsstrafen Folgeentscheidungen in insgesamt 56,41 % der Fälle. 42,33 % der Betroffenen wurden wiederum **mit Freiheitsstrafe** sanktioniert.[184] Eine bundesweite Rückfalluntersuchung mit dem Bezugsjahr 2004 und einem Risikozeitraum von 2004 bis 2007 ermittelte, dass zu freiheitsentziehenden Unrechtsreaktionen Verurteilte ein höheres Rückfallrisiko aufweisen als die mit milderen Sanktionen Belegten. Entlassene Strafgefangene werden überwiegend erneut straffällig, deutlich weniger als die Hälfte kehrten wieder in den Strafvollzug zurück.[185]

---

[184] Vgl. Jehle/Heinz/Sutterer, 2003, S. 59; siehe auch Rösch, 2004, S. 1 ff.
[185] Jehle/Albrecht/Hohmann-Fricke/Tetal, 2010, S. 6.

2 Historische Entwicklung

Die **Freiheitsstrafe in ihrer modernen Ausprägung** beginnt nach allgemeiner Auffassung in der zweiten Hälfte des 16. Jahrhunderts.[1] Zu jener Zeit wurden in England und Holland Haftanstalten eingerichtet, in denen der Freiheitsentzug dem Zweck einer planmäßigen Erziehung der Insassen zu Arbeit und Ordnung und damit zu einem gesetzmäßigen Leben dienen sollte. Diese Entwicklung der Freiheitsstrafe hin zu Zielen einer Besserung und sozialen Integration von Straftätern stand im Gegensatz zu den Strafzwecken des römischen, germanischen und fränkischen Strafrechts, wo der Gedanke einer Vergeltung für das begangene Unrecht und einer Unschädlichmachung des Rechtsbrechers dominierte.

2.1 Entstehung der Freiheitsstrafe

Das Einsperren von Straftätern diente noch bis zum Ende des Mittelalters vorwiegend der bloßen Verwahrung der Gefangenen für das Strafverfahren und der anschließenden Exekution von Leibes- oder Lebensstrafen.[2]

Den **römischen Gesetzen** war zwar eine öffentliche Strafhaft fremd[3]; lediglich Sklaven als „Sachen" konnten von ihren Herren mit Freiheitsentzug belegt werden. In der Kaiserzeit galt als Grundsatz der Ausspruch Ulpians: „Carcer enim ad continendos homines non ad puniendos haberi debet."[4] Dennoch findet sich bereits Freiheitsstrafe als eine Art Willkürmaßnahme. Durch Unterlassen der Vollstreckung einer Todesstrafe konnte sich die Exekutionshaft in ewige Einsperrung (perpetua vincula) umwandeln.[5]

Zurückhaltung bei der Verhängung von Todesurteilen dürfte auch im **fränkischen Recht** zu der Anordnung Karls des Großen von 813 geführt haben, worin er den Freiheitsentzug bis zur Besserung von Straftätern „boni generis" verfügte – erste nachweisbare Anfänge der Verhängung von Freiheitsstrafen mit Besserungs-

---

[1] Siehe für viele v. Dolsperg, 1928, S. 46 ff.; v. Hippel, 1928, S. 10; Krause Th., 1999, S. 30 ff.; Kürzinger, 1984, S. 1741; Mittermaier W., 1954, S. 17; Schwind, 1988, S. 3; krit. Deimling, 1995, S. 42 ff.
[2] Kriegsmann, 1912, S. 2.
[3] Krause J.-U., 1996, S. 83.
[4] Ulpian Dig. 48, 19, 8, 9.
[5] Mommsen, 1899, S. 961.

zweck aufgrund umfassender Anordnung. Diese beinhaltete zudem, dass in jeder Grafschaft ein Kerker vorhanden sein sollte.[6]

88 Bedeutenden Einfluss auf die Entstehung der Freiheitsstrafe nahm die sich ab dem 4. Jahrhundert statuierende Sanktionsform der **Klosterhaft**.[7] Ursprünglich wurden dabei delinquente Mönche zur klösterlichen Bußübung in einem Arbeitshaus isoliert. Seit dem 9. und 10. Jahrhundert wandelte sich die Einsperrung straffälliger Ordensleute allmählich auch zu einer gemeinrechtlich-kirchlichen Strafe gegenüber weltlichen Klerikern und Laien, die zunächst im Klosterkerker, später in vom Kloster getrennten besonderen Gefängnissen zu verbüßen war.[8] Die zeitig oder lebenslang verhängte Klosterhaft zielte auf die innere Besserung des Sanktionierten ab – ad agendam poenitentiam. Sollte ihr ursprünglicher Zweck damit Strafe zur Sühne und Buße sein, wandelte sich mit der Errichtung eigenständiger Klostergefängnisse im Verlauf der Jahrhunderte die Klosterhaft jedoch zu einer grausamen Sanktion. Die Entziehung der Freiheit gehörte bald zu den schwersten Strafen und stand vor allem in ihrer lebenslangen Ausprägung als carcer perpetuus der Todesstrafe kaum nach.[9] Sie konnte in der Praxis des Vollzugs sogar eine noch härtere Übelszufügung bedeuten: Die Gefangenen mussten bei Wasser und Brot – bisweilen gefesselt – Jahre in unterirdischen feuchten Räumen ohne Türen und Fenster verbringen; die Strafe war häufig mit körperlichen Züchtigungen verbunden.[10]

In der Klosterhaft zeigten sich zwar Tendenzen eines Besserungsvollzugs. Der Einsperrung lag ein Erziehungselement zugrunde, allerdings noch im Sinne kirchlicher Bußfertigkeit. Strafe stellte ein besonderes Mittel im Rahmen einer umfassenden klösterlichen Erziehung dar, wobei aber mehr an „die Rettung der gefährdeten Seelen vor der Verdammnis"[11] gedacht war als an eine soziale Integration der Betroffenen.

89 Außerhalb der Klöster wurde im **Mittelalter** Freiheitsentzug nur in geringem Umfang angedroht und vollzogen.[12] Haft auf Lebenszeit wählte etwa der Gnade übende König, der das Leben eines Täters schonen wollte.[13] Im 13. bis 15. Jahrhundert machten dann auch Fürsten und Städte von der Sanktionsform der Freiheitsstrafe Gebrauch; insbesondere fand diese Unrechtsreaktion Eingang in zahlreiche Stadtrechte.[14] Gegenüber dem noch vorherrschenden System von Leibes- und Lebensstrafen blieb sie allerdings eine untergeordnete Folge straffälligen Verhaltens. Ihr Vollzug diente zudem keinem bessernden Zweck. Er fand vielmehr unter unmenschlichen Bedingungen in Schlosskellern, in Mauertürmen der

---

[6] Vgl. dazu v. Hippel, 1928, S. 7.
[7] Siehe Bohne, 1922, S. 235; Krause Th., 1999, S. 16 f.; Krohne, 1889, S. 8.
[8] Freudenthal, 1914/15, S. 84; Krauß, 1895, S. 200 ff.
[9] Krauß, 1895, S. 217.
[10] v. Dolsperg, 1928, S. 23; Krauß, 1895, S. 214.
[11] Dahm, 1931, S. 292.
[12] Quanter, 1905, S. 70.
[13] Waitz, 1955, S. 891.
[14] Siehe v. Hippel, 1928, S. 8.

Städte bzw. Verliesen in Rathaus- oder Burgkellern statt und glich in seiner Wirkung einer abgewandelten Form der Leibes- und Lebensstrafen.[15]

Das faktische Strafübel als „squalor carceris"[16] blieb in der Periode des **Gemeinen Rechts** erhalten. Angesichts des Grundsatzes von Ulpian trug auch die Rezeption des römischen Rechts zu keiner Fortentwicklung des Vollzugs von Freiheitsstrafen bei. So wird etwa in Art. 11 der 1532 auf dem Reichstag zu Regensburg beschlossenen Peinlichen Gerichtsordnung Kaiser Karls V. noch klargestellt, dass das Gefängnis der Verwahrung des Gefangenen dienen sollte. Die Carolina kennt jedoch auch schon den Freiheitsentzug als eine Sanktionsform. So ordnet Art. 157 beim ersten Diebstahl an: „... soll er mit dem Kerker darinn er etlich zeitlang ligen, gestrafft werden". In Art. 10, 101 und 192 wird die Bestrafung zu „ewiger gefengknuss" erwähnt, deren Voraussetzungen und Verhängung aufgrund der salvatorischen Klausel am Schluss der Vorrede aber dem Landesbrauch vorbehalten bleiben.

Die Zeit des gemeinen deutschen Strafrechts brachte eine zunehmende Milderung des Strafensystems mit sich, was schließlich zu vermehrt freiheitsentziehenden Maßnahmen führte.[17] Die Freiheitsstrafe begann die Leibes- und Lebensstrafen und die damit verbundenen Strafzwecke der Vergeltung und der Unschädlichmachung des Rechtsbrechers zu verdrängen.

2.2 Erste Ansätze modernen Besserungsvollzugs

In der zweiten Hälfte des 16. Jahrhunderts ging der allmähliche Ersatz von Leibes- und Lebensstrafen durch einen zeitlich begrenzten Freiheitsentzug einher mit Veränderungen der Funktionsbestimmung: Die **Besserung** des Gefangenen sowie das Bestreben um seine **soziale Wiedereingliederung** wurden zu grundlegenden Zielen der modernen Freiheitsstrafe. Dennoch vermochte sich diese nicht von Elementen zu lösen, welche den Körper selbst in Mitleidenschaft zogen, so dass ihr ein „peinlicher" Rest verblieb.[18]

> Dass sich die Entwicklung zu einem Besserungsvollzug gerade zu jener Zeit anbahnte, lässt sich im Wesentlichen auf die soziale, religiöse und wirtschaftliche Situation zurückführen:
>
> Vor allem die sozialen Entwurzelungsprozesse als Folge der Kreuzzüge, aber auch eine Verarmung der Landbevölkerung bedingten in Europa das Auftreten umherziehender Bettler, deren Vagabundentum sich zu einem Massenphänomen ausweitete. Der damit verbundenen Kleinkriminalität konnte man nicht mehr nur mit der Vollstreckung von Leibes- und Lebensstrafen Herr werden.[19] Das wachsende Heer der Bettler – darunter viele Kinder und Jugendliche – erforderte eine andere Reaktionsform. Im Zusammenhang mit der Armenfürsorge kam es zu einem Umdenken:

---

[15] Eisenhardt, 1978, S. 25; Freudenthal, 1914/15, S. 83.
[16] Schmidt Eb., 1965, S. 193.
[17] v. Hippel, 1928, S. 9; Schmidt Eb., 1965, S. 193.
[18] Foucault, 1981, S. 24 f.
[19] Krohne, 1889, S. 14.

Bewältigung der Besorgnis erregenden Entwicklung durch „Umwandlung des sozialen Schädlings in einen brauchbaren Menschen".[20] Zur gleichen Zeit gingen sozialreligiöse Impulse vom Calvinismus aus. Die calvinistische Berufs- und Arbeitsethik verlangte eine strenge Bekämpfung des Bettlertums, der Armut und des Diebstahls mittels Disziplinierung in Form von nützlicher Arbeit. Da im Müßiggang etwas Gott Zuwidergehendes lag, sollte der Delinquent durch harte Arbeit „in den Zustand eines rechten Verhältnisses zu Arbeit und Berufspflichten und damit zu Gott gezwungen werden."[21] Ein sich entwickelndes merkantilistisches Denken erkannte in den Gefängnisinsassen schließlich ein großes Potential an preiswerten Arbeitskräften. Ließ sich Arbeit anstaltsmäßig organisieren, konnten die Gefangenen auch mit wirtschaftlichem Erfolg zwangsverpflichtet werden.[22]

92 Eine dementsprechend veränderte Funktionsbestimmung von Freiheitsentzug findet sich erstmals in **England**. Dort richtete die Stadt London in dem ihr von König Eduard VI. geschenkten Schloss Bridewell im Jahr 1555 ein Arbeitshaus ein, dem in der Folgezeit in den Grafschaften die Eröffnung einer Vielzahl sog. „houses of corrections" folgte. In diesen Arbeits- und Werkhäusern sollten Bettler, Landstreicher, Prostituierte und kleine Diebe mit dem Ziel ihrer gesellschaftlichen Integration zur Arbeit erzogen werden.

93 Während die englischen Korrektionshäuser mehr der Bekämpfung bestimmter sozialer Auffälligkeiten dienten, wurde der Gedanke des Besserungsvollzugs gerade für Straftäter 1595 in Holland mit der Gründung des **Amsterdamer Tuchthuis** realisiert.

Das Amsterdamer Zuchthaus für Männer, 1597 um die Errichtung eines „Spinhuis" für Frauen ergänzt, gilt als die erste Strafvollzugsanstalt im modernen Sinne.[23] In ihr lebten etwa 150 Personen aus dem „zuchtlosen" Volk in kleinen Gemeinschaftsräumen. Tagsüber waren sie mit Holzraspeln bzw. Spinnereiarbeiten sowie mit seelsorgerischem Unterricht beschäftigt. Durch harte Arbeit und Religion als „Zuchtmittel" sollten sie gebessert und an das soziale Leben gewöhnt werden, damit sie wieder brauchbare Mitglieder der Gesellschaft darstellten.[24] Wegen der stigmatisierenden Folgen einer Bestrafung, welche die Zielsetzung einer gebesserten Rückkehr der Verurteilten in die soziale Gemeinschaft erschwerten, kam der Unterbringung im Zuchthaus im Gegensatz zu anderen Strafen keine entehrende Wirkung zu. Die Insassen erhielten für ihre Arbeit Prämien, deren Auszahlung teilweise erst bei ihrer Entlassung erfolgte.[25] Die Disziplin wurde allerdings mit Prügelstrafen und anderen körperlichen Züchtigungen aufrechterhalten.[26]

---

[20] Freudenthal, 1914/15, S. 85.
[21] Schmidt Eb., 1960, S. 7.
[22] Eisenhardt, 1978, S. 31.
[23] v. Dolsperg, 1928, S. 46 ff.; Freudenthal, 1914/15, S. 85; v. Hippel, 1898, S. 437 ff.; Mittermaier W., 1954, S. 17; Radbruch, 1950, S. 116; Seggelke, 1928, S. 40 ff.; dagegen ordnet Deimling, 1995, S. 72, sowohl Bridewell als auch die Amsterdamer Einrichtung noch den Institutionen der Armenpflege zu.
[24] Bienert, 1996, S. 142 ff.; v. Hippel, 1898, S. 51.
[25] v. Hippel, 1928, S. 10 f.
[26] Tak, 2001, S. 1085; siehe auch Hallema, 1958.

Der Amsterdamer Besserungsvollzug erlangte bald Vorbildfunktion[27] für die **94** Errichtung von Strafanstalten in anderen Staaten Europas. Dem holländischen Modell entsprechend kam es Anfang des 17. Jahrhunderts zur Gründung von Zuchthäusern in den mit Amsterdam in Verkehrsbeziehungen stehenden Hansestädten Bremen, Lübeck, Hamburg[28] und Danzig. Andere deutsche Städte wie Spandau und Berlin folgten; gegen Ende des 18. Jahrhunderts bestanden in Deutschland etwa 60 Zucht- und Arbeitshäuser.[29]

Neben den auf Erziehung und Besserung ausgerichteten Zuchthäusern existierte jedoch weiterhin der am bloßen **Vergeltungsgedanken** orientierte Freiheitsentzug fort. Dieser hatte sich nach der Zurückdrängung von Leibes- und Lebensstrafen aus der vormaligen Untersuchungs- und Exekutionshaft entwickelt und stellte zunehmend eine regelmäßig verhängte Sanktionsform dar.[30] Tatsächlich hatte ihr grausamer Vollzug ohne Arbeit in Kerkern und Verliesen aber den Charakter einer mit der Inhaftierung verbundenen Leibesstrafe.

Auch bei den Zuchthäusern selbst setzte schon im 17. Jahrhundert ein deutli- **95** cher Verfallsprozess ein. Dieser war in Deutschland zum einen Folge der Wirren des Dreißigjährigen Krieges. Wesentliche Bedeutung für die Verschlechterung der Anstaltsverhältnisse – verbunden mit einem Zurückweichen des Besserungsgedankens – hatte zudem die Mehrfachfunktion der Einrichtungen als Arbeits-, Armen-, Waisen- und Irrenhäuser. Merkantilistisches Denken führte schließlich dazu, dass der ursprüngliche Vollzugszweck der Besserung durch Arbeit hinter alleinigen **ökonomischen Interessen** zurücktrat. Zuchthäuser wurden an Privatunternehmer verpachtet, denen es auf Gewinnerzielung ankam und nicht auf Förderung von Maßnahmen zur sozialen Integration Gefangener.[31] Hinzu kam eine allgemeine Überfüllung der Anstalten, in denen Männer, Frauen, Jugendliche und Kinder zusammen auf engstem Raum in unhygienischen Verhältnissen untergebracht waren.

Ende des 17. Jahrhunderts wird damit ein Bedeutungswandel sichtbar: Die als **96** nicht entehrende Maßnahme zur erzieherischen Beeinflussung des Rechtsbrechers konzipierte Zuchthausstrafe gilt nunmehr gegenüber dem Carcer als die schwerere Sanktionsform. Im 18. Jahrhundert ist das Gefängnis schließlich „Kloake, Verbrecherschule, Bordell, Spielhölle und Schnapskneipe, nur nicht eine Anstalt im Dienste des Strafrechts zur Bekämpfung des Verbrechens".[32] Eine konsequente Durchführung des Besserungsvollzugs findet zu jener Zeit nur noch in einigen wenigen Einrichtungen statt. Zu diesen zählen etwa das 1703 von Papst Clemens XI. in San Michele bei Rom gegründete „Böse-Buben-Haus" sowie das 1775 in Gent eröffnete „Maison de Force".[33]

---

27 Krohne, 1889, S. 27.
28 Dazu Hensel, 1979, S. 25 ff.
29 Freudenthal, 1914/15, S. 86.
30 Schmidt Eb., 1965, S. 193 f.
31 Schwind, 1988, S. 6; siehe dazu auch Rusche/Kirchheimer, 1974, S. 38 ff.
32 Krohne, 1889, S. 22.
33 Wahlberg, 1888, S. 88.

2.3 Reformen des 19. Jahrhunderts

97 Der Niedergang des Gefängniswesens und die damit einhergehenden Missstände in den Anstalten lösten im 18. Jahrhundert einsetzende Reformbestrebungen aus, die dann im 19. Jahrhundert vor allem in Nordamerika, England und den deutschen Partikularstaaten zu einer **Erneuerung des Strafvollzugs** führten.

98 Einfluss auf die Fortentwicklung der Freiheitsstrafe nahm die vor-kantische Aufklärungsphilosophie, die eine endgültige Zurückdrängung von Folter, Leibes- und Lebensstrafen forderte und bewirkte. Wie schon vor ihm Montesquieu in seinem Werk „De l'esprit des lois"[34] 1748, trat auch der Mailänder Philosoph Cesare Beccaria in seinem 1764 erschienenen Buch „Dei delitti e delle pene" für maßvolle Strafen ein. Im Gegensatz zum totalen Gesellschaftsvertrag Rousseaus, der aus diesem heraus der Todesstrafe noch ihre Berechtigung zuerkannte[35], hat nach Beccaria der Bürger für Handlungen, die ein Gesetz für strafbar erklärt, nicht Leib und Leben, sondern nur einen Teil seiner Freiheit dem Staat verpfändet (partieller Gesellschaftsvertrag).[36]

99 Wurde die Freiheitsstrafe damit im 19. Jahrhundert zur Regelform staatlicher Kriminalstrafe, gaben Situationsanalysen von Howard und Wagnitz wesentliche Impulse zu ihrer Neugestaltung. Der Engländer John Howard kam nach Jahren des Studiums zahlreicher europäischer Anstalten zu der Überzeugung, dass Gefängnisse nicht allein der Verwahrung der Inhaftierten dienen sollten, sondern darin eine Erziehung der Rechtsbrecher durch Arbeit und Sittenstrenge erfolgen musste. In seinem 1777 veröffentlichten Werk „The State of the Prisons in England and Wales" entwarf er den Plan eines **Besserungsstrafvollzugs**. Seinem Leitgedanken „make men diligent and they will be honest" folgend schlug Howard dazu vor:
– Einzelhaft zur Verhinderung gegenseitiger krimineller Ansteckung,
– Arbeitszwang verbunden mit der Zahlung von Arbeitslohn,
– Verpflichtung zur Rücklage eines Teils des Lohns für den Tag der Entlassung,
– Schaffung hygienischer Zustände in den Anstalten,
– Einführung eines Progressivsystems, in dem der Einzelne durch Wohlverhalten Vergünstigungen bis hin zu einer Verkürzung der Strafzeit erlangen konnte.[37]

100 Das Werk Howards verbreitete in Deutschland der Anstaltspfarrer Heinrich Wagnitz aus Halle. Dieser befasste sich mit den Reformideen und setzte sich in seinem 1791 erschienenen Buch „Historische Nachrichten und Bemerkungen über die merkwürdigsten Zuchthäuser in Deutschland" ebenfalls für eine Besserung der Verbrecher durch nützliche Arbeiten ein.[38]

---

[34] Buch VI, Kap. 9, Ausgabe Görlitz, 1804.
[35] Du Contract Social ou Principes du Droit Politique, Ausgabe Paris, Band II.5, 1824.
[36] Dei delitti e delle pene, Ausgabe Milano, 1911, S. 21 ff.
[37] Howard, Ausgabe Leipzig, 1780, S. 69, 162 ff.
[38] Wagnitz, 1791, S. 15.

2.3.1 Nordamerikanische Vollzugssysteme

Zwar kam es unter Howards Einfluss Ende des 18. Jahrhunderts noch zum Bau **101** erster Zellengefängnisse in England.[39] Es war aber vor allem die nordamerikanische Gefängnisbewegung, die dessen Vorstellungen aufgriff und der Weiterentwicklung des Strafvollzugs wesentliche Impulse gab.[40]

Wegen einer Gefängnisreform im Staat Pennsylvania stand die 1787 gegründete „Philadelphia Society for Alleviating the Miseries of Public Prisons"[41] mit Howard in brieflichem Kontakt. Auf Initiative dieser Gefängnisgesellschaft hin wurde in den Jahren 1822 bis 1825 das „Eastern Penitentiary" in **Philadelphia** errichtet. Dem Geist der Quäker gemäß befanden sich die Insassen dort Tag und Nacht ohne Arbeit in Einzelhaft, um frei von negativen Einflüssen ihrer Mitgefangenen in der Einsamkeit zu sich, zu Gott und damit zur Reue zu finden und als ein anderer Mensch in die Freiheit zurückzukehren.[42] Die Strafanstalt von Philadelphia – nicht als „prison" , sondern hergeleitet aus dem lateinischen Wort poenitentia als „penitentiary" bezeichnet – erlangte bald Bedeutung als Mustergefängnis für den Vollzug strengster Einzelhaft, das **„solitary-system"**.[43] Das Anstaltsgebäude war als eingeschossiger sternförmiger Flügelbau in der Strahlenbauweise erstellt, so dass zentral platziertes Aufsichtspersonal vom Mittelpunkt der Anstalt aus sämtliche Einzelzellen zu überwachen vermochte. In diesen verbrachten die Insassen ihre Haftzeit der Idee Howards entsprechend zunächst in uneingeschränkter Einsamkeit. Die strenge Isolation war derart perfektioniert, dass die Gefangenen selbst beim Kirchenbesuch aus getrennten Boxen heraus den Geistlichen sehen konnten.[44]

Kritik an der Konzeption des strengen „solitary-system" führte jedoch schon **102** bald in Philadelphia selbst zu Lockerungen des Vollzugs durch Arbeit in der Zelle und Besuche ausgewählter Persönlichkeiten. Befürchtet wurde, dass die dauerhafte totale Isolation eine vollständige soziale Entfremdung bewirkte und zudem gesundheitliche Schäden hervorrief.[45] Um derartige Belastungen zu verringern, ließ der Gouverneur des Staates New York das 1823 in **Auburn** eröffnete Gefängnis in bewusstem Gegensatz zum „Eastern Penitentiary" unter Verzicht auch auf die panoptische Strahlenbauweise gestalten. Die Insassen verbüßten dort nur nachts sowie in ihrer Freizeit die Strafe in Einzelzellen, während sie tagsüber in der Anstalt zugehörigen Werkhäusern arbeiten mussten.[46] Um die Gefahr einer kriminellen Ansteckung der Gefangenen zu verhindern, wählte man den Weg „innerlicher Absonderung in äußerer Gemeinschaft"[47] – das **„silent-system"**: Die Inhaftierten durften bei der Arbeit nicht miteinander sprechen oder sich durch

---

[39] Kriegsmann, 1912, S. 29.
[40] Siehe auch Krause Th., 1999, S. 69.
[41] Dazu Roberts, 1997, S. 24 f.
[42] Krohne, 1889, S. 44; Robinson, 1923, S. 71.
[43] Nutz, 2001, S. 191 ff.; Roberts, 1997, S. 32 ff.
[44] Vgl. Schwind, 1988, S. 8.
[45] Eisenhardt, 1978, S. 40.
[46] Roberts, 1997, S. 38 ff.
[47] Mittermaier W., 1954, S. 26.

Zeichen verständigen. Allerdings konnte dieses Kommunikationsverbot in der Praxis nur durch brutale körperliche Misshandlungen bei Verstößen durchgesetzt werden.

Die Realisierung divergierender Vollzugsformen in Philadelphia und Auburn leitete einen Systemstreit ein[48], der die Reform des Gefängniswesens in den anderen Bundesstaaten weitgehend behinderte.[49] Schließlich behauptete sich in Nordamerika das Auburn'sche „silent-system". Dies beruhte im Wesentlichen auf ökonomischen Gründen: Die fabrikmäßige Gestaltung der Gefängniswerkstätten eröffnete Möglichkeiten zur Gewinnerzielung. Zudem erwies sich die Errichtung von Einzelhaftanstalten nach pennsylvanischem Vorbild als die teurere Alternative.[50]

2.3.2 Englischer und irischer Stufenstrafvollzug

103 Im Europa des 19. Jahrhunderts dominierte im Gegensatz zu Nordamerika das „solitary-system" – allerdings in modifizierter Form. Erbaut nach dem Vorbild des „Eastern Penitentiary" wurde 1842 bei London die Strafanstalt Pentonville[51] eröffnet. Die Einzelhaft stellte aber nur eine Stufe innerhalb des in England praktizierten **Progressivsystems** dar, in dem bereits erste Ansätze der von Howard geforderten vorläufigen Entlassung erkennbar sind.[52]

Pentonville war zunächst als Ausgangsvollzug der Deportationsstrafe bestimmt, wobei die Verurteilten durch Wohlverhalten während der Einzelhaft und der sich daran anschließenden Phase der Gefängnisarbeit ihre Verbannung in die australische Kolonie erreichten. Dort kam es dann bei guter Führung zum Erlass der Reststrafe auf dem Gnadenweg.[53] Die Einstellung der Deportationen aufgrund von Protesten australischer Siedler bedingte jedoch die Schaffung eines veränderten Progressivsystems. Dabei wurde der Erkenntnis Rechnung getragen, dass ein abrupter Übergang von der strengen Einzelhaft in die Freiheit eine soziale Integration der Entlassenen gefährden konnte.[54]

Der Vollzug des englischen Stufenstrafvollzugs erfolgte daher ab 1857 in **drei Stadien**[55]:
1. Neun Monate strenge Einzelhaft ohne jegliche Vergünstigungen, verbunden mit harter Arbeit, Unterricht und Zuspruch des Gefängnisgeistlichen zum Zweck der sittlichen Umkehr des Inhaftierten.
2. Bei guter Führung Gemeinschaftshaft und Beschäftigung in drei Klassen unterteilter Arten von Gemeinschaftsarbeit. Im Rahmen eines „mark-system" durch Ver-

---

[48] Rothman, 1998, S. 106.
[49] Krohne, 1889, S. 48.
[50] Freudenthal, 1914/15, S. 89; McConville, 1998, S. 121 ff.
[51] Dazu Nutz, 2001, S. 195 ff.
[52] Schwind, 1988, S. 10.
[53] Siehe dazu Schattke, 1979, S. 51 ff.
[54] Wahlberg, 1888, S. 98.
[55] Vgl. Krohne, 1889, S. 61 f.

dienen oder Entzug von Marken Möglichkeit zum Aufstieg in die nächsthöhere Klasse bzw. Degradierung bis hin zur Rückkehr in die Einzelhaft.
3. Nach erfolgreichem Aufstieg in die erste Klasse Anspruch auf vorläufige Entlassung nach Verbüßung von drei Viertel der verhängten Strafe.

Das dreistufige englische Progressivsystem wurde in Irland auf Vorschlag des Gefängnisreformers Walter Crofton ab 1854 um eine weitere Stufe ergänzt. Zwischen Gemeinschaftshaft und vorzeitige Entlassung trat das „**intermediate prison**". In dieser Zwischenanstalt untergebrachte Gefangene bereiteten sich auf ihre Rückkehr in die Gesellschaft vor, indem sie außerhalb der Einrichtung einer Arbeit nachgingen. Vereine der Entlassenenfürsorge stellten darüber hinaus Kontakte zur Bevölkerung her.[56] Im „intermediate prison" des irischen Systems liegen die Ursprünge der modernen Freigängerhäuser.[57]

2.3.3 Uneinheitliche Entwicklung in den deutschen Partikularstaaten

Die angloamerikanische **Systemkonkurrenz** beeinflusste auch das Vollzugswesen in Deutschland. Dort hatte Heinrich Wagnitz Ende des 18. Jahrhunderts die Ideen Howards bekannt gemacht und eine Reform gefordert.[58] In Erkenntnis der Missstände in den Gefängnissen legte das Preußische Justizministerium 1804 den „Generalplan zur Einführung einer besseren Criminal-Gerichts-Verfassung und zur Verbesserung der Gefängnis- und Straf-Anstalten" vor.[59] Dieser beinhaltete als wesentliche Neuerungen eine Klassifizierung der Gefangenen nach besserungsfähigen und unerziehbaren Straftätern, eine Differenzierung zwischen Untersuchungs- und Strafhaft, Vorschriften über Arbeitserziehung und Ansätze eines Stufenstrafvollzugs.

Die Realisierung dieses Generalplans zur grundlegenden Umwandlung des Gefängniswesens scheiterte jedoch[60], denn der Dualismus der preußischen Gefängnisverwaltung führte zu Kompetenzkonflikten zwischen Innen- und Justizministerium um die Zuständigkeit für den Strafvollzug. Die napoleonischen Kriege hatten zudem die für eine umfassende Neugestaltung notwendigen finanziellen Ressourcen Preußens erschöpft. Den Reformversuchen stand auch die nach-kantische Aufklärungsphilosophie entgegen, welche die Prinzipien der Tatschuldvergeltung und der Generalprävention in den Vordergrund treten ließ. Vor allem die liberal-rechtsstaatliche Strafauffassung Anselm von Feuerbachs bewirkte eine Verdrängung des Besserungsgedankens als eine unzulässige Kompetenzüberschreitung des Staates.[61]

56　Aschrott, 1887, S. 300; Freudenthal, 1914/15, S. 89; Schattke, 1979, S. 59.
57　Eisenhardt, 1978, S. 42.
58　Vgl. Schidorowitz, 2000, S. 67 ff.
59　Nachdruck in Krohne/Uber, 1901, S. 34 ff.
60　Siehe dazu auch Freudenthal, 1914/15, S. 90; Schwind, 1988, S. 12.
61　Siehe Feuerbach, 1801.

Als Folge dominierten im Vollzug äußere Sauberkeit, geregelter Arbeitsgang, Pünktlichkeit und strenge Disziplin als Inhalte des Gefängnisalltags.[62] Dabei oblag die Aufsicht in den Anstalten häufig ehemaligen Offizieren bzw. Unteroffizieren, die den Vollzug nach hierarchisch-militärischen Grundsätzen gestalteten. Es kam zu einer Degradierung der Insassen zu bloßen Nummern, mit denen sie auch angesprochen wurden.[63]

106 Die Unzulänglichkeiten des Vollzugswesens lösten in den zwanziger Jahren des 19. Jahrhunderts neuerliche Reformimpulse aus, als sich – angeregt durch die nordamerikanische Gefängnisbewegung und deren Erfolge – auch in Deutschland **Gefängnisgesellschaften** und Gefangenenfürsorgevereine auf christlicher Grundlage zu konstituieren begannen. Erste deutsche Gefängnisgesellschaften waren die 1826 auf Initiative des Seelsorgers Theodor Fliedner gegründete Rheinisch-Westfälische Gefängnisgesellschaft sowie der Berliner Schutzverein von 1827.[64] Diese betrieben nicht nur Entlassenenfürsorge. Getragen vom Leitbild des Gefängnisses als Besserungsanstalt bemühten sie sich um die Ausbildung und seelsorgerische Betreuung der Inhaftierten.

107 Die Idee des Besserungsvollzugs stand auch für die zur gleichen Zeit sich entwickelnde **Gefängniswissenschaft** im Vordergrund. Wesentlich geprägt wurde diese von dem Hamburger Arzt Nikolaus Julius und seinen „Vorlesungen über die Gefängniskunde oder über die Verbesserung der Gefängnisse"[65], mit denen er erstmals auch eine „Wissenschaft der Gefängnisse" begründete.[66] Gefängniskunde bedeutete „die Gesamtheit aller auf Einrichtung und Handhabung der Gefängnisanstalten, vornehmlich aber der Vollzugsanstalten bezüglichen Grundsätze, Lehren und Regeln".[67]

Die Gefängniskunde entwickelte sich zunächst mit gewissen Parallelen zu den Naturwissenschaften des 19. Jahrhunderts zu einer Erfahrungswissenschaft. Man bemühte sich, die Realität in den Strafanstalten zahlenmäßig zu erfassen. Die Vollzugsbehörden waren jedoch bestrebt, ihre amtlich erhobenen Statistiken geheim zu halten. Diese Exklusivität des gefängniskundlichen Basiswissens machte es für die Strafvollzugsexperten der damaligen Zeit nahezu unmöglich, für ihre Forschungen das notwendige Zahlenmaterial zu erhalten.[68] Um das Gefängniswesen erfassen zu können, kam es deshalb zu einem Wissenstransfer durch Bereisung von in- und ausländischen Institutionen sowie insbesondere zu einer Wissenskommunikation innerhalb eines grenz- und fächerübergreifenden Kommunikationsnetzwerks.[69] So lässt sich – bezogen auf die Aktivitäten der Strafvollzugsexperten des 19. Jahrhunderts – durchaus bereits von einer **europäischen Gefängniskunde** sprechen.[70]

---

[62] Schmidt Eb., 1965, S. 350.
[63] Eisenhardt, 1978, S. 45.
[64] Mittermaier W., 1954, S. 23.
[65] Julius, 1828; dazu Krebs, 1973, S. 307 ff.
[66] Vgl. Krause Th., 1999, S. 69; Nutz, 2001, S. 239 ff.
[67] v. Holtzendorff, 1988, S. 4.
[68] Siehe Mittermaier K. J. A., 1860, S. 57.
[69] Ausführlich dokumentiert in Riemer, 2005.
[70] Dazu Riemer, 2005, S. 131 ff.

Die am Besserungsgedanken orientierten Gefängniswissenschaftler setzten sich auch über Vorzüge der divergierenden angloamerikanischen Organisationsmodelle auseinander, es kam zu einem **Wettkampf der Systeme**. Man gruppierte sich in Vertreter der Einzelhaft (sog. Pennsylvanisten) und in Anhänger der Gemeinschaftshaft mit Schweigegebot und Trennung bei Nacht (sog. Auburnianer).[71] Dabei waren die Systemstreitigkeiten allerdings überlagert vom gemeinsamen Leitbild der Gefängniskundler, den deutschen Strafvollzug in zeitgemäßer und zweckgerichteter Form zu reformieren. Richtungsweisend für die Durchsetzung der Einzelhaft war der 1846 nach Frankfurt einberufene Erste Internationale Gefängniskongress, der sich unter dem Vorsitz des Pennsylvanisten K. J. A. Mittermaier mit überwiegender Mehrheit für dieses System aussprach.[72] Der Gefangene sollte sich in seiner Zelle mit nützlichen Arbeiten beschäftigen; Milderungen durften dem Prinzip der Trennung nicht widersprechen.

Unter dem Eindruck der Mitte des 19. Jahrhunderts vorherrschenden Auffassung kam es in einigen deutschen Partikularstaaten zum Bau von Haftanstalten nach pennsylvanischem Muster. Vorbildfunktion erlangte insoweit die 1848 eröffnete badische Zellenstrafanstalt in Bruchsal.[73] Gleiches gilt für das Zellengefängnis in Berlin-Moabit.[74] Letzteres wurde auf Anordnung von Friedrich Wilhelm IV. ebenfalls in der Strahlenbauweise erstellt und im Jahr 1849 seiner Bestimmung übergeben. Der preußische König hatte vor seinem Amtsantritt Gefängniskunde-Vorlesungen von Julius besucht und sich im Rahmen einer Englandreise die ihn beeindruckende Anstalt von Pentonville vorführen lassen. In seiner Kabinettsorder verfügte er daher: „... will Ich, dass eine Strafanstalt hier in Berlin ganz übereinstimmend mit den Einrichtungen des Mustergefängnisses in London ... eingerichtet werde".[75]

Maßgebliche Unterstützung bei der Einführung der Gefangenenbehandlung nach dem pennsylvanischen System in Preußen fand Friedrich Wilhelm IV. bei dem Pastor Johann Hinrich Wichern, dem Gründer des Erziehungsheimes „Rauhes Haus" in Hamburg. Dieser sah die Ursachen bisheriger Missstände des Strafvollzugs im freien Verkehr der Gefangenen untereinander.[76] Er erkannte aber zugleich, dass der einsitzende Straftäter zu seiner Besserung mehr bedurfte, als nur einer Abschirmung in Einzelhaft. Dem Insassen sollte vielmehr „in dieser gereinigten Atmosphäre die Sammlung neuer sittlicher Kräfte"[77] ermöglicht werden – mit der Folge einer Abschaffung der Rekrutierung des Gefängnispersonals aus dem Militär und dem Einsatz in der Gefangenenpflege ausgebildeter evangelischer Diakone. Die hohen Kosten der Strahlenbauweise sowie Vorwürfe konfessioneller Einseitigkeit führten aber schon bald zu einem Scheitern des Konzepts von Wichern. Es entstanden Anstaltsneubau-

---

[71] Siehe Nutz, 2001, S. 310 ff.; Riemer, 2005, S. 88 ff.
[72] Vgl. Krohne, 1889, S. 196; Riemer, 2005, S. 169.
[73] Freudenthal, 1914/15, S. 91.
[74] Dazu Schäche, 1992, S. 14 ff.
[75] Vgl. Schäche, 1992, S. 15.
[76] Wichern, Ausgabe 1979, S. 105; siehe auch Schambach, 2008, S. 107 ff.
[77] Wichern, Ausgabe 1979, S. 116.

ten mit einer systemlosen Mischung aus Zellenabteilungen und Gemeinschaftsräumen.[78]

109 Im Gegensatz zu Preußen hielt sich Bayern von vornherein dem Einzelhaftsystem gegenüber zurück. Dort strebte der Direktor des Münchener Zuchthauses Obermaier eine an der individuellen Behandlungsbedürftigkeit orientierte Klassifizierung der Besserungsanstalten an.[79] Sachsen schuf ein dem englischen Vorbild entsprechendes System mit Elementen des Progressivvollzugs, wobei der Einzelhaft nur die Bedeutung einer Disziplinarstrafe zukam.[80] Die Revolution von 1848 hatte vielerorts in der Weiterentwicklung des Haftvollzugs eine Zäsur bedeutet. Reformprozesse gerieten ins Stocken und wurden von zur damaligen Zeit drängenderen Aufgaben überlagert. Nicht selten gab man sich mit konzeptlosen Provisorien zufrieden.[81] In der zweiten Hälfte des 19. Jahrhunderts findet sich in den Partikularstaaten damit ein **Nebeneinander divergierender Systeme** und Formen der Inhaftierung. Es besteht im Deutschen Bund keine einheitliche Regelung über den Strafvollzug, vielmehr betrachtet „in einzelnen Staaten die Regierung beliebig die Vollstreckung der Freiheitsstrafen und die Einrichtung der Strafanstalten als Sache der Verwaltung".[82]

2.4 Entwicklung vom Inkrafttreten des RStGB 1871 bis zum Jahr 1945

110 Die inhaltlich unzulänglichen landesrechtlichen Bestimmungen, welche die Ausgestaltung der Freiheitsstrafe überwiegend dem „discretionären Ermessen der Administration"[83] überließen, stießen auf zunehmende Kritik von Wissenschaft und Praxis. In der Zeit nach der Reichsgründung 1871 fand daher nicht nur eine Fortsetzung des Streits um das richtige Vollzugssystem statt. Ein wesentliches Reformanliegen bestand in einer umfassenden einheitlichen Kodifikation des Strafvollzugs.

2.4.1 Stagnation während des Kaiserreichs

111 Das am 1.1.1871 in Kraft getretene **Reichsstrafgesetzbuch** beinhaltete in seinen §§ 15 ff. und §§ 361 f. nur wenige Regelungen über die Ausgestaltung freiheitsentziehender Sanktionen:
- Zuchthausstrafe mit Arbeitspflicht des Insassen, Verwendung auch zu Arbeiten außerhalb der Anstalt bei strikter Trennung von anderen Arbeitern;

---

[78] Sieverts, 1967, S. 49.
[79] Obermaier, 1835, S. 50.
[80] Freudenthal, 1914/15, S. 91.
[81] Riemer, 2005, S. 139.
[82] Mittermaier K. J. A., 1860, S. 74.
[83] Wahlberg, 1869, S. 251.

- Gefängnisstrafe mit Recht des Gefangenen auf Arbeit entsprechend seinen Fähigkeiten und gegebenen Verhältnissen;
- Festungshaft mit Beaufsichtigung der Lebensweise des Verurteilten;
- Haftstrafe als im Wesentlichen reiner Freiheitsentzug;
- Zulässigkeit des Vollzugs der Zuchthaus- und der Gefängnisstrafe in andauernder Einzelhaft; nach Ablauf von drei Jahren nur noch mit Zustimmung des Betroffenen;
- bei guter Führung Möglichkeit der vorläufigen Entlassung nach drei Viertel (mindestens einem Jahr) der verhängten Zuchthaus- oder Gefängnisstrafe;
- Unterbringung in einem Arbeitshaus für die Höchstdauer von zwei Jahren bei Landstreicherei, Bettelei, Spiel, Trunk, Müßiggang, gewerbsmäßiger Unzucht, Arbeitsscheu und Obdachlosigkeit.

Mit der weitgehenden Ausklammerung expliziter Vorschriften über den Vollzug freiheitsentziehender Sanktionen aus dem Reichsstrafgesetzbuch verblieb es in den einzelnen Bundesstaaten zunächst bei unterschiedlichen Regelungen in Form von **landesrechtlichen Strafvollzugsordnungen** als Verwaltungsvorschriften. Die Herstellung von Rechtseinheit und Rechtsgleichheit durch ein Reichsstrafvollzugsgesetz wurde daher von Vollzugspraktikern ebenso wie auf parlamentarischer Ebene angemahnt.[84] Aufgrund solcher Initiativen legte die Reichsregierung 1879 einen vom Reichsjustizamt erarbeiteten „Entwurf eines Gesetzes über die Vollstreckung von Freiheitsstrafen"[85] vor. Dieser beinhaltete Einzelhaft als erstes obligatorisches Stadium eines Stufenvollzugs bei Zuchthaus- und Gefängnisstrafen (§ 14 Abs. 1). Beschwerden über die Art des Vollzugs und über die Verhängung von Disziplinarmaßnahmen sollten von der Aufsichtsbehörde verbeschieden werden (§ 41 Abs. 1). Das Gesetzesvorhaben, das sogar schon einen Sondervollzug für Jugendliche beinhaltete, scheiterte vor allem an den zur Neuerrichtung von Einzelzellengefängnissen notwendigen finanziellen Anforderungen.[86]

112

Die Herbeiführung einer reichseinheitlichen Reglementierung war auch Ziel der 1897 vom Bundesrat beschlossenen „Grundsätze, welche bei dem Vollzuge gerichtlich erkannter Freiheitsstrafen bis zu weiterer gemeinsamer Regelung zur Anwendung kommen".[87] Dieser infolge der Untätigkeit des Reiches von Regierungen der Bundesstaaten initiierten gemeinsamen Regelung kam jedoch nur die Rechtsqualität einheitlicher Verwaltungsvorschriften durch Ländervereinbarung zu, weil es dem Bundesrat zum Erlass von Vorschriften über den Strafvollzug als Verordnung an einer reichsgesetzlichen Ermächtigung fehlte.[88] Die Vereinbarung hatte zudem weder Gesetzes- noch Verordnungskraft.[89] Die **Bundesratsgrundsätze**, die bis zum Ende des Kaiserreichs galten, brachten keine Reformen mit sich. So machten sie die Verwirklichung des Trennungsprinzips (§§ 1 bis 6) von den jeweils vorhandenen Möglichkeiten abhängig und stellten sie letztlich in das Er-

113

---

[84] Vgl. dazu Müller-Dietz, 1970, S. 6 ff.
[85] Bundesrats-Drucksachen 1879. Band. 2, Nr. 56; dazu Schenk, 2001, S. 19 ff.
[86] Freudenthal, 1914/15, S. 92.
[87] Zentralblatt für das Deutsche Reich, 1897, S. 308 ff.; dazu Schenk, 2001, S. 43 ff.
[88] Müller-Dietz, 1970, S. 10.
[89] Kriegsmann, 1912, S. 85.

messen der einzelnen Länder (§ 7).⁹⁰ Über Beschwerden hatte – soweit nicht Bestimmungen der Strafprozessordnung griffen – die Aufsichtsbehörde zu entscheiden (§ 39 S. 1). Damit kam es bis zum Ende des Ersten Weltkriegs im Kaiserreich auf dem Gebiet des Erwachsenenstrafvollzugs zu keinen bedeutenden praktischen Veränderungen.

114 Auch die liberalen Bedenken gegen einen Besserungsvollzug mittels staatlicher Einwirkung auf die Gefangenenpersönlichkeit, die Abhängigkeit des Strafvollzugsrechts vom Strafrecht und der dort vorherrschende Schulenstreit trugen zum **Fortbestehen des gesetzlosen Zustands** bei.⁹¹ Das von Franz v. Liszt in seiner Marburger Antrittsvorlesung über den „Zweckgedanken im Strafrecht" 1882 vorgetragene Reformprogramm⁹² mit den Zielen:
– Versuch einer Besserung der besserungsfähigen und besserungsbedürftigen Täter,
– Abschreckung der nicht besserungsbedürftigen Verbrecher,
– Unschädlichmachung der nicht Besserungsfähigen,
blieb in der Praxis des ausgehenden 19. Jahrhunderts noch ohne Konsequenzen. Auch die den Erlass eines Strafvollzugsgesetzes als rechtsstaatliche Notwendigkeit fordernde berühmte Rektoratsrede⁹³ von Berthold Freudenthal über „Die staatsrechtliche Stellung des Gefangenen" (1910) führte noch zu keinen Fortschritten.

115 Lähmend wirkte sich nicht nur der Konflikt über die Zweckvorstellungen des Strafvollzugs – Vergeltung und Generalprävention einerseits oder Besserung andererseits – aus. Selbst die Anhänger eines in erster Linie am Besserungsgedanken orientierten Vollzugs setzten untereinander ihre Auseinandersetzungen um Haftsysteme und Vollzugsgestaltung fort, wobei die ablehnende Haltung gegenüber der strengen Einzelhaft bald überwog. Schon v. Liszt hatte eine Besserung der Besserungsfähigen in einem **progressiven Behandlungssystem** gefordert – beginnend mit Einzelhaft, der sich die widerrufliche Versetzung in die Gemeinschaft anschließt; am Ende sollte eine mehrjährige Polizeiaufsicht des Entlassenen stehen.⁹⁴ Ein bedeutender Schritt zur Verwirklichung eines an Behandlungs- und Erziehungszwecken orientierten Freiheitsentzugs war schließlich das 1911 auf Initiative Freudenthals in Wittlich eröffnete erste deutsche Jugendgefängnis.

2.4.2 Weimarer Zeit: Progressivstrafvollzug und Bemühen um normative Regelung

116 Nach dem Ersten Weltkrieg begann sich in der Weimarer Zeit der **Erziehungs- und Besserungsgedanke** durchzusetzen. Förderung erfuhr diese Entwicklung

---

90 Müller-Dietz, 1970, S. 10.
91 Siehe dazu: Dünkel F., 1983, S. 32 f.; Müller-Dietz, 1970, S. 9; Walter M., 1999, S. 33.
92 v. Liszt, abgedruckt 1905, S. 126 ff.
93 Freudenthal, abgedruckt 1955, S. 157 ff.
94 v. Liszt, 1905, S. 171 f.

2.4 Entwicklung vom Inkrafttreten des RStGB 1871 bis zum Jahr 1945

durch das Jugendgerichtsgesetz 1923[95], das nicht nur die Vollstreckung der Jugendstrafe in gesonderten Anstalten anordnete[96], sondern auch erstmals auf gesetzlicher Grundlage die Erziehung des jungen Straffälligen zum zentralen Vollzugsziel erklärte.

Wesentliche Bedeutung als Mittel zur praktischen Verwirklichung eines die Persönlichkeit des Verurteilten in den Vordergrund stellenden **Erziehungsvollzugs** erlangte im Weimarer Gefängniswesen[97] das Progressivsystem nach englischem und irischem Vorbild.[98] Die im Jugendgefängnis Wittlich begonnene individualisierende Behandlung der Inhaftierten durch Einteilung in differenzierende Gruppen wurde vor allem in Bayern, Hamburg und Thüringen weiter erprobt und fortentwickelt. Engagierte Vollzugspraktiker wie Albert Krebs in der Landesstrafanstalt Untermaßfeld bei Meiningen[99] oder die Hamburger Sozialpädagogen Curt Bondy und Walter Herrmann im Jugendgefängnis Hahnöfersand führten Versuche über die Ausgestaltung des Stufensystems durch. Dabei betrachteten sie die Progression verschiedener Haftarten als die organisatorische Grundlage des Erziehungsstrafvollzugs[100]: von Einzelhaft in den ersten Monaten zur Besinnung über Gemeinschaftshaft, anschließende Zwischenanstalt zur Vorbereitung auf die Wiedereingliederung hin zur bedingten Entlassung.

117

Bestärkt wurden jene praktischen **Reformbestrebungen** von Gustav Radbruch.[101] Dieser hatte schon 1911 – von der absoluten Unvergleichlichkeit der Lebensbedingungen in der Gefängniszelle mit denjenigen in der Freiheit ausgehend – eine Sozialisation des Gefangenen gefordert durch Vergesellschaftung „mit seinen Mitgefangenen zu einer nach dem Modell der bürgerlichen Gesellschaft gebauten Assoziation".[102] Unter Abkehr vom Einzelhaftsystem („Die Einzelhaft verbessert, aber sie verbessert nur für die Anstalt, nicht für das Leben."[103]) strebte er eine schrittweise Anpassung der Anstaltsverhältnisse an das Leben in der Freiheit an.

118

Als Reichsjustizminister konnte Radbruch kriminalpolitische Reformbestrebungen aktiv fördern. Auf seine Anregung hin wurden zunächst anstelle eines angestrebten Reichsstrafvollzugsgesetzes die Bundesratsgrundsätze von 1897 im Wege der Ländervereinbarung durch die **Reichsratsgrundsätze** von 1923[104] ersetzt. Diese „Grundsätze für den Vollzug von Freiheitsstrafen" waren geprägt vom Vollzugsziel der erzieherischen Einwirkung auf die Inhaftierten zum Zweck der Rückfallverhütung (§ 48). Den damaligen Vorstellungen entsprechend sollte ein einheitlicher Progressivstrafvollzug (§§ 130 f.) eingeführt werden und im Vollzug

---

[95] Dazu Laubenthal/Baier/Nestler, 2010, S. 15.
[96] Zur geschichtlichen Entwicklung des Jugendstrafvollzugs: Cornel, 1984, S. 48 ff.
[97] Siehe hierzu auch Wachsmann, 2002, S. 411 ff.
[98] Dazu Schattke, 1979, S. 129 ff.
[99] Krebs, 1930, S. 69 ff.
[100] Bondy, 1925, S. 90 f.
[101] Vgl. Einsele, 2001, S. 27 ff.
[102] Radbruch, 1911, S. 351.
[103] Radbruch, 1911, S. 353.
[104] RGBl. II 1923, S. 263 ff.; siehe auch Müller-Dietz, 1994c, S. 11 f.; Schenk, 2001, S. 98 ff.

eine verstärkte Differenzierung nach Personengruppen und Sanktionsarten erfolgen. Gegen Maßnahmen des Strafvollzugs stand dem Gefangenen das Beschwerderecht zu (§ 147). Soweit nicht Vorschriften der Strafprozessordnung maßgebend waren, hatte über die Beschwerde der Anstaltsvorsteher zu entscheiden (§ 152 S. 1).

119 War der Strafvollzug in Art. 7 Nr. 3 der Weimarer Verfassung von 1919 erstmals als Materie der (konkurrierenden) Gesetzgebung ausdrücklich benannt, kam es jedoch erst 1927 – gekoppelt an den gerade aktuellen Entwurf eines Strafgesetzbuches – zu einer entsprechenden Gesetzesinitiative. 1927 legte die Reichsregierung den „Amtlichen Entwurf eines Strafvollzugsgesetzes nebst Begründung"[105] vor.

Hinsichtlich der Ausgestaltung des Strafvollzugs knüpfte dieser an die Reichsratsgrundsätze von 1923 an. Leitprinzipien stellten eine Vertiefung des **Erziehungsgedankens** sowie die Verstärkung der rechtlichen Garantien des Inhaftierten dar.[106] Vollzugsziel blieb die Rückfallverhütung (§ 64); am System des Strafvollzugs in Stufen wurde festgehalten (§§ 162 ff.). Nicht inhaltliche Kritik, sondern vor allem eine Verknüpfung von Strafrechts- und Strafvollzugsreform bewirkte jedoch, dass mit dem parlamentarischen Scheitern der sog. Reichstagsvorlage eines Allgemeinen Deutschen Strafgesetzbuches 1927 auch der Versuch einer gesetzlichen Regelung des Strafvollzugs sein vorläufiges Ende fand.

120 Mit dem während der Weimarer Zeit praktizierten **Stufenstrafvollzug** als Erziehungsmittel war das Ziel der „sittlichen Hebung"[107] verbunden. Im Wege der Vergünstigungsprogression erfolgte bei fortschreitender „innerer Wandlung" eine Milderung des Anstaltsaufenthalts durch schrittweise Lockerungen zur Vorbereitung des Übergangs in die Freiheit. In der Praxis kam die Gewährung von Vergünstigungen aber in erster Linie einer Belohnung für Anpassung und Wohlverhalten gleich. Das System des Progressivstrafvollzugs brachte damit weniger erzieherische Erfolge mit sich – es entwickelte sich vielmehr zu einem Mittel anstaltsinterner Disziplinierung.[108] Damit einher ging eine zunehmende Vernachlässigung der Rechtsschutzgarantien. Es setzte sich die **Lehre vom besonderen Gewaltverhältnis** durch, wonach die Rechte des Inhaftierten auch ohne ein förmliches Gesetz eingeschränkt werden konnten, soweit dies durch den Zweck des Strafvollzugs geboten war.

2.4.3 Nationalsozialistisches Abschreckungs- und Vernichtungskonzept

121 Einen **nachhaltigen Rückschlag** erhielten die Reformbestrebungen zu einem an Humanität und Besserungsgedanken orientierten Strafvollzug während der Zeit

---

[105] Abgedruckt in Materialien zur Strafrechtsreform. Band 6, 1954; dazu Schenk, 2001, S. 119 ff.
[106] Vgl. dazu Müller-Dietz, 1970, S. 18 f.
[107] Siehe Schattke, 1979, S. 149.
[108] Müller-Dietz, 1988a, S. 18; Schattke, 1979, S. 199.

der nationalsozialistischen Gewaltherrschaft. Strafe diente nunmehr „in erster Linie der Abschreckung", es galt „durchzuhalten, bis die Verbrecherwelt ausgerottet ist".[109]

Die Zielsetzung der Abschreckung potentieller Straftäter mit den Mitteln generalpräventiver Härte sowie die Abkehr vom Erziehungsvollzug[110] hin zur Unschädlichmachung des Delinquenten kamen in den rechtlichen Regelungen deutlich zum Ausdruck. Dies gilt bereits für die 1934 vom Reichsminister der Justiz erlassene „Verordnung über den Vollzug von Freiheitsstrafen und von Maßregeln der Besserung und Sicherung".[111] Diese knüpfte inhaltlich zwar an die Reichsratsgrundsätze von 1923 an, ergänzte jedoch das Erziehungsziel des § 48 um die Zwecke der **Sühne** und der **Abschreckung**. Zudem war der Freiheitsentzug so zu gestalten, dass er für den Gefangenen ein „empfindliches Übel" darstellte.

Eine amtliche Kommission des Reichsjustizministeriums erarbeitete noch den 1939 vorgelegten „Entwurf eines Strafvollzugsgesetzes nebst allgemeiner Begründung".[112] Leitende Gesichtspunkte für die geplante Neugestaltung des „Strafvollstreckungsrechtes" sollten Sinn und Zweck des damaligen Strafrechts („Schutz des Volkes, Sühne für Unrecht und Festigung des Willens zur Gemeinschaft") sowie „die besondere Artung" des „Objekts der Vollstreckung" sein.[113] Da eine gesetzliche Regelung des Strafvollzugs jedoch nicht zustande kam, erließ der Reichsminister der Justiz 1940 eine Allgemeinverfügung über die „Vereinheitlichung der Dienst- und Vollzugsvorschriften für den Strafvollzug im Bereich der Reichsjustizverwaltung (Strafvollzugsordnung)"[114], welche die Rechtsgrundlage für einen **rigiden Vergeltungs- und Sicherungsvollzug** bildete.[115] Obwohl in den Jahren vor dem 2. Weltkrieg die Zahl der wegen gewöhnlicher Kriminalität Verurteilten zurückgegangen war, stieg die Belegung der Strafanstalten deutlich an. Denn die Gerichte schöpften die gesetzlichen Möglichkeiten aus, sog. politische Gegner strafrechtlich zu belangen. Zudem spielte auch die Justiz bei der Durchsetzung der nationalsozialistischen Rassenpolitik eine erhebliche Rolle.[116]

Kennzeichnend für das NS-Herrschaftsregime waren einerseits der **Normenstaat**, der sich zunächst in rechtlichen Regelungen auszudrücken bemühte, sowie andererseits die Parallelexistenz eines auf die Ziele des Nationalsozialismus ausgerichteten **Maßnahmenstaats**.[117] Neben zumindest formal gemäß den damaligen Regeln der Strafprozessordnung ergangenen Verurteilungen zu Freiheitsstrafen und deren Vollzug in Strafanstalten[118] erfolgte ab 1933 die Errichtung von Kon-

---

[109] Frank, 1935, S. 191 f.
[110] Vgl. Wachsmann, 2006, S. 68.
[111] RGBl. I 1934, S. 383 ff.
[112] Abgedruckt bei Schubert, 1999, S. 417 ff.
[113] Entwurfsbegründung bei Schubert, 1999, S. 434.
[114] Amtl. Sonderveröffentlichungen der Deutschen Justiz, 1940, Nr. 21.
[115] Dazu Kaiser, 2001, S. 330 ff.; Wachsmann, 2006, S. 57 ff.
[116] Siehe Wachsmann, 2006, S. 59 f.
[117] Fraenkel, 1984, S. 26 ff., 96 ff.; siehe auch Möhler, 1993, S. 17 ff.; Müller-Dietz, 1988a, S. 19 f.
[118] Dazu Möhler, 1996, S. 17 ff.; Müller-Dietz, 1996b, S. 379 ff.

zentrationslagern[119], in denen zunächst zum Zweck politischer Repression vor allem Oppositionelle von der Geheimpolizei und deren Hilfstruppen ohne Gerichtsurteil in sog. Schutzhaft genommen wurden. Zur Kategorie des politischen Gegners kamen dann ab 1936 die als „Volksschädlinge" diffamierten Bevölkerungsgruppen. Die Lager wurden zu einem Mittel grausamer „völkischer" Sozialpolitik.[120] Hinzu kamen – insbesondere nach der Reichspogromnacht vom 9.11.1938 – in einer ersten groß angelegten Vernichtungsaktion jüdische Bürger. Neben der Ordnung der „Volksgemeinschaft" diente die Inhaftierung der „Asozialen" zugleich unter ökonomischen Aspekten einer Zwangsrekrutierung von Arbeitskräften für die Lagerbetriebe.[121] In den ersten Jahren des Zweiten Weltkriegs fand dann ein erneuter Funktionswechsel statt: Arbeitseinsatz in der Rüstungsindustrie; Exekution von Kriegsgefangenen sowie von Inhaftierten (insbesondere „Kriegssaboteuren"), derer sich die Polizei ohne Gerichtsverfahren entledigen wollte, sowie die Massenvernichtung der jüdischen Bevölkerung Europas.[122]

2.5 Der bundesdeutsche Strafvollzug

123 Nach dem Ende des Zweiten Weltkriegs leitete die Kontrollratsdirektive Nr. 19 vom 12.11.1945 „Grundsätze für die Verwaltung der deutschen Gefängnisse und Zuchthäuser" eine Neuordnung des Strafvollzugs ein. Erziehung und Besserung sollten wiederum zu Grundlagen der Ausgestaltung des Freiheitsentzugs werden. Die Verflechtung des Strafvollzugs mit der jeweiligen Staatsform und Gesellschaftsordnung führte jedoch infolge der Teilung Deutschlands zu einer divergierenden Entwicklung des Vollzugswesens.

2.5.1 Dienst- und Vollzugsordnung von 1961

124 In der Bundesrepublik kam es nach Beseitigung der Überreste des nationalsozialistischen Abschreckungs- und Vernichtungskonzepts zu einer Rehumanisierung. Zunächst knüpften Vollzugspraktiker vor allem aus kriminalpädagogischer Perspektive an die Weimarer Reformtendenzen an. Damit einher gingen Forderungen nach der Verrechtlichung des Strafvollzugs durch ein Bundesgesetz[123], maßgeblich begründet mit Gesichtspunkten der Rechtseinheit und -gleichheit sowie der Notwendigkeit einer normativen Regelung der Rechtsstellung des Gefangenen und der Eingriffsbefugnisse des Staates.

---

[119] Zur Geschichte der nationalsozialistischen Konzentrationslager: Benz/Distel, 2005; Herbert/Orth/Diehmann, 1988; Sofsky, 1993, S. 41 ff.
[120] Broszat, 1994, S. 388 ff.; siehe etwa auch Gilsenbach, 1988, S. 11 ff.; Grau, 1993; zum Beitrag der damaligen Kriminalbiologie an der nationalsozialistischen Vernichtungspolitik: Hohlfeld, 2002, S. 56 ff.; Laubenthal, 2007b, S. 155 ff.; Streng, 1993, S. 141 ff.
[121] Sofsky, 1993, S. 47.
[122] Dazu Gutmann, 1993; Hilberg, 1990, S. 927 ff.; Sofsky, 1993, S. 51 f.
[123] Vgl. Müller-Dietz, 1970, S. 24.

Die Realisierung eines Strafvollzugsgesetzes blieb auch in den fünfziger und sechziger Jahren noch aus. Dies beruhte zum einen auf dem Vorrang einer Erneuerung des materiellen Strafrechts gegenüber einer vollzugsrechtlichen Regelung, so dass die erheblichen Verzögerungen der Strafrechtsreform dann zwangsläufig zu einer Verschiebung der Vollzugsgesetzgebung führten; zum anderen behauptete sich die **Lehre vom besonderen Gewaltverhältnis.** Danach waren alle für Zwecke der Strafanstalt notwendigen Maßnahmen zu Lasten des Inhaftierten ohne eine gesetzliche Eingriffsgrundlage legitimiert.[124] Da die Rechtsweggarantie des Art. 19 Abs. 4 GG aber auch den Bereich eines besonderen Gewaltverhältnisses umfasst, kam es für den Strafvollzug in den fünfziger Jahren in Vollzugssachen zu einer unterschiedlichen Bejahung der sachlichen Zuständigkeit von Strafgerichten bzw. von Verwaltungsgerichten.[125] Seit 1961 normieren die durch § 179 VwGO als Ausführungsbestimmungen zu Art. 19 Abs. 4 GG in das EGGVG eingefügten §§ 23 ff. die Kontrolle von Justizverwaltungsakten. Damit war bis zum Inkrafttreten des Strafvollzugsgesetzes für Fragen der Rechtsstellung des Gefangenen sowie der Vollzugsgestaltung der Rechtsweg zu den Oberlandesgerichten eröffnet.

Stellten Anstaltszweck und besonderes Gewaltverhältnis nach damals verbreiteter Auffassung eine zureichende Grundlage für Rechtseinschränkungen dar, bedurfte es nicht notwendigerweise einer gesetzlichen Legitimation. Um jedoch der Gefahr einer Auseinanderentwicklung in den einzelnen Bundesländern entgegenzuwirken und zu einer Vereinheitlichung beizutragen, vereinbarten die Justizminister und -senatoren am 1.12.1961 die **Dienst- und Vollzugsordnung** (DVollzO), welche am 1.7.1962 in Kraft trat.

> Die – mit mehrfachen Änderungen – bis Ende 1976 geltende DVollzO spiegelte den überkommenen Zielkonflikt zwischen Abschreckung, Vergeltung sowie Sicherheit auf der einen und Besserung zur sozialen Reintegration auf der anderen Seite wider. Einem Zweckpluralismus ohne eindeutige Prioritäten folgend legte Nr. 57 Abs. 1 DVollzO als Vollzugsziel fest:
> „Der Vollzug der Freiheitsstrafe soll dazu dienen, die Allgemeinheit zu schützen, dem Gefangenen zu der Einsicht zu verhelfen, dass er für begangenes Unrecht einzustehen hat und ihn wieder in die Gemeinschaft einzugliedern. Der Vollzug soll den Willen und die Fähigkeit des Gefangenen wecken und stärken, künftig ein gesetzmäßiges und geordnetes Leben zu führen."
> Die DVollzO[126] regelte die Vollzugsorganisation (Nr. 1 ff.), die personelle Ausstattung der Anstalten (Nr. 12 ff.), die Berufspflichten der Bediensteten (Nr. 34 ff.) sowie die Stellung des Gefangenen (Nr. 44 ff.). Sie sah kein System des Progressivstrafvollzugs mehr vor. Die Erkenntnisse einer Persönlichkeitserforschung zu Beginn der Strafverbüßung sollten die Grundlage einer differenziert ausgestalteten Behandlung sein, deren Schwerpunkte in der Erziehung zu Arbeit und Ordnung, in der Erwachsenenbildung und in der Fürsorge durch soziale Hilfen lagen.

---

[124] Blau, 1988, S. 20; Schneider R., 2010, S. 17.
[125] Vgl. Kaiser/Schöch, 2002, S. 47.
[126] Dazu umfassend Grunau, 1972.

126 Die **normative Einordnung** der DVollzO war umstritten[127]: Als Verwaltungsabkommen hatte sie weder den Charakter eines Gesetzes noch einer Rechtsverordnung. Einerseits wurde sie als nur innerdienstlich bindende Verwaltungsanordnung aufgefasst, andererseits ihr Rechtssatzcharakter als eine das Verhältnis von Gewaltunterworfenen und Gewaltinhaber regelnde Vorschrift betont. Unabhängig von der Auseinandersetzung über die Rechtsqualität betrachteten Gerichts- und Vollzugspraxis die DVollzO als maßgebliche Rechtsgrundlage des bundesdeutschen Strafvollzugs. In Verfahren nach §§ 23 ff. EGGVG erfolgte die Prüfung der Rechtmäßigkeit von Vollzugsmaßnahmen anhand der DVollzO. Dabei gab die Rechtsprechung überwiegend den Erfordernissen von Sicherheit und Ordnung der Anstalt den Vorzug vor Reintegrationsbedürfnissen des Gefangenen.[128] Dementsprechend konnte sich ein sicherheitsorientierter Verwahrvollzug behaupten.

2.5.2 Das Bundes-Strafvollzugsgesetz

127 Das allgemeine Reformklima der sechziger und siebziger Jahre des 20. Jahrhunderts erfasste auch den Strafvollzug, begünstigt durch Gefängnisskandale, welche die Anstalten in den Blickpunkt der Öffentlichkeit rückten. Empirische Untersuchungen[129] belegten zudem die Existenz des kustodialen Verwahrvollzugs in der Bundesrepublik. Dies förderte die **Bestrebungen um eine Strafvollzugsreform**, wobei aufgrund internationalen Erfahrungsaustausches auch ausländische Vollzugsmodelle (etwa sozialtherapeutische Einrichtungen in Holland und Dänemark) in die Diskussion einflossen. Die Wissenschaft begann sich vom überkommenen Konzept eines Erziehungsvollzugs zu lösen und wandte sich einem human- und sozialwissenschaftlich orientierten Behandlungsvollzug nach nordamerikanischem und skandinavischem Vorbild zu, in dem Persönlichkeitsstörungen und Sozialisationsdefizite im Zentrum des Behandlungsinteresses stehen.

Mit der Rezeption ausländischer Reformmodelle ging das Bemühen um eine gesetzliche Regelung des Strafvollzugs einher. Der Weg dorthin war 1969 mit Verabschiedung des Ersten und des Zweiten Strafrechtsreformgesetzes frei. Beide Gesetze hatten auch die Vorschriften über das strafrechtliche Sanktionensystem neu gestaltet. Eingeführt wurde die Einheitsfreiheitsstrafe.

128 Schon vor Abschluss der Strafrechtsreform kam es 1967 zur Einberufung einer aus Wissenschaftlern und Praktikern zusammengesetzten Strafvollzugskommission durch das Bundesjustizministerium. Diese übergab 1971 den **Kommissionsentwurf** eines Strafvollzugsgesetzes, der dann die Grundlage des 1972 vorgelegten **Regierungsentwurfs**[130] bildete. Neben der Schaffung einer bundeseinheitlichen Rechtsgrundlage für den Strafvollzug waren wesentliche Reformziele:[131] formale und inhaltliche Abstimmung mit dem Strafrecht, verstärkte Orientierung des Vollzugs am Gedanken einer Rückfall verhütenden Behandlung des Inhaftier-

---

[127] Vgl. Müller-Dietz, 1970, S. 28 ff.
[128] Blau, 1988, S. 20; Wagner J., 1976, S. 241 ff.
[129] Siehe insb. Müller-Dietz/Würtenberger, 1969.
[130] BT-Drs. 7/918.
[131] Ausführlich zu den Entwürfen Müller-Dietz, 1978, S. 53 ff.

ten, Regelung des Rechtsverhältnisses zwischen Staat und Strafgefangenen, Festlegung der personellen Voraussetzungen zur Durchführung des Behandlungsvollzugs.

Maßgeblichen Einfluss auf den Gesetzgebungsprozess nahm schließlich das **Bundesverfassungsgericht**. In seiner Entscheidung vom 14.3.1972[132] verwarf es für den Bereich des Strafvollzugs das besondere Gewaltverhältnis als eine unzureichende Rechtsgrundlage und zeigte die Regelungsnotwendigkeit durch Gesetz im formellen Sinne auf. Das Gericht bezeichnete es als unstatthaft, „die Grundrechte des Strafgefangenen in einer unerträglichen Unbestimmtheit zu relativieren".[133] Eine Grundrechtseinschränkung „kommt nur dann in Betracht, wenn sie zur Erreichung eines von der Wertordnung des Grundgesetzes gedeckten gemeinschaftsbezogenen Zweckes unerlässlich ist und in den dafür verfassungsrechtlich vorgesehenen Formen geschieht. Die Grundrechte von Strafgefangenen können also nur durch oder aufgrund eines Gesetzes eingeschränkt werden."[134] Das Verfassungsgericht setzte der Legislative zugleich eine Frist zur gesetzlichen Regelung der Rechte und Pflichten des Inhaftierten. **129**

In die Diskussion über eine Ausgestaltung des Gesetzes griff der Arbeitskreis deutscher und schweizerischer Strafrechtsprofessoren ein. Er legte 1973 den **Alternativentwurf** eines Strafvollzugsgesetzes[135] vor, der Ausbildung, soziale Hilfe und Therapie ins Zentrum seines Konzepts freiheitsentziehender Sanktionen rückte und wegen seiner – insbesondere verhaltenswissenschaftlichen – Ausrichtung eine echte Alternative zum Regierungsentwurf darstellte. Der Alternativentwurf vermochte aber die Fassung des Strafvollzugsgesetzes nicht mehr entscheidend zu beeinflussen. Eine Übernahme seiner Vorschläge über die Bestimmung spezifischer Behandlungsmethoden wurde ebenso abgelehnt wie diejenigen zur Sozialstruktur der Anstalten; der Alternativentwurf trug sich vielmehr den Vorwurf einer Utopie jenseits der damaligen politischen Realisierbarkeit ein.[136] **130**

Eine Regelung des Strafvollzugs auf gesetzlicher Grundlage mit fest umrissenen Eingriffstatbeständen sollte nach der Fristsetzung des Bundesverfassungsgerichts bis zum Ablauf der VI. Legislaturperiode erfolgt sein. Nach der vorzeitigen Auflösung des Deutschen Bundestags musste jedoch der Regierungsentwurf zu Beginn der VII. Legislaturperiode erneut im Parlament eingebracht werden. Zuvor hatte das Bundesverfassungsgericht dem Gesetzgeber die Frist in einem Folgebeschluss[137] auf den Beginn des Jahres 1977 verlängert. Am 12.2.1976 verabschiedete der Bundestag schließlich (mit vom Bundesrat durch Anrufung des Vermittlungsausschusses erzwungenen Änderungen) das **Strafvollzugsgesetz**.[138] Nach Verkündung im Bundesgesetzblatt am 16.3.1976[139] trat es am 1.1.1977 in Kraft.

---

[132] BVerfGE 33, S. 1 ff.; dazu Beaucamp, 2003, S. 937 ff.; Günther, 2000, S. 298 ff.
[133] BVerfGE 33, S. 10.
[134] BVerfGE 33, S. 11.
[135] Baumann/Brauneck/Calliess u.a., 1973.
[136] Vgl. Müller-Dietz, 1978, S. 56.
[137] BVerfGE 40, S. 284.
[138] BR-Drs. 121/76.
[139] BGBl. I 1976, S. 581 ff.

Mit dem Beitritt der ehemaligen DDR am 3.10.1990 ist dieses Strafvollzugsgesetz im Gebiet der früheren DDR in Kraft gesetzt worden.

2.5.3 Föderalismusreform und Landes-Strafvollzugsgesetze

131 Im Jahr 2003 setzten Bestrebungen ein, die legislatorischen Kompetenzen von Bund und Ländern neu zu regeln.[140] Die Ende 2004 abgebrochenen und dann im Jahr 2005 fortgesetzten Bestrebungen einer von Bundestag und Bundesrat eingesetzten **Kommission zur Modernisierung der bundesstaatlichen Ordnung**[141] (sog. Föderalismuskommission) hatte u.a. den Vorschlag entwickelt, die Gesetzgebungskompetenz für den Bereich des Strafvollzugs den Bundesländern zuzuweisen. Bei der Bildung der Großen Koalition von CDU, CSU und SPD zu Beginn der 16. Legislaturperiode des Deutschen Bundestags nahm die Koalitionsarbeitsgruppe zur Föderalismusreform im November 2005 diese Bestrebungen wieder auf. Im Koalitionsvertrag vom 11. November 2005 wurde demgemäß u.a. vereinbart, durch eine Änderung des Grundgesetzes die Aufgabe des Strafvollzugs ebenso wie den Untersuchungshaftvollzug den Gegenständen der konkurrierenden Gesetzgebung zu entnehmen und die Kompetenz der Landesgesetzgebung zuzuordnen.

Ebenso wie der ursprüngliche den Strafvollzug betreffende Vorschlag der Föderalismuskommission[142] stieß auch in den parlamentarischen Beratungen auf Bundesebene die Kompetenzübertragung für den Haftvollzug auf nachhaltige Kritik.[143] Vorgetragen wurden insbesondere Aspekte der Rechtseinheit sowie der Reformentwicklung. Von Befürworterseite verwies man auf die besondere Sachkompetenz der Länder in Vollzugsangelegenheiten.[144] Berechtigt war die Kritik am Bundesgesetzgeber, dass er sowohl bei der Fortschreibung des Strafvollzugsgesetzes als auch bei seinen Aufgaben zur Verabschiedung eines Jugendstrafvollzugsgesetzes sowie eines Untersuchungshaftvollzugsgesetzes versagt hat.

132 Durch das Gesetz zur Änderung des Grundgesetzes (Föderalismusreformgesetz) vom 28.8.2006[145] wurden die Aufgaben des Strafvollzugs und des Untersuchungshaftvollzugs den Gegenständen der konkurrierenden Gesetzgebung entnommen und die **Kompetenz der Landesgesetzgebung** zugeordnet. Dies erfolgte durch die Streichung der Worte „und den Strafvollzug" in Art. 74 Abs. 1 Nr. 1 GG a.F. und die Einfügung der Worte „(ohne das Recht des Untersuchungshaftvoll-

---

[140] Allgemein zur Föderalismusreform Häde, 2006, S. 930 ff.; Thiele, 2006, S. 714 ff.
[141] BT-Drs. 15/1685; BR-Drs. 750/03.
[142] Siehe Alex, 2006a, S. 726 ff.; Caspari, 2006, S. 142; Cornel, 2005, S. 48; ders., 2005a, S. 42 f.; Dünkel/Schüler-Springorum, 2006, S. 145 ff.; Köberer, 2006, S. 2; Koepsel, 2005, S. 41; Maelicke, 2006, S. 89; Müller-Dietz, 2005, S. 38 ff.; ders., 2005a, S. 156 ff.; Rehn, 2006, S. 122 ff.; Schüler-Springorum, 2007, S. 403 ff.
[143] Siehe v. Lange-Lehngut, Seebode, Maelicke, Moser, Rechtsausschuss des Bundestages – Öffentliche Anhörung am 17.5.2006 (http//www.bundestag.de/ausschuesse/a06/ foederalismusreform/Anhoerung/02_Justiz/Stellungnahmen/index.html).
[144] So Lückemann in der Anhörung vom 17.5.2006.
[145] BGBl. I 2006, S. 2034.

zugs)" nach dem Wort „Verfahren". Gemäß Art. 125a Abs. 1 GG gilt das als Bundesrecht erlassene Strafvollzugsgesetz als partikulares Bundesrecht fort. Die Bundesländer besitzen jedoch die Kompetenz zur Verabschiedung jeweils eigener Landes-Strafvollzugsgesetze.

In einem Urteil vom 31.5.2006 stellte zudem das Bundesverfassungsgericht[146] fest, dass für den Jugendstrafvollzug die verfassungsrechtlich notwendigen, auf die spezifischen Anforderungen des Strafvollzugs an Jugendlichen zugeschnittenen gesetzlichen Grundlagen fehlten. Zugleich setzte das Gericht der Legislative eine Frist bis zum Ablauf des Jahres 2007, eine verfassungsrechtlich konforme gesetzliche Regelung zur Durchführung des Jugendstrafvollzugs zu schaffen.[147]

Der verfassungsgerichtlichen Entscheidung folgend haben die Bundesländer **133** Berlin, Brandenburg, Bremen, Hessen, Mecklenburg-Vorpommern, Nordrhein-Westfalen, Rheinland-Pfalz, Saarland, Sachsen, Sachsen-Anhalt, Schleswig-Holstein und Thüringen eigenständige Jugendstrafvollzugsgesetze erlassen, die überwiegend am 1.1.2008 in Kraft getreten sind.[148]

In Bayern[149] und – zunächst – in Hamburg[150] wurden Gesetze verabschiedet, die den Erwachsenenstrafvollzug und den Jugendstrafvollzug umfassen. Hamburg

---

[146] BVerfGE 116, S. 69 ff.; hierzu Laubenthal/Baier/Nestler, 2010, S. 392 f.; Schneider R., 2010, S. 37 ff.

[147] Dazu Kap. 9.1.

[148] Gesetz über den Vollzug der Jugendstrafe in Berlin (Berliner Jugendstrafvollzugsgesetz – JStVollzG Bln) v. 15.12.2007 (GVBl. Nr. 33/2007, S. 653); Gesetz über den Vollzug der Jugendstrafe im Land Brandenburg (Brandenburgisches Jugendstrafvollzugsgesetz – BbgJStVollzG) v. 18.12.2007 (GVBl. I Nr. 20/2007, S. 348); Gesetz über den Vollzug der Jugendstrafe im Land Bremen (Bremisches Jugendstrafvollzugsgesetz – BremJStVollzG) v. 27.3.2007 (GBl. Nr. 19/2007, S. 233); Hessisches Jugendstrafvollzugsgesetz (HessJStVollzG) v. 19.11.2007 (GVBl. I Nr. 25/2007, S. 758); Gesetz über den Vollzug der Jugendstrafe (Jugendstrafvollzugsgesetz Mecklenburg-Vorpommern – JStVollzG M-V) v. 14.12.2007 (GVBl. Nr. 19/2007, S. 427); Gesetz zur Regelung des Jugendstrafvollzuges in Nordrhein-Westfalen (Jugendstrafvollzugsgesetz Nordrhein-Westfalen – JStVollzG NRW) v. 20.11.2007 (GVBl. Nr. 27/2007, S. 539); Landesjugendstrafvollzugsgesetz Rheinland-Pfalz (LJStVollzG RLP) v. 3.12.2007 (GVBl. Nr. 16/2007, S. 252); Gesetz über den Vollzug der Jugendstrafe (Saarländisches Jugendstrafvollzugsgesetz – SJStVollzG) v. 30.10.2007 (Abl. 2007, S. 2370); Sächsisches Gesetz über den Vollzug der Jugendstrafe (Sächsisches Jugendstrafvollzugsgesetz – SächsJStVollzG) v. 12.12.2007 (Sächs. GVBl. Nr. 16/2007, S. 558); Gesetz über den Vollzug der Jugendstrafe in Sachsen-Anhalt (Jugendstrafvollzugsgesetz Sachsen-Anhalt – JStVollzG LSA) v. 7.12.2007 (GVBl. LSA Nr. 30/2007, S. 368); Gesetz über den Vollzug der Jugendstrafe in Schleswig-Holstein – Jugendstrafvollzugsgesetz – (JStVollzG S-H) v. 19.12.2007 (GVBl. Nr. 21, S. 563); Thüringer Gesetz über den Vollzug der Jugendstrafe (Thüringer Jugendstrafvollzugsgesetz – ThürJStVollzG) v. 20.12.2007 (GVBl. Nr. 13/2007, S. 221).

[149] Gesetz über den Vollzug der Freiheitsstrafe, der Jugendstrafe und der Sicherungsverwahrung (Bayerisches Strafvollzugsgesetz – BayStVollzG) v. 10.12.2007 (BayGVBl. Nr. 28/2007, S. 866).

hat jedoch schon 2009 das Kombinationsgesetz reformiert und ein eigenständiges Jugendstrafvollzugsgesetz[151] – neben dem Gesetz über den Vollzug der Freiheitsstrafe und der Sicherungsverwahrung[152] – geschaffen. In Niedersachsen[153] gilt ein Justizvollzugsgesetz mit Vorschriften zum Erwachsenenstrafvollzug, Jugendstrafvollzug sowie zum Vollzug der Untersuchungshaft. In Baden-Württemberg wurde zunächst ein eigenständiges Jugendstrafvollzugsgesetz[154] verabschiedet sowie für einen Teilbereich ein Justizvollzugdatenschutzgesetz[155] beschlossen. Der Jugendstrafvollzug wurde dann 2009 als viertes Buch in das Justizvollzugsgesetzbuch[156] integriert. Dieses Gesetzbuch enthält zudem die Vorschriften über den Untersuchungshaftvollzug und den Erwachsenenstrafvollzug. In Hessen existiert neben dem Jugendstrafvollzugsgesetz ein eigenes Gesetz für den Erwachsenenstrafvollzug.[157]

Damit haben bislang Baden-Württemberg, Bayern, Hamburg, Hessen und Niedersachsen von ihrer Gesetzgebungskompetenz auf dem Gebiet des Erwachsenenstrafvollzugs weitestgehend Gebrauch gemacht. Im Übrigen gilt im Erwachsenenstrafvollzug in den restlichen Bundesländern das am 1.1.1977 in Kraft getretene Bundes-Strafvollzugsgesetz fort. Allerdings ersetzen die Landes-Strafvollzugsgesetze gem. Art. 125a Abs. 1 GG in ihren jeweiligen Geltungsbereichen das Bundes-Strafvollzugsgesetz nicht gänzlich. Einige – wenige – Regelungsbereiche des Bundes-Strafvollzugsgesetzes gelten auch dort fort. Dies betrifft vor allem die Vorschriften über den gerichtlichen Rechtsschutz auf dem Gebiet des Erwachsenenvollzugs gem. §§ 109 ff. StVollzG. Denn die Ausgestaltung des gerichtlichen Rechtsschutzes in Vollzugssachen liegt auch nach der Föderalismusreform gem. Art. 74 Abs. 1 Nr. 1 GG in der Regelungskompetenz des Bundesgesetzgebers. Dieser hat in Umsetzung der Entscheidung des Bundesverfassungsgerichts vom 31.5.2006[158] ein Gesetz zur Änderung des Jugendgerichtsgesetzes[159] verabschie-

---

[150] Gesetz über den Vollzug der Freiheitsstrafe, der Jugendstrafe und der Sicherungsverwahrung (Hamburgisches Strafvollzugsgesetz – HmbStVollzG) v. 14.12.2007 (HmbGVBl. Nr. 47/2007, S. 471).

[151] Gesetz über den Vollzug der Jugendstrafe in Hamburg (Hamburgisches Jugendstrafvollzugsgesetz – HmbJStVollzG) v. 14.7.2009 (HmbGVBl. Nr. 35/2009, S. 280).

[152] Gesetz über den Vollzug der Freiheitsstrafe und der Sicherungsverwahrung (Hamburgisches Strafvollzugsgesetz – HmbStVollzG) v. 14.7.2009 (HmbGVBl. Nr. 35/2009, S. 257).

[153] Gesetz zur Neuregelung des Justizvollzuges in Niedersachsen (Niedersächsisches Justizvollzugsgesetz – NJVollzG) v. 14.12.2007 (Nds. GVBl. Nr. 41/2007, S. 720).

[154] Gesetz über den Vollzug der Jugendstrafe in Baden-Württemberg (Jugendstrafvollzugsgesetz – JStVollzG B-W) v. 3.7.2007 (GBl. Nr. 11/2007, S. 298).

[155] Gesetz über den Datenschutz im Justizvollzug in Baden-Württemberg (Justizvollzugsdatenschutzgesetz – JVollzDSG) v. 3.7.2007 (GBl. Nr. 11/2007, S. 320).

[156] Gesetzbuch über den Justizvollzug in Baden-Württemberg (Justizvollzugsgesetzbuch – JVollzGB) v. 10.11.2009 (GVBl. Nr. 3710/2009, S. 545).

[157] Hessisches Gesetz über den Vollzug der Freiheitsstrafe und der Sicherungsverwahrung (HStVollzG) v. 28.6.2010 (GVBl. I Nr. 12/2010, S. 185).

[158] BVerfGE 116, S. 69 ff.

det, das am 1.1.2008 in Kraft trat. Dieses enthält u.a. Regelungen über Rechtsbehelfe im Vollzug des Jugendarrestes und der Jugendstrafe.

2.5.4 Strafvollzugsvorschriften der DDR

In der ehemaligen DDR war der Strafvollzug zunächst als eine polizeiliche Aufgabe[160] mittels Verordnungen und Durchführungsbestimmungen des Innenministeriums geregelt.[161] Nach einer Kriminalrechtsreform existierte bereits ab 1968 ein Strafvollzugs- und Wiedereingliederungsgesetz. Dieses wurde von dem Gesetz über den Vollzug der Strafen mit Freiheitsentzug (StVG-DDR) vom 7.4.1977, ergänzt durch das Wiedereingliederungsgesetz vom gleichen Tag, abgelöst.[162]

Das Strafvollzugssystem der DDR folgte einer ideologisch orientierten, **disziplinierenden Erziehungskonzeption**[163], deren Grundsätze auch in § 39 Abs. 3 und 4 StGB-DDR zum Ausdruck kamen. Da jedem Mitglied der sozialistischen Gemeinschaft die Möglichkeit zu einem gesellschaftskonformen Verhalten gegeben sein sollte und der Straftäter sich als Ergebnis einer persönlichen Entscheidung hierüber hinwegsetzte[164], war dem zur Freiheitsstrafe Verurteilten nach § 2 Abs. 1 StVG-DDR seine „Verantwortung als Mitglied der sozialistischen Gesellschaft durch nachhaltige Beeinflussung bewusst zu machen". Dem Vollzug oblag es damit, den Inhaftierten zu einem gesetzmäßigen Verhalten im Sinne der sozialistischen Ideologie zu erziehen. Dabei umfasste Erziehung im Strafvollzug gem. § 5 StVG-DDR „den Einsatz zu gesellschaftlich nützlicher Arbeit, staatsbürgerliche Schulung, Durchsetzung von Ordnung und Disziplin, allgemeine und berufliche Bildungsmaßnahmen sowie kulturelle und sportliche Betätigung." Nach § 6 StVG-DDR stand die Erziehung zu gesellschaftlich nützlicher Arbeit im Mittelpunkt des Strafvollzugs, welcher zudem eine sichere Verwahrung des Gefangenen zu gewährleisten sowie Ordnung und Disziplin durchzusetzen hatte (§ 4 StVG-DDR).

Die Strafen wurden in **Anstalten** („Strafvollzugseinrichtungen") vollzogen, in denen unmenschliche Verhältnisse herrschten.[165] Dies betraf nicht nur eine grausame und willkürliche Behandlung der Inhaftierten durch das Gefängnispersonal.[166] Auch die Unterbringung in den Einrichtungen widersprach humanitären Bedingungen. So wurden relativ kleine Zellen (z.B. 3 x 5 Meter) im Durchschnitt mit 10 bis 15 Inhaftierten belegt. Daneben existierten sog. Schlafsäle, in denen 30

---

[159] Zweites Gesetz zur Änderung des Jugendgerichtsgesetzes und anderer Gesetze v. 13.12.2007 (BGBl. I 2007, S. 2894).
[160] Vgl. Wunschik, 1997, S. 74 ff.
[161] Siehe Nachw. bei Bath, 1988, S. 171.
[162] GBl.-DDR I 1977, S. 109 ff., 98 ff.
[163] Dazu Arnold, 1990, S. 328; Bath, 1988, S. 176 ff.; Essig, 2000, S. 26 ff.; Lekschas/Buchholz, 1988, S. 356 ff.
[164] Zu den Kriminalitätsursachentheorien in der DDR: Rode, 1996, S. 25 ff.
[165] Dazu Arnold, 1993, S. 390 ff.; Heyme/Schumann, 1991, S. 13 ff.; Kessler, 2001, S. 149 ff.; Krause Th., 1999, S. 90; Oleschinski, 1994, S. 255 ff.
[166] Schroeder, 1989, S. 271.

bis 50 Personen eingeschlossen waren.[167] Politische Häftlinge wurden regelmäßig noch schlechter behandelt als die kriminellen Gefangenen.[168]

Das Strafvollzugsgesetz der DDR kannte **keine Rechtsbehelfe zur gerichtlichen Überprüfung** von Vollzugsmaßnahmen. Dem Strafgefangenen war nach § 35 Abs. 1 StVG-DDR lediglich das Recht eingeräumt, Eingaben einzureichen. Gegen Disziplinar- und Sicherungsmaßnahmen sowie gegen Verfügungen zur Ersatzleistung wegen in der Strafanstalt verursachter Schäden konnte er Beschwerde beim Leiter der Strafvollzugseinrichtung einlegen (§ 35 Abs. 2 StVG-DDR). Erfolgte keine Abhilfe und war die Beschwerde gegen eine Entscheidung des Anstaltsleiters selbst gerichtet, musste diese dem Leiter der Verwaltung Strafvollzug im Ministerium des Innern zur abschließenden Entscheidung vorgelegt werden. Davor war die zuständige Staatsanwaltschaft zu hören, der gem. §§ 9, 63 f. StVG-DDR eine begrenzte Aufsicht über die Wahrung der Gesetzlichkeit beim Vollzug der Freiheitsstrafen oblag.

136 Die **Reintegration** des Strafgefangenen nach seiner Entlassung in die Gesellschaft regelte neben §§ 56 f. StVG-DDR das Wiedereingliederungsgesetz (WEG). Dieses band die für erforderlich erachteten Maßnahmen und Aktivitäten in das umfassende System staatlicher Sozialkontrolle ein. Nach § 8 WEG hatten die Örtlichen Räte die Durchführung zu überwachen. Diese konnten von anderen staatlichen Organen, von Betrieben, Einrichtungen und Genossenschaften Auskünfte über die „Erziehungsergebnisse" und die weitere Entwicklung des Entlassenen einholen.

Mit dem Wirksamwerden des Beitritts der DDR am 3.10.1990 und dem Inkrafttreten des bundesdeutschen Strafvollzugsgesetzes auch in den neuen Bundesländern wurden zugleich das StVG-DDR und das WEG aufgehoben. Dies folgte aus Art. 9 Einigungsvertrag sowie aus dessen Anlage II über fortgeltendes Recht der DDR; dort blieben beide Gesetze unerwähnt.

Dem **Einigungsvertrag** gemäß wurde im Jahr 1990 § 202 in das StVollzG eingefügt. Nach Abs. 2 dieser Vorschrift waren die von DDR-Gerichten nach dem StGB-DDR rechtskräftig verhängten Freiheits- und Haftstrafen gemäß den Regelungen des bundesdeutschen Strafvollzugsgesetzes zu vollziehen.

---

[167] Heyme/Schumann, 1991, S. 14.
[168] Siehe Gräf, 1995, S. 474; Knabe, 2007.

3 Vollzugsaufgaben und Gestaltungsprinzipien

Der Vollzug der Freiheitsstrafe dient mehr als nur einer bloßen Verwahrung des rechtskräftig verurteilten Straftäters in der Justizvollzugsanstalt für die Dauer der stationär zu verbüßenden Sanktion. Aufgrund der Erkenntnis, dass die Gefangenen ganz überwiegend nach Verbüßung ihrer Strafe wieder in die Gesellschaft zurückkehren, ging man im Verlauf der Entwicklung des modernen Strafvollzugs zunehmend vom Erfordernis einer Besserung der inhaftierten Verurteilten aus, um dadurch die soziale Wiedereingliederung zu fördern und die Begehung erneuter Straftaten nach der Entlassung zu verhindern.

Nach § 2 StVollzG ebenso wie auf der landesrechtlichen Ebene gem. § 2 Abs. 1 JVollzGB I, § 1 JVollzGB III, Art. 2 BayStVollzG, § 2 HmbStVollzG, § 2 HStVollzG, § 5 NJVollzG hat der Vollzug der Freiheitsstrafe zwei Aufgaben:

- **Der Gefangene soll im Vollzug der Freiheitsstrafe fähig werden, künftig in sozialer Verantwortung ein Leben ohne Straftaten zu führen.**
- **Der Vollzug der Freiheitsstrafe dient dem Schutz der Allgemeinheit vor weiteren Straftaten.**

Mit der Festschreibung der (Re-)Sozialisierung des Strafgefangenen haben die Gesetzgeber diese als Gestaltungsmaxime des Strafvollzugs hervorgehoben. Bei der Realisierung der Zielsetzung der sozialen Integration ist zugleich die Schutzaufgabe der Sicherung der Allgemeinheit zu beachten. Die Ausrichtung des Strafvollzugs insgesamt wie auch im Einzelnen gemäß den vorrangigen Zwecken stellt eine grundlegende Weichenstellung dar, an der sich eine Vielzahl von vollzuglichen Entscheidungen und Maßnahmen zu orientieren hat.

Auf den Vollzugsaufgaben aufbauend normieren die Strafvollzugsgesetze als **Gestaltungsprinzipien** für den Freiheitsstrafenvollzug:

- den Angleichungsgrundsatz (§ 3 Abs. 1 StVollzG, § 2 Abs. 2 JVollzGB III, Art. 5 Abs. 1 BayStVollzG, § 3 Abs. 1 S. 1 HmbStVollzG, § 3 Abs. 1 HStVollzG, § 2 Abs. 1 NJVollzG),
- den Gegensteuerungsgrundsatz (§ 3 Abs. 2 StVollzG, § 2 Abs. 3 JVollzGB III, Art. 5 Abs. 2 BayStVollzG, § 3 Abs. 1 S. 2 HmbStVollzG, § 3 Abs. 2 HStVollzG, § 2 Abs. 2 NJVollzG),
- den Integrationsgrundsatz (§ 3 Abs. 3 StVollzG, § 2 Abs. 4 JVollzGB III, Art. 5 Abs. 3 BayStVollzG, § 3 Abs. 1 S. 3 HmbStVollzG, § 3 Abs. 3 HStVollzG, § 2 Abs. 3 NJVollzG).

Diese Prinzipien konkretisieren die vollzuglichen Aufgabenstellungen. Sie stellen Mindestanforderungen zu deren Verwirklichung dar[1] und sind zugleich verbindliche Anweisungen an die Vollzugsbehörden.[2] Sowohl strukturell als auch in interaktiver Hinsicht muss der Vollzug dementsprechend zur Vorbereitung auf ein verantwortliches Leben in Freiheit gestaltet sein. Lebensverhältnisse und Behandlungsprozesse sollen Chancen zu sozialem Lernen eröffnen und auf kompensatorischer Ebene zugleich den – vor allem im geschlossenen Vollzug gegebenen – kontraproduktiven schädlichen Auswirkungen des Freiheitsentzugs entgegensteuern.

Dabei verstehen die Strafvollzugsgesetze die Behandlungsmaßnahmen als Angebote an die Inhaftierten. Sie gehen gem. § 4 Abs. 1 StVollzG, § 3 Abs. 1 JVollzGB III, Art. 6 Abs. 1 BayStVollzG, § 4 HStVollzG, § 6 Abs. 1 NJVollzG vom Erfordernis einer freiwilligen Mitwirkung des Gefangenen an seiner Behandlung und an der Erreichung des Vollzugsziels aus und normieren insoweit eine Motivationspflicht des Vollzugsstabs. Von Angeboten zur Behandlung spricht auch § 4 S. 1 HmbStVollzG. Gemäß § 5 Abs. 1 HmbStVollzG sollen die Gefangenen jedoch verpflichtet sein, an der Gestaltung ihrer Behandlung und der Vollzugszielerreichung mitzuwirken. Verstöße gegen derartige Mitwirkungspflichten ziehen allerdings keine disziplinarische Ahndungen nach sich (§ 85 S. 2 HmbStVollzG).

3.1 Das Vollzugsziel

139 Zielsetzung des Vollzugs von Freiheitsstrafe ist die Befähigung der Gefangenen, künftig in sozialer Verantwortung ein Leben ohne Straftaten zu führen. Diese Zielvorgabe stellt einen **verbindlichen Maßstab** für die Vollzugsorganisation und deren Personalstruktur dar, an ihr hat sich die Gestaltung der Behandlungsprozesse zu orientieren. Vollzugsrechtliche Entscheidungen – insbesondere auch solche, die eine Ermessensausübung der Verwaltung voraussetzen – werden vom Leitgedanken des Sozialisationsziels geprägt.

3.1.1 Die (Re-)Sozialisierung

140 Nicht Besserung bzw. Erziehung des erwachsenen, zu Freiheitsstrafe verurteilten Gefangenen bezeichnen heute die Zielsetzung, sondern die „Resozialisierung" des Straftäters. Die Strafvollzugsgesetze selbst benutzen allerdings diesen Terminus in § 2 StVollzG, § 1 JVollzGB III, Art. 2 BayStVollzG, § 2 HmbStVollzG, § 2 HStVollzG, § 5 NJVollzG nicht, auch sonst wird er nur sehr zurückhaltend verwendet (z.B. in § 9 Abs. 2 S. 1 StVollzG). Divergierende Ansätze der Bezugswissenschaften erschweren eine Definition dessen, was unter Resozialisierung zu verstehen ist. Dies lässt sich am ehesten noch unter Heranziehung des Vollzugs-

---

[1] Calliess/Müller-Dietz, 2008, § 3 Rdn. 1.
[2] Arloth, 2008, § 3 Rdn. 1.

ziels erfassen: (Re-)Sozialisierung steht für die **Summe aller Bemühungen im Strafvollzug zum Zweck einer Befähigung des Gefangenen, künftig in sozialer Verantwortung ein Leben ohne Straftaten zu führen**.[3] Dabei bietet der (Re-)Sozialisierungsansatz eine Zielperspektive mit Gestaltungsvarianten, welche auf die jeweiligen örtlichen und zeitlichen Gegebenheiten hin zugeschnitten und konkretisiert werden können.[4]

Aktuell stellt sich allerdings die Frage, inwieweit die mit der Aufgabenstellung der sozialen Integration zum Ausdruck gekommenen Grundannahmen überhaupt noch mit der **Realität** in Einklang stehen. So finden sich seit einigen Jahren in den deutschen Justizvollzugsanstalten Täter- bzw. Gefangenengruppen, bei denen das Erreichen einer solchen Zielsetzung wenig Erfolg versprechend erscheint bzw. die faktische Vollzugsgestaltung nicht oder nur wenig mit den Sozialisationsvorstellungen übereinstimmt.[5] Dies betrifft etwa die große Gruppe der ausländischen Inhaftierten[6], die infolge ihrer Bestrafung eine Ausweisung zu erwarten haben. Sie befinden sich ebenso überwiegend in einem bloßen Verwahrvollzug wie die eine Integration in den Behandlungsvollzug prinzipiell ablehnenden Spätaussiedler[7] insbesondere aus den Staaten der ehemaligen Sowjetunion. Hinzu kommt eine Fülle von Kurzzeitinhaftierten, die ihre sehr kurzen bzw. Ersatzfreiheitsstrafen ohne Zugang zu Behandlungsangeboten verbüßen. Weitgehend behandlungsresistent sind nicht nur Täter aus dem Bereich der Organisierten Kriminalität oder sog. wandernde Straftäter (z.B. Drogenkuriere). Es betrifft auch jene Gefangenen, deren Entscheidung für ihr kriminelles Verhalten das Resultat eines individuellen Nutzen-Risiko-Kalküls darstellt und die eine utilitaristisch-kalkulierende Einstellung gegenüber Strafrechtsnormen besitzen.[8] Die Problematik wird verstärkt durch eine dem Behandlungsvollzug wenig entsprechende tatsächliche Vollzugssituation mit überfüllten Justizvollzugsanstalten, Knappheit auf der Personalebene und prinzipiellen Sparzwängen. Eine vermehrte Berücksichtigung ökonomischer Sichtweisen in der kriminalpolitischen Auseinandersetzung hat längst auch den Bereich des Strafvollzugs erreicht[9], der sich zudem mit erhöhten Ansprüchen der Gesellschaft im Hinblick auf eine möglichst lückenlose Sicherheit auch durch das Strafrecht und dessen Unrechtsreaktionen[10] konfrontiert sieht.

All diese Erscheinungsformen bestätigen die These[11], wonach der Strafvollzug die allgemeinen gesellschaftlichen Probleme unter den verschärften Bedingungen des zwangsweisen Freiheitsentzugs gleichsam erbt. Er stellt letztlich ein gewisses Spiegelbild der sozialen und ökonomischen Bedingungen dar. Im Rahmen der vorgegebenen Möglichkeiten bemühen sich die im Vollzug Tätigen allerdings um eine best-

141

---

3 Dazu Kaiser/Schöch, 2002, S. 159 f.; Seebode, 1997b, S. 99 ff.; Walter M., 1999, S. 270; siehe auch Böhm, 2002a, S. 807 ff.; Leyendecker, 2002, S. 34 ff.
4 Walter M., 2001, S. 25 ff.
5 Dazu Böhm, 2002, S. 92 ff.; Koepsel, 1999, S. 81 ff.; Maelicke B., 2002, S. 11 ff.; Müller-Dietz, 2000, S. 232 f.; Preusker, 2001, S. 12 ff.; Seebode, 2001, S. 55 f.; Wassermann, 2003, S. 328.
6 Dazu Kap. 5.1.7.
7 Dazu Kap. 3.4.2.4 (5).
8 Siehe Kunz, 2008, S. 122 f.
9 Walter M., 2001a, S. 966 ff.
10 Dazu Heinz, 2009, S. 233 ff.
11 Siehe Müller-Dietz, 1998, S. 1012.

mögliche Erfüllung der gesetzlichen Zielvorgaben. Auch wenn der Strafvollzug manchem insgesamt als ein bloßer humaner Verwahrvollzug erscheinen mag[12], ist es dennoch nicht angebracht, sich von der (Re-)Sozialisierung als Vollzugsziel zu verabschieden.[13] Defizite und Mängel können kein Grund sein, als richtig erkannte Zielsetzungen[14] aufzugeben und faktische Zustände zu legitimieren.[15] Letztlich gibt es von Rechts wegen keine Alternative zum (Re-)Sozialisierungsmodell, zumal dieses seine Grundlagen in der Verfassung findet.[16]

142 **(Re-)Sozialisierungsbemühungen** zur Erreichung der Zielvorgabe implizieren, dass die in der Justizvollzugsanstalt eine Freiheitsstrafe verbüßenden Personen regelmäßig unfähig sind, ein straffreies Leben in sozialer Verantwortung zu führen, und sie diese Fähigkeit im Strafvollzug erwerben können. Unterstellt werden insoweit die Lernbedürftigkeit des Inhaftierten, seine Lernfähigkeit sowie Lernwilligkeit.[17]

143 Zum Schlüsselbegriff wird die **Sozialisation**. Hierunter versteht man das schon in der Kindheit beginnende Erlernen eines an der Umwelt und an den Mitmenschen orientierten Sozialverhaltens; eine eigenverantwortliche Persönlichkeitsentfaltung, verbunden mit einem Sichaneignen der Werte jener Kultur, welche das Individuum umgibt. Folgen die Strafvollzugsgesetze dem Grundgedanken einer (Re-)Sozialisierung, so kommt dies einer Interpretation der den Freiheitsstrafen zugrunde liegenden Kriminalität als Mangel an Sozialisation gleich.[18] Soll im Vollzug dieses Defizit durch R e -Sozialisierung behoben werden, setzt das voraus, dass der Gefangene in seinem bisherigen Leben schon einen Sozialisationsprozess im Sinne der gültigen Sozial- und Rechtsordnung durchlaufen hat, was bei zahlreichen Verurteilten aber nicht oder nur unvollständig der Fall ist. Zum Ziel des Vollzugs der Freiheitsstrafe wird damit häufig erst das Bemühen um ein Nachholen der Sozialisation – eine **Ersatz-Sozialisation**.[19] Die Justizvollzugsanstalt muss daher je nach den Erfordernissen des einzelnen Inhaftierten ein möglichst umfassendes und differenziertes Sozialisationsangebot[20] machen, demnach als Sozialisationsinstanz in der Freiheit unterbliebene oder gescheiterte Lernprozesse in Unfreiheit ersetzen.[21] Zu kurz würde es deshalb greifen, diesen (Re-)Sozialisierungsgedanken durch eine Art Neukonzeptionalisierung im Sinne eines allgemeinen bloßen sozialen Wiedereingliederungsziels zu modifizieren.[22]

---

[12] Dazu Böhm, 2002, S. 92 ff.; Koop, 2002, S. 5.
[13] So auch Arloth, 2001, S. 322; zur Übereinstimmung der öffentlichen Meinung mit dem Vollzugsziel: Klocke, 2004, S. 89 ff.
[14] Siehe auch Arloth, 2010, S. 350; Seebode, 2001, S. 55.
[15] Walter M., 2000, S. 60.
[16] Dazu Kap. 3.1.1.1.
[17] Haberstroh, 1982, S. 619.
[18] Schneider H. J., 1983, S. 296.
[19] Schüler-Springorum, 1969, S. 160 ff.
[20] Müller-Dietz, 1978, S. 78.
[21] Dazu Cornel, 1995, S. 26 ff.
[22] In jenem Sinne jedoch Matt, 2004, S. 140.

Ein nicht geringer Teil derjenigen, die heute ihre Freiheitsstrafen zu verbüßen haben, bedarf durchaus Maßnahmen der Ersatz-Sozialisation.

Dabei soll allerdings eine Personalisation und Enkulturation innerhalb einer von der Gesellschaft weitgehend abgesonderten, künstlich gebildeten Gemeinschaft stattfinden, in der die Gemeinsamkeit der darin lebenden Personen vor allem in der Begehung von Straftaten und deren Verurteilung liegt. Dies stellt nicht nur die faktische Realisierbarkeit des Vollzugsziels der sozialen (Re-)Integration in Frage. Folge des Anstaltsmilieus ist vielmehr auch ein **negativer Sozialisationsprozess**: die Anpassung an das Anstaltsleben, verbunden mit einer Akkulturation an die devianten Normen der Subkultur.[23]

3.1.1.1 Verfassungsrechtliche Grundlagen

Die Sozialisationsaufgabe folgt zwei zentralen Verfassungsgrundsätzen, dem Gebot zur Achtung der **Menschenwürde** und dem **Sozialstaatsprinzip**:
- Aus Art. 1 i.V.m. Art. 2 Abs. 1 GG ergibt sich das Gebot, den Strafvollzug auf die (Re-)Sozialisierung der Gefangenen hin auszurichten.[24]
- Art. 20 Abs. 1 und 28 Abs. 1 GG verpflichten den Staat, die notwendigen Ressourcen zur Realisierung von Sozialisationsbemühungen zur Verfügung zu stellen.[25]

Das Bundesverfassungsgericht hat bereits in seinem sog. Lebach-Urteil die Resozialisierung oder Sozialisation des Verurteilten – den positiven Teil der Spezialprävention – als das herausragende Ziel des Vollzugs einer Freiheitsstrafe bezeichnet:

> „Dem Gefangenen sollen Fähigkeit und Willen zu verantwortlicher Lebensführung vermittelt werden, er soll es lernen, sich unter den Bedingungen einer freien Gesellschaft ohne Rechtsbruch zu behaupten, ihre Chancen wahrzunehmen und ihre Risiken zu bestehen."[26]

Aufgabe eines so verstandenen Vollzugs ist es nach der verfassungsgerichtlichen Rechtsprechung, die Grundlagen für die Sozialisation zu schaffen, wobei dies dem „Selbstverständnis einer Gemeinschaft" zu entsprechen hat, welche „die Menschenwürde in den Mittelpunkt ihrer Wertordnung stellt und dem Sozialstaatsprinzip verpflichtet ist ... Als Träger der aus der Menschenwürde folgenden und ihren Schutz gewährenden Grundrechte muss der verurteilte Straftäter die Chance erhalten, sich nach Verbüßung seiner Strafe wieder in die Gemeinschaft einzuordnen."[27] „Das Recht auf Achtung seiner Würde kann auch dem Straftäter nicht abgesprochen werden, mag er sich in noch so schwerer und unerträglicher Weise gegen alles vergangen haben, was die Wertordnung der Verfassung unter

---

[23] Siehe Kap. 3.4.2.4.
[24] BVerfGE 45, S. 239; BVerfG, NStZ 1996, S. 614; BVerfGE 98, S. 200; BVerfGE 116, S. 85.
[25] BVerfGE 35, S. 236.
[26] BVerfGE 35, S. 235; siehe auch BVerfGE 33, S. 8; BVerfGE 98, S. 200.
[27] BVerfGE 35, S. 235 f.; zum Ganzen: Benda, 1984, S. 307 ff.; Schneider R., 2010, S. 55 ff.

ihren Schutz stellt."²⁸ Der Verfassungsrang des Vollzugsziels „beruht einerseits darauf, daß nur ein auf soziale Integration ausgerichteter Strafvollzug der Pflicht zur Achtung der Menschenwürde jedes Einzelnen und dem Grundsatz der Verhältnismäßigkeit staatlichen Strafens entspricht. Mit dem aus Art. 1 Abs. 1 GG folgenden Gebot, den Menschen nie als bloßes Mittel zu gesellschaftlichen Zwecken, sondern stets auch selbst als Zweck … zu behandeln und mit dem Grundsatz der Verhältnismäßigkeit ist Freiheitsstrafe als besonders tiefgreifender Grundrechtseingriff nur vereinbar, wenn sie unter Berücksichtigung ihrer gesellschaftlichen Schutzfunktion konsequent auf eine straffreie Zukunft der Betroffenen gerichtet ist."²⁹ „Der Täter darf nicht zum bloßen Objekt der Verbrechensbekämpfung unter Verletzung seines verfassungsrechtlich geschützten sozialen Wert- und Achtungsanspruchs gemacht werden. Die grundlegenden Voraussetzungen individueller und sozialer Existenz des Menschen müssen erhalten bleiben. Aus Art. 1 Abs. 1 GG in Verbindung mit dem Sozialstaatsprinzip ist daher – und das gilt insbesondere für den Strafvollzug – die Verpflichtung des Staates herzuleiten, jenes Existenzminimum zu gewähren, das ein menschenwürdiges Dasein überhaupt erst möglich macht."³⁰

147 Neben der Herleitung des Vollzugsziels der (Re-)Sozialisierung aus dem Achtungsanspruch des Individuums steht somit diejenige aus dem Sozialstaatsprinzip als gestaltender Staatszielbestimmung. Dieses verlangt „staatliche Vor- und Fürsorge für Gruppen der Gesellschaft, die aufgrund persönlicher Schwäche oder Schuld, Unfähigkeit oder gesellschaftlicher Benachteiligung in ihrer persönlichen und sozialen Entfaltung behindert sind; dazu gehören auch die Gefangenen und Entlassenen."³¹ Der Staat hat deshalb den Strafvollzug so einzurichten, wie es zur Erreichung des Vollzugsziels notwendig ist.³² Insbesondere muss er die erforderlichen Mittel für die personelle und sachliche Ausstattung der Anstalten bereitstellen.³³ Die Lebensbedingungen im Strafvollzug und die Einwirkungen auf den Gefangenen sind so zu gestalten, dass sie die Chancen einer sozialen Wiedereingliederung verbessern und zur Verwirklichung einer künftigen Lebensführung ohne weitere Straftaten geeignet erscheinen. Hierzu gehört auch die Verpflichtung zur Begrenzung der dem Strafvollzug inhärenten Negativwirkungen einer sozialen Stigmatisierung sowie individuell möglicher Persönlichkeitsbeeinträchtigungen. Der einzelne Inhaftierte hat somit aus Art. 2 Abs. 1 i.V.m. Art. 1 Abs. 1 GG ein grundrechtlich geschütztes Recht darauf, dass der vollzuglichen Zielsetzung bei ihn belastenden Maßnahmen genügt wird.³⁴

148 Begründet die Zielvorgabe der (Re-)Sozialisierung einen (nicht unmittelbar einklagbaren) **Anspruch** des Verurteilten hierauf³⁵, führt eine dem Sozialstaatsprinzip folgende Ausgestaltung des Strafvollzugs aber nicht nur zu Angeboten des

---

[28] BVerfG, JZ 1986, S. 849.
[29] BVerfGE 116, S. 85 f.
[30] BVerfGE 45, S. 228 f.
[31] BVerfGE 35, S. 236.
[32] BVerfGE 98, S. 200.
[33] BVerfGE 40, S. 284.
[34] BVerfGE 98, S. 200.
[35] BVerfGE 45, S. 239.

Staates und Leistungsbegehren des Gefangenen. Sie beinhaltet vielmehr auch eine **soziale Inpflichtnahme**[36] des Inhaftierten. Zwar ist dieser gem. § 4 Abs. 1 StVollzG, § 3 Abs. 1 JVollzGB III, Art. 6 Abs. 1 BayStVollzG, § 4 HStVollzG, § 6 Abs. 1 NJVollzG nicht zu einer (aktiven) Mitarbeit an seiner Behandlung verpflichtet[37], jedoch kann ein auf Reintegration und Rückfallvermeidung ausgerichteter Vollzug „unter Umständen auch grundrechtsbeschränkende Maßnahmen rechtfertigen, die erforderlich sind, um die inneren Voraussetzungen für eine spätere straffreie Lebensführung des Gefangenen zu fördern."[38] Diese Möglichkeit zur Rechtsbeschränkung aus Gründen einer Gefährdung von Sozialisationsbemühungen[39] haben die Gesetzgeber in mehreren Normen des jeweiligen Strafvollzugsgesetzes eröffnet (z.B. bei der Einschränkung des Besitzes von Gegenständen für die Freizeitbeschäftigung gem. § 70 Abs. 2 Nr. 2 StVollzG, § 58 Abs. 2 Nr. 2 JVollzGB III, Art. 72 Abs. 2 Nr. 2 BayStVollzG, § 53 Abs. 2 HmbStVollzG, § 67 Abs. 2 S. 2 NJVollzG). Eine fehlende Bereitschaft zur Mitwirkung an vollzugszielorientierten Behandlungsmaßnahmen darf deshalb – auch zur indirekten Einwirkung auf einen nicht zureichend an seiner Behandlung mitarbeitenden Inhaftierten mit dem Ziel der Teilnahme an Behandlungsangeboten – entsprechende Einschränkungen zur Folge haben.[40]

Die Zielvorgabe der Befähigung, künftig in sozialer Verantwortung ein Leben ohne Straftaten zu führen, erlangt **Geltung für alle Gefangenen**. Auch bei Langstrafigen ist der Strafvollzug auf eine soziale Wiedereingliederung hin ausgerichtet.[41] Selbst dem Lebenszeitgefangenen bleibt das Vollzugsziel der Vorbereitung auf die Rückkehr in die Freiheit nicht verschlossen.[42] Auch der zu lebenslanger Freiheitsstrafe Verurteilte ist in das Sozialisationskonzept einbezogen.[43] Die Gesetze lassen insoweit keinerlei allgemeine Ausnahmeregelung für die Lebenszeitstrafe erkennen. Die Diskrepanz zwischen der Verhängung von Freiheitsentzug auf Lebenszeit einerseits und dem vollzugsrechtlichen Sozialisationsziel der Reintegration andererseits ist spätestens seit Inkrafttreten des § 57a StGB (Aussetzung des Strafrests bei lebenslanger Freiheitsstrafe zur Bewährung) beseitigt. Da dem Lebenszeitgefangenen grundsätzlich eine Chance bleibt, seine Freiheit wiederzuerlangen, steht auch ihm ein Anspruch auf (Re-)Sozialisierung zu.[44]

---

[36] Calliess/Müller-Dietz, 2008, Einl. Rdn. 34.
[37] In Hamburg wird zwar in § 5 Abs. 1 S. 1 HmbStVollzG von einer Verpflichtung der Gefangenen ausgegangen, wobei eine Mitwirkungsverweigerung aber nicht disziplinarisch geahndet werden darf (§ 85 S. 2 HmbStVollzG).
[38] BVerfGE 40, S. 284 f.
[39] Dazu Hoffmann, 2000, S. 9 ff.
[40] Laubenthal, 2000a, S. 171.
[41] BVerfGE 98, S. 200.
[42] A.A. noch Röhl, 1969, S. 93.
[43] BVerfG, NStZ 1996, S. 614; Laubenthal, 1987, S. 109.
[44] BVerfGE 45, S. 239.

3.1.1.2 Vorrang des (Re-)Sozialisierungsziels?

(1) Bundes-Strafvollzugsgesetz

149 In § 2 S. 1 StVollzG hat der Bundesgesetzgeber die (Re-)Sozialisierung zum alleinigen Vollzugsziel erhoben. Die Vorgabe der Reintegration des Gefangenen, verbunden mit einer künftigen legalen Lebensführung in sozialer Verantwortung, geht den sonstigen Aufgaben des Vollzugs der Freiheitsstrafe vor.[45]

In § 2 S. 1 StVollzG wird aber nicht nur das Ziel an sich normiert. Die (Re-)Sozialisierung des Verurteilten bis zum Zeitpunkt seiner Entlassung ist ein fortlaufender Prozess des Strebens nach der Zielerreichung. § 2 S. 1 StVollzG beinhaltet damit auch als eine **Aufgabe** des Strafvollzugs die Realisierung der Sozialisation, d.h. die Gestaltung des Prozesses in einer Art und Weise, welche die Erreichung der Zielvorgabe möglich macht.

Der Bundesgesetzgeber hat mit der Bezeichnung des § 2 S. 1 StVollzG als „Vollzugsziel" dieses hervorgehoben und ihm einen **Vorrang unter den Vollzugsaufgaben** zugewiesen. Auch die Entstehungsgeschichte zeigt deutlich, dass die Legislative die (Re-)Sozialisierung als **alleiniges Ziel** des Strafvollzugs anerkannt hat. Denn die ausdrückliche Bezeichnung in § 2 S. 1 StVollzG enthält eine **Absage an eine Zielpluralität**[46], wie sie vor Inkrafttreten des Strafvollzugsgesetzes in verschiedenen Gesetzesentwürfen und Vollzugsordnungen zum Ausdruck gekommen war:

§ 48 Amtlicher Entwurf eines Strafvollzugsgesetzes 1927[47]:
„Durch den Vollzug der Freiheitsstrafe sollen die Gefangenen, soweit es erforderlich ist, an Ordnung und Arbeit gewöhnt und sittlich so gefestigt werden, dass sie nicht wieder rückfällig werden."

§ 48 Verordnung über den Vollzug von Freiheitsstrafen 1934[48]:
„Durch die Verbüßung der Freiheitsstrafe sollen die Gefangenen das begangene Unrecht sühnen. Die Freiheitsentziehung ist so zu gestalten, dass sie für den Gefangenen ein empfindliches Übel ist und auch denen, die einer Erziehung nicht zugänglich sind, nachhaltige Hemmungen gegenüber der Versuchung, neue Straftaten zu begehen, erzeugt. Die Gefangenen sind zu Zucht und Ordnung anzuhalten, an Arbeit und Pflichterfüllung zu gewöhnen und sittlich zu festigen."

Nr. 57 Abs. 1 Dienst- und Vollzugsordnung 1961:
„Der Vollzug der Freiheitsstrafe soll dazu dienen, die Allgemeinheit zu schützen, dem Gefangenen zu der Einsicht verhelfen, dass er für begangenes Unrecht einzustehen hat, und ihn wieder in die Gemeinschaft einzugliedern. Der Vollzug soll den Willen und die Fähigkeit des Gefangenen wecken und stärken, künftig ein gesetzmäßiges und ordentliches Leben zu führen."

---

[45] AK-Feest/Lesting, 2006, § 2 Rdn. 6; Calliess/Müller-Dietz, 2008, § 2 Rdn. 1; Kaiser/Schöch, 2002, S. 160; Müller-Dietz, 1978, S. 80; Seebode, 1997b, S. 100 f.; Walter M., 1999, S. 89; einschränkend dagegen Arloth, 2008, § 2 Rdn. 2; Grunau/Tiesler, 1982, § 2 Rdn. 1 ff.

[46] Dazu eingehend Mitsch Chr., 1990, S. 150 ff. m. zahlr. Nachw.

[47] Abgedruckt in: Materialien zur Strafrechtsreform. Band 6. 1954.

[48] RGBl. I 1934, S. 383.

§ 2 Gesetzesvorschlag des Bundesrats 1973[49]:
"Vorrangiges Ziel der Freiheitsstrafe ist es, den Gefangenen zu befähigen, ein Leben ohne Straftaten zu führen. Er soll die Einsicht gewinnen, dass er für sein Unrecht und seine Schuld einzustehen hat und zu selbstverantwortlichem Verhalten in der Rechtsgemeinschaft hingeführt werden. Im Übrigen dient der Vollzug der Freiheitsstrafe dem Schutz der Allgemeinheit vor weiteren Straftaten."

Die Zieldefinition des § 2 S. 1 StVollzG folgt § 2 des Regierungsentwurfs 1972. Dort wurde allerdings die Aufgabe der Befähigung des Gefangenen, künftig in sozialer Verantwortung ein Leben ohne Straftaten zu führen, noch als bloßes „Behandlungsziel" bezeichnet. Dies hätte aber nach damaliger Auffassung die Justizverwaltungen weder zum Aufbau einer sozialisationsorientierten Anstaltsstruktur verpflichtet noch eine zureichende Abkehr von einer pluralistischen Vollzugszielbestimmung bedeutet.[50] Mit der Qualifizierung der (Re-)Sozialisierungsaufgabe als „Vollzugsziel" entsprechend dem Vorschlag des Alternativ-Entwurfs kam es zu der Entscheidung des Gesetzgebers für einen reinen Sozialisationsvollzug. **150**

(2) Landes-Strafvollzugsgesetze

Einen explizit normierten Vorrang des (Re-)Sozialisierungsauftrags unter den vollzuglichen Aufgabenstellungen bestimmen – im Gegensatz zum Bundes-Strafvollzugsgesetz – die **Landes-Strafvollzugsgesetze** nicht.[51] **151**

In **Bayern**[52] und in **Hessen** verzichten Art. 2 BayStVollzG und § 2 HStVollzG auf eine Benennung von vollzuglicher Zielsetzung als „Vollzugsziel". Beide Bestimmungen sind überschrieben mit **Aufgaben** des Vollzugs. Dabei wird zudem in Bayern die in § 2 StVollzG enthaltene Reihenfolge umgekehrt. Art. 21 BayStVollzG gibt den Sicherungsauftrag vor, wonach der Freiheitsstrafenvollzug dem Schutz der Allgemeinheit vor weiteren Straftaten dient. Gemäß Art. 2 S. 2 BayStVollzG folgt dann die Bezeichnung des Behandlungsauftrags, wonach der Vollzug die Gefangenen befähigen soll, künftig in sozialer Verantwortung ein Leben ohne Straftaten zu führen.

In **Hamburg** wird in § 2 S. 1 HmbStVollzG der (Re-)Sozialisierungsauftrag als ein Ziel bezeichnet und in § 2 S. 3 HmbStVollzG betont, dass zwischen dem Vollzugsziel und der Aufgabe des Schutzes der Allgemeinheit vor weiteren Strafen kein Gegensatz besteht, Letztere „gleichermaßen" (§ 2 S. 2 HmbStVollzG) eine Vollzugsaufgabe darstellt.

In **Baden-Württemberg** gibt § 2 Abs. 1 JVollzGB I vor: Die kriminalpräventive Aufgabe des Strafvollzugs liegt im Schutz vor weiteren Straftaten. Der Strafvollzug leistet einen Beitrag für die Eingliederung der Gefangenen in die Gesellschaft, die innere Sicherheit und für den Rechtsfrieden. Ausdrücklich als Vollzugsziel bezeichnet § 1 JVollzGB III die Befähigung der Gefangenen, künftig in sozialer Verantwortung ein Leben ohne Straftaten zu führen.

---

[49] BT-Drs. 7/918, S. 108.
[50] Siehe Calliess, 1992, S. 21.
[51] Krit. insoweit Köhne, 2007, S. 494 ff.
[52] Dazu Schneider R., 2010, S. 58 ff.

In **Niedersachsen** wird an der Begrifflichkeit des **Vollzugsziels** festgehalten.[53] Im Bereich des Vollzugs von Freiheitsstrafe normiert § 5 NJVollzG jedoch zwei Vollzugsziele. Satz 1 gibt die Zielsetzung der sozialen (Re-)Integration inhaltlich identisch mit § 2 S. 1 StVollzG vor. Der Schutz der Allgemeinheit vor weiteren Straftaten stellt gem. § 5 S. 2 NJVollzG ebenfalls ein Vollzugsziel dar mit gleichrangiger Bedeutung wie der Sozialisationsauftrag.

Diese landesrechtlichen Vorgaben ändern jedoch nichts daran, dass es sich bei dem Sozialisationsziel bzw. der Sozialisationsaufgabe um ein verfassungsrechtlich begründetes Gebot handelt, welches für die staatliche Gewalt verbindlich ist.[54] Es verpflichtet die Vollzugsbehörden, die gesamte vollzugliche Tätigkeit auf eine wirkungsvolle, der Zielsetzung dienende Behandlung hin auszurichten. Dementsprechend heißt es beispielsweise in der Begründung zu Art. 2 BayStVollzG als die § 2 StVollzG ersetzende Bestimmung, dass „eine Änderung gegenüber der bisherigen Rechtslage ... damit nicht verbunden" ist.[55]

3.1.1.3 Sozial verantwortliche Lebensführung ohne Straftaten

152 Soll der Gefangene im Strafvollzug **befähigt** werden, künftig in sozialer Verantwortung ohne Straftaten zu leben, so haben die Gesetzgeber mit dieser Formulierung zum Ausdruck gebracht, dass ein Sozialisationserfolg nicht erzwingbar erscheint. Dieser hängt vielmehr auch vom Willen und von der Bereitschaft des inhaftierten Verurteilten selbst ab, inwieweit er überhaupt die von der Justizvollzugsanstalt geleisteten Angebote für einen sozialen Lernprozess wahrnimmt, um dadurch soziale Kompetenz zu erlangen.

In den Strafvollzugsgesetzen erfolgt eine Ergänzung der Zielvorgabe einer künftigen straffreien Lebensführung durch die **soziale Verantwortung**. Dies verdeutlicht, dass der Gefangene nicht zu einem bloßen Objekt vollzugsbehördlicher Behandlungsbemühungen reduziert werden darf. Der Begriff der sozialen Verantwortung betont gerade die Subjektivität des Betroffenen: Der Vollzug soll ihn zu selbst verantwortlichem Verhalten im Einklang mit den bestehenden Normen befähigen.[56]

153 Straffreie Lebensführung in sozialer Verantwortung bedeutet mehr als ein Leben ohne weitere deliktische Handlungen. Der Vollzug als eine Instanz der (Ersatz-)Sozialisation soll **soziale Kompetenz** vermitteln, d.h. Voraussetzungen für den Erwerb von Fähigkeiten schaffen, Probleme und Konflikte ohne Begehung von Straftaten zu bewältigen. Ging der Alternativ-Entwurf eines Strafvollzugsgesetzes[57] davon aus, dass die Befähigung zur sozialen Verantwortung – vor allem wegen eines Verstoßes gegen das Übermaßverbot – nicht mehr ein legitimer Zweck des staatlichen Strafvollzugs sein könne, so strebten seine Verfasser eine

---

[53] Dazu Schneider R., 2010, S. 66 ff.
[54] Dazu BVerfGE 33, S. 10 f.
[55] Bayer. Landtag, Drs. 15/8101, Begründung S. 49; siehe etwa auch Bürgerschaft der Freien und Hansestadt Hamburg, Drs. 18/6490, S. 30 f.; Niedersächsischer Landtag, Drs. 15/3565, S. 67 f.
[56] Siehe BT-Drs. 7/918, S. 45.
[57] Dazu Kap. 2.5.2.

Trennung von Legalität und von Moralität an.⁵⁸ Eine solche begriffliche Trennung eines Lebens ohne Straftaten einerseits und sozialer Verantwortung andererseits lässt sich jedoch aufgrund kriminologischer Erkenntnisse nicht aufrechterhalten.⁵⁹ Straffreies Handeln setzt eine dafür notwendige soziale Kompetenz voraus. Deren Fehlen steht häufig gerade in einem Zusammenhang mit dem Vorliegen eines derart normwidrigen Verhaltens, das die Verhängung und Vollstreckung einer Freiheitsstrafe erforderlich macht.

Zwar wird in der Kriminologie die Frage nach den Ursachen kriminellen Verhaltens widersprüchlich diskutiert und es befinden sich kriminalitätstheoretische Erklärungsansätze in teilweise heftiger Kontroverse.⁶⁰ Dabei hat die **Theorie des Labeling approach**⁶¹ die Grundannahme vorgetragen, wonach Kriminalität unter strukturellen Gesichtspunkten ubiquitär, vom quantitativen Aspekt her gleich verteilt und in qualitativer Hinsicht normal erscheint. Die Vorstellungen vom Regel-Ausnahme-Charakter straffälligen Verhaltens sowie der Möglichkeit einer Differenzierung zwischen Kriminellen und Nichtkriminellen⁶² werden dem heutigen Kenntnisstand nicht mehr gerecht. So bestätigen Dunkelfeldstudien die Hypothese von der **Normalität** und der **Ubiquität** dahin gehend, dass es kaum einen (männlichen) Jugendlichen oder Heranwachsenden gibt, welcher nicht wenigstens einmal in seinem Leben gegen Strafrechtsnormen verstoßen hat. Die Untersuchungen über die Prävalenz delinquenten Fehlverhaltens belegen die Allgegenwärtigkeit von Kriminalität gerade bei jüngeren Menschen als eine normale Begleiterscheinung des Sozialisationsprozesses.⁶³ Häufig bleibt delinquentes Verhalten aber **episodenhaft** und es kommt zu einer Spontanremission im Verlauf des Sozialisationsprozesses. Auch ohne Kontakte zu den Instanzen der formellen Sozialkontrolle gelingt es der überwiegenden Mehrheit dieser Straftäter, ihr normabweichendes Handeln nicht fortzusetzen. Damit stellen Normalitäts- und Ubiquitätsthese eine generalisierende Gleichsetzung von Kriminalität und Mangel an Sozialisation⁶⁴ zumindest in Bereichen der Normbrüche von unterer Schwere in Frage. Allerdings zeigen Betrachtungen der persönlichen und sozialen Entwicklung von Mehrfachtätern, die insgesamt einen überproportional hohen Anteil an allen begangenen Straftaten auf sich vereinigen, eine Konzentration klassischer Auffälligkeitsmerkmale im Sinne von Sozialisationsmängeln, wie

– Fehlen einer konsistenten Erziehung,
– Verhaltensauffälligkeiten,

154

---

⁵⁸ Baumann/Brauneck/Calliess u.a., 1973, S. 55.
⁵⁹ Müller-Dietz, 1978, S. 79.
⁶⁰ Vgl. Bock, 2007, S. 37 ff.; Göppinger, 2008, S. 119 ff.; Kaiser, 1996, S. 183 ff.; Kunz, 2008, S. 47 ff.; Lamneck, 2007, S. 59 ff.; Schwind, 2010, S. 89 ff.
⁶¹ Dazu eingehend Bock, 2007, S. 59 ff.; v. Danwitz, 2004, S. 51 ff.; Eifler, 2002, S. 47 ff.; Eisenberg, 2005, S. 71 ff.; Göppinger, 2008, S. 158 ff.; Kaiser, 1996, S. 274 ff.; Killias, 2002, S. 374 ff.; Kunz, 2008, S. 144 ff.; Lamneck, 2007, S. 223 ff.; Meier B.-D., 2007, S. 69 ff.; Schwind, 2010, S. 151 ff.
⁶² Kürzinger, 1985, S. 1069 f.
⁶³ Heinz, 1988, S. 269; Lamneck, 1982, S. 38; Laubenthal/Baier/Nestler, 2010, S. 7 f.; Thiem-Schräder, 1989, S. 19; Walter M., 2005, S. 228.
⁶⁴ Schneider H. J., 1983, S. 296.

– Schul- bzw. Berufsprobleme,
– teilweise Normvarianten bis hin zur abnormen Persönlichkeit.[65]

155 Da die Verbüßung einer **Freiheitsstrafe als Ultima Ratio** im lebensgeschichtlichen Zusammenhang häufig erst das letzte Glied einer langen Kette fehlgeschlagener Interaktionsprozesse darstellt[66], sprechen durchaus sozialisationstheoretische Befunde für eine Erklärung von Sozialabweichungen, welche die Verbüßung eines stationären Freiheitsentzugs erforderlich machen: gravierende Mängel in den Bereichen der Persönlichkeit und des sozialen Umfeldes als Resultate einer gescheiterten Sozialisation. Aber auch Stigmatisierungen, ausgelöst durch die Strafverfolgungsbehörden, vermögen mittels eines sich gegenseitig aufschaukelnden Interaktionsprozesses zwischen ihm und seiner Umwelt[67] den Einzelnen in seiner Persönlichkeit derart zu beschädigen, dass er schließlich im Strafvollzug der Unterstützung durch Behandlungsprogramme bedarf, um nach seiner Entlassung zu einem legalen Lebenswandel in sozialer Verantwortung zurückfinden zu können.[68] Der Vollzug von Freiheitsstrafen muss deshalb sozial-integrativ orientiert sein und dabei dem Gefangenen in umfassender Weise **Chancen zu sozialem Lernen** eröffnen.[69]

156 Der vollzuglichen Zielsetzung der Befähigung zu einer sozial verantwortlichen Lebensführung ohne weitere Straftaten kommt auch eine **Begrenzungsfunktion** zu. Maßnahmen zum Zweck der Sozialisation des Gefangenen dürfen nicht weiter reichen, als dies zur Verwirklichung des Behandlungsauftrags eines Lebens ohne deliktische Handlungen erforderlich ist. Demgemäß ging der Alternativ-Entwurf eines Strafvollzugsgesetzes von 1973[70] damals zutreffend davon aus, dass der Vollzug „nicht auf weiter gehende Veränderungen der Persönlichkeit oder der Überzeugungen des Verurteilten gerichtet sein" darf. Dieser soll zu einem selbst verantwortlichen Verhalten unter Beachtung der geltenden Normen befähigt, nicht aber zu einem tadelsfreien Bürger erzogen[71] werden. Schon der Anspruch des Gefangenen aus Art. 1 Abs. 1 GG auf Achtung seiner Menschenwürde schließt zudem unfreiwillige medizinische und pharmakologische Manipulationen aus.[72]

3.1.2 (Re-)Sozialisierung durch Behandlung

157 Auf der strukturellen Ebene verpflichtet die Zielvorgabe der Befähigung zu einem künftigen Leben ohne Straftaten in sozialer Verantwortung die Verwaltung, die Organisation des Strafvollzugs dem Sozialisationsziel entsprechend zu gestalten.

---

[65] Vgl. Dölling, 1990, S. 673.
[66] Calliess, 1992, S. 2.
[67] Quensel, 1970, S. 379.
[68] Kury, 1986, S. 35.
[69] Siehe bereits Bericht des Sonderausschusses für die Strafrechtsreform, BT-Drs. 7/3998, S. 5.
[70] Dazu Kap. 2.5.2.
[71] Baumann/Brauneck/Calliess u.a., 1973, S. 57.
[72] Benda, 1984, S. 322.

Personelle und materielle Ausstattung müssen so ausgerichtet sein, dass das Problem einer sozialen (Re-)Integration gelöst werden kann.[73] Zugleich ist auch die Ebene der **sozialen Interaktionsfelder** von Gefangenen und Vollzugspersonal bzw. der Kommunikation mit Bezugspersonen auf das Vollzugsziel zu beziehen. Diese interaktive Komponente betrifft die Behandlung des Inhaftierten.

Rahmenbedingungen zur Realisierung des Behandlungsprozesses sind:
– auf der vertikalen Ebene das Vollzugssystem,[74]
– auf der horizontalen Ebene die Differenzierung nach verschiedenen Anstaltsarten,[75]
– auf der personellen Ebene die Schaffung geeigneter Kommunikationsstrukturen.[76]

Die Strafvollzugsgesetze nennen mehrfach den Begriff der **Behandlung**. So wirkt etwa nach § 4 Abs. 1 StVollzG, § 3 Abs. 1 JVollzGB III, Art. 6 Abs. 1 BayStVollzG, § 5 Abs. 1 HmbStVollzG, § 6 Abs. 1 NJVollzG der Gefangene an der Behandlung mit.

158

Der **Behandlungsbegriff** bleibt im Bundes-Strafvollzugsgesetz jedoch ebenso undefiniert wie es an einem gesetzlich formulierten Behandlungskonzept fehlt. Es sollte dadurch die Anwendbarkeit verschiedener Behandlungsmethoden ermöglicht werden, Wissenschaft und Praxis die Überprüfung und Fortentwicklung bestehender sowie die Erprobung neuer Modelle überlassen bleiben.[77] Diese legislatorische Zurückhaltung dürfte letztlich auch von finanziellen Erwägungen getragen worden sein.[78]

Nach der Intention des Bundesgesetzgebers umfasst der **Begriff der Behandlung „sowohl die besonderen therapeutischen Maßnahmen als auch die Maßnahmen allgemeiner Art, die den Gefangenen durch Ausbildung und Unterricht, Beratung bei der Lösung persönlicher und wirtschaftlicher Probleme und Beteiligung an gemeinschaftlichen Aufgaben der Anstalt in das Sozial- und Wirtschaftsleben einbeziehen und der Behebung krimineller Neigungen dienen."**[79]

Ein solch **offener und weiter Behandlungsbegriff** schließt eine inhaltliche Präzision aus. Auf die Vollzugszielbestimmungen bezogen handelt es sich bei der Behandlung um die Gesamtheit aller Maßnahmen und Tätigkeiten im interaktiven Bereich. Diese erfolgen zum Zweck der gesellschaftlichen Reintegration des Gefangenen und der Befähigung zu einem sozial verantwortlichen Leben ohne Straftaten.[80] Eingeschlossen sind alle Bemühungen und Aktivitäten, die geeignet er-

---

73 Calliess/Müller-Dietz, 2008, § 2 Rdn. 23.
74 Unten Kap. 4.1.
75 Oben Kap. 1.6.3.
76 Unten Kap. 4.
77 Siehe BT-Drs. 7/918, S. 41.
78 Jung H., 1987, S. 38.
79 BT-Drs. 7/918, S. 45; siehe auch OLG Karlsruhe, NStZ-RR 2005, S. 122 f.
80 Böhm/Jehle, in: Schwind/Böhm/Jehle/Laubenthal, 2009, § 4 Rdn. 6; Calliess, 1992, S. 22 f.; Calliess/Müller-Dietz, 2008, § 4 Rdn. 6; Dünkel/Kunkat, 1997, S. 24; zum Be-

scheinen, den vom Strafvollzug selbst produzierten schädlichen Wirkungen entgegenzusteuern.[81]

159 Auf der **landesrechtlichen Ebene** enthalten das Gesetzbuch über den Justizvollzug in Baden-Württemberg, das Hessische Strafvollzugsgesetz sowie das Niedersächsische Justizvollzugsgesetz ebenfalls keine Definitionen des Behandlungsbegriffs. Dagegen haben sich die Gesetzgeber in Bayern und in Hamburg um eine Definition des Behandlungsbegriffs bemüht. Gemäß § 4 S. 1 HmbStVollzG bedeutet Behandlung: „Den Gefangenen werden im Rahmen eines an ihren persönlichen Erfordernissen orientierten Vollzugs- und Behandlungsprozesses alle vollzuglichen Maßnahmen und therapeutischen Programme angeboten, die geeignet sind, ihnen Chancen zur Förderung ihrer Eingliederung in ein Leben in sozialer Verantwortung ohne Straftaten zu vermitteln und ihre Fähigkeiten zur Selbsthilfe zu stärken (Behandlung)." In Bayern erfährt der Behandlungsbegriff in Art. 3 BayStVollzG eine etwas inhaltsreichere Normierung: „Die Behandlung umfasst alle Maßnahmen, die geeignet sind, auf eine künftige deliktfreie Lebensführung hinzuwirken. Sie dient der Verhütung weiterer Straftaten und dem Opferschutz. Die Behandlung beinhaltet insbesondere schulische und berufliche Bildung, Arbeit, psychologische und sozialpädagogische Maßnahmen, seelsorgerische Betreuung und Freiheitgestaltung. Art und Umfang der Behandlung orientieren sich an den für die Tat ursächlichen Defiziten der Gefangenen." Danach sollen bei der Behandlung der Strafgefangenen als Prinzipien Beachtung finden:[82]
- Die Intensität der Behandlung hat sich am Risiko-Prinzip zu orientieren,
- die Behandlungsziele und -inhalte sollen sich auf die spezifischen kriminogenen Motive und Defizite der Straftäter beziehen (Bedürfnisprinzip),
- das Vorgehen sollte auf die jeweiligen Lernweisen und Fähigkeiten der Straftäter zugeschnitten sein (Ansprechbarkeitsprinzip).

Aber auch die in § 4 S. 1 HmbStVollzG und Art. 3 BayStVollzG enthaltenen Definitionen verdeutlichen lediglich die Vielschichtigkeit strafvollzuglicher Behandlungsaspekte. Trotz gesetzlicher Umschreibungen bleibt der Behandlungsbegriff auch in Hamburg und Bayern ein offener. Fortentwicklung und Überprüfung der verschiedenen Behandlungsmethoden sind weiterhin Wissenschaft und Praxis überlassen.[83] Zurückhaltend wird der Begriff der Behandlung im Hessischen Strafvollzugsgesetz verwendet. Zwar findet er sich in diesem Regelwerk vereinzelt (z.B. in § 3 Abs. 4 HStVollzG), die Rede ist jedoch insbesondere von vollzuglichen Maßnahmen zur Realisierung des Eingliederungsauftrags. Diese dienen gem. § 5 Abs. 1 S. 1 HStVollzG „der Aufarbeitung von Defiziten, die ursächlich für die Straffälligkeit sind, und der Entwicklung von Fähigkeiten und Fertigkeiten, die geeignet sind, auf eine künftige Lebensführung ohne Straftaten hinzuwirken".

160 Bleibt der Behandlungsbegriff vielschichtig, so geben die in die Vollzugspläne mindestens aufzunehmenden Behandlungsmaßnahmen etwas **konkretisierende Hinweise**.

---

handlungsbegriff auch: Jung H., 1987, S. 38 ff.; Mey, 1987, S. 42 ff.; Rehn, 1995, S. 75 f.; Schüler-Springorum, 1988, S. 117 ff.
[81] Streng, 2002, S. 121.
[82] Bayer. Landtag, Drs. 15/8101, Begründung S. 50.
[83] Bayer. Landtag, Drs. 15/8101, Begründung S. 49.

Es geht hierbei (z.B. gem. § 7 Abs. 2 StVollzG) um:
- die Unterbringung im geschlossenen oder offenen Vollzug,
- die Verlegung in eine sozialtherapeutische Anstalt,
- die Zuweisung zu Wohngruppen und Behandlungsgruppen,
- den Arbeitseinsatz sowie Maßnahmen zur beruflichen Ausbildung oder Weiterbildung,
- die Teilnahme an Veranstaltungen der Weiterbildung,
- besondere Hilfs- und Behandlungsmaßnahmen,
- Lockerungen des Vollzugs,
- notwendige Maßnahmen zur Vorbereitung der Entlassung.

3.1.2.1 Idealbild der problemlösenden Gemeinschaft

161 Dem Behandlungsbegriff liegt von seiner Entwicklung her das Idealbild der Justizvollzugsanstalt als problemlösende Gemeinschaft zugrunde.

Dieses geht zurück auf die von Fenton in Kalifornien erstmals in den fünfziger Jahren des 20. Jahrhunderts verwirklichte Idee der **Correctional Community**.[84] Fenton ging davon aus, dass Gefängnisse eine andere Funktion zu erfüllen haben als nur diejenige von Einrichtungen, in die sozial unangepasste Menschen für eine gewisse Zeit verbannt werden. Die Dauer des Strafvollzugs muss vielmehr der Vorbereitung des Verurteilten auf seine Rückkehr in die Gesellschaft dienen, wobei die Anstalt selbst als eine dynamische und kreative Institution zu nutzen ist.

Fenton übertrug daher die Prinzipien der therapeutischen Gemeinschaft auf den Strafvollzug. Die Methode der **Therapeutic Community** war von Jones nach dem 2. Weltkrieg in englischen psychiatrischen Krankenhäusern und Heilanstalten eingeführt worden.[85] Jones beteiligte dort die Betroffenen selbst an ihrer Behandlung und ersetzte das Über-/Unterordnungsverhältnis von Ärzten und Patienten durch eine mehr partnerschaftliche Beziehung. Dementsprechend strebte Fenton auch im Vollzug der Freiheitsstrafe ein persönlich-kommunikatives Verhältnis von Anstaltspersonal und Inhaftierten an. Er unterteilte die Institutionen in kleinere Einheiten, in denen eine Art Selbstverwaltung eingeführt wurde, um dadurch Selbständigkeit, Eigenverantwortlichkeit und Selbstwertgefühl der Insassen zu stärken. In Gruppensitzungen kam es zu Diskussionen über die täglichen Erfahrungen und die zwischenmenschlichen Beziehungen, um antisoziale Tendenzen zu reduzieren.

162 Die problemlösende Gemeinschaft, in der – durch die soziale Struktur des Vollzugssystems vermittelt – Interaktion und Kommunikation stattfinden, stellt den Rahmen dar.[86] In ihm gelangt eine **Vielfalt von Methoden, Konzepten und Modellen** zur Anwendung. So kommt es zum Einsatz von Verfahren aus dem psychiatrisch-psychologischen Bereich wie psychotherapeutischen[87] und verhaltenstherapeutischen Maßnahmen, Milieutherapie, Bewegungstherapie, Musikthe-

---

[84] Dazu: Fenton, 1958; Fenton/Reimer/Winter, 1967.
[85] Siehe Jones, 1962.
[86] Zu Möglichkeiten einer Übertragung von Grundideen der therapeutischen Gemeinschaft auf Organisation und Kooperation in der Strafanstalt siehe Rotthaus W., 1990, S. 30 ff.
[87] Dazu Beier/Hinrichs, 1995; Pecher, 1999; Rauchfleisch, 1999; Reinfried, 1999.

rapie[88], Psychodrama usw.[89] Deren Durchführung bleibt jedoch im Regelvollzug allenfalls punktuell möglich, weil sie dort auf ungünstige finanzielle und kapazitäre Voraussetzungen treffen.[90] Praktiziert werden auch Konzepte zur Intervention bei spezifischen Erscheinungsformen der Kriminalität und damit bei bestimmten Tat auslösenden Defiziten, Fehleinstellungen oder psychodynamischen Abläufen. Dies reicht von „Nachschulungskursen" für alkoholauffällige Straßenverkehrstäter[91], therapeutischer Begleitung Drogenabhängiger im Strafvollzug[92] über Anti-Aggressivitäts-Training zur Behandlung von Gewalttätern[93] bis hin zur Therapie[94] von Sexualstraftätern.[95]

163 War der Behandlungsgedanke in Deutschland zunächst von psychotherapeutischen Ansätzen und Versuchen einer therapeutisch-pädagogischen Alltagsgestaltung geprägt[96], drang beginnend in den sechziger Jahren des 20. Jahrhunderts der Gedanke der **Sozialtherapie** in den Vordergrund: nicht nur ein punktueller Einsatz psychotherapeutischer und sozialpädagogischer Methoden, sondern eine vollzugszielorientierte Ausrichtung der verschiedenen Handlungs- und Beziehungsformen im Sinne einer problemlösenden Gemeinschaft, im Einzelfall ergänzt durch täter- bzw. persönlichkeitsspezifische Ansätze.[97] Wenngleich der Konzeption der Sozialtherapie durch die insoweit kontraproduktiven Verhältnisse und Lebensbedingungen des Justizvollzugs Grenzen gesetzt sind (und Sozialtherapie im engeren Sinne heute faktisch auf die sozialtherapeutischen Anstalten[98] beschränkt bleibt), würde eine solche Gestaltung des Behandlungsvollzugs als problemlösende Gemeinschaft den gesetzlichen Zielvorgaben der (Re-)Sozialisierung doch am ehesten gerecht.

Da bestimmte Denkweisen von Straftätern (z.B. Abwehr- oder Leugnungstendenzen) einer Verhaltensänderung entgegenstehen können und die Effektivität von Behandlungsmaßnahmen beeinträchtigen, sieht beispielsweise Lösel[99] bereits in der Änderung grundlegender Denkweisen einen zentralen Punkt in den Rehabilitationsbemühungen. Als die zehn wesentlichen Elemente eines solchen kognitiven Verhaltenstrainings benennt er:

---

[88] Dazu Zeuch, 2002, S. 99 ff.
[89] Laubenthal, 1983, S. 146 ff.; Schneider H. J., 1983, S. 302 ff.
[90] Walter M., 1999, S. 298 f.
[91] Dolde, 1996a, S. 117.
[92] Borkenstein, 1988, S. 235; ders., 1994, S. 80 ff.; siehe dazu auch Kap. 5.5.3.
[93] Bauer-Cleve/Jadasch/Oschwald, 1995, S. 202 ff.; Heilemann/Fischwasser von Proeck, 2002, S. 238 ff.; Petersen/Ptucha/Scharnowski, 2004, S. 21 ff.; Weidner, 1990; Wolters J., 1990, S. 26 ff.; ders., 1994, S. 20 ff.
[94] Dazu unten Kap. 5.5.4.
[95] Böse/Henke/Ingenhag-Schuster, 1991, S. 345 ff.; Goderbauer, 1999, S. 157 ff.; Jäger S., 2003, S. 206 ff.; Judith, 1995, S. 72 ff.; Latza, 1993, S. 43 ff.; Rehder, 1990, S. 121 ff.; Rehn, 2002, S. 609 ff.; Schmitt, 1996, S. 3 ff.; siehe auch Kusch, 1997, S. 89 ff.
[96] Egg, 1992, S. 486 f.
[97] Specht, 1993, S. 11.
[98] Dazu in Kap. 5.5.4.
[99] Lösel, 1993a, S. 15 f.

1. Training von Selbstkontrolle beim Handeln,
2. Anleitung zum Nachdenken über sich selbst,
3. Vermittlung sozialer Fertigkeiten,
4. Einüben interpersonaler Problemlösefertigkeiten,
5. Anregung zum kreativen Denken,
6. Anleitung zum (selbst)kritischen Denken,
7. Vermittlung von Werten,
8. Kontrolle von Ärger und Aggression,
9. Übernahme von prosozialen Helfer-Rollen,
10. Einfühlung in das Opfer.

3.1.2.2 Favorisierung des Sozialen Trainings

Die faktischen Gegebenheiten in der Institution haben im methodischen Bereich **164** eine Reduzierung kaum realisierbarer Vorstellungen zur Folge.[100] Die im Regelvollzug vorzufindende Favorisierung des defizitorientierten Ansatzes – **Soziales Training** – stellt damit letztlich eine Folge der Absenkung ursprünglicher Behandlungserwartungen dar.

Lernziel ist der **Aufbau sozialer Kompetenz**, einhergehend mit dem **Abbau sozialer Hilflosigkeit**.[101] Das Soziale Training setzt als ein präventives Konzept an Problemfeldern an, die häufig eine Rückfälligkeit bedingen: soziale Beziehungen, Arbeits- und Berufswelt, Freizeitverhalten, Geld bzw. Schulden, Rauschmittel, Rechte und Pflichten.[102] Mittels der breit gefächerten Behandlungsmaßnahme sollen Verhaltensmodifikationen erreicht, den Betroffenen alltagspraktische Fähigkeiten zu angemessener Situations-, Konflikt- und Lebensbewältigung vermittelt werden. Das Kompetenztraining basiert in seinem methodischen Vorgehen auf der Erkenntnis, dass ein erfolgreiches Erlernen sozialer Verhaltensweisen zumeist auf den Ebenen Wissen, Verhalten und Einstellung stattfindet.

Demgemäß besteht der Lernprozess aus vier Elementen:[103]
– Den Teilnehmern wird Raum zur Bewusstmachung eigener Bedürfnisse, Defizite, Probleme, aber auch Stärken gegeben.
– Daneben sind den Gefangenen Gelegenheiten zu Informationsaustausch und Wissenserwerb zu eröffnen.
– Bewusstmachung des eigenen Standpunkts und Wissenserwerb führen zu einer Auseinandersetzung der Teilnehmer mit problematischen Situationen, hinsichtlich derer sie Verhaltensvarianten erarbeiten und auf ihre Umsetzbarkeit hin beurteilen.
– Die Verhaltensabsichten werden im Rollenspiel erprobt und überprüft, schließlich realisiert.

Da ein Erlernen von sozialer Kompetenz nur in einem Geflecht von zwischenmenschlichen Beziehungen und gegenseitigem Einwirken möglich ist, bedient

---

[100] Walter M., 1999, S. 287.
[101] Rössner, 1984, S. 14 ff.; siehe auch Enders, 2004, S. 280 ff.; Grant/Metternich, 2004, S 328 ff.; Stolk/Lehnen/Metternich, 2004, S. 74 ff.
[102] Goderbauer, 1984, S. 42.
[103] Otto, 1993, S. 49.

sich die Methode des Sozialen Trainings der **Gruppe** und der dort vorhandenen **Interaktion**. Insoweit lässt sich gerade die Wohngruppe als soziales Trainingsgebilde nutzbar machen. Denn dort wird die soziale Funktionsfähigkeit des Einzelnen am nachhaltigsten gefördert und verbessert das Zusammenleben (verbunden mit den alltäglichen Konfliktsituationen) die Fähigkeit zu sozial akzeptierter Problembewältigung. Zudem vermag eine inkongruent gruppale Konstellation – d.h. eine Zusammensetzung der Sozialen Trainingsgruppe einerseits sowie der Wohngruppe andererseits mit jeweils verschiedenen Probanden – in dem von freien Sozialisationsprozessen weitgehend abgetrennten Strafvollzug vermehrt Interaktionsfelder zu schaffen.[104]

3.1.3 Täter-Opfer-Ausgleich als ein Lernfeld sozialer Verantwortung

165   Neben den Bestrebungen um eine Vermittlung sozialer Kompetenz auf der Seite des Gefangenen ist der Zielvorgabe der (Re-)Integration das Bemühen um einen Täter-Opfer-Ausgleich inhärent.[105]

> Nach den viktimologischen Untersuchungen zum Tatbeitrag des Opfers und der Anbindung der Viktimologie an die Kriminologie rückte das Verbrechensopfer vermehrt in das Blickfeld der kriminalpolitischen Diskussion. In Ergänzung seiner strafprozessualen Rechtsstellung kam es zur Entwicklung des Täter-Opfer-Ausgleichs. Hiermit werden Bemühungen bezeichnet, unter Leitung eines Vermittlers die nach der Begehung einer oder mehrerer Straftaten zwischen Täter und Verletztem bestehenden Probleme, Belastungen und Konflikte zu reduzieren oder gänzlich zu bereinigen. Im Mittelpunkt solcher Gespräche stehen die Aufarbeitung der Tat und deren Folgen sowie die Vereinbarung von Wiedergutmachungsleistungen an den Verletzten.[106] Angesichts positiver Erfahrungen mit dem Täter-Opfer-Ausgleich (vor allem im Jugendstrafrecht[107]) wurde dieser durch Art. 1 Nr. 1 VerbrBekG 1994[108] als eine Reaktionsform in das allgemeine Strafrecht eingefügt (§ 46a StGB). Ebenso wie derjenige des Jugendstrafrechts i.S.d. § 10 Abs. 1 S. 3 Nr. 7 JGG findet der Täter-Opfer-Ausgleich des Erwachsenenstrafrechts nach § 46a StGB aber regelmäßig nicht in der Phase des Vollzugs einer freiheitsentziehenden Sanktion statt.

166   Soll der Vollzug von Freiheitsstrafe den Verurteilten zu sozial verantwortlicher Lebensführung befähigen, so kommt einer Erfahrung der Tat und ihrer Auswirkungen für das Opfer Bedeutung als ein wichtiger **Anknüpfungspunkt für soziales Lernen** zu.[109] Denn die persönliche Begegnung mit dem Leid des Opfers vermag Erkenntnisprozesse einzuleiten. Diese können dazu führen, dem in einer bestimmten Situation gescheiterten Straftäter für die Zukunft sozial akzeptierte

---

[104] Laubenthal, 1983, S. 33 ff., 170 f.
[105] Calliess/Müller-Dietz, 2008, § 2 Rdn. 29.
[106] Schreckling, 1991, S. 1.
[107] Siehe Laubenthal/Baier/Nestler, 2010, S. 261 ff.
[108] BGBl. I 1994, S. 3186 ff.
[109] Dazu Matt/Winter, 2002, S. 128 ff.

Formen einer Konfliktlösung bzw. des Zusammenlebens insgesamt zu vermitteln. Aus der Einsicht in die Situation des Verletzten vermag sich dann der Entschluss abzuleiten, ein Leben ohne weitere Straftaten zu führen.[110]

Das Bundes-Strafvollzugsgesetz selbst lässt das Deliktsopfer jedoch fast gänzlich unberücksichtigt. Lediglich nach § 73 StVollzG ist der Gefangene in seinem Bemühen zu unterstützen, „seine Rechte und Pflichten wahrzunehmen, namentlich ... einen durch seine Straftat verursachten Schaden zu regeln". Dies wird dem Täter-Opfer-Ausgleich als einer **Behandlungsmaßnahme** kaum gerecht.

Zwar kann die Einbeziehung der Opferperspektive, zumal eine opferbezogene Aufarbeitung der Tat, verhaltens- und einstellungsändernd wirken und einen wichtigen Weg zur Erreichung des Vollzugsziels darstellen. Der Strafvollzug an sich darf jedoch nicht derart opferbezogen geprägt sein, dass die Institution das Verhältnis von Täter und Opfer zu einem allgemeinen vollzugsinternen Gestaltungskriterium qualifiziert.[111] Vielmehr bleibt in jedem **Einzelfall** zu prüfen, ob und wie die Behandlung unter **Einbeziehung des Opfergedankens** zu planen ist.[112] Denn eine Realisierung des Täter-Opfer-Ausgleichs erfordert nicht nur eine entsprechende Haltung des Täters, sondern auch eine **Ausgleichsbereitschaft des Verletzten**. Eine solche fehlt, wenn es sich auf der Seite der Tatopfer nicht um natürliche Personen handelt.

167

Zwar kommt die Durchführung eines Täter-Opfer-Ausgleichs im Einzelfall nicht nur bei leichten Vergehen, sondern auch bei Verbrechen gem. § 12 Abs. 1 StGB in Betracht.[113] Eine Akzeptanz des Täter-Opfer-Ausgleichs ist jedoch vor allem bei den Opfern schwerer Straftaten kaum zu erwarten. Interesse und Bereitschaft zu einer Kommunikation mit dem Täter bleiben bei **Gewaltopfern** begrenzt: Diese sind regelmäßig sogar dankbar, dass das staatliche Gewaltmonopol in Form des Strafrechts sie von der Verpflichtung befreit, noch einmal in unmittelbaren Kontakt mit dem Täter treten zu müssen. Das gilt insbesondere, wenn die Tat zugleich den Endpunkt einer krisenhaften Täter-Opfer-Beziehung darstellt.[114] Gerade bei Opfern von Gewaltdelikten vermindern zudem öffentlich-rechtliche Leistungen (z.B. nach dem Gesetz über die Entschädigung für Opfer von Gewalttaten) das Interesse an einem Ausgleich.

168

Eine **Wiedergutmachungsleistung** zum Ausgleich materieller oder immaterieller Schäden wird zwangsläufig auch dann nicht in Betracht kommen, wenn der Verurteilte leistungsunfähig und überschuldet ist. Angesichts der nicht leistungsgerechten, niedrigen Entlohnung von Gefangenenarbeit fehlt es – auch bei Ausgleichswilligkeit von Gefangenen – häufig an den materiellen Voraussetzungen

---

[110] Rössner, 1990, S. 25.
[111] Zur Einbeziehung von Opferaspekten in das Bundes-Strafvollzugsgesetz siehe Baumann u.a. 1992; Bannenberg/Uhlmann, 1998, S. 28 ff.; Dölling/Heinz/Kerner/Rössner/ Walter, 1998, S. 485 f.; Eisenberg, 2005, S. 503 f., 513; Heinrich M., 1995, S. 81; Kaspar, 2005, S. 86; Steffen, 2005, S. 218 ff.
[112] Kaiser/Schöch, 2002, S. 233; Wulf, 1985, S. 67 ff.
[113] Zur Deliktsstruktur der Anwendungsfälle siehe Bundesministerium der Justiz, 2005, S. 31 ff.
[114] Streng, 1994, S. 147.

für eine akzeptable Wiedergutmachungsleistung.[115] Schließlich dürfte ferner die in den Vollzugsanstalten gegebene Personalknappheit in der Praxis den häufig zeitaufwendigen Ausgleichsbemühungen entgegenstehen.

169 Da im Hinblick auf das Tatopfer keinerlei Einwirkungskompetenz der Justizvollzugsanstalt besteht, muss eine opferbezogene Vollzugsgestaltung auf geeignete Einzelfälle beschränkt bleiben. Vor allem darf eine Berücksichtigung der Opferperspektive und die damit verbundene Tatfolgen ausgleichende Wiedergutmachung seitens des Täters keiner Rückkehr zu Tatschuld vergeltenden Vollzugszwecken gleichstehen.[116] Eine fehlende Bereitschaft des Gefangenen zur Mitwirkung an einer opferbezogenen Vollzugsgestaltung kann zudem kein Entscheidungskriterium bei einer Versagung von Vollzugslockerungen sein.[117] Anderenfalls wären schon deshalb Ungleichbehandlungen zu erwarten, weil nicht alle Delikte ausgleichbar sind.

Soweit möglich, hat die Institution die Motivation für einen Täter-Opfer-Ausgleich zu schaffen. Dabei ist auch der noch vorherrschenden Einstellung vieler Verurteilter entgegenzuwirken, die ihre Schuld (auch dem Opfer gegenüber) durch das „Erleiden" der Kriminalstrafe als getilgt betrachten.[118] Die Bereitschaft eines Inhaftierten könnte dadurch gefährdet werden, dass ein durchgeführter Täter-Opfer-Ausgleich bzw. die Leistung einer Schadenswiedergutmachung eine rechtliche Würdigung erfährt. Dies ist bislang bei der Entscheidung über einen Antrag auf vorzeitige Entlassung gem. § 57 Abs. 1 StGB möglich. Nach S. 2 dieser Vorschrift zählt „das Verhalten des Verurteilten im Vollzug" zu den prognoserelevanten Aspekten.[119]

170 In den **Landes-Strafvollzugsgesetzen** wird dem Opfergedanken im Vollzug der Freiheitsstrafe mehr Bedeutung zugemessen als im Bundes-Strafvollzugsgesetz. In **Baden-Württemberg** legt § 2 Abs. 5 JVollzGB I einen Behandlungsgrundsatz fest, wonach zur Erreichung des Vollzugsziels die Einsicht in die dem Opfer zugefügten Tatfolgen geweckt und geeignete Maßnahmen zum Ausgleich angestrebt werden. In **Bayern** ist in Art. 3 S. 2 BayStVollzG festgelegt, dass die vollzugliche Behandlung der Strafgefangenen sowohl der Prävention als auch dem Opferschutz dient. Art. 78 Abs. 2 BayStVollzG hebt im Rahmen der Vorschriften über die sozialen Hilfen diesen Opferschutz besonders hervor, in dessen Interesse die Einsicht der Inhaftierten in ihre Verantwortung für die Tat geweckt werden soll. Die Anstalt hat zur Schadenswiedergutmachung zu motivieren. Die Durchführung eines Täter-Opfer-Ausgleichs bleibt in geeigneten Fällen anzustreben. In § 3 S. 2 HmbStVollzG wird der Opferschutz ebenfalls als Behandlungszweck benannt. Nach § 8 Abs. 2 Nr. 5 HmbStVollzG zählen in **Hamburg** Schadensausgleich und Maßnahmen des Täter-Opfer-Ausgleichs zu den Mindestangaben, zu denen der Vollzugsplan Aussagen enthalten soll. Als einen Grundsatz vollzuglicher Maßnahmen i.S.d. § 5 HStVollzG normiert für das Land **Hessen** Abs. 2 der Vorschrift: Dem Gefangenen sollen gezielt Maßnahmen angeboten

---

[115] Siehe auch Kawamura, 1994, S. 3 ff.
[116] So auch Rixen, 1994, S. 219.
[117] Eisenberg, 2005, S. 513.
[118] Korn-Odenthal, 2002 S. 37; Rössner, 1990, S. 25.
[119] Siehe auch Steffen, 2005, S. 219.

werden, die ihm die Möglichkeit eröffnen, das Unrecht der Tat und die beim Opfer verursachten Tatfolgen einzusehen und dadurch geeignete Anstrengungen zum Ausgleich der Tatfolgen zu unternehmen. In **Niedersachsen** bestimmt § 69 NJVollzG über die Hilfen im Vollzug in Abs. 2 S. 2 u. 3, dass die Strafgefangenen in dem Bemühen um Schadensregulierung zu unterstützen sind; in geeigneten Fällen sollen ihnen zur Durchführung eines Täter-Opfer-Ausgleichs Stellen bzw. Einrichtungen benannt werden.

3.2 Die Vollzugsaufgabe der Sicherung

Die Zielsetzung einer Befähigung des Gefangenen zu einem künftigen legalen Leben enthält bereits die Zweckorientierung eines **Schutzes der Gesellschaft** vor der Begehung erneuter Straftaten durch den Verurteilten.[120] Die soziale Integration des Täters mittels geeigneter Behandlungsmaßnahmen wird zwangsläufig auch dem Sicherheitsbedürfnis der Öffentlichkeit gerecht. **171**

In § 2 StVollzG hat der Bundesgesetzgeber die Zielvorgabe der (Re-)Sozialisierung mit Satz 2 um eine weitere Vollzugsaufgabe ergänzt: den **Schutz der Allgemeinheit vor weiteren Straftaten**. Diese **Sicherungsklausel** steht nicht der individualpräventiven Zielsetzung einer Verhinderung von deliktischen Handlungen nach der Entlassung des Gefangenen gleich. Die Vollzugsaufgabe des Schutzes der Allgemeinheit bezieht sich vielmehr auf den **Zeitraum der Inhaftierung**.[121]

In den **Landes-Strafvollzugsgesetzen** enthalten § 2 S. 1 JVollzGB I, Art. 2 S. 1 BayStVollzG, § 2 S. 2 HmbStVollzG, § 2 S. 2 u. 3 HStVollzG, § 5 S. 2 NJVollzG Bestimmungen zum Sicherungsauftrag des Vollzugs von Freiheitsstrafen. Allerdings sind in den landesrechtlichen Vorschriften Behandlungs- und Sicherungsauftrag überwiegend gleichgestellt. In Bayern wird die Schutzaufgabe von Art. 2 S. 1 BayStVollzG mit Art. 4 BayStVollzG näher umschrieben: „Der Schutz der Allgemeinheit vor weiteren Straftaten wird durch eine sichere Unterbringung und sorgfältige Beaufsichtigung der Gefangenen, eine gründliche Prüfung vollzugsöffnender Maßnahmen sowie geeignete Behandlungsmaßnahmen gewährleistet."

Der Aspekt der Sicherung gehört schon von seinem Wesen her zu einer Freiheitsstrafe. Der Anstalt obliegt es, für die Sicherheit Sorge zu tragen, d.h. die Begehung von Straftaten während der Strafverbüßung zu verhindern. Dies betrifft zum einen den Schutz der **Gesellschaft außerhalb des Vollzugs**. Die Aufgabe des Schutzes der Allgemeinheit umfasst aber zugleich die anstaltsinterne Sicherheit insoweit, als es um Maßnahmen zur **Unterbindung krimineller Handlungen in der Anstalt** selbst geht. Denn Teil der zu schützenden Allgemeinheit sind die Vollzugsbediensteten sowie die anderen Gefangenen. **172**

---

[120] BVerfGE 98, S. 200; BVerfGE 116, S. 85 f.
[121] AK-Feest/Lesting, 2006, § 2 Rdn. 14.

Soll auch der Schutz von Personal und Mitinhaftierten vor Straftaten bezweckt sein, darf dies nicht verwechselt werden mit dem umfassenderen Begriff der Anstaltssicherheit. Dieser bezieht sich nicht nur auf die Begehung deliktischer Handlungen im Vollzug selbst. Im Bereich der „inneren" Sicherheit der Anstalt geht es zudem um die Abwehr von kriminalitätsunabhängigen Gefahren für Personen oder Sachen. Hinzu kommt die Gewährleistung des räumlichen Verbleibens der Gefangenen als „äußere" Anstaltssicherheit, also die Verhinderung von Ausbruch und Entweichung.

173 § 2 S. 2 StVollzG, § 2 S. 1 JVollzGB I, Art. 2 S. 2 BayStVollzG, § 2 S. 2 HmbStVollzG, § 2 S. 2 u. 3 HStVollzG, § 5 S. 2 NJVollzG sind **Generalklauseln**, die den Schutz vor Straftaten innerhalb und außerhalb der Institution als eine Aufgabe des Vollzugs normieren und damit die Sicherungsfunktion der Freiheitsstrafe im Kontext der Vollzugsgestaltung verankern.[122] Die Gesetzgeber haben diese Maxime an einigen Stellen der Strafvollzugsgesetze ausdrücklich **konkretisiert**. So wird die Gefahr von Rechtsbrüchen zu einer Schranke bei der Gewährung von Maßnahmen, bei denen der Verurteilte vermehrt in persönliche Kontakte mit der Außenwelt tritt: Beispielsweise setzt eine Unterbringung im offenen Vollzug voraus, dass ein Missbrauch der Möglichkeiten dieser Vollzugsgestaltung zu Straftaten nicht zu befürchten ist. Gleiches gilt für die Vollzugslockerungen Außenbeschäftigung, Freigang, Ausführung und Ausgang sowie für die Beurlaubung aus der Haft. Die Missbrauchsgefahr muss ferner z.B. bei der Gestattung eines freien Beschäftigungsverhältnisses außerhalb der Anstalt beachtet werden. Darüber hinaus kann – ohne dass dies jeweils speziell geregelt wird – ein Schutz der Rechtsgüter Dritter auch bei anderen Behandlungsmaßnahmen angezeigt sein. Dies gilt etwa, wenn ein Angehörigenbesuch, ein Briefverkehr oder der Besitz von Gegenständen zur Begehung von strafbaren Handlungen genutzt werden soll. In solchen Fällen erlangen § 2 S. 2 StVollzG, § 2 S. 1 JVollzGB I, Art. 2 S. 1 BayStVollzG, § 2 S. 2 HmbStVollzG, § 2 S. 2 u. 3 HStVollzG, § 5 S. 2 NJVollzG Bedeutung.[123] Denn § 4 Abs. 2 S. 2 StVollzG, § 3 Abs. 2 JVollzGB I, Art. 6 Abs. 2 S. 2 BayStVollzG, § 5 Abs. 3 S. 2 HmbStVollzG, § 6 Abs. 1 S. 2 HStVollzG, § 3 S. 2 u. 3 NJVollzG lassen bei Fehlen besonderer gesetzlicher Regelung Beschränkungen zu, wenn diese zur Aufrechterhaltung der Sicherheit unerlässlich sind. Dabei ist unter der Anstaltssicherheit auch diejenige der Allgemeinheit vor Straftaten des Inhaftierten während der Verbüßung der Freiheitsstrafe zu verstehen.[124]

174 § 2 S. 2 StVollzG beschränkt im Geltungsbereich des **Bundes-Strafvollzugsgesetzes** die Vollzugszielbestimmung der (Re-)Sozialisierung als „Ultima-Ratio-Klausel bei Straftatenrisiko".[125] Zwar besteht damit eine Antinomie von Sozialisationszweck einerseits und Sicherheitsaufgabe andererseits.[126] Die klare Hervorhebung des § 2 S. 1 StVollzG als alleiniges Vollzugsziel verdeutlicht die **Priorität der Bemühungen um soziale Integration** vor anderen Aufgabenstellungen. Die Befähigung zu sozial verantwortlicher Lebensführung ohne weitere Straftaten

---

[122] Walter M., 1995, S. 198.
[123] Kaiser/Schöch, 2002, S. 237 f. zu § 2 S. 2 StVollzG.
[124] Dazu auch unten Kap. 3.5.2.2.
[125] Kaiser/Schöch, 2002, S. 237.
[126] Dazu Kudlich, 2003, S. 704 ff.

erfordert daher im Einzelfall das **Eingehen vertretbarer Risiken**. Allerdings neigt die Vollzugspraxis im Konflikt zwischen Erreichung der Zielvorgabe des § 2 S. 1 StVollzG und dem Schutz der Allgemeinheit eher dazu, die Sicherheitsaufgabe in den Vordergrund zu stellen.[127] Dies geht einher mit der seit einigen Jahren – auch kriminalpolitisch – gestiegenen Bedeutung der Sicherheitsfrage und deren Auswirkung auf die praktische Vollzugsgestaltung.[128]

> Angesichts der Gleichstellung von Behandlungs- und Schutzauftrag in **Landes-Strafvollzugsgesetzen** ist insoweit für die Zukunft nicht auszuschließen, dass von den Vollzugsbehörden angenommene Erfordernisse des Gesellschaftsschutzes den Alltag in den Vollzugseinrichtungen dort noch nachhaltiger prägen werden.

Der Schutz der Allgemeinheit vor weiteren Straftaten des Inhaftierten ist eine Selbstverständlichkeit des Vollzugs. Die Gesellschaft hat zu ihrer eigenen Sicherheit einen Anspruch auf (Re-)Sozialisierungsbemühungen. Die Sicherungsaufgabe besitzt eine dieser (Re-)Sozialisierung dienende Funktion.[129] Gesetzlich konkretisiert wird diese Aufgabe, indem Behandlungsmaßnahmen unter dem Vorbehalt einer zu verneinenden Missbrauchsgefahr stehen. Damit sind die Vollzugsbehörden nachhaltig zu einem den Sicherheitsinteressen der Bevölkerung gerecht werdenden Strafvollzug angehalten. Deshalb bedeutet eine Gleichsetzung[130] des Schutzes der Allgemeinheit vor weiteren Straftaten mit der (Re-)Sozialisierung als Vollzugsziel letztlich eine **symbolische Instrumentalisierung** im Gesamtzusammenhang mit aktuellen kriminalpolitischen Bestrebungen, die sich mit Argumenten zur objektiven Sicherheitslage nicht begründen lassen.[131]

3.3 Allgemeine Strafzwecke keine Gestaltungskriterien des Strafvollzugs

Mit § 2 StVollzG, § 2 Abs. 1 JVollzGB I und § 1 JVollzGB III, Art. 2 BayStVollzG, § 2 HmbStVollzG, § 2 HStVollzG, § 5 NJVollzG haben die Gesetzgeber die Zielsetzungen bzw. Aufgaben des Vollzugs von Freiheitsstrafe abschließend geregelt. Der Zielpluralität wurde eine Absage erteilt. Allgemeine Strafzwecke wie Schuldausgleich und Schuldschwere, Generalprävention und Verteidigung der Rechtsordnung dürfen im Strafvollzug keine unmittelbare Berücksichtigung finden. Denn aufgrund der legislatorischen Vorgaben bleiben die Ausgestaltung und Verwirklichung des Vollzugs von Freiheitsstrafe auf die in den

175

---

[127] Für viele Böhm/Jehle, in: Schwind/Böhm/Jehle/Laubenthal, 2009, § 2 Rdn. 20.
[128] Dazu Böhm, 2002, S. 97 f.
[129] Vgl. bereits BT-Drs. 7/3998, S. 6.
[130] Siehe z.B. zu früheren Initiativen auf der bundesgesetzlichen Ebene BT-Drs. 910/02, BT-Drs. 15/778 mit Stellungnahmen von Dünkel, 2003, S. 8 f.; Stolle/Brandt, 2004, S. 67 ff.; Wassermann, 2003, S. 327 f.; ferner BT-Drs. 16/512.
[131] Zur kriminalpolitischen Diskussion über Sicherheitsfragen bereits Laubenthal, 2004, S. 703 ff.

zentralen Normen über Vollzugsziele bzw. vollzugliche Aufgabenstellungen benannten Zwecke begrenzt.

3.3.1 Strafbemessung und Vollzugsaufgaben

176 Bei der Frage nach der Zulässigkeit einer Beachtung von Strafzwecken ist zwischen Statusentscheidungen und Gestaltungsentscheidungen zu differenzieren.[132]

Statusentscheidungen sind solche der Strafgerichte nach dem Strafgesetzbuch, durch die der Status des Straffälligen als Gefangener begründet oder aufgehoben wird. Dies betrifft einerseits das rechtskräftige Strafurteil des erkennenden Gerichts, welches erst die Grundlage für die Vollstreckung und den Vollzug einer Freiheitsstrafe darstellt. Auf der anderen Seite zählt hierzu die Aussetzung des Strafrests zur Bewährung gem. §§ 57, 57a StGB.

Gestaltungsentscheidungen werden während der Dauer des Vollzugs der Freiheitsstrafe getroffen, d.h. vom Strafantritt an bis zur Entlassung des Verurteilten aus der Institution. Es handelt sich um Maßnahmen der Vollzugsverwaltung zur Durchführung des Strafvollzugs sowie um solche Maßnahmen betreffende gerichtliche Entscheidungen.

177 Im Rahmen von **Statusentscheidungen** finden die allgemeinen Strafzwecke Berücksichtigung. Dies gilt vor allem für die Bemessung der Unrechtsreaktion. Zwar begnügt sich das Strafgesetzbuch insoweit mit einer begrenzt offenen Regelung[133], als im Anschluss an die Grundlagenformel des § 46 Abs. 1 S. 1 StGB („Die Schuld des Täters ist Grundlage für die Zumessung der Strafe.") mit § 46 Abs. 1 S. 2 StGB der (Re-)Sozialisierung und dem Bemühen um Vermeidung von Entsozialisierung durch die Strafe besondere Bedeutung zugewiesen werden. Weitere – einen Strafzweck betreffende – Vorgaben beinhalten §§ 47 Abs. 1, 56 Abs. 3, 59 Abs. 1 S. 1 Nr. 3 StGB, wonach der Gesichtspunkt der Verteidigung der Rechtsordnung bei der Sanktionswahl zu berücksichtigen ist.

Als legitim erachtet werden im deutschen Strafrecht nur **Schuldstrafen**, welche nicht Schuldausgleich nur um seiner selbst willen üben, sondern sich auch **zweckhaft** im Sinne eines notwendigen Mittels zur Erfüllung der **präventiven Schutzaufgaben** des Strafrechts erweisen.[134] Gefolgt wird damit den sog. Vereinigungstheorien, welche mit divergierenden Schwerpunkten Schuldausgleich und Prävention in ein ausgewogenes Verhältnis zueinander bringen.

178 Demgemäß bezeichnet das Bundesverfassungsgericht Schuldausgleich, Prävention, Resozialisierung des Täters, Sühne und Vergeltung für begangenes Unrecht als Aspekte einer angemessenen Strafsanktion, die gegeneinander abzuwägen und miteinander abzustimmen sind.[135] Mit **Verhängung** einer durch die Schuld des

---

[132] Siehe Calliess/Müller-Dietz, 2008, § 2 Rdn. 9.
[133] Ausführlich hierzu Streng, 2002, Rdn. 419 ff.
[134] BGHSt. 20, S. 42; siehe auch Jescheck/Weigend, 1996, S. 75 f.
[135] BVerfGE 28, S. 278; BVerfGE 45, S. 253 f.; BVerfGE 64, S. 271.

Täters begründeten und begrenzten Freiheitsstrafe sollen zugleich als zulässige Präventionsgesichtspunkte zum Tragen kommen:[136]
- **Positive Generalprävention** (Integrationsprävention): Erhaltung und Stärkung des Vertrauens der Bevölkerung in die Bestands- und Durchsetzungskraft der Rechtsordnung.
- **Negative Generalprävention**: Abschreckung anderer, die in Gefahr sind, ähnliche Straftaten zu begehen.
- **Positive Spezialprävention**: (Re-)Sozialisierung des einzelnen Straftäters.
- **Negative Spezialprävention**: Sicherung der Gesellschaft vor dem betreffenden Rechtsbrecher.

179 Geht es bei der Frage der Strafzumessung als Statusentscheidung um einen Schuldausgleich mit Berücksichtigung general- und spezialpräventiver Zwecke in dem dadurch vorgegebenen Rahmen, ist der **Vollzug der Freiheitsstrafe** dagegen auf die alleinigen Aufgabenstellungen der (Re-)Sozialisierung (positive Spezialprävention) sowie der Sicherung der Allgemeinheit vor weiteren Straftaten durch den einzelnen Straftäter (negative Spezialprävention) ausgerichtet. Andere Präventionsgesichtspunkte dürfen angesichts der eindeutigen gesetzgeberischen Entscheidungen in § 2 StVollzG, § 2 Abs. 1 JVollzGB I und § 1 JVollzGB III, Art. 2 BayStVollzG, § 2 HmbStVollzG, § 2 HStVollzG, § 5 NJVollzG bei vollzuglichen **Gestaltungsentscheidungen** keine Rolle spielen.

Erkennendes Strafgericht und Strafvollzug verfolgen mit der Freiheitsstrafe jeweils andere Zielsetzungen. Es besteht somit eine Inkongruenz[137] von materiellem Strafrecht und Vollzugsziel, d.h. das Ob und die Dauer einer Freiheitsstrafe hängen von Schuldausgleich und Präventionsaspekten (und damit nicht nur von der Behandlungsbedürftigkeit und -fähigkeit des Einzelnen) ab, während der Vollzug der Sanktion sich an der Erreichung der Zielvorgaben bzw. Aufgabenstellungen der Strafvollzugsgesetze orientiert.[138]

180 Die bei Statusentscheidungen relevanten allgemeinen Strafzwecke können allenfalls **mittelbar** vollzugliche Gestaltungsentscheidungen beeinflussen. Denn die Dauer des strafgerichtlich verhängten Freiheitsentzugs wirkt sich auf das Angebot von Behandlungsmaßnahmen für den einzelnen Gefangenen aus, welche auf die voraussichtliche Vollzugsdauer abzustimmen sind.[139] Zudem hat die Anstalt Ausbrüche und Entweichungen von Inhaftierten zu verhindern. Dies entspricht dem Wesen einer Freiheitsentziehung und kommt zudem in mehreren Normen der Strafvollzugsgesetze zum Ausdruck (z.B. § 11 Abs. 2 StVollzG, § 9 Abs. 1 JVollzGB III, Art. 13 Abs. 2 BayStVollzG, § 12 Abs. 1 S. 2 HmbStVollzG, § 13 Abs. 2 S. 1 HStVollzG, § 13 Abs. 2 NJVollzG). Fluchtverhinderung dient aber nicht allein dem Schutz der Allgemeinheit vor weiteren Straftaten durch Inhaftierte oder einer bloßen Bewahrung der örtlichen Voraussetzungen für eine Durchführung von vollzuglichen Sozialisationsmaßnahmen. Trotz der spezialpräventiven Binnenorientierung ist dem Strafvollzug mit seiner Verpflichtung zur Fluchtver-

---

[136] BVerfGE 45, S. 254 ff.; Streng, 2002, Rdn. 428 ff.
[137] Müller-Dietz, 1972, S. 125; dazu auch Böhm, 2003, S. 13 ff.
[138] Siehe auch BVerfGE 109, S. 176.
[139] Arloth, 1988, S. 424.

hinderung die Realisierung weiterer Strafzwecke inhärent.[140] Denn es geht letztlich auch um eine Stärkung des Vertrauens der Bevölkerung in die Durchsetzung der gesetzlich angedrohten Freiheitsstrafen.

3.3.2 Gestaltungswirkung der Schuldschwere?

181   Ist die Art der Durchführung des Strafvollzugs nach dem Willen der Gesetzgeber auf die Zielvorgabe der sozialen (Re-)Integration und die Sicherungsaufgabe beschränkt, dürfen über den Ausschluss weiter gehender allgemeiner Präventionsaspekte hinaus auch **Schuldschwereerwägungen bei Gestaltungsentscheidungen keine unmittelbare Rolle** spielen. In § 2 StVollzG, § 2 Abs. 1 JVollzGB I und § 1 JVollzGB III, Art. 2 BayStVollzG, § 2 HmbStVollzG, § 2 HStVollzG, § 5 NJVollzG sind die Kriterien für eine konkretisierende Ausfüllung von Beurteilungsspielräumen und eine Ermessensausübung insoweit erschöpfend normiert.[141]

Trotz dieser eindeutigen positivrechtlichen legislatorischen Vorgabe bereits in dem 1977 in Kraft getretenen Bundes-Strafvollzugsgesetzes fand in der Rechtsprechung der siebziger und achtziger Jahre des 20. Jahrhunderts eine Rechtsumbildung[142] dahin gehend statt, dass auch bei bestimmten vollzuglichen Gestaltungsentscheidungen die Gesichtspunkte des gerechten Schuldausgleichs und der Sühnefunktion der Strafe berücksichtigt werden durften. Hierdurch sollte es zu einer Harmonisierung der Strafzwecke des materiellen Strafrechts und des Vollzugsziels kommen. Diese Entwicklung stieß in der Literatur allerdings nur vereinzelt auf ein positives Echo.[143]

3.3.2.1 Einschränkung des Vollzugsziels durch Schuldschwereerwägungen

182   Einfallstor für eine „Korrektur" der Zielsetzung des Bundes-Strafvollzugsgesetzes durch Tatvergeltungs- und Präventionsaspekte waren für die Rechtsprechung jene wesentlichen Normen, welche dem modernen Behandlungsvollzug gemäß eine Öffnung der Institution ermöglichen und damit Gelegenheiten zu vermehrten Kontakten der Inhaftierten zur Gesellschaft schaffen sollen:

---

[140] Streng, 2002, Rdn. 198.
[141] Zu § 2 StVollzG: AK-Feest/Lesting, 2006, § 2 Rdn. 3; Bayer et al., 1987, S. 167 ff.; Calliess, 1992, S. 21; Calliess/Müller-Dietz, 2008, § 2 Rdn. 8 ff.; Kaiser/Schöch, 2002, S. 240 ff.; Laubenthal, 1987, S. 188 f.; ders., 2006, S. 608; Meier P., 1982, S. 202; Mitsch Chr., 1990, S. 145 ff.; Müller-Dietz, 1984, S. 353 ff.; Peters, 1978, S. 177; Schüler-Springorum, 1989, S. 262 ff.; Seebode, 1997b, S. 117 ff.; Wagner B., 1986, S. 640; Walter M., 1999, S. 86 ff.; siehe auch Funck, 1985, S. 137 ff.
[142] Peters, 1978, S. 180.
[143] Siehe Artloth, 1988, S. 403 ff.; ders., 2008, § 11 Rdn. 13, § 13 Rdn. 15; Dietl, 1988, S. 55 ff.; Grunau/Tiesler, 1982, § 13 Rdn. 14; Ullenbruch, in: Schwind/Böhm/Jehle/Laubenthal, 2009, § 13 Rdn. 43; begrenzend nur auf die lebenslange Freiheitsstrafe: Streng, 2002, Rdn. 197; allein bei Strafen von mehr als drei Jahren im ersten Strafdrittel hinsichtlich Verlegung in offenen Vollzug und Hafturlaub: Böhm, 2003, S. 33.

Die Entscheidungen der Anstaltsleitung über
- die Unterbringung in einer Anstalt oder Abteilung des offenen Vollzugs (§ 10 StVollzG),
- die Anordnung von Vollzugslockerungen (§ 11 StVollzG),
- die Gewährung von Urlaub aus der Haft (§ 13 StVollzG).

Ausgangspunkt der Entwicklung stellte eine Entscheidung des OLG Karlsruhe aus dem Jahr 1977 dar.[144]

> Ein zum damaligen Zeitpunkt fast 69 Jahre alter, wegen nationalsozialistischer Tötungsverbrechen in einer Vielzahl von Fällen zu lebenslanger Freiheitsstrafe Verurteilter hatte nach ununterbrochener Verbüßung von mehr als 16 Jahren Haft die Gewährung eines Hafturlaubs beantragt. Eine Flucht- oder Missbrauchsgefahr stand einer Beurlaubung nicht entgegen.
> Dennoch erachtete das OLG Karlsruhe eine Versagung der beantragten Vollzugslockerung für rechtsfehlerfrei. Das Gericht hielt es für zulässig, im Rahmen des den Strafvollzugsbehörden zustehenden Ermessens auch den hohen Unrechtsgehalt der begangenen Straftaten und damit die sich hieraus ergebende Schwere der Schuld zu berücksichtigen. Die Definition des Vollzugsziels unter dem Gedanken der Resozialisierung bedeute nicht, „dass die weiteren zu der Resozialisierung im Sinne einer positiven Spezialprävention hinzutretenden Zwecke, die mit der Verhängung der Freiheitsstrafe verfolgt werden, mit dem Beginn des Vollzuges wegfielen und damit zwischen der Verhängung der Strafe und ihrem Vollzug in dem Sinne ein Bruch bestünde, dass die Verhängung und Bemessung der Strafe anderen Zwecken dienen würde als ihr Vollzug." Bei Maßnahmen mit Außenwirkung wie dem Hafturlaub „wird der Gedanke, dass Strafe auch Sühne für begangenes Unrecht sein und dem gerechten Schuldausgleich dienen soll, stärker in den Vordergrund treten."

Das OLG Karlsruhe begann damit, die explizit zukunftsgerichtete vollzugliche Zweckbeschreibung der Befähigung zu einem zukünftigen Leben in sozialer Verantwortung ohne Straftaten durch das nur retrospektiv erfassbare Kriterium der Schuldschwere zu überlagern. Dem folgten weitere Oberlandesgerichte[145] in vergleichbaren Fällen, welche zunächst nur die eng begrenzte Tätergruppe der wegen nationalsozialistischer Gewaltverbrechen zur Lebenszeitstrafe Verurteilten betrafen. Den Anwendungsbereich einer Berücksichtigung von Schuldschwerekriterien bei vollzuglichen Entscheidungen dehnte die Rechtsprechung aber schon bald auf alle mit **lebenslanger Freiheitsstrafe** Sanktionierten aus.[146]

Gefördert wurde diese Entwicklung zunächst noch durch das Bundesverfassungsgericht[147], welches Beschlüsse des OLG Frankfurt[148] für verfassungswidrig

---

[144] OLG Karlsruhe, JR 1978, S. 213.
[145] OLG Frankfurt, NJW 1979, S. 1173; OLG Nürnberg, ZfStrVo 1980, S. 122; OLG Frankfurt, NStZ 1981, S. 157; OLG Hamm, NStZ 1981, S. 495.
[146] OLG Nürnberg, ZfStrVo 1984, S. 114; OLG Stuttgart, NStZ 1984, S. 525; OLG Karlsruhe, NStZ 1989, S. 247.
[147] BVerfGE 64, S. 261 ff. (m. abw. Meinung Mahrenholz).
[148] OLG Frankfurt, NStZ 1981, S. 117.

erklärte, weil dieses ausschließlich aus Schuldschwereerwägungen Lebenszeitgefangenen die Gewährung von Hafturlaub versagt hatte. Darüber hinaus konstatierte das BVerfG:

> „Es ist von Verfassungs wegen nicht zu beanstanden, wenn die Justizvollzugsanstalt bei der Entscheidung über die Gewährung von Urlaub aus der Haft für einen zu lebenslanger Freiheitsstrafe verurteilten Gefangenen auch die besondere Schwere der Tatschuld berücksichtigt."

185 Das BVerfG begründete damit aber **keinerlei Verpflichtung** der Vollzugsbehörde, bei Entscheidungen die Schuldschwere als ein Abwägungskriterium zu berücksichtigen. Das Gericht stützte sich damals in seiner Begründung u.a. auf die Vorschrift des § 13 Abs. 3 StVollzG, wonach ein zu lebenslanger Freiheitsstrafe Verurteilter (der sich noch nicht im offenen Vollzug befindet) erst beurlaubt werden kann, wenn er sich zehn Jahre im Vollzug aufhält. Gerade diese Zehn-Jahres-Frist weist nach damaliger Ansicht des Verfassungsgerichts auf das Hineinwirken auch anderer Aspekte als der mit § 2 StVollzG benannten in den Strafvollzug hin. § 13 Abs. 3 StVollzG bringe zum Ausdruck, dass unter den Gesichtspunkten von Schuldausgleich und Sühne für geraume Zeit ein ununterbrochener Strafvollzug notwendig sei.[149]

Eine Bestimmung des Vollzugs der lebenslangen Freiheitsstrafe durch die Schwere der Tatschuld wurde zudem von Instanzgerichten[150] aus § 57a Abs. 1 S. 1 Nr. 2 StGB hergeleitet. Danach ist ausnahmsweise der Rest einer Lebenszeitstrafe nicht zur Bewährung auszusetzen, wenn die besondere Schwere der Schuld des Verurteilten die weitere Vollstreckung gebietet.

Blieb die Beschränkung des Vollzugsziels durch Schuldschwereerwägungen zunächst auf Lebenszeitinhaftierte begrenzt, erfolgte in den achtziger Jahren des 20. Jahrhunderts eine Ausdehnung auf die **zeitige Freiheitsstrafe**.[151] Selbst Lockerungsentscheidungen im Vollzug der **Jugendstrafe** waren schließlich von dieser Rechtsprechung betroffen.[152] Ihr schlossen sich auch einige Landesjustizverwaltungen an, indem sie durch Allgemeinverfügungen die Berücksichtigung der Schuldschwere bei der Gewährung von Lockerungen im Vollzug lebenslangen und zeitigen Freiheitsentzugs für erforderlich erachteten.[153]

186 In der Rechtsprechung waren dann jedoch Tendenzen hin zu einer **Abkehr** von der Zulässigkeit einer unmittelbaren Berücksichtigung allgemeiner Strafzwecke bei vollzuglichen Gestaltungsentscheidungen unübersehbar. So führte das OLG Frankfurt in einem Beschluss vom 16.10.2001[154] aus, dass mit dem Hinweis auf die Verteidigung der Rechtsordnung und die Schwere der Schuld ein Antrag auf Hafturlaub oder Ausgang nicht abgelehnt werden dürfe, weil in § 2 S. 1 StVollzG

---

[149] BVerfGE 64, S. 274 f.
[150] So z.B. OLG Stuttgart, NStZ 1984, S. 429 f.
[151] OLG Frankfurt, NStZ 1983, S. 140; OLG Nürnberg, NStZ 1984, S. 92.
[152] OLG Stuttgart, NStZ 1987, S. 430.
[153] Siehe z.B. AV 4511-VI/6 Justizministerium Baden-Württemberg vom 5.2.1985, in: Die Justiz 1985, S. 118.
[154] OLG Frankfurt, NStZ 2002, S. 53 ff.

die allgemeinen Strafzwecke auf das Vollzugsziel der Resozialisierung beschränkt worden seien.[155] Dabei ließ das Gericht allerdings offen, ob zumindest für extreme Ausnahmefälle (z.B. für im Auschwitz-Prozess abgeurteilte vielfache Mordtaten) eine Berücksichtigung bei vollzuglichen Entscheidungen zulässig bleiben sollte.

Das **Bundesverfassungsgericht** geht in seinem Urteil vom 5.2.2004[156] zu Dauer und Ausgestaltung der Sicherungsverwahrung auf den nicht nach repressiven, Schuld ausgleichenden Aspekten ausgestalteten Vollzug dieser Maßregel der Besserung und Sicherung ein. In diesem Zusammenhang konstatiert das BVerfG, dass auch der Vollzug der Freiheitsstrafe nicht unter solchen Gesichtspunkten durchgeführt wird:

187

„Während die Schuld des Täters die Verhängung und Bemessung der Freiheitsstrafe bestimmt, hat der Gesetzgeber davon abgesehen, die Schwere der Tatschuld, den Schuldausgleich, die Sühne oder die Verteidigung der Rechtsordnung zu gesetzlichen Kriterien für den Vollzug der Freiheitsstrafe zu erheben (vgl. BT-Drs. 7/3998, S. 6). Gemäß § 2 StVollzG dient der Vollzug ausschließlich der Resozialisierung (§ 2 S. 1 StVollzG) sowie dem Schutz der Allgemeinheit vor weiteren Straftaten (§ 2 S. 2 StVollzG). Mithin besteht nach den gesetzlichen Bestimmungen keine Kongruenz zwischen materiellem Strafrecht und Strafvollzug: Das materielle Strafrecht koppelt zwar die Entscheidung über den Status des Strafgefangenen an seine Schuld, gestaltet den Vollzug der Gefangenschaft aber schuldunabhängig aus.

Gesichtspunkte der Vergeltung des Schuldausgleichs haben auf die Ausgestaltung des Vollzugs keinen Einfluss. Eine andere Praxis verstieße nicht nur gegen § 2 StVollzG, sondern auch gegen die im Strafgesetzbuch normierte Konzeption der Einheitsstrafe. Der Gesetzgeber hat die nach dem Vergeltungsprinzip abgestuften, durch unterschiedliche Schwere der Vollzugsbedingungen charakterisierten Haftarten Einschließung, Haft, Gefängnis und Zuchthaus abgeschafft. Demzufolge finden Unrechtsgehalt der Tat und Schwere der Schuld nur in der Dauer der Freiheitsstrafe Ausdruck. Nachdem der Richter über diese Dauer entschieden hat, ist es der Vollzugsbehörde verwehrt, bei Ausgestaltung des Vollzugs eine nachträgliche vollzugseigene Strafzumessung zu betreiben."[157]

3.3.2.2 Rechtsanwendung *contra legem*

Eine Korrektur des Vollzugsziels durch Einbeziehung der Schwere der Tatschuld bei Gestaltungsentscheidungen der Vollzugsbehörde steht im Gegensatz zum eindeutig erklärten Willen des Gesetzgebers.

188

Schon der Hinweis, die spezielle Regelung von **§ 13 Abs. 3 u. 4 StVollzG** bringe die besondere Schuld des zur Lebenszeitstrafe Verurteilten zum Ausdruck und erfordere tatschuldbedingt einen zunächst ununterbrochenen Strafvollzug, findet im Gesetzgebungsverfahren keine Stütze.

Zweck des § 13 Abs. 3 StVollzG ist es vor allem, eine in der Schwere der Straftat zum Ausdruck gekommene Gefährlichkeit unter den Merkmalen der Entweichungs- und Missbrauchsgefahr berücksichtigen zu können. Dabei soll die Zehn-Jahres-Frist den Vollzugsbehörden ermöglichen, sich von nicht genehmigungsfä-

---

[155] Krit. hierzu Arloth, 2002, S. 280.
[156] BVerfGE 109, S. 133 ff.
[157] BVerfGE 109, S. 176 f.

higen Urlaubsanträgen Lebenszeitgefangener aus dem geschlossenen Vollzug zu entlasten.[158] Intention des Bundesgesetzgebers war somit eine **Konkretisierung der vollzuglichen Sicherungsaufgabe**, nicht aber die Schaffung einer Legitimation für weitere, gesetzlich nicht normierte Vollzugszwecke. Dass es bei der Zehn-Jahres-Frist des § 13 Abs. 3 StVollzG allein um eine Verfahrenserleichterung für die Vollzugspraxis unter dem Gesichtspunkt der Fluchtgefahr geht, verdeutlicht auch die in dieser Norm enthaltene Regelung, dass der zur Lebenszeitstrafe Verurteilte bereits vor Ablauf von zehn Jahren beurlaubt werden kann, wenn er in den offenen Vollzug überwiesen ist. Mit der Entscheidung über eine solche Verlegung wird die Frage der Entweichungsgefahr verneint, so dass es keiner Einhaltung der Zehn-Jahres-Frist mehr bedarf.

§ 13 Abs. 3 und 4 StVollzG vergleichbare Regelungen enthalten in den **Landes-Strafvollzugsgesetzen** § 9 Abs. 3 S. 2 JVollzGB III, Art. 14 Abs. 3 BayStVollzG und § 13 Abs. 4 NJVollzG für zu lebenslanger Freiheitsstrafe Verurteilte, die sich regelmäßig bereits zwölf Jahre (Bayern) bzw. zehn Jahre (Baden-Württemberg, Niedersachsen) im Vollzug befunden haben müssen. Eine Freistellung von der Haft gem. § 12 Abs. 1 Nr. 2 HmbStVollzG erfordert in Hamburg auch bei Langstrafigen in der Regel keine Mindestvollzugsdauer. In Hessen soll eine Freistellung von der Haft nach § 13 Abs. 3 Nr. 4 HStVollzG in der Regel gem. § 13 Abs. 6 HStVollzG nicht gewährt werden, wenn weniger als zehn Jahre einer lebenslangen Freiheitsstrafe verbüßt sind.

189 Der **Bundesgesetzgeber** hat in der zweiten Hälfte der achtziger Jahre des 20. Jahrhunderts ausdrücklich darauf **verzichtet**, die über die soziale (Re-)Integration hinausgehenden Strafzwecke der Schwere der Tatschuld, des Schuldausgleichs, der Sühne sowie der Verteidigung der Rechtsordnung zu gesetzlichen Kriterien für vollzugliche Gestaltungsentscheidungen zu erheben. Er hat damit noch nach Inkrafttreten des Strafvollzugsgesetzes klargestellt, dass an der durch § 2 StVollzG normierten Zweckbegrenzung festzuhalten ist.

> Infolge der geschilderten Rechtsumbildung durch Rechtsprechung und Vollzugspraxis kam es zu kriminalpolitischen Initiativen, die Interpretation des Strafvollzugsgesetzes contra legem zu legalisieren. Einige Bundesländer strebten an, die Zielpluralität sämtlicher Strafzwecke im Strafvollzugsgesetz zu verankern und damit die gesamte Vollzugsgestaltung auch am Tatschuldgedanken zu orientieren. Demgemäß sollten die §§ 2, 3, 10, 11 und 13 StVollzG mit entsprechenden Restriktionen versehen werden.[159] Solche Änderungsvorschläge beriet die 58. Konferenz der Justizminister und -senatoren von 1987 und ließ diese ausdrücklich fallen.[160] Demgemäß sah dann auch ein am 23.8.1988 vom Bundesrat beschlossener Entwurf eines Gesetzes zur Änderung des Strafvollzugsgesetzes keine Berücksichtigung von allgemeinen Strafzwecken im Vollzug mehr vor.[161]

---

[158] RE StVollzG, BT-Drs. 7/918, S. 53.
[159] Vgl. Strafvollzugsausschuss der Länder, Protokolle der Sitzungen v. 9.–12.2.1987 und v. 4.–8.5.1987; dazu auch Calliess, 1987, S. 341 ff.; Wagner G., Wo Heuchelei und Willkür drohen, in: DIE ZEIT Nr. 23/1987, S. 65.
[160] Vgl. Konferenz der Justizminister und -senatoren, Beschlussprotokoll v. 4.6.1987.
[161] BR-Drs. 270/88; BT-Drs. 11/3694.

Eine Bestimmung des Vollzugs gerade der lebenslangen Freiheitsstrafe durch **190** das Schuldschwerekriterium lässt sich auch nicht aus der Ausnahmeregelung in § 57a StGB herleiten. Zwar kann gem. **§ 57a Abs. 1 S. 1 Nr. 2 StGB** dem Lebenszeitgefangenen eine Strafrestaussetzung zur Bewährung wegen der besonderen Schwere der Tatschuld versagt werden. Der Schuldbegriff dieser Norm knüpft jedoch an die **Strafzumessungsschuld** des § 46 Abs. 1 StGB an[162], da die Verhängung lebenslanger Freiheitsstrafe bei Mord auf einem unterschiedlichen Maß an Schuld beruhen kann.

Das Gericht verurteilt entsprechend der absoluten Strafdrohung des § 211 Abs. 1 StGB den Täter mit Überschreiten jener Schwelle zur Lebenszeitstrafe, ab der die Umstände nicht mehr als außergewöhnlich gewertet werden können. Die tatrichterliche Strafzumessung bringt damit die Schuld des Einzelnen zunächst nur insoweit zum Ausdruck, als seine Tat als „gewöhnlicher" Mord das von § 211 Abs. 1 StGB vorausgesetzte Schuldquantum zumindest gerade erfüllt. Das Überschreiten der unteren Grenze des § 211 Abs. 1 StGB findet keine Differenzierung im Strafmaß. Der Gesetzgeber ließ sich deshalb bei der Regelung des § 57a Abs. 1 S. 1 Nr. 2 StGB von der Erwägung leiten, „dass das Maß der Schuld, das die Grundlage der Verhängung der lebenslangen Freiheitsstrafe gebildet hat, unterschiedlich hoch ist und in dem Strafausspruch keinen Ausdruck gefunden hat."[163] Hinsichtlich Motivation, Art der Begehung und Anzahl der Opfer lässt sich die Schuld individuell quantifizieren.[164] Trotz der unterschiedlichen Schuldschwere hat jedoch der Konflikttäter ebenso eine Lebenszeitstrafe zu verbüßen wie der Affekttäter, der sexuell bzw. sadistisch motivierte Mörder oder der wegen Massenmorden Verurteilte. Mangels Steigerungsfähigkeit der für alle Morddelikte verhängten gleichartigen Sanktionsform soll die Schuldschwereklausel des § 57a Abs. 1 S. 1 Nr. 2 StGB für die – eine gleichförmige Entlassungsautomatik ausschließende – Differenzierung sorgen.

Bei der Entscheidung über eine **Aussetzung des Strafrests zur Bewährung** handelt es sich aber um keine vollzugliche Gestaltungsentscheidung, sondern vielmehr um eine **Statusentscheidung**, denn durch diese kommt es – auf Bewährung – zu einer Aufhebung des Status als Strafgefangener.[165] Dies wird auch dadurch deutlich, dass schon das erkennende Schwurgericht unter dem Gesichtspunkt ihrer besonderen Schwere i.S.d. § 57a Abs. 1 S. 1 Nr. 2 StGB die Schuld des Täters zu gewichten hat.[166] Auf diese Weise soll das für das Schuldurteil zuständige Tatgericht dem Vollstreckungsgericht eine Beurteilungsgrundlage für die spätere Aussetzung der lebenslangen Freiheitsstrafe bieten.[167]

---

[162] Fischer, 2011, § 57a Rdn. 11.
[163] BT-Drs. 8/3218, S. 7.
[164] Müller-Dietz, 1985a, S. 266.
[165] Calliess/Müller-Dietz, 2008, § 2 Rdn. 9.
[166] BVerfGE 86, S. 288 ff.
[167] Dazu Grünwald, 1997, S. 170 ff.; krit. Meurer, 1992, S. 411 ff.

3.3.2.3 Schuldverarbeitung kein notwendiger Bedingungsfaktor der Vollzugszielerreichung

191 Auch der (Re-)Sozialisierungsbegriff von § 2 S. 1 StVollzG, § 1 JVollzGB III, Art. 2 S. 2 BayStVollzG, § 2 S. 1 HmbStVollzG, § 2 S. 1 HStVollzG, § 5 S. 1 NJVollzG selbst lässt sich nicht mit Schuldmerkmalen anreichern. Die Schuldverarbeitung durch den Inhaftierten stellt keine notwendige innere Voraussetzung für eine gelungene soziale Reintegration im Sinne des Vollzugsziels dar.[168] Denn die Gründe für ein straffreies Leben nach der Entlassung aus dem Strafvollzug können ebenso multifaktorieller Natur sein wie die Ursachen für kriminelles Verhalten.[169] Deshalb bedarf es keiner Ausübung eines Leidensdrucks durch außergewöhnlich repressive Vollzugsgestaltung bei besonderer Schuldschwere, um den Gefangenen zu motivieren, sich mit seiner Tatschuld aktiv auseinander zu setzen.

Schuldverarbeitung vermag andererseits jedoch einen wichtigen Beitrag zu erfolgreicher Sozialisation des Verurteilten zu leisten.[170]

Von Definitionsversuchen im Rahmen theologischer und psychologischer Darlegungen der Mechanismen zur Schuldüberwindung abgesehen, bedeutet – je nach Intention und Betrachtungsweise – Schuldverarbeitung Einsicht in den Regelverstoß sozialen Zusammenlebens, Lösung des psychischen Täterkonflikts oder sogar Schuldausgleich durch praktisches Handeln.[171] Sie kann sich in einem „Selbstreinigungsprozess" manifestieren, in welchem der Straftäter versucht, eine innere Wandlung durch ethisch wertvolle Leistungen nach außen hin sichtbar zu machen und damit der Umwelt Bereitschaft signalisiert, künftig deren Konformitätsanforderungen zu erfüllen, von denen die Wiederaufnahme in die Gemeinschaft der Rechtstreuen abhängt.[172]

192 Erkennt der Verurteilte die Schuld seiner Tat, gelangt er zu einer von ihm als belastend empfundenen Einsicht. Die Suche nach einer aktiven Auseinandersetzung mit dieser persönlichen Schuld ist geeignet, von der Gewissenslast zu befreien. Bleibt Motivationsgrundlage dieser Form von Schuldverarbeitung ausschließlich jener durch die Beschäftigung mit der eigenen Tatschuld verursachte Leidensdruck, handelt es sich hierbei um den sog. **primären Leidensdruck**. Ein solches Empfinden persönlicher Schuld kann gerade eine Öffnung des Gefangenen für die Behandlungsangebote des Strafvollzugs bewirken.[173] Schuldeinsicht und -verarbeitung erhöhen damit die Chancen für eine erfolgreiche soziale Reintegration ohne weitere Normbrüche.[174]

---

[168] Anders aber OLG Karlsruhe, JR 1978, S. 213 ff.; OLG Nürnberg, ZfStrVo 1984, S. 116 ff.; OLG Bamberg, StrVert 1990, S. 27.
[169] Müller-Dietz, 1990, S. 31.
[170] Arloth, 1988, S. 415; Müller-Dietz, 1984, S. 537; siehe auch eingehend Mitsch Chr., 1990, S. 119 ff.
[171] Bayer et al., 1987, S. 169 ff.; Hinrichs, 1994, S. 95 ff.; Müller-Dietz, 1985, S. 152.
[172] Müller-Dietz, 1985, S. 152.
[173] Müller-Dietz, 1985, S. 154 m. w. Nachw.
[174] Bemmann, 1988, S. 551.

Schließen sich (Re-)Sozialisierung und Schuldverarbeitung einerseits nicht generell aus, vermag die Beschäftigung des Verurteilten mit seiner Schuld aber andererseits nicht zu einem notwendigen Bedingungsfaktor für die Vollzugszielerreichung erhoben zu werden. Denn auch derjenige Täter muss nach Verbüßung seiner Freiheitsstrafe in die Freiheit entlassen werden, der weder Sühnebereitschaft noch Schuldeinsicht gezeigt hat. Bei der Schuldverarbeitung handelt es sich zudem um eine **freiwillige sittliche Leistung**, die nicht durch Zwang herbeigeführt werden darf.[175] Es stellt jedoch einen Aspekt vollzuglicher Behandlung dar, im Verurteilten das Bewusstsein der persönlichen Schuld zu wecken und damit einen Prozess einzuleiten, der geeignet ist, die Voraussetzungen für ein künftiges straffreies Leben zu schaffen.

Der bereuende und sühnende Strafgefangene im Sinne einer positiv-aktiven Auseinandersetzung mit der Tat und ihren Folgen ist jedoch als Idealtypus im Strafvollzug nur selten anzutreffen – wobei sich die Frage stellt, an welchen Verhaltensweisen man überhaupt einen Einsichtigen zu erkennen glaubt („Muss der Verurteilte bescheiden, in sich gekehrt, zurückhaltend auftreten?"[176]). Vor allem Langstrafige mit schweren Straftaten versuchen zunächst, ihr Selbstwertgefühl durch die Autosuggestion einer unschuldig oder ungerecht erfolgten Verurteilung zu bewahren. So kommt es häufig zu einer Schuldverarbeitung mittels Neutralisierungsmechanismen[177] als Methoden einer Adaptation an die totale Institution. Schulderleben, Schuldeinsicht und Reue sind Vorgänge des innerpsychischen Erlebens, die einer direkten Beobachtung weitgehend unzugänglich bleiben.[178] Nach außen hin demonstrierte Tatschuldbewältigung kann im Einzelfall auch nicht auf einem innerpsychischen Prozess beruhen, sondern eine bloße Methode des Verurteilten sein, vorgegebene Bedingungen zur Erreichung von Vollzugslockerungen oder vorzeitiger Entlassung zur Bewährung zu erfüllen.

Ist Schuldverarbeitung kein notwendiger Bestandteil der Vollzugszielerreichung, darf Einsicht in die eigene Schuld nicht durch Versagung an sich gebotener Behandlungsmaßnahmen hervorgerufen bzw. gefördert werden. Ein Nichtgewähren von Vollzugslockerungen könnte zwar zu verstärktem **sekundären Leidensdruck** führen und dadurch primären Leidensdruck wecken – den Gefangenen somit zu aktiver Schuldverarbeitung motivieren. Insoweit fehlt es allerdings schon an empirischen Belegen für einen kausalen Zusammenhang; auch ist nicht auszuschließen, dass vermehrter sekundärer Leidensdruck kontraproduktiv wirkt[179]: Der Gefangene mag das Versagen einer Vollzugslockerung aus Schuldschwereerwägungen als ein bloßes zusätzliches Strafübel empfinden, das er passiv zu erdulden hat.

---

[175] Peters, 1978, S. 180.
[176] Müller-Dietz, 1990, S. 31.
[177] Sykes/Matza, 1968, S. 360 ff.
[178] Bayer et al., 1987, S. 170.
[179] Müller-Dietz, 1985, S. 158.

3.3.2.4 Reflexwirkung der Schuldschwere

195 Die Schwere der Tatschuld darf infolge der – die allgemeinen Strafzwecke beschränkenden – abschließenden Regelungen von Zielsetzungen bzw. Aufgabenstellungen in den Strafvollzugsgesetzen bei vollzuglichen Gestaltungsentscheidungen **keine unmittelbare Rolle** spielen. Bei einer Unterbringung im offenen Vollzug, der Gewährung von Vollzugslockerungen im engeren Sinne sowie von Hafturlaub finden Aspekte der Schuldschwere weder auf der Tatbestandsseite noch auf der Rechtsfolgenseite der jeweiligen Norm eine Berücksichtigung, sie fließen vor allem nicht in die Ermessensentscheidungen der Anstaltsleitung ein.

Auf der Tatbestandsebene können Schuldschwerekriterien jedoch **mittelbar** vollzugliche Gestaltungsentscheidungen beeinflussen. Die allgemeinen Strafzwecke haben **Reflexwirkung** auf den Strafvollzug. Sie sind als Faktoren der Strafzumessung durch das erkennende Gericht in dessen Bestimmung über die Länge der zu verbüßenden Freiheitsstrafe eingeflossen. Diese Statusentscheidung vermag im Einzelfall auf die Prüfung einer Flucht- und Missbrauchsgefahr Einfluss zu nehmen. Denn je weiter entfernt sein Entlassungszeitpunkt liegt, umso größer wird für einen Inhaftierten die Versuchung sein, sich ihm bietende Entweichungsmöglichkeiten zu nutzen, wie sie bei Vollzugslockerungen in verstärktem Maß vorhanden sind. Liegt das Haftende noch in weiter Ferne, kann diesem Kriterium also eine wesentliche Bedeutung für die Beurteilung der Fluchtgefahr zukommen. Die Schwere der Tatschuld wird dann zu einem von mehreren Umständen, die die Vollzugsbehörde bei ihren Erwägungen zu bedenken hat.[180]

Eine Reflexwirkung der Schuldschwere zeigt sich besonders deutlich bei dem zu lebenslanger Freiheitsstrafe Verurteilten, dessen Entlassung nach § 57a Abs. 1 S. 1 Nr. 2 StGB wegen besonderer Schwere der Schuld versagt werden kann. Ist im Ausnahmefall – gestützt auf diese Norm – eine Strafrestaussetzung zur Bewährung als Statusentscheidung nicht zu erwarten, kann das Schuldschwerekriterium bei den vollzuglichen Gestaltungsentscheidungen über Lockerungen mittelbare Berücksichtigung finden, um eine sinnvolle Vollzugsplanung und -realisierung zu ermöglichen. Das bedeutet aber nicht, dass allein unter Hinweis auf die besondere Schwere der Schuld eine Vollzugslockerung versagt werden darf.

3.4 Grundsätze der Vollzugsgestaltung

196 Das Vollzugsziel der Befähigung des Gefangenen zu einem sozial verantwortlichen Leben ohne Straftaten wird durch Grundsätze für die Gestaltung des Strafvollzugs konkretisiert. In § 3 StVollzG, § 2 Abs. 2 bis 4 JVollzGB III, Art. 5 BayStVollzG, § 3 Abs. 1 HmbStVollzG, § 3 Abs. 1 bis 3 HStVollzG, § 2 NJVollzG sind als Mindestanforderungen[181] festgelegt:

---

[180] OLG Frankfurt, NStZ 1983, S. 94; Laubenthal, 2008, S. 70 f.; Mitsch Chr., 1990, S. 77.
[181] Calliess/Müller-Dietz, 2008, § 3 Rdn. 1; Seebode, 1997b, S. 133.

- der Angleichungsgrundsatz,
- der Gegensteuerungsgrundsatz,
- der Integrationsgrundsatz.

Diese Gestaltungsprinzipien verpflichten die Vollzugsbehörden, das „absurde System"[182] Strafvollzug, in dem Sozialisation weitgehend in Unfreiheit gelingen soll, in struktureller und interkommunikativer Hinsicht an menschenwürdige Lebensverhältnisse anzugleichen und dies zielorientiert zu realisieren. Zugleich ist auf der kompensatorischen Ebene schädlichen Auswirkungen des Freiheitsentzugs entgegenzuwirken. Denn mit der Eingliederung in das soziale Gebilde Strafanstalt wird der Gefangene einer totalen Institution ausgeliefert. Diese setzt den Einzelnen vielschichtigen Entsagungssituationen aus, zu denen er Anpassungsstrategien entwickeln muss.

Eine **totale Institution** wie die Justizvollzugsanstalt kennzeichnen nach Goffman[183] folgende zentrale Merkmale:

1. Alle Angelegenheiten des Lebens finden an ein und derselben Stelle unter ein und derselben Autorität statt.
2. Die Mitglieder der Institution führen sämtliche Phasen ihrer täglichen Arbeit in unmittelbarer Gesellschaft einer großen Gruppe von Schicksalsgenossen aus, wobei allen die gleiche Behandlung zuteil wird und alle die gleiche Tätigkeit gemeinsam verrichten müssen.
3. Alle Phasen des Arbeitstages sind exakt geplant, eine geht zu einem vorher bestimmten Zeitpunkt in die nächste über, und die ganze Abfolge der Tätigkeiten wird von oben durch ein System expliziter Regeln und durch einen Stab von Funktionären vorgeschrieben.
4. Die verschiedenen erzwungenen Tätigkeiten werden in einem einzigen rationalen Plan vereinigt, der angeblich dazu dient, die offiziellen Ziele der Institution zu erreichen.

Die allgemeinen Gestaltungsgrundsätze von § 3 StVollzG, § 2 Abs. 2 bis 4 JVollzGB III, Art. 5 BayStVollzG, § 3 Abs. 1 HmbStVollzG, § 3 Abs. 1 bis 3 HStVollzG, § 2 NJVollzG richten sich vor allem an die Vollzugsbehörden. Der einzelne Gefangene selbst vermag daraus **keine unmittelbaren Rechte** herzuleiten.[184] Bedeutung erlangen die Prinzipien allerdings für die Auslegung unbestimmter Rechtsbegriffe sowie für den Ermessensgebrauch.[185] Bei der Anwendung von Einzelbestimmungen des Strafvollzugsgesetzes sind gerade die Zielsetzungen bzw. Aufgaben des Strafvollzugs sowie deren Konkretisierung durch die Gestaltungsgrundsätze zu berücksichtigen.

3.4.1 Angleichung an die allgemeinen Lebensverhältnisse

Die Vorbereitung des Inhaftierten auf eine sozial verantwortliche Lebensführung ohne weitere Straftaten erfordert eine Gestaltung der Verhältnisse in der Justiz-

---

[182] Wagner G., 1985.
[183] Goffman, 1981, S. 17.
[184] AK-Feest/Lesting, 2006, § 3 Rdn. 26; Kaiser/Schöch, 2002, S. 247 (zu § 2 StVollzG).
[185] Arloth, 2008, § 3 Rdn. 1; Calliess/Müller-Dietz, 2008, § 3 Rd. 2.

vollzugsanstalt, welche von den Lebensbedingungen in der freien Gesellschaft möglichst wenig abweicht. Der **Angleichungsgrundsatz** gem. § 3 Abs. 1 StVollzG, § 2 Abs. 2 JVollzGB III, Art. 5 Abs. 1 BayStVollzG, § 3 Abs. 1 S. 1 HmbStVollzG, § 3 Abs. 1 HStVollzG, § 2 Abs. 1 NJVollzG verpflichtet deshalb die Vollzugsbehörden, „Besonderheiten des Anstaltslebens, die den Gefangenen lebensuntüchtig machen können, möglichst zurückzudrängen, so dass der Unterschied zwischen dem Leben in der Anstalt und dem Leben draußen nicht stärker als unvermeidbar ist."[186]

Während sich der Einzelne in Freiheit den verschiedensten Gesellungsformen anschließt, diese wieder verlässt oder ihnen ganz fernbleibt, befindet sich der Gefangene fremdbestimmt in einem künstlichen sozialen Gebilde zusammen mit anderen Personen, deren Gemeinsamkeiten im Wesentlichen das gleiche Geschlecht und die Begehung einer oder mehrerer Straftaten sind, auf die mit Freiheitsentzug reagiert wurde. In einer totalen Institution, die mit den allgemeinen Lebensverhältnissen wenig gemein hat, kommt es ferner zur Überreglementierung des Alltags. Soll der Inhaftierte jedoch den gesetzlichen Vorgaben gemäß in der Unfreiheit soziale Kompetenz und Selbstverantwortung erlernen, bedarf es der **Reduzierung lebensfremder Restriktionen**, die einer Erreichung des (Re-)Sozialisationsziels entgegenstehen können.

Das Angleichungsprinzip von § 3 Abs. 1 StVollzG, § 2 Abs. 2 JVollzGB III, Art. 5 Abs. 1 BayStVollzG, § 3 Abs. 1 S. 1 HmbStVollzG, § 3 Abs. 1 HStVollzG, § 2 Abs. 1 NJVollzG bleibt allerdings insoweit unklar, als es an sicher bestimmbaren Vergleichsgrößen fehlt. Die Lebensverhältnisse außerhalb der Vollzugsanstalt divergieren zu sehr, als dass sie feste Maßstäbe für die Vollzugsgestaltung bieten könnten. Eine Angleichung an eine bestimmte Vorstellung von Lebensbedingungen birgt zudem die Gefahr einer Zwangsnivellierung, was wiederum den unterschiedlichen Gegebenheiten in der freien Gesellschaft widersprechen würde.

198 Der Angleichungsgrundsatz kann daher nicht als eine Verpflichtung zur Anpassung des Strafvollzugs an eine letztlich nicht vorhandene Vergleichsgröße interpretiert werden. Vielmehr bringt dieser zum Ausdruck[187],
- dass die Lebensbedingungen im Strafvollzug der **Menschenwürde** des Verurteilten entsprechen und mit den allgemein anerkannten gesellschaftlichen Normen vergleichbar sind;
- dass die **Unterschiede** zwischen dem Leben im Vollzug und dem in der freien Gesellschaft, welche die Selbstachtung sowie die Eigenverantwortlichkeit des Inhaftierten beeinträchtigen können, **auf ein Mindestmaß reduziert** werden.

In Baden-Württemberg wird der erste Aspekt des Angleichungsprinzips als eigener Behandlungsgrundsatz mit § 2 Abs. 1 JVollzGB I hervorgehoben. Danach sind die Gefangenen unter Achtung ihrer Grund- und Menschenrechte zu behandeln und es darf niemand einer unmenschlichen oder erniedrigenden Behandlung unterworfen werden.

---

[186] BT-Drs. 7/918, S. 46 (zu § 2 StVollzG); eingehend zum Angleichungsgrundsatz Bemmann, 1987, S. 1047 ff.; Lesting, 1988.
[187] Siehe auch AK-Feest/Lesting, 2006, § 3 Rdn. 7; weiter gehend Köhne, 2003, S. 250 ff.

Die Angleichung an die allgemeinen Lebensverhältnisse soll nach § 3 Abs. 1 StVollzG, § 3 Abs. 2 JVollzGB III, Art. 5 Abs. 1 BayStVollzG, § 3 Abs. 1 S. 1 HmbStVollzG, § 3 Abs. 1 S. 1 HStVollzG, § 2 Abs. 1 NJVollzG soweit als möglich erfolgen. Der Gefangene muss somit Restriktionen hinnehmen, die auf spezifischen Erfordernissen des Freiheitsentzugs gründen, d.h. „ohne die der Strafvollzug als Institution zusammenbrechen oder durch die der Zweck des Strafvollzugs ernsthaft gefährdet würde."[188] Eine bedeutende Grenze stellt dabei die Vollzugsaufgabe des Schutzes der Allgemeinheit vor weiteren Straftaten (§ 2 S. 2 StVollzG, § 2 Abs. 1 S. 2 JVollzGB I, Art. 2 S. 1 BayStVollzG, § 5 S. 2 NJVollzG) dar. In Hamburg hebt § 3 Abs. 2 S. 1 HmbStVollzG, in Hessen § 3 Abs. 1 S. 2 HStVollzG den Zusammenhang von Angleichungsgrundsatz und vollzuglichem Sicherungsauftrag in der jeweiligen gesetzlichen Regelung selbst unmittelbar hervor.

3.4.2 Schädliche Haftfolgen und Gegensteuerungsprinzip

Konsequenz aus der nur begrenzten Realisierbarkeit des Angleichungsgrundsatzes im Strafvollzug ist das **„nil nocere"-Prinzip** von § 3 Abs. 2 StVollzG, § 2 Abs. 3 S. 1 JVollzGB III, Art. 5 Abs. 2 BayStVollzG, § 3 Abs. 1 S. 2 HmbStVollzG, § 3 Abs. 2 HStVollzG, § 2 Abs. 2 NJVollzG, wonach schädlichen Folgen des Freiheitsentzugs entgegenzuwirken ist. Soweit eine Gleichstellung mit den allgemeinen Lebensverhältnissen nicht erreicht werden kann, bleibt es Aufgabe der Vollzugsbehörde, den mit der Haft verbundenen negativen Nebenfolgen entgegenzuarbeiten. Mittels einer vollzugszielorientierten Behandlung sind vom Vollzug selbst produzierte Schäden zu kompensieren oder zumindest zu begrenzen. 199

> Insoweit schreibt § 2 Abs. 3 S. 2 JVollzGB III in Baden-Württemberg ausdrücklich vor, dass die Gefangenen vor Übergriffen zu schützen sind. Für Hamburg gibt § 3 Abs. 2 S. 3 HmbStVollzG im Hinblick auf die Vollzugsgestaltung vor, ein besonderes Augenmerk auf die Schaffung und Bewahrung eines gewaltfreien Klimas zu richten.

Strafvollzug bedeutet für den Verurteilten nicht nur die deutlichste Form einer Stigmatisierung als „Krimineller". Der Aufenthalt in der Justizvollzugsanstalt stellt sich für den Betroffenen als eine intensive Entzugssituation dar. Er ruft in ihm gravierende Deprivationszustände hervor. Der Gefangene ist Stressfaktoren ausgesetzt, die auf seine Psyche einwirken.[189]

3.4.2.1 Statuswandel

Mit dem Haftantritt erfolgt für den Strafgefangenen eine Ausgliederung aus seiner gewohnten sozialen Umwelt. Er verliert seinen bisherigen gesellschaftlichen Sta- 200

---

[188] BVerfGE 33, S. 13; 40, S. 284.
[189] Dazu Laubenthal, 1987, S. 119 ff.; Weis, 1988, S. 244 ff.

tus[190] und wird in ein neues, geschlossenes soziales System eingegliedert. Mit diesem Wandel, mit der Übernahme einer neuen Rolle, sieht der Inhaftierte sich im Aufnahmeverfahren (§ 5 StVollzG, § 4 Abs. 1 JVollzGB III, Art. 7 BayStVollzG, § 6 HmbStVollzG, § 8 HStVollzG, § 8 NJVollzG) konfrontiert, eine für viele traumatische Situation.[191] Die nach dem formellen Aufnahmeakt erfolgende Aufnahmedurchführung[192] beginnt mit der Wegnahme der Identitäts-Ausrüstung[193], es finden **Prozeduren einer Entpersönlichung**[194] statt:
- Entkleidung und körperliche Durchsuchung;
- Abgabe der mitgebrachten Habe und Aushändigung nur von Gegenständen, deren Besitz während der Haft zulässig ist;
- Prozeduren zur Reinigung und Desinfektion;
- Ausstattung mit uniformer Anstaltskleidung;
- erkennungsdienstliche Maßnahmen zur Vollzugssicherung.

Haftantritt und Einlieferungsprozeduren im Rahmen des Aufnahmeverfahrens kommen einer Degradierungszeremonie[195] gleich, die beim Verurteilten eine Entwürdigung seines Ichs einleiten kann.

3.4.2.2 Haftdeprivationen

201 Im Strafvollzug sieht sich der Gefangene dann einer Überreglementierung ausgesetzt, die zu einem **Autonomieverlust** führt. Denn Freiheitsentzug in einer Justizvollzugsanstalt bedeutet nicht nur eine wesentliche Einschränkung der Bewegungsfreiheit. Vielmehr sind dort die Vorschriften des täglichen Lebens, die zahlreichen Verhaltensregeln, denen jeder Bürger schon in der freien Gesellschaft unterliegt, deutlich vermehrt. Sämtliche Lebensbereiche bleiben einer strengen Kontrolle ausgesetzt:

> „Der Aufenthaltsort, das Bett, die Einrichtung des Haftraums, die Zeit für das Aufstehen, für das Insbettgehen und für die Mahlzeiten, die Möglichkeiten eigener Tätigkeiten, die Kleidung, die Häufigkeit und Art der Kontaktaufnahme mit der Außenwelt: Alles ist genau vorgeschrieben. Der Betrieb duldet nicht die Berücksichtigung von Extrawünschen."[196]

Dem zu einer Freiheitsstrafe verurteilten Inhaftierten wird damit teilweise die Erwachsenenrolle verweigert, was zu einer weitgehenden **Freistellung von Selbstfürsorge und Selbstverantwortung** führt. Folge ist eine mit zunehmender Haftdauer erlernte Hilflosigkeit.[197]

---

[190] Zur außerordentlichen Kündigung eines Arbeitsverhältnisses wegen Strafhaft: BAG, ZfStrVo 1997, S. 50.
[191] v. Trotha, 1983, S. 17; Wagner G., 1985, S. 112.
[192] Zum Aufnahmeverfahren siehe Kap. 5.1.3.
[193] Goffman, 1981, S. 31.
[194] Harbordt, 1972, S. 10; Schneider H. J., 1994, S. 109 f.
[195] Garfinkel, 1974, S. 77.
[196] Böhm, 2003, S. 92.
[197] Schneider H. J., 1994, S. 110.

Neben dem Ausgeliefertsein des Gefangenen an die Institution sowie der eine **202**
Selbstbestimmung einschränkenden Reglementierung aller Daseinsbereiche, fehlt
es im Strafvollzug außerdem an zureichenden selbst bestimmten kommunikativen
Schranken. Der Autonomieverlust folgt auch aus einem **Mangel an Privatsphäre**.
Alleinsein, Intimität, Anonymität und Zurückhaltung als persönliche Bedürfnisbereiche des einzelnen Menschen[198] sind in einer Strafanstalt nur bedingt zu realisieren.

> Ein Alleinsein beeinträchtigen institutionelle Überwachungseinrichtungen. Der Bereich der Intimität, in dem zwei oder mehr Personen eine größtmögliche persönliche Beziehung zu erlangen suchen, ist in einer totalen Institution noch weniger gewährt. Zwar mögen Anonymität, das Nicht-Erkannt-Werden und die Möglichkeit, sich öffentlicher Beobachtung zu entziehen, in großen Haftanstalten gelegentlich gegeben sein. Doch auch der Bereich der Zurückhaltung (die Möglichkeit, bestimmte ganz persönliche und dem Einzelnen unangenehme Aspekte nicht offenbaren zu müssen) besteht für den Inhaftierten nur eingeschränkt: Das Vollzugspersonal kennt seinen bisherigen Lebensablauf, die Post wird überwacht, Beamte sind bei Angehörigenbesuchen anwesend, Leibesvisitationen erfolgen.

Die Strafanstalt setzt den Gefangenen einer Vielzahl unerwünschter Situationen **203**
und Interaktionen aus, ohne dass dieser ihnen ausweichen kann.[199] Er erlebt einen
Verlust an Sicherheit, er befindet sich in einer andauernden Gemeinschaft mit
anderen Menschen, die oftmals ihr bisheriges Leben lang Konflikte nur mit Gewalt und aggressivem Verhalten zu lösen suchten. In der informellen Vollzugsorganisation findet der Verurteilte eine Art Hackordnung vor, es kommt zu gefangenen-internen Auseinandersetzungen, die das Aufsichtspersonal häufig so lange
übersieht, als diese den Anstaltsbetrieb nicht erkennbar stören. Die Institution
dient zwar der Sicherung der Allgemeinheit vor Rechtsbrechern, sie vermag diese
jedoch nicht zureichend untereinander oder gar vor Übergriffen seitens des Vollzugspersonals zu schützen.[200] Es existiert daher in den Anstalten des Justizvollzugs ein hohes Angstniveau.[201]

Den von männlichen wie auch von weiblichen Gefangenen am nachhaltigsten **204**
empfundenen Stress-Faktor stellt der mit einer Inhaftierung zwangsläufig verbundene **Abbruch heterosexueller Kontakte** dar. Die sexuelle Deprivation und ihre
Folgen sind durch die erweiterten Urlaubs- und Ausgangsbestimmungen der
Strafvollzugsgesetze sowie durch die Möglichkeit einer Unterbringung im offenen
Vollzug zwar etwas entschärft worden. Für die Gewährung solcher Vollzugslockerungen kommen jedoch nicht alle Inhaftierten in Betracht. Gerade zu langen Freiheitsstrafen Verurteilte bleiben nach Haftantritt zunächst für Jahre von derartigen
Erleichterungen ausgeschlossen. Sie müssen – wenn keine Langzeitbesuche[202]

---

[198] Dazu eingehend Westin, 1970.
[199] Hohmeier, 1977, S. 437.
[200] Harbordt, 1972, S. 14; Heinrich W., 2002, S. 369 ff.; Laubenthal, 2002a, S. 484; Weis, 1988, S. 246.
[201] Siehe dazu Kury/Smartt, 2002, S. 323 ff.
[202] Dazu Kap. 5.4.3.

angeboten werden bzw. sie hierfür nicht in Betracht kommen – heterosexuellen Beziehungen für einen Großteil der Strafverbüßung entsagen und verlieren damit eine Bezugsperson, welche für die Bestätigung ihrer Identität als Mann oder als Frau bedeutsam ist.[203] Gefangene, deren Kontakte zum anderen Geschlecht mit dem Strafantritt auf Dauer abgebrochen werden, neigen im Vollzug zur Übernahme aktiver oder passiver homosexueller Rollen und gehen dabei auch Bindungen ein, die wiederum zusätzliche psychische Belastungen verursachen.[204]

205   Neben der sexuellen Deprivation zählt die **Trennung von den Angehörigen** zu den als am einschneidendsten empfundenen Beschränkungen der Haft.

Gerade die Aufrechterhaltung der Bindungen nach außen soll jedoch die Fähigkeit zur Wahrnehmung und Bewältigung der sozialen Realität fördern und damit zur gesellschaftlichen Eingliederung beitragen. Die Strafvollzugsgesetze geben dem Gefangenen daher unter bestimmten Voraussetzungen ein Recht zum Verkehr mit Personen außerhalb der Anstalt und verpflichten die Institution zur Förderung von Kontakten.[205].

Das Problem der Aufrechterhaltung von Außenweltkontakten stellt sich vor allem den langstrafigen Verurteilten. Wesentliche Belastungsfaktoren sind hierbei der allmähliche Wegfall zwischenmenschlicher Verbindungen, die diesem inhärente Ungewissheit sowie die Angst vor endgültigem Verlust. Persönlichkeitsveränderungen, neue Erfahrungen, Einsichten und soziale Bezüge auf beiden Seiten beeinträchtigen die Lebensfähigkeit früherer Beziehungen in Freiheit. Manche Gefangene entledigen sich schließlich dieser psychischen Stressoren durch den Abbruch sämtlicher Außenweltkontakte, um dadurch einem quälenden Auflösungsprozess zu entgehen.

206   Über den Freiheitsverlust, die Beeinträchtigung der Autonomie, die Entsagung heterosexueller Kontakte und den Verlust an persönlicher Sicherheit hinausgehend werden beim Inhaftierten anstaltsbedingt weitere Deprivationen hervorgerufen. Dies betrifft den weitgehenden **Entzug materieller Güter**, wobei der Güterverlust durch die Gesamtheit der Regelungen der Strafvollzugsgesetze über den Besitz von Gegenständen nicht aufgefangen werden kann (Ausstattung des Haftraums und persönlicher Besitz: § 19 StVollzG, § 15 JVollzGB III, Art. 21 BayStVollzG, § 22 HmbStVollzG, § 19 HStVollzG, § 21 NJVollzG; religiöse Schriften und Gegenstände des religiösen Gebrauchs: § 53 Abs. 2 und 3 StVollzG, § 29 Abs. 2 und 3 JVollzGB III, Art. 55 Abs. 2 und 3 BayStVollzG, § 54 Abs. 2 und 3 HmbStVollzG, § 32 Abs. 2 HStVollzG, § 53 Abs. 2 und 3 NJVollzG; Bezug von Zeitungen und Zeitschriften: § 68 StVollzG, § 60 JVollzGB III, Art. 70 BayStVollzG, § 51 HmbStVollzG, § 30 Abs. 2 HStVollzG, § 65 NJVollzG; Hörfunk- und Fernsehgeräte: § 69 Abs. 2 StVollzG, § 59 JVollzGB III, Art. 71 Abs. 1 BayStVollzG, § 52 Abs. 1 HmbStVollzG, § 30 Abs. 3, 4 und 5 HStVollzG, § 66 Abs. 2 NJVollzG; Gegenstände für die Freizeitbeschäftigung: § 70 StVollzG, § 58 JVollzGB III, Art. 72 BayStVollzG, § 53 HmbStVollzG, § 30 Abs. 4 HStVollzG,

---

[203] Sykes, 1971, S. 135.
[204] Dazu de la Haye, 1978; Short, 1979, S. 17; Ward/Kassebaum, 1971, S. 146 ff.
[205] Dazu Kap. 5.4.

§ 67 NJVollzG; Sachen für den persönlichen Gebrauch: § 83 StVollzG, § 63 JVollzGB III, Art. 90 BayStVollzG, § 69 HmbStVollzG, § 20 HStVollzG, § 76 NJVollzG). Als Folge kommt es zu einem ausgedehnten illegalen Tauschhandel in den Vollzugsanstalten.

Zwangsläufige Wirkungen der Organisation von Freiheitsentzug sind schließlich die **Deprivationen im sensoriellen Bereich**, dem Gefangenen eröffnen sich nur sehr eingeschränkte Wahrnehmungsmöglichkeiten. Der Gefängnisalltag ist weitgehend geprägt von einer intellektuellen und kognitiven Leere.

Besonders für Langstrafige treten als spezifische Belastungen der **Zeitfaktor** sowie ein **Mangel an Zukunftsperspektive** hinzu. Denn eine dauernde Institutionalisierung beeinträchtigt diese beiden wesentlichen Bereiche menschlicher Zeitdimension.[206] Im Vollzug existiert Zeit nicht als Positivum, sondern als Strafe. Der Zeitbegriff erhält damit in der Strafanstalt eine andere Bedeutung. Wer für längere Dauer einer totalen Institution ausgesetzt bleibt, hat zunehmend Schwierigkeiten, Zeit zu gestalten und einzuteilen. Der Mangel an Zukunftsperspektive beruht dabei auf einer absehbaren Unveränderlichkeit der Situationen.

207

Zwar bietet sich dem Inhaftierten ein strukturierter Tagesablauf; dessen Summierung macht aber keine bedeutenden Ereignisse oder Vorfälle wahrscheinlich. Freut sich der Gefangene anfangs noch auf den Sonntag als willkommene Unterbrechung monotoner Routine, stellt sich ihm das Wochenende bald als eine unendliche Folge von Sonntagen dar. Während der Kurzstrafige auf seinen Entlassungstermin hinarbeiten kann, wird dem Langstrafigen bei jedem Gedanken an die Zukunft klar, dass er auf Jahre immer in der gleichen Lage bleiben wird. Folge hiervon ist dann bei einem Teil der Betroffenen eine Verdrängung zukunftsorientierter Überlegungen, das Leben wird nur noch rückblickend in die Vergangenheit betrachtet.[207] Ein „barrier effect"[208] verhindert Gedanken an eine Zukunft nach der Entlassung. Erschwerend kommt die Deprivation im sensoriellen und kognitiven Bereich hinzu, der Mangel an Wahrnehmungsmöglichkeiten. Der Langstrafige muss deshalb eine Einstellung zum Zeitablauf entwickeln. Während einige die Spanne zwischen Haftantritt und dem weit entfernten – bei Lebenszeitgefangenen unbestimmten – Datum der Entlassung als gleich bleibende zeitliche Leere empfinden, suchen andere Gefangene im Gegensatz dazu nach Methoden zur Bewältigung des Zeitproblems. Manche sind bestrebt, Zeit nicht nur auszufüllen, sondern diese auch für ihr Fortkommen durch Verbesserung ihrer Kenntnisse und Fähigkeiten zu nutzen. Das Setzen geistiger oder körperlicher Ziele birgt aber auch die Gefahr in sich, dass nach einigen Bemühungen der Erfolg ausbleibt. Andere visieren daher der „Philosophie der geringsten Erwartung"[209] gemäß einen weit in der Zukunft liegenden tatsächlichen oder theoretisch möglichen Entlassungstermin an und gehen davon aus, dass bis dahin nichts Außergewöhnliches geschehen wird. Jedes positive Ereignis stellt sich dann als eine willkommene Überraschung dar.

---

[206] Sapsford, 1978, S. 141; dazu bereits Landau, 1969, S. 216.
[207] Cohen/Taylor, 1981, S. 103.
[208] Sapsford, 1978, S. 141.
[209] Yeager, 1959, S. 17 ff.

3.4.2.3 Anpassung an die Institution

208 Wie jeder Mensch Negativerlebnisse und Konflikte durch Mechanismen der Ich-Verteidigung zu bewältigen sucht, kommt es auch beim Gefangenen in der intensiven Entsagungssituation der Strafhaft mit ihrem Zwang zu monosexueller Gruppierung, der Beschränkung von Aktivität, Konsum und Besitz zu **inter-individuell verschiedenartigen Abwehrtechniken**: kognitive Anpassung an den Konflikt (Rationalisierung), Isolierung durch Abtrennung partieller Bewusstseinsinhalte, Projektion der Verantwortung auf andere Personen, Verdrängung, Reaktionsbildung, Identifikation oder Rückzugsreaktionen.[210] Dabei ergibt sich die Art des jeweils realisierten Abwehrmechanismus aus der Gesamtheit der psychischen Faktoren, welche die konkrete Situation des Inhaftierten beeinflussen.

Nach dem „elementaren und direkten Angriff auf das Selbst"[211] infolge der Aufnahmeprozeduren, des Abbruchs von Kontakten zu Bezugspersonen und des allgemeinen Rollenverlusts sieht sich der Verurteilte einer permanenten Reglementierung und Kontrolle seiner Aktivitäten ausgesetzt. Möglichkeiten zur persönlichen Reorganisation bietet ihm ein anstaltsinternes Privilegiensystem: die allgemeinen Anstaltsregeln, spezielle Pflichten aus der vom Anstaltsleiter erlassenen Hausordnung sowie Hausverfügungen, verbunden mit einer kleinen Anzahl von Belohnungen bei Einhaltung der anstaltstypischen Umgangsformen sowie Disziplinarmaßnahmen als Folge von Regelübertretungen. An diese Organisationsmodi muss der Gefangene sich anpassen, um die Spannungen zwischen dem Leben in Freiheit und dem in der Strafanstalt zu bewältigen.

209 Im Rahmen der **primären Adaptation** stehen dem Einzelnen verschiedene kombinierbare bzw. zeitlich staffelbare Strategien des Arrangements zur Verfügung:[212]
– Rückzug aus der Situation,
– Einnahme eines kompromisslosen Standpunkts (Verweigerung jeglicher Zusammenarbeit mit dem Vollzugsstab),
– Kolonisierung (Aufbau einer stabilen Existenz in relativer Zufriedenheit),
– Konversion (Übernahme der Rolle eines perfekten Insassen),
– opportunistische Kombination von Kolonisierung, Konversion, Loyalität gegenüber Mitgefangenen und sekundärer Anpassung.

210 Eine gewisse Freiheit findet der Strafgefangene in der totalen Institution mittels Strategien der **sekundären Adaptation**. Er wendet verbotene Mittel an, verfolgt unerlaubte Ziele, um die Organisationserwartungen hinsichtlich seiner Person zu umgehen. Sekundäre Anpassung erlangt die Funktion einer Schrankenbildung zwischen dem Einzelnen und der Institution, sie ermöglicht ein Unterleben der Anstalt, ist eine „selbstbewahrende Ablehnung des Ablehnenden"[213].

---

[210] Krech/Crutchfield, 1976, S. 445 ff.
[211] Goffman, 1981, S. 43.
[212] Goffman, 1981, S. 65 ff.
[213] McCorkle/Korn, 1970, S. 410.

3.4.2.4 Subkultur

Als ein Abwehrmechanismus zur Bewältigung der Haftdeprivationen gilt die Akkulturation an die devianten Normen negativer Insassensubkulturen.[214]   **211**

> Nach der soziologischen Definition handelt es sich bei einer **Kultur** um ein gewachsenes System bestimmter Verfahrens- und Verhaltensweisen, das von einer konkreten sozialen Gemeinschaft geteilt wird. Einer Kultur inhärent ist die Tatsache, dass ein Teil der Angehörigen des Kulturbereichs zwar an der Gesamtkultur Anteil hat, jedoch zugleich partiell von dieser abweicht und insoweit eine eigene (Sub-)Kultur entwickelt. Die Subkultur stellt damit ein **Partialsystem** innerhalb eines umfassenderen Gesamtsystems dar.[215]

Phänomene einer Gefangenensubkultur mit eigenen Sitten, Gebräuchen und Gewohnheiten wurden bereits seit Mitte des 20. Jahrhunderts im nordamerikanischen Strafvollzug erforscht[216] und dann zunächst im Rahmen einiger Sekundäranalysen[217] für den deutschen Strafvollzug aufgearbeitet. Allerdings gehörten Entstehungsbedingungen und Erscheinungsformen der Gefangenensubkulturen in Deutschland lange Zeit zu den eher vernachlässigten Bereichen der Strafvollzugswissenschaft. Vor allem Gewalttätigkeiten unter Inhaftierten des Erwachsenenvollzugs ebenso wie denjenigen des Jugendstrafvollzugs wurden hierzulande kaum öffentlich wahrgenommen und unter wissenschaftlichen Aspekten nur wenig thematisiert. Erst seit relativ kurzer Zeit beziehen sich auch bei uns vermehrt Forschungsprojekte auf subkulturelle Handlungsweisen von Gefangenen mit Gewaltbezug sowie auf die anstaltsinterne Viktimisierung Inhaftierter.   **212**

> Es waren im Wesentlichen die Ereignisse im Jugendstrafvollzug der Justizvollzugsanstalt Siegburg in der Nacht vom 11. zum 12. November 2006, die das Thema Gewalthandeln im Strafvollzug ins Blickfeld einer breiteren Öffentlichkeit – insbesondere der Medienöffentlichkeit – rückten. Nach den Feststellungen des Landgerichts Bonn wurden zum fraglichen Zeitpunkt in der Justizvollzugsanstalt Siegburg vier junge Gefangene in einem ca. 20 qm großen Haftraum untergebracht. Ohne jeglichen äußeren Anlass misshandelten drei von ihnen über Stunden hinweg den vierten Gefangenen körperlich und missbrauchten ihn sexuell. Schließlich beschlossen sie nach Abwägung der aus ihrer Sicht für und gegen eine Tötung des Mitinhaftierten sprechenden Gründe, dessen Leben zu beenden. Nach vier misslungenen Versuchen mit diversen Elektrokabeln erhängten sie ihn mit einem aus Bettlaken gedrehten Strick. Die mediale Berichterstattung über diesen Aufsehen erregenden Fall führte bei uns zur „Entdeckung" der vollzuglichen Subkulturen und ihrer Erscheinungsformen.

---

[214] Dazu Becker, 2008, S. 124 ff.; Kaiser/Schöch, 2002, S. 472 f.; Laubenthal, 2006a, S. 593 ff.; ders., 2009a, S. 496 ff.; ders., 2010a, S. 34 ff.; Neubacher, 2008, S. 14 ff.; ders., 2008a, S. 362 f.; Otto, 2001, S. 218 ff.; Schott, 2001, S. 629 ff.; Walter J., 2010, S. 57 ff.
[215] Kaufmann H., 1977, S. 13 f.; Weis, 1988, S. 250.
[216] Siehe Clemmer, 1958; Garabedian, 1963, S. 139 ff.; Sykes, 1958.
[217] Vgl. Harbordt, 1972; Hohmeier, 1971; Rieger, 1977, S. 218 ff.

(1) Statushierarchie

213 In den Strafanstalten existieren als organisierte Reaktionen auf den Freiheitsentzug und die daraus folgenden Deprivationen[218] **eigenständige subkulturelle Gegenordnungen** mit spezifischen Normen, eigener Organisation und besonderen Gebräuchen. Es kommt zu einer Herausbildung divergierender Insassenrollen, die durch den informellen Status des einzelnen Gefangenen bedingt sind. Dieser wiederum gründet auf die jeweilige Akzeptanz der Gruppennormen im Gegensatz zu denen des Stabes. Es besteht in den Justizvollzugsanstalten eine Statushierarchie, die auf Macht und Ansehen innerhalb der Gefangenengemeinschaft gründet. Bedeutung für die Position unter den Inhaftierten wird insoweit etwa der der Verurteilung zugrunde liegenden Deliktsart zugeschrieben. So rangieren Sexualstraftäter in der Gefängnishierarchie auf niedrigster Stufe.[219] Statusfunktion soll ferner dem „Dienstalter" (Hafterfahrung und Seniorität) zukommen.[220] Relevanz erlangen auch soziale und interkulturelle Kompetenz; ferner Zugangsmöglichkeiten zu illegalen Gütern, Kontakte zu einflussreichen Mitinhaftierten sowie gute Rechtskenntnisse.

(2) Gewalt als statusbestimmendes Mittel

214 Eine besondere Bedeutung kommt der physischen Stärke zu. Die nahezu alltägliche **Ausübung von Gewalt**[221] stellt in den vollzuglichen Subkulturen ein ganz wesentliches statusbestimmendes Mittel dar. Dies bedingt ein **hohes Angstniveau** unter den Insassen. Über ein solches berichten nicht nur nordamerikanische Strafvollzugsstudien. Ein angstbesetzes Klima in deutschen Vollzugseinrichtungen ermittelten auch jüngere Untersuchungen im deutschen Strafvollzug.[222] Der Inhaftierte findet in der Justizvollzugsanstalt hierarchische Statusdifferenzen unter seinen Mitgefangenen vor. Schon der Neuankömmling erfährt auf der interpersonalen Ebene, dass er sich behaupten muss. Er ist gezwungen, in der Rangordnung in seinem eigenen Interesse einen Platz zu finden. Es sind vor allem neue Inhaftierte, die zunächst ein hohes **Viktimisierungsrisiko** besitzen, solange sie noch keinen aus Sicht der Mitgefangenen zureichend hohen Status erlangt haben. Neuinsassen sind besonders gefährdet, Opfer von Unterdrückung und Misshandlung zu werden. Sie erkennen bald, dass sich die vollzugliche Konfliktdynamik überwiegend in den interpersonalen Beziehungen durchsetzt, die Lebensbedingungen im Vollzug von Misstrauen gegenüber Mitinhaftierten (und Bediensteten), vom Kampf um knappe Ressourcen, von Strategien des „Überlebens" in einer perma-

---

[218] Lambropoulou, 1998, S. 1225.
[219] Siehe auch Schott, 2001, S. 632.
[220] Harbordt, 1972, S. 55.
[221] Zur Häufigkeit von (bekannt gewordenen) Gewalthandlungen unter Gefangenen siehe z.B. Kommission Gewaltprävention im Strafvollzug – Nordrhein-Westfalen, Ergebnis der Überprüfung des Erwachsenenvollzugs in Nordrhein-Westfalen, 2007, S. 171 ff.; ferner Ernst, 2008, S. 357 ff.; dies., 2010, S. 16 ff.; Goeckenjan, 2009, S. 714 ff.; Noll/Spiller, 2009, S. 233 ff.; Wirth, 2006.
[222] Vgl. Kury/Smartt, 2002, S. 323 ff.

nent unsicheren Situation gekennzeichnet sind.[223] Der Neuinhaftierte steht vor der Aufgabe, sich beweisen zu müssen. Er erfährt, dass ein ganz wesentlicher Aspekt der Statuslegitimation physische Stärke darstellt.[224] Wer Durchsetzungsvermögen besitzt, wer in der Lage ist, sich Respekt zu verschaffen, wer sich nichts gefallen lässt, der läuft weniger als andere Gefahr, Opfer zu werden oder zu bleiben. In den Anstalten für männliche Inhaftierte fällt es auf, dass diese austesten, wie die eigene Männlichkeit unter den Augen der anderen Männer abschneidet.[225]

In der vollzuglichen „Hackordnung" besitzt jedoch nicht nur der Neuankömmling zunächst ein höheres Viktimisierungsrisiko. Dies betrifft auch diejenigen, die durch körperliche Schwäche auffallen, denen es an Durchsetzungsvermögen mangelt oder die aus anderen Gründen nicht bereit sind, Gewalt anzudrohen bzw. auszuüben. Eine Ausgrenzung erfahren solche Tätergruppen, die aufgrund der Art ihrer Straftat von vornherein von einem Aufstieg in der informellen Statushierarchie ausgeschlossen bleiben. Das gilt für Sexualstraftäter – vor allem solche des sexuellen Kindesmissbrauchs – im Männerstrafvollzug sowie für wegen Kindestötung inhaftierte Mütter in den Frauenhäusern. Gleiches betrifft z. B. transsexuelle Gefangene.[226] Sie alle rangieren in der Gefangenenhierarchie auf niedrigster Stufe. Ihnen gegenüber verübte Gewalthandlungen dienen nicht der Bestimmung eines Platzes in der „Hackordnung". Sie bedeuten **Ausgrenzungsgewalt**. Zudem kommt es zu erniedrigenden Vorgehensweisen u. a. aus sadistischer Veranlagung heraus.

Gewaltandrohung und -ausübung stellen unter den Insassen von Vollzugseinrichtungen anerkannte Mittel dar, die Position des Einzelnen in der Statushierarchie zu bestimmen. Der strukturell vorgegebene Zwang, sich durchsetzen zu müssen, dominiert nicht nur für den Neuinhaftierten sein interpersonelles Verhalten nach Haftantritt. Abgesehen von den ausgegrenzten Inhaftiertengruppen ist die Gesamtdauer der Haft mitgeprägt von fortwährenden **Anerkennungsritualen** und **Positionskämpfen** in einer dynamischen Rangordnung. Angesichts des hohen Angstniveaus in den Einrichtungen findet ein andauernder Kampf um Anerkennung und Statuserlangung statt. Präsentiert wird Aggressivität. Es kommt zur Ausübung physischer Gewalt, wobei es nicht nur bei Körperverletzungen bleibt.

(3) Unterdrücken

Zu den Formen des Gewalthandelns in den Vollzugseinrichtungen gehört ferner das Unterdrücken von Mitgefangenen. Insbesondere inhaftierten Jugendlichen dient das **Bullying** als ein verbreitetes Durchsetzungsmittel zur Statuserlangung. Hierbei handelt es sich um ein systematisches Schikanieren einer Person. Über einen längeren Zeitraum hinweg kommt es zu einem andauernden aggressiven und herabsetzenden Verhalten gegenüber einem Gefangenen durch einen oder mehrere Mitinhaftierte. Dabei existiert zwischen Opfer und Täter(n) ein Ungleichgewicht

---

[223] Dazu Goffman, 1973; Hürlimann, 1993; Kühnel, 2006, S. 276 ff.
[224] Siehe auch Steinberger, 2007, S. 32 ff.
[225] Bereswill, 2004, S. 103.
[226] Zur Gefährdung eines transsexuellen Verurteilen siehe Süddeutsche Zeitung v. 20.8.2007, S. 49; eingehend zum Phänomen transsexueller Inhaftierter Schammler, 2008.

der Kräfte. Teilweise ist aber auch keine eindeutige Zuordnung zu Opfer- und Täterschaft möglich. Es gibt Inhaftierte, die sowohl Täter als auch Opfer des Bullying sind.[227]

(4) Sexueller Missbrauch

216 Die **Gewalttätigkeit** unter Inhaftierten erfolgt nicht selten **sexualbezogen**. Ein spezifisches Problem in den Vollzugseinrichtungen stellt der sexuelle Missbrauch von Mitgefangenen dar.[228] Insoweit gehen nordamerikanische empirische Untersuchungen von einem Anteil von bis zu 20 % der Inhaftierten aus, die während der Haft mindestens einmal Opfer von sexueller Nötigung oder Vergewaltigung durch andere Gefangene wurden.[229] Internationale Menschenrechtsorganisationen weisen darauf hin, dass sexuelle bzw. sexualisierte Gewalt in Haftanstalten häufig aus Scham oder Angst vor Rache verschwiegen wird und deshalb eine hohe Dunkelziffer existiert.[230]

Sexuelle Gewalt ist in Strafvollzugseinrichtungen für Männer offenbar stärker verbreitet als in Hafteinrichtungen für Frauen. Denn auch beim sexuellen Missbrauch von Mitgefangenen in Vollzugsanstalten für Männer geht es um Präsentation von Männlichkeit. Diese soll etabliert werden durch Zerstörung der Männlichkeit anderer Insassen mittels sexualbezogener Gewalthandlungen.[231]

(5) Gruppenhierarchien

217 Statusfunktion in der subkulturellen Hierarchie kommt auch der Gruppenzugehörigkeit zu. In den Justizvollzugsanstalten existieren zusätzlich zu interpersonalen Differenzierungen intergruppale Unterschiede. Letztere werden vor allem durch soziale Kategorien bestimmt, wobei ethnische Merkmale (bestimmte ausländische Herkunft; Spätaussiedler) im Vordergrund stehen. Aber auch politische Kategorien (insbesondere Rechtsextremismus) sind insoweit von Bedeutung.[232]

Die mit einem Anstieg von Inhaftiertenzahlen einhergehende Überbelegung der Vollzugseinrichtungen befördert das Geschehen auf der Ebene der Anstaltssubkultur. Diese Insassensubkultur tritt im vollzuglichen Alltag auch durch teilweise gewalttätig ausgetragene Machtkämpfe als Folge von Blockbildungen insbesondere von **Strafgefangenen mit Migrationshintergrund** zu Tage.

Dies betrifft nicht nur die **ausländischen Inhaftierten**, bei denen das Zusammenleben unterschiedlicher Nationalitäten auf engstem Raum zu Ausschreitungen und Konflikten führt.[233]

Die Situation wird vielmehr noch verschärft durch die Gruppe der zumeist als behandlungsresistent erachteten inhaftierten **Spätaussiedler**, die sich für Subkul-

---

[227] Matt, 2006, S. 339 ff.
[228] Goeckenjan, 2009, S. 716; Kury/Smartt, 2002, S. 329 ff.; Neubacher, 2008, S. 15.
[229] Vgl. Döring, 2006, S. 322 ff.; siehe auch Smaus, 2007, S. 29.
[230] Vgl. z.B. Human Rights Watch, 2001; siehe auch Gear, 2007, S. 287.
[231] Dazu Gear, 2007, S. 289.
[232] Siehe auch Kühnel, 2006, S. 279.
[233] Dazu Kap. 5.1.7.

turstrukturen besonders anfällig zeigen.[234] Gerade die sog. Russlanddeutschen gelten aufgrund ihrer hergebrachten Einstellungen, Verhaltensweisen und sozialen Einbindungen unter den Inhaftierten als besonders problematisch.[235] Vor allem die junge Generation ist in den Haftanstalten deutlich überrepräsentiert. Aufgrund der kollektiven Erziehung[236] erweisen sich russlanddeutsche Inhaftierte für Subkulturstrukturen besonders anfällig. Diese zeigen sich insbesondere in einem strengen Ehrenkodex, einer hohen Gewaltbereitschaft und einem vorbehaltlosen internen Zusammenhalt.[237] Die Hierarchie innerhalb der Gruppe wird durch ein umfangreiches Unterdrückungs- und Repressaliensystem aufrechterhalten.[238] Viele Anstalten klagen über extreme Belastungen der Sicherheit und Ordnung[239], insbesondere durch zahlreiche Verstöße gegen die Anstaltsregeln.[240] Dabei spielt die – unter den jungen Spätaussiedlern besonders verbreitete – Drogenproblematik eine bedeutende Rolle. Neben Auseinandersetzungen mit anderen Gefangenen stellen Konsum und Schmuggel von Betäubungsmitteln die Hauptgründe für die Verhängung von Disziplinarmaßnahmen dar.[241] Zudem besteht die (begründete) Vermutung einer Verbindung russlanddeutscher Inhaftierter zur Organisierten Kriminalität.[242]

218 Die **subkulturelle Hierarchie in der Gruppe der Aussiedler** teilt sich auf in drei Ebenen: der „Boss" mit seinen Gehilfen, die „Vollstrecker" und die „Opfer" entsprechend den drei Kasten in den früheren sowjetischen Straflagern.[243] Der „Boss" legt für seine Gruppe die Rollen- und Werteverteilung fest. Der Status entscheidet über Umfang und Verbindlichkeit der vom Einzelnen einzuhaltenden Regeln und deren Einfluss innerhalb der Gruppe. Auch innerhalb der Aussiedlergruppe versucht das einzelne Mitglied, in der Hierarchie möglichst weit nach oben aufzusteigen, um Repressalien und Statusminderungen bei Verstößen gegen die internen Regeln zu entgehen. Statusniedrigere Gefangene bekommen risikoreichere Aufgaben zugeteilt. Werden sie dabei entdeckt, so erscheinen die eigentlichen Opfer als Täter – ohne das Subkultursystem zu gefährden. Verbreitete Repressalien innerhalb des subkulturellen Systems sind Demütigungen, Androhung bzw. Zufügung von Gewalt oder die Erteilung bestimmter Aufträge. Zum Teil erstrecken sich die Repressalien auch auf Verwandte und Bekannte des Opfers. Neuzugänge unterliegen besonderen Aufnahme-

---

[234] Zur vollzuglichen Aussiedlerproblematik siehe Bayerisches Staatsministerium der Justiz, 1999; Dietlein, 2002, S. 151 ff.; Dolde, 2002, S. 146 ff.; Grübl/Walter, 1999, S. 360 ff.; Hosser/Taefi, 2008, S. 131 ff.; Kirchhoff, 2008, S. 157 ff.; Kleespies, 2006, S. 170 ff.; Krüger-Potratz, 2003; Laubenthal, 2008b, S. 154 f.; Otto/Pawlik-Mierzwa, 2001, S. 124 ff.; Reich, 2003, S. 45 ff.; Rieder-Kaiser, 2004, S. 101 ff.; Winkler, 2003, S. 71 ff.
[235] Pawlik-Mierzwa/Otto, 2000, S. 227.
[236] Dolde, 2002, S. 149.
[237] Dazu Arbeitsgruppe Bayerischer Justizvollzugsanstalten, 2004, S. 35 f.; Grübl/Walter, 1999, S. 362; Otto/Pawlik-Mierzwa, 2001, S. 128; Reich, 2003, S. 51.
[238] Otto/Pawlik-Mierzwa, 2001, S. 128 ff.; Schmelz, 2010, S. 107.
[239] Winkler, 2003, S. 93.
[240] Arbeitsgruppe Bayerischer Justizvollzugsanstalten, 2004, S. 37.
[241] Grübl/Walter, 1999, S. 371; Reich, 2003, S. 51.
[242] Otto/Pawlik-Mierzwa, 2001, S. 128.
[243] Siehe Osterloh, 2003, S. 29.

und Erprobungsritualen. Sie müssen etwa Mithäftlinge und Bedienstete bedrohen, angreifen bzw. beleidigen oder Aufgaben im Rahmen der Verteilung von Betäubungsmitteln übernehmen.

Unter den russlanddeutschen Inhaftierten findet sich eine spezielle Art von Subkultur: die Bewegung der **„Diebe im Gesetz"**.[244] Diese verfügt über einen eigenen Kodex, einen eigenen Sprachgebrauch sowie eine Zeichensprache. Ein ausdifferenziertes Tätowiersystem trifft Aussagen über Straftat, Strafdauer, Anzahl von Verurteilungen, Rang des Trägers usw.[245] Ein internes Strafensystem dient der Sanktionierung von Abweichlern und der Maßregelung von sog. unehrenhaften Gefangenen (z.B. Sexualstraftätern). Aus einer Art Solidarkasse, in die jeder Inhaftierte einzubezahlen hat, werden Anschaffungen von Genussmitteln bis hin zu Suchtmitteln finanziert. Es bestehen Anzeichen dafür, dass die Gesetze der Bewegung sich unter den inhaftierten Spätaussiedlern immer stärker ausbreiten und sie den Status allgemein verbindlicher Regelungen zu beanspruchen versucht. Die Vereinigung der „Diebe im Gesetz" ist auch gekennzeichnet durch eine Zwangsmitgliedschaft jedes Landsmanns. Der Statusbestimmung dient zunächst die „Kasjak"-Prozedur. Neuankömmlinge werden überprüft auf persönliche Einstellungen und kriminelle Karriere. Auf Regelverstöße oder statusreduzierende Delikte folgen Repressalien wie Demütigungen, Bedrohung oder Einschüchterung.[246] Das interne Repressionssystem wird bedingungslos akzeptiert. Des Weiteren ist jeder Landsmann zur Teilnahme am gemeinsamen Versorgungssystem verpflichtet. **„Abschtschjak"**, die aus „freiwilligen" Spenden und Erpressungsgeldern gebildete gemeinsame Kasse, hält die Russisch sprechende Subkultur zusammen. Neben der Funktion als Bank ist sie eine Art Anlaufstelle für Rat suchende Loyale und zugleich Kontroll- bzw. Repressionsinstanz gegenüber Illoyalen. Der „heilige Abschtschjak" ist im Bewusstsein der Kriminellen eine nicht zu hinterfragende Instanz. Vorgegeben ist auch ein absolutes Aussageverbot gegenüber staatlichen Organen bis hin zur Übernahme von Verantwortung für von anderen begangene Delikte. Dementsprechend gibt es unter den russlanddeutschen Inhaftierten auch sog. Stellvertretergefangene.[247]

219 In einzelnen Justizvollzugsanstalten – vor allem in Jugendstrafanstalten – bilden sich ferner **Gruppierungen mit rechtsextremistischen Inhaftierten**. Sie vermitteln anderen Insassen den Eindruck, sie seien Angehörige einer Art Elite, die bestimmte Bereiche der Haftanstalt kontrolliere. Dabei stehen die „Rechten" in der Gefangenenhierarchie vor allem wegen ihrer körperlichen Präsenz und einer entsprechenden Demonstration von Stärke mit an oberster Stelle.[248] Mehr als bei anderen vollzuglichen Gruppierungen kommt es bei den rechtsextremen Subgruppen zu Intergruppenvergleichen und einer damit verbundenen aggressiven Abwertung von Fremdgruppen. Vor allem jugendliche Gefangene aus dem rechtsextremen Milieu besitzen häufig einen stärkeren Drang zu Provokationen und Grenzüberschreitungen und schließen sich solchen Gruppierungen gerade auch wegen deren negativen Images an. Es ist davon auszugehen, dass der Anschluss an

---

[244] Siehe zu dieser Bewegung Schmelz, 2010, S. 104 ff.; Shalikashvili, 2009, S. 8 ff.; Skoblikow, 2005, S. 19 ff.
[245] Schmelz, 2010, S. 106 ff.
[246] Shalikashvili, 2009, S. 43 ff.
[247] Otto, 2002, S. 22 ff.
[248] Kühnel/Hieber/Tölke, 2003, S. 14.

eine solche Gruppe und die damit verbundene negative Exklusivität der Gruppenzugehörigkeit gerade in Unfreiheit eine wichtige identitätsstiftende Funktion erfüllen soll.[249]

(6) Drogenproblematik

Die subkulturelle Ebene ist auch geprägt durch die mit dem **Einschmuggeln**[250] **220** von und dem **Handeln** mit **Betäubungsmitteln** verbundenen Aktivitäten. Die Versorgung mit derartigen Stoffen stößt in den Vollzugsanstalten auf keine nennenswerten Schwierigkeiten, so dass der **Konsum** von Drogen mittlerweile zu den zentralen Problembereichen zählt.[251]

In den Vollzugseinrichtungen, die auch die Aufgabe zu erfüllen haben, Straftaten während der Inhaftierung zu verhindern, kommt es mit steigender Tendenz auf der subkulturellen Ebene – und überwiegend im Dunkelfeld verbleibend – zu Verstößen gegen das Betäubungsmittelgesetz ebenso wie zu anderen strafbaren Handlungen im Zusammenhang mit dem Konsum illegaler Drogen durch die Gefangenen. Die **Drogenkonsumenten** sind zum einen solche, die in der Vollzugseinrichtung ihren schon in Freiheit begonnenen Betäubungsmittelmissbrauch aufgrund der vorhandenen Abhängigkeit fortsetzen. Zum anderen kann bei zahlreichen Gefangenen, die außerhalb in Freiheit nur gelegentlich oder noch gar nicht Drogen konsumierten, bei einer wenig betreuungs- und ereignisintensiven Vollzugsgestaltung die Droge zum strukturierenden Element des Vollzugsalltags werden.[252] Konstante Bemühungen zur Drogenbeschaffung sowie der Betäubungsmittelmissbrauch selbst werden zu Strategien, um den Zeitfaktor zu bewältigen, durch Ereignislosigkeit bedingte Langeweile in der Haft an sich zu ertragen, persönliche Grenzen zu überwinden oder einer allgemeinen Lebensangst bzw. der anstaltsbedingten Furcht vor einer Viktimisierung durch Mitgefangene zu entfliehen. In der Alltagsrealität des Strafvollzugs spiegeln sich beim Drogenmissbrauch zum einen die gleichen individuellen Notlagen und sozialen Problemfelder Drogenabhängiger wie außerhalb der Einrichtungen wider. Hinzu kommen andererseits die vollzugsspezifischen Problembereiche.

Inhaftierte können regelmäßig ihre Sucht nicht vom geringen Arbeitsverdienst oder Taschengeld finanzieren. Dies begünstigt wiederum die **Ausbildung subkultureller Abhängigkeiten**, indem von den Suchtkranken Wucherdarlehen aufgenommen oder Dienstleistungen gegenüber Mitinhaftierten erbracht werden müssen. Letztere können wiederum im Einschmuggeln von Drogen in die Anstalt oder in deren intramuraler Distribution bestehen. Es kommt zu Erpressungen nicht zahlungsfähiger Schuldner und zur Anwendung von Gewalt. Verfügt eine Anstalt sowohl über geschlossene als auch über offene Abteilungen, erfolgen Nötigungen von Freigängern, bei der Rückkehr in die Einrichtung von draußen Drogen einzubringen. Ferner kommt es zu Gewaltandrohung bzw. -anwendung gegen Mitgefangene, damit diese Familienangehörige sowie sonstige Kontaktpersonen veran-

---

[249] Özsöz, 2007, S. 39.
[250] Siehe dazu Schmidt/Klug/Gutewort, 1998, S. 595 ff.
[251] Dazu Kap. 5.5.3.
[252] AK-Boetticher/Stöver, 2006, vor § 56 Rdn. 40.

lassen, bei Anstaltsbesuchen Betäubungsmittel mitzubringen. Die Entwicklung subkultureller Strukturen wird noch dadurch indirekt gefördert, dass in den meisten Anstalten keine besonderen Abteilungen für drogenabhängige Gefangene vorgesehen sind.

Ein drogenbezogener Auslösefaktor von Gewalthandlungen in den Justizvollzugsanstalten sind **Macht- und Verteilungskämpfe** unter den Beteiligten des Betäubungsmittelhandels in den Einrichtungen. Dies ist insbesondere dann der Fall, wenn ein maßgeblicher Dealer aus dem Vollzug entlassen oder in eine andere Einrichtung verlegt wird. Der illegale Drogenhandel liegt in den Haftanstalten vor allem in der Hand inhaftierter Ausländer bzw. von anderen Gefangenen mit Migrationshintergrund.[253] Eine besondere Stellung nehmen dabei die russlanddeutschen Inhaftierten ein. Sowohl hinsichtlich der Beschaffung als auch des Konsums sind sie bereit, jedes Risiko einzugehen. Bei ihnen kommt der Gruppe bei der Organisation der erforderlichen finanziellen Mittel, der Aufteilung der Drogen und dem gemeinsamen Konsum große Bedeutung zu. Bezüglich der Beschaffung von Betäubungsmitteln für die Insassen in den Vollzugseinrichtungen muss von einer Vernetzung der verschiedenen Strafanstalten ausgegangen werden.[254]

(7) Verbale Kommunikation

221 Die Anstaltssubkultur zeigt sich ferner im Sprachgebrauch der Strafgefangenen. Die Inhaftierten bilden eine rund um die Uhr in der Einrichtung anwesende, von der Außenwelt mehr oder weniger abgeschottete Sprachgemeinschaft. Diese pflegt mit der **Knastsprache**[255] einen eigenen Wortschatz, wobei ihr auch eine Einheit stiftende Funktion im Sinne eines Zusammengehörigkeitsgefühls zukommt. Die einzelnen Elemente des sog. Knastjargons sind ganz überwiegend nicht schriftlich fixiert. Sie entziehen sich teilweise der Kenntnisnahme durch Außenstehende und sollen dies nach Auffassung der Inhaftierten auch.

> Der Knastjargon ist jedoch keine von der Gefangenensubkultur als deren Produkt hervorgebrachte Sprache. Zwar gibt es zahlreiche knasteigene Ausdrücke, die dort entstanden sind und spezifische Lebensbedingungen und Vorkommnisse im Vollzugsalltag bezeichnen. Nicht wenige **Wortschatzelemente** sind allerdings Sprachgemeinschaften entlehnt, die außerhalb der Justizvollzugsanstalten existieren. Betrachtet man die Verwendung einzelner Begriffe über die Jahrzehnte hinweg, so zeigt sich, dass zu Beginn des 20. Jahrhunderts knasttypische Ausdrücke nicht selten der alten deutschen Gaunersprache, dem Rotwelschen, entstammten, welche ihrerseits einige Wurzeln in der jiddischen Volkssprache sowie in derjenigen der Sinti und Roma (abwertend häufig als Zigeunersprache bezeichnet) fand. Der weitere sprachliche Zufluss kam dann vor allem aus den Gruppen, die auch innerhalb der Gefängnispopulationen dominierten bzw. dominieren: der milieueigene Jargon der Zuhälter und Prostituierten sowie der Nichtsesshaften, der Sprachgebrauch jugendlicher Randgruppen von den Rockern bis hin zu Skinheads, schließlich Wortschatzelemente der Betäubungsmittelszene, die nicht geringe Teile des Strafvollzugs beherrscht. Ne-

---

[253] Laubenthal, 2006a, S. 600.
[254] Siehe Arbeitsgruppe Bayerische Justizvollzugsanstalten, 2004, S. 35.
[255] Dazu eingehend Klocke, 2000, S. 21 ff.; Laubenthal, 2001; Wohlgemuth, 1988, S. 51 ff.

ben spezifisch knasteigenen Wendungen haben zudem in der allgemeinen Umgangssprache übliche Ausdrücke – zum Teil mit einem anderen Sinngehalt – Eingang in den Knastjargon gefunden. Dies betrifft auch Anglizismen, die – insbesondere im Drogenbereich – sowohl die Umgangssprache als auch diejenige der Gefangenensubkultur beeinflussen.

Begriffe aus dem Gefangenenjargon (siehe Laubenthal, Lexikon der Knastsprache, 2001):

abbunkern	ein Versteck für verbotene Gegenstände anlegen
Amtsschließer	Vollzugsbediensteter
Bello	Toilette im Haftraum
Bombe	200-Gramm-Glas mit löslichem Kaffee
Brotfach	Haftraum
Bunker	besonderer Haftraum zum Vollzug der Disziplinarmaßnahme des Arrests
Dachdecker	Anstaltspsychologe
eindosen	einen Gefangenen in seinem Haftraum einschließen
Etagenboy	Gefangener, der als Hausarbeiter Hilfstätigkeiten im Unterkunftsbereich der Anstalt verrichtet
Ewiger	Gefangener, der eine lebenslange Freiheitsstrafe verbüßt
Flachmann bauen	an einer Überdosis Betäubungsmitteln versterben
flitzen	aus der Justizvollzugsanstalt fliehen
Ganovenball	Einkaufstag beim Anstaltskaufmann
Gefängnisratte	Rechtsanwalt
Giftmischer	Küchenbeamter
Häuptling	Leiter einer Vollzugsanstalt
Hengst	Leiter einer Vollzugsanstalt für Frauen
Himmelskomiker	Anstaltsgeistlicher
Kläranlage	Gefängnisküche
Klavier spielen	Fingerabdrücke abgeben
Knochenkoffer	Bett im Haftraum
Koffer	Päckchen Tabak
kotzen	ein Geständnis ablegen
Langer-Riegel-Tag	Tag mit verkürzten Aufschlusszeiten
Mengenrabatt	Gesamtstrafe
Nachschlag	Verurteilung zu einer weiteren Freiheitsstrafe
Pensumgeier	Inhaftierter, der sich bei der Arbeit besonders anstrengt
Plauderstündchen	therapeutisches Gespräch
Plombe	Disziplinarmaßnahme der Freizeitsperre
Rosenkranz	Handfesseln
Rucksack	Maßregel der Sicherungsverwahrung
schwarzer Psychologe	Gummiknüppel als dienstlich zugelassene Hiebwaffe bei der Anwendung unmittelbaren Zwangs gegen Inhaftierte
Sittenpfiffi	Sexualstraftäter
Speisekarte	Vorstrafenliste
Taucher	in Haftraumtoilette entsorgte Essensreste
verreisen	fliehen
Wetterwechsel	Schichtwechsel bei den Vollzugsbediensteten
Zellenfilz	Vollzugsbediensteter
Zinker	Verräter
zum Zwick gehen	die Verbüßung eines Arrests antreten

Mitgeprägt ist der Knastjargon durch ansonsten mehr oder weniger tabuisierte Vokabeln des obszönen Wortschatzes. Dabei beinhaltet die Knastsprache schließlich Begriffe, die – etwa Vollzugsbediensteten oder Polizeibeamten unmittelbar gegenüber geäußert – durchaus den Straftatbestand der Beleidigung erfüllen.

Die **verbale Kommunikation** – vor allem in Einrichtungen des geschlossenen Vollzugs – findet unter den Gefangenen in verschiedenen Kommunikationsforen statt: während der Arbeitstätigkeit in den Anstalts- bzw. Unternehmerbetrieben, bei Freizeitveranstaltungen, beim gemeinsamen Hofgang während der Freistunde oder während der Aufschlusszeiten, wenn geöffnete Hafträume kommunikative Kontakte zwischen den Inhaftierten ermöglichen.

Neben der Sprachgemeinschaft der Inhaftierten besteht in den Justizvollzugsanstalten ferner die Sprachgemeinschaft des Vollzugspersonals sowie der Vollzugsverwaltung. Anstaltsbedienstete bedienen sich bei ihrer Kommunikation mit den Gefangenen einer Art **Vollzugsdeutsch**. Hierbei handelt es sich um ein fachspezifisches Vokabular, das überwiegend begrifflichen Vorgaben des Strafvollzugsgesetzes oder des Strafvollstreckungsrechts bzw. verwaltungsinternen Vorschriften entstammt. Der tägliche Kommunikationsprozess zwischen Anstaltspersonal und Insassen bewirkt dann die Übernahme solcher Wortschatzelemente des Fachvokabulars in den Sprachgebrauch der Gefangenen.[256]

(8) Tausch- und Kaufgeschäfte

222 Eine Reaktion auf den weitgehenden Entzug materieller Güter im Strafvollzug stellt auf der subkulturellen Ebene der Bereich der illegalen Tausch- und Kaufgeschäfte dar. Aufgrund der durch die gesetzlichen Vorschriften nur sehr begrenzt in den Anstalten gegebenen Möglichkeiten zum Besitz von Gegenständen[257] besteht eine Mangelwirtschaft, welche vor allem unerlaubte Sachen betrifft (z.B. Alkohol, Betäubungsmittel, Bargeld). Das **Schwarzmarktgeschehen** in den Einrichtungen ist auch gekennzeichnet von subkulturellen Gegenleistungen (z.B. Übermittlung von Nachrichten, sexuelle Hingabe, Einschmuggeln verbotener Gegenstände), wobei die Eintreibung der illegalen Schulden von Gefangenen mit Nachdruck betrieben wird.[258]

So gibt es in einigen Anstalten sog. Abschirmstationen zur abgetrennten Unterbringung von Inhaftierten, die im Verdacht des Drogenhandels innerhalb der Einrichtung stehen. Andere abgetrennte Stationen (sog. Schuldenburgen) dienen der Sicherung von Gefangenen, welche ihre anstaltsinternen Gläubiger nicht befriedigen können und deshalb mit gesundheits- und lebensgefährdenden Angriffen zu rechnen haben.[259]

(9) Tätowieren

223 Zu den Ausdrucksformen subkultureller Aktivitäten zählt das Tätowieren.[260] Zwar besteht in den Vollzugsanstalten regelmäßig – etwa durch Festsetzung in der

---

[256] Siehe auch Schott, 2002, S. 59 f.
[257] Dazu unten Kap. 5.2.4.2.
[258] Kölbel, 1999, S. 500.
[259] Siehe Laubenthal, 2001, S. 19, 154.
[260] Dazu Kretschmer, 2006, S. 579 ff.; Pichler, 2006, S. 145 ff.

Hausordnung ein **Tätowierverbot**.²⁶¹ Das beruht zum einen auf Gründen des Gesundheitsschutzes.²⁶² Man will die gemeinschaftliche Nutzung von Tätowiernadeln verhindern, ebenso die Verwendung gesundheitsgefährdender Farbstoffe. Auch soll der Ausbildung subkultureller Strukturen entgegengewirkt werden.

Würde man die Praxis des Tätowierens unter bestimmten Voraussetzungen legalisieren – etwa durch die Zulassung von Besuchen der Mitarbeiter externer Tätowierstudios²⁶³ –, könnte zwar für die Einhaltung hygienischer Standards besser Sorge getragen werden. Es entfiele jedoch die mit dem subkulturellen Handeln verbundene Ventilfunktion, so dass eine solche Maßnahme in der Praxis keine ihrem Sinn entsprechende Wirkung entfalten würde.

3.4.2.5 Prisonisierungsprozess

Primäre und sekundäre Adaptation sind die beiden Aspekte eines Prozesses, der als Prisonisierung bezeichnet wird: Anpassung an das Anstaltsleben, verbunden mit einer Akkulturation an deviante Normen einer Subkultur.²⁶⁴

Die Übernahme subkultureller Werte und dementsprechender Aktivitäten soll nach den Resultaten gefängnissoziologischer Untersuchungen von bestimmten Faktoren abhängig sein. Clemmer²⁶⁵ konstatiert einen linearen Zusammenhang zwischen der Länge des Anstaltsaufenthalts und dem **Prisonisierungsgrad**. Auch Wheeler²⁶⁶ stellt einen solchen Zusammenhang fest, gelangt jedoch zu einer durch verschiedene Haftphasen bedingten Abhängigkeit der Nonkonformität des Insassen zu den offiziellen Anstaltsnormen: hohe Konformität des Gefangenen zu Haftbeginn, d.h. Orientierung an den konventionellen gesamtgesellschaftlichen Normen; verstärkte Nonkonformität gegen Mitte der Strafverbüßung; erneute Konformität vor Haftende. Der Prisonisierungsprozess läuft danach zyklisch in Form einer U-Kurve ab. Eine durch wachsende Dauer des Anstaltsaufenthalts bedingte Abnahme gesellschafts- und stabskonformer Einstellungen und gleichzeitig eine zunehmende Internalisierung subkultureller Werte bestätigen einige Erhebungen auch für den deutschsprachigen Raum.²⁶⁷ Abgesehen von der Länge der Inhaftierung kann der Prisonisierungsgrad aber auch beeinflusst werden durch die Beziehungen zu Mitgefangenen, die Erwartungen an die Zeit nach der Entlassung, die Intensität der Entfremdung von der freien Gesellschaft sowie durch eine Ablehnung der Institution, die Anstaltsstruktur und die Persönlichkeit des Insassen selbst.²⁶⁸

---

[261] Vgl. Bammann, 2006, S. 83 ff.; zur Frage einer Strafbarkeit der Vornahme von Tätowierungen an Mitgefangenen AG Rosenheim, NStZ 2009, S. 215 f.
[262] Heudtlass/Duckwitz, 2006, S. 70; Stöver/Bammann, 2006, S. 161 ff.
[263] Stiehler, 2000, S. 235; a.A. Arloth, 2008, § 56 Rdn. 4.
[264] Clemmer, 1958, S. 299.
[265] Clemmer, 1958, S. 304.
[266] Wheeler, 1961, S. 702, 706 f.
[267] Hohmeier, 1973, S. 59 ff., 106 ff.; Hoppensack, 1969, S. 152 ff.
[268] Thomas/Foster, 1972, S. 234 f.; Zingraff, 1979, S. 366 ff.

225 Als ein weiterer Faktor tritt die Art der übernommenen Insassenrolle hinzu.[269] Mittels bestimmter als **soziale Verhaltenstypen** bezeichneter Verhaltensstile werden nach den Ergebnissen anstaltssoziologischer Untersuchungen die Gefangenen im Hinblick auf ihr Verhalten gegenüber dem offiziellen System eingeteilt. Es kommt zu einer informellen Differenzierung der Insassen entsprechend den übernommenen Adaptationsmechanismen. Vorbild hierfür ist eine von Schrag[270] für den nordamerikanischen Vollzug entwickelte Typologie:

- Der **prosoziale** Typus („square John") ordnet sich unter und orientiert sich an den konventionellen und legalen Anstaltsnormen, die er kooperativ unterstützt.
- Der **pseudosoziale** Typus („politician") erscheint opportunistisch und angepasst; er wechselt zwischen den Normensystemen und richtet sich jeweils zu seinem Vorteil nach denjenigen des Vollzugsstabes oder denen der Insassensubkultur.
- Der **asoziale** Typus („outlaw") erscheint frei von normativen Bindungen, schenkt weder den Insassennormen noch der Anstaltsordnung große Beachtung. Er lebt zurückgezogen und beschränkt seine sozialen Beziehungen auf ein Minimum.
- Der **antisoziale** Typus („right guy") lehnt die offiziellen Stabsnormen ab und übernimmt die opponierende Insassenrolle. Er betont Werte wie Solidarität, Loyalität und gegenseitige Hilfe.

226 Die Termini der Verhaltensstile sind ohne empirischen Nachweis auf die deutsche Strafvollzugswirklichkeit übertragen worden.[271] Zum einen ergibt sich deshalb die Problematik einer interkulturellen Vergleichbarkeit. Zum anderen stellt die Multikausalität eines bestimmten menschlichen Verhaltens in Konflikt- und Stresssituationen derartige modellhaft typische Rollenbeschreibungen in Frage. Es kann zudem ausgeschlossen werden, dass es eine ganz spezifische Anstaltsgesellschaft mit gänzlich übereinstimmenden formellen und informellen Normen und Werten gibt, in die der Verurteilte sich im Verlauf seines Anstaltsaufenthalts einem ganz bestimmten Verhaltenstypus gemäß einfügt. Vielmehr löst die Entzugssituation der Strafhaft individuell divergierende Adaptationsmechanismen aus, zu denen auch die Bildung informeller Subsysteme bzw. der Anschluss an solche gehört. Dabei folgt die Dynamik der Akkulturation wesentlich den Erfahrungen der vorinstitutionellen Biographie.

Nach einer von Hürlimann[272] in der Jugendstrafanstalt Rockenberg und in der Erwachsenenstrafanstalt Butzbach durchgeführten Untersuchung verfügen die **Führer der Subkultur** im Gegensatz zu ihren Mitinhaftierten über eine größere kriminelle Erfahrung. Informelle Führer sind intelligenter, körperlich stärker und bei den anderen Gefangenen beliebter. Sie sind in Handelsgeschäfte der Subkultur (z.B. Drogenhandel) involviert; ein großer Teil von ihnen nimmt bei Konflikten zwischen Insassen und Vollzugsbediensteten Vermittlerrollen wahr. Hürlimann hat die Führer nach ihren primären Machtgrundlagen klassifiziert und dementsprechend drei Gruppen von Führertypen gebildet:

---

[269] Dazu Garabedian, 1963, S. 147 ff.
[270] Schrag, 1964, S. 347.
[271] Vgl. Harbordt, 1972, S. 76 f.; Hohmeier, 1971, S. 4.
[272] Hürlimann, 1993.

- Gewalt-Führer,
- Aufgaben-Führer,
- Sozial-Führer.

Über die Hälfte der Probanden war im Erwachsenenvollzug als Aufgaben-Führer einzuordnen, welche ihren primären Einfluss durch subkulturell geschätzte Kenntnisse (z.B. juristisches Wissen) oder durch illegale Handelsgeschäfte erlangten. Im Jugendstrafvollzug hoben sich dagegen die Gewalt-Führer von den anderen Führertypen ab.

Den schädlichen Einflüssen informeller Aktivitäten muss die Vollzugsbehörde aufgrund des **Gegensteuerungsprinzips** (§ 3 Abs. 2 StVollzG, § 2 Abs. 3 S. 1 JVollzGB III, Art. 5 Abs. 2 BayStVollzG, § 3 Abs. 1 S. 2 HmbStVollzG, § 3 Abs. 2 HStVollzG, § 2 Abs. 2 NJVollzG) begegnen. Wird die Subkultur bedingt durch die Notwendigkeit der Verarbeitung von Haftdeprivationen, vermag eine Reduzierung vollzuglicher Stressfaktoren entsprechend dem Angleichungsgrundsatz des § 3 Abs. 1 StVollzG, § 2 Abs. 2 JVollzGB III, Art. 5 Abs. 1 BayStVollzG, § 3 Abs. 1 S. 1 HmbStVollzG, § 3 Abs. 1 HStVollzG, § 2 Abs. 1 NJVollzG zu einer Verminderung solcher Erscheinungsformen zu führen. Zwar dient eine gewisse informelle Ordnung aus der Sicht des Vollzugsstabs auch der Bewahrung des Vollzugsalltags vor unvorhergesehenen Störfaktoren[273], jedoch sind die in den Strafanstalten unterschiedlich ausgeprägten Subsysteme geeignet, die Chancen einer Vollzugszielerreichung zu beeinträchtigen.[274]

227

Zudem darf nicht außer Acht bleiben, dass der Strafvollzug eine Abbildung unserer Gesellschaft und ihrer Problemlagen darstellt. Soziale Entwicklungen machen vor den Toren der Justizvollzugsanstalten nicht halt – sie erreichen sie allenfalls zeitlich etwas verzögert. Die gesellschaftlichen Probleme und Konflikte werden dann in den Vollzugseinrichtungen in massierter und potenzierter Ausprägung sichtbar.[275]

In den zurückliegenden Jahren trat vor allem bei den Straftaten junger Verurteilter die Begehung von Gewaltdelikten sowohl unter statistischer Perspektive als auch im Bereich der öffentlichen Wahrnehmung in den Vordergrund. Betrachtet man weiter den deutschen Strafvollzug insgesamt einschließlich des Vollzugs der Freiheitsstrafen an Erwachsenen, so hat sich die Anzahl der inhaftierten Gewaltdelinquenten gerade bei den Raub- und Körperverletzungsdelikten seit einiger Zeit erhöht.[276]

Hinsichtlich der **Entstehungsbedingungen** von Insassensubkulturen werden folgende Erklärungsansätze herangezogen:
- Das **Deprivationsmodell**[277] basiert auf den Erkenntnissen zur Strafanstalt als einer totalen Institution. Deviante Erscheinungsformen stellen Reaktionen der

---

[273] Walter M., 1999, S. 261; Weis, 1988, S. 255.
[274] Ortmann, 1992, S. 408 ff.
[275] Müller-Dietz, 1998a, S. 15.
[276] Vgl. Walter M., 2006, S. 73 ff.
[277] Morris/Morris, 1963, S. 176 ff.; Sykes/Messinger, 1960, S. 13 ff.; ferner Hohmeier, 1973, S. 67; siehe auch Hermann/Berger, 1997, S. 371 f.; Kühnel, 2006, S. 277; Lambropoulou, 1998, S. 1220 f.

Gefangenen auf die Haftdeprivationen dar. Die Übernahme subkultureller Normen und Verhaltensweisen wird zu einer Adaptationsstrategie zum Zweck der Reduzierung akuter Stressfaktoren sowie der Wiederherstellung von Selbstachtung und individueller Würde in der kustodialen Anstalt.
- Die **kulturelle Übertragungstheorie**[278] („Importation Model") gründet die deviante Insassensubkultur nicht allein auf Reaktionen der Betroffenen auf die intensive Entzugssituation der Strafanstalt. Maßgeblich bestimmend sind vielmehr die latenten sozialen Identitäten der Inhaftierten. Die Verurteilten besitzen bereits bei Haftantritt ein verhaltenssteuerndes Set von Werten. Treffen sie in der Institution auf Personen mit ähnlichem sozialem Hintergrund, entsteht eine entsprechende latente Kultur. Die Gefangenensubkultur ist danach ein Produkt aus extramuralen Einflüssen und vorinstitutioneller Biographie.

Das **Integrationsmodell** verbindet Deprivationsmodell und kulturelle Übertragungstheorie.[279] Danach sind sowohl vorinstitutionelle Erfahrungen als auch anstaltsspezifische Faktoren für die normative Anpassung der Inhaftierten von Bedeutung. Eine Rolle spielen zudem Nachentlassungserwartungen des Einzelnen.[280]

3.4.2.6 Psychische Auswirkungen der Haft

228 Mittels geeigneter Behandlungsmaßnahmen ist nicht nur dem sozialisationsfeindlichen Effekt der Prisonisierung, sondern auch den psychischen Auswirkungen des Anstaltsaufenthalts entgegenzuarbeiten. Denn die Strafhaft kann als eine permanente Konflikt erzeugende Daseinskonstellation mit zunehmender Dauer Reaktionen beim Einzelnen hervorrufen, die über bloße Einstellungs- und Persönlichkeitsänderungen hinausgehend dem Bereich der Psychopathologie zuzuordnen sind. Die durch die psychotraumatische Situation der Haft hervorgerufenen **Reaktionen**[281] werden in ihrem Wesen bestimmt durch die Konstitution und Disposition des Individuums, seine vorgegebene Ausstattung mit Frustrationstoleranz, Verarbeitungsbereitschaft und Konfliktlösungsvermögen. Dabei kann es zu nur vorübergehenden abnormen Verhaltensformen kommen wie Affektreaktionen, zu intrapsychischer Entladung, Kurzschlusshandlungen, psychogenen Zweckreaktionen und Ausnahmezuständen. Belastungsreaktionen und Anpassungsstörungen zählen zu den häufigsten Diagnosen in Hafteinrichtungen.[282] Es vermögen aber auch progressiv abnorme Persönlichkeitshaltungen zu entstehen, dominante Affekteinstellungen, paranoische Entwicklungen und Neurosen. Letztere werden manifest in Angst- bzw. Zwangssymptomen, Phobien, Psychoneurosen, psychosomatischen Körperstörungen oder in autoaggressivem Verhalten von Inhaftierten.[283] Andererseits erscheinen immer wieder Veröffentlichungen von und über

---

[278] Becker/Geer, 1960, S. 306 ff.; siehe auch Hürlimann, 1993, S. 19 ff.; Kühnel, 2006, S. 277 f.; Lambropoulou, 1987, S. 67 ff.
[279] Schwartz, 1971, S. 532 ff.; Thomas/Foster, 1972, S. 229 ff.
[280] Siehe auch Eisenberg, 2005, S. 544 ff.; Lambropoulou, 1998, S. 1222.
[281] Dazu Nedopil, 2007, S. 329.
[282] Blocher/Henkel/Ziegler/Rösler, 2001, S. 136 ff.
[283] Langelüddecke/Bresser, 1976, S. 96 ff.; Schleuss, 1994, S. 433 ff.; Witter, 1972, S. 476 ff.

Personen, die – sogar zu langjährigen Freiheitsstrafen verurteilt – diese manchmal Jahrzehnte dauernde Strafverbüßung ohne wesentliche Anzeichen psychischer Alteration überstanden haben.[284]

Der Vollzug einer langjährigen Freiheitsstrafe kann zu Persönlichkeitsveränderungen beim Gefangenen führen. International publizierte Studien zur Langzeitstrafe[285] haben jedoch ergeben, dass **keine monokausale Beziehung zwischen Haftdauer und psychischen Beeinträchtigungen** besteht. Die Deprivation des Strafvollzugs vermag vor allem bei entsprechender Prädisposition[286] Persönlichkeitsänderungen zu begünstigen. Demgemäß sind Motivationsverlust, Apathie, sozialer Rückzug sowie neurotische Reaktionen als Symptome einer psychischen Sekundärbeeinträchtigung in unterschiedlichen Ausprägungen festzustellen. Dies gilt auch für das Auftreten abnormer Erlebnisreaktionen. Die psycho-sozialen Belastungen insbesondere einer langjährigen Haft können beim Gefangenen immer neue psychische Traumata hervorrufen. Diese bewirken kumulativ einen Spannungszustand, der sich schließlich in einer Affektreaktion entlädt. Die intrapsychische Entladung erfolgt zumeist in Form des „Zuchthausknalls" oder „Haftkollers": Schreikrämpfe, Zerstörung der Zelleneinrichtung, tätliche Angriffe auf das Vollzugspersonal oder auf Mitgefangene.[287]

229

Die Explosivreaktion kann aber auch in **suizidalen Handlungen** und **Selbstbeschädigungen** zum Ausdruck kommen.[288] Der Selbstmord stellt die häufigste Todesursache im Strafvollzug dar[289] und übersteigt die Suizidrate der nach Alters- und Sozialstruktur vergleichbaren Population in Freiheit um ein Mehrfaches.[290] Eine besondere Gefährdung besteht während der Untersuchungshaft bzw. bei Erstverbüßern im ersten Haftmonat.[291] Aus Mangel an anderen Möglichkeiten werden von Inhaftierten ganz überwiegend als Selbsttötungsmethoden das Erhängen und das Erdrosseln gewählt.[292] Bezogen auf das der Inhaftierung zugrunde liegende Delikt findet sich eine relativ höhere Suizidgefährdung bei Tötungs- und Sexualstraftätern.[293]

230

In der Strafanstalt sind jedoch von den vollendeten und misslungenen Selbsttötungen die **parasuizidalen Handlungen** zu unterscheiden. Diese zielen nicht auf

---

[284] Vgl. z.B. Gaddis, Der Gefangene von Alcatraz, 1964; Leopold, Life and 99 Years, 1958; Mandela, Der lange Weg zur Freiheit, 1994; Siluan, Gott hinter Gittern, 1994; Speer, Spandauer Tagebücher, 1978; Todorov, 22 Jahre Knast, 2002.
[285] Siehe Nachweise bei Laubenthal, 1987, S. 144 ff.
[286] Toch, 1977, S. 285.
[287] Langelüddecke/Bresser, 1976, S. 244; Mechler, 1981, S. 19; Schleusener, 1976, S. 21; zum Ganzen auch Parverdian, 1993, S. 158 ff.
[288] Dazu Mechler, 1981, S. 21 ff.; Nedopil, 2007, S. 329; Schleuss, 1994, S. 431 f.; Sluga, 1977, S. 51; Swientek, 1982, S. 22 ff.; Wormith, 1984, S. 429 f.
[289] Siehe Granzow/Püschel, 1998, S. 3; Nedopil, 2007, S. 330.
[290] Vgl. Bennefeld-Kersten, 2009, S. 396; dies., 2009a, S. 88 f.; Konrad, 2002, S. 131 ff.; Lehmann, 2009, S. 240; Rosner, 1986, S. 42; Schmitt, 2006, S. 292; Zettel, 1988, S. 208.
[291] Pecher/Nöldner/Postpischil, 1995, S. 350; Schmitt, 2006, S. 294 f.
[292] Schmitt, 2006, S. 292.
[293] Konrad N., 2001, S. 103.

eine Lebensbeendigung, sondern auf eine Auflösung der inneren Spannungen. Schneiden (z.B. Rasierklingenschnitte an den Unterarmen), Verschlucken von Gegenständen, Fremdkörpereinführungen, Strangulation, Intoxikationen können über die intrapsychische Entladung hinaus auch Ausdruck sein von Autoaggression, Aggression nach außen, sekundärem Krankheitsgewinn oder sadomasochistischen Tendenzen.[294] Zumeist ist der Suizidversuch ein Hilferuf – der Versuch, auf die eigene Situation aufmerksam zu machen und wenigstens vorübergehend erhöhte Zuwendung zu erfahren.[295]

231 Zu den im Strafvollzug vorzufindenden psychischen Variationen gehören ferner psychogene **Zweckreaktionen**. Hierunter fällt beispielsweise das Ganser-Syndrom, das in charakteristischer Weise bei Inhaftierten auftritt.[296] Der Gefangene glaubt, durch „Geisteskrankheit" den Stressfaktoren entgehen zu können. Sein Unterbewusstsein führt die Simulation einer Psychose durch, deren Symptome ein systematisches Verkehrt-Denken und -Handeln sind. Zu den typischen Haftreaktionen gehören zudem Fantasiebildungen im Sinne von Unschuldsfantasien bzw. delinquenten Größenfantasien.[297]

232 Zwar kann – insbesondere die langjährige – Strafhaft abnorme Erlebnisreaktionen und abnorme erlebnisreaktive Entwicklungen als psychische Variationen hervorrufen. Trotzdem führt auch ein Langstrafenvollzug nicht zwangsläufig zu einer irreversiblen Persönlichkeitsschädigung oder gar zu einem vollständigen Persönlichkeitsverfall. Die **Auswirkungen** der gravierenden psycho-sozialen Stressfaktoren der Strafhaft sind vielmehr **multifaktoriell** bedingt.

Dabei nehmen als Faktoren kumulativ entscheidenden Einfluss:
– Persönlichkeitsmerkmale,
– vorinstitutionelle Biographie,
– Lebensalter,
– Prädisposition,
– Spannungstoleranz,
– Adaptationsstrategie,
– Verarbeitungsmechanismen,
– Anstaltserfahrung,
– Anstaltsstruktur,
– Außenweltkontakte,
– Behandlungsmaßnahmen.

233 Inwieweit die Auswirkungen der Strafhaft auf psychische Funktionen im Einzelfall zu dauerhaften Negativfolgen führen können, ist bislang nicht zureichend erforscht. Insoweit kommen auch Untersuchungen im Rahmen der Institutionalis-

---

[294] Langelüddecke/Bresser, 1976, S. 246; Sluga/Grünberger, 1969, S. 456 f.
[295] Schmitt, 2006, S. 293.
[296] McKay/Jayewardene/Reedie, 1979, S. 19 ff.; Scharfetter, 1985, S. 686; Wormith, 1984, S. 426.
[297] Nedopil, 2007, S. 329.

musforschung zu den Wirkungen haftanaloger Bedingungen (z.B. langjähriger Aufenthalt in psychiatrischen Kliniken) zu divergierenden Resultaten.[298]

Die Stressfaktoren der totalen Institution Strafanstalt resultieren aus einer – aufgrund zwingender Notwendigkeiten des Strafvollzugs – nur begrenzten Realisierbarkeit des Angleichungsgrundsatzes i.S.d. § 3 Abs. 1 StVollzG (Art. 5 Abs. 1 BayStVollzG, § 4 Abs. 1 HmbStVollzG, § 2 Abs. 1 NJVollzG). Die Einschränkungen der Vollzugsnormalität begründen die Gefahr schädlicher Folgen für den Insassen, denen gem. § 3 Abs. 2 StVollzG (Art. 5 Abs. 2 BayStVollzG, § 4 Abs. 2 HmbStVollzG, § 2 Abs. 2 NJVollzG) entgegengearbeitet werden muss. Es ist deshalb bei der individuellen Vollzugsgestaltung auf eine Verminderung von Stressfaktoren hinzuwirken, wobei insbesondere die Gewährung von Vollzugslockerungen als zumindest zeitweilige Ventilmaßnahme Bedeutung erlangt. Dem Gegensteuerungsprinzip entspricht vor allem ein dauerhaftes Bemühen der Vollzugsbehörde, Voraussetzungen für eine möglichst frühzeitige Entlassung des Verurteilten zu schaffen, damit die Wirkungen der Haft auf ein zeitliches Mindestmaß begrenzt bleiben.

3.4.3 Eingliederungsgrundsatz

Nach § 3 Abs. 3 StVollzG (Art. 5 Abs. 3 BayStVollzG, § 4 Abs. 3 HmbStVollzG, § 2 Abs. 3 NJVollzG) muss der Strafvollzug darauf ausgerichtet sein, dass er dem Gefangenen hilft, sich in das Leben in Freiheit einzugliedern. Die Behörde soll von Beginn an die Entlassung im Auge behalten und die einzelnen Maßnahmen des Vollzugs so ausgestalten, dass sie den Übergang vom Vollzug in die Freiheit erleichtern können.[299] Es geht damit nicht nur um die eigentliche Entlassungsvorbereitung. Vielmehr verpflichten die Normen zu einer **Ausrichtung des gesamten Vollzugs** schon ab dem Haftantritt **auf die Rückkehr in die Gesellschaft**.

In den Integrationsgrundsatz einbezogen sind daher auch die zu langjährigen bzw. zu lebenslangen Freiheitsstrafen Verurteilten: „Selbst zu Zeiten, in denen eine Entlassung noch nicht in Aussicht steht, sollte der Vollzug so gestaltet sein, dass eine spätere Entlassung den Gefangenen nicht unvorbereitet findet und ihn nicht überfordert."[300]

Das Prinzip der Eingliederungshilfe beschränkt sich nicht nur auf Maßnahmen zur sozialen (Re-)Integration im Sinne des Vollzugsziels, d.h. zur Rückfallverhinderung. Es betrifft auch alle Aspekte des Freiheitsentzugs selbst, welche den Übergang vom Strafvollzug in die Freiheit erschweren.[301] Hierzu zählt etwa die mit dem Haftantritt verbundene Unterbrechung sozialer Kontakte, um deren Aufrechterhaltung die Anstaltsleitung durch Gewährung von Vollzugslockerungen bzw. intramurale Kommunikationsmöglichkeiten mit der Außenwelt bemüht sein muss. Einer Vorbereitung auf ein Leben in Freiheit dienen Angebote zur Ausgleichung von Defiziten in der früheren Lebensführung (z.B. berufliche Bildung,

---

[298] Vgl. Laubenthal, 1987, S. 141 ff.
[299] BT-Drs. 7/918, S. 46.
[300] BT-Drs. 7/918, S. 46; siehe auch BVerfGE 45, S. 238 ff.
[301] Calliess/Müller-Dietz, 2008, § 3 Rdn. 8.

Schuldenregulierung usw.). Aus § 3 Abs. 3 StVollzG (Art. 5 Abs. 3 BayStVollzG, § 4 Abs. 3 HmbStVollzG, § 2 Abs. 3 NJVollzG) kann sich auch die Notwendigkeit einer heimatnahen Unterbringung des Gefangenen ergeben.[302] Durch geeignete Behandlungsmaßnahmen ist der Verurteilte zudem darauf vorzubereiten, dass – je nach Schwere der begangenen Straftat – die Lebensbewältigung für einen entlassenen Täter durch Stigmatisierungen in seiner postinstitutionellen sozialen Umwelt erschwert werden kann.

3.5 Die Stellung des Gefangenen

236 Nach den Vollzugsaufgaben und den Gestaltungsprinzipien stehen in § 4 StVollzG Grundsätze über die Stellung des Inhaftierten an der Spitze des Zweiten Abschnitts über den Vollzug der Freiheitsstrafe. Dabei geht es um die Bereiche:
– Abs. 1: die Mitwirkung des Gefangenen an der Gestaltung seiner Behandlung und der Vollzugszielerreichung und das Wecken und Fördern seiner Bereitschaft hierzu,
– Abs. 2: die allgemeine Rechtsstellung des Inhaftierten, der den im Gesetz vorgesehenen Freiheitsbeschränkungen unterliegt und dem bei fehlender gesetzlicher Regelung nur Beschränkungen auferlegt werden dürfen, welche zur Aufrechterhaltung der Sicherheit oder zur Abwendung einer schwerwiegenden Ordnungsstörung unerlässlich sind.

§ 4 Abs. 1 StVollzG beschreibt zum einen den positiven sozialen **Integrationsstatus**[303], die Stellung des Insassen im Behandlungsprozess zur Vorbereitung auf eine sozial verantwortliche Lebensführung. Auf der anderen Seite betrifft § 4 Abs. 2 StVollzG den negativen **Abwehrstatus**, wonach die durch den Strafvollzug bedingten Rechtsbeschränkungen aus rechtsstaatlicher Sicht möglichst eindeutig festgelegt sein müssen.

Auf der Ebene der **Landesstrafvollzugsgesetze** enthalten § 3 JVollzGB III sowie Art. 6 BayStVollzG eine § 4 StVollzG entsprechende Regelung. Das HmbStVollzG normiert dagegen in § 5 Abs. 1 eine Mitwirkungspflicht der zu Freiheitsstrafe verurteilten Inhaftierten an ihrer Behandlung, während § 5 Abs. 3 HmbStVollzG hinsichtlich des negativen Abwehrstatus mit § 4 Abs. 2 StVollzG inhaltlich übernimmt. Das hessische Gesetz über den Vollzug der Freiheitsstrafe bestimmt in § 4, dass die Gefangenen an Maßnahmen zu ihrer Eingliederung mitwirken sollen und ihre Bereitschaft hierzu zu wecken und zu fördern ist. § 6 Abs. 1 HStVollzG enthält bezüglich der Stellung der Inhaftierten den gleichen Regelungsgehalt wie § 4 Abs. 2 StVollzG. In Niedersachsen regelt § 6 Abs. 1 NJVollzG die Frage der Mitwirkung angelehnt an § 4 Abs. 1 StVollzG. Bezüglich der Rechtsstellung des Gefangenen ist mit § 3 NJVollzG der negative Abwehrstatus der Betroffenen im Vergleich zu § 4 Abs. 2 S. 2 StVollzG reduziert.

---

[302] Siehe auch AK-Feest/Lesting, 2006, § 3 Rdn. 21 ff.
[303] Würtenberger, 1970, S. 223.

3.5.1 Mitwirkung an der Behandlung

Handelt es sich bei der Behandlung um die Gesamtheit aller Maßnahmen und Tätigkeiten im interkommunikativen Bereich zum Zweck der gesellschaftlichen Integration sowie der Befähigung zu einem Leben ohne Rückfall, dann bedarf es einer aktiven Teilnahme des Inhaftierten an den Interaktionen der Vollzugsgemeinschaft. Um den Sozialisationserfolg zu erreichen, ist eine Mitwirkung des Betroffenen an den Behandlungsmaßnahmen erforderlich. 237

Der Bundesgesetzgeber hat in § 4 Abs. 1 StVollzG **keine Mitwirkungspflicht** normiert, um den Verurteilten nicht zu einem bloßen Objekt behandelnden Einwirkens zu machen.[304] Dem entsprechen auch § 3 Abs. 1 JVollzGB III, Art. 6 Abs. 1 BayStVollzG, § 4 HStVollzG sowie § 6 NJVollzG. Der Strafgefangene wird in seiner **Subjektstellung** anerkannt, indem ihm eine aktive Rolle im Prozess der Behandlung zukommt. Diese beginnt bereits in der Planungsphase. Sie setzt sich dann über alle Stadien des Behandlungsvollzugs fort. Die Mitwirkungsregelungen der Strafvollzugsgesetze geben dem Einzelnen aber kein Recht auf Mitwirkung in dem Sinne, dass ihm konkrete Rechtsansprüche zu gewährleisten sind.[305] Es besteht kein Anspruch auf eine bestimmte Art der Behandlung.[306] 238

Im Mitwirkungsgrundsatz kommt die **Mitwirkungsnotwendigkeit** des Gefangenen zum Ausdruck.[307] Denn seine Mitarbeit stellt einen wesentlichen Bestandteil des Behandlungsvollzugs dar. Aufgabe des Vollzugsstabes ist es daher nach § 4 Abs. 1 S. 2 StVollzG, § 3 Abs. 1 S. 2 JVollzGB III, Art. 6 Abs. 1 S. 2 BayStVollzG, § 4 S. 2 HStVollzG, § 6 Abs. 1 S. 2 NJVollzG, die Bereitschaft des Einzelnen zu wecken und zu fördern.

Wird durch § 4 Abs. 1 StVollzG, § 3 Abs. 1 JVollzGB III, Art. 6 Abs. 1 BayStVollzG, § 4 HStVollzG, § 6 Abs. 1 NJVollzG keine Mitwirkungspflicht begründet, dann darf eine **fehlende Bereitschaft** des Inhaftierten **zur Mitarbeit** mangels Verwirklichung eines Disziplinartatbestands auch nicht mit Disziplinarmaßnahmen geahndet werden. Eine dem Sozialstaatsprinzip folgende Ausgestaltung des Strafvollzugs beinhaltet allerdings eine soziale Inpflichtnahme des Gefangenen.[308] Zwar setzt Behandlungsvollzug eine freiwillige Mitarbeit voraus. Eine Gefährdung von Sozialisationsbemühungen kann jedoch zu Rechtsbeschränkungen führen. Ist die Erreichung des Sozialisationsziels als Kriterium für eine Gewährung oder Eingrenzung von Rechten im Gesetz ausdrücklich normiert (z.B. in § 25 Nr. 2 StVollzG, § 20 Nr. 2 JVollzGB III, Art. 28 Nr. 2 BayStVollzG, § 26 Nr. 2 NJVollzG), hat eine **fehlende Mitwirkungsbereitschaft** entsprechende Einschränkungen zur Folge.[309] 239

Fraglich ist, inwieweit auf den nicht an seiner Behandlung mitarbeitenden Gefangenen durch Versagung von Vollzugslockerungen, Verlegung in den offenen Vollzug oder Hafturlaub – mit dem Ziel der Teilnahme an Sozialisationsbemü- 240

---

[304] BT-Drs. 7/3998, S. 6.
[305] Calliess/Müller-Dietz, 2008, § 4 Rdn. 3 f.; Müller-Dietz, 1978, S. 87.
[306] Böhm/Jehle, in: Schwind/Böhm/Jehle/Laubenthal, 2009, § 4 Rdn. 12.
[307] AK-Feest/Lesting, 2006, § 4 Rdn. 4.
[308] BVerfGE 40, S. 284 f.; Calliess/Müller-Dietz, 2008, Einl. Rdn. 34.
[309] Laubenthal, 2000a, S. 171.

hungen – **indirekt eingewirkt** werden darf. Bei den Entscheidungen der Anstaltsleitung über die Gewährung solcher Behandlungsmaßnahmen kommt dem Verhalten des Verurteilten im Vollzug durchaus Bedeutung zu (Gleiches gilt für den Beschluss der Strafvollstreckungskammer über eine Strafrestaussetzung zur Bewährung gem. § 57 Abs. 1 S. 2 StGB). Dadurch kann der Inhaftierte sich in Richtung auf eine zukünftige Kooperation unter Druck gesetzt fühlen.[310] Dem das Vollzugsziel für sich ablehnenden Gefangenen dürfen jedoch nicht alle sozialstaatlich begründeten Vollzugsmaßnahmen versagt werden.[311] Anderenfalls führte dies zu einer Umgehung des legislatorischen Willens, auf eine Mitwirkungspflicht zu verzichten. Verkannt würde zudem der Angebotscharakter der meisten vollzuglichen Behandlungsmaßnahmen.[312] Maßgeblich erscheint insoweit nur eine dem **Einzelfall** gerecht werdende Lösung. So mag eine mangelnde Mitarbeit des Resozialisierungsunwilligen an der Erreichung des Sozialisationsziels das Missbrauchsrisiko i.S.d. § 11 Abs. 2 StVollzG, § 9 Abs. 1 JVollzGB III, Art. 13 Abs. 2 BayStVollzG, § 13 Abs. 2 S. 1 HStVollzG, § 13 Abs. 2 NJVollzG bei der Gewährung von Vollzugslockerungen erhöhen.[313] Eine verweigerte Mitarbeit sollte aber nicht zu „schematischen Trotzreaktionen"[314] verleiten, sondern den Vollzugsstab nach § 4 Abs. 1 S. 2 StVollzG, § 3 Abs. 1 S. 2 JVollzGB III, Art. 6 Abs. 1 S. 2 BayStVollzG, § 4 S. 2 HStVollzG, § 6 Abs. 1 S. 2 NJVollzG zu neuen Angeboten und Bemühungen veranlassen. Denn durch eine Verweigerungshaltung seitens des Gefangenen wird die Institution nicht von ihrer Pflicht entbunden, dessen Bereitschaft zur Mitwirkung an seiner Behandlung zu wecken und zu fördern.[315]

In **Hamburg** sind nach § 5 Abs. 1 S. 1 HmbStVollzG die Strafgefangenen **verpflichtet**, an der Gestaltung ihrer Behandlung und an der Erfüllung des Behandlungsauftrags nach Maßgabe des Vollzugsplans **mitzuwirken**. Fehlt es an einer Mitwirkungsbereitschaft, führt dies aber nicht zur Beendigung aller Behandlungsbemühungen. Vielmehr ist gem. § 5 Abs. 1 S. 2 HmbStVollzG die Mitwirkungsbereitschaft zu wecken und zu fördern. Die Mitwirkungsverweigerung wird als eigenverantwortliche Entscheidung des Betroffenen respektiert und nicht als Pflichtverletzung mittels Disziplinarmaßnahmen sanktioniert (§ 85 S. 2 HmbStVollzG). Allerdings hat die Entscheidung gegen eine Mitwirkung Auswirkungen auf Art und Umfang zu gewährender Behandlungsinhalte. So kann gem. § 12 Abs. 2 HmbStVollzG die Gewährung von Vollzugslockerungen versagt werden, wenn der Inhaftierte seiner Mitwirkungsverpflichtung nicht nachkommt.

---

[310] Dazu auch Walter M., 1999, S. 294.
[311] Anders aber Koepsel, 1985, S. 55 f.
[312] Calliess/Müller-Dietz, 2008, § 4 Rdn. 4; Jung H., 1987, S. 40.
[313] Zu weitgehend OLG Karlsruhe, ZfStrVo 1985, S. 246: „erhöht in der Regel das Missbrauchsrisiko".
[314] Jung H., 1987, S. 41.
[315] Zur Therapiemotivation bei bestimmten Zielgruppen: Dahle, 1994, S. 227 ff.

3.5.2 Allgemeine Rechtsstellung des Inhaftierten

§ 4 Abs. 2 S. 1 StVollzG, Art. 6 Abs. 2 S. 1 BayStVollzG, § 5 Abs. 3 S. 1 HmbStVollzG, § 6 Abs. 1 S. 1 HStVollzG, § 3 S. 1 NJVollzG normieren dem **Enumerationsprinzip** folgend, dass der Gefangene den im jeweiligen Strafvollzugsgesetz ausdrücklich vorgesehenen Beschränkungen unterliegt. Seine Rechte und Freiheiten dürfen danach nur begrenzt werden, soweit dies in den einzelnen gesetzlichen Bestimmungen normiert ist. Mit diesem Grundsatz sind den Anforderungen des Bundesverfassungsgerichts[316] gemäß die nicht mehr tragfähige Rechtsfigur des besonderen Gewaltverhältnisses als ein pauschaler Legitimationstatbestand für Eingriffe in Rechtspositionen aus dem Bereich des Strafvollzugs verbannt. In Baden-Württemberg enthält § 3 Abs. 2 JVollzGB III keine ausdrückliche Bestimmung, welche § 4 Abs. 2 S. 1 StVollzG entspricht. Gleichermaßen wie die anderen Strafvollzugsgesetzgeber geht die baden-württembergische Legislative davon aus, dass Eingriffe in die Rechte der Inhaftierten einer Rechtsgrundlage bedürfen, die sich insbesondere in den speziellen Eingriffstatbeständen des JVollzGB III befinden.[317]

241

Der Bundesgesetzgeber hielt jedoch die Regelung des § 4 Abs. 2 S. 1 StVollzG für nicht ausreichend, um alle denkbaren Fälle zu erfassen, in denen Eingriffe in die Freiheit des Inhaftierten erforderlich werden können.[318] Er schuf deshalb mit § 4 Abs. 2 S. 2 StVollzG eine **Generalklausel** (Vorratsklausel[319]) für nicht vorhersehbare Ausnahmefälle. Danach dürfen dem Gefangenen – soweit das Bundes-Strafvollzugsgesetz keine besondere Regelung enthält – nur Beschränkungen auferlegt werden, die zur Aufrechterhaltung der Sicherheit oder zur Abwendung einer schwerwiegenden Störung der Ordnung der Anstalt unerlässlich sind. § 4 Abs. 2 S. 2 StVollzG entsprechende Regelungen enthalten auch § 3 Abs. 2 JVollzGB III, Art. 6 Abs. 2 S. 2 BayStVollzG, § 5 Abs. 5 S. 2 HmbStVollzG und § 6 Abs. 1 S. 2 HStVollzG. In Niedersachsen sind in § 3 S. 2 NJVollzG die tatbestandlichen Voraussetzungen für die Anwendung der Generalklausel reduziert.

242

Bevor eine vollzugliche Maßnahme ihre Rechtsgrundlage in dem Auffangtatbestand von § 4 Abs. 2 S. 2 StVollzG bzw. § 3 Abs. 2 JVollzGB III, Art. 6 Abs. 2 S. 2 BayStVollzG, § 5 Abs. 5 S. 2 HmbStVollzG, § 6 Abs. 1 S. 2 HStVollzG, § 3 S. 2 NJVollzG finden kann, muss zunächst geprüft werden, ob sie nicht schon vom Enumerationskatalog des jeweiligen Strafvollzugsgesetzes erfasst wird. Dabei ist zu berücksichtigen, dass die allgemeine Rechtsstellung des Gefangenen maßgeblich durch die Grundrechte geprägt ist.

3.5.2.1 Einschränkung von Grundrechten

Art. 19 Abs. 1 S. 1 GG entsprechend muss sich eine Grundrechtsbeschränkung auch der Inhaftierten aus den Normen der Strafvollzugsgesetze ergeben. Zudem macht das Zitiergebot des Art. 19 Abs. 1 S. 2 GG eine ausdrückliche Benennung

243

---

[316] BVerfGE 33, S. 1 ff.
[317] Landtag von Baden-Württemberg, Drs. 14/5012, S. 209.
[318] Vgl. BT-Drs. 7/918, S. 109; 7/3998, S. 7.
[319] Calliess/Müller-Dietz, 2008, § 4 Rdn. 20.

der durch Gesetz oder auf Grund eines Gesetzes einschränkbaren Grundrechte notwendig. Demgemäß hat der Bundesgesetzgeber in § 196 StVollzG als beschränkbar benannt:
- Art. 2 Abs. 2 S. 1 GG (körperliche Unversehrtheit),
- Art. 2 Abs. 2 S. 2 GG (Freiheit der Person),
- Art. 10 Abs. 1 GG (Brief-, Post- und Fernmeldegeheimnis).

Entsprechende Regelungen enthalten § 57 JVollzGB I, Art. 207 BayStVollzG, § 125 HmbStVollzG, § 82 HStVollzG, § 202 NJVollzG.

§ 196 StVollzG sowie die landesrechtlichen Vorschriften dürfen jedoch nicht zu der Annahme verleiten, dass die übrigen Grundrechte für den Strafgefangenen unbegrenzt gelten. Denn das Zitiergebot des Art. 19 Abs. 1 S. 2 GG gilt nur für Gesetze, die darauf abzielen, das Grundrecht über die in ihm selbst festgelegten Grenzen hinausgehend zu beschränken.[320] Soweit sich eine vollzugliche Regelung daher innerhalb dieser Grenzen hält, stellt sie keine Grundrechtseinschränkung i.S.d. Art. 19 Abs. 1 GG dar.

244 Für den Bereich des Strafvollzugs von Relevanz sind insoweit folgende Grundrechtsschranken:[321]

- **Verfassungsunmittelbare Schranken**, d.h. im Grundgesetz selbst normierte Grundrechtsbeschränkungen.

    Z.B. Art. 12 Abs. 3 GG: Zwangsarbeit bei gerichtlich angeordneter Freiheitsentziehung.

- Grundrechtsbegrenzung durch **Regelungsvorbehalte**.

    Das Strafvollzugsgesetz als allgemeine Gesetzesschranke i.S.d. Art. 5 Abs. 2 GG, als Gesetz zur Regelung der Freiheit der Berufsausübung gem. Art. 12 Abs. 1 S. 2 GG, als Gesetz i.S.d. Art. 14 Abs. 1 S. 2 GG zur Bestimmung von Inhalt und Schranken des Eigentums.

- **Verfassungsimmanente Schranken**, d.h. den Grundrechten schon innewohnende Grenzen, die lediglich im Wege der Interpretation offen gelegt werden, wobei sich die Schranken insbesondere aus dem Zusammenhang ergeben, in dem die Grundrechtsgarantien zueinander und zu anderen Verfassungsnormen stehen.[322]

    Beispiel: Art. 5 Abs. 3 S. 1 GG enthält zwar keinen Gesetzes- oder Regelungsvorbehalt, dennoch kann die Kunstfreiheitsgarantie bei einem wegen Gewalttaten verurteilten Strafgefangenen hinsichtlich der Darstellung Gewalt verherrlichender Motive eingeschränkt werden. Dies ist Folge der nach Art. 104 GG zulässigen Freiheitsentziehung sowie des verfassungsrechtlich gebotenen Vollzugsziels der Resozialisierung.[323]

---

[320] BVerfGE 64, S. 79.
[321] Dazu allgemein: Ipsen, 2007, S. 43 ff.; Zippelius/Würtenberger, 2005, S. 180 ff.; vollzugsbezogen: Hauf, 1994, S. 48 ff.; Kaiser/Schöch, 2002, S. 185 f.
[322] Vgl. BVerfGE 84, S. 228.
[323] So OLG Nürnberg, ZfStrVo 1989, S. 374; krit. Calliess/Müller-Dietz, 2008, § 4 Rdn. 21.

- Beschränkung der Grundrechtsausübung infolge **Annexwirkungen**, d.h. der Eingriff in das Freiheitsgrundrecht des Art. 2 Abs. 2 S. 2 GG engt faktisch zugleich die Möglichkeiten einer ungestörten Realisierung anderer Grundrechte ein.

Die verminderte Bewegungsfreiheit des Strafgefangenen beeinträchtigt vor allem die Ausübung folgender Grundrechte:
Art. 5 Abs. 3 S. 1 GG (begrenzte Möglichkeiten zu künstlerischer, wissenschaftlicher, forschender oder lehrender Tätigkeit), Art. 6 GG (Aufrechterhaltung der ehelichen Lebensgemeinschaft, Ausübung des Elternrechts auf Erziehung der Kinder), Art. 8 Abs. 1 GG (Versammlungsfreiheit), Art. 9 GG (Ausübung von Mitgliedschaftsrechten in Vereinigungen), Art. 11 Abs. 1 GG (Freizügigkeit).

Nicht nur die in § 196 StVollzG, § 57 JVollzGB I, Art. 207 BayStVollzG, § 125 HmbStVollzG, § 82 HStVollzG, § 202 NJVollzG benannten Grundrechtseingriffe gehören somit zu den gesetzlichen Freiheitsbeschränkungen. Dem Erfordernis dieser Norm genügen auch Einschränkungen aufgrund verfassungsunmittelbarer bzw. -immanenter Schranken, Regelungsvorbehalten und Annexwirkungen des Freiheitsentzugs.

3.5.2.2 Generalklauseln

Das Enumerationsprinzip erfährt durch § 4 Abs. 2 S. 2 StVollzG, § 3 Abs. 2 JVollzGB III, Art. 6 Abs. 2 S. 2 BayStVollzG, § 5 Abs. 3 S. 2 HmbStVollzG, § 6 Abs. 1 S. 2 HStVollzG, § 3 S. 2 NJVollzG Ergänzungen. Solche Generalklauseln mit einer Reihe von unbestimmten Rechtsbegriffen als Eingriffsgrundlagen für freiheitsbegrenzende Maßnahmen genügen nur dann rechtsstaatlichen Anforderungen, wenn sie als **Ultima-Ratio-Klauseln** eine sehr enge Auslegung erfahren.[324]

245

Die Generalklauseln verstoßen nicht gegen das rechtsstaatliche Bestimmtheitsgebot.[325] Denn vollzugliche Maßnahmen werden nicht im Strafprozess, sondern auf der Verwaltungsebene angeordnet, wo die besondere Ausprägung des Bestimmtheitsgrundsatzes des Art. 103 Abs. 2 GG keine Beachtung findet. Dem allgemeinen rechtsstaatlichen Bestimmtheitsgrundsatz aus Art. 20 Abs. 3 GG wird durch die Regelung des § 4 Abs. 2 S. 2 StVollzG (und damit auch denjenigen landesrechtlichen Regelungen, die § 4 Abs. 2 S. 2 StVollzG entsprechen) zureichend Rechnung getragen.[326]

Gemäß § 4 Abs. 2 S. 2 StVollzG, § 3 Abs. 2 JVollzGB III, Art. 6 Abs. 2 S. 2 BayStVollzG, § 5 Abs. 3 S. 2 HmbStVollzG, § 6 Abs. 1 S. 2 HStVollzG dürfen dem Strafgefangenen vom Eingriffskatalog des jeweiligen Strafvollzugsgesetzes nicht erfasste **zusätzliche Rechtsbeschränkungen** unter folgenden Tatbestandsvoraussetzungen auferlegt werden:

---

[324] BVerfGE 33, S. 11; siehe auch OLG Nürnberg, ZfStrVo 1980, S. 250; OLG Dresden, NStZ 1995, S. 151; AK-Feest/Lesting, 2006, § 4 Rdn. 9; Beaucamp, 1998, S. 211; Calliess/Müller-Dietz, 2008, § 4 Rdn. 21; Kaiser/Schöch, 2002, S. 194.
[325] A.A. Bemmann, 1989, S. 39; Hoffmeyer, 1979, S. 185 ff.
[326] BVerfG, ZfStrVo 2004, S. 245; siehe auch BVerfGE 33, S. 11.

1. Das Gesetz enthält für den konkreten Fall keinen besonderen Eingriffstatbestand.
2. Vorliegen des Eingriffsgrundes
   – Gefahr für die Aufrechterhaltung der Anstaltssicherheit
   oder
   – schwerwiegende Störung der Anstaltsordnung.
3. Die Rechtsbeschränkung ist im Hinblick auf die Existenz der Institution unerlässlich.

246   Die **Aufrechterhaltung der Sicherheit** muss durch eine konkrete Gefährdung beeinträchtigt sein. Dafür genügt nicht eine bloße Befürchtung zukünftiger Störung. Gefordert wird vielmehr das Bestehen einer gegenwärtigen, unmittelbaren Gefahr, die den Sicherheitsstand zumindest schon verringert. Dabei betrifft Sicherheit zum einen die äußere Sicherung im Sinne einer Gewährleistung des durch die Freiheitsstrafe begründeten Gewahrsams (Schutz vor Entweichung bzw. vor Befreiungsaktionen). Umfasst ist zum anderen auch die innere Sicherheit, die Abwehr von konkreten, erheblichen Gefahren für Personen oder Sachen in der Anstalt.[327]

247   Zur Anstaltssicherheit gehört auch die Sicherheit der Allgemeinheit vor Straftaten des Verurteilten während der Verbüßung seiner Freiheitsstrafe.[328] Die Generalklauseln konkretisieren insoweit die Vollzugsaufgabe des Schutzes der Allgemeinheit vor weiteren deliktischen Handlungen des Gefangenen. Damit dürfen diesem – bei Vorliegen auch der übrigen Voraussetzungen – im jeweiligen Strafvollzugsgesetz nicht speziell vorgesehene Beschränkungen auferlegt werden, wenn dies vom spezialpräventiven Schutzzweck her unerlässlich ist.[329]

248   Eine **schwerwiegende Störung der Ordnung** liegt vor in einem besonders gravierenden Fall der Beeinträchtigung des geordneten und menschenwürdigen Zusammenlebens in der Institution.[330] Dabei reichen geringere Behinderungen des Ablaufs nicht aus, vielmehr muss die Ordnungsgefahr von solchem Gewicht sein, dass ohne ihre Beseitigung das Funktionieren des Anstaltsbetriebs insgesamt elementar gestört würde (z.B. bei geschäftsmäßiger Beratung in Rechtsangelegenheiten und Fertigung von Schriftsätzen für Mitgefangene, wenn dies zu unerwünschten Abhängigkeiten führt[331]).

Andere als die in § 4 Abs. 2 S. 2 StVollzG, § 3 Abs. 2 JVollzGB III, Art. 6 Abs. 2 S. 2 BayStVollzG, § 5 Abs. 3 S. 2 HmbStVollzG, § 6 Abs. 1 S. 2 HStVollzG benannten Eingriffsgründe kommen nicht in Betracht. Eine Freiheitsbegrenzung lässt sich vor allem nicht aus den allgemeinen Strafzwecken herleiten. Auch eine bessere Erreichung des Sozialisationsziels durch notwendige Behandlungsmaßnahmen darf zu keinen auf § 4 Abs. 2 S. 2 StVollzG, § 3 Abs. 2

---

[327] AK-Feest/Lesting, 2006, § 4 Rdn. 13; Calliess/Müller-Dietz, 2008, § 4 Rdn. 18.
[328] Kaiser/Schöch, 2002, S. 225; Böhm/Jehle, in: Schwind/Böhm/Jehle/Laubenthal, 2009, § 4 Rdn. 21.
[329] Dazu Kaiser/Schöch, 2002, S. 194.
[330] AK-Feest/Lesting, 2006, § 4 Rdn. 14 f.
[331] OLG Saarbrücken, ZfStrVo 1982, S. 250.

JVollzGB III, Art. 6 Abs. 2 S. 2 BayStVollzG, § 5 Abs. 3 S. 2 HmbStVollzG gegründeten Restriktionen führen.

Die Einschränkung von Rechten kann dem Strafgefangenen bei Bejahung eines **249** Eingriffsgrundes i.S.d. § 4 Abs. 2 S. 2 StVollzG, § 3 Abs. 2 JVollzGB III, Art. 6 Abs. 2 S. 2 BayStVollzG, § 5 Abs. 3 S. 2 HmbStVollzG, § 6 Abs. 1 S. 2 HStVollzG nur auferlegt werden, soweit das Gesetz **keine spezielle Ermächtigungsnorm** enthält. Eine gesetzliche Regelung fehlt, wenn ein Bereich vom Strafvollzugsgesetz überhaupt nicht behandelt wird. Umgekehrt ist im Zweifelsfall davon auszugehen, dass das Enumerationsprinzip eine Vermutung für die Vollständigkeit von Regelungen begründet, soweit diese vom jeweiligen Gesetzgeber getroffen wurden.[332] Dies folgt aus der unter rechtsstaatlichen Gesichtspunkten notwendigen engen Interpretation der vollzuglichen Generalklauseln als Ultima-Ratio-Klauseln. In den Strafvollzugsgesetzen enthaltene Eingriffstatbestände dürfen daher keine Ausweitung erfahren[333]. Insbesondere bleibt ein Rückgriff dann ausgeschlossen, wenn der Gesetzgeber eine Eingriffsregelung für bestimmte Situationen abschließend normiert hat.

> *Beispiel:* Strafgefangener G verbüßt im Geltungsbereich des Bundes-Strafvollzugsgesetzes eine Freiheitsstrafe wegen Verstoßes gegen das Betäubungsmittelgesetz. Anstaltsleiter A ordnet deshalb eine regelmäßige Abgabe von Urinproben durch G zur Untersuchung nach Betäubungsmittelrückständen an und belehrt ihn über die disziplinarrechtlichen Folgen einer Weigerung. Dabei stützt A sich auf § 4 Abs. 2 S. 2 StVollzG als Rechtsgrundlage. Er führt aus, das Vorhandensein sowie der Konsum von Drogen stellten eine schwerwiegende Beeinträchtigung der Sicherheit und Ordnung der Anstalt dar. Daher sei es unerlässlich, mit allen gesetzlich zulässigen Mitteln gegen den Drogenmissbrauch anzugehen.
>
> Die Anordnung des A konnte nicht auf § 4 Abs. 2 S. 2 StVollzG gestützt werden. Als gesetzliche Ermächtigungsgrundlagen sind §§ 56 und 101 Abs. 1 StVollzG heranzuziehen.[334] Zum einen wird die Urinkontrolle durch § 56 Abs. 2 StVollzG geregelt. Die durch diese Norm begründete Pflicht zur Unterstützung notwendiger Maßnahmen des Gesundheitsschutzes schließt auch die Verpflichtung zur Abgabe einer Urinprobe ein, bei deren Analyse es sich um eine Maßnahme im Sinne dieser Vorschrift handelt. Sie stellt auch eine medizinische Untersuchung i.S.d. § 101 Abs. 1 StVollzG dar. Weil der Konsum von illegalen Betäubungsmitteln eine schwerwiegende Gefahr für die Gesundheit des G selbst oder für diejenige anderer Personen bedeutet, hätte A auf der Rechtsgrundlage des § 101 Abs. 1 StVollzG durch Hinweis auf die Folgen einer Weigerung des G Zwang auf den G ausüben dürfen.

§ 4 Abs. 2 S. 2 StVollzG, § 3 Abs. 2 JVollzGB III, Art. 6 Abs. 2 S. 2 Bay- **250** StVollzG, § 5 Abs. 3 S. 2 HmbStVollzG, § 6 Abs. 1 S. 2 HStVollzG lassen offen, wie die Rechtsbeschränkung gestaltet sein soll. Die Maßnahme muss zur Aufrechterhaltung der Anstaltssicherheit oder zur Abwehr einer schwerwiegenden Ordnungsstörung nicht nur geeignet und erforderlich, sondern auch **unerlässlich** sein. Es darf also im konkreten Fall keine andere Möglichkeit zur erfolgreichen

---

[332] Calliess/Müller-Dietz, 2008, § 4 Rdn. 20.
[333] AK-Feest/Lesting, 2006, § 4 Rdn. 10.
[334] LG Augsburg, ZfStrVo 1998, S. 113; Calliess/Müller-Dietz, 2008, § 4 Rdn. 21.

Gefahrenabwehr geben als die auf die Generalklausel gegründete Einschränkung der Freiheit des Inhaftierten.

> *Beispiel:* K ist im geschlossenen Vollzug eines Bundeslandes untergebracht, das im Geltungsbereich des Bundes-Strafvollzugsgesetzes liegt. Der Strafgefangene ist Inhaber einer Firma sowie Geschäftsführer einer juristischen Person englischen Rechts. Eine Gestattung der Selbstbeschäftigung während der Arbeitszeit i.S.d. § 39 Abs. 2 StVollzG besteht nicht. In seiner Funktion als Firmeninhaber bzw. Geschäftsführer erhält K in der Justizvollzugsanstalt umfangreiche Brief- und Postsendungen. Die Abwicklung dieser Geschäftspost übersteigt die personellen und sachlichen Möglichkeiten der Anstalt. Die für die Briefkontrolle zuständigen Vollzugsbediensteten sind im Wesentlichen mit der Abwicklung der zahlreich eingehenden Post des K beschäftigt. Dies hat auch dazu geführt, dass K inzwischen über 30 Kisten Habe verfügt.
>
> Das LG Bonn[335] bestätigte die Rechtmäßigkeit einer Entscheidung der Anstaltsleitung, in der diese – gestützt auf § 4 Abs. 2 S. 2 StVollzG – dem K die Führung seines Unternehmens und damit die Abwicklung der Geschäftspost in der Freizeit verboten und die Briefe und Pakete an die Absender zurückgesandt hat.
>
> Zwar normieren §§ 28 und 33 StVollzG, unter welchen Voraussetzungen und in welchem Umfang ein Strafgefangener Briefe und Pakete erhalten darf. In der Sache ging es dem K jedoch darum, durch den Postempfang sein Unternehmen zu verwalten. Die Entscheidung der Anstaltsleitung beinhaltete somit die Untersagung der Unternehmensführung in Haft. Diese Frage regelt aber § 39 Abs. 2 StVollzG nur für den Bereich der erlaubten Selbstbeschäftigung während der Arbeitszeit. Keine gesetzliche Regelung existiert indes für die Führung von Unternehmen während der Freizeit. Inwieweit eine solche Freizeitbeschäftigung gänzlich untersagt werden darf, bestimmen auch §§ 67 S. 1, 70 StVollzG nicht. Es konnte deshalb auf § 4 Abs. 2 S. 2 StVollzG zurückgegriffen werden. Der schwerwiegenden Gefährdung der Ordnung in der Anstalt vermochte nur durch das ausgesprochene Verbot begegnet zu werden. Einem Strafgefangenen als Unternehmer steht es frei, seine Geschäftspost außerhalb der Einrichtung durch einen Bevollmächtigten abwickeln zu lassen.

Während Baden-Württemberg, Bayern, Hamburg und Hessen die Tatbestandsvoraussetzungen von § 4 Abs. 2 S. 2 StVollzG inhaltlich übernommen haben, wurde in **Niedersachsen** der **Abwehrstatus** der Gefangenen **eingeschränkt**. Gem. § 3 S. 2 NJVollzG bedarf es neben der Gefährdung der Aufrechterhaltung der Sicherheit nur einer Gefahr für die Ordnung der Anstalt (nicht einer schwerwiegenden Störung der Anstaltsordnung). Ferner muss die Rechtsbeschränkung nicht unerlässlich, sondern lediglich erforderlich sein. Der Landesgesetzgeber wollte damit den Anwendungsbereich der Generalklausel erweitern.[336] Dies steht jedoch im Widerspruch zur Vorgabe des Bundesverfassungsgerichts, wonach Grundrechte von Strafgefangenen nur durch oder aufgrund eines Gesetzes eingeschränkt werden dürfen und unverzichtbare Generalklauseln möglichst eng zu begrenzen sind.[337]

---

[335] LG Bonn, NStZ 1988, S. 245.
[336] Niedersächsischer Landtag, Drs. 15/3565, Begründung S. 84.
[337] BVerfGE 33, S. 11.

4 Personelle Rahmenbedingungen

Die **Personalstruktur der Anstalt** (§§ 154 ff. StVollzG, §§ 12 ff. JVollzGB I, Art. 175 ff. BayStVollzG, §§ 104 ff. HmbStVollzG, §§ 75 ff. HStVollzG, §§ 175 ff. NJVollzG) nimmt Einfluss auf die Gestaltung des Strafvollzugs als ein möglichst umfassendes Kommunikations- und Interaktionsfeld. Ein den Vollzugsaufgaben entsprechend zusammengesetzter und gegliederter Vollzugsstab[1] kann das Geschehen in der Institution mit den Gefangenen vollzugszielorientiert einrichten. Die Strafvollzugsgesetze enthalten deshalb Kooperationsklauseln (§ 154 Abs. 1 StVollzG, § 16 Abs. 1 JVollzGB I, Art. 175 Abs. 1 S. 1 BayStVollzG, § 105 Abs. 2 S. 2 HmbStVollzG, § 76 Abs. 4 HStVollzG, § 181 Abs. 1 NJVollzG), wonach alle im Vollzug Tätigen gemeinsam an der Aufgabenerfüllung mitarbeiten.[2] Hierzu gehören die Vollzugsbeamten sowie die nebenamtlich Beschäftigten (§ 155 Abs. 1 StVollzG, § 12 Abs. 1 S. 2 JVollzGB I, Art. 176 Abs. 1 BayStVollzG, § 105 Abs. 1 S. 2 HmbStVollzG, § 76 Abs. 1 S. 2 HStVollzG, § 177 Abs. 1 NJVollzG).

An der Vollzugsgestaltung und Gefangenenbetreuung wirken Anstaltsbeiräte mit (§§ 162 ff. StVollzG, § 18 JVollzGB I, Art. 185 ff. BayStVollzG, §§ 114 ff. HmbStVollzG, § 81 HStVollzG, §§ 186 ff. NJVollzG). Gemäß § 154 Abs. 2 S. 2 StVollzG, § 16 Abs. 2 JVollzGB I, Art. 175 Abs. 2 BayStVollzG, § 107 Abs. 1 HmbStVollzG, § 7 HStVollzG, § 181 Abs. 1 S. 2 NJVollzG sollen die Vollzugsbehörden zudem mit Personen und Vereinen kooperieren, deren Einfluss die Eingliederung der Verurteilten fördern kann (ehrenamtliche Vollzugshelfer). § 154 Abs. 2 S. 1 StVollzG, Art. 175 Abs. 2 BayStVollzG, § 107 Abs. 1 HmbStVollzG, § 181 Abs. 1 S. 1 NJVollzG gebieten darüber hinaus ausdrücklich die Zusammenarbeit mit anderen Behörden und Verbänden der freien Wohlfahrtspflege.[3] Wesentlichen Einfluss auf das Geschehen in den Strafanstalten nehmen auch die Aufsichtsbehörden (§ 151 StVollzG, § 19 S. 1 JVollzGB I, Art. 173 BayStVollzG, § 111 HmbStVollzG, § 80 HStVollzG, § 184 NJVollzG).

Die personelle Anstaltsstruktur umfasst ferner die Beteiligung der Inhaftierten, die nicht nur selbst an ihrer Behandlung mitwirken sollen, sondern auch kollektive Mitverantwortung tragen (§ 160 StVollzG, § 14 JVollzGB I, Art. 116 BayStVollzG, § 109 HmbStVollzG, § 78 HStVollzG, § 182 NJVollzG).

---

[1] Hierzu Rotthaus K., 1999, S. 187 ff.
[2] Zu Reformen von Organisation und Management des Strafvollzugs siehe Flügge/Maelicke/Preusker, 2001.
[3] Dazu Müller-Dietz, 1997a, S. 35 ff.

4.1 Beamte der Aufsichtsbehörde

252 Da die Durchführung des Strafvollzugs Ländersache ist, existiert kein Bundesstrafvollzug. Damit besitzt jedes Bundesland sein eigenes Strafvollzugssystem. Auf der **vertikalen Vollzugsebene** besteht in den Bundesländern ein zweistufiger Verwaltungsaufbau. Die Landesjustizverwaltungen führen die Aufsicht über die Justizvollzugsanstalten (im Geltungsbereich des Bundes-Strafvollzugsgesetzes nach § 151 Abs. 1 S. 1 StVollzG). Die Landesjustizverwaltungen sind überwiegend jeweils Abteilungen in den Justizministerien bzw. Senatsverwaltungen, wobei auch hier eine Organisationsvielfalt besteht.

In Baden-Württemberg wird nach § 19 S. 1 JVollzGB I das Justizministerium, in Bayern in Art. 173 Abs. 1 BayStVollzG das Staatsministerium der Justiz als Aufsichtsbehörde bezeichnet. In Hamburg stellt § 111 HmbStVollzG zwar klar, dass die Aufsichtsbehörde die Dienst- und Fachaufsicht über die Anstalten führt. Eine nähere Präzisierung der Behörde enthält das Gesetz jedoch nicht. Zuständigkeiten kommen in Hamburg dem Strafvollzugsamt als einem Teil der Justizbehörde zu, welches dem Justizsenator unterstellt ist.[4] In Hessen regelt § 80 Abs. 1 HStVollzG, dass das für das Strafvollstreckungs- und Strafvollzugsrecht zuständige Ministerium die Aufsicht über die Anstalten führt. Gemäß § 184 Abs. 1 NJVollzG führt in Niedersachsen die Aufsicht über die Vollzugsbehörden das Fachministerium.

Durch Aufstellung eines **Vollstreckungsplans** bestimmt die jeweilige Aufsichtsbehörde die örtliche und sachliche Zuständigkeit der Anstalten (§ 152 Abs. 1 StVollzG, § 20 S. 1 JVollzGB I, Art. 174 BayStVollzG, § 112 HmbStVollzG, § 71 Abs. 1 HStVollzG, § 185 NJVollzG) und setzt nach § 145 StVollzG, § 7 JVollzGB I, Art. 171 BayStVollzG, § 102 HmbStVollzG, § 72 Abs. 4 HStVollzG, § 174 Abs. 1 NJVollzG deren Belegungsfähigkeit fest. Sie kann sich im Geltungsbereich des Bundes-Strafvollzugsgesetzes die Entscheidung über Verlegungen vorbehalten oder diese Befugnis einer zentralen Stelle übertragen (§ 153 StVollzG). Ist eine disziplinarrechtlich relevante Verfehlung eines Strafgefangenen zu ahnden, die sich gegen den Leiter einer Vollzugsanstalt richtete, entscheidet nicht dieser selbst in der Sache. Um einer Befangenheit vorzubeugen, liegt in einem solchen Fall die Disziplinarbefugnis nach § 105 Abs. 2 StVollzG, § 84 Abs. 2 JVollzGB III, Art. 112 Abs. 2 BayStVollzG, § 88 Abs. 2 HmbStVollzG, § 56 Abs. 1 S. 3 HStVollzG, § 97 Abs. 2 NJVollzG bei der Aufsichtsbehörde.

253 Die Aufsichtsbehörde übt die **Dienst- und Fachaufsicht**[5] aus. Dabei verfügt sie – von den gesetzlich ausdrücklich geregelten Fällen abgesehen – über kein allgemeines Selbsteintrittsrecht, d.h. sie darf die Entscheidungsbefugnis des Anstaltsleiters nicht für bestimmte Sachverhalte durch Erlasse an sich ziehen.[6] In Ausnahmefällen steht ihr aber ein Durchgriffsrecht als Ausfluss ihrer Weisungsbefugnis als übergeordnete Behörde zu, wenn nur dadurch ein rechtmäßiger Straf-

---

[4] Vgl. Steinhilper, in: Schwind/Böhm/Jehle/Laubenthal, 2009, § 151 Rdn. 4.
[5] Dazu Steinhilper/Steinhilper, 2005, S. 19 ff.
[6] Böhm, 2003, S. 40.

vollzug in einer Anstalt gewährleistet ist.⁷ Die Aufsichtsbehörde kann durch Verwaltungsvorschriften und Allgemeinverfügungen innerdienstliche Richtlinien (ohne Außenwirkung) zum Zweck einer gleichmäßigen Ermessensausübung aufstellen. Bestimmte Entscheidungen vermag sie von ihrer Zustimmung abhängig zu machen.

Beschränkt sich die Tätigkeit der Aufsichtsbehörde weitgehend auf eine Rahmenplanung und Globalsteuerung⁸, so steht dem einzelnen Gefangenen jedoch hinsichtlich der Vertreter der Aufsichtsbehörde ein Gesprächs- und Anhörungsrecht zu. Beamte der Aufsichtsbehörde besuchen die Vollzugsanstalten so häufig, dass diese stets über den gesamten Vollzug des jeweiligen Bundeslandes unterrichtet bleibt. Bei derartigen Anstaltsbesuchen ist gem. § 108 Abs. 2 StVollzG, § 92 Abs. 2 JVollzGB III, Art. 115 Abs. 2 BayStVollzG, § 91 Abs. 3 HmbStVollzG, § 57 Abs. 2 HStVollzG, § 101 Abs. 2 NJVollzG zu gewährleisten⁹, dass der Inhaftierte seine Angelegenheiten in Abwesenheit der Vollzugsbediensteten¹⁰ vortragen kann. **254**

4.2 Der Vollzugsstab in einer Anstalt

In dem zweistufigen Verwaltungsaufbau stellt die Justizvollzugsanstalt die untere Verwaltungseinheit dar. Je selbständiger diese Vollzugsbehörde handeln und entscheiden kann, desto eigenverantwortlicher vermag sie ihre Aufgaben durchzuführen. Im Rahmen der Budgetierung wird es den Einrichtungen durch Zuweisung pauschaler Finanzmittel für bestimmte Zeiträume ermöglicht, flexibel zu agieren.¹¹ **255**

Die Strafvollzugsgesetze belassen es in den §§ 154 ff. StVollzG, §§ 12 ff. JVollzGB I, Art. 175 ff. BayStVollzG, §§ 104 ff. HmbStVollzG, §§ 75 ff. HStVollzG, §§ 175 ff. NJVollzG bei nur partiellen Regelungen der personellen Anstaltsstruktur. In § 156 Abs. 1 StVollzG, § 13 Abs. 1 JVollzGB I, Art. 177 Abs. 1 BayStVollzG, § 104 Abs. 1 HmbStVollzG, § 75 Abs. 2 HStVollzG ist festgelegt, dass die Justizvollzugsanstalt von einem Beamten des höheren Dienstes (bei Vorliegen besonderer Gründe des gehobenen Dienstes) hauptamtlich zu leiten ist.

Auch gem. § 176 Abs. 2 NJVollzG müssen in Niedersachsen die Anstaltsleiter hauptamtlich tätig sein. Im Übrigen ist nur gesetzlich bestimmt, dass sie in einem öffentlich-rechtlichen Dienst- und Treueverhältnis zum Land zu stehen haben.

§ 155 Abs. 1 S. 1 StVollzG, § 12 Abs. 1 S. 1 JVollzGB III, Art. 176 Abs. 1 S. 1 BayStVollzG, § 105 Abs. 1 S. 1 HmbStVollzG, § 76 Abs. 1 S. 1 HStVollzG, § 177 Abs. 1 S. 1 NJVollzG normieren den Grundsatz der Wahrnehmung von

---

[7] Dazu Schwind, in: Schwind/Böhm/Jehle/Laubenthal, 2009, § 24 Rdn. 21.
[8] Calliess/Müller-Dietz, 2008, § 151 Rdn. 2.
[9] Dazu in Kap. 8.1.2.
[10] Schuler/Laubenthal, in: Schwind/Böhm/Jehle/Laubenthal, 2009, § 108 Rdn. 5.
[11] Böhm, 2003, S. 40.

Vollzugsaufgaben durch **Vollzugsbeamte**. Dies entspricht dem Charakter des Strafvollzugs als Bereich staatlicher Rechts- und Freiheitsbeschränkungen.

Das Prinzip der Aufgabenwahrnehmung durch Vollzugsbeamte kann nach § 155 Abs. 1 S. 2 StVollzG, § 12 Abs. 1 S. 2 JVollzGB III, Art. 176 Abs. 1 S. 2 BayStVollzG, § 105 Abs. 1 S. 2 HmbStVollzG, § 76 Abs. 1 S. 2 HStVollzG, §§ 177 Abs. 1 S. 2, 178 NJVollzG insoweit durchbrochen werden, als diese in Ausnahmefällen bei Vorliegen besonderer Gründe durch andere Personen hauptamtlich (z.B. Angestellte) oder nebenamtlich (z.B. bei Ärzten, Lehrern oder sonstigem Fachpersonal) erfolgt.[12]

256 Die im Strafvollzug notwendigen **Mitarbeiter der verschiedenen Berufszweige** sind in § 155 Abs. 2 StVollzG, § 12 Abs. 4 JVollzGB I, Art. 176 Abs. 2 BayStVollzG, § 76 Abs. 2 HStVollzG aufgezählt. Dabei handelt es sich nicht um abschließende Benennungen, so dass – je nach Behandlungserfordernissen – auch eine Heranziehung anderer Fachkräfte möglich bleibt. (In Hamburg werden in § 105 Abs. 2 HmbStVollzG die einzelnen Berufsgruppen nicht näher bezeichnet; das NJVollzG enthält keine vergleichbare Bestimmung.)

Eine Gesamtbetrachtung der gesetzlichen Regelungen über Anstaltsorganisation und Vollzugspersonal ergibt folgende Zusammensetzung des Vollzugsstabs:
– Anstaltsleiter und dessen Stellvertreter,
– Verwaltungsdienst,
– allgemeiner Vollzugsdienst,
– Werkdienst,
– Sozialstab:
  – Seelsorger,
  – Ärzte und Krankenpfleger,
  – Pädagogen (Lehrer),
  – Psychologen,
  – Sozialarbeiter und Sozialpädagogen.

257 Betrachtet man die Personalausstattung der Justizvollzugsanstalten, so zeigt sich in der Praxis eine deutliche Dominanz der mit kustodialen Funktionen betrauten Bediensteten gegenüber den betreuend tätigen Mitgliedern des Sozialstabs.[13]

Beispielsweise standen im Jahr 2010 für die am 31.3.2010 in bayerischen Justizvollzugsanstalten untergebrachten 12 309 Gefangenen insgesamt 5 247 Stellen zur Verfügung. Diese gliederten sich folgendermaßen:[14]

---

[12] Zur Übertragung von Vollzugsaufgaben auf Private siehe Kap. 1.5.2.
[13] Vgl. auch Hohage/Walter/Neubacher, 2000, S. 136 ff.
[14] Bayer. Staatsministerium der Justiz, 2010, S. 45.

Tabelle 4.1. Gliederung der insgesamt 5 247 Stellen in bayerischen Justizvollzugsanstalten im Jahr 2010

Höherer Vollzugs- und Verwaltungsdienst	58
Psychologen	87
Ärzte	43
Seelsorger	28
Lehrer	51
Sozialarbeiter	146
Gehobener Vollzugsverwaltungsdienst	177
Mittlerer Verwaltungsdienst	312
Werkdienst	478
Allgemeiner Vollzugsdienst	3 819
Arbeiter und Sonstige	48

(Vor allem in kleineren Anstalten wurden daneben bei Ärzten, Geistlichen, Psychologen und Lehrern auch nebenamtliche Kräfte eingesetzt. Hinzu kamen noch 158 Stellen für Beamte auf Widerruf im Vorbereitungsdienst.)

Strafvollzugsbeamte nehmen **keine Aufgaben der Strafverfolgung** wahr, obwohl sie im weiteren Sinne mit der Strafe befasst sind und der Strafvollzug zum Gesamtbereich der Strafrechtspflege zählt. Für die Vollzugsbediensteten besteht jedoch keine allgemeine Pflicht zur Anzeige der ihnen bekannt gewordenen Straftaten. Auch aus den Dienst- und Verwaltungsvorschriften folgt keine entsprechende Verpflichtung, die eine Garantenstellung zur Wahrnehmung von Belangen der Strafverfolgung begründen könnte.[15] Weder ein Anstaltsleiter noch das übrige Vollzugspersonal machen sich daher wegen Strafvereitelung gem. §§ 258, 258a StGB durch Unterlassen strafbar, wenn sie von Inhaftierten begangene Straftaten nicht zur Anzeige bringen[16] oder von Anstaltsbediensteten an Gefangenen verübte Delikte nicht den Strafverfolgungsbehörden mitteilen.[17] Eine Garantenpflicht lässt sich nicht aus der Sicherungsaufgabe gem. § 2 Abs. 2 StVollzG, § 2 Abs. 1 S. 1 JVollzGB I, Art. 2 S. 1 BayStVollzG, § 2 S. 2 HmbStVollzG, § 2 S. 2 HStVollzG, § 5 S. 2 NJVollzG herleiten. Zwar zählen zu der vor weiteren Straftaten zu schützenden Allgemeinheit auch die Mitgefangenen bzw. die Vollzugsbediensteten selbst. Aus dem Sicherungsauftrag und der daraus folgenden Pflicht zur Verhinderung neuer Straftaten ergibt sich jedoch keine Pflicht zur Anzeigeerstattung.[18] Die Angehörigen des Anstaltspersonals sind damit Garanten des staatlichen Strafanspruchs nur im Hinblick auf bereits rechtskräftig abgeurteilte oder neu zu verhindernde[19] Delikte.[20]

258

---

[15] BGH, NJW 1997, S. 2060; Seebode, 1998, S. 338 ff.; Wagner B., 1992a, S. 518; Walter J., 2010, S. 61.
[16] Küpper, 1996, S. 524; Verrel, 2003, S. 595 ff.
[17] BGH, NJW 1997, S. 2059; Rudolphi, 1997, S. 599 ff.
[18] A.A. Klesczewski, 1996, S. 103 f.; ders., 1998, S: 313 ff.; OLG Hamburg, ZfStrVo 1996, S. 371.
[19] BGH, NJW 2004, S. 1399.
[20] Geppert, JK 1996, StGB § 258/9; siehe auch Kubink, 1996, S. 375.

259 Im Übrigen unterliegt das Anstaltspersonal bei seiner Tätigkeit der allgemeinen **strafrechtlichen Haftung.**[21] I.S.d. § 11 Abs. 1 Nr. 2 StGB nehmen sie eine Sonderstellung als Amtsträger ein, so dass für sie zudem die Amtsdelikte gelten. Dies betrifft etwa die Körperverletzung im Amt gem. § 340 StGB oder Vorteilsannahme oder Bestechlichkeit nach §§ 331, 332 StGB in Korruptionsfällen.[22]

260 Durch den Tatbestand des **Sexuellen Missbrauchs von Gefangenen** gem. § 174a Abs. 1 StGB[23] besonders geschützt hat der Gesetzgeber das Rechtsgut der sexuellen Selbstbestimmung Inhaftierter (sowie auf behördliche Anordnung Verwahrter), weil diese aufgrund ihrer Eingliederung in die besonderen Anstaltsverhältnisse in ihrer Handlungs- und Entscheidungsfreiheit eingeengt und deshalb dort einem seine Amtsstellung missbrauchenden Täter besonders ausgeliefert sein können. Zugleich soll durch die Norm ausgeschlossen werden, dass Inhaftierte selbst der Versuchung erliegen, ihre Lage in der Einrichtung durch Duldung von Sexualkontakten seitens des Anstaltspersonals zu verbessern. § 174a Abs. 1 StGB setzt voraus, dass das Opfer dem Täter „zur Beaufsichtigung anvertraut" ist. Dies kann aber nicht eine Begrenzung auf die Dienstzeit und auf das Bestehen eines konkreten dienstlichen Auftrags bedeuten.

> *Beispiel:* Justizvollzugsbeamter J versah seinen Dienst in der Justizvollzugsanstalt H. Dort war es seine Aufgabe, die in der Männerabteilung Inhaftierten zu bewachen. Die Beaufsichtigung der weiblichen Gefangenen gehörte nicht zu seinem Aufgabenbereich. Bedingt durch Umbaumaßnahmen in der Einrichtung verfügte J über einen Schlüssel, mit dem er sich – ohne dazu befugt zu sein – auch Zutritt zur Frauenabteilung und den dortigen Informationen verschaffen konnte. J suchte die im Frauentrakt der Anstalt inhaftierte Strafgefangene E in ihrer Zelle auf und vollzog mit ihr den Geschlechtsverkehr.
>
> Eine Verurteilung wegen sexuellen Missbrauchs einer Gefangenen kam nach Ansicht des BGH[24] nicht in Betracht. E war nach Ansicht des Gerichts dem J nicht i.S.d. § 174a Abs. 1 StGB zur Beaufsichtigung oder Betreuung anvertraut.

Eine solche einschränkende Interpretation wird zum einen nicht dem Schutz der individuellen Entscheidungsfreiheit des Inhaftierten zur Vornahme oder Duldung sexueller Handlungen gerecht. Zum anderen beziehen sich im Strafvollzug die dienstlichen Obliegenheiten des Einzelnen nicht nur auf die ihm speziell zugewiesenen Aufgaben. Alle Vollzugsangehörigen treten den Gefangenen als Vertreter staatlicher Macht gegenüber. Ferner bestimmt etwa im Geltungsbereich des Bundes-Strafvollzugsgesetzes Nr. 1 Abs. 1 DSVollz, „dass jeder von ihnen neben seinen besonderen Aufgaben dazu mitberufen ist, die Aufgaben des Vollzuges (§ 2 StVollzG) zu verwirklichen." Zu diesen gehört auch die Anstaltssicherheit, so dass sich insoweit die Aufgaben letztlich stets auf den Gesamtbereich einer Einrichtung erstrecken.[25]

---

[21] Zur Strafbarkeit eines Anstaltsleiters bei Lockerungsentscheidungen unten Kap. 5.4.8.
[22] Zum Thema Korruption im Strafvollzug Alex, 2005, S. 34 f.; Bruhn/Mischkowitz, 2001, S. 261 ff.; siehe auch Südd. Zeitung v. 17.3.2006, S. 39: „Häftlinge bekommen Sex und Döner auf Bestellung".
[23] Dazu Laubenthal, 2000, S. 85 ff.; ders., 2002b, S. 359 ff.
[24] BGH, NStZ 1993, S. 223.
[25] Laubenthal, 2002b, S. 364.

Vollzugsbedienstete können sich auch wegen **Gefangenenbefreiung im Amt** 261
gem. § 120 Abs. 2 StGB strafbar machen.[26] Der Tatbestand des § 120 Abs. 1 umfasst drei Alternativen: die Befreiung eines Gefangenen, das Verleiten zum oder die Förderung beim Entweichen. Unter Befreiung ist die Aufhebung der staatlichen Gewalt trotz fortbestehenden Haftrechts zu verstehen, während die beiden anderen Tathandlungen zur selbständigen Täterschaft erhobene Anstiftungs- und Beihilfeaktivitäten darstellen.[27] Damit trägt das Gesetz der Tatsache Rechnung, dass die Selbstbefreiung straflos bleibt, mithin zu dieser nicht in strafrechtlich fassbarer Weise Anstiftung oder Beihilfe i.S.d. §§ 26, 27 StGB geleistet werden kann. Eine Anstiftung oder Beihilfe bleibt aber möglich zu den zur Täterschaft verselbständigten Verleitungs- und Förderungstaten. Trifft den Täter als Amtsträger oder als für den öffentlichen Dienst besonders Verpflichteter – etwa als mit der Beaufsichtigung oder Bewachung der Gefangenen betrauter Vollzugsbediensteter, also nicht z.B. als Anstaltsarzt oder -geistlicher[28] – die Pflicht, das Entweichen eines Gefangenen zu verhindern, greift der Qualifikationstatbestand des § 120 Abs. 2 StGB ein. Dieser kann auch durch Unterlassen (§ 13 StGB) verwirklicht werden.[29] Die besondere Pflichtenstellung bildet dabei ein (strafschärfendes) besonderes persönliches Merkmal i.S.d. § 28 Abs. 2 StGB. Davon zu unterscheiden hat man die Konstellation, in der der Täter zwar den amtlichen Gewahrsam zu garantieren hat, jedoch nicht die besonderen persönlichen Voraussetzungen des § 120 Abs. 2 StGB erfüllt. Das betrifft etwa den Unternehmer, der Gefangene beschäftigt. Dieser kann sich nach §§ 120 Abs. 1, 13 StGB strafbar machen.

4.3 Die Anstaltsleitung

An der Spitze jeder Justizvollzugsanstalt steht der Anstaltsleiter. Dieser ist in 262
hauptamtlicher Funktion tätig (§ 156 Abs. 1 S. 1 StVollzG, § 13 Abs. 1 S. 1 JVollzGB I, Art. 177 Abs. 1 S. 1 BayStVollzG, § 104 Abs. 1 S. 1 HmbStVollzG, § 75 Abs. 2 S. 1 HStVollzG, § 176 Abs. 2 S. 1 NJVollzG). Die Strafvollzugsgesetze normieren kein Juristenmonopol, so dass auch Angehörige anderer Fachrichtungen (z.B. Psychologen) in Betracht kommen.[30] Die Aufsichtsbehörde bestimmt einen Vertreter des Anstaltsleiters. Der Anstaltsleiter vertritt die Institution nach außen. Auch im Innenverhältnis trägt er grundsätzlich die Verantwortung für alle Belange des Vollzugs.
Auf den ersten Blick gehen die Strafvollzugsgesetze von einer **monokrati-** 263
schen Leitung aus[31], die ganz im Gegensatz zu dem Idealbild des Strafvollzugs als Problem lösende Gemeinschaft steht.[32] Dem Anstaltsleiter obliegen alle Funk-

---

[26] Dazu Laubenthal, 2007a, S. 660 ff.
[27] Eser, in: Schönke/Schröder, 2010, § 120 Rdn. 2.
[28] Fischer, 2011, § 120 Rdn. 8.
[29] Lackner/Kühl, 2011, § 120 Rdn. 10.
[30] Dazu Koepsel, 1994, S. 134 ff.
[31] Zur Entwicklung und zu Alternativvorstellungen siehe Müller-Dietz, 1978, S. 268 ff.; krit. Kamann, 1997, S. 81 ff.

tionen, die mit der Führung einer Strafanstalt verbunden sind.[33] Als Spitze einer Behörde steht er mit dem Vollzugsstab einem Personalkörper vor. Zugleich verantwortet er die Verwaltung der Gebäude. Aufgrund seiner obersten Position in einem hierarchischen Aufbau stellt er die alleinige Verbindung zur Aufsichtsbehörde dar. Er leitet ferner die Anstaltskonferenzen (§ 159 StVollzG, § 17 JVollzGB I, Art. 183 BayStVollzG, § 108 HmbStVollzG, § 75 Abs. 3 HStVollzG) und führt Sprechstunden durch, in denen sich jeder Inhaftierte mit seine Angelegenheiten betreffenden Wünschen, Anregungen und Beschwerden an ihn wenden kann (§ 108 Abs. 1 StVollzG, § 92 Abs. 1 JVollzGB III, Art. 115 Abs. 1 BayStVollzG, § 91 Abs. 1 HmbStVollzG, § 57 Abs. 1 S. 1 HStVollzG, § 101 Abs. 1 NJVollzG).[34]

In Bezug auf die Gefangenen und deren Vollzugsgestaltung benennen die Strafvollzugsgesetze den Anstaltsleiter vielfach ausdrücklich als Entscheidungsinstanz. Die explizite Bezeichnung des Anstaltsleiters in zahlreichen Normen darf nicht zu dem Schluss führen, seine Befugnisse seien insoweit abschließend normiert. Es muss vielmehr grundsätzlich von dessen **Allzuständigkeit** ausgegangen werden, d.h. der Anstaltsleiter bleibt selbst dann zuständig, wenn er in einzelnen Vorschriften nicht als Entscheidungsinstanz genannt ist.

264 Die Strafvollzugsgesetze lassen es jedoch zu, dass die monokratisch-hierarchische Struktur durch **Delegation von Aufgabenbereichen** eine Auflockerung erfährt und es damit zu einer Dezentralisierung der Anstaltsleitung kommt. Dem Anstaltsleiter werden durch §§ 156, 159 StVollzG; § 17 JVollzGB I; § 84 Abs. 1 S. 3 JVollzGB III; Art. 177, 183 BayStVollzG; §§ 104, 108 HmbStVollzG; § 75 Abs. 1 S. 2, Abs. 3 HStVollzG; § 176 NJVollzG Möglichkeiten zur Schaffung kooperativer Kommunikations- und Entscheidungsstrukturen eröffnet. So führt er zur Vorbereitung wichtiger Entscheidungen Vollzugskonferenzen mit den an der Behandlung Beteiligten durch. Es finden Dienstbesprechungen statt. Darf die Anstaltsleitung an sich in ihre Zuständigkeit fallende Aufgabenbereiche der Verantwortung anderer Vollzugsbediensteter oder ihrer gemeinsamen Verantwortung übertragen, ist somit eine Delegation entweder auf einzelne Mitarbeiter oder auf ein Gremium (Leitungsteam oder Konferenz) möglich.

265 Macht der Anstaltsleiter von seiner Befugnis zur Aufgabenübertragung Gebrauch – wozu er schon im Hinblick auf die Kooperationsklauseln (§ 154 Abs. 1 StVollzG, § 16 Abs. 1 JVollzGB I, Art. 175 Abs. 1 S. 1 BayStVollzG, § 105 Abs. 2 S. 2 HmbStVollzG, § 76 Abs. 4 HStVollzG) verpflichtet sein sollte[35] – legt er die jeweiligen Entscheidungsbefugnisse in einem allgemeinen Organisationsplan schriftlich fest. Die Möglichkeit zur Übertragung umfasst nahezu alle einzelnen Aufgabenbereiche.

Nicht delegiert werden kann aber die Gesamtverantwortung. Auch besondere – mit massiven Freiheitsbeschränkungen verbundene – Maßnahmen, die zur Sankti-

---

[32] Siehe oben Kap. 3.1.2.1.
[33] Dazu auch Preusker, 1988, S. 118 ff.; Winchenbach, 1985, S. 125 ff.; zur Diskussion unterschiedlicher Organisationsmodelle: Flügge/Maelicke/Preusker, 2001; Ohler, 1977, S. 60 ff.
[34] Dazu in Kap. 8.1.1.
[35] AK-Feest/Hoffmann, 2006, vor § 154 Rdn. 5, § 156 Rdn. 6.

onsgewalt des Anstaltsleiters gehören, sollen bei ihm verbleiben. Gemäß § 156 Abs. 3 StVollzG, Art. 177 Abs. 3 BayStVollzG, § 104 Abs. 3 HmbStVollzG, § 176 Abs. 1 S. 2 NJVollzG dürfen folgende Befugnisse nur mit **Zustimmung der Aufsichtsbehörde** übertragen werden:
- die Anordnung der Durchsuchung (§ 84 Abs. 2 StVollzG, Art. 91 Abs. 2 BayStVollzG, § 70 Abs. 2 HmbStVollzG, § 77 Abs. 2 NJVollzG),
- die Anordnung besonderer Sicherungsmaßnahmen (§ 88 StVollzG, Art. 96 BayStVollzG, § 74 HmbStVollzG, § 81 NJVollzG),
- die Verhängung von Disziplinarmaßnahmen (§ 103 StVollzG, Art. 110 BayStVollzG, § 86 HmbStVollzG, § 95 NJVollzG).

In Baden-Württemberg lässt § 84 Abs. 1 S. 3 JVollzGB III eine Übertragung der Disziplinarbefugnis auf Mitglieder der Anstalts- oder Vollzugsabteilungsleitung zu. In Hessen normiert § 75 Abs. 1 S. 2 HStVollzG allgemein, dass die Anstaltsleitung bestimmte Entscheidungsbefugnisse auf andere Vollzugsbedienstete übertragen kann. Gemäß S. 2 der Vorschrift darf sich aber die Aufsichtsbehörde die Zustimmung zur Übertragung vorbehalten.

Nicht delegieren darf die Anstaltsleitung den **Erlass der Hausordnung** nach **266** § 161 StVollzG, § 15 JVollzGB I, Art. 184 BayStVollzG, § 110 HmbStVollzG, § 79 HStVollzG, § 183 NJVollzG.[36] Diese stellt allerdings keine unmittelbare Grundlage für Rechtsbeschränkungen des Inhaftierten dar. Sie dient vielmehr dazu, eine Vielzahl wichtiger Vorschriften, die in das Gesetz mit Rücksicht auf die Unterschiede in den örtlichen Verhältnissen nicht eingestellt werden können, auf örtlicher Ebene im Wege der Selbstbindung der Verwaltung zu treffen und sie allen Beteiligten bekannt zu machen.[37]

Mit der Hausordnung konkretisiert der Anstaltsleiter den nicht abschließend geregelten Katalogen von § 161 Abs. 2 StVollzG, § 15 Abs. 1 S. 3 JVollzGB I, Art. 184 Abs. 2 BayStVollzG, § 110 Abs. 2 HmbStVollzG, § 79 Abs. 2 HStVollzG, § 183 Abs. 2 NJVollzG gemäß für die von ihm geführte Institution vor allem folgende Bereiche:
- Besuchszeiten, Häufigkeit und Dauer der Besuche,
- Arbeitszeit, Freizeit und Ruhezeit,
- Gelegenheiten, Anträge oder Beschwerden beim Anstaltsleiter vorzubringen bzw. sich an den Vertreter der Aufsichtsbehörde bei dessen Anstaltsbesuchen zu wenden.

Mit Hilfe der Hausordnung können über Präzisierungen hinausgehend jedoch keine neuen – im jeweiligen Strafvollzugsgesetz nicht bereits ihre Grundlage findenden – Pflichten und Eingriffsbefugnisse geschaffen werden. Die vom Anstaltsleiter erlassene Hausordnung bedarf der Zustimmung der Aufsichtsbehörde (§ 161 Abs. 1 S. 2 StVollzG, § 15 Abs. 1 S. 1 JVollzGB I, Art. 184 Abs. 1 S. 2 BayStVollzG, § 110 Abs. 1 S. 2 HmbStVollzG).[38] Ein Abdruck ist den Inhaftierten

---

[36] Calliess, 1992, S. 47.
[37] BT-Drs. 7/918, S. 97 (zu § 161 StVollzG).
[38] Eine entsprechende Bestimmung enthalten das HStVollzG und das NJVollzG nicht.

bekanntzumachen. Dies erfolgt durch Auslegung im Haftraum bzw. durch Aushändigung eines Abdrucks (§ 161 Abs. 3 StVollzG, § 15 Abs. 2 JVollzGB I, Art. 184 Abs. 3 BayStVollzG, § 110 Abs. 3 HmbStVollzG, § 183 Abs. 3 NJVollzG). Denn ein schuldhafter Verstoß gegen eine in der Hausordnung enthaltene Vorschrift stellt die Verletzung einer aufgrund des jeweiligen Strafvollzugsgesetzes auferlegten Pflicht i.S.d. § 102 Abs. 1 StVollzG, § 81 Abs. 1 JVollzGB III, Art. 109 Abs. 1 BayStVollzG, § 85 S. 1 HmbStVollzG, § 94 Abs. 1 NJVollzG dar und kann mit Disziplinarmaßnahmen geahndet werden. (In Hessen normiert § 55 Abs. 1 Nr. 6 HStVollzG explizit als Diziplinartatbestand den wiederholten oder schwerwiegenden Verstoß gegen die Hausordnung.)

4.4 Anstaltspersonal

267   Die Strafvollzugsgesetze enthalten in unterschiedlicher Ausprägung Regelungen zu **Funktionsbeschreibungen der einzelnen Berufsgruppen** in der Justizvollzugsanstalt. Im Bundes-Strafvollzugsgesetz finden sich – abgesehen von der Seelsorge (§ 157 StVollzG) und der medizinischen Versorgung (§ 158 StVollzG) – keine näheren Regelungen. In § 155 Abs. 2 StVollzG beschränkt sich der Bundesgesetzgeber auf eine bloße Unterteilung der Aufgaben nach überkommenem Muster: Verwaltungsdienst, allgemeiner Vollzugsdienst, Werkdienst und Sozialstab. Die nähere Ausgestaltung der Tätigkeiten der verschiedenen Dienste bleibt auch im Geltungsbereich des Bundes-Strafvollzugsgesetzes den Ländern überlassen.

> In **Baden-Württemberg** gibt § 12 Abs. 3 JVollzGB I vor, dass für jede Justizvollzugsanstalt entsprechend ihrer Aufgabe die erforderliche Anzahl von Bediensteten vorzusehen ist. Ausdrücklich benannt wird insoweit der allgemeine Vollzugs-, der Verwaltungs- sowie der Werkdienst. Hinzu kommen Personen verschiedener Berufsgruppen, insbesondere der Seelsorger, Ärzte, Pädagogen, Psychologen und Sozialarbeiter. § 12 Abs. 6 JVollzGB I beinhaltet spezielle Vorgaben über die in der Anstaltsseelsorge tätigen Personen.
> In **Bayern** enthält das BayStVollzG gesonderte Bestimmungen über die Seelsorger (Art. 178 BayStVollzG), die ärztliche Versorgung (Art. 179 BayStVollzG), den pädagogischen Dienst (Art. 180 BayStVollzG), den Sozialdienst (Art. 181 BayStVollzG) sowie den psychologischen Dienst (Art. 182 BayStVollzG). Im Übrigen besteht mit Art. 176 Abs. 2 BayStVollzG eine § 155 Abs. 2 StVollzG entsprechende Regelung.
> In **Hamburg** existiert mit § 106 HmbStVollzG lediglich bezüglich der Seelsorge eine spezielle Bestimmung im Abschnitt über die Anstaltsorganisation. § 105 Abs. 2 S. 1 HmbStVollzG normiert darüber hinaus, dass für jede Anstalt entsprechend ihrer Aufgabe die erforderliche Anzahl von Bediensteten der verschiedenen Berufsgruppen vorzusehen ist, ohne diese Berufsgruppen im Einzelnen zu benennen.
> Für **Hessen** existiert im Abschnitt über den Anstaltsaufbau mit § 77 HStVollzG eine eigene Norm betreffend die Seelsorger. Zudem verpflichtet § 76 Abs. 2 HStVollzG zur Bereitstellung der für jede Anstalt notwendigen Bediensteten und benennt beispielhaft diejenigen des allgemeinen Vollzugs- und des Werkdienstes, der Verwaltung sowie des sozialen, psychologischen, pädagogischen und des medizinischen Dienstes.

Auch im **niedersächsischen Justizvollzugsgesetz** sind im Abschnitt über die Vollzugsbehörden allein die Seelsorge und die ärztliche Versorgung (§§ 179, 180 NJVollzG) gesondert geregelt.

Ungeachtet der unterschiedlichen Ausprägung der Differenzierung zwischen **268** verschiedenen Diensten in den Strafvollzugsgesetzen sollte die Erledigung ihrer funktionsspezifischen Aufgaben zu möglichst geringen Reibungsverlusten untereinander führen. Denn im Hinblick auf die Erfüllung der vollzuglichen Aufgabenstellungen sind alle Personalgruppen zur Zusammenarbeit und zur Mitwirkung verpflichtet. Damit gehört die Trennung zwischen einem nur an der Gewährleistung von Sicherheit und Ordnung ausgerichteten Aufsichtsdienst einerseits und mit Behandlungsmaßnahmen betrauten Beamten andererseits längst der Vergangenheit an.

Die Kooperationsnotwendigkeit findet ihre organisatorische Ergänzung in **269** § 159 StVollzG bzw. § 17 JVollzGB I, Art. 183 BayStVollzG, § 108 HmbStVollzG, § 75 Abs. 3 HStVollzG. Der Anstaltsleiter wird verpflichtet, zur Aufstellung und Überprüfung der Vollzugspläne sowie zur Vorbereitung wichtiger Vollzugsentscheidungen regelmäßige Konferenzen mit allen an der Behandlung maßgeblich Beteiligten durchzuführen. Damit stellt sich die **Konferenz** als ein bedeutendes Leitungsorgan in den Anstalten dar, das jedoch die Gesamtverantwortung des Anstaltsleiters nicht tangiert.[39]

Zu unterscheiden ist zwischen
- Behandlungs- (oder Vollzugsplan-)Konferenz und
- Organisationskonferenz.

In Niedersachsen existiert keine § 159 StVollzG sowie § 17 JVollzGB I, Art. 183 BayStVollzG, § 108 HmbStVollzG und § 75 Abs. 3 HStVollzG vergleichbare gesonderte Bestimmung. Festgelegt ist lediglich in § 9 Abs. 4 NJVollzG über die Vollzugsplanung, dass bei Aufstellung und Festschreibung des Vollzugsplans eine Konferenz mit den an der Vollzugsgestaltung maßgeblich Beteiligten durchgeführt wird.

Maßgeblich an der Behandlung bzw. Vollzugsgestaltung beteiligt sind alle Mitarbeiter des Vollzugsstabs, die behandlungsorientierte Funktionen ausüben – also auch die Mitarbeiter des allgemeinen Vollzugsdienstes.[40] An Organisationskonferenzen nehmen diejenigen Bediensteten teil, die in ihren Aufgabenbereichen durch die jeweils zu beratenden Fragen betroffen sind.

4.4.1 Verwaltungsdienst

Zum Verwaltungsdienst zählen alle Funktionen, die der Schaffung und Erhaltung **270** der organisatorischen, personellen und baulichen Voraussetzungen für die Be-

---

[39] Baumann J., 1979, S. 57.
[40] Calliess/Müller-Dietz, 2008, § 159 Rdn. 2.

handlung der Gefangenen dienen.[41] Der Anstaltsleiter wird bei seiner Tätigkeit an der Spitze der Institution von Mitarbeitern unterstützt. Dabei gliedert sich der Verwaltungsdienst – je nach Bundesland unterschiedlich – wiederum in mehrere Dienststellen mit jeweils einem hauptamtlichen Leiter (Beamter des gehobenen Vollzugs- und Verwaltungsdienstes), dem zur Aufgabenerfüllung Bedienstete des mittleren Vollzugs- und Verwaltungsdienstes zur Verfügung stehen:

- **Hauptgeschäftsstelle**: Personalverwaltung der Anstaltsbediensteten.
- **Vollzugsgeschäftsstelle**: verwaltungsmäßige Abwicklung des Vollzugs der Freiheitsstrafe in der Anstalt; Führung von Gefangenenpersonalakten; Erstellung von Statistiken usw.
- **Arbeitsverwaltung**: Regelung der Geschäfte und Tätigkeiten bezüglich der Arbeit und der beruflichen Weiterbildung der Inhaftierten (z.B. Arbeitsbeschaffung; Errichtung, Organisation und Sicherheit der Anstaltsbetriebe).[42]
- **Wirtschaftsverwaltung**: Versorgung der Gefangenen (und des Personals) mit Nahrung, Bekleidung und sonstigem Sachbedarf.[43]

4.4.2 Allgemeiner Vollzugsdienst

271 Die Beamten des allgemeinen Vollzugsdienstes[44] stellen in der Strafanstalt die zahlenmäßig größte Personalgruppe dar. Zu den Gefangenen haben sie im Vollzugsalltag ständigen und unmittelbaren Kontakt. Ihre Tätigkeit ist geprägt von einer **Vielfalt an Funktionen**. Vor allem den Bediensteten des allgemeinen Vollzugsdienstes obliegt die Beaufsichtigung, Betreuung und Versorgung der Gefangenen. Unter der Führung eines Vollzugsdienstleiters erfüllen sie an Aufgaben:[45]

- Mitwirkung bei der Aufnahme und Entlassung der Gefangenen,
- sichere Unterbringung der Inhaftierten,
- Mitwirkung bei der Behandlung, Beurteilung und Freizeitgestaltung,
- Sorge für Ordnung und Sauberkeit in allen Räumen mit ihren Einrichtungs- und Lagerungsgegenständen,
- Sorge für die Reinlichkeit der Gefangenen, ihrer Wäsche und Kleidung,
- Mitwirkung bei der Pflege erkrankter Gefangener,
- nach örtlichen Bestimmungen die Führung von Büchern, Listen und Nachweisen sowie die Entgegennahme von Anträgen.
- Beaufsichtigung der Gefangenen derart, dass Sicherheit und Ordnung jederzeit gewährleistet sind. Dabei erstreckt sich die Aufsicht insbesondere auf die Voll-

---

[41] Müller-Dietz, 1978, S. 285 f.
[42] Umfassend hierzu Gahlen, 1988, S. 133 ff.
[43] Vgl. Urban/Mildner, 1988, S. 125 ff.
[44] Siehe dazu Böhm, 1995a, S. 31 ff., ders., 2003, S. 53 ff.; Henze, 1988, S. 154 ff.; Knauer, 2009, S. 247 ff.; Scherer, 2002, S. 100 ff.; über weibliche Angehörige des allgemeinen Vollzugsdienstes: Bechmann/Bousvaros, 1996, S. 151 ff.
[45] Geregelt in Nr. 12 Abs. 2 und Nr. 20 DSVollz für den Geltungsbereich des Bundes-Strafvollzugsgesetzes.

zähligkeit der Inhaftierten, die Einhaltung der Trennungsvorschriften und die Unterbindung unerlaubten Verhaltens.
– Besonders sorgfältige Beaufsichtigung von gefährlichen, fluchtverdächtigen und solchen Gefangenen, bei denen die Gefahr des Selbstmordes oder der Selbstverletzung besteht.

272 Die Aufgabenpluralität von Beaufsichtigung, Betreuung, Versorgung und Behandlung birgt in der Praxis die **Gefahr einer Überforderung** der Beamten. Allein ihre kustodialen Funktionen (z.B. Kontrolle der Haftträume und des Anstaltsgeländes; Pfortendienste, Besetzung von Wachtürmen, Durchführung körperlicher Untersuchungen von Inhaftierten; Aufsicht bei Besuchen, Hofgang, Ausführungen, Außenarbeiten; Kontrolle von Briefen und Paketen) nehmen angesichts der Personalknappheit in den Institutionen einen großen Teil der Dienstzeit in Anspruch und belassen nur wenig Raum für Behandlungsaktivitäten. Hinzu kommt, dass die auf Sicherheit und Ordnung ausgerichteten Maßnahmen der uniformierten Beamten dem Inhaftierten alltäglich seine Freiheitsbeschränkungen verdeutlichen. Dies führt letztlich zu einer für den Behandlungsprozess abträglichen **Misstrauensbarriere** zwischen Gefangenen und Bediensteten, zu Auseinandersetzungen bis hin zu körperlichen Angriffen auf Beamte.[46]

273 Es sind damit vor allem die Mitarbeiter des allgemeinen Vollzugsdienstes, die bei ihrer Tätigkeit permanent in jenem dem Strafvollzug inhärenten Spannungsverhältnis von Sozialisationsziel einerseits und Sicherheitsaspekten andererseits agieren müssen. Dabei tendieren die Beamten selbst von ihrem Rollenverständnis her offenbar dazu, weniger als Betreuungsbeamte zu fungieren, sondern Sicherheit und Ordnung eine höhere Bedeutung zuzumessen.[47] Eine auf vermehrte Behandlungsaktivitäten gerichtete Verhaltensanforderung seitens der Anstaltsleitung kann deshalb in der Praxis zu Rollenkonflikten bzw. zur Rollenüberforderung auf der Ebene des allgemeinen Vollzugsdienstes führen.[48]

4.4.3 Werkdienst

274 Beamte des Werkdienstes[49] sind in ihrem Beruf durch Meisterprüfung oder gleichartige Ausbildung fachlich qualifizierte Vollzugsbedienstete. Auch fachlich vorgebildete Mitarbeiter des allgemeinen Vollzugsdienstes werden dazu bestellt.

Die Angehörigen des Werkdienstes führen die Betriebe der Arbeitsverwaltung, leiten die Gefangenen dort an und bilden sie aus. Ferner obliegt ihnen der technische Dienst, die Überwachung und Wartung der technischen Anlagen in der Anstalt. Aufgaben des Werkdienstes sind:[50]

---

[46] Möller, 1985, S. 23 ff.
[47] Vgl. Lösel/Mey/Molitor, 1988, S. 398.
[48] Dazu Molitor, 1989, S. 36 ff.; Niedt/Stengel, 1988, S. 98.
[49] Dazu Böhm, 2003, S. 49; Sternkopf, 1988, S. 138 ff.
[50] Geregelt in Nr. 13 Abs. 2 DSVollz für den Geltungsbereich des Bundes-Strafvollzugsgesetzes.

- Erledigung der Arbeitsaufträge nach Weisung des Leiters der Arbeitsverwaltung,
- rechtzeitige Zuteilung der Arbeit, der Rohstoffe und der Arbeitsgeräte an die Gefangenen,
- Abnahme der Arbeit und der Arbeitsgeräte am Ende der täglichen Arbeitszeit,
- Feststellung des Maßes der von den Gefangenen an jedem Tag geleisteten Arbeit sowie Prüfung der abgegebenen Arbeit auf ihre Güte,
- Meldung nicht sorgfältiger oder ungenügender Arbeit,
- unverzügliche Meldung von Betriebsunfällen,
- Belehrung der Gefangenen über die Arbeitsschutz- und Unfallverhütungsvorschriften sowie Gewährleistung dieser Vorschriften,
- berufliche Ausbildung und Weiterbildung der Gefangenen,
- Instandhaltung der Arbeitsgeräte und Maschinen,
- nach örtlichen Bestimmungen Führung von Büchern, Listen und Nachweisen sowie Entgegennahme von Anträgen,
- Mitwirkung bei der Behandlung, Beurteilung und Freizeitgestaltung der Gefangenen,
- Mitwirkung bei der Beaufsichtigung der zugeteilten Gefangenen.

Auch die Mitarbeiter des Werkdienstes wirken an der Aufrechterhaltung der Sicherheit und Ordnung in der Institution mit.

Im Gegensatz zu den Beamten des allgemeinen Vollzugsdienstes genießen diejenigen des Werkdienstes aufgrund ihrer beruflichen Qualifikation und der mit Arbeit und Ausbildung verbundenen Vorteile in der Praxis bei den Gefangenen häufig ein höheres Ansehen.

4.4.4 Sozialstab

275 Als Sozialstab oder Sozialdienst wird in der Organisation der Strafanstalt die Gesamtheit derjenigen Bediensteten besonderer Fachrichtungen[51] bezeichnet, die aufgrund ihrer beruflichen Herkunft und Stellung **vorrangig mit Betreuung und Behandlung betraut** sind: Seelsorger, Ärzte, Pädagogen, Psychologen, Soziologen, Sozialarbeiter, Arbeitstherapeuten usw.

Enthalten sich die Strafvollzugsgesetze zwar partiell einer Bezeichnung der einzelnen Aufgabengebiete der Mitarbeiter des Sozialstabs, lässt sich aber aus den Regelungen der verschiedenen Bereiche des Behandlungsprozesses auf die jeweilige Aufgabenstellung schließen: z.B. aus den Bestimmungen über Unterricht, Religionsausübung, Gesundheitsfürsorge, soziale Hilfen.

276 Die Angehörigen des Sozialstabes bilden in den Anstalten eine zahlenmäßig kleine Personalgruppe. Aufgrund ihrer beruflichen Stellung, aber zudem infolge einer eher zurückhaltenden Tendenz der Beamten des allgemeinen Vollzugsdienstes bei der Mitwirkung an Behandlungsmaßnahmen, bleibt der Behandlungsvollzug gerade auf die Fachleute des Sozialdienstes angewiesen. Dabei beschränkt sich deren Tätigkeit nicht auf die der fachlichen Qualifikation entsprechende Funktion. Vielmehr hat sich auch die Arbeit des Sozialstabs am Kooperationser-

---

[51] Dazu Böhm, 2003, S. 50 ff.

fordernis zur Erfüllung der Vollzugsaufgaben zu orientieren. Die einzelnen Mitarbeiter sind zudem an der Behandlung maßgeblich Beteiligte und demgemäß in die Planungs- und Entscheidungsprozesse eingebunden.

Die vollzugsgesetzlich normierte grundsätzliche Allzuständigkeit des Anstaltsleiters und die damit verbundenen Kompetenzen als Vorgesetzter aller Anstaltsbediensteten sind gegenüber den Mitarbeitern des Sozialstabs eingeschränkt. Schon deren spezifische Ausbildungsqualifikation lässt von der Sache her nur eine **begrenzte Fachaufsicht** zu.[52] Daher kann der Anstaltsleiter in fachlichen Angelegenheiten der Seelsorger, Ärzte, Pädagogen, Psychologen und Sozialarbeiter – soweit sie sich seiner Beurteilung entziehen – lediglich Anregungen geben und Auskunft verlangen. Dies ergibt sich nicht nur aus der besonderen Fachlichkeit. Hinzu kommt vielmehr, dass Angehörige des Sozialdienstes Träger von Berufsgeheimnissen sind (§ 53 Abs. 1 Nr. 1 und 3 StPO). Ihre Schweigepflicht wird strafrechtlich geschützt (§ 203 Abs. 1 Nr. 1, 2 und 5 StGB), erfährt allerdings durch vollzugsgesetzliche Bestimmungen zum Datenschutz eine Begrenzung.[53]

277

Bei einem Konflikt zwischen dem Anstaltsleiter und Fachdiensten im Zusammenhang mit der Durchführung einer Maßnahme kann dieser daher die Angelegenheit nicht an sich ziehen. Hält er im Einzelfall die Sicherheit seiner Anstalt, die Ordnung der Verwaltung oder die zweckmäßige Behandlung eines Gefangenen für gefährdet und führt eine Aussprache zwischen den Beteiligten zu keiner Einigung, darf der Anstaltsleiter eine (aufschiebbare) Maßnahme lediglich bis zur Entscheidung der Aufsichtsbehörde aussetzen.

4.4.4.1 Seelsorger

Nach Art. 140 GG i.V.m. Art. 141 WRV sind in den Strafanstalten **Religionsgesellschaften** zur Vornahme religiöser Handlungen **zuzulassen**.[54] Demgemäß normieren § 157 StVollzG, § 12 Abs. 6 JVollzGB I, Art. 178 BayStVollzG, § 106 HmbStVollzG, § 77 HStVollzG, § 179 NJVollzG einen organisatorischen Rahmen für die in §§ 53 ff. StVollzG, §§ 29 ff. JVollzGB III, Art. 55 ff. BayStVollzG, §§ 54 ff. HmbStVollzG, § 32 HStVollzG, §§ 53 ff. NJVollzG näher präzisierte Wahrnehmung des Grundrechts auf ungestörte Religionsausübung (Art. 4 Abs. 2 GG) durch die Gefangenen.[55]

278

Da Seelsorge Angelegenheit der verschiedenen Religionsgemeinschaften ist, wird der Seelsorger im Einvernehmen mit diesen den jeweiligen staatskirchenrechtlichen Regelungen[56] gemäß als Beamter bestellt oder im Nebenamt vertraglich verpflichtet (z.B. der Pfarrer der Gemeinde, in der die Justizvollzugsanstalt liegt). Es muss dafür Sorge getragen werden, dass die für die Anstalt erforderliche Anzahl von Geistlichen gewährleistet ist. Gehört in einer Institution nur eine solch kleine Gruppe von Gefangenen einem Bekenntnis an, dass dies eine Beschäftigung haupt- oder nebenamtlicher Seelsorger nicht rechtfertigt, wird die seelsorgerische Betreuung auf anderem Wege (z.B. durch ehrenamtliche Tätigkeit) ermög-

---

[52] Zu den Aufgaben der Fachaufsicht: Rotthaus K., 1995, S. 517 ff.
[53] Dazu unten Kap. 10.4.3.
[54] Zur geschichtlichen Entwicklung der Gefängnisseelsorge siehe Böhm, 1995, S. 3 ff.
[55] Dazu in Kap. 5.7.
[56] Dazu Eick/Wildgans, 1993, S. 223 ff.

licht. Ein Anstaltsgeistlicher darf sich freier Seelsorgehelfer bedienen bzw. für religiöse Veranstaltungen außen stehende Seelsorger heranziehen.

Der **Seelsorger** nimmt wegen seiner Verpflichtungen innerhalb der Religionsgemeinschaft einerseits und seiner grundsätzlichen Stellung in einem öffentlich-rechtlichen Dienstverhältnis andererseits eine **Sonderstellung** in der Strafanstalt ein.[57] Er gehört jedoch zu den Vollzugsbediensteten und hat damit an der Erfüllung der Vollzugsaufgaben mitzuwirken.

279 Seelsorge im Freiheitsentzug bedeutet heute nicht mehr nur die Abhaltung von Gottesdiensten und eine sonstige rein religiöse Einflussnahme.[58] Die Gewährung von Hilfe in Glaubens- und Gewissensfragen durch Einzelgespräche findet ihre Ergänzung in der Gruppenarbeit. Daneben bemühen sich Anstaltsgeistliche und ihre Helfer um die Pflege von Kontakten der Inhaftierten zu deren Partnern und Familien.[59]

In Bayern stellt Art. 178 Abs. 4 BayStVollzG klar, dass den Seelsorgern zwar in erster Linie die religiöse Betreuung der Inhaftierten obliegt. Darüber hinaus wirken sie bei der Behandlungsuntersuchung, in Vollzugsplanangelegenheiten, bei Freizeitgestaltung, sozialen Hilfen für Gefangene sowie bei der Aus- und Fortbildung von Vollzugsbediensteten mit.

Vor allem ihre **Schweigepflicht** macht die Seelsorger für die Gefangenen zu wichtigen Bezugspersonen.[60] Diese haben nach kirchenrechtlichen Vorschriften das Beicht- und Seelsorgegeheimnis zu wahren. Was einem Geistlichen in seiner Eigenschaft als Seelsorger anvertraut oder bekannt wurde, unterfällt zudem seinem Zeugnisverweigerungsrecht (§ 53 Abs. 1 Nr. 1 StPO).

4.4.4.2 Ärzte und Krankenpfleger

280 Die Erfüllung der gesetzlichen Aufgaben im **Bereich der Gesundheitsfürsorge** (§§ 56 ff. StVollzG, §§ 32 ff. JVollzGB III, Art. 58 ff. BayStVollzG, §§ 57 ff. HmbStVollzG, §§ 23 ff. HStVollzG, §§ 56 ff. NJVollzG)[61] macht auf organisatorisch-personeller Ebene die Beschäftigung ausreichenden medizinischen Personals erforderlich. Über die eigentliche Gesundheitsfürsorge hinausgehend existieren im Strafvollzug weitere Bereiche[62] ärztlicher Tätigkeit:
– Untersuchung im Aufnahmeverfahren,
– Mitwirkung bei der Behandlungsuntersuchung und in Vollzugsplanangelegenheiten,
– Überwachung der gesundheitlichen und hygienischen Verhältnisse in der Anstalt,
– Überwachung der Anstaltsverpflegung,

---

[57] Rassow/Schäfer, in: Schwind/Böhm/Jehle/Laubenthal, 2009, § 157 Rdn. 13 ff.
[58] Bethkowsky-Spinner/Djambasoff/Greger u.a., 1999, S. 62 ff.
[59] Koch, 1988, S. 209 ff.; Raming, 1988, S. 214 ff.
[60] Zu Konflikten zwischen Seelsorgern und Vollzugsbehörden: Böhm, 2003, S. 52 f.
[61] Dazu in Kap. 5.8.1.
[62] Dazu Hillenkamp, 2005, S. 11 ff.; Keppler/Stöver, 2009.

– Betreuung und Hilfe während der Schwangerschaft weiblicher Inhaftierter,
– Überwachung bei besonderen Sicherungsmaßnahmen,
– Durchführung von Zwangsmaßnahmen auf dem Gebiet der Gesundheitsfürsorge,
– Mitwirkung bei bestimmten disziplinarischen Ahndungen,
– Beteiligung an der Aus- und Fortbildung von Vollzugsbediensteten.

Der Vollzugsarzt wird in praxisähnlichen ambulanten Behandlungsräumen (Sanitätsbereich) oder in besonderen Krankeneinrichtungen des Strafvollzugs (Lazarettstation, psychiatrische Sonderabteilung)[63] tätig.

Gesonderte Bestimmungen zum medizinischen Personal finden sich in § 158 StVollzG, Art. 179 BayStVollzG, § 180 NJVollzG, während das HmbStVollzG und das HStVollzG keine entsprechende Norm enthalten. Die medizinische Versorgung ist zunächst durch hauptamtliche Ärzte sicherzustellen[64]. Aus besonderen Gründen kann sie auch nebenamtlich oder vertraglich verpflichteten Ärzten übertragen werden (insbesondere die fachärztliche und zahnärztliche Behandlung). Gehen die Gesetze vom **Grundsatz einer hauptamtlichen Beschäftigung** der Vollzugsärzte aus, stellt sich die Realität in den Anstalten jedoch anders dar. So können in den Bundesländern in unterschiedlichem Maße die Justizverwaltungen die ärztliche Versorgung nur durch Einstellung auch von nebenamtlichen Ärzten aufrechterhalten.[65] Eine medizinische Tätigkeit im Strafvollzug gilt unter Ärzten als wenig attraktiv. Dies wird vor allem auf belastende Arbeitsbedingungen und eine im Vergleich zu anderen Betätigungsfeldern zu geringe Besoldung zurückgeführt. Hinzu kommt die einer helfenden Tätigkeit widersprechende Beteiligung an Sicherungs- und Zwangsmaßnahmen.[66] Ein großer Teil der medizinischen Versorgung im Strafvollzug findet deshalb durch zahlreiche nebenamtliche Vertragsärzte statt. Diese stehen allerdings nur stundenweise zur Verfügung und können somit über die rein ärztliche Krankenhilfe hinaus kaum am Behandlungsprozess insgesamt mitwirken.

281

Die **Pflege** erkrankter Gefangener wird von Personen ausgeübt, die eine Erlaubnis nach dem Krankenpflegegesetz besitzen. Da es auch in diesem Bereich des Vollzugspersonals an einer ausreichenden Anzahl von Pflegern fehlt, kommt es auch zum Einsatz von entsprechend ausgebildeten Beamten des allgemeinen Vollzugsdienstes.

4.4.4.3 Pädagogen

Der **Aus- und Weiterbildung** von Gefangenen kommt eine zentrale Rolle für eine Realisierung des Vollzugsziels zu. Denn das Gelingen einer sozialen Integration des Entlassenen wird auch bedingt durch die Beseitigung von Defiziten im Bereich der Bildung. Pädagogische Einflussnahme ist zudem angesichts technischer

282

---

[63] Siehe Missoni, 1996, S. 143 ff.
[64] Zum Prinzip der medizinischen Behandlung durch approbierte Ärzte auch im Vollzug: OLG Karlsruhe, NStZ 1997, S. 302 ff.
[65] Vgl. Riekenbrauck/Keppler, in: Schwind/Böhm/Jehle/Laubenthal, 2009, § 158 Rdn. 2.
[66] Dazu eingehend Zettel, 1988, S. 193 f.

und wissenschaftlicher Veränderungsprozesse in der modernen Gesellschaft unabdingbar, wenn der Strafvollzug auf das Leben in der Freiheit vorbereiten soll.[67]

Abgesehen von Bayern (Art. 180 BayStVollzG) enthalten die Strafvollzugsgesetze keine besonderen Regelungen zum Tätigkeitsbereich des Pädagogen in der Institution. Seine Funktion ergibt sich insbesondere aus den Normen über die Aus- und Weiterbildung der Gefangenen.[68]

Überkommene Aufgaben der Lehrer[69] in der Anstalt[70] sind das Erteilen von **Unterricht**. Unterricht kann sowohl durch haupt- oder nebenamtlich bestellte Anstaltslehrer als auch durch Dritte erteilt werden.[71] Neben der Förderschule vergleichbarem Unterricht sowie zum Hauptschulabschluss führenden Maßnahmen kommen in den Einrichtungen Angebote im Realschul- und Gymnasialbereich zum Tragen; ferner Berufsschulangebote, mit deren erfolgreicher Beendigung teilweise Abschlüsse allgemein bildender Schularten verbunden werden können. Im Vollzug findet nicht selten auch Einzel- oder Kleingruppenunterricht etwa für Analphabeten oder solche Gefangenen statt, die ohne gezielte Förderung in einzelnen Lernfeldern für eine allgemein bildende oder berufliche Schulung ungeeignet sind. Das gilt vor allem für Inhaftierte mit Migrationshintergrund, denen in den Einrichtungen Deutschunterricht angeboten wird.

Den Lehrern obliegt in den Justizvollzugsanstalten häufig die Verwaltung der Gefängnisbibliothek. Sie führen Lehrgänge und Kurse durch, betätigen sich als Freizeitkoordinatoren. Sportlehrer organisieren und gestalten den Freizeitsport bzw. entwickeln Sportangebote für besondere Zielgruppen. Hinzu kommt die pädagogische Diagnostik, die Mitwirkung von Pädagogen vom Aufnahmeverfahren bis hin zur Entlassungsvorbereitung. Zu den Funktionen des Lehrers zählt ferner die Fortbildung der Vollzugsbeamten.[72]

4.4.4.4 Psychologen

283 Außer in Bayern (Art. 182 BayStVollzG) definieren die Strafvollzugsgesetze die Tätigkeitsbereiche und die Stellung des Psychologen nicht. Über die berufliche Rolle des Vollzugspsychologen besteht bis heute kein einheitliches Bild; die Angehörigen dieser Gruppe des Sozialstabs selbst sind immer wieder um eine Bestimmung ihrer eigenen Funktion in der Institution bemüht.[73]

> Eine mehr **traditionell klinisch-psychologische Perspektive** bezieht die Tätigkeit des Anstaltspsychologen vor allem auf die Behandlung des einzelnen Gefangenen, dessen Beratung und Betreuung. Mit Hilfe spezifischer therapeutischer Maßnahmen

---

[67] Müller-Dietz, 1978, S. 296 f.
[68] Dazu Kap. 5.3.
[69] Zu den Berufsrollen: Bierschwale, 1994, S. 197 ff.; siehe ferner Bundesarbeitsgemeinschaft der Lehrer im Justizvollzug, 1999.
[70] In Bayern speziell geregelt in Art. 180 Abs. 2 BayStVollzG.
[71] Dazu Laubenthal, in: Schwind/Böhm/Jehle/Laubenthal, 2009, § 38 Rdn. 5.
[72] Zur Weiterbildung von Vollzugsbediensteten: Wydra, 2001, S. 154 ff.
[73] Siehe Mai, 1981; Geelhaar/Hennings, 1983, S. 29 ff.; Goderbauer/Göttinger/Guth u.a., 2007, S. 276 ff.; Höffler/Schöch, 2006, S. 9 ff.; Wagner G., 1972, S. 106 ff.; Wischka/Beckers, 1990.

(z.B. Gesprächstherapie, Verhaltenstherapie) soll auf den Inhaftierten gemäß seinen individuellen Bedürfnissen eingewirkt werden.

Die **organisations-psychologische Position** hat dagegen nicht nur die Gruppe der Gefangenen im Blick, sondern auch das Anstaltspersonal sowie subkulturelle Erscheinungsformen im Vollzug. Dabei wird die Anstaltsorganisation als nach organisationspsychologischen Konzepten veränderbar angesehen. Vollzugspsychologen sollen daher durch Organisationsentwicklungsmaßnahmen die Institution und die Lebensbedingungen in ihr zu einem behandlungsbegünstigenden Feld sozialen Lernens weiterentwickeln.[74]

Die **Aufgabenvielfalt** des Psychologen im Alltag des Strafvollzugs lässt sich grob einteilen in: **284**
- einzel- und gruppentherapeutische Behandlung der Gefangenen,
- psychodiagnostische und prognostische Tätigkeiten
  z.B. Mitwirkung im Rahmen der Behandlungsuntersuchung und bei der Aufstellung des Vollzugsplans; Feststellung der Eignung und Motivation für eine Behandlung in der sozialtherapeutischen Anstalt; fachliche Prüfung der Eignung für Vollzugslockerungen, Bildungsmaßnahmen, Arbeitstherapie usw.; Prognoseerstellung zur Vorbereitung von Entscheidungen über eine Aussetzung des Strafrests zur Bewährung.
- Krisenintervention,
- Eignungsbeurteilungen sowie Aus- und Weiterbildung der Vollzugsbediensteten.

Den Anstaltspsychologen bleibt in der Praxis allerdings nur wenig Zeit zur Durchführung therapeutischer Maßnahmen. Denn die zahlenmäßig immer noch zu geringe Gruppe der Vollzugspsychologen wird neben ihrer Beteiligung an personenbezogenen Entscheidungen der Anstaltsleitung vor allem zur Krisenintervention eingesetzt.[75] Kommt es aus der Sicht der Organisation zu einem „Störfall" (z.B. sozial auffälliges Verhalten eines Inhaftierten, Suizidgefahr), wird vom Psychologen erwartet, dass er durch sofortiges helfendes Eingreifen eine Zuspitzung der Krisenproblematik und deren potentielle Chronifizierung verhindert und damit das institutionelle Funktionieren wiederherstellt.

4.4.4.5 Sozialarbeiter und Sozialpädagogen

Der in den Strafvollzugsgesetzen (außer in Bayern gem. Art. 181 BayStVollzG) **285** nicht näher festgelegte Aufgabenbereich des Sozialarbeiters bzw. Sozialpädagogen ergibt sich in seinen Grundzügen aus den Vorschriften über die Behandlungsuntersuchung und Vollzugsplanung[76] sowie über die sozialen Hilfen[77] in der Anstalt. Soziale Hilfe umfasst nach dem heutigen Selbstverständnis von Sozialarbeit mehr als bloße Unterstützung bei äußeren Notlagen im fürsorgerischen Sinne. Oberstes Prinzip der Sozialarbeit ist vielmehr die **Hilfe zur Selbsthilfe**.

---

[74] Dazu Kury/Fenn, 1977, S. 190 ff.; Lösel/Bliesener, 1987, S. 30 ff.; Steller, 1978, S. 209 ff.
[75] Bohling/Kunze, 1988, S. 173; Michelitsch/Traeger, 1981, S. 50 ff.
[76] Dazu Kap. 5.1.
[77] Siehe Kap. 5.9.

Der Sozialarbeiter soll seinem Berufsbild[78] gemäß als eine Form beruflichen sozialen Handelns mit gesellschaftspolitischem Bezug gesellschaftliche Bedingungen mitgestalten; soziale Probleme aufdecken; persönliche und gesellschaftliche Konflikte verhindern, beheben und mindern; zu Kommunikation, Eigenständigkeit und Toleranz befähigen; Hilfsquellen erschließen und vermitteln; Bildungsmöglichkeiten aufzeigen usw.

286 Im Strafvollzug findet der Sozialarbeiter ein umfassendes Betätigungsfeld[79] vor, das mit der Aufnahme des Verurteilten in die Justizvollzugsanstalt beginnt und regelmäßig mit dessen Entlassung endet. In besonderen Fällen (z.B. bei drohender Gefährdung der sozialen Integration in Freiheit) nimmt er sich auch Hilfe suchender Entlassener an.

Die einzelnen vollzuglichen Tätigkeitsbereiche der Sozialarbeit sind in Vorschriften der verschiedenen Bundesländer zu Organisation und Aufgaben der sozialen Dienste näher geregelt.[80]

So wurde beispielsweise in Rheinland-Pfalz das Aufgabengebiet der Sozialarbeiter im Hinblick auf die beim Inhaftierten zu bewirkenden Folgen umschrieben:[81]

Im Rahmen der Aufgaben des Justizvollzugs obliegt der Sozialarbeit insbesondere, dem Gefangenen zu helfen,
– seine persönlichen Möglichkeiten und Gefährdungen zu erkennen,
– das eigene Verhalten bewusst zu steuern, seine Angelegenheiten selbst zu ordnen und zu regeln, Fähigkeiten zu entwickeln, wirtschaftliche und berufliche Fertigkeiten zu erwerben und zu erhalten,
– zielstrebig und ausdauernd zu handeln, Leistungen zu erbringen, die Gesetze einzuhalten,
– Verantwortung für sich und andere zu tragen, Beziehungen partnerschaftlich zu gestalten, Bindungen zu Angehörigen und anderen nahe stehenden Personen zu pflegen,
– seine Freizeit sinnvoll zu gestalten,
– seelischen und gesundheitlichen Schäden durch den Vollzug entgegenzuwirken und kriminellen Gefährdungen zu widerstehen.

287 Neben einer solch zielorientierten Beschreibung geben in anderen Bundesländern teilweise sehr detaillierte Aufgabenkataloge konkrete Funktionsbereiche vor.

Danach obliegt den Sozialarbeitern und Sozialpädagogen insbesondere:[82]
– die Hilfe für die Gefangenen bei der Aufnahme, während des Vollzuges und zur Entlassung,

---

[78] Dazu Deutscher Berufsverband der Sozialarbeiter e.V., abgedr. in: Blum, 1988, S. 166; siehe zum Berufsbild auch Beckmann, 1996, S. 82 ff.; Cornel, 1997, S. 11 ff.; ders., 2007, S. 53 f.
[79] Siehe Blum, 1988, S. 165 ff.; Cornel, 2007, S. 52 ff.; Gauer, 2005, S. 49 ff.; Knauer, 2009a, S. 302 ff.; Koepsel, 1998, S. 45 ff.
[80] Vgl. Block, 1997, S. 233.
[81] Grundzüge der Sozialarbeit in den Justizvollzugs- und Jugendstrafanstalten, Rundschreiben v. 6.7.1982, in: JBl. 1982, S. 159.
[82] Vgl. Block, 1997, S. 242.

- die Einzelberatung Gefangener zur Lösung persönlicher Schwierigkeiten,
- Gruppenarbeit mit Gefangenen,
- die Förderung sozialer Außenkontakte der Gefangenen, insbesondere zu Angehörigen und anderen nahe stehenden Personen; hierzu können auch Hausbesuche gehören,
- die Beratung und Unterstützung der Gefangenen bei der Regulierung ihrer Schulden,
- die Gewährung von Gegenständen aus den für die Gefangenen- und Entlassenenfürsorge zur Verfügung stehenden Sachmitteln,
- die Einweisung und Beratung ehrenamtlicher Mitarbeiter,
- die Zusammenarbeit mit Bewährungshelfern, Behörden, Verbänden und Einrichtungen der freien Wohlfahrtspflege sowie anderen Stellen, die auf dem Gebiet der Sozialarbeit tätig sind,
- die Anleitung von Sozialpraktikanten.

288 Der Sozialarbeiter wird somit über die Gewährung von sozialen Hilfen hinaus in einem umfassenden Rahmen tätig.[83] Er ist an der Vollzugsplanung beteiligt, er fördert die Gewinnung sozialer Kompetenz. Einen wichtigen Arbeitszweig der Sozialarbeit im Vollzug stellt die Entlassenenhilfe dar. Besondere Aufgabenbereiche sind auch die Leitung von Wohngruppen, die Durchführung des Sozialen Trainings sowie die Betreuung besonderer Insassengruppen (z.B. suchtgefährdeter bzw. suchtkranker Inhaftierter).[84]

Sind mehrere Sozialarbeiter und Sozialpädagogen in einer Institution beschäftigt, bedingt die Vielfalt der Aufgabenbereiche deren Aufteilung unter den Mitarbeitern. Hierzu dient entweder die Sozialdienstkonferenz oder es wird ein geschäftsführender Sozialarbeiter bzw. Koordinator damit betraut.[85]

289 Wie in anderen Bereichen sozialpädagogischer Tätigkeit innerhalb der Strafjustiz[86] führt auch das berufliche Handeln des Sozialarbeiters im Strafvollzug zu **Rollenkonflikten** auf verschiedenen Ebenen: Haben alle Angehörigen des Anstaltspersonals gemeinsam an der Erfüllung der Vollzugsaufgaben mitzuarbeiten, erwarten Anstaltsleitung und allgemeiner Vollzugsdienst von den Sozialarbeitern zudem ein Engagement für Sicherheit und Ordnung; dagegen schreiben diese wiederum der sozialen Betreuung der Inhaftierten höchste Priorität zu.[87] Die Verknüpfung von Betreuung und Hilfe für die Gefangenen einerseits und die Zugehörigkeit der Sozialarbeiter als Vollzugsbedienstete zum Stab der Institution andererseits programmiert einen Intra-Rollenkonflikt. Denn sozialpädagogische Betreuung setzt auch einen auf Vertrauen basierenden Zugang zu den Betroffenen voraus. Dies mag auf Seiten der Insassen zu Verhaltenserwartungen führen, denen aufgrund der Zugehörigkeit zur Organisation nicht immer entsprochen werden kann.

---

[83] Cornel, 2007, S. 68.
[84] Block, 1997, S. 249 ff.
[85] Block, 1997, S. 245 ff.
[86] Siehe z.B. zur Jugendgerichtshilfe: Laubenthal, 1993, S. 54.
[87] Molitor, 1989, S. 46; siehe auch Cornel, 2007, S. 65 ff.

4.5 Ehrenamtliche Vollzugshelfer

290 Die Behandlung der Strafgefangenen zur Vorbereitung auf ihre Rückkehr in die Freiheit erfordert eine Kooperation von Strafvollzug und Gesellschaft. Soll das Leben in der Anstalt den allgemeinen Verhältnissen soweit wie möglich angeglichen werden, dann muss diese auch ein Interaktionsfeld darstellen, in dem Private agieren. Die **Mitwirkung gesellschaftlicher Kräfte** an der Straffälligenarbeit gebietet schon das Sozialstaatsprinzip[88], das für die ehrenamtliche Vollzugshilfe[89] eine Institutsgarantie bildet und bezogen auf den Vollzug als ein Gestaltungsprinzip wirkt, d.h. dieser ist so einzurichten, dass die Tätigkeit extramuraler Helfer nicht nur ermöglicht, sondern auch gefördert wird.[90]

Gemäß § 154 Abs. 2 S. 2 StVollzG, § 16 Abs. 2 JVollzGB I, Art. 175 Abs. 2 BayStVollzG, § 107 Abs. 1 HmbStVollzG, § 7 HStVollzG, § 181 Abs. 1 NJVollzG sollen die Vollzugsbehörden daher mit Personen und Vereinen zusammenarbeiten, deren Einfluss die Eingliederung des Gefangenen fördern kann. Diese Normen ermächtigen zur Zulassung von Privatpersonen sowie von Vereinigungen (Vereinen und informellen Gruppen wie Arbeitskreisen oder Hilfsinitiativen).

Soll die ehrenamtliche Vollzugshilfe als ein notwendiges Behandlungselement eine interaktive Schnittstelle[91] zwischen Strafvollzug und freier Gesellschaft bilden, können auf der Helferseite nur Personen und Vereinigungen aus dem extramuralen Bereich stehen. Gefangene kommen daher als Betreuer nicht in Betracht. Gleiches gilt für Vereine und informelle Zusammenschlüsse, die ausschließlich von Inhaftierten getragen werden.[92] Vereinigungen mit einer Mischstruktur können dagegen im Vollzug tätig werden, wobei die Zulassung der einzelnen Vereinsmitglieder von ihrem Status als Nichtgefangene bestimmt wird.[93]

Den ehrenamtlichen Vollzugshelfern bietet sich ein weit gefächertes Betätigungsfeld:[94]
- Betreuung einzelner Gefangener,
- Gruppenarbeit in der Strafanstalt,
- Briefkontakte zu Inhaftierten,
- begleitende Hilfen bei Ausführungen und Hafturlaub,
- Hilfestellung für Familien,
- Betreuung von Entlassenen,
- Aufklärung der Öffentlichkeit über Strafvollzugsprobleme usw.

---

[88] BVerfGE 35, S. 236.
[89] Dazu Jost, 2002, S. 257 ff.
[90] Theißen, 1990, S. 17 f.
[91] Theißen, 1990, S. 22.
[92] KG Berlin, NStZ 1982, S. 222; einschränkend aber Calliess/Müller-Dietz, 2008, § 154 Rdn. 4.
[93] Theißen, 1990, S. 25.
[94] Vgl. Busch M., 1988, S. 224 ff.; Künkel, 1979, S. 77 ff.; Marks, 1985, S. 87; Theißen, 1990, S. 149 ff.; siehe auch Bundeszusammenschluss für Straffälligenhilfe: Arbeitshilfen für freie Mitarbeiter im Bereich der Straffälligenhilfe, 1981.

Auf die Zulassung als ehrenamtlicher Vollzugshelfer besteht **kein Rechtsan-** 291
spruch.[95] Die gesetzlichen Regelungen zur ehrenamtlichen Vollzugshilfe geben
einem Bewerber aber einen Anspruch auf eine ermessensfehlerfreie Entscheidung
über seinen Antrag.[96]
Die Vollzugsbehörde muss prüfen, ob die angebotene Hilfe die Eingliederung
fördern kann, d.h. der Bewerber potentiell geeignet ist, die Erreichung der Vollzugsaufgabe einer sozialen Integration positiv zu beeinflussen. Denn ein ehrenamtlicher Betreuer nimmt bei seinen Aktivitäten in der Anstalt nicht die bloße
Position eines Besuchers ein. Er zählt zu den im Vollzug Tätigen und unterliegt
daher der jeweiligen Kooperationsklausel. Er hat gemeinschaftlich an der Aufgabenerfüllung mitzuwirken. Vollzugsaufgabe ist auch der Sicherungsauftrag des
Schutzes der Allgemeinheit vor weiteren Straftaten. Die Behörde kann deshalb
eine Zulassung von der Bereitschaft des Bewerbers zur Beachtung von Sicherheitsaspekten abhängig machen. Das Vorliegen objektiver Gefahrenmomente, die
auf eine mangelnde Eignung im Hinblick auf den Sicherungsauftrag schließen
lassen, stellt eine negative Zulassungsschranke dar.[97] Eine Ablehnung der Zulassung kommt damit letztlich nur in atypischen Fällen in Betracht.[98]
Verstöße eines ehrenamtlichen Vollzugshelfers gegen das Sozialisationsziel
bzw. Zuwiderhandlungen gegen die Schutzaufgabe begründen einen Widerruf der
Zulassung.
Die Strafvollzugsgesetze selbst bieten mit der **Verpflichtung** zur Förderung der 292
Eingliederung, der Beachtung von Sicherheitsaspekten und der Kooperationsklausel nur den Rahmen für die Tätigkeit der ehrenamtlichen Vollzugshelfer. Dieser
wird durch Ausführungsbestimmungen der einzelnen Bundesländer ausgefüllt.[99]

In Bayern zählen beispielsweise zu den wesentlichen Verpflichtungen der ehrenamtlichen Mitarbeiter gem. VV Nr. 4 zu Art. 175 BayStVollzG:
– die in der Anstalt geltenden Vorschriften zu beachten,
– mit den Vollzugsbediensteten eng zusammenzuarbeiten und deren Anordnungen in Vollzugsangelegenheiten Folge zu leisten,
– Kenntnisse, die im Rahmen der ehrenamtlichen Tätigkeit erlangt werden und aus denen sich der Verdacht einer erheblichen Straftat, einer Gefährdung der Sicherheit oder Ordnung der Anstalt oder wichtige Hinweise für die Behandlung der Gefangenen ergeben, unverzüglich der Anstaltsleitung mitzuteilen,
– ohne ausdrückliche Erlaubnis der Anstaltsleitung mit den Gefangenen keine Geschäfte einzugehen, von ihnen nichts anzunehmen, ihnen nichts zu übergeben und für sie keine Nachrichten oder Aufträge zu vermitteln,
– die angeordneten Kontrollmaßnahmen zu dulden,

---

[95] KG, StrVert 1986, S. 349; OLG Hamm, NStZ 1990, S. 256.
[96] Calliess/Müller-Dietz, 2008, § 154 Rdn. 4; a.A. Koepsel, 1985, S. 157 f., der in § 154 Abs. 2 S. 2 StVollzG eine zwingende Regelung sieht.
[97] Müller-Dietz, 1992, S. 327; Theißen, 1990, S. 23; krit. zur sog. Regelanfrage bezüglich ehrenamtlicher Vollzugshelfer beim Verfassungsschutz: Calliess, 1992, S. 54.
[98] OLG Karlsruhe, ZfStrVo 2002, S. 378; AK-Feest/Hoffmann, 2006, § 154 Rdn. 11; Wydra, in: Schwind/Böhm/Jehle/Laubenthal, 2009, § 154 Rdn. 7.
[99] Umfassend dazu Theißen, 1990, S. 44 ff., 63 ff.; siehe auch Müller-Dietz, 1992, S. 327.

- über vertrauliche Angelegenheiten, insbesondere über die persönlichen Verhältnisse der Gefangenen, gegenüber Dritten – auch nach Beendigung der ehrenamtlichen Tätigkeit – Verschwiegenheit zu bewahren,
- der Anstaltsleitung mindestens einmal im Jahr über die ehrenamtliche Tätigkeit zu berichten.

4.6 Anstaltsbeiräte

293 Bemüht sich die ehrenamtliche Vollzugshilfe um die Unterstützung bei der sozialen Integration der einzelnen Gefangenen, besteht mit den Anstaltsbeiräten ein weiterer Bereich gesellschaftlicher Mitwirkung, der in erster Linie auf eine **Förderung der Behandlungsstruktur** in der Anstalt insgesamt ausgerichtet ist.
Gemäß § 162 StVollzG, § 18 Abs. 1 u. 5 JVollzGB I, Art. 185 BayStVollzG, § 114 HmbStVollzG, § 81 Abs. 1 HStVollzG, § 186 NJVollzG sind bei den Justizvollzugsanstalten Beiräte zu bilden, von denen zur Vermeidung von Interessenkollisionen Vollzugsbedienstete ausdrücklich ausgeschlossen bleiben. Den Gesetzgebern ging es mit der Verpflichtung zur Schaffung von Anstaltsbeiräten um eine **institutionelle Einbeziehung der Öffentlichkeit** in den Strafvollzug.
Da ein Beirat als Mittler zwischen dem Strafvollzug sowie seinen Insassen einerseits und der Gemeinschaft außerhalb der Institution andererseits zu fungieren hat, sollten nur solche Personen bestellt werden, die auch aufgrund ihres sonstigen Engagements in der Gesellschaft Kompetenz zur Wahrnehmung öffentlicher Belange für den Vollzug besitzen (z.B. Parlamentarier, in der Sozialarbeit und Entlassenenfürsorge erfahrene Personen, Mitglieder kommunaler Vertretungen, in der Seelsorge Tätige, Arbeitgeber- und Arbeitnehmervertreter, Persönlichkeiten des Vereinslebens). Die Anstaltsbeiräte werden – je nach Bundesland verschieden – für die Dauer von 2 bis 5 Jahren von den Landesjustizverwaltungen bestellt.

294 Die Beiratsmitglieder sind nach § 165 StVollzG, § 18 Abs. 4 JVollzGB I, Art. 188 BayStVollzG, § 117 HmbStVollzG, § 81 Abs. 4 S. 1 HStVollzG, § 188 NJVollzG zur Verschwiegenheit außerhalb ihres Amtes verpflichtet. Die Verschwiegenheitspflicht ist notwendige Bedingung der sehr umfassenden Informationsberechtigung gem. § 164 StVollzG, § 18 Abs. 3 JVollzGB I, Art. 187 BayStVollzG, § 116 HmbStVollzG, § 81 Abs. 3 HStVollzG, § 187 NJVollzG. Der einzelne Beirat bedarf der gesetzlich benannten Befugnisse, um sich über die Verhältnisse in der Strafanstalt weitmöglichst und realitätsgerecht informieren zu können. Er hat ungehinderten Zugang zu den Inhaftierten; weder Gespräche noch Schriftwechsel dürfen überwacht werden. Denn nur so kann der Beirat seinen folgenden Aufgaben[100] gerecht werden:
- Funktion als Bindeglied zwischen Strafvollzug und Öffentlichkeit,
- Vermittlung eines realitätsgerechten Bildes vom Strafvollzug in der Öffentlichkeit,
- positive Kontrollfunktion bei der Verfolgung des Vollzugsziels in der Anstalt,

---

[100] Zur Praxis siehe Gandela, 1988, S. 232 ff.; Gerken, 1986, S. 251 ff.; Schäfer, 1987, S. 67 ff.

- beratende und vermittelnde Tätigkeiten,
- Mitwirkung bei der Gefangenenbetreuung,
- Hilfestellung bei der Wiedereingliederung Entlassener.

4.7 Die Gefangenenmitverantwortung

Der Strafgefangene wirkt nicht nur an der individuellen Gestaltung seiner Behandlung und an der Vollzugszielerreichung mit.[101] Die Subjektstellung der Inhaftierten erfordert auch eine **Beteiligung** der Betroffenen **an der Wahrnehmung gemeinschaftlicher Interessen** – nicht nur auf der Makroebene der gesamten Vollzugsanstalt, sondern in allen Teilbereichen der Institution (Abteilungen, Wohngruppen usw.). Eine Mitverantwortung der Insassen dient der Erlangung sozialer Kompetenz durch Einüben von sozial verantwortlichen Verhaltensweisen auf der kollektiven Ebene. Sie ist zudem geeignet, subkulturellen Erscheinungsformen entgegenzuwirken.

295

Nach § 160 StVollzG, § 14 JVollzGB I, Art. 116 BayStVollzG, § 109 HmbStVollzG, § 78 HStVollzG, § 182 NJVollzG soll den Gefangenen ermöglicht werden, an der Verantwortung für Angelegenheiten von gemeinsamem Interesse teilzunehmen, die sich ihrer Eigenart und der Aufgabe der Anstalt nach für ihre Mitwirkung eignen. Die Strafvollzugsgesetze gewähren damit jedoch **kein originäres Mitbestimmungsrecht**, d.h. mit der Ermöglichung von Partizipation korrespondiert kein Recht auf Mitverantwortung.[102] Die Gefangenen können auch nicht eigeninitiativ eine Inhaftiertenvertretung auf der Basis eines eingetragenen Vereins gründen, der dann an die Vollzugsbehörden herantritt. Denn die Bestimmungen über die Gefangenenmitverantwortung sind abschließend geregelt. Dies schließt allerdings Vereinsgründungen zu anderen als den von § 160 StVollzG, § 14 JVollzGB I, Art. 116 BayStVollzG, § 109 HmbStVollzG, § 78 HStVollzG, § 182 NJVollzG erfassten Zwecken nicht aus; diese Normen beschränkten die Vereinigungsfreiheit an sich nicht.

Die Gefangenenmitverantwortung betrifft Angelegenheiten von gemeinsamem Interesse. Sie umfasst grundsätzlich alle Bereiche und Ebenen in der Anstalt, auch organisatorische und personelle Fragen. Damit soll sich die **kollektive Mitwirkung** nicht nur auf die ausschließlich Inhaftierte betreffenden Punkte beschränken.[103]

296

Die Mitverantwortungsbereiche sind vor allem in Rahmenrichtlinien der Landesjustizverwaltungen bzw. in den einzelnen Anstalten in von der Anstaltsleitung erlassenen Satzungen aufgelistet.[104] Nach diesen Mindestkatalogen kommen als Tätigkeitsfelder für eine Partizipation vor allem in Betracht: der Freizeitbereich (z.B. kulturelle und sportliche Veranstaltungen, Ausstattung von Freizeiträumen, Auswahl der Bü-

---

[101] Dazu Kap. 3.5.1.
[102] KG, NStZ 1993, S. 427
[103] Vgl. BT-Drs. 7/3998, S. 46 (zu § 160 StVollzG).
[104] Siehe Esser, 1992, S. 58 f.

cher für die Anstaltsbibliothek, Herausgabe einer Gefangenenzeitung); Angelegenheiten der Aus- und Weiterbildung; Fragen der Hausordnung (z.B. Reinigung der Haftträume); Gestaltung des Speiseplans; der Arbeitsbereich (z.B. Arbeitszeit, -einteilung, -ablauf); Verbesserungsvorschläge.

Der Umfang der Mitverantwortung wird begrenzt durch die **Eignungsklauseln**. Nach ihrer Eigenart und der Aufgabe der Anstalt eignen sich nicht für die Mitwirkung von Strafgefangenen solche Belange[105], welche
- die Rechtsstellung des einzelnen Verurteilten tangieren,
  (z.B. individuelle Vollzugs- und Behandlungsfragen)
- in den hoheitlichen Verantwortungsbereich der Amtsträger fallen,
  (z.B. Sicherheit und Ordnung in der Anstalt, Disziplinarmaßnahmen, Gewährung von Vollzugslockerungen, Gesamtverantwortung des Anstaltsleiters).

An der Verantwortung teilnehmen schließt eine Übertragung von Teilen der vollzugsbehördlichen Entscheidungsgewalt in der Institution auf die Gefangenenmitverantwortung aus. Auffassungen der Inhaftierten hat sich die Anstaltsleitung jedoch anzuhören, sich mit ihnen in Gesprächen auseinanderzusetzen sowie übereinstimmende Lösungen in ihren Entscheidungen zu berücksichtigen.[106]

297 Über die Verpflichtung der Vollzugsbehörde zur Ermöglichung einer Partizipation hinaus findet sich keine gesetzliche Regelung zur **Ausgestaltung** der Gefangenenmitverantwortung im Einzelnen. Dabei wird der Gestaltungsspielraum der Anstaltsleitungen aber begrenzt:[107] Neben den gesetzlichen Eignungsklauseln sind Vollzugsaufgaben und Struktur des Behandlungsprozesses zu berücksichtigen. Dem Demokratieprinzip wird durch ein Wahlverfahren und dessen Förmlichkeiten Rechnung getragen. Die Anstaltsleitung besitzt die Befugnis (etwa zur Vermeidung einer subkulturellen Vereinnahmung der Vertretungen), einzelne Gefangene von der Wählbarkeit bzw. bereits gewählte Insassen von der Beteiligung auszuschließen, wenn dies zur Gewährleistung der vollzuglichen Grundprinzipien erforderlich erscheint.[108]

Hat die Vollzugsbehörde einmal in der Anstalt eine Gefangenenmitverantwortung eingerichtet, wird sie aufgrund ihrer eigenen Regelungen in ihrem Ermessen gebunden. Diese Selbstbindung der Vollzugsverwaltung gibt den Gefangenen dann einen Anspruch auf fehlerfreien Ermessensgebrauch.[109]

Im Gegensatz zur Bedeutung der Insassenbeteiligung für den Behandlungsprozess steht deren Realisierung in der Vollzugspraxis. In Bestandsaufnahmen wurde konstatiert, dass sich „nur sehr kümmerliche Formen der Gefangenenmitverantwortung durchgesetzt haben"[110]. Anfang der neunziger Jahre des 20. Jahrhunderts gab es noch

---

[105] Dazu Calliess/Müller-Dietz, 2008, § 160 Rdn. 4.
[106] KG, NStZ 1993, S. 427.
[107] Dazu Müller-Dietz, 1985b, S. 187.
[108] OLG Koblenz, NStZ 1991, S. 511.
[109] Zur Frage der Aktivlegitimation der Gefangenenmitverantwortung im gerichtlichen Verfahren nach §§ 109 ff. StVollzG: Kap. 8.2.1.3.
[110] Koepsel, 1988, S. 309.

nicht einmal in allen Justizvollzugsanstalten eine Partizipation.[111] Als Gründe für die auch aktuell noch vorzufindende Divergenz[112] von gesetzlichen Vorgaben und deren Realisierung in der Vollzugswirklichkeit gelten:[113] ein zu geringes Engagement von Strafgefangenen für die gemeinschaftlichen Belange; mangelnder Nachdruck von Anstaltsleitungen zur Einrichtung von Insassenvertretungen; Diffamierungen von aktiven Vertretern durch die Mitgefangenen. Behauptet wird insoweit auch der Einfluss einer die Aktivität lähmenden „restriktiven Rechtsprechung der Obergerichte".[114]

4.8 Kriminologische Forschung

Die Zielsetzung einer zukünftigen straffreien Lebensführung in sozialer Verantwortung wird mittels Behandlung der Strafgefangenen zu erreichen versucht. Dabei bleiben Wissenschaft und Praxis die Überprüfung, Fortentwicklung und Neuerprobung von Behandlungsmodellen überlassen.[115] Es bedarf zur Realisierung dieser Aufgabenstellung eines geeigneten Instrumentariums. § 166 Abs. 1 StVollzG, § 107 JVollzGB III, Art. 189 BayStVollzG, § 113 HmbStVollzG, § 69 HStVollzG gehen deshalb davon aus, dass die Landesjustizverwaltungen **kriminologische Dienste** einrichten, die in Zusammenarbeit mit den Einrichtungen der Forschung den Vollzug, namentlich die Behandlungsmethoden, wissenschaftlich fortentwickeln und die Ergebnisse für Zwecke der Strafrechtspflege nutzbar machen.

298

Solche kriminologischen Dienste sollen sich von der an den Universitäten vorrangig angelegten Grundlagenforschung dadurch unterscheiden, dass **praxisorientierte Bedarfsforschung** geleistet wird.[116] Dabei geht es nicht um ein bloßes Sammeln von Vollzugsdaten[117], sondern um eine wissenschaftliche Begleitung der Vollzugspraxis und die Durchführung von Evaluationsstudien. Neben der kriminologischen Eigenforschung sollen die kriminologischen Dienste zudem Fremdstudien veranlassen bzw. unterstützen. Die gewonnenen Resultate sind dann zur Verbesserung des Strafvollzugs umzusetzen (z.B. mittels Stellungnahmen in Gesetzgebungsverfahren, Unterbreitung von Vorschlägen bei zuständigen Gremien und Institutionen).

Unzureichende gesetzliche Verpflichtungen zur Errichtung der kriminologischen Dienste und die Stellung ihrer finanziellen und personellen Ausstattung in das Belieben der Landesjustizverwaltungen haben dazu geführt, dass dieses Instrumentarium in der Vollzugsrealität nur in Ansätzen existiert. Die vorhandenen Dienste sind unterschiedlich organisiert: Es werden etwa Referate in den Ministerien oder einzelne

---

[111] Vgl. Rotthaus K., 1991, S. 511; ferner Nix, 1990, S. 118.
[112] Dazu auch Wydra, in: Schwind/Böhm/Jehle/Laubenthal, 2009, § 160 Rdn. 12.
[113] Vgl. Koepsel, 1988, S. 309; Rotthaus K., 1991, S. 511.
[114] Nix, 1990, S. 148; krit. dazu aber Rotthaus K., 1991, S. 512.
[115] Siehe auch Kap. 3.1.2.
[116] Steinhilper, 1988, S. 189 ff.
[117] So aber Grunau/Tiesler, 1982, § 166.

Vollzugsanstalten damit betraut.[118] Eigenständige Apparate bestehen z.B. in Baden-Württemberg und Nordrhein-Westfalen. In Bayern wurde 2010 der kriminologische Dienst als zentrale Forschungsstelle für den gesamten bayerischen Vollzug in Erlangen eingerichtet.[119]

Als eine Art Koordinationsstelle in Bezug auf die Einrichtungen der Forschung (z.B. Universitäten, Max-Planck-Institute, behördeninterne Forschungsgruppen der Polizei), mit denen die kriminologischen Dienste zusammenarbeiten sollen, fungiert die Kriminologische Zentralstelle[120] in Wiesbaden.[121]

Niedersachsen verzichtet darauf, die kriminologische Vollzugsforschung ausdrücklich einem kriminologischen Dienst zu übertragen. Gemäß § 189 NJVollzG besteht jedoch eine Verpflichtung zur Sicherstellung der notwendigen Forschung und Evaluation von Methoden und Konzepten in Zusammenarbeit mit externen wissenschaftlichen Einrichtungen.

Bei der Durchführung der kriminologischen Forschungen im Strafvollzug sind die Vorschriften des **Datenschutzes** über die Auskunft und Akteneinsicht für wissenschaftliche Zwecke zu beachten.[122]

---

[118] Vgl. Dolde, 1987, S. 19; Jehle, 1988, S. 11 ff.; Jehle, in: Schwind/Böhm/Jehle/Laubenthal, 2009, § 166 Rdn. 3.
[119] Siehe FS 2010, S. 3.
[120] Jehle, 1988a, S. 204 f.
[121] Dazu auch Böttcher, 1998, S. 47 ff.
[122] Siehe unten Kap. 10.

5 Der Vollzugsablauf als Interaktionsprozess

Dem zu einer Freiheitsstrafe Verurteilten bietet sich in der Justizvollzugsanstalt eine Fülle von Interaktionsbereichen. In dem ihm zur Verfügung stehenden sozialen Raum sollen Lernfelder geschaffen werden, welche dem Insassen die Chance eröffnen, im Sinne der vollzuglichen Zielvorgabe künftig ein sozial verantwortliches Leben ohne Straftaten zu führen.

Der Prozess des Behandlungsvollzugs lässt sich in Aufnahme- und Planungsphase, Hauptphase sowie Entlassungsphase untergliedern, wobei diese aber nicht eindeutig voneinander abgrenzbar sind. Vielmehr bleibt der gesamte Ablauf vom Gedanken einer **durchgehenden Hilfe zur sozialen Integration** beherrscht.[1] Schon in der Anfangsphase zu treffende Entscheidungen beziehen sich dem Eingliederungsgrundsatz[2] gemäß auch auf die Vorbereitung zur Rückkehr in die Freiheit.

Zwar soll das Leben im Vollzug den allgemeinen Lebensverhältnissen weitmöglichst angeglichen sein.[3] Der Behandlungsprozess findet jedoch überwiegend in einem künstlichen sozialen Gebilde statt. Der Inhaftierte wird in ein geschlossenes System eingegliedert, das **keine lebenswirkliche Miniaturgesellschaft mit adäquaten Interaktionsstrukturen** darstellt. Die Chancen für eine erfolgreiche Vollzugszielerreichung können deshalb – soweit Sicherheitsbelange dem nicht entgegenstehen – durch eine vermehrte Öffnung des Vollzugs hin zur Gesellschaft erhöht werden. Die vollständige Ausgliederung des Verurteilten aus seiner gewohnten sozialen Umwelt zu Beginn der Haftzeit ist daher – den individuellen Befindlichkeiten und Behandlungsfortschritten entsprechend – im Verlauf der Strafverbüßung durch Gewährung von Vollzugslockerungen zunehmend zu reduzieren. Dadurch vermag der Gefangene im Hinblick auf seine Entlassung die im Behandlungsprozess erlernten sozialen Verhaltensweisen in der Gesellschaft selbst zu überprüfen und zu realisieren.

5.1 Strafantritt, Aufnahmeverfahren und Vollzugsplanung

Die Eingangsphase des Strafvollzugs lässt sich in folgende Stufen aufteilen:
- Strafantritt des Verurteilten,

---

[1] Müller-Dietz, 1978, S. 89.
[2] Dazu Kap. 3.4.3.
[3] Zum Angleichungsgrundsatz siehe Kap. 3.4.1.

- Aufnahmevorgang,
- Behandlungsuntersuchung zur Erstellung eines individuellen Vollzugsplans.

In welcher Anstalt eine Freiheitsstrafe zu verbüßen ist, richtet sich nach dem von der jeweiligen Landesjustizverwaltung aufgestellten Vollstreckungsplan, in welchem sie die jeweiligen gesetzlich vorgegebenen Organisationsschemata berücksichtigt.

5.1.1 Strafantritt

301 Die strafgerichtlich verhängte freiheitsentziehende Unrechtsreaktion wird nach Eintritt der Rechtskraft des Urteils (§ 449 StPO) von der Staatsanwaltschaft (§ 451 StPO) vollstreckt.[4] Diese teilt dem auf freiem Fuß befindlichen Verurteilten durch **Ladung** mit, dass er sich in der zuständigen Justizvollzugsanstalt zum Strafantritt einzufinden hat (§ 27 Abs. 1 StVollstrO). Hierfür wird ihm gem. § 27 Abs. 2 S. 1 StVollstrO prinzipiell eine Frist gesetzt (in der Regel etwa eine Woche), damit er seine Angelegenheiten noch ordnen kann. In besonderen Fällen darf auch eine Ladung zum sofortigen Strafantritt erfolgen (§ 27 Abs. 2 S. 2 StVollstrO).

Erscheint der Verurteilte nicht fristgemäß oder rechtzeitig in der Anstalt, teilt die Vollzugsbehörde diese **Nichtgestellung** nach § 35 Abs. 1 Nr. 1 StVollstrO der Vollstreckungsbehörde mit. War der Betroffene förmlich geladen und liegt keine ausreichende Entschuldigung vor, ergeht ein **Vorführungs- oder Vollstreckungshaftbefehl** (§ 457 Abs. 2 S. 1 StPO, § 33 StVollstrO). Dieser wird regelmäßig von den amtshilfepflichtigen Polizeidienststellen der Länder vollzogen (§ 33 Abs. 5 S. 1 StVollstrO).

Schon **vor einer Ladung** zum Strafantritt wird die Strafvollstreckungsbehörde nach § 457 Abs. 2 S. 1 StPO zum Erlass eines Vorführungs- oder Vollstreckungshaftbefehls berechtigt, wenn der Verurteilte der Flucht verdächtig ist. Gemäß § 33 Abs. 2 Nr. 1 StVollstrO bedarf es hierfür des begründeten Verdachts, die sanktionierte Person werde sich der Strafvollstreckung zu entziehen suchen. Gemäß § 33 Abs. 2 Nr. 2 StVollstrO steht es faktisch einem Nichtantreten der Strafe gleich, sobald einem auf der Amtsstelle anwesenden Sanktionierten nach § 27 Abs. 3 S. 3 StVollstrO eine Ladung zum sofortigen Strafantritt mündlich eröffnet wird und dieser sich nicht zum sofortigen Strafantritt bereit zeigt. Dann braucht die Vollstreckungsbehörde nicht abzuwarten, ob der Ladung entgegen der geäußerten Weigerung doch noch Folge geleistet wird.

Zur Beschleunigung der Strafvollstreckung lässt § 33 Abs. 3 StVollStrO den Erlass eines Vorführungs- oder Vollstreckungshaftbefehls schon **bei der Ladung** zum Strafantritt zu. Ein solcher ergeht unter der Bedingung, dass der Verurteilte sich nicht fristgemäß oder nicht rechtzeitig stellt. Die bedingt erlassene Zwangsmaßnahme zur Durchsetzung des Strafantritts darf jedoch erst vollzogen werden, wenn ihre Vollstreckbarkeit eingetreten ist. Deshalb verlangt § 33 Abs. 3 S. 2 Nr. 1 StVollstrO den Nachweis des Zugangs der Ladung. Die Vollstreckungsbehörde selbst muss zudem durch Anfrage bei der Vollzugsanstalt feststellen, dass sich der Betroffene nicht bis zu dem in der Ladung bezeichneten Termin gestellt hat.

---

[4] Zum Folgenden eingehend Laubenthal/Nestler, 2010, S. 39 ff.; Kaman, 2008, S. 1 ff.; Röttle/Wagner, 2009, S. 36 ff.; siehe auch Volckart/Pollähne/Woynar, 2008, S. 1 ff.

Befindet sich der rechtskräftig Verurteilte **nicht auf freiem Fuß**, sondern bereits in behördlicher Verwahrung, veranlasst die Strafvollstreckungsbehörde gem. § 28 Abs. 1 S. 1 StVollstrO prinzipiell seine **Überführung** in die zuständige Justizvollzugsanstalt. Einer an den Betroffenen gerichteten Ladung bedarf es nicht.

Stellt die behördliche Verwahrung den Vollzug von **Untersuchungshaft** dar und erfolgt dieser in derselben Sache, befindet sich die verurteilte Person ab dem Zeitpunkt des Rechtskrafteintritts in Zwischenhaft[5], allerdings wird sie als ein Strafgefangener behandelt. Sind Untersuchungshaftanstalt und nach dem Vollstreckungsplan zuständige Strafvollzugseinrichtung identisch, verbleibt der Sanktionierte in dieser Anstalt. Die die Rechtskraft bescheinigende Stelle hat die vorhandene Grundlage der Vollstreckung der Freiheitsstrafe binnen drei Tagen nach Rechtskrafteintritt an die Vollstreckungsbehörde zu übermitteln (§ 13 Abs. 3 S. 2 StVollstrO). Dem Beschleunigungsprinzip des § 2 Abs. 1 StVollstrO gemäß übersendet diese dann umgehend die Unterlagen an die Anstalt. Es ergeht nur ein Aufnahmeersuchen an die Vollzugseinrichtung, in welcher der Verurteilte sich befindet. Sind Untersuchungshaft- und Strafvollzugseinrichtung nicht identisch, ergeht ein Überführungsersuchen an die Untersuchungshaftanstalt und ein Aufnahmeersuchen an die zuständige Strafanstalt. Möglich ist auch, dass statt eines besonderen Überführungsersuchens das Aufnahmeersuchen über die Untersuchungshaftvollzugseinrichtung an die zuständige Strafanstalt zugeleitet wird.[6]

Verbüßt der Verurteilte bereits eine **andere Freiheitsstrafe**, wird deren Vollstreckung prinzipiell fortgesetzt (§ 43 Abs. 3 StVollstrO). Es kommt zur Anschlussvollstreckung der nachfolgend rechtskräftig gewordenen Sanktion. Es ergeht lediglich ein Aufnahmeersuchen an die bisherige Strafanstalt. Bleibt diese nicht für die Anschlussstrafe zuständig, ergeht an sie ein Überführungsersuchen sowie ein Aufnahmeersuchen an die dann zuständige Vollzugseinrichtung.

Die Einweisung des Verurteilten in die zuständige Justizvollzugsanstalt erfolgt durch ein **Aufnahmeersuchen** der Vollstreckungsbehörde. Dieses ist der Anstalt rechtzeitig vor Eintreffen des künftigen Inhaftierten zuzuleiten (§ 29 Abs. 1 S. 2 2. Halbs. StVollstrO). Das Aufnahmeersuchen muss nach § 30 StVollstrO – außer den Angaben zur verurteilten Person – vor allem Angaben enthalten über
– die genaue Bezeichnung der zu vollstreckenden Entscheidung,
– die Bezeichnung der Tat,
– Art und Dauer der zu vollstreckenden Strafe,
– Zeitpunkt des Strafbeginns,
– die Zeitdauer anzurechnender Untersuchungshaft oder sonstiger Freiheitsentziehung,
– ggf. schon verbüßte Strafzeit.

Aufgrund dieser Vorgaben berechnet nach Strafantritt die Vollzugsgeschäftsstelle die Strafzeit (das Strafende, die Termine einer möglichen Strafrestaussetzung zur Bewährung nach § 57 Abs. 1 und 2 StGB bei zeitiger bzw. gem. § 57a Abs. 1 StGB bei lebenslanger Freiheitsstrafe). Das Aufnahmeersuchen enthält zudem Angaben, die für die Behandlungsuntersuchung und Vollzugsplan-

---

[5] Zur Zwischenhaft unten Kap. 9.3.2.
[6] Röttle/Wagner, 2009, S. 58.

erstellung sowie für die Gestaltung des Aufenthalts in der Strafanstalt insgesamt relevant sein können (z.B. Vorstrafen, Anzeichen von Fluchtgefahr, Suizidneigung, psychische Krankheiten, gewalttätiges Verhalten gegenüber Beamten usw.).

Im deutschen Recht nicht vorgesehen ist der **vorzeitige Strafantritt**. Ein solcher vorläufiger Strafvollzug wird in einigen Kantonen der Schweiz praktiziert.[7] Dort kann auf Verlangen des Beschuldigten dieser schon vor seiner Verurteilung in die Strafanstalt aufgenommen werden. Für die Einführung eines solchen Instituts spricht, dass es eine zeitliche Verkürzung der nicht sozialisationsorientierten Untersuchungshaft bewirkt. Es gibt dem Inhaftierten auf seinen Wunsch hin die Möglichkeit, früher an Maßnahmen des Behandlungsvollzugs teilzunehmen und auf die Erreichung des Vollzugsziels hinzuarbeiten.

5.1.2 Individualisierung und Klassifizierung

303 Die durch § 2 S. 1 StVollzG, § 1 JVollzGB III, Art. 2 S. 2 BayStVollzG, § 2 S. 1 HmbStVollzG, § 2 S. 1 HStVollzG, § 5 S. 1 NJVollzG vorgegebene spezialpräventive Zielsetzung macht eine den individuellen Behandlungsanforderungen weitmöglich entsprechende **Vollzugsgestaltung** notwendig. Ein am Sozialisations- und Behandlungsauftrag orientiertes Einwirken auf den Gefangenen verspricht die meisten Erfolgschancen, wenn der Einzelne seine Freiheitsstrafe in derjenigen Justizvollzugsanstalt bzw. einer dort vorhandenen Abteilung oder Gruppe verbüßt, in der eine gerade auf seine Sozialisationsdefizite bezogene Behandlung stattfindet. Eine derart nach individuellen Kriterien erfolgende Verteilungsmöglichkeit auf Vollzugseinrichtungen wäre ein Idealfall des modernen Behandlungsvollzugs, lässt sich aber schon aus Gründen organisatorischer Machbarkeit und wegen institutioneller Vorgaben nicht für alle Verurteilten realisieren. Die Zuweisung hat sich vielmehr zwangsläufig an der vorhandenen Infrastruktur des Vollzugs zu orientieren.

304 Das Strafvollzugsgesetz enthält mit Trennungs- und Differenzierungsprinzip wesentliche **Organisationsgrundsätze**.

Nach dem **Trennungsprinzip**[8] sind die Sicherungsverwahrten sowie die weiblichen Inhaftierten in organisatorisch abgetrennten Einrichtungen unterzubringen. Aus besonderen Gründen kann dies auch in getrennten Abteilungen der für den Freiheitsstrafenvollzug bestimmten Anstalten geschehen. Diese Aufteilung darf aufgehoben werden, um Gefangenen die Teilnahme an Behandlungsmaßnahmen zu ermöglichen.

Innerhalb der für den Vollzug der Freiheitsstrafe bestehenden Institutionen gilt das **Differenzierungsprinzip**[9]: Sie sind in solche des geschlossenen und des offenen Vollzugs unterteilt. Die einzelnen Anstalten und ihre Abteilungen werden wiederum so gestaltet, dass in ihnen eine auf die jeweiligen Bedürfnisse der Inhaftierten abgestimmte Behandlung gewährleistet ist. Dabei bezeichnet man die Unterscheidung in

---

[7] Vgl. Härri, 1987; krit. dazu Kaiser/Schöch, 2002, S. 468.
[8] Dazu Kap. 1.6.1.
[9] Siehe Kap. 1.6.2.

verschiedene Anstalten als **externe Differenzierung** und diejenige in divergierende Vollzugseinheiten mit eigenen Behandlungsaufgaben innerhalb einer Institution als **interne Differenzierung**.

Trennungs- und Differenzierungsgrundsatz geben ein Grobraster auf der organisatorischen Ebene vor. Zur weiteren Ausgestaltung haben die Bundesländer die Möglichkeit, ihre Vollzugseinrichtungen nach Schwerpunkten (z.B. schulische und berufliche Ausbildung, Einheiten mit besonderen Behandlungsangeboten oder mit spezifischem Personal für bestimmte Tätergruppen) zusammenzustellen, damit sie den unterschiedlichen Behandlungsbedürfnissen entsprechen. Solche Organisationsstrukturen legt die Landesjustizverwaltung im **Vollstreckungsplan** fest, der die örtliche und sachliche Zuständigkeit der Justizvollzugsanstalten regelt (§ 152 Abs. 1 StVollzG, § 20 S. 1 JVollzGB I, Art. 174 BayStVollzG, § 112 HmbStVollzG, § 71 Abs. 1 HStVollzG, § 185 NJVollzG). 305

Der Vollstreckungsplan bestimmt zudem, in welcher Vollzugseinrichtung des Landes ein Straftäter seine Freiheitsstrafe zu verbüßen hat. Er enthält Richtlinien für die Vollstreckungs- und die Vollzugsbehörde, aus denen sich die Aufteilung auf die vorhandenen Anstalten ergibt. Die Staatsanwaltschaft entnimmt im konkreten Fall dem Vollstreckungsplan, bei welcher Vollzugsanstalt der Betroffene zum Strafantritt zu laden und wohin er durch das Aufnahmeersuchen einzuweisen ist. 306

Der Vollstreckungsplan soll **rechtsstaatlichen Erfordernissen** dadurch Rechnung tragen, dass jeder von einem Strafgericht Verurteilte schon im Voraus erkennen kann, welche Folgen der Ausspruch einer freiheitsentziehenden Unrechtsreaktion für ihn hat. Er erfüllt zudem eine **prozessuale Funktion**, denn die Zuständigkeit der Strafvollstreckungskammer bestimmt sich gem. § 110 StVollzG danach, in welchem Gerichtsbezirk eine Anstalt liegt. Aus dem Vollstreckungsplan ergibt sich damit nicht nur die Zuständigkeit der Institution, sondern er bestimmt auch i.S.d. Art. 101 Abs. 1 S. 2 GG den **gesetzlichen Richter**. Eine Freiheitsstrafe ist daher – abgesehen von den gesetzlichen Verlegungsmöglichkeiten[10] – grundsätzlich in der Justizvollzugsanstalt zu vollziehen, deren Zuständigkeit sich aus dem von der jeweiligen Landesjustizverwaltung erstellten Vollstreckungsplan ergibt. Dabei geben § 152 StVollzG, § 20 JVollzGB I, Art. 174 BayStVollzG, § 112 HmbStVollzG, § 71 HStVollzG, § 185 NJVollzG dem einzelnen Verurteilten jedoch kein subjektiv-öffentliches Recht auf Einweisung in eine bestimmte Anstalt.[11]

Allerdings ist es möglich, dass eine vollstreckungsplanwidrige Einweisung unter bestimmten Voraussetzungen eine Verlegung in die an sich zuständige Institution ausschließt.

> *Beispiel:* Ein wegen mehrerer Banküberfälle zu mehr als neun Jahren Freiheitsstrafe Verurteilter soll etwa zweieinhalb Jahre nach Beginn seiner Strafverbüßung in einer Hamburger Strafanstalt in die nach § 24 StVollstrO zuständige Justizvollzugsanstalt Straubing (Bayern) verlegt werden. Als Begründung hierfür wird geltend gemacht, dass

---

[10] Siehe unten Kap. 5.2.2.
[11] OLG Zweibrücken, NStZ 1996, S. 360 (zu § 152 StVollzG).

Hamburg für den Vollzug der Strafe örtlich unzuständig war, weil der Betroffene dort weder seinen Wohn- noch seinen Aufenthaltsort hatte.

Eine nach Erschöpfung des Rechtswegs hiergegen erhobene Verfassungsbeschwerde des Gefangenen hatte Erfolg.[12] Denn wird ein Verurteilter in Kenntnis der Vollzugsbehörde einer örtlich unzuständigen Anstalt zugewiesen und hat er dann dort schon einige Jahre seiner Strafe verbüßt, kann sich der aus dem Rechtsstaatsprinzip folgende **Grundsatz des Vertrauensschutzes** auch auf den Ort der Strafvollstreckung beziehen, wenn nicht gewichtige Belange des Allgemeinwohls vorgehen.

„Gerade für den Gefangenen, der sich nicht wie der Mensch in Freiheit seine engeren sozialen Kontakte selbst auswählen und sich von anderen abwenden kann, erhält das Gewöhntsein in die Gegebenheiten einer bestimmten Anstalt große Bedeutung: So muss er etwa mit dem Aufsichtspersonal auszukommen lernen, ebenso mit der Leitung der JVA, und er kann nur in einem beschränkten Maße unter den Gefangenen engere Bindungen knüpfen und andere Kontakte meiden. Bei der Verlegung in eine neue Anstalt beginnt der Prozess, sich innerhalb der objektiven Gegebenheiten der neuen Anstalt sein persönliches Lebensumfeld aufzubauen, von neuem. Diese Position ist jedenfalls dann schutzwürdig, wenn nach den Umständen des Einzelfalls die Strafvollstreckungsbehörde das Vertrauen erweckt hat, es werde bei der Strafvollstreckung in einer bestimmten JVA bleiben."[13]

307 § 152 StVollzG gibt im Geltungsbereich des Bundes-Strafvollzugsgesetzes den Landesjustizverwaltungen zwei Wege zur **Regelung der Zuständigkeitsverteilung**:

– Zum einen kann sie im Vollstreckungsplan vorsehen, welche Verurteilten zunächst einer Einweisungsanstalt oder -abteilung zugeteilt werden; von dort erfolgt dann aus Behandlungs- und Eingliederungsgründen die Verlegung zum weiteren Vollzug (§ 152 Abs. 2 StVollzG).
– Existieren keine Einweisungsanstalten oder -abteilungen bzw. liegen die Voraussetzungen für die Durchführung eines Einweisungsverfahrens nicht vor, bestimmt sich im Übrigen die Zuständigkeit nach allgemeinen Merkmalen (§ 152 Abs. 3 StVollzG). Der Betroffene gelangt regelmäßig im Wege der Direkteinweisung unmittelbar in die reguläre Vollzugsanstalt.

In Baden-Württemberg, Bayern und Hamburg regeln die Vollstreckungspläne die örtliche und sachliche Zuständigkeit der Justizvollzugsanstalten nach allgemeinen Merkmalen, ohne dass die Gesetze besondere Einweisungseinrichtungen vorgeben (§ 20 S. 1 JVollzGB I, Art. 174 BayStVollzG, § 112 HmbStVollzG). In Hessen normiert § 71 Abs. 2 Nr. 1 HStVollzG, dass Verurteilte in eine Einweisungsanstalt oder -abteilung eingewiesen werden, wo dann unter Berücksichtigung der vollzuglichen Aufgaben die für den weiteren Vollzug zuständige Anstalt bestimmt wird. Nach § 185 NJVollzG sieht der Vollstreckungsplan in Niedersachsen neben der Zuständigkeit der Vollzugsbehörden nach allgemeinen Kriterien auch vor, in welchen Fällen die für den Vollzug zuständige Anstalt im Wege eines Einweisungsverfahrens bestimmt wird und welche Stelle insoweit die Einweisungsentscheidung trifft.

---

[12] BVerfG, NStZ 1993, S. 300 f.
[13] BVerfG, NStZ 1993, S. 300.

Die Strafvollzugsgesetze ermöglichen damit eine Zuweisung der Verurteilten in die vorhandenen Einrichtungen nach dem Individualisierungsprinzip bzw. nach dem Klassifizierungsprinzip.

Individualisierung im Strafvollzug bedeutet die Anpassung des Vollzugs mit seinen Behandlungsformen und -maßnahmen an die jeweilige Eigenart der Täterpersönlichkeit, „die wirkliche überlegene Hinwendung zum einzelnen Gefangenen"[14] mit dem Ziel, ein Höchstmaß an Wirksamkeit auf diesen auszuüben.[15]

Klassifizierung ist formal als die Bildung von Klassen von Gefangenen zu verstehen sowie die Zuweisung in für diese jeweils eingerichtete Anstalten und Abteilungen. Dabei folgt die inhaltliche Funktion aus der Orientierung am Sozialisationsauftrag des Strafvollzugs: „Die Aufgliederung in Klassen, die von den Erfordernissen einer auf soziale Wiedereingliederung gerichteten Behandlung bestimmt sind und die hierfür eine solche Bedeutung haben, dass sie eine typisierende Zusammenfassung von Gefangenen unter gleichartigen Vollzugsbedingungen zum Zwecke gleicher oder ähnlicher Behandlung rechtfertigen."[16]

Die Vollzugspraxis beschreitet überwiegend den Weg einer Zuständigkeitsbestimmung nach allgemeinen Merkmalen. Es handelt sich dabei um **typisierende Klassifikationskriterien**, die der Vollstreckungsbehörde die Zuweisung in eine konkrete Anstalt schon anhand der Aktenlage ermöglichen:[17]
- Geschlecht,
- Erst- bzw. Rückfalltäter,
  (Verurteilte, die noch keine oder nur ganz geringe Hafterfahrung besitzen, kommen in Einrichtungen des Erstvollzugs, solche mit Hafterfahrung werden in den Regelvollzug eingewiesen)
- Strafdauer,
  (z.B. Zusammenfassung von Verurteilten mit sehr langen Strafen in einzelnen Anstalten)
- kriminelle Gefährdung des Gefangenen,
- Lebensalter,
  (Trennung der Jungerwachsenen bis etwa 25 Jahre und älterer Verurteilter ab dem 60. Lebensjahr von den übrigen Insassen)
- Wohnort oder Aufenthaltsort.[18]
  (Die Begriffe sind in § 24 Abs. 1 S. 3 und 4 StVollstrO legaldefiniert: Wohnort ist der Ort, an dem die verurteilte Person den Schwerpunkt ihrer Lebensbeziehungen hat und an dem sie freiwillig unter Umständen verweilt, die darauf schließen lassen, dass das Verweilen von einer gewissen Dauer und Regelmäßigkeit ist. Aufenthaltsort ist der Ort, an dem die nicht in behördlicher Verwahrung befindliche verurteilte Person – auch nur für

---

[14] Schüler-Springorum, 1969, S. 159.
[15] Würtenberger, 1959, S. 89.
[16] Paetow, 1972, S. 16.
[17] Siehe auch Stock, 1993, S. 75 ff.
[18] Dazu OLG Karlsruhe, StrVert 1999, S. 219; Degenhard, 2002, S. 663 f.; Laubenthal/Nestler, 2010, S. 45.

kurze Zeit – tatsächlich anwesend ist. Gemäß § 24 Abs. 2 StrVollstrO ist der Wohnort bei einer Vollzugsdauer von mehr als sechs Monaten maßgebend, sofern der Verurteilte rechtzeitig einen entsprechenden Wunsch äußert.)

Eine derartige Zuweisung nach starren Klassifikationsformen wird weniger individuellen Behandlungserfordernissen gerecht als vielmehr einer Verteilung der Gefangenen zur Auslastung der vorhandenen Einrichtungen und Behandlungsmöglichkeiten. Sie birgt zudem die **Gefahr unerwünschter Stigmatisierungsprozesse**, welche letztlich die Behandlung beeinträchtigen.[19] So kann etwa eine Einordnung als Rückfalltäter in eine Anstalt des Regelvollzugs nicht nur seitens des Vollzugspersonals zu einer negativen Erwartungshaltung führen, sondern auch auf Seiten des Inhaftierten ein Selbstbild hervorrufen, aufgrund dessen eigene Bemühungen zur Vollzugszielerreichung als sinnlos erachtet werden.

309 Berücksichtigt eine nach starren Klassifikationsmerkmalen vorgenommene Zuweisung kaum die Behandlungsbedürfnisse des einzelnen Verurteilten, so bedarf es im Hinblick auf das Vollzugsziel einer **Korrekturmöglichkeit nach individuellen Gesichtspunkten**. Stellt sich nach Strafantritt bei der Aufnahme- bzw. Behandlungsuntersuchung oder im Verlauf des Vollzugs heraus, dass die Zuweisung individuellen Erfordernissen nicht entspricht, kann die Vollzugsbehörde eine Zuständigkeitsveränderung veranlassen. Eine solche **Verlegung** in eine vom Vollstreckungsplan abweichende Anstalt ermöglichen § 8 Abs. 1 Nr. 1 StVollzG, § 6 Abs. 1 Nr. 1 JVollzGB III, Art. 10 Abs. 1 Nr. 1 BayStVollzG, § 9 Abs. 1 HmbStVollzG, § 11 Abs. 1 Nr. 1 HStVollzG, § 10 Abs. 1 Nr. 1 NJVollzG, wenn die Behandlung des Gefangenen oder seine Eingliederung nach der Entlassung hierdurch gefördert wird. Abgesehen von den praktischen Schwierigkeiten eines Verlegungsverfahrens in eine an sich nicht zuständige Anstalt[20] lassen die gesetzlichen Umschreibungen der Verlegungsvoraussetzungen der Vollzugsbehörde einen großen Entscheidungs- und Begründungsspielraum. Sie erscheinen daher wenig geeignet, notwendige Korrektive zu den Vorgaben in den Vollstreckungsplänen zu bilden.[21]

310 Neben der Klassifizierung nach allgemeinen Merkmalen mit unzureichend normierten Korrekturmöglichkeiten eröffnen § 152 Abs. 2 StVollzG, § 71 Abs. 2 HStVollzG und § 185 NJVollzG den Weg zu einer Zuweisung nach dem Individualisierungsprinzip. Dies bedingt zugleich ein anders gestaltetes Aufnahmeverfahren: Der Verurteilte tritt seine Strafe in einer **zentralen Einweisungsanstalt oder -abteilung** als überregionale Diagnoseeinrichtung an.

Der Vollstreckungsplan enthält insoweit eine Zuständigkeitsbestimmung, als er Maßstäbe festlegt, für welche Gefangenen ein solches Einweisungsverfahren in Betracht kommt. In der Einweisungsinstitution wird eine eingehende Persönlichkeitsdiagnose durchgeführt. Es findet die Ermittlung der individuellen Behandlungsbedürfnisse sowie von Sicherheitserfordernissen durch eine Einweisungs-

---

[19] Calliess, 1992, S. 80; Kaiser/Schöch, 2002, S. 398.
[20] Siehe Freise/Lindner, in: Schwind/Böhm/Jehle/Laubenthal, 2009, § 8 Rdn. 10 ff.
[21] Stock, 1993, S. 84.

kommission statt, der neben Juristen weitere Vertreter der Fachdienste angehören.[22]

Im Anschluss an die Beurteilung in der Diagnoseeinrichtung gelangt der Verurteilte entweder in die nach dem Vollstreckungsplan vorgesehene Vollzugsanstalt oder die Einweisungsanstalt bzw. -abteilung selbst kann den Inhaftierten – den individuellen Behandlungs- und Eingliederungsgesichtspunkten gemäß – einer Anstalt des regulären Vollzugs zuweisen. Im letzteren Fall ist die Entscheidung über die zuständige Vollzugseinrichtung der Auswahlinstitution übertragen. Die Zuweisung stellt dann eine Konkretisierung des Vollzugsplans dar und keine aus Gründen des Einzelfalls bedingte Verlegung.[23] **311**

Bislang mangelt es allerdings an empirisch in ihrer Leistungsfähigkeit abgesicherten Zuweisungskriterien für die Einweisungskommissionen.[24] Auch deshalb haben zahlreiche Bundesländer von der Schaffung zentraler Einweisungsinstitutionen abgesehen. Derartige Einrichtungen existieren mit divergierenden Auswahlverfahren und -methoden z.B. in Hessen, Nordrhein-Westfalen und Niedersachsen.[25]

5.1.3 Aufnahmeverfahren

Nach dem Strafantritt des Verurteilten in der Justizvollzugsanstalt beginnt der Aufnahmevorgang. In § 5 StVollzG, § 4 Abs. 1 JVollzGB III, Art. 7 BayStVollzG, § 6 HmbStVollzG, § 8 HStVollzG, § 8 NJVollzG finden sich hierzu nur partielle Regelungen über die Rechtsstellung des Betroffenen und zur Gewährleistung einer behandlungsorientierten Gestaltung der ersten Vollzugsphase. § 5 Abs. 1 StVollzG sowie § 8 Abs. 3 S. 1 NJVollzG schreiben zwingend vor, dass zum Schutz der Intimsphäre des Verurteilten sowie zur Herstellung eines von anderen Gefangenen möglichst unbeeinflussten ersten Kontakts zum Vollzugspersonal Mitinhaftierte im gesamten Aufnahmeverfahren nicht zugegen sein dürfen.[26] § 4 Abs. 1 S. 3 JVollzGB III lässt insoweit Ausnahmen mit Zustimmung der inhaftierten Person zu. Art. 7 Abs. 1 BayStVollzG verpflichtet hinsichtlich des Aufnahmeverfahrens zur Wahrung der Persönlichkeitsrechte der Gefangenen in besonderem Maße. Gemäß § 6 Abs. 3 HmbStVollzG dürfen Mitgefangene beim Aufnahmeverfahren „in der Regel" nicht zugegen sein. § 8 Abs. 1 S. 1 HStVollzG normiert, dass andere Gefangene beim Aufnahmegespräch nicht zugegen sein dürfen. **312**

---

[22] Zur Organisation des Einweisungsverfahrens: Altenhain, 1988, S. 36 f.; zu Erfahrungen mit Einweisungsanstalten: Koepsel, in: Schwind/Böhm/Jehle/Laubenthal, 2009, § 152 Rdn. 14 f.; Mey, 1994, S. 126 ff.; Rotthaus K., 1996b, S. 200 ff.

[23] OLG Celle, ZfStrVo 1980, S. 250; Koepsel, in: Schwind/Böhm/Jehle/Laubenthal, 2009, § 152 Rdn 3.

[24] Kaiser/Schöch, 2002, S. 398 f.; Rüther/Neufeind, 1978, S. 369 ff.

[25] Vgl. Stock, 1993, S. 94 ff.; AK-Feest/Weichert, 2006, § 152 Rdn. 6; Koepsel, in: Schwind/Böhm/Jehle/Laubenthal, 2009, § 152 Rdn 15.

[26] Siehe KG, NStZ 2004, S. 516 f. (zu § 5 Abs. 1 StVollzG).

Vom Ablauf her werden nach dem Strafantritt zunächst in einer **Aufnahmeverhandlung** die Voraussetzungen für die Aufnahme in die Anstalt geprüft und im Personalblatt festgestellt. Es ergeht der Hinweis, dass die Feststellung der Aufnahme in einer öffentlichen Urkunde erfolgt und es eine Straftat darstellt, wenn der Gefangene zur Täuschung im Rechtsverkehr unrichtige Angaben über seine Person macht. Es wird die Identität festgestellt und der Leiter der Vollzugsgeschäftsstelle trifft eine Aufnahmeverfügung, d.h. er nimmt den Verurteilten zum Vollzug an. Die eingebrachte Habe wird gesichtet. Es erfolgt eine Unterrichtung über die voraussichtliche Strafdauer und das wahrscheinliche Strafende. Der Gefangene unterschreibt die Niederschrift über die Aufnahmeverhandlung.

313 Ist der Verurteilte zur Aufnahme angenommen, findet die **Aufnahmedurchführung** statt: Entkleidung und körperliche Durchsuchung; Abgabe der mitgebrachten Habe und Aushändigung nur von Gegenständen, deren Besitz während der Haft zulässig ist; Prozeduren zur Reinigung und Desinfektion; Neueinkleidung mit uniformen Anstaltssachen; erkennungsdienstliche Maßnahmen zur Vollzugssicherung.

§ 5 Abs. 3 StVollzG, § 4 Abs. 1 S. 2 JVollzGB III, Art. 7 Abs. 3 BayStVollzG, § 6 Abs. 1 S. 2 HmbStVollzG, § 8 Abs. 2 HStVollzG, § 8 Abs. 2 S. 3 NJVollzG geben dem Inhaftierten einen Rechtsanspruch auf baldige ärztliche Untersuchung. Die von einem Arzt durchzuführende Aufnahmeuntersuchung dient nicht nur der Feststellung der Vollzugstauglichkeit und medizinischen Behandlungsbedürftigkeit. Sie bezweckt auch die Prüfung der Arbeitsfähigkeit, der Sporttauglichkeit sowie der gesundheitlichen Eignung für die Einzelunterbringung. Verweigert der Gefangene die ärztliche Untersuchung, kann diese – ohne körperliche Eingriffe – zwangsweise vorgenommen werden.[27]

314 Seinen Abschluss findet das Aufnahmeverfahren dann mit der Vorstellung beim Anstaltsleiter oder bei dem von diesem bestimmten Vollzugsbediensteten. Ein solches Zugangsgespräch sollte zugleich der Unterrichtung des Inhaftierten über seine Rechte und Pflichten dienen. Denn gem. § 5 Abs. 2 StVollzG, § 4 Abs. 1 S. 1 JVollzGB III, Art. 7 Abs. 2 S. 1 BayStVollzG, § 6 Abs. 2 Nr. 1 HmbStVollzG, § 8 Abs. 1 S. 2 HStVollzG, § 8 Abs. 1 NJVollzG hat der Gefangene ein Recht auf Informationen. Soll er vollzugszielorientiert an seiner Behandlung mitwirken und dabei soziale Kompetenz erlangen, muss er über die im Strafvollzug geltenden Regelungen informiert sein. Dies bezieht sich sowohl auf diejenigen Rechte und Pflichten, die seine Stellung innerhalb der Binnenstruktur der Institution (z.B. Rechtsschutzmöglichkeiten) betreffen, als auch auf solche, die seine Verbindungen zur übrigen Gesellschaft (z.B. Beratungs- und Hilfspflichten) tangieren.[28] Da eine mündliche Unterrichtung allein nicht ausreicht, erfüllt die Anstaltsleitung ihre gesetzliche Informationspflicht in erster Linie durch Aushändigung eines Textes des Strafvollzugsgesetzes.[29]

---

[27] Wischka, in: Schwind/Böhm/Jehle/Laubenthal, 2009, § 5 Rdn. 8.
[28] Calliess/Müller-Dietz, 2008, § 5 Rdn. 3.
[29] Dazu OLG Celle, NStZ 1987, S. 44; Calliess/Müller-Dietz, 2008, § 5 Rdn. 3; Kretschmer, 2005, S. 217.

Insbesondere für den Erstverbüßer stellen Haftantritt und die Durchführung des 315
Aufnahmeverfahrens eine traumatische Situation dar.[30] Der Verurteilte wird nicht nur aus seiner gewohnten Umwelt ausgegliedert und büßt seine bisherige gesellschaftliche Position ein, er hat sich auch in ein weitgehend fremdbestimmtes geschlossenes soziales System einzufügen, wobei der **Statuswandel mit Prozeduren der Entpersönlichung** beginnt.[31] Die bei der Aufnahmedurchführung erfolgenden Maßnahmen der Entkleidung, Durchsuchung, Neueinkleidung, Abgabe der Habe usw. kommen einer Degradierungszeremonie[32] gleich, welche beim Gefangenen eine Entwürdigung seines Ichs einleitet.[33] Derartige Anfangserfahrungen in der Institution können bereits die Einstellung des Betroffenen zum Strafvollzug von vornherein negativ prägen und einer Bereitschaft zur Mitwirkung an der zukünftigen Behandlung abträglich sein.

Dem sollen die in § 5 StVollzG, § 4 Abs. 1 JVollzGB III, Art. 7 BayStVollzG, § 6 HmbStVollzG, § 8 HStVollzG, § 8 NJVollzG normierten Rechte entgegenwirken. Vor allem eine Gewährleistung des Persönlichkeitsrechts durch **Abwesenheit anderer Gefangener** bei allen Vorgängen des Aufnahmeverfahrens und der damit verbundene Schutz der Intimsphäre vermag die Gefühle der Entwürdigung zu reduzieren. Durch die Herstellung eines ungestörten Kontakts zu den Mitgliedern des Vollzugsstabs wird zudem vermieden, dass Mitinsassen in Aufnahmeverfahren Informationen über einzelne Inhaftierte erlangen und diese dann zum Ausbau ihrer Machtstellung auf der subkulturellen Ebene nutzen können.[34]

5.1.4 Behandlungsuntersuchung

An das Aufnahmeverfahren schließt sich gem. § 6 StVollzG, § 4 Abs. 2 316
JVollzGB III, Art. 8 BayStVollzG die Behandlungsuntersuchung[35] an (in Hamburg gem. § 7 HmbStVollzG als Aufnahmeuntersuchung bezeichnet, in Hessen in § 9 HStVollzG als Feststellung des Maßnahmenbedarfs, in Niedersachsen nach § 9 NJVollzG als Vollzugsplanung). Die Untersuchungen sollen dem Vollzugsstab all diejenigen Informationen und Erkenntnisse liefern, die dann zur **Aufstellung eines Vollzugsplans** notwendig sind. Die **Persönlichkeitserforschung** leitet somit einen Prozess von Untersuchung, Diagnose und Vollzugsplanerstellung ein, welcher die Grundlage für die weitere Gestaltung der individuellen Behandlung darstellt. Denn ohne eine eingehende Anamnese und Exploration[36] können etwaige Sozialisationsdefizite und Bedürfnisse nicht festgestellt werden und vermag keine an der jeweiligen Täterpersönlichkeit orientierte Behandlung stattzufinden.

Stellt dann gem. § 7 Abs. 1 StVollzG, § 5 Abs. 1 JVollzGB III, Art. 9 Abs. 1 S. 1 BayStVollzG, § 8 Abs. 1 HmbStVollzG, § 10 Abs. 1 HStVollzG, § 9 Abs. 2

---

[30] Scheu, 1983, S. 17 ff.; Wagner G., 1985, S. 112.
[31] Harbordt, 1972, S. 10.
[32] Garfinkel, 1974, S. 77.
[33] Stark, 1978, S. 64; dazu auch Mechler, 1981, S. 3; Weis, 1988, S. 244.
[34] Calliess, 1992, S. 80; siehe auch KG, NStZ 2004, S. 516.
[35] Zu Ziel und Umfang siehe Rehder, 2002, S. 180 ff.
[36] Siehe Schulte-Sasse, 2002, S. 199 ff.

NJVollzG die Behandlungsuntersuchung die Grundlage des Vollzugsplans dar und muss dieser nach § 7 Abs. 3 StVollzG, § 5 Abs. 5 JVollzGB III, Art. 9 Abs. 2 BayStVollzG, § 8 Abs. 3 HmbStVollzG, § 10 Abs. 3 HStVollzG, § 9 Abs. 3 NJVollzG fortlaufend über die gesamte Vollzugsdauer hinweg mit aktuellen Erkenntnissen in Einklang bleiben, zeigt dies den Charakter der Behandlungsuntersuchung als einen grundsätzlich **offenen Prozess**.[37]

Die einleitende Behandlungsuntersuchung in der Anfangsphase der Strafhaft findet – soweit vorhanden – in einer Einweisungsanstalt bzw. -abteilung[38] statt, ansonsten in der Aufnahmeabteilung der nach dem Vollstreckungsplan zuständigen Institution. Sie muss möglichst unmittelbar nach dem Haftantritt im Anschluss an das Aufnahmeverfahren[39] beginnen. Da – um eine ungestörte Behandlungsuntersuchung zu ermöglichen – nach § 17 Abs. 3 Nr. 2 StVollzG, § 14 Nr. 2 JVollzGB III, Art. 19 Abs. 3 Nr. 2 BayStVollzG, § 19 Abs. 3 Nr. 1 HmbStVollzG, § 18 Abs. 2 Nr. 2 HStVollzG, § 19 Abs. 3 Nr. 1 NJVollzG die gemeinschaftliche Unterbringung während der Arbeits- und der Freizeit für nicht länger als zwei Monate eingeschränkt werden darf, ist sie spätestens bis zum Ablauf dieser Zeitspanne abzuschließen.[40]

317 Bei der Behandlungsuntersuchung geht es um das Stellen einer **psychosozialen Diagnose** und nicht um eine allgemeine moralische Persönlichkeitsbeurteilung. Diese ist schon vom Gesetzeszweck her ebenso wenig geboten wie eine allumfassende Informationsgewinnung. Vielmehr haben die Gesetzgeber der Erhebung personenbezogener Daten dahin gehend Grenzen gesetzt[41], als sie gem. § 6 Abs. 1 S. 1 StVollzG, Art. 8 Abs. 1 S. 1 BayStVollzG, § 7 Abs. 1 HmbStVollzG, § 9 Abs. 2 S. 2 HStVollzG, § 9 Abs. 2 NJVollzG zur Erforschung von Persönlichkeit und Lebensverhältnissen des Gefangenen erfolgen muss. Dabei dürfen nur solche Erkenntnisse gewonnen werden, die zur planenden Behandlung und zur Wiedereingliederung (§ 6 Abs. 2 S. 1 StVollzG, § 4 Abs. 2 S. 1 JVollzGB III, Art. 8 Abs. 2 S. 1 BayStVollzG, § 7 Abs. 2 HmbStVollzG, § 9 Abs. 2 S. 2 HStVollzG), d.h. zur Vollzugszielerreichung, notwendig sind. Auf den erforderlichen Mindestumfang weisen insoweit § 7 Abs. 2 StVollzG, § 5 Abs. 2 JVollzGB III, Art. 9 Abs. 1 BayStVollzG, § 8 Abs. 2 HmbStVollzG, § 10 Abs. 4 HStVollzG, § 9 Abs. 1 S. 2 NJVollzG hin.[42]

318 Eine Untersuchung zum Zweck der Vollzugsplanung bedeutet mehr als ein bloßes Heranziehen schriftlicher sekundärer Informationsquellen, wie etwa Aktenunterlagen aus dem vorangegangenen Strafverfahren. Die Untersuchenden haben sich vielmehr um die **originäre Erkenntnisquelle** – den Gefangenen selbst – zu bemühen. Die Diagnose der Persönlichkeit und die Analyse seiner sozialen Beziehungsfelder müssen auf einer eigenständigen Untersuchung mit entsprechenden, wissenschaftlich abgesicherten Methoden (z.B. geeigneten psy-

---

[37] Calliess/Müller-Dietz, 2008, § 6 Rdn. 2.
[38] Dazu Kap. 5.1.2.
[39] Dazu Heischel, 2003, S. 397 f.
[40] LG Berlin, StrVert 2003, S. 397.
[41] Wischka, in: Schwind/Böhm/Jehle/Laubenthal, 2009, § 6 Rdn. 15.
[42] Stock, 1993, S. 182 ff.

chodiagnostischen Testverfahren) beruhen.⁴³ Im Hinblick auf den vollzuglichen Sozialisationsauftrag sollen sich die Erkenntnisse gerade für eine Auswahl von Behandlungsangeboten eignen, mit Hilfe derer ein Erreichen des Vollzugsziels als wahrscheinlich erachtet wird.

Die Strafvollzugsgesetze enthalten keine expliziten Regelungen über den Personenkreis zur Durchführung der Behandlungsuntersuchung. Da diese sich insbesondere auf den Verurteilten als primäre Informationsquelle bezieht, zählen dazu an der Vollzugsplanung sowie an späteren Behandlungsmaßnahmen Beteiligte.⁴⁴ In der Einweisungsanstalt bzw. -abteilung wird eine entsprechende Kommission tätig.

Als nur **sekundäre Erkenntnisquellen** können auch von anderen Institutionen **319** Unterlagen und Stellungnahmen angefordert werden. Hierbei hat die übermittelnde Behörde aber die für sie geltenden gesetzlichen Auskunftsbeschränkungen zu beachten.

> Bei der **Verwendung schriftlicher Unterlagen** durch das Untersuchungspersonal ist zu berücksichtigen, dass solche nur scheinbar für Objektivität bürgen. Behördliche Akten erfüllen in bürokratischen Organisationen Kommunikations- und Registrierungsfunktionen. Ihre Inhalte stellen nur einen Ausschnitt tatsächlicher Vorgänge dar. Sie geben Tatsächliches nicht nur selektiv wieder, sondern enthalten auch eine Realität sui generis, eine konstruierte Wirklichkeit.⁴⁵ Deren Übernahme durch die Beteiligten im Vollzug kann dann die Verlässlichkeit ihrer sozialen Wahrnehmung bei der Persönlichkeitserforschung beeinträchtigen. Dies gilt umso mehr, als sich bei behördlichen Beurteilungen eine Tendenz dahin gehend feststellen lässt, situativ auftretendes Verhalten als beständiges Merkmal einer Person zu betrachten⁴⁶, d.h. eine Unterbewertung zu zeitlich vorangegangenen Vorkommnissen dissonanter neuer Informationen und demgegenüber eine Überbewertung insoweit konsonanter Erkenntnisse.⁴⁷

Der Inhaftierte darf in seiner Funktion als primäre Informationsquelle **nicht** **320** zum **Objekt** der Untersuchung gemacht werden. Wie im Vollzug überhaupt, ist auch in dieser Phase die Menschenwürde zu beachten. § 6 Abs. 3 StVollzG, § 5 Abs. 3 JVollzGB III, Art. 9 Abs. 4 BayStVollzG, § 7 Abs. 4 HmbStVollzG, § 10 Abs. 2 HStVollzG, § 9 Abs. 5 S. 1 NJVollzG normieren die **Mitwirkung** des Verurteilten an der Planung seiner Behandlung. Er hat ein Recht auf Erörterung, denn es trägt zum Gelingen von Behandlungsmaßnahmen bei, wenn der Betroffene die individuellen Gründe und Zielsetzungen der für ihn vorzusehenden Angebote kennt. Allerdings verpflichten die Gesetze den Insassen nicht zu einer aktiven Teilnahme an der Untersuchung; er hat diese lediglich zu dulden.

---

⁴³ Siehe auch Simons, 1985, S. 278 ff.
⁴⁴ Calliess/Müller-Dietz, 2008, § 6 Rdn. 3; Wischka, in: Schwind/Böhm/Jehle/Laubenthal, 2009, § 6 Rdn. 11; Stock, 1993, S. 155 ff.
⁴⁵ Herrmann, 1987, S. 45.
⁴⁶ Maisch, 1975, S. 95.
⁴⁷ Dazu Eisenberg, 2005, S. 263, 283.

Die **Vollzugspraxis** bleibt auch bei der Behandlungsuntersuchung als Grundlage des Vollzugsplans teilweise hinter den Idealvorstellungen einer von Fachkräften vorgenommenen Anamnese, Exploration, Verhaltensbeobachtung und Durchführung standardisierter Testverfahren zurück. So sind im Geltungsbereich des Bundes-Strafvollzugsgesetzes gem. Nr. 31 VGO die Verurteilten nach ihrer Aufnahme aufzufordern, ihren Lebenslauf niederzuschreiben. Im Anschluss daran sollen sie einen Fragebogen über ihre persönlichen Verhältnisse ausfüllen. Gemäß Nr. 61 VGO werden zur Aufstellung des Vollzugsplans (und zu dessen Fortführung) sog. Wahrnehmungsbogen geführt. In diese tragen Mitglieder des Vollzugsstabs ihre Verhaltensbeobachtungen ein. Im sog. Beurteilungsbogen werten sie dann ihre Aufzeichnungen aus und machen Behandlungsvorschläge. Zu einer nach fachspezifischen Kriterien gestellten psycho-sozialen Diagnose kommt es damit häufig nicht.[48]

321 Der Gefangene hat ein **Recht** auf Durchführung der Behandlungsuntersuchung. Nach § 6 Abs. 1 S. 2 StVollzG, § 4 Abs. 2 S. 2 JVollzGB III, Art. 8 Abs. 1 S. 2 BayStVollzG kann davon ausnahmsweise abgesehen werden, wenn diese mit Rücksicht auf die Vollzugsdauer nicht geboten erscheint. Der Gesetzgeber des Bundes-Strafvollzugsgesetzes wollte **keinen generellen Ausschluss Kurzstrafiger**, sondern gerade zum Ausdruck bringen, „dass auch bei kurzer Vollzugsdauer eine Erforschung der Persönlichkeit und der Lebensverhältnisse des Gefangenen grundsätzlich erwünscht ist."[49] Demgegenüber lautet die VV zu § 6 StVollzG: „Bei einer Vollzugsdauer bis zu einem Jahr ist eine Behandlungsuntersuchung in der Regel nicht geboten." Eine schematische Handhabung dieser Verwaltungsvorschrift widerspricht aber eindeutig dem Willen des Bundesgesetzgebers. Dem Kurzstrafigen steht vielmehr ein Anspruch auf fehlerfreien Ermessensgebrauch zu, wobei die voraussichtliche Vollzugsdauer nur als ein Indiz für die Erforderlichkeit einer psycho-sozialen Diagnose gelten kann.[50]

In Hamburg bestimmt § 7 Abs. 3 HmbStVollzG, dass die Untersuchung bei einer Vollzugsdauer bis zu einem Jahr im Vollzug der Freiheitsstrafe auf die Umstände beschränkt werden kann, deren Kenntnis für eine in der verbleibenden Haftzeit angemessene Behandlung und für eine angemessene Entlassungsvorbereitung unerlässlich ist. Eine entsprechende Vorgabe enthält auch § 9 Abs. 3 HStVollzG. § 9 Abs. 1 S. 2 NJVollzG regelt für Niedersachsen, dass ein die landesgesetzlichen Mindestvorgaben beinhaltender Vollzugsplan zu erstellen ist, wenn die Vollzugsdauer mehr als ein Jahr beträgt.

Auch **Kurzstrafige** eignen sich zur Durchführung spezifischer Behandlungsangebote wie etwa Hilfestellungen zum Umgang mit Geld, Schulung alkoholauffälliger Täter durch Psychologen, Hinweise zum Umgang mit Behörden und Einrichtungen sowie zur Sicherung von Lebensgrundlagen.[51] Insoweit vorhandene Bedürfnisse des Einzelnen erfordern eine entsprechende Bestandsaufnahme. Da-

---

[48] Kaiser/Schöch, 2002, S. 470.
[49] BT-Drs. 7/3998, S. 7.
[50] AK-Feest/Joester, 2006, § 6 Rdn. 11; Arloth, 2008, § 6 Rdn. 3; Calliess/Müller-Dietz, 2008, § 6 Rdn. 5; Wischka, in: Schwind/Böhm/Jehle/Laubenthal, 2009, § 6 Rdn. 20.
[51] Vgl. Böhm, 2003, S. 100 f.; Mey, 1992, S. 23; Stock, 1993, S. 223.

gegen hat etwa eine bloße Orientierung an der VV zu § 6 StVollzG angesichts der hohen Rückfälligkeit von Gefangenen des Kurzstrafenvollzugs zur Folge, dass Straftäter bei mehreren Anstaltsaufenthalten zusammengerechnet bisweilen Jahre im Vollzug von Freiheitsstrafen einsitzen, ohne jemals eine Behandlungsuntersuchung durchlaufen zu haben.[52]

5.1.5 Vollzugsplan

Die psycho-soziale Diagnose als Resultat der Behandlungsuntersuchung führt zur Aufstellung des Vollzugsplans gem. § 7 StVollzG, § 5 JVollzGB III, Art. 9 BayStVollzG, § 8 HmbStVollzG, § 10 HStVollzG, § 9 NJVollzG als „zentrales Element des dem Resozialisierungsziel verpflichteten Vollzugs".[53] In Einklang mit den gefundenen Ergebnissen wird darin das **Vollzugsziel individuell konkretisiert**. Denn dem Insassen soll eine seiner Persönlichkeitsstruktur und seinen Sozialisationsbedürfnissen und -fähigkeiten adäquate Behandlung zuteil werden. Die notwendigen Grundentscheidungen für das zukünftige Vorgehen werden im Vollzugsplan festgelegt, der dann für die an der Behandlung beteiligten Mitarbeiter des Vollzugsstabs und für den Betroffenen selbst einen **Orientierungsrahmen** bildet.[54]   322

Da eine Persönlichkeit zwar einige stabile Züge besitzt, jedoch fortlaufenden Veränderungen unterworfen, d.h. als ein fortschreitender Prozess dynamisch zu interpretieren ist, darf sich auch die Planung des Vollzugs nicht auf die Erkenntnisse aus der Aufnahmephase der Haft beschränken. Denn diese geben nur Auskunft über die Persönlichkeitsstruktur zum damaligen Testzeitpunkt. Ebenso wie sich die Behandlungsuntersuchung über die Vollzugsdauer hinweg fortsetzt, muss daher gem. § 7 Abs. 3 S. 1 StVollzG, § 5 Abs. 5 S. 1 JVollzGB III, Art. 9 Abs. 2 BayStVollzG, § 8 Abs. 3 S. 1 HmbStVollzG, § 10 Abs. 3 HStVollzG, § 9 Abs. 3 S. 1 NJVollzG auch der Vollzugsplan den Ergebnissen der Persönlichkeitserforschung und der weiteren Entwicklung des Inhaftierten in der Institution angepasst werden. Für eine solche **Fortschreibung** sind nach § 7 Abs. 3 S. 2 StVollzG, § 5 Abs. 5 S. 2 JVollzGB III, § 9 Abs. 3 S. 2 NJVollzG im Plan selbst angemessene Fristen vorzusehen, die sich nach den individuellen Gegebenheiten richten. Art. 9 Abs. 2 BayStVollzG sieht eine Anpassung jeweils nach Ablauf eines Jahres vor. Gemäß § 8 Abs. 3 S. 2 u. 3 HmbStVollzG hat diese bei einer Vollzugsdauer der Freiheitsstrafe von bis zu drei Jahren alle sechs Monate zu erfolgen, im Übrigen alle zwölf Monate. § 10 Abs. 3 HStVollzG geht von einer Fortschreibung in angemessenen Abständen aus, zumindest jedoch im Abstand von zwölf Monaten.

Der Bundesgesetzgeber hat in § 7 Abs. 2 StVollzG **Minimalanforderungen** an den Inhalt des Vollzugsplans aufgestellt. Danach gehört es zur Pflicht der Anstalt, zumindest über die dort genannten Behandlungsmaßnahmen Angaben zu machen:
– die Unterbringung im geschlossenen oder offenen Vollzug,   323

---

52 Dolde/Jehle, 1986, S. 200.
53 BVerfG, NStZ 2003, S. 620.
54 BVerfG, StrVert 1994, S. 94; Calliess/Müller-Dietz, 2008, § 7 Rdn. 2.

- die Verlegung in eine sozialtherapeutische Anstalt,
- die Zuweisung zu Wohngruppen und Behandlungsgruppen,
- den Arbeitseinsatz sowie Maßnahmen der beruflichen Aus- oder Weiterbildung,
- die Teilnahme an Veranstaltungen der Weiterbildung,
- besondere Hilfs- und Behandlungsmaßnahmen,
- Lockerungen des Vollzuges,
- notwendige Maßnahmen zur Vorbereitung der Entlassung.

§ 7 Abs. 2 StVollzG vergleichbare Kataloge über die in die Vollzugspläne aufzunehmenden Mindestinhalte geben § 5 Abs. 2 JVollzGB III, § 8 Abs. 2 HmbStVollzG, § 10 Abs. 4 HStVollzG und § 9 Abs. 1 S. 2 NJVollzG vor. In Bayern enthält der Vollzugsplan nach Art. 9 Abs. 1 S. 2 BayStVollzG insbesondere Angaben über vollzugliche, pädagogische und sozialpädagogische sowie therapeutische Maßnahmen. Gemäß S. 3 der Vorschrift werden die Einzelheiten durch Verwaltungsvorschrift geregelt.

324 Zum **Verfahren der Vollzugsplanerstellung** finden sich in den Strafvollzugsgesetzen nur ansatzweise Regelungen. Aus § 6 Abs. 3 StVollzG, § 5 Abs. 3 S. 1 JVollzGB III, Art. 9 Abs. 4 BayStVollzG, § 8 Abs. 4 S. 1 HmbStVollzG, § 10 Abs. 2 S. 1 HStVollzG, § 9 Abs. 5 S. 1 NJVollzG folgt die Pflicht zur Erörterung der Planung mit dem Inhaftierten. Gemäß § 159 StVollzG, § 17 JVollzGB I, Art. 183 BayStVollzG, § 108 HmbStVollzG, §§ 10 Abs. 2, 75 Abs. 3 HStVollzG, § 9 Abs. 4 NJVollzG führt der Anstaltsleiter zur Aufstellung und Überprüfung des Plans Behandlungs- bzw. Vollzugsplankonferenzen[55] mit den an der Behandlung maßgeblich Beteiligten durch. Die gemeinsame Diskussion in der Konferenz darf nicht durch ein ausschließlich schriftliches, auf den Austausch entsprechender Aktenvermerke beschränktes Verfahren ersetzt werden.[56] Der Kreis der Teilnehmer bei der Vollzugsplankonferenz ist für die Erfordernisse des Einzelfalls ebenso offen gelassen wie die Kompetenz des Gremiums als mitentscheidendes oder nur beratendes Organ.[57]

Da der Gefangene selbst nicht zum Objekt von Untersuchung, Planung und Behandlung gemacht werden darf, ist die Verpflichtung zur Erörterung mit ihm sehr weit zu interpretieren. Vermag eine aktive Mitwirkung des Betroffenen an seiner Behandlung die Chancen einer Vollzugszielerreichung zu erhöhen, bedarf es bereits einer Partizipation an deren Planung. Es muss ihm eine Mitwirkungsfunktion eingeräumt werden. Seine eigenen Vorstellungen über die Aufnahme bestimmter Maßnahmen in den Vollzugsplan sind daher bei der Entscheidungsfindung von Anstaltsleitung und Vollzugsplankonferenz zu berücksichtigen. Auf seinen Wunsch hin sollte es deshalb auch zu einer Anhörung vor diesem Gremium kommen. Allerdings geben die Strafvollzugsgesetze[58] ganz überwiegend dem Betrof-

---

[55] Dazu KG, ZfStrVo 1996, S. 182.
[56] BVerfG, NStZ-RR 2008, S. 60; dazu Pollähne, 2007, S. 446 ff.
[57] Hierzu Wydra, in: Schwind/Böhm/Jehle/Laubenthal, 2009, § 159 Rdn. 2; Stock, 1993, S. 236 ff.
[58] Siehe z.B. Hessischer Landtag, Drs. 18/1396, Begründung S. 81.

fenen kein subjektives Recht auf Teilnahme[59] an der Vollzugskonferenz. Bereits deshalb scheidet insoweit auch ein Anspruch auf Beteiligung eines anwaltlichen Vertreters an der Konferenz aus.[60] Lediglich in Baden-Württemberg ist gesetzlich normiert, dass dem Gefangenen Gelegenheit gegeben wird, in der Vollzugsplankonferenz eine Stellungnahme abzugeben (§ 5 Abs. 3 S. 2 JVollzGB III).

Der Vollzugsplan ist **schriftlich** niederzulegen. Denn nur so kann er allen Beteiligten zugänglich gemacht, fortgeschrieben und gegebenenfalls gerichtlich überprüft werden. Der Gefangene hat einen Anspruch auf Aushändigung des ihn betreffenden Plans[61] (in Hessen in § 10 Abs. 5 HStVollzG, in Niedersachsen gem. § 9 Abs. 5 S. 2 NJVollzG explizit gesetzlich geregelt). Eine bloße mündliche Erörterung mit ihm bleibt dagegen unzureichend.[62] **325**

> Eine **formularmäßige Erstellung** des Vollzugsplans mittels eines Vordrucks als Rationalisierungsmaßnahme der Verwaltung ist zu **vermeiden**. Denn derartige Formblätter verleiten zu einer Reduzierung wesentlicher Erkenntnisse auf Stichworte. Sie bergen die Gefahr einer Verhinderung der individuell erforderlichen Darstellung von Schwerpunkten und Entwicklungszusammenhängen und tragen letztlich zum Entstehen von Routineplänen bei, die im Einzelfall die Gefangenenpersönlichkeit und deren Behandlungsbedürfnisse nur verzerrt wiedergeben. Der Vollzugsplan muss mehr sein als eine bloße Umschreibung der gesetzlichen Mindestvoraussetzungen.[63]

Wegen der zentralen Bedeutung des Vollzugsplans für den Vollzugs- und Behandlungsablauf als Orientierungsrahmen für den betroffenen Inhaftierten ebenso wie für die Vollzugsbediensteten hat das Bundesverfassungsgericht in einer grundlegenden Entscheidung[64] als **Maßstäbe** vorgegeben: Der Vollzugsplan muss „nicht nur für den Gefangenen verständlich sein und ihm als Leitlinie für die Ausrichtung seines künftigen Verhaltens dienen können, sondern es muss auch eine den Anforderungen des Art. 19 Abs. 4 GG genügende gerichtliche Kontrolle daraufhin möglich sein, ob die Rechtsvorschriften für das Aufstellungsverfahren beachtet wurden und das inhaltliche Gestaltungsermessen der Behörde rechtsfehlerfrei ausgeübt worden ist. Dies erfordert Nachvollziehbarkeit der rechtserheblichen Abläufe und Erwägungen, die durch geeignete Dokumentation sicherzustellen ist. Der Vollzugsplan muss daher erkennen lassen, dass neben einer Beurteilung des bisherigen Behandlungsverlaufs auch eine Auseinandersetzung mit den zukünftig erforderlichen Maßnahmen stattgefunden hat. Hierzu sind wenigstens in groben Zügen die tragenden Gründe darzustellen, welche die Anstalt zur Befürwortung oder zur Verwerfung bestimmter Maßnahmen veranlasst haben. Zudem sind Zeit, Ort und Teilnehmer sowie der wesentliche Inhalt der Vollzugsplankon- **326**

---

[59] Wydra, in: Schwind/Böhm/Jehle/Laubenthal, 2009, § 159 Rdn. 7; weiter gehend aber Schmidt J., 2003, S. 48 ff.
[60] BVerfG, NStZ-RR 2002, S. 25; KG, NStZ-RR 2008, S. 30; OLG Celle, StraFo 2010, S. 260; siehe aber Schmidt J., 2003, S. 56.
[61] Kaiser/Schöch, 2002, S. 258.
[62] BVerfG, NStZ 2003, S. 620.
[63] KG, StrVert 2007, S. 198.
[64] BVerfG, NStZ-RR 2008, S. 60 ff.

ferenz aktenkundig zu machen. Dabei kann dahinstehen, ob es der Anfertigung eines gesonderten Konferenzprotokolls bedarf; jedenfalls müssen die für den Gefangenen einsehbaren Unterlagen eine hinreichende Auseinandersetzung mit der Person des Betroffenen im Rahmen der seiner Vollzugsplanung gewidmeten Konferenz erkennen lassen."

Ist eine Behandlungsuntersuchung durchgeführt worden und liegen im Hinblick auf die Vollzugsdauer die Voraussetzungen vor, hat der Gefangene ein **Recht auf Erstellung** (und Fortschreibung) eines den gesetzlichen Mindestanforderungen entsprechenden Vollzugsplans.[65] Diesen Anspruch kann er auf dem gerichtlichen Rechtsweg nach §§ 109 ff. StVollzG mittels eines Verpflichtungsantrags durchsetzen.[66] Dabei steht ihm allerdings kein Recht auf Aufnahme ganz bestimmter Behandlungsmaßnahmen in den Vollzugsplan zu. Insoweit ist die Vollzugsbehörde aber verpflichtet, der gestellten psycho-sozialen Diagnose gemäß den Plan inhaltlich ermessensfehlerfrei zu gestalten.[67] Ebenso wie die Rechtsfehlerfreiheit des Aufstellungsverfahrens kann der Betroffene das inhaltliche Gestaltungsermessen in seiner Gesamtheit einer gerichtlichen Kontrolle unterziehen.[68]

327 Gerichtlich **anfechtbar** sind einzelne im Vollzugsplan vorgesehene Behandlungskriterien[69], soweit sie Regelungscharakter mit unmittelbarer Rechtswirkung haben.[70] Als eine Maßnahme i.S.d. § 109 StVollzG, d.h. ein behördliches Handeln zur Regelung eines Einzelfalls mit unmittelbarer Rechtswirkung, zu qualifizieren ist aber auch die Aufstellung des Vollzugsplans als solche.[71] Der Betroffene kann deshalb auch den Vollzugsplan insgesamt[72] angreifen.

Das Bundesverfassungsgericht[73] wertet es als eine Verletzung des durch Art. 19 Abs. 4 GG garantierten Anspruchs auf eine möglichst effektive gerichtliche Kontrolle, wenn eine Strafvollstreckungskammer einen auf Anfechtung des Vollzugsplans als Ganzen gerichteten Antrag als unzulässig verwirft: „Bei der Bedeutung des Vollzugsplans für das Erreichen des Vollzugszieles dürfen die Strafvollstreckungsgerichte den Bestimmungen des § 109 StVollzG nicht im Wege der Auslegung einen Inhalt beimessen, bei dem ein Antrag auf gerichtliche Entscheidung nur zur Nachprüfung einzelner Planmaßnahmen, nicht aber auch zur Überprüfung

---

[65] BVerfG, StrVert 1994, S. 94.
[66] OLG Celle, NStZ 1992, S. 373.
[67] AK-Feest/Joester, 2006, § 7 Rdn. 32; Calliess/Müller-Dietz, 2008, § 7 Rdn. 1.
[68] BVerfG, NStZ-RR 2002, S. 25.
[69] OLG Nürnberg, ZfStrVo 1982, S. 308; KG, ZfStrVo 1984, S. 370; OLG Koblenz, NStZ 1986, S. 92; OLG Karlsruhe, StrVert 2007, S. 200.
[70] OLG Frankfurt, NStZ 1995, S. 520; OLG Hamburg, StraFo 2007, S. 390; Schuler/Laubenthal, in: Schwind/Böhm/Jehle/Laubenthal, 2009, § 109 Rdn. 12.
[71] BVerfG, StrVert 1994, S. 95; BVerfG, NStZ-RR 2008, S. 60 f.; OLG Hamburg, StraFo 2007, S. 390.
[72] BVerfG, NStZ 2003, S. 620; Schuler/Laubenthal, in: Schwind/Böhm/Jehle/Laubenthal, 2009, § 109 Rdn. 12; a.A. OLG Koblenz, ZfStrVo 1990, S. 116; Arloth, 2008, § 7 Rdn. 13.
[73] BVerfG, StrVert 1994, S. 94; für eine Anfechtbarkeit des gesamten Vollzugsplans auch AK-Feest/Joester, 2006, § 7 Rdn. 33; Calliess/Müller-Dietz, 2008, § 7 Rdn. 2; Stock, 1993, S. 269.

der Rechtsfehlerfreiheit des Aufstellungsverfahrens oder des inhaltlichen Gestaltungsermessens gestellt werden könnte. Bei Letzterer kann es sich vor allem darum handeln, dass der Plan inhaltlich den gesetzlichen Mindestanforderungen nicht genügt, so dass der Anspruch des Gefangenen auf Aufstellung des Vollzugsplanes nicht erfüllt ist, oder dass der Gefangene ... durch das Zusammenwirken von Planungsmaßnahmen in seinen Rechten verletzt ist."[74]

> Keine nach § 109 StVollzG anfechtbare Maßnahme stellt es dagegen dar, wenn die Anstaltsleitung einem Verteidiger des Strafgefangenen die **Teilnahme an der Vollzugsplankonferenz** untersagt hat. Denn die Durchführung und Gestaltung der Vollzugsplankonferenz ist ein rein innerorganisatorischer Vorgang zum Zweck der Vorbereitung der im Vollzugsplan zu regelnden Entscheidungen. Sie bildet den Rahmen für die zur Erstellung und Fortschreibung des Vollzugsplans erforderliche umfassende Sammlung von Informationen über den Gefangenen und die Diskussion der auf dieser Grundlage einzuleitenden Behandlungsschritte. Diesem behördeninternen Beratungsvorgang kommt noch nicht die Qualität einer Maßnahme zu. Erst dessen Umsetzung entfaltet Außenwirkung gegenüber dem Gefangenen. Soweit ein rechtsfehlerhaftes Vorgehen beanstandet wird, hat der Gefangene die Möglichkeit, den Vollzugsplan im Verfahren nach § 109 StVollzG auf die Rechtsfehlerfreiheit des Aufstellungsverfahrens sowie das inhaltliche Gestaltungsermessen in seiner Gesamtheit einer Kontrolle zu unterziehen.[75]

328 Soll der Vollzugsplan Orientierungsrahmen für einen fortlaufenden Behandlungsprozess zum Zweck der Vollzugszielerreichung sein, muss er eine gewisse **Bestandskraft** besitzen. Die Vollzugsbehörde bleibt an die Vorgaben des Plans gebunden und kann deren Inhalt nicht willkürlich abändern. Inhaltliche Veränderungen erfolgen im Wege der Fortschreibung, wobei eine solche auf die dort genannten Voraussetzungen der weiteren Entwicklung des Gefangenen und neuer Ergebnisse der psycho-sozialen Diagnose beschränkt ist. Dies gilt selbst bei einer Verlegung in eine andere Anstalt. Auch in diesem Fall steht der einmal aufgestellte Vollzugsplan nicht zur freien Disposition. Es findet keine Neuplanung statt, sondern der vorhandene Plan kann lediglich fortgeschrieben werden.[76] Fehlt es an einer Frist zur Vollzugsplanfortschreibung, stellt dies einen erheblichen Mangel dar.[77]

329 Der Inhaftierte hat einen Anspruch auf sachgerechte Durchführung der im Vollzugsplan angegebenen Behandlungsmaßnahmen. Dieser bewirkt eine **Selbstbindung** der Vollzugsbehörde.[78] Bei einer Abweichung zum Nachteil des Betroffenen muss sie deshalb ermessensfehlerfrei begründen, warum sie im Gegensatz zur Planung die Durchführung einer Maßnahme ablehnt.[79]

---

74 Siehe auch BVerfG, NStZ-RR 2002, S. 25.
75 OLG Celle, StraFo 2010, S. 260.
76 OLG Koblenz, ZfStrVo 1986, S. 114; OLG Zweibrücken, NStZ 1988, S. 431; KG, NStZ 1990, S. 559.
77 OLG Karlsruhe, StrVert 2004, S. 555.
78 OLG München, StrVert 1992, S. 589.
79 OLG München, StrVert 1992, S. 589; Calliess/Müller-Dietz, 2008, § 7 Rdn. 2.

Beispiel: Ein Vollzugsplan sieht den Beginn einer Vollzugslockerung zu einem bestimmten Zeitpunkt vor. Bei der Planung waren Anstaltsleitung und Konferenz davon ausgegangen, dass eine bedingte Entlassung des Verurteilten schon vor Verbüßung von zwei Dritteln seiner Strafe erfolgen werde, weil die Voraussetzungen des § 57 Abs. 2 StGB erfüllt seien. Im Verlauf des Strafvollzugs gibt die Staatsanwaltschaft als Vollstreckungsbehörde zu erkennen, dass eine Strafrestaussetzung zur Bewährung gem. § 57 Abs. 2 StGB nach Verbüßung der Hälfte der Strafe nicht sicher sei. Denn bei einer vorläufigen Gesamtwürdigung von Tat, Täterpersönlichkeit und ihrer Entwicklung fehle es noch an besonderen Umständen i.S.d. § 57 Abs. 2 StGB, die eine solch frühzeitige Entlassung rechtfertigen.

Unter diesen Voraussetzungen besteht auch kein rechtlich schutzwürdiges Vertrauen des Gefangenen mehr an einer Gewährung von Vollzugslockerungen, die sich an einer bedingten Entlassung nach Halbzeitverbüßung gem. § 57 Abs. 2 StGB orientieren. Vielmehr bezieht sich das Vertrauen nunmehr auf eine Strafrestaussetzung nach Verbüßung von zwei Dritteln der Strafe gem. § 57 Abs. 1 StGB. Mit dieser Begründung kann die Anstaltsleitung den auch im Vollzugsplan zunächst vorgesehenen Beginn der Vollzugslockerung hinausschieben.[80]

5.1.6 Behandlungspläne

330 Gesetzlich ungeregelt sind die auf der Grundlage des jeweiligen Vollzugsplans in der Praxis erstellten Behandlungspläne. Hierbei handelt es sich um **fachspezifische Konkretisierungen einzelner Maßnahmen**.[81] Wird im Vollzugsplan eine länger andauernde Behandlungsart vorgesehen (z.B. Individual- oder Gruppentherapie), obliegt es der den Gefangenen behandelnden Fachkraft, hierfür eine entsprechende Planung zu konzipieren.

Der Inhalt der Behandlungspläne orientiert sich an den jeweiligen Methoden der anzuwendenden Verfahren. Damit entzieht sich die Anlage und Durchführung von Behandlungsplänen schon von der Sache her einer gesetzlichen Regelung.[82] Zudem wird Raum zur Erprobung und Anwendung neuer Behandlungsmethoden im Strafvollzug gelassen.

5.1.7 Nichtdeutsche Strafgefangene

331 Schon bei der Differenzierung und Klassifizierung, vor allem aber auch bei der Vollzugsplanung sind die besonderen Probleme ausländischer Strafgefangener[83] zu berücksichtigen. Deren Behandlung stellt seit dem sprunghaften Ansteigen in

---

[80] OLG Karlsruhe, ZfStrVo 1989, S. 310.
[81] Stock, 1993, S. 278; Wischka, in: Schwind/Böhm/Jehle/Laubenthal, 2009, § 7 Rdn. 11.
[82] BT-Drs. 7/918, S. 49.
[83] Dazu Dünkel/Gensing/Morgenstern, 2007, S. 369 ff.; Laubenthal, 1999a, S. 310 ff.; ders., 2004a, S. 33 ff.; ders., 2008b, S. 153 f.; Rieder-Kaiser, 2004, S. 38 ff.; Schwind, 1999, S. 339 ff.; Tzschaschel, 2002, S. 42 ff.

den neunziger Jahren des 20. Jahrhunderts[84] besondere Anforderungen an Vollzugseinrichtungen und Anstaltspersonal.

Trotz des hohen Ausländeranteils im Strafvollzug ist jedoch klarzustellen, dass die ganz überwiegende Zahl der in Deutschland lebenden Ausländer sowie anderer Personen mit Migrationshintergrund sich rechtstreu verhält. Das gilt insbesondere für diejenigen, die seit vielen Jahren in Deutschland leben oder hier aufgewachsen und bereits in hohem Maße integriert sind. Soweit Kriminal- und Bevölkerungsstatistiken das Bild einer höheren Kriminalitätsbelastung von Ausländern zeichnen, müssen bei der Bewertung dieser Tatsache spezifische Faktoren, denen Ausländer im strafrechtlichen Kontrollsystem unterliegen, Berücksichtigung finden, wodurch sich das Bild relativiert:[85] Manche Ausländergruppen werden in der Bevölkerungsstatistik nicht erfasst (z.B. Touristen). Auch lässt sich die Zahl illegal in Deutschland lebender Ausländer nur schwer schätzen. Manche Delikte können im Wesentlichen nur von Ausländern begangen werden (z.B. Verstöße gegen ausländer- und asylverfahrensrechtliche Regelungen). Opferbefragungen haben ergeben, dass bei der deutschen Bevölkerung eine gesteigerte Bereitschaft besteht, ausländische Täter bei den Strafverfolgungsbehörden anzuzeigen.[86] Auch weisen Ausländer gerade überdurchschnittlich häufig solche Belastungsfaktoren auf, die auch bei Einheimischen das Risiko eines Abgleitens in strafbares Verhalten erhöhen. Hierzu zählen etwa eine spezifische Altersstruktur und soziale Belastungsfaktoren. Junge Männer treten in allen Bevölkerungsgruppen überproportional als Straftäter auf und unter den Migranten sind junge Menschen eher vertreten als alte. Männer sind im Bereich der Kriminalität häufiger anzutreffen als Frauen. Zudem ist für Nichtdeutsche das Risiko erhöht, im Falle des Verdachts einer Straftat zu Freiheitsentzug verurteilt zu werden.[87]

5.1.7.1 Vollzugliche Ausländerproblematik

Besitzt im Erwachsenenstrafvollzug mehr als jeder fünfte Insasse nicht die deutsche Staatsbürgerschaft, so kommt schon insoweit ein **bedeutender Anteil der Vollzugspopulation** aus Kultur- und Rechtskreisen, in denen ein anderes Norm- und Wertverständnis herrscht.[88] Die Problematik wird verstärkt durch weitere Gefangene mit Migrationshintergrund, die zwar deutsche Staatsbürger sind, mehr oder weniger aber ihren hergebrachten Einstellungen und Verhaltensweisen verhaftet bleiben.[89]

Es ist jedoch nicht die Zahl der Inhaftierten ohne deutschen Pass an sich, die zu Belastungen des Vollzugs führt. Schwierigkeiten in den Einrichtungen erwachsen vielmehr vor allem daraus, dass es sich bei den ausländischen Gefangenen gerade nicht um eine homogene Gruppe handelt, sondern um eine Vielfalt an Menschen

332

---

[84] Siehe Kap. 1.7.
[85] Siehe Bundesministerium des Innern/Bundesministerium der Justiz, 2001, S. 307, 313; Laubenthal, 2008, S. 51 ff.; Schwind, 2010, S. 490 f.; Stolle/Brandt, 2004, S. 67.
[86] Vgl. Bundesministerium des Innern/Bundesministerium der Justiz, 2001, S. 537.
[87] Villmow, 1995, S. 159 f.; Walter J., 2003, S. 12.
[88] In Bayern waren am 31.3.2010 nichtdeutsche Gefangene aus 109 verschiedenen Staaten inhaftiert (Bayer. Staatsministerium der Justiz, 2010, S. 12).
[89] Zur vollzuglichen Aussiedlerproblematik eingehend Kleespies, 2006, S. 170 ff.; siehe auch oben Kap. 3.4.2.4 (5).

unterschiedlicher Staatsangehörigkeit und Herkunft. Der moderne Behandlungsvollzug ist so konzipiert, dass der Verurteilte schrittweise zur Erreichung des Vollzugsziels auf die Lebenssituation außerhalb der Anstalt in der Gesellschaft vorbereitet werden soll. Die meisten ausländischen Täter werden nach ihrer Entlassung jedoch nicht in Deutschland leben, sondern aufgrund vor allem ausländerrechtlicher Maßnahmen in den jeweiligen Kultur- und Rechtskreis des Heimatstaates zurückkehren.[90]

333   Gemäß § 456a Abs. 1 StPO darf die Strafvollstreckungsbehörde **von der Vollstreckung** einer Freiheitsstrafe **absehen**, wenn ein Verurteilter nichtdeutscher Staatsangehörigkeit aus Deutschland ausgewiesen wird (oder eine Auslieferung bzw. Überstellung an den internationalen Strafgerichtshof wegen einer anderen Tat erfolgt). § 456a Abs. 1 StPO gestattet somit bei bestandskräftiger und demnächst durchzuführender Ausweisung gem. §§ 53, 54 AufenthG durch die zuständige Behörde einen vorläufigen Vollstreckungsverzicht als Ausnahme zu der aus dem Legalitätsprinzip herzuleitenden und durch § 258a StGB materiell-rechtlich gesicherten Pflicht, rechtskräftige Verurteilungen zu Freiheitsstrafen zu vollstrecken.[91] Als ratio legis wird benannt: die Schaffung eines Ausgleichs für die mit der Ausweisung (oder Auslieferung) verbundenen Belastungen des Betroffenen sowie die verminderte Gefahr erneuter Deliktsbegehung durch ihn im Inland.[92] Zu den Normzwecken soll aber auch eine pragmatisch-ökonomische Entlastung der Justizvollzugsanstalten von häufig ineffektiven Strafvollstreckungen gegen Ausländer zählen, wobei insoweit eine Resozialisierung von auszuweisenden Tätern als wenig sinnvoll erachtet wird.[93] § 456a Abs. 1 StPO legt keine Mindestverbüßungsdauer fest. In den Erlassen und Richtlinien der einzelnen Bundesländer ist ein Absehen von der Vollstreckung zumeist von der Verbüßung der Hälfte einer zeitigen Freiheitsstrafe abhängig.[94] Die Vollstreckungsbehörden sind zudem angehalten, von der Regelung des § 456a Abs. 1 StPO großzügig Gebrauch zu machen.

334   Zwar gilt die vollzugliche Vorgabe der Befähigung zu einem straffreien Leben in sozialer Verantwortung auch für ausländische Inhaftierte – so wie überhaupt die Strafvollzugsgesetze keine Differenzierungen zwischen deutschen und nichtdeutschen Strafgefangenen vornehmen. In der Praxis des Strafvollzugs kommen jedoch bedeutende Teile der Gesetze für viele ausländische Inhaftierte nicht zur Anwendung und führen zu einer Benachteiligung der Nichtdeutschen im Strafvollzug.[95]

Die zu erwartende Abschiebung nach der Strafhaft verhindert häufig die Gewährung von **Vollzugslockerungen** oder eine Einweisung bzw. Verlegung in den offenen Vollzug. So schließen etwa im Geltungsbereich des Bundes-Strafvoll-

---

[90] Dazu Bammann, 2002, S. 95 ff.; Laubenthal, 2008b, S. 154; Seebode, 1997a, S. 52 f.; Winchenbach, 1996, S. 13.
[91] Groß, 1987, S. 36; Laubenthal/Nestler, 2010, S. 99 f.; Pohlmann/Jabel/Wolf, 2001, S. 165 ff.; Röttle/Wagner, 2009, S. 178 ff.; zu europarechtlichen Bezügen einer Ausweisung siehe Stiebig, 2000, S. 127 ff.; ders., 2003.
[92] Giehring, 1992, S. 499.
[93] Groß, 1987, S. 36; Meyer-Goßner, 2010, § 456a Rdn. 1.
[94] Abgedruckt in Schmidt Je., 2005, Rdn. 421 ff.
[95] Walter J., 2007, S. 130.

zugsgesetzes⁹⁶ die von den Landesjustizverwaltungen vereinbarten Verwaltungsvorschriften zum StVollzG Strafgefangene vom offenen Vollzug (VV Nr. 1 Abs. 1 Buchst. b, c zu § 10 StVollzG), von der Gewährung von Außenbeschäftigung, Freigang und Ausgang (VV Nr. 6 Abs. 1 Buchst. b, c zu § 11 StVollzG) sowie vom Hafturlaub (VV Nr. 3 Abs. 1 Buchst. b, c zu § 13 StVollzG) aus, sobald gegen sie Auslieferungs- oder Abschiebungshaft angeordnet ist bzw. gegen sie eine vollziehbare Ausweisungsverfügung besteht und sie aus der Haft abgeschoben werden sollen. Entsprechendes gilt gem. VV zu § 35 StVollzG auch bei Urlaub und Ausgang aus wichtigem Anlass gem. § 35 Abs. 1 StVollzG. In den Fällen der bestehenden Ausweisungsverfügung bedürfen Ausnahmen einer Zustimmung der zuständigen Ausländerbehörde. Einweisung in den offenen Vollzug sowie Lockerungsgewährungen gem. §§ 11 und 13 StVollzG bleiben ausländischen Verurteilten aber nicht erst bei vollziehbarer Ausweisungsverfügung versperrt. Nach VV Nr. 2 Abs. 1 Buchst. b zu § 10, VV Nr. 7 Abs. 2 Buchst. d zu § 11 und VV Nr. 4 Abs. 2 Buchst. e zu § 13 StVollzG gelten Strafgefangene für eine Lockerungsgewährung regelmäßig schon dann als ungeeignet, wenn gegen sie ein Ausweisungsverfahren anhängig ist, wobei die Zulassung von Ausnahmen einer vorherigen Anhörung der zuständigen Behörde bedarf. Da die Ausweisungsfrage bei der überwiegenden Zahl ausländischer Täter von Relevanz ist, die Ausländerbehörden häufig aber erst im Verlauf der Haft – teilweise erst nahe an den Endtermin des Strafvollzugs hin⁹⁷ – entscheiden bzw. Inhaftierte dann noch den Rechtsweg ausschöpfen können, besteht während der Strafverbüßung eine Ungewissheit hinsichtlich der ausländerrechtlichen Maßnahmen. Dies hat zur Folge, dass im Hinblick auf die Flucht- und Missbrauchsklauseln bei der Gewährung von Vollzugslockerungen selbst prognostisch als günstig Einzustufende zur Sicherstellung einer eventuellen späteren Ausweisung von den Lockerungsmöglichkeiten ausgeschlossen bleiben.⁹⁸ Denn in der Praxis ist eine recht schematische Anwendung der Verwaltungsvorschriften erkennbar, obwohl diese doch nur verwaltungsinterne Entscheidungshilfen darstellen, die keineswegs von einer Verpflichtung zu konkret einzelfallbezogener Prüfung und Begründung entbinden.⁹⁹ Der Versagungsgrund der Fluchtgefahr kann daher weder allein auf das Vorliegen einer rechtskräftigen Ausweisungsverfügung noch auf die bloße Erwartung ausländerrechtlicher Maßnahmen gestützt werden. Es gibt keinen allgemeinen Erfahrungssatz, dass bei Ausländern generell Fluchtgefahr bestehe, wenn gegen sie eine Ausweisungsverfügung vorliegt oder in Zukunft droht.¹⁰⁰ Bei ausländischen Inhaftierten mit sozialen Bindungen in Deutschland können Lockerungen gerade im

---

[96] Den ausländerrechtliche Fragen betreffenden Verwaltungsvorschriften zum StVollzG vergleichbare Regelungen bei der Gewährung von vollzugsöffnenden Maßnahmen sind in Hessen unmittelbar in das Gesetz aufgenommen worden (§ 13 Abs. 5 Nr. 5 u. 6 HStVollzG).
[97] Rotthaus K., 1992a, S. 43.
[98] Dünkel/Kunkat, 1997, S. 29; Walter M., 1999, S. 312; Winchenbach, 1996, S. 13.
[99] Dazu Kap. 1.5.1.
[100] Calliess/Müller-Dietz, 2008, § 11 Rdn. 19; Ullenbruch, in: Schwind/Böhm/Jehle/Laubenthal, 2009, § 13 Rdn. 17; siehe auch OLG Nürnberg, NStZ 1994, S. 376; LG Hamburg, StrVert 2001, S. 33.

Hinblick auf eine bevorstehende Abschiebung besonders wichtig sein, um das soziale Umfeld und persönliche Kontakte zu erhalten sowie eine Rückkehr in den Herkunftsstaat vorzubereiten.[101]

Die Möglichkeit der Ausweisung schon vor Verbüßung der vollen Haftstrafe gem. § 456a StPO schließt die Betroffenen zudem von längerfristigen Ausbildungsangeboten aus. Strafvollzug bedeutet in der Praxis für ausländische Strafgefangene häufig einen reinen **Verwahrvollzug**.[102] Denn auch ihre Partizipationschancen etwa im Bereich Arbeit sind reduziert. Außenbeschäftigung und Freigang setzen die Eignung für Vollzugslockerungen voraus. Doch nicht nur die mit Lockerungen einhergehenden Aus- und Fortbildungsmaßnahmen sowie Arbeitstätigkeiten sind für nichtdeutsche Inhaftierte eingeschränkt. Auch bei vollständig in der Institution durchgeführten Bildungsangeboten kommt es zu ausländerrechtlich bedingten Nachteilen. Damit eine kostspielige Ausbildung nicht aufgrund einer Ausweisung abgebrochen werden muss, prüft die Vollzugsbehörde vor der Zulassung, ob vor Ablauf der Maßnahme bzw. dem Zeitpunkt der Abschlussprüfungen mit der Abschiebung des Betroffenen zu rechnen ist. Die Durchführung einer Schul- oder Berufsausbildung könnte jedoch gerade die Ausgangslage für ein Leben im Herkunftsstaat nachhaltig verbessern und damit zugleich die Wahrscheinlichkeit erneuter Straffälligkeit verringern.[103]

335 Neben dem weitgehenden Fehlen grundlegender spezifischer Behandlungskonzepte für ausländische Gefangene[104] führt das Zusammenleben unterschiedlicher Nationalitäten mit jeweils eigenständigen kulturellen Vorstellungen, Lebensgewohnheiten, anderen Einstellungen zur körperlichen Integrität zu Konflikten und Auseinandersetzungen zwischen verschiedenen Insassengruppen, die auch mittels **Gewalt** ausgetragen werden. Erschwerend kommt beim Umgang des Vollzugspersonals mit nichtdeutschen Inhaftierten die Problematik der **Sprachbarriere** hinzu. Die Institutionen sind jedoch angesichts der Vielzahl der in ihren Einrichtungen vertretenen Nationalitäten kaum in der Lage, mittels Dolmetscher mit den Betroffenen in verbalen Kontakt zu treten oder behördliche Schreiben, Hausordnungen usw. in alle erforderlichen Sprachen übersetzen zu lassen. Dies bedingt auf Seiten der Insassen eine Unkenntnis der rechtlichen Bestimmungen, so dass ausländische Inhaftierte häufig ihre Rechtsschutzmöglichkeiten nicht kennen und wahrnehmen. Der sprachliche Belastungsfaktor betrifft aber nicht nur das Verhältnis zwischen Bediensteten und nichtdeutschen Gefangenen, sondern auch dasjenige der ausländischen zu den inländischen Inhaftierten; ferner die Kommunikation der Nichtdeutschen untereinander. Verbale Verständigungsschwierigkeiten bedingen Gruppenbildungen, die dann subkulturellen Charakter haben können.[105]

336 Die Zunahme der Ausländerpopulation und die damit verbundenen spezifischen Problemfelder bergen in der Praxis die Gefahr einer Trennung der Strafgefangenen in den Justizvollzugsanstalten in zwei Gruppen:

---

[101] Rieder-Kaiser, 2004, S. 74.
[102] Dünkel/Kunkat, 1997, S. 29; Laubenthal, 2008b, S. 154; zur vergleichbaren Problematik in Österreich siehe Hofinger/Pilgram, 2007, S. 29 ff.
[103] Rieder-Kaiser, 2004, S. 74 f.; Tzschaschel, 2002, S. 72, 112.
[104] Schlebusch, 2002, S. 124 ff.
[105] Laubenthal, 2004a, S. 35; ders., 2010a, S. 36 f.

- die Gruppe der (überwiegend deutschen) Insassen, die in Orientierung an der Zielvorgabe der sozialen (Re-)Integration in die Gesellschaft am Behandlungsvollzug mit seinen vielfältigen Angeboten partizipieren;
- die „schwierige Klientel"[106] der als nicht resozialisierungsfähig, -willig bzw. -bedürftig geltenden Inhaftierten, zu denen neben Gewalttätern und betäubungsmittelabhängigen Gefangenen sowie verurteilten Spätaussiedlern auch ausländische Verurteilte gerechnet werden[107], die in einem Verwahrvollzug ihre Freiheitsstrafe ganz oder teilweise bis zur Durchführung ausländerrechtlicher Maßnahmen verbüßen.

5.1.7.2 Internationalisierung der Strafverbüßung

Zu einer Lösung der vollzuglichen Ausländerproblematik kann es beitragen, wenn der vermehrten Internationalisierung der Kriminalität eine Internationalisierung des Vollzugs von Freiheitsstrafe[108] folgt. Internationalisierung bedeutet auf der Ebene des Strafvollzugs jedoch nicht nur das Vereinbaren gemeinsamer Standards zur Behandlung von Gefangenen. Vonnöten ist das Bemühen um einen vermehrten Vollstreckungstransfer, die **Verbüßung** der Freiheitsstrafen **in den jeweiligen Heimatstaaten** der nichtdeutschen Verurteilten.

337

Die rechtlichen Voraussetzungen für einen solchen Vollstreckungstransfer hat die Legislative bereits im Gesetz über die Internationale Rechtshilfe in Strafsachen (IRG) geschaffen. § 71 IRG bildet die innerstaatliche gesetzliche Ermächtigungsgrundlage für Vollstreckungsersuchen bei freiheitsentziehenden Sanktionen. Nach § 71 Abs. 1 IRG kann ein ausländischer Staat um Vollstreckung einer im Geltungsbereich des IRG gegen einen Ausländer verhängten Strafe ersucht werden mit der Folge einer Überstellung nichtdeutscher Strafgefangener in den Strafvollzug ihres Heimatlandes. Dabei ist die Überstellung nur zulässig, wenn keine Gefahr menschenrechtswidriger Verfolgung besteht (§ 6 Abs. 2 IRG) und die Beachtung des rechtshilferechtlichen Spezialitätsprinzips gesichert bleibt (§ 11 IRG). Auf der verfahrensrechtlichen Ebene bedarf es vor Stellung eines Vollstreckungshilfeersuchens gem. § 71 Abs. 4 IRG eines rechtskräftigen Beschlusses durch das Oberlandesgericht, in dem dieses die Vollstreckung in dem ersuchten Staat für zulässig erklärt. Nach § 1 Abs. 3 IRG ist die Anwendung des IRG jedoch ausgeschlossen, wenn und soweit es zu einer völkerrechtlichen Vereinbarung über einen Regelungsgegenstand des IRG kommt und diese durch Transformation gem. Art. 59 Abs. 2 GG zu unmittelbar anwendbarem innerstaatlichen Recht wird. Für den Bereich der Verbüßung freiheitsentziehender Unrechtsreaktionen in den Heimatländern erleichtert und vereinfacht das „Übereinkommen vom 21. März 1983 über die Überstellung verurteilter Personen" (ÜberstÜbk)[109] das in § 71 IRG normierte Verfahren. Das ÜberstÜbk wurde in Deutschland durch Gesetz in Bundes-

---

[106] Wassermann, 2003, S. 328.
[107] Vgl. BR-Drs. 910/02, Begründung, S. 2; siehe auch Laubenthal, 2004a, S. 539.
[108] Dazu eingehend Rieder-Kaiser, 2004, S. 106 ff.
[109] Zur Entstehungsgeschichte siehe Denkschrift zum Überstellungsübereinkommen, BT-Drs. 12/194, S. 17; Bartsch H.-J., 1984, S. 513 ff.

recht transformiert und ist seit 1.2.1992 in Kraft.[110] Seine Anwendung hat das Ziel, sowohl den Interessen der Rechtspflege zu dienen als auch die soziale Wiedereingliederung verurteilter Nichtdeutscher in ihren Heimatländern zu fördern, denn gegenüber der gesetzlichen Regelung des IRG soll eine vertragliche und multilaterale Übereinkunft höhere Akzeptanz und damit eine größere Effektivität im Vollstreckungstransfer bewirken.

Dem ÜberstÜbk gemäß kann der Urteilsstaat das Heimatland eines Verurteilten um die Übernahme der Vollstreckung ersuchen, wenn der Vollstreckungsstaat ebenfalls zu den Vertragsstaaten zählt. Es wird aber auch der Staat, dessen Angehöriger die verurteilte Person ist, in die Lage versetzt, die Rückführung seiner eigenen Bürger anzustreben. Geht das Ersuchen vom Urteilsstaat aus, sieht das ÜberstÜbk hierfür ein **zweistufig geregeltes Verfahren**[111] vor.

338 Im **Zulässigkeitsverfahren** entscheidet die Staatsanwaltschaft als Vollstreckungsbehörde, ob beim Bundesministerium der Justiz als Bewilligungsbehörde ein Überstellungsersuchen angeregt werden soll. Die Aufgaben der Staatsanwaltschaft sind dabei vielfältig. Sie hat die Interessen des Verurteilten an seiner sozialen Wiedereingliederung[112] und die Belange der Rechtspflege vollstreckungsrechtlich zu würdigen. Es sind die persönlichen Verhältnisse des Betroffenen und alle für die Vollstreckung relevanten Faktoren, aus denen sich die Zulässigkeit einer Überstellung ergeben kann, – auch mit Hilfe der Justizvollzugsanstalt – zu ermitteln. Gem. Nr. 107 der Richtlinien für den Verkehr mit dem Ausland in strafrechtlichen Angelegenheiten hat die Staatsanwaltschaft ferner zu prüfen, ob noch weitere Verfahren gegen den Verurteilten anhängig oder Sanktionen zu vollstrecken sind, andere Entscheidungen – wie ein Absehen von der Strafvollstreckung gem. § 456a StPO oder eine Strafrestaussetzung zur Bewährung gem. §§ 57, 57a StGB – in Betracht kommen und möglicherweise vorzugswürdig bleiben. Nach Art. 3 Abs. 1d, 7 Abs. 1 ÜberstÜbk bedarf es zur Überstellung schließlich einer Zustimmung des Verurteilten.

339 Auf der **Bewilligungsebene** hat die Exekutive dann zwischenstaatliche Belange zu sichern. Die Bewilligungsbehörde prüft die dem Vollstreckungshilfeverkehr innewohnenden außen- und allgemeinpolitischen Aspekte. Sie muss mit dem Vollstreckungsstaat eine Einigung herbeiführen. Die Entscheidungskompetenz über ein Überstellungsersuchen liegt im Urteilsstaat damit bei der Bewilligungsbehörde, während der Vollstreckungsbehörde eine lediglich vorbereitende Funktion zukommt.[113]

Zugleich mit dem ÜberstÜbk ist das „Überstellungsausführungsgesetz" (ÜAG) in Kraft getreten.[114] Das ÜAG trifft innerstaatliche Regelungen zur Anwendung

---

[110] BGBl. II 1991, S. 1006 ff.
[111] Zu den einzelnen Voraussetzungen für die Überstellung: Denkschrift zum Überstellungsübereinkommen, BT-Drs. 12/194, S. 17 ff.; Rieder-Kaiser, 2004, S. 108 ff.; Röttle/Wagner, 2009, S. 494 ff.; Weber St., 1997, S. 171 ff.; siehe auch BGH, StrVert 1998, S. 68.
[112] BVerfG, NStZ-RR 2005, S. 182.
[113] Zum gerichtlichen Rechtsschutz bei Überstellungsentscheidungen: BVerfG, NStZ-RR 2005, S. 182 f.
[114] BGBl. I 1991, S. 1954 ff.

des ÜberstÜbk dahin gehend, als Bestimmungen des IRG für die Fälle der Überstellung aus Deutschland in einen anderen Staat modifiziert werden. Dies betrifft vor allem gem. § 1 ÜAG die Vorschriften des § 71 Abs. 3 und 4 IRG, so dass es auch keiner gerichtlichen Zulassungsprüfung durch den Strafsenat des Oberlandesgerichts bedarf. § 2 ÜAG konkretisiert das **Zustimmungserfordernis** des Art. 7 Abs. 1 ÜberstÜbk: Der Verurteilte muss sein unwiderrufliches Einverständnis zu Protokoll eines Richters erklären. Das Zustimmungserfordernis zur Überstellung gilt als eines der grundlegenden Elemente des ÜberstÜbk. Es erwuchs aus dem Zweck des Übereinkommens, die Reintegration der Straftäter in ihren Heimatländern zu erleichtern, wobei ein Erreichen dieses Ziels gegen den Willen des Betroffenen als schwierig erachtet wurde.[115] Gründe für die Einführung des Zustimmungserfordernisses waren zudem: das Vermeiden langwieriger Rechtsmittelverfahren sowie der durch das ÜberstÜbk erfolgte Verzicht auf den Spezialitätsgrundsatz. Der Strafgefangene soll selbst entscheiden, ob er sich im Heimatstaat dem Risiko aussetzen will, wegen einer anderen Straftat verfolgt zu werden.[116]

Einen **Verzicht auf das Zustimmungserfordernis** enthält dagegen das das ÜberstÜbk ergänzende „Übereinkommen vom 13. November 1991 zwischen den Mitgliedstaaten der Europäischen Gemeinschaften über die Vollstreckung ausländischer strafrechtlicher Verurteilungen" (VollstrÜbk), transformiert in Bundesrecht durch Gesetz vom 7.7.1997.[117] Dieses Übereinkommen verfolgt das Ziel, die durch Schaffung eines europäischen Raumes ohne Binnengrenzen und den Abbau der Kontrollen an den europäischen Grenzen notwendige Zusammenarbeit im justiziellen Bereich zu stärken.[118] Das VollstrÜbk verbessert die Vollstreckbarkeit auch der in Deutschland verhängten Strafen in einem anderen Land der Europäischen Gemeinschaften, indem es die Möglichkeit eröffnet, freiheitsentziehende Maßnahmen auch ohne Zustimmung des Verurteilten durchzuführen. Vorausgesetzt wird allerdings, dass sich der Betroffene nicht mehr im Urteilsstaat aufhält und sich bereits im Vollstreckungsstaat befindet. Das VollstrÜbk dient damit nur der Vollstreckungsübertragung, nicht aber der Überstellung sanktionierter Personen aus dem deutschen Strafvollzug in denjenigen ihres Heimatstaates. Gemeinsam ist sowohl dem ÜberstÜbk als auch dem VollstrÜbk: Sie begründen keinerlei Verpflichtungen für die Vertragsstaaten, dem Ersuchen eines Urteilsstaates um Vollstreckung oder um Überstellung nachzukommen – die Übereinkommen geben jeweils nur den verfahrensmäßigen Rahmen vor.[119]

340

---

[115] Denkschrift zum Überstellungsübereinkommen, BT-Drs. 12/194, S. 19.
[116] Bei Hinterlegung der deutschen Ratifikationsurkunde zum ÜberstÜbk hat Deutschland allerdings eine Erklärung abgegeben, wonach es sich in Einzelfällen das Recht vorbehält, einen Verurteilten nur zu überstellen, wenn im Vollstreckungsstaat die Beachtung des rechtshilferechtlichen Spezialitätsprinzips gewährleistet bleibt (BGBl. II 1992, S. 98 f.).
[117] BGBl. II 1997, S. 1350 ff.
[118] Siehe Denkschrift zum Vollstreckungsübereinkommen, BT-Drs. 13/5468, S. 11.
[119] Denkschrift zum Überstellungsübereinkommen, BT-Drs. 12/194, S. 17; Denkschrift zum Vollstreckungsübereinkommen, BT-Drs. 13/5468, S. 11.

Eine Zustimmung des Betroffenen ist nach dem „Zusatzprotokoll zum Übereinkommen über die Überstellung verurteilter Personen" v. 18.12.1997 (ZP-ÜberstÜbK)[120] regelmäßig nicht mehr erforderlich, wenn eine bestandskräftige Ausweisungsverfügung vorliegt. Der Verurteilte bleibt aber anzuhören; seine Erklärung ist bei der Entscheidung über den Vollstreckungstransfer zu berücksichtigen.[121]

341 Kommt es zu einer **Überstellung**[122], sieht das ÜberstÜbk für die Einpassung des Strafurteils in das Rechtssystem des Vollstreckungsstaates zwei Möglichkeiten vor: die Fortsetzung der Vollstreckung oder die Umwandlung der Sanktion. Wählt der Vollstreckungsstaat das Fortsetzungsverfahren, ist die Vollstreckung unmittelbar und unverändert weiterzuführen (Art. 10 Abs. 1 ÜberstÜbk). Das Exequaturverfahren führt dagegen zu einer Ersetzung der im Urteilsstaat verhängten Sanktion durch eine solche, die das Recht des Vollstreckungsstaates für die gleiche Straftat vorsieht. Die Umwandlung erfolgt – abhängig von der nationalen Rechtsordnung – im Rahmen eines förmlichen Gerichts- oder Verwaltungsverfahrens. Die Freiheitsentziehung beruht dann nur noch mittelbar auf der vom Urteilsstaat verhängten Maßnahme, unmittelbar aber auf einem eigenen Vollstreckungstitel des Vollstreckungsstaates. Art. 11 ÜberstÜbk stellt im Interesse des Urteilsstaates sicher, dass der Vollstreckungsstaat an die Tatsachenfeststellungen des Urteils gebunden bleibt, es zu keiner Umwandlung einer freiheitsentziehenden Sanktion in eine Geldstrafe kommt, eine Anrechnung des vom Verurteilten bereits erlittenen Freiheitsentzugs erfolgt und Art sowie Dauer der Sanktion nicht zu einer Strafverschärfung führen.

342 Erwartungen einer erkennbaren Reduzierung der Ausländerproblematik in den Justizvollzugsanstalten durch eine Internationalisierung der Strafverbüßung haben sich in der **Praxis** bislang nicht erfüllt. Gestaltete sich die zunächst vertragslose Anwendung von § 71 IRG in der Praxis schwierig, vermochte auch das ÜberstÜbk – trotz Ratifikation von über 50 Staaten – nicht den Durchbruch zu bringen.[123] So kommen Studien über die praktische Bedeutung des Übereinkommens zum Ergebnis einer geringen Anwendungshäufigkeit.[124]

Bemühungen um eine **Fortentwicklung des Vollstreckungstransfers** müssen deshalb zu einer Beseitigung wesentlicher Faktoren führen, welche die fehlende Akzeptanz bedingen.

– Es darf nicht bei einer bloßen Regelung des Verfahrensgangs bleiben und eine Vollstreckungsübernahme letztlich vom Gutdünken[125] des ersuchten Staates abhängen. Notwendig ist vielmehr eine zwischenstaatliche Vereinbarung, die eine gegenseitige Verpflichtung zur Übernahme konstituiert.[126]

– Das Erfordernis einer Einhaltung des justizministeriellen Geschäftswegs führt zu Verfahrensverzögerungen. Zumindest unter den Mitgliedstaaten der Europäi-

---

[120] BGBl. II 2002, S. 2866.
[121] Siehe auch Ziegenhahn, 2002, S. 136.
[122] Dazu Rieder-Kaiser, 2004, S. 115 f.
[123] Siehe auch Schomburg, 1998, S. 143; Laubenthal, 2004a, S. 41 f.
[124] Rieder-Kaiser, 2004, S. 122 ff.; Weber St., 1997, S. 150 f.
[125] Weider, 1998, S. 69.
[126] Schomburg, 1998, S. 144; Weber St., 1997, S. 244.

schen Gemeinschaften sollte ein allgemeiner unmittelbarer Geschäftsweg zwischen den zuständigen Justizbehörden begründet werden.[127]
- Das Vollstreckungshilferecht ist geprägt von einem Gemenge[128] aus gesetzlichen Regelungen, multilateralen Übereinkommen, Zusatzprotokollen und Erklärungen. Höhere Akzeptanz mag insoweit durch mehr Transparenz bewirkt werden.
- Ein Haupthindernis des Vollstreckungstransfers ist schließlich die Überstellungsvoraussetzung der Zustimmung durch den Verurteilten. Hat ein Verurteilter eine Wahlmöglichkeit, wird er sich eher für den Staat entscheiden, in dem er sich bessere Haftbedingungen oder eine frühzeitigere Haftentlassung verspricht.[129] Aber ebenso wie bei der Auswahl und Ausgestaltung der zur Erreichung des Sozialisationsziels zweckmäßigen und Erfolg versprechenden Unrechtsreaktionen dem Straftäter kein Mitspracherecht zusteht[130], bedarf es für eine erfolgreiche Sozialisation nicht der Einräumung eines Wahlrechts hinsichtlich der objektiven Rahmenbedingungen. Dies gilt umso mehr, als fraglich erscheint, ob unter den Realbedingungen des Lebens in der totalen Institution Justizvollzugsanstalt überhaupt eine wirklich uneingeschränkte Entscheidungsfreiheit von Inhaftierten angenommen werden kann.[131] Auf dem Weg zu einer effektiven Internationalisierung der Strafverbüßung sollten deshalb die Bemühungen um einen Vollstreckungstransfer auch ohne Zustimmungserfordernis des Verurteilten zum Erfolg führen.[132]

Der Rat der Justiz- und Innenminister der Europäischen Union hat sich im Februar 2007 auf einen „Rahmenbeschluss betreffend die Anwendung des Grundsatzes der gegenseitigen Anerkennung von Urteilen in Strafsachen, durch die Haftstrafen oder freiheitsentziehende Maßnahmen verhängt werden, zum Zweck der Vollstreckung in der Europäischen Union" politisch geeinigt.[133] Danach sollen verurteilte Straftäter künftig ohne ihre Zustimmung zur Verbüßung der Strafe in ihr EU-Heimatland überstellt werden, wenn sie dort ihren gewöhnlichen Aufenthalt haben und dort über familiäre, soziale und sonstige Bindungen verfügen. Befindet sich der Straftäter bereits in seinem Heimatstaat, wird das Urteil an diesen zur Vollstreckung übersandt. Die Zustimmung des Heimatstaates zur Überstellung des Straftäters oder zur Übersendung des Urteils zum Zwecke der Vollstreckung ist nicht erforderlich. Der Verzicht auf beide Zustimmungserfordernisse gilt unabhängig davon, ob sich die Person gerade im Urteilsstaat oder Vollstreckungsstaat befindet.[134]

343

---

[127] Art. 6 Abs. 3 VollstrÜbk lässt einen unmittelbaren Geschäftsweg aufgrund besonderer Vereinbarung oder im Fall der Dringlichkeit zu.
[128] Schomburg, 1998, S. 143: „Vertragschaos".
[129] Weber, 1997, S. 160.
[130] Dazu Laubenthal, 1988, S. 952.
[131] Amelung, 1983, S. 4 f.
[132] So auch Lemke, 2000, S. 174.
[133] Vgl. www.europarl.europa.eu/oeil.
[134] Siehe auch Morgenstern, 2007, S. 139 ff.

5.2 Die Unterbringung

344 Der Verwirklichung des Vollzugsziels einer sozial verantwortlichen Lebensführung ohne weitere Straftaten dienen in der **Hauptphase** der Strafverbüßung zahlreiche Gestaltungsbereiche des Freiheitsentzugs. Dabei stellt die Unterbringung des Verurteilten den Rahmen dar, innerhalb dessen die Vorgabe der sozialisierenden Behandlung mittels Rückfall verhütender Maßnahmen (z.B. Arbeit, Aus- und Weiterbildung, soziale Hilfen) erreicht werden soll. Der Gefangene findet zudem soziale Trainingsfelder in der Anstalt (z.B. Wohn- und Behandlungsgruppen) bzw. im Kontakt zur Gesellschaft außerhalb der Institution (Schriftverkehr, Besuche, Vollzugslockerungen, Hafturlaub usw.) vor. Vorschriften über die Ernährung, Bekleidung oder die Gesundheitsfürsorge regeln ferner existentielle Grundbedingungen eines menschenwürdigen Aufenthalts in der Anstalt.

Die Freiheitsstrafe wird nach Abschluss des Einweisungsverfahrens oder der Anfangsphase in einer Aufnahmeabteilung in der nach dem Vollstreckungsplan zuständigen Anstalt vollzogen. Die in der jeweiligen Institution dann vorhandene Vollzugsform bedeutet bereits eine Weichenstellung für die weitere Gestaltung der sozialen Lernfelder. Durch Verlegung kann die Vollzugsbehörde insoweit individuellen Bedürfnissen und Entwicklungen gemäß steuernd eingreifen.

Innerhalb der Einrichtung sollen weitere Untergliederungen nach dem internen Differenzierungsprinzip gruppale Kommunikationsstrukturen schaffen. Geprägt wird die Unterbringung des einzelnen Insassen in der Anstalt auch durch die verbindliche Tageseinteilung in Arbeitszeit, Freizeit und Ruhezeit. Diese hat unterschiedliche Unterbringungsmöglichkeiten zur Folge.

5.2.1 Offener und geschlossener Vollzug

345 § 141 Abs. 2 StVollzG, § 5 Abs. 2 JVollzGB I, Art. 167 Abs. 2 BayStVollzG, § 99 Abs. 3 HmbStVollzG, § 72 Abs. 2 HStVollzG, § 12 NJVollzG differenzieren zwischen Anstalten des geschlossenen und des offenen Vollzugs.[135] Als Abgrenzungskriterium gilt der **Grad der Sicherheitsvorkehrungen**:
– sichere Unterbringung im geschlossenen Vollzug,
– keine oder nur verminderte Vorkehrungen gegen Entweichungen im offenen Vollzug.

> Nach Nr. 2 VV zu § 141 StVollzG können im offenen Vollzug bauliche und technische Sicherungsvorkehrungen – insbesondere Umfassungsmauer, Fenstergitter und besonders gesicherte Türen – entfallen. Gleiches gilt für die ständige und unmittelbare Aufsicht. Den Gefangenen wird ermöglicht, sich innerhalb der Einrichtung nach Maßgabe von hierfür getroffenen Regelungen frei zu bewegen. Die Außentüren können zeitweise unverschlossen und die Wohnräume auch während der Ruhezeit geöffnet bleiben. Auch dürfen keine Schusswaffen zur Fluchtvereitelung aus einer offenen Anstalt eingesetzt werden.

---

[135] Zur Entwicklung siehe Eiermann, 1988, S. 48 f.; Loos, 1970.

5.2 Die Unterbringung

Die Reduzierung des Sicherungsgrades in den **offenen Anstalten** bewirkt gegenüber dem geschlossenen Vollzug zugleich die **Schaffung veränderter Interaktionsfelder**. Die sozialen Kommunikationsmöglichkeiten sowohl innerhalb der Institution als auch mit der übrigen Gesellschaft werden durch die vollständige oder teilweise Befreiung von Sicherheitsaspekten erweitert. Dies führt zu einer vermehrten Angleichung an die allgemeinen Lebensverhältnisse.[136] Die offene Vollzugsform entspricht durch die weitgehende Verhinderung einer Absonderung von der Außenwelt auch dem Gegensteuerungsprinzip. Es sollen mittels geschlossenen Vollzugs also letztlich nur solche Gefangene den schädlichen Folgen derartiger Einrichtungen ausgesetzt bleiben, bei denen eine entsprechend sichere Unterbringung notwendig ist. Dem Integrationsgrundsatz gemäß wird durch offene Vollzugsformen die Rückkehr in die Freiheit erleichtert. Dabei kommt der Behandlungsmaßnahme einer Unterbringung im offenen Vollzug eine solch zentrale Bedeutung zu, dass gem. § 7 Abs. 2 Nr. 1 StVollzG, § 5 Abs. 2 Nr. 1 JVollzGB III, § 8 Abs. 2 Nr. 1 HmbStVollzG, § 10 Abs. 4 Nr. 2 HStVollzG, § 9 Abs. 1 Nr. 1 NJVollzG der Vollzugsplan hierzu Angaben enthalten muss. Allerdings bleibt auch der offene Vollzug Freiheitsentzug; dem Verurteilten wird nicht ohne Androhung von Konsequenzen freigestellt, ob er in der Institution oder anderweitig seinen Aufenthalt nehmen will. 346

Der Übergang zwischen geschlossenen und offenen Einrichtungen bleibt fließend. Im Grenzbereich angesiedelt sind die sog. **halboffenen Anstalten**, ein von der Literatur entwickelter[137], von den Gesetzen jedoch nicht übernommener Begriff. Er betrifft Vollzugseinrichtungen, die nur teilweise ohne Sicherheitsvorkehrungen auskommen. Da Anstalten des offenen Vollzugs solche ohne oder nur mit verminderten Vorkehrungen gegen Entweichungen darstellen, sind die halboffenen diesen zuzuordnen.[138]

§ 10 Abs. 1 StVollzG, § 7 JVollzGB III, Art. 12 BayStVollzG, § 11 HmbStVollzG, § 13 HStVollzG, § 12 NJVollzG normieren die **individuellen Zuweisungskriterien** zum offenen Vollzug. 347
Die **Unterbringung im offenen Vollzug** setzt voraus:
– die Eignung des Inhaftierten für den offenen Vollzug,
– keine Flucht- oder Missbrauchsgefahr.

Im Geltungsbereich des Bundes-Strafvollzugsgesetzes gibt zudem für Anstalten, deren Errichtung vor Inkrafttreten dieses Gesetzes begonnen wurde, die Übergangsregelung des § 201 Nr. 1 StVollzG vor: Die Unterbringung im geschlossenen Vollzug bleibt nicht aus räumlichen, personellen oder organisatorischen Gründen unerlässlich.

Ein Verurteilter soll nach § 10 Abs. 1 StVollzG sowie Art. 12 Abs. 2 BayStVollzG nur mit seiner **Zustimmung** im offenen Vollzug untergebracht werden. 348

---

[136] Siehe auch Müller-Dietz, 1999, S. 280.
[137] Grunau/Tiesler, 1982, § 141 Rdn. 2; Loos, 1970, S. 12 ff.
[138] Calliess/Müller-Dietz, 2008, § 10 Rdn. 2.

Damit soll dem Inhaftierten ein Mindestmaß an Selbstbestimmung zugestanden werden.[139] Die Zustimmung stellt eine empfangsbedürftige verwaltungsrechtliche Willenserklärung dar, die als Einwilligung vor der Maßnahme dem Entscheidungsbefugten gegenüber erfolgen muss. Sie soll jederzeit widerruflich bleiben, wobei der Betroffene aufgrund des ihm eingeräumten Selbstbestimmungsrechts eine Versagung oder einen nachträglichen Widerruf nicht begründen muss.[140] Da zu den Aufgaben des Vollzugsstabs aber die Motivationspflicht zählt, sind nach Möglichkeit die Gründe des Gefangenen für seine Ablehnung zu erforschen, um auf ihn mit dem Ziel seiner Zustimmung bzw. deren Aufrechterhaltung einzuwirken.[141] Eine Zustimmungsverweigerung darf aber nicht für die Gewährung anderer Maßnahmen (z.B. Hafturlaub) zum Nachteil des Inhaftierten gewertet werden. Denn räumt man ihm ein Entscheidungsrecht hinsichtlich der Einwilligung ein, können auch an sich verständliche Gründe (z.B. größere Entfernung der offenen Einrichtung vom Wohnort der Familie) zu deren Versagung führen.

349 Auf das **Einwilligungserfordernis** sollte bei der Entscheidung über eine Unterbringung im offenen Vollzug **verzichtet** werden.[142] Denn als Begründung für eine Nichterteilung der Einwilligung gelten in der Praxis vor allem die Gewöhnung an den geschlossenen Vollzug, das Vermeiden der Erprobungssituation durch die Gefangenen sowie Abneigung gegen in offenen Anstalten teilweise noch vorhandene Gemeinschaftsunterkünfte.[143] Zwar darf der Inhaftierte nicht zum Objekt seiner Behandlung gemacht werden. Die Bewältigung der mit dem offenen Vollzug verbundenen Erprobungssituationen stellt aber einen wesentlichen Faktor für die Vollzugszielerreichung dar. Ein solches Lernfeld sollte daher nicht an die Bedingung einer Zustimmung des Gefangenen geknüpft werden, sondern auch unabhängig von seiner Willenserklärung in Betracht kommen. Denn zum einen reduziert die Unterbringung im offenen Vollzug die Intensität der Freiheitsbeschränkung und bedeutet im Sinne des Verhältnismäßigkeitsgrundsatzes einen geringeren Eingriff in das Freiheitsrecht.[144] Zum anderen können es gerade auch sozialisationsfeindliche Motive sein (z.B. persönliche Abhängigkeiten im subkulturellen Milieu), aufgrund derer eine Zustimmungsverweigerung erfolgt. Die Entscheidung über eine Unterbringung im offenen Vollzug und die damit verbundenen Chancen im Hinblick auf die soziale Reintegration dürfen deshalb nicht von einem formalen Kriterium der Zustimmung abhängen. Vielmehr sollte die Frage der Bereitschaft des Gefangenen mit der Anstaltsleitung erörtert werden. Die vom Betroffenen dabei gegen einen Aufenthalt in der offenen Einrichtung vorgebrachten Gründe sind dann bei der Beurteilung der Eignung für die offene Vollzugsform zu berücksichtigen.

Kein Zustimmungserfordernis für die Unterbringung im offenen Vollzug ist für Baden-Württemberg in § 7 Abs. 1 JVollzGB III sowie in § 11 Abs. 2 HmbStVollzG vorgesehen. Gleiches gilt für § 13 HStVollzG. Auch § 12 Abs. 2 NJVollzG normiert keine solche Voraussetzung. Befindet sich in Niedersachsen

---

[139] BT-Drs. 7/918, S. 52.
[140] AK-Lesting, 2006, § 10 Rdn. 9 f.
[141] Calliess/Müller-Dietz, 2008, § 10 Rdn. 5.
[142] So auch BT-Drs. 11/3694, S. 3; BT-Drs. 13/117 (Gesetzesentwurf des Bundesrates).
[143] Vgl. BT-Drs. 11/3694, Begründung, S. 8.
[144] BT-Drs. 11/3694, Begründung, S. 8.

ein Strafgefangener jedoch bereits im offenen Vollzug, soll er in die geschlossene Einrichtung zurückverlegt werden, wenn er es beantragt.

Der Gefangene muss nach § 10 Abs. 1 StVollzG, § 7 Abs. 1 JVollzGB III, Art. 12 Abs. 2 BayStVollzG, § 11 Abs. 2 S. 2 HmbStVollzG, § 12 Abs. 2 NJVollzG **den besonderen Anforderungen des offenen Vollzugs genügen**. Es handelt sich bei dieser Voraussetzung um einen unbestimmten Rechtsbegriff, der einer beschränkten[145] vollstreckungsgerichtlichen Nachprüfung unterliegt.[146] Die reduzierten bzw. aufgehobenen Sicherheitsvorkehrungen erfordern beim Inhaftierten Bereitschaft und Fähigkeit zu freiwilliger Einordnung sowie den Willen, sich in ein System einbeziehen zu lassen, das auf Selbstdisziplin und Verantwortungsbewusstsein des einzelnen Insassen beruht.[147] Dieser muss eine gewisse (Re-)Sozialisierungswilligkeit zeigen. Da der offene Vollzug aber erst als soziales Lernfeld zum Erwerb solcher Fähigkeiten dienen soll, brauchen diese Bedingungen nur in Ansätzen vorhanden zu sein.[148] **350**

Als Beurteilungskriterien für eine positive Eignung i.S.d. § 10 Abs. 1 StVollzG wurden von der Rechtsprechung entwickelt:[149]
– Gemeinschaftsfähigkeit und Gemeinschaftsverträglichkeit,
– Bereitschaft zu uneingeschränkter Mitarbeit,
– korrekte Führung unter geringer Aufsicht,
– Aufgeschlossenheit gegenüber sozialpädagogischen Bemühungen,
– Bewusstsein notwendiger eigener Aktivitäten usw.

In Hessen kommt gem. § 13 Abs. 2 S. 1 HStVollzG eine Unterbringung im offenen Vollzug als eine vollzugsöffnende Maßnahme in Betracht, wenn der Gefangene hierfür geeignet ist. Hinsichtlich der Eignungsprüfung sind diejenigen Kriterien entsprechend heranzuziehen, welche die Rechtsprechung zu § 10 Abs. 1 StVollzG entwickelt hat.[150] **351**

Negative Eignungskriterien sind solche Merkmale, welche die Erreichbarkeit der Zielvorgabe des Strafvollzugs behindern und auch nicht mit den Mitteln der offenen Vollzugsform beeinflussbar sind.[151] Indizien hierfür haben die Landesjustizverwaltungen in den VV zu § 10 StVollzG angeführt, welche im Geltungsbereich des Bundes-Strafvollzugsgesetzes weiterhin von Relevanz sind. Allerdings erscheinen die dort genannten Kriterien formal und zum Teil vergangenheitsorientiert. Sie werden damit kaum der Prozesshaftigkeit von Behandlung und Persönlichkeitsentwicklung im Strafvollzug gerecht.[152] Es handelt sich zudem um bloße

---

[145] OLG Frankfurt, StrVert 2003, S. 399; Calliess/Müller-Dietz, 2008, § 10 Rdn. 6.
[146] Dazu unten Kap. 8.2.2.2.
[147] BT-Drs. 7/918, S. 51.
[148] OLG Karlsruhe, ZfStrVo 1985, S. 246.
[149] Vgl. OLG Karlsruhe, ZfStrVo 1985, S. 174; OLG Zweibrücken, ZfStrVo 1990, S. 373; OLG Frankfurt, NStZ 1991, S. 55 f.
[150] Hessischer Landtg, Drs. 18/1396, Begründung S. 84.
[151] OLG Karlsruhe, ZfStrVo 1985, S. 174.
[152] Böhm, 2003, S. 81.

Beurteilungsrichtlinien, die keine Einzelfallprüfung und -entscheidung entbehrlich machen.[153]

In der Regel **ungeeignet** sind nach VV Nr. 2 Abs. 1 zu § 10 StVollzG vor allem Gefangene:
- die erheblich suchtgefährdet sind,
- die während des laufenden Freiheitsentzugs entwichen sind, eine Flucht versucht, einen Ausbruch unternommen oder sich an einer Gefangenenmeuterei beteiligt haben,
- die aus dem letzten Urlaub oder Ausgang nicht freiwillig zurückgekehrt sind oder bei denen zureichende tatsächliche Anhaltspunkte dafür vorliegen, dass sie während des letzten Urlaubs oder Ausgangs strafbare Handlungen begangen haben,
- gegen die ein Ausweisungs-, Auslieferungs-, Ermittlungs- oder Strafverfahren anhängig ist,
- bei denen zu befürchten ist, dass sie einen negativen Einfluss ausüben, insbesondere das Erreichen des Vollzugsziels bei anderen Gefangenen gefährden würden.

Vom offenen Vollzug ausgeschlossen sind – mit einigen Ausnahmen – nach VV Nr. 1 zu § 10 StVollzG wegen Staatsschutzdelikten Verurteilte, Gefangene mit vollziehbarer Ausweisungsverfügung bzw. solche in Auslieferungs-, Abschiebe- oder Untersuchungshaft[154] sowie Insassen, gegen die eine freiheitsentziehende Maßregel der Besserung und Sicherung oder eine sonstige Unterbringung gerichtlich angeordnet ist.

Hinsichtlich der Ungeeignetheit auch für eine Unterbringung im offenen Vollzug hat Hessen in § 13 Abs. 4 u. 5 HStVollzG auf der gesetzlichen Ebene an die VV zu § 10 StVollzG partiell angelehnte Regelungen getroffen. Durch solche Gesetzesvorgaben wird es schwieriger, auf sich verändernde Fallgruppen bzw. aktuelle Entwicklungen flexibel zu reagieren.

352 Als ein Eignungskriterium normieren § 10 Abs. 1 StVollzG, § 7 Abs. 1 JVollzGB III, Art. 12 Abs. 2 BayStVollzG, § 11 Abs. 2 S. 2 HmbStVollzG, § 13 Abs. 2 S. 1 HStVollzG, § 12 Abs. 2 NJVollzG ausdrücklich das Fehlen von Befürchtungen, der Gefangene werde sich dem Vollzug der Freiheitsstrafe entziehen oder die Möglichkeiten des offenen Vollzugs zur Begehung neuer Straftaten missbrauchen. Dieses auch bei der Gewährung anderer Vollzugslockerungen bzw. vollzugsöffnender Maßnahmen übereinstimmend zu prüfende Merkmal der **Flucht- oder Missbrauchsgefahr**[155] trägt der Sicherungsaufgabe des Strafvollzugs Rechnung. Die Vollzugsbehörde hat bei der Prüfung des Nichtvorliegens einer Flucht- oder Missbrauchsgefahr eine Gesamtwürdigung der prognostisch maßgeblichen Umstände vorzunehmen, vor allem die Persönlichkeit des Inhaftierten zu berücksichtigen.[156] An die Prognose sind aber nicht gleich strenge Anforderungen zu stellen wie im Rahmen einer Strafrestaussetzung zur Bewährung für eine günstige Sozialprognose i.S.d. § 57 Abs. 1 Nr. 2 StGB. Da die offene Vollzugsform erst als soziales Lernfeld im Hinblick auf eine erfolgreiche Integration

---

[153] OLG Celle, StrVert 2005, S. 339.
[154] Krit. dazu AK-Lesting, 2006, § 10 Rdn. 16.
[155] Eingehend dazu unter Kap. 5.4.4.2.
[156] OLG Frankfurt, StrVert 2003, S. 399.

dient, kommen auch solche Verurteilte für offene Vollzugsformen in Betracht, denen eine bedingte Entlassung aus prognostischen Gründen noch versagt werden müsste.[157]

Die Frage der Verantwortbarkeit einer Unterbringung im offenen Vollzug ist gem. VV Nr. 2 Abs. 3 zu § 10 StVollzG besonders gründlich zu prüfen bei Inhaftierten mit einer Strafe wegen grober Gewalttätigkeiten gegen Personen, wegen eines Delikts gegen die sexuelle Selbstbestimmung oder wegen Handelns mit Betäubungsmitteln im Sinne des BtMG sowie bei Gefangenen, die der organisierten Kriminalität zuzurechnen sind. Allerdings dürfen auch diese Vorgaben zu keiner schematischen Ablehnung führen.[158] Allein aus der Deliktsart und der Höhe der Strafe kann insoweit eine fehlende Eignung nicht hergeleitet werden.[159]

> Besondere Vorgaben für die Prüfung einer Verlegung in den offenen Vollzug bei bestimmten Inhaftiertengruppen enthalten auch Art. 15 BayStVollzG, § 11 Abs. 3 HmbStVollzG, § 13 Abs. 5 u. 6 HStVollzG, § 16 NJVollzG. Diese betreffen nicht nur die Entscheidung bezüglich der offenen Vollzugsform, sondern gleichermaßen die Gewährung von Vollzugslockerungen.[160]

Selbst bei Vorliegen der individuellen Tatbestandsvoraussetzungen des § 10 Abs. 1 StVollzG kann im Geltungsbereich des Bundes-Strafvollzugsgesetzes die Unterbringung im offenen Vollzug dennoch abgelehnt werden, wenn **räumliche, personelle oder organisatorische Gründe** dies **erforderlich** machen (§ 201 Nr. 1 StVollzG). Diese zeitlich unbegrenzte Übergangsregelung geht davon aus, dass nicht für alle geeigneten Gefangenen eine zureichende Kapazität an offenen Einrichtungen zur Verfügung steht. Allerdings darf sich dabei die Vollzugsbehörde nicht auf fehlende Unterbringungsmöglichkeiten in einer bestimmten Anstalt berufen. Sie muss auch die Möglichkeit einer Verlegung in den offenen Vollzug einer anderen Institution prüfen. Denn anderenfalls erfolgte die Auswahl willkürlich und nicht unter dem sachgemäßen Aspekt der Eignung des Betroffenen.[161] **353**

Sind sämtliche Voraussetzungen des jeweiligen Strafvollzugsgesetzes für eine Unterbringung im offenen Vollzug gegeben, steht dem Gefangenen jedoch **kein Anspruch** auf diese Vollzugsform zu, sondern lediglich ein Recht auf fehlerfreien Ermessensgebrauch. Denn § 10 Abs. 1 StVollzG, § 7 Abs. 1 JVollzGB III, Art. 12 Abs. 2 BayStVollzG, § 11 Abs. 2 HmbStVollzG, § 12 Abs. 2 NJVollzG sind als Soll-Vorschriften ausgestaltet. Damit wird den Vollzugsbehörden nur ein **enger Ermessensspielraum** eröffnet.[162] Lediglich in besonders begründeten Ausnahmefällen darf danach ein für den offenen Vollzug Geeigneter nicht in eine solche Einrichtung verlegt werden. (§ 13 Abs. 2 i.V.m. Abs. 3 Nr. 1 HStVollzG ist dagegen als bloße Kann-Vorschrift ausgestaltet.) **354**

---

[157] Calliess/Müller-Dietz, 2008, § 10 Rdn. 8.
[158] OLG Hamm, ZfStrVo 1987, S. 369.
[159] OLG Frankfurt, StrVert 2003, S. 400.
[160] Näher in Kap. 5.4.4.2.
[161] OLG Frankfurt, NStZ 1991, S. 56.
[162] OLG Hamm, ZfStrVo 1987, S. 369; OLG Frankfurt, NStZ 1991, S. 55; OLG Celle, StrVert 2005, S. 339.

Liegen die Voraussetzungen für eine Unterbringung im offenen Vollzug vor, kann die verurteilte Person – soweit der jeweilige Vollstreckungsplan dies zulässt – auch unmittelbar von der Vollstreckungsbehörde in den offenen Vollzug geladen werden. Kommt ein solches Vorgehen in Betracht, dann muss die von der Vollzugsbehörde vorzunehmende Prüfung der Eignung und des Fehlens einer Flucht- bzw. Missbrauchsgefahr bereits vor Strafbeginn erfolgen.[163]

355 Als Kriterien für eine Unterbringung im **geschlossenen Vollzug** bzw. für eine **Rückverlegung** dorthin benennt § 10 Abs. 2 StVollzG für den Geltungsbereich des Bundes-Strafvollzugsgesetzes:
– Zuweisung in die geschlossene Institution „im Übrigen", d.h. bei Nichtvorliegen der individuellen Voraussetzungen für die offene Einrichtung i.S.d. § 10 Abs. 1 StVollzG, oder
– wenn dies zur Behandlung des Inhaftierten notwendig ist.

Sollen nach § 10 Abs. 1 StVollzG die Inhaftierten in einer offenen Einrichtung untergebracht werden und nur „im Übrigen" im geschlossenen Vollzug, stellt gemäß der ursprünglichen Intention des Bundesgesetzgebers der offene Vollzug die **Regelvollzugsform** dar.[164] Der Vorrang des offenen Vollzugs wurde jedoch durch Normierung des § 10 Abs. 1 StVollzG als Soll-Vorschrift sowie durch § 201 Nr. 1 StVollzG abgeschwächt. Abweichend geregelt von § 10 Abs. 1 StVollzG ist das Verhältnis vom offenen und geschlossenen Vollzug dagegen auf der Länderebene: Gemäß Art. 12 Abs. 1 BayStVollzG, § 13 Abs. 1 S. 1 HStVollzG, § 12 Abs. 1 NJVollzG stellt der geschlossene Vollzug die Regelvollzugsform dar. Eine insoweit explizite gesetzliche Vorgabe enthalten dagegen § 7 JVollzGB III und § 11 HmbStVollzG nicht.

Eine **Rückverlegung** in den geschlossenen Vollzug kann nach § 10 Abs. 2 S. 2 StVollzG erfolgen, wenn dies zur Behandlung notwendig wird (gem. Art. 12 Abs. 3 BayStVollzG, § 12 Abs. 3 NJVollzG soll – nach § 7 Abs. 2 S. 3 JVollzGB III kann – die Rückverlegung aus Behandlungserfordernissen erfolgen). Hierfür genügt aber nicht jede Zweckmäßigkeitserwägung. Die geschlossene Vollzugsform muss gerade als Mittel der Behandlung **unerlässlich** bleiben[165], d.h. der Aufenthalt im offenen Vollzug einer Vollzugszielerreichung entgegenstehen und derjenige im geschlossenen Vollzug die Chancen einer sozial verantwortlichen Lebensführung ohne weitere Straftaten erhöhen. Dies kann etwa der Fall sein, wenn individuell erforderliche therapeutische Maßnahmen oder Angebote zur Aus- und Weiterbildung nur in einer geschlossenen Institution durchgeführt werden.[166]

---

[163] OLG Frankfurt, StrVert 2006, S. 256; OLG Naumburg, NStZ-RR 2009, S. 30.
[164] AK-Lesting, 2006, § 10 Rdn. 4; Calliess, 1992, S. 90; Calliess/Müller-Dietz, 2008, § 10 Rdn. 1; Dünkel F., 1998, S. 45; Freise/Lindner, in: Schwind/Böhm/Jehle/Laubenthal, 2009, § 10 Rdn. 4; Kaiser/Schöch, 2002, S. 409; OLG Frankfurt, NStZ 1991, S. 56; a.A. Müller/Wulf, 1999, S. 4; einschränkend auch Arloth, 2008, § 10 Rdn. 3; Böhm, 2003, S. 80.
[165] BT-Drs. 7/918, S. 12; OLG Frankfurt, NStZ-RR 2001, S. 318.
[166] Freise/Lindner, in: Schwind/Böhm/Jehle/Laubenthal, 2009, § 10 Rdn. 13.

Eine **Rückverlegung** vom offenen in den geschlossenen Vollzug als Behandlungsnotwendigkeiten kann beispielsweise auf konkrete Anhaltspunkte für den Verdacht einer erneuten strafbaren Handlung während einer Vollzugslockerung gestützt werden[167] oder auf (negatives) Verhalten in der offenen Einrichtung. Die Auffälligkeiten müssen aber einzeln oder in ihrer Gesamtheit die Notwendigkeit einer Behandlung gerade im geschlossenen Vollzug ergeben.[168] Erfolgt die Ablösung aus dem offenen Vollzug, unterliegt diese Maßnahme dem Grundsatz der Verhältnismäßigkeit.[169] Deshalb darf sich der Verdacht nicht nur auf Vermutungen, vage Hinweise oder lediglich entfernte Indizien stützen. Er muss vielmehr auf konkreten Anhaltspunkten beruhen.[170] Die Vollzugsbehörde bleibt außerdem verpflichtet, den Sachverhalt aufzuklären, soweit ihr dies möglich ist.[171]

356

Eine **Rückverlegung** erfolgt gem. § 10 Abs. 2 S. 1 i.V.m. Abs. 1 StVollzG, wenn die Voraussetzungen für die offene Einrichtung nicht vorliegen, d.h. der Gefangene sich während des Aufenthalts in der offenen Einrichtung als nicht geeignet erweist. In einem solchen Fall soll nach § 12 Abs. 3 NJVollzG bzw. muss gem. § 7 Abs. 2 S. 2 JVollzGB III, Art. 12 Abs. 3 BayStVollzG ebenfalls eine Unterbringung im geschlossenen Vollzug erfolgen. § 12 Abs. 3 NJVollzG sieht zudem eine Rückverlegung vor, wenn der Betroffene dies beantragt.

Die Voraussetzungen für eine Rückverlegung sind im Geltungsbereich des Bundes-Strafvollzugsgesetzes in § 10 StVollzG abschließend normiert.[172] Es besteht deshalb keine planwidrige Gesetzeslücke, die eine Rückverlegung durch eine analoge Heranziehung der in § 14 Abs. 2 StVollzG benannten Widerrufsgründe (dort für Vollzugslockerungen und Hafturlaub) rechtfertigen würde.[173]

> *Beispiel:* Ein wegen Totschlags zu einer Freiheitsstrafe von fünf Jahren Verurteilter war in den offenen Vollzug der Anstalt C.-R. verlegt worden. Dagegen hatte die Einweisungskommission seine Unterbringung im halboffenen Vollzug der Anstalt G. empfohlen.
>
> Gemäß einer Richtlinie der Landesjustizverwaltung dürfen für den offenen Vollzug geeignete Gewalttäter aber nur in diese halboffene Einrichtung in G. verlegt werden, um dort ihre Erprobung in der Außenbeschäftigung unter der in anderen offenen Anstalten nicht gewährleisteten Aufsicht eines Vollzugsbeamten zu sichern.
>
> Das OLG Hamm[174] wertet die Verlegung des Gefangenen in die Anstalt C.-R. als einen begünstigenden Verwaltungsakt. Eine Verfügung der Vollzugsbehörde über eine Herausnahme aus dem offenen Vollzug in C.-R. und eine Rückverlegung in eine nur halboffene Institution in G. als Widerruf könne auf eine analoge Anwendung des § 14 Abs. 2 StVollzG gestützt werden. Diese Norm regelt unmittelbar den Widerruf bzw. die Rücknahme von Lockerungs- und Urlaubsentscheidungen. Bei den übrigen Vollzugsmaßnahmen sei eine entsprechende Heranziehung dieser Bestimmung „unter Beachtung

---

[167] KG, ZfStrVo 1989, S. 116.
[168] OLG Frankfurt, ZfStrVo 1988, S. 62.
[169] BVerfG, NStZ-RR 2009, S. 218.
[170] KG, StrVert 2003, S. 405.
[171] BVerfG, NStZ-RR 2004, S. 221.
[172] A.A. Arloth, 2008, § 10 Rdn. 9.
[173] OLG Dresden, StrVert 2006, S. 258; Calliess/Müller-Dietz, 2008, § 10 Rdn. 10.
[174] OLG Hamm, ZfStrVo 1987, S. 371 f.

des Sinns und Zwecks der jeweiligen Maßnahme unter Berücksichtigung von Sicherheitsbelangen und allgemeinen Vollzugsgrundsätzen nach den §§ 2, 3 StVollzG zulässig."[175] Es müsse daher geprüft werden, ob der mit der Verlegung in den offenen Vollzug in C.-R. erfolgte begünstigende Verwaltungsakt analog § 14 Abs. 2 S. 2 StVollzG zurückgenommen werden könne, weil die Voraussetzungen der Bewilligung nicht vorlagen.[176]

Dies steht jedoch im Widerspruch zur Regelung des § 10 Abs. 2 S. 2 StVollzG, der Rückverlegungen von Notwendigkeiten der Behandlung abhängig macht.

Im Gegensatz zum Bundes-Strafvollzugsgesetz und dem Bayerischen Strafvollzugsgesetz enthalten die Strafvollzugsgesetze von Niedersachsen und Hamburg in § 100 NJVollzG bzw. § 92 HmbStVollzG weiter gehende Vorschriften über den Widerruf und die Rücknahme von vollzuglichen Maßnahmen. Für Hessen regeln § 14 Abs. 2 u. 3 HStVollzG die Voraussetzungen über Rücknahme und Widerruf vollzugsöffnender Maßnahmen, zu denen gem. § 13 Abs. 3 Nr. 1 HStVollzG auch die Unterbringung im offenen Vollzug gehört.

5.2.2 Verlegungsmöglichkeiten

5.2.2.1 Bundesrechtliche Regelungen

357 Neben der Einweisung in den offenen bzw. geschlossenen Vollzug zu Haftbeginn oder durch Veränderungen der Vollzugsform im Rahmen des § 10 StVollzG während der Strafverbüßung kann durch weitere Anstaltswechsel in den individuellen Vollzugsablauf eingegriffen werden. Eine solche Verlegung als eine **dauerhafte Unterbringung in einer anderen Institution** abweichend vom Vollstreckungsplan darf gem. § 8 Abs. 1 StVollzG erfolgen:
– zur Förderung der Behandlung bzw. der Eingliederung (Nr. 1),
– wenn die Vollzugsorganisation oder andere wichtige Gründe die Verlegung bedingen (Nr. 2).

Der Gesetzgeber hat die Verlegungsgründe im Bundes-Strafvollzugsgesetz **abschließend normiert**.[177] Denn ein Anstaltswechsel bedeutet für die Betroffenen einen gravierenden Einschnitt und stört die Kontinuität des Behandlungsprozesses.[178] Der Gefangene wird aus den gewohnten Kommunikationsstrukturen herausgerissen und verliert bislang vorhandene Beschäftigungsmöglichkeiten. Andererseits kann die neue Institution wohnortnäher sein oder bessere Behandlungsmaßnahmen anbieten. Liegt die neue Vollzugseinrichtung in einem anderen Landgerichtsbezirk, tritt zudem regelmäßig[179] gem. § 110 S. 1 StVollzG eine Änderung in der Zuständigkeit der Strafvollstreckungskammer ein. Dies mag die Gefahr von Manipulationsmöglichkei-

---

[175] OLG Hamm, ZfStrVo 1987, S. 372; zustimmend auch AK-Lesting, 2006, § 10 Rdn. 22.
[176] Für eine analoge Anwendung des § 14 Abs. 2 StVollzG bei einer Rückverlegung in den geschlossenen Vollzug auch KG, NStZ 1993, S. 102; OLG Celle, NStZ-RR 1998, S. 92.
[177] Calliess/Müller-Dietz, 2008, § 8 Rdn. 2.
[178] Dazu auch BVerfG, NStZ 2007, S. 171.
[179] Zu Ausnahmen bei bereits rechtshängigen Verfahren siehe unten Kap. 8.2.1.5.

ten im Einzelfall bergen. Unter dem Aspekt des § 2 S. 1 StVollzG erscheint eine am Sozialisationsziel orientierte Verlegungsentscheidung der Vollzugsbehörde jedoch im Hinblick auf den durch Art. 101 Abs. 1 S. 2 GG gewährten Anspruch auf den gesetzlichen Richter als verfassungsrechtlich gerechtfertigt.[180]

Einem Anstaltswechsel nach § 8 Abs. 1 StVollzG gehen zunächst die **speziellen Verlegungsgründe** vor: 358
- § 9 StVollzG: in eine sozialtherapeutische Anstalt bzw. Rückverlegung aus einer solchen,
- § 10 StVollzG: Verlegung in eine Einrichtung des offenen Vollzugs bzw. Rückverlegung in eine Anstalt des geschlossenen Vollzugs,
- § 15 Abs. 2 StVollzG: in eine offene Anstalt oder Abteilung zum Zweck der Entlassungsvorbereitung,
- § 65 StVollzG: zur Krankenbehandlung,
- § 85 StVollzG: zur sicheren Unterbringung des Gefangenen,
- § 152 Abs. 2 S. 2 StVollzG: zum weiteren Vollzug aus einer Einweisungsanstalt oder -abteilung.

Ist keiner dieser besonderen Verlegungsfälle gegeben, eröffnet § 8 Abs. 1 Nr. 1 StVollzG die Möglichkeit eines vom Vollstreckungsplan abweichenden Anstaltswechsels als **Maßnahme der Behandlung**. Hierdurch kann das Vollzugsziel konkretisiert und dem Eingliederungsgrundsatz des § 3 Abs. 3 StVollzG entsprochen werden. Nach dem Wortlaut von § 8 Abs. 1 Nr. 1 StVollzG setzt eine Verlegung nicht voraus, dass sie zur Behandlung bzw. sozialen Reintegration unerlässlich ist. Sie kann vielmehr schon dann erfolgen, wenn die Behandlung oder Eingliederung des Inhaftierten dadurch gefördert wird.[181] 359

Eine Verlegung nach § 8 Abs. 1 Nr. 1 StVollzG kommt vor allem in Betracht, wenn die aufnehmende Einrichtung individuell geeignetere Aus- und Weiterbildungsangebote oder therapeutische Maßnahmen bietet. Im Hinblick auf die Entlassungsvorbereitung vermag die Unterbringung in einer heimatnäheren Institution der Anknüpfung von beruflichen und der Intensivierung von persönlichen Kontakten nach außen zu dienen. Eine Verlegung gem. § 8 Abs. 1 Nr. 1 StVollzG darf auch erfolgen zum Zweck der Erhöhung der Chancen einer Vollzugszielerreichung, indem eine Trennung von Mittätern in verschiedene Anstalten vorgenommen wird.[182]

Eine bloße Erleichterung des **Kontakts zu den Angehörigen** allein kann jedoch noch nicht eine Verlegung gem. § 8 Abs. 1 Nr. 1 StVollzG begründen. Anderenfalls müsste die Anstaltsleitung aufgrund der zu erwartenden Vollzugswünsche weiterer Inhaftierter diesen dem Gleichbehandlungsprinzip gemäß entsprechen, was dann einen geordneten Vollzug nach dem Vollstreckungsplan unmöglich werden ließe. Zudem bliebe der gesetzliche Richter nicht mehr hinreichend sicher bestimmbar. Im Rahmen der Ermessensentscheidung[183] über eine Verlegung stellt 360

---

[180] Dazu BKGG-Leuze, 2010, Art. 101 Rdn. 12; Roth, 2000, S. 133 ff.
[181] BVerfG, StrVert 2007, S. 201.
[182] LG Stuttgart, ZfStrVo 1990, S. 184.
[183] KG, ZfStrVo 1995, S. 112; OLG Rostock, NStZ 1997, S. 381.

jedoch – neben dem Interesse des Einzelnen an sozialer Reintegration – gerade das Grundrecht zum Schutz von Ehe und Familie (Art. 6 GG) ein zu berücksichtigendes Kriterium dar.[184] Dies bezieht sich nicht nur auf eine Verbesserung der Besuchsmöglichkeiten von Angehörigen, sondern auch auf die Ermöglichung häufigerer Zusammenkünfte von in Strafhaft befindlichen Ehepartnern.[185] Art. 6 Abs. 1 GG begründet aber keinen selbständigen Anspruch, zu einem bestimmten Zeitpunkt in eine familiennähere Einrichtung verlegt zu werden. Ein Anstaltswechsel zur Aufrechterhaltung familiärer Beziehungen kommt gem. § 8 Abs. 1 Nr. 1 StVollzG in Betracht, wenn dies als Behandlungsmaßnahme oder zur (Re-)Sozialisierung aufgrund besonderer Umstände unerlässlich erscheint, um die Behandlung oder Wiedereingliederung zu fördern. Es müssen besondere, vom Durchschnittsfall abweichende Erschwerungen des Kontakts zu den Angehörigen vorliegen, um einen solchen Verlegungsantrag ausreichend zu begründen.[186] Allerdings entbindet insoweit das Kriterium der Unerlässlichkeit die Anstaltsleitung nicht von der Verpflichtung, im Rahmen ihrer Ermessensentscheidung die grundrechtlichen Belange des Inhaftierten unter Berücksichtigung der Umstände des Einzelfalls angemessen zu würdigen.[187] Erschwernisse im familiären Kontakt können gegebenenfalls durch Gewährung von Vollzugslockerungen oder durch Überstellungen zu Besuchszwecken in eine Justizvollzugsanstalt nahe dem Wohnsitz des Angehörigen nach § 8 Abs. 2 StVollzG behoben werden.

361 Verlegungen aus Gründen der **Vollzugsorganisation** sind nach § 8 Abs. 1 Nr. 2 StVollzG zulässig. Hierbei geht es vor allem um praktische Probleme im Rahmen der Anstaltsbelegung (z.B. Überfüllung, bauliche Maßnahmen, Stilllegung bzw. Neueröffnung von Einrichtungen) oder um unvorhersehbare Ereignisse (z.B. Unglücksfälle, Zerstörungen durch Inhaftierte), welche eine anderweitige Unterbringung von Gefangenen notwendig machen. Auch der aus Art. 1 Abs. 1 GG folgende Anspruch des Gefangenen auf eine menschenwürdige Unterbringung kann – wenn innerhalb der Anstalt keine Abhilfe möglich ist – eine Verlegung bedingen.[188]

362 Nach § 8 Abs. 1 Nr. 2 StVollzG kommt auch ein Anstaltswechsel aus **anderen wichtigen Gründen** in Betracht, wenn diese eine Verlegung **erfordern**. Da die individuellen Gründe in den speziellen gesetzlichen Verlegungsmöglichkeiten sowie in § 8 Abs. 1 Nr. 1 StVollzG abschließend normiert sind, gehören zu den anderen wichtigen Ursachen nur solche, die Belange des Vollzugs insgesamt betreffen.[189] Besondere Verhaltensweisen oder Befindlichkeiten einzelner Inhaftierter (z.B. Querulantentum, Missbrauch von Vollzugslockerungen zur Begehung

---

[184] BVerfG, NStZ-RR 2006, S. 325 f.; OLG Hamm, ZfStrVo 1988, S. 310.
[185] OLG Saarbrücken, ZfStrVo 1983, S. 379.
[186] OLG Rostock, NStZ 1997, S. 381; OLG Bamberg, Beschl. v. 9.11.2001 – Ws 689/01; OLG Hamm, ZfStrVo 2004, S. 243.
[187] BVerfG, NStZ-RR 2006, S. 325 f.
[188] BVerfG, StrVert 1993, S. 487 f.
[189] Calliess/Müller-Dietz, 2008, § 8 Rdn. 5.

von Straftaten) können daher insoweit eine Verlegung nicht rechtfertigen.[190] Denn § 8 Abs. 1 StVollzG ist gerade wegen der mit einem Anstaltswechsel verbundenen Änderung der Zuständigkeit der Strafvollstreckungskammer im Hinblick auf das Gebot des gesetzlichen Richters (Art. 101 Abs. 1 S. 2 GG) verfassungskonform zu interpretieren und darf deshalb mit § 8 Abs. 1 Nr. 2 2. Alt. StVollzG **keinen allgemeinen Auffangtatbestand** enthalten.

Der Gefangene hat **kein Recht** auf Verlegung. Er kann lediglich einen Anstaltswechsel beantragen und hat einen Anspruch auf eine fehlerfreie Ermessensentscheidung unter Berücksichtigung der von ihm geltend gemachten Gesichtspunkte.

363

Dabei kann sich die Landesjustizverwaltung nach § 153 StVollzG Entscheidungen über Verlegungen vorbehalten oder sie einer zentralen Stelle übertragen. Im Übrigen bleibt die Anstaltsleitung zuständig. Befindet sich ein Gefangener infolge des Einweisungsbeschlusses einer Einweisungsanstalt in einer bestimmten Institution, so entscheidet deren Leiter über eine Verlegung in eine andere Anstalt, selbst wenn die Einweisungseinrichtung ihre ursprüngliche Entscheidung revidiert hat.[191]

Überblick:
Gründe für Verlegung in eine andere Anstalt nach dem StVollzG:
- Besondere Verlegungsgründe
    § 10: in eine Anstalt des offenen Vollzugs bzw. Rückverlegung in den geschlossenen Vollzug,
    § 9: in eine sozialtherapeutische Anstalt,
    § 15 Abs. 2: in eine offene Anstalt oder Abteilung zum Zweck der Entlassung,
    § 65: zur Krankenbehandlung,
    § 85: zur sicheren Unterbringung des Gefangenen,
    § 152 Abs. 2 S. 2: zum weiteren Vollzug aus einer Einweisungsanstalt oder -abteilung.
- Allgemeine Verlegungsgründe:
    § 8 Abs. 1 Nr. 1: zur Förderung der Behandlung bzw. der Eingliederung,
    § 8 Abs. 1 Nr. 2: bedingt durch die Vollzugsorganisation oder andere wichtige Gründe.

Von der Verlegung als der dauerhaften Unterbringung in einer vom Vollstreckungsplan abweichenden Institution zu unterscheiden ist die **Überstellung**, d.h. ein nur vorübergehender Wechsel der Anstalt aus wichtigem Grund (§ 8 Abs. 2 StVollzG). Nach VV Nr. 1 zu § 8 StVollzG kommt dies in Betracht zu Zwecken der Besuchszusammenführung, der Ausführung oder des Ausgangs am Ort oder in Ortsnähe einer anderen Einrichtung, der Vorführung bei Gerichtsterminen, der

364

---

[190] AK-Feest/Joester, 2006, § 8 Rdn. 8; Calliess/Müller-Dietz, 2008, § 8 Rdn. 5; a.A. Freise/Lindner, in: Schwind/Böhm/Jehle/Laubenthal, 2009, § 8 Rdn. 8; OLG Bremen, ZfStrVo 1996, S. 310; OLG Hamm, NStZ 1997, S. 102.
[191] OLG Hamm, NStZ 1994, S. 608.

Begutachtung und ärztlicher Untersuchungen. Auch die Entscheidung über eine Zulassung zur Teilnahme an einer Sportveranstaltung in einer anderen Vollzugseinrichtung bemisst sich nach § 8 Abs. 2 StVollzG.[192]

365 Der Anstaltswechsel aufgrund von Verlegung oder Überstellung ist verbunden mit einem Gefangenentransport, der sog. **Verschubung**. Diese erfolgt nach den Gefangenentransportvorschriften der Länder, wobei die Betroffenen regelmäßig im Sammeltransport befördert werden. Zuständige Behörden sind die Justizvollzugsanstalten (bzw. bei Unterbringung die Maßregelvollzugseinrichtungen), an die ein entsprechendes Verschubungsersuchen zu richten ist.[193] Spezielle Gefangenentransportwagen verkehren nach genauen Fahrplänen zwischen den Anstalten, die in einem Kursbuch für den Gefangenensammeltransport verzeichnet sind. Die Durchführung der teilweise lang andauernden Verschubungen in engen Omnibuskabinen mit bloßen sog. Sehschlitzen als Kabinenfenster steht nicht im Einklang mit dem Angleichungsprinzip und wirft die Frage einer Verletzung von Art. 1 Abs. 1 GG auf.[194]

Während es bei der Überstellung zu einem vorübergehenden Anstaltswechsel kommt, stellt die **Ausantwortung** die befristete Übergabe eines Inhaftierten an eine Behörde dar. Diese kann an die Polizei, den Zoll bzw. eine Finanzbehörde zum Zweck von Vernehmungen, Gegenüberstellungen oder zur Durchführung von Ortsterminen erfolgen. Im Strafvollzugsgesetz fehlt es an einer Rechtsgrundlage für eine Ausantwortung.[195]

5.2.2.2 Landesrechtliche Regelungen

366 § 8 Abs. 1 Nr. 1 u. 2 StVollzG entsprechen in **Baden-Württemberg** § 6 Abs. 1 Nr. 1 u. 4 JVollzGB III. Darüber hinausgehend kann gem. § 6 Abs. 1 JVollzGB III eine Verlegung bzw. Überstellung abweichend vom Vollstreckungsplan auch erfolgen
– zur Prüfung der Eignung von Verurteilten für die Behandlung in einer sozialtherapeutischen Einrichtung (Nr. 2) oder
– zur Durchführung einer kriminalprognostischen Begutachtung (Nr. 3).
Diese Erweiterung steht im Zusammenhang mit § 21 JVollzGB I, wonach die Aufsichtsbehörde Entscheidungen über eine Verlegung in eine sozialtherapeutische Anstalt oder in eine Behandlungsabteilung einer Justizvollzugsanstalt einer zentralen Stelle übertragen darf. § 6 Abs. 2 JVollzGB III stellt eine gesetzliche Rechtsgrundlage für Ausantwortungen an andere Hoheitsträger dar. Besondere Verlegungsgründe regeln §§ 7, 8, 34 sowie § 65 JVollzGB III.

In **Bayern** entsprechen die Verlegungs- und Überstellungsregelungen von Art. 10 Abs. 1 u. 2 BayStVollzG inhaltlich § 8 Abs. 1 u. 2 StVollzG. Ergänzend wurde mit Art. 10 Abs. 3 BayStVollzG eine gesetzliche Grundlage für die Ausantwortung der Gefangenen an einen anderen Hoheitsträger geschaffen. Hinsichtlich eines dauerhaften Anstaltswechsels ist auch nach den bayerischen Be-

---

[192] OLG Karlsruhe, NStZ-RR 2002, S. 315.
[193] Dazu Röttle/Wagner, 2009, S. 58.
[194] Siehe auch Bemmann, 2002, S. 803 ff.; Kropp, 2005, S. 98; Mroß, 2008, S. 611 ff.
[195] Krit. Freise/Lindner, in: Schwind/Böhm/Jehle/Laubenthal, 2009, § 8 Rdn. 16.

stimmungen zwischen den speziellen Verlegungsgründen gem. Art. 11, 12, 17 Abs. 2, 67, 92 BayStVollzG und den allgemeinen Verlegungsgründen von Art. 10 Abs. 1 BayStVollzG (Behandlungszwecke, Vollzugsorganisation, andere wichtige Gründe) zu differenzieren.

In **Hamburg** hat der Gesetzgeber in § 9 Abs. 1 HmbStVollzG ebenfalls die allgemeinen Verlegungsgründe von § 8 Abs. 1 StVollzG übernommen. Die Verlegung zum Zweck einer sicheren Unterbringung befindet sich nicht im Gesetzesabschnitt über die Sicherheit und Ordnung, sondern ist in die Vorschrift über die Verlegung einbezogen. § 9 Abs. 2 HmbStVollzG erfasst wie § 85 StVollzG den dauerhaften Anstaltswechsel aus Sicherheitsgründen. Allerdings ist der Regelungsumfang erweitert: Inhaftierte dürfen – zur Herauslösung aus subkulturellen schuldhaften Verflechtungen[196] – auch dann verlegt werden, wenn die Gefahr für die Sicherheit und Ordnung der Anstalt aus den Kontakten des Gefangenen zu Mitinhaftierten herrührt und die aufnehmende Einrichtung wegen der mit der Verlegung bewirkten Veränderungen der Haftverhältnisse schon zu einer sichereren Unterbringung des Betroffenen geeignet ist. § 9 Abs. 3 u. 5 HmbStVollzG normieren die Rechtsgrundlagen für Überstellung und Ausantwortung; § 9 Abs. 4 i.V.m. § 92 HmbStVollzG geben die Voraussetzungen für die Anordnung einer Rückverlegung. Im Übrigen gelten die speziellen Verlegungsgründe von §§ 10, 11, 15 Abs. 4, 63 HmbStVollzG.

Mit § 8 Abs. 1 StVollzG vergleichbarem Inhalt normiert in **Hessen** § 11 Abs. 1 HStVollzG die allgemeinen Grundlagen für eine Verlegung bzw. Überstellung im Verlauf der Durchführung des Vollzugs der Freiheitsstrafe abweichend vom Vollstreckungsplan. Speziellere Verlegungsregelungen stellen § 12 HStVollzG, die Verlegung in den offenen Vollzug gem. § 13 Abs. 3 Nr. 1 HStVollzG bzw. § 24 Abs. 4 HStVollzG zur medizinischen Versorgung dar.

Die allgemeinen Verlegungsgründe sind in **Niedersachsen** in § 10 Abs. 1 Nr. 1 (Behandlungszwecke) und Nr. 5 (Vollzugsorganisation, anderer wichtiger Grund) NJVollzG geregelt. Zudem kann ein Strafgefangener gem. § 10 Abs. 1 Nr. 2 NJVollzG bei einer im Verlauf der Strafverbüßung eintretenden Übersicherung in eine Einrichtung mit reduzierten Sicherheitsvorkehrungen verlegt werden. § 10 Abs. 1 Nr. 3 u. Nr. 4 NJVollzG regeln den dauerhaften Anstaltswechsel aus Gründen der Sicherheit und Ordnung. Dies betrifft den störenden Gefangenen, jedoch kann auch eine abstrakte Gefahrenlage genügen. Rechtsgrundlagen für die Überstellung und Ausantwortung sind in § 10 Abs. 2 u. 3 NJVollzG normiert. Spezielle Verlegungsgründe enthalten §§ 12, 63, 104 NJVollzG, Bestimmungen für länderübergreifende Verlegungen § 11 NJVollzG.

5.2.3 Gestaltung und innere Gliederung der Anstalten

Der Verurteilte muss in einer Anstalt untergebracht werden, deren äußere Bedingungen so gestaltet sind, dass darin ein behandlungsorientierter Strafvollzug tatsächlich durchgeführt werden kann. Die Anstaltsbauten, ihre Untergliederung und

---

[196] Bürgerschaft der Freien und Hansestadt Hamburg, Drs. 18/6490, S. 33.

die Belegung haben deshalb der gesetzlich festgelegten Grundkonzeption eines auf Integration ausgerichteten Vollzugskonzeptes zu entsprechen.

5.2.3.1 Größe und Belegungsfähigkeit

368 Die mit dem Vollzug der Freiheitsstrafe verbundenen Aufgabenstellungen bedingen auch die **Bauweise** der Justizvollzugsanstalten. Die Gefängnisarchitektur hat sich seit den Anfängen des modernen Freiheitsentzugs bei der Gestaltung des Lebensraums von Inhaftierten an den jeweiligen Vollzugsideen orientiert.[197] Die heutigen Anstalten sind gemäß den Prinzipien der Strafvollzugsgesetze nach sozialisationsorientierten Gesichtspunkten zu errichten.[198] Genauere Vorschriften über die bauliche Struktur enthalten diese jedoch nicht. Die Gesetzgeber haben sich mit §§ 143 ff. StVollzG, §§ 6 ff. JVollzGB I, Art. 169 ff. BayStVollzG, §§ 99 Abs. 1, 101 ff. HmbStVollzG, §§ 18 Abs. 1, 70 Abs. 1, 72 f. HStVollzG, §§ 173 f. NJVollzG auf einige Vorgaben für die Größe und Gestaltung der Anstalten und ihrer Räumlichkeiten sowie deren Belegung beschränkt.

Ein Teil der in Deutschland existierenden Justizvollzugsanstalten wurde bereits vor dem 1. Weltkrieg erbaut. Dabei hat die Gefängnisarchitektur des 18. und 19. Jahrhunderts nicht nur die Außenfassaden bewusst wirkungsorientiert als Abschreckung konzipiert.[199] Es dominierte auch eine Sicherheitsarchitektur, basierend auf den Prinzipien von Isolation und Distanz: nach innen geprägt durch den Grundsatz der Zellenisolierung, zur besseren Überwachbarkeit häufig in panoptischer Bauweise; nach außen hin durch Gitter und Mauern, welche Sicherheit vor Gefährlichem sowie Ausgrenzung symbolisieren.[200] Solche alten Gefängnisbauten mussten und müssen durch neue ersetzt bzw. derart umgebaut werden, dass sie den Erfordernissen des Behandlungsvollzugs entsprechen.

369 § 143 Abs. 1 StVollzG, § 6 Abs. 1 JVollzGB I, Art. 169 Abs. 1 BayStVollzG, § 99 Abs. 1 S. 1 HmbStVollzG, § 72 Abs. 1 S. 1 HStVollzG, § 173 S. 1 NJVollzG sollen die Umsetzung der Grundsätze des Behandlungsvollzugs bei der Gestaltung der Anstalten sichern: Diese sind so einzurichten, dass eine auf die Bedürfnisse des Einzelnen abgestellte Behandlung gewährleistet ist. Die Gesetzgeber wollten damit der Gefahr begegnen, dass durch zu große bzw. nicht zureichend gegliederte Institutionen die Behandlung des Gefangenen erschwert oder sogar unmöglich wird.[201] Allerdings wird im Geltungsbereich des Bundes-Strafvollzugsgesetzes für sog. Altbauten (deren Errichtung vor Inkrafttreten des StVollzG begonnen wurde) diese Regelung auf unbestimmte Zeit als Soll-Vorschrift relativiert (§ 201 Nr. 4 StVollzG).[202]

370 Über das gesetzlich normierte **Gestaltungsgebot** hinaus äußern sich die Strafvollzugsgesetze nicht zur Größe der einzelnen Anstalten. § 143 Abs. 3 StVollzG

---

[197] Vgl. Arndt, 1981, S. 7 ff.; Bienert, 1996, S. 140 ff.; Seelich, 2009, S. 17 ff.
[198] Dazu Korndörfer, 1993, S. 337 f.
[199] Siehe Esch, 1993, S. 83; Bienert, 1996, S. 164 ff.
[200] Jung H., 1993, S. 339.
[201] Siehe etwa BT-Drs. 7/918, S. 93.
[202] Krit. Preusker, 1997, S. 35.

begrenzt für sozialtherapeutische Einrichtungen sowie für Anstalten des Frauenvollzugs die Belegung auf 200 Haftplätze. Im Übrigen wird die **Belegungsfähigkeit** einer Anstalt, d.h. die Anzahl der in ihr verfügbaren Haftplätze, von der Aufsichtsbehörde berechnet und in einem Belegungsplan festgesetzt (§ 145 StVollzG, § 7 JVollzGB I, Art. 171 BayStVollzG, § 102 HmbStVollzG, § 72 Abs. 4 HStVollzG, § 174 Abs. 1 NJVollzG). Sie ist so zu bemessen, dass die gesetzlich vorgesehenen Behandlungsmaßnahmen realisiert werden können. Dabei müssen der Gefangenenzahl entsprechend auch Plätze für Arbeit, Aus- und Weiterbildung sowie Räume für Seelsorge, Freizeit, Sport, therapeutische Maßnahmen und Besuche berücksichtigt werden.

§ 146 Abs. 1 StVollzG, § 8 Abs. 1 S. 1 JVollzGB I, Art. 172 Abs. 1 BayStVollzG, § 103 Abs. 1 HmbStVollzG, § 72 Abs. 5 S. 1 HStVollzG normieren ein **Überbelegungsverbot**: Die im Belegungsplan festgesetzte Haftplatzkapazität darf von der Anstalt grundsätzlich nicht durch Aufnahme zusätzlicher Gefangener überschritten werden. Es wird davon ausgegangen, dass jede Überbelegung die Durchführung von Behandlungsmaßnahmen beeinträchtigt. Die Vollzugsbehörde wird deshalb in die Lage versetzt, die Aufnahme von Verurteilten abzulehnen, wenn sie diese nicht den gesetzlichen Vorschriften gemäß betreuen und versorgen kann. Es soll „ein Konflikt zwischen der Behördenpflicht zum Vollzug der vollstreckbaren Urteile und zu einer den verfassungsrechtlichen und gesetzlichen Vorschriften entsprechenden Behandlung vermieden werden, wenn der vorhandene Haftraum für eine gesetzmäßige, der Menschenwürde entsprechende Unterbringung der Gefangenen nicht mehr ausreichen sollte."[203] (In Niedersachsen normiert das NJVollzG kein Überbelegungsverbot.) **371**

Als verhängnisvoll[204] erweisen sich die Regelungen von § 146 Abs. 2 StVollzG sowie von § 8 Abs. 1 S. 2 JVollzGB I, Art. 172 Abs. 2 BayStVollzG, § 103 Abs. 2 HmbStVollzG, § 72 Abs. 5 S. 2 HStVollzG in Phasen der Diskrepanz zwischen Haftplatzangebot und Haftplatznachfrage für die Behandlung. Nach diesen Normen sind **Ausnahmen** vom Überbelegungsverbot mit Zustimmung der Aufsichtsbehörde vorübergehend zulässig. In Zeiten eines größeren Inputs von Gefangenen besteht die Gefahr eines Missbrauchs dieser Vorschriften[205], um Einrichtungen auf Dauer über die Haftplatzkapazität hinaus zu belegen, was dort letztlich zu Missständen führt.[206] **372**

Zu den Auswirkungen von Anstaltsüberbelegungen gehören auch vermehrte Belastungen der Strafvollzugsbediensteten.[207] Fühlt sich ein Mitarbeiter insoweit in seiner Sicherheit gefährdet, kann er allerdings aus den gesetzlichen Ausnahmeregelungen keinen Anspruch auf Beseitigung von Mehrbelegungen herleiten, weil diese Normen dem Schutz von Behandlungsmaßnahmen vor Behinderungen und Störungen dienen.[208]

---

[203] BT-Drs. 7/918, S. 93 (zu § 146 StVollzG).
[204] Rotthaus K., 1987, S. 3.
[205] Rotthaus K., 1987, S. 3.
[206] Zu den Auswirkungen siehe Kretschmer, 2005a, S. 251 ff.; Nitsch, 2006, S. 173 ff.; Oberheim, 1985, S. 142 ff.; Schmidt J., 1986, S. 75 f.; Theile, 2002, S. 670 ff.
[207] Kaiser/Schöch, 2002, S. 122.
[208] VG Köln, ZfStrVo 1992, S. 73; Nitsch, 2006, S. 133.

Am 31.8.2010 gab es in Deutschland 185 Justizvollzugsanstalten mit einer Haftplatzkapazität für insgesamt 77 995 Gefangene. Davon waren am Stichtag 70 103 belegt (89,9 %).[209] Während in der ersten Hälfte der achtziger Jahre des 20. Jahrhunderts in mehreren Bundesländern die Belegungsfähigkeit von Anstalten deutlich (vereinzelt um ca. 30 %) überschritten wurde[210], war ab Mitte der neunziger Jahre der Haftraum überwiegend nicht ausgelastet. Die Entspannung in der Belegungssituation bedeutete jedoch nicht, dass die Haft- und Lebensbedingungen der Betroffenen stets zufrieden stellend oder menschenrechtskonform erschienen.[211]

In einigen Ländern war allerdings zu Beginn der neunziger Jahre wiederum ein Anstieg der Gefangenenzahlen zu verzeichnen. So nahm z.B. in Bayern ab 1991 die Gesamtbelegung um ca. 27 % zu. Mit 13 113 Inhaftierten bei 11 756 Haftplätzen war im Jahr 2005 dort die höchste Belegung seit 1948 zu verzeichnen. Ende März 2010 befanden sich bei 11 916 eingerichteten Haftplätzen 12 309 Gefangene in den bayerischen Justizvollzugsanstalten.[212] Überbelegungen im Strafvollzug sind seit den neunziger Jahren zu einem Dauerthema in der kriminalpolitischen Diskussion geworden.[213]

5.2.3.2 Unterbringung in Gruppen

373 Nach § 143 Abs. 2 StVollzG, § 6 Abs. 2 JVollzGB I, Art. 169 Abs. 2 BayStVollzG, § 99 Abs. 1 S. 2 HmbStVollzG sollen die Anstalten so untergliedert sein (= interne Differenzierung), dass der Gefangene einer überschaubaren Betreuungs- und Behandlungsgruppe zugeordnet werden kann.

Die Inhaftierten sollen nicht als unstrukturierte Gesamtheit in der Vollzugsanstalt leben. Vielmehr gestaltet sich die Sozialstruktur der Einrichtung durch eine **Untergliederung** in kleinere Einheiten. Zwar äußern sich die Gesetze nicht über deren Größe. Mit dem Begriff der **Überschaubarkeit** bringt man aber zum Ausdruck, dass „die Gruppe nicht so groß sein darf, dass die Eigenart des einzelnen Gruppenangehörigen und seine Bedürfnisse nicht hinreichend berücksichtigt werden können."[214]

Benannt sind als Einheiten die Betreuungsgruppen und die Behandlungsgruppen.[215] Die **Betreuungsgruppe** ist im Sinne einer nach verwaltungstechnischen Erfordernissen festgesetzten Vollzugseinheit – einer Abteilung – zu verstehen.[216] Sie fasst mehrere Wohngruppen und deren Insassen räumlich zusammen.

---

[209] Statistisches Bundesamt, Bestand der Gefangenen und Verurteilten in den deutschen Justizvollzugsanstalten, 2010.
[210] Vgl. Feltes, 1984, S. 195.
[211] Dünkel/Morgenstern, 2001, S. 147.
[212] Bayer. Staatsministerium der Justiz, 2010, S. 11.
[213] Vgl. Dünkel/Geng, 2003, S. 146 ff.; Köhne, 2009, S. 215 ff.; Kretschmer, 2005, S. 251 ff.; ders., 2009, S. 2406 ff.; Maelicke B., 2003, S. 143 ff.
[214] BT-Drs. 7/918, S. 93.
[215] Krit. zu diesen Bezeichnungen: Böhm/Kopp, in: Schwind/Böhm/Jehle/Laubenthal, 2009, § 143 Rdn. 3 f.
[216] Calliess/Müller-Dietz, 2008, § 143 Rdn. 6.

Der Begriff der Behandlungsgruppe meint – bezogen auf die Untergliederung **374** der Anstalten – eigentlich die **Wohngruppe** als eine zentrale Behandlungsmaßnahme.[217]

Mit der Wohngruppe lässt sich im Strafvollzug die Erkenntnis nutzbar machen, dass der Mensch als Gemeinwesen auf zwischenmenschliche Beziehungen angelegt ist. Er schließt sich im Laufe seines Lebens den verschiedensten Gesellungsformen an, denen die Bindungsart der Gruppe gemeinsam ist. In einer Gruppe verstrickt sich der Einzelne in ein Geflecht von zwischenmenschlichen Beziehungen und gegenseitigem Einwirken. Es kommt zur **Interaktion** sowohl auf der intellektuellen als auch auf der Gefühlsebene.[218] Durch eine künstliche Gesellung mehrerer Inhaftierter werden dementsprechend auch in der Strafanstalt soziale Strukturen aufgebaut, innerhalb derer die Insassen **Lernvorgänge** durchleben mit dem Ziel der Erlangung von sozialer Kompetenz und Selbstwertgefühl.

Die Wohngruppe stellt für den Insassen ein Zentrum zwischenmenschlicher Beziehungen dar, in dem er zusammen mit anderen weitgehend selbständig leben kann. Da dieser Bereich der Reglementierung mehr entzogen sein sollte als andere, finden in ihm grundlegende soziale und emotionale Interaktionen statt. Das Verbringen der Freizeit in einer Gruppe führt zu einer gegenseitigen Einflussnahme der Mitglieder aufeinander. Es kommt zu einem **gruppendynamischen Prozess** mit einer Vielzahl von sozialen Erlebnissen als einer Hilfe bei der Korrektur negativer Vorerfahrungen im Sozialisationsbereich.[219]

In der Wohngruppe wird dem Einzelnen eine relative Privatsphäre gewährt, eine größere interne Freizügigkeit, die auch einem Abbau von Haftdeprivationen dient. Das tägliche Zusammenleben in einer Gemeinschaft zwingt den Insassen zu einer sozialen Aktivierung. Die in einer Gruppe zwangsläufig entstehenden Schwierigkeiten werden zu einer Art **Belastungstraining**[220]; es entsteht ein Lernfeld für soziale Regelungsprozesse. Der Betroffene eignet sich neue Verhaltensmöglichkeiten und Methoden an, um Lebenssituationen besser zu bewältigen. Durch die Gemeinschaft mit anderen kann er lernen, Konflikte positiv auszutragen und mit Kritik konstruktiv umzugehen. In einer Gruppe ist das einzelne Mitglied schließlich gezwungen, mehr Verantwortung für sich und die Einheit zu übernehmen, was die Initiative des Gefangenen fördert, ihm verstärkte Identifizierungsmöglichkeiten mit den Behandlungszielen gibt und damit auch die Behandlungsbereitschaft erhöhen kann.[221]

Einer Wohngruppe sollten schon aufgrund des gesetzlichen Erfordernisses der **375** Überschaubarkeit maximal 15 Gefangene angehören, wobei die Größe zudem von baulichen Gegebenheiten abhängt. Da in der freien Gesellschaft die Mitglieder sozialer Gruppen nicht durch gleiche oder ähnliche Persönlichkeitsmerkmale gekennzeichnet sind, ist in den Vollzugseinheiten eine möglichst realitätsnahe Konstellation anzustreben. Insoweit vermag eine – auch bezüglich begangener Straftaten – gemischte Gruppe den dynamischen Prozess des Zusammenlebens eher

---

[217] Zum Wohngruppenvollzug Bruns, 1989; Laubenthal, 1983, S. 168 ff.; ders., 1984, S. 67 ff.; Lorch/Schulte-Altedorneburg/Sträwen, 1989, S. 265 ff.
[218] Battegay, 1976, S. 35.
[219] Lippmeier/Steffen, 1977, S. 89.
[220] Calliess, 1992, S. 154.
[221] Lippmeier/Steffen, 1977, S. 90.

sozial positiv zu beeinflussen. Zu vermeiden sind allerdings große Altersdifferenzen, weil mit einem Altersgefälle regelmäßig Macht- und Einflussstrukturen vorgezeichnet sind.[222]

Jeder Gefangene sollte in der Wohngruppe über einen eigenen Wohn- und Schlafraum verfügen, damit die Intimsphäre des Einzelnen sichergestellt bleibt. Um die Bildung eines Gruppenmilieus zu ermöglichen, müssen Räume vorhanden sein, in denen Gemeinschaft herstellbar ist. Die Schaffung einer ständigen Kontaktmöglichkeit erfordert eine Anbindung der Diensträume des Wohngruppenpersonals an die jeweiligen Einheiten. Als deren Leiter eignen sich insbesondere Sozialarbeiter, denen Beamte des allgemeinen Vollzugsdienstes zur Seite stehen. Der Anstaltsleiter kann für den Bereich einer Wohngruppe Befugnisse an den zuständigen Gruppenbeamten delegieren[223], so dass dieser Kompetenzen für Maßnahmen und Vorgänge erhält, welche die Gruppe als solche und deren Mitglieder betreffen.

5.2.4 Räumlichkeiten in der Anstalt

376 Den vielfältigen Gestaltungsbereichen des Anstaltslebens entsprechend muss eine Vollzugseinrichtung über verschiedenartige Räumlichkeiten verfügen, in denen die Gefangenen sich aufhalten können. Aus § 145 StVollzG, § 7 Abs. 1 JVollzGB I, Art. 171 BayStVollzG, § 102 HmbStVollzG, § 72 Abs. 4 HStVollzG folgt, dass neben Räumen für die Unterbringung während der Ruhezeit auch solche für Arbeit, Aus- und Weiterbildung, Seelsorge, Freizeit, Sport, therapeutische Maßnahmen und Besuche vorhanden sein müssen. In organisatorischer und baulicher Hinsicht ist die Vollzugsbehörde (§ 144 Abs. 1 StVollzG, § 9 Abs. 1 JVollzGB I, Art. 170 BayStVollzG, § 101 HmbStVollzG, § 72 Abs. 3 HStVollzG, § 174 Abs. 2 NJVollzG) verpflichtet, diese wohnlich oder sonst ihrem Zweck entsprechend auszugestalten, d.h. sie dem Angleichungsgrundsatz gemäß möglichst den allgemeinen Lebensbedingungen entsprechend zu gestalten. Es sind ferner Räumlichkeiten für Arbeitsbetriebe, Einrichtungen zur beruflichen Bildung sowie zur arbeitstherapeutischen Beschäftigung vorzusehen, wobei auch diese den Verhältnissen außerhalb der Institution entsprechen sollen.

5.2.4.1 Unterbringung nach Tagesphasen

377 Im Strafvollzug gibt es eine verbindliche Tageseinteilung (§ 82 Abs. 1 S. 1 StVollzG, § 62 Abs. 1 S. 1 JVollzGB III, Art. 88 Abs. 1 S. 1 BayStVollzG, § 68 Abs. 2 Nr. 1 HmbStVollzG, §§ 45 Abs. 3 S. 1 i.V.m. 79 Abs. 2 HStVollzG, § 75 Abs. 2 S. 1 NJVollzG):
– Arbeitszeit,
– Freizeit,
– Ruhezeit.

---

[222] Rasch, 1977, S. 73.
[223] Calliess/Müller-Dietz, 2008, § 156 Rdn. 4.

Die genaue zeitliche Verteilung legt die Anstaltsleitung nach § 161 Abs. 2 Nr. 2 StVollzG, § 15 Abs. 1 Nr. 2 JVollzGB I, Art. 184 Abs. 2 Nr. 2 BayStVollzG, § 110 Abs. 2 Nr. 2 HmbStVollzG, § 79 Abs. 2 HStVollzG, § 183 Abs. 2 Nr. 2 NJVollzG in der Hausordnung fest.

An diese Gliederung des Tagesablaufs sind nicht nur bestimmte Aktivitäten geknüpft (z.B. finden Arbeit, Aus- und Weiterbildung, Unterricht während der Arbeitszeit statt). Auch die Unterbringung des Gefangenen wird durch die jeweilige Tagesphase bedingt, wobei die Gesetze sich in den Grundzügen ihrer Regelungen an den üblichen Verhältnissen in der Gesellschaft orientieren.

(1) Arbeitszeit

Arbeit, Berufsausbildung, berufliche Fortbildung, Umschulung sowie arbeitstherapeutische und sonstige Beschäftigung während der **Arbeitszeit** erfolgen prinzipiell **gemeinsam** (§ 17 Abs. 1 StVollzG, § 14 JVollzGB III, Art. 19 Abs. 1 BayStVollzG, § 19 Abs. 1 HmbStVollzG, § 18 Abs. 2 S. 1 HStVollzG, § 19 Abs. 1 NJVollzG). Einschränkungen durch Einzelunterbringung (die nicht die Intensität von Einzelhaft als Sicherungsmaßnahme erreichen darf[224]) sind aus den in § 17 Abs. 3 StVollzG, § 14 JVollzGB III, Art. 19 Abs. 3 BayStVollzG, § 19 Abs. 3 HmbStVollzG, § 18 Abs. 2 S. 2 HStVollzG, § 19 Abs. 3 NJVollzG genannten Gründen möglich:

378

– wenn ein schädlicher Einfluss durch einen Insassen auf Mitgefangene zu befürchten ist,
– wenn eine Behandlungs- bzw. Aufnahmeuntersuchung stattfindet,
– wenn die Sicherheit oder Ordnung der Anstalt es erfordert oder
– wenn der Betroffene zustimmt.[225]

Es handelt sich bei der Sicherheit und Ordnung der Anstalt um gerichtlich uneingeschränkt nachprüfbare unbestimmte Rechtsbegriffe.[226] Zu beachten ist, dass eine Einschränkung der gemeinschaftlichen Unterbringung nicht zu einer Umgehung der Voraussetzungen über die Anordnung von Disziplinarmaßnahmen nach §§ 102 ff. StVollzG führen darf.

> *Beispiel:* Ein Gefangener kehrt von einem ihm gewährten Hafturlaub nicht zurück. Zudem begeht er während seiner Flucht erhebliche Straftaten unter Einsatz von Schusswaffen. Nach seiner Wiederergreifung ordnet der Anstaltsleiter nach § 17 Abs. 3 StVollzG (§ 14 JVollzGB III, Art. 19 Abs. 3 BayStVollzG, § 19 Abs. 3 HmbStVollzG, § 18 Abs. 2 S. 2 HStVollzG, § 19 Abs. 3 NJVollzG) für die Dauer von vier Wochen eine Versetzung des Gefangenen in seine Zelle während der Arbeitszeit unter Entzug der Arbeit an.
> Eine solche Beschränkung der gemeinsamen Unterbringung während der Arbeitszeit ist rechtswidrig. Denn das Verhalten des Gefangenen stellt einen Pflichtenverstoß dar. Ein Arbeitsentzug ist nach § 103 Abs. 1 Nr. 7 StVollzG (§ 82 Abs. 1 Nr. 6

---

[224] Böhm/Laubenthal, in: Schwind/Böhm/Jehle/Laubenthal, 2009, § 17 Rdn. 5.
[225] § 19 Abs. 3 NJVollzG sieht ein Zustimmungserfordernis nicht vor.
[226] AK-Kellermann/Köhne, 2006, § 17 Rdn. 10; Calliess/Müller-Dietz, 2008, § 17 Rdn. 5; Böhm/Laubenthal, in: Schwind/Böhm/Jehle/Laubenthal, 2009, § 17 Rdn. 5; siehe auch Kap. 8.2.2.2.

JVollzGB III, Art. 110 Abs. 1 Nr. 6 BayStVollzG, § 86 Abs. 1 Nr. 6 HmbStVollzG, § 55 Abs. 1 Nr. 6 HStVollzG, § 95 Abs. 1 Nr. 6 NJVollzG) eine Disziplinarmaßnahme, die nur im Rahmen dieser Norm angeordnet werden darf.

Zulässig wäre es aber gewesen, bei Bestehen einer besonderen Fluchtgefahr den Inhaftierten nach § 17 Abs. 3 Nr. 3 StVollzG (§ 14 Nr. 3 JVollzGB III, Art. 19 Abs. 3 Nr. 3 BayStVollzG, § 19 Abs. 3 Nr. 2 HmbStVollzG, § 18 Abs. 2 S. 2 Nr. 3 HStVollzG, § 19 Abs. 3 Nr. 3 NJVollzG) von der Arbeit in Gemeinschaft auszuschließen und ihm gleichzeitig Zellenarbeit zuzuweisen.[227]

(2) Freizeit

379 In der **Freizeit** hat der Gefangene die **Wahl zwischen Alleinsein und Gemeinschaft** (§ 17 Abs. 2 S. 1 StVollzG, Art. 19 Abs. 2 S. 1 BayStVollzG, § 19 Abs. 2 S. 1 HmbStVollzG, § 19 Abs. 2 NJVollzG). Dadurch soll ihm die Möglichkeit zur Teilnahme an den in der Anstalt angebotenen Freizeitaktivitäten gegeben werden. Für Gemeinschaftsveranstaltungen ermächtigen § 17 Abs. 2 S. 2 StVollzG, Art. 19 Abs. 2 S. 2 BayStVollzG, § 19 Abs. 2 S. 2 HmbStVollzG allerdings den Anstaltsleiter, mit Rücksicht auf die jeweiligen räumlichen, personellen und organisatorischen Verhältnisse besondere Regelungen zu treffen. Von einer prinzipiellen gemeinschaftlichen Unterbringung in der Freizeit gehen auch § 14 JVollzGB III und § 18 Abs. 2 S. 1 HStVollzG aus.

Der einzelne Inhaftierte hat nur ein Recht auf gemeinsame Freizeit an sich, nicht aber einen Anspruch darauf, seine gesamte oder überwiegende Freizeit zusammen mit anderen verbringen zu können.[228] In Einrichtungen ohne Wohngruppenvollzug steht ihm damit weder ein generelles Recht auf Aufschluss (Öffnung der Hafträume während der Freizeit) noch auf Umschluss (Einschließung mehrerer Insassen für einige Zeit in der Zelle eines beteiligten Mitgefangenen) zu.[229]

Gemeinschaftliche Unterbringung während der Freizeit kann aus den gleichen Gründen wie diejenige während der Arbeitszeit eingeschränkt werden (§ 17 Abs. 3 StVollzG, § 14 JVollzGB III, Art. 19 Abs. 2 BayStVollzG, § 19 Abs. 3 HmbStVollzG, § 18 Abs. 2 S. 2 HStVollzG, § 19 Abs. 3 NJVollzG). Im Geltungsbereich des Bundes-Strafvollzugsgesetzes ist dies auch für Altbauten möglich, solange es die räumlichen, personellen und organisatorischen Verhältnisse der Anstalt erfordern (§ 201 Nr. 2 StVollzG). Dies gilt vor allem für Institutionen, in denen es noch an einer überschaubaren Untergliederung i.S.d. § 143 Abs. 2 StVollzG mangelt.[230] Denn bleibt die gemeinsame Freizeit im Strafvollzug nicht zureichend überwacht, kann das subkulturelle Entwicklungen erleichtern.[231]

---

[227] LG Stuttgart, ZfStrVo 1990, S. 304.
[228] OLG Koblenz, ZfStrVo 1986, S. 122; OLG Koblenz, ZfStrVo 1995, S. 243.
[229] Böhm/Laubenthal, in: Schwind/Böhm/Jehle/Laubenthal, 2009, § 17 Rdn. 4; Calliess/Müller-Dietz, 2008, § 17 Rdn. 4; anders AK-Kellermann/Köhne, 2006, § 17 Rdn. 3 f.
[230] Zu den Auswirkungen im Vollzugsalltag: AK-Kellermann/Köhne, 2006, vor § 17 Rdn. 4.
[231] Böhm, 2003, S. 96.

(3) Ruhezeit

Der Schutz vor subkulturellen Einflüssen sowie die Wahrung der Intimsphäre des Gefangenen bedingen eine **Einzelunterbringung** in den Haftträumen während der **Ruhezeit** (§ 18 Abs. 1 S. 1 StVollzG, § 13 Abs. 1 S. 1 JVollzGB III, Art. 20 Abs. 1 S. 1 BayStVollzG, § 20 Abs. 1 S. 1 HmbStVollzG, § 18 Abs. 1 S. 1 HStVollzG, § 20 Abs. 1 S. 1 NJVollzG). Dieser Grundsatz der Einzelunterbringung – in Baden-Württemberg und Bayern nur als Soll-Vorschriften ausgestaltet – wird jedoch in den Strafvollzugsgesetzen mehrfach eingeschränkt. Zum einen ist nach § 18 Abs. 1 S. 2 StVollzG, § 13 Abs. 2 JVollzGB III, Art. 20 Abs. 2 BayStVollzG, § 20 Abs. 1 S. 2 Nr. 1 HmbStVollzG, § 18 Abs. 1 S. 3 HStVollzG, § 20 Abs. 2 NJVollzG eine gemeinsame Unterbringung bei Hilfsbedürftigkeit bzw. Gefahr für Leib oder Leben ohne Zustimmung des Insassen zulässig.

§ 18 Abs. 2 S. 1 StVollzG ermöglicht für den Geltungsbereich des **Bundes-Strafvollzugsgesetzes** im offenen Vollzug Gemeinschaftshaft auch während der Ruhezeit unter zwei Voraussetzungen: keine Gefahr schädlicher gegenseitiger Beeinflussung und Zustimmung der Betroffenen. In geschlossenen Anstalten soll eine gemeinschaftliche Unterbringung nach § 18 Abs. 2 S. 2 StVollzG „nur vorübergehend und aus zwingenden Gründen" möglich bleiben. Zulässig ist dies etwa zur Behebung vorübergehender Notlagen (z.B. Heizungsausfall in einem Teilbereich der Anstalt).[232] Diese Ausnahme ist aber im Fall permanenter chronischer Überbelegung der Vollzugseinrichtungen nicht gegeben.[233] Allerdings lässt § 201 Nr. 3 StVollzG[234] in Altbauten – für den geschlossenen und den offenen Vollzug – eine gemeinsame Unterbringung abweichend von § 18 StVollzG zu, solange es dort die räumlichen Verhältnisse erfordern. Letztere betreffen nicht das jeweilige Unterbringungsgebäude, sondern richten sich nach dem Gesamtzustand einer Anstalt. Eine nach alten und neuen Häusern differenzierende Auslegung würde sonst zu unterschiedlichen Rechtslagen innerhalb einer Justizvollzugsanstalt führen.[235] Nach § 201 Nr. 3 S. 2 StVollzG dürfen sich dabei sogar bis zu acht Personen während der Ruhezeit in Gemeinschaftshaft befinden.

Auf der **landesrechtlichen Ebene** geht in Bayern der Gesetzgeber davon aus, dass auch bei gemeinschaftlicher Unterbringung die Privat- und Intimsphäre gewahrt werden kann und ein um Resozialisierung bemühter Vollzug nicht in allen Fällen eine getrennte Unterbringung der Gefangenen bei Nacht erfordert.[236] Deshalb gibt zum einen Art. 20 Abs. 1 S. 1 BayStVollzG – ebenso wie § 13 Abs. 1 S. 1 JVollzGB III für Baden-Württemberg – die Einzelunterbringung nur als eine Soll-Vorschrift vor. Gemeinschaftshaft während der Ruhezeit unter den Voraussetzungen der Zustimmung des Gefangenen und keiner Gefahr einer gegenseitigen schädlichen Beeinflussung bleibt in Baden-Württemberg gem. § 13 Abs. 1 S. 2 JVollzGB III, in Bayern nach Art. 20 Abs. 1 S. 1 BayStVollzG ebenso wie in

---

[232] Böhm/Laubenthal, in: Schwind/Böhm/Jehle/Laubenthal, 2009, § 18 Rdn. 8.
[233] OLG Celle, NStZ 1999, S. 216; OLG Celle, StrVert 2003, S. 567; Kretschmer, 2005a, S. 253.
[234] Dazu Köhne, 2007a, S. 270 ff.
[235] BGH, NStZ 2006, S. 57.
[236] Bayer. Landtag, Drs. 15/8101, Begründung, S. 55; dazu auch Arloth, 2008a, S. 132.

Hamburg gem. § 20 S. 2 Nr. 1 HmbStVollzG, in Hessen nach § 18 Abs. 1 S. 2 HStVollzG sowie in Niedersachsen nach § 20 Abs. 1 S. 2 NJVollzG nicht wie im Bundes-StrafVollzugsgesetz auf den offenen Vollzug begrenzt, sondern kann auch in geschlossenen Einrichtungen erfolgen. Über die Kriterien einer Hilfsbedürftigkeit bzw. einer Gesundheits- oder Lebensgefahr hinausgehend darf gem. Art. 20 Abs. 2 BayStVollzG, § 20 Abs. 2 NJVollzG eine gemeinschaftliche Unterbringung ohne das Zustimmungserfordernis angeordnet werden, wenn die räumlichen Verhältnisse der Anstalt dies erfordern. § 18 Abs. 1 S. 5 HStVollzG lässt dies ausnahmsweise kurzzeitig zu, wenn hierfür aufgrund außergewöhnlicher Umstände eine unabweisbare Notwendigkeit besteht. § 20 S. 2 Nr. 2 HmbStVollzG beschränkt diese Ausnahmemöglichkeit auf den offenen Vollzug.

Mehrere Landes-Strafvollzugsgesetze enthalten im Hinblick auf die Mehrfachbelegung von Hafträumen Obergrenzen. So dürfen in Baden-Württemberg gem. § 7 Abs. 5 JVollzGB I im geschlossenen Vollzug nicht mehr als sechs Gefangene gemeinschaftlich untergebracht werden. Für Bayern bestimmt Art. 20 Abs. 3 BayStVollzG, dass eine gemeinschaftliche Unterbringung von mehr als acht Inhaftierten unzulässig bleibt. In Hessen ist nach § 18 Abs. 1 S. 4 HStVollzG eine Belegung mit mehr als drei Personen in einem Haftraum unzulässig. Satz 5 ermöglicht dort jedoch eine höhere Belegung kurzzeitig als Ausnahmefall, wenn hierfür aufgrund außergewöhnlicher Umstände eine unabweisbare Notwendigkeit besteht.

Obwohl der Grundsatz einer Einzelunterbringung von Strafgefangenen bei Nacht zu den wesentlichen Voraussetzungen eines modernen Behandlungsvollzugs zählt, stellt die Unterbringung in Gemeinschaftszellen in Deutschland keineswegs die Ausnahme dar. Von den am 31.8.2010 belegungsfähigen 77 995 Haftplätzen waren 24 986 (32 %) für eine gemeinsame Unterbringung vorgesehen. Gemeinsam untergebracht waren zu diesem Zeitpunkt 23 585 Gefangene.[237]

5.2.4.2 Der Haftraum

382 Während der Ruhezeit und teilweise auch in seiner Freizeit hält sich der Gefangene in seinem Haftraum auf. Dieser soll dem Angleichungsgrundsatz gemäß den allgemeinen Lebensverhältnissen so weit wie möglich entsprechen. Dieses Postulat wird in zweierlei Hinsicht konkretisiert:
- § 144 StVollzG, § 9 Abs. 1 JVollzGB I, Art. 170 BayStVollzG, § 101 HmbStVollzG, § 72 Abs. 3 HStVollzG, § 174 Abs. 2 NJVollzG verpflichten die Vollzugsbehörde zu einer wohnlichen bzw. zweckentsprechenden Ausgestaltung,
- § 19 StVollzG, § 15 JVollzGB III, Art. 21 BayStVollzG, § 22 HmbStVollzG, § 19 HStVollzG, § 21 NJVollzG geben dem Inhaftierten ein Recht auf Ausstattung seines Haftraums in angemessenem Umfang mit eigenen Sachen.

§ 144 StVollzG, § 9 Abs. 1 JVollzGB I, Art. 170 BayStVollzG, § 101 HmbStVollzG, § 72 Abs. 3 HStVollzG, § 174 Abs. 2 NJVollzG richten sich an die

---

[237] Statistisches Bundesamt, Bestand der Gefangenen und Verurteilten in den deutschen Justizvollzugsanstalten, 2010.

Vollzugsbehörde und begründen für den Gefangenen weder einen Anspruch auf einen bestimmten Haftraum[238] noch auf eine bestimmte Ausstattung der Räumlichkeit.[239] Denn diese Normen betreffen nicht das Rechtsverhältnis zwischen Anstaltsleitung und Insassen und geben dem Insassen deshalb keine subjektiven Rechte.[240] Vorgegeben ist, dass die Haftäume (wie auch die anderen Räumlichkeiten einer Anstalt) hinreichend Luft haben und für eine gesunde Lebensführung ausreichend mit Heizung, Lüftung, Boden- und Fensterfläche ausgestattet sein müssen.

Die Vollzugsbehörde hat zu beachten, dass die Unterbringung **keine besondere Übelszufügung** bedeuten darf.[241] Ihrem Ermessen werden vor allem Grenzen gezogen durch:[242] **383**
– das Grundrecht auf Achtung der Menschenwürde (Art. 1 Abs. 1 GG),
– das Verbot unmenschlicher Behandlung (Art. 3 EMRK).

> *Beispiel:* Ein Gefangener wird im Sockelgeschoss einer um die Jahrhundertwende errichteten Justizvollzugsanstalt untergebracht. In der Station kommt es in den Hafträumen wiederholt zu Überschwemmungen aus Toiletten und anderen Abflüssen. Da hiervon auch der Haftraum des G. betroffen ist, beantragt er die Verlegung in eine andere Zelle.
>
> Das Bundesverfassungsgericht hat in seinem Beschluss vom 16.3.1993[243] den Anspruch eines Inhaftierten auf eine **menschenwürdige Unterbringung** betont: „Die Würde des Menschen zu achten und zu schützen, ist Verpflichtung aller staatlichen Gewalt (Art. 1 Abs. 1 GG). Für den Strafvollzug bedeutet dies, dass die grundlegenden Voraussetzungen individueller und sozialer Existenz des Menschen dem Gefangenen auch in der Haft erhalten bleiben müssen ... Der Staat kann sich nicht auf eine nach dem Vollstreckungsplan getroffene Einweisung in die JVA berufen, wenn dort die ... Beschränkungen nur unter Außerachtlassung der grundlegenden Voraussetzungen menschlicher Existenz eingehalten werden können. Ist in einem solchen Fall innerhalb der Anstalt keine Abhilfe möglich, so ist der Beschwerdeführer – auch von Amts wegen – in eine andere Anstalt zu verlegen."

Das Verbot einer unmenschlichen Behandlung ist gerade auch bei einer gemeinschaftlichen **Unterbringung mehrerer Gefangener in einem Haftraum** zu **384**

---

[238] OLG Hamm, NStZ 1992, S. 352 zu § 144 StVollzG.
[239] OLG Zweibrücken, NStZ 1982, S. 221; OLG Koblenz, ZfStrVo 1985, S. 63; OLG Hamburg, NStZ 1991, S. 103; OLG Hamm, NStZ 1995, S. 436.
[240] KG, StraFo 2007, S. 521.
[241] So bereits BT-Drs. 7/918, S. 93.
[242] BVerfG, ZfStrVo 2002, S. 176; BVerfG, ZfStrVo 2002, S. 178; BVerfG, Beschl. v. 13.11.2007 – 2 BvR 2201/05; OLG Zweibrücken, NStZ 1982, S. 221; OLG Hamm, NStZ 1992, S. 352; OLG Celle, StrVert 2004, S. 84; OLG Frankfurt, NStZ-RR 2004, S. 613; OLG Karlsruhe, ZfStrVo 2004, S. 304; OLG Naumburg, NJW 2005, S. 514; KG, StraFo 2007, S. 521; LG Gießen, NStZ 2003, S. 624; LG Hannover, StrVert 2003, S. 568; LG Oldenburg, StrVert 2004, S. 610; LG Halle, StrVert 2005, S. 342; Wulf, 1996, S. 229.
[243] BVerfG, StrVert 1993, S. 487.

beachten und setzt insoweit dem Ermessen der Vollzugsbehörde Grenzen.[244] Eine bloße gemeinsame Unterbringung ohne Vorliegen der gesetzlich normierten Ausnahmekriterien vom Prinzip der Einzelhaft kann ohne Hinzutreten erschwerender, den Gefangenen benachteiligender Umstände noch nicht als Verstoß gegen die Menschenwürde angesehen werden.[245] Wann eine **Verletzung der Menschenwürde** durch Unterschreiten etwa einer bestimmten Haftraummindestgröße infolge Mehrfachbelegung vorliegt, ist nicht eindeutig geklärt[246] und lässt sich auch nicht abstrakt-generell beurteilen.[247] Das OLG Frankfurt hat z.B. festgestellt, „dass eine solche Verletzung jedenfalls vorliegt, wenn – kumulativ – der Haftraum mit einer nicht abgetrennten oder nicht gesondert entlüfteten Toilette ausgestattet ist, und ein gewisses Mindestmaß für jeden Gefangenen an Luftraum (16 m³) oder Bodenfläche (6 bzw. 7 m²) unterschritten ist."[248] Nach dem OLG Karlsruhe verstößt „die dauerhafte Unterbringung zweier Strafgefangener in einem gemeinsamen Haftraum nicht gegen die Menschenwürde, wenn dieser über eine Größe von 9 m² verfügt und mit einer räumlich abgetrennten und durch eine Tür verschließbaren Nasszelle mit Toilette und Waschbecken von 1,3 m² Grundfläche ausgestattet ist."[249] Für das OLG Hamm verletzt „die gemeinsame Unterbringung zweier Gefangener in einem nur 8,8 m² großen Haftraum mit freistehender, nur mit einer beweglichen Schamwand verdeckten und nicht gesondert entlüfteten Toilette die Menschenwürdegarantie und das Verbot der unmenschlichen oder erniedrigenden Behandlung."[250] In einer Entscheidung aus dem Jahr 2009 hat das OLG Hamm weiter konstatiert: „Nach Auffassung des Senats liegt ein Verstoß gegen die Menschenwürde selbst bei Ausstattung des Haftraums mit einer räumlich abgetrennten, gesondert entlüfteten und damit den insoweit zu stellenden Anforderungen genügenden Toilette ... jedenfalls dann vor, wenn jedem Gefangenen eine (Zellen-)Grundfläche von rechnerisch weniger als 5 m² zur Verfügung steht".[251] Der Europäische Gerichtshof für Menschenrechte hat hinsichtlich der Verletzung des Verbotes von Folter, unmenschlicher und erniedrigender Behandlung oder Strafe gem. Art. 3 EMRK in Überbelegungsfällen die Möglichkeit einer Kompensation geringer Haftraumgröße durch die dem Gefangenen innerhalb des Vollzugs zustehende Bewegungsfreiheit anerkannt.[252]

Eine Menschenrechtsverletzung wegen Mehrfachunterbringung von Strafgefangenen in einem Haftraum begründet nicht zwangsläufig eine **Wiedergutma-**

---

[244] BVerfG, ZfStrVo 2002, S. 176; BVerfG, ZfStrVo 2002, S. 178; BVerfG, Beschl. v. 13.11.2007 – 2 BvR 2201/05; siehe auch Köhne, 2009a, S. 216; Kretschmer, 2005a, S. 253 f.; ders., 2009, S. 2410; Lindemann, 2010, S. 470; Theile, 2002, S. 670 ff.; Ullenbruch, 1999, S. 430.
[245] BGH, NStZ 2007, S. 172.
[246] Dazu eingehend Nitsch, 2006, S. 114 ff.
[247] BGH, FS 2010, S. 235; dazu Krä, 2010, S. 238 f.
[248] OLG Frankfurt, NStZ-RR 2005, S. 156; siehe auch OLG Frankfurt, NJW 2003, S. 2845.
[249] OLG Karlsruhe, NStZ-RR 2005, S. 224.
[250] OLG Hamm, StrVert 2006, S. 152.
[251] OLG Hamm, NStZ-RR 2009, S. 327.
[252] EGMR, Urt. v. 12.7.2007 – 20877/04.

chung durch Geldentschädigung im Rahmen eines Amtshaftungsanspruchs gem. § 839 BGB i.V.m. Art. 34 GG.[253] Bereits die gerichtliche Feststellung der Rechtswidrigkeit der gemeinschaftlichen Unterbringung im strafvollzugsrechtlichen Verfahren kann im Einzelfall eine ausreichend gerechte Entschädigung darstellen, so dass eine weiter gehende Entschädigung für den erlittenen immateriellen Schaden nicht mehr geboten erscheint.[254]

Kann wegen Überbelegung der Anstalt nicht jedem Gefangenen ein Einzelhaftraum zur Verfügung gestellt werden, hat die Anstaltsleitung ihr **Organisationsermessen** pflichtgemäß auszuüben. Sie muss ihre Auswahlentscheidung für die einzeln oder gemeinsam unterzubringenden Inhaftierten nachvollziehbar und unter Beachtung von mit dem jeweiligen Strafvollzugsgesetz zu vereinbarenden Kriterien treffen. Das sind neben gegebenenfalls vorrangig zu beachtenden Einzelfallaspekten vor allem das vollzugliche Sozialisationsziel, der Gegensteuerungsgrundsatz sowie Gesichtspunkte der Sicherheit und Ordnung. Hinzu kommen das Gleichbehandlungsprinzip sowie die Berücksichtigung der jeweiligen Strafdauer.[255]

Mindestgrößen für Hafträume sind für **Baden-Württemberg** in § 7 JVollzGB I ausdrücklich gesetzlich geregelt. Für Justizvollzugsanstalten, mit deren Errichtung vor Inkrafttreten des Gesetzes am 1.1.2010 begonnen wurde, haben Gemeinschaftshafträume bei Doppelbelegung eine Nettogrundfläche von mindestens 4,5 m^2, bei einer höheren Belegung von mindestens 6 m^2 je inhaftierte Person aufzuweisen. Nettogrundfläche ist dabei die Grundfläche eines Haftraums ohne Einbeziehung der Fläche der Sanitäreinrichtung. Hinsichtlich der Justizvollzugsanstalten, mit deren Errichtung ab dem Jahr 2010 begonnen wurde, geht das Gesetz im geschlossenen Vollzug von einer Einzelunterbringung während der Ruhezeit aus. Einzelhafträume haben in diesen Neubauten eine Nettogrundfläche von mindestens 9 m^2, Gemeinschaftshafträume von wenigstens 7 m^2 pro Person. Bestimmt ist ferner, dass Gemeinschaftshafträume über eine baulich abgetrennte und entlüftete Sanitäreinrichtung verfügen müssen, falls nicht ein ständiger Zugang zu einer Toilette außerhalb des Haftraums besteht.

Richten sich die Vorschriften über Größe und Ausstattung der Hafträume an die Vollzugsbehörde, so regeln § 19 StVollzG, § 15 JVollzGB III, Art. 21 BayStVollzG, § 22 HmbStVollzG, § 19 HStVollzG, § 21 NJVollzG das Rechtsverhältnis zwischen dem Gefangenen und der Vollzugsbehörde. Er darf den Haftraum als einen Rest von **Privatsphäre**[256] zur Verwirklichung eines gewissen allgemeinen Lebenskomforts mit eigenen Sachen ausstatten.

Der **persönliche Besitz** ist in den Vorschriften über die Haftraumausstattung aber nicht abschließend normiert. Je nach Einzelfall müssen insoweit auch die Normen über den Besitz religiöser Schriften und Gegenstände, den Bezug von Zeitungen und

---

[253] BGH, NJW 2005, S. 58 ff.; BGH, FS 2010, S. 235; dazu Gazeas, 2005, S. 172 ff.; Kretschmer, 2009, S. 2409; Nitsch, 2006, S. 219 ff.; Unterreitmeier, NJW 2005, S. 475 ff.; ders., DVBl. 2005a, S. 1235 ff.
[254] BGH, NJW 2005, S. 59.
[255] OLG Celle, StrVert 2006, S. 151.
[256] OLG Saarbrücken, NStZ 1993, S. 207; OLG Celle, ZfStrVo 1994, S. 174.

Zeitschriften, den Besitz von Rundfunk- und Fernsehgeräten, von Gegenständen für die Freizeitbeschäftigung und den persönlichen Gewahrsam ergänzend herangezogen werden.[257]

386 Das Recht auf Ausstattung des Haftraums mit eigenen Sachen wird in § 19 Abs. 1 S. 1 StVollzG, § 15 S. 1 JVollzGB III, Art. 21 Abs. 1 S. 1 BayStVollzG, § 22 Abs. 1 S. 1 HmbStVollzG, § 19 Abs. 1 S. 1 HStVollzG, § 21 S. 1 NJVollzG durch das Kriterium des **angemessenen Umfangs** eingeschränkt.[258] Dieses bezieht sich auf die Art, Größe und die bereits vorhandenen Einrichtungsgegenstände. Auch die Länge der Haftdauer vermag hierbei eine Rolle zu spielen. Ausgeschlossen werden können zudem nach § 19 Abs. 2 StVollzG, § 15 S. 2 JVollzGB III, Art. 21 Abs. 2 BayStVollzG, § 22 Abs. 2 HmbStVollzG, § 19 Abs. 1 S. 2 u. Abs. 2 HStVollzG, § 21 S. 2 NJVollzG Vorrichtungen und Gegenstände, welche die **Übersichtlichkeit** des Raums behindern bzw. in anderer Weise **Sicherheit oder Ordnung** der Anstalt gefährden. Dabei darf die Vollzugsbehörde durch Rahmenverfügungen etwa für Armband- und Taschenuhren bestimmte Wertgrenzen festsetzen, die dann nicht nur für das Einbringen der Sache, sondern auch für eine ersatzweise Anschaffung während der Inhaftierung Gültigkeit besitzen.[259] Das Erfordernis der Übersichtlichkeit ergibt sich vor allem auch aus den Notwendigkeiten zur Durchsuchung von Haftträumen.[260]

387 Angemessener Umfang, Übersichtlichkeit, Sicherheit oder Ordnung sind gerichtlich uneingeschränkt überprüfbare unbestimmte Rechtsbegriffe.[261] Die Anstaltsleitung muss bei einer Entscheidung über die Vorenthaltung von Gegenständen eine Ausschließung auf konkrete Feststellungen stützen. So darf etwa für die Frage der Sicherheit oder Ordnung nicht allein auf Versteckmöglichkeiten abgestellt werden, sondern es sind die im Einzelfall in Betracht kommenden Missbrauchsmöglichkeiten darzulegen.[262] Die Vollzugsbehörde ist verpflichtet, ihr Ermessen im Einzelfall auszuüben und die individuellen Gegebenheiten zu ihrer Entscheidungsgrundlage zu machen.[263]

> *Beispiel 1:* Ein zu lebenslanger Freiheitsstrafe Verurteilter beantragt die Erlaubnis zur Haltung eines Wellensittichs in seinem Haftraum. Die Vollzugsbehörde lehnt dies ab und verweist dabei auf ein tierärztliches Gutachten, wonach eine hygienisch einwandfreie und artgerechte Haltung von Wellensittichen die Anstalt vom Arbeitsaufwand her überfordere und somit eine Gefahr für die Sicherheit und Ordnung der Einrichtung bedeute.
>
> Die Zulässigkeit der Tierhaltung im Haftraum bestimmt sich nach § 19 StVollzG bzw. § 15 JVollzGB III, Art. 21 BayStVollzG, § 22 HmbStVollzG, § 19 HStVollzG,

---

[257] Kölbel, 1999, S. 499; Böhm/Laubenthal, in: Schwind/Böhm/Jehle/Laubenthal, 2009, § 19 Rdn. 2.
[258] Dazu Köhne, 2002b, S. 351 ff.
[259] BVerfG, StrVert 2001, S. 38.
[260] Dazu KG, NStZ-RR 2005, S. 281.
[261] OLG Stuttgart, NStZ 1988, S. 574; OLG Hamm, NStZ 1990, S. 151; OLG Karlsruhe, ZfStrVo 2002, S. 54.
[262] OLG Hamm, NStZ 1990, S. 151.
[263] OLG Koblenz, NStZ 1990, S. 360; siehe auch BVerfG, StrVert 1994, S. 433.

§ 21 NJVollzG. In dem bloßen Hinweis der Vollzugsbehörde auf eine Gefahr für die Ordnung der Anstalt liegt ein Ermessensfehlgebrauch, denn diese ist nicht in eine Abwägung des Einzelfalles eingetreten.[264] Dabei hätte sie vor allem berücksichtigen müssen, dass der Antragsteller eine lebenslange Freiheitsstrafe verbüßt. Denn gerade solche Gefangene haben ein Interesse an einer möglichst individuellen und wohnlichen Haftraumausstattung. Die Gefahr für die Ordnung der Anstalt verliert insoweit gegenüber den individuellen Interessen des Langzeitgefangenen an Bedeutung.[265]

Beispiel 2: Eine Strafgefangene erhält von ihrem Verlobten ein diesen darstellendes Foto im Format 40 x 30 cm zugesandt. Die Anstaltsleitung verweigert die Aushändigung des Fotos an die Empfängerin, weil diese nicht bereit ist, es auf die in der Anstalt allgemein zugelassene Maximalgröße von 20 x 30 cm zurückschneiden zu lassen. Nach Ansicht des Anstaltsleiters würde eine Zulassung größerer Fotos die Übersichtlichkeit der Zellen beeinträchtigen und den Zeitaufwand für notwendige gründliche Kontrollen unangemessen erhöhen. Zwar sind in der Anstalt auch Bildhalter bis zu einer Größe von 40 x 50 cm zugelassen. Diese sollen aber lediglich zur Aufnahme mehrerer Fotos dienen.

Das OLG Zweibrücken[266] sieht in der Entscheidung des Anstaltsleiters ein rechtsfehlerhaftes Vorgehen. Denn hinreichende, nachvollziehbare Gründe, weshalb die Benutzung mehrerer kleinerer Fotos in einem größeren Rahmen verbesserte Kontrollmöglichkeiten gegenüber dem Einlegen eines einzigen Fotos bieten soll, sind nicht erkennbar. Die Anstaltsleitung durfte also die Aushändigung des Bildes nicht allein wegen dessen Größe verweigern. Sie hätte vielmehr die individuellen Gegebenheiten zu ihrer Entscheidungsgrundlage machen müssen, d.h. es wäre zu prüfen gewesen, ob die Übersichtlichkeit des konkreten Haftraums insgesamt mit Rücksicht auf die dort schon vorhandenen Gegenstände durch die Hinzufügung eines weiteren Bildes dieser Größe in nicht mehr hinnehmbarer Weise herabgesetzt würde.

388 In der veröffentlichten vollzugsgerichtlichen Rechtsprechung findet sich eine Vielzahl von Entscheidungen, die eine Fülle von Gegenständen zur Haftraumausstattung betreffen. Dabei geht es z.B. um elektrische Geräte wie Leselampe[267], Kaffeemaschine[268], Kühlschrank[269], um eine Backhaube[270], um Armband-, Taschenuhren[271] und Radiowecker[272] sowie den Besitz von privater Bettwäsche[273], Kopfkissen, Gardinen und Schnapprollos.[274] Für den Betrieb von Elektrogeräten (z.B. Stereoanlage, Heißwasserbereiter, Spielkonsole), die nicht zum Grundbedarf

---

[264] OLG Saarbrücken, ZfStrVo 1994, S. 51 f.
[265] Zur Tierhaltung im Strafvollzug Schwind, 2008, S. 551 ff.; Vogelgesang, 1994, S. 67 f.; siehe auch OLG Karlsruhe, ZfStrVo 2002, S. 373 ff.
[266] OLG Zweibrücken, ZfStrVo 1995, S. 374 f.
[267] OLG Stuttgart, NStZ 1988, S. 571; OLG Koblenz, NStZ 1990, S. 360; OLG Zweibrücken, NStZ 1994, S. 151.
[268] OLG Hamm, ZfStrVo 1990, S. 304.
[269] LG Freiburg, NStZ 1994, S. 376.
[270] OLG Celle, NStZ 1992, S. 375.
[271] OLG München, ZfStrVo 1989, S. 377.
[272] OLG Hamm, ZfStrVo 2002, S. 309 f.
[273] OLG Karlsruhe, ZfStrVo 2002, S. 54; OLG Zweibrücken, ZfStrVo 2003, S. 250.
[274] OLG Hamm, NStZ 1995, S. 381.

gehören, kann ein Gefangener an den hierdurch entstehenden Stromkosten beteiligt werden.[275]

> In Baden-Württemberg (§ 9 Abs. 2 JVollzGB I), Bayern (Art. 73 BayStVollzG) und Hamburg (§ 49 Abs. 3 HmbStVollzG) können Strafgefangene in angemessenem Umfang zur Begleichung von Stromkosten herangezogen werden, die durch die Nutzung der in ihrem Besitz befindlichen Gegenstände entstehen. Eine besondere Kostentragungspflicht begründen in Hessen § 43 Abs. 5 S. 1 u. 2 HStVollzG sowie in Niedersachsen § 52 Abs. 3 Nr. 4 NJVollzG für die Versorgung des Haftraums mit Strom zum Betreiben von Geräten, soweit die Aufwendungen über das zur Sicherstellung einer angemessenen Grundversorgung notwendige Maß hinausgehen.

389 Ist einem Gefangenen der Besitz eines Gegenstands genehmigt worden, hat die Anstaltsleitung bei dessen nachträglichem Entzug das aus dem Rechtsstaatsprinzip folgende **Gebot des Vertrauensschutzes** zu beachten.

> *Beispiel:* Die Anstaltsleitung genehmigte einem Inhaftierten den Besitz einer Tagesdecke. Nach einer Geiselnahme durch Insassen der Anstalt wurde die Decke als eine Versteckmöglichkeit zunächst eingezogen. Ein gegen den Gefangenen erhobener Vorwurf im Zusammenhang mit der Geiselnahme bestätigte sich jedoch nicht. Die Decke wurde ihm einige Zeit später wieder ausgehändigt. Nach Angabe der Anstaltsleitung erfolgte dies irrtümlich, weil die Bediensteten der Anstaltskammer davon ausgegangen waren, die ursprüngliche Genehmigung bestünde fort. Nach zwei Monaten wird dem Gefangenen die Tagesdecke anlässlich einer Haftraumkontrolle wieder abgenommen.
>
> Nach einer Entscheidung des Bundesverfassungsgerichts[276] durfte der Inhaftierte darauf vertrauen, dass er die Decke auch weiterhin behalten konnte, solange er in seiner Person keinen Anlass für einen Ausschluss der Decke aus seinem Haftraum gab:
>
> „Beim nachträglichen Ausschluss muss der Ermessensentscheidung die auf den konkreten Einzelfall bezogene Abwägung des Interesses der Allgemeinheit gegen das Interesse des Strafgefangenen am Fortbestand der ihn begünstigenden Rechtslage zugrunde gelegt werden. Dabei ist zu Gunsten des Gefangenen zu berücksichtigen, dass nach dem Willen des Gesetzes und von Verfassungs wegen das herausragende Ziel des Strafvollzugs die Resozialisierung oder Sozialisation des Gefangenen ist und Gefangene gerade angesichts der Vielzahl vollzugsbedingter Beschränkungen auf den Fortbestand einer ihnen von der Anstalt einmal eingeräumten Rechtsposition in besonderem Maße vertrauen, solange auch sie mit dem ihnen durch die Einräumung der Rechtsposition entgegengebrachten Vertrauen verantwortungsvoll umgegangen sind und in ihrer Person keine Ausschlussgründe verwirklicht haben. Ein Gefangener wird, wenn ihm die durch die Überlassung eines Gegenstands eingeräumte Rechtsposition allein im Hinblick auf die dem Gegenstand generell innewohnende Gefährlichkeit wieder entzogen wird, ohne dass er in seiner Person hierzu Anlass gegeben hätte, dies regelmäßig als höchst belastend und ungerecht empfinden. Eine solchermaßen empfundene Behandlung läuft dem Ziel des Strafvollzugs zuwider und bedarf schon deshalb einer sehr eingehenden Abwägung des schutzwürdigen Vertrauens des Gefangenen gegen die Interessen des Allgemeinwohls."

390 Vor Betreten eines Haftraums sind die Vollzugsbediensteten zum **Anklopfen** verpflichtet. Dies stellt nicht nur eine Frage bloßer Höflichkeit dar.[277] Es sind

---

[275] OLG Celle, Nds. Rpfl. 2004, S. 218.
[276] BVerfG, StrVert 1994, S. 432 f.

vielmehr die Rechte des Gefangenen auf Schutz und Achtung seiner Menschenwürde (Art. 1 GG) sowie seiner Intimsphäre (Art. 2 GG), welche die Anstaltsleitung im Hinblick auf den Angleichungsgrundsatz veranlassen, auf angemessene Umgangsformen zwischen Bediensteten und Insassen hinzuwirken.[278] Denn das Betreten eines Haftraums ohne vorheriges Anklopfen bedeutet eine Einschränkung für den Inhaftierten, für die sich keine Notwendigkeit als unmittelbare und erforderliche Folge von Freiheitsentzug ergibt. Da die Strafvollzugsgesetze für einen überraschenden Zutritt keine ausdrückliche Eingriffsgrundlage enthalten, kommt ein solches Vorgehen nur unter den Voraussetzungen von § 4 Abs. 2 S. 2 StVollzG, § 3 Abs. 2 JVollzGB III, Art. 6 Abs. 2 S. 2 BayStVollzG, § 5 Abs. 3 S. 2 HmbStVollzG, § 6 Abs. 1 S. 2 HStVollzG, § 3 S. 2 NJVollzG) in Betracht.[279] Das unangekündigte Eintreten muss danach zur Aufrechterhaltung der Sicherheit oder zur Abwendung einer schwerwiegenden Störung der Anstaltsordnung unerlässlich sein. Dies bedarf einer Einzelfallprüfung, als deren Ergebnis feststeht, dass von einem bestimmten Gefangenen eine konkrete Gefahr ausgeht.[280]

Gleiches gilt für eine Anordnung, den **Sichtspion** an der Haftraumtüre freizuhalten. Auch hier ist – abgesehen von Bayern, Hamburg und Hessen – für die Tageszeit auf der Grundlage des § 4 Abs. 2 S. 2 StVollzG, § 3 Abs. 2 JVollzGB III, § 3 S. 2 NJVollzG eine Einzelfallprüfung erforderlich.[281] Dagegen stellen § 88 Abs. 2 Nr. 2 StVollzG, § 67 Abs. 2 Nr. 2 JVollzGB III, § 81 Abs. 2 Nr. 2 NJVollzG die Rechtsgrundlagen für die Nachtzeit dar.

In Bayern enthält Art. 96 Abs. 2 Nr. 2 BayStVollzG, in Hamburg § 74 Abs. 2 Nr. 2 HmbStVollzG, in Hessen § 50 Abs. 2 Nr. 2 HStVollzG keine Beschränkung der besonderen Sicherungsmaßnahme der Beobachtung auf die Nachtzeit. Die landesrechtlichen Regelungen geben die Rechtsgrundlagen für eine ständige Beobachtung (auch mit technischen Mitteln), weil die zu verhindernden Gefahren auch tagsüber bestehen können. Die hierfür als Eingriffstatbestände in Art. 96 Abs. 1 BayStVollzG, § 74 Abs. 1 HmbStVollzG, § 50 Abs. 1 HStVollzG normierten Gefahren entsprechen denjenigen von § 88 Abs. 1 StVollzG, § 67 Abs. 1 JVollzGB III, § 81 Abs. 1 NJVollzG, so dass es auch insoweit einer konkreten, vom Betroffenen selbst ausgehenden Gefahr bedarf, was eine Einzelfallprüfung erforderlich macht. In Baden-Württemberg sind die Voraussetzungen für eine Überwachung von Haftraum mittels Videotechnik in § 32 Abs. 1 JVollzGB I gesondert geregelt.

Das Anbringen von **Namensschildern** an der äußeren Seite des Haftraums steht nicht im Widerspruch zum Grundrecht auf informationelle Selbstbestimmung (Art. 2 Abs. 1 i.V.m. Art. 1 Abs. 1 GG). Eine problemlose Abgrenzung der Raumzuteilungsverhältnisse und das geordnete Zusammenleben in der Anstalt

---

[277] So aber OLG Nürnberg, ZfStrVo 1994, S. 52.
[278] OLG Saarbrücken, NStZ 1993, S. 207; OLG Celle, ZfStrVo 1994, S. 174; dazu auch Schaaf, 1994, S. 145 ff.
[279] A.A. BVerfG, ZfStrVo 1997, S. 113, das ein Ankündigen des Betretens des Haftraums in das Ermessen der Vollzugsmitarbeiter stellt.
[280] OLG Celle, ZfStrVo 1994, S. 174.
[281] BGH, ZfStrVo 1991, S. 242; siehe auch Laubenthal, 2008, S. 146 f.

machen eine Beschriftung der Hafträume mit dem Namen des Insassen notwendig.[282]

5.3 Arbeit, Ausbildung, Weiterbildung

392 Die Arbeit der Gefangenen spielte schon bei der Entwicklung des modernen Behandlungsvollzugs eine bedeutende Rolle.[283] Die ersten Zuchthäuser dienten einer Ausnutzung von Arbeitskraftreserven, die in den Ideologien einer Erziehung durch intensives regelmäßiges Arbeiten ihre Grundlage fand. Im Verlauf der Jahrhunderte haben allgemeine vollzugsexterne ökonomische Interessen den Arbeitsbereich in den Anstalten des Freiheitsentzugs wesentlich bestimmt. Dies galt noch bis in die siebziger Jahre des 20. Jahrhunderts, als Nr. 83 DVollzO die Vollzugsbehörden verpflichtete, „auf die freie Wirtschaft angemessene Rücksicht zu nehmen." Zugleich beherrschte bis zum Inkrafttreten des Strafvollzugsgesetzes eine traditionelle Überschätzung[284] von Arbeit als wichtigstem (Re-)Sozialisierungsfaktor den Vollzug. So konstatierte Nr. 80 Abs. 1 S. 1 DVollzO: „Arbeit ist die Grundlage eines geordneten und wirksamen Strafvollzugs."

393 Das am 1.1.1977 in Kraft getretene Bundes-Strafvollzugsgesetz hat den Grundsatz des Vorrangs der freien Wirtschaft durch eine Verpflichtung der Vollzugsbehörde zur Schaffung von wirtschaftlich ergiebigen Arbeitsmöglichkeiten beendet. Die Arbeit in der Anstalt sollte nicht mehr das Wecken von „Arbeitsgesinnung" (Nr. 80 DVollzO) als einer Art repressivem Vollzugselement verfolgen. Zwar besteht im Strafvollzug Arbeitspflicht. Die Arbeit dient aber – als einer von mehreren Faktoren des vollzugszielorientierten Behandlungsprozesses – in erster Linie der **beruflichen und sozialen Integration** der Inhaftierten.[285] Die Gefangenenarbeit stellt ein zentrales Element des verfassungsrechtlich gebotenen Behandlungsvollzugs dar.[286]

> Ziele der Behandlungsmaßnahme Arbeit sind:
>
> „1. Förderung der Leistungsbereitschaft durch Verbesserung der Motivation und der Einstellung zur Arbeit.
> 2. Verbesserung der beruflichen Qualifikation durch Aus- und Weiterbildung.
> 3. Entwicklung und Erprobung von Kommunikations- und Konfliktfähigkeit.
> 4. Erziehung zu sozialer Verantwortung (Mitbestimmung, Mitverantwortung).
> 5. Entwicklung einer besseren körperlichen und geistigen Leistungsfähigkeit.

---

[282] BVerfG, ZfStrVo 1997, S. 111; Arloth, 2008, § 19 Rdn. 3; Kaiser/Schöch, 2002, S. 286.
[283] Dazu oben Kap. 2; siehe auch Lohmann, 2002, S. 31 ff.
[284] Müller-Dietz, 1978, S. 143.
[285] Dazu auch Jehle, 1994, S. 260; Laubenthal, 1995, S. 338; krit. Falk u.a., 2009, S. 526 ff..
[286] BVerfG, ZfStrVo 1984, S. 315; BVerfGE 98, S. 201; BVerfG, NStZ 2004, S. 514; Laubenthal, in: Schwind/Böhm/Jehle/Laubenthal, 2009, vor § 37 Rdn. 1.

6. Entwicklung eines auf der eigenen Leistungsfähigkeit beruhenden Selbstbewusstseins als einer der wichtigsten Voraussetzungen für eine erfolgreiche Wiedereingliederung."[287]

Der Berufsausbildung und beruflichen Weiterbildung ist der **gleiche Rang** eingeräumt wie der Gefangenenarbeit.[288] Denn wird einem geeigneten Insassen Gelegenheit zur Berufsausbildung oder Teilnahme an einer anderen aus- oder weiterbildenden Maßnahme gegeben, entfällt dessen Arbeitspflicht. Auch der schulische Unterricht soll während der Arbeitszeit stattfinden. All diese Beschäftigungsformen sind prinzipiell gleichrangig. **394**

5.3.1 Arbeit und Beschäftigung

Im Strafvollzug besteht gem. § 41 Abs. 1 S. 1 StVollzG, § 47 Abs. 1 S. 1 JVollzGB III, Art. 43 S. 1 BayStVollzG, § 38 Abs. 1 S. 1 HmbStVollzG, § 27 Abs. 2 S. 1 HStVollzG, § 38 Abs. 1 NJVollzG **Arbeitspflicht**. Der Gefangene muss eine ihm zugewiesene Arbeit oder andere Beschäftigung ausüben, die in Ansehung seiner körperlichen Fähigkeiten und seines Gesundheitszustands angemessen ist. Dies findet seine verfassungsrechtliche Absicherung in Art. 12 Abs. 3 GG, wonach Zwangsarbeit (nur) bei gerichtlich angeordneter Freiheitsentziehung zulässig bleibt. Insoweit erleidet das Grundrecht der Berufs- und Erwerbsfreiheit des Art. 12 Abs. 1 GG eine Ausnahme.[289] Findet sich ein Strafgefangener zu einer bestimmten Arbeitstätigkeit bereit oder strebt er diese sogar ausdrücklich an, steht das deren Einordnung als Pflichtarbeit nicht entgegen.[290] **395**

> Die Arbeitspflicht verstößt nicht gegen die Europäische Menschenrechtskonvention, denn Art. 4 Abs. 3 Buchst. a EMRK schließt aus, dass die Arbeitspflicht bei Strafgefangenen als unzulässige Zwangs- oder Pflichtarbeit i.S.v. Art. 4 Abs. 2 EMRK anzusehen ist.

> Die **Arbeitspflicht entfällt** nach § 41 Abs. 1 S. 3 StVollzG, § 47 Abs. 1 S. 3 JVollzGB III, Art. 43 S. 4 BayStVollzG, § 27 Abs. 2 S. 1 HStVollzG für Inhaftierte über 65 Jahren (gem. § 38 Abs. 1 S. 4 HmbStVollzG, § 35 Abs. 4 NJVollzG für Gefangene im Rentenalter). Allerdings relativiert sich die Verpflichtung in der Praxis faktisch bereits bei Inhaftierten unter 65 Jahren durch das Kriterium der individuellen Arbeitsfähigkeit. Ferner besteht eine Pflicht zur Arbeit nicht für weibliche Personen entsprechend den gesetzlichen Regelungen des Mutterschutzes. Darüber hinaus gebietet es der Angleichungsgrundsatz, Gefangene, die als erwerbsunfähig gelten, von der Arbeitspflicht auszunehmen.

---

[287] Bundesvereinigung der Anstaltsleiter im Strafvollzug, 1993, S. 180.
[288] AK-Däubler/Spaniol, 2006, vor § 37 Rdn. 4.
[289] BVerfGE 98, S. 205; Lohmann, 2002, S. 60; krit. Bemmann, 1998a, S. 605; ders., 1999, S. 69 ff.
[290] BVerfG, Beschl. v. 27.12.2007 – 2 BvR 1061/05.

396 Im Übrigen stellt die **Ablehnung einer zugewiesenen Arbeit** eine Pflichtverletzung dar, die mit Disziplinarmaßnahmen geahndet werden kann.[291] Unter dem Gesichtspunkt einer Vollzugszielerreichung sollte eine disziplinarische Belangung jedoch zurückhaltend gehandhabt und vielmehr zunächst auf eine freiwillige Mitarbeit hingewirkt werden.[292] Eine Arbeitsverweigerung bedeutet aber dann keinen schuldhaften Pflichtverstoß, wenn die Anstaltsleitung bei der Zuweisung der Tätigkeit nicht in zureichendem Maß die körperliche Verfassung des Betroffenen, seine geistigen Fähigkeiten oder seinen psychischen Zustand berücksichtigt hat.[293]

397 Keine Aufhebung der gesetzlichen Arbeitspflicht stellt die **Ablösung von der Arbeit** dar. Sie hat Bedeutung für die sich daraus ergebenden finanziellen Folgen für den Gefangenen. Im Fall eines schuldlosen Arbeitsplatzverlusts hat der Inhaftierte Anspruch auf Zahlung von Taschengeld, wenn die sonstigen gesetzlichen Voraussetzungen hierfür vorliegen.[294] Ein Grund für die Ablösung kann nicht nur die Tatsache sein, dass sich ein Inhaftierter für die zugewiesene Tätigkeit als ungeeignet erweist. In Betracht kommt als Rechtsgrundlage auch der Vollzugsplan, wenn sich die Ablösung (in Form eines Arbeitsplatzwechsels) als Maßgabe der dort vorgesehenen Behandlungsmaßnahmen darstellt. Auch § 17 Abs. 3 StVollzG bzw. § 14 JVollzGB III, Art. 19 Abs. 3 BayStVollzG, § 19 Abs. 3 HmbStVollzG, § 18 Abs. 2 S. 2 HStVollzG, § 19 Abs. 3 NJVollzG können eine Ablösung rechtfertigen. Eine solche kommt z.B. in Betracht, wenn ein Betroffener aus Erfordernissen der Sicherheit und Ordnung der Anstalt (z.B. bei besonderer Fluchtgefahr) von der Arbeit auszuschließen und ihm gleichzeitig Zellenarbeit zuzuweisen ist.[295] Eine Ablösung von der Arbeit kann auch in Form einer Disziplinarmaßnahme ergehen (§ 103 Abs. 1 Nr. 7 StVollzG, § 82 Abs. 1 Nr. 6 JVollzGB III, Art. 110 Abs. 1 Nr. 6 BayStVollzG, § 86 Abs. 1 Nr. 6 HmbStVollzG, § 55 Abs. 2 Nr. 6 HStVollzG, § 95 Abs. 1 Nr. 6 NJVollzG).

> In Hessen schreibt § 28 Abs. 1 HStVollzG vor, dass Gefangene von der Arbeit abgelöst werden können, wenn sie den Anforderungen nicht gewachsen sind, sie die Aufnahme oder Ausübung der Beschäftigung verweigern oder dies zur Erfüllung des Eingliederungsauftrags bzw. aus Gründen der Sicherheit oder Ordnung der Anstalt erforderlich ist.

> Im Übrigen vermag die Ablösung eines Gefangenen von einem ihm zuvor rechtmäßig zugewiesenen Arbeitsplatz im Geltungsbereich des Bundes-Strafvollzugsgesetzes in analoger Anwendung des § 49 Abs. 2 VwVfG zu erfolgen. Es sind dabei die Voraussetzungen für den Widerruf eines rechtmäßigen Verwaltungsak-

---

[291] BVerfG, ZfStrVo 1995, S. 54; OLG Hamburg, NStZ 1992, S. 53; Kaiser/Schöch, 2002, S. 302; Böhm/Laubenthal, in: Schwind/Böhm/Jehle/Laubenthal, 2009, § 102 Rdn. 5.
[292] Calliess/Müller-Dietz, 2008, § 41 Rdn. 2.
[293] Laubenthal, in: Schwind/Böhm/Jehle/Laubenthal, 2009, § 41 Rdn. 5.
[294] Dazu unten Kap. 5.3.3.2.
[295] LG Stuttgart, ZfStrVo 1990, S. 304.

tes entsprechend heranzuziehen.[296] Das betrifft z.B. Fälle der Ungeeignetheit bei groben Pflichtverstößen und anderen verhaltensbedingten Gründen wie Arbeitsverweigerung oder sicherheitsgefährdendem Verhalten am Arbeitsplatz. Auch die Störung des Arbeitsfriedens fällt hierunter.[297] Die rechtswidrig erfolgte Ablösung eines Strafgefangenen von einem entlohnten Arbeitsplatz kann einen Anspruch des Betroffenen auf Ersatz des ihm dadurch entstandenen Schadens aus § 839 BGB begründen.[298]

> In Hamburg gilt insoweit § 92 Abs. 2 HmbStVollzG für einen Widerruf, in Niedersachsen verweist § 100 NJVollzG auf das Verwaltungsverfahrensgesetz des Landes. In Bayern existiert mit Art. 44 BayStVollzG, in Hessen mit § 28 Abs. 1 HStVollzG eine spezielle Rechtsgrundlage für die Ablösung eines Gefangenen von einer Beschäftigung (oder einem Unterricht). Diese kann erfolgen aus Gründen der Sicherheit oder Ordnung, Gesichtspunkten der Behandlung bzw. wenn der Betreffende den mit der Tätigkeit verbundenen Anforderungen nicht genügt. Für Baden-Württemberg enthält das Vollzugsgesetz dagegen weder eine allgemeine noch eine spezielle Norm über die Ablösung von der Arbeit.

Da der Arbeitseinsatz zu den im Vollzugsplan enthaltenen Behandlungsmaßnahmen zählt, ist dieser vor einer Zuweisung mit dem Gefangenen zu erörtern. Der einzelne Verurteilte hat keinen Anspruch auf eine bestimmte Arbeit oder Beschäftigung in dem Sinne, dass ihm ein angemessener, seinen Fähigkeiten und Sozialisationsbedürfnissen entsprechender Arbeitsplatz geschaffen wird.[299] Auch kann er nicht verlangen, in seinem früher erlernten Beruf tätig zu werden.[300] Nach den Zielvorgaben von § 37 Abs. 1 StVollzG, § 42 Abs. 1 JVollzGB III, Art. 39 Abs. 1 BayStVollzG, § 34 Abs. 2 HmbStVollzG, § 27 Abs. 1 S. 2 HStVollzG, § 35 Abs. 1 NJVollzG muss die Beschäftigung aber **zukunftsorientiert** sein. Denn der Gefangene soll eine Tätigkeit verrichten, die seinem Fortkommen nach der Entlassung dient.[301]

5.3.1.1 Tätigkeiten in der Anstalt

Die Strafvollzugsgesetze gehen von der Zuweisung einer Arbeit innerhalb der Institution als Regelfall aus. Dabei sind als Arten von Tätigkeiten in einem **öffentlich-rechtlichen Verhältnis** zur Vollzugsbehörde vorgesehen: **398**
– die wirtschaftlich ergiebige Arbeit (§ 37 Abs. 2 StVollzG, § 42 Abs. 2 JVollzGB III, Art. 39 Abs. 2 S. 1 BayStVollzG, § 34 Abs. 1 Nr. 1 HmbStVollzG, § 35 Abs. 2 S. 1 NJVollzG), in Hessen förderliche Arbeit (§ 27 Abs. 3 S. 1 Var. 1 HStVollzG);

---

[296] OLG Celle, NStZ-RR 2008, S. 125; OLG Frankfurt, NStZ-RR 2005, S. 189; OLG Karlsruhe, NStZ-RR 2005, S. 389; Laubenthal, in: Schwind/Böhm/Jehle/Laubenthal, 2009, § 41 Rdn. 17.
[297] OLG Karlsruhe, NStZ-RR 2005, S. 389.
[298] OLG Karlsruhe, StrVert 2008, S. 90.
[299] Lohmann, 2002, S. 62.
[300] OLG Nürnberg, ZfStrVo 1981, S. 252.
[301] Laubenthal, in: Schwind/Böhm/Jehle/Laubenthal, 2009, § 37 Rdn. 7.

- die arbeitstherapeutische Beschäftigung (§ 37 Abs. 5 StVollzG, § 42 Abs. 3 JVollzGB III, Art. 39 Abs. 3 BayStVollzG, § 34 Abs. 1 Nr. 2 HmbStVollzG, § 27 Abs. 3 S. 1 Var. 2 HStVollzG, § 35 Abs. 3 NJVollzG);
- Hilfstätigkeiten in der Anstalt (§ 41 Abs. 1 S. 2 StVollzG, § 47 Abs. 1 S. 2 JVollzGB III, Art. 43 S. 2 BayStVollzG, § 38 Abs. 1 S. 2 HmbStVollzG, § 35 Abs. 2 S. 2 NJVollzG).
- zudem kennen § 37 Abs. 4 StVollzG sowie § 35 Abs. 2 S. 1 NJVollzG die angemessene, § 27 Abs. 3 S. 1 Var. 3 HStVollzG die sonstige Beschäftigung.

Vorrangiges Ziel ist – neben einer Aus- und Weiterbildung – die Zuweisung einer qualifizierten Arbeit. Arbeitstherapie sowie gegebenenfalls eine angemessene Beschäftigung sind demgegenüber subsidiäre Beschäftigungsarten. Der Vollzugsbehörde obliegt es damit, in erster Linie für eine qualifizierte Tätigkeit oder eine Aus- und Weiterbildung Sorge zu tragen.

399 Der Gefangene soll eine **wirtschaftlich ergiebige Arbeit** unter Berücksichtigung seiner Fähigkeiten, Fertigkeiten und Neigungen verrichten (§ 37 Abs. 2 StVollzG, § 42 Abs. 2 JVollzGB III, Art. 39 Abs. 2 S. 1 BayStVollzG, § 34 Abs. 1 Nr. 1 HmbStVollzG, § 35 Abs. 2 S. 1 NJVollzG). Damit wird zweierlei klargestellt:[302]
1. Die Arbeit dient wie in Freiheit der Sicherung des Unterhalts und des Fortkommens des Inhaftierten sowie seiner Angehörigen.
2. Bei der Zuweisung wird den individuellen Bedürfnissen und Fähigkeiten Rechnung getragen (Individualisierungsgebot).

In Hessen soll die Anstalt dem Gefangenen eine der Eingliederung förderliche Arbeit zuweisen und dabei dessen Fähigkeiten, Fertigkeiten und Neigungen berücksichtigen, § 27 Abs. 3 S. 1 HStVollzG. Dabei kommt der Wirtschaftlichkeit der Tätigkeit als Ausfluss des Angleichungsgrundsatzes insoweit Bedeutung zu, als sie eine Entsprechung auf dem Arbeitsmarkt findet.[303]

Mit der Vorgabe der personenbezogenen Prüfung und persönlichkeitsangepassten Zuweisung durch das **Individualisierungsgebot** soll erreicht werden, dass die auszuübende Arbeit dem aktuellen Stand der Persönlichkeitsentwicklung hinreichend entspricht, der Gefangene weder unter- noch überfordert wird und dadurch die Arbeitsmotivation und das Durchhaltevermögen verliert. Es soll eine Arbeit zugewiesen werden, zu welcher der Gefangene eine positive Einstellung gewinnt und die er deshalb möglicherweise nach der Entlassung in einer freien Arbeitsstelle fortzuführen bereit ist. Damit sind unproduktive und abstumpfende Tätigkeiten ausgeschlossen, was aber monotone Beschäftigungen wie Fließband- oder Akkordarbeit nicht unzulässig macht.[304] Allerdings korrespondiert mit der Verpflichtung der Vollzugsbehörde zur Berücksichtigung individueller Fähigkeiten kein

---

[302] Siehe bereits BT-Drs. 7/918, S. 65; Müller-Dietz, 1978, S. 147.
[303] Hessischer Landtag, Drs. 18/1396, S. 94.
[304] BT-Drs. 7/918, S. 65.

Rechtsanspruch des Gefangenen. Der Anstaltsleitung steht bei der Arbeitszuteilung vielmehr ein **weiter Ermessensspielraum** zu.[305]

Vor allem aufgrund der **faktischen Gegebenheiten** kann das Individualisierungsgebot in den Justizvollzugsanstalten jedoch nicht immer zureichend realisiert werden. Zwar obliegt es nach § 148 Abs. 1 StVollzG, § 42 Abs. 1 JVollzGB III, Art. 39 Abs. 2 S. 2 BayStVollzG, § 34 Abs. 1 Nr. 1 HmbStVollzG, § 27 Abs. 3 S. 1 HStVollzG, § 35 Abs. 2 S. 1 NJVollzG der Vollzugsbehörde (in der Regel im Zusammenwirken mit den Vereinigungen und Stellen des Arbeits- und Wirtschaftslebens) dafür zu sorgen, dass jeder arbeitsfähige Inhaftierte eine wirtschaftlich ergiebige Arbeit auszuüben vermag. Dem sind im Vollzug aber Grenzen gesetzt: Werkstätten und Arbeitsbetriebsgebäude bleiben aufgrund der räumlichen Situation häufig nur bedingt erweiterungsfähig. Konjunkturschwankungen treffen die Arbeit im Justizvollzug als das verletzlichste Subsystem der Volkswirtschaft[306] am empfindlichsten. Allgemeine wirtschaftliche Rezession, Auftragsmangel und Arbeitslosigkeit außerhalb der Anstaltsmauern sind schnell und überproportional im Bereich der Gefangenenarbeit zu spüren. Damit stehen den mit der wirtschaftlich ergiebigen Arbeit verbundenen Grundprinzipien in der Vollzugspraxis **erhebliche Hindernisse** entgegen. Oft gelingt es dem Leiter der Arbeitsverwaltung einer Vollzugsanstalt nur sehr schwer, überhaupt Aufträge für die Anstaltsbetriebe und damit Arbeit für die Gefangenen zu beschaffen. Es ist ihm häufig kaum möglich, dem Individualisierungsgebot auch nur annähernd Rechnung zu tragen. Die dem einzelnen Gefangenen in der Anstalt angebotene Tätigkeit richtet sich daher im Allgemeinen mehr nach der Art, dem Umfang und der vereinbarten Produktionszeit des von der Anstalt übernommenen Auftrags als nach den individuellen Möglichkeiten der Inhaftierten.[307]

In Bayern waren im Jahr 2009 bei einer Jahresdurchschnittsbelegung von 11 917 Inhaftierten 48,5 % beschäftigt und 51,5 % ohne eine Beschäftigung. Bei der Bewertung des Anteils der nicht arbeitenden Insassen ist allerdings zu beachten, dass es sich bei etwa 20 % der Gesamtbelegung um nicht zur Arbeit verpflichtete Untersuchungsgefangene handelte. Ein geringer Teil blieb zudem aus anderen Gründen als Arbeitsmangel (z.B. Alter, Krankheit, Arbeitsverweigerung) unbeschäftigt.[308]

Die Inhaftierten, die zugewiesene Tätigkeiten verrichten, arbeiten in Eigenbetrieben der Anstalt oder in Unternehmerbetrieben.[309] Ein **Eigenbetrieb** (oder Regiebetrieb) wird von der Anstalt selbst unterhalten. Bei ihr liegt die Arbeitsorganisation. Geräte und gegebenenfalls benutzte Rohstoffe stehen im Eigentum der öffentlichen Hand. Die Vollzugsbehörde ist zur Errichtung solcher Eigenbetriebe verpflichtet, die in qualitativer Hinsicht den Verhältnissen außerhalb der Institution anzugleichen sind. Dies gilt insbesondere für Arbeitsschutz- und Unfallverhü-

---

[305] Laubenthal, in: Schwind/Böhm/Jehle/Laubenthal, 2009, § 37 Rdn. 15.
[306] Lohmann, 2002, S. 86 ff.; Neu A., 1997, S. 97 ff.
[307] Siehe Nitschke, 2008.
[308] Bayer. Staatsministerium der Justiz, 2010, S. 20.
[309] Siehe Calliess, 1992, S. 105; Laubenthal, in: Schwind/Böhm/Jehle/Laubenthal, 2009, § 148 Rdn. 2, § 149 Rdn. 4; Lohmann, 2002, S. 66 ff.

tungsmaßnahmen, auf deren Beachtung der Inhaftierte einen subjektiven Anspruch hat[310] (§ 149 Abs. 2 S. 2 StVollzG, § 11 Abs. 2 S. 2 JVollzGB I, Art. 39 Abs. 2 S. 3 BayStVollzG). In den Eigenbetrieben werden – auf eigene Rechnung der Anstalt – entweder nach Bestellung von außerhalb Waren produziert bzw. verarbeitet oder die darin vorgenommenen Tätigkeiten dienen der Befriedigung anstalts- und behördeninterner Bedürfnisse (z.B. Wäscherei, Bäckerei, Druckerei, Gärtnerei, Schreinerei).[311] In der Praxis erfolgt der Bezug von Leistungen der Eigenbetriebe auch durch Vollzugsbedienstete, wobei der Einsatz der Gefangenen für Mitarbeiter der Justizvollzugsanstalten auf landesrechtlicher Ebene geregelt ist.[312]

402 Beim **Unternehmerbetrieb** liegt das wirtschaftliche Risiko bei einem externen Arbeitgeber, der für diesen eine Fabrikation zumeist als **anstaltsinternen** Betrieb in von der Vollzugseinrichtung zur Verfügung gestellten Räumlichkeiten einrichtet. Solche von privater Seite unterhaltenen Betriebe lassen § 149 Abs. 4 StVollzG, Art. 39 Abs. 5 BayStVollzG, § 73 Abs. 2 HStVollzG wegen des Fehlens ausreichender Eigenbetriebe ausdrücklich zu und ermöglichen dabei die Übertragung der technischen und fachlichen Leitung auf Angehörige dieser Firmen. Dem Anstaltspersonal verbleibt dann nur die Aufsicht über die Gefangenen. Im Rahmen des sog. unechten Freigangs kommt zudem die Zuweisung einer Tätigkeit außerhalb der Anstalt in einem **externen** Unternehmerbetrieb in Betracht. Dabei zahlt dieser einen vereinbarten Beitrag an die Anstalt, während die Vollzugseinrichtung die Betroffenen der strafverfolgungsgesetzlichen Bestimmungen über das Arbeitsentgelt gemäß entlohnt.

Regeln § 149 Abs. 4 StVollzG, Art. 39 Abs. 5 S. 2 BayStVollzG, § 73 Abs. 2 HStVollzG die Übertragung der technischen und fachlichen Leitung auf Angehörige externer Firmen gesetzlich, soll damit Missdeutungen vorgebeugt werden. Denn nicht zum Vollzugsdienst gehörende Mitarbeiter von freien Unternehmerbetrieben haben im Rahmen der Freiheitsentziehung keine hoheitlichen Aufgaben zu erfüllen. Der Gefangene bleibt – auch wenn er zugewiesene Arbeit in einem privat unterhaltenen Betrieb verrichtet – unbeschadet einer möglichen technischen und fachlichen Betriebsleitung durch Unternehmensangehörige unter der **öffentlich-rechtlichen Verantwortung** der Vollzugsbehörden, nicht anders als bei einem Einsatz in Eigenbetrieben der Anstalt oder bei einer Befassung mit sonstigen Beschäftigungen oder Hilfsdiensten innerhalb oder außerhalb der Anstalt. Unter diesen Voraussetzungen hält sich die Pflichtarbeit des Gefangenen in den Grenzen der Ermächtigung, die Art. 12 Abs. 3 GG dem Gesetzgeber erteilt, im Strafvollzug Arbeitspflicht anzuordnen.

Im Hinblick auf die Bedeutung von Gefangenenarbeit als Resozialisierungsmittel muss die Tätigkeit der Inhaftierten in einem Unternehmerbetrieb so ausgestaltet sein, dass der Betroffene seine Arbeit nicht in einem rechtsfreien Raum leistet, in welchem seine grundrechtlichen Belange weder durch privatrechtliche Ansprüche

---

[310] Arloth, 2008, § 149 Rdn. 4.
[311] Dazu Weinert, 1988, S. 287.
[312] Dazu Eisenberg, 1999, S. 256 ff.

gegenüber dem Unternehmer noch durch öffentlich-rechtliche Verantwortlichkeiten der Anstalt geschützt sind. Das gilt auch für Nebentätigkeiten.[313]

Überblick:

Eigenbetrieb	Unternehmerbetrieb
– Von der Anstalt selbst unterhaltener Betrieb. – Arbeitsorganisation liegt bei der Anstalt. – Die Eigenbetriebe sind den Verhältnissen außerhalb der Institution anzugleichen. *Tätigkeiten:* – Produktion oder Verarbeitung von Waren auf Bestellung von außerhalb oder – Arbeiten zur Befriedigung anstalts- und behördeninterner Bedürfnisse.	– Von privater Seite unterhaltener Betrieb infolge des Fehlens ausreichender Eigenbetriebe. – Die Übertragung der technischen und fachlichen Leitung auf Angehörige der externen Firmen ist möglich (beim Anstaltspersonal verbleibt aber die Aufsicht über die Gefangenen). – Das wirtschaftliche Risiko liegt beim externen Arbeitgeber. *Tätigkeiten erfolgen:* – in von der Anstalt zur Verfügung gestellten Räumlichkeiten oder – außerhalb der Anstalt in Betrieben bzw. bei sonstigen Arbeitgebern (sog. unechter Freigang).

Ebenso wie bei der Tätigkeit in einem Eigenbetrieb besteht bei der Beschäftigung in einem Unternehmerbetrieb ein **öffentlich-rechtliches Rechtsverhältnis** zwischen Inhaftiertem und Vollzugsbehörde. Der Gefangene steht in keinem privatrechtlichen Arbeitsverhältnis mit einem privaten Unternehmer.[314] Es finden daher nicht die Regeln des allgemeinen Arbeitsrechts Anwendung. Auch auf eine tarifliche Bezahlung hat der Insasse keinen Anspruch.[315] **403**

Umstritten ist bei der Beschäftigung eines Inhaftierten in einem Unternehmerbetrieb das **Zustimmungserfordernis**. Nach dem vom Bundesgesetzgeber nicht in Kraft gesetzten § 41 Abs. 3 StVollzG darf eine Zuweisung von Arbeitsplätzen bei Privatunternehmen nur mit der Zustimmung des betroffenen Insassen erfolgen. Diese Regelung folgt Art. 2 Abs. 2c des Übereinkommens Nr. 29 der International Labor Organization (ILO) von 1930 über Zwangs- und Pflichtarbeit, dem die Bundesrepublik Deutschland 1956 beitrat.[316] Nach diesem Abkommen ist eine Verdingung Inhaftierter an Einrichtungen und Personen außerhalb des Vollzugs unzulässig.[317] Wegen befürchteter Schwierigkeiten bei der Ersetzung von Unternehmerbetrieben durch Eigenbetriebe hat der Bundesgesetzgeber das Inkrafttreten **404**

---

[313] BVerfG, Beschl. v. 27.12.2007 – 2 BvR 1061/05.
[314] BVerfGE 98, S. 209; KG, NStZ 1990, S. 607 f.; OLG Hamburg, NStZ 1992, S. 54; OLG Hamm, NStZ 1993, S. 381.
[315] OLG Hamm, NStZ 1993, S. 381.
[316] BGBl. II 1956, S. 640.
[317] Vgl. Calliess/Müller-Dietz, 2008, § 41 Rdn. 8; Weinert, 1988, S. 288.

von § 41 Abs. 3 StVollzG jedoch suspendiert; gem. § 198 Abs. 4 StVollzG sollte hierüber bis zum Ende des Jahres 1983 befunden werden. Dieser Selbstverpflichtung kam die Legislative aber nicht nach. Der einzelne Gefangene kann allerdings nicht – gestützt auf das Verdingungsverbot im ILO-Abkommen Nr. 29 – eine ihm zugewiesene Arbeit in einem von Privatunternehmen unterhaltenen Betrieb verweigern. Eine § 41 Abs. 3 StVollzG vergleichbare Vorschrift enthalten die Landesstrafvollzugsgesetze nicht.

> *Beispiel:* Die Anstaltsleitung ordnet gegen einen Inhaftierten Disziplinarmaßnahmen an und vermerkt als Grund hierfür dessen Arbeitsverweigerung. Der Betroffene war einem Unternehmerbetrieb in der Anstalt zugewiesen worden. Er nahm jedoch am vorgesehenen Arbeitsbeginn die Tätigkeit nicht auf und weigerte sich auch fortan, in dem Unternehmerbetrieb zu arbeiten. Eine Zustimmung des Gefangenen lag nicht vor.
>
> Nach Ansicht des OLG Hamburg[318] stellte ein solches Vorgehen der Anstaltsleitung keinen Verstoß gegen die der (nicht geltenden) Norm des § 41 Abs. 3 StVollzG immanenten Grundgedanken dar mit der Konsequenz, dass der Betroffene die Arbeit in dem Unternehmerbetrieb verweigern dürfte. Denn das ILO-Übereinkommen bezweckt, den Handel mit menschlicher Arbeitskraft (die Verdingung) zu unterbinden und zielt auf eine Verhinderung der Formen von Zwangs- und Sklavenarbeit Gefangener ab. „Diese Voraussetzungen erfüllt eine aufgrund einer gerichtlichen Verurteilung nach den geltenden Vorschriften des Strafvollzugsgesetzes verlangte Arbeit nicht. Der Gefangene wird im Unternehmerbetrieb weder dem Unternehmer noch dem Werkbeamten zu deren freien Verfügung unterworfen. Seine Rechte und Pflichten richten sich weiterhin nach dem Strafvollzugsgesetz."
>
> Demgegenüber darf nach einer in der Literatur teilweise vertretenen Ansicht eine Zuweisung zu Arbeitsstellen in Unternehmerbetrieben nur mit Zustimmung des betroffenen Gefangenen erfolgen.[319] Denn der Regelungsgehalt des ILO-Abkommens Nr. 29 müsse bei der Ermessensausübung im Rahmen der Zuweisung von wirtschaftlich ergiebiger Pflichtarbeit derart Berücksichtigung finden, dass eine Arbeitsverweigerung bei fehlender Zustimmung keinen Verstoß gegen die Arbeitspflicht darstellt.
>
> Das Bundesverfassungsgericht[320] hat jedoch klargestellt, dass die zwangsweise Beschäftigung von Strafgefangenen in einem Unternehmerbetrieb dann zulässig ist, wenn die öffentlich-rechtliche Gesamtverantwortung für die Inhaftierten bei der Vollzugsbehörde verbleibt: „Weist die Justizvollzugsanstalt dem Gefangenen Arbeit in einem Unternehmerbetrieb innerhalb der Anstalt zu, dessen Organisation sich im Rahmen der zugelassenen Übertragung der technischen und fachlichen Leitung auf Unternehmensangehörige hält, bedarf es von Verfassungs wegen nicht der Zustimmung des Gefangenen. Mithin verletzt es auch nicht die Verfassung, dass der in § 41 Abs. 3 StVollzG vorgesehene Zustimmungsvorbehalt bisher nicht in Kraft gesetzt worden ist. Eine Pflichtarbeit in einem Unternehmerbetrieb, der den Anforderungen des § 149 Abs. 4 StVollzG genügt, hält sich in den Grenzen der Ermächtigung, die Art. 12 Abs. 3 GG dem Gesetzgeber erteilt, im Strafvollzug Arbeitspflicht anzuordnen. Der Gefangene bleibt, auch wenn er zugewiesene Arbeit in einem solchen Betrieb verrichtet, unbeschadet einer möglichen technischen und fachlichen Betriebsleitung durch Unterneh-

---

[318] OLG Hamburg, NStZ 1992, S. 53 f.; so im Ergebnis auch Arloth, 2008, § 41 Rdn. 7; Krahl, 1992, S. 207 f.; Laubenthal, in: Schwind/Böhm/Jehle/Laubenthal, 2009, § 41 Rdn. 15.
[319] Klesczewski, 1992, S. 351 f.
[320] BVerfGE 98, S. 169 ff.; vgl. ferner BVerfG, StrVert 2009, S. 421 ff.

mensangehörige unter der öffentlich-rechtlichen Verantwortung der Vollzugsbehörden, nicht anders als beim Einsatz in Eigenbetrieben der Anstalt oder bei einer Befassung mit sonstigen Beschäftigungen oder Hilfsdiensten innerhalb der Anstalt."[321]

405 Kommt der Strafgefangene einer ihm zugewiesenen Pflichtarbeit in einem Unternehmerbetrieb außerhalb der Justizvollzugsanstalt nach, so sind diesem sog. **unechten Freigang** Grenzen gesetzt. Zwar bietet dieser im Hinblick auf den Angleichungsgrundsatz Vorteile gegenüber der Pflichtarbeit innerhalb der Anstalt (z.B. besteht die Möglichkeit einer Übernahme des Verurteilten nach seiner Entlassung von dem jeweiligen Arbeitgeber). Die Betroffenen bleiben jedoch in arbeitsrechtlicher Hinsicht weitgehend rechtlos gestellt. So können Betriebe etwa zugewiesene Gefangene nach Gutdünken austauschen.[322] Lange Zeit haben Vollzugsbehörden ihre Bemühungen darauf konzentriert, statt der Organisation freier Beschäftigungsverhältnisse[323], Arbeitsplätze für nach den Vorschriften über die Pflichtarbeit im öffentlich-rechtlichen Verhältnis zuzuweisende Gefangene bei externen privaten Unternehmen zu schaffen. Diese Praxis hat das Bundesverfassungsgericht[324] für verfassungswidrig erklärt. Ein sog. unechter Freigang[325] kann danach nur in Betracht kommen, wenn die Anstalt einem zum Freigang geeigneten Gefangenen trotz Bemühens um ein freies Beschäftigungsverhältnis keine Arbeit in einem solchen zu bieten vermag. Darüber hinaus muss auch bei der externen Tätigkeit in einem privaten Unternehmen ein Mindestmaß von organisierter öffentlich-rechtlicher Verantwortung für den Inhaftierten gewährleistet bleiben.[326]

406 Als subsidiäre Tätigkeit wird einem arbeitsfähigen Gefangenen gem. § 37 Abs. 4 StVollzG, § 35 Abs. 2 S. 1 NJVollzG eine **angemessene Beschäftigung** zugeteilt, wenn ihm keine wirtschaftlich ergiebige Arbeit oder keine Teilnahme an Aus- und Weiterbildungsmaßnahmen zugewiesen werden kann. Die faktischen Gegebenheiten in den Institutionen ermöglichen nicht immer und für alle in Betracht kommenden Insassen die Zuteilung einer qualifizierten Arbeitsstelle; zudem erscheint nur ein Teil der Gefangenen für Fortbildungsmaßnahmen geeignet. Daher sollen § 37 Abs. 4 StVollzG, § 35 Abs. 2 S. 1 NJVollzG einer drohenden bzw. einer schon bestehenden Arbeitslosigkeit im Vollzug entgegenwirken.[327] Nach VV Nr. 2 zu § 37 StVollzG ist eine Beschäftigung angemessen, wenn ihr Ergebnis wirtschaftlich verwertbar erscheint und in einem angemessenen Verhältnis zum Aufwand steht. Bei dieser Abwägung hat die Anstaltsleitung auch subjektive Kriterien – wie Fähigkeiten und Neigungen des Inhaftierten – zu berücksichtigen.[328] Der Einzelne hat jedoch keinen Anspruch auf Zuteilung einer angemessenen Be-

---

[321] BVerfGE 98, S. 211.
[322] Kamann, 1999, S. 349.
[323] Dazu Kap. 5.3.1.3.
[324] BVerfGE 98, S. 169 ff.
[325] Zu den einzelnen Voraussetzungen der Gewährung von Freigang als Vollzugslockerung bzw. als vollzugsöffnende Maßnahme siehe Kap. 5.4.4.2.
[326] BVerfGE 98, S. 211; krit. Kamann, 1999, S. 349.
[327] Lohmann, 2002, S. 66 f.
[328] Laubenthal, in: Schwind/Böhm/Jehle/Laubenthal, 2009, § 37 Rdn. 25.

schäftigung; dies liegt vielmehr im Ermessen der Anstaltsleitung.[329] Die Tätigkeitsart der angemessenen Beschäftigung ist in den Strafvollzugsgesetzen von Baden-Württemberg, Bayern, Hamburg und Hessen nicht ausdrücklich vorgesehen.

407 Bei Unfähigkeit des Gefangenen zu wirtschaftlich ergiebiger Arbeit sehen § 37 Abs. 5 StVollzG, § 42 Abs. 3 JVollzGB III, Art. 39 Abs. 3 BayStVollzG, § 34 Abs. 1 Nr. 2 HmbStVollzG, § 27 Abs. 3 S. 1 HStVollzG, § 35 Abs. 3 NJVollzG dessen **arbeitstherapeutische Beschäftigung** vor. Zielsetzungen[330] einer arbeitstherapeutischen Beschäftigung sind insbesondere:
- Hinführen an einen geregelten Tagesablauf,
- Erwerb manueller Fähigkeiten,
- Vermitteln von Erfolgserlebnissen,
- Begabungsfindung,
- Steigerung sozialer Kompetenz.

Die Arbeitstherapie dient unmittelbar der Herstellung von Arbeitsfähigkeit des Gefangenen. Sie soll zu einem positiven Arbeits- und Leistungsverhalten führen, insbesondere die Durchhaltefähigkeit an einem Arbeitsplatz über mehrere Stunden einüben. Über zunächst einfache Tätigkeiten und Erfolgserlebnisse wird versucht, die Ängste vor Arbeitsmisserfolgen abzubauen, Begabungen zu finden und so mit Aussicht auf Erfolg Zugang zu beruflichen Bildungsmaßnahmen oder eine dauerhafte Arbeitsaufnahme in einem Arbeitsbetrieb zu ermöglichen.

Jenen Gefangenen, die selbst zu der stärker zielgerichteten Arbeitstherapie noch nicht in der Lage sind, dient die **Beschäftigungstherapie** (z.B. als Vorstufe der Arbeitstherapie). Deren Ziel ist es, in Unterbrechung der sonst zu langen täglichen freien Zeit durch meist sehr leichte und sich wiederholende Tätigkeiten die Betroffenen psychisch zu stabilisieren und mit ihnen einen zeitlichen Tagesablauf einzuüben, der dem Angleichungsgrundsatz gemäß den allgemeinen Lebensverhältnissen außerhalb der Anstalt möglichst entspricht.

Ist eine Arbeits- oder – falls notwendig – Beschäftigungstherapie zugewiesen worden, besteht für den betroffenen Strafgefangenen eine Pflicht zur Teilnahme.[331]

408 § 41 Abs. 1 S. 2 StVollzG, § 47 Abs. 1 S. 2 JVollzGB III, Art. 43 S. 2 BayStVollzG, § 38 Abs. 1 S. 2 HmbStVollzG, § 35 Abs. 2 S. 2 NJVollzG ermöglichen die Verpflichtung von Strafgefangenen zu **Hilfstätigkeiten in der Anstalt**. Abgesehen von dem möglichen Einüben sozialer Verhaltensweisen und der sichtbaren Verantwortung für die Gemeinschaft erfolgen solche Hausarbeitertätigkeiten (z.B. Essens-, Wäscheausgabe, Reinigungsarbeiten) regelmäßig weder individuell behandlungsorientiert, noch entsprechen sie den Anforderungen von § 37 Abs. 1 StVollzG, § 42 Abs. 1 JVollzGB III, Art. 39 Abs. 1 BayStVollzG, § 34 Abs. 2 HmbStVollzG, § 35 Abs. 1 NJVollzG an eine zuzuweisende qualifizierte

---

[329] Arloth, 2008, § 37 Rdn. 16; für ein Recht auf angemessene Beschäftigung Reichardt, 1999, S. 123.
[330] Schweinhagen, 1987, S. 95 f.
[331] OLG Frankfurt, NStZ-RR 1997, S. 153.

Arbeit.[332] Als Hausarbeiter kommen nur solche Gefangenen in Betracht, bei denen die Ausübung der vollzuglichen Hilfstätigkeiten nicht zu Unzuträglichkeiten auf subkultureller Ebene im Verhältnis der Gefangenen untereinander bzw. zu Beeinträchtigungen des Verhältnisses zwischen Gefangenen und Vollzugsbediensteten führt. Arbeiten, die Einblick in persönliche Verhältnisse oder in Personal-, Gerichts- bzw. Verwaltungsakten eröffnen, dürfen einem Insassen aus Gründen des Daten- und Persönlichkeitsschutzes nicht übertragen werden.

> In Hessen gibt § 27 Abs. 3 S. 1 HStVollzG neben der der Eingliederung förderlichen Arbeit und der Arbeitstherapie die Zuweisung einer sonstigen Beschäftigung vor. Letztere umfasst auch die Hilfstätigkeiten innerhalb der Anstalt.[333]

Um die im Vollzug der Freiheitsstrafe an sich notwendige Behandlung der Inhaftierten nicht zu lange zu behindern, begrenzen § 41 Abs. 1 S. 2 StVollzG, § 47 Abs. 1 S. 2 JVollzGB III, Art. 43 S. 3 BayStVollzG, § 38 Abs. 1 S. 3 HmbStVollzG, § 35 Abs. 2 S. 2 NJVollzG die **zeitliche Dauer** der Verpflichtung zu Hilfstätigkeiten prinzipiell auf jährlich drei Monate. Mit seiner Zustimmung kann der Gefangene jedoch darüber hinaus mit Hilfstätigkeiten beschäftigt werden. Ein Widerspruch zu den Empfehlungen und Angaben im Vollzugsplan darf aber nicht entstehen. Wird ein Gefangener länger als drei Monate mit Hilfstätigkeiten beschäftigt, vermag er die Zustimmung nicht willkürlich zurückzunehmen und die Arbeit niederzulegen, ohne der Anstalt Gelegenheit zu geben, für ihn einen Ersatz zu finden. Denn die Gewährleistung des Gemeinschaftslebens und die Aufrechterhaltung wichtiger Funktionsabläufe beruht häufig auf den Hilfstätigkeiten einzelner Gefangener.[334]

> Die sog. Hausarbeiterquote (Höchstzahl der Gefangenen mit Hilfstätigkeiten im Verhältnis zur Gesamtzahl der beschäftigten Gefangenen) ist in den Bundesländern verschieden hoch festgelegt. Sie beträgt durchschnittlich 10 bis 15 %.[335]

5.3.1.2 Freistellung von der Arbeitspflicht als bezahlter Arbeitsurlaub

Hat der Gefangene ein Jahr lang die ihm im öffentlich-rechtlichen Verhältnis zugewiesene Tätigkeit bzw. eine Hilfstätigkeit in der Anstalt ausgeübt, kann er gem. § 42 Abs. 1 S. 1 StVollzG, § 48 Abs. 1 S. 1 JVollzGB III, Art. 45 Abs. 1 S. 1 BayStVollzG eine Freistellung für die Dauer von achtzehn Werktagen beantragen. Nach § 39 Abs. 1 S. 1 HmbStVollzG darf die Freistellung halbjährlich für bis zu elf Arbeitstage erfolgen. § 27 Abs. 9 S. 1 HStVollzG schreibt die Freistellungsmöglichkeit für zehn Arbeitstage nach sechs Monaten dauernder Beschäftigung vor. Gemäß § 39 Abs. 1 S. 1 NJVollzG kann der Inhaftierte nach einem Jahr beanspruchen, für die Dauer des jährlichen Mindesturlaubs i.S.d. § 3 Abs. 1 BUrlG (24 Werktage) freigestellt zu werden.

409

---

[332] Laubenthal, in: Schwind/Böhm/Jehle/Laubenthal, 2009, § 41 Rdn. 9.
[333] Hessischer Landtag, Drs. 18/1396, S. 94.
[334] LG Karlsruhe, ZfStrVo 1979, S. 125.
[335] Vgl. Laubenthal, in: Schwind/Böhm/Jehle/Laubenthal, 2009, § 41 Rdn. 9.

Während der Zeit der Freistellung erhält der Betroffene die zuletzt gezahlten Bezüge weiter (§ 42 Abs. 3 StVollzG, § 48 Abs. 3 JVollzGB III, Art. 45 Abs. 3 BayStVollzG, § 39 Abs. 3 HmbStVollzG, § 27 Abs. 9 S. 5 HStVollzG, § 39 Abs. 4 NJVollzG).

Das Institut der Freistellung von der Arbeitspflicht stellt eine **Konkretisierung des Angleichungsgrundsatzes** dar. Es entspricht dem bezahlten Urlaub des Arbeitnehmers in der freien Gesellschaft und ist eine Gegenleistung für erbrachte und – bei Fortdauer des Vollzugs – weiterhin zu erbringende Arbeit.[336] Auch dem Strafgefangenen soll nach einer längeren Zeit der Beschäftigung eine Phase der Erholung gewährt werden. Dies dient zugleich im Hinblick auf die Entlassung als eine Behandlungsmaßnahme der Gewöhnung an den üblichen Rhythmus eines Arbeitsjahres.[337]

Über die Regelungen von § 42 StVollzG, § 48 JVollzGB III, Art. 45 BayStVollzG, § 39 HmbStVollzG, § 27 Abs. 9 HStVollzG, § 39 NJVollzG hinausgehend und unabhängig von den in diesen Normen festgelegten Voraussetzungen gibt es auch die Möglichkeit einer Freistellung von der Arbeit als eine nicht-monetäre Komponente der Entlohnung zugewiesener Pflichtarbeit.[338] Gemäß § 43 Abs. 1 StVollzG, § 49 Abs. 1 JVollzGB III, Art. 46 Abs. 1 BayStVollzG, § 40 Abs. 1 HmbStVollzG, § 39 Abs. 1 Nr. 2, Abs. 2 S. 2 HStVollzG, § 40 Abs. 5 u. 6 NJVollzG kann diese zusätzlich zur arbeitsfreien Zeit als Arbeitsurlaub bzw. Freistellung aus der Haft genutzt werden. § 43 Abs. 6 S. 2 StVollzG, § 49 Abs. 6 S. 2 JVollzGB III, Art. 46 Abs. 6 S. 2 BayStVollzG, § 40 Abs. 3 S. 2 HmbStVollzG, § 39 Abs. 2 S. 1 HStVollzG, § 40 Abs. 5 S. 2 NJVollzG stellen klar, dass eine Freistellung als nicht-monetäre Arbeitsentlohnung unabhängig von derjenigen gem. § 42 StVollzG, § 48 JVollzGB III, Art. 45 BayStVollzG, § 39 HmbStVollzG, § 27 Abs. 9 HStVollzG, § 39 NJVollzG zu betrachten ist.

Die Freistellung von der Arbeitspflicht deckt sich nicht mit dem Hafturlaub bzw. der Freistellung aus der Haft i.S.v. § 13 StVollzG, § 9 Abs. 2 Nr. 3 JVollzGB III, Art. 14 BayStVollzG, § 12 Abs. 1 Nr. 2 HmbStVollzG, § 13 Abs. 3 Nr. 4 HStVollzG, § 13 Abs. 1 Nr. 3 NJVollzG. Der Inhaftierte kann die Zeit seiner Freistellung nach § 42 StVollzG, § 48 JVollzGB III, Art. 45 BayStVollzG, § 39 HmbStVollzG, § 27 Abs. 9 HStVollzG, § 39 NJVollzG innerhalb der Anstalt verbringen (sog. Zellenurlaub). Will er diese verlassen, müssen zusätzlich die speziellen Voraussetzungen für eine Gewährung entsprechender Vollzugslockerungen gegeben sein.

Liegen die Voraussetzungen von § 42 StVollzG, § 48 JVollzGB III, Art. 45 BayStVollzG, § 39 HmbStVollzG, § 27 Abs. 9 HStVollzG, § 39 NJVollzG vor, hat der Inhaftierte einen **Rechtsanspruch** auf bezahlte arbeitsfreie Zeit nach der jeweiligen Norm.

410 Erforderlich für eine Freistellung von der Arbeitspflicht ist zunächst die **Ausübung einer Tätigkeit** nach § 37 oder § 41 Abs. 1 S. 2 StVollzG; § 42 oder § 47 Abs. 1 S. 2 JVollzGB III; Art. 39 oder Art. 43 S. 2 BayStVollzG; § 34 oder § 38

---

[336] BVerfG, ZfStrVo 1984, S. 315; OLG Nürnberg, NStZ 1991, S. 102.
[337] BT-Drs. 7/918, S. 71.
[338] Dazu unten Kap. 5.3.3.1 (2).

Abs. 1 S. 2 HmbStVollzG; § 27 Abs. 3 HStVollzG; § 35 NJVollzG durch den Strafgefangenen. Während einer vorangegangenen Untersuchungshaft geleistete Arbeit muss dabei nicht berücksichtigt werden.

> *Beispiel:* Ein im Geltungsbereich des Bundes-Strafvollzugsgesetzes Inhaftierter hatte während der Untersuchungshaft mehrere Monate lang auf seiner Zelle Arbeit geleistet. Nachdem die in der Untersuchungshaft und die in der anschließenden Strafhaft ausgeübten Tätigkeiten zusammen den Zeitraum eines Jahres ergaben, beantragte er die Freistellung von der Arbeitspflicht. Die Anstaltsleitung lehnte dies mit der Begründung ab, der Gefangene habe seit dem Übergang in die Strafhaft noch nicht ein Jahr lang gearbeitet.
> Der BGH[339] hält eine Nichtanrechnung der Arbeitszeit während der Untersuchungshaft für rechtmäßig. Er verweist auf das in § 42 Abs. 1 S. 1 StVollzG normierte Erfordernis einer Tätigkeit nach § 37 bzw. einer Hilfstätigkeit gem. § 41 Abs. 1 S. 2 StVollzG. Die Zuweisung zu diesen Beschäftigungen korrespondiert mit der Arbeitspflicht des § 41 Abs. 1 S. 1 StVollzG; der Freistellungsanspruch setzt somit eine vorangegangene Tätigkeit in Erfüllung eben dieser Arbeitspflicht voraus. Einer solchen unterliegt aber der Strafgefangene, nicht auch der Untersuchungshäftling.[340] Übt Letzterer eine Arbeit aus, handelt es sich nicht um eine zugewiesene Tätigkeit im Rahmen der Arbeitspflicht. Auch das BVerfG[341] geht davon aus, dass der Gesetzgeber mit Rücksicht auf die unterschiedliche Bedeutung der Arbeit nach den Zweckbestimmungen von Straf- und Untersuchungshaft nicht gehalten ist, die von Untersuchungsgefangenen geleistete Arbeit in gleicher Weise wie die Arbeit von Strafgefangenen anzuerkennen.
> Zwar kann dem Untersuchungsgefangenen gemäß den Normen der Landes-Untersuchungshaftvollzugsgesetze[342] eine Arbeit, Beschäftigung oder Hilfstätigkeit zugewiesen werden, wenn er dies verlangt, die Vollzugsanstalt über einen geeigneten Arbeitsplatz verfügt und den Inhaftierten entsprechend einteilt. Aber auch dies gibt ihm keinen Freistellungsanspruch, sondern lediglich einen Anspruch auf ein Arbeitsentgelt. Auch vom Erholungszweck der Freistellung her ergeben sich – so der BGH – Unterschiede. Die Belastung des Strafgefangenen, der über eine längere Zeit gearbeitet hat, ist eine andere als die des Untersuchungsgefangenen, der freiwillig seine Tätigkeit aufnimmt und diese den gesetzlichen Bestimmungen gemäß[343] jederzeit wieder beenden kann.[344]

---

[339] BGHSt. 35, S. 112 ff.
[340] In Niedersachsen ist in § 152 Abs. 1 NJVollzG für den Untersuchungshaftvollzug explizit normiert, dass Gefangene nicht zur Arbeit verpflichtet sind.
[341] BVerfG, NStZ 2004, S. 514.
[342] § 34 Abs. 2 S. 1 JVollzGB II; § 24 Abs. 2 S. 1 UVollzG Bln; § 24 Abs. 2 S. 1 BbgUVollzG; § 24 Abs. 2 S. 1 BremUVollzG; § 29 Abs. 2 S. 1 HmbUVollzG; § 20 Abs. 2 S. 1 HUVollzG; § 24 Abs. 2 S. 1 UVollzG M-V; § 152 Abs. 2 NJVollzG; § 11 Abs. 1 UVollzG NRW; § 24 Abs. 2 S. 1 LUVollzG; § 24 Abs. 2 S. 1 SUVollzG; § 24 Abs. 2 S. 1 UVollzG RLP; § 24 Abs. 2 S. 1 UVollzG LSA; § 24 Abs. 2 S. 1 Thür-UVollzG.
[343] § 34 Abs. 3 JVollzGB II; § 24 Abs. 2 S. u. 3 UVollzG Bln; § 24 Ab s. 2 S. 2 u. 3 BbgUVollzG; § 24 Abs. 2 S. 2 u. 3 BremUVollzG; § 29 Abs. 2 S. 2 u. 3 HmbUVollzG; § 20 Abs. 2 S. 2 HUVollzG; § 24 Abs. 2 S. 2 u. 3 UVollzG M-V; § 24 Abs. 2 S. 2 u. 3 LUVollzG; § 24 Abs. 2 S. 2 u. 3 SUVollzG; § 24 Abs. 2 S. 2 u. 3 SächsUHaftVollzG; § 24 Abs. 2 S. 2 u. 3 UVollzG LSA; § 24 Abs. 2 S. 2 u. 3 ThürUVollzG.
[344] BGHSt. 35, S. 115.

> Besteht für den Antragsteller zwar noch kein Anspruch auf Freistellung von der Arbeitspflicht, schließt dies jedoch nicht aus, dass die Vollzugsbehörde den Gefangenen, der in der vorangegangenen Untersuchungshaft gearbeitet hat, auch ohne Vorliegen der vollzugsgesetzlichen Voraussetzungen vorübergehend freistellt, wenn dies zur Vermeidung von Härten oder zu einer besseren Vollzugszielerreichung geboten erscheint.[345]

411   Der Strafgefangene muss gem. § 42 Abs. 1 S. 1 StVollzG, § 48 Abs. 1 S. 1 JVollzGB III, Art. 45 Abs. 1 S. 1 BayStVollzG, § 39 Abs. 1 S. 1 NJVollzG eine **einjährige Beschäftigung** ausgeübt haben. Dies entspricht nicht dem Kalenderjahr, sondern das eine Jahr im Sinne dieser Vorschriften beginnt bei jedem Inhaftierten individuell mit der Arbeitsaufnahme.[346] Entsprechendes gilt für den Lauf der sechs Monate Mindestausübung der Tätigkeit gem. § 39 Abs. 1 S. 1 HmbStVollzG bzw. § 27 Abs. 9 S. 1 HStVollzG. Es kommt dabei nicht darauf an, ob die Arbeit zum Zeitpunkt der Antragstellung noch weiter ausgeübt wird.[347]

Als eine **anrechenbare Fehlzeit** benennen die Gesetze in § 42 Abs. 1 S. 2 StVollzG, § 48 Abs. 1 S. 2 JVollzGB III, Art. 45 Abs. 1 S. 2 BayStVollzG, § 39 Abs. 1 S. 2 HmbStVollzG, § 27 Abs. 9 S. 2 HStVollzG, § 39 Abs. 1 S. 3 Nr. 1 NJVollzG zwingend den krankheitsbedingten Ausfall. Dem Betroffenen werden jährlich bis zu sechs Wochen auf die Jahresfrist angerechnet, wenn er infolge Krankheit an der Arbeitsleistung verhindert war. Er wird folglich so behandelt, als hätte er in dieser Zeit tatsächlich gearbeitet. § 40 Abs. 1 S. 2 HmbStVollzG sowie § 27 Abs. 9 S. 2 HStVollzG sehen eine Anrechnung von bis zu drei Wochen im Halbjahr vor. Über weitere anrechenbare Ausfallzeiten äußern sich – abgesehen von § 39 Abs. 1 S. 3 NJVollzG – die Gesetze nicht. Es steht deshalb im pflichtgemäßen Ermessen der Vollzugsbehörde, inwieweit sie sonstige Fehlzeiten berücksichtigt.[348] Dies gilt selbst für schuldhaft versäumte Arbeit. Auch eine solche Zeitspanne kann angerechnet werden, wenn es angemessen erscheint.

> *Beispiel:* Ein im Geltungsbereich des Bundes-Strafvollzugsgesetzes inhaftierter Strafgefangener beantragte Freistellung von der Arbeitspflicht für die Dauer von 18 Werktagen, weil er in der Zeit vom 10. Juli des Vorjahres bis zum 10. Juli des laufenden Jahres ein Jahr lang i.S.d. § 42 StVollzG gearbeitet habe. Die Anstaltsleitung lehnte den Antrag ab und trug als Begründung vor, dass der Inhaftierte im Mai des laufenden Jahres an drei Arbeitstagen einen Arrest als Disziplinarmaßnahme zu verbüßen hatte. Durch dieses von ihm verschuldete Arbeitsversäumnis sei die Jahresfrist unterbrochen und nach dem Arrestvollzug wieder neu in Gang gesetzt worden.
> Das Bundesverfassungsgericht hat hierzu entschieden[349], dass der Begriff der „ein Jahr lang" auszuübenden Tätigkeit nicht in dem Sinne eindeutig sei, dass damit nur eine an allen Werktagen ununterbrochen ausgeübte Beschäftigung gemeint sein kann. Als mit Sinn und Zweck des § 42 Abs. 1 StVollzG unvereinbar sowie als einen Verstoß gegen das Willkürverbot und den Grundsatz der Verhältnismäßigkeit wertet es das Gericht deshalb, wenn die Freistellung von der Arbeitspflicht unabhängig von der Dauer

---

[345] BGHSt. 35, S. 115.
[346] BGHSt. 35, S. 100; LG Hamburg, NStZ 1992, S. 103.
[347] LG Essen, StrVert 2009, S. 374 f.
[348] BGHSt. 35, S. 98.
[349] BVerfG, ZfStrVo 1984, S. 313.

der bislang geleisteten Arbeit und der Arbeitsversäumnisse ausschließlich deshalb versagt wird, weil der Betroffene eine Fehlzeit schuldhaft verursacht hat.

Die Versagung eines bezahlten Arbeitsurlaubs kommt zudem in derartigen Fällen einer Sanktion für ein Fehlverhalten des Gefangenen gleich: „Eine solche Disziplinierung wäre jedoch bereits nach dem Strafvollzugsgesetz ausgeschlossen, da dieses die zulässigen Disziplinarmaßnahmen bei schuldhaften Pflichtverstößen abschließend regelt und der Entzug des Freistellungsanspruchs nicht aufgeführt ist."[350]

Infolge der verfassungsgerichtlichen Rechtsprechung sieht VV Nr. 2b zu § 42 StVollzG eine Anrechnung vor von „Zeiten, in denen der Gefangene aus anderen als Krankheitsgründen eine Tätigkeit nach § 42 Abs. 1 StVollzG nicht ausgeübt hat. In der Regel bis zu drei Wochen jährlich, wenn dies angemessen erscheint." Diese VV bewirkt eine Selbstbindung der Verwaltung, wobei jedoch fraglich bleibt, ob hierdurch der Einzelfallgerechtigkeit zureichend entsprochen werden kann.[351]

412 § 42 Abs. 1 S. 1 StVollzG, § 48 Abs. 1 S. 1 JVollzGB III, Art. 45 Abs. 1 S. 1 BayStVollzG, § 39 Abs. 1 S. 1 NJVollzG verlangen, dass der Gefangene ein Jahr lang gearbeitet hat; § 39 Abs. 1 S. 1 HmbStVollzG, § 27 Abs. 9 S. 1 HStVollzG fordern eine sechs Monate lange zusammenhängende Tätigkeit. Deshalb kommt eine **anteilige Freistellung** nicht in Betracht, wenn die unter Berücksichtigung anrechenbarer Fehlzeiten zu bestimmende Arbeitszeit insgesamt nur kürzer gewesen ist.

Beispiel: Der im Geltungsbereich des Bundes-Strafvollzugsgesetzes inhaftierte Antragsteller ging von Anfang Oktober des Vorjahres bis Ende September des laufenden Jahres einer Arbeitstätigkeit im Strafvollzug nach. Krankheitsbedingt war er in dieser Zeit an 12 Tagen arbeitsunfähig, an weiteren 65 Tagen aus anderen Gründen unverschuldet an seiner Arbeitsleistung verhindert. Der Gefangene beantragt im Oktober des laufenden Jahres für mehrere Tage eine Freistellung von der Arbeitspflicht. Dies lehnt die Anstaltsleitung unter Hinweis auf die eine Zeitspanne von drei Wochen deutlich übersteigende Anzahl der Fehltage ab.

Um den Jahresarbeitsrhythmus für den Gefangenen zu wahren, geht das OLG Koblenz[352] in Anlehnung an §§ 4 f. BUrlG von der Zulässigkeit der Gewährung auch nur eines Teils des gesetzlich vorgesehenen Freistellungsanspruchs aus, wenn der Inhaftierte die gesetzlich vorgeschriebene Wartezeit nicht vollständig erfüllt hat.

Der BGH[353] hält demgegenüber – in einer § 42 StVollzG betreffenden Entscheidung – eine anteilige Freistellung für unzulässig. Denn für eine solche Teilfreistellung lässt sich weder aus dem Gesetzeswortlaut noch aus den Gesetzesmaterialien etwas entnehmen. Da keine planwidrige Gesetzeslücke vorliegt, sondern der Gesetzgeber selbst auf die Einführung einer anteiligen Freistellung verzichtet hat, kommt auch eine analoge Anwendung von § 5 Abs. 1 BUrlG nicht in Betracht, der einem Arbeitnehmer in Freiheit unter bestimmten Voraussetzungen einen Anspruch auf Teilurlaub gibt.[354]

---

[350] BVerfG, ZfStrVo 1984, S. 316.
[351] Calliess/Müller-Dietz, 2008, § 42 Rdn. 5.
[352] OLG Koblenz, NStZ 1985, S. 573; dazu Sigel, 1985, S. 277.
[353] BGHSt. 35, S. 95 ff.; siehe dazu Pfister, 1988, S. 117 ff.
[354] BGHSt. 35, S. 100; Laubenthal, in: Schwind/Böhm/Jehle/Laubenthal, 2009, § 42 Rdn. 8.

413 Liegen längere, nicht anrechenbare Fehlzeiten vor, wurden deren Auswirkungen auf eine Freistellung von der Rechtsprechung bislang unterschiedlich beurteilt.[355] Der BGH[356] geht davon aus, dass diese zu einer **Hemmung** der Jahresfrist führen. Der Betroffene kann aber durch Fortsetzung seiner Tätigkeit noch die Voraussetzungen für einen Freistellungsanspruch erfüllen, d.h. die nicht anrechenbaren Ausfallzeiten nacharbeiten. Er hat dann im Geltungsbereich des Bundes-Strafvollzugsgesetzes sowie in Baden-Württemberg, Bayern und Niedersachsen erst nach Ablauf von etwas mehr als einem Jahr ab Arbeitsaufnahme „ein Jahr lang" eine zugewiesene Tätigkeit ausgeübt. Zu einer **Unterbrechung** der jeweiligen Frist soll es allerdings bei längeren, nicht anrechenbaren Fehlzeiten kommen, bei denen auch bei großzügiger Betrachtungsweise ernstlich nicht mehr davon gesprochen werden könnte, der Gefangene habe ein Jahr gearbeitet.[357] Denn dadurch würden die von den Gesetzgebern mit dem Institut der Freistellung verfolgten Zielsetzungen der Periodisierung des Arbeitslebens und der Erholung außer Acht gelassen. Eine bloße Addierung von geleisteten Arbeitstagen bis zum Erreichen einer für ein Jahr erforderlichen Summe ohne Rücksicht auf die Dauer der Fehlzeiten führt somit zu keiner automatischen Gewährung einer Freistellung.[358] Spezielle Regelungen zu den Gründen für eine Hemmung bzw. eine Unterbrechung der Jahresfrist enthält § 39 Abs. 1 S. 5 u. 6 NJVollzG.

In Hamburg und in Hessen ist in § 39 Abs. 1 S. 1 HmbStVollzG bzw. § 27 Abs. 9 S. 1 HStVollzG ausdrücklich geregelt, dass die Gefangenen „sechs Monate lang zusammenhängend" die Tätigkeit ausgeübt haben müssen. Hinsichtlich von nicht anrechenbaren Fehlzeiten bestimmt § 27 Abs. 9 S. 3 HStVollzG eine Hemmung des Ablaufs des Zeitraums durch Zeiten, in denen die Inhaftierten ohne ihr Verschulden an der Tätigkeit gehindert waren.

Hat der Gefangene einen Anspruch auf Freistellung, ist gem. § 42 Abs. 2 StVollzG, § 48 Abs. 2 JVollzGB III, Art. 45 Abs. 2 BayStVollzG, § 27 Abs. 9 S. 4 HStVollzG, § 39 Abs. 3 NJVollzG ein Hafturlaub hierauf anzurechnen, wenn dieser in die Arbeitszeit fällt. Dies gilt allerdings nicht für eine Beurlaubung wegen einer lebensgefährlichen Erkrankung oder des Todes eines Angehörigen.

5.3.1.3 Freies Beschäftigungsverhältnis

414 Bei der auf die Arbeitspflicht gegründeten Zuweisung einer Tätigkeit innerhalb oder außerhalb der Institution in einem Eigen- oder in einem Unternehmerbetrieb steht der Gefangene in einem öffentlich-rechtlichen Verhältnis zur Vollzugsbehörde.[359] Der Zuteilung einer solchen Beschäftigung durch die Anstaltsleitung stellen § 39 Abs. 1 StVollzG, § 45 Abs. 1 JVollzGB III, Art. 42 Abs. 1 BayStVollzG, § 36 Abs. 1 HmbStVollzG, § 27 Abs. 7 HStVollzG, § 36 Abs. 1 NJVollzG ein freies Beschäftigungsverhältnis gleich. Danach soll (in Hessen

---

[355] Vgl. OLG Koblenz, ZfStrVo 1992, S. 198.
[356] BGHSt. 35, S. 99; siehe auch LG Hamburg, NStZ 1992, S. 104.
[357] OLG Hamm, NStZ 1989, S. 445.
[358] Laubenthal, in: Schwind/Böhm/Jehle/Laubenthal, 2009, § 42 Rdn. 8.
[359] OLG Hamm, NStZ 1993, S. 381; BAG, NStZ 1987, S. 575.

kann) dem Gefangenen ermöglicht werden, durch einen **privatrechtlichen Vertrag** oder einen **vertragsähnlichen Akt**[360] einer Arbeit, Berufsausbildung oder beruflichen Weiterbildung außerhalb der Anstalt nachzugehen. Voraussetzung hierfür ist, dass dies im Rahmen des Vollzugsplans der Vermittlung, Erhaltung oder Förderung von Fähigkeiten für eine Erwerbstätigkeit nach der Entlassung dient. Es dürfen ferner keine überwiegenden Gründe des Vollzugs entgegenstehen.

Bedingung für die Gestattung eines freien Beschäftigungsverhältnisses ist zudem die Zulassung des Gefangenen für Vollzugslockerungen bzw. vollzugsöffnende Maßnahmen wie **Außenbeschäftigung** oder **Freigang**.[361] Denn eine solche Beschäftigung bleibt nach dem Wortlaut der Gesetze nur **außerhalb der Institution** möglich. Eine analoge Anwendung der Normen auf anstaltsinterne Tätigkeiten scheidet insoweit aus.[362] Neben den eigentlichen Kriterien von § 39 Abs. 1 S. 1 StVollzG, § 45 Abs. 1 S. 1 JVollzGB III, Art. 42 Abs. 1 S. 1 BayStVollzG, § 36 Abs. 1 HmbStVollzG, § 27 Abs. 7 S. 1 HStVollzG, § 36 Abs. 1 S. 1 NJVollzG für die Gestattung müssen deshalb auch diejenigen für die Gewährung von Vollzugslockerungen bzw. von vollzugsöffnenden Maßnahmen selbständig[363] geprüft werden. Das ergibt sich aus § 39 Abs. 1 S. 2 StVollzG, § 45 Abs. 1 S. 2 JVollzGB III, Art. 42 Abs. 1 S. 2 BayStVollzG, § 36 Abs. 2 HmbStVollzG, § 27 Abs. 7 S. 1 HStVollzG, § 36 Abs. 1 S. 2 NJVollzG, wonach die jeweils bezeichneten Lockerungsnormen unberührt bleiben. Die Regelungen über die Voraussetzungen, einer Tätigkeit im Rahmen eines freien Beschäftigungsverhältnisses nachgehen zu dürfen, verdrängen nicht die Bestimmungen über die Gewährung von Vollzugslockerungen und sind damit nicht die alleinigen Rechtsgrundlagen für die Gestattung eines freien Beschäftigungsverhältnisses.[364]

Unberührt bleiben die Bestimmungen über eine **Weisungserteilung** bei Vollzugslockerungen bzw. vollzugsöffnenden Maßnahmen, § 14 StVollzG bzw. § 11 JVollzGB III, Art. 16 BayStVollzG, § 12 Abs. 4 HmbStVollzG, § 14 HStVollzG, § 15 NJVollzG. Es dürfen dem Gefangenen deshalb Weisungen erteilt werden, damit die von der Anstaltsleitung als günstig bewertete Prognose einer fehlenden Flucht- und Missbrauchsgefahr nicht beeinträchtigt wird (z.B. Weisung, den Kontakt mit bestimmten Personen zu unterlassen, an der Arbeitsstelle bis zum Abholen zu verbleiben oder nach Arbeitsschluss unverzüglich in die Anstalt zurückzukehren).

Nach § 14 Abs. 2 StVollzG, § 11 Abs. 2 JVollzGB III, Art. 16 Abs. 2 BayStVollzG, § 92 Abs. 2 HmbStVollzG, § 14 Abs. 3 HStVollzG, § 15 Abs. 2 NJVollzG können der Freigang oder die Außenbeschäftigung **widerrufen** werden. Damit entfällt dann auch die Grundlage für die weitere Gestattung des freien Beschäftigungsverhältnisses (beispielsweise wenn ein Gefangener die Zulassung zum Freigang und die Gestattung des freien Beschäftigungsverhältnisses mit gefälschten Papieren erwirkt und somit seine Unzuverlässigkeit dargetan hat). Das Entfallen der Möglichkeit zur Ausübung der Tätigkeit aus vom Freigänger nicht

---

[360] LAG Hamm, NStZ 1991, S. 456.
[361] Laubenthal, in: Schwind/Böhm/Jehle/Laubenthal, 2009, § 39 Rdn. 8.
[362] BT-Drs. 7/918, S. 67 (zu § 39 Abs. 1 StVollzG).
[363] Laubenthal, in: Schwind/Böhm/Jehle/Laubenthal, 2009, § 39 Rdn. 8 f.
[364] BVerfGE 98, S. 210.

zu vertretenden Gründen (z.B. Kündigung durch Arbeitgeber, Betriebsschließung) bewirkt im geschlossenen Vollzug zugleich eine Beendigung des Freigangs.[365] Denn in der geschlossenen Anstalt gibt es keinen abstrakten Freigängerstatus oder eine generelle Freigängereignung an sich.[366] Eine Zulassung zum Freigang kann dagegen trotz extern verursachtem Beschäftigungsende im offenen Vollzug aufrechterhalten werden, um dem Betroffenen die Suche nach einer anderen Tätigkeit zu erleichtern.

417 Sind die Voraussetzungen von § 39 Abs. 1 StVollzG, § 45 Abs. 1 JVollzGB III, Art. 42 Abs. 1 BayStVollzG, § 36 Abs. 1 HmbStVollzG, § 27 Abs. 7 S. 1 HStVollzG, § 36 Abs. 1 NJVollzG einschließlich der Kriterien für die Gewährung von Lockerungen bzw. vollzugsöffnenden Maßnahmen erfüllt, kommt dem freien Beschäftigungsverhältnis **Vorrang** („soll") vor der Zuweisung von Tätigkeiten im öffentlich-rechtlichen Verhältnis zu.[367] Allerdings folgt hieraus kein Anspruch des Betroffenen auf Gestattung, sondern nur ein **Recht auf eine fehlerfreie Ermessensausübung**.[368] Dabei hat die Anstaltsleitung vor allem zu prüfen, ob der in § 37 Abs. 1 StVollzG, § 42 Abs. 1 JVollzGB III, Art. 39 Abs. 1 BayStVollzG, § 34 Abs. 2 HmbStVollzG, § 27 Abs. 1 S. 2 HStVollzG, § 35 Abs. 1 NJVollzG genannte Zweck der Gefangenenarbeit und die dort angeführten Rücksichten bei der Arbeitszuteilung sich besser durch ein freies Beschäftigungsverhältnis erreichen lassen. In diesem Fall soll sie dem freien Beschäftigungsverhältnis den Vorzug geben.[369]

Angesichts der mit dem freien Beschäftigungsverhältnis verbundenen **Erhöhung der (Re-)Sozialisierungschancen** darf die Anstaltsleitung dessen Genehmigung nicht auf bloße Ausnahmefälle beschränken: „Die Entscheidung der Vollzugsbehörde über die Gestattung eines freien Beschäftigungsverhältnisses weist unmittelbare Bezüge zum verfassungsrechtlichen Resozialisierungsgebot auf, das auch die Vollzugsverwaltung in die Pflicht nimmt. Die Vollzugsbehörde ist daher auch von Verfassungs wegen gehalten, die Möglichkeit eines freien Beschäftigungsverhältnisses gerade angesichts der besonderen Resozialisierungschancen zu prüfen, die diese Beschäftigungsform bietet (Realitätsnähe, Anbahnung von Kontakten zu zukünftigen Arbeitgebern). Steht eine solche Tätigkeit im Einzelfall in Einklang mit dem Vollzugsplan und liegen die Voraussetzungen des § 39 Abs. 1 S. 2 StVollzG vor, so werden nur gewichtige Vollzugsbelange die Versagung einer Erlaubnis nach § 39 Abs. 1 StVollzG rechtfertigen können."[370]

---

[365] OLG Koblenz, ZfStrVo 1978, S. 18; Calliess/Müller-Dietz, 2008, § 11 Rdn. 12; a.A. AK-Lesting, 2006, § 11 Rdn. 25.
[366] Dazu Kap. 5.4.4.1 (2).
[367] Kaiser/Schöch, 2002, S. 303; Lohmann, 2002, S. 64.
[368] OLG Frankfurt, ZfStrVo 2002, S. 117; Calliess/Müller-Dietz, 2008, § 39 Rdn. 2; Laubenthal, in: Schwind/Böhm/Jehle/Laubenthal, 2009, § 39 Rdn. 6.
[369] So bereits BT-Drs. 7/918, S. 67.
[370] BVerfGE 98, S. 210 (zu § 39 Abs. 1 StVollzG).

Es wird davon ausgegangen, dass ein freies Beschäftigungsverhältnis **nur im Inland** ausgeübt werden kann.[371] Gemäß VV Nr. 1 zu § 11 StVollzG erfolgt die Gewährung von Vollzugslockerungen nur zum Aufenthalt innerhalb des Geltungsbereichs des StVollzG. Sinn dieser Regelung ist, dass der Gefangene auch während der Lockerung weiterhin den besonderen, in der Freiheitsstrafe begründeten Begrenzungen unterliegt, die Vollzugsbehörde den außerhalb der Anstalt Befindlichen jederzeit überwachen kann und ein hoheitlicher Zugriff auf den Betroffenen besteht, der etwa im Fall eines Widerrufs von Bedeutung ist. Vor dem Hintergrund, dass die aktuelle oder ehemalige Tätigkeit im Rahmen eines freien Beschäftigungsverhältnisses durch die europäischen Grundfreiheiten geschützt wird[372], erscheint es gleichwohl im Einzelfall durchaus vertretbar, die Gestattung vollzuglicher Arbeitstätigkeit auf das Ausland zu erweitern.

Ist dem Strafgefangenen eine Tätigkeit in einem freien Beschäftigungsverhältnis gestattet, wird zwischen ihm und dem Arbeitgeber oder Ausbildenden ein schriftlicher **Vertrag** (Arbeitsvertrag, Berufsausbildungsvertrag) geschlossen. Darin soll insbesondere festgelegt werden, dass das Beschäftigungsverhältnis mit Ablauf der erteilten Erlaubnis ohne Kündigung endet. Ferner ist zu vereinbaren, dass die Bezüge während des Freiheitsentzugs mit befreiender Wirkung nur auf ein mit der Anstalt vereinbartes Konto gezahlt werden können. Gleiches gilt für Zuwendungen aufgrund öffentlich-rechtlicher Bestimmungen. In § 39 Abs. 3 StVollzG, § 45 Abs. 3 JVollzGB III, Art. 42 Abs. 3 BayStVollzG, § 36 Abs. 3 HmbStVollzG, § 27 Abs. 7 S. 2 i.V.m. Abs. 4 S. 2 HStVollzG, § 36 Abs. 3 NJVollzG wird den Vollzugsbehörden die Befugnis eingeräumt, die Überweisung von Entgelten zunächst an die Anstalt zur Gutschrift für den Gefangenen verlangen zu dürfen. Zu den Zahlungsverpflichtungen des Betroffenen gehört dann auch die Leistung von Haftkostenbeiträgen. **418**

Die Frage des **Urlaubs** zur Erholung ergibt sich aus der arbeitsrechtlichen Vereinbarung. Insoweit stellen § 42 Abs. 4 StVollzG, § 48 Abs. 4 JVollzGB III, Art. 45 Abs. 4 BayStVollzG, § 39 Abs. 4 HmbStVollzG, § 27 Abs. 9 S. 6 HStVollzG, § 39 Abs. 5 NJVollzG ausdrücklich klar, dass die Regelungen über die Freistellung von der Arbeitspflicht nicht für Beschäftigungsverhältnisse außerhalb des Strafvollzugs gelten.
Der in einem freien Beschäftigungsverhältnis Stehende unterliegt zudem wie jeder andere Arbeitnehmer der allgemeinen gesetzlichen **Sozialversicherungspflicht**. Er hat dementsprechend Beiträge auch an die Krankenversicherung abzuführen und kann deren Leistungen in Anspruch nehmen.

5.3.1.4 Selbstbeschäftigung

Nach § 39 Abs. 2 StVollzG, § 45 Abs. 2 JVollzGB III, Art. 42 Abs. 2 BayStVollzG, § 36 Abs. 1 HmbStVollzG, § 27 Abs. 4 S. 1 HStVollzG, § 36 Abs. 2 NJVollzG kann Gefangenen gestattet werden, sich selbst zu beschäftigen. Hierun- **419**

---

[371] OLG Celle, ZfStrVo 2002, S. 244; Arloth, 2008, § 39 Rdn. 5; krit. Szczekalla, StrVert 2002, S. 324 ff.
[372] Das gilt jedoch nicht für das anstaltsvermittelte Beschäftigungsverhältnis; vgl. Stiebig, 2003, S. 87 ff.

ter ist eine **freiberufliche Tätigkeit** während der Arbeitszeit zu verstehen, bei der weder eine zugewiesene Tätigkeit im öffentlich-rechtlichen Verhältnis ausgeübt wird noch der Inhaftierte in einem freien Beschäftigungsverhältnis steht.[373]

Voraussetzung ist, dass mit der Selbstbeschäftigung die allgemeinen Ziele von Gefangenenarbeit erreicht werden können.[374] Der Vollzugsbehörde steht bei der Gestattung ein **Ermessensspielraum** zu.[375] Bei ihrer Ermessensausübung berücksichtigt die Anstaltsleitung auch einer Selbstbeschäftigung entgegenstehende Belange des Vollzugs.[376] Vor allem die Geeignetheit für eine Erreichung der Zielsetzung einer sozialen Integration spielt eine wesentliche Rolle.

Die Bewilligung einer Selbstbeschäftigung liegt nahe bei Inhaftierten, denen eine sinnvolle Arbeit oder Beschäftigung unter Berücksichtigung der individuellen Fähigkeiten und Fertigkeiten im Rahmen des Angebots in der Anstalt nicht zugewiesen werden kann.[377] Es mag im Einzelfall auch ein besonderer Anlass zur Vermittlung, Erhaltung oder Förderung einer bestimmten Erwerbstätigkeit bestehen, die nur im Wege der Selbstbeschäftigung realisierbar bleibt, weil vor allem hierdurch die Wiedereingliederung nach der Entlassung gefördert wird. Dies gilt insbesondere für die auch in Freiheit in selbständigen Berufen tätigen Insassen (z.B. Künstler, Wissenschaftler, Schriftsteller, Unternehmer, Architekten).

VV Nr. 3 Abs. 1 zu § 39 StVollzG beschränkt der bundesgesetzlichen Konzeption entsprechend die Gestattung einer Selbstbeschäftigung gem. § 39 Abs. 2 StVollzG auf Ausnahmefälle (nur „wenn sie aus wichtigem Grund geboten erscheint").[378] In Hessen geht § 27 Abs. 4 S. 1 HStVollzG sogar ausdrücklich von Ausnahmefällen aus. Die Vollzugsbehörden sind nicht gehindert, bei ihren Entscheidungen einen strengen Maßstab anzulegen.[379] Das gilt auch im Hinblick darauf, dass das Verhalten des Gefangenen außerhalb der Anstalt schwer zu beaufsichtigen ist.[380] Dieser Aspekt gewinnt noch an Gewicht, wenn der Inhaftierte seine Straftaten im Rahmen der beruflichen Tätigkeit begangen hat und die Möglichkeit besteht, dass er erneut einschlägige Delikte in diesem Zusammenhang verübt.[381] In der Praxis wird die Genehmigung zur Selbstbeschäftigung nur selten erteilt.[382]

Wie bei einem außerhalb des Vollzugs freiberuflich Tätigen stellt auch der bei der Selbstbeschäftigung des Strafgefangenen aus der Tätigkeit erzielte Gewinn das Entgelt dar. Nach § 50 Abs. 4 StVollzG, § 51 Abs. 4 JVollzGB III, Art. 49 Abs. 3 BayStVollzG, § 36 Abs. 2 S. 3 NJVollzG kann die Selbstbeschäftigung sogar von der Entrichtung eines **Haftkostenbeitrags** durch den Gefangenen abhängig ge-

---

[373] Laubenthal, in: Schwind/Böhm/Jehle/Laubenthal, 2009, § 39 Rdn. 13.
[374] BT-Drs. 7/918, S. 67.
[375] OLG Hamm, NStZ 1993, S. 208.
[376] Calliess/Müller-Dietz, 2008, § 39 Rdn. 5.
[377] OLG Hamm, NStZ 1993, S. 208.
[378] Krit. dazu AK-Däubler/Spaniol, 2006, § 39 Rdn. 27; Calliess/Müller-Dietz, 2008, § 39 Rdn. 5.
[379] BGH, NStZ 1990, S. 453.
[380] OLG Frankfurt, ZfStrVo 2002, S. 117.
[381] Arloth, 2008, § 39 Rdn. 7.
[382] Vgl. Lohmann, 2002, S. 65.

macht werden, d.h. er hat sich an den Aufwendungen des Staates für seine Unterkunft und Verpflegung finanziell zu beteiligen. Der Inhaftierte ist zudem anzuhalten, seiner Steuerpflicht nachzukommen. Erfüllt er insoweit seine Verpflichtungen nicht, wird die Erlaubnis zur Selbstbeschäftigung widerrufen.[383]

Als Selbstbeschäftigung kommt auch eine freiberufliche Tätigkeit **außerhalb der Anstalt** in Betracht.

420

> *Beispiel:* Ein Strafgefangener arbeitete als Freigänger in einem freien Beschäftigungsverhältnis als Bauzeichner bei einer GmbH. Als diese in Insolvenz zu gehen drohte, erwarb er zusammen mit einem weiteren Mitarbeiter für einen Euro die Geschäftsanteile und wurde zum Geschäftsführer der GmbH bestellt. Kurz darauf widerrief der Anstaltsleiter die erteilte Genehmigung zur Tätigkeit im Rahmen des freien Beschäftigungsverhältnisses mit der Gesellschaft. Zugleich lehnte er den Antrag des Inhaftierten auf eine weitere Tätigkeit bei der GmbH im Rahmen einer Selbstbeschäftigung außerhalb der Anstalt ab.
>
> Das OLG Hamm[384] hatte in einem ähnlichen Fall die Zulässigkeit der Ausübung einer freiberuflichen Tätigkeit außerhalb der Institution verneint, weil der Gesetzgeber des Bundes-Strafvollzugsgesetzes auf die Voraussetzungen einer Außenbeschäftigung bzw. des Freigangs als notwendige Grundlage einer externen Beschäftigung nur im Zusammenhang mit § 39 Abs. 1 StVollzG hingewiesen habe. Einer extramuralen Selbstbeschäftigung stehe deshalb der Wortlaut des § 39 StVollzG entgegen.[385]
>
> Demgegenüber kann nach Auffassung des BGH[386] – in Übereinstimmung mit einem Großteil der Literatur[387] – die Vollzugsbehörde unter den für eine Gewährung von Vollzugslockerungen genannten Voraussetzungen gestatten, sich außerhalb der Anstalt selbst zu beschäftigen, wenn dies mit dem Vollzugsziel der sozialen Integration vereinbar ist:
>
> „Aus dem Umstand, dass § 39 StVollzG in seinem Abs. 2 anders als in seinem Abs. 1 keinen Hinweis auf §§ 11, 14 StVollzG enthält, lässt sich nicht der Schluss ziehen, Selbstbeschäftigung komme für eine Tätigkeit außerhalb der Vollzugsanstalt nicht in Betracht. Durch § 39 Abs. 1 S. 2 StVollzG werden keine neuen Voraussetzungen für die Erlaubnis nach § 39 StVollzG geschaffen. Hierdurch ist nur geklärt, dass die genannten Vorschriften nicht durch § 39 StVollzG verdrängt werden ... und dass bei Gestattung eines freien Beschäftigungsverhältnisses außerhalb der Anstalt die bei Gewährung von Außenbeschäftigung und Freigang zu erfüllenden Mindestvoraussetzungen (wie das Fehlen der Gefahr des Entweichens und des Begehens von Straftaten) nicht hinter dem Ziel einer Eingliederung des Gefangenen in das Erwerbsleben zurücktreten. ... Einer § 39 Abs. 1 S. 2 StVollzG entsprechenden Bestimmung bedarf es für § 39 Abs. 2 StVollzG nicht. Dieser Absatz enthält keine besonderen Regelungen über die Voraussetzungen für die Selbstbeschäftigung. Er zeigt nur die Handlungsmöglichkeit für die Anstaltsleitung auf, die bei einer Beschäftigung des Gefangenen außerhalb der Anstalt ohnehin §§ 11, 14 StVollzG zu beachten hat ... und sich bei der Entschei-

---

[383] Laubenthal, in: Schwind/Böhm/Jehle/Laubenthal, 2009, § 39 Rdn. 16.
[384] OLG Hamm, StrVert 1987, S. 260.
[385] So im Ergebnis auch Grunau/Tiesler, 1982, § 39 Rdn. 3.
[386] BGH, NStZ 1990, S. 452 f.
[387] AK-Däubler/Spaniol, 2006, § 39 Rdn. 30; Arloth, 2008, § 39 Rdn. 7; Böhm, 2003, S. 73; Calliess/Müller-Dietz, 2008, § 39 Rdn. 6; Kaiser/Schöch, 2002, S. 304 f.; Laubenthal, in: Schwind/Böhm/Jehle/Laubenthal, 2009, § 39 Rdn. 13; Walter M., 1999, S. 418.

dung insbesondere am Erreichen des Vollzugszieles im Einzelfall, den Vollzugsgrundsätzen und auch dem Zweck von Arbeit und Beschäftigung im Vollzug ... orientieren wird."[388]

In Hamburg spricht § 76 Abs. 1 HmbStVollzG ausdrücklich von der Selbstbeschäftigung „innerhalb oder außerhalb der Anstalt" und es verweist § 36 Abs. 2 HmbStVollzG auch auf die gesetzlichen Regelungen über die Gewährung der Vollzugslockerung des Freigangs. Gleiches gilt gem. § 36 Abs. 2 S. 2 NJVollzG in Niedersachsen für eine Selbstbeschäftigung „außerhalb der Anstalt".

421 Liegen die Voraussetzungen für die Gewährung von Freigang vor, lassen § 39 Abs. 2 StVollzG, § 45 Abs. 2 JVollzGB III, Art. 42 Abs. 2 BayStVollzG, § 36 Abs. 1 HmbStVollzG, § 27 Abs. 4 S. 1 HStVollzG, § 36 Abs. 2 NJVollzG auch andere externe Tätigkeiten als solche zur Erzielung eines Erwerbs zu. Als Selbstbeschäftigung im Sinne der Norm können deshalb ein Schulbesuch und ein Hochschulstudium an einer Universität zu qualifizieren sein.[389] Denn die Immatrikulation an einer Hochschule bedeutet keinen vertragsähnlichen Akt und das Studium ist von weitgehender Weisungsunabhängigkeit gekennzeichnet. Fällt Nichterwerbsarbeit unter den Begriff der Selbstbeschäftigung, so zählt hierzu schließlich der Freigang für inhaftierte Mütter zur Versorgung und Betreuung ihrer Kinder.[390]

Gemäß § 39 Abs. 3 StVollzG, § 45 Abs. 3 JVollzGB III, Art. 42 Abs. 3 BayStVollzG, § 36 Abs. 3 HmbStVollzG, § 27 Abs. 4 S. 2 HStVollzG, § 36 Abs. 3 NJVollzG kann die Vollzugsbehörde verlangen, dass getätigte Gewinne, Erlöse oder sonstige Zuwendungen zur Gutschrift für den Inhaftierten auf ein besonderes **Konto** der Anstalt überwiesen werden.

422 Hat die Anstaltsleitung eine Selbstbeschäftigung gestattet, darf diese im Geltungsbereich des Bundes-Strafvollzugsgesetzes nach den Grundsätzen über begünstigende Verwaltungsakte widerrufen werden.[391] Ein **Widerruf** kann entsprechend § 49 Abs. 2 VwVfG erfolgen[392], wenn nachträglich Umstände eingetreten sind, deren Vorliegen zum Zeitpunkt der Gestattung eine Versagung gerechtfertigt hätte. Dabei ist aber der Grundsatz der Verhältnismäßigkeit zu beachten und zunächst zu prüfen, ob Abmahnungen oder Weisungen genügen.[393]

In Bayern und Hessen ist die Ablösung in Art. 44 BayStVollzG und § 28 HStVollzG unmittelbar geregelt. Für Hamburg gilt insoweit § 92 Abs. 2 HmbStVollzG, in Niedersachsen verweist § 100 NJVollzG auf die einschlägigen Vorschriften des Landesverwaltungsverfahrensgesetzes.

---

[388] BGH, NStZ 1990, S. 453.
[389] Böhm, 2003, S. 173; Kaiser/Schöch, 2002, S. 305; Laubenthal, in: Schwind/Böhm/Jehle/Laubenthal, 2009, § 39 Rdn. 17.
[390] Dazu Kap. 6.2.
[391] Calliess/Müller-Dietz, 2008, § 39 Rdn. 7.
[392] AK-Däubler/Spaniol, 2006, § 39 Rdn. 32; Arloth, 2008, § 39 Rdn. 7.
[393] OLG Frankfurt, NStZ 1981, S. 159.

Wird die Selbstbeschäftigung anstaltsextern ausgeübt und kommt es zu einem Widerruf oder einer Rücknahme der Lockerungsgewährung, lässt das zugleich die Erlaubnis zur Selbstbeschäftigung erlöschen, wenn die Ausübung dieser Tätigkeit nicht anstaltsintern möglich ist.

5.3.2 Berufliche und schulische Bildung

Erhebungen in Justizvollzugsanstalten zeigen bei zahlreichen Strafgefangenen **423** häufig erhebliche Defizite im schulischen und beruflichen Bereich.[394] Von den im Jahr 2009 in bayerischen Anstalten einsitzenden Verurteilten verfügten beispielsweise nur etwa 52 % der Erwachsenen über eine abgeschlossene Berufsausbildung (bei den Jugendstrafgefangenen sogar lediglich 21 %).[395]

> Schulische und berufliche Defizite lassen sich zwar in überproportionaler Häufigkeit bei Strafgefangenen finden. Im Sinne eines monokausalen Zusammenhangs darf dies jedoch nicht dahin gehend interpretiert werden, dass **Bildungsmangel** die Ursache von Straffälligkeit darstellt. Als ein Faktor kann er allerdings **kriminelles Verhalten begünstigen**. Auf der anderen Seite verdeutlichen Studien zur Rückfälligkeit entlassener Gefangener – mit divergierenden Gewichtungen – die Bedeutung insbesondere einer auf die individuellen Möglichkeiten und Bedürfnisse zugeschnittenen beruflichen und schulischen Ausbildung im Vollzug für eine soziale Integration gerade junger Verurteilter in die Gesellschaft.[396] Nach den Wirkungsanalysen von vollzuglichen Interventionen im schulischen und beruflichen Bereich verbessert die Teilnahme an Bildungsangeboten und insbesondere deren erfolgreicher Abschluss die Chancen einer positiven Legalbewährung. Der Behandlungsvollzug darf es aber bei Sozialisationsdefiziten in der Arbeits-, Berufs- oder Bildungskarriere des Einzelnen nicht bei Angeboten zur (Aus-)Bildungsförderung für geeignete Inhaftierte und deren Durchführung belassen. Denn es geht häufig nicht nur um die Behebung von Schwächen und Mängeln in diesen Bereichen, sondern zugleich auch um eine Unterstützung der Bildungsmaßnahmen mittels sozialen Trainings zur Erlangung sozialer Kompetenz, damit die Förderungsbemühungen nicht an fehlendem Durchhaltevermögen, geringer Einsatzbereitschaft oder mangelnder Belastbarkeit scheitern. Bildungsmaßnahmen müssen deshalb Teil eines umfassenden individuellen Behandlungskonzepts sein.

Die Strafvollzugsgesetze stellen die Maßnahmen der Aus- und Weiterbildung der Zuweisung einer wirtschaftlich ergiebigen Arbeit als **gleichrangig** zur Seite.[397] Geeigneten Gefangenen soll die Vollzugsbehörde gem. § 37 Abs. 3 StVollzG, § 42 Abs. 4 JVollzGB III, Art. 39 Abs. 4 BayStVollzG, §§ 34 Abs. 1 Nr. 3, 35 HmbStVollzG, § 27 Abs. 3 S. 2 HStVollzG, § 35 Abs. 2 S. 3 NJVollzG Gelegen-

---

[394] Vgl. Kaiser/Schöch, 2002, S. 465; Pendon, 1992, S. 31 ff.; Walter M., 1999, S. 413 ff.; Wiegand, 1988, S. 277 f.
[395] Bayer. Staatsministerium der Justiz, 2010, S. 24.
[396] Siehe Baumann K.-H., 1984, S. 31 ff.; Berckhauer/Hasenpusch, 1982, S. 320; Dolde/Grübl, 1988, S. 29 ff.; dies., 1996, S. 284; Kerner/Janssen, 1996, S. 175 f.; Mey, 1986, S. 265 ff.
[397] BT-Drs. 7/918, S. 65 (zu § 37 StVollzG).

heit zur Berufsausbildung, beruflichen Weiterbildung oder Teilnahme an anderen aus- oder weiterbildenden Maßnahmen geben.

424 Bei den gesetzlich normierten, in erster Linie berufsbezogenen **Bildungsmaßnahmen** handelt es sich regelmäßig um Vollzeitmaßnahmen, welche an die Stelle der Zuweisung von Arbeit treten und insoweit die Arbeitspflicht des Inhaftierten entfallen lassen. Benannt sind Maßnahmen der Aus- und Weiterbildung sowie der Teilnahme an anderen ausbildenden und weiterbildenden Maßnahmen. Die Oberbegriffe der Aus- und Weiterbildung werden aber in den Strafvollzugsgesetzen nicht weiter abgegrenzt und definiert. Ihre Bedeutung ergibt sich aus dem BBiG sowie aus dem SGB III. Nach § 1 Abs. 3 BBiG hat die **Berufsausbildung** eine breit angelegte berufliche Grundbildung und die für die Ausübung einer qualifizierten beruflichen Tätigkeit notwendigen fachlichen Fertigkeiten und Kenntnisse in einem geordneten Ausbildungsgang zu vermitteln. Zudem soll der Erwerb der erforderlichen Berufserfahrungen ermöglicht werden. Zur **beruflichen Weiterbildung** gehören Fortbildungs- und Umschulungsmaßnahmen. Gem. § 1 Abs. 4 BBiG soll eine berufliche Fortbildung es ermöglichen, die vorhandenen beruflichen Kenntnisse und Fertigkeiten zu erhalten, zu erweitern, der technischen Entwicklung anzupassen oder beruflich aufzusteigen, während die berufliche Umschulung nach § 1 Abs. 5 BBiG der Befähigung zu einer anderen beruflichen Tätigkeit dient. Angesichts der nur begrenzten vollzuglichen Möglichkeiten zur Aus- und Weiterbildung sowie der – häufig auch durch kurze Haftzeiten bedingten – Ungeeignetheit vieler Inhaftierter für Aus- und Weiterbildungsmaßnahmen von längerer Dauer, spielen in der vollzuglichen Praxis die **anderen aus- und weiterbildenden Maßnahmen** eine größere Rolle und dabei vor allem diejenigen der Berufsausbildungsvorbereitung.[398] Nach § 1 Abs. 2 BBiG dienen diese dem Ziel, an eine Berufsausbildung in einem anerkannten Ausbildungsberuf oder eine gleichwertige Berufsausbildung heranzuführen.

425 Eine **Förderung** durch die Bundesagentur für Arbeit kann für Maßnahmen der Ausbildung (§ 60 SGB III) ebenso wie für diejenigen der Weiterbildung (§§ 77 ff. SGB III) und der Berufsvorbereitung (§ 61 SGB III) erfolgen. Zwar enthält das SGB III – abgesehen von § 26 Abs. 1 Nr. 4 SGB III zur Frage der Versicherungspflicht – keine speziellen Regelungen für den Strafvollzug. Jedoch kann auch der Strafgefangene nach den im SGB III genannten Voraussetzungen Leistungen der traditionellen Förderung (z.B. Gewährung von Berufsausbildungsbeihilfe, Übernahme von Maßnahmekosten) erhalten bzw. die Anstalt eine institutionelle Förderung (z.B. durch finanzielle Zuschüsse zur Schaffung von Ausbildungsplätzen) erfahren.

> In Bayern standen im Jahr 2010 im Erwachsenenvollzug 600 qualifizierte berufliche Ausbildungsplätze zur Verfügung. Dabei erfolgt in zumeist eigenen Lehrwerkstätten die Ausbildung in Bereichen wie Bautechnik, Elektronik, Farbtechnik, Kraftfahrzeugmechanik, Landschaftspflege und -gestaltung, Schreiner, Textilreiniger usw. Auch in den Arbeits- und Wirtschaftsbetrieben der Vollzugsanstalten selbst (z.B. Schreinereien, Druckereien, Elektrobetriebe, Schneidereien, Kfz-Werkstätten) ist ein nicht unerheblicher Teil der Ausbildungsplätze eingerichtet. Daneben werden sonsti-

---

[398] Arloth, 2008, § 37 Rdn. 13.

ge berufliche Bildungsmaßnahmen (beispielsweise Gabelstaplerlehrgänge, EDV-spezifische Kurse) durchgeführt.[399]

Damit ein Gefangener für Förderungsmaßnahmen (z.B. nach dem SGB III) überhaupt in Betracht kommen kann, haben zunächst die **Zulassungsvoraussetzungen auf vollzuglicher Ebene** vorzuliegen.
Der Inhaftierte muss gem. § 37 Abs. 3 StVollzG, § 42 Abs. 4 JVollzGB III, Art. 39 Abs. 4 BayStVollzG, § 34 Abs. 1 Nr. 3 HmbStVollzG, § 27 Abs. 3 S. 2 HStVollzG, § 35 Abs. 2 S. 3 NJVollzG für die berufliche oder sonstige Förderung **geeignet** sein. Zu unterscheiden ist dabei zwischen persönlicher, fachlicher und vollzuglicher Eignung. Zur **persönlichen** Eignung sind das Vorliegen entsprechender Bildungsdefizite (Bildungsbedürftigkeit) sowie die notwendigen körperlichen, geistigen und charakterlichen Voraussetzungen für eine berufliche Bildung (Bildungsfähigkeit und -willigkeit) zu rechnen. Die **fachliche** Eignung umfasst alle psychischen und physischen Fähigkeiten, die für die vorgesehene konkrete Berufsbildungsmaßnahme erforderlich sind, um sie durchzustehen und erfolgreich abzuschließen. Zur **vollzuglichen** Eignung gehören im Wesentlichen Sicherheitsaspekte, ob z.B. die mit der Bildungsmaßnahme verbundenen Vollzugslockerungen (Ausgang, Freigang) dem einzelnen Gefangenen entsprechend seinem Vollzugsplan gewährt werden können. Bei dem Merkmal der Eignung auf der Tatbestandsseite von § 37 Abs. 3 StVollzG, § 42 Abs. 4 JVollzGB III, Art. 39 Abs. 4 BayStVollzG, § 34 Abs. 1 Nr. 3 HmbStVollzG, § 27 Abs. 3 S. 2 HStVollzG, § 35 Abs. 2 S. 3 NJVollzG handelt es sich um einen unbestimmten Rechtsbegriff. Denn bei der Feststellung der Eignung geht es um ein Wahrscheinlichkeitsurteil, das auf einem Bündel objektiver und subjektiver Umstände beruht. Aufgrund der erforderlichen persönlichen Wertungen steht der Anstaltsleitung eine Entscheidungsprärogative zu. Die Entscheidung innerhalb des ihr eingeräumten **Beurteilungsspielraums** bleibt gerichtlich nur eingeschränkt überprüfbar.[400]

Als weitere Zulassungsvoraussetzung normieren § 41 Abs. 2 StVollzG, § 47 Abs. 2 JVollzGB III, Art. 39 Abs. 4 S. 2 und 3 BayStVollzG, § 38 Abs. 2 HmbStVollzG, § 35 Abs. 2 S. 3 und Abs. 5 NJVollzG ein **widerrufbares Zustimmungserfordernis** für die Teilnahme des Gefangenen an einer Bildungsmaßnahme. (Keine Zustimmung der Inhaftierten normiert das HStVollzG.) Die Vorschriften konkretisieren den Mitwirkungsgrundsatz, denn die Chancen für einen erfolgreichen Ablauf und Abschluss der Maßnahme erhöhen sich gerade, wenn Aus- und Weiterbildung auf Freiwilligkeit und Selbstverantwortlichkeit gestützt werden. Insofern ist es durchaus kritisch zu sehen, dass Hessen ein solches Zustimmungserfordernis nicht kennt.

Die Zustimmung ist gegebenenfalls schriftlich zu erteilen und zur Gefangenenpersonalakte zu nehmen. Die damit bezweckte Selbstbindung des Gefangenen ist zudem erforderlich, weil mit den Bildungsmaßnahmen erhebliche organisatorische Arbeiten, ein verstärkter personeller Einsatz und hohe Kosten verbunden sind, die nicht zuletzt aus Wirtschaftlichkeitsgründen sonst ohne große Not wieder infrage

---

[399] Bayer. Staatsministerium der Justiz, 2010, S. 24 ff.
[400] Arloth, 2008, § 37 Rdn. 15; Kaiser/Schöch, 2002, S. 255, 309; Laubenthal, in: Schwind/Böhm/Jehle/Laubenthal, 2009, § 37 Rdn. 19.

gestellt oder sogar bei leichtfertigem Abbruch fehlinvestiert wären. Deshalb darf der Gefangene seine Zustimmung auch nicht zur Unzeit widerrufen.

Damit der Abschluss einer Bildungsmaßnahme möglichst noch während der Haftzeit erreicht werden kann, wird in Einzelfällen ein Verzicht auf eine bedingte Entlassung gem. § 57 StGB bei Beginn der Bildungsmaßnahme verlangt, wenn sonst zu befürchten ist, dass der Gefangene die begonnene Maßnahme nach seiner Entlassung nicht fortsetzt und so das angestrebte Ziel der schulischen oder beruflichen Qualifikation verfehlt. Zwar ist der Gefangene später an diesen Verzicht rechtlich nicht gebunden und kann seine erforderliche Einwilligung in die Strafrestaussetzung zur Bewährung trotzdem geben. Das Vollstreckungsgericht wird den drohenden Abbruch der begonnenen Bildungsmaßnahme dann allerdings prognostisch zu werten haben. Einen anderen – vorzugswürdigen – Weg stellt insoweit ein Angebot an Haftentlassene dar, die in der Anstalt begonnene Ausbildung dort auch bis zu deren Abschluss fortsetzen zu können.

428 Liegen Geeignetheit und Zustimmung vor, erwächst dem Inhaftierten – vorbehaltlich der besonderen arbeits- und bildungsrechtlichen Voraussetzungen – kein Recht auf Zulassung zu einer beruflichen Förderungsmaßnahme. Es steht ihm insoweit nur ein **Anspruch auf fehlerfreie Ermessensentscheidung** zu.[401] Ein Auswahlermessen der Anstaltsleitung ist z.B. auszuüben, wenn für einen Aus- oder Weiterbildungsplatz mehrere Strafgefangene gleichermaßen geeignet sind. Im Einzelfall kann dabei aber ein Anspruch auf den nächsten frei werdenden Ausbildungsplatz entstehen.[402]

Nimmt der Gefangene an einer aus- bzw. weiterbildenden Maßnahme teil, wird bei deren Durchführung während der Arbeitszeit die **Arbeit substituiert**.[403] Die berufliche Bildung kann durch eine Berufsausbildung in anstaltseigenen Produktions- und Lehrwerkstätten entsprechend den Richtlinien der außervollzuglich zuständigen Institutionen (z.B. Berufsbildungsausschüsse bei den Industrie- und Handelskammern bzw. Handwerkskammer) erfolgen. Sie mag auch eine Weiterbildungsmaßnahme gem. §§ 77 ff. SGB III sein, die ebenfalls in den Anstaltsbetrieben oder in einem geschlossenen Lehrgang, zumeist in besonderen Werkstätten, durchgeführt wird. Dabei ist das **Ausbildungsverhältnis** i.S.v. § 37 Abs. 3 StVollzG, § 42 Abs. 4 JVollzGB III, Art. 39 Abs. 4 BayStVollzG, § 34 Abs. 1 Nr. 3 HmbStVollzG, § 27 Abs. 3 S. 2 HStVollzG, § 35 Abs. 2 S. 3 NJVollzG – ebenso wie das Arbeitsverhältnis bei zugewiesener Pflichtarbeit – **Teil der öffentlich-rechtlichen Beziehungen**, in denen der Inhaftierte zum Staat steht. Es finden daher die Vorschriften des bürgerlichen Rechts und des Arbeitsrechts mit den daraus abzuleitenden Ansprüchen des Arbeitnehmers bzw. des Auszubildenden keine Anwendung.[404]

429 Zur Aus- und Weiterbildung zählt auch der **schulische Unterricht**, der nach § 38 Abs. 2 StVollzG, § 43 Abs. 2 JVollzGB III, Art. 40 Abs. 2 BayStVollzG,

---

[401] OLG Karlsruhe, StraFo 2008, S. 524 f.
[402] OLG Karlsruhe, StraFo 2008, S. 525.
[403] Calliess, 1992, S. 123; Laubenthal, in: Schwind/Böhm/Jehle/Laubenthal, 2009, § 37 Rdn. 17.
[404] KG, NStZ 1989, S. 197.

§ 35 Abs. 4 HmbStVollzG[405] während der Arbeitszeit stattfinden soll. Die Gesetzgeber haben diese Maßnahme ebenfalls der Arbeit prinzipiell gleichgestellt. Voraussetzungen für die Teilnahme an schulischen Bildungsmaßnahmen sind die **Geeignetheit** des Gefangenen sowie seine **Zustimmung** gem. § 41 Abs. 2 StVollzG, § 47 Abs. 2 JVollzGB III, Art. 39 Abs. 4 S. 2 BayStVollzG, § 38 Abs. 2 HmbStVollzG, § 35 Abs. 2 S. 3 NJVollzG. Auch hinsichtlich der schulischen Förderung steht ihm nur ein Anspruch auf **fehlerfreie Ermessensentscheidung** zu.

§ 38 Abs. 1 StVollzG, § 43 Abs. 1 JVollzGB III, Art. 40 Abs. 1 BayStVollzG, § 35 Abs. 1 bis 3 HmbStVollzG heben den Unterricht in zum Hauptschulabschluss führenden Fächern, den Förderunterricht sowie den berufsbildenden Unterricht bei beruflicher Aus- oder Weiterbildung besonders hervor. Daneben werden weitere gesetzlich nicht benannte schulische Bildungsmaßnahmen durchgeführt.

Bei den sonstigen Bildungsmaßnahmen handelt es sich in der Praxis vor allem um Alphabetisierungskurse, schulabschluss- bzw. berufsvorbereitenden Unterricht. In einigen Anstalten ist der Realschulabschluss möglich. Geeigneten Gefangenen wird im Wege des Freigangs oder über das Telekolleg Gelegenheit zum Erwerb der Fachober-, Fachhochschul- bzw. der Hochschulreife gegeben. **430**

Zu den Bildungsmaßnahmen zählt auch das **Hochschulstudium**. So kann ein Strafgefangener bei als solcher genehmigter Selbstbeschäftigung im Wege des Freigangs Vorlesungen besuchen. Im Übrigen bilden Inhaftierte im geschlossenen Vollzug eine spezifische Adressatengruppe für Bildungsmaßnahmen mit Hilfe von **Fernunterricht und Fernstudien**, die neben der Fernuniversität Hagen verschiedene, in diesem Bereich außerhalb der Anstalten tätige Bildungsinstitute anbieten.[406] Ein Fernunterricht bzw. -studium beruht auf schriftlich vermittelter Kommunikation zwischen dem Lernenden und den Lehrkräften der Fernlehrorganisation, wobei die Kurse vorproduziert sind und die Interaktion vor allem medienvermittelt stattfindet – in der Regel hauptsächlich aus der Lösung, der Korrektur und der Kommentierung vom Einsendeaufgaber.[407] Ein Fernunterricht oder -studium stellt dann eine Maßnahme i.S.v. § 37 Abs. 3 StVollzG, § 42 Abs. 4 JVollzGB III, Art. 39 Abs. 4 BayStVollzG, § 34 Abs. 1 Nr. 3 HmbStVollzG, § 27 Abs. 3 S. 2 HStVollzG, § 35 Abs. 2 S. 3 NJVollzG dar, wenn der Inhaftierte für sein Ausbildungsvorhaben von der Arbeitspflicht freigestellt wird.[408] Eine fernunterrichtliche Ausbildung kann zwar den individuellen Berufswünschen und Bedürfnissen eines einzelnen Gefangenen weitgehend gerecht werden.

---

[405] Keine über § 35 Abs. 2 S. 3 NJVollzG hinausgehenden speziellen gesetzlichen Regelungen zum Unterricht enthält in Niedersachsen das NJVollzG. Besondere, den Unterricht betreffende Vorschriften bestehen auch nicht in Hessen.

[406] Hinweise über persönliche Voraussetzungen, Lehr- und Studienangebote, gesetzliche Grundlagen und finanzielle Förderung s. Ratgeber für Fernunterricht, zu beziehen bei der Staatlichen Zentralstelle für Fernunterricht (ZFU) in 50676 Köln, Peter-Welter-Platz 2 bzw. im Internet unter http://www.zfu.de/Ratgeber-bestellen.html oder beim Bundesinstitut für Berufsbildung (BIBB) in 53113 Berlin, Hermann-Ehlers-Str. 10 bzw. im Internet unter http://www.bibb.de/de.

[407] Ommerborn/Schuemer, 1999, S. 3 f.

[408] KG, ZfStrVo 2003, S. 178.

Eine erfolgreiche Durchführung setzt neben den intellektuellen bzw. formellen Voraussetzungen (etwa in Form des Abitur- oder Fachhochschulreifenachweises) aber große Arbeitsdisziplin, erhöhtes Leistungsstreben, starkes Durchhaltevermögen und eigenkontrollierte Stetigkeit voraus, an denen es den meisten Gefangenen mangelt. Zudem bedarf es der im Einzelfall erforderlichen vollzugsbezogenen Gegebenheiten, d.h. im Idealfall räumlicher Unterbringung mit geeignetem Platz zum Lernen, mit EDV-Unterstützung und mit Bibliothek sowie Betreuung durch Mentoren.[409] Erforderlichenfalls muss eine Eignung für Urlaub oder Ausgang gegeben sein bzw. kann eine Überstellung in eine andere Anstalt[410] zum Ablegen einer Prüfung in Betracht kommen. Insbesondere für im geschlossenen Vollzug unterzubringende Gefangene bedarf es der Verlegung in eine solche Vollzugseinrichtung, in der Studienzentren für inhaftierte Fernstudenten eingerichtet wurden (z.B. in den Justizvollzugsanstalten Geldern, Hannover, Freiburg, Würzburg), welche als Instrumente zur Kompensation von Kommunikationsdefiziten in der Fernlehre fungieren.[411] Für die organisatorische Durchführung derartiger, mit einem Fernunterricht zwangsläufig verbundener Maßnahmen ist die Vollzugsbehörde im Falle ihrer Zustimmung zur Aufnahme des Studiums bzw. Fernlehrgangs verantwortlich.[412] Dabei kann Urlaub über die gesetzlich normierten Höchstgrenzen hinaus nicht gewährt werden.[413] Auch ist die Vollzugsbehörde nicht verpflichtet, den Gefangenen an Begleitveranstaltungen teilnehmen zu lassen, deren Gegenstand vom Kernbereich des Studiums so weit entfernt erscheint, dass bei Nichtteilnahme eine Gefährdung des Studienziels nicht zu befürchten ist.[414] Schließlich ergibt sich aus der vollzugsgesetzlichen Regelung über die Aus- und Weiterbildung kein Anspruch auf Übernahme von Kosten eines Fernlehrgangs oder -studiums.[415]

431 Im Rahmen des **öffentlich-rechtlichen Aus- und Weiterbildungsverhältnisses** richtet sich der Anspruch des Inhaftierten auf bezahlte freie Zeit zu Erholungszwecken nach § 42 StVollzG, § 48 JVollzGB III, Art. 45 BayStVollzG, § 39 HmbStVollzG, § 27 Abs. 9 HStVollzG, § 39 NJVollzG. Liegen die Voraussetzungen vor, hat der Betroffene einen Anspruch auf **Freistellung von der Arbeitspflicht**. Während dieser Zeit erhält er gem. § 42 Abs. 3 StVollzG, § 48 Abs. 3 JVollzGB III, Art. 45 Abs. 3 BayStVollzG, § 39 Abs. 3 HmbStVollzG, § 27 Abs. 9 S. 5 HStVollzG, § 39 Abs. 4 NJVollzG bisher gezahlte Entgelte weiter.

Nimmt der Insasse an einer schulischen oder beruflichen Bildungsmaßnahme teil, dürfen nach § 40 StVollzG, § 44 JVollzGB III, Art. 41 BayStVollzG, § 37 HmbStVollzG, § 27 Abs. 8 HStVollzG, § 37 NJVollzG dabei erworbene **Zeugnisse**, Bescheinigungen und Leistungsbeurteilungen die Gefangenschaft nicht erkennen lassen. Hierdurch sollen Beeinträchtigungen im Fortkommen des Entlassenen verhindert werden.

---

[409] Vgl. Clever/Ommerborn, 1996, S. 82 ff.
[410] OLG Karlsruhe, ZfStrVo 1988, S. 369.
[411] Ommerborn/Schuemer, 1999, S. 9 ff.
[412] OLG Hamm, ZfStrVo 1986, S. 376.
[413] OLG Frankfurt, NStZ 1986, S. 189.
[414] OLG Koblenz, ZfStrVo 1987, S. 246.
[415] OLG Nürnberg, ZfStrVo 1991, S. 245; OLG Hamburg, NStZ 1995, S. 568; Arloth, 2008, § 37 Rdn. 13; Calliess/Müller-Dietz, 2008, § 37 Rdn. 4.

So erfolgt z.B. in Bayern der Berufsschulunterricht aufgrund einer Vereinbarung mit dem Kultusministerium in enger Zusammenarbeit mit der jeweils örtlich zuständigen Sprengel-Berufsschule, die dann neutrale Abschlusszeugnisse erstellt.[416]

Nach den Vorschriften über die freien Beschäftigungsverhältnisse kann die Anstaltsleitung Gefangenen auch ermöglichen, durch eine **privatrechtliche Gestaltung** einer Berufsausbildung oder beruflichen Fortbildung außerhalb der Anstalt nachzugehen. Für ein solches freies Beschäftigungsverhältnis gelten die gleichen Voraussetzungen wie für eine externe Arbeitstätigkeit auf privatrechtlicher Basis.[417] Vor allem müssen die Bedingungen einer Gewährung von Vollzugslockerungen bzw. vollzugsöffnenden Maßnahmen gegeben sein. Hinsichtlich finanzieller Leistungen an den Gefangenen und bezahlter arbeitsfreier Zeit gelten für Strafgefangene und andere Teilnehmer an der jeweiligen Bildungsmaßnahme die gleichen Kriterien. **432**

Weiterbildungsmaßnahmen sind auch in der **Freizeit** möglich.[418] Hierbei handelt es sich zumeist um solche, die nicht primär dem Ziel einer Vermittlung, Erhaltung oder Förderung der Fähigkeiten für eine Erwerbstätigkeit nach der Entlassung dienen (z.B. Sprachkurse, Fernlehrgänge). Zudem können organisatorische oder personelle Notwendigkeiten die Durchführung von Bildungsangeboten in der Freizeit notwendig machen.

5.3.3 Finanzielle Leistungen an den Inhaftierten

Einen wesentlichen Ansatz zur Reform des Strafvollzugs stellte in den siebziger Jahren des 20. Jahrhunderts die Einführung einer adäquaten Arbeitsentlohnung und entsprechender Ersatzleistungen bei Teilnahme an (Aus-)Bildungsmaßnahmen sowie bei unverschuldeter Nichtarbeit dar. So sah der Alternativ-Entwurf zum Bundes-Strafvollzugsgesetz eine Entlohnung der Insassen wie freie Arbeitnehmer vor, d.h. die Zahlung eines tariflichen Entgelts.[419] Auch der Bundesgesetzgeber hob die Bedeutung der Gewährung eines echten Arbeitsentgelts, von Beihilfen zur Aus- und Weiterbildung sowie von Entschädigungen zu Zeiten fehlender Arbeit bzw. der Arbeitsunfähigkeit für den Behandlungsvollzug hervor.[420] **433**

Die Strafvollzugsgesetze differenzieren heute zwischen folgenden **Leistungsarten**:
- Arbeitsentgelt, Arbeitsurlaub bzw. Freistellung von der Arbeit und Anrechnung von Freistellung auf den Entlassungszeitpunkt (§ 43 StVollzG, § 49 JVollzGB III, Art. 46 BayStVollzG, § 40 HmbStVollzG, § 40 NJVollzG; ähnlich §§ 38 Abs. 1 S. 1, 39 Abs. 1 HStVollzG),
- Ausbildungsbeihilfe (§ 44 StVollzG, § 50 JVollzGB III, Art. 47 BayStVollzG, § 41 HmbStVollzG, § 38 Abs. 1 S. 2 HStVollzG, § 41 NJVollzG),

---

[416] Bayer. Staatsministerium der Justiz, 2010, S. 27.
[417] Siehe Kap. 5.3.1.3.
[418] Dazu unten Kap. 5.6.1.
[419] Baumann/Brauneck/Calliess, 1973, S. 151.
[420] Siehe BT-Drs. 7/918, S. 67.

– Taschengeld (§ 46 StVollzG, § 53 Abs. 1 JVollzGB III, Art. 54 BayStVollzG, § 46 HmbStVollzG, § 41 HStVollzG, § 43 NJVollzG).

Das Leistungssystem hatte der Bundesgesetzgeber gem. § 45 StVollzG um die Ausfallentschädigung ergänzt, deren Gewährung aber aus fiskalischen Gründen wiederum suspendiert. So soll § 45 StVollzG gem. § 198 Abs. 3 StVollzG erst durch ein besonderes Bundesgesetz in Kraft gesetzt werden. Bis dahin gilt auch für die Gewährung von Taschengeld (§ 46 StVollzG) im Geltungsbereich des Bundes-Strafvollzugsgesetzes eine besondere Fassung.

Über das Arbeitsentgelt, die zusätzliche Freistellung von der Arbeit sowie die Vorverlegung des Entlassungszeitpunkts hinausgehend sieht für Hessen § 39 Abs. 1 S. 3 HStVollzG als zusätzliche Anerkennung von Arbeit und Ausbildung einen Erlass von Verfahrenskosten vor.

5.3.3.1 Arbeitsentlohnung

434 Mit der Einführung eines Anspruchs auf Arbeitsentgelt bei Ausübung zugewiesener Arbeit, sonstiger Beschäftigung oder einer Hilfstätigkeit ging der Bundesgesetzgeber davon aus, „dass der Vollzug der Freiheitsstrafe keine weiteren Einschränkungen für den Gefangenen mit sich bringen soll, als es für den Freiheitsentzug und die für die zukünftige straffreie Lebensführung erforderliche Behandlung notwendig ist. Die Gewährung eines echten Arbeitsentgelts ist darüber hinaus als ein wesentliches Mittel der Behandlung selbst zu verstehen, weil sie dem Inhaftierten die Früchte seiner Arbeit vor Augen führt. Sie dient zugleich der Eingliederung, weil sie dem Gefangenen ermöglicht, zum Lebensunterhalt seiner Angehörigen beizutragen, Schaden aus seiner Straftat wieder gutzumachen und Ersparnisse für den Übergang in das normale Leben zurückzulegen."[421]

Die Arbeit in den Justizvollzugsanstalten ist im Gegensatz zu den Verhältnissen in der freien Wirtschaft allerdings Einschränkungen ausgesetzt, welche die Produktivität im Ergebnis verringern. Teilweise veraltete Betriebseinrichtungen, ein vollzugsbedingter häufiger Wechsel von Arbeitskräften, Einsatz an berufsfremden Arbeitsplätzen sowie die organisatorisch nicht zu vermeidende Durchführung besonderer Behandlungsmaßnahmen – auch während der Arbeitszeit – bedingen eine unterschiedliche Rentabilität. Der Bundesgesetzgeber hielt daher die Festschreibung einer Entlohnung von Gefangenenarbeit nach ortsüblichen Tarifen für unangebracht und stellte eine niedrigere Bemessung durch Anknüpfung an das jeweilige durchschnittliche Arbeitsentgelt aller in der gesetzlichen Rentenversicherung der Arbeiter und Angestellten (ohne Auszubildende) Versicherten i.S.d. § 18 SGB IV her. Damit erhöht sich (mit einem Rückstand von zwei Jahren) der Arbeitslohn entsprechend den allgemeinen Einkommenssteigerungen.

435 Der Gefangene erhielt jedoch bis zur Neuregelung der Arbeitsentlohnung durch das 5. Gesetz zur Änderung des Strafvollzugsgesetzes vom 27.12.2000[422] lediglich eine Eckvergütung, die nach § 200 Abs. 1 StVollzG a.F. mit nur fünf vom Hundert der Bemessungsgröße nach § 18 SGB IV festgesetzt wurde. Der zweihundertfünfzigste

---

[421] BT-Drs. 7/918, S. 67.
[422] BGBl. I 2000, S. 2043 ff.

Teil dieser Eckvergütung ergab dann den Tagessatz, wobei dieser im Jahr 2000 bei nur 10,75 DM (5,50 EUR) lag.

Die aus § 200 Abs. 1 StVollzG a.F. folgende **niedrige Entlohnung der Gefangenenarbeit** aus Rücksicht auf die Länderhaushalte sollte eigentlich schon vier Jahre nach Inkrafttreten des Bundes-Strafvollzugsgesetzes ihr Ende finden. So bestimmte § 200 Abs. 2 StVollzG a.f., dass über eine Erhöhung des fünfprozentigen Anteils an der Bezugsgröße i.S.d. § 18 SGB IV bis zum 31. Dezember 1980 (!) befunden werden musste. Dieser eigenen Verpflichtung ist die Legislative allerdings nicht nachgekommen, so dass die ursprünglich geplante Zahlung des zweihundertfünfzigsten Teils von 80 % des durchschnittlichen Arbeitsentgelts aller Versicherten der Rentenversicherung nicht realisiert wurde.[423] Sämtliche Anläufe zur Erhöhung des Prozentsatzes scheiterten.[424] Selbst eine geringfügige Anhebung auf 6 % ließ sich nicht durchsetzen.[425] Da § 200 Abs. 2 StVollzG a.f. jedoch eine bloße Selbstbindung des Gesetzgebers enthielt, konnten die Strafgefangenen aus dieser Norm keinen Anspruch auf einen höheren Arbeitslohn herleiten.[426] Eine Verbesserung des Arbeitsentgelts wurde allerdings über Jahre hinweg anhand unterschiedlicher Modelle diskutiert[427] bzw. erprobt[428]. Die Möglichkeiten einer tatsächlichen entscheidenden Reform zugunsten der Betroffenen blieben jedoch angesichts der fiskalischen Situation der Länderhaushalte eingeschränkt.

Das geringe Arbeitsentgelt gem. §§ 43, 200 StVollzG a.F. hatte mehrere Gefangene dazu veranlasst, Verfassungsbeschwerden einzulegen, nachdem Anträge auf tarifgerechte Entlohnung der jeweils von ihnen erbrachten Tätigkeiten erfolglos geblieben waren. Eine Strafvollstreckungskammer legte dem Bundesverfassungsgericht zudem im Wege des konkreten Normenkontrollverfahrens nach Art. 100 Abs. 1 S. 1 GG die Frage der Arbeitsentlohnung zur Entscheidung vor. Das Bundesverfassungsgericht hatte die Verfahren zu einer einheitlichen, am 1.7.1998 ergangenen Entscheidung zusammengefasst.[429] Dieser kam dann grundlegende Bedeutung zu für die legislatorische Entwicklung hin zu einer Reform der im Bundes-Strafvollzugsgesetz enthaltenen Regelungen über die Arbeitsentlohnung für zugewiesene Pflichtarbeit. Diese wurden von den Landes-Strafvollzugsgesetzen weitgehend übernommen.

Das **Bundesverfassungsgericht** bestätigte[430] die Zulässigkeit von Zwangsarbeit **436** im Vollzug als Resozialisierungsmittel. Aus Art. 2 Abs. 1 i.V.m. Art. 1 Abs. 1 GG folgerte es allerdings, dass nur unter bestimmten Voraussetzungen die Auferlegung von Zwangsarbeit zur Resozialisierung dienen kann: „Arbeit im Strafvollzug, die dem Gefangenen als Pflichtarbeit zugewiesen wird, ist nur dann ein wirksames Resozialisierungsmittel, wenn die geleistete Arbeit angemessene Anerkennung findet. Diese Anerkennung muss nicht notwendig finanzieller Art sein. Sie

---

[423] Vgl. Laubenthal, in: Schwind/Böhm/Jehle/Laubenthal, 2009, § 43 Rdn. 3.
[424] Siehe BT-Drs. 8/3335, BR-Drs. 637/80.
[425] BT-Drs. 11/3694, S. 6, 13.
[426] KG, NStZ 1990, S. 608.
[427] Siehe Jehle, 1994, S. 266; Neu A., 1995, S. 105 ff.; Sigel, 1995, S. 81 ff.
[428] Siehe Hagemann, 1995, S. 343 ff.
[429] BVerfGE 98, S. 169 ff.
[430] Dazu Bemmann, 1998, S. 604 f.; Britz, 1999, S. 195 ff.; Dünkel F., 1998a, S. 14 f.; Kamann, 1999, S. 348 ff.; Lohmann, 2002, S. 125 ff.; Müller-Dietz, 1999a, S. 952 ff.; Neu A., 1998, S. 16 f.; Pawlita, 1999, S. 67 ff.; Radtke, 2001, S. 4 ff.; Schüler-Springorum, 1999, S. 219 ff.

muss freilich geeignet sein, dem Gefangenen den Wert regelmäßiger Arbeit für ein künftiges eigenverantwortetes und straffreies Leben in Gestalt eines für ihn greifbaren Vorteils vor Augen zu führen. Nur wenn der Gefangene eine solchermaßen als sinnvoll erlebbare Arbeitsleistung erbringen kann, darf der Gesetzgeber davon ausgehen, dass durch die Verpflichtung zur Arbeit einer weiteren Desozialisation des Gefangenen entgegengewirkt wird und dieser sich bei der Entwicklung beruflicher Fähigkeiten sowie bei der Entfaltung seiner Persönlichkeit auf ein positives Verhältnis zur Arbeit zu stützen vermag."[431]

Dem **Gesetzgeber** wurde vom Bundesverfassungsgericht ein **weiter Spielraum** zugestanden, wie er seiner Verpflichtung nachzukommen hat, der Gefangenenarbeit die **angemessene Anerkennung** zuzugestehen. In erster Linie kommt – so das Gericht – die Gewährung eines finanziellen Entgelts in Betracht. Dieses muss eine Höhe erreichen, welche den Einsatz der Arbeitsleistung zur Bestreitung des Lebensunterhalts als sinnvoll erscheinen lässt.[432] Allerdings dürfen auch die Marktferne der Gefangenenarbeit, deren Kosten und die Konkurrenz mit dem normalen Markt Berücksichtigung finden.[433]

Das BVerfG lässt die Einführung von Elementen und Mechanismen des normalen Arbeitsmarkts zur **Differenzierung zwischen Tätigkeiten unterschiedlicher Art und Qualität** auch im Bereich des Strafvollzugs zu. Damit soll dem Angleichungsgrundsatz Rechnung getragen werden. Freilich dürfen insoweit nicht zu hohe Anforderungen an die Gefangenen gestellt werden, da diese in den Vollzugseinrichtungen vielfach erst das Arbeiten üben oder erlernen müssen.[434] Eine Einteilung in verschiedene Lohngruppen oder eine leistungsorientierte Entlohnung sieht das Gericht als zulässig an, wenn eine sachgerechte Auswahl der Gefangenen nach ihrer Qualifikation erfolgt und Weiterbildungsangebote für geeignete Inhaftierte bereitgestellt werden.[435]

Das BVerfG hat in seinem Urteil weiter ausgeführt, dass der Bundesgesetzgeber sich bei der Regelung der Arbeitsentlohnung auch für ein Konzept entscheiden darf, in dem die Arbeitsleistung neben oder anstelle einer Lohnzahlung **andere Formen der Anerkennung** erfährt.[436]

Als Möglichkeiten für nicht-monetäre Komponenten schlug das Gericht vor:
1. Aufbau einer sozialversicherungsrechtlichen Anwartschaft,
2. Hilfen zur Schuldentilgung,
3. Neuartige Formen der Anerkennung bei der Gestaltung des Vollzugs und der Entlassungsvorbereitung, möglicherweise auch unter Einbeziehung privater Initiativen,
4. Verkürzung der Haftzeit („good-time"), sofern general- oder spezialpräventive Gründe nicht entgegenstehen,
5. Sonstige Erleichterung der Haftzeit.

---

[431] BVerfGE 98, S. 201.
[432] BVerfGE 98, S. 202.
[433] BVerfGE 98, S. 203.
[434] Vgl. dazu Schüler-Springorum, 1999, S. 222.
[435] BVerfG 98, S. 203.
[436] Zweifelnd Richter Kruis in seinem Minderheitenvotum, BVerfGE 98, S. 218.

Infolge der grundlegenden Entscheidung des BVerfG fasste der Bundesgesetz- **437** geber im 5. Gesetz zur Änderung des Strafvollzugsgesetzes, das am 1.1.2001 in Kraft trat, die §§ 43, 44 und 200 StVollzG als die wesentlichen Normen zur Entlohnung von Gefangenenarbeit neu.[437] Der Inhalt dieser Vorschriften wurde mit §§ 49, 50 JVollzGB III; Art. 46, 47 BayStVollzG; §§ 40, 41 HmbStVollzG; §§ 38, 39 HStVollzG; §§ 40, 41 NJVollzG auf Landesebene weitgehend inhaltsgleich übernommen.

Die Entlohnung enthält von Inhaftierten für die Verrichtung der ihnen zugewiesenen Pflichtarbeiten eine **monetäre Komponente** sowie eine **nicht-monetäre Komponente**. Zugewiesene Pflichtarbeit wird neben der Gewährung von Arbeitsentgelt und der Befreiung der Betroffenen von Haftkostenbeiträgen[438] zugleich auf der nicht-monetären Ebene durch Freistellung von der Arbeit anerkannt, wobei diese auch

– als Urlaub aus der Haft (Arbeitsurlaub)[439] genutzt oder
– auf den Entlassungszeitpunkt angerechnet werden kann.

(1) Monetäre Komponente

Der Inhaftierte, der eine zugewiesene Arbeit oder Hilfstätigkeiten nach §§ 37, 41 **438** Abs. 1 S. 2 StVollzG; §§ 42, 47 Abs. 1 S. 2 JVollzGB III; Art. 39, 43 S. 2 BayStVollzG; §§ 34, 38 Abs. 1 S. 2 HmbStVollzG; § 27 Abs. 3 HStVollzG; § 35 NJVollzG verrichtet, hat gem. § 43 Abs. 1 1. Alt., Abs. 2 StVollzG; § 49 Abs. 1 1. Alt., Abs. 2 JVollzGB III; Art. 46 Abs. 1 1. Alt., Abs. 2 BayStVollzG; § 40 Abs. 1 1. Alt., Abs. 2 HmbStVollzG; § 38 Abs. 1 S. 1 HStVollzG; § 40 Abs. 1 NJVollzG einen Rechtsanspruch auf die gesetzlich vorgesehene finanzielle Entlohnung. Wie das Arbeitsverhältnis selbst, so ist auch dieser **Anspruch auf Arbeitslohn öffentlich-rechtlicher Natur**.[440] Dem arbeitenden Gefangenen steht daher weder ein Anspruch auf eine tarifliche Entlohnung zu, noch halten die Gesetzgeber eine den ortsüblichen Tarifen entsprechende Bezahlung für angebracht und gehen stattdessen von einer niedrigeren Entlohnung aus.

Die **Bemessung der Entlohnung der Gefangenenarbeit** knüpft daher mit § 43 **439** Abs. 2 S. 2 StVollzG, § 49 Abs. 2 S. 2 JVollzGB III, Art. 46 Abs. 2 S. 2 BayStVollzG, § 40 Abs. 2 S. 3 Nr. 1 1. Halbs. HmbStVollzG, § 38 Abs. 2 HStVollzG, § 40 Abs. 1 S. 2 NJVollzG an das jeweilige durchschnittliche Arbeitsentgelt aller in der gesetzlichen Rentenversicherung der Arbeiter und Angestellten (ohne Auszubildende) Versicherten i.S.d. § 18 SGB IV an. Dadurch erhöht sich mit einem Rückstand von zwei Jahren der Arbeitslohn entsprechend den allgemeinen Einkommenssteigerungen. Der Inhaftierte erhält die Eckvergütung, die gem. § 200 StVollzG, § 49 Abs. 2 S. 2 JVollzGB III, Art. 46 Abs. 2 S. 2 BayStVollzG, § 40 Abs. 2 S. 3 Nr. 1 1. Halbs. HmbStVollzG, § 38 Abs. 2 HStVollzG, § 40 Abs. 1

---

[437] Dazu Calliess, 2001, S. 1692 ff.; Landau/Kunze/Poseck, 2001, S. 2611 ff.; Neu A., 2002, S. 83 ff.; Pörksen, 2001, S. 5 f.; Ullenbruch, 2000, S. 177 ff.
[438] Dazu Kap. 5.3.4.3.
[439] In Baden-Württemberg und in Hessen Freistellung aus der Haft, in Hamburg Freistellung von der Haft.
[440] KG, NStZ 1990, S. 607; Calliess/Müller-Dietz, 2008, § 43 Rdn. 2.

S. 2 NJVollzG mit neun vom Hundert der Bemessungsgröße nach § 18 SGB IV festgesetzt bleibt. Der 250. Teil dieser Eckvergütung ergibt dann den Tagessatz (§ 43 Abs. 2 S. 3 StVollzG, § 49 Abs. 2 S. 3 1. Halbs. JVollzGB III, Art. 46 Abs. 2 S. 3 BayStVollzG, § 40 Abs. 2 S. 3 Nr. 1 2. Halbs. HmbStVollzG, § 38 Abs. 2 HStVollzG). Die konkrete Bemessung des Entgelts in Tages- bzw. Stundensätzen erfolgt in Niedersachsen in einer Verwaltungsvorschrift. Übt ein Gefangener auf Anordnung der Anstaltsleitung über die übliche Arbeitszeit, für die ein Entgelt nach Tagessätzen bemessen wird, hinausgehend Arbeiten bzw. Bereitschaftsdienste aus, so hat er hierfür sogar einen über den Tagessatz hinausgehenden Anspruch auf Arbeitsentgelt.[441]

440 Nach § 43 Abs. 3 S. 1 StVollzG, § 49 Abs. 3 JVollzGB III, Art. 46 Abs. 3 S. 1 BayStVollzG, § 40 Abs. 2 S. 3 Nr. 2 HmbStVollzG, § 38 Abs. 3 HStVollzG, § 40 Abs. 2 NJVollzG wird die Entlohnung je nach Leistung des Gefangenen und Art der Tätigkeit gestuft. § 48 StVollzG, § 55 JVollzGB III, Art. 48 BayStVollzG, § 43 HmbStVollzG, § 38 Abs. 3 S. 2 HStVollzG, § 44 NJVollzG enthalten Ermächtigungen zum Erlass von **Verordnungen über die Vergütungsstufen**. Aufgrund der Ermächtigung des § 48 StVollzG hat das Bundesministerium der Justiz im Einvernehmen mit dem Bundesministerium für Arbeit und Soziales und der Zustimmung des Bundesrates für den Geltungsbereich des Bundes-Strafvollzugsgesetzes eine Verordnung über die Vergütungsstufen des Arbeitsentgelts und der Ausbildungsbeihilfe (StVollzVergO) erlassen, wonach die Eckvergütung in fünf Stufen erfolgt und der Grundlohn durch Zulagen erhöht werden kann. In Bayern gilt seit 1.1.2008 die Bayerische Strafvollzugsvergütungsverordnung (BayStVollzVergV)[442], deren Regelungen denjenigen der StVollzVergO des Bundes entsprechen; Ähnliches gilt seit 1.1.2010 in Hamburg mit der Hamburgischen Strafvollzugsvergütungsordnung (HmbStVollzVergO)[443].

> *Beispiel:* Berechnung des Arbeitsentgelts für das Jahr 2011:
> Die Bezugsgröße i.S.d. § 18 SGB IV beträgt nach § 2 der Sozialversicherungs-Rechengrößenverordnung 2011[444] des Bundesministeriums für Arbeit und Soziales 30 268 EUR (= Durchschnittsentgelt der gesetzlichen Rentenversicherung im vorvergangenen Kalenderjahr 2011).[445] Die Eckvergütung liegt bei 9 % dieser Bemessungsgröße: 2 724,12 EUR. Der Tagessatz als 250ster Teil der Eckvergütung macht einen Betrag von 10,90 EUR aus, bei einer Gewährung des Arbeitsentgelts nach Stunden liegt der Satz hierfür bei 1,36 EUR.

---

[441] OLG Hamburg, StraFo 2008, S. 221.
[442] BayGVBl. Nr. 2/2008, S. 25.
[443] HambGVBl. 2009, S. 391.
[444] Im Internet abrufbar unter http://www.bmas.de/portal/48726/property=pdf/2010_10_13_soz_verordnung_2011.
[445] Die Bezugsgröße gilt einheitlich für die alten und die neuen Bundesländer, so dass die sog. Bezugsgröße Ost vorliegend unanwendbar bleibt; siehe auch Arloth, 2008, § 43 Rdn. 8.

Nach § 1 StVollzVergO wird je nach Anforderung der Tätigkeit und der Qualifikation des Inhaftierten der Grundlohn des Arbeitsentgelts nach fünf Vergütungsstufen festgesetzt:

Vergütungsstufe I = Arbeiten einfacher Art, die keine Vorkenntnisse und nur eine kurze Einweisungszeit erfordern und die nur geringe Anforderungen an die körperliche oder geistige Leistungsfähigkeit oder an die Geschicklichkeit stellen.
Vergütungsstufe II = Arbeiten der Stufe I, die eine Einarbeitungszeit erfordern.
Vergütungsstufe III = Arbeiten, die eine Anlernzeit erfordern und durchschnittliche Anforderungen an die Leistungsfähigkeit und die Geschicklichkeit stellen.
Vergütungsstufe IV = Arbeiten, die die Kenntnisse und Fähigkeiten eines Facharbeiters erfordern oder gleichwertige Kenntnisse und Fähigkeiten voraussetzen.
Vergütungsstufe V = Arbeiten, die über die Anforderungen der Stufe IV hinaus ein besonderes Maß an Können, Einsatz und Verantwortung erfordern.

Demgemäß beträgt der Arbeitslohn der Strafgefangenen im Jahr 2011 bei einer Sollarbeitszeit von 40 Stunden pro Woche:

Vergütungs- stufe	Eckvergütung (in %)	Tagessatz 2011 (in EUR)	Stundensatz 2011 (in EUR)
I	75	8,18	1,02
II	88	9,59	1,20
III	100	10,90	1,36
IV	112	12,20	1,53
V	125	13,63	1,70

Nach § 2 Abs. 1, Abs. 2 StVollzVergO können außerdem zusätzlich zum Grundlohn **Leistungszulagen** bis zu 30 % sowie Zulagen für Arbeiten zu ungünstigen Zeiten (bis zu 5 %), für Arbeit unter arbeitserschwerenden Umgebungseinflüssen (bis zu 5 %) und für Arbeit über die festgesetzte Zeit hinaus (bis zu 25 %) gewährt werden. Zudem dürfen gem. § 2 Abs. 2 Nr. 1 StVollzVergO Leistungszulagen im **Zeitlohn** (d.h. ein Gefangener hat eine bestimmte Stundenzahl am Tag zu arbeiten) bis zu 30 % vom Grundlohn gewährt werden unter Berücksichtigung von Arbeitsmenge und -güte, Umgang mit Betriebsmitteln und Arbeitsmaterialien, Leistungsbereitschaft und Ausmaß von Fehlzeiten; gem. Nr. 2 im **Leistungslohn** (d.h. ein Gefangener hat eine bestimmte Leistung innerhalb einer festgesetzten Arbeitszeit zu erbringen) bis zu 15 % vom Grundlohn unter Berücksichtigung von Arbeitsgüte sowie Umgang mit Betriebsmitteln und Arbeitsmaterialien.[446] Bei der Gewährung von Leistungszulagen handelt es sich nicht um einen begünstigenden, laufende Geldleistung gewährenden

---

[446] Zur Kürzung von Leistungszulagen gem. § 2 Abs. 2 StVollzVergO siehe KG, ZfStrVo 1982, S. 315.

Dauerverwaltungsakt mit der Eignung, Vertrauensschutz zugunsten des Betroffenen zu entfalten.[447]

Eine **Unterschreitung des Mindestentgelts** von 75 % der Eckvergütung (Stufe I) ist nach § 43 Abs. 3 S. 2 StVollzG, § 49 Abs. 3 S. 2 JVollzGB III, Art. 46 Abs. 3 S. 2 BayStVollzG, § 40 Abs. 2 S. 3 Nr. 2 2. Halbs. HmbStVollzG, § 40 Abs. 2 S. 2 NJVollzG nur möglich, wenn der Gefangene hinsichtlich der Mindestanforderungen nicht genügend Leistung erbringt. Bei Ausübung einer arbeitstherapeutischen Beschäftigung erfolgt gem. § 43 Abs. 4 StVollzG, § 49 Abs. 4 JVollzGB III, Art. 46 Abs. 4 BayStVollzG, § 40 Abs. 2 S. 2 HmbStVollzG, § 40 Abs. 3 NJVollzG die Zahlung eines Arbeitsentgelts nur, soweit dies der Beschäftigungsart und der Arbeitsleistung entspricht. Es beträgt dann nach § 3 StVollzVergO regelmäßig 75 % des Grundlohns der Vergütungsstufe I und kann zudem bis zur Höhe des Taschengeldes reduziert werden.

441 Die **sehr niedrige Bemessung der monetären Entlohnung** der Gefangenenarbeit stellt – trotz zusätzlicher nicht-monetärer Komponente[448] und der Nichterhebung von Haftkostenbeiträgen[449] bei Gefangenen, die ihrer Arbeitspflicht nachkommen – keine leistungsadäquate Bezahlung dar. Zwar erscheinen Forderungen als zu weitgehend, die Inhaftierten nach ortsüblichen Tarifen zu bezahlen[450], denn die Arbeit in den Justizvollzugsanstalten ist im Gegensatz zu den Verhältnissen in der freien Wirtschaft Einschränkungen ausgesetzt, welche die Produktivität im Ergebnis verringern. Der Gesetzgeber durfte daher unter Berücksichtigung der typischen Bedingungen des Strafvollzugs – insbesondere der Marktferne – eine niedrigere Bemessung durch Anknüpfung an das durchschnittliche Arbeitsentgelt in der gesetzlichen Rentenversicherung herstellen.

442 Die geringe Höhe der finanziellen Entlohnung der Gefangenen führt jedoch zu **Bedenken** im Hinblick auf den Angleichungsgrundsatz, wonach das Leben im Vollzug den allgemeinen Lebensverhältnissen so weit als möglich angeglichen werden soll. Während sich der Arbeitnehmer in Freiheit durch seine Arbeit einen Anspruch auf eine Gegenleistung zur Bestreitung seines Lebensunterhalts verdient, reduziert die vollzugliche Regelung die Zahlungen auf eine Art **bloße Arbeitsbelohnung**. Damit kann der Betroffene kein auf der eigenen Leistung beruhendes Selbstbewusstsein als eine Voraussetzung für eine erfolgreiche Wiedereingliederung entwickeln. Die geringe Eckvergütung tangiert auch den Gegensteuerungsgrundsatz, wonach schädlichen Folgen des Strafvollzugs entgegenzuwirken ist. Sie führt zu Belastungen der Gefangenen, die keine notwendigen Konsequenzen des Freiheitsentzugs darstellen. Die Vorenthaltung einer leistungsgerechten Entlohnung bringt vor allem eine **negative Lernerfahrung** mit sich: Arbeit lohnt sich nicht.[451] Gerade das wirkt für die Behandlungsmaßnahme der Arbeit kontraproduktiv, denn die Leistungsbereitschaft des Einzelnen durch Verbesserung der Motivation und der Einstellung zur Arbeit erfährt keine zureichende Förderung.

---

[447] OLG Hamburg, ZfStrVo 2002, S. 254.
[448] Dazu Kap. 5.3.3.1 (2).
[449] Dazu Kap. 5.3.4.3.
[450] So aber Neu A., 1995, S. 105 ff.
[451] Krit. auch Lohmann, 2002, S. 325 ff.; Radtke, 2001, S. 9.

Durch die niedrige Entlohnung werden zudem die Chancen einer Vollzugszielerreichung auf der Ebene der Sozialversicherung[452] beeinträchtigt. Eine grundlegende, am Sozialisationsziel orientierte Neugestaltung des vollzuglichen Arbeitswesens haben das 5. Gesetz zur Reform des Bundes-Strafvollzugsgesetzes sowie dessen weitgehende Übernahme durch die Landes-Strafvollzugsgesetze nicht geleistet. Man hat sich lediglich bemüht, eine Lösung innerhalb des verfassungsrechtlich eingeräumten weiten Einschätzungsspielraums[453] zu finden.[454] Das Bundesverfassungsgericht selbst hält die bloße Erhöhung von 5 auf 9 % der Bezugsgröße unter Berücksichtigung der Gewährung nicht-monetärer Leistungen für „noch verfassungsgemäß".[455]

Eine am Kollektivvertragslohn orientierte Arbeitsvergütung erhält dagegen der Strafgefangene in Österreich (§§ 51 ff. öStVG). Diese beträgt mindestens 60 Prozent des Bruttoarbeitsentgelts eines Metallhilfsarbeiters als Messgröße. Allerdings muss der Inhaftierte gem. § 32 öStVG einen hohen Vollzugskostenbeitrag entrichten (bei Bezug von Arbeitslohn regelmäßig in Höhe von 75 Prozent der Vergütung). Auch dies birgt die Gefahr einer weitgehenden Wirkungslosigkeit der Arbeitsvergütung als Steuerungs- und Motivationsinstrument in sich.[456]

Im Rahmen der geltenden Entlohnungsregelungen steht dem Inhaftierten, der **443** zugewiesene Arbeit verrichtet, einer sonstigen Beschäftigung nachgeht oder Hilfstätigkeiten ausübt, ein **Rechtsanspruch** auf das gesetzlich vorgesehene Entgelt – d.h. auf dessen Kontogutschrift – zu.[457] Der Gefangene erhält das Entgelt nur für eine **tatsächlich ausgeübte Tätigkeit**.[458]

Der Anspruch entfällt, wenn und soweit der Insasse der Arbeit fernbleibt. Gleiches gilt bei einem organisationsbedingten Ausfall des Arbeitsbetriebs.[459] Auch für Feiertage, die auf Werktage fallen, erhält er kein Arbeitsentgelt. Darin liegt jedoch keine Schlechterstellung, weil der Grundlohn sich nach der Eckvergütung bemisst, in der die gesetzlichen Feiertage, die auf einen Werktag fallen, schon verrechnet sind. Dem Gefangenen steht kein Anspruch auf Entgelt zu, soweit er etwa wegen Hafturlaubs bzw. Freistellung aus der Haft die Anstalt verlässt und deshalb nicht arbeitet – es sei denn, es liegt bezahlte Freistellung von der Arbeitspflicht vor.

---

[452] Dazu Steiner, 2006, S. 95 ff.
[453] BVerfGE 98, S. 203.
[454] Zur Verfassungsmäßigkeit siehe OLG Frankfurt, NStZ-RR 2002, S. 93; OLG Hamburg, StrVert 2002, S. 376; OLG Hamm, ZfStrVo 2002, S. 121; zustimmend Lückemann, 2002, S. 121 ff.
[455] BVerfG, StrVert 2002, S. 375.
[456] Holzbauer/Brugger, 1996, S. 264 f.; zur Arbeitsregelung in Österreich: Pilgram, 1997, S. 49 ff.
[457] Calliess/Müller-Dietz, 2008, § 43 Rdn. 1; Laubenthal, in: Schwind/Böhm/Jehle/Laubenthal, 2009, § 43 Rdn. 6.
[458] Arloth, 2008, § 43 Rdn. 7; Calliess/Müller-Dietz, 2008, § 43 Rdn. 2.
[459] KG, NStZ 1989, S. 197; KG, ZfStrVo 1992, S. 386.

Gemäß § 43 Abs. 5 StVollzG, § 49 Abs. 5 JVollzGB III, Art. 46 Abs. 5 BayStVollzG, § 40 Abs. 2 S. 3 Nr. 3 HmbStVollzG, § 38 Abs. 4 HStVollzG, § 40 Abs. 4 NJVollzG ist das Arbeitsentgelt dem Gefangenen schriftlich bekannt zu geben. Dies stellt eine Konkretisierung des Angleichungsgrundsatzes dar.[460] Die vorgeschriebene **schriftliche Mitteilung des Arbeitsentgelts** (in Baden-Württemberg und Hessen allerdings nur seiner Höhe) in Form einer spezifizierten Aufstellung an den Gefangenen dient der Überprüfbarkeit durch den Leistungsempfänger und damit zugleich der Gewährung des erforderlichen Rechtsschutzes. Der Gefangene kann den Rechtsanspruch auf Zahlung des ihm rechtmäßig zustehenden Arbeitsentgelts nur verwirklichen, wenn ihm die Berechnungsgrundlagen einschließlich der Bewertungskriterien im Wege einer vollständigen und nachvollziehbaren Abrechnung bekannt gemacht werden. Zudem gibt die schriftliche Bekanntgabe den Betroffenen Unterlagen an die Hand, um Freistellungsansprüche geltend zu machen bzw. um gegebenenfalls Ansprüche bei Arbeitslosigkeit zu realisieren.

Nicht betroffen von den vollzugsgesetzlichen Regelungen über den Arbeitslohn sind diejenigen Gefangenen, die im Wege der Außenbeschäftigung oder des Freigangs gem. § 39 Abs. 1 StVollzG, § 45 Abs. 1 JVollzGB III, Art. 42 Abs. 1 BayStVollzG, § 36 Abs. 1 HmbStVollzG, § 27 Abs. 7 HStVollzG, § 36 Abs. 1 NJVollzG in einem freien Beschäftigungsverhältnis stehen. Diese erhalten in der Regel den vereinbarten ortsüblichen Tariflohn.

444 Die **Pfändbarkeit** des Anspruchs des Gefangenen auf **Arbeitsentgelt**, der mit Kontogutschrift infolge Erfüllung entsprechend § 362 BGB erlischt[461], richtet sich nach §§ 850 ff. ZPO.[462] Streitig ist hierbei, ob es sich beim Arbeitsentgelt um Arbeitseinkommen i.S.v. § 850 Abs. 1 ZPO handelt[463] mit der Folge, dass der Anspruch auf Gutschrift des Arbeitsentgelts nur nach Maßgabe der §§ 850a bis 850k ZPO (insbesondere unter Beachtung der Pfändungsgrenzen der §§ 850c und 850d ZPO) gepfändet werden kann[464], oder aber ob der Anspruch des Gefangenen auf Gutschrift seines Arbeitsentgelts gem. § 399 1. Alt. BGB unübertragbar und damit nach § 851 Abs. 1 ZPO generell unpfändbar ist.[465] Nachdem § 850 Abs. 2 ZPO den Begriff des Arbeitseinkommens sehr weit fasst, kann nicht bezweifelt werden, dass auch Gefangene solches erzielen.

---

[460] Vgl. BT-Drs. 7/918, S. 68.
[461] BGH, StrVert 2004, S. 558 f.; Arloth, 2008, § 43 Rdn. 10; Calliess/Müller-Dietz, 2008, § 43 Rdn. 10.
[462] Zum Meinungsstand Konrad W., 1990.
[463] Verneinend OLG Karlsruhe, Rpfleger 1994, S. 370; OLG Nürnberg, BlStVK 2/1996, S. 5, 7; Musielak/Becker, 2009, § 850 Rdn. 8; vgl. auch Zöller/Stöber, 2010, § 829 Rdn. 33.
[464] So OLG Celle, NStZ 1988, S. 334; OLG Hamm, NStZ 1988, S. 479; OLG Frankfurt, NStZ 1993, S. 559; KG, ZfStrVo 1990, S. 55; Calliess/Müller-Dietz, 2008, § 43 Rdn. 10; Kaiser/Schöch, 2002, S. 312.
[465] So BGH, StrVert 2004, S. 558 f.; Arloth, 2008, § 43 Rdn. 10; Fluhr, 1989, S. 103 mit einem Überblick über den Meinungsstand und die jeweiligen Konsequenzen; Fluhr, 1994.

Folgt danach die Anwendbarkeit der §§ 850a ff. ZPO, so ist weiter umstritten, ob bei der Berechnung der Pfändungsfreigrenze i.S.d. § 850c Abs. 1 S. 1 ZPO gem. § 850e Nr. 3 ZPO dem Arbeitseinkommen der Wert der Naturalleistungen hinzuzurechnen bleibt, die der Gefangene für seinen Unterhalt erhält (Unterkunft, Verpflegung, Bekleidung, medizinische Betreuung). Für eine derartige Berücksichtigung wird die Gefahr einer Besserstellung des inhaftierten gegenüber dem in Freiheit befindlichen Schuldner vorgebracht, weshalb der fiktive, in Wirklichkeit nicht erhobene Haftkostenbeitrag in Ansatz gebracht werden soll.[466] Dagegen spricht aber, dass die Vollzugsbehörde die Sachleistungen nicht als Teil der Arbeitsentlohnung für verrichtete Tätigkeiten erbringt, sondern diese als notwendige Folgen des Freiheitsentzugs allen, auch den nicht arbeitenden Inhaftierten gewährt werden.[467] Der Streit hat jedoch letztlich nur geringe Bedeutung, denn selbst unter Zugrundelegung des maximalen Haftkostenbeitrags und des höchst erreichbaren Arbeitsentgelts wird die zurzeit gültige Pfändungsfreigrenze von wenigstens 930 EUR monatlich (§ 850c Abs. 1 S. 1 ZPO in der Fassung der Pfändungsfreigrenzenbekanntmachung 2009[468]) nicht überschritten.[469]

Keine Besonderheiten bezüglich der Anwendbarkeit der §§ 850 ff. ZPO bestehen in Ansehung solcher Gefangener, die in einem freien Beschäftigungsverhältnis stehen, sofern die Vollzugsbehörde nicht nach § 39 Abs. 3 StVollzG, Art. 42 Abs. 3 BayStVollzG, § 36 Abs. 3 HmbStVollzG, § 27 Abs. 7 S. 2 i.V.m. Abs. 4 S. 2 HStVollzG, § 36 Abs. 3 NJVollzG eine Überweisung des Entgelts zur Gutschrift verlangt hat.[470] (Die Überweisung in die Anstalt folgt in Baden-Württemberg zwingend aus § 45 Abs. 3 JVollzGB III.)

Für **Einwendungen** gegen die Rechtmäßigkeit von Pfändungs- und Überweisungsbeschlüssen ist allein das Vollstreckungsgericht nach § 766 ZPO zuständig. Geht es nicht um eine mögliche Fehlerhaftigkeit des Pfändungs- und Überweisungsbeschlusses, sondern vielmehr um die Frage, ob sich die Vollzugsbehörde an den Inhalt des Beschlusses gehalten oder irrig Beträge vom Guthaben des Gefangenen abgebucht hat, die nicht gepfändet werden sollten, ist der Rechtsweg nach § 109 StVollzG eröffnet.[471]

(2) Nicht-monetäre Komponente

Neben der Anerkennung zugewiesener Pflichtarbeit durch Arbeitsentgelt erfolgen **445** auch nicht-monetäre Leistungen: Arbeitende Strafgefangene kommen unter den Voraussetzungen von § 43 Abs. 1, Abs. 6 bis 9 StVollzG; § 49 Abs. 1, Abs. 6, 7 u. 9 JVollzGB III; Art. 46 Abs. 1, Abs. 6 bis 9 BayStVollzG; § 40 Abs. 1, Abs. 3

---

[466] So OLG Frankfurt, NStZ 1993, S. 560; Arloth, 2008, § 43 Rdn. 10.
[467] BFH, DStRE 2004, S. 421 f.; Calliess/Müller-Dietz, 2008, § 43 Rdn. 10.
[468] BGBl. I 2009, S. 1141; die neuen Pfändungsgrenzen sind für die Zeiträume vom 1.7.2007 bis zum 30.6.2009 und vom 1.7.2009 bis zum 30.6.2011 unverändert geblieben.
[469] Arloth, 2008, § 43 Rdn. 10.
[470] Musielak/Becker, 2009, § 850 Rdn. 8.
[471] OLG Nürnberg, BlStVK 2/1996, S. 6.

bis 5 HmbStVollzG; § 39 Abs. 2 HStVollzG; § 40 Abs. 5 bis 8 NJVollzG in den Genuss von Zeit[472], in welcher sie **nicht arbeiten** müssen.

Inhaftierte können die Zeit der **Freistellung von der Arbeit** in der Anstalt verbringen (sog. Zellenurlaub) oder in Form von Urlaub aus der Haft (Arbeitsurlaub)[473] nutzen, wenn sie für diese Vollzugslockerung bzw. vollzugsöffnende Maßnahme geeignet sind (§ 43 Abs. 7 StVollzG, § 49 Abs. 7 JVollzGB III, Art. 46 Abs. 7 BayStVollzG, § 40 Abs. 4 HmbStVollzG, § 39 Abs. 2 S. 2 HStVollzG, § 40 Abs. 6 NJVollzG). Stellt ein Gefangener keinen Antrag auf Freistellung von der Arbeit oder auf Gewährung von Arbeitsurlaub bzw. Arbeitsfreistellung oder wird Arbeitsurlaub bzw. Arbeitsfreistellung nicht gewährt, so ist die Freistellung von der Arbeit auf den Entlassungszeitpunkt des Betroffenen anzurechnen (§ 43 Abs. 9 StVollzG, § 49 Abs. 9 JVollzGB III, Art. 46 Abs. 9 BayStVollzG, § 40 Abs. 5 S. 1 HmbStVollzG, § 39 Abs. 2 S. 3 HStVollzG, § 40 Abs. 8 NJVollzG). In Fällen, in denen eine Anrechnung ausgeschlossen bleibt (§ 43 Abs. 10 StVollzG, § 49 Abs. 9 JVollzGB III, Art. 46 Abs. 10 BayStVollzG, § 40 Abs. 5 S. 2 HmbStVollzG, § 39 Abs. 3 HStVollzG, § 40 Abs. 9 NJVollzG) erhält der Verurteilte bei seiner Entlassung als Ausgleichsentschädigung für seine Tätigkeit zusätzlich 15 % des ihm zu gewährenden Arbeitsentgelts oder der ihm zustehenden Ausbildungsbeihilfe (§ 43 Abs. 11 StVollzG, § 49 Abs. 11 JVollzGB III, Art. 46 Abs. 11 BayStVollzG, § 40 Abs. 6 HmbStVollzG, § 39 Abs. 4 HStVollzG, § 40 Abs. 10 NJVollzG).

446 Ausgangspunkt für die Anerkennung geleisteter Pflichtarbeit durch nicht-monetäre Leistungen sind die **Grundregeln** von **§ 43 Abs. 6 StVollzG, § 49 Abs. 6 JVollzGB III, Art. 46 Abs. 6 BayStVollzG, § 40 Abs. 3 HmbStVollzG, § 39 Abs. 2 S. 1 HStVollzG, § 40 Abs. 5 NJVollzG**. Den Vorschriften gemäß wird der Gefangene auf seinen Antrag hin einen Werktag (in Hessen zwei Werktage) von der Arbeit freigestellt, wenn er zwei Monate (in Hessen drei Monate) lang zusammenhängend **Pflichtarbeit** erbracht hat. Die Gesetze stellen klar, dass eine solche Freistellung als nicht-monetäre Komponente der Entlohnung zugewiesener Pflichtarbeit unabhängig von derjenigen nach § 42 StVollzG, § 48 JVollzGB III, Art. 45 BayStVollzG, § 39 HmbStVollzG, § 27 Abs. 9 HStVollzG, § 39 NJVollzG zu betrachten und zusätzlich zu dieser zu gewähren ist. Ebenso wie bei jener die einjährige (in Hamburg und Hessen sechs Monate lange) Tätigkeit mit dem Tag beginnt, an dem der Gefangene die ihm zugewiesene Tätigkeit erstmals aufnimmt, kommt es auch hinsichtlich der Freistellung als nicht-monetärer Leistung nicht auf Kalendermonate an, sondern die Monate rechnen sich ab dem Tag der Tätigkeitsaufnahme. Ein Freistellungstag fällt jedoch nur an, wenn die Tätigkeit über zwei Monate hinweg zusammenhängend ausgeübt wurde (in Hessen eine drei Monate zusammenhängende Tätigkeit).

447 Das Tatbestandsmerkmal der **zusammenhängend ausgeübten Tätigkeit** erfährt in § 43 Abs. 6 S. 3 StVollzG, § 49 Abs. 6 S. 3 JVollzGB III, Art. 46 Abs. 6 S. 3 BayStVollzG, § 40 Abs. 3 S. 2 HmbStVollzG, §§ 39 Abs. 6 i.V.m. 27 Abs. 9

---

[472] Schüler-Springorum, 1999, S. 227.
[473] In Baden-Württemberg und Hessen Freistellung aus der Haft (Arbeitsfreistellung), in Hamburg als Freistellung von der Haft.

S. 2 HStVollzG, § 40 Abs. 5 S. 3 NJVollzG eine gesetzliche Konkretisierung: Die Frist des Satz 1 wird **gehemmt** durch Zeiten, in denen der Gefangene **ohne sein Verschulden** durch Krankheit, Vollzugslockerungen, Freistellung von der Arbeitspflicht oder sonstige nicht von ihm zu vertretende Gründe an der Arbeitsleistung gehindert ist. In derartigen Fällen verlängert sich der Zeitraum zur Erfüllung der notwendigen Monate um die Anzahl der ausgefallenen Arbeitstage, diese sind also nachzuarbeiten. Hemmen nicht zu vertretende Ausfalltage die Frist, folgt daraus umgekehrt, dass **verschuldete Ausfalltage** diese Frist **unterbrechen**. In Niedersachsen ist dies mit § 40 Abs. 5 S. 4 NJVollzG ausdrücklich normiert. Den Gesetzgebern kam es auf eine kontinuierliche Arbeitsleistung für den Erwerb von Anwartschaftszeiten für eine Freistellung an.[474] VV Nr. 4 Abs. 1 zu § 43 StVollzG stellt für den Geltungsbereich des Bundes-Strafvollzugsgesetzes insoweit klar, dass die bis zum Unterbrechungszeitraum ausgeübte Tätigkeit von weniger als zwei Monaten unberücksichtigt bleibt und mit einer erneuten Arbeitsaufnahme die Frist von neuem zu laufen beginnt. Dies kommt vor allem in Betracht bei Fehlzeiten infolge Arbeitsverweigerung, Entweichung aus der Anstalt, Nichtrückkehr oder verspäteter Rückkehr von Vollzugslockerungen, vom Inhaftierten zu vertretender Ablösung von der Arbeit oder Vollzug von Disziplinar- bzw. Sicherungsmaßnahmen. Da mit der Gewährung zusätzlicher Freistellung als nicht-monetärer Komponente der Anerkennung von Pflichtarbeit die kontinuierlich erbrachte Arbeitsleistung honoriert werden soll, bleibt nach § 43 Abs. 6 S. 4 StVollzG, § 49 Abs. 6 S. 4 JVollzGB III, Art. 46 Abs. 6 S. 4 BayStVollzG, § 40 Abs. 3 S. 4 HmbStVollzG, § 40 Abs. 5 S. 1 2. Halbs. NJVollzG ein Beschäftigungszeitraum von nur weniger als zwei Monaten unberücksichtigt.

Die Freistellung setzt gem. § 43 Abs. 6 S. 1 StVollzG, § 49 Abs. 6 S. 1 JVollzGB III, Art. 46 Abs. 6 S. 1 BayStVollzG, § 40 Abs. 3 S. 1 HmbStVollzG, § 39 Abs. 1 S. 1 HStVollzG, § 40 Abs. 5 S. 1 NJVollzG einen **Antrag** des Inhaftierten voraus. Wird dieser nicht gestellt, erfolgt eine Anrechnung der Freistellungstage auf den Entlassungszeitpunkt.

Fallen Freistellungstage an, so kann der Inhaftierte diese in der Anstalt verbringen. Liegen zugleich die Voraussetzungen für eine Gewährung von Hafturlaub bzw. Freistellung aus der Haft vor, darf nach § 43 Abs. 7 StVollzG, § 49 Abs. 7 JVollzGB III, Art. 46 Abs. 7 BayStVollzG, § 40 Abs. 4 HmbStVollzG, § 39 Abs. 2 S. 2 1. Halbs. HStVollzG, § 40 Abs. 6 NJVollzG die Freistellung auch als **Arbeitsurlaub** genutzt werden. Der Arbeitsurlaub bzw. die Arbeitsfreistellung wird nicht auf den regelmäßigen Hafturlaub/die Freistellung aus der Haft angerechnet, denn es geht um eine Anerkennung für erbrachte Arbeitsleistung. § 43 Abs. 7 S. 2 StVollzG, § 49 Abs. 7 S. 2 JVollzGB III, Art. 46 Abs. 7 S. 2 BayStVollzG, § 40 Abs. 4 S. 1 HmbStVollzG, § 39 Abs. 2 S. 2 2. Halbs. HStVollzG, § 40 Abs. 6 S. 2 NJVollzG stellen klar, dass die allgemeinen gesetzlichen Regelungen für die Gewährung von Hafturlaub/Freistellung aus der Haft entsprechend gelten. Damit bedarf es nicht nur einer Prüfung der spezifischen Kriterien des Arbeitsurlaubs bzw. der Freistellung aus der Haft sowie des Nichtvorliegens einer

448

---

[474] Vgl. dazu Schäfer, 2005, S. 63.

Flucht- oder Missbrauchsgefahr und der weiteren Lockerungsvoraussetzungen auf der Tatbestandsebene. Der Anstaltsleitung steht vielmehr auch im Bereich der Gewährung von Arbeitsurlaub bzw. Arbeitsfreistellung ein Ermessen auf der Rechtsfolgenseite zu.[475]

Der Gefangene erhält für die Zeit der Freistellung von der Arbeit, die er in der Anstalt oder außerhalb der Einrichtung verbringt, seine zuletzt gezahlten **Bezüge** weiter. Dies ergibt sich aus §§ 43 Abs. 8, 42 Abs. 3 StVollzG; §§ 49 Abs. 8, 48 Abs. 3 JVollzGB III; Art. 46 Abs. 8, 45 Abs. 3 BayStVollzG; §§ 40 Abs. 4 S. 2, 39 Abs. 3 HmbStVollzG; §§ 39 Abs. 6, 27 Abs. 9 S. 5 HStVollzG; §§ 40 Abs. 7, 39 Abs. 6 NJVollzG.

449 Gemäß § 43 Abs. 9 StVollzG, § 49 Abs. 9 JVollzGB III, Art. 46 Abs. 9 BayStVollzG, § 40 Abs. 5 S. 1 HmbStVollzG, § 39 Abs. 2 S. 3 HStVollzG, § 40 Abs. 8 NJVollzG erfolgt eine automatische **Anrechnung** angefallener Freistellungstage für geleistete Pflichtarbeit **auf den Entlassungszeitpunkt**, wenn der Inhaftierte
- keine Freistellung beantragt hat,
- keinen Antrag auf Gewährung von Arbeitsurlaub bzw. Freistellung aus der Haft gestellt hat oder
- wenn ein beantragter Arbeitsurlaub wegen Nichtvorliegens der Voraussetzungen für die Gewährung der Vollzugslockerung abgelehnt wurde.

In Bayern und in Hamburg haben die Gesetzgeber Fristen für die Inanspruchnahme von Freistellung bzw. Arbeitsurlaub vorgesehen: Nehmen die Inhaftierten diese nicht innerhalb eines Jahres nach Vorliegen der Voraussetzungen in Anspruch, erfolgt die Anrechnung auf den Entlassungszeitpunkt.

Mit der Anerkennung geleisteter Pflichtarbeit durch Anrechnung der Freistellung zur **Vorverlegung des Entlassungszeitpunkts** haben sich die Gesetzgeber innerhalb des von ihnen vom Bundesverfassungsgericht eingeräumten weiten Spielraums gehalten, wie sie ihrer Verpflichtung nachzukommen haben, der Gefangenenarbeit angemessene Anerkennung zuzugestehen. Insoweit sei die Legislative nicht daran gehindert zu regeln, „dass der Gefangene – sofern general- oder spezialpräventive Gründe nicht entgegenstehen – durch Arbeit seine Haftzeit verkürzen (,good time') oder sonst erleichtern kann".[476] Bei der Neuregelung des § 43 StVollzG durch das 5. StVollzÄndG ging der Bundesgesetzgeber davon aus, dass die vorgezogene Wiedererlangung der persönlichen Freiheit angesichts der Schwere des Grundrechtseingriffs, den der Vollzug der Freiheitsstrafe für den Betroffenen bedeutet, einen besonders nachhaltigen Vorteil darstellt, der geeignet ist, die Inhaftierten zur regelmäßigen Arbeit zu motivieren. Zudem kommt der Vorteil einer früheren Entlassung auch denjenigen Gefangenen zugute, welche die Voraussetzungen für die Gewährung von Hafturlaub nicht erfüllen.[477]

450 Die **antragsunabhängige** Entlassungsvorverlegung erfordert – anders als § 57 Abs. 1 S. 1 Nr. 2 StGB bei der Strafrestaussetzung zur Bewährung – nicht das

---

[475] A.A. Schäfer, 2005, S. 63.
[476] BVerfGE 98, S. 202.
[477] So BT-Drs. 14/4452, S. 17; zur Verfassungsmäßigkeit der nicht-monetären Komponente BVerfG, StrVert 2002, S. 375.

Vorliegen einer günstigen Sozialprognose. Denn bei der Vorverlegung nach § 43 Abs. 9 StVollzG, § 49 Abs. 9 JVollzGB III, Art. 46 Abs. 9 BayStVollzG, § 40 Abs. 5 S. 1 HmbStVollzG, § 39 Abs. 2 S. 3 HStVollzG, § 40 Abs. 8 NJVollzG handelt es sich um eine **vollzugsrechtliche Maßnahme** und nicht um eine solche vollstreckungsrechtlicher Art[478], weshalb sie weder Auswirkungen auf die Berechnung des Halb- oder Zwei-Drittel-Strafzeitpunkts i.S.d. § 57 StGB noch sonst auf die Strafzeitberechnung zeitigt.[479] Die Vorverlegung bezieht sich immer auf das Ende der Strafvollstreckung. Die vorverlagerte **Entlassung** verlangt deshalb, dass der unmittelbare Zugriff der Vollstreckungsbehörde auf den Verurteilten entfällt. In den Fällen der Anschlussvollstreckung weiterer Freiheitsstrafe(n) bezieht sich der Entlassungszeitpunkt deshalb auf die jeweils letzte Freiheitsstrafe.[480]

Von der nicht-monetären Anerkennung durch Anrechnung auf den Entlassungszeitpunkt haben die Gesetzgeber gem. § 43 Abs. 10 StVollzG, § 49 Abs. 10 JVollzGB III, Art. 46 Abs. 10 BayStVollzG, § 40 Abs. 5 S. 2 HmbStVollzG, § 39 Abs. 3 HStVollzG, § 40 Abs. 9 NJVollzG einige Gruppen arbeitender Strafgefangener ausgenommen und sie auf eine **Ausgleichsentschädigung** nach § 43 Abs. 11 StVollzG, § 49 Abs. 11 JVollzGB III, Art. 46 Abs. 11 BayStVollzG, § 40 Abs. 6 und 7 HmbStVollzG, § 39 Abs. 4 HStVollzG, § 40 Abs. 10 NJVollzG verwiesen. Haben diese Inhaftierten keinen Antrag auf Freistellung von der Arbeit oder auf Gewährung von Arbeitsurlaub bzw. Freistellung aus der Haft gestellt oder konnte ihnen dies nicht gewährt werden, darf ihre Arbeitsleistung nicht über die nicht-monetäre Komponente Anerkennung finden. Die Anerkennung erfolgt vielmehr auf der monetären Ebene durch eine **Erhöhung der finanziellen Arbeitsentlohnung**.

451

Die Gesetze kennen verschiedene **Ausnahmetatbestände** von der Anrechenbarkeit angefallener Freistellungstage auf den Entlassungszeitpunkt:
– Eine besondere Regelung gilt für Gefangene, die eine **lebenslange Freiheitsstrafe** verbüßen oder in der **Sicherungsverwahrung** untergebracht sind und bei denen noch kein Entlassungszeitpunkt feststeht. § 43 Abs. 10 Nr. 1 StVollzG, § 49 Abs. 10 Nr. 1 JVollzGB III, Art. 46 Abs. 10 Nr. 1 BayStVollzG, § 40 Abs. 5 S. 2 Nr. 5 HmbStVollzG, § 39 Abs. 3 Nr. 5 HStVollzG, § 40 Abs. 10 Nr. 1 NJVollzG sind im Zusammenhang mit § 43 Abs. 11 S. 3 StVollzG, § 49 Abs. 11 S. 3 JVollzGB III, Art. 46 Abs. 11 S. 3 BayStVollzG, § 40 Abs. 7 HmbStVollzG, § 39 Abs. 4 S. 2 HStVollzG, § 40 Abs. 10 S. 4 NJVollzG zu sehen. Danach erhalten die Betroffenen, die keine Freistellungen in der Haft und keinen Arbeitsurlaub bzw. keine Freistellung aus der Haft in Anspruch nehmen oder dies nicht können, jeweils nach einer Verbüßungs- bzw. Unterbringungsdauer von zehn Jahren eine Ausgleichszahlung zur Gutschrift auf dem Eigengeldkonto. Zwar sind für bereits länger inhaftierte Lebenszeitgefangene bzw. Sicherungsverwahrte die Ansprüche erst mit Inkrafttreten des 5. StVollzGÄndG am 1.1.2001 entstanden. Da die Strafvollzugsgesetze aber

---

[478] Schäfer, 2005, S. 33.
[479] BT-Drs. 14/4452; KG, NSZ 2004, S. 228; Arloth, 2008, § 43 Rdn. 23.
[480] KG, NStZ 2005, S. 291; zur Art und Weise der Anrechnung vgl. KG, NStZ-RR 2009, S. 390 f.

bezüglich der Berechnung der Zeitintervalle auf eine Verbüßung von jeweils zehn Jahren abstellen, ist für die Berechnung der Dekade die tatsächliche Verbüßungsdauer maßgeblich.[481] Mit der Gutschrift der Ausgleichszahlung sind die in dem jeweiligen Zehn-Jahres-Abschnitt erarbeiteten Freistellungstage verbraucht. Ist dagegen der Entlassungszeitpunkt eines Lebenszeitgefangenen bzw. Sicherungsverwahrten bestimmt, unterfällt er nicht mehr dem jeweiligen Ausnahmetatbestand. Dann erfolgt automatisch die Anrechnung der seit dem letzten Zehn-Jahres-Zeitpunkt angesparten Freistellungstage auf den Entlassungszeitpunkt, es sei denn, es liegt ein anderer Ausschließungsgrund vor.

- Eine Anrechnung auf den Entlassungszeitpunkt bleibt ausgeschlossen bei einer **Aussetzung der Vollstreckung** des Rests einer Freiheitsstrafe oder einer Sicherungsverwahrung zur Bewährung, soweit in der (zu kurzen) Zeitspanne von der gerichtlichen Entscheidung bis zum Entlassungszeitpunkt eine Anrechnung der Freistellungstage ganz oder teilweise faktisch unmöglich wird.
- Ein Ausschluss der Anrechnung ist vorgesehen für die Fälle, in denen das Vollstreckungsgericht wegen der Lebensverhältnisse des Gefangenen oder der Wirkungen, die von der Aussetzung für ihn zu erwarten sind, eine sog. **punktgenaue Entlassung** für erforderlich erachtet (z.B. für den Verurteilten steht ein Platz in einer Therapieeinrichtung oder in einem betreuten Wohnheim erst zu einem bestimmten Zeitpunkt zur Verfügung). Gemäß § 454 Abs. 1 S. 5 StPO muss jeder Beschluss über eine Aussetzung des Strafrests zur Bewährung auch die Entscheidung enthalten, ob eine Anrechnung angefallener Freistellungstage ausgeschlossen wird. Fehlt diese vollstreckungsgerichtliche Entscheidung, bleibt es bei der Anrechnungsmöglichkeit, weil die Anwendung des Ausnahmetatbestands ausdrücklich angeordnet sein muss.[482]
- Faktisch unmöglich ist eine Anrechnung von erarbeiteten Freistellungstagen auf den Entlassungszeitpunkt auch in den Fällen einer **Auslieferung** oder **Landesverweisung** nach § 456a Abs. 1 StPO.
- Eine Verlegung des Entlassungszeitpunkts vor den vom Gnadenträger im Fall einer **Begnadigung** festgesetzten Termin bleibt mit dem Wesen des Gnadenrechts unvereinbar.[483] Deshalb wird bei Entlassungen aufgrund von Gnadenerweisen eine Anrechnung von Freistellungstagen ausgeschlossen. (Für Baden-Württemberg geht § 49 Abs. 10 Nr. 5 JVollzGB III dagegen von einer prinzipiellen Anrechenbarkeit aus.)

§ 43 Abs. 10 StVollzG stellt (ebenso wie § 49 Abs. 10 JVollzGB III, Art. 46 Abs. 10 BayStVollzG, § 40 Abs. 5 S. 2 HmbStVollzG, § 39 Abs. 3 HStVollzG, § 40 Abs. 9 NJVollzG) **keine abschließende Regelung** dar.[484] Dies gilt vor allem für die Fälle faktischer Anrechnungsunmöglichkeit (z.B. im Rahmen von Straf-

---

[481] OLG Rostock, NStZ-RR 2008, S. 62; KG, NStZ-RR 2006, S. 123; a.A. OLG Hamm, NStZ 2005, S. 61; OLG Celle, StraFo 2008, S. 484 f.; OLG Hamburg, StraFo 2010, S. 302 f.
[482] Arloth, 2008, § 43 Rdn. 27.
[483] Siehe BT-Drs. 14/4452, S. 18.
[484] So im Ergebnis auch AK-Däubler/Spaniol, 2006, § 43 Rdn. 18; Arloth, 2008, § 43 Rdn. 24, 26, 28; Schäfer, 2005, S. 94; a.A. Calliess/Müller-Dietz, 2008, § 43 Rdn. 4.

restaussetzungen zur Bewährung gem. § 36 BtMG oder bei Überstellung ausländischer Gefangener zur weiteren Strafvollstreckung in ihren Heimatländern).

Die **Modalitäten** der Gewährung einer **Ausgleichsentschädigung** sind in § 43 Abs. 11 StVollzG, § 49 Abs. 11 JVollzGB III, Art. 46 Abs. 11 BayStVollzG, § 40 Abs. 6 und 7 HmbStVollzG, § 39 Abs. 4 HStVollzG, § 40 Abs. 10 NJVollzG geregelt. Sie darf nur dann geleistet werden, wenn und soweit eine Anrechnung von erarbeiteten Freistellungstagen auf den Entlassungszeitpunkt wegen Vorliegens eines Ausnahmefalls ausgeschlossen bleibt. Damit kommt anderen Inhaftierten kein Wahlrecht zwischen Vorverlegung der Entlassung oder einem finanziellen Ausgleich zu.[485] Eine Entscheidung über die Gewährung einer Ausgleichsleistung erübrigt sich auch bei solchen eigentlich unter die Ausnahmeregelungen fallenden Gefangenen, die bereits ihren Anspruch auf Freistellung von der Arbeit bzw. den Arbeitsurlaub in Anspruch genommen haben. Die Ausgleichsleistung stellt ein **Surrogat für** die in den Ausnahmefällen ausgeschlossene **nicht-monetäre Anerkennung** dar.

452

Der Gefangene erhält zum **Zeitpunkt seiner Entlassung** für die Ausübung der ihm zugewiesenen Arbeit, sonstigen Beschäftigung oder Hilfstätigkeit zusätzlich zum Arbeitslohn 15 vom Hundert des ihm gewährten Entgelts oder der ihm zukommenden Ausbildungsbeihilfe. Dabei sind das Entgelt bzw. die Beihilfe für den Zeitraum zugrunde zu legen, der bei Nichtvorliegen eines Ausschlussgrundes zu einer Anrechnung geführt hätte.

453

Da die Ausgleichsentschädigung ein Surrogat für den nicht zu realisierenden persönlichen Freiheitsanspruch darstellt, bestimmen § 43 Abs. 11 S. 2 2. Halbs. StVollzG, § 49 Abs. 11 S. 2 2. Halbs. JVollzGB III, § 40 Abs. 6 S. 3 HmbStVollzG, § 40 Abs. 10 S. 3 NJVollzG, dass der Anspruch hierauf weder verzinslich noch abtretbar noch vererblich ist. § 43 Abs. 11 S. 2 2. Halbs. StVollzG gilt gem. Art. 208 BayStVollzG auch in Bayern. Bei der Ausgleichsentschädigung handelt es sich nicht um Bezüge. Es erfolgt weder eine Gutschrift zum Eigengeld noch handelt es sich um Entgelt, das zur Bildung von Überbrückungsgeld zu berücksichtigen ist. Die Ausgleichsentschädigung wird bei der Entlassung regelmäßig in bar ausgezahlt. Ab der Auszahlung ist das Geld in vollem Umfang pfändbar.

5.3.3.2 Surrogatsleistungen

Die nach dem Leistungssystem der Strafvollzugsgesetze anstelle des Arbeitsentgelts gewährten finanziellen Zuwendungen basieren auf Sonderregelungen für die Fälle, in denen der Inhaftierte unverschuldet keiner Arbeit nachgeht.

454

(1) Ausbildungsbeihilfe

Nimmt der Gefangene an einer **Bildungsmaßnahme** wie Berufsausbildung, berufliche Weiterbildung oder Unterricht teil und wird dadurch die **Arbeit substituiert**, erhält er gem. § 44 StVollzG, § 50 JVollzGB III, Art. 47 BayStVollzG, § 41 HmbStVollzG, § 38 Abs. 1 HStVollzG, § 41 NJVollzG eine Ausbildungsbeihilfe. Diese soll eine Schlechterstellung des (Aus-)Bildungswilligen gegenüber demjenigen verhindern, dem für die Erledigung zugewiesener Arbeit ein Arbeitsentgelt

455

---

[485] Arloth, 2008, § 43 Rdn. 30.

zusteht. Zugleich ist beabsichtigt auszuschließen, dass eine Beteiligung an beruflicher oder schulischer Förderung aus finanziellen Erwägungen unterbleibt.[486] Selbst wenn der Insasse nur stunden- oder tageweise während der Arbeitszeit an einem Unterricht oder einer anderen aus- bzw. weiterbildenden Maßnahme teilnimmt, hat er deshalb nach § 44 Abs. 3 StVollzG, § 50 Abs. 3 JVollzGB III, Art. 47 Abs. 3 BayStVollzG, § 38 Abs. 1 S. 2 HStVollzG, § 41 Abs. 3 HmbStVollzG einen Anspruch auf Ausbildungsbeihilfe in Höhe des ihm dadurch entgangenen Arbeitsentgelts.

456   Der Gefangene erhält nur eine **Ausbildungsbeihilfe**, soweit ihm keine Leistungen zum Lebensunterhalt zustehen, die freien Personen aus solchem Anlass gewährt werden. Der Anspruch gegen die Vollzugsbehörde ist somit **nachrangig** (§ 44 Abs. 1 S. 1 StVollzG, § 50 Abs. 1 S. 1 JVollzGB III, Art. 47 Abs. 1 S. 1 BayStVollzG, § 41 Abs. 1 S. 1 HmbStVollzG, § 38 Abs. 1 S. 2 HStVollzG, § 41 S. 1 NJVollzG). Er tritt insbesondere hinter Leistungen der Arbeitsförderung nach dem SGB III oder dem BAföG zurück.[487] Allerdings werden die Leistungen nach dem SGB III dem Gefangenen lediglich bis zur Höhe der Ausbildungsbeihilfe nach den Strafvollzugsgesetzen gewährt, denn § 22 Abs. 1 SGB III bestimmt, dass Leistungen der aktiven Arbeitsförderung nur erbracht werden dürfen, wenn nicht andere Leistungsträger oder andere öffentlich-rechtliche Stellen zur Erbringung gleichartiger Leistungen gesetzlich verpflichtet sind. Die finanzielle Fremdförderung einer Bildungsmaßnahme modifiziert nicht den Charakter einer zugewiesenen Aus- oder Weiterbildungsstelle bzw. eines Unterrichtsplatzes auf öffentlich-rechtlicher Grundlage.

Der **Nachrang der Sozialhilfe** nach § 2 Abs. 2 SGB XII bleibt gem. § 44 Abs. 1 S. 2 StVollzG, § 50 Abs. 1 S. 2 JVollzGB III, Art. 47 Abs. 1 S. 2 BayStVollzG, § 41 Abs. 1 S. 2 HmbStVollzG, § 41 S. 2 NJVollzG bestehen. Der Anspruch des Gefangenen gegen die Vollzugsbehörde geht mithin vor.

457   Die Ausbildungsbeihilfe tritt an die Stelle des Arbeitsentgelts nach § 43 StVollzG, § 49 JVollzGB III, Art. 46 BayStVollzG, § 40 HmbStVollzG, § 38 HStVollzG, § 40 NJVollzG, so dass die Regelungen dieser Normen unmittelbar bzw. analog anwendbar sind.[488] Für die **Bemessung der Ausbildungsbeihilfe** als **monetärer Leistung** gelten nach § 44 Abs. 2 StVollzG die Bestimmungen von § 43 Abs. 2 und 3 StVollzG entsprechend. (In Baden-Württemberg verweist § 50 Abs. 2 JVollzGB III auf § 49 Abs. 2 und 3 JVollzGB III, in Bayern Art. 47 Abs. 2 BayStVollzG auf Art. 46 Abs. 2 und 3 BayStVollzG, in Hamburg § 41 Abs. 2 S. 1 HmbStVollzG auf § 40 Abs. 2 HmbStVollzG, in Niedersachsen § 41 S. 3 NJVollzG auf § 40 NJVollzG.) In Hessen beziehen sich § 38 Abs. 2. u. 3 HStVollzG sowohl auf die Bemessung der Vergütung von Pflichtarbeit als auch derjenigen der Ausbildungsbeihilfe.

In Verbindung mit der gem. § 48 StVollzG erlassenen StVollzVergO ergibt sich für den Geltungsbereich des Bundes-Strafvollzugsgesetzes: Die Regelausbildungsbeihilfe entspricht grundsätzlich der vollen Höhe des **Grundlohns** (Vergütungsstufe III). Sie kann um jeweils eine Vergütungsstufe erhöht oder reduziert

---

[486] Kaiser/Schöch, 2002, S. 311.
[487] Hardes, 1998, S. 147.
[488] Arloth, 2008, § 44 Rdn. 1.

werden. Eine **Erhöhung** setzt voraus, dass mindestens die Hälfte der Gesamtdauer der Maßnahme abgelaufen ist und der Gefangene aufgrund seiner Mitarbeit und nach seinem Leistungsstandard erwarten lässt, dass er das Ausbildungsziel erreicht. Eine **Reduzierung** der Beihilfe um eine Vergütungsstufe kommt bei Unterrichtsangeboten und bei Berufsfindungsmaßnahmen in Betracht, wenn dies wegen der Kürze oder des Ziels der Maßnahme gerechtfertigt erscheint. Die Gewährung von Zulagen richtet sich nach den gleichen Grundsätzen, die auch für das Arbeitsentgelt maßgebend sind. Gleiche Regelungen zur Ausbildungsbeihilfe enthält z.B. in Bayern die BayStVollzVergV sowie in Hamburg die HmbStVollzVergO.

> Absolviert der Inhaftierte ein **Studium**, so kann die Ausbildungsbeihilfe jedoch nicht nach der Zeit bemessen werden, die der Gefangene hierfür aufwendet. Denn der zeitliche Aufwand für ein Erfolg versprechendes Studium hängt nicht nur vom Studienfach, sondern vor allem von der individuellen Befähigung des Studenten ab. Zudem vermag nicht überprüft zu werden, wie lange sich der Einzelne seinem Studium widmet.[489]

§ 43 Abs. 6 S. 1 StVollzG gewährt Freistellungstage u.a. bei zugewiesener Tätigkeit gem. § 37 StVollzG, wozu auch die Maßnahmen der Aus- und Weiterbildung gehören. In Bayern verweist dazu Art. 46 Abs. 6 S. 1 BayStVollzG auf Art. 39 BayStVollzG, in Hamburg § 40 Abs. 3 S. 1 HmbStVollzG auf § 34 Abs. 1 HmbStVollzG, in Hessen § 39 Abs. 2 HStVollzG auf § 27 Abs. 3 S. 2 HStVollzG. Die Einbeziehung der an einer Berufsausbildung, beruflichen Weiterbildung oder an einem Unterricht – anstelle der Zuweisung zu einer Arbeit bzw. sonstigen Beschäftigung – teilnehmenden Gefangenen in den Bereich der **nicht-monetären** Komponente bestätigen zudem § 43 Abs. 11 S. 1 StVollzG, § 49 Abs. 11 S. 1 JVollzGB III, Art. 46 Abs. 11 S. 1 BayStVollzG, § 40 Abs. 6 S. 2 HmbStVollzG. Dort ist hinsichtlich der Berechnung einer Ausgleichsentschädigung die Ausbildungsbeihilfe ausdrücklich benannt. In Niedersachsen verweist § 41 S. 3 NJVollzG unmittelbar auch auf die Vorschriften über die nicht-monetären Leistungen. Die nicht-monetäre Anerkennung der Teilnahme an einer Aus- oder Weiterbildungsmaßnahme bleibt auch dann bestehen, wenn die Maßnahme drittfinanziert (z.B. nach dem SGB III) wird. **458**

(2) Ausfallentschädigung

Für die Fälle einer unverschuldeten Arbeitslosigkeit bzw. Krankheit sah der Bundesgesetzgeber mit der Ausfallentschädigung eine **vollzugsspezifische soziale Sicherung** vor, wobei § 45 StVollzG aber nicht dem arbeitsrechtlich üblichen Standard entspricht.[490] **459**

§ 198 Abs. 3 StVollzG hat jedoch aus Kostengründen die Geltung von § 45 StVollzG bis zur Inkraftsetzung durch ein besonderes Bundesgesetz suspendiert, so dass bei objektiv oder subjektiv nicht zu vertretender Nichtarbeit kein An-

---

[489] KG, NStZ 2004, S. 610.
[490] Dazu AK-Däubler/Spaniol, 2006, § 45 Rdn. 6; Calliess/Müller-Dietz, 2008, Anm. zu § 45; Laubenthal, in: Schwind/Böhm/Jehle/Laubenthal, 2009, § 45 Rdn. 2.

spruch auf Lohnfortzahlung besteht – ein Verstoß gegen den Angleichungsgrundsatz des § 3 Abs. 1 StVollzG.[491]
Besondere Regelungen über eine Ausfallentschädigung enthalten die Landes-Strafvollzugsgesetze nicht.

(3) Taschengeld

460 Besteht kein Anspruch auf anderweitige finanzielle Leistungen, verbleibt es in den Fällen eines vom Gefangenen nicht zu verantwortenden Fehlens von Arbeitsentlohnung und Ausbildungsbeihilfe bei einem Anspruch auf Gewährung von Taschengeld unter den Voraussetzungen von § 46 StVollzG, § 53 Abs. 1 S. 1 JVollzGB III, Art. 54 S. 1 BayStVollzG, § 46 S. 1 HmbStVollzG, § 41 Abs. 1 HStVollzG, § 43 NJVollzG. Dieses dient der Sicherung eines Minimums an Mitteln zur Befriedigung persönlicher Bedürfnisse. Zugleich soll durch die Gewährung von Taschengeld vermieden werden, dass Inhaftierte für behandlungsfeindliche subkulturelle Aktivitäten anfällig werden.

Es darf **keine verschuldete Arbeitslosigkeit** vorliegen. Als Gründe für unverschuldete Arbeitslosigkeit kommen wirtschaftliche Rezession mit Auftragsmangel ebenso in Betracht wie fehlende Arbeits- und Ausbildungsplätze sowie Arbeitsunfähigkeit des Gefangenen infolge Krankheit, Alter oder Gebrechlichkeit. Verschuldete Arbeitslosigkeit bzw. Arbeitsverlust sind dagegen etwa gegeben, wenn der Inhaftierte eine rechtmäßig zugewiesene Arbeit verweigert oder die Nichtarbeit auf einem dem Gefangenen vorzuwerfenden Sicherheitsrisiko beruht (z.B. versuchte Gefangenenbefreiung[492]).

461 Da die Nichtgewährung von Taschengeld zu besonders einschneidenden Einschränkungen des Inhaftierten in der Anstalt führt (verfügt er über keine anderen Mittel, ist er auf die Versorgung durch die Institution angewiesen und hat keinerlei Möglichkeit zum Erwerb von Gegenständen), muss der Sachverhalt einer schuldhaften Arbeitsverweigerung durch **hinreichende Tatsachenfeststellung** geklärt sein.[493] Dann kann es zu einem vorübergehenden Taschengeldentzug kommen, wobei das schuldhafte Verhalten des Insassen für den Ausfall von Arbeitsentgelt auch ursächlich gewesen sein muss.

Beispiel: Ein wegen eines Verstoßes gegen das BtMG Verurteilter und im Geltungsbereich des Bundes-Strafvollzugsgesetzes Inhaftierter gerät in den Verdacht, Rauschgift in die Anstalt einzuschmuggeln. Die Anstaltsleitung ordnet deshalb seinen Ausschluss von der gemeinsamen Unterbringung während der Arbeitszeit nach § 17 Abs. 3 StVollzG an. Schon vor dieser Anordnung war der Gefangene unverschuldet arbeitslos und bezog Taschengeld. Er bestreitet, Betäubungsmittel in die Anstalt einbringen zu wollen; ein diesbezüglich eingeleitetes Ermittlungsverfahren wird gem. § 170 Abs. 2 StPO eingestellt. Dennoch beendet die Vollzugsbehörde die Zahlung des Taschengelds und lehnt den Antrag des Inhaftierten auf dessen Bewilligung und Nachzahlung ab. Sie trägt vor, dass der Insasse wegen eines begründeten Verdachts nicht ohne sein Verschulden ohne Arbeit sei. Auch die bereits vor der Anordnung einer getrennten Unter-

---

[491] Krit. auch Kintrup, 2001, S. 127 ff.
[492] OLG Koblenz, ZfStrVo 1990, S. 117.
[493] BVerfG, ZfStrVo 1996, S. 314.

bringung bestandene unverschuldete Arbeitslosigkeit spiele insoweit keine Rolle, weil er bei Vorhandensein von Gemeinschaftsarbeit diese nunmehr schuldhaft verloren habe.

Das OLG Zweibrücken[494] hat dem Gefangenen einen Anspruch auf nachträgliche Auszahlung des ihm vorenthaltenen Taschengelds zugesprochen. Denn ein Verlust des Taschengeldes setzt voraus, dass das Verschulden des Inhaftierten an der Maßnahme, die seine Arbeitslosigkeit begründet, feststeht. Die gesetzliche Formulierung „ohne sein Verschulden" i.S.d. § 46 StVollzG bedeutet keine Umkehr der Beweislast. Vielmehr muss dieses positiv festgestellt werden. Da der zu einer Anordnung nach § 17 Abs. 3 StVollzG führende Verdacht der Gefährdung der Anstaltsordnung aber nicht auf einem nachweisbaren Verschulden beruhte und die Anstalt ihm auch keine Arbeit nach Einschränkung der gemeinschaftlichen Unterbringung anbieten konnte, erhielt er ohne sein Verschulden kein Arbeitsentgelt.

Das Gericht hält ferner zutreffend eine hypothetische Kausalität für nicht ausreichend. Selbst bei einem begründeten Verdacht würde der Ausfall von Arbeitsentgelt nur dann auf der Maßnahme nach § 17 Abs. 3 StVollzG beruhen, wenn dem Gefangenen – wäre er in Gemeinschaft mit anderen – eine angemessene Arbeit zugewiesen werden könnte. Erst in diesem Fall bliebe er verschuldet ohne Arbeit und es wäre die Voraussetzung dafür gegeben, ihm das Taschengeld vorzuenthalten.

Als weiteres Erfordernis für die Gewährung von Taschengeld verlangen die Strafvollzugsgesetze **Bedürftigkeit** des Gefangenen. Eine solche liegt vor, wenn ihm im laufenden Monat aus Hausgeld und Eigengeld kein Betrag bis zur Höhe des Taschengelds zur Verfügung steht. In Hamburg ist dies gem. § 46 S. 1 HmbStVollzG in die gesetzliche Regelung aufgenommen. Der Insasse muss damit zunächst bereits vorhandene Geldmittel aufzehren. **462**

Beispiel: Strafgefangener G wird unverschuldet arbeitslos und beantragt deshalb die Bewilligung von Taschengeld. Dies wird ihm von der Anstaltsleitung versagt, weil G Inhaber eines Girokontos bei der Sparkasse ist und er damit über Geld verfügen kann.

Das OLG Koblenz[495] geht in einer Entscheidung zu § 46 StVollzG davon aus, dass ein Inhaftierter nur dann bedürftig ist, wenn er auch bei Berücksichtigung anstaltsexterner Gelder – ohne eine Taschengeldgewährung – nicht über einen Betrag in Höhe des Taschengelds verfügen kann. G muss deshalb zur Prüfung der Bedürftigkeit den Kontostand offen legen.

Den Gefangenen trifft eine Darlegungslast für seine Bedürftigkeit mit der Folge, dass sich eine mangelnde Mitwirkung bei der Ermittlung der Vermögensverhältnisse zu seinen Lasten auswirkt.[496] Die **Prüfung der Bedürftigkeit** richtet sich nach den finanziellen Umständen in demjenigen Zeitraum, für den die Bedürftigkeit festzustellen ist. Danach zugeflossene Mittel bleiben prinzipiell unberücksichtigt.[497] Steht ein Strafgefangener in einem auf regelmäßige Ausübung angelegten Beschäftigungsverhältnis, ist das Arbeitsentgelt dem Zeitraum zuzurechnen, in dem er es verdient hat (z.B. das Entgelt für Januar dem Monat Januar). Dies gilt selbst dann, wenn es ihm nicht während dieses Zeitraums, sondern erst kurz da- **463**

---

[494] OLG Zweibrücken, NStZ 1994, S. 102 f.
[495] OLG Koblenz, ZfStrVo 1996, S. 118; siehe auch BVerfG, ZfStrVo 1996, S. 315 f.
[496] BVerfG, ZfStrVo 1996, S. 315; Arloth, 2008, § 46 Rdn. 4.
[497] OLG Dresden, NStZ 1998, S. 339; OLG Frankfurt, NStZ-RR 2007, S. 62; OLG Hamburg, ZfStrVo 2000, S. 313.

nach ausgezahlt wird (beispielsweise der Arbeitslohn für Januar zu Anfang des Monats Februar). Insoweit bleibt ein Taschengeldanspruch ausgeschlossen.[498]

Hat ein Inhaftierter einen Teil des vormonatlichen **Taschengelds angespart**, darf dies bei einer Neubewilligung von Taschengeld nicht mindernd berücksichtigt werden. Dies sieht § 53 Abs. 1 S. 2 JVollzGB III sogar explizit vor. Zudem darf gem. § 47 Abs. 1 StVollzG, § 53 Abs. 2 JVollzGB III, Art. 54 S. 2 BayStVollzG, § 46 S. 2 HmbStVollzG Taschengeld für den Einkauf „oder anderweitig" verwendet – also statt eingekauft auch gespart werden. Ferner korrespondiert das Sparen auch mit dem gesetzlichen Vollzugsziel sowie dem Eingliederungsprinzip.[499]

Die **Höhe** des Taschengeldes soll **angemessen** sein. Es beträgt im Geltungsbereich des Bundes-Strafvollzugsgesetzes 14 % der Eckvergütung des § 43 Abs. 2 StVollzG (VV Abs. 2 S. 1 zu § 46 StVollzG). Auch in Bayern und Niedersachsen wird die Bemessung des Taschengeldes durch Verwaltungsvorschriften geregelt. In Hamburg und in Hessen beträgt es 14 % der Eckvergütung, §§ 46 S. 1, 40 Abs. 2 S. 3 Nr. 1 HmbStVollzG bzw. §§ 41 Abs. 2, 38 Abs. 2 HStVollzG.

Das Taschengeld ist unpfändbar.[500] Eine Aufrechnung von Verfahrenskosten durch die Gerichtskasse gegen den Taschengeldanspruch eines Inhaftierten bleibt rechtswidrig, denn § 121 Abs. 5 StVollzG gilt nur für das Hausgeld.[501]

Im Haushaltsjahr 2009 betrugen z.B. in Bayern die Aufwendungen für Arbeitsentgelt, Ausbildungsbeihilfen und Taschengeld der Inhaftierten insgesamt 13,5 Millionen EUR. Dem standen Einnahmen der Arbeitsverwaltung der bayerischen Justizvollzugsanstalten in Höhe von 42,8 Millionen EUR gegenüber.[502]

5.3.4 Verwendung der finanziellen Leistungen

464 Dem ursprünglich vorgesehenen finanziellen Leistungssystem des Bundes-Strafvollzugsgesetzes sollte ein System der Verwendung von Bezügen entsprechen, das zu einer **zweckgebundenen Aufteilung der Einkünfte** führt. Der Inhaftierte darf über diese nicht uneingeschränkt verfügen, vielmehr unterliegen sie im Hinblick auf die Vollzugszielerreichung bestimmten Bindungen. Hinzu kommt die Notwendigkeit des Schutzes vor einem unbegrenzten Gläubigerzugriff.

Die Gesetzgeber haben deshalb die Verwendung der Einkünfte von Gefangenen, die auf Konten gutgeschrieben sind, aufgeteilt in:
– Hausgeld (§ 47 StVollzG, § 53 Abs. 2 JVollzGB III, Art. 50 BayStVollzG, § 45 HmbStVollzG, § 40 HStVollzG, § 46 NJVollzG),
– Haftkostenbeitrag (§ 50 StVollzG, § 51 JVollzGB III, Art. 49 BayStVollzG, § 49 HmbStVollzG, § 43 HStVollzG, § 52 NJVollzG),

---

[498] KG, NStZ-RR 1999, S. 286.
[499] BGH, NStZ 1997, S. 205; Rotthaus K., 1997, S. 206 f.
[500] Konrad W., 1990, S. 205; Laubenthal, in: Schwind/Böhm/Jehle/Laubenthal, 2009, § 46 Rdn. 9.
[501] BVerfG, NStZ 1996, S. 615; Rotthaus K., 1997, S. 206.
[502] Bayer. Staatsministerium der Justiz, 2010, S. 21 f.

- Überbrückungsgeld (§ 51 StVollzG, § 52 JVollzGB III, Art. 51 BayStVollzG, § 47 HmbStVollzG, § 42 HStVollzG, § 47 NJVollzG),
- Eigengeld (§ 52 StVollzG, § 53 Abs. 3 JVollzGB III, Art. 52 BayStVollzG, § 48 HmbStVollzG, § 44 HStVollzG, § 48 NJVollzG).

Im Bundes-Strafvollzugsgesetz findet sich in § 49 StVollzG zudem eine Norm über den Unterhaltsbeitrag. Da es aber an der Verwirklichung einer adäquaten Arbeitsentlohnung als Grundlage des ursprünglichen Verwendungssystems des Bundes-Strafvollzugsgesetzes mangelt, bleibt die Regelung über den Unterhaltsbeitrag gänzlich suspendiert.

In Baden-Württemberg enthält § 54 JVollzGB III, in Bayern Art. 53 BayStVollzG spezielle Vorschriften über die Verwendung von Dritten zweckgerichtet einbezahlter Gelder als Sondergeld.

5.3.4.1 Hausgeld

§ 47 Abs. 1 StVollzG, § 53 Abs. 2 JVollzGB III, Art. 50 Abs. 1 BayStVollzG, **465** § 45 Abs. 1 S. 1 HmbStVollzG, § 40 Abs. 1 HStVollzG, § 46 Abs. 1 Nr. 1 NJVollzG geben als Hausgeld den Inhaftierten, die für zugewiesene Pflichtarbeit ein Arbeitsentgelt oder eine Ausbildungsbeihilfe erhalten, monatlich drei Siebtel der Bezüge für deren **persönlichen Bedarf** frei. Für Taschengeldempfänger gilt dies im vollen Umfang der erhaltenen Leistung (§ 47 Abs. 1 StVollzG, § 53 Abs. 2 JVollzGB III, Art. 54 S. 2 BayStVollzG, § 46 S. 2 HmbStVollzG, § 22 Abs. 2 S. 1 HStVollzG, § 46 Abs. 1 Nr. 2 NJVollzG). Für Gefangene, die in einem freien Beschäftigungsverhältnis stehen bzw. eine Selbstbeschäftigung ausüben und deshalb regelmäßig über mehr Einkommen verfügen, setzt die Behörde – zur Vermeidung von gravierenden Ungleichheiten und von Abhängigkeitsverhältnissen auf der subkulturellen Ebene – nach § 47 Abs. 2 StVollzG, § 53 Abs. 4 JVollzGB III, Art. 50 Abs. 2 BayStVollzG, § 45 Abs. 2 HmbStVollzG, § 40 Abs. 1 HStVollzG, § 46 Abs. 1 Nr. 3 NJVollzG ein angemessenes Hausgeld fest. Dieses soll sich an der Höhe des den Insassen durchschnittlich zur Verfügung stehenden Hausgeldes orientieren.[503]

Die Inhaftierten dürfen das Hausgeld für den **Einkauf**[504] **oder anderweitig** **466** (z.B. Erwerb von Gegenständen außerhalb des Einkaufs; freiwillige Schadensersatz-, Wiedergutmachungs- oder Unterhaltsleistungen) verwenden. Die Formulierung „oder anderweitig" soll deutlich machen, dass der Gefangene über das Hausgeld frei verfügen kann, soweit nicht Behandlungsgebote in seinem Vollzugsplan, Beschränkungen durch Disziplinarmaßnahmen, die Aufrechterhaltung von Sicherheit und Ordnung in der Anstalt, die Inanspruchnahme eines Teils des Hausgeldes für Ersatz von Aufwendungen oder allgemeine gesetzliche Schranken (beispielsweise §§ 134, 138 BGB) – vor allem strafrechtlicher Art – dem entgegenstehen. In § 46 Abs. 3 NJVollzG ist sogar explizit normiert, dass die Verfügung über das Hausgeld keiner Beschränkung unterliegt.

---

[503] Laubenthal, in: Schwind/Böhm/Jehle/Laubenthal, 2009, § 47 Rdn. 3.
[504] Dazu Kap. 5.8.3.

In Niedersachsen darf gem. § 46 Abs. 2 NJVollzG dreimal jährlich bis zu einer bestimmten Höchstgrenze ein Dritter jeweils einen Geldbetrag auf das Hausgeldkonto überweisen bzw. einzahlen. Auch dieses kann insbesondere für den Einkauf verwendet werden. Damit wird für die in Niedersachsen inhaftierten Strafgefangenen die Abschaffung des in § 33 S. 1 StVollzG normierten Anspruchs auf den Empfang von drei Paketen mit Nahrungs- und Genussmitteln pro Jahr ausgeglichen.

467 Das Hausgeld ist dem freien Zugriff der Anstalt entzogen.[505] Es bleibt **unpfändbar**. Dabei unterscheiden sich jedoch die Begründungen: Die Unpfändbarkeit im Rahmen der §§ 850 ff. ZPO – die zur Anwendung gelangen, weil das Hausgeld aus dem Arbeitsentgelt gebildet wird – wird teils auf die Pfändungsgrenzen des § 850c ZPO wie beim Anspruch auf Gutschrift des Arbeitsentgelts gestützt, wobei die Grenzen bei der gegenwärtigen Höhe des Hausgeldes praktisch nicht erreicht werden. Zum Teil wird § 850d Abs. 1 S. 2 ZPO herangezogen, da Hausgeld (und Taschengeld) zum notwendigen Unterhalt gehören.[506] Nach Auffassung des OLG Celle[507] soll das Hausgeld, wenn es aus der Ausbildungsbeihilfe gebildet wurde, nach § 850a Nr. 6 ZPO unpfändbar sein. Die gänzliche Unpfändbarkeit des Hausgelds gem. § 851 ZPO i.V.m. § 399 BGB ergibt sich bereits in vollzugsrechtlicher Sicht aufgrund der spezifischen Zweckbindung des Hausgeldes zugunsten der Betroffenen.[508] Ansprüche auf Auszahlung von Hausgeld sind grundsätzlich weder abtretbar, noch unterliegen sie der Aufrechnung.[509]

468 Allerdings kann
– die Vollzugsbehörde für die Dauer der Vorbereitung und Durchführung des Einkaufs eine zeitweilige **Verfügungsbeschränkung** anordnen, wenn dies aus verwaltungstechnischen Gründen, insbesondere zur Vermeidung von Doppelausgaben, erforderlich erscheint[510];
– gem. § 121 Abs. 5 StVollzG ein bestimmter Teil des Hausgelds für die **Kosten eines gerichtlichen Verfahrens** nach §§ 109 ff. StVollzG in Anspruch genommen werden[511];
– bei einer vom Gefangenen verursachten vorsätzlichen oder grob fahrlässigen Selbstverletzung oder Verletzung eines anderen Gefangenen die Vollzugsbehörde als Ausnahme vom Pfändungs- und Aufrechnungsverbot ihren **Aufwendungsersatz** nach § 93 StVollzG, § 72 JVollzGB III, Art. 89 BayStVollzG, § 77 HmbStVollzG, § 52 HStVollzG, § 86 NJVollzG i.V.m. § 93 Abs. 1 S. 1

---

[505] OLG Frankfurt, NStZ 1991, S. 152; OLG Frankfurt, NStZ 1997, S. 426.
[506] Siehe BGHSt. 36, S. 80; OLG Karlsruhe, NStZ 1985, S. 430; OLG Stuttgart, NStZ 1986, S. 47; OLG München, NStZ 1987, S. 45; OLG Celle, NStZ 1988, S. 334; OLG Celle, ZfStrVo 1992, S. 261; OLG Hamm, MDR 2001, S. 1260; AK-Däubler/Spaniol, 2006, § 47 Rdn. 6; Calliess/Müller-Dietz, 2008, § 47 Rdn. 1; Konrad W., 1990, S. 206.
[507] OLG Celle, NStZ 1981, S. 78; OLG Celle, NStZ 1988, S. 334.
[508] OLG Hamm, ZfStrVo 2003, S. 184; LG Münster, Rpfleger 2000, S. 509; Arloth, 2008, § 47 Rdn. 11; Fluhr, 1989, S. 105; ders., 1994, S. 115.
[509] BGHSt. 36, S. 82; in Niedersachsen bestimmt § 50 Abs. 1 NJVollzG ausdrücklich, dass der Anspruch auf das Hausgeld nicht übertragbar ist.
[510] OLG Koblenz, NStZ 1991, S. 151.
[511] Siehe hierzu OLG München, Beschl. v. 12.6.2008 – 4 Ws 75/08.

StVollzG) durchsetzen[512], soweit dadurch nicht die Behandlung des Inhaftierten und seine Eingliederung behindert werden.

In Niedersachsen ist z.B. gem. § 52 Abs. 5 S. 3 NJVollzG zur Durchsetzung von Kostenbeiträgen für Leistungen i.S.d. § 52 Abs. 3 NJVollzG (z.B. Aufwendungen für die Durchführung von Vollzugslockerungen, Kostenbeteiligungen im Bereich der Gesundheitsfürsorge usw.) eine Aufrechnung gegen den Anspruch auf Hausgeld zulässig.

5.3.4.2 Unterhaltsbeitrag

469 Das Fehlen einer leistungsgerechten Entlohnung im Strafvollzug wirkt sich auch zum Nachteil unterhaltsberechtigter Angehöriger aus. Denn mangels zureichender finanzieller Mittel der Inhaftierten hat der Bundesgesetzgeber das Inkrafttreten der Vorschrift über einen **Unterhaltsbeitrag** ausgesetzt, wonach auf Antrag des Gefangenen aus seinen Bezügen ein solcher in Erfüllung seiner gesetzlichen Unterhaltspflichten zu zahlen ist. Allerdings schließt die Suspendierung des § 49 StVollzG nicht aus, dass ein über entsprechende Mittel verfügender Insasse (z.B. bei einem freien Beschäftigungsverhältnis oder aufgrund von Selbstbeschäftigung) auch während der Strafverbüßung seiner Unterhaltspflicht nachkommt.[513] Denn eine Inhaftierung führt nicht per se zu deren Erlöschen.

Eine § 49 StVollzG entsprechende Norm ist in den Landes-Strafvollzugsgesetzen nicht enthalten.

5.3.4.3 Haftkostenbeitrag

470 Unter einem Haftkostenbeitrag i.S.v. § 50 StVollzG, § 51 JVollzGB III, Art. 49 BayStVollzG, § 49 HmbStVollzG, § 43 HStVollzG, § 52 Abs. 1 NJVollzG versteht man die finanzielle Inanspruchnahme des Inhaftierten zur Abdeckung der staatlichen Aufwendungen für seinen Lebensunterhalt.[514] Der Gefangene soll über die Regelungen zum Haftkostenbeitrag nicht an den Vollzugskosten insgesamt (also auch für Gebäude, Personal usw.) beteiligt werden. Vielmehr bleibt ein Haftkostenbeitrag auf einen den **Kosten für den Lebensunterhalt** (Verpflegung und Unterbringung) entsprechenden Betrag sowie auf diejenigen Mittel beschränkt, welche während der Haftzeit erworben werden.

Über die Vorschriften zum Haftkostenbeitrag hinaus enthalten die Strafvollzugsgesetze jedoch – in unterschiedlicher Ausprägung – Rechtsgrundlagen für die Beteiligung von Strafgefangenen an anderen Kosten des Vollzugs. Das betrifft etwa Aufwendungen für die Ausführung eines Inhaftierten oder für die Aufbewahrung, Entfernung, Verwertung bzw. Vernichtung der vom Verurteilten in die Anstalt eingebrachten Gegenstände, deren Aufbewahrung ausgeschlossen bleibt. Es erfolgen zudem Kostenbeteiligungen für Leistungen bei der vollzuglichen Krankenbehandlung sowie für Stromkosten, die durch die Nutzung von Elektrogeräten anfallen.

---

[512] Dazu Kap. 7.5.
[513] Laubenthal, in: Schwind/Böhm/Jehle/Laubenthal, 2009, § 49.
[514] BT-Drs. 7/918, S. 70; siehe auch Keck, 1989, S. 310.

471 § 50 Abs. 1 S. 1 StVollzG, § 51 Abs. 1 S. 1 JVollzGB III, Art. 49 Abs. 1 S. 1 BayStVollzG, § 49 Abs. 1 S. 1 HmbStVollzG, § 43 Abs. 1 HStVollzG, § 52 Abs. 1 S. 1 NJVollzG normieren die grundsätzliche Verpflichtung des Strafgefangenen, als Teil der Kosten der Vollstreckung der Rechtsfolgen seiner Tat einen Haftkostenbeitrag zu zahlen. Die Vorschriften beziehen sich teilweise explizit auf § 464a Abs. 1 S. 2 StPO, wonach die Kosten der Vollstreckung einer Rechtsfolge der Tat zu den Verfahrenskosten gehören, die ein strafgerichtlich Verurteilter gem. § 465 Abs. 1 S. 1 StPO zu tragen hat.

Eine **Erhebung** von Haftkostenbeiträgen **entfällt** jedoch gem. § 50 Abs. 1 S. 2 StVollzG, Art. 49 Abs. 1 S. 2 BayStVollzG, § 49 Abs. 1 S. 2 HmbStVollzG, § 43 Abs. 2 S. 1 HStVollzG, § 52 Abs. 2 S. 1 NJVollzG, wenn der Inhaftierte
– Bezüge nach dem jeweiligen Strafvollzugsgesetz erhält oder
– ohne sein Verschulden nicht arbeiten kann oder
– nicht arbeitet, weil er nicht zur Arbeit verpflichtet ist.

> Demgegenüber gebietet in Baden-Württemberg § 51 Abs. 1 S. 2 JVollzGB III lediglich von der Erhebung des Haftkostenbeitrags abzusehen, wenn dem Gefangenen sonst kein Betrag verbleibt, der dem mittleren Arbeitsentgelt in der Justizvollzugsanstalt entspricht.

Die Freistellung von Haftkostenbeiträgen für Strafgefangene, die im öffentlich-rechtlichen Verhältnis Pflichtarbeit leisten und deshalb Bezüge nach den Strafvollzugsgesetzen erhalten, ist Teil der vom Bundesverfassungsgericht geforderten angemessenen Anerkennung der Arbeitsleistung im Vollzug.[515] Sie steht in engem Zusammenhang mit der niedrigen finanziellen Vergütung und ist damit als ein Teil der Arbeitsentlohnung anzusehen. Es bleibt deshalb bedeutungslos, ob dem Pflichtarbeit verrichtenden Inhaftierten noch andere Einkünfte als diejenigen nach dem jeweiligen Strafvollzugsgesetz zufließen.[516]

In den übrigen gesetzlich geregelten Fällen des Entfallens der Erhebung darf der Betroffene dagegen unter den Voraussetzungen des § 50 Abs. 1 S. 3 und 4 StVollzG; Art. 49 Abs. 1 S. 3 und 4 BayStVollzG; § 49 Abs. 1 S. 3 und 4 HmbStVollzG; § 43 Abs. 2 S. 2 HStVollzG; § 52 Abs. 2 S. 2 und 3 NJVollzG zur Entrichtung von Haftkostenbeiträgen herangezogen werden, wenn er andere Einkünfte hat. Nach den (Re-)Sozialisierungsklauseln von § 50 Abs. 1 S. 5 StVollzG, § 51 Abs. 1 S. 3 JVollzGB III, Art. 49 Abs. 1 S. 5 BayStVollzG, § 49 Abs. 1 S. 5 HmbStVollzG, § 52 Abs. 5 S. 1 NJVollzG ist von der Geltendmachung des Anspruchs jedoch insoweit abzusehen, als dies die Wiedereingliederung gefährden könnte. Dies soll die Beachtung des Eingliederungsprinzips auch bei der Verpflichtung zur finanziellen Beteiligung an den Haftkosten unterstreichen.[517]

> § 43 Abs. 3 HStVollzG formuliert diese Resozialisierungsklausel dahingehend aus, als von der Erhebung eines Haftkostenbeitrags ganz oder teilweise aus besonderen Gründen abgesehen werden kann, insbesondere zur Förderung von Unterhaltszahlun-

---

[515] BVerfGE 98, S. 201.
[516] KG, StrVert 2006, S. 596.
[517] Dazu BVerfG, StrVert 2009, S. 422; OLG Hamm, NStZ 2009, S. 218 f.

gen, Schadenswiedergutmachung, sonstiger Schuldenregulierung[518] oder für besondere Aufwendungen zur Eingliederung.

Bezüge nach dem jeweiligen Strafvollzugsgesetz erhalten diejenigen Insassen nicht, die in einem freien Beschäftigungsverhältnis stehen und deshalb haftkostenpflichtig sind. Denn sie verfügen regelmäßig über mehr finanzielle Mittel als solche Inhaftierte, die einer zugewiesenen Pflichtarbeit im öffentlich-rechtlichen Verhältnis nachkommen. Auch bei der Selbstbeschäftigung wird der Betroffene zu den Haftkosten herangezogen. Dabei kann nach § 50 Abs. 4 StVollzG, § 51 Abs. 4 JVollzGB III, Art. 49 Abs. 3 BayStVollzG – angesichts unregelmäßiger Einkünfte – die Gestattung einer Selbstbeschäftigung sogar von einer monatlichen Vorausentrichtung abhängig gemacht werden.

Der Haftkostenbeitrag darf gem. § 50 Abs. 2 S. 5 StVollzG auch vom unpfändbaren Teil der Bezüge einbehalten werden, jedoch nicht zu Lasten des Hausgelds oder von Ansprüchen unterhaltsberechtigter Angehöriger. Diese bundesgesetzliche Regelung – die gem. Art. 208 BayStVollzG, § 131 Nr. 1 HmbStVollzG, § 83 Nr. 1 HStVollzG auch auf Landesebene fortgilt bzw. in § 52 Abs. 2 S. 4 JVollzGB III seine Entsprechung findet – stellt einen **Eingriff** in die allgemeinen **Pfändungsschutzvorschriften** der §§ 850 ff. ZPO dar. Ein solcher ist vor dem Hintergrund der Tatsache zu sehen, dass der Haftkostenbeitrag den existenzsichernden Lebensunterhalt des Gefangenen (Unterkunft und Verpflegung) in der Anstalt gewährleisten soll und dass für seinen sonstigen persönlichen Unterhalt – anders als der Bedürftige außerhalb der Anstalt – nur das Hausgeld benötigt, weil er im Übrigen nach Ansicht des Bundesgesetzgebers umfassend versorgt wird.[519]

Der Haftkostenbeitrag wird gem. § 50 Abs. 2 S. 1 StVollzG, § 51 Abs. 2 S. 1 JVollzGB III, Art. 49 Abs. 2 S. 1 BayStVollzG, § 49 Abs. 2 S. 1 HmbStVollzG, § 43 Abs. 4 HStVollzG, § 52 Abs. 1 S. 1 NJVollzG in **Höhe** des Betrages erhoben, der nach § 17 Abs. 1 Nr. 4 SGB IV als eine rechnerische Größe in der Sozialversicherung durchschnittlich zur Bewertung von Sachbezügen festgesetzt ist. Damit orientieren sich die von einem Gefangenen zu entrichtenden Haftkosten an Maßstäben des Sozialversicherungsrechts. Das Bundesministerium der Justiz legt jährlich gem. § 50 Abs. 2 S. 2 StVollzG für den Geltungsbereich des Bundes-Strafvollzugsgesetzes die entsprechenden Sätze fest. So hatten im Jahr 2010 erwachsene Inhaftierte monatlich für die Einzelunterbringung 173,40 EUR zu entrichten. Hinzu kamen für die Verpflegung: Frühstück 47,00 EUR, Mittagessen 84,00 EUR und Abendessen 84,00 EUR.[520]

Demgegenüber beliefen sich z.B. in Bayern 2009 die durchschnittlichen **Vollzugskosten** insgesamt für einen Gefangenen pro Tag auf 70,30 EUR, mit Anrechnung des Baukostensatzes auf 76,81 EUR.[521]

472

---

[518] Vgl. dazu BVerfG, StrVert 2009, S. 422 f.; ferner OLG Hamm, NStZ 2009, 218 f.
[519] BT-Drs. 7/3998, S. 23.
[520] Vgl. BAnz. Nr. 155/2010, S. 3431.
[521] Bayer. Staatsministerium der Justiz, 2010, S. 44.

5.3.4.4 Überbrückungsgeld

473 Um einem Gefangenen für die erste Zeit nach seiner Entlassung den Schritt in die Freiheit zu erleichtern, soll er für diese Übergangsphase auch über die notwendigen finanziellen Mittel verfügen. § 51 StVollzG, § 52 JVollzGB III, Art. 51 BayStVollzG, § 47 HmbStVollzG, § 42 HStVollzG, § 47 NJVollzG verpflichten deshalb die Vollzugsbehörden zur Bildung von **Überbrückungsgeld** zur Sicherung des erforderlichen Lebensunterhalts des Betroffenen sowie seiner Unterhaltsberechtigten für die ersten vier Wochen nach seiner Entlassung.

Die Vorschriften über das Überbrückungsgeld beschränken die Verfügungsbefugnis des Inhaftierten über seine Bezüge. Beträge, die nicht unter das Hausgeld (= drei Siebtel der Bezüge) fallen, werden dem Überbrückungsgeldkonto zugewiesen, bis ein zur Sicherung des Lebensunterhalts i.S.v. § 51 Abs. 1 StVollzG, § 52 Abs. 1 JVollzGB III, Art. 51 Abs. 1 BayStVollzG, § 47 Abs. 2 S. 1 HmbStVollzG, § 42 Abs. 1 HStVollzG, § 47 Abs. 2 S. 1 NJVollzG ausreichender Betrag – das Überbrückungsgeld-Soll – angespart ist. Dieser sollte nach der Intention des Bundesgesetzgebers eigentlich individuell bestimmt werden.[522] Dagegen setzt in der Praxis nach VV Nr. 1 Abs. 2 zu § 51 StVollzG die Landesjustizverwaltung die Höhe des Überbrückungsgeld-Solls allgemein fest. In Hamburg wird gem. § 47 Abs. 1 S. 2 HmbStVollzG das Soll von der Aufsichtsbehörde bestimmt, in Niedersachsen nach § 47 Abs. 2 S. 2 NJVollzG von der Vollzugsbehörde.

Die **Sparrate** für die Bildung des Überbrückungsgelds ist bei Inanspruchnahme von Arbeitsentgelt oder Ausbildungsbeihilfe in der Regel auf vier Siebtel der Bezüge begrenzt. Bei Gefangenen, die in einem freien Beschäftigungsverhältnis stehen oder denen eine Selbstbeschäftigung gestattet ist, wird der dem Überbrückungsgeld zuzuführende Anteil an den Bezügen vom Anstaltsleiter bestimmt. Aus § 83 Abs. 2 S. 3 StVollzG, § 63 Abs. 2 S. 3 JVollzGB III, Art. 52 Abs. 2 BayStVollzG, § 48 Abs. 2 S. 1 HmbStVollzG, § 48 Abs. 3 NJVollzG ergibt sich, dass auch Eigengeld zur Sicherung (noch) nicht angesparten Überbrückungsgeldes dient. Dazu ist das Eigengeld aber nur notwendig, soweit bei planmäßiger Aufstockung des Überbrückungsgelds das Erreichen des Solls bei Vollzugsende nicht gewährleistet ist.[523]

> Im Hinblick auf den Umstand, dass Überbrückungsgeld in der Regel erst zur Entlassung des Gefangenen zur Verfügung stehen soll (Ausnahmen: § 51 Abs. 3 StVollzG, § 52 Abs. 3 JVollzGB III, Art. 51 Abs. 3 BayStVollzG, § 47 Abs. 3 S. 2 HmbStVollzG, § 42 Abs. 3 HStVollzG, § 47 Abs. 4 NJVollzG), hat sich in der Rechtsprechung die Tendenz herausgebildet, dass das Überbrückungsgeld im Wege von Sparraten, die kleiner sind als der zur Verfügung stehende Teil der Bezüge nach Abzug des Hausgelds, anzusparen ist, wenn die voraussichtliche Zeit der Strafverbüßung ausreicht, um den festgesetzten Überbrückungsgeldbetrag mit diesen Sparraten zu erreichen.[524] Allerdings folgt dann aus dem Zweck des Überbrückungsgelds nicht, dass die zu erbringenden Raten so niedrig bemessen sein müssen, dass das Überbrückungsgeld zum voraussichtlichen Entlassungszeitpunkt gerade rechnerisch erreicht

---

[522] BT-Drs. 7/918, S. 71.
[523] OLG Frankfurt, NStZ-RR 2006, S. 156.
[524] OLG Celle, ZfStrVo 1983, S. 307; OLG Koblenz, ZfStrVo 1986, S. 185.

wird. Vielmehr ist bei der Festsetzung der Ansparraten allen denkbaren Eventualitäten Rechnung zu tragen, die ein weiteres Ansparen verhindern oder eine Inanspruchnahme des Überbrückungsgelds mit sich bringen könnten.[525] Diese insbesondere für Gefangene mit längeren Freiheitsstrafen und solchen im freien Beschäftigungsverhältnis Befindlichen entwickelte Rechtsprechung wird vor allem damit begründet, dass bei einem Zwang zu einer vor der Strafentlassung erfolgten, vorzeitigen Ansparung des Überbrückungsgelds sowohl der Inhaftierte (der über das sonst jeweils übrig bleibende Geld als Eigengeld verfügen könnte) als auch Gläubiger (denen sonst der Zugriff auf das nicht als Überbrückungsgeld notwendige Eigengeld offen stünde) unverhältnismäßig eingeschränkt würden.[526]

Das Überbrückungsgeld ist wegen seiner Bedeutung für die Bewältigung des Übergangs vom Vollzug in die Freiheit **gegenüber Gläubigeransprüchen besonders geschützt** (§ 51 Abs. 4 und 5 StVollzG). Zum einen bleibt der Anspruch auf Auszahlung unpfändbar. Hat das Guthaben auf dem Überbrückungsgeldkonto noch nicht die als angemessen festgesetzte Höhe erreicht, besteht auch eine Unpfändbarkeit des Anspruchs auf Auszahlung von Eigengeld im Umfang des Unterschiedsbetrags. Eine Einschränkung des in § 51 Abs. 4 StVollzG festgesetzten Pfändungsschutzes enthält § 51 Abs. 5 StVollzG zugunsten von Unterhaltsansprüchen der in § 850d Abs. 1 S. 1 ZPO begründeten Art. Nach der Entlassung unterliegt für die Dauer von vier Wochen das dem Betroffenen ausgezahlte Bargeld in gleichem Umfang wie das Überbrückungsgeld-Guthaben nicht dem Gläubigerzugriff. **474**

Gemäß Art. 208 BayStVollzG, § 130 Nr. 1 HmbStVollzG und § 83 Nr. 1 HStVollzG gelten die Pfändungsschutzvorschriften von § 51 Abs. 4 u. 5 StVollzG auch in Bayern, Hamburg und Hessen fort. In Baden-Württemberg wurde mit § 52 Abs. 4 u. 5 JVollzGB III, in Niedersachsen mit § 50 Abs. 2 u. 3 NJVollzG der Regelungsgehalt von § 51 Abs. 4 u. 5 StVollzG in das Landesgesetz übernommen.

Das Überbrückungsgeld wird bei der **Entlassung** grundsätzlich bar ausgezahlt. Allerdings ermöglichen § 51 Abs. 2 StVollzG, § 52 Abs. 2 S. 2 JVollzGB III, Art. 51 Abs. 2 BayStVollzG, § 47 Abs. 2 S. 3 HmbStVollzG, § 42 Abs. 2 S. 2 HStVollzG, § 47 Abs. 3 NJVollzG auch eine Überweisung an einen Bewährungshelfer bzw. an eine mit der Entlassenenbetreuung befasste Stelle. Mit Zustimmung des Gefangenen kann es ferner unmittelbar einem Unterhaltsberechtigten zugeleitet werden. Ist Voraussetzung für die Fälligkeit des Überbrückungsgelds die Entlassung des Verurteilten und dient es der Förderung eines möglichst konfliktfreien Übergangs in das Leben außerhalb des Strafvollzugs, besteht kein Anspruch auf Auszahlung, wenn der Gefangene nicht entlassen wird, sondern sich der weiteren Inhaftierung durch Flucht entzieht.[527]

---

[525] OLG Koblenz, ZfStrVo 1993, S. 309; OLG Hamburg, ZfStrVo 2003, S. 118.
[526] OLG Celle, ZfStrVo 1983, S. 307.
[527] OLG Celle, NStZ-RR 2007, S. 95.

5.3.4.5 Eigengeld

475 Die einem Inhaftierten sonst zustehenden Geldbeträge zählen – abgesehen vom Sondergeld in Baden-Württemberg und in Bayern[528] – zum Eigengeld. Dieses setzt sich zusammen
- aus den Bezügen, die nicht als Hausgeld, Haftkostenbeitrag oder Überbrückungsgeld in Anspruch genommen werden (§ 52 StVollzG, § 53 Abs. 3 JVollzGB III, Art. 52 Abs. 1 Nr. 2 BayStVollzG, § 48 Abs. 1 Nr. 3 HmbStVollzG, § 44 Abs. 1 HStVollzG, § 48 Abs. 1 S. 1 NJVollzG);
- aus den bei Strafantritt in die Anstalt eingebrachten oder während der Strafverbüßung von Dritten zugewendeten Geldbeträgen (§ 83 Abs. 2 S. 2 StVollzG, § 63 Abs. 2 S. 2 JVollzGB III, Art. 52 Abs. 1 Nr. 1 und 3 BayStVollzG, § 48 Abs. 1 Nr. 1 und 2 HmbStVollzG, § 44 Abs. 1 HStVollzG, § 45 Abs. 1 S. 2 i.V.m. § 48 Abs. 1 S. 1 NJVollzG).

Die Beträge werden dem Eigengeldkonto gutgeschrieben. Zu unterscheiden ist hierbei zwischen
- dem **freien** Eigengeld (§ 83 Abs. 2 S. 3 StVollzG, § 63 Abs. 2 S. 3 JVollzGB III, Art. 52 Abs. 2 BayStVollzG, § 48 Abs. 3 HmbStVollzG, § 44 Abs. 1 HStVollzG, § 48 Abs. 3 S. 1 NJVollzG) und
- dem **gesperrten** Eigengeld (§ 83 Abs. 2 S. 3 i.V.m. § 51 Abs. 4 S. 2 StVollzG, § 63 Abs. 2 S. 3 JVollzGB III, Art. 52 Abs. 2 BayStVollzG, § 48 Abs. 2 S. 1 HmbStVollzG, §§ 44, 83 Nr. 1 HStVollzG i.V.m. § 51 Abs. 4 S. 2 StVollzG, § 48 Abs. 3 NJVollzG).

476 Hat ein Inhaftierter sein Überbrückungsgeld bereits voll angespart, fließen seine Bezüge, die nicht das Hausgeld bzw. einen Haftkostenbeitrag betreffen, dem Eigengeld zu. Über dieses kann er außerhalb des Vollzugs **frei** verfügen (z.B. erlaubte Waren bestellen). Das Eigengeld darf der Strafgefangene jedoch nicht im Besitz haben und grundsätzlich auch nicht für den Regeleinkauf[529] in der Anstalt verwenden. Hinsichtlich des Regeleinkaufs ist dies nur unter den Voraussetzungen des § 22 Abs. 3 StVollzG, § 18 Abs. 3 JVollzGB III, Art. 24 Abs. 3 BayStVollzG, § 48 Abs. 2 S. 2 u. Abs. 3 HmbStVollzG, § 22 Abs. 3 HStVollzG, § 48 Abs. 2 S. 2 NJVollzG möglich, wenn der Betroffene ohne eigenes Verschulden über kein Haus- oder Taschengeld verfügt. Das freie Eigengeld ist pfändbar.[530]

In Hamburg und in Hessen darf – zum Ausgleich für den dort gem. § 34 Abs. 1 HmbStVollzG bzw. § 37 Abs. 1 S. 3 HStVollzG (im Gegensatz zu § 33 Abs. 1 S. 1 StVollzG) entfallenen Anspruch für den Empfang von Paketen mit Nahrungs- und Genussmitteln – von Dritten nach § 50 Abs. 3 S. 1 HmbStVollzG Geld für den dreimal jährlich erlaubten Einkauf zusätzlich zum Regeleinkauf (§ 25 Abs. 2 HmbStVollzG) einbezahlt werden. In Hessen kann nach § 44 Abs. 2 HStVollzG zweimal jährlich zu besonderen Anlässen die Einbezahlung von Geld für den Sondereinkauf erfolgen. Die Gelder sind dann zweckgebundenes Eigengeld.

---

[528] Dazu Kap. 5.3.4.6.
[529] Dazu Kap. 5.8.3.
[530] Laubenthal, in: Schwind/Böhm/Jehle/Laubenthal, 2009, § 52 Rdn. 4.

Wurde das Überbrückungsgeld-Soll noch nicht in voller Höhe angespart, bleibt **477** das Eigengeld in Höhe des noch zur Aufstockung des Überbrückungsgelds fehlenden Betrages **gesperrt**. Es besteht ein Verfügungsverbot des Insassen über dieses sog. qualifizierte Eigengeld, solange es zur Bildung des Überbrückungsgeldes (§ 51 StVollzG, § 52 JVollzGB III, Art. 51 BayStVollzG, § 47 HmbStVollzG, § 42 HStVollzG, § 47 NJVollzG) benötigt wird. In diesem Rahmen bleibt der Anspruch des Inhaftierten auf Auszahlung des Eigengeldes unpfändbar.[531]

> *Beispiel:* Strafgefangener G geht einer wirtschaftlich ergiebigen Arbeit in einem Eigenbetrieb der Anstalt nach. Am Ende des Monats beträgt sein Arbeitsentgelt – nach Vornahme von Abzügen – für diesen Zeitraum 198,00 EUR. Hiervon werden nach § 47 Abs. 1 StVollzG, § 53 Abs. 2 JVollzGB III, Art. 50 Abs. 1 BayStVollzG, § 45 Abs. 1 HmbStVollzG, § 40 Abs. 1 HStVollzG, § 46 Abs. 1 Nr. 1 NJVollzG drei Siebtel (= 84,86 EUR) seinem Hausgeldkonto gutgeschrieben und stehen ihm für Regeleinkäufe des persönlichen Bedarfs frei. Hat G auf seinem Überbrückungsgeldkonto noch nicht die festgesetzte Höhe des Überbrückungsgeldes erreicht, werden die restlichen 113,14 EUR diesem Konto zugewiesen.

Auch derjenige Teil des Eigengelds, der aus Resten des Arbeitsentgelts (oder dessen Surrogaten) stammt, soll dem Pfändungsschutz der §§ 850 ff. ZPO unterliegen.[532] Dem steht allerdings entgegen, dass der Anspruch des Gefangenen auf Zahlung von Arbeitsentgelt mit der Gutschrift auf dem Eigengeldkonto schon erloschen ist. Zwar stammt der Anspruch auf Auszahlung des Gutgeschriebenen aus dem Arbeitsentgelt, er stellt jedoch keinen Anspruch auf das Arbeitseinkommen dar. Es bleibt deshalb auch eine entsprechende Anwendung von § 850k ZPO auf den dem Eigengeldkonto zugeführten Arbeitslohn ausgeschlossen.[533] Auch die Pfändungsfreigrenzen des § 850c ZPO finden nach Sinn und Zweck dieser Pfändungsschutzvorschrift weder unmittelbar noch mittelbar Anwendung.[534]

5.3.4.6 Sondergeld

In Baden-Württemberg und Bayern ist mit Inkrafttreten der Landesstrafvollzugs- **478** gesetze – ebenso wie in Hamburg, Hessen und Niedersachsen – der in § 33 Abs. 1 S. 1 StVollzG normierte Anspruch des Strafgefangenen auf Empfang von drei Paketen jährlich mit Nahrungs- und Genussmitteln gem. § 28 Abs. 1 S. 3 JVollzGB III bzw. Art. 36 Abs. 1 S. 3 BayStVollzG entfallen. Während in Hamburg und Hessen die zum Zweck des Sonder- bzw. Zusatzeinkaufs von Dritten eingezahlten Geldmittel zweckgebunden auf das Eigengeldkonto bzw. in Niedersachsen auf dem Hausgeldkonto gebucht werden, sind diese in Baden-Württem-

---

[531] Calliess/Müller-Dietz, 2008, § 51 Rdn. 3; Laubenthal, in: Schwind/Böhm/Jehle/Laubenthal, 2009, § 52 Rdn. 4.
[532] OLG Frankfurt, NStZ 1993, S. 559; OLG Frankfurt, StrVert 1994, S. 395; Konrad W., 1990, S. 206; OLG Hamburg, ZfStrVo 1995, S. 370; LG Potsdam, NStZ-RR 1997, S. 221; a.A. OLG Hamm, NStZ 1988, S. 480; OLG Schleswig, NStZ 1994, S. 511; LG Berlin, Rpfleger 1992, S. 128; Kaiser/Schöch, 2002, S. 315; Laubenthal, in: Schwind/Böhm/Jehle/Laubenthal, 2009, § 52 Rdn. 4.
[533] OLG Schleswig, NStZ 1994, S. 511.
[534] BFH, DStRE 2004, S. 421; BGH, StrVert 2004, S. 558.

berg gem. § 54 Abs. 1 JVollzGB III und in Bayern nach Art. 53 BayStVollzG einem Sondergeldkonto gutzuschreiben.

Dies gilt etwa auch in Bezug auf finanzielle Zuwendungen zur Begleichung von Kosten für die Krankenbehandlung. Soweit als Zweck der Einkauf bestimmt ist, darf der Inhaftierte das Sondergeld für den Sondereinkauf i.S.d. Art. 25 BayStVollzG nutzen. In Baden-Württemberg darf das Sondergeld wie Hausgeld verwendet werden. Es dient darüber hinaus nach § 54 Abs. 2 Nr. 1 und 2 JVollzGB III ebenso zur Finanzierung von Maßnahmen der Eingliederung, insbesondere Kosten der Gesundheitsfürsorge und der Aus- und Fortbildung, sowie Maßnahmen zur Pflege sozialer Beziehungen, insbesondere Telefonkosten und Fahrtkosten anlässlich vollzugsöffnender Maßnahmen.

5.3.5 Sozialversicherung der Gefangenen

479 Eine Einbeziehung der Inhaftierten in die **Krankenversicherung** und in die **Rentenversicherung** hat der Bundesgesetzgeber zunächst in §§ 190 bis 193 StVollzG vorgesehen und dort durch die Besonderheiten des Strafvollzugs bedingte Modifizierungen angeführt. Denn der Verurteilte erhält im Gegensatz zu den übrigen Versicherten bestimmte Leistungen (z.B. Gesundheitsfürsorge) bereits von der Institution.

Das Inkrafttreten von § 190 Nr. 1–10 und Nr. 13–18 sowie §§ 191–193 StVollzG wurde aber bis zum Erlass eines entsprechenden Bundesgesetzes suspendiert (§ 198 Abs. 3 StVollzG). Eine Erfüllung dieser Selbstverpflichtung des Bundesgesetzgebers für den Geltungsbereich des Bundes-Strafvollzugsgesetzes bleibt jedoch wegen der hohen finanziellen Belastungen bei einer Einbeziehung von Inhaftierten in die Kranken- und Rentenversicherung aus.[535] Die Landes-Strafvollzugsgesetze von Baden-Württemberg, Bayern, Hamburg, Hessen und Niedersachsen enthalten keine die Kranken- oder Rentenversicherung des Gefangenen im Freiheitsstrafenvollzug betreffenden Regelungen.

Diese legislatorische Zurückhaltung auf Bundes- und Landesebene führt nicht nur zu Beeinträchtigungen der aus eigenen Rechten unversicherten Familienangehörigen bei der Krankenversicherung, wo diese keinen Anspruch auf Familienversicherung haben.[536] Gerade bei der Rentenversicherung erweist sich die Nichtzahlung von Beiträgen als eine resozialisierungsfeindliche Spätfolge der Freiheitsstrafe.[537] Denn diese fehlen bei einer späteren Berechnung der Altersrente.[538] Die Zeit der Strafverbüßung ist eine in vollem Umfang rentenversicherungslose Zeit. Es findet keinerlei Anrechnung auf Wartezeiten statt. Im Bereich der Berufsunfähigkeitsrente stellt die Haftdauer eine rentenanwartschaftszerstörende Zeit dar.[539]

---

[535] Vgl. bereits BT-Drs. 11/717, S. 7; siehe auch Steiner, 2006, S. 74.
[536] Steiner, 2006, S. 102.
[537] Rotthaus K., 1987, S. 4; Laubenthal, in: Schwind/Böhm/Jehle/Laubenthal, 2009, § 193 Rdn. 1.
[538] Siehe dazu auch Bundesarbeitsgemeinschaft für Straffälligenhilfe, 1993, S. 177; Lohmann, 2002, S. 155 ff.; Rosenthal, 1998, S. 14; Steiner, 2006, S. 97 f.
[539] Steiner, 2006, S. 99.

Die Nichteinbeziehung vieler arbeitender Strafgefangener in die Kranken- und Rentenversicherung steht im **Widerspruch zum vollzuglichen Sozialisationsauftrag**.[540] Demgegenüber hat das Bundesverfassungsgericht[541] die Suspendierung der Rentenversicherung durch § 198 Abs. 3 StVollzG aus verfassungsrechtlicher Sicht unbeanstandet gelassen.[542] Sollten durch die vorgesehenen Regelungen alle Gefangenen, die Arbeitsentgelt oder Ausbildungsbeihilfe erhalten, in die sozialen Sicherungssysteme einbezogen werden, so stelle sich „eine derart weittragende Regelung ... als Element eines vom Gesetzgeber frei gestalteten Resozialisierungskonzepts dar. Sie ist weder vom verfassungsrechtlichen Resozialisierungsgebot gefordert noch vom Gleichheitssatz (Art. 3 Abs. 1 GG) geboten. Sie müsste sich ... im Gegenteil gerade unter Gleichheitsgesichtspunkten rechtfertigen."[543]

Lediglich der in einem **freien Beschäftigungsverhältnis** Stehende unterliegt wie jeder andere Arbeitnehmer der allgemeinen gesetzlichen Sozialversicherungspflicht. Er hat dementsprechend auch Beiträge an die Krankenversicherung abzuführen und kann deren Leistungen in Anspruch nehmen. Gemäß § 62a StVollzG, § 35 Abs. 2 JVollzGB III, Art. 64 BayStVollzG, § 65 Abs. 2 HmbStVollzG, § 24 Abs. 6 HStVollzG, § 60 NJVollzG ruhen dann aber die vollzuglichen Leistungen zur Gesundheitsfürsorge. Die gesetzliche Nichteinbeziehung der übrigen Gefangenen in die Kranken- und Rentenversicherung steht allerdings einer freiwilligen Aufrechterhaltung der Sozialversicherung durch einen – über entsprechende finanzielle Mittel verfügenden – Inhaftierten nicht entgegen.[544]

Gefangene, die während ihrer aufgrund eines Gesetzes angeordneten Freiheitsentziehung wie ein nach § 2 Abs. 1 SGB VII Versicherter tätig werden, sind auch nach § 2 Abs. 2 S. 2 SGB VII in der gesetzlichen **Unfallversicherung** abgesichert. Das Sozialgesetzbuch enthält insoweit für die Strafgefangenen vollzugsspezifische Modifizierungen.[545] Im Übrigen stehen ihnen die gleichen Leistungsansprüche zu wie allen anderen unfallversicherten Arbeitnehmern.

Einbezogen sind die Inhaftierten auch in die **Arbeitslosenversicherung**.[546] Dies betrifft nach § 26 Abs. 1 Nr. 4 SGB III alle Insassen, die ein Arbeitsentgelt oder eine Ausbildungsbeihilfe erhalten bzw. solche, welche die Ausbildungsbeihilfe nur wegen des Vorrangs von Leistungen zur Förderung der Berufsausbildung nach dem SGB III nicht erhalten. Die von einer Beitragsbeteiligung befreiende Einkommensgrenze der §§ 27 Abs. 2 SGB III und 8 Abs. 1 SGB IV für geringfügig Beschäftigte betrifft nicht die Beitragspflicht der Strafgefangenen.[547] Sie haben gem. § 26 Abs. 1 Nr. 4 SGB III Beiträge an die Bundesagentur für Arbeit zu entrichten. Das zuständige Bundesland trägt nach § 347 Nr. 3 SGB III im Verhältnis zur Bundesagentur die Beiträge. Im Innenverhältnis zum Gefangenen ist die Voll-

480

481

482

---

[540] Laubenthal, 1995, S. 346.
[541] BVerfGE 98, S. 169 ff.
[542] Krit. Britz, 1999, S. 200; Pawlita, 1999, S. 70.
[543] BVerfGE 98, S. 212.
[544] Calliess/Müller-Dietz, 2008, § 193 Rdn. 3.
[545] Dazu Steiner, 2006, S. 50 ff.
[546] Dazu Hardes, 2001, S. 139 ff.; Steiner, 2006, S. 60 ff.
[547] BVerfG, ZfStrVo 1995, S. 312 zu § 346 Abs. 2 S. 1 Nr. 1 SGB III a.F.; Laubenthal, in: Schwind/Böhm/Jehle/Laubenthal, 2009, § 195 Rdn. 1.

zugsbehörde jedoch gem. § 195 StVollzG, § 56 JVollzGB III, Art. 206 BayStVollzG, § 42 HmbStVollzG, § 38 Abs. 5 HStVollzG, § 42 NJVollzG befugt, auf das Arbeitsentgelt bzw. die Ausbildungsbeihilfe zurückzugreifen und einen Anteil des abgeführten Beitrages einzubehalten, der demjenigen eines freien Arbeitnehmers entspricht. Bemessungsgrundlage für die Beiträge der Inhaftierten ist nach § 345 Nr. 3 SGB III ein Arbeitsentgelt in Höhe von 90 % der Bezugsgröße nach § 18 SGB IV. Ihr Eigenanteil liegt bei etwas mehr als 3 % der Bemessungsgrundlage (§§ 341, 346 Abs. 1 SGB III). § 352 Abs. 3 SGB III folgend wurde vom Bundesministerium für Arbeit und Soziales eine Gefangenen-Beitragsverordnung erlassen.[548] Die Beitragspflicht gilt auch für ausländische Strafgefangene, selbst wenn diese nach ihrer Haftentlassung abgeschoben werden sollen und deshalb keine Aussichten auf spätere Leistungen der Arbeitslosenversicherung haben.[549]

§ 195 StVollzG stellt den Rückgriff auf den versicherten Insassen in das Ermessen der Vollzugsbehörde. Insoweit erscheint jedoch VV zu § 195 StVollzG, wonach die Beitragsanteile einzubehalten sind und nur in Fällen unbilliger Härte davon abgesehen werden kann, als mit dem Bundesgesetz nicht vereinbar.[550] Auch nach § 56 JVollzGB III, § 42 HmbStVollzG und § 38 Abs. 5 HStVollzG steht der Vollzugsbehörde in Baden-Württemberg, Hamburg und in Hessen insoweit ein Ermessen zu, während in Bayern und Niedersachsen gem. Art. 206 BayStVollzG bzw. § 42 NJVollzG die Einbehaltung zwingend vorgeschrieben ist.

5.4 Die Kommunikation mit der Außenwelt

483 Der zu einer Freiheitsstrafe Verurteilte wird mit dem Strafantritt seinem bisherigen sozialen Beziehungsgefüge entrissen und soll in der Institution als einem künstlichen sozialen Gebilde in Gemeinschaft mit anderen Straftätern (re-)sozialisiert, d.h. – und hier zeigt sich ein Dilemma des Behandlungsvollzugs – durch Entzug der Freiheit zu einem verantwortlichen Leben gerade in der Freiheit ohne weitere deliktische Handlungen (§ 2 S. 1 StVollzG, § 1 JVollzGB III, Art. 2 S. 2 BayStVollzG, § 2 S. 1 HmbStVollzG, § 2 S. 1 HStVollzG, § 5 S. 1 NJVollzG) befähigt werden. Eine Erlangung hierzu erforderlicher sozialer Kompetenz kann aber mit Aussicht auf Erfolg nicht isoliert von der Außenwelt stattfinden. Der Inhaftierte erlernt die notwendigen Verhaltensweisen letztlich nur durch Kommunikation mit der Gesellschaft außerhalb der Vollzugsanstalt. Es bedarf deshalb – unter Beachtung zwingender Sicherheitserfordernisse – einer weitestmöglichen Öffnung der Institution und der Schaffung entsprechender Interaktionsfelder.

484 Die Kommunikation mit der Außenwelt ist eine Notwendigkeit, die sich schon aus der Grundforderung nach einer humanen und menschenwürdigen Ausgestal-

---

[548] Verordnung über die Pauschalberechnung der Beiträge zur Arbeitsförderung für Gefangene v. 3.3.1998, BGBl. I 1998, S. 430; dazu Maldener, ZfStrVo 1996, S. 15.
[549] BVerfG, NStZ 1993, S. 556.
[550] So auch OLG Hamburg, NStZ 1992, S. 352; AK-Brühl, 2006, § 195 Rdn. 2; Laubenthal, in: Schwind/Böhm/Jehle/Laubenthal, 2009, § 195 Rdn. 1; a.A. Arloth, 2008, § 195 Rdn. 3; Calliess/Müller-Dietz, 2008, § 195 Rdn. 1.

tung des Strafvollzugs ergibt.[551] Im Hinblick auf die den Sozialisationsauftrag konkretisierenden Gestaltungsprinzipien[552] kommen ihr folgende Funktionen zu:
- Die sozialen Kontakte nach außen dienen einer zumindest partiellen **Angleichung** des Daseins innerhalb der Anstalt an die allgemeinen Lebensverhältnisse. Der auf Kommunikation mit anderen angelegte und angewiesene Mensch erhält so die Möglichkeit, bestehende Beziehungen aufrechterhalten zu können. Dies gilt insbesondere für diejenigen zum (Ehe-)Partner und zu denjenigen Familienangehörigen, die unter dem Schutz des Art. 6 Abs. 1 GG stehen. Da ein nicht unerheblicher Teil der Inhaftierten unverheiratet ist, dient die Ermöglichung von Kontakten nicht nur einer Aufrechterhaltung bestehender, sondern auch einer Anbahnung neuer Beziehungen.
- Kommunikation mit der Außenwelt soll **schädlichen Folgen** des Freiheitsentzugs **entgegenwirken**. Dies betrifft nicht nur Gefahren einer Entfremdung von Bezugspersonen und Angehörigen. Der Aufenthalt in der Institution bewirkt auch eine mit der Strafdauer zunehmende Entfremdung vom Leben in Freiheit an sich. Die Daseinsverhältnisse in der Anstalt bedingen Deprivationen im sensoriellen Bereich, sie schränken die Wahrnehmungsmöglichkeiten des Gefangenen ein, dessen Alltag geprägt ist von einer weitgehenden intellektuellen und kognitiven Leere, was zu Beeinträchtigungen der Ich-Identität und zu Auswirkungen auf psychische Funktionen führen kann. Durch Umweltkontakte partizipiert der Inhaftierte jedoch am sozialen Geschehen. Sie bewahren ihn vor einem Verkümmern der Kommunikationsfähigkeit überhaupt. Auch dem sozialisationsfeindlichen Prisonisierungseffekt als Folge einer weitgehenden Einschränkung auf nur anstaltsinterne Kommunikationsmöglichkeiten der Gefangenen untereinander wirkt die Eröffnung von sozialen Kontakten mit der Außenwelt entgegen.
- Möglichkeiten zur Aufrechterhaltung bzw. Neuanbahnung persönlicher Beziehungen erhöhen schließlich die Chancen einer gesellschaftlichen **Wiedereingliederung**. Lockerungen erlauben dem Gefangenen das schrittweise Einüben sozialadäquater Strategien zur Bewältigung von Problemsituationen in Freiheit. Rückfalluntersuchungen haben insoweit bessere Bewährungschancen angedeutet.[553] Vollzugslockerungen können zudem bei Langstrafigen ein zeitlich strukturiertes Behandlungsprogramm zur Vorbereitung auf die Freiheit bieten, das nicht nur persönliche Außenkontakte verbessert, sondern auch einen endlos scheinenden Zeitablauf untergliedert und damit zur Überwindung des Zeitfaktors beiträgt.[554]

Die Strafvollzugsgesetze fördern die Innen-Außen-Kontakte zum einen durch **485** die Einbeziehung gesellschaftlicher Kräfte als ehrenamtliche Vollzugshelfer und

---

[551] Müller-Dietz, 1978, S. 131.
[552] Dazu Kap. 3.4.
[553] Siehe Baumann/Maetze/Mey, 1983, S. 144 f.; Böhm/Erhardt, 1988, S. 140 f.; krit. aber Bölter, 1991, S. 71 ff.
[554] Laubenthal, 1987, S. 192.

Anstaltsbeiräte in die Straffälligenarbeit.⁵⁵⁵ Zum anderen geben auf der **intramuralen Ebene** die Strafvollzugsgesetze den Inhaftierten einen Anspruch darauf, mit Personen außerhalb der Anstalt zu verkehren, und verpflichten die Vollzugsbehörden zu einer Förderung dieser Kontakte. Dabei folgt das Recht auf Kommunikation mit externen Personen bereits aus der durch Art. 2 Abs. 1 GG gewährleisteten Freiheit der Persönlichkeitsentfaltung.⁵⁵⁶

Als **Kommunikationsformen** dieser Art benennen die Gesetze:
- Empfang von Besuchen,
- Schriftwechsel,
- Telekommunikation,
- Paketempfang.

486 Zwar gewähren die Strafvollzugsgesetze den Inhaftierten Rechte auf Verkehr mit Personen außerhalb der Institution; dies aber nur im Rahmen der gesetzlichen Vorschriften. Einschränkungen können sich den einzelnen Regelungen gemäß aus Gründen der Sicherheit und Ordnung der Anstalt ergeben. Gleiches gilt, wenn durch Kontakte nach außen die Behandlung des Gefangenen im Vollzug selbst bzw. seine Eingliederung nach der Entlassung gefährdet werden könnte.

> Der Bundesgesetzgeber versuchte mit den Regelungen in §§ 23 ff. StVollzG, „den Konflikt zwischen den Individualrechten und den notwendigen Erfordernissen eines geordneten Vollzuges" zu lösen. Man wollte „dem Gefangenen ein bestimmtes Mindestmaß an Kontakten garantieren und zugleich die Vollzugsbehörden ermächtigen, den Vollzug störende Informationen unter bestimmten Voraussetzungen zurückzuhalten und sie zu verpflichten, Beziehungen des Gefangenen zu fördern, die die Vollzugsaufgaben unterstützen."⁵⁵⁷ Die bundesgesetzliche Regelung wurde in ihren Grundzügen in den Landes-Strafvollzugsgesetzen übernommen.

487 Eine Öffnung für Umwelteinflüsse ist darüber hinaus schon bestimmten Arten der **Vollzugsgestaltung** inhärent. So werden vollzugstypische Lebensbeschränkungen mittels offener Vollzugsformen reduziert und damit die Sozialkontakte mit der Außenwelt erhöht. Über die intramuralen Kommunikationsformen hinaus erlangen auf der **extramuralen Ebene** vor allem die Vollzugslockerungen (Außenbeschäftigung, Freigang, Ausführung, Ausgang), der Urlaub aus der Haft sowie die Lockerungen zur Entlassungsvorbereitung wesentliche Bedeutung zur Durchbrechung der sozialen Ausgrenzung und Isolation der Strafgefangenen. Hinzu kommen Urlaub, Ausgang und Ausführung aus wichtigem Anlass oder zur Wahrnehmung von Gerichtsterminen.

---

[555] Dazu in Kap. 4.5 und 4.6.
[556] BVerfG, ZfStrVo 1996, S. 175.
[557] BT-Drs. 7/918, S. 57.

5.4.1 Schriftwechsel, Paketempfang und Telekommunikation

§ 28 Abs. 1 StVollzG, § 23 Abs. 1 JVollzGB III, Art. 31 Abs. 1 BayStVollzG, **488**
§ 29 Abs. 1 S. 1 HmbStVollzG, § 35 Abs. 1 S. 1 HStVollzG, § 29 Abs. 1 S. 1 NJVollzG geben den Inhaftierten das Recht, unbeschränkt Schreiben abzusenden und zu empfangen. Dieses ist verfassungsrechtlich geschützt, wobei vor allem Art. 5, 6 und 10 GG – mit den Einschränkungen von Art. 5 Abs. 2, 10 Abs. 2 S. 1 GG – Bedeutung erlangen.[558] Der Schriftwechsel erfolgt gem. § 30 Abs. 1 u. 2 StVollzG, § 25 Abs. 1 u. 2 JVollzGB III, Art. 33 Abs. 1 u. 2 BayStVollzG, § 29 Abs. 1 S. 2 HmbStVollzG, § 35 Abs. 1 S. 2, Abs. 3 S. 1 HStVollzG, § 31 Abs. 1 u. 2 NJVollzG auf dem Weg der Vermittlung von Absendung und Empfang durch die Anstalt, wobei diese die eingehenden und ausgehenden (ohne Ergänzungen z.B. bei der Absenderangabe[559]) Schreiben unverzüglich weiterzuleiten hat. Ist es einer Einrichtung aus organisatorischen Gründen nur möglich, die an Samstagen eingehende Post erst am darauf folgenden Montag auszuhändigen, steht dies dem Unverzüglichkeitsgebot allerdings nicht entgegen.[560] Aus dem Recht des Einzelnen auf Schriftwechsel folgt zugleich ein Anspruch des Gefangenen auf kostenlose Überlassung von Schreibmaterial.[561]

§§ 28 ff. StVollzG, §§ 23 ff. JVollzGB III, Art. 31 ff. BayStVollzG, §§ 29 ff. **489**
HmbStVollzG, § 33 i.V.m. § 35 HStVollzG, §§ 29 ff. NJVollzG betreffen die **schriftliche Kommunikation** mit der Außenwelt als eine Form des individuellen schriftlichen Gedankenaustauschs zwischen Absender und Empfänger; auf die genaue postalische Einordnung kommt es nicht an.[562] Bei Druckerzeugnissen ist zunächst abzugrenzen, ob es sich um einen Paketempfang i.S.d. § 33 StVollzG bzw. § 28 JVollzGB III, Art. 36 BayStVollzG, § 33 HmbStVollzG, § 37 HStVollzG, § 34 NJVollzG handelt (so z.B. bei einem Warenkatalog[563], bei Zusendung von Internetausdrucken[564]) oder um den Bezug einer Zeitung bzw. Zeitschrift i.S.v. § 68 StVollzG, § 60 JVollzGB III, Art. 70 BayStVollzG, § 51 HmbStVollzG, § 30 Abs. 2 S. 2 HStVollzG, § 65 NJVollzG. Stellt ein – auch nur einmalig oder gelegentlich – zugesandtes Druckerzeugnis eine allgemein zugängliche Zeitung oder Zeitschrift dar, dann gehen die in den Normen über den Zeitungs- und Zeitschriftenbezug enthaltenen Versagungsgründe als die spezielleren Regelungen vor.[565] Die einem Brief beigefügte Fotokopie eines Zeitungsausschnittes stellt dagegen einen Bestandteil des an den Gefangenen gerichteten Schreibens dar und unterfällt den Vorschriften über den Schriftwechsel[566], während umfang-

---

[558] Dazu Gusy, 1997, S. 673 ff.
[559] OLG Celle, NStZ 1993, S. 381.
[560] OLG Koblenz, ZfStrVo 1995, S. 180.
[561] OLG Zweibrücken, NStZ 2005, S. 289.
[562] OLG Nürnberg, NStZ 1997, S. 382; Calliess/Müller-Dietz, 2008, § 28 Rdn. 1.
[563] OLG Koblenz, NStZ 1991, S. 304.
[564] OLG Nürnberg, NStZ-RR 2009, S. 216.
[565] OLG Frankfurt, NStZ 1992, S. 208; siehe dazu unten Kap. 5.6.2.
[566] OLG Frankfurt, ZfStrVo 1993, S. 118.

reiche Beilagen zu einem Brief, welche nicht zum Gedankenaustausch gehören, als Paket zu behandeln sind.[567]

Das Recht auf unbeschränkten Schriftverkehr bedeutet nicht nur eine zahlenmäßig unbegrenzte Möglichkeit des Ein- und Ausgangs von Schreiben. Im Hinblick auf den Angleichungsgrundsatz gilt auch im Bereich des Strafvollzugs prinzipiell das durch Art. 10 GG geschützte **Briefgeheimnis**. Allerdings lassen die Strafvollzugsgesetze **Einschränkungen** zu:
- die Untersagung des Schriftwechsels mit bestimmten Personen,
- die Überwachung,
- das Anhalten von Schreiben.

5.4.1.1 Untersagung von Schriftwechseln

490 Sind Sicherheit oder Ordnung der Anstalt gefährdet oder besteht die Befürchtung, dass ein Schriftwechsel auf den Gefangenen einen schädlichen Einfluss ausübt bzw. seine Eingliederung behindert (z.B. wenn der Gefangene zu einer feindseligen Haltung gegen den Vollzug gebracht werden soll), dann kann die Anstaltsleitung nach § 28 Abs. 2 StVollzG, § 23 Abs. 2 JVollzGB III, Art. 31 Abs. 2 BayStVollzG, § 29 Abs. 2 Nr. 1 u. 2 HmbStVollzG, § 33 Abs. 2 HStVollzG, § 29 Abs. 2 NJVollzG den **Schriftwechsel mit bestimmten Personen untersagen**. Es müssen jedoch konkrete Anhaltspunkte dafür vorliegen.[568] Eine Untersagung kommt unter Beachtung des Grundsatzes der Verhältnismäßigkeit als Ultima Ratio aber nur in Betracht, wenn mildere Mittel (Abmahnung, Überwachung oder Anhalten) nicht ausreichend erscheinen.[569] Behandlungs- und Eingliederungsaspekte können nur bei solchen Personen zu einem Verbot des Schriftverkehrs nach § 28 Abs. 2 Nr. 2 StVollzG, § 23 Abs. 2 Nr. 2 JVollzGB III, Art. 31 Abs. 2 Nr. 2 BayStVollzG, § 29 Abs. 2 Nr. 2 HmbStVollzG, § 33 Abs. 2 Nr. 2 HStVollzG, § 29 Abs. 2 Nr. 2 NJVollzG führen, bei denen es sich nicht um Angehörige i.S.d. § 11 Abs. 1 Nr. 1 StGB handelt. Bei diesen bleibt somit eine Untersagung nur unter den Voraussetzungen von § 28 Abs. 1 Nr. 1 StVollzG, § 23 Abs. 2 Nr. 1 JVollzGB III, Art. 31 Abs. 2 Nr. 1 BayStVollzG, § 29 Abs. 2 Nr. 1 HmbStVollzG, § 33 Abs. 2 Nr. 1 HStVollzG, § 29 Abs. 2 Nr. 1 NJVollzG wegen Gefährdung der Sicherheit oder Ordnung möglich.[570]

Die Untersagungsverfügung des Anstaltsleiters richtet sich gegen den Gefangenen, nicht auch gegen den außenstehenden Schreibpartner, denn die Strafvollzugsgesetze finden auf diesen insoweit keine Anwendung. Sie enthalten keine Regelungen, die unmittelbar das Recht vollzugsexterner Personen auf Schriftwechsel mit Strafgefangenen betreffen. Allerdings ist der Außenstehende von dem Verbot als Dritter betroffen (vollzuglicher Verwaltungsakt mit Drittwirkung).[571] Gelangt das von einem externen Briefschreiber an einen Inhaftierten abgesandte Schreiben in den Bereich des Strafvollzugs, bleibt dem Anstaltsleiter die Mög-

---

[567] OLG Nürnberg, ZfStrVo 1997, S. 372.
[568] Schwind, in: Schwind/Böhm/Jehle/Laubenthal, 2009, § 28 Rdn. 5 f.
[569] AK-Joester/Wegner, 2006, § 28 Rdn. 7.
[570] Dazu Hirsch, 2003, S. 160 f.
[571] OLG Celle, NStZ 1989, S. 358.

lichkeit, es nach § 31 StVollzG, § 26 JVollzGB III, Art. 34 BayStVollzG, § 31 HmbStVollzG, § 35 Abs. 3 S. 2 HStVollzG, § 32 NJVollzG anzuhalten.[572]

5.4.1.2 Überwachung und Überwachungsverbote

Eine **Überwachung** des Schriftwechsels ist gem. § 29 Abs. 3 StVollzG, § 24 Abs. 1 JVollzGB III, Art. 32 Abs. 3 BayStVollzG, § 30 Abs. 1 HmbStVollzG, § 35 Abs. 2 S. 1 HStVollzG, § 30 Abs. 1 NJVollzG aus Gründen der Behandlung bzw. der Sicherheit oder Ordnung der Anstalt zulässig. Hierdurch sollen Gefahren für die Erreichung des vollzuglichen Sozialisationsauftrags und für die Institution abgewehrt werden, die sich aus der brieflichen Verbindung nach außen ergeben können. Die Überwachungsgründe bleiben auf die in den Normen genannten beschränkt. Nicht überwacht werden darf der Schriftverkehr deshalb auf der Grundlage der strafvollzugsgesetzlichen Regelungen zum Schriftwechsel aus Gründen der öffentlichen Sicherheit, der allgemeinen Verbrechensverhütung, des Persönlichkeitsschutzes Außenstehender oder unter Gesichtspunkten des guten Geschmacks.[573] **491**

Unter Überwachung versteht man
– die **Sichtkontrolle** als Untersuchung des Sendungsinhalts auf verbotene Gegenstände (z.B. Rauschmittel bei eingehenden Briefen),
– die **Textkontrolle** als Kenntnisnahme vom verbalen Inhalt des Schreibens.

Umstritten ist, ob eine Überwachung des Schriftwechsels nur aus konkretem Anlass einzelfallbezogen oder auch generell angeordnet werden darf. **492**

> *Beispiel:* Der Leiter der Justizvollzugsanstalt F. verfügt die Überwachung des Schriftwechsels – auch der Behördenpost – aller in seiner Institution einsitzenden Strafgefangenen. Da viele gefährliche Verurteilte ihre Freiheitsstrafe in F. verbüßen, hält er dies zur Aufrechterhaltung der Sicherheit der Anstalt für erforderlich, um eventuellen Fluchtplänen, Meutereien oder dem Einbringen von Betäubungsmitteln zu begegnen. Von der generellen Überwachung nimmt die Anstaltsleitung einzelne Gefangene nicht aus, weil sie befürchtet, dass diese angesichts der Subkultur und der Unüberschaubarkeit des Beziehungsgeflechts innerhalb der Einrichtung von Mitgefangenen unter Druck gesetzt werden könnten, einen unkontrollierten Schriftverkehr zu missbrauchen.
>
> Das OLG Hamburg[574] hat in dem Fall eine solche generelle Anordnung ohne Einzelfallprüfung für rechtmäßig angesehen. Diese Ansicht entspricht einem Großteil der Rechtsprechung.[575] Sie erachtet in **geschlossenen Anstalten mit hohem Sicherheitsgrad** eine allgemeine Verfügung und Durchführung der Kontrolle eingehender und ausgehender Briefe für zulässig. Denn eine Trennung der Inhaftierten nach divergierenden Sicherheitsrisiken erscheint nicht immer möglich. Der Leiter kann deshalb eine Überwachung anordnen, ohne dass es darauf ankommt, ob gerade in der Person des

---

[572] OLG Zweibrücken, NStZ 1987, S. 95.
[573] BT-Drs. 7/918, S. 60 (zu § 29 StVollzG).
[574] OLG Hamburg, ZfStrVo 1991, S. 185 ff.
[575] BVerfG, ZfStrVo 1982, S. 126; BVerfG, NStZ 2004, S. 225; KG, NStZ 1981, S. 368; OLG Hamm, NStZ 1981, S. 368; OLG Zweibrücken, NStZ 1985, S. 236; OLG Frankfurt, NStZ 1994, S. 377; OLG Karlsruhe, NStZ 2004, S. 517; zustimmend Arloth, 2008, § 29 Rdn. 4; Schwind, in: Schwind/Böhm/Jehle/Laubenthal, 2009, § 29 Rdn. 7.

einzelnen Inhaftierten Gefahren für die Sicherheit oder Ordnung der Anstalt begründet sind. Dies soll auch für die Behördenpost gelten, weil bei derartigen Anschreiben vielfache Möglichkeiten bestehen (z.B. Wiederverwendung benutzter Umschläge), durch Täuschung den Eindruck zu erwecken, der Absender sei eine Behörde (einer besonderen Behandlung unterliegt jedoch die Kontrolle von Briefwahlunterlagen, weil anderenfalls das geschützte Wahlgeheimnis verletzt sein könnte).[576]

Die Auffassung von der Zulässigkeit einer generellen Überwachung des Schriftwechsels in bestimmten Anstalten des geschlossenen Vollzugs kommt den organisatorischen und personellen Problemen der Vollzugspraxis entgegen. Sie ist zwar vereinbar mit Art. 10 GG.[577] Eine unbegrenzte Überwachung bleibt allerdings einer für den Behandlungsprozess notwendigen Atmosphäre des Vertrauens abträglich; sie steht auch im Widerspruch zum Prinzip einer weitgehenden Angleichung der Lebensverhältnisse.[578] Eine generelle Überwachung sollte deshalb für ganz spezifische Ausnahmefälle auf einen kurzen Zeitraum begrenzt bleiben.[579]

493 § 29 StVollzG, § 24 JVollzGB III, Art. 32 BayStVollzG, § 30 HmbStVollzG, § 33 Abs. 3 u. 4 HStVollzG, § 30 NJVollzG normieren für besonders schutzwürdige Bereiche **Überwachungsverbote**:

Zum einen darf der Schriftwechsel (ein- und ausgehende Post) des Gefangenen mit seinem **Verteidiger** nicht geöffnet und kontrolliert werden (§ 29 Abs. 1 S. 1 StVollzG, § 24 Abs. 2 S. 1 JVollzGB III, Art. 32 Abs. 1 S. 1 BayStVollzG, § 30 Abs. 2 S. 1 HmbStVollzG, § 33 Abs. 3 S. 1 HStVollzG, § 30 Abs. 2 S. 1 NJVollzG). Zweck des Überwachungsverbots ist die Gewährleistung einer ungestörten Kommunikation zwischen dem Strafgefangenen und seinem Verteidiger. Der gedankliche Inhalt solcher Schreiben soll vor jeder Möglichkeit der Kenntnisnahme durch Dritte bewahrt werden.[580] Verwaltungsvorschriften (z.B. VV Nr. 1 zu § 29 StVollzG, VV Nr. 1 u. 2 zu Art. 32 BayStVollzG) setzen voraus, dass sich der Verteidiger der Anstalt gegenüber durch eine Vollmacht des Gefangenen oder eine gerichtliche Bestellungsanordnung ausweist[581] und dass die Verteidigerpost als solche deutlich gekennzeichnet ist. Verteidigerpost darf jedoch auch dann nicht geöffnet werden, wenn diese nicht ausdrücklich als solche bezeichnet wurde, allerdings auf dem Schreiben als Absender Name und Anschrift des Rechtsanwalts eines Inhaftierten vermerkt sind.[582] Die Vollzugsanstalt ist berechtigt, eine Postsendung anhand äußerlicher Merkmale dahin gehend zu untersuchen, ob überhaupt Verteidigerpost vorliegt.[583] Deren Öffnung zur Feststellung der Absenderidentität oder zur Überprüfung auf unzulässige Einlagen bleibt grundsätzlich unzulässig.[584] Dies gilt auch dann, wenn sich die Kontrolle nur auf eine grobe Sichtung des Inhalts und auf ein bloßes Durchblättern der Schriftstücke beziehen

---

[576] OLG Frankfurt, NStZ 1993, S. 381.
[577] BVerfG, NStZ 2004, S. 225.
[578] Siehe auch AK-Joester/Wegner, 2006, § 29 Rdn. 1; Calliess, 1992, S. 160 f.; Calliess/Müller-Dietz, 2008, § 29 Rdn. 3; Gusy, 1997, S. 675.
[579] Kaiser/Schöch, 2002, S. 295.
[580] OLG Frankfurt, NStZ-RR 2003, S. 254; OLG Saarbrücken, NStZ-RR 2004, S. 188.
[581] Siehe dazu OLG Frankfurt, ZfStrVo 1987, S. 113.
[582] OLG Karlsruhe, StrVert 2005, S. 228 f.
[583] OLG Stuttgart, NStZ 1991, S. 359 f.; OLG Frankfurt, StrVert 2005, S. 228.
[584] OLG Karlsruhe, NStZ 1987, S. 188.

soll. Denn schon ein flüchtiges Anlesen des Materials würde bereits den Bereich der unzulässigen Inhaltskontrolle tangieren.[585] Bestehen begründete Zweifel, dass ein Schreiben vom Verteidiger stammt bzw. liegen konkrete Anhaltspunkte für einen Missbrauch der Verteidigerpost zum Einschmuggeln unzulässiger Beilagen vor, dann ist das Öffnen ausnahmsweise nur dann gestattet, wenn sichergestellt bleibt: Es ist jede Möglichkeit ausgeschlossen, dass der Kontrollierende vom gedanklichen Inhalt der dem Schutz gesetzlicher Überwachungsverbote unterliegenden Schriftstücke auch nur bruchstückhaft Kenntnis erlangt.[586] Da die Überwachungsverbote für Verteidigerpost dem Schutz des unbefangenen Verkehrs zwischen Verteidiger und Strafgefangenem dienen, besitzt Letzterer keine Dispositionsbefugnis, über die Öffnung eines als Verteidigerpost gekennzeichneten Briefes eines Rechtsanwalts zu entscheiden.[587]

Die Überwachungsverbote für Verteidigerpost gelten allerdings nicht in den Fällen, in denen der Verbüßung der Freiheitsstrafe das Delikt der **Bildung einer terroristischen Vereinigung** (§ 129a StGB, auch i.V.m. § 129b Abs. 1 StGB) zugrunde liegt oder eine solche im Anschluss an die gerade zu verbüßende Sanktion noch zu vollstrecken ist. Dann kann gem. § 29 Abs. 1 S. 2 u. 3 StVollzG, § 24 Abs. 2 JVollzGB III, Art. 32 Abs. 1 S. 2 u. 3 BayStVollzG, § 28 Abs. 4 HmbStVollzG, § 33 Abs. 3 S. 2 HStVollzG, § 30 Abs. 2 S. 2 bis 4 NJVollzG die Weiterleitung der Schriftstücke von einer vorherigen richterlichen Kontrolle abhängig gemacht werden. Dies gilt wiederum nicht (d.h. es bleibt beim Überwachungsverbot), wenn der von § 129a StGB – auch i.V.m. § 129b Abs. 1 StGB – betroffene Gefangene sich im offenen Vollzug befindet oder wenn ihm bestimmte Vollzugslockerungen gewährt wurden und keine Gründe für Widerruf oder Zurücknahme dieser Lockerungen vorliegen. (Für Hesen differenziert dagegen § 33 Abs. 3 S. 2 HStVollzG nicht zwischen geschlossener und offener Vollzugsform.) **494**

Einem Überwachungsverbot unterliegen ferner Schreiben des Inhaftierten an **privilegierte Stellen und Personen** (§ 29 Abs. 2 StVollzG, § 24 Abs. 3 JVollzGB III, Art. 32 Abs. 2 BayStVollzG, § 30 Abs. 3 HmbStVollzG, § 33 Abs. 4 HStVolllzG, § 30 Abs. 3 NJVollzG). Dies sind insbesondere **495**
– die Volksvertretungen des Bundes und der Länder sowie deren Mitglieder,
– das Europäische Parlament und dessen Mitglieder,
– der Europäische Gerichtshof für Menschenrechte,
– der Europäische Ausschuss zur Verhütung von Folter und unmenschlicher oder erniedrigender Behandlung oder Strafe,
– die Datenschutzbeauftragten des Bundes und der Länder.

Betroffen vom Überwachungsverbot ist auch von solchen Institutionen bzw. Personen eingehende Post, wobei – wegen der Gefahr des Absendermissbrauchs – die Identität des Absenders einwandfrei feststehen muss (§ 29 Abs. 2 S. 3 StVollzG, § 24 Abs. 3 S. 1 JVollzGB III, Art. 32 Abs. 2 S. 3 BayStVollzG, § 30 Abs. 4 HmbStVollzG, § 33 Abs. 4 Nr. 3 HStVollzG, § 30 Abs. 3 S. 3 NJVollzG). An andere als die jeweils gesetzlich bezeichneten Stellen und Behörden gerichtete

---

[585] OLG Stuttgart, NStZ 1991, S. 360.
[586] OLG Frankfurt, NStZ-RR 2005, S. 61.
[587] OLG Dresden, StrVert 2006, S. 654.

Briefe erfasst die Kontrollfreiheit nicht. Die in den Strafvollzugsgesetzen benannten Überwachungsgründe (Gefährdung der Behandlung bzw. der Sicherheit oder Ordnung der Anstalt) dürften in solchen Fällen jedoch nur selten gegeben sein.[588]

Einer Überwachung unterliegen ferner nicht die Schriftwechsel zwischen Strafgefangenen und den Mitgliedern der **Anstaltsbeiräte** (§ 164 Abs. 2 S. 2 StVollzG, § 18 Abs. 3 S. 3 JVollzGB I, Art. 187 Abs. 2 S. 2 BayStVollzG, § 30 Abs. 2 S. 1 HmbStVollzG, § 33 Abs. 4 HStVollzG i.V.m. § 119 Abs. 4 S. 2 Nr. 19a StPO, § 187 Abs. 3 S. 2 NJVollzG). Selbst wenn der Adressat aus dem Amt eines Anstaltsbeirats ausgeschieden ist, darf ein erkennbar an einen „Anstaltsbeirat" unter der zutreffenden Anschrift gerichteter Brief eines Gefangenen nicht kontrolliert werden.[589]

5.4.1.3 Anhalten von Schreiben

496 Schreiben, die einem Überwachungsverbot unterliegen, dürfen gem. § 31 Abs. 4 StVollzG, § 26 Abs. 4 JVollzGB III, Art. 34 Abs. 4 BayStVollzG, § 31 Abs. 4 HmbStVollzG, § 32 Abs. 3 NJVollzG auch nicht angehalten werden.

> In Hessen schreibt § 35 Abs. 2 S. 2 HStVollzG bezüglich Schreiben, die gem. § 33 Abs. 3 u. 4 HStVollzG nicht überwacht werden dürfen, vor: Besteht der Verdacht, dass das Schreiben unzulässige Einlagen enthält, wird dieses mit Einverständnis und im Beisein des Inhaftierten einer Sichtkontrolle ohne Kenntnisnahme des gedanklichen Inhalts unterzogen, anderenfalls an den Absender zurückgesandt oder dem Gefangenen zurückgegeben.

Die Gesetzgeber haben in § 31 Abs. 1 StVollzG, § 26 Abs. 1 JVollzGB III, Art. 34 Abs. 1 BayStVollzG, § 31 Abs. 1 HmbStVollzG, § 35 Abs. 3 S. 2 HStVollzG, § 32 Abs. 1 NJVollzG Kataloge von **Gründen** festgelegt, aufgrund derer ein Anhalten von Schreiben zulässig ist. Es handelt sich dabei insbesondere um **vollzugsziel- und sicherheitsbezogene Aspekte**. Dabei setzt gerade eine Anhaltung wegen einer Gefährdung der Sicherheit oder Ordnung der Anstalt – als Eingriff in die grundrechtlich gewährleistete Freiheit – konkrete Anhaltspunkte für das Vorliegen einer realen Gefährdung der Anstaltssicherheit oder -ordnung voraus. Sie unterliegt den Anforderungen des Verhältnismäßigkeitsgrundsatzes: Je weniger konkret die Gefahr ist, umso größeres Gewicht kommt der Persönlichkeitsentfaltung des Inhaftierten zu und umso zurückhaltender muss mit der Eingriffsbefugnis umgegangen werden.[590] Neben einer – nicht nur mutmaßlichen – Gefährdung der Sicherheit und Ordnung in der Einrichtung können rechtfertigende Gründe im Allgemeinen in persönlichkeitsbedingten Umständen des jeweils Betroffenen begründet liegen.[591] Der Anstaltsleiter darf Schriftstücke u.a. auch anhalten, wenn sie grob unrichtige oder erheblich entstellende Darstellungen von Anstaltsverhältnissen bzw. wenn sie grobe Beleidigungen enthalten.

---

[588] So auch Kaiser/Schöch, 2002, S. 296.
[589] OLG Nürnberg, NStZ-RR 2010, S. 92.
[590] BVerfG, ZfStrVo 1996, S. 174.
[591] OLG Dresden, NStZ 1998, S. 320; OLG Karlsruhe, NStZ-RR 2004, S. 255.

Das **Grundrecht der Meinungsfreiheit** nach Art. 5 Abs. 1 GG wird durch die **497** Vorschriften über das Anhalten von Schreiben als allgemeine Gesetze i.S.d. Art. 5 Abs. 2 GG eingeschränkt. Daraus ergibt sich, dass Anhaltenormen im Lichte des beschränkten Grundrechts auszulegen und anzuwenden sind, damit dessen wertsetzende Bedeutung auch auf der Ebene der Rechtsanwendung zur Geltung kommen kann.[592]

Einem Inhaftierten muss es – gerade angesichts der haftbedingten Reduzierung von Kommunikation – möglich bleiben, sich in seinen Schreiben kritisch über das Leben in der Institution zu äußern. Er und seine Briefpartner können sich Meinungsäußerungen, Werturteile oder Einstellungen gegenseitig grundsätzlich unbenommen mitteilen.[593] Das gilt insbesondere auch im Rahmen von **Vertraulichkeitsbeziehungen**.[594]

Beispiel: Eine Studentin der Rechtswissenschaft war von ihrem inhaftierten Bruder brieflich über Vorkommnisse in der Justizvollzugsanstalt unterrichtet worden, aufgrund derer er Selbstmordabsichten andeutete. Sie antwortete in einem Brief, in dem es unter anderem heißt: „Vergiss auch nicht, dass du fast ausschließlich mit Kretins (Schwachsinnigen) zu tun hast, die auf Beförderung geil sind oder ganz einfach Perverse sind. Denk dabei an die KZ-Aufseher und du weißt, welche Menschengruppe dich umgibt. Versuche damit, dein doch sonst immer lebensbejahendes Denken und dein fröhliches Wesen aufrechtzuerhalten." Das Schreiben wurde von der Anstalt angehalten, die Bediensteten stellten Strafantrag wegen Beleidigung; es erfolgte eine Verurteilung der Studentin wegen Beleidigung nach § 185 StGB zu einer Geldstrafe.

Das Bundesverfassungsgericht[595] sieht hierin eine Verletzung des Grundrechts auf Meinungsfreiheit in Verbindung mit dem allgemeinen Persönlichkeitsrecht:

Zwar beansprucht der Ehrschutz bei schweren und haltlosen Kränkungen Vorrang vor der Meinungsfreiheit. Die Äußerung muss dann aber gegenüber dem Betroffenen oder Dritten erfolgen, um ihre herabsetzende Wirkung entfalten zu können. Daran fehlt es, wenn sie in einer Sphäre erfolgt, die gegen Wahrnehmungen gerade abgeschirmt ist. Eine solche Sphäre wird durch Art. 2 Abs. 1 GG begründet. Danach darf der Einzelne einen Raum besitzen, in dem er ohne Furcht vor staatlichen Sanktionen mit Personen seines besonderen Vertrauens verkehren kann. Demgemäß wird im Strafrecht bei ehrverletzenden Äußerungen über nicht anwesende Dritte in besonders engen Lebenskreisen eine beleidigungsfreie Sphäre zugestanden, wenn die Herabsetzung Ausdruck besonderen Vertrauens darstellt und keine begründete Möglichkeit der Weitergabe besteht.

Der Schutz dieser Vertrauenssphäre geht „aber auch dann nicht verloren, wenn sich der Staat Kenntnis von vertraulich gemachten Äußerungen verschafft. Das gilt auch für die Briefkontrolle bei Strafgefangenen ... Zwar ist die Überwachung zum Schutz anderer bedeutsamer Rechtsgüter verfassungsrechtlich grundsätzlich zulässig. Sie soll Gefahren für das Vollzugsziel und die Sicherheit und Ordnung der Anstalt abwehren sowie die Vertuschung begangener und die Begehung neuer Straftaten verhindern. Es ist auch unvermeidlich, dass der Vollzugsbeamte bei Gelegenheit einer solchen Kontrolle Kenntnis vom gesamten Inhalt des überprüften Schriftstücks erlangt. Die Kenntnis-

---

[592] BVerfG, ZfStrVo 1996, S. 112; OLG Karlsruhe, NStZ-RR 2004, S. 254.
[593] Calliess/Müller-Dietz, 2008, § 31 Rdn. 4; Gusy, 1997, S. 687; Schwind, in: Schwind/Böhm/Jehle/Laubenthal, 2009, § 31 Rdn. 10.
[594] Dazu Arloth, 2010a, S. 263 ff.
[595] BVerfG, StrVert 1994, S. 434 ff.

nahme von der Äußerung ändert aber nichts an deren Zugehörigkeit zu der grundrechtlich geschützten Privatsphäre. Durch die Kontrollbefugnis kann diese zwar rechtmäßig durchbrochen, nicht aber in eine öffentliche Sphäre umdefiniert werden. Vielmehr wirkt sich der Grundrechtsschutz gerade darin aus, dass der vertrauliche Charakter der Mitteilung trotz der staatlichen Überwachung gewahrt bleibt. Er entfällt folglich nicht schon deswegen, weil der Verfasser von der Briefkontrolle weiß."[596]

498   Der Schutz von Vertrauensbeziehungen durch Zurücktreten des Aspektes der Ehrverletzung eines von der schriftlichen Äußerung Betroffenen zugunsten der freien Entfaltung der Persönlichkeit durch Meinungsäußerung ist aber nicht nur bei Strafgefangenen gegeben, wenn es sich um Post zwischen Familienangehörigen handelt. Der Schutzbereich erstreckt sich darüber hinausgehend auch auf andere, hinsichtlich der Nähebeziehung vergleichbarer Arten enger Vertrauensverhältnisse.[597]

Mit § 31 Abs. 1 Nr. 3 u. 4 StVollzG, § 26 Abs. 1 Nr. 3 u. 4 JVollzGB III, Art. 34 Abs. 1 Nr. 3 u. 4 BayStVollzG, § 31 Abs. 1 Nr. 3 u. 4 HmbStVollzG, § 35 Abs. 3 S. 2 Nr. 2 u. 3 HStVollzG, § 32 Abs. 1 Nr. 3 u. 4 NJVollzG werden die Interessen der Vollzugsbehörde vor ungerechtfertigten Angriffen geschützt, weil ein anderweitiger Rechtsschutz vor grob entstellenden oder beleidigenden Äußerungen (z.B. die Verfolgung einer Beleidigung gem. §§ 185 ff. StGB auf dem Privatklageweg der §§ 374 ff. StPO oder auf dem Zivilrechtsweg nach §§ 823 ff. BGB) zu einem nicht vertretbaren Verwaltungsaufwand führen würde.[598] Die genannten vollzugsrechtlichen Vorschriften bedürfen angesichts Art. 5 GG jedoch einer sehr **engen Interpretation**.[599] Denn ihre Anwendung darf nicht bewirken, dass die schriftlichen Äußerungen im Ergebnis einer Zensur unterstellt sind.[600]

Beispiel: Ein Strafgefangener schrieb an seine Verlobte einen Brief. In diesem äußert er sich unter anderem: „Eine neue mechanische Schreibmaschine wäre zwar auch nicht teuer, doch in gewisser Weise eine unnütze Anschaffung. Denn wer schreibt draußen schon mit einem derartigen Gerät, und auch ich habe ja eine Elektrische. Die sind aber verboten, zumindest in Bayern. Sagt jedenfalls das ‚Reichsparteitags-OLG' in Nürnberg."

Die Anstaltsleitung ordnete das Anhalten des Briefes mit der Begründung an, dass sein Inhalt das Ziel des Vollzugs gefährde und grobe Beleidigungen enthalte. Das OLG Bamberg hat als Instanzgericht die Anhalteverfügung des Anstaltsleiters bestätigt, weil die im Brief enthaltene Bezeichnung des OLG Nürnberg eine grobe Beleidigung i.S.d. § 31 Abs. 1 Nr. 4 StVollzG darstelle. Denn mit dieser Aussage habe der Gefangene bezweckt, die Richter des OLG Nürnberg und dessen Rechtsprechung in die Nähe des nationalsozialistischen Willkür- und Unrechtsstaates zu stellen.

---

[596] BVerfG, StrVert 1994, S. 435.
[597] BVerfG, NJW 2007, S. 1194; BVerfG, NStZ 2010, S. 439.
[598] BT-Drs. 7/3998, S. 17 (zu § 31 StVollzG).
[599] AK-Joester/Wegner, 2006, § 31 Rdn. 6; Calliess/Müller-Dietz, 2008, § 31 Rdn. 4; Kaiser/Schöch, 2002, S. 297; dazu auch Gillen, 1999, S. 105 ff.; Wolff-Reske, 1996, S. 184 ff.
[600] BVerfG, StrVert 1993, S. 600; NJW 1994, S. 244; dazu Wasmuth, 1995, S. 100 ff.

Das Bundesverfassungsgericht[601] hat in diesem Fall eine Verletzung des Rechts auf freie Meinungsäußerung aus Art. 5 Abs. 1 S. 1 GG bejaht. Zwar findet dieses Grundrecht nach Art. 5 Abs. 2 GG seine Schranken. Zu diesen gehören auch § 31 Abs. 1 Nr. 4 StVollzG und das Recht der persönlichen Ehre. Jedoch muss bei Konflikten zwischen der Meinungsfreiheit und den durch die allgemeinen Gesetze geschützten Rechtsgütern eine Abwägung vorgenommen werden, weshalb auch bei beleidigenden Äußerungen die Anhaltung nicht zwingend, sondern nach § 31 Abs. 1 StVollzG in das Ermessen der Anstaltsleitung gestellt ist.

„Um der Wechselwirkung zwischen dem Recht auf freie Meinungsäußerung und seinen Schranken aus den allgemeinen Gesetzen verfassungsrechtlich gerecht zu werden, bedarf es deshalb beim Anhalten eines Briefes eines Strafgefangenen wegen darin enthaltener Beleidigungen in jedem Einzelfall einer Abwägung zwischen dem Recht auf freie Meinungsäußerung des Gefangenen und dem Schutz der Ehre betroffener Dritter. Dabei sind die Gesamtumstände zu berücksichtigen; auch darf bei der Beurteilung der Schwere einer Beleidigung nicht allein auf deren Inhalt abgestellt werden, sondern es müssen auch die näheren Umstände – wie z.B. in welchem Zusammenhang, aus welchem Anlass und wem gegenüber die Äußerungen gemacht worden sind – berücksichtigt werden. Bei der gebotenen Abwägung ist weiter einzustellen, dass Strafgefangene angesichts ihrer besonderen Situation in ihren Äußerungsmöglichkeiten ohnehin eingeschränkt sind. Dies führt dazu, dass sie unter Umständen in besonderer Weise auf die Möglichkeit der schriftlichen Mitteilung ihrer Meinung Dritten gegenüber angewiesen sind und daher Beschränkungen des Briefverkehrs in hohem Maße als belastend und eingreifend empfinden. Mithin darf § 31 StVollzG nicht in einer Weise angewendet werden, die im Ergebnis die Äußerungen des Strafgefangenen einer Zensur unterstellt."[602]

Diesen Anforderungen genügte nach Auffassung des BVerfG die Entscheidung des OLG Bamberg nicht, weil das Gericht der Textpassage über ihren Wortlaut hinaus einen weiter gehenden Inhalt gegeben habe. Die Sache wurde deshalb an das OLG Bamberg zurückverwiesen. Nachdem das OLG Bamberg jedoch den Antrag des Strafgefangenen erneut abschlägig beschied[603], legte dieser gegen den zweiten Beschluss Verfassungsbeschwerde ein.

Das BVerfG[604] gab auch dieser Beschwerde statt und ordnete nunmehr direkt die Aufhebung der Anhalteverfügung an. Es stellte klar, dass „Art. 2 Abs. 1 in Verbindung mit Art. 1 Abs. 1 GG dem Einzelnen einen Raum gewährleistet, in dem er unbeobachtet sich selbst überlassen ist und mit Personen seines Vertrauens ohne Rücksicht auf gesellschaftliche Verhaltenserwartungen verkehren kann." Dieser Vertrauensschutz geht nicht durch Verschaffen von Kenntnis seitens des Staates im Wege der Briefkontrolle verloren. „Das allgemeine Persönlichkeitsrecht garantiert jedermann, auch dem Gefangenen und später Entlassenen, einen Freiraum, in dem er seinen Emotionen und Wertungen rückhaltlos Ausdruck verleihen kann, ohne sich damit staatlichen Sanktionen auszusetzen. Ziel des Vollzugs kann es deshalb nicht sein, den Gefangenen während der Strafhaft und künftig an vertraulicher Kommunikation im Rahmen der grundrechtlich geschützten Privatsphäre in jenen Formen zu hindern, die jedem anderen Bürger straflos zugestanden werden."

---

[601] BVerfG, StrVert 1993, S. 600.
[602] BVerfG, StrVert 1993, S. 600; siehe auch BVerfG, StrVert 1997, S. 256 f. (bezogen auf die Untersuchungshaft).
[603] OLG Bamberg, DRiZ 1994, S. 423 ff.
[604] BVerfG, ZfStrVo 1995, S. 302; krit. Kiesel, 1995, S. 381 ff.

"Etwas anderes kann nur dann gelten, wenn der Gefangene selbst die Vertraulichkeit aufgehoben hat, so dass die Gelegenheit, seine Äußerung wahrzunehmen, ihm zuzurechnen ist. Dies ist etwa dann der Fall, wenn die Mitteilung an die Vertrauensperson nur erfolgt ist, um den Briefkontrolleur oder Dritte zu treffen."

499 Eine **enge Interpretation** von beleidigenden bzw. unrichtigen oder entstellenden Darstellungen folgt aus der Verwendung der Begriffe „grob" und „erheblich" in § 31 Abs. 1 Nr. 3 u. 4 StVollzG, § 26 Abs. 1 Nr. 3 u. 4 JVollzGB, Art. 34 Abs. 1 Nr. 3 u. 4 BayStVollzG, § 31 Abs. 1 Nr. 3 u. 4 HmbStVollzG, § 35 Abs. 3 S. 2 Nr. 3 HStVollzG, § 32 Abs. 1 Nr. 3 u. 4 NJVollzG. Als „grob unrichtig" gilt eine Darstellung, die in keiner Weise der tatsächlichen Sachlage entspricht.[605] „Erheblich entstellend" ist sie, wenn der wahre Kern der Aussage nur noch für einen mit den konkreten Verhältnissen direkt Vertrauten erkennbar bleibt.[606]

Beispiel: Der wegen schweren Raubes zu einer Freiheitsstrafe von sieben Jahren verurteilte Strafgefangene G steht mit seinem wegen der gleichen Tat als Mittäter verurteilten Freund F, der die Freiheitsstrafe in einer anderen Justizvollzugsanstalt verbüßt, in brieflichem Kontakt. Als G erfährt, dass einer der Briefe angehalten wurde, schreibt er erneut einen Brief an F, der unter anderem folgende Passage enthält: „Da ich annehme, dass sich ein berüchtigter Misanthrop weiterhin an Briefen gütlich tut und partout nicht will, dass unser Schriftverkehr läuft, bitte ich dich, in Zukunft genau das Datum meines Briefes sowie das Datum der Aushändigung aufzunotieren, damit ich eine Kontrolle habe."
Der Brief wird vom Anstaltsleiter angehalten, weil er eine Beleidigung enthalte. Die Bezeichnung eines Bediensteten der Vollzugsanstalt als „berüchtigter Misanthrop" verletze bewusst dessen Ehre. Ein Antrag des G auf gerichtliche Entscheidung gem. § 109 StVollzG hatte keinen Erfolg. Die Strafvollstreckungskammer bejahte vielmehr die Rechtmäßigkeit der Anhaltung mit der Feststellung, dass es sich um eine Beleidigung handelte.
Hiergegen legt G Verfassungsbeschwerde ein und rügt unter anderem eine Verletzung von Art. 5 GG.
Das Bundesverfassungsgericht[607] hat eine Verletzung von Art. 5 Abs. 1 S. 1 GG bejaht. Denn es wurde die Bedeutung des Grundrechts der Meinungsfreiheit insofern verkannt, als die Prüfung der Rechtmäßigkeit der Anhaltung auf die Feststellung beschränkt wurde, dass es sich um eine Beleidigung handelte. „Die dem Grundrecht durch § 31 Abs. 1 Nr. 4 StVollzG gezogene Schranke kann erst eingreifen, wenn eine g r o b e Beleidigung vorliegt und eine Ermessensentscheidung getroffen ist, in der die Bedeutung des Grundrechts in Rechnung gestellt ist. Damit hat sich die Strafvollstreckungskammer in keiner Weise auseinander gesetzt. Auf eine ausdrückliche Erörterung konnte sie nicht etwa deshalb verzichten, weil die Grobheit der Beleidigung ohne Weiteres augenfällig gewesen wäre. Es liegt vielmehr nahe, die Bezeichnung als Missmutsäußerung von alltäglichem Gewicht anzusehen, die von § 31 Abs. 1 Nr. 4 StVollzG gerade nicht erfasst werden soll. ... Indem die Strafvollstreckungskammer davon ausgeht, eine Beleidigung rechtfertige schon an sich die Anhaltung eines Briefes, verkennt sie den Umfang der Gewährleistung des Art. 5 Abs. 1 S. 1 GG und verletzt den Beschwerdeführer in seinem darin verankerten Grundrecht."

---

[605] OLG Karlsruhe, NStZ-RR 2004, S. 254; dazu Bemmann, 2003, S. 23 ff.
[606] Calliess/Müller-Dietz, 2008, § 31 Rdn. 4; Schwind, in: Schwind/Böhm/Jehle/Laubenthal, 2009, § 31 Rdn. 10.
[607] BVerfG, ZfStrVo 1996, S. 111 ff.

Liegt eine grob unrichtige oder eine erheblich entstellende Darstellung vor, haben die strafvollzugsgesetzlichen Anhaltenormen Vorrang gegenüber Art. 5 Abs. 1 GG.

> *Beispiel:* Ein Inhaftierter legte einem Schreiben an eine Zeitung eine Beilage mit dem Titel „Fastnachtsgitterwillkürsatire" bei. Darin behauptete er, Gefangene würden unter dem Deckmantel der Justiz an Körper, Geist und Seele zerstört und bis zur Unmündigkeit hin willfährig gemacht. Die Behandlung arte in Misshandlung, Zwang und in Durchsetzung widersinniger Maßnahmen aus. Es sei eine Frechheit, was sich „lackierte Laffen" von Bediensteten der Justizvollzugsanstalt erlaubten.
> Das Bundesverfassungsgericht[608] hat in diesem Fall keinen Anlass gesehen, die von der Anstaltsleitung angeordnete Anhaltung dieses Schreibens verfassungsrechtlich zu beanstanden: „Bei einer kämpferisch gegen den Justizvollzug instrumentalisierten Meinungsäußerung, wie sie hier ersichtlich gegeben ist, liegt es auf der Hand, dass der mit § 31 StVollzG bezweckte Schutz des Gemeinschaftsinteresses gegenüber der Freiheitsbetätigung in den tatbestandlich bestimmten Grenzen den Vorrang haben muss. Dies gilt jedenfalls dann, wenn wie hier das Gemeinschaftsinteresse an der Sicherstellung des auf Behandlung und Resozialisierung ausgerichteten Vollzugszieles in der Person des sich brieflich äußernden Strafgefangenen aktuell in Frage gestellt wird oder das Gemeinschaftsinteresse an einem nicht durch grob entstellende Darstellungen verfälschten Bild des Justizvollzugs vor der Öffentlichkeit oder vor Personen, die mit der vollzugsfeindlichen Einstellung des Gefangenen nicht vertraut sind, wesentlich betroffen ist."

500 Bei Äußerungen in Schreiben mit Ehegatten und Familienangehörigen ist eine Entscheidung über das Anhalten eines Briefes zudem unter dem Gesichtspunkt des Art. 6 Abs. 1 GG zu treffen.[609] Ihnen gegenüber verspürt der Gefangene ein verstärktes Bedürfnis, sich offen auszusprechen. Dass seine Darstellungen und Wertungen dabei verzerrt sein mögen, kann aber im Hinblick auf den Schutz der ehelichen Privatsphäre bzw. des engen familiären Vertrauensverhältnisses nicht den Ausschluss eines Schreibens von der Weiterleitung rechtfertigen.[610]

Dass ein Anhalten wegen unrichtiger Äußerungen über Anstaltsverhältnisse nur in besonders gravierenden Fällen in Betracht kommen soll, zeigt auch die in § 31 StVollzG, § 26 JVollzGB III, Art. 34 BayStVollzG, § 31 HmbStVollzG, § 35 Abs. 3 HStVollzG enthaltene Differenzierung zwischen der groben Unrichtigkeit und den bloß unrichtigen Darstellungen. Letztere erlauben noch keine Anhaltung eines ausgehenden Schreibens, wenn der Inhaftierte auf dessen Absendung besteht. Allerdings kann diesem dann ein Begleitschreiben seitens der Anstalt beigefügt werden (§ 31 Abs. 2 StVollzG, § 26 Abs. 2 JVollzGB III, Art. 34 Abs. 2 BayStVollzG, § 35 Abs. 3 S. 3 HStVollzG). Im Übrigen werden angehaltene Schriftstücke gem. § 31 Abs. 3 S. 2 StVollzG, § 26 Abs. 3 S. 3 JVollzGB III, Art. 34 Abs. 3 S. 2 BayStVollzG, § 31 Abs. 3 S. 2 HmbStVollzG, § 35 Abs. 3 S. 5 HStVollzG, § 32 Abs. 2 S. 2 NJVollzG dem Absender zurückgegeben oder bei Vorliegen besonderer Gründe (z.B. der Anstaltssicherheit) behördlich verwahrt.

---

[608] BVerfG, NJW 1994, S. 244.
[609] BVerfG, NJW 2007, S. 1195; siehe auch Hirsch, 2003, S. 171 f.; Neibecker, 1984, S. 335 ff.
[610] BVerfGE 35, S. 40; 42, S. 236 f.

Nach Nr. 39 VGO kommt im Geltungsbereich des Bundes-Strafvollzugsgesetzes auch eine Vernichtung in Betracht, wenn ein Schreiben Kenntnisse über Sicherheitsvorkehrungen in der Justizvollzugsanstalt vermittelt. Angehaltene Schriftstücke können zudem zur Habe gegeben werden.

501 Die §§ 28 ff. StVollzG, §§ 23 ff. JVollzGB III, Art. 31 ff. BayStVollzG, §§ 29 ff. HmbStVollzG, §§ 33, 35 HStVollzG, §§ 29 ff. NJVollzG betreffen nicht nur die schriftliche Kommunikation mit der Außenwelt. Zwar ist der **vollzugsinterne Schriftverkehr** zwischen getrennt untergebrachten Strafgefangenen innerhalb einer Justizvollzugsanstalt nicht speziell geregelt. Ein solcher ist durchaus zulässig.[611] Umstritten bleibt jedoch, ob und unter welchen Voraussetzungen er überwacht oder untersagt werden darf. Beschränkt man den Geltungsbereich der vollzugsgesetzlichen Regelungen über den Schriftwechsel nur auf den externen schriftlichen Gedankenaustausch, so können Eingriffe lediglich auf der Rechtsgrundlage von § 4 Abs. 2 S. 2 StVollzG, § 3 Abs. 2 JVollzGB III, Art. 6 Abs. 2 S. 2 BayStVollzG, § 5 Abs. 3 S. 2 HmbStVollzG, § 6 Abs. 1 S. 2 HStVollzG, § 3 S. 2 NJVollzG erfolgen.[612] Dem ist jedoch entgegenzuhalten, dass sich aus dem Wortlaut der Normen über den Schriftwechsel eine solche Begrenzung nicht schließen lässt.[613] Es sind keine Gründe ersichtlich, weshalb der interne Gedankenaustausch anders zu behandeln sein sollte als der nach außen hin gerichtete.[614] Die Ratio Legis der Normen über den Schriftverkehr betrifft deshalb auch den internen Schriftwechsel, der aus den vollzugsgesetzlich benannten Gründen überwacht werden darf. Um die Überwachung sicherzustellen, sind Absendung und Empfang von an Mitgefangene gerichteten Schreiben deshalb wie andere Briefsendungen durch die Anstalt zu vermitteln.[615]

5.4.1.4 Paketempfang

(1) Bundesgesetzliche Regelung

502 Wegen des damit verbundenen organisatorischen und personellen Aufwandes ist der sonstige postalische Verkehr des Inhaftierten restriktiver als der Schriftwechsel normiert.[616] Gemäß § 33 Abs. 1 StVollzG dürfen dreimal pro Jahr in angemessenen Abständen **Pakete** mit Nahrungs- und Genussmitteln empfangen werden. Zeitpunkt, Höchstmengen und Gegenstände kann die Vollzugsbehörde festsetzen. Die Verwaltung hat das ihr insoweit zustehende Ermessen durch die Verwaltungsvorschriften zu § 33 StVollzG präzisiert.

So dürfen Inhaftierte im Geltungsbereich des Bundes-Strafvollzugsgesetzes nach VV Nr. 1 zu § 33 StVollzG an Weihnachten, Ostern und zu einem ihnen zu wählenden Zeitpunkt (z.B. Geburtstag) Pakete empfangen. Gefangenen, die keiner christlichen Religionsgemeinschaft angehören, kann anstelle des Weihnachts- und Osterpakets jeweils der Empfang eines Pakets aus Anlass eines hohen Feiertags ihres

---

[611] OLG Dresden, NStZ 1995, S. 151; Calliess/Müller-Dietz, 2008, § 28 Rdn. 1.
[612] OLG Zweibrücken, ZfStrVo 1984, S. 178; Böhm, 2003, S. 135.
[613] OLG Nürnberg, NStZ-RR 1999, S. 189; Schwind, in: Schwind/Böhm/Jehle/Laubenthal, 2009, § 28 Rdn. 3.
[614] AK-Joester/Wegner, 2006, § 28 Rdn. 5.
[615] OLG Nürnberg, NStZ-RR 1999, S. 189.
[616] Kaiser/Schöch, 2002, S. 298.

Glaubens gestattet werden. Die Bezugnahme auf bestimmte Feiertage dient der Verwaltungsvereinfachung. Der Gefangene ist dadurch nicht gezwungen, ein religiöses Bekenntnis durch den Paketempfang abzulegen. Deshalb wird durch diese Regelung auch das Grundrecht auf Glaubensfreiheit des Einzelnen nach Art. 4 Abs. 1 GG nicht verletzt.[617]

Um überwachungstechnische Schwierigkeiten zu vermeiden und eine Gleichstellung der Gefangenen zu garantieren, darf das Gewicht des Weihnachtspakets fünf Kilogramm, das der beiden übrigen Pakete drei Kilogramm nicht übersteigen (VV Nr. 2 Abs. 1 zu § 33 StVollzG). Dem Inhaftierten, der keine Pakete erhält, wird durch VV Nr. 6 Abs. 1 zu § 33 StVollzG die Möglichkeit eingeräumt, in der Anstalt Nahrungs- und Genussmittel einzukaufen, wofür er einen bestimmten Betrag aus dem Eigengeld verwenden kann.

Die Anstaltsleitung kann dem Inhaftierten darüber hinaus nach § 33 Abs. 1 S. 3 StVollzG den Empfang weiterer Pakete gestatten. Andererseits darf sie den Paketempfang vorübergehend untersagen, wenn dies aus Gründen der Sicherheit oder Ordnung der Institution unerlässlich ist (§ 33 Abs. 3 StVollzG). Dem vollzuglichen Individualisierungsgebot[618] gemäß bleibt eine solche Einschränkung nur als Einzelmaßnahme zulässig und auch die Dauer der Paketsperre muss auf die Umstände des Einzelfalls bezogen sein.[619]

Gemäß VV Nr. 7 Abs. 1 zu § 33 StVollzG wird der Paketinhalt auf verbotene Gegenstände durchsucht. Für den Ausschluss einzelner Gegenstände vom Paketempfang gilt gem. § 33 Abs. 1 S. 4 StVollzG die Norm des § 22 Abs. 2 StVollzG (Einkauf) entsprechend. Es muss sich also um Sachen handeln, welche die Sicherheit und Ordnung der Anstalt gefährden (dies gilt z.B. für eine Kerze, deren Inhalt ohne ihre Zerstörung nicht kontrollierbar ist[620]).

(2) Landesrecht

Insbesondere wegen des die Vollzugseinrichtungen stark belastenden Kontrollaufwandes bei der Zusendung von Paketen mit Nahrungs- und Genussmitteln enthalten die Landes-Strafvollzugsgesetze insoweit von § 33 Abs. 1 StVollzG abweichende Regelungen. Gemäß § 28 Abs. 1 S. 1 JVollzGB III, Art. 36 Abs. 1 S. 1 BayStVollzG, § 33 Abs. 1 S. 1 HmbStVollzG, § 37 Abs. 1 S. 1 HStVollzG, § 34 Abs. 1 S. 1 NJVollzG dürfen die Strafgefangenen zwar Paketsendungen empfangen. Dies wird aber generell von der **vorherigen Erlaubnis** der Vollzugsbehörde hinsichtlich jedes einzelnen Paketes abhängig gemacht. Gegenstände dürfen ausgeschlossen werden, wenn sie die Sicherheit oder Ordnung der Anstalt gefährden. Pakete mit Nahrungs- und Genussmitteln sind infolge expliziter Regelungen (§ 28 Abs. 1 S. 3 JVollzGB III, Art. 36 Abs. 1 S. 3 BayStVollzG, § 33 Abs. 1 S. 3 HmbStVollzG, § 37 Abs. 1 S. 3 HStVollzG, § 34 Abs. 1 S. 3 NJVollzG) verboten.

503

---

[617] OLG Hamm, NStZ 1991, S. 407.
[618] Dazu Kerner/Streng, 1984, S. 95.
[619] A.A. KG, NStZ 1983, S. 576, das eine sechsmonatige Paketsperre für Drogendealer auf einer Abschirmstation für zulässig erachtet.
[620] OLG Hamm, NStZ 1995, S. 382.

Die landesrechtlichen Bestimmungen über die Behandlung für Gefangene eingehender bzw. von Inhaftierten abgesendeter Pakete (§ 28 Abs. 2 u. 3 JVollzGB III, Art. 36 Abs. 2 u. 3 BayStVollzG, § 33 Abs. 2 u. 3 HmbStVollzG, § 37 Abs. 2 u. 3 HStVollzG, § 34 Abs. 2 u. 4 NJVollzG) entsprechen inhaltlich denjenigen von § 33 Abs. 2 u. 4 StVollzG.

Der gesetzliche normierte Ausschluss des Empfangs von Paketen mit Nahrungs- und Genussmitteln wird kompensiert durch die Einräumung von Möglichkeiten zum **Sondereinkauf**. Zusätzlich zum Regeleinkauf können die Strafgefangenen in Bayern und Hamburg nach Art. 25 Abs. 1 BayStVollzG, § 25 Abs. 2 HmbStVollzG dreimal jährlich an einem zusätzlichen Einkauf von durch die Anstalt vermittelten Angeboten u.a. an Nahrungs- und Genussmitteln teilnehmen. Hierfür dürfen sie gem. Art. 53 S. 1 BayStVollzG, § 48 Abs. 4 S. 1 HmbStVollzG auch zu diesem Zweck von Dritten eingezahlte und ihren Konten gutgeschriebene Gelder verwenden. In Baden-Württemberg haben die Inhaftierten zum Ausgleich die Möglichkeit, über ein pfändungsfreies Sondergeld (§ 54 Abs. 1 u. 4 JVollzGB III) innerhalb der Vollzugseinrichtung den gesetzlichen Bestimmungen gemäß zu verfügen. In Hessen kann nach § 44 Abs. 2 HStVollzG einmal jährlich zu besonderen Anlässen Geld zum Zweck des Sondereinkaufs einbezahlt werden. In Niedersachsen folgt die Möglichkeit der Einzahlung von Geldbeträgen durch Außenstehende aus § 46 Abs. 2 NJVollzG, wobei nach Abs. 3 der Norm das Guthaben von Inhaftierten insbesondere für den Einkauf verwendet werden darf.

5.4.1.5 Telekommunikation

504 Da der Kontakt des Strafgefangenen zu seinen Familienangehörigen durch die Vollzugsanstalt nicht übermäßig behindert werden soll, ist ihm auch die Kommunikation mit diesen mittels Telefon nach Möglichkeit zu gestatten. Ihnen nur in einem sehr engen Rahmen Zugang zur Telekommunikation zu gewähren, entspricht heute kaum mehr der Realität in den Justizvollzugsanstalten. Die Regelung des § 32 StVollzG ging von der Situation in den siebziger Jahren des 20. Jahrhunderts aus, als Gefangenen keine Fernspreicheinrichtungen in den Justizvollzugsanstalten zur Verfügung standen, sondern diese auf die Benutzung des Dienstapparates angewiesen waren. Heute kann jedoch gerade im Vergleich zum Besuch nicht mehr von einer erheblichen Belastung für das Vollzugspersonal und besonderen organisatorischen Problemen ausgegangen werden. In vielen Justizvollzugsanstalten gibt es öffentliche Münzfernsprecher oder Kartentelefone, die zu bestimmten Zeiten genutzt werden können. Das Telefonieren im Vollzug nimmt für die Betroffenen einen hohen Stellenwert ein.

(1) Bundesrechtliche Regelungen

505 In den Grenzen des § 32 StVollzG kann der Gefangene **Ferngespräche** führen und **Telegramme** aufgeben. Zum Zweck der Aufrechterhaltung eines regelmäßigen Kontakts zu Bezugspersonen lässt § 32 S. 1 StVollzG auch eine Dauertelefongenehmigung zu.[621] Hinsichtlich der Benutzung eines Faxgerätes gilt § 32

---

[621] Perwein, ZfStrVo 1996, S. 16 ff.

StVollzG entsprechend.[622] Eine spezialgesetzliche Regelung verlangt dagegen die Möglichkeit des Versendens bzw. des Empfangs von E-Mails[623] durch Strafgefangene.[624]

§ 32 StVollzG gibt dem Strafgefangenen keinen Anspruch auf die Bewilligung von Telefongesprächen. Dem Inhaftierten steht zur Benutzung der Kommunikationsmöglichkeiten nur ein Anspruch auf fehlerfreie Ermessensausübung zu.[625] Dieser kann sich im Einzelfall jedoch im Hinblick auf das Angleichungsprinzip des § 3 Abs. 1 StVollzG und die Förderungspflicht des § 23 S. 2 StVollzG zu einem Recht auf solche Kontakte verstärken.[626] Das gilt insbesondere auch im Hinblick auf die Kontakte zu engen Familienangehörigen.[627]

Der Inhaftierte hat **keinen Anspruch auf unüberwachte Kommunikation** (z.B. durch Nutzung eines Handys) mit der Außenwelt.[628] Deshalb bestimmt § 32 S. 2 StVollzG, dass für Ferngespräche die Vorschriften über den Besuch und für Telegramme diejenigen über den Schriftwechsel entsprechend gelten. Zur Wahrung seines Rechts auf informationelle Selbstbestimmung ist der Gefangene bei notwendiger Überwachung seiner Telefonate nach § 32 S. 4 StVollzG rechtzeitig vor Beginn der fernmündlichen Unterhaltung über die beabsichtigte Kontrolle zu informieren. Zugleich wird er darüber belehrt, dass er selbst oder die Vollzugsbehörde die Überwachung dem Gesprächspartner unmittelbar nach Herstellung der Verbindung mitzuteilen hat (§ 32 S. 3 StVollzG). Das StVollzG enthält aber keine Rechtsgrundlage, in den Fällen der Überwachung die Verbindungsdaten oder sogar Gesprächsinhalte zu speichern.[629]

(2) Landesrecht

Die Landes-Strafvollzugsgesetze verzichten angesichts der fehlenden praktischen Bedeutung des Telegrammverkehrs auf eine Regelung hierzu. Vergleichbar mit § 32 S. 1 StVollzG geben § 27 Abs. 1 JVollzGB III, § 32 Abs. 1 S. 1 HmbStVollzG, § 36 Abs. 1 S. 1 HStVollzG einen Anspruch auf fehlerfreie Ermessensausübung bei der Erlaubnis zum Führen von Ferngesprächen. Nach Art. 35 Abs. 1 S. 1 BayStVollzG, § 33 Abs. 1 S. 1 NJVollzG[630] soll einem Strafgefangenen nur in dringenden Fällen gestattet werden, Telefongespräche zu führen. Während hinsichtlich der Rechtsgrundlagen für eine Überwachung § 27 Abs. 2 S. 1 JVollzGB III, Art. 35 Abs. 1 S. 2 BayStVollzG, § 36 Abs. 2 S. 1 HStVollzG, § 33 Abs. 1 S. 2 NJVollzG auf die entsprechenden Vorschriften zum Besuchsempfang

---

[622] OLG Dresden, NStZ 1994, S. 208.
[623] Dazu Knauer, 2006, S. 112 ff.
[624] Hirsch, 2003, S. 182.
[625] OLG Frankfurt, NStZ 2001, S. 669; OLG Koblenz, StraFo 2003, S. 103; Ebert, 1999, S. 164 ff.; Schwind, in: Schwind/Böhm/Jehle/Laubenthal, 2009, § 32 Rdn. 2; siehe auch Schneider H., 2001, S. 273 ff.
[626] AK-Joester/Wegner, 2006, § 32 Rdn. 2; Calliess/Müller-Dietz, 2008, § 32 Rdn. 1.
[627] Hirsch, 2003, S. 178.
[628] OLG Hamburg, NStZ 1999, S. 638.
[629] OLG Frankfurt, NStZ-RR 2003, S. 219.
[630] Dazu OLG Celle, NStZ-RR 2009, S. 158.

verweisen, stellt § 32 Abs. 1 S. 2 HmbStVollzG klar, dass in Hamburg die Telefonate im Erwachsenenvollzug allgemein aus Gründen der Behandlung bzw. der Sicherheit oder Ordnung überwacht werden dürfen. Lediglich bezüglich des Überwachungsverbots wird in § 32 Abs. 1 S. 4 HmbStVollzG auf die Normen des Schriftwechsels Bezug genommen.

In Niedersachsen kann nach § 33 Abs. 2 NJVollzG einem Inhaftierten eine generelle Erlaubnis zum Führen von Telefongesprächen erteilt werden, wenn er sich mit bestimmten zur Gewährleistung der Sicherheit und Ordnung erlassenen Nutzungsbedingungen einverstanden erklärt. Um der fortschreitenden Entwicklung der Kommunikationsmedien Rechnung zu tragen, darf unter den Voraussetzungen von § 33 Abs. 3 NJVollzG die Nutzung anderer Formen der Telekommunikation erlaubt werden, sofern die damit verbundenen abstrakten Gefahren tatsächlich beherrschbar sind. In Hessen gestattet § 36 Abs. 1 S. 2 HStVollzG die Nutzung anderer Kommunikationsmittel als Telefongespräche durch Vermittlung und unter Aufsicht der Anstalt aus wichtigen Gründen.

Alle Landes-Strafvollzugsgesetze lassen mit § 22 Abs. 2 JVollzGB I, Art. 35 Abs. 3 BayStVollzG, § 32 Abs. 2 HmbStVollzG, § 36 Abs. 3 HStVollzG bzw. § 33 Abs. 4 NJVollzG den Betrieb technischer Geräte zur Störung von Frequenzen zu, welche der Herstellung unerlaubter Mobilfunkverbindungen dienen (sog. Handyblocker).[631] Da das mit den Erfordernissen des Strafvollzugs begründete Interesse an der Unterbindung der Mobilfunknutzung auf das Gelände der jeweiligen Justizvollzugsanstalt begrenzt ist, darf der Mobilfunkverkehr außerhalb der Vollzugseinrichtungen nicht beeinträchtigt werden.

5.4.2 Empfang von Besuchen

507 Kommunikation mit der Außenwelt ermöglicht auch das Recht des Gefangenen zum Empfang von Besuchen.[632] Gemäß § 24 Abs. 1 S. 1 StVollzG, § 19 Abs. 2 S. 1 JVollzGB III, Art. 27 Abs. 1 S. 1 BayStVollzG, § 26 Abs. 1 S. 1 HmbStVollzG, § 34 Abs. 1 S. 1 HStVollzG, § 25 Abs. 1 S. 1 NJVollzG hat er hierauf einen Anspruch, wobei die Gesetze den Personenkreis der möglichen Besucher nicht beschränken. Vorgesehen ist eine Mindestbesuchsdauer von einer Stunde im Monat. Die Anstaltsleitung soll jedoch auch darüber hinaus Besuche gestatten, wenn dies der Behandlung oder Reintegration des Gefangenen förderlich erscheint bzw. der Regelung unaufschiebbarer persönlicher, rechtlicher oder geschäftlicher Angelegenheiten dient, die nicht anderweitig oder von Dritten erledigt werden können. Liegen diese in § 24 Abs. 2 StVollzG, § 19 Abs. 3 JVollzGB III, Art. 27 Abs. 2 BayStVollzG, § 26 Abs. 3 HmbStVollzG, § 34 Abs. 2 HStVollzG, § 25 Abs. 2 NJVollzG genannten Voraussetzungen vor, ist dem Inhaftierten regelmäßig weiterer Besuch zu gestatten.[633] Die nähere Gestal-

---

[631] Dazu Pohl, 2010, S. 332 ff.
[632] Dazu eingehend Knoche, 1987.
[633] OLG München, StrVert 1994, S. 554.

tung der Besuche (Besuchszeiten, Häufigkeit, Dauer) erfolgt in den Hausordnungen.

Sind weitere Besuche zuzulassen, wenn sie der Behandlung oder Wiedereingliederung des Gefangenen dienen, so fallen hierunter insbesondere Besuche von Bezugspersonen des Inhaftierten.[634] Denn persönliche Kontakte bilden gerade für Gefangene im geschlossenen Vollzug die einzige Möglichkeit zu unmittelbarer Kommunikation mit Personen ihres früheren und zukünftigen Lebensbereichs. Im Hinblick auf Art. 6 Abs. 1 GG ist es deshalb zulässig, verheiratete Inhaftierte bei der Gewährung von Besuchszeiten zu bevorzugen.[635] Aber auch andere persönliche Beziehungen können Grundlage einer erweiterten Besuchsmöglichkeit sein.

Beispiel: Nach der Hausordnung in der JVA A. haben verheiratete Strafgefangene eine monatliche Besuchszeit von viermal einer Stunde Dauer, alle Übrigen von dreimal einer Stunde. Der Inhaftierte G beantragt unter Hinweis auf eine eheähnliche Lebensgemeinschaft mit seiner Lebensgefährtin und seiner Stellung als Vater eines gemeinsamen Kindes über die Zeit von dreimal einer Stunde hinaus die Bewilligung einer weiteren monatlichen Besuchszeit von einer Stunde, um länger mit seiner Partnerin und dem Kind zusammen sein zu können. Der Anstaltsleiter lehnt das Begehren des G allein unter Hinweis auf den Familienstand des G ab.

Das OLG Bamberg[636] sieht zu Recht in dem schematischen Verweis auf den Familienstand einen Ermessensfehler. Denn die von G angestrebte vierte Besuchsstunde soll auch der Förderung der elterlichen Beziehung zu dem Kind dienen. Insoweit ist Art. 6 Abs. 2 GG zu beachten, der auch für einen nichtehelichen Vater gilt, welcher an der Entwicklung seines Kindes teilgenommen und seine elterliche Verantwortung wahrgenommen hat.[637] Befindet sich der Vater im Vollzug, bleibt es Aufgabe des Staates, die damit verbundenen Belastungen für die elterliche Beziehung unter angemessener Beachtung der Belange der Allgemeinheit im Rahmen des Möglichen und des Zumutbaren zu begrenzen.[638]

Die Strafvollzugsgesetze lassen mehrere **Einschränkungen des Besuchsrechts** zu:
– Besuchsverbot,
– Durchsuchung des Besuchers bzw. des Inhaftierten,
– Überwachung,
– Besuchsabbruch.

5.4.2.1 *Besuchsverbot*

Ein von der Anstaltsleitung auszusprechendes Besuchsverbot hat nach § 25 StVollzG, § 20 JVollzGB III, Art. 28 BayStVollzG, § 26 Abs. 6 HmbStVollzG, § 33 Abs. 2 HStVollzG, § 26 NJVollzG die gleichen Voraussetzungen wie die Untersagung des Schriftwechsels mit bestimmten Personen. Auch bei der Unter- **508**

---

[634] Hirsch, 2003, S. 126 ff.; Schwind, in: Schwind/Böhm/Jehle/Laubenthal, 2009, § 24 Rdn. 15.
[635] OLG Dresden, NStZ 1998, S. 159; siehe auch OLG München, StrVert 2009, S. 198.
[636] OLG Bamberg, NStZ 1995, S. 304.
[637] BVerfGE 56, S. 383 f.
[638] BVerfG, NJW 1993, S. 3059.

sagung von Besuchen berücksichtigen die Gesetze den besonderen Schutz von Ehe und Familie durch Art. 6 Abs. 1 GG und lässt insoweit einen Ausschluss nur aus Gründen der Sicherheit und Ordnung der Anstalt zu. Geht es jedoch um den Besuch eines minderjährigen Angehörigen, der Opfer der Straftat des Inhaftierten war, kann der Schutz der Menschenwürde des Kindes dem Besuchsverbot ebenso wie dem von Art. 6 GG getragenen Angehörigenprivileg von § 25 Nr. 2 StVollzG, § 20 Nr. 2 JVollzGB III, Art. 28 Nr. 2 BayStVollzG, § 26 Abs. 6 Nr. 2 HmbStVollzG, § 33 Abs. 2 Nr. 2 HStVollzG, § 26 Nr. 2 NJVollzG Grenzen setzen.

> *Beispiel:* Der Strafgefangene G verbüßt im Geltungsbereich des Bundes-Strafvollzugsgesetzes eine Gesamtfreiheitsstrafe von sechs Jahren wegen sexuellen Missbrauchs von Kindern und Missbrauchs von Schutzbefohlenen, teilweise zum Nachteil des minderjährigen Mädchens M. Die Mutter der M hatte den G dennoch nach dessen Haftantritt geheiratet. Nach einem Besuch der Ehefrau zusammen mit der M in der Einrichtung untersagte der Leiter der Justizvollzugsanstalt weitere Besuchskontakte der M. Dies wurde u.a. damit begründet, dass ein Vollzugsbeamter anlässlich eines Besuchs beobachtete, dass das Mädchen auf dem Schoß des G saß und dieser einen Arm um das Kind gelegt hatte.
>
> Das OLG Nürnberg[639] hält dieses Besuchsverbot sowohl nach § 25 Nr. 1 StVollzG als auch nach § 25 Nr. 2 StVollzG für gerechtfertigt. Das Gericht sieht in dem Besuch des Mädchens eine Gefährdung der Ordnung der Anstalt, „wenn es einem Strafgefangenen, der eine Freiheitsstrafe wegen vielfachen sexuellen Missbrauchs eines Kindes verbüßt, gestattet würde, das nunmehr 12-jährige Tatopfer als Besuch zu empfangen. Die Anstaltsordnung gebietet es auch zu verhindern, dass ein Gefangener während der Strafverbüßung Straftaten begeht bzw. einen Besucher verletzt. Dementsprechend ist es zur Aufrechterhaltung der Anstaltsordnung erforderlich, ein Besuchsverbot auszusprechen, um eine entsprechende Gefährdung zu unterbinden, die entsteht, wenn ein wegen sexuellen Missbrauchs von Kindern einsitzender Strafgefangener Kontakt zum Tatopfer hat, jedenfalls dann, wenn dieses Tatopfer von der verantwortungslosen leiblichen Mutter – angesichts seines Alters von 12 Jahren fremdbestimmt – mit dem Täter in Kontakt gebracht wird und dies ... zu einer Beeinträchtigung des Therapieerfolgs bei dem Kind führen würde, das in einem heilpädagogisch orientierten Heim untergebracht ist." Das OLG Nürnberg vermochte auch keinen Verstoß gegen § 25 Nr. 2 StVollzG zu erkennen. Das Gericht stellt klar, dass das aus Art. 6 GG resultierende Angehörigenprivileg Beschränkungen im Interesse kollidierenden Verfassungsrechts unterliegt. Das aus Art. 1 und Art. 2 GG geschützte Kindeswohl wirkt auf das private Eltern-Kind-Verhältnis als echte Gewährleistungsschranke ein, gerechtfertigt aus der staatlichen Schutzpflicht für drittbedrohte Grundrechtspositionen. Gilt insoweit der Vorrang der Kindesinteressen, kann sich ein „angehöriger" Gefangener bei Besuchen nicht auf das Angehörigenprivileg des § 25 Nr. 2 StVollzG berufen, wenn es um Besuche des vom Inhaftierten im Wege des sexuellen Missbrauchs geschädigten Kindes bei dem Täter geht.[640]

509 Im Rahmen des Besuchsverkehrs kommt das Besuchsverbot bei Beachtung des Verhältnismäßigkeitsgrundsatzes nur als **Ultima Ratio** zur Anwendung. Es muss zunächst geprüft werden, ob mildere Eingriffsmöglichkeiten ausreichen. Nur wenn

---

[639] OLG Nürnberg, NStZ 1999, S. 376.
[640] Krit. dazu Rixen, 2001, S. 278 ff.

dies nicht der Fall ist, darf für eine bestimmte außen stehende Person im Einzelfall ein Besuch untersagt werden. Es kann aber auch ein generelles Besuchsverbot ausgesprochen werden, falls von dieser Gefahren i.S.d. § 25 StVollzG im Hinblick auf jeden in der Institution Inhaftierten zu befürchten sind.[641] Da ein Besuchsverbot sowohl den Gefangenen als auch den Außenstehenden betrifft, ist Letzterer ebenfalls durch eine solche Entscheidung beschwert und kann dagegen gerichtlich vorgehen.[642]

5.4.2.2 Durchsuchung

Aus Gründen der Sicherheit darf die Gestattung eines Besuches gem. § 24 Abs. 3 StVollzG davon abhängig gemacht werden, dass der Besucher seine Durchsuchung vor dem Treffen mit dem Inhaftierten zulässt. Auf der landesrechtlichen Ebene sind gem. § 19 Abs. 4 S. 1 JVollzGB III, Art. 27 Abs. 3 BayStVollzG, § 26 Abs. 5 S. 1 HmbStVollzG, § 25 Abs. 3 NJVollzG die Rechtsgrundlagen für eine Durchsuchung dahingehend ergänzt, dass auch Ordnungsinteressen eine solche Maßnahme rechtfertigen können. § 34 Abs. 3 HStVollzG entspricht insoweit § 24 Abs. 3 StVollzG.   **510**

Die Durchsuchung bleibt auf Abtasten oder Kontrollen unter Heranziehung technischer Hilfsmittel (z.B. Metallsonde) beschränkt.[643] Eine mit völliger Entkleidung verbundene körperliche Durchsuchung von Besuchern tangiert den durch Art. 1 Abs. 1 und Art. 2 Abs. 1 GG geschützten Persönlichkeits- und Intimbereich und erscheint selbst bei Besuchen für drogenabhängige Inhaftierte unverhältnismäßig.[644] Da eine Durchsuchung bei einem Externen nicht erzwingbar ist, führt dessen Weigerung zur Ablehnung des Besuchs.[645]

Kommt eine Durchsuchung des Besuchers nur vorher in Betracht, kann dagegen auch nach dem Kontakt eine Durchsuchung des Gefangenen nach § 84 StVollzG, § 64 JVollzGB III, Art. 91 BayStVollzG, § 70 HmbStVollzG, § 46 HStVollzG, § 77 NJVollzG erfolgen.

5.4.2.3 Überwachung

§ 27 Abs. 1 S. 1 StVollzG, § 21 Abs. 1 S. 1 JVollzGB III, Art. 30 Abs. 1 S. 1 BayStVollzG, § 27 Abs. 1 S. 1 HmbStVollzG, § 34 Abs. 4 S. 1 HStVollzG, § 28 Abs. 1 NJVollzG erlauben aus Gründen der Behandlung bzw. der Sicherheit oder Ordnung der Anstalt eine Überwachung der Besuche, auf die jedoch im Einzelfall verzichtet werden kann. Dann müssen Erkenntnisse vorliegen, dass es einer solchen nicht bedarf.   **511**

§ 27 Abs. 1 StVollzG, § 21 Abs. 1 JVollzGB III, Art. 30 Abs. 1 u. 2 BayStVollzG, § 27 Abs. 1 u. 2 HmbStVollzG, § 34 Abs. 4 S. 1 u. 2 HStVollzG, § 28 Abs. 1 NJVollzG differenzieren zwischen der bloß **optischen Überwachung** und der **Gesprächskontrolle**. Die optische Überwachung, die in Niedersachsen gem.

---

[641] OLG Nürnberg, ZfStrVo 1988, S. 186.
[642] AK-Joester/Wegner, 2006, § 25 Rdn. 10.
[643] Schwind, in: Schwind/Böhm/Jehle/Laubenthal, 2009, § 24 Rdn. 17.
[644] OLG Hamburg, StrVert 2005, S. 229; Müller-Dietz, 1995a, S. 218.
[645] Calliess/Müller-Dietz, 2008, § 24 Rdn. 6.

§ 28 Abs. 1 S. 1 NJVollzG nicht an besondere Anordnungsgründe gebunden ist, darf gem. § 21 Abs. 2 S. 1 JVollzGB III, Art. 30 Abs. 1 BayStVollzG, § 27 Abs. 1 HmbStVollzG, § 34 Abs. 5 S. 1 HStVollzG auch mittels technischer Mittel erfolgen. Zuvor müssen allerdings Besucher und Inhaftierter darauf hingewiesen worden sein.

Ein gezieltes und systematisches Mithören von Gesprächen muss aus den in § 27 Abs. 1 StVollzG, § 21 Abs. 1 JVollzGB III, Art. 30 Abs. 1 u. 2 BayStVollzG, § 27 Abs. 1 u. 2 HmbStVollzG, § 34 Abs. 4 S. 1 u. 2 HStVollzG, § 28 Abs. 1 S. 2 NJVollzG genannten Kontrollgründen „erforderlich" sein. Da eine akustische Überwachung in die persönliche Sphäre von Besucher und Inhaftiertem eingreift, bleibt sie auf unerlässliche Ausnahmefälle beschränkt, d.h. notwendig ist ein auf den Einzelfall bezogenes bzw. auf konkreten Anhaltspunkten beruhendes Missbrauchsrisiko des Besuchskontaktes.[646] Dem Abhören von Gesprächen des Inhaftierten mit seinen Besuchern steht nicht Art. 13 GG entgegen, weil der Besuchsraum einer Haftanstalt keine Wohnung darstellt.[647]

Besonders eng ist das Merkmal der Erforderlichkeit akustischer Besuchsüberwachung unter Beachtung des Persönlichkeitsrechts des Gefangenen nach Art. 2 Abs. 1 i.V.m. Art. 1 Abs. 1 GG bei dem Inhaftierten nahe stehenden Besuchern zu interpretieren.[648]

> *Beispiel:* In der Justizvollzugsanstalt S. wurden von Gefangenen ein Fernsehapparat sowie einige Fensterscheiben zertrümmert. Ein im Verdacht der Beteiligung hieran stehender Inhaftierter erhielt kurz nach dem Vorfall Besuch von seiner Freundin. Der Anstaltsleiter ordnete an, dass dieser Besuch akustisch zu überwachen sei, um hierdurch gegebenenfalls weitere Angaben zu der Sachbeschädigung zu erhalten.
>
> Das OLG Frankfurt[649] sieht in diesem Sachverhalt nicht die Voraussetzungen für eine akustische Überwachung als erfüllt an, die zu einem solch einschneidenden Eingriff in den Persönlichkeitsbereich sowohl des Inhaftierten als auch der Besucherin führen dürfen. Mit der von der Anstaltsleitung formulierten Erwartung sind zum einen noch keine konkreten tatsächlichen Anhaltspunkte dafür gegeben, dass gerade das Gespräch zur Aufklärung des fraglichen Vorfalls dienlich sein könnte. Außerdem ist „überhaupt nichts dafür dargetan, dass die Kontrolle des Gesprächs mit der Freundin unerlässlich ist, um Sicherheit und Ordnung der Anstalt zu gewährleisten. Insoweit sind gerade hier hohe Anforderungen zu stellen, weil bei dem Besuch einer Freundin höchstpersönliche Umstände zur Sprache kommen, die grundsätzlich dem Schutz des Persönlichkeitsrechtes nach Art. 2 Abs. 1 GG unterliegen."[650]

Wegen des Erfordernisses einer durch konkrete Anhaltspunkte belegten Unerlässlichkeit der Gesprächsüberwachung scheidet deren generelle Anordnung durch

---

[646] AK-Joester/Wegner, 2006, § 27 Rdn. 3; Calliess/Müller-Dietz, 2008, § 27 Rdn. 5; Kaiser/Schöch, 2002, S. 293; Knoche, 1987, S. 101; OLG Koblenz, ZfStrVo 1987, S. 305; großzügiger jedoch OLG Hamm, NStZ 1989, S. 494 hinsichtlich terroristischer Gewalttäter.
[647] BGH, JZ 1999, S. 259 ff. (für Besuchsraum einer Untersuchungshaftvollzugsanstalt).
[648] OLG Nürnberg, ZfStrVo 1993, S. 56; Hirsch, 2003, S. 143 f.
[649] OLG Frankfurt, ZfStrVo 1990, S. 186 f.
[650] OLG Frankfurt, ZfStrVo 1990, S. 187.

die Anstaltsleitung für alle Besuche oder für bestimmte Besuchergruppen (z.B. ehemalige Inhaftierte) aus.[651]

5.4.2.4 Besuchsabbruch

Eine schwerwiegende Beschränkung des Besuchsrechtes liegt in der Maßnahme des Besuchsabbruchs nach § 27 Abs. 2 StVollzG, § 21 Abs. 4 JVollzGB III, Art. 30 Abs. 4 BayStVollzG, § 27 Abs. 3 HmbStVollzG, § 34 Abs. 4 S. 3 bis 5 HStVollzG, § 28 Abs. 3 NJVollzG. Dieser darf erfolgen, wenn ein Besucher oder Gefangener gegen Vorschriften des jeweiligen Strafvollzugsgesetzes oder aufgrund des Gesetzes erlassene Anordnungen (z.B. in einer Hausordnung getroffene Regelungen, wonach bestimmte Sachen oder verschlüsselte Nachrichten nicht übergeben werden dürfen) verstößt. Vorausgehen muss dem Abbruch als milderes Mittel zunächst eine (ggf. wiederholte) Abmahnung, die nur unterbleiben kann, wenn ein sofortiger Abbruch unerlässlich ist.

512

Für den Besucher stellt die unbefugte Übermittlung von Sachen oder Nachrichten an oder von einem Inhaftierten gem. § 115 Abs. 1 Nr. 1 OWiG eine Ordnungswidrigkeit dar, die mit einer Geldbuße geahndet wird. Prinzipiell nur mit Erlaubnis dürfen beim Besuch Gegenstände übergeben werden (§ 27 Abs. 4 S. 1 StVollzG, § 21 Abs. 3 S. 1 JVollzGB III, Art. 30 Abs. 6 S. 1 BayStVollzG, § 27 Abs. 4 S. 1 HmbStVollzG, § 34 Abs. 4 S. 6 HStVollzG, § 28 Abs. 5 S. 1 NJVollzG).

5.4.2.5 Verteidigerbesuche

Nach § 26 S. 1 StVollzG, § 22 Abs. 1 S. 1 JVollzGB III, Art. 29 S. 1 BayStVollzG, § 28 Abs. 1 S. 1 HmbStVollzG, § 33 Abs. 3 S. 1 HStVollzG, § 27 S. 1 NJVollzG sind Besuche von Verteidigern, Rechtsanwälten und Notaren zu gestatten. Auch diese können allerdings von einer vorherigen Durchsuchung abhängig gemacht werden. Eine Durchsuchung durch bloßen Einsatz eines Metalldetektors vor Betreten einer Anstalt mit höchster Sicherheitsstufe verstößt ebenso wenig gegen die Berufsfreiheit eines Rechtsanwalts wie gegen dessen Menschenwürde.[652] Für die Notwendigkeit einer körperlichen Durchsuchung müssen allerdings konkrete Anhaltspunkte gegeben sein.[653]

513

Eine besondere Stellung nimmt der Verteidiger des Gefangenen in Strafsachen ein. Seine Besuche werden **nicht überwacht** (§ 27 Abs. 3 StVollzG, § 22 Abs. 2 S. 1 JVollzGB III, Art. 30 Abs. 5 BayStVollzG, § 28 Abs. 2 HmbStVollzG, § 33 Abs. 3 S. 1 HStVollzG, § 28 Abs. 4 NJVollzG). Die von ihm mitgeführten Schriftstücke und sonstigen Unterlagen darf die Anstalt grundsätzlich nicht inhaltlich überprüfen (§ 26 S. 3 StVollzG, § 22 Abs. 1 S. 4 JVollzGB III, Art. 29 S. 3 BayStVollzG, § 28 Abs. 3 HmbStVollzG, § 27 S. 4 NJVollzG). Das Durchblättern von Handakten des Verteidigers durch Vollzugsbedienstete ist selbst dann unzulässig, wenn es nur im Hinblick auf verborgene Gegenstände erfolgen soll[654] (wei-

---

[651] OLG Koblenz, NStZ 1988, S. 382.
[652] OLG Nürnberg, StrVert 2002, S. 669.
[653] OLG Nürnberg, StrVert 2004, S. 389; siehe auch Calliess, 2002, S 675 ff.
[654] OLG Nürnberg, StrVert 2004, S. 389.

ter gehend darf gem. § 33 Abs. 3 S. 1 i.V.m. § 34 Abs. 3 S. 2, § 35 Abs. 2 S. 2 HStVollzG in Hessen beim Verdacht des Vorhandenseins unzulässiger Einlagen eine Sichtkontrolle ohne Kenntnisnahme des Inhalts erfolgen). Dem Verteidiger kann die Mitnahme eines Notebooks zum Mandantengespräch nicht verwehrt werden, wenn die dafür erforderlichen Unterlagen darauf gespeichert sind.[655] Im Gegensatz zum Besuch von Rechtsanwälten und Notaren, bei denen die Übergabe von Anwaltspapieren zur Erledigung einer den Gefangenen betreffenden Rechtsangelegenheit von einer Erlaubnis abhängig gemacht werden kann, bleiben die bei einem Verteidigerbesuch übergebenen Schriften erlaubnisfrei (§ 27 Abs. 4 S. 2 StVollzG, § 22 Abs. 2 JVollzGB III, Art. 30 Abs. 6 S. 2 BayStVollzG, § 28 Abs. 5 S. 2 Nr. 1 NJVollzG, eine vergleichbare Differenzierung ist in Hamburg und Hessen nicht vorgesehen). Der Gefangene darf nach einem Treffen mit seinem Verteidiger mitsamt den von ihm mitgeführten Unterlagen (z.B. Aktenordner) nach § 84 StVollzG, § 64 JVollzGB III, Art. 91 BayStVollzG, § 70 HmbStVollzG, § 46 HStVollzG, § 77 NJVollzG durchsucht werden, wenn Gegenstand dieser Suche nicht Schriftstücke der Verteidigung sind.[656]

514 Hinsichtlich der vom Verteidiger mitgeführten sowie der von ihm bei einem Anstaltsbesuch zu übergebenden Schriftstücke und Unterlagen verweisen für den Geltungsbereich des Bundes-Strafvollzugsgesetzes § 26 S. 4 bzw. § 27 Abs. 4 S. 3 StVollzG auf § 29 Abs. 1 S. 2 u. 3 StVollzG. Unter den dort bezeichneten Voraussetzungen sind bei den nach § 129a StGB – auch i.V.m. § 129b Abs. 1 StGB – wegen **Bildung einer terroristischen Vereinigung** verurteilten Gefangenen §§ 148 Abs. 2 und 148a StPO entsprechend anzuwenden. Damit kann nicht nur die Übergabe der Schriftstücke von einer vorherigen richterlichen Kontrolle abhängig gemacht werden. Es gilt auch die Trennscheibenregelung des § 148 Abs. 2 S. 3 StPO. Danach „sind für das Gespräch zwischen dem Beschuldigten und dem Verteidiger Vorrichtungen vorzusehen, die die Übergabe von Schriftstücken und anderen Gegenständen ausschließen." Auch in den Fällen der §§ 129a, 129b Abs. 1 StGB darf zu Zwecken eines ungestörten Kontaktes zwischen Verteidiger und Inhaftiertem der Besuch aber weder optisch noch akustisch überwacht werden, sondern nur eine Trennung durch mechanisch-technische Hilfsmittel erfolgen.

Weitgehend mit den genannten Normen des Bundes-Strafvollzugsgesetzes zur Kontrolle von Verteidigerunterlagen sowie dem Trennscheibeneinsatz bei Verteidigerbesuchen vergleichbare Vorschriften enthalten in Baden-Württemberg § 22 Abs. 3 i.V.m. § 24 Abs. 2 S. 3 u. 4 JVollzGB III, in Bayern Art. 29 S. 4 bzw. Art. 30 Abs. 6 S. 3 BayStVollzG i.V.m. Art. 32 Abs. 1 S. 2 u. 3 BayStVollzG sowie in Niedersachsen § 27 S. 5 bzw. § 28 Abs. 6 NJVollzG i.V.m. § 30 Abs. 2 S. 2 bis 4 NJVollzG. In Hamburg findet sich eine insoweit entsprechende Regelung in § 29 Abs. 4 HmbStVollzG. Für Hessen verweist § 33 Abs. 3 S. 2 HStVollzG ebenfalls auf §§ 148 Abs. 2, 148a StPO.

Bei Verteidigerbesuchen bleibt der Einsatz einer **Trennscheibe** über den Kreis der nach § 129a StGB – auch i.V.m. § 129b Abs. 1 StGB – verurteilten Gefange-

---

[655] BGH, NJW 2004, S. 457.
[656] OLG Karlsruhe, ZfStrVo 1993, S. 118.

nen hinaus prinzipiell unzulässig. Er kann auch nicht damit begründet werden, es solle ein Missbrauch des Verteidigerbesuchs zu verteidigungsfremden Zwecken erfolgen (z.B. Übermittlung geheimer Nachrichten durch den Verteidiger).[657] Ausnahmsweise kann die Anordnung eines Trennscheibeneinsatzes jedoch zum Schutz des Verteidigers vor einer gegen ihn gerichteten schweren Straftat auf die Rechtsgrundlage von § 4 Abs. 2 S. 2 StVollzG bzw. § 3 Abs. 2 JVollzGB III, Art. 6 Abs. 2 S. 2 BayStVollzG, § 5 Abs. 3 S. 2 HmbStVollzG, § 6 Abs. 1 S. 2 HStVollzG, § 3 S. 2 NJVollzG gestützt werden.

Beispiel: Der Strafgefangene G verbüßt in der Justizvollzugsanstalt B im Geltungsbereich des Bundes-Strafvollzugsgesetzes eine mehrjährige Freiheitsstrafe mit anschließender Sicherungsverwahrung. Er ist verurteilt u.a. wegen versuchter räuberischer Erpressung in Tateinheit mit erpresserischem Menschenraub und gefährlicher Körperverletzung. G kündigte in der Haft an, er wolle Juristen töten. In einem Schreiben an den Ministerpräsidenten des Bundeslandes, in dem seine Haftanstalt liegt, verlangte G, die gegen ihn angeordnete strenge Einzelhaft und andere Maßnahmen aufzuheben. Ansonsten wolle er den ihm in Strafprozesssachen beigeordneten „Zwangspflichtverteidiger" als Geisel nehmen und töten. In einem weiteren Brief deutete G an, aus dem Justizvollzug, ggf. mittels einer Geiselnahme, ausbrechen zu wollen. Der Leiter der Justizvollzugsanstalt B ordnete daraufhin an, dass Verteidigerbesuche bei G in einem Trennscheibenbesuchsraum durchzuführen sind.

Der BGH[658] hat festgestellt, dass für den zu beurteilenden Sachverhalt die Normierung des Trennscheibeneinsatzes nach §§ 27 Abs. 3 u. 4, 29 Abs. 1 S. 2 StVollzG i.V.m. § 148 Abs. 2 S. 3 StPO keine besondere Regelung enthält und deshalb § 4 Abs. 2 S. 2 StVollzG als Ermächtigungsgrundlage anwendbar ist: „Der Einsatz der Trennscheibe dient zur Aufrechterhaltung der Sicherheit i.S.v. § 4 Abs. 2 S. 2 StVollzG. Darunter ist auch die Sicherheit der Allgemeinheit vor weiteren Straftaten des Verurteilten während des Vollzugs zu verstehen. Dafür spricht schon der Wortlaut der Vorschrift. Sie trennt nämlich den Begriff Sicherheit von der Anstaltsordnung und verwendet nicht die sonst übliche Formulierung Sicherheit oder Ordnung der Anstalt. Nur mit einem solchen Verständnis der Vorschrift wird auch der Verpflichtung der Vollzugsbeamten Rechnung getragen, strafbare Handlungen der Gefangenen zu unterbinden. Eine solche Pflicht ergibt sich schon aus dem in § 2 S. 2 StVollzG vorgegebenen Sicherungsaspekt des Strafvollzugs ... Der Einsatz einer Trennscheibe widerspricht auch nicht dem Grundsatz der Verhältnismäßigkeit. Der Beschwerdeführer hat in der hier zu beurteilenden besonderen Situation sein Interesse an einer effektiven Verteidigung selbst so stark verringert, dass der Schutz der Freiheit und der körperlichen Unversehrtheit des Verteidigers und der Sicherheit der Allgemeinheit vor Straftaten in der Vollzugsanstalt von der Rechtsordnung weit höher zu bewerten sind als seine verbliebenen Verteidigungsinteressen. Der von der Vollzugsbehörde angeordnete Einsatz der Trennscheibe ist geeignet, die vom Beschwerdeführer ausgehende Gefahr zu beseitigen. Der Eingriff ist auch erforderlich. Ein milderes Mittel mit gleicher Eignung steht nicht zur Verfügung."[659]

---

[657] OLG Nürnberg, StrVert 2001, S. 39.
[658] BGH, NJW 2004, S. 1398 ff.
[659] BGH, NJW 2004, S. 1399; siehe dazu auch Arloth, 2005a, S. 108 ff.; Beulke/Swoboda, 2005, S. 67 ff.

5.4.2.6 Trennscheibe bei Privatbesuchen

515 In der Praxis kommt es auch zum Einsatz der Trennscheibe bei Privatbesuchen. Damit stellt sich die Frage der Zulässigkeit des Trennscheibeneinsatzes über den Kreis der nach § 129a bzw. § 129b Abs. 1 StGB verurteilten Strafgefangenen und die Besuchergruppe der Verteidiger hinaus.

(1) Rechtslage im Geltungsbereich des Bundes-Strafvollzugsgesetzes

516 Die Rechtmäßigkeit der Verwendung von Trennscheiben bei Privatbesuchen wird nach einer Auffassung auf § 27 Abs. 1 StVollzG gestützt.[660] Danach darf ein Anstaltsbesuch (ausgenommen Verteidigerbesuche gem. § 27 Abs. 3 StVollzG) bei konkreten Anhaltspunkten für das Vorliegen der Gefährdung der Behandlung bzw. der Sicherheit oder Ordnung der Anstalt überwacht werden. Als Mittel sollen nicht nur optische und akustische Überwachung in Betracht kommen. Vielmehr können auch andere Maßnahmen getroffen werden, welche den Überwachungszweck erfüllen, d.h. insbesondere zur Abwehr von Gefahren für die Anstaltssicherheit und -ordnung geeignet sind. Es bleibt nach dieser vor allem in der Rechtsprechung vertretenen Ansicht „der Vollzugsbehörde überlassen, nach pflichtgemäßem Ermessen im Einzelfall zu entscheiden, ob sie zur Erfüllung des gesetzlichen Überwachungsauftrages nach § 27 Abs. 1 S. 1 StVollzG sich mit der Sichtkontrolle begnügt oder andere, technisch-bauliche Mittel einsetzt. Ein wirksames Überwachungsmittel dieser Art ist die Trennscheibe. Bei der Anordnung hat die Vollzugsbehörde den Grundsatz der Verhältnismäßigkeit (§ 81 Abs. 2 StVollzG) zu beachten".[661] Diese die Rechtmäßigkeit des Trennscheibeneinsatzes auf § 27 Abs. 1 StVollzG stützende Ansicht betont allerdings, dass an die Verhältnismäßigkeit einer Verwendung bei Privatbesuchen besonders strenge Anforderungen zu stellen sind, wenn das Grundrecht des Art. 6 Abs. 1 GG betroffen und der Einsatz für einen längeren Zeitraum geplant ist.[662]

> So hält das Bundesverfassungsgericht[663] den Einsatz einer Trennscheibe selbst bei Ehegattenbesuchen zur Verhinderung der Übergabe nicht genehmigter Gegenstände für zulässig. Voraussetzungen einer Trennscheibenverwendung sollen sein:
> – Konkrete Anhaltspunkte für das Vorliegen einer realen Gefährdung der Sicherheit der Anstalt.
> – Prüfung der Erforderlichkeit für jeden einzelnen Besuch im Blick auf die jeweils gegebene Besuchssituation. Eine Anordnung für einen Zeitraum, in den mehrere Besuche derselben Person fallen können, ist gerechtfertigt, wenn eine schnelle Änderung der Gefahr begründenden Umstände ausgeschlossen erscheint. Dies gilt selbst für Ehegattenbesuche.
> – Bei einem längerfristigen Trennscheibeneinsatz oder bei einem Einsatz im Anschluss an eine vorangegangene Untersagung von Besuchen sind die Sicherheitsbedenken bei Ehegatten wegen des belastenden Grundrechtseingriffs besonders

---

[660] BVerfG, ZfStrVo 1994, S. 304; KG, NStZ 1984, S. 94; KG, NStZ 1995, S. 104; OLG Hamm, ZfStrVo 1993, S. 309; Arloth, 2005a, S. 111.
[661] OLG Hamm, ZfStrVo 1993, S. 309.
[662] Dazu Hirsch, 2003, S. 146 f.; siehe auch KG, NStZ-RR 2009, S. 388 ff.
[663] BVerfG, ZfStrVo 1994, S. 304 ff.

sorgfältig zu prüfen. Können diese nicht ausgeräumt werden, ist zu weniger einschneidenden Sicherheitsvorkehrungen (Durchsuchungen, andere Überwachungsformen) überzugehen, wenn diese unter zumutbarer Inanspruchnahme der sachlichen und personellen Ausstattung der Anstalt durchführbar und mit dem Verhalten des Gefangenen solchen Vorkehrungen gegenüber vereinbar sind.

Eine Gegenansicht hält den Einsatz einer Trennscheibe über den Kreis der nach § 129a StGB verurteilten Gefangenen i.S.d. § 29 Abs. 1 S. 2 und 3 StVollzG hinaus sowohl bei Verteidiger- als auch bei Privatbesuchen für unzulässig.[664] Zum einen scheide § 27 Abs. 1 StVollzG als Rechtsgrundlage aus, weil diese Norm bei Privatbesuchen die gesetzlichen Überwachungsmöglichkeiten auf die optische und akustische Kontrolle begrenze. Zum anderen kommt ein Rückgriff auf § 4 Abs. 2 S. 2 StVollzG danach nicht in Betracht, weil der Gesetzgeber einerseits in den §§ 24 bis 27 StVollzG die Materie der Kontakteinschränkungen und Sicherheitsmaßnahmen für Privatbesuche ebenso abschließend geregelt habe wie andererseits mit §§ 27 Abs. 4 S. 2 und 3, 29 Abs. 1 S. 2 und 3 StVollzG den Bereich für eine Trennscheibenanordnung im Strafvollzug.[665] Es verbleibe deshalb für einen Rückgriff auf die Ultima-Ratio-Klausel des § 4 Abs. 2 S. 2 StVollzG als Ermächtigungsgrundlage für eine Trennscheibenanordnung bei Privatbesuchen kein Raum.[666]

517

Die Verwendung der **Trennscheibe** kann **keine Besuchsüberwachung** im Sinne des Wortlauts des § 27 Abs. 1 StVollzG darstellen.[667] Besucher und Besuchter werden dabei weder optisch noch akustisch kontrolliert, die von § 27 Abs. 1 StVollzG ausdrücklich zugelassenen Überwachungsarten vielmehr durch ein technisch-mechanisches Mittel ersetzt.[668] Dessen Einsatz kommt jedoch bei Privatbesuchen als minder schwerer Eingriff in die Rechte des Betroffenen nur in Betracht, wenn seitens der Anstaltsleitung anderenfalls als einschneidenderes Mittel ein Besuchsverbot nach § 25 StVollzG ausgesprochen werden müsste.

(2) Landesrechtliche Regelungen

In den Landes-Strafvollzugsgesetzen ist der Trennscheibeneinsatz bei Privatbesuchen ausdrücklich normiert. Gemäß Art. 30 Abs. 3 BayStVollzG kann im Einzelfall zur Verhinderung der Übergabe von verbotenen Gegenständen angeordnet werden, dass der Besuch unter Verwendung einer Trennvorrichtung abzuwickeln ist. Vergleichbare Regelungen enthalten § 21 Abs. 2 S. 3 JVollzGB III, § 27 Abs. 4 S. 2 HmbStVollzG, § 34 Abs. 5 S. 4 HStVollzG und § 28 Abs. 2 NJVollzG. In Hamburg und Niedersachsen ist explizit festgelegt, dass eine Gefahr für die Sicherheit oder Ordnung der Anstalt gegeben sein muss, welche eine Trennscheibenanordnung notwendig macht.

518

---

[664] Calliess/Müller-Dietz, 2008, § 4 Rdn. 21, § 27 Rdn. 9.
[665] Calliess/Müller-Dietz, 2008, § 4 Rdn. 21, § 27 Rdn. 2, 9; siehe auch BGHSt. 30, S. 38 ff.
[666] A.A. Höflich/Schriever, 2003, S. 98.
[667] Ebenso Böhm, 2003, S. 141.
[668] So auch Calliess/Müller-Dietz, 2008, § 4 Rdn. 21.

5.4.2.7 Kontaktsperre

519 Über die in den Strafvollzugsgesetzen normierten Einschränkungen des Rechts auf Empfang von Besuchen und des freien Schriftverkehrs hinaus kann unter den Voraussetzungen der §§ 31 ff. EGGVG eine zeitlich begrenzte Kontaktsperre im Justizvollzug verhängt werden.[669] Es müssen hierfür eine gegenwärtige Gefahr für Leib, Leben oder Freiheit einer Person bestehen und bestimmte Tatsachen den Verdacht begründen, dass die Gefahr von einer terroristischen Vereinigung ausgeht. Dann kann der schriftliche und mündliche Kontakt eines Gefangenen mit seinem Verteidiger, mit sonstigen Außenstehenden sowie zu Mitgefangenen unterbrochen werden.[670]

Gemäß § 31 S. 2 EGGVG darf eine solche Kontaktsperre nur für Inhaftierte verhängt werden, die eine Freiheitsstrafe wegen Bildung einer terroristischen Vereinigung gem. § 129a StGB – auch i.V.m. § 129b Abs. 1 StGB – oder wegen einer in dieser Norm bezeichneten Straftat verbüßen, gegen die ein Haftbefehl wegen einer solchen Tat besteht oder die sich wegen eines anderen Delikts in Haft befinden und gegen die der dringende Verdacht vorliegt, dass sie diese Tat im Zusammenhang mit einer solchen nach § 129a StGB begangen haben.

5.4.3 Partnerbesuche mit Sexualkontakten

520 Die Strafvollzugsgesetze äußern sich zu der Frage einer Zulässigkeit von Sexualkontakten beim Besuch von Ehepartnern nicht. Damit schließen sie solche sog. Intimbesuche im Rahmen von **Langzeitbesuchen** einerseits nicht aus, geben andererseits aber dem Inhaftierten auch keinen Rechtsanspruch darauf.[671]

> Allein in Hamburg ist mit § 26 Abs. 4 HmbStVollzG die Zulassung von Langzeitbesuchen gesetzlich geregelt. Danach kann die Anstaltsleitung solche Besuche gestatten, wenn dies mit Rücksicht auf die Dauer der zu vollziehenden Freiheitsstrafe zur Behandlung des Gefangenen – vor allem zur Förderung partnerschaftlicher oder ihnen gleichstehender Kontakte – geboten erscheint. Der Inhaftierte muss hierfür geeignet sein. Die Besuchskontakte werden in der Regel nicht überwacht.

> Auch der oder die Strafgefangene bedarf wie jeder andere Mensch Zuwendungen seelischer und körperlicher Art in ihren verschiedenen Ausdrucksweisen. Dabei bedeutet Sexualität nicht nur geschlechtliche Kontakte, sondern auch emotionale Interaktion.

> Die emotionale und sexuelle Deprivation stellt für männliche wie für weibliche Gefangene einen wesentlichen Stressfaktor dar und wirft gerade für Langzeitinhaftierte

---

[669] Zur Vereinbarkeit mit dem Grundgesetz siehe BVerfGE 49, S. 24.
[670] Dazu Kissel/Mayer, 2008, § 31 EGGVG Rdn. 28 ff.; Meyer-Goßner, 2010, § 31 EGGVG Rdn. 7.
[671] BVerfG, NStZ-RR 2001, S. 253; OLG Koblenz, NStZ 1998, S. 398; OLG Karlsruhe, NStZ-RR 2004, S. 60; OLG Karlsruhe, NStZ-RR 2006, S. 154; OLG Frankfurt, NStZ-RR 2008, S. 261.

enorme Probleme auf. Untersuchungen haben bei Letzteren die besondere Bedeutung des Verlustes entsprechender Kontakte als die gravierendste Beeinträchtigung des Strafvollzugs aufgezeigt.[672] Den Insassen bietet sich in der Isolation des Strafvollzugs kaum die Chance, die unbewussten Triebkräfte in natürlicher Weise auszuleben oder sie zu sublimieren.

Zwar ist der Entzug heterosexueller Beziehungen durch die Urlaubs- und Ausgangsbestimmungen sowie durch die Möglichkeit der Unterbringung im offenen Vollzug entschärft worden. Wer für diese Arten der Vollzugsgestaltung jedoch (noch) nicht in Betracht kommt, der muss heterosexuellen Beziehungen einen Großteil seiner Inhaftierung lang entsagen. Er verliert damit eine Bezugsperson, die auch für die Bestätigung als Mann oder als Frau bedeutsam ist. Die sexuelle Deprivation hat deshalb regelmäßig Ersatzhandlungen insbesondere auf der subkulturellen Ebene zur Folge. Es werden aktive oder passive homosexuelle Rollen übernommen, gleichgeschlechtliche Beziehungen eingegangen, die zusätzliche Belastungen bedingen.

Eine Zulassung von Langzeitbesuchen, verbunden mit Möglichkeiten zu einem ungestörten und unbeobachteten Zusammensein, erscheint nicht nur im Hinblick auf den Gegensteuerungsgrundsatz angebracht, sondern dient auch einer Angleichung der Lebensverhältnisse. Die Chancen für eine Fortdauer der Partnerschaft werden erhöht und damit diejenigen einer gelungenen Wiedereingliederung im Sinne des Vollzugsziels. Hinzu kommt die Verpflichtung des Staates zum besonderen Schutz von Ehe und Familie gem. Art. 6 GG.[673] Allerdings hat der einzelne Inhaftierte keinen Rechtsanspruch auf die Gewährung eines Langzeitbesuchs, sondern nur auf eine rechtsfehlerfreie Ermessensentscheidung. Bei dieser ist es ermessensfehlerhaft, rein schematisch auf den Familienstand als einzig maßgebliches Kriterium abzustellen. Die Anstaltsleitung darf aber insoweit der grundgesetzlich vorgegebenen Wertentscheidung zum Schutz der Familie dadurch Rechnung tragen, dass verheirateten Gefangenen und solchen, die unverheiratet mit einer Lebensgefährtin ein Kind haben, ein besonderer Vorrang bei der Verteilung der Besuchsmöglichkeiten eingeräumt wird.[674] **521**

Eine Ermöglichung von Langzeitbesuchen trifft jedoch bei großen Teilen der Bevölkerung und auch bei Vollzugsbediensteten auf Unverständnis; die sexuelle Deprivation wird gerade als ein mit der Freiheitsstrafe zwangsläufig verbundenes und notwendiges Übel akzeptiert.[675] Allerdings kommt es auch in Deutschland in einigen Vollzugseinrichtung zur Durchführung von Langzeitbesuchen[676], mittels derer die Tragfähigkeit ehelicher – und sonstiger familiärer – Beziehungen gefördert werden soll. **522**

Schon Ende der sechziger Jahre des 20. Jahrhunderts wurde in einigen Bundesstaaten Nordamerikas die Möglichkeit der „conjugal visits" eingeführt. Die Besuche der Ehepartner fanden dabei für mehrere Stunden unüberwacht in separaten Besuchshäusern, teilweise aber auch in auf dem Anstaltsgelände abgestellten Wohnwagen

---

[672] Siehe Flanagan, 1980, S. 219; Laubenthal, 1987, S. 164 ff.; Richards, 1978, S. 167.
[673] AK-Joester/Wegner, 2006, § 24 Rdn. 25; Calliess/Müller-Dietz, 2008, § 27 Rdn. 8.
[674] OLG Frankfurt, NStZ-RR 2008, S. 261 f.
[675] Koepsel, 1989, S. 153.
[676] Dazu eingehend Rosenhayn, 2004, S. 122 ff.

statt.[677] Eine 1975 durchgeführte Untersuchung ergab eine hohe Korrelation zwischen dem Empfang ehelicher Besuche und der Stabilität der Ehen sowie der Bewährung nach der Entlassung. Inhaftierte, die regelmäßig Besuche ihrer Ehepartner bekamen, wurden weit weniger rückfällig als andere Gefangene; ihre Ehen blieben stabiler.[678]

Langzeitbesuche finden seit 1984 in der für den Langstrafenvollzug zuständigen Justizvollzugsanstalt Bruchsal (Baden-Württemberg) statt.[679] Dort wird in der Regel pro Monat ein Langzeitbesuch genehmigt; eine Anrechnung auf die Regelbesuchszeit erfolgt nicht. Langzeitbesuche gibt es z.B. auch in den Justizvollzugsanstalten Werl und Geldern (Nordrhein-Westfalen). In Geldern[680] können seit 1990 Strafgefangene ihre Familien, Ehepartner, Kinder oder Verlobten in eigens dafür ausgestatteten Räumlichkeiten empfangen. In die Besuchsräume gelangen die Angehörigen über einen separaten Zugang. Eine 1993 in Geldern durchgeführte Studie[681] über die Auswirkungen von Langzeitbesuchen machte eine positive Bewertung dieser Behandlungsmaßnahme durch Inhaftierte und Angehörige deutlich. Hervorgehoben wurde eine neue Beziehungsqualität infolge der Ermöglichung der elementaren Bedürfnisse nach Zuneigung und Zärtlichkeit. Die Betroffenen konstatierten auch eine bewusstere Wahrnehmung von Krisen und Beziehungsstörungen. Allerdings werden Langzeitbesuche in Deutschland nur in ca. 30 Justizvollzugsanstalten praktiziert.[682] Eine Verpflichtung für die Vollzugsbehörden zur Einrichtung von Räumlichkeiten für die Ausübung von Intimkontakten besteht nicht.[683]

Als problematisch erweist sich in der Praxis die Regelung des zu Langzeitbesuchen zuzulassenden Personenkreises. Da diese Kontaktform auf Art. 6 GG gestützt wird, blieb sie bislang überwiegend auf Familienangehörige beschränkt. Dies birgt aber die Gefahr, dass Eheschließungen erfolgen, nur um möglichst rasch Langzeitbesuche und damit Sexualkontakte gestattet zu bekommen.[684] Da jedoch eine generelle Beschränkung auf Ehepartner ermessensfehlerhaft wäre, können auch unverheiratete Gefangene Langzeitbesuche von Verlobten oder Lebenspartnern genehmigt erhalten.[685] Die Vollzugsbehörde darf allerdings die Zulassung einer außerehelichen Lebensgefährtin eines verheirateten Gefangenen zum Langzeitbesuch dann ermessensfehlerfrei ablehnen, wenn Anhaltspunkte dafür bestehen, dass die Ehe noch substantiellen Bestand hat und nicht nur auf dem Papier besteht.[686]

523 Wesentliche Voraussetzung für eine Zulassung von Langzeitbesuchen ist deren **menschenwürdige Gestaltung**.[687] Zum einen muss eine akustische und optische Besuchsüberwachung ausgeschlossen bleiben.[688] Zum anderen darf der Besuch

---

[677] Dazu Knoche, 1987, S. 130 ff.; Neibecker, 1984, S. 339.
[678] Burstein, 1977, S. 91.
[679] Siehe hierzu Preusker, 1989, S. 147 ff.; Stöckle-Niklas, 1989, S. 245 ff.
[680] Dazu Meyer H., 1991, S. 220 ff.
[681] Buchert/Metternich/Hauser, ZfStrVo 1995, S. 263.
[682] Preusker, 2008, S. 255.
[683] OLG Naumburg, NStZ 2008, S. 680.
[684] Preusker, 1989, S. 149; Stöckle-Niklas, 1989, S. 251; siehe auch Rosenhayn, 2004, S. 152 f.
[685] Kaiser/Schöch, 2002, S. 291.
[686] OLG Hamm, NStZ-RR 2000, S. 95.
[687] Rosenhayn, 2004, S. 167 ff.
[688] Schwind, in: Schwind/Böhm/Jehle/Laubenthal, 2009, § 27 Rdn. 7.

ferner nicht zu einer Entwürdigung des Partners führen. Es sind deshalb entsprechende Räumlichkeiten einzurichten, deren Zugang bereits für die Mitgefangenen uneinsehbar bleibt. Angesichts der bei der Ermöglichung von Sexualkontakten innerhalb der Strafanstalt erforderlichen hohen Sensibilität für die Betroffenen und die Situation sollte die Gestattung solcher Langzeitbesuche auf diejenigen Inhaftierten des geschlossenen Vollzugs beschränkt bleiben, denen kein Ausgang oder Hafturlaub gewährt werden kann.

5.4.4 Vollzugslockerungen

Die Vollzugsbehörde kann Lockerungen des Vollzugs – in Baden-Württemberg und in Hessen als vollzugsöffnende Maßnahmen bezeichnet – anordnen, wenn keine der gesetzlich benannten Ausschlussgründe vorliegen und wenn der Inhaftierte durch die Gewährung in der **Vollzugszielerreichung gefördert** wird. Vollzugslockerungen sind keine bloßen Vergünstigungen oder Belohnungen für ein aus der Sicht der Institution erwünschtes Wohlverhalten, sondern als **Behandlungsmaßnahmen** Bestandteil der Vollzugsgestaltung.[689] Sie dienen sowohl der Aufrechterhaltung und Schaffung sozialer Außenweltkontakte und Bindungen als auch einer realitätsnahen Durchführung von Behandlungsmaßnahmen außerhalb der Einrichtung mit dem Ziel einer Reduzierung schädlicher Auswirkungen des Anstaltsaufenthalts sowie einer besseren gesellschaftlichen Integration der Betroffenen. Vollzugslockerungen sind geeignet, eine vorzeitige Entlassung des Strafgefangenen vorzubereiten. Wenn der Verurteilte dazu neigt, Normbrüche zu begehen oder er zwar guten Willens ist, außerhalb der Anstalt sich bietenden Versuchungen zu deliktischem Handeln nicht nachzugeben, kann es geboten sein, vor der Erstellung einer Prognose zu probieren, ob der Betroffene seinen Neigungen zur Straftatbegehung widerstehen kann. Allerdings stellen Vollzugslockerungen nicht notwendigerweise Voraussetzungen für die Strafrestaussetzung zur Bewährung dar.[690]

524

5.4.4.1 Lockerungsarten
Die in § 11 Abs. 1 StVollzG, § 9 Abs. 2 Nr. 1 u. 2 JVollzGB III, Art. 13 Abs. 1 BayStVollzG, § 12 Abs. 1 Nr. 1 u. 3 HmbStVollzG, § 13 Abs. 3 Nr. 2 u. 3 HStVollzG, § 13 Abs. 1 NJVollzG angeführten Vollzugslockerungen bzw. vollzugsöffnenden Maßnahmen umfassen:
– Außenbeschäftigung,
– Freigang,
– Ausführung,
– Ausgang.

525

(Diese vier Lockerungsarten werden als Vollzugslockerungen im engeren Sinne in Kap. 5.4.4 behandelt. Der bundesgesetzlichen sowie der in Bayern vorgenommenen Unterteilung gemäß folgt der Hafturlaub dann in Kap. 5.4.5.)

---

[689] Ullenbruch, in: Schwind/Böhm/Jehle/Laubenthal, 2009, § 11 Rdn. 1.
[690] BVerfG, StrVert 2003, S. 677; KG, NStZ 2007, S. 706.

Unterschieden wird zwischen Lockerungen mit (Außenbeschäftigung, Ausführung) und ohne (Freigang, Ausgang) Aufsicht eines Vollzugsbediensteten. Die Aufzählungen in den Strafvollzugsgesetzen sind jedoch **nicht abschließend**, so dass auch andere zur Durchführung externer Behandlungsmaßnahmen erforderliche Lockerungsmöglichkeiten in Betracht kommen (z.B. Teilnahme an Wochenendseminaren und -lehrgängen, Ferienlager, Gruppenausgang, Begleitung durch ehrenamtliche Vollzugshelfer[691]). Gemeinsam ist allen Vollzugslockerungen im engeren Sinne, dass die Anstaltsleitung – im Gegensatz zum Hafturlaub – dem Gefangenen die Ausgestaltung der Lockerung nach Inhalt, Zielsetzung sowie Art und Weise der Durchführung vorgibt und diese nicht dem Betroffenen selbst überlassen bleibt.[692]

Vollzugslockerungen bedeuten **keine Unterbrechung der Strafvollstreckung**. Der Gefangene unterliegt weiterhin den besonderen, in der Freiheitsstrafe begründeten Begrenzungen, weshalb die Vollzugsbehörde eine unmittelbare Zugriffsmöglichkeit auf den Betroffenen haben muss. Es können daher prinzipiell keine Vollzugslockerungen für einen Aufenthalt außerhalb des Geltungsbereichs des Strafvollzugsgesetzes gewährt werden.[693] Im Hinblick auf den Schutz von Tätigkeiten im freien Beschäftigungsverhältnis durch die europäischen Grundfreiheiten erscheint es allerdings im Einzelfall denkbar, die Gestattung einer solchen Tätigkeit – die notwendigerweise das Verlassen der Anstalt voraussetzt[694] – auch auf das Ausland zu erweitern.[695]

(1) Außenbeschäftigung

526 Bei der Außenbeschäftigung (§ 11 Abs. 1 Nr. 1 1. Alt. StVollzG, § 9 Abs. 2 Nr. 1 1. Alt. JVollzGB III, Art. 13 Abs. 1 Nr. 1 1. Alt. BayStVollzG, § 12 Abs. 1 Nr. 3 1. Alt. HmbStVollzG, § 13 Abs. 3 Nr. 2 1. Alt. HStVollzG, § 13 Abs. 1 Nr. 1 1. Alt. NJVollzG) geht der Gefangene **unter Aufsicht** eines Vollzugsbediensteten einer **regelmäßigen Tätigkeit außerhalb der Anstalt** nach. In der Praxis handelt es sich dabei vor allem um Verrichtungen im Rahmen der Arbeitspflicht in Unternehmerbetrieben, wobei die Entlohnung im öffentlich-rechtlichen Verhältnis erfolgt. Darüber hinaus kommen als Beschäftigung (Aus-)Bildungsmaßnahmen, sportliche Betätigungen usw. in Betracht. Entscheidend für die Zuordnung ist die regelmäßige Teilnahme an einem fortlaufenden Programm, nicht von Bedeutung dagegen, ob die Tätigkeit in der Arbeits- oder der Freizeit stattfindet.[696]

(2) Freigang

527 Die in den Strafvollzugsgesetzen normierten externen Beschäftigungsarten (freies Beschäftigungsverhältnis, Selbstbeschäftigung außerhalb der Einrichtung) werden

---

[691] AK-Lesting, 2006, § 11 Rdn. 28.
[692] Calliess/Müller-Dietz, 2008, § 11 Rdn. 2.
[693] OLG Celle, NStZ-RR 2002, S. 157; Arloth, 2008, § 11 Rdn. 2; anders Szczekalla, 2002, S. 326.
[694] Dazu Kap. 5.3.1.3.
[695] Laubenthal, in: Schwind/Böhm/Jehle/Laubenthal, 2009, § 39 Rdn. 12.
[696] AK-Lesting, 2006, § 11 Rdn. 13.

zumeist mit dem Freigang gem. § 11 Abs. 1 Nr. 1 2. Alt. StVollzG, § 9 Abs. 2 Nr. 1 2. Alt. JVollzGB III, Art. 13 Abs. 1 Nr. 1 2. Alt. BayStVollzG, § 12 Abs. 1 Nr. 3 2. Alt. HmbStVollzG, § 13 Abs. 3 Nr. 2 2. Alt. HStVollzG, § 13 Abs. 1 Nr. 1 2. Alt. NJVollzG verbunden. Unter dieser Vollzugslockerung versteht man eine **regelmäßige Tätigkeit außerhalb der Anstalt ohne Beaufsichtigung**. Die für eine Außenbeschäftigung möglichen Betätigungen können allenfalls im Wege des Freigangs erfolgen.

Beachtet werden muss beim Freigang, dass einerseits zwischen der Gestattung der Beschäftigung und der Gewährung von Freigang genau zu differenzieren ist und die jeweiligen Voraussetzungen gesondert zu prüfen sind, andererseits beide Maßnahmen aber in einem sachlich und rechtlich unmittelbaren Zusammenhang stehen.[697] Denn es gibt im **geschlossenen Vollzug keinen abstrakten Freigängerstatus** oder eine generelle Freigängereignung an sich[698], die schon mit dem Freigängersein verbundene Vergünstigungen nach sich ziehen.[699] Die Zulassung als Freigänger kann – abgesehen vom fiktiven Freigängerstatus i.S.d. § 15 Abs. 4 StVollzG, Art. 14 Abs. 4 BayStVollzG, § 15 Abs. 3 HmbStVollzG[700] – grundsätzlich nicht von einem konkreten Beschäftigungsverhältnis abgekoppelt werden.[701] Sie beschränkt sich vielmehr auf die Erlaubnis, der genehmigten Tätigkeit außerhalb der Institution nachzugehen. Entfällt die Möglichkeit zur Ausübung dieser Beschäftigung aus vom Freigänger nicht zu vertretenden Gründen (z.B. durch Kündigung des Arbeitgebers, Schließung des Betriebes), dann erlischt damit auch die Gestattung des Freiganges.[702] Deren Widerruf ist dagegen bei vom Inhaftierten zu verantwortenden Umständen nach § 14 StVollzG, § 11 JVollzGB III, Art. 16 BayStVollzG, § 92 HmbStVollzG, § 14 HStVollzG, § 100 NJVollzG[703] zu beurteilen.

Eine Ausnahme von dieser engen Verknüpfung zwischen dem Bestehen eines Beschäftigungsverhältnisses und der Vollzugslockerung des Freigangs kommt nur in Betracht, wenn der Gefangene sich bereits im **offenen Vollzug** befindet. Denn die Voraussetzungen einer Unterbringung in einer offenen Einrichtung sowie die des Freigangs sind teilweise kongruent (insbesondere darf jeweils keine Flucht- oder Missbrauchsgefahr bestehen). Gründet im offenen Vollzug das Beschäftigungsende nicht auf einem Widerruf des Freigangs durch die Anstaltsleitung, sondern auf externen Ursachen, bleibt die Zulassung zum Freigang erhalten. Befindet sich ein im offenen Vollzug Untergebrachter auf der Suche nach einer externen Beschäftigung, muss insoweit auch eine gesonderte Zulassungsentscheidung zum Freigang als erste Stufe möglich sein, um dem Betroffenen die

528

---

[697] Dazu ausführlich Calliess/Müller-Dietz, 2008, § 11 Rdn. 9.
[698] Calliess/Müller-Dietz, 2008, § 11 Rdn. 9; Laubenthal, in: Schwind/Böhm/Jehle/Laubenthal, 2009, § 39 Rdn. 11.
[699] Anders jedoch OLG Hamm, NStZ 1990, S. 607; KG, NStZ 1993, S. 100; AK-Lesting, 2006, § 11 Rdn. 25; Arloth, 2008, § 11 Rdn. 8.
[700] Dazu unten Kap. 5.10.2.
[701] Begemann, 1991, S. 517 ff.
[702] OLG Koblenz, ZfStrVo 1978, S. 18; Calliess/Müller-Dietz, 2008, § 11 Rdn. 12; a.A. AK-Lesting, 2006, § 11 Rdn. 25.
[703] Dazu Kap. 5.4.6.

Arbeitssuche zu erleichtern. Dieser folgt dann auf der zweiten Stufe die Genehmigung zur Ausübung der gefundenen Beschäftigung.[704]

(3) Ausführung

529 Während Außenbeschäftigung und Freigang eine regelmäßige externe Beschäftigung ermöglichen sollen, geht es bei der Vollzugslockerung von § 11 Abs. 1 Nr. 2 1. Alt. StVollzG, § 9 Abs. 2 Nr. 2 1. Alt. JVollzGB III, Art. 13 Abs. 1 Nr. 2 1. Alt. BayStVollzG, § 12 Abs. 1 Nr. 1 1. Alt. HmbStVollzG, § 13 Abs. 3 Nr. 3 1. Alt. HStVollzG, § 13 Abs. 1 Nr. 2 1. Alt. NJVollzG um Tätigkeiten, für die der Inhaftierte **einzelfallbezogen** die Anstalt für eine bestimmte Tageszeit verlassen kann. Bei der Ausführung erfolgt dies **unter Aufsicht** eines Vollzugsbediensteten, der zur ständigen Überwachung des Gefangenen verpflichtet ist. Die Ausführung kann mit besonderen Sicherungsmaßnahmen (z.B. Fesselung)[705] verbunden sein. Die Genehmigung einer Ausführung darf nicht auf Fälle von besonderer Dringlichkeit beschränkt bleiben.[706] Schon die allgemeine psychische Verfassung eines Inhaftierten kann eine solche Vollzugslockerung als Behandlungsmaßnahme rechtfertigen.[707]

Die Ausführung kommt als eine eigenständige Behandlungsmaßnahme vor allem dann in Betracht, wenn bei einem Gefangenen die Voraussetzungen für die Gewährung weiter gehender Vollzugslockerungen noch nicht vorliegen.[708] Gerade bei Langstrafigen eignet sie sich zur Vorbereitung und bei Zweifeln über eine Missbrauchsgefahr zur Erprobung im Hinblick auf eine erwogene Urlaubsgewährung.[709] (In Niedersachsen soll gem. § 13 Abs. 3 S. 2 NJVollzG Hafturlaub erst dann gewährt werden, wenn sich der Verurteilte bereits im Ausgang oder im Freigang bewährt hat.) Eine – z.B. wegen des noch zu verbüßenden langen Strafrestes und anderer Umstände – zu versagende Urlaubsgewährung darf jedoch nicht zwangsläufig auch die Genehmigung einer Ausführung ausschließen.[710]

(4) Ausgang

530 Auch der Ausgang i.S.v. § 11 Abs. 1 Nr. 2 2. Alt. StVollzG, § 9 Abs. 2 Nr. 2 2. Alt. JVollzGB III, Art. 13 Abs. 1 Nr. 2 2. Alt. BayStVollzG, § 12 Abs. 1 Nr. 1 2. Alt. HmbStVollzG, § 13 Abs. 3 Nr. 3 2. Alt. HStVollzG, § 13 Abs. 1 Nr. 2 2. Alt. NJVollzG stellt eine eigenständige Behandlungsmaßnahme dar und dient nicht nur der Vorbereitung anderer Lockerungen. Ausgang ist das Verlassen der Anstalt **ohne Aufsicht** für eine **bestimmte Tageszeit**. Das Gesetz verlangt für dessen Gewährung nicht das Vorliegen eines besonderen Grundes.

Ein Ausgang kann auch in Begleitung einer zuverlässigen Person erfolgen. Dies geschieht in der Praxis vor allem bei längerstrafigen Gefangenen zur Vorbereitung

---

[704] KG, NStZ 1993, S. 100.
[705] Dazu Kap. 7.2.2.
[706] OLG Hamm, NStZ 1985, S. 189.
[707] OLG Frankfurt, NStZ 1984, S. 477.
[708] Calliess/Müller-Dietz, 2008, § 11 Rdn. 13.
[709] KG, ZfStrVo 1989, S. 374.
[710] OLG Frankfurt, NStZ 1989, S. 246.

weiter gehender Vollzugslockerungen. Der Ausgang in Begleitung ist in Baden-Württemberg (§ 9 Abs. 2 Nr. 2 3. Alt. JVollzGB III) und in Hessen (§ 13 Abs. 3 Nr. 3 3. Alt. HStVollzG) in das jeweilige Gesetz aufgenommen.

(5) Ausgang und Ausführung aus wichtigem Anlass

Neben den vorstehend behandelten Vollzugslockerungen im engeren Sinne kennen die Gesetze noch den Ausgang und die Ausführung aus wichtigem Anlass gem. § 35 StVollzG, § 10 Abs. 1 u. 3 JVollzGB III, Art. 37 Abs. 1 bis 3 BayStVollzG, § 13 HmbStVollzG, § 15 Abs. 1 u. 2 HStVollzG, § 14 Abs. 1 S. 1 NJVollzG. Hierbei handelt es sich vor allem um familiäre, berufliche oder andere Ereignisse, welche die private Sphäre des Inhaftierten oder seine gesellschaftliche Eingliederung berühren.[711] Die Gesetze nennen insoweit beispielhaft eine lebensgefährliche Erkrankung oder den Tod eines nahen Angehörigen. Wichtige Anlässe sind etwa auch die Teilnahme an einer Prüfung[712] oder die Eheschließung des Gefangenen.[713] Neben persönlichen Anlässen kommt zudem die Regelung geschäftlicher und rechtlicher Angelegenheiten in Betracht.[714] Liegen die für einen solchen Ausgang notwendigen gesetzlichen Voraussetzungen nicht vor, kann der Anstaltsleiter den Gefangenen auch ausführen lassen.

531

Steht eine Entweichungs- oder Missbrauchsgefahr nicht entgegen, kommt zur Wahrnehmung gerichtlicher Termine eine Lockerungsanordnung nach § 36 StVollzG, § 10 Abs. 5 JVollzGB III, Art. 38 Abs. 1 u. 2 BayStVollzG, § 14 Abs. 1 u. 2 HmbStVollzG, § 14 Abs. 3 S. 1 u. 2 NJVollzG in Betracht. In Hessen soll die Teilnahme des Gefangenen an einem gerichtlichen Termin einen wichtigen Anlass i.S.d. § 15 Abs. 1 HStVollzG darstellen.[715]

5.4.4.2 Voraussetzungen einer Gewährung

Eine Anordnung von Außenbeschäftigung, Freigang, Ausführung und Ausgang im engeren Sinne setzt voraus:
- auf der **Tatbestandsseite**
  - die Zustimmung des Inhaftierten[716],
  - keine mangelnde Eignung wegen Flucht- oder Missbrauchsgefahr,
- auf der **Rechtsfolgenseite**
  - eine fehlerfreie Ermessensentscheidung unter Abwägung der im Einzelfall für und gegen eine Lockerung sprechenden Umstände.

532

---

[711] Calliess/Müller-Dietz, 2008, § 35 Rdn. 1.
[712] OLG Karlsruhe, ZfStrVo 1988, S. 369.
[713] LG Bielefeld, NStZ 1992, S. 376.
[714] BT-Drs. 7/918, S. 62 (zu § 35 StVollzG).
[715] Hessischer Landtag, Drs. 18/1396, Begründung S. 87.
[716] Nicht erforderlich in Hamburg und in Hessen.

(1) Tatbestandsseite

533 Gemäß § 11 Abs. 2 1. Halbs. StVollzG, § 9 Abs. 1 JVollzGB III, Art. 13 Abs. 2 1. Halbs. BayStVollzG, § 13 Abs. 1 1. Halbs. NJVollzG dürfen – außer in Hamburg und in Hessen – Vollzugslockerungen nur mit **Zustimmung** des Gefangenen angeordnet werden. Man will hiermit dem Selbstbestimmungsrecht der Betroffenen Rechnung tragen.[717] Wird eine erteilte Zustimmung zurückgenommen, muss daher die Anordnung der Lockerung aufgehoben werden.

> Im Gegensatz zur Unterbringung im offenen Vollzug[718] ist bei den Vollzugslockerungen das Zustimmungserfordernis angebracht. Denn der Inhaftierte wird etwa bei einer Ausführung oder einer Außenbeschäftigung von Vollzugsbeamten begleitet und dadurch in der Gesellschaft ggf. als Gefangener erkennbar.

Als Tatbestandsvoraussetzung für die Lockerungsgewährung darf nicht zu befürchten sein, dass der Inhaftierte sich dem Vollzug der Freiheitsstrafe entziehen oder die Lockerung des Vollzugs zu Straftaten missbrauchen werde (§ 11 Abs. 2 2. Halbs. StVollzG, § 9 Abs. 1 JVollzGB III, Art. 13 Abs. 2 2. Halbs. BayStVollzG, § 12 Abs. 1 S. 2 HmbStVollzG, § 13 Abs. 2 S. 1 HStVollzG, § 13 Abs. 2 NJVollzG). Liegt eine solche **Flucht- oder Missbrauchsgefahr** vor, ist ein zwingender Versagungsgrund gegeben.[719]

534 Bei der Anwendung der Klausel hat die Vollzugsbehörde eine **Prognoseentscheidung** zu treffen.[720] Aus zurückliegenden und gegenwärtigen Beobachtungen des Verhaltens eines Inhaftierten soll die Anstaltsleitung die Frage einer Fluchtabsicht oder eines Rückfalls mit ausreichender Sicherheit beantworten. Dabei verlangen die Vollzugsgesetze jedoch keine Gewähr für eine positive Prognose; es darf nur eine Flucht- oder Missbrauchsgefahr „nicht zu befürchten" sein. Insoweit kann jedoch nicht jede noch so geringe Befürchtung eine Lockerungsverweigerung bedingen. Zum einen bedarf es konkreter Hinweise auf eine nicht unerhebliche Gefahr.[721] Zudem sind die Klauseln im Hinblick auf das Sozialisationsziel und die vollzugsgesetzlichen Gestaltungsprinzipien zu interpretieren. Denn die Gewährung von Vollzugslockerungen dient auch einer Vorbereitung des Gefangenen auf die Entlassung; das Bestehen der mit einer Rückkehr in die Freiheit verbundenen Belastungen und Schwierigkeiten wird schrittweise erprobt.[722]

535 Lassen die Gesetzgeber in Kenntnis der Tatsache, dass es bislang keine zuverlässigen Kriterien gibt, um aus vergangenen und aktuellen Beobachtungen menschlichen Verhaltens eine Missbrauchswahrscheinlichkeit mit Sicherheit zu beurteilen, dennoch Lockerungen zu, dann akzeptieren sie unter dem Aspekt einer besseren Sozialisation Inhaftierter ein **gewisses Risiko**.[723] Da die Vollzugslockerungen erst auf das Gelingen einer bedingten Entlassung hinarbeiten, darf deshalb

---

[717] Zur Problematik der Willensfreiheit in Unfreiheit siehe aber Amelung, 1983, S. 1 ff.
[718] Dazu Kap. 5.2.1.
[719] BGHSt. 30, S. 324.
[720] Zu den Prognosemethoden siehe Streng, 2002, S. 318.
[721] AK-Lesting, 2006, § 11 Rdn. 38, 44.
[722] Dazu Frisch, 1990, S. 748 ff.
[723] BVerfG, NStZ 1998, S. 430.

das einzugehende Risiko nicht höher sein als das für eine Strafrestaussetzung zur Bewährung nach § 57 Abs. 1 S. 1 Nr. 2 StGB.[724] Danach muss das Risiko unter Berücksichtigung des Sicherheitsinteresses der Allgemeinheit **verantwortbar** bleiben. Eine Heranziehung dieser in operationalisierbarer Weise formulierten Prognoseklausel im Rahmen der Entscheidung über die Gewährung von Vollzugslockerungen ermöglicht die Eingehung einer sozialadäquaten geringen Restgefahr im Hinblick auf Folgedelikte. Denn die in ihr enthaltene „gleitende Skala"[725] ermöglicht ein Abstellen auf Wahrscheinlichkeit und Umfang des Risikos weiterer Straftaten, welche in Art und Schwere dem Ausgangsdelikt entsprechen. Ebenso wie bei einer Strafrestaussetzung zur Bewährung muss deshalb bei der Gewährung von Vollzugslockerungen das **verantwortbare Risiko umgekehrt proportional zur Schwere möglicher Missbräuche** sein. Besteht insoweit eine konkretisierbare sozialinadäquate Gefahr, scheidet die Gewährung einer Vollzugslockerung bzw. vollzugsöffnenden Maßnahme aus. Für die Versagung ist es ausreichend, dass aufgrund tatsächlicher Anhaltspunkte ernstlich zu befürchten ist, der Gefangene werde die Lockerung zur Flucht nutzen oder zur Begehung einer Straftat missbrauchen.[726] Bleiben trotz Ausschöpfung aller Beobachtungs- und Untersuchungsmöglichkeiten konkrete Zweifel an einer hinreichend günstigen Prognose und lassen sich diese auch nicht durch die Ausgestaltung der Lockerung (z.B. kurze Dauer, Erteilung von Weisungen) beheben, gehen sie zu Lasten des Inhaftierten und führen zur Verneinung eines verantwortbaren Risikos. Zu beachten ist auch, dass sich der Begriff der Missbrauchsgefahr je nach der begehrten Lockerungsform unterschiedlich beurteilt.[727] So wird eine Besorgnis eher zu verneinen sein, wenn dem Inhaftierten lediglich eine Ausführung gewährt werden soll.

Auf **landesgesetzlicher** Ebene enthält in Bayern Art. 15 BayStVollzG besondere Vorgaben für die Gewährung von Vollzugslockerungen (die gleichermaßen eine Genehmigung von Hafturlaub sowie eine Verlegung in den offenen Vollzug betreffen). Danach ist bei Gefangenen, gegen die während des laufenden Freiheitsentzugs eine Strafe wegen einer schwerwiegenden Straftat gegen Leib oder Leben oder gegen die sexuelle Selbstbestimmung mit Ausnahme der §§ 180a und 181a StGB vollzogen wurde oder zu vollziehen ist, eine Lockerung des Vollzugs besonders gründlich zu prüfen. Bei der Entscheidung sind auch die Feststellungen im Urteil und die im Ermittlungs- oder Strafverfahren erstatteten Gutachten zu berücksichtigen. Für eine Gewährung von Vollzugslockerungen (ebenso wie für eine Unterbringung im offenen Vollzug sowie die Freistellung von der Haft) bestimmt für Hamburg § 11 Abs. 3 S. 1 HmbStVollzG: „Ist gegen Gefangene eine Freiheitsstrafe wegen einer Straftat nach den §§ 174 bis 180, 182 des Strafgesetzbuchs, wegen grober Gewalttätigkeit gegen Personen oder, sofern diese Straftaten als Rauschtat begangen wurden, wegen Vollrausches (§ 323a des Strafgesetzbuchs) zu vollziehen oder war dies während eines vorangegangenen Freiheitsentzuges der Fall, ist vor ihrer Verlegung in den offenen Vollzug eine schriftliche Stellungnahme einer psychologischen Fachkraft, die nicht mit den Gefangenen therapeutisch befasst ist oder war, oder ein psychiatrisches

---

[724] Kaiser/Schöch, 2002, S. 270; siehe auch Dünkel F., 1993, S. 665.
[725] Kunert, 1982, S. 93.
[726] KG, StrVert 2010, S. 644.
[727] OLG Karlsruhe, StrVert 2009, S. 595.

Gutachten einzuholen." § 11 Abs. 3 HmbStVollzG gilt nach § 12 Abs. 1 S. 3 HmbStVollzG entsprechend für die Gewährung von Vollzugslockerungen. In Hessen sind neben der Prüfung der Flucht- und Missbrauchsgefahr bei der Entscheidungsfindung über die Gewährung vollzugsöffnender Maßnahmen auch der Schutz der Allgemeinheit sowie die Opferbelange in angemessener Weise zu berücksichtigen, § 13 Abs. 2 S. 2 HStVollzG. In Niedersachsen bestimmt § 13 Abs. 3 S. 1 NJVollzG: Ausgang und Freigang sollen erst angeordnet werden, wenn hinreichende Erkenntnisse über die Gefangenen vorliegen, aufgrund derer verlässlich beurteilt werden kann, ob die Voraussetzungen des Absatzes 2 im Einzelfall gegeben sind; dabei sind die Vollzugsdauer und die Länge des davon bereits verbüßten Teils zu berücksichtigen.

536 **Konkretisierungen** zur Beurteilung der Flucht- und Missbrauchsgefahr durch die Anstaltsleitung enthalten für den Geltungsbereich des Bundes-Strafvollzugsgesetzes die VV zu § 11 StVollzG:

Nach VV Nr. 6 zu § 11 StVollzG sind Außenbeschäftigung, Freigang und Ausgang **ausgeschlossen** bei Gefangenen,
– die wegen in §§ 74a und 120 GVG genannter Straftaten in erster Instanz von einer Strafkammer oder vom Oberlandesgericht verurteilt wurden,
– gegen die Untersuchungs-, Auslieferungs- oder Abschiebungshaft angeordnet ist,
– gegen die eine vollziehbare Ausweisungsverfügung besteht und die aus der Haft abgeschoben werden sollen,
– gegen die eine freiheitsentziehende Maßregel der Besserung und Sicherung oder eine sonstige Unterbringung gerichtlich angeordnet und noch nicht vollzogen ist.

Ungeeignet wegen einer zu vermutenden Flucht- oder Missbrauchsgefahr sind nach VV Nr. 7 Abs. 2 zu § 11 StVollzG in der Regel Gefangene,
– die erheblich suchtgefährdet sind,
– die während des laufenden Freiheitsentzugs entwichen sind, eine Flucht versucht, einen Ausbruch unternommen oder sich an einer Gefangenenmeuterei beteiligt haben,
– die aus dem letzten Urlaub oder Ausgang nicht freiwillig zurückgekehrt sind oder bei denen zureichende tatsächliche Anhaltspunkte dafür gegeben sind, dass sie während des letzten Urlaubs oder Ausgangs eine strafbare Handlung begangen haben,
– gegen die ein Ausweisungs-, Auslieferungs-, Ermittlungs- oder Strafverfahren anhängig ist,
– bei denen zu befürchten ist, dass sie einen negativen Einfluss ausüben, insbesondere die Erreichung des Vollzugszieles bei anderen Gefangenen gefährden würden.

Eine **besondere Prüfungspflicht** sieht VV Nr. 7 Abs. 4 zu § 11 StVollzG vor: „Bei Gefangenen, gegen die während des laufenden Freiheitsentzugs eine Strafe wegen grober Gewalttätigkeiten gegen Personen, wegen einer Straftat gegen die sexuelle Selbstbestimmung oder wegen Handels mit Stoffen im Sinne des Gesetzes über den Verkehr mit Betäubungsmitteln vollzogen wurde oder zu vollziehen ist oder die im Vollzug in den begründeten Verdacht des Handels mit diesen Stoffen oder des Einbringens solcher Stoffe gekommen sind, bedarf die Frage, ob eine Lockerung des Vollzuges zu verantworten ist, besonders gründlicher Prüfung. Dies gilt auch für Gefangene, über die Erkenntnisse vorliegen, dass sie der organisierten Kriminalität zuzurechnen sind."

Die **Verwaltungsvorschriften** zu § 11 StVollzG erfassen als **tatbestandsin-** 537
terpretierende Auslegungsrichtlinien[728] typische Fallkonstellationen[729] mit einer
erhöhten Flucht- oder Missbrauchsgefahr. Zwar lassen VV Nr. 6 Abs. 2 und Nr. 7
Abs. 3 zu § 11 StVollzG trotz Vorliegens von Ausschlussgründen oder Kriterien
der Nichteignung Ausnahmen zu. Die Anstaltsleitung muss ihre Beurteilung einer
Flucht- oder Missbrauchsgefahr jedoch immer anhand einer **Einzelfallprüfung**
vornehmen.[730] Die Verwaltungsvorschriften stellen insoweit nur Anfangsvermu-
tungen als Entscheidungshilfen dar.[731] Eine schematische Anwendung und Versagung von Lockerungen bei Vorliegen eines in den VV bezeichneten Falles umgeht
das in § 11 Abs. 2 StVollzG normierte Regel-Ausnahme-Verhältnis.[732] Denn die in
den VV zu § 11 StVollzG enthaltenen Regelungen sollen die Ausnahmen darstellen; sie dürfen nicht zu im Gesetz nicht vorgesehenen Versagungsgründen umge-
wandelt werden.[733] So kann etwa ein anhängiges Ausweisungsverfahren die Versagung von Vollzugslockerungen wegen Flucht- oder Missbrauchsgefahr nicht
pauschal rechtfertigen.[734] Die Strafhaft darf insoweit nicht in rechtswidriger Weise
in Abschiebungshaft umfunktioniert werden.[735]

Negative Eignungskriterien im Hinblick auf das Vorliegen einer Flucht- oder Miss-
brauchsgefahr normiert in Hessen § 13 Abs. 5 HStVollzG, die den VV zu § 11
StVollzG partiell entsprechen. Damit sind in Anlehnung an die VV zu § 11 bzw. § 10
StVollzG auf der gesetzlichen Ebene Bestimmungen vorhanden, die es der Vollzugs-
praxis erschweren, flexibel auf veränderte Fallgruppen bzw. auf jeweils aktuelle
Entwicklungen zu reagieren.

Die Flucht- und Missbrauchsklauseln sind im Hinblick auf die Zielvorgabe der 538
sozialen Reintegration und die Vollzugsgrundsätze **individualisierend** anzuwenden. Maßstab für die Entscheidung über das Vorliegen einer Flucht- oder Missbrauchsgefahr bleibt dabei nicht die Frage, ob überhaupt in der Person des Inhaftierten die Gefahr der Flucht bzw. der erneuten Begehung von Straftaten besteht.
Es kommt vielmehr darauf an, ob zu befürchten ist, der Verurteilte werde gerade
die beantragte Vollzugslockerung zu Straftaten oder zur Flucht missbrauchen.[736]

Einer individualisierenden Prüfung bedarf es auch bei einer Entscheidung über
die Gewährung von Ausgang und Freigang bei zu **lebenslanger Freiheitsstrafe**
Verurteilten. Der Bundesgesetzgeber hat – im Gegensatz zum Hafturlaub nach
§ 13 StVollzG – die Anordnung von Lockerungen nach § 11 StVollzG von keinerlei Fristen abhängig gemacht. Gleiches gilt für Baden-Württemberg und Bayern,

---

[728] Siehe Frellesen, 1977, S. 2050 ff.; Treptow, 1978, S. 2229 f.
[729] Kaiser/Schöch, 2002, S. 256.
[730] OLG Celle, NStZ 2000, S. 615; OLG Frankfurt, StrVert 2002, S. 34 f.; OLG Frankfurt, NStZ-RR 2004, S. 94.
[731] AK-Lesting, 2006, § 11 Rdn. 40.
[732] Calliess/Müller-Dietz, 2008, § 11 Rdn. 19.
[733] OLG Celle, NStZ 1992, S. 374.
[734] BVerfG, StrVert 2003, S. 677.
[735] OLG Koblenz, NStZ-RR 2008, S. 190.
[736] OLG Karlsruhe, StrVert 2004, S. 557 f.

wo die Zulassung zu den Vollzugslockerungen nach Art. 13 BayStVollzG bzw. zu den vollzugsöffnenden Maßnahmen von § 9 Abs. 2 Nr. 1 u. 2 JVollzGB III anders als die Gestattung von Hafturlaub für Lebenszeitgefangene (Art. 14 Abs. 3 BayStVollzG) bzw. die Freistellung aus der Haft (§ 9 Abs. 3 S. 2 JVollzGB III) keine Mindestwartezeiten enthält. VV Nr. 5 Abs. 1 S. 3 zu § 11 StVollzG, wonach Ausgang und Freigang in der Regel nur unter den Voraussetzungen des § 13 Abs. 3 StVollzG (Mindestvollzugsaufenthalt von zehn Jahren oder bereits im offenen Vollzug) zulässig sein soll, stellt eine zu weitgehende Begrenzung des Beurteilungsermessens dar.[737] Auch beim Lebenszeitgefangenen bleiben Lockerungen im Geltungsbereich des Bundes-Strafvollzugsgesetzes sowie in Baden-Württemberg und Bayern vom Fehlen einer Flucht- und Missbrauchsgefahr abhängig und nicht vom Erreichen einer zeitlichen Grenze.[738] Keine Mindestwartezeiten für die Gewährung von Lockerungen (auch nicht in Bezug auf die Freistellung von der Haft) enthält § 12 HmbStVollzG.

> Gesetzlich normierte Wartezeiten für Langstrafige auch bei der Zulassung zu Vollzugslockerungen im engeren Sinne finden sich dagegen in Hessen und Niedersachsen. Gemäß § 13 Abs. 6 HStVollzG sollen – mit Ausnahme der Ausführung – vollzugsöffnende Maßnahmen regelmäßig bei Lebenszeitgefangenen nicht gewährt werden, wenn weniger als zehn Jahre verbüßt sind. Für zu lebenslanger Freiheitsstrafe Verurteilte legt § 13 Abs. 4 NJVollzG bezüglich Ausgang und Freigang eine Regelsperrfrist von acht Jahren fest.

539 Als einer von mehreren Umständen kann die **Schuldschwere** auf die Beurteilung der Flucht- oder Missbrauchsgefahr mittelbar Einfluss nehmen (Reflexwirkung).[739] Diese ist in die Entscheidung über die Höhe der vom Gefangenen zu verbüßenden Freiheitsstrafe eingeflossen. Liegt danach der Entlassungszeitpunkt noch in weiter Ferne, mag die Versuchung größer sein, sich der Haft durch Flucht zu entziehen. Dies hat die Vollzugsbehörde bei ihrer Entscheidung über eine Gewährung von Vollzugslockerungen zu bedenken.[740]

540 Bei der Flucht- bzw. der Missbrauchsgefahr handelt es sich um **unbestimmte Rechtsbegriffe**, deren Anwendung durch die Vollzugsbehörde vollstreckungsgerichtlich nachprüfbar ist.[741] Ob im Einzelfall derartige Befürchtungen begründet sind, können die Vollzugsmitarbeiter aufgrund ihrer täglichen Wahrnehmungen am besten beurteilen. Sie stehen in einem engeren Kontakt zu dem Inhaftierten und bilden sich aufgrund des persönlichen Umganges und ihres spezifischen Fachwissens einen sachnäheren Eindruck. Die Einschätzung einer Flucht- bzw. Missbrauchsgefahr bezieht sich auf einen in der Zukunft liegenden Vorgang; sie enthält dabei ein Wahrscheinlichkeitsurteil, das auf einem Bündel objektiver und subjektiver Umstände beruht. Aufgrund dieser – kaum widerlegbaren – persönli-

---

[737] Calliess/Müller-Dietz, 2008, § 11 Rdn. 20.
[738] OLG Frankfurt, StrVert 1993, S. 599.
[739] Dazu in Kap. 3.3.2.4.
[740] Mitsch Chr., 1990, S. 77.
[741] BGHSt. 30, S. 324; siehe dazu auch Treptow, 1978, S. 2227 ff.; Kamann, 1994, S. 474 ff.

chen Wertungen steht der Anstaltsleitung eine Entscheidungsprärogative und ein **Beurteilungsspielraum**[742] zu.[743]

Geht ein Gefangener gegen die Entscheidung des Anstaltsleiters über eine Nichtgewährung von Vollzugslockerungen auf dem Rechtsweg nach §§ 109 ff. StVollzG vor, so verfügt die Strafvollstreckungskammer nicht über die gleichen Erkenntnismöglichkeiten zur Frage der Flucht- oder Missbrauchsgefahr wie die Vollzugsbehörde. Das Gericht darf deshalb grundsätzlich die Prognoseentscheidung der Anstaltsleitung nicht durch eine eigene ersetzen.[744] Zu seinen Aufgaben gehört es deshalb auch nicht, Tatsachen selbständig zu ermitteln, welche z.B. die angefochtene Entscheidung selbst rechtfertigen könnten und die bislang von der Vollzugsbehörde noch nicht berücksichtigt wurden. Nach einer grundlegenden Entscheidung des Bundesgerichtshofs[745] darf das **Gericht** im Rahmen der Frage einer Flucht- oder Missbrauchsgefahr **prüfen**:

– ob die Anstaltsleitung bei ihrer Entscheidung von einem zutreffend und vollständig ermittelten Sachverhalt ausgegangen ist,
– ob sie ihrer Entscheidung den richtigen Begriff des Versagungsgrundes zugrunde gelegt hat,
– ob sie dabei die Grenzen des ihr zustehenden Beurteilungsspielraums eingehalten hat.

541

Bei der Flucht- und Missbrauchsklausel kann sich im Einzelfall – gerade bei Langstrafigen – eine Einschränkung des Beurteilungsspielraums zudem aus dem Gesichtspunkt des (Re-)Sozialisierungsinteresses des Strafgefangenen und des Verhältnismäßigkeitsprinzips sowie aus dem Schutzbereich des durch Art. 2 Abs. 2 S. 2 und Art. 104 GG garantierten Freiheitsrechts ergeben.[746]

542

Denn zum einen sind die Vollzugsanstalten bei diesen Gefangenen im Blick auf Art. 2 Abs. 1 i.V.m. Art. 1 Abs. 1 GG verpflichtet, im Rahmen eines auf Resozialisierung ausgerichteten Behandlungsvollzugs schädlichen Auswirkungen soweit als möglich zu begegnen, welche die Lebenstüchtigkeit des Verurteilten in Frage stellen und ausschließen, dass der Gefangene sich nach einer Haftentlassung im normalen Leben wieder zurechtfindet.[747] Zum anderen können Lockerungsgewährungen gerade erst dazu beitragen, im Hinblick auf eine vorzeitige Entlassung die Grundlage für die dann erforderliche prognostische Bewertung[748] gem. §§ 57 bzw. 57a StGB zu erweitern und die Voraussetzungen für eine Strafrestaussetzung erst schaffen.[749] Wegen der besonderen Relevanz der Vollzugslockerungen für die spätere Prognosebasis darf deshalb eine Lockerungsgewährung nicht auf der

---

[742] BGHSt. 30, S. 325; BVerfG, NStZ-RR 1998, S. 121; BVerfG, NStZ 1998, S. 373.
[743] Dazu Kap. 8.2.2.2 (2).
[744] OLG Hamm, NStZ 1991, S. 303.
[745] BGHSt. 30, S. 320 ff.
[746] BVerfG, NStZ 1998, S. 373; BVerfG, NStZ 1998, S. 430; BVerfG, NJW 1998, S. 1133; BVerfG, NStZ-RR 1998, S. 121; OLG Karlsruhe, StrVert 2004, S. 557; krit. Heghmanns, 1999, S. 663 ff.
[747] BVerfG, NJW 1998, S. 1113.
[748] Dazu Kap. 5.10.1.1.
[749] BVerfG, NJW 1998, S. 2202 f.

Grundlage pauschaler Wertungen oder mit dem Hinweis auf eine abstrakte Flucht- oder Missbrauchsgefahr versagt werden.[750] Der Beurteilungsspielraum entbindet vor allem nicht von einer rechtsstaatlich fundierten Prüfung.[751]

543 Muss die Vollzugsbehörde den Sachverhalt vollständig ermittelt haben, sind als Gesichtspunkte im Rahmen einer **Gesamtabwägung** zumindest zu berücksichtigen: die Gefangenenpersönlichkeit und deren Entwicklung bis zur Tat, Tatmotiv und Begehungsweise, Entwicklung und Verhalten des Gefangenen im Strafvollzug; die Bedingungen, unter denen die Vollzugslockerung erfolgt – wobei sich das genaue Ausmaß der Erörterung dieser Kriterien an den Erfordernissen des Einzelfalles orientiert.[752] So reicht allein der Umstand anhaltender Tatleugnung zur Begründung von Missbrauchsgefahr nicht aus.[753] Auch bleibt z.B. eine Ablehnungsentscheidung unzureichend, wenn die angegebene Prognose einer Missbrauchs- und Fluchtgefahr ohne ein nachvollziehbares Bild von der Persönlichkeit des Antragstellers zustande gekommen ist.[754] Die bestimmenden rechtlichen Erwägungen und die zugrunde liegenden Tatsachen müssen aus der Begründung der Entscheidung einer Vollzugsbehörde ersichtlich sein.[755]

> *Beispiel:* Ein nichtdeutscher Strafgefangener beantragt die Gewährung einer Vollzugslockerung. Dies lehnt die Anstaltsleitung wegen Fluchtgefahr ab. Die Vollzugsbehörde stützt diesen Versagungsgrund ausschließlich darauf, dass die zuständige Vollstreckungsbehörde ebenso wie die Ausländerbehörde, welche die Abschiebung des Antragstellers beabsichtige, Bedenken gegen Lockerungen geäußert hätten.
>
> Zum einen fehlt es in diesem Fall bereits an einer Konkretisierung der von anderen Behörden vorgebrachten Bedenken. Der Versagungsgrund einer Fluchtgefahr kann zudem weder allein auf das Vorliegen einer rechtskräftigen Ausweisungsverfügung noch auf das Androhen einer Abschiebung gestützt werden. Denn es gibt keinen allgemeinen Erfahrungssatz, dass bei Ausländern generell Fluchtgefahr bestehe, wenn gegen sie eine Ausweisungsverfügung vorliegt.[756] Umstände wie starke familiäre Bindungen oder ein bisheriges Vollzugsverhalten können insoweit eine Fluchtgefahr ausschließen oder mindern.[757] Dies muss erst recht gelten, wenn bei der Ausländerbehörde nicht mehr als eine bloße Absicht einer Anordnung aufenthaltsbeendender Maßnahmen vorhanden ist.[758]
>
> Dagegen hält das OLG Nürnberg[759] die Gefahr einer Flucht durch Untertauchen auf deutschem Gebiet bei einem Ausländer mit enger familiärer Bindung zu seiner in

---

[750] BVerfG, NStZ 1998, S. 374; siehe auch BVerfGE 109, S. 166.
[751] Dazu auch OLG Nürnberg, StrVert 2000, S. 574.
[752] OLG Frankfurt, ZfStrVo 1984, S. 122; OLG Frankfurt, NStZ-RR 2000, S. 251; OLG Frankfurt, NStZ-RR 2004, S. 94; OLG Celle, NStZ 1990, S. 378; OLG Celle, StrVert 2000, S. 573; OLG Nürnberg, NStZ 1998, S. 215; Calliess/Müller-Dietz, 2008, § 11 Rdn. 18.
[753] OLG Frankfurt, NStZ-RR 2000, S. 251; OLG Stuttgart, NStZ-RR 2001, S. 285; OLG Frankfurt, NStZ-RR 2004, S. 94; OLG Celle, Nds.Rpfl 2009, S. 15.
[754] OLG Celle, NStZ 1992, S. 374.
[755] OLG Celle, StrVert 1999, S. 554.
[756] OLG Frankfurt, NStZ-RR 2000, S. 351.
[757] OLG Frankfurt, NStZ 1992, S. 374.
[758] OLG Frankfurt, ZfStrVo 1991, S. 372 f.
[759] OLG Nürnberg, NStZ 1994, S. 376.

Deutschland lebenden Familie für nahe liegend, wenn ihm nach der Strafverbüßung die Ausweisung bevorsteht und in seiner Heimat Nachteile drohen.

Der Anstaltsleitung ist hinsichtlich der Flucht- oder Missbrauchsgefahr ein nur eingeschränkt gerichtlich überprüfbarer Beurteilungsspielraum eingeräumt, weil innerhalb dessen mehrere Entscheidungen möglich sind. Angesichts der Nähe der Vollzugsbehörde zu der Gefangenenpersönlichkeit darf das Gericht selbst seine Prognose nicht an die Stelle derjenigen der Vollzugsbehörde setzen. Das Vollstreckungsgericht kann aber dann ausnahmsweise anstelle der Anstaltsleitung eine Lockerungsentscheidung treffen, wenn nur noch ein einziges Ergebnis denkbar bleibt, d.h. der Beurteilungsspielraum auf null reduziert[760] ist. **544**

(2) Rechtsfolgenseite

Liegen auf der Tatbestandsseite der jeweiligen vollzugsgesetzlichen Bestimmung die normativen Voraussetzungen vor, hat der Gefangene jedoch keinen Anspruch auf Gewährung einer Vollzugslockerung bzw. einer vollzugsöffnenden Maßnahme, sondern ein **Recht auf fehlerfreie Ermessensentscheidung**. Der Vollzugsbehörde steht ein Ermessensspielraum zu, die Ermessensausübung kann durch in der Person des Betroffenen liegende Kriterien (z.B. sein Verhalten im Vollzug) oder durch außerhalb seiner Person liegende Bedingungen (z.B. es stehen nicht genügend Vollzugsbedienstete zur Aufsicht bei Ausführungen zur Verfügung) bestimmt werden.[761] Abzuwägen sind die für und gegen eine Lockerung sprechenden Umstände. So muss sich diese auch in die den einzelnen Gefangenen betreffende Vollzugsplanung einfügen. **545**

Nicht unmittelbar einfließen dürfen in die Ermessensentscheidung allerdings Aspekte der allgemeinen Strafzwecke des Schuldausgleichs, der Sühne und der Verteidigung der Rechtsordnung.[762]

5.4.5 Hafturlaub, Freistellung aus der Haft

Während bei den Vollzugslockerungen bzw. den vollzugsöffnenden Maßnahmen im engeren Sinne (Außenbeschäftigung, Freigang, Ausführung, Ausgang) die Anstaltsleitung dem Gefangenen die Ausgestaltung nach Inhalt, Zielsetzung sowie Art und Weise der Durchführung vorgibt, befindet sich der Gefangene während des Hafturlaubs – in Baden-Württemberg und Hessen als Freistellung aus der Haft, in Hamburg als Freistellung von der Haft bezeichnet – gänzlich frei und unbeaufsichtigt außerhalb der Institution. Der Hafturlaub bzw. die Freistellung aus/von der Haft ist eine vollzugliche **Behandlungsmaßnahme**[763], die Strafvollstreckung wird dadurch nicht unterbrochen (§ 13 Abs. 5 StVollzG, § 9 Abs. 4 JVollzGB III, Art. 14 Abs. 5 BayStVollzG, § 12 Abs. 3 HmbStVollzG, § 13 **546**

---

[760] Dazu OLG Frankfurt, NStZ-RR 1998, S. 91.
[761] Calliess/Müller-Dietz, 2008, § 11 Rdn. 14.
[762] Dazu oben Kap. 3.3.
[763] Fiedler, 1996, S. 329; Ullenbruch, in: Schwind/Böhm/Jehle/Laubenthal, 2009, § 13 Rdn. 1.

Abs. 7 HStVollzG, § 13 Abs. 6 NJVollzG). Deshalb muss jederzeit ein hoheitlicher Zugriff auf den Verurteilten möglich sein, so dass ein Urlaub außerhalb des Geltungsbereichs des Strafvollzugsgesetzes nicht statthaft bleibt.[764]

Die Strafvollzugsgesetze kennen neben dem Regelurlaub bzw. der Freistellung aus der Haft ohne besonderen Anlass gem. § 13 StVollzG, § 9 Abs. 2 Nr. 3 JVollzGB III, Art. 14 BayStVollzG, § 12 Abs. 1 Nr. 2 HmbStVollzG, § 13 Abs. 3 Nr. 4 HStVollzG, § 13 Abs. 1 Nr. 3 NJVollzG noch den Sonderurlaub bzw. die Freistellung aus der Haft zur Entlassungsvorbereitung (§ 15 Abs. 3 u. 4 StVollzG, §§ 88, 89 Abs. 3 JVollzGB III, Art. 14 Abs. 4, 17 Abs. 3 BayStVollzG, § 15 Abs. 2 Nr. 1 HmbStVollzG, § 16 Abs. 3 HStVollzG, § 17 Abs. 3 u. 4 NJVollzG) und den Urlaub oder die Freistellung aus wichtigem Anlass (§ 35 Abs. 1 StVollzG, § 10 Abs. 1 JVollzGB III, Art. 37 Abs. 1 BayStVollzG, § 13 Abs. 1 HmbStVollzG, § 15 Abs. 1 HStVollzG, § 14 Abs. 1 NJVollzG).

547 Voraussetzungen einer Gewährung von **Regelurlaub** gem. § 13 StVollzG, Art. 14 BayStVollzG, § 13 Abs. 1 Nr. 3 NJVollzG sowie von Freistellung aus der Haft nach § 9 Abs. 2 Nr. 3 JVollzGB III, § 12 Abs. 1 Nr. 2 HmbStVollzG, § 13 Abs. 3 Nr. 4 HStVollzG sind:
– auf der **Tatbestandsseite**
  • die Zustimmung des Inhaftierten[765],
  • keine mangelnde Eignung wegen Flucht- oder Missbrauchsgefahr,
  • ggf. die Einhaltung bestimmter Wartezeiten,
– auf der **Rechtsfolgenseite**
  • eine fehlerfreie Ermessensentscheidung.

5.4.5.1 Tatbestandsseite

548 Nach §§ 13 Abs. 1 S. 2, 11 Abs. 2 1. Halbs. StVollzG; § 9 Abs. 1 S. 1 JVollzGB III; Art. 14 Abs. 1 S. 2, 13 Abs. 2 1. Halbs. BayStVollzG; § 13 Abs. 1 1. Halbs. NJVollzG muss der Gefangene einer Beurlaubung bzw. einer Freistellung aus der Haft **zustimmen**. Es soll wie bei der Anordnung von Lockerungen im engeren Sinne dem Selbstbestimmungsrecht des Einzelnen Rechnung getragen werden. Kein Zustimmungserfordernis enthalten § 12 HmbStVollzG und § 13 HStVollzG.

549 Gemäß §§ 13 Abs. 1 S. 2, 11 Abs. 2 2. Halbs. StVollzG; § 9 Abs. 1 2. Halbs. JVollzGB III; Art. 14 Abs. 1 S. 2, 13 Abs. 2 2. Halbs. BayStVollzG; § 12 Abs. 1 S. 2 HmbStVollzG; § 13 Abs. 2 S. 1 HStVollzG; § 13 Abs. 2 NJVollzG darf keine **Flucht- oder Missbrauchsgefahr** als zwingender Versagungsgrund gegeben sein. Hinsichtlich der Auslegung dieser unbestimmten Rechtsbegriffe und des Umfangs einer vollstreckungsgerichtlichen Überprüfung gilt das zu den Vollzugslockerungen bzw. vollzugsöffnenden Maßnahmen im engeren Sinne Dargestellte.[766] Im Geltungsbereich des Bundes-Strafvollzugsgesetzes bestehen auch zu § 13 StVollzG Verwaltungsvorschriften, wobei VV Nr. 3 und 4 zu § 13 weitgehend den VV Nr. 6 und 7 zu § 11 StVollzG entsprechen.

---

[764] OLG Frankfurt, NStZ 1995, S. 208.
[765] Nicht erforderlich in Hamburg und in Hessen.
[766] Oben Kap. 5.4.4.2.

Da in Hessen die Freistellung aus der Haft den vollzugsöffnenden Maßnahmen gem. § 13 HStVollzG zugeordnet ist, gelten dort die an die VV zum Bundes-Strafvollzugsgesetz angelehnten negativen Eignungskriterien von § 13 Abs. 4 u. 5 HStVollzG auch für die Freistellung aus der Haft.

In Niedersachsen macht § 13 Abs. 3 S. 2 NJVollzG zu einer Bedingung für die Urlaubsgewährung, dass sich der Betroffene zuvor im Ausgang oder Freigang bewährt hat.

Wie bei den den Geltungsbereich des Bundes-Strafvollzugsgesetzes betreffenden VV zu § 11 StVollzG dürfen die VV zu § 13 StVollzG nicht zu einer schematischen Anwendung führen und eine Einzelfallprüfung ersetzen.[767] Dies gilt auch für die umstrittene VV Nr. 4 Abs. 2 a) zu § 13 StVollzG. Danach sind ungeeignet für eine Urlaubsgewährung in der Regel Gefangene, „die sich im geschlossenen Vollzug befinden und gegen die bis zum voraussichtlichen Entlassungszeitpunkt noch mehr als achtzehn Monate Freiheitsstrafe zu vollziehen sind." Dem liegt die Annahme zugrunde, dass mit der Höhe einer Reststrafe auch der Anreiz zur Flucht zwangsläufig steige. Problematisch ist die VV insbesondere deshalb, weil schon der Regierungsentwurf eines Strafvollzugsgesetzes mit § 13 Abs. 2 S. 2 RE 1973[768] eine dieser VV entsprechende Reststrafenregelung enthielt und diese dann im Verlauf des Gesetzgebungsverfahrens ausdrücklich fallen gelassen wurde, weil man die Annahme eines zwingenden Zusammenhangs von Dauer der Reststrafe und Fluchtgefahr als widerlegt betrachtete.[769] Die VV Nr. 4 Abs. 2 a) zu § 13 StVollzG steht daher im Gegensatz zum eindeutigen Willen des Bundesgesetzgebers und wird deshalb zu Recht vor allem in der Literatur als rechtswidrig abgelehnt.[770] Allein aus der Länge eines Strafrestes lässt sich nicht folgern, dass ein Inhaftierter sich dem Vollzug entziehen oder den Urlaub zu Straftaten missbrauchen wird und er deshalb als ungeeignet erscheint.[771] Empirische Studien haben auch nach Inkrafttreten des Bundes-Strafvollzugsgesetzes keinen Beleg für eine solche Regelvermutung finden können.[772] Die VV sollte somit als eine bloße Erinnerungshilfe für die Vollzugsbehörde gewertet werden[773], bei einer zu verbüßenden Reststrafe von mehr als 18 Monaten die Frage einer Eignung für den Hafturlaub besonders gründlich und einzelfallbezogen zu prüfen.

Umso mehr zu kritisieren ist die für Hessen in § 13 Abs. 6 HStVollzG getroffene gesetzliche Normierung, dass – mit Ausnahme der Ausführung – vollzugsöffnende Maßnahmen regelmäßig bei zeitiger Freiheitsstrafe nicht gewährt werden, wenn bis zum voraussichtlichen Entlassungszeitpunkt noch mehr als 24 Monate zu vollziehen sind.

---

[767] Calliess/Müller-Dietz, 2008, § 13 Rdn. 8.
[768] BT-Drs. 7/918, S. 11.
[769] Siehe dazu Calliess/Müller-Dietz, 2008, § 13 Rdn. 11.
[770] AK-Lesting, 2006, § 13 Rdn. 19; Calliess/Müller-Dietz, 2008, §13 Rdn. 11; Frellesen, 1977, S. 2050; krit. auch Kaiser/Schöch, 2002, S. 277.
[771] Ullenbruch, in: Schwind/Böhm/Jehle/Laubenthal, 2009, § 13 Rdn. 20.
[772] Vgl. Dünkel F., 1993, S. 662; Meyer P., 1982, S. 160.
[773] Kaiser/Schöch, 2002, S. 277.

550 Bei den zu einer zeitigen Freiheitsstrafe verurteilten Gefangenen soll Hafturlaub im Geltungsbereich des Bundes-Strafvollzugsgesetzes sowie in Baden-Württemberg und in Bayern regelmäßig erst nach einer **Wartezeit von sechs Monaten** gewährt werden (§ 13 Abs. 2 StVollzG, § 9 Abs. 3 S. 1 JVollzGB III, Art. 14 Abs. 2 BayStVollzG). Intention ist es, die Vollzugsbehörde bei Kurzstrafigen vor zu großem Verwaltungsaufwand bei der Prüfung der Flucht- und Missbrauchsgefahr zu bewahren sowie ihr ein von externen Sozialkontakten unbeeinflusstes Kennenlernen des Inhaftierten zu ermöglichen.[774] Für im offenen Vollzug Untergebrachte ergeben § 13 Abs. 2 StVollzG, § 9 Abs. 3 S. 1 JVollzGB III, Art. 14 Abs. 2 BayStVollzG von der gesetzgeberischen Absicht her keinen Sinn. Ein legislatorisches Vorhaben einer Begrenzung von § 13 Abs. 2 StVollzG auf den geschlossenen Vollzug[775] ist jedoch gescheitert. Aber auch eine generelle Streichung wird gelegentlich gefordert.[776] Denn ein nicht geringer Anteil der Strafgefangenen verbüßt eine Freiheitsstrafe bis zu einem Jahr Dauer und kommt daher im Hinblick auf eine Halbstrafen- bzw. Zwei-Drittel-Entlassung zur Bewährung gem. § 57 StGB kaum für eine Urlaubsgewährung in Betracht. § 13 Abs. 2 StVollzG in Verbindung mit einer nicht einzelfallgerechten Anwendung der Reststrafenklausel der VV Nr. 4 Abs. 2 a) zu § 13 StVollzG (Ungeeignetheit von Gefangenen im geschlossenen Vollzug mit einer Reststrafe von noch mehr als 18 Monaten) kann zudem bewirken, dass Gefangene mit einer zu verbüßenden Freiheitsstrafe bis zu zwei Jahren nicht beurlaubt werden.[777]

Im Gegensatz zu Baden-Württemberg und Bayern wurde die Regelung von § 13 Abs. 2 StVollzG in Hamburg, Hessen und in Niedersachsen nicht übernommen.

551 Einem zu **lebenslanger Freiheitsstrafe** Verurteilten wird nach § 13 Abs. 3 StVollzG, § 9 Abs. 3 S. 2 JVollzGB III, Art. 14 Abs. 3 BayStVollzG, § 13 Abs. 4 NJVollzG erst Urlaub bzw. Freistellung aus der Haft gewährt, wenn er sich einschließlich vorangegangener Untersuchungshaft oder einer anderen Freiheitsentziehung zehn Jahre (in Bayern zwölf Jahre) im Vollzug befunden hat oder wenn er schon in den offenen Vollzug überwiesen ist bzw. sich für diesen eignet.[778] Nach § 13 Abs. 6 HStVollzG sollen – mit Ausnahme der Ausführung – die vollzugsöffnenden Maßnahmen in der Regel nicht gewährt werden, wenn erst weniger als zehn Jahre einer lebenslangen Freiheitsstrafe verbüßt sind. Die Wartefrist bei Lebenszeitinhaftierten dient keineswegs einer Berücksichtigung der besonderen Schuldschwere etwa bei wegen Mordes nach § 211 StGB Verurteilten.[779] Vielmehr bezweckt diese Regelung eine Konkretisierung der vollzuglichen Sicherungsaufgabe: Es soll eine in der Schwere der Straftat zum Ausdruck gekommene Gefährlichkeit unter den Kriterien der Flucht- und Missbrauchsgefahr berücksichtigt

---

[774] BT-Drs. 7/918, S. 53 (zu § 13 Abs. 2 StVollzG).
[775] Siehe BT-Drs. 11/3694, S. 3.
[776] Dünkel F., 1990, S. 106.
[777] Siehe auch Dünkel F., 1993, S. 662.
[778] Zu § 13 Abs. 3 StVollzG: KG, StrVert 2002, S. 36.
[779] A.A. Kaiser/Schöch, 2002, S. 280.

werden, wobei die Frist den Vollzugsbehörden ermöglicht, sich von ungeeigneten Anträgen zu entlasten.[780]

In Hamburg enthält § 12 HmbStVollzG keine spezifische Bestimmung für die Gewährung von Freistellung von der Haft bei zu lebenslanger Freiheitsstrafe Verurteilten.

5.4.5.2 Rechtsfolgenseite

Liegen die Voraussetzungen für eine Urlaubsgewährung/Freistellung aus der Haft auf der jeweiligen Tatbestandsseite vor, geben § 13 Abs. 1 StVollzG, § 9 JVollzGB III, Art. 14 Abs. 1 BayStVollzG, § 12 Abs. 1 HmbStVollzG, § 13 Abs. 2 i.V.m. Abs. 3 Nr. 4 HStVollzG, § 13 Abs. 1 NJVollzG dem Gefangenen keinen Anspruch auf Urlaub, sondern ein **Recht auf fehlerfreie Ermessensentscheidung**. Die Anstaltsleitung wägt objektive und subjektive, für und gegen eine Urlaubsgewährung im Einzelfall sprechende Umstände ab. Auch die allgemeinen Strafzwecke des Schuldausgleichs, der Sühne und der Verteidigung der Rechtsordnung dürfen bei der Ermessensentscheidung keine Rolle spielen. **552**

Nach § 13 Abs. 1 S. 1 StVollzG, § 9 Abs. 2 Nr. 3 JVollzGB III, Art. 14 Abs. 1 S. 1 BayStVollzG, § 13 Abs. 3 Nr. 4 HStVollzG, § 13 Abs. 1 Nr. 3 NJVollzG beträgt die **Urlaubsdauer** bis zu einundzwanzig Kalendertagen im Jahr, gem. § 12 Abs. 1 Nr. 2 HmbStVollzG bis zu 24 Kalendertagen. Die Obergrenze gilt unabhängig von der (offenen oder geschlossenen) Vollzugsform. Sie gibt der Vollzugsbehörde einen Spielraum, den Urlaub den individuellen Behandlungserfordernissen anzupassen.[781] Als ein Jahr i.S.d. Vorschriften gilt nicht das Kalenderjahr, sondern das jeweilige Vollstreckungsjahr[782] (in § 9 Abs. 2 Nr. 3 JVollzGB III, Art. 14 Abs. 1 S. 1 BayStVollzG, § 12 Abs. 1 Nr. 2 HmbStVollzG, § 13 Abs. 3 Nr. 4 HStVollzG, § 13 Abs. 1 Nr. 3 NJVollzG als solches unmittelbar im Gesetz bezeichnet). Der Urlaub ist nicht in das nächste Vollstreckungsjahr übertragbar (VV Nr. 2 Abs. 2 zu § 13).[783] Dies bleibt aber ausnahmsweise dann zulässig, wenn der Gefangene seinen Hafturlaub rechtzeitig beantragt hat und dieser versagt wurde. Dann kann er in einem gerichtlichen Verfahren gegen den ablehnenden Bescheid des Anstaltsleiters den Urlaub auch noch nach Ablauf des Jahres weiter beanspruchen.[784] **553**

Bei der **Urlaubsbemessung** wird dieser nach vollen Tagen (und nicht nach Bruchteilen) berechnet. Dabei sind Urlaubstage alle Kalendertage, auf die sich der Urlaub erstreckt. In der Vollzugspraxis wird Hafturlaub zumeist als Wochenendurlaub gewährt. Der Urlaubsbeginn fällt dann schon aus organisatorischen Gründen faktisch jedoch nicht mit dem Beginn eines Tages (0.00 Uhr) zusammen und er endet nicht am Ende eines Tages (24.00 Uhr). Vielmehr dürfen die Gefangenen regelmäßig die Anstalt erst um 8.00 Uhr verlassen und müssen am Urlaubsende **554**

---

[780] BT-Drs. 7/918, S. 53 (zu § 13 Abs. 3 StVollzG).
[781] Ullenbruch, in: Schwind/Böhm/Jehle/Laubenthal, 2009, § 13 Rdn. 6 ff.
[782] OLG Hamburg, ZfStrVo 2001, S. 314.
[783] Krit. dazu AK-Lesting, 2006, § 13 Rdn. 38; Calliess, 1992, S. 165.
[784] KG, NStZ 1990, S. 378.

spätestens zum Zeitpunkt des Nachteinschlusses (20.00 Uhr) zurückgekehrt sein. Zählte der Tag des Urlaubsantritts schon als ein Urlaubstag, müsste der Inhaftierte bei der üblichen Stückelung des Urlaubs somit einen nicht unerheblichen Teil innerhalb der Institution verbringen. Die jeweilige gesetzliche Obergrenze von 21 Kalendertagen (21 x 24 Stunden) bzw. in Hamburg von 24 Kalendertagen könnte nicht erreicht werden. Es ist daher der Tag des Urlaubsantritts nach § 187 BGB nicht mitzuzählen.

Beispiel: Ein Strafgefangener erhielt innerhalb eines Vollstreckungsjahres an zehn Wochenenden Urlaub aus der Haft nach § 13 StVollzG. Er wurde jeweils am Samstagvormittag um 8.00 Uhr entlassen und musste bis Sonntagabend um 20.00 Uhr in die Anstalt zurückkehren. Im selben Vollstreckungsjahr beantragte er die Gewährung eines weiteren (elften) Wochenendurlaubs. Der Anstaltsleiter lehnte dies mit der Begründung ab, die in § 13 Abs. 1 S. 1 StVollzG festgelegte Höchstdauer des Urlaubs von 21 Kalendertagen werde andernfalls überschritten.

Der BGH[785] hat in einem entsprechenden Fall entschieden, dass § 13 Abs. 1 S. 1 StVollzG keine Addition von Teilen eines Kalendertages zulässt. Die Bezeichnung eines Zeitabschnitts als Tag im Gesetz bedingt auch eine Berechnung nur nach vollen Tagen. Auslegungsvorschriften für Fristberechnungen enthalten §§ 186 ff. BGB, die nach Art. 2 EGBGB auf allen Rechtsgebieten gelten, soweit keine Sonderregelungen bestehen. Da im Strafvollzugsgesetz insoweit keine speziellen Vorschriften enthalten sind, kommt § 187 BGB zur Anwendung. Nach dessen Abs. 1 wird für alle Fälle, in denen für den Anfang einer Frist ein in den Lauf eines Tages fallender Zeitpunkt maßgeblich ist, dieser Tag nicht mitgerechnet. Da der faktische Urlaubsantritt aus organisatorischen Gründen nicht um 0.00 Uhr, sondern erst später am Tag stattfindet, wird er deshalb gem. § 187 Abs. 1 BGB nicht als ein Urlaubstag gezählt.

Der Inhaftierte hat somit erst zehn Kalendertage Hafturlaub erhalten. Es können ihm vom Anstaltsleiter noch weitere elf Tage gewährt werden.

5.4.6 Weisungserteilung, Widerruf und Rücknahme

555 Nach § 14 Abs. 1 StVollzG, § 11 Abs. 1 JVollzGB III, Art. 16 Abs. 1 BayStVollzG, § 12 Abs. 4 HmbStVollzG, § 14 Abs. 1 HStVollzG, § 15 Abs. 1 NJVollzG kann der Anstaltsleiter dem Gefangenen für Vollzugslockerungen bzw. vollzugsöffnende Maßnahmen sowie Hafturlaub/Freistellung aus der Haft **Weisungen** erteilen. Hierbei handelt es sich um Verhaltensanordnungen zur Reduzierung möglicher Gefahrenquellen für eine Flucht oder den Lockerungsmissbrauch. Weisungen beziehen sich vor allem auf Aufenthalt, Tätigkeiten, Meldepflichten, Beschränkung des persönlichen Kontaktes oder des Besitzes von Gegenständen, Alkohol- und Gaststättenverbot.

556 Die Gewährung von Möglichkeiten zum Verlassen der Anstalt sind begünstigende Verwaltungsakte, auf deren Bestand der Betroffene vertrauen darf. Ein **Widerruf** kann daher aus den in § 14 Abs. 2 S. 1 StVollzG, § 11 Abs. 2 S. 1 JVollzGB III, Art. 16 Abs. 2 S. 1 BayStVollzG, § 14 Abs. 3 HStVollzG, § 15 Abs. 2 NJVollzG normierten Gründen erfolgen:

---

[785] BGH, NStZ 1988, S. 148 f.; siehe auch OLG Stuttgart, ZfStrVo 1989, S. 116.

- wenn der Anstaltsleiter aufgrund nachträglich eingetretener Umstände berechtigt wäre, die Maßnahme zu versagen (z.B. Fehlen von zureichendem Aufsichtspersonal für eine Ausführung);
- wenn der Gefangene die erteilte Maßnahme missbraucht (z.B. Rückkehr in die Anstalt in alkoholisiertem Zustand, Begehung einer Straftat während der Lockerung);
- wenn der Inhaftierte ihm erteilte Weisungen nicht befolgt, wobei der Verhältnismäßigkeitsgrundsatz zu beachten ist und die Tatsachen hinreichend substantiiert und belegt sein müssen.[786]

Eine **Rücknahme** der Bewilligung mit Wirkung für die Zukunft kommt nach § 14 Abs. 2 S. 2 StVollzG, § 11 Abs. 2 S. 2 JVollzGB III, Art. 16 Abs. 2 S. 2 BayStVollzG, § 14 Abs. 2 HStVollzG, § 15 Abs. 3 NJVollzG in Betracht für Fälle, in denen die Voraussetzungen der Gewährung nicht vorgelegen haben und erst nachträglich bekannt wird, dass der Verwaltungsakt rechtswidrig war. Hinsichtlich der Rechtswidrigkeit ist auf den Zeitpunkt des Erlasses abzustellen.[787] Zu berücksichtigen ist bei der Ermessensentscheidung des Anstaltsleiters über eine Rücknahme vor allem der Aspekt des schutzwürdigen Vertrauens des Inhaftierten auf das Fortbestehen der Bewilligung. Denn hat sich die Vollzugsbehörde im Rahmen des ihr zustehenden Ermessens in vertretbarer Weise für eine Lockerung entschieden, kann sie diese nicht ohne Weiteres rückgängig machen. Eine Ausnahme hiervon kommt etwa in Betracht, wenn eine offensichtliche Fehlentscheidung vorliegt, weil Sicherheitsbelange der Allgemeinheit nicht berücksichtigt wurden.[788] Allerdings kann ein Inhaftierter nicht von vornherein darauf vertrauen, dass sämtliche einmal gewährten Lockerungen und die zur Lockerungsgewährung bestehenden Regelungen dauerhaft unabänderlich sind. Neue Umstände im Sinne der Bestimmungen über die Rücknahme begünstigender Maßnahmen können auch solche sein, die außerhalb der Einflussmöglichkeiten des Gefangenen liegen.[789] **557**

§ 14 Abs. 2 StVollzG, § 11 Abs. 2 JVollzGB III, Art. 16 Abs. 2 BayStVollzG, § 14 Abs. 2 u. 3 HStVollzG, § 15 Abs. 2 u. 3 NJVollzG schränken – den verwaltungsrechtlichen Regelungen über die Aufhebung begünstigender Verwaltungsakte nach §§ 48 und 49 VwVfG ähnlich – die Grundsätze der Rechtssicherheit und des Vertrauensschutzes ein.[790] **558**

In Hamburg sind im HmbStVollzG keine den einschlägigen Regelungen der anderen Strafvollzugsgesetze vergleichbaren gesonderten Bestimmungen über Widerruf bzw. Rücknahme von Lockerungs- und Haftfreistellungsbewilligungen normiert. Insoweit ist dort die allgemeine Vorschrift über Widerruf und Rücknahme vollzuglicher Maßnahmen gem. § 92 Abs. 2 u. 3 HmbStVollzG heranzuziehen. § 92 Abs. 2 Nr. 4 HmbStVollzG enthält dabei allerdings eine besondere Bestimmung über den Lockerungswiderruf wegen der Nichtbefolgung von Weisungen nach § 12 Abs. 4 HmbStVollzG.

---

[786] OLG Frankfurt, ZfStrVo 1984, S. 168.
[787] OLG Frankfurt, NStZ-RR 2000, S. 253.
[788] OLG Hamm, NStZ 1990, S. 378.
[789] OLG Celle, Nds.Rpfl 2007, S. 58.
[790] AK-Lesting, 2006, § 14 Rdn. 11.

559 Der Bundesgesetzgeber hat die vollzuglichen Widerrufs- und Rücknahmegründe in § 14 Abs. 2 StVollzG auf die Maßnahmen der Vollzugslockerungen und des Hafturlaubs beschränkt. Die Rechtsprechung wendete bislang die Vorschrift des § 14 Abs. 2 StVollzG jedoch entsprechend auch auf die Aufhebung anderer, den Gefangenen begünstigender Maßnahmen an (z.B.: Reduzierung des Bezugs von Zeitungen und Zeitschriften auf einen angemessenen Umfang i.S.d. § 68 Abs. 1 StVollzG[791]; Widerruf der Genehmigung zum Besitz eines Fernsehgerätes[792]; Rückverlegung in den geschlossenen Vollzug[793]; Vorverlegung des durch eine Hausordnung geregelten Abendeinschlusses[794]; bei allen in einen Vollzugsplan aufgenommenen und für den Inhaftierten günstigen Maßnahmen[795]).[796] Für eine **analoge Anwendung** der Norm müsste jedoch eine planwidrige Gesetzeslücke gegeben sein. Von einer solchen kann aber nicht ausgegangen werden.[797] Denn die Legislative hat sich auf Bundesebene in einem „Entwurf eines Gesetzes zur Änderung des Strafvollzugsgesetzes" von 1988[798] bereits mit der Frage einer Erweiterung des § 14 Abs. 2 auf „Urlaub und andere begünstigende Maßnahmen" befasst und eine solche Regelung nicht verabschiedet.

5.4.7 Missbrauch von Lockerungen und Urlaub

560 Amtliche Statistiken und empirische Erhebungen zeigen eine geringe Flucht- und Missbrauchsquote bei Vollzugslockerungen und Hafturlaub.

In Bayern wurden für das Jahr 2009 folgende Versagerquoten bei Vollzugslockerungen und bei Hafturlaub ermittelt:

Tabelle 5.1. Versagerquoten bei Vollzugslockerungen und Hafturlaub in Bayern 2009

Maßnahme	Anzahl der Bewilligungen	Anzahl der nicht oder nicht freiwillig Zurückgekehrten	Versagerquote in Prozent
Ausgang	15 344	5	0,03
Freigang	2 051	7	0,34
Hafturlaub	19 990	27	0,14

Quelle: Bayer. Staatsministerium der Justiz, 2010, S. 28 f.

---

[791] OLG Hamm, NStZ 1987, S. 248.
[792] OLG Hamm, NStZ 1986, S. 143.
[793] OLG Hamm, ZfStrVo 1987, S. 371; KG, NStZ 1993, S. 102; dazu auch Kap. 5.2.1.
[794] KG, NStZ 1997, S. 382.
[795] OLG Celle, ZfStrVo 1989, S. 116.
[796] Zustimmend: AK-Lesting, 2006, § 14 Rdn. 7; Kaiser/Schöch, 2002, S. 282; krit. dagegen Calliess/Müller-Dietz, 2008, § 14 Rdn. 2; Ullenbruch, in: Schwind/Böhm/Jehle/Laubenthal, 2009, § 14 Rdn. 23.
[797] A.A. dagegen Perwein, ZfStrVo 1996, S. 17.
[798] BT-Drs. 11/3694, S. 3, 9.

Bei Quoten des Missbrauchs von Lockerungen und Hafturlaub zur Begehung neuer Straftaten ist zu beachten, dass diese nur die ins Hellfeld gelangten Delikte betreffen und damit nicht die tatsächlichen Misserfolgsraten darstellen. Bedenklich erscheint aber, dass eine nicht geringe Anzahl von Strafgefangenen ohne jegliche Gewährung einer Lockerung oder eines Hafturlaubs aus dem Vollzug in die Gesellschaft entlassen wird. Denn der Verzicht auf die Gewährung von Vollzugslockerungen und Hafturlaub reduziert nicht nur die Chancen einer gelungenen Vollzugszielerreichung, weil es dann dem Einzelnen an praktischen Möglichkeiten einer Einübung von Bewährung in Freiheit fehlt. Eine restriktive Handhabung dürfte zudem vielfach nur einen kriminalitätsverzögernden Effekt[799] haben.

561

Kaum empirisch nachprüfbar bleibt, ob die Vollzugsbehörden bei ihren Entscheidungen über die Gewährung von Lockerungen bzw. vollzugsöffnenden Maßnahmen und Hafturlaub/Freistellung aus der Haft das mit § 11 Abs. 2 StVollzG, § 9 Abs. 1 JVollzGB III, Art. 13 Abs. 2 BayStVollzG, § 12 Abs. 1 S. 2 HmbStVollzG, § 13 Abs. 2 S. 1 HStVollzG, § 13 Abs. 2 NJVollzG akzeptierte verantwortbare Risiko eingehen. Denn sog. False Negatives (als ungefährlich eingestufte Gefangene begehen während der Lockerung Straftaten oder entziehen sich dem Vollzug durch Flucht) können die Anstaltsleitungen unter Umständen in die Gefahr öffentlicher Kritik und in besonderen Fällen sogar von disziplinar- und strafrechtlichen Ermittlungen bringen. Auf der anderen Seite sind sog. False Positives (zu Unrecht als gefährlich eingestufte Inhaftierte) unter den Bedingungen der Institution nicht in der Lage, zu beweisen, dass sie im Fall einer Bewilligung von Lockerungen bzw. Urlaub diese nicht zu deliktischen Handlungen oder zur Flucht missbraucht hätten. Eine verantwortbare Handhabung der Vollzugslockerungen als ein normaler Bestandteil der Gestaltung des Behandlungsvollzugs[800] muss deshalb nicht notwendigerweise zu einem Ansteigen der Missbrauchsquoten führen.

562

5.4.8 Haftung bei Missbrauch von Vollzugslockerungen

Begeht ein Inhaftierter während des ihm von der Anstaltsleitung gewährten Hafturlaubs bzw. der Freistellung aus der Haft oder im Rahmen eines Freigangs bzw. Ausgangs eine Straftat oder nutzt er diese zur Flucht, stellt sich die Frage einer strafrechtlichen Beurteilung[801] der vollzugsbehördlichen Entscheidung. Daneben können auf zivilrechtlicher Ebene Schadensersatzansprüche des Opfers bzw. dessen Angehöriger wegen Amtspflichtverletzung in Betracht kommen.

563

---

[799] Frisch, 1996, S. 27; Streng, 2002, S. 113; siehe auch Dünkel F., 1996a, S. 43; ders., 2009, S. 192 ff.
[800] Dünkel F., 1993, S. 666.
[801] Dazu Feller, 1991, S. 51 ff.; Laubenthal, 2007a, S. 665 ff.; den Maßregelvollzug betreffend: Grünebaum, 1990, S. 241 ff.; ders., 1996.

5.4.8.1 Strafrechtliche Verantwortlichkeit

564 Bei einem Lockerungsversagen ist an eine Strafbarkeit wegen **Gefangenenbefreiung im Amt** nach § 120 Abs. 2 StGB zu denken. Denn der Leiter einer Justizvollzugsanstalt ist Amtsträger i.S.d. § 11 Abs. 1 Nr. 2a StGB und verpflichtet, den Haftbruch von Strafgefangenen zu verhüten (§ 120 Abs. 2 StGB). Eine Gefangenenbefreiung nach § 120 Abs. 1 1. Alt. StGB scheidet aus, weil die Durchführung von Vollzugslockerungen und Hafturlaub zu keiner Unterbrechung des Gefangenenstatus führt. Es handelt sich um Behandlungsmaßnahmen zur Erreichung des Vollzugszieles; der Zustand der Inhaftierung dauert daher auch während Ausgang, Freigang und Urlaub fort.[802] Entschließt sich ein Gefangener dabei, nicht mehr in die Anstalt zurückzukehren, kommt es zum Haftbruch, zur Selbstbefreiung.

§ 120 Abs. 1 3. Alt. StGB erhebt eine Beihilfe zu einer straflosen Selbstbefreiung zum Tatbestand. Durch seine Entscheidung kann der Anstaltsleiter den Haftbruch gefördert haben. Es stellt sich deshalb die Problematik, inwieweit selbst ein im Hinblick auf die vollzugsgesetzlichen Lockerungsbestimmungen formell oder materiell richtiges Vorgehen seine Strafbarkeit nach § 120 Abs. 1 3. Alt. StGB bei Missbrauch der Maßnahme beeinflusst. Hierzu werden drei Auffassungen vertreten:[803]

– Nur eine ordnungswidrige Lockerungsentscheidung kann den Tatbestand verwirklichen. Hat ein Anstaltsleiter die wesentlichen Förmlichkeiten (z.B. örtliche und sachliche Zuständigkeit) beachtet, scheitert seine strafrechtliche Haftung nach § 120 StGB bereits auf der Ebene des objektiven Unrechtstatbestands.[804]
– Subjektives Tatbestandsmerkmal des § 120 Abs. 1 StGB ist ein Befreiungswille des Täters. Liegt der Entscheidung über eine Gewährung von Lockerungen oder Urlaub dagegen ein Behandlungswille zugrunde, beabsichtigt der Anstaltsleiter gerade nicht ein Fördern der Selbstbefreiung des Inhaftierten.[805]
– Die Lockerungsentscheidung soll erst auf der Rechtswidrigkeitsebene zum Tragen kommen.[806] Die Anordnung, die der Gefangene missbraucht, erfüllt den Tatbestand des § 120 Abs. 1 3. Alt. StGB. Sie ist aber gerechtfertigt, wenn die Entscheidung materiell den Vorschriften der Strafvollzugsgesetze genügt, d.h. im Rahmen des durch die Lockerungsregelungen eröffneten Beurteilungsspielraums bleibt.

565 Der Anstaltsleiter trägt die Verantwortung für den Vollzug in seiner Institution. Er ist daher als Amtsträger zur Mitwirkung bei der Vollstreckung verhängter Freiheitsstrafen berufen und kann sich nach § 258a StGB wegen **Strafvereitelung im Amt** strafbar machen. Anknüpfungspunkt für eine Bewertung seines Handelns als eine Vollstreckungsvereitelung ist die Entscheidung über die Gewährung von

---

[802] Fischer, 2011, § 120 Rdn. 4; Rössner, 1984a, S. 1067 f.; Schaffstein, 1987, S. 795; a.A. jedoch Kusch, 1985, S. 386 f.
[803] Dazu ausführlich Rössner, 1984a, S. 1068 ff.
[804] Eser, in: Schönke/Schröder, 2010, § 120 Rdn. 7.
[805] Rössner, 1984a, S. 1070.
[806] Lackner/Kühl, 2011, § 120 Rdn. 9.

Lockerungen bzw. vollzugsöffnenden Maßnahmen sowie Hafturlaub/Freistellung aus der Haft. Da während der Maßnahme die Inhaftierung fortbesteht, kann die bloße – rechtmäßige – Gestattung den Tatbestand des § 258a StGB nicht erfüllen.[807] Dies gilt auch dann, wenn die Lockerung fehlschlägt.[808] Notwendige Voraussetzung für eine Tatbestandsverwirklichung ist deshalb eine rechtswidrige Entscheidung des Anstaltsleiters. Eine solche liegt dann vor, wenn er den vollzugsgesetzlich eröffneten Beurteilungs- bzw. Ermessensspielraum überschritten hat.

Eine Strafbarkeit des Anstaltsleiters wegen **Rechtsbeugung** nach § 336 StGB scheidet selbst in den Fällen einer rechtswidrigen Entscheidung aus. Denn hierbei handelt es sich um keine Rechtssache im Sinne dieser Norm. **566**

Gemäß § 336 StGB müsste der Anstaltsleiter wie ein Richter zu entscheiden haben[809], d.h. es wäre in einem rechtlich vollständig geregelten Verfahren nach Rechtsgrundsätzen zu entscheiden. Bei einer Gewährung von Freigang, Ausgang oder Urlaub bzw. Freistellung aus der Haft fehlt es hieran jedoch. Zudem handelt der Leiter nicht in einer sachlich derart unabhängigen Stellung, die es rechtfertigen würde, seine Tätigkeit mit der eines ausschließlich dem Gesetz unterworfenen Richters zu vergleichen. Zwar hat der Anstaltsleiter ebenfalls Recht anzuwenden. Allein schon die Tatsache, dass z.B. gem. VV Nr. 5 zu § 11 und VV Nr. 7 zu § 13 StVollzG bei einem zu lebenslanger Freiheitsstrafe Verurteilten die Lockerungs- und Urlaubsgewährung der Zustimmung der Aufsichtsbehörde bedarf, zeigt aber, dass von einer richterähnlichen Entscheidungsfreiheit nicht gesprochen werden kann.

Begeht der Verurteilte während der Lockerung ein vorsätzliches Körperverletzungs- oder Tötungsdelikt, ist eine Beteiligung des Anstaltsleiters im Sinne einer **Fahrlässigkeitstat** zu prüfen. Denn die Entscheidung war dann für die Körperverletzung oder Tötung kausal; der Gefangene hätte ohne die Lockerung seine Tat nicht begehen können. Ein Fahrlässigkeitsvorwurf setzt aber voraus, dass im konkreten Fall die Sorgfalt missachtet wurde, die von einem gewissenhaften Anstaltsleiter bei seiner Entscheidung erwartet wird, und die Straftat vorhersehbar war. **567**

Zwar bergen Lockerungsentscheidungen – z.B. bei Gewalttätern – die Gefahr eines Fehlschlagens in sich. Mit einer gewissen (zwar sehr niedrigen) statistischen Wahrscheinlichkeit bleibt ein Missbrauch durch Begehung einer Rückfalltat für die Vollzugsbehörde auch vorhersehbar. Ein Körperverletzungs- oder Todeserfolg kann dem Anstaltsleiter jedoch nur dann zugerechnet werden, wenn er nicht mehr im Rahmen des erlaubten Risikos entschieden hat.[810] Da in jeder Lockerungsgewährung ein (geringes) Missbrauchsrisiko liegt, bedarf es zur Bejahung des Zurechnungszusammenhangs eines Überschreitens jener akzeptierbaren Risiken, die noch zum Bereich des sozialadäquaten Handelns gehören.

---

[807] Stree/Hecker, in: Schönke/Schröder, 2010, § 258a Rdn. 13; a.A. LK-Ruß, 1994, § 258a Rdn. 5; siehe auch Peglau, 2003, S. 3256 ff.
[808] Fischer, 2011, § 258a Rdn. 5; a.A. Kusch, 1985, S. 390.
[809] BGHSt. 24, S. 327.
[810] Kusch, 1985, S. 392 f.; Rössner, 1984a, S. 1071; Schaffstein, 1987, S. 801 ff.

Insoweit haben die Gesetzgeber mit den Lockerungsbestimmungen die formalen Parameter geschaffen, die von einem Anstaltsleiter bei seiner Entscheidung über eine Gewährung zu beachten sind. Obwohl es keine absolut zuverlässigen Kriterien gibt, um aus vergangenen und aktuellen Beobachtungen menschlichen Verhaltens eine Rückfall- bzw. Missbrauchswahrscheinlichkeit sicher beurteilen zu können, hat die Legislative im Hinblick auf die Sozialisation von Inhaftierten mit Normierung der Voraussetzungen für Vollzugslockerungen bzw. vollzugsöffnende Maßnahmen ein gewisses sozialadäquates Risiko akzeptiert. Hält sich ein Anstaltsleiter innerhalb des gesetzlich jeweils eröffneten Beurteilungsspielraums, dann bewegt er sich auch bezüglich der Folgedelikte des Täters im Rahmen des sozialadäquaten Risikos[811]; ein Fahrlässigkeitsvorwurf entfällt.[812]

5.4.8.2 Zivilrechtliche Haftung

568 Missbraucht ein Gefangener Vollzugslockerungen[813], so kann ein solches Verhalten neben strafrechtlichen Konsequenzen für die verantwortlichen Vollzugsbediensteten auch zivilrechtliche Folgen nach sich ziehen. In Betracht kommt die Geltendmachung eines **Amtshaftungsanspruchs** gem. § 839 BGB, Art. 34 GG durch Personen, die seitens des Gefangenen geschädigt wurden. Dieser Anspruch ist allerdings nicht im Verfahren nach §§ 109 ff. StVollzG, sondern im Zivilrechtsweg zu verfolgen, Art. 34 S. 3 GG. Er richtet sich auf Schadensersatz in Geld und trifft nicht die verantwortlichen Vollzugsbediensteten persönlich, sondern das Bundesland, in dessen Diensten sie stehen (Art. 34 S. 1 GG). Dieses kann bei Vorsatz oder grober Fahrlässigkeit gegen seine Beamten oder Angestellten Rückgriff nehmen, Art. 34 S. 2 GG.

569 Den Vollzugsbediensteten obliegt die Amtspflicht, Lockerungen nur zu gewähren, wenn die gesetzlichen Voraussetzungen hierfür vorliegen. Fraglich ist, ob diese Amtspflicht nur der Allgemeinheit gegenüber oder gerade auch im Verhältnis zu denjenigen Personen besteht, die durch die rechtswidrige Tat eines Strafgefangenen geschädigt wurden. Das richtet sich nach dem Zweck der jeweils im Einzelfall einschlägigen Amtspflicht. Obwohl nach § 2 S. 2 StVollzG, § 2 Abs. 1 S. 1 JVollzGB I, Art. 2 S. 1 BayStVollzG, § 2 S. 2 HmbStVollzG, § 2 S. 2 u. 3 HStVollzG, § 5 S. 2 NJVollzG der Vollzug der Freiheitsstrafe dem Sicherungsinteresse der Allgemeinheit dient, erscheint es doch im Hinblick auf die dem Staat auferlegte Schutzpflicht für die seiner Gewalt Unterworfenen nicht ausgeschlossen, individuell geschädigte Personen als Bestandteile der Allgemeinheit in den Schutzbereich einzubeziehen.[814] Sprechen die Gesetze vom Schutz der Allgemein-

---

[811] Rössner, 1984a, S. 1071.
[812] Siehe auch StA Paderborn, NStZ 1999, S. 51 ff.; BGH, NJW 2004, S. 237 ff. zur Verantwortung von Ärzten und Therapeuten bei Lockerungsmissbrauch.
[813] Zur Verantwortung des Staates für Tötungsdelikte durch beurlaubte Inhaftierte siehe EGMR, NJW 2003, S. 3259 ff.
[814] OLG Karlsruhe, NJW 2002, S. 446; Kaiser/Schöch, 2002, S. 336; Ullenbruch, 2002, S. 417; anders OLG Hamburg, ZfStrVo 1996, S. 243.

heit, geht es nicht nur um die Verhinderung von gemeingefährlichen oder gegen den Staat gerichteten Straftaten.[815]

Es steht allerdings nicht zu befürchten, dass ein Bundesland nunmehr für die Folgen einer jeden Tat von Gefangenen haften muss. Weil nach den Strafvollzugsgesetzen Vollzugslockerungen bzw. vollzugsöffnende Maßnahmen einen wichtigen Bestandteil des Behandlungsvollzugs bilden und ein gewisses Risiko bei ihrer Gewährung in Kauf genommen werden darf, setzt eine Pflichtverletzung bei der Entscheidung ein Überschreiten dieses Bereichs voraus. Darüber hinaus muss den Vollzugsbediensteten zumindest fahrlässiges Handeln zur Last liegen. Daran kann es fehlen, wenn die Anstalt im Verfahren nach §§ 109 ff. StVollzG nicht nur zum Treffen einer erneuten Ermessensentscheidung, sondern gerade zur Gewährung einer Vollzugslockerung verpflichtet wurde. **570**

> *Beispiel:* Der Gefangene G verbüßte eine Gesamtfreiheitsstrafe von zwölf Jahren u.a. wegen versuchten Mordes und Vergewaltigung. Von den zuständigen Gerichten war ein Antrag auf vorzeitige Entlassung gem. § 57 Abs. 1 StGB abgelehnt worden, weil das Verhalten des G vorher mittels Vollzugslockerungen erprobt werden müsse. Die JVA verlegte den G in die Freigängerabteilung und gewährte ihm Ausgang. Dabei war ihr bekannt, dass G Kontakte zu einer sado-masochistisch orientierten Gruppe aufgenommen hatte. Während des Ausgangs bemächtigte sich G der Frau K, zwang sie zu sexuellen Handlungen und erdrosselte sie anschließend. Die minderjährige Tochter T der Frau K nahm das Bundesland, in dessen Vollzug sich G befand, auf Zahlung von Schadensersatz in Form einer Geldrente in Anspruch.
>
> Das OLG Karlsruhe[816] erachtet den Anspruch für begründet. Die Vollzugsanstalt habe es – trotz der im Verfahren nach § 57 Abs. 1 StGB ergangenen gerichtlichen Entscheidung – verabsäumt, die für und gegen die gewährten Vollzugslockerungen sprechenden Gründe hinreichend abzuwägen. Im Hinblick auf die Vorahndung des G und sein Verhalten im Vollzug hätte G vor Gewährung von Lockerungsmaßnahmen psychiatrisch begutachtet werden müssen. Zudem hätte G zunächst nur unter Aufsicht eine Lockerung erhalten dürfen. Zu diesen Maßnahmen sei die Anstalt auch gegenüber der T verpflichtet gewesen.

Dem Amtshaftungsanspruch kommt nachrangiger Charakter zu. Fällt dem Amtsträger nur Fahrlässigkeit zur Last – was bei vollzuglichen Sachverhalten regelmäßig der Fall sein wird –, greift der Anspruch gem. § 839 Abs. 1 S. 2 BGB erst dann ein, wenn der Verletzte nicht auf andere Weise Ersatz zu erlangen vermag. Das betrifft etwa – realisierbare – Ansprüche gegen den Schädiger selbst. Die Geltendmachung von Amtshaftungsansprüchen bleibt aber nicht auf Konstellationen beschränkt, in denen Lockerungen bzw. vollzugsöffnende Maßnahmen missbraucht werden. Gelingt etwa einem Gefangenen aufgrund mangelhafter Sicherungsvorkehrungen die Flucht, eröffnet dies ebenfalls den Anwendungsbereich der Staatshaftung. **571**

---

[815] Vgl. Kaiser/Schöch, 2002, S. 336.
[816] OLG Karlsruhe, NJW 2002, S. 445 ff.

5.5 Therapeutische Maßnahmen

572 Ein auf Erreichung des Vollzugszieles einer künftigen sozial verantwortlichen Lebensführung ohne weitere Straftaten hin ausgerichteter Behandlungsvollzug muss – neben Arbeit und (Aus-)Bildung sowie einer nach der jeweiligen Verantwortbarkeit gelockerten Vollzugsgestaltung – auch mittels therapeutischer Behandlungsmaßnahmen den **Sozialisationsprozess fördern.** Denn eine Befähigung zu regelmäßiger Arbeit oder eine berufliche Stabilisierung reicht allein oftmals nicht aus. Der in die Freiheit zurückkehrende Straftäter sollte über die Grundqualifikationen eines sozial handlungsfähigen Subjektes verfügen[817], welche zahlreiche Inhaftierte in einem Prozess der vollzuglichen Ersatzsozialisation erstmals erlernen können. Neben einer Behandlung individueller Defizite geht es dabei um die Erlangung sozialer Handlungskompetenz. Über das soziale Training hinaus umfasst Kriminaltherapie sowohl die täter- und persönlichkeitsbezogene Individualtherapie als auch die Sozialtherapie als Ausrichtung der verschiedenen Handlungs- und Beziehungsformen im Sinne einer – vom Idealbild her – problemlösenden Gemeinschaft.

5.5.1 Gesetzliche Vorgaben

573 Mit einem offenen und weiten Behandlungsbegriff[818] wird der Einsatz einer Vielfalt von Methoden, Ansätzen und Modellen ermöglicht. Hinsichtlich der Organisation und Durchführung therapeutischer Maßnahmen finden sich nur wenige gesetzliche Regelungen.

So gehören Angaben über besondere Hilfs- und Behandlungsmaßnahmen zu den in einem Vollzugsplan aufzunehmenden Kriterien. Gesetzliche Bestimmungen zur vollzuglichen Pflichtarbeit befassen sich mit den Voraussetzungen und der Gestaltung arbeitstherapeutischer Beschäftigung. Das Bundes- und die Landes-Strafvollzugsgesetze beinhalten besondere Regelungen für die Verlegung und den Vollzug einer Unterbringung in einer sozialtherapeutischen Anstalt.

574 Bedeutung auch für den therapeutischen Bereich erlangen die allgemeinen Vorschriften von § 4 Abs. 1 StVollzG, § 3 Abs. 1 JVollzGB III, Art. 6 Abs. 1 BayStVollzG, § 4 HStVollzG, § 6 Abs. 1 NJVollzG. Der Gefangene darf nicht zum bloßen Objekt von Behandlungsmaßnahmen gemacht werden; er nimmt vielmehr eine **Subjektstellung** ein. Eine erzwungene Teilnahme an einer Therapie käme einer oktroyierten und inhaltlich fremdbestimmten Veränderung der Inhaftiertenpersönlichkeit gleich. Es darf deshalb kein Druck im Sinne von Zwang auf den Gefangenen ausgeübt werden, an einer Therapie teilzunehmen.[819] Die Anstalt muss aber die Bereitschaft des Einzelnen zur Mitwirkung an den Behandlungsmaßnahmen fördern. Das Verbot eines Zwangs zur Therapie bezieht sich auch auf

---

[817] Schuh, 1980, S. 95 ff.
[818] Dazu oben Kap. 3.1.2.
[819] AK-Feest/Lesting, 2006, vor § 2 Rdn. 19.

deren Beendigung. Der Inhaftierte kann eine weitere Teilnahme an einer begonnenen Maßnahme jederzeit wieder verweigern.

In Hamburg geht § 5 Abs. 1 HmbStVollzG zwar von einer Verpflichtung des Strafgefangenen aus, an der Gestaltung seiner Behandlung und an der Erfüllung des Vollzugsziels mitzuwirken. Gemäß § 85 S. 2 HmbStVollzG wird insoweit allerdings auf eine zwangsweise Einwirkung mittels Disziplinarmaßnahmen verzichtet.

Die individuellen therapeutischen Bedürfnisse und die Erforderlichkeit einer entsprechenden Behandlung werden in der Behandlungsuntersuchung (in Hamburg die Aufnahmeuntersuchung, in Hessen die Feststellung des Maßnahmenbedarfs) ermittelt, auf welcher die Vollzugsplanung gründet. Die Durchführung der einzelnen Maßnahmen erfolgt dann in der Institution durch Angehörige des Sozialstabes (insbesondere Psychologen, Pädagogen, Sozialarbeiter, Arbeitstherapeuten). Liegen die Voraussetzungen für die Gewährung von Vollzugslockerungen bzw. vollzugsöffnenden Maßnahmen vor, kommt auch eine Behandlung außerhalb der Anstalt in Betracht (z.B. in einer psychiatrischen Praxis; Teilnahme an Wochenendseminaren). Die Therapie in oder außerhalb der Einrichtung kann als Einzeltherapie oder als Gruppentherapie gestaltet sein.

5.5.2 Behandlungsgruppen

In § 7 Abs. 2 Nr. 3 StVollzG, § 5 Abs. 2 Nr. 3 JVollzGB III, § 8 Abs. 2 Nr. 2 HmbStVollzG, § 9 Abs. 1 Nr. 3 NJVollzG sind **therapeutische Gruppenprozesse** hervorgehoben. Nicht nur mit der Unterbringung von Gefangenen in Wohngruppen werden die in kleinen Gemeinschaften stattfindenden Interaktionen und dynamischen Entwicklungen zur Erlangung sozialer Kompetenz genutzt. Auch auf der therapeutischen Ebene sollen in Behandlungsgruppen dynamische Prozesse Verhaltensstabilität und Konfliktfähigkeit fördern. Ziele einer solchen Gruppenbehandlung sind damit Rollendistanz, Bedürfnisausgleich und Aggressionsabbau.

> Der Gefangene muss sich zunächst in die Behandlungsgruppe einpassen, was an der Übernahme einer Rollenposition deutlich wird. Er hat dann weiter zu lernen, auf Distanz zu seiner Rolle gehen zu können, die Gruppennormen zu interpretieren, zu akzeptieren bzw. modifizierend auf sie Einfluss zu nehmen. In der Gemeinschaft mit der Gruppe kann der Einzelne sich selbst die Fähigkeit vermitteln, die Erwartungen seiner Umwelt in das Verhalten anderen gegenüber einzubeziehen. Aufkommende Auseinandersetzungen verhelfen zu der Erkenntnis, dass ein Ausgleich zwischen den angestrebten Bedürfnissen und denjenigen, welche die Gemeinschaft nicht befriedigen kann, zu finden und eine in Aggression gesteigerte Selbstbehauptung abzubauen ist.

Neben gruppenpsychotherapeutischen Verfahren, Psychodrama und Verhaltenstherapie in Gruppen kann unter den im Strafvollzug anwendbaren Behandlungstechniken das **group counselling** besondere Relevanz erlangen.

Das group counselling wurde in der nordamerikanischen Psychiatrie entwickelt und von Norman Fenton sowohl theoretisch ausformuliert[820] als auch in den Strafvollzug eingeführt. Eine umfassende fachgerechte Anwendung dieser Methode findet seit Mitte der siebziger Jahre des 20. Jahrhunderts auch in Deutschland statt. In Österreich wurde sie ab 1970 in einem groß angelegten Modellversuch als besondere Behandlungsmaßnahme erprobt und gelangt dort in fast allen Justizanstalten zur Anwendung.[821] Das group counselling[822] versucht, die beiden Bereiche der sozialen Gruppenarbeit und der Gruppentherapie miteinander zu verbinden. Innerhalb einer offenen Kommunikationsstruktur treffen sich die Teilnehmer möglichst unter nichtdirektiver Leitung zu regelmäßigen Gruppengesprächen. Dabei soll der Gefangene durch die Gruppe sich seiner Probleme bewusst werden. Es findet eine Aufarbeitung in der Vergangenheit liegender (einschließlich Ursachen der Straffälligkeit) und gründender Probleme ebenso statt wie von Anpassungsschwierigkeiten an die Haftsituation. Das group counselling leitet damit einen Prozess des sozialen Lernens ein und versucht, Einstellungsänderungen zu bewirken.

578   Um in dem von freien Sozialisationsprozessen weitgehend abgetrennten Strafvollzug möglichst viele Interaktionsfelder und gruppendynamische Entwicklungen schaffen zu können, sollten Behandlungsgruppe und Wohngruppe sich aus jeweils unterschiedlichen Inhaftierten zusammensetzen. Denn eine kongruent gruppale Konstellation birgt die Gefahr, dass im Rahmen der Behandlung in Gang gesetzte und unter fachlicher Anleitung entwickelte gruppendynamische Prozesse unkontrolliert in der Wohngruppe weiterlaufen.[823]

5.5.3 Behandlung drogenabhängiger Gefangener

579   Der Umgang mit drogenabhängigen Strafgefangenen und deren Therapie[824] gehören zu den drängendsten Problemen der Vollzugsgestaltung.[825]

Von den am 31.3.2010 in Deutschland eine Freiheitsstrafe verbüßenden 53 973 Inhaftierten befanden sich 8 880 (= 16,5 %) wegen eines Verstoßes gegen das Betäubungsmittelgesetz im Vollzug.[826] Bereits 17,6 % der am 31.3.2009 in den bayerischen Justizvollzugsanstalten einsitzenden Strafgefangenen waren ausschließlich wegen Delikten nach dem BtMG verurteilt (am 31.3.1988 lag der Anteil noch bei 7,7 %).[827] Sind zwar nicht alle von ihnen selbst Konsumenten, so ist dennoch davon auszugehen, dass die Anzahl der tatsächlich drogenabhängigen bzw. -gefährdeten In-

---

[820] Fenton, 1958.
[821] Holzbauer/Brugger, 1996, S. 280 ff.; Strak, 1996, S. 17 ff.
[822] Dazu Laubenthal, 1983, S. 121 ff.; Gödl, 1996, S. 23 ff.
[823] Rasch, 1977, S. 73.
[824] Dazu Borkenstein, 1988, S. 235 ff.; ders., 1994, S. 80 ff.; Jacob/Keppler/Stöver, Teil 2, 2001, S. 12 ff.
[825] Kaiser/Schöch, 2002, S. 117; siehe auch Klingst, 1997, S. 4; Knorr, 2005, S. 144 ff.; Jacob/Keppler/Stöver, 1997.
[826] Statistisches Bundesamt, Strafvollzug – Demographische und kriminologische Merkmale der Strafgefangenen 2010 Reihe 4.1, S. 22.
[827] Bayer. Staatsministerium der Justiz, 2010, S. 31.

haftierten sogar höher liegt und ein Teil von ihnen wegen anderer deliktischer Handlungen (insbesondere im Rahmen der Beschaffungskriminalität) abgeurteilt wurde. Eine in neun Justizvollzugsanstalten des Landes Nordrhein-Westfalen durchgeführte empirische Untersuchung ergab, dass etwa die Hälfte der Gefangenen bereits vor der Inhaftierung als drogengefährdet gilt; ein Drittel zeigt bei Haftantritt Symptome akuter Drogenabhängigkeit. Das Ausmaß dieser Abhängigkeit ist bei Heranwachsenden und Jungerwachsenen, vor allem aber bei weiblichen Inhaftierten am größten.[828]

So wie in Freiheit die Versorgung mit Betäubungsmitteln auf keine nennenswerten faktischen Schwierigkeiten stößt, gilt dies auch in Justizvollzugsanstalten. Der Anteil der Drogenabhängigen an den Gefangenen ist hoch: Schätzungen bezüglich des Konsums harter Drogen wie Heroin, Kokain, Crack usw. variieren zwischen 10 und 40 %, wobei die meisten Angaben bei 30 % liegen. Der Anteil derjenigen, die schon Cannabis konsumiert haben, dürfte noch höher anzusetzen sein. Obwohl Kriterien und Verfahren der Feststellung entsprechend belasteter Gefangener Kritik verdienen (zum Teil basiert die Zuordnung nur auf den Feststellungen des Strafurteils), gilt als sicher: Der Vollzugsalltag wird in hohem Maße von der Suchtproblematik geprägt. Drogen sind allerdings knapper und minderwertiger als außerhalb der Anstaltsmauern. Da die Droge der Wahl bisweilen nicht zur Verfügung steht, kommt es auch zur Einnahme von Substanzen mit mehreren Wirkgruppen nebeneinander.[829]

Die Drogenproblematik beeinträchtigt den Strafvollzug in den Anstalten in verschiedener Hinsicht.[830] So kommt es etwa zu Abhängigkeiten auf der subkulturellen Ebene[831], weil die Preise für Drogen im Vollzug außer Verhältnis zu den verfügbaren Einkommen der Inhaftierten stehen. Rauschzustände führen zu kriminellen Folgehandlungen (z.B. Verletzung von Mitgefangenen). Auch in den Institutionen versuchen Abhängige über die Beschaffungskriminalität an Drogen zu gelangen. Durch das Vorhandensein von Betäubungsmitteln wird die Rückfallgefahr Therapiewilliger erhöht. Der Mangel an sauberem Besteck gefährdet die Benutzer im Hinblick auf eine Übertragung des HIV-Virus[832] sowie von Hepatitiserkrankungen.[833]

580

Ein Ausweg aus der Misere wird in der **Ausgabe von sterilen Einwegspritzen** im Strafvollzug gesehen, um auf diese Weise den Tausch der Spritzen durch die Gefangenen untereinander zu unterbinden und hiermit verbundene Infektionsgefahren einzudämmen. Während in der Literatur unter dem Blickwinkel der Verminderung von Gesundheitsrisiken der unkomplizierte Spritzentausch befürwortet wird[834], erkennt

581

---

[828] Wirth, 2002, S. 104 ff.
[829] Dazu Laubenthal, 2005, S. 197 f.
[830] Siehe auch Böhm/Möbius, 1990, S. 95 ff.; Kern, 1997b, S. 90 ff.; Laubenthal, 2005, S. 195 ff.; Schäfer/Schoppe, 1998, S. 1401 ff.
[831] Siehe oben Kap. 3.4.2.4.
[832] Dazu Kraft/Knorr, 2009, S. 170 ff.
[833] Dazu Lehmann/Lehmann/Wedemeyer, 2009, S. 177 ff.
[834] AK-Boetticher/Stöver, 2006, vor § 56 Rdn. 65; Calliess/Müller-Dietz, 2008, § 56 Rdn. 13; Knorr, 2005, S. 150; Stöver/Nelles, 2003, S. 345; Walter M., 1999, S. 441; ablehnend Sigel, 1993, S. 218 f.

die Judikatur einen Rechtsanspruch hierauf nicht an.[835] Nach den Ergebnissen eines Modellprojekts in der Schweiz war dort ein Rückgang sowohl der Spritzenabszesse wie der Hepatitis-Neuinfektionen festzustellen, während Befürchtungen, der Konsum könne zunehmen oder Spritzen würden vermehrt als Waffe eingesetzt, sich nicht bestätigt haben.[836] Selbst wenn auch in Deutschland die Abgabe von Einwegspritzen an Suchtkranke betäubungsmittelstrafrechtlich nicht auf Hindernisse stößt (vgl. § 29 Abs. 1 S. 2 BtMG), so bleibt doch die Problematik bestehen, dass der Konsum harter Drogen nicht nur (u.U. gravierende) gesundheitliche Schäden nach sich zu ziehen vermag, sondern die Situation in den Haftanstalten durch die mindere Qualität der dort kursierenden Rauschmittel noch verschärft wird. Die wissenschaftliche Begleitforschung zu einem in Hamburg durchgeführten Modellversuch[837] zeigt sich im Vergleich zu den in der Schweiz gefundenen Resultaten weit skeptischer: Die Inhaftierten seien aufgrund der verminderten Infektionsrisiken bei zugleich höheren Kosten des Rauchens oder Sniefens zum intravenösen Gebrauch harter Drogen geradezu animiert worden. Das Programm habe zudem Rückfälligkeit produziert und eine große Zahl von Spritzen sei nicht den Vorgaben entsprechend aufbewahrt worden, wodurch sich die Verletzungsgefahren für die bei Durchsuchungen unvermutet auf Spritzen stoßenden Mitarbeiter nicht vermindert hätten. Im Hinblick auf die sowohl die Anstaltssicherheit bedrohenden als auch die Menschen im Vollzug belastenden Feststellungen kam es letztlich zu einer Einstellung der Spritzenvergabe in den hamburgischen und niedersächsischen Vollzugsanstalten.[838]

582 Da der Konsum von Drogen das geordnete Zusammenleben sowie die Sicherheit und Ordnung der Anstalt stört, stellt er einen Verstoß gegen § 82 Abs. 1 S. 2 StVollzG, § 62 Abs. 1 S. 2 JVollzGB III, Art. 88 Abs. 1 S. 2 BayStVollzG, § 68 Abs. 2 Nr. 2 HmbStVollzG, § 45 Abs. 3 S. 2 HStVollzG, § 75 Abs. 2 S. 3 NJVollzG dar. Dies gilt insbesondere, wenn er durch Hausordnung, Hausverfügung usw. untersagt ist. Zudem handelt es sich bei Rauschmitteln nicht um Sachen von geringem Wert, so dass diese ohne Zustimmung der Anstalt nicht von anderen Gefangenen angenommen werden dürfen.[839]

Teilweise haben die Vollzugsbehörden eigene Therapiestationen oder abgetrennte Abteilungen[840] für Drogenabhängige eingerichtet. In Bayern wird dagegen ganz auf eine getrennte Unterbringung verzichtet. Dort kommt es neben den allgemeinen Behandlungsmaßnahmen zunächst zu einem körperlichen Entzug unter ärztlicher Betreuung. Daran anschließend wird versucht, auch einen psychischen Entzug zu erreichen. Hierzu finden besondere individual- und gruppentherapeutische Maßnahmen

---

[835] So LG Berlin, BlStVK 3/1997, S. 6; LG Augsburg, ZfStrVo 2001, S. 364.
[836] Vgl. Gross, 1998, S. 6; Stiehler, 2000, S. 39; zu weiteren ausländischen Modellprojekten Stöver, 2002, S. 127 ff.; Stöver/Nelles, 2003, S. 346.
[837] Zu Geschichte und Durchführung des Modellprojekts Gross, 1998, S. 7 ff.
[838] Vgl. Mitteilung in ZfStrVo 2002, S. 172.
[839] OLG Hamm, ZfStrVo 1995, S. 248.
[840] Vgl. z.B. Justizministerium des Landes Nordrhein-Westfalen, 2008, S. 40.

unter Beteiligung von Vertretern externer Beratungs- und Behandlungseinrichtungen statt.[841]

Ein Lösungsansatz wird auch in der **kontrollierten Abgabe von Drogen** gesehen. Während man in der Schweiz diesen Weg intramural bereits beschritten hat[842], bleibt nach dem bundesdeutschen Betäubungsmittelrecht die Überlassung von Heroin an süchtige Gefangene nicht statthaft. In Betracht kommt eine Substitution mit L-Polamidon, Codein, Methadon, Buprenorphin oder ähnlichen Mitteln.[843] Immerhin belegen zahlreiche Studien für eine Substitution in Freiheit die positive Wirkung dieses Vorgehens, nicht nur im Hinblick auf eine soziale und gesundheitliche Stabilisierung der Probanden, sondern u.a. weiter im Hinblick auf die Verminderung von Infektionsrisiken.[844] Es erscheint jedoch nicht unzweifelhaft, ob unter den Bedingungen des Justizvollzugs und insbesondere der dort vorhandenen ärztlichen Versorgung solche Programme realistischerweise überhaupt in adäquater Form durchgeführt werden können.[845] Auch lässt § 13 Abs. 1 S. 2 BtMG eine Substitutionsbehandlung nur subsidiär zu anderen Therapieformen zu.[846] Die Praxis stellt sich von Land zu Land und sogar von Einrichtung zu Einrichtung sehr unterschiedlich dar.[847] In Betracht kommt eine Substitutionsbehandlung insbesondere zu folgenden Zwecken: Bekämpfung akuter Entzugserscheinungen, Fortführung einer vor Haftantritt begonnenen Behandlung sowie Beginn der Therapie vor Haftentlassung zur Verbesserung der Resozialisierungschancen. Die Zahl der bundesweit betroffenen Patienten wird auf etwa 600 geschätzt. Für die zurückhaltende Praxis dürften neben der fachlichen Ablehnung durch manche Ärzte finanzielle Aspekte nicht ohne Belang sein. Zudem steht die Praxis auf dem Standpunkt, die Substitutionsbehandlung widerspreche dem Vollzugsziel, in Freiheit ein in jeder Hinsicht drogenfreies Leben führen zu können.[848]

Eine Besonderheit stellt für den Bereich der Behandlung betäubungsmittelabhängiger Straftäter das Rechtsinstitut der **Zurückstellung der Strafvollstreckung** nach §§ 35 ff. BtMG dar.[849] Danach kann die Verbüßung einer Freiheitsstrafe – zumindest partiell – durch rehabilitative Maßnahmen ersetzt werden. Zu diesen zählt der Aufenthalt in einer staatlich anerkannten Einrichtung, die dazu dient,

583

584

---

[841] Bayer. Staatsministerium der Justiz, 2010, S. 32 f.; dazu auch Küfner/Beloch/Scharfenberg/Türk, 1999.
[842] Dazu Keppler/Fritsch/Stöver, 2009, S. 200; Stiehler, 2000, S. 40.
[843] Detailliert in Buchta/Schäfer, 1996, S. 21 ff.; Keppler, 2007, S. 27 ff.; Keppler/Fritsch/Stöver, 2009, S. 200 f.; Schultze, 2001, S. 9 ff.
[844] Vgl. Ullmann, 2003, S. 293 f.
[845] Krit. zur Praxis der Substitutionsbehandlung im Vollzug AK-Boetticher/Stöver, 2006, vor § 56 Rdn. 46.
[846] Zu den Konsequenzen Sönnecken, 2004, S. 246 ff.
[847] Überblick bei Keppler/Knorr/Stöver, 2004, S. 202 ff.; Keppler, 2007, S. 23 ff.; Knorr, 2007, S. 66 ff.
[848] So OLG Hamburg, ZfStrVo 2002, S. 312 f.; Arloth, 2008, § 3 Rdn. 7.
[849] Dazu Egg, 1992a, S. 21 ff.; Laubenthal, 2005, S. 209 f.; Laubenthal/Nestler, 2010, S. 100 ff.

eine Abhängigkeit zu beheben oder einer erneuten Abhängigkeit entgegenzuwirken.

Voraussetzungen[850] einer Zurückstellung der Strafvollstreckung gem. § 35 BtMG sind:
- rechtskräftige Verurteilung zu einer Freiheitsstrafe von nicht mehr als zwei Jahren,
- keine weitere zu vollstreckende Strafe,
- die der Verurteilung zugrunde liegende Straftat wurde aufgrund einer Betäubungsmittelabhängigkeit begangen,
- Therapiebedürftigkeit und -bereitschaft des Verurteilten sowie Bereitschaft zur Einhaltung der Meldepflichten,
- Gewährleistung eines Behandlungsbeginns (Vorhandensein eines Therapieplatzes) sowie Kostenzusage des Kostenträgers,
- gerichtliche Zustimmung.

Nach erfolgter Zurückstellung ist der Betroffene zur laufenden Erbringung von Nachweisen über die Aufnahme und die Fortführung der Behandlung zu von der Vollstreckungsbehörde festgelegten Zeitpunkten verpflichtet (§ 35 Abs. 4 BtMG). Gemäß § 36 Abs. 1 BtMG werden die Zeiten einer Drogentherapie dann vom Gericht auf die Strafe ganz oder teilweise angerechnet, bis infolge der Anrechnung zwei Drittel der Strafe erledigt sind. Danach oder wenn eine Behandlung schon zu einem früheren Zeitpunkt nicht mehr erforderlich wird, setzt das Gericht die Vollstreckung des Strafrestes zur Bewährung aus, sobald das Sicherheitsinteresse der Allgemeinheit dies zulässt.

5.5.4 Die sozialtherapeutische Anstalt

585 Nach dem Idealbild der Strafanstalt als einer Problem lösenden Gemeinschaft[851] sollte der gesamte Vollzug in seinen Handlungs- und Beziehungsformen im Hinblick auf das Vollzugsziel sozialtherapeutisch ausgerichtet sein. Mit Hilfe der zur Verfügung stehenden Behandlungsmethoden ist auf alle Inhaftierten einzuwirken, um deren Chancen für eine soziale (Re–)Integration ohne weitere Straftaten zu erhöhen. In diesem weiteren Sinne lässt sich Sozialtherapie jedoch angesichts der kontraproduktiven Vollzugsrealität in den Institutionen des Normalvollzugs nicht realisieren. Sozialtherapie findet daher heute fast ausschließlich im engeren Sinne in den besonderen sozialtherapeutischen Anstalten und Abteilungen (s. Tab. 5.2) statt – quantitativ eher eine Randerscheinung[852] des Strafvollzuges, jedoch von erheblicher Relevanz für die Fortentwicklung des konventionellen Vollzugs, weil ihr eine **Vorbildfunktion** zukommt.[853] Zunehmende praktische Bedeutung erlangt die sozialtherapeutische Behandlung von Gewalt- und Sexualstraftätern.

---

[850] Umfassend Franke/Wienroeder, 2008, § 35 Rdn. 2 ff.; Körner, 2007, § 35 Rdn. 42 ff.
[851] Oben Kap. 3.1.2.1.
[852] Rotthaus K., 1994, S. 143.
[853] Vgl. Walter M., 1999, S. 307.

5.5.4.1 Entwicklung

Die sozialtherapeutische Anstalt galt Ende der sechziger Jahre als ein Kernstück **586** der damaligen Strafrechts- und Strafvollzugsreform.[854]

Die Diskussion über eine Einführung sozialtherapeutischer Anstalten wurde angeregt durch ausländische Modellversuche.[855] Als klassische Konzepte galten zum einen die dänische Forvaringsanstalt in Herstedtvester[856], die Van-der-Hoeven-Klinik in Utrecht[857] sowie die Maxwell-Jones-Clinic in London[858]. Erste Versuche einer Behandlung von Inhaftierten mittels spezieller sozialpsychiatrischer Methoden wurden auch im Vollzugskrankenhaus Hohenasperg in Baden-Württemberg durchgeführt.[859]

Als eine spezialpräventiv orientierte Maßregel der Besserung und Sicherung für erheblich Rückfällige „mit einer seelischen Krankheit oder tief greifenden Persönlichkeitsstörung", für die der Normalvollzug keinen Erfolg verspricht, forderten die Verfasser des Alternativ-Entwurfs eines Strafgesetzbuches[860] die sozialtherapeutische Behandlung in besonderen Anstalten. Dem schloss sich der Gesetzgeber mit dem 2. Strafrechtsreformgesetz 1969 an.

Nach § 65 StGB i.d.F. des 2. StrRG sollte das Gericht die Unterbringung in einer sozialtherapeutischen Anstalt anordnen, wobei die Norm sich auf folgende Tätergruppen bezog:
- Straftäter mit erheblichen Persönlichkeitsstörungen und einer Rückfallgefahr,
- Sexualstraftäter, bei denen die Gefahr besteht, dass sie im Zusammenhang mit ihrem Geschlechtstrieb weiterhin erhebliche rechtswidrige Taten begehen,
- jungerwachsene Rückfalltäter, wenn die Gesamtwürdigung von Tat und Täter die Gefahr einer Entwicklung zum Hangtäter erkennen lässt,
- schuldunfähige oder vermindert schuldfähige Täter, bei denen eine sozialtherapeutische Behandlung zur Resozialisierung besser geeignet erscheint als die einer Unterbringung im psychiatrischen Krankenhaus.

Um den Bundesländern die Errichtung solcher Einrichtungen zu ermöglichen, wurde das Inkrafttreten des § 65 StGB vom Gesetzgeber mehrmals verschoben. Ausgehend von einem Bedarf von mehr als 4 000 Haftplätzen[861] begann in Vorbereitung auf die Geltung dieser Regelung die Errichtung einer Anzahl von sozialtherapeutischen Modell- und Erprobungsanstalten bzw. -abteilungen. Dabei kam es in den Einrichtungen zu divergierenden Entwicklungen von Aufnahmekriterien, Behandlungskonzepten und therapeutischen Vorgehensweisen.[862] Finanzielle Erwägungen, aber auch eine gewisse Ernüchterung im Hinblick auf die erwarteten Erfolge des Behandlungsvollzugs veranlassten den Bundesgesetzgeber schließlich, von der sog. Maßre-

---

[854] Dazu Egg, 2005, S. 18 ff.
[855] Vgl. Egg, 1984, S. 5 ff.
[856] Dazu Hoeck-Gradenwitz, 1992, S. 246 ff.; Stürup, 1968, S. 276 ff.
[857] Siehe Roosenburg, 1969, S. 88 ff.; Rotthaus K., 1975, S. 83 ff.
[858] Jones, 1962.
[859] Mauch/Mauch, 1971.
[860] Baumann/Brauneck/Hanack u.a., 1966, S. 126 ff.
[861] Egg, 1984, S. 153.
[862] Vgl. Schmitt, 1977, S. 182 ff.

gellösung Abschied zu nehmen. Mit dem StVollzÄndG vom 20.12.1984[863] wurde § 65 StGB endgültig mit Wirkung zum 1.1.1985 gestrichen.

587 Die Legislative hat sich in den achtziger Jahren des 20. Jahrhunderts auf Bundesebene für die sog. **Vollzugslösung** entschieden. Mit der Aufhebung des § 65 StGB blieben noch § 9 und §§ 123 ff. StVollzG wirksam. Danach wurde die Behandlung in einer sozialtherapeutischen Anstalt nicht als eine richterlich angeordnete Maßregel der Besserung und Sicherung, sondern als eine **besondere Behandlungsmaßnahme** (vgl. § 7 Abs. 2 Nr. 2 StVollzG) im Rahmen des Strafvollzugs gestaltet. § 123 StVollzG schreibt für den Vollzug einer sozialtherapeutischen Behandlung die Schaffung von den anderen Institutionen getrennte Einrichtungen vor; aus besonderen Gründen können auch sozialtherapeutische Abteilungen in allgemeinen Vollzugsanstalten eingerichtet werden. Es handelt sich somit um Einrichtungen im Sinne einer Vollzugsdifferenzierung. Nach der bundesgesetzlichen Regelung des § 143 Abs. 3 StVollzG soll die Kapazität einer sozialtherapeutischen Anstalt 200 Haftplätze nicht übersteigen, wobei diese Zahl im Hinblick auf die Gestaltung dieser Vollzugsform als eine Problem lösende therapeutische Gemeinschaft zu hoch angesetzt sein dürfte.[864]

Über die genannten Normen hinausgehend beinhaltet das Bundes-Strafvollzugsgesetz keine besonderen Regelungen über die Behandlung in sozialtherapeutischen Anstalten, so dass insoweit die allgemeinen gesetzlichen Vorschriften gelten.

Seit der Reform des § 9 StVollzG durch das „Gesetz zur Bekämpfung von Sexualdelikten und anderen gefährlichen Straftaten" vom 26.1.1998[865] wird hinsichtlich Voraussetzungen und Ausgestaltung der Sozialtherapie zwischen der allgemeinen Sozialtherapie und derjenigen für bestimmte, insbesondere wegen Sexualstraftaten verurteilten Tätern differenziert.

Bestimmungen über die sozialtherapeutischen Einrichtungen als eine besonders behandlungsorientierte Form des Freiheitsstrafenvollzugs enthalten auch die Landes-Strafvollzugsgesetze. Diese knüpfen partiell an die bundesgesetzlichen Regelungen an. Die Voraussetzungen für eine Verlegung bzw. Rückverlegung sind in § 8 JVollzGB III, Art. 11 BayStVollzG, § 10 HmbStVollzG, § 12 Abs. 1 bis 3 HStVollzG, § 104 NJVollzG normiert. Einige Regelungen zur Ausgestaltung finden sich in §§ 94 bis 96 JVollzGB III; Art. 117 bis 120 BayStVollzG; §§ 15 Abs. 2 Nr. 2, 18 Abs. 2 u. 3, 99 Abs. 2 HmbStVollzG; §§ 12 Abs. 5 u. 6, 16 Abs. 3 S. 1 HStVollzG; §§ 103, 105 u. 106 NJVollzG.

---

[863] BGBl. I 1984, S. 1654.
[864] So im Ergebnis auch Henze, 1990, S. 18; Egg, in: Schwind/Böhm/Jehle/Laubenthal, 2009, § 9 Rdn. 5.
[865] BGBl. I 1998, S. 160 ff.

5.5.4.2 Allgemeine Sozialtherapie

Obwohl eine Fülle von Publikationen über Methoden und Ansätze zur sozialtherapeutischen Behandlung[866] und von Erfahrungsberichten aus einzelnen Anstalten vorliegt, wurde bislang kein festes Konzept der Sozialtherapie entwickelt.[867] Ebenso wenig lässt sich eine genaue Definition dessen, was Sozialtherapie meint, feststellen.[868] Dem vollzuglichen Behandlungsbegriff entsprechend ist auch der Begriff **Sozialtherapie** weit gefasst. Er betrifft kein bestimmtes Verfahren, sondern stellt eigentlich eine **Sammelbezeichnung für all diejenigen Methoden dar, die eine auf das Individuum bezogene, zielorientierte Verhaltens- und Einstellungsänderung bewirken sollen.**[869] Die Zielvorgabe ist dabei letztlich die gleiche wie diejenige des konventionellen Vollzugs: Auch die sozialtherapeutische Behandlung dient der (Re-)Sozialisierung, d.h. der Befähigung zu einem künftigen Leben ohne Straftaten in sozialer Verantwortung. Dies soll jedoch mit den besonderen therapeutischen Mitteln und sozialen Hilfen dieser Anstalt bewirkt werden.[870] 588

In ihren Anfängen orientierten sich die sozialtherapeutischen Anstalten bei ihren **Konzepten** vor allem an einem mehr medizinisch geprägten Modell der Sozialtherapie: einer Individualtherapie[871] einerseits zur Aufarbeitung und Beseitigung von psychischen Störungen, die als kriminalitätsverursachend bewertet wurden, und andererseits zur Förderung und Stabilisierung der für ein Leben ohne Straftaten notwendigen Verhaltensmerkmale.[872] Dieses psychiatrisch-psychotherapeutisch geprägte Grundverständnis begann sich jedoch im Verlauf der Entwicklung zu wandeln, so dass heute in den Einrichtungen ein **Methodenpluralismus** vorzufinden ist. Neben psychoanalytisch orientierten Ansätzen, Gesprächspsychotherapie, Verhaltenstherapie oder gruppendynamischen Konzepten werden auch group counselling oder social casework praktiziert.[873] Verstärkt zur Geltung kommen lerntheoretische Ansätze[874], insbesondere das Soziale Training.

Weitgehende Einigkeit besteht, dass ein nur punktueller Einsatz psychotherapeutischer oder auch sozialpädagogischer Methoden einer sozialen Therapie nicht gerecht werden kann.[875] Das Vorgehen muss vielmehr[876] 589
– das gesamte Lebensfeld innerhalb und außerhalb der Einrichtung einbeziehen,

---

[866] Literaturübersicht zur Sozialtherapie (1980 bis 1992) in: Egg (Hrsg.), 1993, S. 193 ff.; siehe ferner Lübcke-Westermann/Nebe, 1994, S. 34; Drenkhahn, 2007; Ortmann, 2002, S. 25 ff.; Rehn, 2008, S. 43 ff.; Spöhr, 2007, S. 6 ff.; Welker, 1993, S. 14 ff.; Wischka/Rehder/Specht/Foppe/Willems, 2005.
[867] Siehe auch Müller-Dietz, 1996, S. 271.
[868] Rasch, 1977, S. 35.
[869] Mauch/Mauch, 1971, S. 28; Steller, 1977, S. 13; ferner Försterling, 1981, S. 4; Streng, 2002, Rdn. 218; Welker, 1993, S. 12.
[870] Siehe auch Seifert/Thyrolf, 2010, S. 30.
[871] Steller, 1977, S. 13.
[872] Vgl. Mechler/Wilde, 1976.
[873] Vgl. Egg/Schmitt, 1993, S. 160 f.; zur Wohngruppenarbeit siehe Rehn, 1996, S. 281 ff.
[874] Kaiser/Schöch, 2002, S. 416; Walter M., 1999, S. 310.
[875] Dazu Henze, 1990, S. 20.
[876] Specht, 1993, S. 13; siehe auch Jäger S., 2003, S. 182 f.; Rehn, 2003, S. 68 f.

- zu einer Gestaltung der Handlungs- und Beziehungsformen in der Institution im Sinne einer Problem lösenden Gemeinschaft führen,
- die unterschiedlichen methodischen Ansätze den spezifischen Problemlagen des Betroffenen entsprechend modifizieren und als integrative Sozialtherapie miteinander verbinden.

Neben schulischen Bildungsmaßnahmen, Arbeit und Freizeitgestaltung verfolgt auch eine im Gegensatz zum Regelvollzug großzügigere Gewährung von Vollzugslockerungen[877] bzw. vollzugsöffnenden Maßnahmen nicht nur den Zweck einer Reduzierung schädlicher Haftwirkungen, sondern auch einer Verbesserung der Chancen für die soziale Eingliederung.

590 Dem Bestreben einer Erleichterung der Rückkehr in die Gesellschaft dient auch der **sozialtherapeutische Sonderurlaub** nach § 124 StVollzG, § 89 Abs. 4 S. 1 JVollzGB III, Art. 118 BayStVollzG, § 15 Abs. 2 Nr. 2 HmbStVollzG, § 16 Abs. 3 S. 1 HStVollzG, § 105 NJVollzG.[878] Hierbei kommt es schon bis zu sechs Monaten vor der endgültigen Entlassung zu einem Wechsel von der stationären Behandlung hin zu einer Behandlung in Freiheit. Es wird der vollstreckungsgerichtlichen Strafrestaussetzung ein Langzeiturlaub als eine zusätzliche Stufe für den Übergang in die Gesellschaft vorgeschaltet. In dieser Phase erhält der Betroffene die Weisung, sich zu Beratungsgesprächen, Therapiegruppen und Freizeitveranstaltungen in der Anstalt einzufinden. Aus Behandlungsgründen (z.B. zur Krisenintervention) kann der Sonderurlaub widerrufen werden. Gemäß §§ 125 f. StVollzG, § 96 JVollzGB III, Art. 119 f. BayStVollzG, § 12 Abs. 5 u. 6 HStVollzG, § 18 Abs. 2 u. 3 HmbStVollzG, § 106 NJVollzG muss – soweit dies anders nicht möglich ist – auch eine nachgehende Betreuung durch Fachkräfte der sozialtherapeutischen Einrichtung gewährleistet sein. Auch kommt als Hilfemaßnahme bei akuter Rückfallgefahr eine vorübergehende Aufnahme eines ehemaligen Gefangenen in einer sozialtherapeutischen Einrichtung auf freiwilliger Basis in Betracht. Ambulante und stationäre Nachsorge machen in der Praxis jedoch nur einen geringen Anteil der Arbeit in den sozialtherapeutischen Einrichtungen aus.[879]

(1) Verlegungsvoraussetzungen nach dem Bundes-Strafvollzugsgesetz

591 Ein zu einer Freiheitsstrafe verurteilter Gefangener kann nach § 9 Abs. 2 StVollzG in eine sozialtherapeutische Anstalt bzw. Abteilung verlegt werden, wenn
- der Inhaftierte zustimmt,
- Therapiebedürftigkeit und Behandlungsfähigkeit vorliegen,
- das Angebotsprofil der aufnehmenden Einrichtung den individuellen Therapiebedürfnissen entspricht,
- der Leiter der sozialtherapeutischen Anstalt zustimmt.

Der Gefangene hat keinen Anspruch auf eine Verlegung, sondern nur ein Recht auf eine fehlerfreie Ermessensentscheidung.

---

[877] Vgl. Dünkel/Nemec/Rosner, 1986, S. 14; Kaiser/Schöch, 2002, S. 417.
[878] Dazu Rotthaus K., 1994, S. 156 f.
[879] Vgl. Dessecker/Spöhr, 2007, S. 309.

Einer **Zustimmung** des Gefangenen bedarf es schon aufgrund seiner Subjektstellung und des Mitwirkungserfordernisses des § 4 Abs. 1 S. 1 StVollzG. Eine im Gegensatz zum Regelvollzug persönlichkeitsbezogenere Behandlung setzt gerade eine erhöhte Mitwirkungsbereitschaft des Einzelnen voraus. Er muss eigene Therapiebedürfnisse erkennen, dementsprechend handeln und aktiv an den therapeutischen Maßnahmen mitarbeiten wollen. Dies kann er durch seine Zustimmungserteilung zum Ausdruck bringen. In der Praxis geht es jedoch nicht allein um die Zustimmung zu einer Verlegung. Vielmehr setzt eine Aufnahme nach den Regelungen in den einzelnen Anstalten fast überall eine **schriftliche Bewerbung** des Inhaftierten bei der Leitung der sozialtherapeutischen Anstalt voraus.[880]

Eine **Therapiebedürftigkeit** sowie die **Behandlungsfähigkeit** des Gefangenen werden bei der Behandlungsuntersuchung gem. § 6 StVollzG ermittelt und hierauf gründend eine entsprechende Prognose erstellt. Es müssen beim Betroffenen Persönlichkeitsstörungen diagnostiziert werden, welche eine Sozialtherapie indizieren.

Das **Angebotsprofil** der aufnehmenden Anstalt sowie die dort vorhandenen besonderen therapeutischen Mittel und sozialen Hilfen müssen der Therapiebedürftigkeit und der Behandlungsfähigkeit des Antragstellers entsprechen. Über diese positive Feststellung hinaus haben einzelne Anstalten unterschiedliche Negativkriterien entwickelt (z.B. hirnorganische und psychotische Erkrankungen, akute Drogenabhängigkeit bzw. -gefährdung, Schwerstaggression, schwerwiegende Intelligenzmängel[881]).

Die **Zustimmung des Leiters** der sozialtherapeutischen Anstalt zu einer Verlegung ist erforderlich, weil dieser am besten die vorhandenen Angebote und die organisatorischen Möglichkeiten überblickt. Dabei wird von den Anstalten neben der Behandlungsbedürftigkeit, -willigkeit und -fähigkeit ein ausreichender Strafrest vorausgesetzt. Zumeist muss der Antragsteller noch 18 bis 24 Monate seiner Strafe bis zum Zwei-Drittel-Zeitpunkt des § 57 StGB zu verbüßen haben. Zu einer lebenslangen Freiheitsstrafe Verurteilte werden teilweise ebenso wenig aufgenommen wie Gefangene aus dem Bereich der organisierten Kriminalität, solche mit noch offenen Strafverfahren oder ausländische Inhaftierte ohne zureichende Deutschkenntnisse.[882] Hierin zeigt sich das Bestreben der Anstalten, eine für die zur Verfügung stehenden therapeutischen Angebote geeignete Klientel zu gewinnen.

Wird während der Behandlung in der Einrichtung deutlich, dass ein Gefangener entgegen der ursprünglichen Prognose sich nicht für eine sozialtherapeutische Behandlung oder nicht für das in der konkreten Anstalt vorhandene Therapieangebot eignet, kann seine Rückverlegung in den Normalvollzug erfolgen. Gleiches gilt, wenn der Betroffene seine zuvor erteilte Zustimmung widerruft. Neben einer Rückverlegung wegen mangelnder Erfolgsaussichten bleibt auch eine solche aus Gründen der Sicherheit möglich. § 9 Abs. 3 StVollzG verweist auf die Verlegungsnormen der §§ 8 und 85 StVollzG. Die Anzahl der in den Normalvollzug

592

---

[880] Welker, 1993, S. 23; Specht, 1993, S. 12.
[881] Vgl. Egg/Schmitt, 1993, S. 117.
[882] Siehe Egg/Schmitt, 1993, S. 117.

aus sozialtherapeutischen Anstalten zurückverlegten Abbrecher ist in der Praxis sehr hoch.[883] Dies verdeutlicht, dass an die Leistungsfähigkeit der sozialtherapeutischen Anstalten keine überzogenen Erwartungen geknüpft werden dürfen.

(2) Landesrechtliche Bestimmungen

593 Ebenso wie in § 9 Abs. 2 StVollzG wird hinsichtlich der **Verlegungsvoraussetzungen** in die allgemeine Sozialtherapie in den Landes-Strafvollzugsgesetzen von **Bayern**, **Hamburg**, **Hessen** und **Niedersachsen** nicht an die Verurteilung wegen bestimmter Straftaten angeknüpft. Nicht zur Gruppe der Katalogtäter i.S.v. Art. 11 Abs. 1 BayStVollzG, § 10 Abs. 1 HmbStVollzG, § 12 Abs. 1 S. 1 HStVollzG, § 104 Abs. 1 NJVollzG gehörende, zu Freiheitsstrafen verurteilte Inhaftierte können gem. Art. 11 Abs. 2 i.V.m. 210 Abs. 2 BayStVollzG, § 10 Abs. 2 HmbStVollzG, § 104 Abs. 2 NJVollzG bzw. sollen gem. § 12 Abs. 1 S. 2 HStVollzG in eine sozialtherapeutische Einrichtung verlegt werden, wenn die besonderen therapeutischen Mittel und sozialen Hilfen einer solchen Einrichtung zur Erreichung des Sozialisationsauftrags angezeigt sind.

In Bayern hat der Gesetzgeber ein zusätzliches Gefährlichkeitskriterium normiert. Gemäß Art. 11 Abs. 2 BayStVollzG ist darauf abzustellen, ob von den Gefangenen schwerwiegende Straftaten gegen Leib oder Leben oder gegen die sexuelle Selbstbestimmung zu erwarten sind. Der Vollzugsbehörde steht insoweit ein gerichtlich nur eingeschränkt überprüfbarer Beurteilungsspielraum zu.[884]

Die in § 9 Abs. 2 StVollzG normierten Zustimmungsnotwendigkeiten sowohl des Leiters der aufnehmenden sozialtherapeutischen Einrichtung als auch des betroffenen Inhaftierten selbst wurde in Hamburg in § 10 Abs. 2 HmbStVollzG übernommen. Dagegen normieren Art. 11 Abs. 2 BayStVollzG, § 12 Abs. 1 S. 2 HStVollzG und § 104 Abs. 2 NJVollzG keine Zustimmungsnotwendigkeit. Da aber nicht behandlungsbereite Gefangene, die ohne ihre Zustimmung einer therapeutischen Einrichtung zugeführt werden, das therapeutische Klima dort nachhaltig negativ beeinflussen können und damit in unverhältnismäßiger Weise die Ressourcen einer solchen Einrichtung binden, ist in Art. 11 Abs. 3 BayStVollzG geregelt: Vor einer Verlegung in die Sozialtherapie muss zunächst in der Strafanstalt des Gefangenen seine Bereitschaft zur Teilnahme an sozialtherapeutischen Maßnahmen geweckt und gefördert werden.

Insbesondere bezogen auf Langzeitgefangene besteht in Niedersachsen mit § 104 Abs. 3 NJVollzG eine gesonderte Norm zu Beginn und Ende der Sozialtherapie. Danach soll die Verlegung eines Gefangenen in eine sozialtherapeutische Einrichtung zu einem Zeitpunkt erfolgen, der den Abschluss der Behandlung zum voraussichtlichen Entlassungszeitpunkt erwarten lässt.

594 Eine **Rückverlegung** aus der allgemeinen Sozialtherapie kommt wie nach § 9 Abs. 3 StVollzG gem. Art. 11 Abs. 5 BayStVollzG, § 10 Abs. 4 HmbStVollzG, § 12 Abs. 3 S. 2 HStVollzG, § 104 Abs. 5 NJVollzG zum einen aus nicht spezifisch sozialtherapiebezogenen Gründen in Betracht. Zum anderen enthalten die Bestimmungen auf der landesrechtlichen Ebene jedoch – auch die allgemeine

---

[883] Vgl. Egg/Schmitt, 1993, S. 121; Ortmann, 2002, S. 231.
[884] Arloth, 2008, Art. 11 BayStVollzG, Rdn. 3.

Sozialtherapie betreffende – spezielle Rückverlegungsmöglichkeiten. Gründe für eine solche Maßnahme sind gem. Art. 11 Abs. 4 BayStVollzG eine nach der Verlegung konstatierte Therapieunfähigkeit oder eine dauerhafte Behandlungsunwilligkeit des Betroffenen. Insoweit rechtfertigt aber die Feststellung, dass das Ziel der Therapie noch nicht erreicht ist, allein keine Rückverlegung. Es widerspräche dem Zweck der Norm, die Rückfallgefahr zu verringern, wenn sich die sozialtherapeutische Einrichtungen gerade ihrer schwierigsten und behandlungsbedürftigsten Gefangenen durch eine vorschnelle Rückverlegung in den Normalvollzug entledigen könnten.[885]

In Hamburg und in Hessen erfolgt eine Rückverlegung nach § 10 Abs. 3 S. 1 HmbStVollzG, § 12 Abs. 3 S. 1 HStVollzG, wenn der Zweck der Behandlung aus Gründen, die in der Person des Inhaftierten liegen, nicht erreicht werden kann. Die gleichen Aspekte führen auch in Niedersachsen gem. § 104 Abs. 4 S. 1 NJVollzG zu einer Rückverlegung in die Stammanstalt. Satz 2 der Norm lässt darüber hinausgehend als einen weiteren Rückverlegungsgrund ausreichen, wenn der Gefangene durch sein Verhalten den Behandlungsverlauf anderer erheblich und nachhaltig stört.

In **Baden-Württemberg** hat der Gesetzgeber keine Differenzierung zwischen allgemeiner Sozialtherapie und einer solchen für bestimmte Tätergruppen vorgenommen. Entscheidend für die Durchführung ist nicht die Anlassstat, sondern die Gefahr, die von ihm ohne eine sozialtherapeutische Behandlung ausgeht. Hinsichtlich der Gefährlichkeit der Gefangenen orientiert sich § 8 Abs. 1 JVollzGB III an den stationären Maßregeln der Besserung und Sicherung (§§ 63, 64 StGB). Wie dort müssen von den Inhaftierten erhebliche Straftaten, d.h. solche, die zumindest der mittleren Kriminalität zuzuordnen sind, drohen. Die Verlegung in eine sozialtherapeutische Einrichtung bedarf der Zustimmung von deren Anstaltsleitung. Soweit über die Verlegung in eine sozialtherapeutische Einrichtung aufgrund der Ermächtigung von § 21 JVollzGB I von einer zentralen Stelle entschieden wird, bedarf es dieser Zustimmung dagegen nicht. Hier bietet die zentrale Stelle ausreichende Gewähr dafür, dass die im Vergleich zum Regelvollzug deutlich teureren Haftplätze in den sozialtherapeutischen Einrichtungen mit für die Sozialtherapie geeigneten Gefangenen belegt werden. Die Gefangenen müssen ihrer Verlegung in die Sozialtherapien nicht zustimmen. Gemäß § 8 Abs. 3 JVollzGB III sind Gefangene zurückzuverlegen, wenn der Zweck der Behandlung aus Gründen, die in ihrer Person liegen (z.B. Therapieunfähigkeit oder eine dauernde Behandlungsunwilligkeit) nicht erreicht werden kann. Zudem darf nach § 8 Abs. 4 JVollzGB III eine Rückverlegung auch aus den übrigen allgemeinen Gründen in Betracht kommen.

(3) Wirksamkeit sozialtherapeutischer Behandlung
Als ein wesentliches Kriterium zur Erfolgsbeurteilung des Aufenthalts und der Behandlung in sozialtherapeutischen Anstalten dient bei empirischen Untersuchungen die Legalbewährung der Probanden. Neben der Messung von Veränderungen kriminalitätsrelevanter Persönlichkeitsmerkmale wird die Wirksamkeit der

595

---

[885] Bayerischer Landtag, Drucksache 15/8101, Begründung, S. 53.

Einrichtungen nach den Resultaten von **Rückfallstudien** beurteilt.[886] Die in Deutschland zur Sozialtherapie durchgeführten Evaluationsstudien[887] stellen damit vor allem Vergleichsuntersuchungen dar: Aus der sozialtherapeutischen Behandlung in die Freiheit Entlassene werden über Follow-up-Zeiträume von mehreren Jahren auf positive Veränderungen hin (kein Rückfall durch Begehen erneuter Straftaten) beobachtet. Es findet dann ein Vergleich der Rückfallhäufigkeit dieser Sozialtherapiegruppe mit Kontrollgruppen statt, d.h. aus dem konventionellen Vollzug in die Gesellschaft zurückgekehrten Verurteilten.

596   Schon erste Evaluationsstudien zur Wirkungsfrage konnten keinen zwingenden Nachweis einer Rückfallminderung durch sozialtherapeutische Maßnahmen erbringen. Sie zeigten aber im Hinblick auf Anzahl, Schwere und das zeitliche Intervall erneuter Sanktionierungen eine etwas bessere Legalbewährung der aus sozialtherapeutischen Anstalten Entlassenen.[888] Auch eine Meta-Evaluation von fünfzehn deutschen Studien zur Sozialtherapie ergab, dass Entlassene aus den sozialtherapeutisch behandelten Experimentalgruppen hinsichtlich Legalbewährung und Rückfallintervall erfolgreicher waren als diejenigen der Kontrollgruppe: Die Probanden aus der Sozialtherapie wurden in einem Bewährungszeitraum von drei bis vier Jahren um etwa 10 % weniger rückfällig als jene aus dem Regelvollzug.[889] Eine durchschnittlich um ca. 10 Prozentpunkte niedrigere Rückfallquote der aus der Sozialtherapie Entlassenen bestätigen auch ausländische Meta-Analysen.[890]

Dagegen kann eine Follow-up-Studie, welche die im Bundeszentralregister eingetragenen Neuverurteilungen von 140 sozialtherapeutisch Behandelten untersucht, acht Jahre nach der Entlassung aus der Sozialtherapie bei der Rückfälligkeit kaum mehr einen Unterschied zu einer Vergleichsgruppe des Normalvollzugs feststellen. Eine Berücksichtigung des zeitlichen Ablaufs des Rückfallgeschehens zeigt dabei jedoch, dass die aus der Sozialtherapie Entlassenen zunächst weitaus längere straffreie Intervalle aufweisen als die Vergleichsgruppe – erst nach etwa vier Jahren treten gehäufte Rückfälle ein (was auch als ein Problem der Nachsorge und weniger des Misserfolgs der sozialtherapeutischen Einrichtung gewertet werden kann).[891]

Ein Vergleich der weiteren Legalbiographie von 160 Entlassenen aus dem sozialtherapeutischen Behandlungsvollzug der Justizvollzugsanstalt Berlin-Tegel mit 323 Gefangenen aus dem Regelvollzug ergab nach einem Zeitraum von durchschnittlich zehn Jahren: Insassen, die den letzten Teil ihrer Strafe in der Sozialtherapie verbüßt hatten, wurden signifikant weniger häufig wiederverurteilt. Zu einer erneuten Inhaftierung kam es in 47 % der Fälle, während vergleichbare aus dem Regelvollzug entlassene Täter zu 70 % wiederum Freiheitsstrafen ohne Bewährung wegen neuer Straftaten verbüßen mussten.[892]

Eine in Nordrhein-Westfalen durchgeführte Studie, welche die Anstalten Düren und Gelsenkirchen betraf, ergab dagegen einen feststellbaren sozialtherapeutischen Effekt auf die Kriterien Wiederinhaftierung und selbstberichtete Delinquenz von sehr

---

[886] Vgl. auch Streng, 2002, Rdn. 267 f.
[887] Dazu Drenkhahn, 2007, S. 28 ff.; Egg, 2002, S. 122 ff.; Egg/Pearson/Cleland/Lipton, 2001, S. 325 ff.
[888] Siehe Egg, 1983, S. 132 ff.
[889] Lösel/Köferl/Weber, 1987, S. 263; Lösel, 1993, S. 23; ders., 1996, S. 260 ff.
[890] Vgl. Kury, 1999, S. 260 ff.
[891] Egg, 1990, S. 358 ff.
[892] Dünkel/Geng, 1993, S. 193 ff.

gering bis null.[893] Deutlich herausgestellt wird jedoch, dass der Erfolg der Sozialtherapie nicht nur am Rückfallkriterium bewertet werden darf, sondern auch am Anstaltsklima und der Gesamtbefindlichkeit der Betroffenen. Gerade insoweit stellt sich das sozialtherapeutische Konzept als „richtig und erfolgreich"[894] dar.

Bei solchen Erfolgsbeurteilungen anhand von Wirkungsanalysen ist zu berücksichtigen, dass die Verlegung in eine sozialtherapeutische Anstalt einem besonderen Auswahlverfahren unterliegt. Vergleicht man die Gruppen auf ihre Rückfälligkeit hin, bleibt letztlich offen, ob diese sich nicht von vornherein im Hinblick auf ihre Entwicklungsaussichten unterschieden haben. Denn setzt eine Aufnahme in die Sozialtherapie Behandlungsfähigkeit und -willigkeit des Betroffenen sowie ein geeignetes Angebotsprofil der Institution voraus, sind die Erwartungen an eine Veränderung gegenüber dem Normalvollzug als günstiger einzuschätzen.[895] Es werden gerade diejenigen Inhaftierten in die sozialtherapeutische Anstalt aufgenommen, welche auf die dort stattfindende Behandlung besonders ansprechen. Hinzu kommt eine weitere Auslese während des Aufenthalts in diesen Einrichtungen, wenn mehr als ein Drittel der Probanden wieder in den Normalvollzug zurückkehrt. Diese sog. Abbrecher weisen dann die höchsten Rückfallquoten auf.[896] **597**

5.5.4.3 Sozialtherapie für besondere Tätergruppen

Sowohl das Bundes-Strafvollzugsgesetz als auch die Strafvollzugsgesetze von Bayern, Hamburg, Hessen und Niedersachsen normieren neben den Verlegungsvoraussetzungen in die allgemeine Sozialtherapie mit § 9 Abs. 1 StVollzG, Art. 11 Abs. 1 BayStVollzG, § 10 Abs. 1 HmbStVollzG, § 12 Abs. 1 S. 1 HStVollzG, § 104 Abs. 1 NJVollzG an die Verurteilung anknüpfend spezifische Verlegungskriterien für bestimmte Inhaftierte. Hierbei handelt es sich zumeist um in den Gesetzeskatalogen bezeichnete Sexualstraftäter. In Niedersachsen ist die Anknüpfung darüber hinaus gem. § 104 Abs. 1 Nr. 2 NJVollzG erweitert um Gefangene, die wegen eines Verbrechens gegen das Leben, die körperliche Unversehrtheit oder die persönliche Freiheit oder nach den §§ 250, 251, auch in Verbindung mit den §§ 252 und 255 StGB verurteilt wurden. **598**

Bei der Sozialtherapie für Sexualstraftäter (und andere Gewalttäter) handelt es sich um ein Angebot des Behandlungsvollzugs, welches Mitwirkungsbereitschaft auf Seiten des Inhaftierten voraussetzt. Es fehlt allerdings nicht nur für die Sozialtherapie allgemein, sondern gerade auch im Hinblick auf Sexualstraftäter an einer einheitlichen[897] Therapiekonzeption.[898] Eine Ursache hierfür liegt schon in der

---

[893] Ortmann, 1994, S. 782 ff., 817; ders., 1995, S. 111 f.; ders., 2002, S. 332; ders., 2006, S. 459; krit. dazu Lösel, 1996, S. 262.
[894] Ortmann, 2002, S. 335.
[895] Specht, 1993, S. 14.
[896] Dünkel/Geng, 1993, S. 215 ff.; Egg, 1990, S. 362; Lösel, 1993, S. 23 f.; einschränkend aber Dolde, 1996, S. 295.
[897] Vgl. Jäger S., 2003, S. 206 ff.; Kempe, 1997, S. 334; Konrad N., 1998, S. 268; Schneider H. J., 1998, S. 442; ders., 1999, S. 432.
[898] Zur sozialtherapeutischen Behandlung von Sexualdelinquenten Alex, 2006, S. 105 ff.; Bosinski, 2004, S. 2 ff.; Bussmann/Seifert/Richter, 2008, S. 6 ff.; Drenkhahn, 2003,

Tatsache begründet, dass es d e n Sexualtäter als einheitlichen Typus nicht gibt.[899] Rückfalluntersuchungen legen im Hinblick auf die Therapieergebnisse bei dieser Gruppe den Schluss nahe: An den hohen Erwartungen, die der Gesetzgeber mit der Sozialtherapie von Sexualstraftätern verbindet, müssen Abstriche vorgenommen werden.[900] Wichtiger als medizinische Behandlung scheint gerade im Hinblick auf Berichte über eine insgesamt hohe – wenn auch nicht unbedingt einschlägige – Rückfälligkeit bei Sexualstraftätern[901] ein **Verhaltens-Training** zu sein.[902] Dabei setzt das Behandlungsteam an drei Punkten an: Zum einen wird versucht, zu einem Verlernen abweichender sexueller Vorlieben beizutragen, indem man diese mit für den Probanden negativen Begleiterscheinungen kombiniert. Sodann geht es darum, im Rahmen kognitiver Umstrukturierungs-Techniken diejenigen Verhaltensmuster in Frage zu stellen, mit deren Hilfe die Täter ihr Verhalten bisher geleugnet oder beschönigt haben.[903] Als Drittes bedarf es der Einübung von Strategien, mit deren Hilfe der Betroffene in Zukunft rückfalltaugliche Situationen entweder zu vermeiden oder aber normgetreu zu bewältigen vermag.[904] Psychotherapeutische Behandlung kommt als Behandlungsmethode ebenfalls in Betracht, ihr Nutzen ist bislang aber umstritten.[905]

Seit 2003 hat sich das Verhältnis der Gefangenen in der allgemeinen Sozialtherapie und den sozialtherapeutisch behandelten Sexualstraftätern deutlich in Richtung der Sexualstraftäter verschoben. Innerhalb der Gruppe der Sexualstraftäter in den sozialtherapeutischen Einrichtungen überwiegen die wegen sexuellen Missbrauchs von Kindern Verurteilten gegenüber den Inhaftierten, die eine Vergewaltigung bzw. eine sexuelle Nötigung begangen haben (am 31.3.2009: 52,3 % gegenüber 39,6 %).[906]

(1) Bundesgesetzliche Regelungen für Sexualstraftäter

599 Während die Verlegung in die allgemeine Sozialtherapie nur nach pflichtgemäßem Ermessen vorgenommen wird und sie zudem der Zustimmung des Gefangenen bedarf (§ 9 Abs. 2 StVollzG), gilt nach § 9 Abs. 1 StVollzG für behandlungs-

---

S. 64 f.; Goderbauer, 1999, S. 162 ff.; ders., 2000, S. 177 ff.; ders., 2004, S. 15 ff.; Judith, 1995, S. 72 ff.; Nedopil, 2007, S. 244 f.; Postpischil, 2002, S. 69 ff.; Rehder, 1993, S. 31 ff.; Rüther, 1998, S. 246 ff.; Spitczok von Brisinski/Alsleben/Zahn, 2005, S. 271 ff.; Spöhr, 2009, S. 42 ff.; Wischka, 2000, S. 27 ff.; ders., 2005, S. 208 ff.; speziell zur Therapie bei sexuellem Kindesmissbrauch Jäger M., 1998, S. 38 ff.
[899] Dazu Egg, 2006, S. 569.
[900] Siehe Albrecht, 1999, S. 885 f.; Dölling, 1999, S. 31; Dolde, 1997, S. 328 ff.; Schmucker, 2005, S. 129 ff.; Schneider H. J., 1998, S. 442; Schöch, 1998, S. 1261; Egg, in: Schwind/Böhm/Jehle/Laubenthal, 2009, § 9 Rdn. 7 ff.
[901] Dazu Egg, 1999, S. 45 ff.; Elz, 1999, S. 63 ff.; Schneider H. J., 1999, S. 425; anders Alex, 2001, S. 4; Schüler-Springorum, 2000, S. 30.
[902] Dazu Jäger S., 2003, S. 206 ff.
[903] Zur Bedeutung der Gruppentherapie hierbei Schneider H. J., 1999, S. 436 f.
[904] Dazu Schneider H. J., 1998, S. 443; ders., 1999, S. 439 ff.
[905] Befürwortend Jäger M., 2001, S. 29; Kröber, 2000, S. 40 ff.; Rösch, 2000, S. 141 ff.; Schöch, 1998, S. 1260; krit. Goderbauer, 1999, S. 162; Schneider H. J., 1999, S. 438.
[906] Vgl. Hefendehl, 2010, S. 26.

fähige Sexualstraftäter etwas Anderes, wenn sie wegen einer Straftat nach §§ 174 bis 180 oder 182 StGB zu zeitiger Freiheitsstrafe von mehr als zwei Jahren verurteilt sind. Sie sind seit 1.1.2003 **zwingend** in sozialtherapeutischen Anstalten **zu behandeln**.[907] Auch des Einverständnisses des Leiters der sozialtherapeutischen Anstalt bedarf es nicht. Dies hat der Gesetzgeber als Reaktion auf einige im In- und Ausland zum Nachteil von Kindern verübte spektakuläre Sexualstraftaten als Bestandteil des „Gesetzes zur Bekämpfung von Sexualdelikten und anderen gefährlichen Straftaten"[908] beschlossen. Um den Bundesländern die Gelegenheit zu geben, die erforderlichen Therapieplätze zu schaffen, war die Verlegung nach § 9 Abs. 1 S. 1 StVollzG bis zum 31.12.2002 zunächst nur als Soll-Vorschrift[909] ausgestaltet. Nicht von der Hand zu weisen ist angesichts leerer öffentlicher Kassen die Gefahr, dass sich mangels geringer Gesamtkapazitäten in der Sozialtherapie die Privilegierung der Sexualstraftäter zum Nachteil sonstiger sozialtherapeutisch behandelbarer Straftäter auswirkt, für die dann Behandlungsplätze fehlen.[910]

Einschlägige **Taten** i.S.d. § 9 Abs. 1 S. 1 StVollzG, auf denen die Verurteilung zu einer zeitigen Freiheitsstrafe von mehr als zwei Jahren beruht, sind die Delikte[911]
– sexueller Missbrauchs von Schutzbefohlenen (§ 174 StGB),
– sexueller Missbrauch von Gefangenen, behördlich Verwahrten oder Kranken und Hilfsbedürftigen in Einrichtungen (§ 174a StGB),
– sexueller Missbrauch unter Ausnutzung einer Amtsstellung (§ 174b StGB),
– sexueller Missbrauch unter Ausnutzung eines Beratungs-, Behandlungs- oder Betreuungsverhältnisses (§ 174c StGB),
– sexueller Missbrauch von Kindern (§§ 176, 176a, 176b StGB),
– sexuelle Nötigung und Vergewaltigung (§§ 177, 178 StGB),
– sexueller Missbrauch widerstandsunfähiger Personen (§ 179 StGB),
– Förderung sexueller Handlungen Minderjähriger (§ 180 StGB),
– sexueller Missbrauch von Jugendlichen (§ 182 StGB).

Erfolgte die Verurteilung wegen einer anderen – im Katalog des § 9 Abs. 1 S. 1 **600** StVollzG nicht genannten – Straftat gegen die sexuelle Selbstbestimmung oder wurde eine zeitige Freiheitsstrafe von höchstens zwei Jahren bzw. lebenslange

---

[907] Krit. Boetticher, 1998, S. 367; Schüler-Springorum, 2002, S. 10 ff.; ders., 2003, S. 575 ff.; Walter M., 1999, Rdn. 303; Winchenbach, 2000, S. 278 f.; ablehnend Alex, 2001, S. 4 f.; Jäger M., 2001, S. 28 ff.; Rotthaus K., 1998, S. 600.
[908] BGBl. I 1998, S. 160 ff.; dazu Laubenthal, 2000, S. 11 f.
[909] Zu den Konsequenzen bei der Rechtsanwendung KG, NJW 2001, S. 1806 ff.
[910] In diesem Sinne auch AK-Rehn, 2006, vor § 123 Rdn. 21; Albrecht, 1999, S. 884 f.; Becker/Kinzig, 1998, S. 260; Calliess/Müller-Dietz, 2008, § 9 Rdn. 20; Dessecker, 1998, S. 6; Deutsche Gesellschaft für Sexualforschung, 1998, S. 369; Goderbauer, 1999, S. 159; Kaiser/Schöch, 2002, S. 261; Laubenthal, 2004, S. 17; Rehn, 2003, S. 66; Rosenau, 1999, S. 397; Rotthaus K., 1998, S. 598; Winchenbach, 2000a, S. 125; zu einzelnen Bundesländern Dreger, 2000, S. 72; ders., 2000a, S. 129 ff.; Drenkhahn, 2003, S. 62 ff.; Egg, 2000, S. 81 ff.; Futter, 2000, S. 99 ff.; Harmening, 2000, S. 125 ff.; Rehn, 2000, S. 122 f.; Schmidt P., 2000, S. 105 ff.
[911] Krit. zum Straftatenkatalog Rotthaus K., 1998, S. 598.

Freiheitsstrafe (§§ 176b, 178 StGB) verhängt, richtet sich die Entscheidung über die Durchführung der Sozialtherapie nach den allgemeinen Grundsätzen des § 9 Abs. 2 StVollzG.[912] Das Gleiche gilt, sofern ein Inhaftierter wegen eines einschlägigen Sexualdelikts i.S.d. § 9 Abs. 1 S. 1 StVollzG und anderer dort nicht bezeichneter Taten zu einer Gesamtfreiheitsstrafe (§§ 53 ff. StGB) verurteilt wurde und die Einzelstrafe für die Sexualstraftat die Grenze von zwei Jahren nicht übersteigt. Die Entstehungsgeschichte der neuen Fassung von § 9 Abs. 1 S. 1 StVollzG belegt, dass es dem Gesetzgeber nicht um die Therapierung gefährlicher Täter allgemein, sondern speziell um die Behandlung derjenigen ging, welche **gravierendere Sexualstraftaten** verübt haben. Wurde lebenslange Freiheitsstrafe als Gesamtstrafe verhängt (§ 54 Abs. 1 S. 1 StGB), kommt mangels Verurteilung zu einer zeitigen Freiheitsstrafe die Durchführung einer Sozialtherapie selbst dann nur gemäß § 9 Abs. 2 StVollzG in Betracht, wenn als Einzelstrafe eine Freiheitsstrafe von mehr als zwei Jahren wegen einer einschlägigen Sexualstraftat ausgeworfen wurde.[913]

601 Die Vollzugsbehörden haben bereits bei der **Behandlungsuntersuchung** die Frage einer Verlegung von Sexualstraftätern in eine sozialtherapeutische Anstalt besonders gründlich zu prüfen (§ 6 Abs. 2 S. 2 StVollzG). Das betrifft allerdings auch diejenigen unter ihnen, die eine Freiheitsstrafe von nur zwei Jahren oder darunter bzw. lebenslange Freiheitsstrafe zu verbüßen haben. Insoweit bedarf es im Rahmen von Lebenslaufanalyse und Exploration einer intensiven Befassung mit Entstehungsgeschichte und Progredienz des delinquenten Sexualverhaltens.[914] Eine Abstimmung mit dem besonders qualifizierten Personal der sozialtherapeutischen Anstalt erscheint dabei schon aufgrund divergierender Aufnahmekriterien der einzelnen Einrichtungen sinnvoll.[915] Bei Verneinung eines Verlegungserfordernisses muss die Verlegungsfrage nur in Ansehung der von § 9 Abs. 1 S. 1 StVollzG erfassten Täter unter Berücksichtigung der vollzuglichen Entwicklung des Inhaftierten jeweils nach Ablauf von sechs Monaten neu entschieden werden (§ 7 Abs. 4 StVollzG). So mag sich etwa erst im weiteren Lauf der Haftzeit herausstellen, dass in der Person des Gefangenen Defizite vorliegen, welche durch die im Rahmen des Regelvollzugs möglichen therapeutischen Angebote nicht aufgearbeitet werden können, sondern eine Behandlung in der Sozialtherapie erfordern. Da der Gesetzgeber mit § 9 Abs. 1 S. 1 StVollzG eine sozialtherapeutische Behandlung aller geeigneten und bedürftigen Gefangenen anstrebt, bleibt trotz des nicht eindeutigen Wortlauts des § 7 Abs. 4 StVollzG eine Verlegungsentscheidung auch vor Ablauf der Sechs-Monats-Frist statthaft, ohne dass aber ein Anspruch des Inhaftierten hierauf besteht.[916]

602 Eine Sozialtherapie für Sexualstraftäter stellt keine Kurzzeit-Behandlungsmaßnahme dar. Die meisten Anstalten setzen für die Aufnahme einen **Strafrest** von 18 Monaten voraus. Ging der Verurteilung längere Untersuchungshaft voran, kann nach Verhängung einer Freiheitsstrafe von nicht weit über zwei Jahren schon zum

---

[912] Krit. insoweit Wischka/Specht, 2001, S. 253.
[913] Vgl. Calliess/Müller-Dietz, 2008, § 9 Rdn. 3.
[914] Dazu Wischka, in: Schwind/Böhm/Jehle/Laubenthal, 2009, § 6 Rdn. 27.
[915] Vgl. Eisenberg/Hackethal, 1998, S. 198; Kaiser/Schöch, 2002, S. 261.
[916] Weiter gehend AK-Feest/Joester, 2006, § 7 Rdn. 25.

Zeitpunkt der Aufnahme in den Strafvollzug die Durchführung einer Sozialtherapie keinen Erfolg mehr versprechen.[917] Als problematisch stellt sich darüber hinaus das richtige Vorgehen bei Personen dar, die zu längerer Freiheitsstrafe verurteilt sind. Es lässt sich nicht ausschließen, dass entweder Resultate einer zu Beginn der Haftzeit durchgeführten Sozialtherapie durch anschließende Rückkehr in den Regelvollzug wieder zunichte gemacht werden oder aber bei Durchführung der Sozialtherapie erst gegen Ende der Haftzeit eine anfänglich vorhandene Therapiemotivation bereits erloschen ist.[918]

Angezeigt ist die Verlegung in die Sozialtherapie bei Vorliegen von **Therapiefähigkeit, Therapiebedürftigkeit** und (stationärer) **Therapienotwendigkeit** in der Person des Sexualstraftäters.[919] Hinsichtlich der Frage, ob eine Verlegung angezeigt ist, steht der Vollzugsanstalt ein Beurteilungsspielraum zu. Seit 1. Januar 2003 besteht ein Anspruch therapiefähiger und –bedürftiger Gefangener auf Verlegung in die sozialtherapeutische Anstalt.[920] Liegen die Voraussetzungen des § 9 Abs. 1 S. 1 StVollzG vor, bleibt auf der Rechtsfolgenseite für eine Ermessensentscheidung kein Raum mehr.[921] Bedarf es des Einverständnisses des Sexualstraftäters für die Vornahme der Verlegung nicht, so bleibt fraglich, ob fehlende Therapiemotivation die Behandlung in der Sozialtherapie nicht angezeigt erscheinen lässt. Das wird man jedoch nur für die seltenen Fälle verneinen dürfen, in denen mit an Sicherheit grenzender Wahrscheinlichkeit eine Motivierung nicht zu erreichen ist. Im Übrigen geht das Gesetz mit § 9 Abs. 1 S. 1 StVollzG gerade durch das Fehlen des Zustimmungserfordernisses davon aus, dass die Therapiemotivation nach der Verlegung geweckt werden soll (§ 4 Abs. 1 S. 2 StVollzG)[922], zumal Sexualstraftäter bisweilen zu anfänglich besonders intensiver Verdrängung ihrer Taten und der für sie ursächlichen Sozialisationsdefizite neigen.[923] Eine Verlegung nach § 9 Abs. 1 StVollzG darf prinzipiell auch nicht mit dem Hinweis abgelehnt werden, das von der sozialtherapeutischen Einrichtung entwickelte Rahmenkonzept sei auf einen bestimmten Inhaftierten nicht zugeschnitten.[924] Die fehlende Eignung eines Gefangenen kann nur auf die in seiner Person begründete Behandlungsunfähigkeit gestützt werden. Das gilt vor allem bei einer mit therapeutischen Mitteln nicht erreichbaren Persönlichkeitsstörung. Gleiches ist bei einer auf Dauer angelegten und nicht korrigierbaren Verweigerung der Mitarbeit

603

---

[917] Vgl. AK-Rehn, 2006, § 9 Rdn. 13; Egg, in: Schwind/Böhm/Jehle/Laubenthal, 2009, § 9 Rdn. 8; zur Behandlungsdauer noch Konrad N., 1998, S. 268.
[918] Dazu KG, NJW 2001, S. 1807 f.; Egg, in: Schwind/Böhm/Jehle/Laubenthal, 2009, § 9 Rdn. 8.
[919] Calliess/Müller-Dietz, 2008, § 6 Rdn. 6, § 9 Rdn. 12; ausführlich zu den Voraussetzungen Konrad N., 1998, S. 265 ff.; Suhling/Wischka, 2008, S. 214 ff.
[920] OLG Frankfurt, NStZ-RR 2004, S. 349; Arloth, 2008, § 9 Rdn. 9; Calliess/Müller-Dietz, 2008, § 9 Rdn. 2; Hammerschlag/Schwarz, 1998, S. 324; Jäger S., 2003, S. 189 f.; AK-Rehn, 2006, § 9 Rdn. 8.
[921] OLG Celle, NStZ-RR 2007, S. 284.
[922] Zur Therapiemotivation bei Missbrauchstätern siehe Bullens/Egg, 2003, S. 273 ff.
[923] Calliess/Müller-Dietz, 2008, § 6 Rdn. 6, § 9 Rdn. 18; anders Eisenberg/Hackethal, 1998, S. 197.
[924] OLG Frankfurt, NStZ-RR 2004, S. 349 f.

an der Behandlung gegeben, d.h. bei einer mit therapeutischen Mitteln nicht mehr aufbrechbaren Behandlungsunwilligkeit.[925]

604 Für die Möglichkeit der **Rückverlegung** aus einer sozialtherapeutischen Anstalt trifft § 9 Abs. 1 S. 2 StVollzG eine Sonderregelung, die allerdings die Verlegungsmöglichkeiten aus allgemeinen Vorschriften (§ 9 Abs. 3 StVollzG) unberührt lässt. Die Rückverlegung ist zwingend vorzunehmen, wenn der Zweck der Behandlung aus Gründen, die in der Person des Gefangenen liegen, nicht erreicht werden kann. Der Gesetzgeber hat den Vollzugsbehörden kein Ermessen für den Fall eingeräumt, dass ein Inhaftierter die tatbestandlichen Voraussetzungen der Norm erfüllt. Denn die Knappheit der Therapieplätze gestattet es nicht, diese von behandlungsungeeigneten Personen blockieren zu lassen.[926]

605 Die Voraussetzungen des § 9 Abs. 1 S. 2 StVollzG liegen etwa dann vor, wenn die Bereitschaft des Gefangenen zur Mitwirkung an der Therapie nicht geweckt werden konnte oder der Gefangene die anfängliche Mitarbeit eingestellt hat. Eine „Zwangsbehandlung" bleibt dann nach der Regel des § 4 Abs. 1 S. 1 StVollzG auch gegenüber Sexualstraftätern unzulässig. Darüber hinaus hat die Rückverlegung zu erfolgen, sofern der Gefangene sich entweder als für die Sozialtherapie generell ungeeignet erweist oder die in der speziellen Anstalt verfügbaren Angebote mit seinen Therapiebedürfnissen nicht in Einklang stehen.[927] Der bislang absolvierte Therapieprozess muss die Wahrscheinlichkeitsprognose gestatten, mit den therapeutischen Mitteln und Hilfen werde sich in der Einrichtung voraussichtlich kein Erfolg erzielen lassen.[928] Dafür genügt es nicht, wenn alltägliche Konflikte oder einfache Verstöße gegen die Hausordnung vorkommen.[929] Auch Vorfälle, welche durch die Therapie ausgelöste Reaktionen darstellen, sind primär in der weiteren Behandlung aufzuarbeiten.[930] Der Missbrauch von Vollzugslockerungen, nachhaltige Regelverstöße oder die Begehung neuer Straftaten vermögen demgegenüber prinzipiell den Erfolg der Therapie in Frage zu stellen.[931] Das Erfordernis einer **Wahrscheinlichkeitsprognose** in § 9 Abs. 1 S. 2 StVollzG eröffnet allerdings einen **Beurteilungsspielraum**, der eine nur eingeschränkte gerichtliche Überprüfung der Rückverlegungsentscheidung gestattet.[932] Die Anstaltsleitung vermag im Zusammenwirken mit dem Behandlungsteam aufgrund der Nähe zu dem Inhaftierten die erforderliche Prognose besser zu erstellen als der Richter einer Strafvollstreckungskammer. Dieser bleibt auf die Nachprüfung der Einhaltung der Grenzen des Beurteilungsspielraums beschränkt.[933] Ein Verbleiben in der Sozialtherapie ist ferner dann nicht mehr angezeigt, wenn die Therapie erfolgreich beendet wurde.[934] Diese Feststellung zu treffen obliegt ebenfalls primär der An-

---

[925] OLG Schleswig, StrVert 2006, S. 148.
[926] Calliess/Müller-Dietz, 2008, § 9 Rdn. 21.
[927] Anders AK-Rehn, 2006, § 9 Rdn. 17.
[928] Calliess/Müller-Dietz, 2008, § 9 Rdn. 21.
[929] OLG Bamberg, ZfStrVo 2003, S. 370.
[930] Egg, in: Schwind/Böhm/Jehle/Laubenthal, 2009, § 9 Rdn. 12.
[931] AK-Rehn, 2006, § 9 Rdn. 30.
[932] OLG Bamberg, Beschl. vom 19.03.2002 – Ws 807/01; Arloth, 2008, § 9 Rdn. 15.
[933] Dazu unten Kap. 8.2.2.2 (2).
[934] Rotthaus K., 2002, S. 183.

stalt. Überschritten sind die Grenzen des Beurteilungsspielraums aber dann, wenn die Rückverlegung ihren Grund nur in der Knappheit der Behandlungskapazitäten findet.

Eine Verlegungsentscheidung darf unter den Voraussetzungen der §§ 8 und 85 StVollzG zudem aus nicht therapeutisch motivierten Gründen ergehen, § 9 Abs. 3 StVollzG. Anders als im Fall der therapeutisch indizierten Rückverlegung bleibt es insoweit bei dem der Vollzugsbehörde eingeräumten Ermessen.[935] Damit kommt eine Verlegung auch dann in Betracht, wenn eine andere Anstalt zur sicheren Unterbringung des Gefangenen besser geeignet ist oder der aus der Person des Inhaftierten erwachsenden Gefahr für Sicherheit und Ordnung in der sozialtherapeutischen Anstalt nicht entgegengetreten werden kann. Steht ausnahmsweise von Beginn an fest, dass der Sicherheitsstandard in einer sozialtherapeutischen Einrichtung der von einem Gefangenen ausgehenden Gefahr nicht gerecht wird, darf die Vollzugsbehörde bereits von vornherein entgegen § 9 Abs. 1 S. 1 StVollzG von einer Verlegung in die Sozialtherapie absehen. **606**

(2) Landesrechtliche Bestimmungen

Der in § 9 Abs. 1 S. 1 StVollzG bezeichnete Katalog der Sexualstraftaten ist in Art. 11 Abs. 1 BayStVollzG, § 10 Abs. 1 HmbStVollzG, § 12 Abs. 1 S. 1 HStVollzG, § 104 Abs. 1 Nr. 1 NJVollzG übernommen worden. Anders als in § 9 Abs. 1 StVollzG sind nicht nur Gefangene betroffen, die wegen eines der im jeweiligen Katalog genannten Delikte zu einer Freiheitsstrafe von mehr als zwei Jahren verurteilt wurden. Erfasst sind auch diejenigen Sexualstraftäter, die eine lebenslange Freiheitsstrafe zu verbüßen haben. **607**

Art. 11 Abs. 1 BayStVollzG, § 10 Abs. 1 HmbStVollzG, § 12 Abs. 1 S. 1 HStVollzG, § 104 Abs. 1 NJVollzG geben – wie § 9 Abs. 1 S. 1 StVollzG – einen Rechtsanspruch auf Verlegung in die sozialtherapeutische Einrichtung, wenn die Behandlung dort angezeigt ist. Jedoch wurde in Bayern gem. Art. 11 Abs. 3 BayStVollzG auch bezüglich der Katalogtäter von Art. 11 Abs. 1 BayStVollzG normiert, dass vor ihrer Verlegung in die Sozialtherapie die Bereitschaft zur Teilnahme an therapeutischen Maßnahmen zu wecken und zu fördern ist. § 104 Abs. 1 NJVollzG umfasst in Niedersachsen nicht nur die Gruppe der Sexualstraftäter, sondern auch diejenigen Inhaftierten, die wegen eines Verbrechens gegen das Leben, die körperliche Unversehrtheit oder die persönliche Freiheit oder nach den §§ 250, 251, auch in Verbindung mit §§ 252 und 255 StGB verurteilt sind (§ 104 Abs. 1 Nr. 2 NJVollzG). Während – ebenso wie nach § 9 Abs. 1 S. 1 StVollzG – auch gem. Art. 11 Abs. 1 BayStVollzG, § 10 Abs. 1 HmbStVollzG der Strafgefangene im Vollzug einer Freiheitsstrafe zu einer solchen von mehr als zwei Jahren wegen einer Katalogtat verurteilt worden sein muss, enthält § 104 Abs. 1 NJVollzG keinerlei zeitliche Begrenzung hinsichtlich der Freiheitsstrafe. Zudem betrifft § 104 Abs. 3 NJVollzG nicht nur die allgemeine Sozialtherapie, sondern auch die von § 104 Abs. 1 NJVollzG erfassten Verurteilten. Deren Verlegung in eine sozialtherapeutische Einrichtung soll erst zu einem Zeitpunkt erfolgen, der den Abschluss der Behandlung zum voraussichtlichen Entlassungszeitpunkt er-

---

[935] Zu den Verlegungsmöglichkeiten Kap. 5.2.2.

warten lässt. Hessen geht ebenfalls von einer Mindestfreiheitsstrafe von zwei Jahren aus, dies ist nach § 12 Abs. 2 S. 1 HStVollzG jedoch nicht zwingend („Für eine Verlegung ... kommen insbesondere in Betracht ..."). Hinsichtlich des Verlegungszeitpunktes stimmt § 12 Abs. 2 S. 2 HStVollzG inhaltlich mit § 104 Abs. 3 NJVollzG überein.

Die landesrechtlichen Vorschriften über eine Rückverlegung aus der sozialtherapeutischen Einrichtung gem. Art. 11 Abs. 4 u. 5 BayStVollzG, § 10 Abs. 3 S. 1 u. Abs. 4 HmbStVollzG, § 12 Abs. 3 HStVollzG, § 104 Abs. 4 u. 5 NJVollzG beziehen sich nicht nur auf die allgemeine Sozialtherapie, sondern gleichermaßen auf die in Einrichtungen für Sexualstraftäter (bzw. Gewalttäter) zur Sozialtherapie untergebrachten Strafgefangene. Da in Baden-Württemberg in § 8 JVollzGB III nicht zwischen der allgemeinen Sozialtherapie und derjenigen für Sexualstraftäter unterschieden wird, gelten § 8 Abs. 3 u. 4 JVollzG für Rückverlegungen aller in sozialtherapeutischen Einrichtungen untergebrachter Gefangener, die dort einen Teil ihrer Freiheitsstrafe verbüßen.

Tabelle 5.2. Sozialtherapeutische Einrichtungen am 31.3.2010 nach Bundesländern

Bundesland	Haftplätze Sozialtherapie	Einrichtungen
Baden-Württemberg	105	Adelsheim, Asperg, Crailsheim
Bayern	249	Aichach, Amberg, Bayreuth, Erlangen, Kaisheim, Landsberg/Lech, München, Neuburg/Donau, Straubing, Würzburg
Berlin	183	Tegel, Neukölln
Brandenburg	102	Brandenburg, Wriezen
Bremen	10	(Vollzug in Niedersachsen)
Hamburg	148	Fuhlsbüttel, Hahnöfersand
Hessen	140	Kassel
Mecklenburg-Vorpommern	48	Dummerstorf
Niedersachsen	221	Alfeld, Bad Gandersheim, Hameln, Hannover, Lingen, Meppen, Uelzen, Vechta
Nordrhein-Westfalen	230	Aachen, Bochum, Detmold, Euskirchen, Gelsenkirchen, Herford, Schwerte, Siegburg, Willich
Rheinland-Pfalz	79	Diez, Ludwigshafen
Saarland	36	Saarbrücken
Sachsen	133	Dresden, Waldheim
Sachsen-Anhalt	116	Halle
Schleswig-Holstein	39	Lübeck
Thüringen	74	Tonna

Quelle: Niemz, 2010.

5.6 Freizeit und Information

Im modernen Behandlungsvollzug kommt auch der Freizeitgestaltung wesentliche **608** Bedeutung für die Sozialisation des Gefangenen zu.[936] Dies gilt nicht nur, weil in diesem Zeitraum Weiterbildung oder therapeutische Maßnahmen stattfinden. Die Freizeit insgesamt ist ein **Feld sozialen Lernens**. Durch Aktivierung des Inhaftierten wird ihm geholfen, den Zeitfaktor zu bewältigen. Die angebotenen Beschäftigungsmöglichkeiten dienen zugleich dazu, den schädlichen Folgen des Strafvollzugs entgegenzuwirken, vor allem einem Abgleiten in subkulturelle[937] Aktivitäten. Durch Information über das Geschehen außerhalb der Anstalt wird dem Insassen zudem das Erlangen eines aktuellen Wissensstands ermöglicht. Die Strafvollzugsgesetze regeln unter dem Titel Freizeit in §§ 67 bis 70 StVollzG, §§ 57 bis 60 JVollzGB III, Art. 69 bis 73 BayStVollzG, §§ 50 bis 53 HmbStVollzG, §§ 30, 31 HStVollzG, §§ 64 bis 67 NJVollzG verschiedene Bereiche der Freizeitgestaltung.

5.6.1 Gestaltung der Freizeit

§ 67 S. 1 StVollzG, Art. 69 S. 1 BayStVollzG, § 50 S. 1 HmbStVollzG, § 30 **609** Abs. 1 HStVollzG geben dem einzelnen Gefangenen das Recht, sich in seiner Freizeit **individuell** seinen Neigungen und Wünschen gemäß zu **beschäftigen**. Dabei schreibt § 57 S. 1 JVollzGB III sogar vor, die Inhaftierten zur Teilnahme und Mitwirkung an Angeboten der Freizeitgestaltung zu motivieren und anzuleiten. § 67 S. 2 StVollzG, § 57 S. 2 u. 3 JVollzG III, Art. 69 S. 2 BayStVollzG, § 50 S. 2 HmbStVollzG verpflichten die Vollzugsbehörden, umfassende und differenzierte Freizeitangebote zu schaffen, während § 30 Abs. 2 S. 1 HStVollzG eine solche Pflicht explizit lediglich für die Einrichtung einer angemessen ausgestatteten Bibliothek bzw. § 31 S. 2 HStVollzG bezüglich des Vorhaltens ausreichender Sportangebote normiert.

Der Inhaftierte soll Gelegenheit erhalten, am Unterricht und Sport, an Fernunterricht, Lehrgängen und anderen Weiterbildungsveranstaltungen, an Freizeit- und Gesprächsgruppen sowie an Sportveranstaltungen teilzunehmen und die Anstaltsbücherei zu benutzen. Aus den in der Anstalt angebotenen Beschäftigungsmöglichkeiten kann der Inhaftierte auswählen. Ein Recht auf ein ganz bestimmtes Freizeitangebot steht ihm aber nicht zu.[938]

In Niedersachsen wurde der Regelungsgehalt von § 67 StVollzG nicht in das NJVollzG übernommen. § 64 NJVollzG normiert lediglich explizit, dass die Gefangenen Gelegenheit erhalten, in ihrer Freizeit Sport zu treiben.

---

[936] Zu den wesentlichen Funktionen der Freizeit im Vollzug siehe Moers, 1969, S. 64; Walkenhorst, 2000, S. 266 ff.
[937] Dazu oben Kap. 3.4.2.4.
[938] Kaiser/Schöch, 2002, S. 326.

610 § 67 S. 2 StVollzG, § 57 S. 2 JVollzGB III, Art. 69 S. 2 BayStVollzG, § 50 S. 2 HmbStVollzG, § 30 Abs. 4 S. 1 HStVollzG ordneten Veranstaltungen der **Weiterbildung** dem Freizeitbereich zu. Gemäß § 37 Abs. 3 StVollzG, § 42 Abs. 4 JVollzGB III, Art. 39 Abs. 4 S. 1 BayStVollzG, § 34 Abs. 1 Nr. 3 HmbStVollzG, § 27 Abs. 3 S. 2 HStVollzG können jedoch berufliche Aus- und Weiterbildungsmaßnahmen mit dem Ziel der Vermittlung, Erhaltung oder Förderung einer Erwerbstätigkeit nach der Entlassung auch für die Arbeitszeit zugewiesen werden und die Arbeitspflicht substituieren.[939] Gleiches gilt für die Teilnahme am Unterricht. Eine exakte Abgrenzung der Zuordnung von Weiterbildungsangeboten zum Arbeits- und zum Freizeitbereich enthalten die Gesetze nicht. Haben Weiterbildungsmaßnahmen einen unmittelbaren Bezug zu einer späteren Erwerbstätigkeit, finden sie vor allem während der Arbeitszeit statt; die übrigen Behandlungsmaßnahmen werden regelmäßig in der Freizeit durchgeführt.[940]

5.6.2 Information

611 §§ 68, 69 StVollzG; § 59, 60 JVollzGB III; Art. 70, 71 BayStVollzG; §§ 51, 52 HmbStVollzG; § 30 Abs. 2 u. 3 HStVollzG; §§ 65, 66 NJVollzG konkretisieren den Anspruch des Gefangenen auf individuelle Freizeitbeschäftigung für den Bereich der Informationsgewinnung aus den Massenmedien. Sie regeln die Ausübung des Grundrechts auf **Informationsfreiheit** nach Art. 5 Abs. 1 S. 1 GG.

5.6.2.1 Zeitungen und Zeitschriften

612 Einen Rechtsanspruch auf den fortlaufenden Bezug von Zeitungen und Zeitschriften geben § 68 Abs. 1 StVollzG, § 60 S. 1 JVollzGB III, Art. 70 Abs. 1 BayStVollzG, § 51 Abs. 1 HmbStVollzG, § 30 Abs. 2 S. 2 HStVollzG, § 65 Abs. 1 NJVollzG. Danach kann der Inhaftierte Presseerzeugnisse durch Vermittlung der Anstalt beziehen. Dabei hat er die Bestellung der periodisch erscheinenden Schriften selbst zu veranlassen und er kann für deren Bezug sein Hausgeld, Taschengeld oder Eigengeld verwenden. Er ist in der Auswahl grundsätzlich frei. Der Bezug muss aber angemessen sein, d.h. er darf die räumlichen, organisatorischen und personellen Anstaltsverhältnisse nicht über Gebühr belasten, weshalb eine Reduzierung auf insgesamt fünf Zeitungen und Zeitschriften nach freier Wahl des Betroffenen zulässig bleibt.[941]

Das Grundrecht auf Informationsfreiheit des Strafgefangenen wird durch § 68 Abs. 2 StVollzG, § 60 S. 2 i.V.m. § 58 Abs. 2 JVollzGB III, Art. 70 Abs. 2 BayStVollzG, § 51 Abs. 2 HmbStVollzG, § 30 Abs. 2 S. 4 u. 5 HStVollzG, § 65 Abs. 2 NJVollzG als allgemeine gesetzliche Vorschriften i.S.d. Art. 5 Abs. 2 GG abschließend beschränkt:

---

[939] Dazu oben Kap. 5.3.2.
[940] Calliess, 1992, S. 97.
[941] OLG Hamm, NStZ 1987, S. 248; Schwind, in: Schwind/Böhm/Jehle/Laubenthal, 2009, § 68 Rdn. 9.

Der Bezug eines periodisch erscheinenden Presseerzeugnisses darf gem. § 68 Abs. 2 S. 1 StVollzG, § 60 S. 2 i.V.m. § 58 Abs. 2 Nr. 1 JVollzGB III, Art. 70 Abs. 2 S. 1 BayStVollzG, § 51 Abs. 2 S. 1 HmbStVollzG, § 30 Abs. 2 S. 4 HStVollzG, § 65 Abs. 2 S. 1 NJVollzG im Ganzen **ausgeschlossen** werden, wenn dessen Verbreitung mit Strafe oder Geldbuße bedroht ist. Die genannten Normen enthalten jeweils eine abschließende Regelung, so dass ein weiter gehender Bezugsausschluss unzulässig bleibt.[942]

> *Beispiel:* Strafgefangener G abonniert bei einem Versandhandel eine periodisch erscheinende Publikation, in der – losgelöst von jeglichem Sinnzusammenhang – in grob aufdringlicher und anreißerischer Form Praktiken sexueller Befriedigung in Wort und Bild dargestellt werden. Der Anstaltsleiter verbietet G den Bezug der pornographischen Hefte.
> Das Vorgehen des Anstaltsleiters ist rechtmäßig. Denn nach § 184 Abs. 1 Nr. 3 StGB stellt der Vertrieb pornographischer Schriften im Versandhandel eine Straftat dar.[943]

Bei einer Entscheidung über den Ausschluss von Zeitungen und Zeitschriften ist jedoch zunächst zu prüfen, ob nicht im Hinblick auf den Verhältnismäßigkeitsgrundsatz ein milderes Vorgehen ausreicht.[944]

Nach § 68 Abs. 2 S. 2 StVollzG, Art. 70 Abs. 2 S. 2 BayStVollzG, § 51 Abs. 2 S. 2 HmbStVollzG, § 30 Abs. 2 S. 5 HStVollzG, § 65 Abs. 2 S. 2 NJVollzG[945] können dem Gefangenen einzelne Ausgaben oder Teile einer Ausgabe **vorenthalten** werden, wenn dies aus Gründen einer erheblichen konkreten Gefährdung der Erreichung des Sozialisationsziels bzw. der Sicherheit oder Ordnung der Anstalt unerlässlich ist. Das ist vor allem dann gegeben, wenn der Eingriff geeignet und erforderlich ist, eine real bestehende Gefahr abzuwehren.[946] So kann die Anstaltsleitung einem Inhaftierten eine Zeitschrift oder Teile davon vorenthalten, „wenn wegen der darin hervortretenden verunglimpfenden, agitatorischen und zersetzenden Tendenz die Sicherheit und Ordnung der Anstalt durch Erzeugung von Verweigerungshaltung sowie Hinwirken auf eine Solidarisierung erheblich gefährdet und die Erreichung des Vollzugszieles in Frage gestellt wird."[947] Dies soll bereits gegeben sein bei einer Darstellung von Dachbesteigungen, Arbeitsverweigerung und Hungerstreik als aus Sicht des jeweiligen Verfassers nachahmenswerte Verhaltensweisen im Strafvollzug.[948] Erstreckt sich ein vorzuenthaltender Beitrag nicht auf die bedruckte Rückseite eines Blattes, kommt als milderes Mittel der Vorenthaltung auch eine Schwärzung einzelner Artikel in Betracht.[949]

Da die Beschränkungen des Rechtes auf Informationserlangung für Zeitungen und Zeitschriften in den Vollzugsgesetzen abschließend normiert sind, bleiben

---

[942] OLG Jena, NStZ-RR 2004, S. 317.
[943] LG Zweibrücken, ZfStrVo 1996, S. 249; LG Freiburg, ZfStrVo 1994, S. 375 f.
[944] OLG Jena, NStZ-RR 2004, S. 318.
[945] Undifferenziert insoweit § 60 i.V.m. § 58 Abs. 2 Nr. 2, Abs. 4 JVollzGB III.
[946] BVerfG, ZfStrVo 1996, S. 175; BVerfG, ZfStrVo 1996, S. 244.
[947] OLG Hamm, StrVert 1992, S. 329.
[948] OLG Hamm, StrVert 1992, S. 329; krit. dazu Baumann J., 1992, S. 331 f.
[949] Schwind, in: Schwind/Böhm/Jehle/Laubenthal, 2009, § 68 Rdn. 15.

Ausschluss oder Vorenthaltung darüber hinaus aus anderen Gründen (z.B. weil eine Lektüre aus Sicht der Anstaltsleitung keiner sinnvollen Freizeitbeschäftigung dient[950]) unzulässig.[951]

§ 68 Abs. 2 StVollzG, § 60 S. 2 i.V.m. § 58 Abs. 2 JVollzGB III, Art. 70 Abs. 2 BayStVollzG, § 51 Abs. 2 HmbStVollzG, § 30 Abs. 2 S. 4 u. 5 HStVollzG, § 65 Abs. 2 NJVollzG erfassen auch die ohne Vermittlung der Anstalt erfolgte Zusendung eines Exemplars einer allgemein zugänglichen Zeitung oder Zeitschrift. Im Übrigen unterliegen zugesandte Druckerzeugnisse den Bestimmungen über den Schriftwechsel.

> *Beispiel:* Ein Gefangener erhält einmalig in einem Brief eine Gefangenenzeitschrift zugesandt. Diese wird bei der Briefkontrolle angehalten, dem Brief entnommen und zur Habe des Betroffenen gegeben.
>
> Das OLG Frankfurt[952] geht zutreffend davon aus, dass die gesetzliche Regelung über den Bezug von Zeitungen und Zeitschriften nur periodisch erscheinende Druckerzeugnisse betrifft, bei denen das Gesetz einen unangemessenen Umfang des fortlaufenden Bezugs verhindern will. Dieser Normzweck wird durch die Zusendung eines Einzelexemplars nicht berührt, so dass jenes als ein Schreiben i.S. der Normen über den Schriftwechsel zu behandeln ist. Danach kann die Post unter den Voraussetzungen des Vorliegens normierter Anhaltegründe angehalten werden.
>
> Handelt es sich bei dem einmal oder nur gelegentlich zugesandten Druckwerk aber um ein allgemein zugängliches Presseerzeugnis, so gehen die Bestimmungen über den Zeitungs- und Zeitschriftenbezug vor. Denn auch dieses Druckwerk wird vom Grundrecht des Art. 5 Abs. 1 GG erfasst.[953]

5.6.2.2 Hörfunk und Fernsehen

(1) Bundesrechtliche Regelung

614 Nach § 69 Abs. 1 S. 1 StVollzG hat der Inhaftierte ein Recht auf Teilnahme am gemeinsamen **Hörfunk- und Fernsehempfang**.[954] Bei der Auswahl der einzelnen Sendungen soll die Anstaltsleitung die Wünsche und Bedürfnisse der Gefangenen nach staatsbürgerlicher Information, Bildung und Unterhaltung angemessen berücksichtigen. Da es sich dabei um eine Angelegenheit von gemeinsamem Interesse handelt, bedarf es einer Beteiligung der Gefangenenmitverantwortung (§ 160 StVollzG). Nur wenn es aus Gründen der Aufrechterhaltung der Sicherheit oder Ordnung der Anstalt unerlässlich ist, kann der Empfang vorübergehend ausgesetzt oder im Einzelfall untersagt werden (§ 69 Abs. 1 S. 3 StVollzG).

§ 69 Abs. 1 StVollzG gibt jedoch keine Institutsgarantie für eine Aufrechterhaltung von gemeinschaftlichem Programmempfang. Sind die aus Art. 5 Abs. 1 GG sowie aus § 69 Abs. 1 StVollzG herzuleitenden Rechte des Gefangenen auf Information bzw. auf Unterhaltung schon durch den Besitz eines eigenen Fernsehge-

---

[950] Siehe OLG Koblenz, NStZ 1991, S. 304.
[951] OLG Celle, NStZ-RR 2011, S. 31.
[952] OLG Frankfurt, NStZ 1992, S. 208.
[953] So auch AK-Boetticher, 2006, § 68 Rdn. 5; Calliess/Müller-Dietz, 2008, § 68 Rdn. 1; Schwind, in: Schwind/Böhm/Jehle/Laubenthal, 2009, § 68 Rdn. 6.
[954] OLG Koblenz, NStZ 1994, S. 103; Calliess/Müller-Dietz, 2008, § 69 Rdn. 1.

räts mit der Möglichkeit einer freien Programmwahl gewährleistet, hat dieser keinen Anspruch mehr auf Teilnahme an einem Gemeinschaftshörfunkprogramm.[955]

Eigene Geräte für den Rundfunk- und Fernsehempfang lässt § 69 Abs. 2 StVollzG zu. Diese darf der Gefangene wie andere Gegenstände zur Freizeitbeschäftigung nach § 70 StVollzG besitzen. Liegen keine Gefährdungen des Vollzugsziels sowie der Sicherheit oder Ordnung der Anstalt vor, ist der Besitz zu gestatten. Für die Entrichtung der jeweiligen Gebühren hat der Inhaftierte selbst zu sorgen. Das StVollzG enthält keine Rechtsgrundlage dafür, einen Inhaftierten, der in seinem Haftraum ein selbst genutztes Fernsehgerät betreiben will, ausschließlich auf die Anmietung eines solchen Gerätes bei einem bestimmten anstaltsexternen Vermieter zu verweisen.[956] Grundsätzlich steht einem Inhaftierten ein Anspruch auf Besitz und Genehmigung eines Flachbildschirmfernsehgeräts zu, wenn der abstrakten Gefahr eines Missbrauchs vorhandener Multimediafunktionen durch Versiegelung bzw. Verplombung von Schaltstellen oder durch andere technische Maßnahmen am Gerät wirksam begegnet werden kann.[957] **615**

Ist einem Gefangenen der Betrieb eines eigenen Fernsehgeräts im Haftraum gestattet, wird seinem Informationsbedürfnis durch den gewöhnlichen Antennenempfang zureichend Rechnung getragen. In welcher Weise die Anstalt einen über den mittels Antenne hinausgehenden Fernsehempfang (z.B. durch Kabelanschluss) ermöglicht, steht in ihrem pflichtgemäßen Ermessen.[958]

Beantragt ein Inhaftierter die Zulassung eines Einzelvideogeräts zum Zweck der Aufzeichnung von Fernsehsendungen, ist über eine Bewilligung unter den Voraussetzungen des § 70 StVollzG zu entscheiden.[959] Ein Videorecorder fällt nicht unter § 69 Abs. 2 StVollzG.

(2) Landesrechtliche Bestimmungen

Während bei Inkrafttreten des Bundes-Strafvollzugsgesetzes das Gemeinschaftsfernsehen bzw. der Gemeinschaftshörfunk noch die Regel war und der Besitz eigener Geräte in den Hafträumen die Ausnahme darstellte, hat sich dies heute gewandelt. Die Zulassung von Hörfunk- und Fernsehgeräten ist in den Vollzugseinrichtungen üblich. Demgemäß sehen in Baden-Württemberg, Bayern und in Hessen die Landes-Strafvollzugsgesetze in Anpassung an die tatsächlichen Verhältnisse Gemeinschaftsfernsehen oder -hörfunk nicht mehr zwingend vor. In Niedersachsen normiert § 66 Abs. 3 S. 1 NJVollzG, dass der Inhaftierte am gemeinschaftlichen Hörfunk und Fernsehen teilnehmen kann, soweit ihm ein Gerät im Haftraum nicht zur Verfügung steht. Im Hamburg bestimmt § 52 Abs. 3 HmbStVollzG explizit: Ein Anspruch auf Teilnahme an einem durch die Anstalt vermittelten gemeinschaftlichen Rundfunkempfang besteht nicht. **616**

---

[955] OLG Koblenz, NStZ 1994, S. 103.
[956] OLG Dresden, StrVert 2008, S. 89.
[957] OLG Karlsruhe, NStZ-RR 2006, S. 155.
[958] OLG Frankfurt, NStZ-RR 2004, S. 127.
[959] AK-Boetticher, 2006, § 69 Rdn. 16.

Gemäß § 59 Abs. 1 JVollzGB III, Art. 71 Abs. 1 S. 1 BayStVollzG, § 52 Abs. 1 S. 1 HmbStVollzG, § 30 Abs. 4 S. 1 HStVollzG, § 66 Abs. 2 S. 1 NJVollzG werden Hörfunk- und Fernsehgeräte zugelassen; allerdings darf es dadurch nicht zu einer Gefährdung des Behandlungsauftrags bzw. der Sicherheit oder Ordnung kommen. Allein die Bildschirmdiagonale stellt insoweit aber kein taugliches Kriterium für die Entscheidung dar, ab welcher Größe ein Fernsehgerät die Anstaltssicherheit i.S.d. § 66 Abs. 2 S. 1 NJVollzG gefährdet.[960] § 52 Abs. 1 S. 1 HmbStVollzG enthält eine Einschränkung dahin gehend, dass die Inhaftierten eigene Geräte besitzen dürfen, soweit ihnen solche nicht von der Anstalt überlassen sind. Ähnlich schreibt § 59 Abs. 2 JVollzGB III vor, dass eine Ausgabe von Hörfunk- und Fernsehgeräten durch Dritte erfolgen kann und der Besitz von eigenen Geräten der Gefangenen in diesem Fall ausgeschlossen bleibt. Auch nach § 66 Abs. 2 S. 2 NJVollzG kann die Vollzugsbehörde die Gefangenen auf von ihr überlassene Geräte verweisen.

Wird es aus Gründen der Sicherheit oder Ordnung der Anstalt unerlässlich, lassen – vergleichbar § 69 Abs. 1 S. 3 StVollzG – Art. 71 Abs. 2 BayStVollzG, § 52 Abs. 2 HmbStVollzG, § 30 Abs. 5 HStVollzG, § 66 Abs. 3 S. 3 NJVollzG eine vorübergehende Aussetzung des Empfangs oder eine Empfangsuntersagung für einzelne Betroffene zu.

5.6.3 Besitz von Gegenständen zur Fortbildung und Freizeitbeschäftigung

617 § 70 Abs. 1 StVollzG, § 58 Abs. 1 S. 1 JVollzGB III, Art. 72 Abs. 1 BayStVollzG, § 53 Abs. 1 HmbStVollzG, § 30 Abs. 4 S. 1 HStVollzG, § 67 Abs. 1 S. 1 NJVollzG geben dem Inhaftierten ein Recht[961] auf den Besitz von Büchern und anderen Gegenständen in einem **angemessenen Umfang**.[962] Bei dem Merkmal der Angemessenheit handelt es sich um einen unbestimmten Rechtsbegriff, dessen Vorliegen einer vollen gerichtlichen Nachprüfung unterliegt.[963] Die Frage des Maßes richtet sich nach den Umständen des Einzelfalls, vor allem der Haftraumgröße sowie dessen Übersichtlichkeit und Durchsuchbarkeit.[964] Zu prüfen ist ferner, ob die Gegenstände, die in die Hafträume kommen sollen, aus Gründen sozialer Gleichbehandlung hinsichtlich ihres Wertes noch in einem vertretbaren Verhältnis zum Besitzstand des Durchschnittsinsassen stehen.[965] Überschreitet der Insasse die Angemessenheitsgrenze, ist es prinzipiell nicht zu beanstanden, wenn die Anstalt – nach zuvor erfolgter vergeblicher Aufforderung – aus dem Haftraum

---

[960] OLG Celle, NStZ-RR 2009, S. 190.
[961] Calliess/Müller-Dietz, 2008, § 70 Rdn. 1.
[962] Dazu Beyler, 2001, S. 142 ff.; Kölbel, 1999, S. 498 ff.
[963] OLG Nürnberg, NStZ 2008, S. 346.
[964] OLG Karlsruhe, Justiz 2002, S. 379 ff.
[965] Schwind, in: Schwind/Böhm/Jehle/Laubenthal, 2009, § 70 Rdn. 5; OLG Nürnberg, NStZ 2008, S. 345.

Gegenstände entnimmt und so dem vorhandenen Sicherheitsbedürfnis Rechnung trägt.⁹⁶⁶

Die Gegenstände müssen dem Zweck der Fortbildung oder der Freizeitbeschäftigung dienen. Geht es dagegen um Sachen zur Verbesserung des allgemeinen Lebenskomforts, ist über die Zulassung nach den Bestimmungen über die Ausstattung des Haftraums zu entscheiden.⁹⁶⁷

Ausgeschlossen sind gem. § 70 Abs. 2 Nr. 2 StVollzG, § 58 Abs. 2 Nr. 2 **618** JVollzGB III, Art. 72 Abs. 2 Nr. 2 BayStVollzG, § 53 Abs. 2 HmbStVollzG, § 67 Abs. 1 S. 2 NJVollzG **Gegenstände**, die den Behandlungsauftrag bzw. die Sicherheit oder Ordnung der Anstalt gefährden würden. Erforderlich für eine Versagung wegen Gefährdung des Vollzugsziels ist das Vorliegen einer konkreten Gefahr für die Resozialisierung des Einzelnen als Ergebnis einer persönlichkeitsbezogenen Prognose.⁹⁶⁸ § 70 Abs. 2 Nr. 1 StVollzG, § 58 Abs. 2 Nr. 1 JVollzGB III, Art. 72 Abs. 2 Nr. 1 BayStVollzG normieren zudem einen Ausschlussgrund für Sachen, deren Besitz, Überlassung und Benutzung mit Strafe oder Geldbuße bedroht ist. Da es selbstverständlich erscheint, dass derartige Gegenstände in einer Justizvollzugsanstalt verboten sind⁹⁶⁹, verzichten § 53 Abs. 2 HmbStVollzG, § 67 Abs. 1 S. 2 NJVollzG auf eine vergleichbare Regelung.

Weiter gehend schreibt für Baden-Württemberg § 58 Abs. 2 Nr. 3 JVollzGB III vor, dass ein Ausschluss erfolgen kann, wenn die Überprüfung des Gegenstands auf eine mögliche missbräuchliche Verwendung mit vertretbarem Aufwand von der Justizvollzugsanstalt nicht leistbar wäre.

In Hessen verweist § 30 HStVollzG für den Besitz von Gegenständen zur Freizeitbeschäftigung auf § 19 HStVollzG, der die Ausstattung des Haftraums betrifft. Für den Bezug von Zeitschriften und Zeitungen erlauben §§ 30 Abs. 2 S. 2, 19 Abs. 1 S. 2 HStVollzG eine Beschränkung, wenn die Übersichtlichkeit des Haftraums behindert wird und Haftraumkontrollen nach § 46 Abs. 1 HStVollzG unzumutbar erschwert würden. Demgegenüber darf der Besitz von Hörfunk- und Fernsehgeräten gem. §§ 30 Abs. 4 S. 4 HStVollzG überdies untersagt werden, sofern die Eingliederung oder die Sicherheit oder die Ordnung der Anstalt gefährdet würde (§ 19 Abs. 2 HStVollzG).

Das Bundesverfassungsgericht⁹⁷⁰ hält es zwar hinsichtlich des Versagungsgrun- **619** des einer Gefährdung der Sicherheit oder Ordnung der Anstalt mit dem Grundgesetz für vereinbar, dass schon die einem Gegenstand generell und losgelöst von einem bestimmten Gefangenen innewohnende **abstrakte Gefährlichkeit** eine Besitzerlaubnis ausschließt.⁹⁷¹ Es muss aber die dem Gegenstand abstrakt-generell zukommende Gefährlichkeit für die Sicherheit oder Ordnung der Anstalt in Bezie-

---

⁹⁶⁶ OLG Karlsruhe, NStZ-RR 2004, S. 189.
⁹⁶⁷ OLG Hamm, ZfStrVo 1990, S. 304; dazu oben Kap. 5.2.4.2.
⁹⁶⁸ Arloth, 2008, § 70 Rdn. 4.
⁹⁶⁹ Siehe auch OLG Celle, Nds.Rpfl 2007, S. 18.
⁹⁷⁰ BVerfG, ZfStrVo 1994, S. 369 f.; BVerfG, NStZ-RR 1996, S. 252; BVerfG, NStZ-RR 2002, S. 128; BVerfG, NJW 2003, S. 2447.
⁹⁷¹ Zustimmend Arloth, 2008, § 70 Rdn. 5; Schwind, in: Schwind/Böhm/Jehle/Laubenthal, 2009, § 70 Rdn. 7; a.A. Calliess/Müller-Dietz, 2008, § 70 Rdn. 5.

hung zu den der Anstalt zur Verfügung stehenden Kontrollmitteln[972] gesetzt werden, so dass eine Versagung unverhältnismäßig bleibt, wenn der Gefährdung durch mildere Mittel (z.B. Verplombung und regelmäßige Kontrollen) begegnet werden kann. Soll die einem Gegenstand generell abstrakt zukommende Eignung zur Sicherheits- und Ordnungsgefährdung genügen, so hat die Vollzugsbehörde eine solche Gefahr im Einzelfall aber in einer nachvollziehbaren Weise darzulegen.[973] Im Rahmen der Verhältnismäßigkeitsprüfung ist zu beachten, dass wichtige Belange eines Strafgefangenen (z.B. ein ernsthaft und nachhaltig verfolgtes Interesse an seiner Aus- und Weiterbildung) es verbieten können, eine nach Schadenswahrscheinlichkeit oder -ausmaß geringfügige Gefährdung der Sicherheit und Ordnung zum Anlass für die Verweigerung einer Besitzerlaubnis zu machen.[974]

620 Eine **Gefährdung** der Sicherheit oder Ordnung der Anstalt wurde von der **Rechtsprechung** z.B. bejaht wegen der Eignung als Verstecke bei einer elektrischen Schreibmaschine[975], externen Lautsprecherboxen[976], einem Hörfunkgerät mit interner Weckeinrichtung[977], einem CD-Player[978], einem Videorecorder[979]. Umstritten ist, ob vom Besitz eines Telespielgeräts[980] eine Gefahr ausgeht, wobei sich vor allem zur Frage des Besitzes und der Nutzung einer Playstation 2 im Haftraum zahlreiche Entscheidungen finden.[981] Das OLG Celle sieht im Besitz des Spielgeräts Nintendo DS Lite eine Gefahr, weil dadurch eine unkontrollierte Datenübertragung ermöglicht wird, die weder technisch noch durch Kontrollmaßnahmen – die das Gerät zerstören – hinreichend sicher verhindert werden kann.[982] Aufgrund der technischen Beschaffenheit einer Microsoft X Box werden – so das OLG Frankfurt[983] – bei dieser die Möglichkeiten einer Playstation 2 noch bei Weitem übertroffen. Die Nutzung eines Computers soll davon abhängig gemacht werden, dass diese in einer verschlossen zu haltenden besonderen Zelle erfolgt.[984] Dagegen gefährdet nach Ansicht des OLG Bamberg[985] der Besitz eines Personalcomputers mit Basiselement, Tastatur, Monitor,

---

[972] Zur Tragung der Kosten für sicherheitstechnische Überprüfungen eingebrachter Geräte durch Inhaftierte siehe OLG Brandenburg, NStZ-RR 2005, S. 284.
[973] OLG Hamm, ZfStrVo 2001, S. 185; OLG Frankfurt, NStZ-RR 2008, S. 30.
[974] BVerfG, ZfStrVo 1994, S. 369; BVerfG, NStZ-RR 1997, S. 24.
[975] OLG Hamm, NStZ 1994, S. 379; OLG Rostock, ZfStrVo 1997, S. 172; siehe auch BVerfG, ZfStrVo 1997, S. 367.
[976] OLG Hamm, NStZ 1993, S. 360.
[977] OLG Nürnberg, NStZ 1989, S. 425.
[978] Siehe BVerfG, ZfStrVo 1994, S. 376.
[979] OLG Hamm, NStZ 1995, S. 434.
[980] OLG Celle, StrVert 1994, S. 437; OLG Koblenz, NStZ 1999, S. 446; OLG Dresden, StrVert 2001, S. 41; OLG Karlsruhe, NStZ 2007, S. 707; siehe aber auch OLG Nürnberg, ZfStrVo 2002, S. 188.
[981] OLG Jena, NStZ-RR 2003, S. 221; OLG Karlsruhe, StrVert 2003, S. 407; KG, NStZ-RR 2004, S. 157; OLG Brandenburg, ZfStrVo 2004, S. 115; OLG Frankfurt, NStZ-RR 2005, S. 64; LG Bochum, NStZ-RR 2005, S. 124; OLG Karlsruhe, StrVert 2007, S. 316; siehe zum Ganzen Lindhorst, 2006, S. 274 ff.
[982] OLG Celle, NStZ-RR 2011, S. 31.
[983] OLG Frankfurt, NStZ 2010, S. 441.
[984] OLG Celle, StrVert 1994, S. 436.
[985] OLG Bamberg, NStZ 1995, S. 434.

Drucker und Disketten die Sicherheit einer Justizvollzugsanstalt. Jedenfalls in Anstalten der Sicherheitsstufe I ist nach Meinung des OLG Frankfurt[986] die Vollzugsbehörde nicht gehalten, den Besitz eines Notebooks zu Fortbildungszwecken zu gestatten, selbst wenn es über kein Diskettenlaufwerk verfügt oder dieses dauerhaft versiegelt wurde. Prinzipiell ist dem BVerfG[987] gemäß die Einschätzung einer Anstaltsleitung nicht zu beanstanden, Laptops seien für sicherheits- oder ordnungsgefährdende Verwendungen geeignet. Dagegen geht von einem DVD-Abspielgerät ohne Aufzeichnungs- und Speicherfunktion keine abstrakt-generelle Gefahr für die Sicherheit und Ordnung einer Einrichtung aus, der mit Kontrollmitteln nicht wirksam begegnet werden könnte.[988] Das OLG Celle[989] hat den Entzug einer Fernbedienung für rechtmäßig erklärt, wenn mit dieser die Gefahr eines Empfangs von Videotextseiten solcher Fernsehsender besteht, welche es mittels von Mobilfunkanbietern betriebenen Chatrooms ermöglichen, jederzeit und anonym vom Handy aus durch den SMS-Dienst Textnachrichten auf den Bildschirm eines Fernsehgeräts direkt zu versenden.[990] Das gleiche Gericht geht davon aus, dass der Besitz von DVBT-Empfängern eine Gefahr für die Anstaltssicherheit darstellt, weil dadurch eine unkontrollierte Informationsübermittlung ermöglicht wird, die weder technisch noch durch Kontrollmaßnahmen hinreichend sicher verhindert werden kann.[991] Auch ein Analogumwandler zum Empfang terrestrischen Fernsehens nach Digitalisierung gefährdet die Anstaltssicherheit, weil dessen Benutzung die Möglichkeit eröffnet, einem Inhaftierten unkontrollierte Informationen zu übermitteln.[992] Vom Besitz eines Keyboards im Haftraum ist dagegen nicht generell eine gesteigerte Missbrauchsgefahr zu befürchten.[993] Die von der Deutschen Aids-Hilfe herausgegebene Broschüre „Positiv, was nun?" darf nach einer Entscheidung des OLG Hamm[994] angehalten werden, weil sie teilweise vollzugsfeindliche Tendenzen enthalten soll.[995] Das BVerfG[996] vermag in einer die Strafgefangenen in sachlicher, vollständiger und juristisch vertretbarer Weise über ihre Rechte belehrenden Broschüre allein keine Gefahr für die Sicherheit oder Ordnung der Anstalt zu erkennen. Wegen des unzumutbaren Kontrollaufwands bleibt nach einem Beschluss des OLG Brandenburg der Besitz von DVDs mit pornographischem Inhalt ausgeschlossen.[997] Nach Auffassung mehrerer Oberlandesgerichte kann schon das Fehlen der FSK-18-Freigabe bei DVDs als Versagungsgrund ausreichen.[998]

Die vorhandene **Kasuistik** bezieht sich auf **Einzelfallkonstellationen**, so dass eine Entscheidung über die Zulässigkeit bzw. Unzulässigkeit des Besitzes eines

---

[986] OLG Frankfurt, NStZ-RR 1999, S. 156.
[987] BVerfG, NStZ 2003, S. 621.
[988] OLG Frankfurt, NStZ-RR 2005, S. 191; KG, StrVert 2006, S. 259.
[989] OLG Celle, NStZ 2002, S. 111.
[990] Siehe auch BVerfG, NJW 2004, S. 2960; KG, NStZ-RR 2004, S. 255.
[991] OLG Celle, NStZ-RR 2009, S. 190.
[992] KG, NStZ-RR 2007, S. 327.
[993] BVerfG, StrVert 1996, S. 684.
[994] OLG Hamm, NStZ 1992, S. 52.
[995] Krit. dazu Baumann J., 1992, S. 331 f.; Dünkel F., 1992, S. 138 f.
[996] BVerfG, NStZ 2005, S. 286 ff.
[997] OLG Brandenburg, NStZ-RR 2008, S. 262.
[998] OLG Hamburg, NStZ 2008, S. 682 f.; OLG Schleswig, NStZ 2008, S. 682; OLG Frankfurt, NStZ 2009, S. 220.

Gegenstandes durch ein Vollstreckungsgericht keinerlei Regelwirkung entfaltet. Auch ist hinsichtlich des Sicherheitsgrads der jeweiligen Anstalt zu differenzieren.[999] So wird bei der Bewilligung im offenen Vollzug großzügiger zu verfahren sein als in einer Institution mit hohem Sicherheitsgrad.[1000] Die Vollstreckungsbehörde hat jedoch bei ihren Entscheidungen über den Besitz von Gegenständen stets den Gleichheitssatz des Art. 3 Abs. 1 GG zu beachten. Sie darf danach eine Gruppe von Inhaftierten als Normadressaten im Vergleich zu anderen nicht unterschiedlich behandeln, wenn zwischen beiden Gruppen keine Unterschiede von solcher Art und derartigem Gewicht bestehen, dass sie eine ungleiche Behandlung rechtfertigen könnten.[1001] Die Erteilung einer Besitzerlaubnis darf auf die Dauer des Verbleibs in der jeweiligen Anstalt beschränkt werden.[1002]

In Bayern beinhaltet Art. 72 Abs. 2 Nr. 2 BayStVollzG die Regelung, dass eine Gefährdung des Behandlungsauftrags bzw. der Sicherheit oder Ordnung der Anstalt in der Regel bei elektronischen Unterhaltungsmedien vorliegt. Für Niedersachsen gibt § 67 Abs. 2 NJVollzG der Vollzugsbehörde im Hinblick auf Geräte der Informations- und Unterhaltungselektronik die Befugnis, die Gefangenen auf von der Anstalt überlassene Geräte zu verweisen. § 58 Abs. 3 JVollzGB III erlaubt in Baden-Württemberg, bestimmte Gerätetypen nur mit Zustimmung der Aufsichtsbehörde zuzulassen. Diese kann zusätzlich Richtlinien für die Gerätebeschaffung erlassen.

Aus den in § 70 Abs. 2 StVollzG, § 58 Abs. 2 JVollzGB III, Art. 72 Abs. 2 BayStVollzG, § 67 Abs. 1 S. 2 NJVollzG benannten Gründen kann es gem. § 70 Abs. 3 StVollzG, § 58 Abs. 4 JVollzGB III, Art. 72 Abs. 3 BayStVollzG, § 67 Abs. 1 S. 3 NJVollzG zum **Widerruf** einer erteilten Erlaubnis zum Besitz von Gegenständen für Fortbildung und Freizeitbeschäftigung kommen. Hierfür bedarf es einer auf den konkreten Einzelfall bezogenen Ermessensentscheidung des Anstaltsleiters. In Hamburg gilt die allgemeine Widerrufsregel von § 92 Abs. 2 HmbStVollzG; in Hessen darf der Widerruf gem. § 5 Abs. 3 S. 2 HStVollzG in entsprechender Anwendung von §§ 48 bis 49a des Hessischen Verwaltungsverfahrensgesetzes erfolgen.

621   Bei einem Widerruf hat die Vollzugsbehörde das verfassungsrechtliche **Gebot des Vertrauensschutzes** zu beachten.

> *Beispiel:* Einem wegen Mordes zu lebenslanger Freiheitsstrafe Verurteilten bewilligte die Anstaltsleitung den Besitz von externen Lautsprecherboxen, welche dieser in selbst gefertigte Möbelstücke einbaute. Nach Angaben der Vollzugsbeamten waren diese kontrollierbar. Der Inhaftierte hat einen Missbrauch dieser Boxen weder selbst betrieben noch durch Mitgefangene geduldet. Als sich vier Jahre nach der Bewilligung eine Geiselnahme in der Anstalt ereignet, setzt deren Leiter den Sicherheitsstandard neu fest. Unter anderem widerruft er daher die frühere Genehmigung zum Besitz der Lautsprecherboxen und verfügt, dass diese zur Habe zu nehmen sind.

---

[999] OLG Nürnberg, ZfStrVo 2002, S. 188.
[1000] Kaiser/Schöch, 2002, S. 324; Schwind, in: Schwind/Böhm/Jehle/Laubenthal, 2009, § 70 Rdn. 7.
[1001] BVerfG, StrVert 2001, S. 39.
[1002] OLG Frankfurt, NStZ-RR 2009, S. 359.

Das Bundesverfassungsgericht[1003] sieht hierin eine Verletzung des Gefangenen in seinem Grundrecht aus Art. 2 Abs. 1 i.V.m. Art. 20 Abs. 3 GG. Das Rechtsstaatsprinzip und der aus diesem folgende Grundsatz der Beachtung des Vertrauensschutzes „nötigt zu der an den Kriterien der Verhältnismäßigkeit und der Zumutbarkeit ausgerichteten, im Einzelfall vorzunehmenden Prüfung, ob jeweils die Belange des Allgemeinwohls ... oder die Interessen des Einzelnen am Fortbestand einer Rechtslage, auf die er sich eingerichtet hat und auf deren Fortbestand er vertraute, den Vorrang verdienen. ... Diese von Verfassungs wegen gebotene Abwägung hat auch im Strafvollzugsgesetz ihren Niederschlag gefunden. So kann ... die einem Gefangenen einmal erteilte Erlaubnis zum Besitz eines Gegenstandes zur Fortbildung oder Freizeitgestaltung auch bei Vorliegen eines Versagungsgrundes nachträglich nur im Ermessenswege widerrufen werden, d.h. es bedarf jeweils einer auf den konkreten Einzelfall bezogenen Abwägung des Interesses der Allgemeinheit an einem Widerruf der Erlaubnis gegenüber dem Interesse des Strafgefangenen am Fortbestand der ihn begünstigenden Rechtslage."

Ist einem Inhaftierten einmal von der Anstaltsleitung eine Rechtsposition eingeräumt, darf er – so das BVerfG – auf deren Fortbestand vertrauen, solange er mit dem ihm dabei entgegengebrachten Vertrauen verantwortungsvoll umgeht und in seiner Person keine Widerrufsgründe verwirklicht. Wird allein im Hinblick auf die den Lautsprecherboxen generell innewohnende Gefährlichkeit deren Besitzerlaubnis widerrufen, ohne dass der Betroffene hierzu Anlass gegeben hätte, läuft eine solche „Behandlung dem Ziel des Strafvollzugs zuwider und bedarf schon deshalb einer sehr eingehenden Abwägung des schutzwürdigen Vertrauens des Gefangenen gegen die Interessen der Allgemeinheit."[1004]

5.7 Religionsausübung

Der verfassungsrechtliche Schutz der Freiheit des Glaubens, des Gewissens sowie des religiösen und weltanschaulichen Bekenntnisses (Art. 4 Abs. 1 GG), ergänzt durch die Garantie der ungestörten Religionsausübung (Art. 4 Abs. 2 GG), gehört zu den Grundrechtsgewährleistungen, auf die sich alle Gefangenen unbeschränkt berufen können.

Die faktische Ausübung des Grundrechts unter den besonderen Bedingungen des Freiheitsentzuges regeln §§ 53–55 StVollzG, §§ 29–31 JVollzGB III, Art. 55–57 BayStVollzG, §§ 54–56 HmbStVollzG, § 32 HStVollzG, §§ 53–55 NJVollzG. Dabei stellen § 55 StVollzG, § 31 JVollzGB III, Art. 57 BayStVollzG, § 56 HmbStVollzG, § 32 Abs. 4 HStVollzG, § 55 NJVollzG weltanschauliche Bekenntnisse (z.B. Antroposophen, Freimaurer) den im Strafvollzug vertretenen religionsgesellschaftlichen Vereinigungen – insbesondere katholische[1005], evangelische[1006], orthodoxe Kirchen, Jüdische Gemeinde, Buddhismus oder Islam[1007] – gleich. Hinzu kommen § 21 S. 3 StVollzG, § 17 Abs. 2 JVollzGB III, Art. 23 S. 3

[1003] BVerfG, NStZ 1994, S. 100 f.
[1004] BVerfG, NStZ 1994, S. 100; siehe auch BVerfG, NStZ 1996, S. 252; OLG Dresden, NStZ 2007, S. 175.
[1005] Dazu Drescher, 2008, S. 18 ff.
[1006] Hierzu Dümmig, 2008, S. 11 ff.; Wever/Haag, 2008, S. 3 ff.
[1007] Dazu Altintas, 2008, S. 29 ff.; Fröhmcke, 2005.

BayStVollzG, § 24 S. 3 HmbStVollzG, § 22 Abs. 1 S. 4 HStVollzG, § 23 S. 3 NJVollzG, wonach den Inhaftierten die Befolgung der Speisevorschriften ihrer jeweiligen Religionsgemeinschaft zu ermöglichen ist.

623   Regelungen über die **Einzelseelsorge** enthalten § 53 StVollzG, § 29 JVollzGB III, Art. 55 BayStVollzG, § 54 HmbStVollzG, § 32 HStVollzG, § 53 NJVollzG. Da es nicht zu den Aufgaben der Vollzugsbehörde zählt, selbst Seelsorge auszuüben[1008], wird dem einzelnen Gefangenen nur ein Recht auf Hilfe bei der Kontaktaufnahme zu einem Seelsorger seiner Religionsgemeinschaft gewährt; dies bedingt zugleich die Verpflichtung der Anstalt zur Zulassung religiöser Betreuung in der Institution. Nach Art. 140 GG i.V.m. Art. 141 WRV muss sie die personellen und organisatorischen Voraussetzungen i.S.v. § 157 StVollzG, § 12 Abs. 6 JVollzGB I, Art. 178 BayStVollzG, § 106 HmbStVollzG, § 77 HStVollzG, § 179 NJVollzG[1009] zur Gewährleistung des Grundrechts aus Art. 4 Abs. 2 GG schaffen.

624   Der Begriff der **religiösen Betreuung** durch einen Seelsorger gem. § 53 Abs. 1 S. 1 StVollzG, § 29 Abs. 1 S. 1 JVollzGB III, Art. 55 Abs. 1 S. 1 BayStVollzG, § 54 Abs. 1 S. 1 HmbStVollzG, § 32 Abs. 1 HStVollzG, § 53 Abs. 1 S. 1 NJVollzG ist als umfassender Oberbegriff zu verstehen. Er beschränkt sich nicht nur auf Handlungen kultischer Art (z.B. Gottesdienste), sondern bezieht sich auch auf den Dienst am Menschen zur Lebensorientierung und Lebenshilfe. Neben Gemeinschaftsveranstaltungen (z.B. konfessionelle Erwachsenenbildung) gehören hierzu die Zuwendung im persönlichen Gespräch, karitative und diakonische Betreuung.[1010]

625   Die Inhaftierten dürfen gem. § 53 Abs. 2 StVollzG, § 29 Abs. 2 JVollzGB III, Art. 55 Abs. 2 BayStVollzG, § 54 Abs. 2 HmbStVollzG, § 32 Abs. 2 HStVollzG, § 53 Abs. 2 NJVollzG grundlegende **religiöse Schriften** besitzen, die ihnen im Hinblick auf Art. 4 GG nur bei grobem Missbrauch entzogen werden können. In einem angemessenen Umfang sind ihnen auch Gegenstände des religiösen Gebrauchs (z.B. ein Kreuz oder eine Ikone) zu belassen (§ 53 Abs. 3 StVollzG, § 29 Abs. 3 JVollzGB III, Art. 55 Abs. 3 BayStVollzG, § 54 Abs. 3 HmbStVollzG, § 32 Abs. 2 S. 1 HStVollzG, § 53 Abs. 3 NJVollzG).

626   § 54 StVollzG, § 30 JVollzGB III, Art. 56 BayStVollzG, § 55 HmbStVollzG, § 32 Abs. 3 HStVollzG, § 54 NJVollzG geben den Gefangenen einen Anspruch auf Teilnahme an einem **Gottesdienst** und an **anderen religiösen Veranstaltungen** ihres Bekenntnisses. Dieses Recht stellt eine Mindestgarantie dar, die in ihrem Wesensbestand nicht angetastet werden darf. So ist durch § 54 Abs. 1 StVollzG, § 30 Abs. 1 JVollzGB III, Art. 56 Abs. 1 BayStVollzG, § 55 Abs. 1 HmbStVollzG, § 32 Abs. 3 S. 1 HStVollzG, § 54 Abs. 1 NJVollzG eine Verweisung auf den Gottesdienst eines anderen Bekenntnisses nicht gedeckt.[1011] Nur

---

[1008] BT-Drs. 7/918, S. 71 f.
[1009] Dazu Kap. 4.4.4.1.
[1010] AK-Feest/Huchting/Koch, 2006, § 53 Rdn. 6; Arloth, 2008, § 53 Rdn. 2; Calliess/Müller-Dietz, 2008, § 53 Rdn. 2; Rassow/Schäfer, in: Schwind/Böhm/Jehle/Laubenthal, 2009, § 53 Rdn. 1; OLG Koblenz, ZfStrVo 1988, S. 57; OLG Hamm, NStZ 1999, S. 591.
[1011] OLG Celle, NStZ 1992, S. 377.

wenn der Inhaftierte an der Veranstaltung einer anderen Religionsgemeinschaft teilnehmen will, hat er einen Anspruch auf Zulassung unter der Voraussetzung, dass deren Seelsorger zustimmt (§ 54 Abs. 2 StVollzG, § 30 Abs. 2 JVollzGB III, Art. 56 Abs. 2 BayStVollzG, § 55 Abs. 2 HmbStVollzG, § 32 Abs. 3 S. 2 HStVollzG, § 54 Abs. 2 NJVollzG).

Ein **Recht auf Teilnahme** i.S.d. § 54 Abs. 1 StVollzG, § 30 Abs. 1 JVollzGB III, Art. 56 Abs. 1 BayStVollzG, § 55 Abs. 1 HmbStVollzG, § 32 Abs. 3 S. 1 HStVollzG, § 54 Abs. 1 NJVollzG besteht nur für diejenigen Gottesdienste und anderen religiösen Veranstaltungen, welche von den Seelsorgern in der Anstalt angeboten werden. Dabei liegt es in der Entscheidungsbefugnis der jeweiligen Konfessionen, wann und wie oft sie dort ihre Gottesdienste abhalten (Orientierung an örtlichem Bedarf, personeller Ausstattung usw.). Für eine Gestattung des Besuchs externer religiöser Veranstaltungen müssen die Voraussetzungen der Gewährung von Vollzugslockerungen bzw. vollzugsöffnenden Maßnahmen, Hafturlaub bzw. Freistellung aus der Haft oder des offenen Vollzugs gegeben sein.[1012] Befindet sich ein Gefangener im offenen Vollzug, gibt ihm Art. 4 GG kein Recht auf Besuch einer bestimmten, nur im geschlossenen Vollzug angebotenen religiösen Veranstaltung.[1013] Denn aus Art. 4 GG folgt keine Verpflichtung der Vollzugsbehörde zur Aufhebung vollzuglicher Organisationsprinzipien.[1014] **627**

Ein **Ausschluss** von der Teilnahme an Gottesdiensten und anderen religiösen Veranstaltungen in der Anstalt bleibt nach § 54 Abs. 3 StVollzG (§ 30 Abs. 3 JVollzGB III, Art. 56 Abs. 3 BayStVollzG, § 55 Abs. 3 HmbStVollzG, § 32 Abs. 3 S. 3 HStVollzG, § 54 Abs. 3 NJVollzG) nur möglich, wenn überwiegende Gründe der Sicherheit oder Ordnung, die in der Person des einzelnen Gefangenen liegen, es erforderlich machen. Hierzu ist im Hinblick auf Art. 140 GG i.V.m. Art. 141 WRV in der Regel der Seelsorger zu hören.[1015] Da die jeweilige strafvollzugsgesetzliche Ausschlussnorm eine Sonderregelung enthält, rechtfertigt die Disziplinarmaßnahme der Freizeitsperre nicht den Ausschluss eines Gefangenen von religiösen Veranstaltungen.[1016] **628**

Umstritten ist die Interpretation des Begriffs der **anderen religiösen Veranstaltung**. **629**

> *Beispiel:* Ein im Geltungsbereich des Bundes-Strafvollzugsgesetzes Inhaftierter möchte an einem vom Seelsorger seines Bekenntnisses in der Anstalt durchgeführten Gesprächskreis teilnehmen. Anliegen des Anstaltsgeistlichen ist dabei die allgemeine kulturelle und staatsbürgerliche Bildung der Gefangenen auf der Grundlage christlicher Lebensauffassung und Prinzipien. Der Anstaltsleiter versagt dem Inhaftierten jedoch die Teilnahme aus anstaltsbedingten organisatorischen Gründen.
>
> Handelt es sich bei dem Gesprächskreis um eine andere religiöse Veranstaltung i.S.d. § 54 Abs. 1 StVollzG, darf ein Ausschluss nur erfolgen, wenn er aus überwiegenden Gründen der Sicherheit oder Ordnung, die in der Person des Betroffenen gründen, geboten ist.

[1012] OLG Stuttgart, ZfStrVo 1990, S. 184.
[1013] BVerfG, NStZ 1988, S. 573.
[1014] Calliess/Müller-Dietz, 2008, § 54 Rdn. 1.
[1015] Dazu OLG Celle, ZfStrVo 1990, S. 187.
[1016] OLG Hamm, NStZ 1999, S. 591.

Das OLG Koblenz[1017] legt den Begriff der anderen religiösen Veranstaltung nach inhaltlichen Kriterien aus. Danach fallen hierunter nur solche Veranstaltungen, „die der religiösen Erbauung dienen, dem Gläubigen die Betätigung seines Glaubens in den überkommenen kultischen Formen seines Bekenntnisses ermöglichen, eine geistige und emotionale Verbindung zu Gott eröffnen oder der Glaubensunterweisung im Sinne einer Festigung des Glaubens dienen."[1018] Fällt nach dieser Interpretation der Gesprächskreis nicht unter § 54 Abs. 1 StVollzG, handelt es sich um eine allgemeine Freizeit- oder Weiterbildungsveranstaltung gem. § 67 StVollzG, für die es keinen Rechtsanspruch auf Teilnahme gibt.

Der Begriff der religiösen Veranstaltung i.S.d. § 54 Abs. 1 StVollzG ist jedoch nach formalen Kriterien zu bestimmen.[1019] Denn die Seelsorge im Rahmen des Art. 141 WRV stellt auch in der Strafvollzugsanstalt eine kirchliche Angelegenheit dar. Die Ausfüllung des Begriffs des Religiösen in den Veranstaltungen nach § 54 Abs. 1 StVollzG obliegt daher dem kirchlichen Selbstbestimmungsrecht gem. Art. 137 Abs. 3 WRV. Unabhängig davon, ob diese kultisch oder in einem weiteren Sinn konfessionell geprägt (z.B. kirchliche Erwachsenenbildung) ist, hat der Gefangene ein aus § 54 Abs. 1 StVollzG folgendes Recht auf Teilnahme auch an Gesprächskreisen seines Bekenntnisses. Hiervon kann er nur aus überwiegenden Gründen der Sicherheit oder Ordnung ausgeschlossen werden.

630 Die Wahrnehmung der Rechte aus §§ 53, 54 StVollzG; §§ 29, 30 JVollzGB III; Art. 55, 56 BayStVollzG; §§ 54, 55 HmbStVollzG; § 32 Abs. 1–3 HStVollzG; §§ 53, 54 NJVollzG darf die Anstaltsleitung nicht von der Einhaltung eines vorgegebenen Verfahrens zur Anerkennung der Religionszugehörigkeit eines Gefangenen abhängig machen. Dies gilt auch für eine Ermöglichung der Befolgung religiöser Speisevorschriften nach § 21 S. 3 StVollzG, § 17 Abs. 2 JVollzGB III, Art. 23 S. 3 BayStVollzG, § 24 S. 3 HmbStVollzG, § 22 Abs. 1 S. 4 HStVollzG, § 23 S. 3 NJVollzG).

Beispiel: Ein im Geltungsbereich des Bundes-Strafvollzugsgesetzes Inhaftierter beantragt, ihm sog. Moslemkost zur Verfügung zu stellen. Er macht geltend, sein Bekenntnis gewechselt zu haben und nunmehr Moslem zu sein. Die Anstaltsleitung lehnt den Antrag ab und erkennt den Glaubenswechsel nicht an. Sie verlangt von dem Gefangenen die Einhaltung eines für die Anerkennung der Religionszugehörigkeit vorgegebenen Verfahrens: Er solle sich von dem Religionsbeauftragten für die islamischen Insassen eine Bescheinigung über den Glaubenswechsel ausstellen lassen. Diese sei dann Voraussetzung für die Aushändigung von sog. Moslemkost.

Das OLG Koblenz[1020] sieht in dem Vorgehen der Anstaltsleitung zu Recht einen Verstoß gegen Art. 4 GG. Zum einen ist es für die Grundrechtsverwirklichung ohne Belang, ob ein Glaubender formell als Mitglied einer Religionsgemeinschaft angehört; maßgebend bleibt die Ernsthaftigkeit der Glaubensüberzeugung. Zudem fehlt es für das Verlangen nach einer Bescheinigung an einer Rechtsgrundlage. Denn Art. 4 GG enthält keinen Gesetzesvorbehalt. Mit Art. 4 GG unvereinbar erscheint nach Ansicht des OLG

[1017] OLG Koblenz, ZfStrVo 1987, S. 250; OLG Koblenz, ZfStrVo 1988, S. 57.
[1018] OLG Koblenz, ZfStrVo 1987, S. 250.
[1019] So AK-Huchting/Koch, 2006, § 54 Rdn. 4; Arloth, 2008, § 53 Rdn. 2; Calliess/Müller-Dietz, 2008, § 54 Rdn. 7; Robbers, 1988, S. 573 f.; Schöch, 2001, S. 805; Rassow/Schäfer, in: Schwind/Böhm/Jehle/Laubenthal, 2009, § 54 Rdn. 13 ff.; OLG Hamm, NStZ 1999, S. 592; krit. jedoch Bothge, 1999, S. 353.
[1020] OLG Koblenz, NStZ 1994, S. 207 f.

Koblenz ferner, einem externen Religionsbeauftragten die Entscheidungskompetenz über die Glaubenszugehörigkeit eines Gefangenen zu übertragen.

§ 55 StVollzG, § 31 JVollzGB III, Art. 57 BayStVollzG, § 56 HmbStVollzG, § 32 Abs. 4 HStVollzG, § 55 NJVollzG bestimmen, dass die jeweiligen vollzugsgesetzlichen Regelungen über Seelsorge und religiöse Veranstaltungen für **Weltanschauungsgemeinschaften** entsprechend gelten. Religion und weltanschauliche Bekenntnisse haben gemeinsam, dass es beiden um Antworten geht auf die Fragen nach Ursprung, Sinn und Ziel der Welt, nach dem Sinn menschlichen Lebens sowie nach dem richtigen Leben.[1021] **631**

Die Gesetzgeber haben jedoch mittels der an Art. 4 GG anknüpfenden Wortwahl des „weltanschaulichen Bekenntnisses" klargestellt, dass die entsprechende Heranziehung von §§ 53 f. StVollzG (§§ 29 f. JVollzGB III, Art. 55 f. BayStVollzG, §§ 54 f. HmbStVollzG, § 32 Abs. 1–3 HStVollzG, §§ 53 f. NJVollzG) nicht für jegliche weltanschauliche Gemeinschaften gilt. Es muss sich vielmehr um ein **Bekenntnis** handeln, wobei Letzteres in den Äußerungen bzw. Handlungen zum Ausdruck kommt, die aus einer Gesamtsicht der Welt oder aus einer hinreichend konsistenten Gesamthaltung zur Welt entspringen.[1022]

Ebenso wie eine Religionsgemeinschaft verliert eine Weltanschauungsgemeinschaft ihre Eigenschaft nicht schon dadurch, dass sie sich **im politischen Raum** betätigt.[1023] Auch den Weltanschauungsgemeinschaften steht wie den großen Kirchen ein sog. Öffentlichkeitsanspruch zu, so dass sie sich nicht durch eine Einmischung in die Politik außerhalb des rein geistig-weltanschaulichen Raumes ihre Eigenschaft i.S.d. Art. 137 Abs. 7 WRV verlieren. Die Gesetzgeber haben jedoch mit der Formulierung des weltanschaulichen Bekenntnisses in § 55 StVollzG, § 31 JVollzGB III, Art. 57 BayStVollzG, § 56 HmbStVollzG, § 32 Abs. 4 HStVollzG, § 55 NJVollzG ausdrücklich klarstellen wollen, dass §§ 53 f. StVollzG, §§ 29 f. JVollzGB III, Art. 55 f. BayStVollzG, §§ 54 f. HmbStVollzG, § 32 Abs. 1–3 HStVollzG, §§ 53 f. NJVollzG nicht entsprechend für solche weltanschaulichen Gemeinschaften gelten sollen, deren Hauptziel auf eine politische Tätigkeit ausgerichtet ist.[1024] Im Hinblick auf den Angleichungsgrundsatz bleibt es den Strafgefangenen unbenommen, sich im Rahmen der gesetzlichen Vorschriften mit solchen Weltanschauungen zu beschäftigen, entsprechende Schriftwechsel zu führen, Besuche zu empfangen und für solche Zwecke Vollzugslockerungen zu beantragen. Dies hat dann jedoch im Rahmen der allgemeinen Vorschriften der Strafvollzugsgesetze zu geschehen und nicht innerhalb der Sonderregelungen über die Religionsausübung. Denn Letztere sollen einen dem Art. 4 GG entsprechenden Schutzbereich im Strafvollzug bewirken.

Selbst wenn eine Weltanschauungsgemeinschaft die Bedingung des Bekenntnisses i.S.d. § 55 StVollzG, § 31 JVollzGB III, Art. 57 BayStVollzG, § 56 HmbStVollzG, § 32 Abs. 4 HStVollzG, § 55 NJVollzG erfüllt, also bekennenden Charakter aufweist, bleibt bei einer entsprechenden Heranziehung der Vorschriften über Seelsorge und religiöse Veranstaltungen zu berücksichtigen, ob und in- **632**

[1021] BVerwGE 61, S. 154 f.
[1022] v. Mangoldt/Klein/Starck, 2005, Art. 4 Abs. 1, 2 Rdn. 33.
[1023] BVerwGE 37, S. 362 f.
[1024] BT-Drs. 7/3998, S. 25 (zu § 55 StVollzG); siehe auch Schöch, 2001, S. 806.

wieweit eine **Betreuung** durch eine dem Seelsorger in den religiösen Bekenntnissen vergleichbare Person überhaupt einen Bestandteil des jeweiligen weltanschaulichen Bekenntnisses darstellt. Während etwa die großen Weltreligionen durch ein religiöses Gemeinschaftsleben und individuelle religiöse Betreuung durch einen Seelsorger gekennzeichnet sind, ist dies bei Weltanschauungsgemeinschaften nicht stets bzw. notwendigerweise gegeben. Die eine Einordnung als weltanschauliches Bekenntnis anstrebende und aus §§ 53 f. StVollzG, §§ 29 f. JVollzGB III, Art. 55 f. BayStVollzG, §§ 54 f. HmbStVollzG, § 32 Abs. 1–3 HStVollzG, §§ 53 f. NJVollzG herzuleitende Rechte geltend machende Weltanschauungsgemeinschaft hat deshalb darzulegen, ob sie überhaupt die Betreuung durch eine dem Seelsorger vergleichbare Person in ihrer Weltanschauung kennt und welcher Stellenwert der Betreuung durch eine derartige Person in der Weltanschauungsgemeinschaft zukommt.[1025] Letztlich bleibt es somit immer der konkreten Einzelfallprüfung überlassen, inwieweit überhaupt Raum für eine entsprechende Anwendung besteht, selbst wenn es sich um eine bekennende Weltanschauung handeln sollte.[1026]

633 Erlauben § 21 S. 3 StVollzG, § 17 Abs. 2 JVollzGB III, Art. 23 S. 3 BayStVollzG, § 24 S. 3 HmbStVollzG, § 22 Abs. 1 S. 4 HStVollzG, § 23 S. 3 NJVollzG dem Inhaftierten, die **Speisevorschriften** seiner **Religionsgemeinschaft** zu befolgen, so kann die Anstalt dem gerecht werden, indem sie den Geboten entsprechende Speiseangebote erstellt.

Wird ein religiöses Speisegebot durch die Anstaltsverpflegung nicht abgedeckt, kann ein Inhaftierter die Vollzugsbehörde nicht verpflichten, die den Speisevorschriften seiner Religionsgemeinschaft entsprechende Kost anstelle der sonstigen Anstaltsverpflegung zu verabreichen. Die Anstaltsleitung ist lediglich verpflichtet, dem Betreffenden zu gestatten, sich entsprechende Speisen selbst zu beschaffen.[1027]

> *Beispiel:* Der Strafgefangene G bekennt sich zum Zen-Buddhismus. Er beantragt, ihm aus ethisch-weltanschaulichen Gründen vegetarische Kost nach den Richtlinien der Makrobiotik von Oshava anstelle der üblichen Anstaltskost zu verabreichen. Der Anstaltsleiter lehnt den Antrag des G mit der Begründung ab, diese Kostform sei nach den einschlägigen Bestimmungen der Landesjustizverwaltung nicht vorgesehen. Dem G stehe es aber frei, im Rahmen des Einkaufs Produkte zu erstehen, welche seiner angestrebten Lebensform entsprächen.
>
> Das OLG Hamm[1028] geht zutreffend von der Rechtmäßigkeit der Entscheidung des Anstaltsleiters aus. Denn die Verpflichtung zur Ermöglichung der Befolgung religiöser Speisevorschriften bedeutet nur, dass die Anstalt dem Inhaftierten die Selbstverpflegung gestatten muss, nicht aber gehalten ist, ihrerseits für eine entsprechende Ernährung zu sorgen.
>
> In der Entscheidung des Anstaltsleiters liegt auch keine Ungleichbehandlung i.S.d. Art. 3 GG, wenn in der Anstalt für die Gruppe der islamischen Insassen Moslemkost

---

[1025] OLG Bamberg, Beschl. v. 23.11.2001 – Ws 700/01.
[1026] Eick-Wildgans, 1993, S. 172; Rassow/Schäfer, in: Schwind/Böhm/Jehle/Laubenthal, 2009, § 55 Rdn. 4.
[1027] OLG Koblenz, ZfStrVo 1995, S. 111.
[1028] OLG Hamm, ZfStrVo 1984, S. 174.

angeboten wird. Denn ein hinreichender Grund für eine unterschiedliche Behandlung von Moslems im Verhältnis zum Antragsteller als Anhänger des Zen-Buddhismus wird allein schon durch die Größe und Homogenität jener Gruppe geschaffen. Es liegt also ein sachlich rechtfertigender Grund für eine Differenzierung vor.

5.8 Existentielle Grundbedingungen

Neben der Zuweisung ausreichenden Haftraums für den Aufenthalt in der Freizeit stellen existentielle Grundbedingungen für ein menschenwürdiges Leben in der Anstalt dar:
- Gesundheitsfürsorge,
- Bekleidung,
- Ernährung.

634

5.8.1 Gesundheitsfürsorge

Der Bereich der **Gesundheitsfürsorge**[1029] ist in §§ 56 ff. StVollzG, § 32 JVollzGB III, Art. 58 ff. BayStVollzG, §§ 57 ff. HmbStVollzG, §§ 23 f. HStVollzG, §§ 56 ff. NJVollzG geregelt. Der Inhaftierte hat einen **Anspruch** gegen die Vollzugsbehörde auf umfassende Sorge für seine körperliche und geistige Gesundheit. Damit einher geht die **Verpflichtung** des Gefangenen, die notwendigen Maßnahmen zum Gesundheitsschutz und zur Hygiene zu unterstützen. Er kann durch die Hausordnung oder mittels Einzelanweisungen zur Duldung von Untersuchungen und anderen Maßnahmen des vorbeugenden Gesundheitsschutzes verpflichtet werden. In bestimmten Fällen sind auch Zwangsmaßnahmen auf dem Gebiet der Gesundheitsfürsorge zulässig.[1030]

635

Die ursprünglich vom Bundesgesetzgeber mit §§ 190 ff. StVollzG angestrebte Einbeziehung der Strafgefangenen in die gesetzlichen Krankenversicherungen wurde nicht realisiert.[1031] Aufgrund ihrer Fürsorgepflicht muss deshalb die Anstalt die gesundheitliche Betreuung durchführen. Damit haben – anders als Patienten in der freien Gesellschaft – Strafgefangene keinen Anspruch auf medizinische Versorgung durch einen Arzt freier Wahl.[1032] §§ 57 ff. StVollzG, § 33 JVollzGB III, Art. 59 ff. BayStVollzG, § 57 ff. HmbStVollzG, § 24 HStVollzG, §§ 57 ff. NJVollzG geben den Inhaftierten gesetzliche Leistungsansprüche auf Gesundheitsuntersuchungen, medizinische Vorsorgeleistungen, Krankenbehandlung und Versorgung mit Hilfsmitteln. Sie entstehen, wenn eine Krankenbehandlung notwendig ist, um eine Erkrankung zu erkennen, zu heilen, ihre Verschlimmerung zu

636

[1029] Eingehend Hillenkamp, 2006, S. 89 ff.; ders., 2008, S. 148 ff.; ders., 2008a, S. 73 ff.; Keppler/Stöver, 2009.
[1030] Dazu Kap. 7.3.
[1031] Siehe dazu Steiner, 2006, S. 74.
[1032] OLG Nürnberg, NStZ 1999, S. 480; Calliess/Müller-Dietz, 2008, § 56 Rdn. 1; krit. Bemmann, 2001, S. 60 f.; Hillenkamp, 2005, S. 24 f.

verhüten oder Krankheitsbeschwerden zu lindern. Sämtliche Erkrankungen begründen einen Anspruch auf fachgerechte Therapie.[1033] Während der Strafverbüßung ruhen gem. § 16 Abs. 1 Nr. 4 SGB V sozialversicherungsrechtliche Ansprüche. Lediglich die aufgrund eines freien Beschäftigungsverhältnisses i.S.d. § 39 Abs. 1 StVollzG, § 45 Abs. 1 JVollzGB III, Art. 42 Abs. 1 BayStVollzG, § 36 Abs. 1 HmbStVollzG, § 27 Abs. 7 HStVollzG, § 36 Abs. 1 NJVollzG Krankenversicherten, die Beiträge an ihre Sozialversicherung abführen, müssen auch deren Leistungen in Anspruch nehmen. Nach § 62a StVollzG, § 35 Abs. 2 JVollzGB III, Art. 64 BayStVollzG, § 65 Abs. 2 HmbStVollzG, § 24 Abs. 6 HStVollzG, § 60 NJVollzG ruhen dann allerdings die vollzuglichen Leistungen.[1034]

637 Die Zuständigkeit und Verantwortlichkeit für die Gesundheitsfürsorge liegt im Strafvollzug beim **Anstaltsarzt**. Das Verhältnis zwischen Anstaltsarzt und Inhaftiertem ist öffentlich-rechtlicher Natur.[1035] Über eine Hinzuziehung externer (Fach-)Ärzte zu Diagnose und Therapie ist nach anstaltsärztlicher Beurteilung zu entscheiden. Dies gilt auch für eine Behandlung durch Psychotherapeuten.[1036] Dem Anstaltsarzt eröffnet sich für seine fachliche Tätigkeit – auch gegenüber dem sonst für den Vollzug verantwortlichen Anstaltsleiter – ein weitgehend nicht kontrollierbarer Ermessensspielraum.[1037] Wird er im Rahmen der allgemeinen Gesundheitsfürsorge tätig, bleibt er gegenüber dem Anstaltsleiter allerdings zur Offenbarung dabei gewonnener Geheimnisse befugt, soweit dies für die Aufgabenerfüllung der Vollzugsbehörde unerlässlich oder zur Abwehr von erheblichen Gefahren für Leib oder Leben des Gefangenen oder Dritter erforderlich ist (§ 182 Abs. 2 S. 3 StVollzG, § 47 Abs. 2 S. 2 JVollzGB I, Art. 200 Abs. 2 S. 3 BayStVollzG, § 123 Abs. 2 S. 4 HmbStVollzG, § 61 Abs. 2 S. 2 HStVollzG, § 195 Abs. 2 S. 3 NJVollzG).[1038]

638 Große praktische Relevanz hat die **Aids-Problematik** im Strafvollzug erlangt.[1039] Man geht davon aus, dass in Deutschland ca. 1 Prozent der Gefangenen HIV-infiziert ist; dies bedeutet eine deutlich höhere HIV-Verbreitung in den Justizvollzugsanstalten als in der übrigen Bevölkerung.[1040] Es besteht weitgehende Einigkeit darüber, dass eine Behandlung dieses Problems sowohl mittels Präventionsmaßnahmen als auch durch eine zureichende medizinische und psychosoziale Betreuung bereits infizierter Gefangener erfolgen muss.[1041] Da die Strafvollzugsgesetze keine besonderen Vorschriften über HIV-Infizierte enthalten, kommt eine räumliche Abtrennung der Betroffenen nur unter den allgemeinen gesetzlichen Voraussetzungen in Betracht (z.B. Beschränkung der gemeinschaftlichen Unter-

---

[1033] OLG Karlsruhe, NJW 2001, S. 3422.
[1034] Hierzu Kirschke, 2005, S. 121 ff.
[1035] KG, ZfStrVo 1986, S. 186.
[1036] OLG Nürnberg, NStZ 1999, S. 480.
[1037] Riekenbrauck/Keppler, in: Schwind/Böhm/Jehle/Laubenthal, 2009, § 56 Rdn. 23.
[1038] Zum Arztgeheimnis im Strafvollzug siehe Tag, 2005, S. 89 ff.; ferner unten Kap. 10.
[1039] Dazu AK-Boetticher/Stöver, 2006, vor § 56 Rdn. 47 ff.; Calliess/Müller-Dietz, 2008, § 56 Rdn. 8 ff.; Laubenthal, 2005, S. 199 f.; Schäfer/Buchta, 1995, S. 323 ff.
[1040] Kraft/Knorr, 2009, S. 170; Stöver, 2001, S. 37.
[1041] Siehe Laubenthal, 2005, S. 201 ff.

bringung während der Arbeitszeit bzw. der Freizeit aus Gründen der Anstaltssicherheit oder -ordnung; Verlegung). Für eine Durchführung von Zwangstests aller Inhaftierten fehlt es an einer rechtlichen Grundlage in den Strafvollzugsgesetzen selbst. Allerdings verpflichtet § 36 Abs. 4 S. 7 IfSG ausdrücklich Personen, die in eine Justizvollzugsanstalt aufgenommen werden, eine ärztliche Untersuchung auf übertragbare Krankheiten zu dulden. Diese Norm ergänzen § 101 StVollzG, § 80 JVollzGB III, Art. 108 BayStVollzG, § 84 HmbStVollzG, § 25 HStVollzG, § 93 NJVollzG.[1042] Es liegt im Ermessen der Anstalt, ob und welche Untersuchungen durchgeführt werden.[1043] Unter Überwachung durch das Gesundheitsamt hat die Vollzugsbehörde gem. § 36 Abs. 1 S. 1 IfSG in einem Hygieneplan ihre innerbetrieblichen Verfahrensweisen zur Infektionshygiene festzulegen. Als Maßnahmen zur Aids-Prophylaxe im Strafvollzug werden teilweise praktiziert: die kostenlose Ausgabe von Kondomen[1044] und sterilen Einwegspritzen[1045].

5.8.2 Bekleidung

639 Aus der in § 20 Abs. 1 StVollzG, § 16 Abs. 1 JVollzGB III, Art. 22 Abs. 1 BayStVollzG, § 21 Abs. 1 HStVollzG vorgesehenen Pflicht zum Tragen von Anstaltskleidung folgt, dass die Anstalt dem Inhaftierten in ausreichendem Umfang[1046] **Kleidung** zur Verfügung stellt. Einen Anspruch auf das Tragen eigener Kleidungstücke hat der Gefangene im Geltungsbereich des Bundes-Strafvollzugsgesetzes, in Baden-Württemberg, Bayern und Hessen nicht. Vielmehr ist insoweit das Tragen von Anstaltskleidung der Regelfall.[1047] Dies halten der Bundesgesetzgeber sowie Baden-Württemberg, Bayern und Hessen aus Gründen der Sicherheit und Ordnung für erforderlich, weshalb das von den Strafgefangenen regelmäßig als Selbstwertkränkung und Deprivation empfundene Tragen der Anstaltskleidung prinzipiell hinzunehmen ist.[1048] Es muss jedoch dem Angleichungsgrundsatz gemäß die Kleidung derjenigen entsprechen, die außerhalb von Strafanstalten üblicherweise getragen wird.[1049]

Besondere Oberbekleidung für die Freizeit erhält der Inhaftierte gem. § 20 Abs. 1 S. 2 StVollzG sowie nach § 16 Abs. 1 S. 2 JVollzGB III. Bayern, Hamburg, Hessen und Niedersachsen verzichten auf eine diesbezügliche ausdrückliche Regelung.

640 Besteht keine Entweichungsgefahr, gestattet der Anstaltsleiter dem Gefangenen bei einer Ausführung das Tragen eigener Kleidung (§ 20 Abs. 2 S. 1 StVollzG,

---

[1042] Dazu unten Kap. 7.3.
[1043] Bales/Baumann/Schnitzler, 2003, § 36 Rdn. 16.
[1044] Vgl. Laubenthal, 2005, S. 206; zur Frage eines Anspruchs auf kostenlose Aushändigung: OLG Koblenz, NStZ 1997, S. 360.
[1045] Dazu Kap. 5.5.3.
[1046] Dazu OLG Hamm, NStZ 1993, S. 360.
[1047] Krit. Köhne, 2003a, S. 60 f.
[1048] BVerfG, NStZ 2000, S. 166.
[1049] LG Hamburg, NStZ 1990, S. 255.

§ 16 Abs. 2 S. 1 JVollzGB III, Art. 22 Abs. 2 S. 1 BayStVollzG). Im Übrigen steht es im pflichtgemäßen Ermessen, das Tragen eigener Kleidung zu erlauben[1050], sofern der Einzelne auf eigene Kosten für deren Reinigung, Instandsetzung und regelmäßigen Wechsel aufkommt (§ 20 Abs. 2 S. 2 StVollzG, § 16 Abs. 2 S. 2 JVollzGB III, Art. 22 Abs. 2 S. 2 BayStVollzG, § 21 Abs. 2 HStVollzG). Dabei stellt das Merkmal „auf eigene Kosten" nur klar, dass nicht die Anstalt hierfür aufzukommen hat. Es wird dadurch nicht die Möglichkeit einer Bezahlung durch Dritte ausgeschlossen.[1051] Verfügt der Strafgefangene für die Durchführung von Vollzugslockerungen nicht über ordentliche und tragfähige Kleidung, kann der Erwerb auch aus dem Überbrückungsgeld gestattet werden.[1052]

Der hessische Gesetzgeber hält keine explizite Ausnahme von der grundsätzlichen Pflicht im Fall einer Ausführung bei nicht bestehender Entweichungsgefahr für erforderlich. Vielmehr belässt es § 21 Abs. 2 S. 1 HStVollzG auch hier bei einer im Ermessen der Anstaltsleitung stehenden Gestattung.

Das Regel-Ausnahme-Verhältnis wird in Hamburg und Niedersachsen mit § 23 HmbStVollzG und § 22 NJVollzG umgekehrt. Dort dürfen die Gefangenen jeweils eigene Kleidung tragen, wenn sie für deren Reinigung und Instandsetzung auf ihre Kosten Sorge tragen können. Der Anstaltsleiter ist jedoch befugt, das Tragen von Anstaltskleidung allgemein oder für den Einzelfall anzuordnen, wenn dies aus Gründen der Sicherheit oder Ordnung der Einrichtung erforderlich wird.

5.8.3 Ernährung und Einkauf

641 Die **Ernährung** der Insassen obliegt der Vollzugsanstalt.[1053] § 21 StVollzG, § 17 JVollzGB III, Art. 23 BayStVollzG, § 24 HmbStVollzG, § 22 Abs. 1 HStVollzG, § 23 NJVollzG enthalten Regelungen zur Anstaltsverpflegung. Es werden deren Zusammensetzung und der Nährwert ärztlich überwacht. Der Anspruch des Inhaftierten auf eine gesunde Ernährung erstreckt sich zwar auch auf die Vermeidung von Infektionsrisiken. Jedoch erwächst daraus kein allgemeines Recht auf den Nachweis der Unbedenklichkeit eines Nahrungsmittels durch Zertifikat.[1054] Aus medizinischen oder aus religiösen Gründen kann eine besondere Verpflegung gewährt werden.

642 Daneben kann der Gefangene unter den Voraussetzungen von § 22 StVollzG, § 18 JVollzGB III, Art. 24 BayStVollzG, § 25 Abs. 1, 2 u. 4 HmbStVollzG, § 22 Abs. 2 u. 3 HStVollzG, § 24 Abs. 1 S. 1 und Abs. 2 NJVollzG im **Regeleinkauf** Nahrungs- und Genussmittel sowie Mittel zur Körperpflege erwerben. Die Anstalten sind zur Schaffung entsprechender Einkaufsmöglichkeiten zumindest in dem gesetzlich benannten Umfang verpflichtet (z.B. einen Kaufmann zu gewinnen, der in regelmäßigen Abständen in die Anstalt kommt und ein entsprechendes Angebot für die Gefangenen bereithält). Vom Einkauf wie vom Konsum durch Inhaftierte

---

[1050] Siehe OLG Karlsruhe, NStZ 1996, S. 303.
[1051] BVerfG, StrVert 1996, S. 682.
[1052] OLG Karlsruhe, NStZ 2006, S. 62.
[1053] Krit. Köhne, 2004, S. 607 ff.; ders., 2007b, S. 49 ff.
[1054] OLG Hamm, NStZ 1995, S. 616.

ausgeschlossen ist – wegen der damit verbundenen Gefahren einer Beeinträchtigung des geordneten Zusammenlebens in der Anstalt[1055] – der Alkohol.[1056]

Wegen des Verbots eines Empfangs von Paketen mit Nahrungs- und Genussmitteln in den Landes-Strafvollzugsgesetzen[1057] gibt es in Baden-Württemberg (§§ 54 Abs. 1, 53 Abs. 2 JVollzGB III), Bayern (Art. 25 Abs. 1 BayStVollzG), Hamburg (§ 25 Abs. 2 HmbStVollzG), Hessen (§ 44 Abs. 2 HStVollzG) und Niedersachsen (§ 46 Abs. 2 u. 3 NJVollzG) als Kompensation die Möglichkeit zusätzlicher Einkäufe.

5.9 Soziale Hilfe

Das **Sozialstaatsprinzip** verpflichtet die Vollzugsbehörde zur Gewährung sozialer Hilfe.[1058] Gemäß § 71 S. 1 StVollzG, § 40 JVollzGB III, Art. 74 BayStVollzG, § 68 Abs. 2 NJVollzG haben die Anstalten hierfür ein Behandlungsangebot vorzuhalten. Dabei hat sich die Hilfeleistung zu orientieren an den Prinzipien
– der Individualität,
– der Hilfe zur Selbsthilfe.   **643**

(Keine in einem besonderen Titel, Kapitel oder Abschnitt zusammengefassten Bestimmungen über soziale Hilfen enthalten das HStVollzG sowie das HmbStVollzG.)

Gemäß § 71 S. 1 StVollzG, § 40 JVollzGB III, Art. 74 BayStVollzG, § 68 Abs. 1 NJVollzG muss die Hilfe für den Inhaftierten geeignet sein, seine persönlichen Angelegenheiten bzw. Schwierigkeiten zu lösen. Es sollen ihm die individuell erforderlichen Unterstützungsleistungen gewährt werden, wobei auch seine soziale und familiäre Umwelt einzubeziehen ist.[1059] Soziale Hilfe bedeutet jedoch keine bloße Erledigung bestimmter Angelegenheiten für den Gefangenen durch Mitarbeiter der Vollzugsbehörde. Die vollzugsgesetzlichen Regelungen geben entsprechende Hilfestellungen vor, damit der Insasse selbsttätig seine Schwierigkeiten lösen kann. Vollzugszielorientiert soll er befähigt werden, seine Angelegenheiten selbst zu ordnen und zu regeln (§ 71 S. 2 StVollzG, § 40 JVollzGB III, Art. 75 BayStVollzG, § 68 Abs. 1 NJVollzG).

Gesetzlich normiert sind in §§ 71 ff. StVollzG, §§ 40 f. JVollzGB III, Art. 75 ff. BayStVollzG, §§ 68 ff. NJVollzG nur wenige konkrete Leistungsbereiche. Da der Umfang sozialer Hilfsmöglichkeiten offen bleibt, ist vor allem den im Vollzug agierenden Sozialarbeitern und -pädagogen[1060] ein weites Tätigkeitsfeld eröffnet. Dabei kooperieren sie mit den Behörden und Stellen der Entlassenenfürsorge, der Bewährungshilfe, den Stellen für die Führungsaufsicht, den Arbeits-   **644**

[1055] OLG Hamm, NStZ 1995, S. 55; siehe auch Laubenthal, 2005, S. 197.
[1056] Krit. Köhne, 2002a, S. 168 f.
[1057] Dazu Kap. 5.4.1.4 (2).
[1058] BVerfGE 35, S. 236.
[1059] Best, in: Schwind/Böhm/Jehle/Laubenthal, 2009, § 71 Rdn. 2.
[1060] Dazu in Kap. 4.4.4.5.

agenturen, den Trägern von Sozialversicherung und Sozialhilfe, den Hilfeeinrichtungen anderer Behörden und Verbänden der freien Wohlfahrtspflege sowie mit ehrenamtlich tätigen Gruppen und Privatpersonen.

Den Anspruch auf soziale Hilfen haben die Gesetzgeber in §§ 72 ff. StVollzG, § 41 JVollzGB III, Art. 74 ff. BayStVollzG, §§ 68 ff. NJVollzG für die einzelnen Vollzugsphasen der Aufnahme, der Dauer der Strafhaft und der Entlassung nur hinsichtlich einzelner Aspekte konkretisiert. Eine in das Gesamtsystem der Straffälligenhilfe eingebundene Ausgestaltung der sozialen Hilfe ist jedoch als eine **durchgehende Betreuung** zu verstehen, die frühzeitig einsetzt und unter Einbeziehung des sozialen Umfelds bis in die Zeit nach der Entlassung aus dem Strafvollzug fortwirkt.

645 Gemäß § 72 StVollzG, § 41 Abs. 1 JVollzGB III, Art. 77 BayStVollzG, § 6 Abs. 2 Nr. 1 u. 2 HmbStVollzG, § 8 Abs. 3 HStVollzG, § 69 Abs. 1 NJVollzG ist dem zu einer Freiheitsstrafe Verurteilten bei der **Aufnahme** in die Anstalt Hilfe zu leisten. Da er durch die Inhaftierung bedingt an der Regelung seiner persönlichen Angelegenheiten gehindert wird, bedarf es schon in einem Zugangsgespräch mit dem Sozialarbeiter einer Erörterung der materiellen und psycho-sozialen Probleme. Es sind erforderliche Sofortmaßnahmen einzuleiten[1061], insbesondere zur sozialen Sicherung von Angehörigen sowie zur Sicherstellung der Habe. Verfügt der Betroffene nicht über zureichende Geldmittel, hat die Anstalt die Kosten einer Sicherstellung und des Transports der Habe zu übernehmen.[1062] Da die Gefangenen für die Dauer der Strafverbüßung bislang weitgehend nicht in die gesetzliche Sozialversicherung einbezogen sind, sollen sie über die Möglichkeiten der Aufrechterhaltung bereits bestehender Sozialversicherungen beraten werden.

646 **Während des Vollzugs** kommt je nach den Schwierigkeiten und Problemlagen des einzelnen Insassen eine Vielzahl sozialer Hilfen in Betracht. Die Gesetze (§ 73 StVollzG, § 41 Abs. 2 JVollzGB III, Art. 78 BayStVollzG, § 69 Abs. 2 NJVollzG) benennen als Bereiche zur Unterstützung des Gefangenen bei der Wahrnehmung seiner Rechte und Pflichten beispielhaft das Wahlrecht, die Erfüllung von Unterhaltspflichten sowie die Regelung eines durch die Straftat verursachten Schadens. In Art. 78 Abs. 2 S. 3 BayStVollzG, § 69 Abs. 2 S. 3 NJVollzG wird zudem für geeignete Fälle die Motivierung zur Durchführung eines Täter-Opfer-Ausgleichs explizit geregelt. Der Insasse ist in den das Erreichen des Vollzugszieles betreffenden sozialen und rechtlichen Fragen zu beraten.[1063] Dem Selbsttätigkeitsprinzip von § 71 S. 2 StVollzG, § 40 JVollzGB III, Art. 75 BayStVollzG, § 68 Abs. 1 NJVollzG folgend wird die Anstalt dabei ihrer Fürsorgepflicht regelmäßig gerecht, wenn sie den Inhaftierten auf zuständige Auskunfts- und Beratungsstellen hinweist und ihn bei der Wahrnehmung der Informationsmöglichkeiten (z.B. Gewährung von Hafturlaub bzw. Freistellung aus der Haft zum Aufsuchen einer Rentenberatungsstelle[1064]) unterstützt.

[1061] Siehe AK-Bertram/Huchting, 2006, § 72 Rdn. 12.
[1062] OLG Hamburg, NStZ 1989, S. 446; dazu auch OVG Lüneburg, NJW 2001, S. 1155.
[1063] Dazu Calliess/Müller-Dietz, 2008, § 73 Rdn. 4.
[1064] LG Kiel, NStZ 1992, S. 377 f.

5.9 Soziale Hilfe

Da die Strafvollzugsgesetze nicht zwischen deutschen und nichtdeutschen 647
Strafgefangenen unterscheiden, besitzen ausländische Verurteilte die gleichen
Rechte. Angesichts ihrer besonderen sozialen Probleme ist die Vollzugsbehörde
veranlasst, spezifische soziale Hilfen zu gewähren. Dies bezieht sich vor allem
auch auf den Bereich der Beratung in Sozial- und Rechtsangelegenheiten sowie
die Ermöglichung von Kontakten zu Behörden.[1065]

Von besonderer Relevanz für das Gelingen einer sozialen Eingliederung nach der 648
Entlassung ist in der Praxis häufig die Schuldenproblematik.[1066] Erhebungen machen
eine erhebliche Überschuldung deutlich. Rund die Hälfte der Inhaftierten sieht sich
einem Schuldenberg von mehr als 5.000,– EUR gegenüber.[1067] Eine in sächsischen
Justizvollzugsanstalten durchgeführte Studie ermittelte, dass nur etwa jeder vierte Insasse sich als schuldenfrei erwies.[1068] Angesichts von Wiedergutmachungsansprü-
chen der Deliktsopfer, Anwalts- und Gerichtskosten, offenen sonstigen Verpflichtungen (insbesondere rückständigen Ratenzahlungen) bei Banken oder Finanzierungs-
büros mit weiter auflaufenden Zinsen befinden sich viele Inhaftierte in einer kaum zu
bewältigenden finanziellen Lage. Es handelt sich hier um einen Bereich, der einen
besonderen Rückfallfaktor darstellt und in dem der Einzelne lebenspraktischer Hilfen
seitens der Anstalt bedarf. Der Aspekt der Schuldenregulierung ist für Baden-
Württemberg in § 41 Abs. 3 S. 2 JVollzGB III, in Bayern in Art. 78 Abs. 2 S. 2
BayStVollzG explizit benannt. In Hessen (§ 10 Abs. 4 S. 1 Nr. 10 HStVollzG) und in
Hamburg (§ 8 Abs. 2 S. 1 Nr. 5 HmbStVollzG) sind ggf. hierzu Angaben in den
Vollzugsplan aufzunehmen.

Als solche werden Hilfen zur **Schuldenregulierung** angeboten. Neben den Bemühungen um eine Einzelregulierung in Form einer ratenweisen Abzahlung durch
den Inhaftierten nach einem festen Tilgungsplan mit Eigenmitteln hat sich in mehreren Bundesländern zunehmend ein Gesamtsanierungsansatz durchgesetzt.[1069] Es wurden von Landesjustizverwaltungen sog. **Resozialisierungsfonds** in der Rechtsform
gemeinnütziger Vereine oder Stiftungen geschaffen.[1070] Diese nehmen z.B. eine Um-
schuldung vor. Sie bieten den Gläubigern außergerichtliche Vergleiche an. Sind diese
zu einem Teilverzicht bereit, werden sie aus Mitteln des Fonds oder einem vom Gefangenen aufzunehmenden Bankdarlehen, für dessen Rückzahlung sich der Fonds
verbürgt, befriedigt. Einem zuvor aufgestellten Schuldenregulierungsplan gemäß
muss der Insasse dann das eine noch bestehende Darlehen zurückzahlen.

Hilfen stehen den Strafgefangenen gem. § 74 StVollzG, § 87 JVollzGB III, 649
Art. 79 BayStVollzG, § 16 HmbStVollzG, § 16 Abs. 1 HStVollzG, § 69 Abs. 3
NJVollzG auch zur Vorbereitung ihrer **Entlassung** zu. Dem Prinzip der Hilfe zur
Selbsthilfe folgend werden sie bei der Ordnung ihrer persönlichen, wirtschaftli-
chen und sozialen Angelegenheiten beraten; die für Sozialleistungen zuständigen
Stellen bekommen sie mitgeteilt. Ihnen wird bei ihrer Suche nach Arbeit, Unter-
kunft und persönlichem Beistand geholfen. Unter den Voraussetzungen von § 15

[1065] Siehe Neu, 1988, S. 331; Calliess/Müller-Dietz, 2008, § 73 Rn. 5.
[1066] Zimmermann, 1995, S. 289.
[1067] Vgl. Best, in: Schwind/Böhm/Jehle/Laubenthal, 2009, § 73 Rdn. 7.
[1068] Vgl. Kemter, 1999, S. 137 ff.
[1069] Best, in: Schwind/Böhm/Jehle/Laubenthal, 2009, § 73 Rdn. 9 f.
[1070] Dazu Freytag, 1990, S. 295 ff.

Abs. 3 StVollzG, § 89 Abs. 3 JVollzGB III, Art. 17 Abs. 3 BayStVollzG, § 15 Abs. 2 Nr. 1 HmbStVollzG, § 16 Abs. 3 S. 1 HStVollzG, § 17 Abs. 3 NJVollzG können die Inhaftierten zu Zwecken der Entlassungsvorbereitung (z.B. Wohnungs- oder Arbeitssuche) auch Sonderurlaub bzw. Freistellung aus der Haft erhalten.

War es dem Insassen nicht möglich, aus seinen Bezügen ein zureichendes Überbrückungsgeld zu bilden[1071] und verfügt er nicht über ausreichende Eigenmittel, erhält er von der Anstalt nach § 75 Abs. 1 StVollzG, § 90 Abs. 1 JVollzGB III, Art. 80 Abs. 1 BayStVollzG, § 17 Abs. 5 HmbStVollzG, § 17 Abs. 2 HStVollzG, § 70 Abs. 1 NJVollzG
– eine Reisekostenbeihilfe,
– eine Überbrückungsbeihilfe für den notwendigen Lebensunterhalt in der ersten Zeit nach der Entlassung,
– eine Ausstattung mit ausreichender Bekleidung.

650   Diese Leistungen sollen nur zugunsten bedürftiger Verurteilter erbracht werden. Ob der Gefangene über eigene Mittel verfügt, ist anhand der gesamten Einkommens- und Vermögensverhältnisse des Betroffenen zu ermitteln.[1072]

Die Überbrückungsbeihilfe soll so bemessen werden, dass der Entlassene den Lebensunterhalt bestreiten kann, bis ihm eine Deckung aus Arbeit oder aus Zuwendungen aufgrund anderer gesetzlicher Bestimmungen (z.B. Arbeitsförderung, Sozialhilfe) möglich ist. Die Vollzugsbehörde kann dabei eine selbstverschuldete Mittellosigkeit des Gefangenen berücksichtigen[1073] und sich zur Vermeidung unverhältnismäßiger Kosten auch an der Länge der Haftdauer orientieren.

5.10 Entlassung und soziale Integration

651 Die vollzugliche Zielsetzung der Befähigung des Gefangenen zu einem sozial verantwortlichen Leben ohne weitere Straftaten verpflichtet die Vollzugsbehörden zu einer an der gesellschaftlichen Wiedereingliederung orientierten Gestaltung der Strafhaft. Dies hat der Gesetzgeber durch den Integrationsgrundsatz bekräftigt: Der gesamte Vollzug ist darauf auszurichten, dem Gefangenen zu helfen, nach der Entlassung zu einer (Re-)Integration in das Leben in Freiheit fähig zu sein. Schon bei der Erstellung des Vollzugsplans müssen deshalb notwendige Maßnahmen zur Entlassungsvorbereitung festgelegt werden. Denn der Übergang in die Freiheit darf nicht abrupt erfolgen. Dies setzt voraus, dass die Anstaltsleitung nach Möglichkeit den voraussichtlichen faktischen Entlassungszeitpunkt abschätzt und die Zeit des Vollzugs dementsprechend plant und gliedert.

[1071] Dazu Kap. 5.3.4.4.
[1072] OLG Hamburg, ZfStrVo 1997, S. 110.
[1073] BT-Drs. 7/918, S. 75 (zu § 75 StVollzG).

5.10.1 Entlassungsarten

Die gerichtlich verhängte Freiheitsstrafe ist grundsätzlich für die im Urteil ange- 652
ordnete Strafdauer in der Justizvollzugsanstalt vollständig zu verbüßen. Regelmäßig wird jedoch vom Gericht nach § 51 Abs. 1 S. 1 StGB eine aus Anlass der Tat erlittene Untersuchungshaft angerechnet.[1074] Aber auch dies kann gem. § 51 Abs. 1 S. 2 StGB ganz oder zum Teil unterbleiben, wenn es im Hinblick auf das Verhalten des Täters nach der Tat nicht gerechtfertigt erscheint (z.B. bei einer böswilligen Verschleppung des Strafverfahrens durch den Beschuldigten[1075]).

Bezogen auf vom Statistischen Bundesamt für den 31.3.2010 ermittelte Zahlen 653
ergibt sich folgende Verteilung der Entlassungsarten:

Tabelle 5.3. Entlassene aus dem Strafvollzug am 31.3.2010

Entlassungsart	Prozent
Ende der Strafe	76,22
§ 57 Abs. 1 StGB	13,61
§ 57 Abs. 2 Nr. 1 StGB	1,33
§ 57 Abs. 2 Nr. 2 StGB	0,20
§ 57a StGB	0,21
§ 35 BtMG	6,88
Begnadigung	1,55

Quelle: Statistisches Bundesamt, Bestand der Gefangenen und Verwahrten in den deutschen Justizvollzugsanstalten, 2010.

5.10.1.1 Strafrestaussetzung zur Bewährung

Eine Entlassung schon vor Ablauf der verhängten Strafdauer ermöglicht das Insti- 654
tut der Aussetzung des Strafrests zur Bewährung. Eine solche **bedingte Entlassung** reduziert nicht nur die mit zunehmender Haftlänge sich vergrößernden Schwierigkeiten einer gesellschaftlichen Wiedereingliederung. Sie gibt dem Gefangenen auch Anreize zur Mitwirkung an der Gestaltung seiner Behandlung und an der Vollzugszielerreichung. Die sich an die Entlassung anschließende Bewährungszeit (einschließlich der Möglichkeit eines Bewährungswiderrufs) übt auf den Betroffenen Druck aus, sich normtreu zu verhalten. Dabei kann ihm eine Unterstellung unter die Leitung und Aufsicht eines Bewährungshelfers Unterstützung bieten.[1076]

Eine Strafrestaussetzung zur Bewährung ist bei der **zeitigen Freiheitsstrafe** 655
nach § 57 Abs. 1 StGB obligatorisch, wenn die dort genannten Voraussetzungen vorliegen:
– Der Verurteilte muss **zwei Drittel** der verhängten Strafe, mindestens jedoch zwei Monate verbüßt haben (§ 57 Abs. 1 S. 1 Nr. 1 StGB).

[1074] Dazu Laubenthal/Nestler, 2010, S. 81 f.
[1075] Fischer, 2011, § 51 Rdn. 11a.
[1076] Dazu Streng, 2002, S. 122 f.

Nach § 57 Abs. 4 StGB werden andere wegen der Anlasstat bereits vollzogene Maßnahmen (z.B. Untersuchungshaft) auf diese Mindestverbüßungsdauer angerechnet. Sind mehrere selbständige Freiheitsstrafen zu vollstrecken[1077], findet eine Kumulation der jeweiligen Mindestverbüßungsdauern statt: Die einzelne Strafe wird bei Erreichen des erstmöglichen Aussetzungszeitpunkts unterbrochen und zur Vollstreckung der nächsten Sanktion übergegangen. Erst wenn dann der frühestdenkbare Entlassungszeitpunkt auch hinsichtlich der letzten Freiheitsstrafe ansteht, entscheidet nach § 454b Abs. 3 StPO das Gericht gleichzeitig über eine Aussetzung der Vollstreckung aller Strafreste.

– Es muss eine **günstige Sozialprognose** gegeben sein, d.h. eine Haftentlassung erfolgt nur, wenn dies unter Berücksichtigung des Sicherheitsinteresses der Allgemeinheit verantwortet werden kann (§ 57 Abs. 1 S. 1 Nr. 2 StGB).

Angesichts der Tatsache, dass es bislang keine absolut zuverlässigen Kriterien gibt, um aus zurückliegenden und gegenwärtigen Beobachtungen eines menschlichen Verhaltens die Frage der Rückfallwahrscheinlichkeit mit ausreichender Sicherheit beantworten zu können[1078], verlangt das Gesetz keine Gewähr für eine künftige Legalbewährung. Es nimmt vielmehr ein verantwortbares Restrisiko[1079] in Kauf. Dabei bedingt die Schwere der der Verurteilung zugrunde liegenden Tat(en) als ein Basiselement die Notwendigkeit einer Abstufung der Prognoseanforderungen. Das bei der bedingten Strafrestaussetzung vertretbare Prognoserisiko muss umgekehrt proportional zur Schwere möglicher zukünftiger Delikte sein. Es findet eine Abwägung statt zwischen dem (Re-)Sozialisierungsinteresse des Inhaftierten und dem Sicherheitsinteresse der Allgemeinheit, wobei die Anforderungen an die Erfolgswahrscheinlichkeit der Strafrestaussetzung mit dem Gewicht des bei einem etwaigen Rückfall bedrohten Rechtsguts[1080] immer höher werden. Bei der Gesamtwürdigung sind vom Gericht nach § 57 Abs. 1 S. 2 StGB namentlich folgende Umstände zu berücksichtigen: die Persönlichkeit des Verurteilten, sein Vorleben, die Umstände seiner Tat, das Gewicht des bei einem Rückfall bedrohten Rechtsguts, das Verhalten des Verurteilten im Vollzug, seine Lebensverhältnisse und die Wirkungen, die von der Aussetzung für ihn zu erwarten sind.[1081]

– Gemäß § 57 Abs. 1 S. 1 Nr. 3 StGB muss der Verurteilte in seine vorzeitige Entlassung **einwilligen**.

Das gesetzliche Einwilligungserfordernis stellt eine systemwidrige Entlassungsvoraussetzung dar.[1082] Denn Auswahl und Gestaltung der zur Erreichung

---

[1077] Siehe Laubenthal/Nestler, 2010, S. 86 ff.
[1078] Zu Methoden der Legalbewährungsprognose siehe Streng, 2002, S. 318 ff.; ders., 1995, S. 97 ff.; Steinböck, 1997, S. 69 ff.
[1079] BVerfG, NJW 1998, S. 2202; eingehend Streng, 2002, S. 124 f.
[1080] OLG Bamberg, NStZ 1989, S. 389; siehe auch BGH, NStZ-RR 2003, S. 200.
[1081] Zur Prognoserelevanz von Vollzugslockerungen BVerfG, NJW 2009, S. 1941 ff.; Reichenbach, 2010, S. 424 ff.
[1082] Dazu Laubenthal, 1988, S. 951 ff.

des Sozialisationsziels zweckmäßigen und Erfolg versprechenden Unrechtsreaktion obliegt ausschließlich der richterlichen Entscheidungsfindung. Dem Verurteilten steht zudem kein Anspruch auf Vollverbüßung seiner Freiheitsstrafe zu.

In der Praxis ist eine hohe Quote an Einwilligungsverweigerungen anzutreffen.[1083] Bei den versagten Zustimmungen handelt es sich zum einen um eine negative Selbstauslese von Gefangenen, die ablehnende Aussetzungsentscheidungen vermeiden wollen, weil sie keine Aussichten auf eine bedingte Entlassung sehen, wodurch im Einzelfall vorschnell auf Bewährungschancen verzichtet wird. Zum anderen wollen Inhaftierte eine Bewährungszeit mit den damit verbundenen Einschränkungen vermeiden.

Schon nach Verbüßung der **Hälfte** einer zeitigen Freiheitsstrafe, mindestens jedoch von sechs Monaten, kann nach § 57 Abs. 2 StGB der Strafrest zur Bewährung ausgesetzt werden, wenn 656
- es sich um einen Erstverbüßer handelt, dessen Freiheitsstrafe zwei Jahre nicht übersteigt (§ 57 Abs. 2 Nr. 1 StGB) oder
- eine Gesamtwürdigung von Tat, Täterpersönlichkeit und seiner Entwicklung im Vollzug ergibt, dass besondere Umstände eine vorzeitige Entlassung ausnahmsweise rechtfertigen (§ 57 Abs. 2 Nr. 2 StGB).
- Bei beiden Alternativen der bedingten Entlassung nach Halbstrafenverbüßung müssen ferner die Kriterien des § 57 Abs. 1 S. 1 Nr. 2 und 3 StGB erfüllt sein.

Eine Aussetzung des Strafrests einer **lebenslangen Freiheitsstrafe** zur Bewährung[1084] setzt nach § 57a StGB neben günstiger Prognose und Einwilligung voraus: 657
- Eine Mindestverbüßungsdauer von fünfzehn Jahren (§ 57a Abs. 1 S. 1 Nr. 1 StGB).
- Es darf nicht die besondere Schwere der Schuld des Verurteilten die weitere Vollstreckung gebieten (§ 57a Abs. 1 S. 1 Nr. 2 StGB).

Die **Schuldschwereklausel** soll nach der Intention des Gesetzgebers eine obligatorische bedingte Entlassung der Lebenszeitgefangenen mit Ablauf der Mindestverbüßungsdauer von 15 Jahren verhindern.[1085] Wegen der absoluten Strafe findet das Überschreiten der unteren Grenze des § 211 Abs. 1 StGB keine Differenzierung im Strafmaß „lebenslang", so dass eine Berücksichtigung der individuellen Schuld auf der Ebene der Strafvollstreckung erfolgt. Dabei spiegelt die Mindestverbüßungszeit das für eine Verurteilung zur lebenslangen Freiheitsstrafe unerlässliche Schuldmindestmaß wider.[1086] Jedoch nicht schon jede Schuldsteigerung über dieses Quantum hinaus kann zu einer Verlängerung des Vollzugs führen. Da § 57a Abs. 1 S. 1 Nr. 2 StGB vom Wortlaut her eine „besondere Schwere der Schuld" verlangt, handelt es sich um eine Ausnahmeregel. Erforderlich ist ein erhebliches, deutlich hervorgehobenes Mehr an Schuld; notwendig sind Umstände

---

[1083] Vgl. Eisenberg/Ohder, 1987, S. 37; Laubenthal, 1987, S. 239.
[1084] Dazu Dessecker, 2008, S. 5 ff.; Streng, 2002, S. 132 ff.
[1085] Siehe Laubenthal, 1987, S. 205 ff.; Müller-Dietz, 1994, S. 72 ff.
[1086] BGH, NStZ 1994, S. 540.

von Gewicht. Dabei hat der Tatrichter seine Entscheidung auf eine Gesamtwürdigung von Tat und Täterpersönlichkeit zu gründen.[1087] Auch das Bundesverfassungsgericht interpretiert § 57a StGB dahin gehend, dass eine Verbüßungsdauer von 15 Jahren den Regelfall, eine darüber hinausgehende Haft die Ausnahme darstellt.[1088] Nach § 57a Abs. 1 S. 1 Nr. 2 StGB genügt nicht nur eine besonders schwere Schuld für die Weitervollstreckung. Diese muss auch geboten, d.h. unerlässlich sein.

Nach der Rechtsprechung des Bundesverfassungsgerichts[1089] müssen die für die Bewertung der Schuld gem. § 57a Abs. 1 S. 1 Nr. 2 StGB erheblichen Tatsachen schon vom erkennenden Schwurgericht festgestellt und gewichtet werden. Das Vollstreckungsgericht ist bei der späteren Prüfung einer bedingten Entlassung an diese Feststellungen des Tatgerichts gebunden mit der Konsequenz, dass insoweit noch zu entscheiden bleibt, ob die Schuldschwere die weitere Vollstreckung gebietet und welche zeitlichen Folgen sich daraus gegebenenfalls für die Festlegung der Vollstreckungsdauer ergeben.

Als mordspezifische Umstände, die zur Bejahung einer besonderen Schuldschwere führen können, kommen in Betracht:[1090]
– ganz besondere Verwerflichkeit der Tatausführung oder der Motive,
– ein und dieselbe Tat bedingt mehrere Opfer,
– durch die Tat werden noch weitere Straftatbestände erfüllt (z.B. § 249 StGB),
– im Urteil sind noch weitere Straftaten abgeurteilt (§ 57b StGB).

Im Hinblick auf das Doppelverwertungsverbot des § 46 Abs. 3 StGB ist hierbei aber zu beachten, dass die besondere Schwere der Schuld in § 57a StGB nicht mit Umständen begründet werden darf, deren Vorliegen die Verurteilung zur lebenslangen Freiheitsstrafe überhaupt erst ermöglicht hat.[1091] Es sind daher solche Momente verwertbar, deren hypothetisches Fehlen eine Verurteilung zur Lebenszeitstrafe nicht verhindert hätte.[1092]

Gemäß § 57a Abs. 1 Nr. 3 i.V.m. § 57 Abs. 1 Nr. 2 StGB muss bei einer lebenslangen Freiheitsstrafe deren Aussetzung unter Berücksichtigung des Sicherheitsinteresses der Allgemeinheit verantwortbar sein. Die Lebenszeitstrafe kann deshalb auch über den durch die besondere Schwere der Schuld bedingten Zeitpunkt hinaus aus Gründen der **Gefährlichkeit** des Inhaftierten vollstreckt werden. Dies verletzt weder die Menschenwürde (Art. 1 Abs. 1 GG) noch das Freiheitsgrundrecht (Art. 2 Abs. 2 S. 2 GG) des Betroffenen. Allerdings ist die konkrete und grundsätzlich auch realisierbare Chance des Verurteilten auf Rückkehr in die Freiheit durch strikte Beachtung des Verhältnismäßigkeitsgrundsatzes bei der

---

[1087] BGH GSSt. 40, S. 360 ff.; dazu Kintzi, 1995, S. 249 f.; Streng, 1995a, S. 556 ff.
[1088] BVerfGE 86, S. 314 f.
[1089] BVerfGE 86, S. 288 ff.; BVerfG, JR 2000, S. 121; krit. Meurer, 1992, S. 441 ff.; siehe auch Müller-Dietz, 1994, S. 75 ff.
[1090] BGH, NStZ 1994, S. 541 f.
[1091] Laubenthal, 1987, S. 222; siehe auch BGHSt. 42, S. 226.
[1092] Horn, 1983, S. 381.

Entscheidung über die Aussetzung der lebenslangen Freiheitsstrafe sicherzustellen.[1093]

Zuständig für die Entscheidung über eine Aussetzung des Strafrests zur Bewährung ist bei einer zeitigen wie bei einer lebenslangen Freiheitsstrafe nach § 462a Abs. 1 StPO die **Strafvollstreckungskammer** beim Landgericht. Da nach § 57 Abs. 1 S. 2 StGB im Rahmen der Persönlichkeitsbeurteilung auch das Vollzugsverhalten berücksichtigt wird, holt das Gericht eine Stellungnahme der Vollzugsanstalt ein.[1094] Prognostische Relevanz messen Gerichte und Anstaltsbedienstete dabei vor allem der kriminellen Vergangenheit des Betroffenen, seiner persönlichen Entwicklung in der Anstalt sowie der beruflichen und sozialen Situation nach der Entlassung zu.[1095] Dabei darf jedoch das vollzugliche Verhalten allein weder in negativer (z.B. Disziplinarverstöße, mangelnde Mitwirkungsbereitschaft) noch in positiver Hinsicht (z.B. reibungslose Anpassung) überbewertet werden. Denn die Gründe hierfür können vielfältiger Natur sein und bleiben für sich allein prognostisch nicht zureichend aussagekräftig.[1096]

658

Geht es um die Aussetzung einer **Lebenszeitstrafe**, schreibt § 454 Abs. 2 S. 1 Nr. 1 StPO zur Beurteilung der Frage einer fortbestehenden Gefährlichkeit die Einholung eines Sachverständigengutachtens zwingend vor.[1097] In der kriminalprognostischen Praxis zu § 57a StGB spielt als Beurteilungskriterium insoweit eine wesentliche Rolle, wie sich der Inhaftierte mit seiner Straftat und seiner Schuld auseinander gesetzt hat.[1098] Lehnt die Strafvollstreckungskammer eine bedingte Entlassung nach § 57a StGB wegen besonderer Schuldschwere ab, so hat sie in ihrer Entscheidung festzulegen, wie lange die weitere Vollstreckung unter diesem Gesichtspunkt noch fortdauern soll.[1099] Die Einholung eines Sachverständigengutachtens ist gem. § 454 Abs. 2 S. 1 Nr. 2 StPO auch notwendig, wenn es sich um einen **Intensivtäter** i.S.d. § 66 Abs. 3 S. 1 StGB handelt. Dies betrifft die zu einer Freiheitsstrafe wegen eines Verbrechens oder einer Straftat nach §§ 174 bis 174c, 176, 179 Abs. 1 bis 4, 180, 182, 224, 225 Abs. 1 oder 2 StGB oder einer entsprechenden Rauschtat (§ 323a StGB) Verurteilten. Allerdings kann in diesen Fällen der Aussetzung einer zeitigen Freiheitsstrafe von einer Beteiligung des Sachverständigen abgesehen werden, wenn bei dem Betroffenen keine Gefahr mehr i.S.d. § 454 Abs. 2 S. 2 StPO besteht, dass dessen durch die Tat zutage getretene Gefährlichkeit fortbesteht, wenn also alle für die Prognoseentscheidung heranzuziehenden Umstände zweifelsfrei die Beurteilung zulassen, dass vom Verurteilten praktisch keine Gefahr mehr für die öffentliche Sicherheit ausgeht.[1100]

659

Eine ausdrückliche Bestimmung über den **zeitlichen Abstand** zwischen der gerichtlichen Entlassungsentscheidung und dem festgelegten Entlassungszeitpunkt enthält das Gesetz nicht. Aus § 454a Abs. 1 StPO kann jedoch geschlossen wer-

660

[1093] BVerfG, JR 2007, S. 160; dazu Kinzig, 2007a, S. 165 ff.
[1094] Dazu Laubenthal/Nestler, 2010, S. 76.
[1095] Vgl. Streng, 2002, S. 129 f.
[1096] Müller-Dietz, 1990, S. 31.
[1097] Dazu BVerfG, NStZ 1992, S. 405; BGH, NStZ 1993, S. 357.
[1098] Siehe Kröber, 1993, S. 140 ff.
[1099] BVerfGE 86, S. 288 f.
[1100] OLG Karlsruhe, StrVert 2000, S. 156.

den, dass es einer frühzeitigen gerichtlichen Entscheidung (auch mehr als drei Monate bis zum Tag der Freilassung) bedarf, damit die Vollzugsbehörde rechtzeitig besondere Behandlungsmaßnahmen zur Entlassungsvorbereitung einleiten kann.[1101] Auch bei Verbüßung einer lebenslangen Freiheitsstrafe darf eine hinreichende Entlassungsvorbereitung nicht durch die Ungewissheit des Haftendes gefährdet werden. Lehnt die Strafvollstreckungskammer eine bedingte Entlassung aus Schuldschwereerwägungen ab, muss sie deshalb mitteilen, wann auf der Grundlage ihrer Beurteilung mit einer Aussetzung zu rechnen ist.[1102]

661 Neben den Möglichkeiten einer Aussetzung des Strafrests zur Bewährung nach §§ 57 ff. StGB kennt das Gesetz (§ 36 BtMG) als sonstige Form der vorzeitigen Entlassung noch im Bereich der Drogenkriminalität die Strafrestaussetzung im Rahmen einer Zurückstellung von der Strafvollstreckung nach **§ 35 BtMG**.[1103]

5.10.1.2 Begnadigung

662 Eine bedingte Entlassung des Verurteilten mit oder ohne Anordnung einer Bewährungszeit kann schließlich im Wege der Begnadigung[1104] durch die verfassungsrechtlich vorgegebenen Inhaber der Gnadenkompetenz (Bundespräsident, Ministerpräsidenten bzw. Senate) erfolgen.[1105] Beim Gnadenrecht handelte es sich ursprünglich um eine seinem Inhaber kraft Herkommens zugehörige Befugnis, die mit den heutigen Vorstellungen von Verrechtlichung der wesentlichen und grundrechtsrelevanten Lebensvorgänge durch parlamentarisch beschlossene Normen nur schwierig in Einklang zu bringen ist. Gnade als gewohnheitsrechtlich geltende „Gestaltungsmacht besonderer Art"[1106] hat meist nur dem Grunde nach Eingang in formelle Gesetze gefunden (etwa Art. 60 Abs. 2 und 3 GG). Eine gesetzliche Einschränkung der Gnadenkompetenz besteht aber prinzipiell nicht: **Gnade ergeht vor Recht**. So wird dem Gnadenträger die mildernde Einwirkung bei sämtlichen Sanktionsarten möglich. Vor Schaffung des § 57a StGB (Aussetzung des Strafrests bei lebenslanger Freiheitsstrafe) ließ sich die bedingte Entlassung Lebenszeitgefangener sogar ausschließlich durch Gewährung eines Gnadenakts bewerkstelligen.[1107]

Gnadenerweise sollen im Rechtsstaat jedoch nur **subsidiär** gehandhabt werden. Kann der Gefangene sein Ziel, namentlich die vorzeitige Entlassung aus der Haft, durch einen ausdrücklich geregelten Rechtsbehelf – etwa einen Antrag auf Aussetzung des Strafrests zur Bewährung – erreichen, bleibt er auf diesen verwiesen.[1108]

[1101] OLG Zweibrücken, NStZ 1992, S. 148.
[1102] BVerfGE 86, S. 331 f.
[1103] Dazu Laubenthal/Nestler, 2010, S. 100 ff.
[1104] Dazu Laubenthal/Nestler, 2010, S. 17 ff.
[1105] Vgl. Schätzler, 1992, S. 18 ff.; zum Gnadenrecht siehe auch Dimoulis, 1996; Holste, 2003, S. 738 ff.; Kaiser/Schöch, 2002, S. 386 ff.; Klein, 2001; Mickisch, 1996.
[1106] BVerfG, NStZ 2001, S. 669.
[1107] Dazu Laubenthal, 1987, S. 99 ff.
[1108] Laubenthal/Nestler, 2010, S. 17; Röttle/Wagner, 2009, S. 470; Schätzler, 1992, S. 36.

(1) Abgrenzung zu verwandten Erscheinungen

Nicht verwechselt werden darf das Gnadenwesen mit Amnestie und Abolition. **663** Gnade wird im Einzelfall aufgrund besonderer Umstände gewährt und betrifft im Hinblick auf Strafen oder Maßregeln nur deren Vollstreckung. Sollen noch nicht rechtskräftig abgeschlossene Verfahren niedergeschlagen (Abolition) oder soll die Einleitung neuer Verfahren verhindert werden, kann dies nur im Wege der Amnestie erfolgen.[1109] Hierbei handelt es sich um eine generell-abstrakte Regelung, welche nicht nur im Einzelfall, sondern für eine Vielzahl von Sachverhalten Anwendung findet. Die Beendigung eines einzelnen schwebenden Verfahrens durch Abolition ist demzufolge unzulässig.[1110] Eine Amnestie kann auch Auswirkungen im Vollstreckungsverfahren zeitigen, wenn etwa die Vollstreckung von Straferkenntnissen für bestimmte Taten oder Tätergruppen ausgeschlossen wird. Es liegt wegen der unterschiedlichen Voraussetzungen und Zuständigkeiten aber kein Fall der Begnadigung vor.[1111] Denn Amnestien bedürfen eines förmlichen Gesetzes. Ihr Erlass steht gerade nicht in der Kompetenz des Gnadenträgers. Zudem darf vom Mittel der Amnestie nur sparsam Gebrauch gemacht werden, weil ihre häufige oder gar regelmäßige Vornahme dem Anliegen der Norminternalisierung schadet. Ergingen etwa in Ansehung bestimmter Straftaten jährliche Amnestien zu Weihnachten, verführte die Erwartung, dieses Vorgehen werde beibehalten, zu einer gesteigerten Missachtung der fraglichen Ge- oder Verbotsnormen. Ferner liegt der tiefere Grund für solche sog. „Jubelamnestien" vielfach in vollzuglichen Defiziten, namentlich zu geringer Kapazität der Vollzugsanstalten.[1112] Derartige Probleme müssen auf andere Weise gelöst werden als durch die außergewöhnlichen Konstellationen vorbehaltene Amnestie. In Berücksichtigung dieser Grundsätze hat der bundesdeutsche Gesetzgeber bisher nur in wenigen Ausnahmefällen amnestiert.[1113]

(2) Zuständigkeiten

Die Zuständigkeitsverteilung in Gnadensachen folgt dem föderalen Charakter der **664** Bundesrepublik Deutschland. Entscheidende Bedeutung erlangt, ob die erstinstanzliche Entscheidung in einer Strafsache in Ausübung von Bundes- oder Landesgerichtsbarkeit ergangen ist (§ 452 StPO).[1114] Die Gnadenkompetenz in Strafsachen bildet damit eine Länderangelegenheit, sofern nicht ausnahmsweise ein Oberlandesgericht in einer Staatsschutzsache in Ausübung von Gerichtsbarkeit des Bundes entschieden hat (§§ 120 Abs. 6, 142a GVG, Art. 96 Abs. 5 GG, § 452 S. 1 StPO). Je nach Zuständigkeit sind die entsprechenden Vorschriften des Bundes-

---

[1109] Zur Amnestie Laubenthal/Nestler, 2010, S. 19; Marxen, 1984; Schätzler, 1992, S. 208 ff.; Süß, 2001.
[1110] Etwa Jescheck/Weigend, 1996, S. 923; Kaiser/Schöch, 2002, S. 387; Schätzler, 1992, S. 16.
[1111] Anders Kaiser/Schöch, 2002, S. 387.
[1112] Dazu Meier B.-D., 2000, S. 63.
[1113] Überblick bei Schätzler, 1992, S. 244 ff.
[1114] Holste, 2003, S. 739.

oder Landesrechts[1115] heranzuziehen. Dabei handelt es sich in den meisten Fällen nicht um formelle Parlamentsgesetze, sondern um Verwaltungsvorschriften, in denen die Inhaber der Gnadenbefugnis im Wege der Selbstbindung ihr Vorgehen objektiviert haben. Das kann sowohl materielle Voraussetzungen eines Gnadenakts als auch das einzuhaltende Prozedere betreffen. So wird etwa über ein Gesuch um vorzeitige Haftentlassung regelmäßig nicht ohne Anhörung der Vollzugsbehörden entschieden. Träger des Gnadenrechts ist herkömmlicherweise der oberste Repräsentant eines Staatswesens. Neben dem Bundespräsidenten (Art. 60 Abs. 2 GG) sind dies die Ministerpräsidenten der Bundesländer bzw. in den Stadtstaaten die Senate. Vielfach haben die Gnadenträger die Ausübung der Berechtigung in bestimmtem Umfang delegiert.

(3) Rechtsschutz

665 De lege ferenda wird vorgeschlagen, das Gnadenwesen zu einem in vollem Umfang rechtlich normierten Verfahren umzugestalten.[1116] De lege lata ist es jedoch strittig, ob und in welchem Umfang Gnadenentscheidungen der gerichtlichen Kontrolle unterliegen. Dem vorrechtlichen Charakter von Gnadenakten würde es entsprechen, Entscheidungen der Gnadenträger nicht zur gerichtlichen Überprüfung zu stellen. Andererseits erscheint eine solche Position im Hinblick auf die Rechtsweggarantie des Art. 19 Abs. 4 GG, welche in Ansehung aller Akte der öffentlichen Gewalt eingeräumt ist, zweifelhaft. Im Widerspruch zu zahlreichen Stellungnahmen im Schrifttum[1117] hält es das Bundesverfassungsgericht infolge des besonderen Wesens einer Gnadenentscheidung für statthaft, das Vorgehen des Gnadenträgers nicht der gerichtlichen Kontrolle zu unterwerfen.[1118] Die Vertreter der gegenteiligen Position wollen allerdings die besonderen Kompetenzen des Gnadenträgers gewahrt sehen. Sein Handeln soll nicht in vollem Umfang, sondern nur auf Verfahrensfehler und das Vorliegen von Willkür oder sachfremden Erwägungen kontrollierbar sein.[1119]

Anderes gilt jedoch für den actus contrarius. Der Gnadenakt darf unter Umständen widerrufen werden, wenn sich der Begünstigte – etwa durch Begehung einer neuen Straftat – als seiner nicht würdig erweist. Diese Entscheidung ist gerichtlich voll überprüfbar.[1120]

> *Beispiel:* B wurde durch Gnadenerweis für eine Reststrafe von 61 Tagen Strafaussetzung zur Bewährung unter Bestimmung einer Bewährungsfrist bewilligt. Die zuständige Behörde widerrief die Strafaussetzung und ordnete den Vollzug der Reststrafe an,

---

[1115] Nachweise in Schönfelder, Deutsche Gesetze, § 452 StPO Fn. 2.
[1116] So Klein, 2001.
[1117] Etwa Dreier, 2004, Art. 1 III Rdn. 63, unter Hinweis auf landesverfassungsrechtliche Rechtsschutzmöglichkeiten; Jarass/Pieroth, 2006, Art. 19 Rdn. 29; Klein, 2001, S. 71; Mickisch, 1996, S. 165 f.
[1118] BVerfGE 25, S. 358 ff.; BVerfG, NStZ 2001, S. 669; vgl. ferner BayVerfGH, NStZ-RR 1997, S. 40; OLG Hamburg, JR 1997, S. 255; Meyer-Goßner, 2010, § 23 EGGVG Rdn. 17; Kissel/Mayer, 2008, § 23 EGGVG Rdn. 129; Schätzler, 1992, S. 127.
[1119] Vgl. Jescheck/Weigend, 1996, S. 924; Kaiser/Schöch, 2002, S. 924.
[1120] So BVerfGE 30, S. 108.

weil B in der Bewährungszeit nicht gearbeitet, Schulden gemacht und seiner Familie keinen Unterhalt bezahlt habe. Das zuständige Oberlandesgericht verwarf einen hiergegen gerichteten Antrag auf gerichtliche Entscheidung als unzulässig, weil Gnadenentscheidungen nicht der gerichtlichen Kontrolle unterlägen.

Auf die Verfassungsbeschwerde des B hin hat das BVerfG[1121] diesen Beschluss aufgehoben. Zwar widerspreche die gerichtliche Überprüfbarkeit einer Entscheidung, durch welche die Gewährung eines Gnadenakts abgelehnt worden sei, der Eigenart des Gnadenwesens. Durch den Gnadenerweis werde dem Begünstigten aber eine Rechtsstellung eingeräumt, auf deren Wahrung er sich grundsätzlich verlassen dürfe. Der durch Gnade eröffnete Freiheitsraum des Verurteilten unterliege dann gerade nicht mehr der freien Verfügbarkeit des Gnadenträgers.

Soweit man die Justitiabilität von Gnadenentscheidungen anerkennt, ist nicht der Verwaltungsrechtsweg gem. § 40 VwGO, sondern – da es sich um Justizverwaltungsakte handelt – der Rechtsweg zu den Oberlandesgerichten nach §§ 23 ff. EGGVG eröffnet.[1122] Dieser gilt auch in Ansehung der gerichtlichen Überprüfung von Maßnahmen, durch welche der Gnadenakt widerrufen wird.

666

5.10.2 Entlassungsvorbereitung

Über die durch den Eingliederungsgrundsatz vorgegebene Orientierung des gesamten Behandlungsprozesses am Integrationsziel hinausgehend sollen bei einem abzusehenden Ende der Strafverbüßung **besondere Maßnahmen** zur Vorbereitung auf die Entlassung stattfinden. Fallen Entlassungstermin und Strafende (bei Vollverbüßern) zusammen, kann die Anstaltsleitung längerfristig auf den Freilassungstermin hin planen. Doch auch in den Fällen einer vorzeitigen Strafrestaussetzung zur Bewährung muss die Vollzugsbehörde in die Lage versetzt werden, frühzeitig mit der Entlassungsvorbereitung zu beginnen. Es ist bei vorzeitiger Entlassung jedoch nicht Aufgabe der Anstalt, den Termin für das Ende der Strafhaft festzulegen. Dies obliegt gem. § 462a StPO vielmehr der Recht sprechenden Gewalt.[1123] Deshalb kann der Vollzug mit seinen besonderen vorbereitenden Behandlungsmaßnahmen nur auf den Zeitpunkt der voraussichtlichen Entlassung abstellen. Es muss die Frage der Entlassungsprognose abgeschätzt und der von der Anstalt angenommene Termin auch dem Inhaftierten mitgeteilt werden, damit dieser mögliche Anträge auf Gewährung von Lockerungsmaßnahmen stellen kann.[1124]

667

Im Hinblick auf eine Optimierung der Entlassungsvorbereitung bleibt eine bessere **Abstimmung der Vollzugsplanung** mit den Strafvollstreckungskammern wünschenswert. Die vom Bundesverfassungsgericht für den Bereich der lebenslangen Freiheitsstrafe geforderte frühzeitige Festlegung eines voraussichtlichen Entlas-

668

[1121] BVerfGE 30, S. 108 ff.
[1122] BVerwGE 49, S. 221; Kaiser/Schöch, 2002, S. 388; Kissel/Mayer, 2008, § 23 EGGVG Rdn. 129.
[1123] Dazu Laubenthal/Nestler, 2010, S. 75.
[1124] Calliess, 1992, S. 181.

sungszeitpunkts durch die Vollstreckungsgerichte[1125] ist deshalb auch für die zu zeitigen Freiheitsstrafen Verurteilten (insbesondere bei Langstrafigen) von Vorteil.[1126]

669 **Besondere Maßnahmen** zur Entlassungsvorbereitung haben die Gesetzgeber vor allem in § 15 StVollzG, §§ 87 ff. JVollzGB III, Art. 17 BayStVollzG, §§ 15 f. HmbStVollzG, § 16 HStVollzG, § 17 NJVollzG hinsichtlich der Gewährung von Lockerungen normiert. Diese Normen dürfen jedoch nicht so verstanden werden, dass mit Beginn dieser dritten Phase des Vollzugsablaufs bislang eingeleitete und andauernde Behandlungsprozesse ihr Ende finden. Es sind ergänzend zu den bereits laufenden Maßnahmen den individuellen Erfordernissen entsprechend **zusätzliche Möglichkeiten** zu eröffnen, welche den Schritt in die Freiheit erleichtern.

670 Nach § 15 Abs. 1 StVollzG, § 89 Abs. 1 JVollzGB III, Art. 14 Abs. 4, 17 Abs. 1 BayStVollzG, § 15 Abs. 1 HmbStVollzG, § 16 Abs. 2 S. 1 HStVollzG, § 17 Abs. 1 NJVollzG soll die Anstaltsleitung **Vollzugslockerungen** bzw. vollzugsöffnende Maßnahmen gewähren, wobei ihr Ermessensspielraum gegenüber anderen Lockerungsentscheidungen wesentlich eingeschränkt bleibt. Allerdings darf sie auch zur Entlassungsvorbereitung keine Lockerung genehmigen, wenn eine Flucht- oder Missbrauchsgefahr gegeben ist.

671 § 15 Abs. 2 StVollzG, § 89 Abs. 2 JVollzGB III, Art. 17 Abs. 2 BayStVollzG, § 15 Abs. 4 HmbStVollzG, § 16 Abs. 2 S. 1 i.V.m. § 13 Abs. 3 Nr. 1 HStVollzG, § 17 Abs. 2 NJVollzG ermöglichen eine Verlegung in den **offenen Vollzug**, wenn dies der Vorbereitung auf die Entlassung dient. Während im Übrigen eine solche Verlegung im Verlauf der Haft aus Behandlungsgründen erfolgen soll, wird bezüglich der Entlassungsvorbereitung eine andere Zielsetzung bestimmt. So kann es z.B. im Hinblick auf die Entlassungsvorbereitung durchaus dienlich sein, einen Gefangenen weiterhin in einer nicht-offenen Anstalt oder Abteilung unterzubringen, wenn dies anderenfalls einen Abbruch seiner Berufsausbildung zur Folge hätte oder wenn im geschlossenen Vollzug entstandene integrationsfördernde besondere Bindungen zu Personen des Behandlungspersonals abgelöst würden.[1127]

672 Innerhalb eines Zeitraumes von drei Monaten vor der (voraussichtlichen) Entlassung kann der Anstaltsleiter zu deren Vorbereitung nach § 15 Abs. 3 StVollzG, § 89 Abs. 3 JVollzGB III, Art. 17 Abs. 3 BayStVollzG, § 15 Abs. 2 Nr. 1 HmbStVollzG, § 17 Abs. 3 NJVollzG bis zu einer Woche **Sonderurlaub** bzw. Freistellung aus der Haft gewähren. Damit erhält der Gefangene Gelegenheit zu notwendigen Behördengängen, Kontaktaufnahme zu Hilfeeinrichtungen oder zur Wohnungs- bzw. Stellensuche. (In Hessen kann gem. § 16 Abs. 3 S. 1 HStVollzG Freistellung aus der Haft zur Entlassungsvorbereitung von insgesamt drei Monaten gewährt werden. Diese darf nach § 16 Abs. 3 S. 5 HStVollzG vom Einsatz elektronischer Überwachungssysteme abhängig gemacht sein.)

673 § 15 Abs. 4 StVollzG, § 88 JVollzGB III, Art. 14 Abs. 4 BayStVollzG, § 15 Abs. 3 HmbStVollzG, § 17 Abs. 4 NJVollzG ermöglichen die Gewährung von **Freigängerurlaub** bzw. Freistellung aus der Haft innerhalb von neun Monaten

---

[1125] BVerfGE 86, S. 288 f.
[1126] Rotthaus K., 1994, S. 154.
[1127] Vgl. BT-Drs. 7/918, S. 54 (zu § 15 Abs. 2 StVollzG).

vor der (voraussichtlichen) Entlassung für die Dauer von sechs Tagen pro Monat.[1128] Da § 15 Abs. 3 S. 1 StVollzG, § 89 Abs. 3 S. 1 JVollzGB III, Art. 17 Abs. 3 S. 1 BayStVollzG, § 15 Abs. 2 Nr. 1 HmbStVollzG, § 17 Abs. 3 S. 1 NJVollzG ausdrücklich keine Anwendung finden soll (§ 15 Abs. 4 S. 3 StVollzG, § 88 S. 3 JVollzGB III, Art. 14 Abs. 4 S. 2 BayStVollzG, § 15 Abs. 3 2. Halbs. HmbStVollzG, § 17 Abs. 4 S. 3 NJVollzG), besteht vom Zweck dieser Urlaubsart her keine Verknüpfung mit der Entlassungsvorbereitung im engeren Sinne. Ziel stellt vielmehr die Sozialisation des Betroffenen durch Einübung im Umgang mit der Freiheit und die Erprobung seiner Zuverlässigkeit dar.[1129] Umstritten ist der **Freigängerstatus** im Sinne der Normen.

Beispiel: Ein im Geltungsbereich des **Bundes-Strafvollzugsgesetzes** inhaftierter Strafgefangener nimmt in der Justizvollzugsanstalt an einer beruflichen Bildungsmaßnahme teil und ist mit Inhaftierten des offenen Vollzugs gleichgestellt. Einige Monate vor seiner voraussichtlichen Entlassung beantragt er die Gewährung eines Sonderurlaubs nach § 15 Abs. 4 StVollzG. Diesen Antrag lehnt der Anstaltsleiter ab. In seiner Begründung geht er davon aus, dass der Betroffene kein Freigänger ist und auch eine abstrakte Erlaubnis zum Freigang aus dem geschlossenen Vollzug heraus nicht möglich bleibt.

Geht es um den Freigang als eine Vollzugslockerung, lässt die im geschlossenen Vollzug gegebene enge Verknüpfung der Gestattung eines Freigangs mit der Genehmigung einer Beschäftigung außerhalb der Institution keinen abstrakten Freigängerstatus zu.[1130] Nicht beschäftigungsorientiert ist aber der Freigängerbegriff des § 15 Abs. 4 StVollzG.[1131] Denn der zu gewährende Sonderurlaub soll der Sozialisation des Gefangenen – unabhängig von einer entsprechenden Arbeitsmöglichkeit – dienen.

Das OLG Hamm[1132] hat zu dem vorliegenden Fall ausgeführt, dass § 15 Abs. 4 StVollzG „nicht bezweckt, diejenigen zu privilegieren, die trotz der vielfach nur geringen Möglichkeiten, außerhalb der Anstalt einer Beschäftigung nachzugehen, eine der wenigen vorhandenen Außenbeschäftigungen auch erhalten haben. Es gibt keinen zwingenden Grund, gerade dieser Gruppe von Gefangenen auch noch zusätzliche Urlaubsmöglichkeiten einzuräumen. Sachgerecht kann nur die eine Auslegung der Vorschrift sein, die auf die Eignung als Freigänger abstellt, so dass es nicht entscheidend ist, ob diese geeigneten Gefangenen auch tatsächlich im Freigang im Sinne von § 11 Abs. 1 Nr. 1 StVollzG zur Arbeit eingesetzt sind."[1133] Es kommt also nur darauf an, ob der Inhaftierte als für den Freigang vertrauenswürdig erachtet wird und zwar unabhängig davon, in welcher Vollzugsart (offen oder geschlossen) er untergebracht ist.

Die mit der Regelung von § 15 Abs. 4 StVollzG vorhandene Problematik des Freigängerstatus ergibt sich auf der Ebene der **Landes-Strafvollzugsgesetze** auch hinsichtlich desjenigen von § 17 Abs. 4 NJVollzG. Dagegen umfasst in Bayern Art. 14 Abs. 4 BayStVollzG die sog. fiktiven Freigänger schon vom Geltungsbereich her („... hierfür geeignet sind"). § 15 Abs. 3 HmbStVollzG bezieht die Freistellung von der Haft

---

[1128] Eine derartige spezielle Freistellung aus der Haft ist in Hessen im HStVollzG nicht normiert.
[1129] Calliess/Müller-Dietz, 2008, § 15 Rdn. 5.
[1130] Siehe oben Kap. 5.4.4.1 (2).
[1131] Gegen eine bloß abstrakte Eignung Begemann, 1991, S. 519 f.
[1132] OLG Hamm, ZfStrVo 1991, S. 121 f.
[1133] OLG Hamm, ZfStrVo 1991, S. 122; ebenso BGH, InfoStrVollzPR 1987, S. 853; AK-Lesting, 2006, § 15 Rdn. 14; Arloth, 2008, § 15 Rdn. 5; Calliess/Müller-Dietz, 2008, § 15 Rdn. 6; Ullenbruch, in: Schwind/Böhm/Jehle/Laubenthal, 2009, § 15 Rdn. 8.

auf „zum Freigang zugelassene Gefangene ...". Dagegen begrenzt für Baden-Württemberg § 88 S. 1 JVollzGB III die Freistellung aus der Haft für Freigänger auf diejenigen Fälle, in denen Inhaftierte tatsächlich einer regelmäßigen Beschäftigung im Rahmen eines Freigangs nachgehen und nicht lediglich hierfür abstrakt geeignet sind.

5.10.3 Der Entlassungsvorgang

674 Der Entlassungsvorgang stellt im Wesentlichen eine Umkehrung des Aufnahmevorganges dar. Er beginnt bei Freiheitsstrafen mit einer Vollzugsdauer von mehr als sechs Monaten regelmäßig spätestens sechs Wochen vor dem Strafende.

Neben der Erfüllung behördlicher Mitteilungspflichten kommt es zur **Entlassungsverhandlung**. Der Inhaftierte wird ärztlich untersucht, er erhält seine Privatkleidung, erforderlichenfalls zusätzliche Bekleidung von der Anstalt sowie seine persönliche Habe ausgehändigt. Die Entlassung wird schriftlich verfügt. Bevor der Betroffene die Anstalt verlässt, führt deren Leiter ein abschließendes Gespräch mit ihm. Über die Entlassungsverhandlung wird eine Niederschrift angefertigt, die der Gefangene unterschreiben soll. Er erhält dann einen vom Leiter (oder seinem Vertreter) der Vollzugsgeschäftsstelle unterzeichneten Entlassungsschein. Ihm werden das Überbrückungsgeld, erforderlichenfalls eine Überbrückungsbeihilfe sowie eine Beihilfe zu den Reisekosten ausgehändigt und er verlässt die Justizvollzugsanstalt. Damit er seinen Zielort rechtzeitig erreicht, erfolgt dies am letzten Tag seiner Strafzeit möglichst frühzeitig, jedenfalls noch am Vormittag (§ 16 Abs. 1 StVollzG, Art. 18 Abs. 1 BayStVollzG, § 17 Abs. 1 S. 1 HmbStVollzG, § 17 Abs. 1 S. 1 HStVollzG, § 18 Abs. 1 NJVollzG. Nach § 91 Abs. 1 JVollzGB III sind die Gefangenen „möglichst frühzeitig" zu entlassen).

§ 16 Abs. 2 u. 3 StVollzG, § 91 Abs. 2 JVollzGB III, Art. 18 Abs. 2 u. 3 BayStVollzG, § 17 Abs. 2 u. 3 HmbStVollzG, § 17 Abs. 1 S. 2 u. 3 HStVollzG, § 18 Abs. 2 u. 3 NJVollzG ermächtigen den Anstaltsleiter, den Zeitpunkt der **Entlassung vorzuverlegen**. Der Gefangene soll nicht an Wochenenden, Feiertagen und zwischen Weihnachten und Neujahr entlassen werden. Denn dann kann es zu Schwierigkeiten bei der Reise in den Heimatort kommen, Behörden und Ämter haben geschlossen. Auch andere dringende Gründe familiärer oder beruflicher Art können eine flexible Handhabung des Entlassungstermins erforderlich machen. Bei der Vorverlegung handelt es sich um eine **vollzugliche Maßnahme** ohne Auswirkungen auf die vollstreckungsrechtliche Situation.[1134]

> Im Widerspruch zu den legislatorischen Vorverlegungsmöglichkeiten stehen die in zahlreichen Bundesländern erfolgenden Gnadenerweise aus Anlass des Weihnachtsfestes, welche – rechtlich ungenau – als **Weihnachtsamnestien** bezeichnet werden. Die Bedingungen für eine vorzeitige Entlassung für im Strafvollzug befindliche Inhaftierte regeln die Landesjustizminister jeweils durch Rundverfügungen. Mittels diesen werden die Staatsanwaltschaften als Vollstreckungsbehörden ermächtigt, diejenigen Verurteilten, deren Strafende im weiteren Sinne in die Weihnachtszeit fällt, aus Anlass dieses Festes vorzeitig zu entlassen.[1135] Eine solche Vorgehensweise auf

---

[1134] Arloth, 2008, § 16 Rdn. 3.
[1135] Dazu Figl, 2001, S. 392 ff.; Schmitz, 2007, S. 608 ff.

dem Gnadenweg steht mit dem Gnadenerweis als individualbezogenem Akt nicht im Einklang.

5.10.4 Nachgehende Überwachung und Hilfe

In den Fällen einer **Strafrestaussetzung zur Bewährung** kann die Strafvollstreckungskammer dem Betroffenen für die Dauer der Bewährungszeit **Auflagen** und **Weisungen** erteilen (§§ 57 Abs. 3 S. 1 bzw. 57a Abs. 3 S. 2 i.V.m. §§ 56b und 56c StGB). Hat der Gefangene mindestens ein Jahr seiner Strafe verbüßt, unterstellt ihn das Gericht für die Dauer oder für einen Teil der Bewährungszeit der Aufsicht und Leitung eines **Bewährungshelfers** (§ 57 Abs. 3 S. 2 StGB). Dieser erfüllt eine Doppelfunktion. Er steht dem Verurteilten zum einen helfend und betreuend zur Seite, um ihm seine Bewährung zu erleichtern und zu ermöglichen (§ 56d Abs. 3 S. 1 StGB). Hierfür bedarf es eines möglichst vertrauensvollen Verhältnisses zwischen dem Helfer und dem zu Betreuenden. Andererseits obliegt der Bewährungshilfe aber auch die Überwachung der auferlegten Auflagen, Weisungen usw. Es ist dem Gericht in bestimmten Zeitabständen über die Lebensführung des Betroffenen zu berichten; grobe Verstöße müssen mitgeteilt werden (§ 56d Abs. 3 S. 2 u. 3 StGB).

675

Bei **Vollverbüßern** mit einer Freiheitsstrafe oder Gesamtfreiheitsstrafe von mindestens zwei Jahren wegen einer vorsätzlichen Straftat tritt mit der Entlassung aus dem Strafvollzug nach § 68f Abs. 1 S. 1 StGB kraft Gesetzes **Führungsaufsicht**[1136] ein. Gleiches gilt, wenn eine Freiheitsstrafe oder Gesamtfreiheitsstrafe von mindestens einem Jahr wegen der in § 181b StGB genannten Sexualstraftaten (§§ 174 bis 174c, 176 bis 180, 180b bis 181a und 182 StGB) vollständig vollstreckt wurde. Gemäß § 68a Abs. 1 StGB untersteht der Verurteilte dann einer Aufsichtsstelle. Zusätzlich wird ein Bewährungshelfer bestellt. Dem Entlassenen können die in § 68b StGB normierten Weisungen erteilt werden. Ein Verstoß gegen die in § 68b Abs. 1 StGB benannten Weisungen stellt unter den Voraussetzungen des § 145a StGB eine erneute Straftat dar.

676

Der **Betreuung** in die Freiheit zurückgekehrter ehemaliger Strafgefangener nehmen sich Institutionen der **Strafentlassenenhilfe** an. Solche gemeinnützigen Vereine und Verbände sind seit 1953 vor allem im „Bundeszusammenschluss für Straffälligenhilfe" organisiert.[1137] In Zusammenarbeit mit den sozialen Diensten der Justiz widmen sie sich zentralen Problembereichen der Entlassenen, wie z.B. Wohnungs- und Arbeitssuche, Schuldenregulierung, Umgang mit Behörden, Hilfe bei der Kontaktaufnahme zu Angehörigen, Gewährung materieller Überbrückungshilfen.[1138]

677

[1136] Siehe dazu Dertinger/Marks, 1990; Dessecker, 2007, S. 276 ff.

[1137] Zur Entwicklung: Wahl, 1990, S. 101 ff.; zu den Verbänden der Freien Wohlfahrtspflege: Müller-Dietz, 1997a, S. 35 ff.

[1138] Siehe Best, 1994, S. 131 ff.; Goll/Wulf, 2006, S. 91 ff.; Hompesch/Kawamura/Reindl, 1996; Müller-Dietz, 1996a, S. 37 ff.; Rebmann/Wulf, 1990, S. 343 ff.

5.10.5 Wiederaufnahme in den Strafvollzug

678 Die Vereinigungen für Straffälligenhilfe haben sog. Anlaufstellen eingerichtet, an die sich die Entlassenen in Problemsituationen wenden können. Für die ganz überwiegende Anzahl der nicht aus der sozialtherapeutischen Anstalt entlassenen Verurteilten stellt dagegen die Justizvollzugsanstalt selbst keine Institution dar, von der entsprechende Hilfen im Sinne einer **Nachsorge** geleistet werden. Eine Nachbetreuung obliegt – unter bestimmten Voraussetzungen – der Bewährungshilfe bzw. der Führungsaufsicht. Zudem verpflichten § 74 S. 3 StVollzG, § 87 JVollzGB III, Art. 79 S. 3 BayStVollzG, § 16 Abs. 1 S. 3 HmbStVollzG, § 16 Abs. 1 HStVollzG, § 69 Abs. 3 S. 2 NJVollzG die Anstalt auch dazu, im Rahmen der Entlassungsvorbereitung dem Strafgefangenen bei der Suche nach einem persönlichen Beistand für die Zeit nach der Rückkehr in die Freiheit behilflich zu sein. Als solche Beistände kommen ehrenamtliche Bewährungshelfer oder Fachkräfte der Freien Wohlfahrtspflege in Betracht.[1139]

Sieht sich der zur Bewährung Entlassene trotz vollzugsexterner Nachbetreuung nicht zu bewältigenden Schwierigkeiten ausgesetzt (z.B. Kündigung der Wohnung oder des Arbeitsplatzes) und befürchtet er seinerseits objektiv inadäquate Reaktionen, wäre die Möglichkeit einer freiwilligen Rückkehr in den Vollzug eine geeignete Hilfestellung.[1140] Ein vorübergehender **Überbrückungsaufenthalt** zum Zweck der **Krisenintervention** könnte einer Rückfallgefahr entgegenwirken. Dies hat auch die Legislative bei den Beratungen zum Bundes-Strafvollzugsgesetz durchaus gesehen.[1141] Der Bundesgesetzgeber hat die Wiederaufnahme in den Vollzug mit § 125 StVollzG – ebenso wie in Baden-Württemberg (§ 89 Abs. 4 JVollzGB III), Bayern (Art. 120 BayStVollzG), Hamburg (§ 18 Abs. 2 u. 3 HmbStVollzG, Hessen (§ 12 Abs. 5 HStVolzG) und in Niedersachsen (§ 106 NJVollzG) – jedoch auf Straffällige begrenzt, die sich in einer sozialtherapeutischen Anstalt befanden und von dort in die Gesellschaft wiedereingegliedert wurden. Den aus dem sonstigen Vollzug von Freiheitsstrafe Entlassenen steht ein solches Recht auf Rückkehr nicht zur Seite.

[1139] Kaiser/Schöch, 2002, S. 477.
[1140] Böhm, 2003, S. 241.
[1141] Vgl. BT-Drs. 7/3998, S. 12.

6 Besonderheiten des Frauenstrafvollzugs

Der Anteil weiblicher Personen an den gerichtlichen Verurteilungen nach allgemeinem Strafrecht lag im Jahr 2009 bei 17,9 %, derjenige an den Sanktionierungen mit Freiheitsstrafe bei 11,3 %.[1] Zu verbüßen hatten am 31.3.2010 nur 2 917 Frauen (5,4 % der erwachsenen Strafgefangenen) ihre Strafe.[2] Frauen werden somit deutlich weniger gerichtlich verurteilt; sie haben im Gegensatz zu den männlichen Erwachsenen auch seltener eine Freiheitsstrafe zu verbüßen. Ein Grund hierfür ist die durchschnittlich geringere Schwere der von Frauen begangenen Straftaten, was häufiger als bei Männern zu Verurteilungen zu Geldstrafen bzw. zu Strafrestaussetzungen zur Bewährung führt.[3]

Eine Aufgliederung der weiblichen Strafgefangenen nach der von ihnen zu verbüßenden Haftzeit macht deutlich, dass diese überwiegend zu kurzen Freiheitsstrafen von unter zwei Jahren Dauer verurteilt sind.

Tabelle 6.1. Weibliche Strafgefangene am 31.3.2010 nach der Dauer der zu verbüßenden Freiheitsstrafe

Dauer des Vollzugs	Anzahl der Strafgefangenen	Prozent
Unter 1 Monat	80	2,7
1 bis unter 3 Monate	415	14,2
3 bis unter 6 Monate	569	19,5
6 bis einschließlich 9 Monate	365	12,5
Mehr als 9 Monate bis 1 Jahr	249	8,5
Mehr als 1 Jahr bis 2 Jahre	448	15,4
Mehr als 2 Jahre bis 5 Jahre	513	17,5
Mehr als 5 Jahre bis 10 Jahre	139	4,7
Mehr als 10 Jahre bis 15 Jahre	37	1,2
Lebenslange Freiheitsstrafe	102	3,4

Quelle: Statistisches Bundesamt; Strafvollzug – Demographische und kriminologische Merkmale der Strafgefangenen 2010 Reihe 4.1, S. 16 f.

---

[1] Statistisches Bundesamt, Strafverfolgung 2009.
[2] Statistisches Bundesamt, Strafvollzug – Demographische und kriminologische Merkmale der Strafgefangenen 2010 Reihe 4.1, S. 22 f.
[3] Zu den Erklärungsansätzen für geringeren Umfang und spezifische Deliktsstruktur der Frauenkriminalität: Eisenberg, 2005, S. 780 ff.; Göppinger, 2008, S. 409 ff.; Kaiser, 1996, S. 500 ff.; Schwind, 2010, S. 85 ff.; siehe auch Cummerow, 2006, S. 156 ff.; Fischer-Jehle, 1991; Lindner, 2006, S. 20 ff.; Schmölzer, 1995, S. 226 ff.

680 Bei den weiblichen Strafgefangenen verteilen sich die den Verurteilungen im Wesentlichen zugrunde liegenden Delikte wie folgt:

Tabelle 6.2. Zu Freiheitsstrafe verurteilte Frauen am 31.3.2010 nach Art der Straftat

Straftatengruppe	Freiheitsstrafe verbüßende weibliche Gefangene	Prozent
Straftaten gegen den Staat, die öffentliche Ordnung und im Amt (§§ 80–168, 331–357 StGB)	53	1,8
Straftaten gegen die sexuelle Selbstbestimmung (§§ 174–184b StGB)	27	0,9
Beleidigung (§§ 185–189 StGB)	13	0,4
Straftaten gegen das Leben (§§ 211–222 StGB)	272	9,3
Körperverletzungen (§§ 223–231 StGB)	178	6,1
Straftaten gegen die persönliche Freiheit (§§ 234–241a StGB)	12	04
Sonstige Straftaten gegen die Person (§§ 169–173, 201–206 StGB)	5	0,1
Diebstahl und Unterschlagung (§§ 242–248c StGB)	737	25,3
Raub, Erpressung, räuberischer Angriff auf Kraftfahrer (§§ 249–255, 316a StGB)	164	5,6
Begünstigung, Hehlerei (§§ 257–261 StGB)	6	0,2
Betrug, Untreue (§§ 263–266b StGB)	751	25,7
Urkundenfälschung (§§ 267–281 StGB)	108	3,7
Sonstige Straftaten gegen das Vermögen (§§ 283–305a StGB)	6	0,2
Gemeingefährliche Straftaten (§§ 306–323c, ohne 316a StGB)	17	0,5
Straftaten gegen die Umwelt (§§ 324–330a StGB)	—	—
Straftaten im Straßenverkehr	46	1,6
Straftaten nach anderen Gesetzen (insb. BtMG; ohne StGB, StVG)	522	17,9
Verurteilte nach dem Strafrecht der früheren DDR	—	—

Quelle: Statistisches Bundesamt, Strafvollzug – Demographische und kriminologische Merkmale der Strafgefangenen 2010 Reihe 4.1, S. 22 f.

6.1 Gesetzliche Regelungen

681 Die Strafvollzugsgesetze gelten mit nur einigen wenigen Besonderheiten auch für den Vollzug der Freiheitsstrafe an Frauen.[4] Denn mit Art. 3 Abs. 3 S. 1 GG sind an das Geschlecht anknüpfende differenzierende Regelungen nur vereinbar, soweit sie zur Lösung von Problemen, die ihrer Natur nach nur bei Männern oder

---

[4] Zur historischen Entwicklung des Frauenstrafvollzugs: v. Gélieu, 1994.

nur bei Frauen auftreten können, zwingend erforderlich bleiben. Geschlechtsbezogene Zuschreibungen, die allenfalls als statistische eine Berechtigung haben mögen (Geschlechterstereotype), und tradierte Rollenerwartungen können danach zur Rechtfertigung von Ungleichbehandlungen nicht dienen. Angesichts des grundrechtlichen Verbots der Benachteiligung aufgrund des Geschlechts darf es daher nicht im freien Belieben der Justizvollzugsanstalten oder ihrer Träger stehen, eine spezifische faktische Benachteiligung von Frauen und Männern im Haftvollzug dadurch herbeizuführen, dass deren Unterbringungseinrichtungen unterschiedlich ausgestattet und an diesen Unterschied der Ausstattung sodann Unterschiede der sonstigen Behandlung geknüpft werden.[5]

Eine prinzipielle **Trennung**[6] der männlichen und weiblichen Gefangenen in gesonderten Anstalten bzw. Abteilungen bestimmen § 140 Abs. 2 StVollzG, § 4 Abs. 1 JVollzGB I, Art. 166 Abs. 3 BayStVollzG, § 98 Abs. 3 HmbStVollzG, § 70 Abs. 2 HStVollzG, § 172 Abs. 1 S. 1 NJVollzG.[7] Diese Organisationsform der Trennung nach dem Geschlecht rechtfertigt sich durch den grundrechtlichen Schutz des Intim- und Sexualbereichs.[8] Mit dem Anspruch des Einzelnen auf Wahrung seiner Intim- und Sexualsphäre bliebe eine aufgezwungene Nähe durch eine gemeinsame Unterbringung mit Gefangenen des jeweils anderen Geschlechts unvereinbar.

Angesichts der geringen Anzahl weiblicher Inhaftierter bestehen in der Praxis nur wenige selbständige Frauenstrafanstalten: in Frankfurt am Main, Berlin, Schwäbisch Gmünd, Vechta und Willich. Die ursprünglich reine Frauenanstalt in Aichach (Bayern) verfügt seit einigen Jahren auch über einen abgetrennten Männervollzug.[9] Im Übrigen sind die weiblichen Strafgefangenen in räumlich und organisatorisch mit Männeranstalten verbundenen Abteilungen und Einrichtungen untergebracht und befinden sich in diesen auf männliche Gefangene eingestellten Institutionen in einer „Anhängselsituation".[10]

§ 150 StVollzG ermöglicht im Geltungsbereich des Bundes-Strafvollzugsgesetzes die Bildung von länderübergreifenden **Vollzugsgemeinschaften**, so dass zur Vermeidung organisatorisch kleiner Einheiten die weiblichen Strafgefangenen mehrerer Bundesländer in einer zentralen Einrichtung zusammengefasst werden können. Solche Einrichtungen erschweren für die betroffenen Frauen jedoch aufgrund der weiteren räumlichen Entfernung den Kontakt zu ihren Bezugspersonen ebenso wie Maßnahmen der Entlassungsvorbereitung.[11]

Derartige Vollzugsgemeinschaften bestehen hinsichtlich einzelner Haftformen für die Bundesländer Bremen, Hamburg, Niedersachsen und Schleswig-Holstein sowie für Berlin und Brandenburg. Für alle Haftformen haben das Saarland und Rheinland-

---

[5] BVerfG, StrVert 2009, S. 597 ff.; dazu Muckel, 2009, S. 396 ff.; Sachs, 2009, S. 654 ff.
[6] Zu den vollzuglichen Trennungsgrundsätzen Kap. 1.6.1.
[7] Kritisch Köhne, 2002, S. 222 f.
[8] Dazu BVerfGE 47, S. 46 ff.; KG, NStZ 2003, S. 50.
[9] Vgl. Bayer. Staatsministerium der Justiz, 2010, S. 37.
[10] Bernhardt, 1982, S. 27; dazu auch Maelicke H., 1995, S. 28.
[11] Laubenthal, in: Schwind/Böhm/Jehle/Laubenthal, 2009, § 150.

Pfalz bzw. Sachsen und Thüringen zum Zweck einer größeren Differenzierung entsprechende Vereinbarungen geschlossen.[12]

Eine **Ausnahme vom Trennungsprinzip** lassen § 140 Abs. 3 StVollzG, § 4 Abs. 6 S. 1 JVollzGB I, Art. 166 Abs. 4 BayStVollzG, § 98 Abs. 5 HmbStVollzG, § 172 Abs. 1 S. 2 NJVollzG zu. Danach ist die gemeinsame Teilnahme von männlichen und weiblichen Inhaftierten an spezifischen Behandlungsmaßnahmen (z.B. Gruppentherapie, berufliche Aus- und Weiterbildung, Freizeitgestaltung) in einer Anstalt oder Abteilung möglich. Allerdings muss auch dabei die Unterbringung während der Ruhezeit in getrennten Räumlichkeiten erfolgen.[13]

Noch weiter gehende Ausnahmen lässt § 70 Abs. 5 HStVollzG zu, der in seinen Nrn. 1 bis 5 erlaubt, vom Trennungsprinzip abzuweichen,
1. wenn eine Zustimmung der Gefangenen oder Sicherungsverwahrten vorliegt,
2. wenn die Gefangenen oder Sicherungsverwahrten hilfsbedürftig sind oder für sie eine Gefahr für Leben oder Gesundheit besteht,
3. (insoweit in Übereinstimmung mit den übrigen Strafvollzugsgesetzen) um die Teilnahme an vollzuglichen Maßnahmen zu ermöglichen,
4. die geringe Anzahl der Sicherungsverwahrten eine getrennte Unterbringung nicht zulässt oder
5. wenn dringende Gründe der Vollzugsorganisation dies vorübergehend erfordern.

Nicht zu den Behandlungsmaßnahmen im Sinne der Ausnahmevorschriften zählt jedoch ein Zusammenleben von inhaftierten (Ehe-)Partnern. Ein Strafgefangener wird keineswegs über das in der Haft situationsbedingt typische Ausmaß hinausgehend in seinem Grundrecht des Art. 6 Abs. 1 GG beeinträchtigt, wenn er die eheliche Gemeinschaft in der Justizvollzugsanstalt nicht fortsetzen kann.[14] Allerdings schließt das nicht aus, dass im Einzelfall Art. 6 Abs. 1 GG die Zusammenlegung von Ehegatten zur Förderung der Eingliederung nach der Entlassung notwendig macht.[15]

682 Besondere gesetzliche Regelungen enthalten die Strafvollzugsgesetze in §§ 76 ff. StVollzG[16], §§ 37 f. JVollzGB III, Art. 82 ff. BayStVollzG, § 66 HmbStVollzG, §§ 71 ff. NJVollzG für **Schwangerschaft**, **Geburt** und die **Zeit nach einer Entbindung**. Diese Vorschriften entsprechen Art. 6 Abs. 4 GG, wonach jeder Mutter Anspruch auf Schutz und Fürsorge der Gemeinschaft zusteht. Zugleich wird dem Grundrecht des Kindes einer inhaftierten Mutter auf Leben und körperliche Unversehrtheit (Art. 2 Abs. 2 S. 1 GG) Rechnung getragen.[17] Wesentliche Regelungen des Mutterschutzgesetzes finden entsprechende Anwendung. Zudem sind die Leistungen bei Schwangerschaft und Mutterschaft denjenigen der Versorgung von Frauen in Freiheit weitgehend angepasst.

---

[12] Steinhilper, in: Schwind/Böhm/Jehle/Laubenthal, 2009, vor § 76 Rdn. 5.
[13] Calliess/Müller-Dietz, 2008, § 140 Rdn. 3.
[14] BVerfGE 42, S. 101.
[15] OLG München, StraFo 2009, S. 41.
[16] Dazu Zolondek, 2007, S. 61 ff.
[17] Steinhilper, in: Schwind/Böhm/Jehle/Laubenthal, 2009, § 76 Rdn. 1.

Das Kind soll durch den Gefangenenstatus seiner Mutter nicht belastet werden. Um seine Geburt in einer Justizvollzugsanstalt zu vermeiden, hat nach § 76 Abs. 3 StVollzG, § 38 Abs. 1 JVollzGB III, Art. 82 Abs. 3 BayStVollzG, § 66 Abs. 2 HmbStVollzG, § 71 Abs. 3 NJVollzG eine **Entbindung** grundsätzlich in einem Krankenhaus außerhalb des Vollzugs stattzufinden. Allein wenn Gründe der Sicherheit oder andere besondere vollzugliche Aspekte eine Verlegung in eine externe Klinik und die dort notwendige Bewachung unmöglich oder nur mit einem erheblichen Kostenaufwand durchführbar machen, bleibt eine Entbindung in einer Anstalt mit einer Entbindungsabteilung zulässig. (Eine solche Ausnahmeregelung enthält § 71 Abs. 3 NJVollzG nicht.)

Nach § 79 StVollzG, § 38 Abs. 2 JVollzGB III, Art. 85 BayStVollzG, § 66 Abs. 4 HmbStVollzG, § 72 NJVollzG dürfen aus den **Geburtsunterlagen** weder die Geburt des Kindes im Strafvollzug noch der Gefangenenstatus der Mutter hervorgehen. Dies dient dem Schutz des Kindes vor Stigmatisierung. Allerdings haben diese Bestimmungen kaum praktische Bedeutung, da die ca. 60 Geburten von inhaftierten Müttern in Deutschland pro Jahr[18] weitgehend außerhalb des Strafvollzugs stattfinden.

Neben den speziellen Vorschriften der §§ 76 ff. StVollzG, §§ 37 f. JVollzGB III, Art. 82 ff. BayStVollzG, § 66 HmbStVollzG, §§ 71 ff. NJVollzG zu Schwangerschaft und Mutterschaft enthalten die Strafvollzugsgesetze weitere Sonderregelungen zum Mutterschutz im Zusammenhang mit der Arbeitstätigkeit (§ 41 Abs. 1 S. 3 StVollzG, § 47 Abs. 1 S. 3 JVollzGB III, Art. 43 S. 4 BayStVollzG, § 38 Abs. 1 S. 5 HmbStVollzG, § 27 Abs. 2 S. 2 HStVollzG, § 71 Abs. 1 S. 2 NJVollzG) sowie im Rahmen der disziplinarischen Ahndung von Pflichtverstößen (§ 106 Abs. 2 S. 2 StVollzG, § 85 Abs. 2 S. 2 JVollzGB III, § 90 Abs. 1 S. 1 HmbStVollzG, § 98 Abs. 2 S. 2 NJVollzG).

6.2 Mutter-Kind-Einrichtungen

Auf der organisatorischen Ebene normieren § 142 StVollzG, Art. 168 BayStVollzG, § 100 HmbStVollzG, § 74 Abs. 3 HStVollzG[19] als eine Ausprägung des Differenzierungsgebots für Frauenanstalten die Schaffung von Einrichtungen, in denen Mütter zusammen mit ihren Kindern untergebracht werden können. Dem Gegensteuerungsgrundsatz von § 3 Abs. 2 StVollzG, § 2 Abs. 3 S. 1 JVollzGB III, Art. 5 Abs. 2 BayStVollzG, § 3 Abs. 1 S. 2 HmbStVollzG, § 3 Abs. 2 HStVollzG, § 2 Abs. 2 NJVollzG folgend sollen dadurch Sozialisationsschäden vermieden werden, welche durch eine Trennung der Kinder von ihren unmittelbaren Bezugspersonen entstehen können. Auf der Seite der betroffenen Mütter wird durch deren Verbindung zu dem Kind eine Stärkung der sozialen Verantwortung angestrebt.[20]

683

---

[18] Vgl. Zolondek, 2007, S. 65.
[19] In Niedersachsen besteht mit § 173 NJVollzG, in Baden-Württemberg mit § 6 Abs. 1 JVollzGB I nur eine allgemeine Gestaltungs- und Differenzierungsregelung im Kapitel über die Vollzugsorganisation.
[20] Zur Problematik von Mutterschaft und Inhaftierung siehe Scheffler, 2009, S. 45 ff.

Mutter-Kind-Einrichtungen bestehen in Form von selbständigen Häusern innerhalb oder außerhalb der Strafanstalt (z.B. Frankfurt-Preungesheim[21]), als Stationen des Regelvollzugs oder sie sind einem Justizvollzugskrankenhaus angeschlossen (z.B. in Fröndenberg/Nordrhein-Westfalen[22]). Es gibt sie sowohl als Einrichtungen des offenen wie des geschlossenen Vollzugs (z.B. in der Justizvollzugsanstalt Aichach[23]).

Mutter-Kind-Einrichtungen sind Einrichtungen der **Jugendhilfe**[24] i.S.d. § 45 SGB VIII, so dass bei der Ausgestaltung dort die kinder- und jugendhilferechtlichen Vorschriften zu beachten sind. Nach § 85 Abs. 2 Nr. 6 SGB VIII unterstehen die Mutter-Kind-Einrichtungen der Aufsicht des Landesjugendamtes als überörtlichem Jugendhilfeträger, soweit es um die Unterbringung der Kinder geht. Im Übrigen bleibt die Aufsicht der Landesjustizverwaltungen bestehen. Da Mutter-Kind-Einrichtungen des Strafvollzugs der Jugendhilfe unterfallen, hat der zuständige Jugendhilfeträger bei Antrag eines Personensorgeberechtigten auf Hilfe zur Erziehung oder Unterbringung von Mutter und Kind in einer solchen Einrichtung eine am Kindeswohl orientierte Entscheidung über die Hilfegewährung zu treffen. Die Jugendhilfe umfasst dabei die Hilfe zur Erziehung gem. § 27 SGB VIII ebenso wie Leistungen zum Unterhalt nach § 39 SGB VIII.[25]

684 **Voraussetzungen** für eine Unterbringung des Kindes in der Justizvollzugsanstalt der Mutter sind nach § 80 StVollzG, § 10 JVollzGB I, Art. 86 BayStVollzG, § 21 HmbStVollzG, § 74 HStVollzG, § 73 NJVollzG:
- noch keine Schulpflichtigkeit des Kindes (in Baden-Württemberg nur unter drei, in Hamburg nur unter fünf Jahre alte Kinder);
- Zustimmung des Inhabers des Aufenthaltsbestimmungsrechts;
- Stellungnahme des zuständigen Jugendamts, dass personelle, räumliche und organisatorische Bedingungen für eine sozialpädagogische Betreuung des Kindes gegeben sind[26];
- Überwiegen der schädlichen Folgen einer Trennung des Kindes von seiner Mutter gegenüber den Auswirkungen einer Unterbringung im Vollzug; maßgeblich ist jeweils das Kindeswohl.

Die Vollzugsbehörde ist bei Vorliegen der gesetzlichen Kriterien zwar zur Aufnahme des Kindes ermächtigt, jedoch nicht verpflichtet.[27] Grundsätzlich hat bei einer Unterbringung des Kindes in der Anstalt der Unterhaltspflichtige (i.d.R. der Vater) die damit verbundenen **Kosten** zu tragen. Zugunsten des Kindes und seiner Unterbringung bei der Mutter kann jedoch von einer Geltendmachung des Kostenersatzanspruchs abgesehen werden (§ 80 Abs. 2 S. 2 StVollzG, § 10 Abs. 2

---

[21] Siehe Einsele, 1994, S. 310 ff.
[22] Justizministerium des Landes Nordrhein-Westfalen, 2008, S. 35.
[23] Bayer. Staatsministerium der Justiz, 2010, S. 37.
[24] BVerwG, NJW 2003, S. 2399; dazu Jutzi, 2004, S. 26 ff.; Maelicke H., 2004, S. 119; siehe ferner Bohnert, 2005, S. 396; Zolondek, 2007, S. 72.
[25] BVerfG, NJW 2003, S. 2399.
[26] Steinhilper, in: Schwind/Böhm/Jehle/Laubenthal, 2009, § 80 Rdn. 8.
[27] Calliess/Müller-Dietz, 2008, § 80 Rdn. 1.

JVollzGB I[28], Art. 86 Abs. 2 S. 2 BayStVollzG, § 21 Abs. 2 S. 2 HmbStVollzG, § 74 Abs. 2 S. 2 HStVollzG, § 73 Abs. 2 S. 2 NJVollzG). Da diese Bestimmungen jedoch keine abschließenden Regelungen enthalten und nur dazu dienen, letztlich den Rückgriff auf den tatsächlichen Unterhaltsverpflichteten zu ermöglichen, steht diese Vorschrift nicht im Gegensatz zur (Vor-)Leistungsverpflichtung durch die örtlichen Jugendhilfeträger.[29]

Die Mutter-Kind-Einrichtungen finden einerseits Zustimmung, weil sie durch eine Aufrechterhaltung der Mutter-Kind-Beziehung trennungsbedingte Sozialisationsschäden beim Kind verhindern und zugleich (re-)sozialisationsfördernde Wirkung bei der Mutter entfalten.[30] Andererseits sieht sich die extreme Lebenssituation von Müttern mit Kindern in der totalen Institution Strafanstalt kritischen Einwänden ausgesetzt.[31] Dies gilt vor allem für mögliche schädliche Folgen einer **Prisonisierung des Kindes**. Die durch die Verhinderung einer Trennung erhofften positiven Wirkungen sollen durch den Vollzugsaufenthalt als sozialisations- und entwicklungshemmender Faktor wiederum reduziert oder gar aufgehoben werden. **685**

Es verfügen lediglich einige Frauenanstalten bzw. -abteilungen über Mutter-Kind-Einrichtungen (z.B. in den Justizvollzugsanstalten Aichach[32], Berlin, Chemnitz, Frankfurt-Preungesheim, Fröndenberg, Lübeck, Luckau, München, Schwäbisch Gmünd, Vechta). Da Kinder in der Praxis regelmäßig nur bis zum Alter von drei Jahren[33] aufgenommen werden[34], erscheint der besondere **Frauenfreigang** geeignet, die spezifischen Belastungen von Müttern mit Kindern zu reduzieren.[35] Dies setzt allerdings eine wohnortnahe Inhaftierung voraus, was aber häufig an der relativ geringen Zahl von Anstalten bzw. Abteilungen für weibliche Strafgefangene scheitert und durch länderübergreifende Vollzugsgemeinschaften eine zusätzliche Erschwernis erfährt. Ist es jedoch im Einzelfall möglich, dass eine Betroffene den Weg zwischen der Justizvollzugsanstalt und dem Wohnort täglich zurücklegen kann, dann vermag die häusliche Tätigkeit einer Mutter zur Betreuung ihrer Kinder der in § 11 Abs. 1 Nr. 1 StVollzG (§ 9 Abs. 2 Nr. 1 JVollzGB III, Art. 13 Abs. 1 Nr. 1 BayStVollzG, § 12 Abs. 1 Nr. 3 HmbStVollzG, § 13 Abs. 3 Nr. 2 HStVollzG, § 13 Abs. 1 Nr. 1 NJVollzG) verlangten Verknüpfung der Vollzugs- **686**

---

28 Die Norm spricht von einer regelmäßigen Nicht-Übernahme der Kosten durch den Justizvollzug.
29 Steinhilper, in: Schwind/Böhm/Jehle/Laubenthal, 2009, § 80 Rdn. 12.
30 Kaiser/Schöch, 2002, S. 433 f.
31 Siehe AK-Baumann/Quensel, 2006, vor § 76 Rdn. 10 ff.; Birtsch/Rosenkranz, 1988; Krüger, 1982, S. 24 ff.; Maelicke/Maelicke, 1984; Rosenkranz, 1985, S. 81; Zolondek, 2007, S. 69; krit. unter verfassungsrechtlichen Aspekten: Häberle, 1995, S. 857 ff.
32 Dazu Völkl-Fischer/Pfalzer, 2009, S. 235 ff.
33 Vgl. AK-Huchting/Lehmann, 2006, § 142 Rdn. 3; Steinhilper, in: Schwind/Böhm/Jehle/Laubenthal, 2009, § 80 Rdn. 11.
34 Eine Ausnahme bildet Aichach mit der Unterbringungsmöglichkeit bis zum Alter von vier Jahren (vgl. Bayer. Staatsministerium der Justiz, 2010, S. 37); zudem erfolgt in Mutter-Kind-Einrichtungen des offenen Vollzugs die Unterbringung bis zum sechsten Lebensjahr (siehe Zolondek, 2007, S. 68).
35 Götte, 2000, S. 251 f.; Harjes, 1985, S. 284 ff.; Laubenthal, 1999, S. 164; Zolondek, 2007, S. 73.

lockerung mit einer regelmäßigen Beschäftigung gerecht zu werden. Der Aufrechterhaltung des Kontakts zur Familie dient auch eine teilweise praktizierte Gewährung von mehrstündigen Ausgängen selbst für Gefangene des geschlossenen Vollzugs. Dadurch wird Frauen ein längeres, von der Anstaltsatmosphäre weniger belastetes, Zusammensein mit ihrer Familie ermöglicht.

In Bayern trägt Art. 86 Abs. 3 BayStVollzG den besonderen Bedürfnissen von im Strafvollzug erkrankten Kindern durch eine gesetzliche Regelung Rechnung. Kann die Krankheit eines bei seiner Mutter untergebrachten Kindes in der Anstalt nicht erkannt bzw. behandelt werden, ist das Kind in ein externes Krankenhaus zu bringen. Erscheint dabei die Anwesenheit der Mutter als medizinisch notwendig und stehen vollzugliche Gründe nicht entgegen, darf auch die Gefangene dort bei ihrem Kind sein.

687 § 80 StVollzG, § 10 JVollzGB I, Art. 86 BayStVollzG, § 21 HmbStVollzG, § 73 NJVollzG beschränken sich vom Wortlaut her auf die Unterbringung des Kindes in der Anstalt seiner Mutter. Lediglich das HStVollzG normiert mit § 74 geschlechtsneutral die Unterbringung von „Gefangenen" mit Kindern.

Im Hinblick auf Art. 3[36] und Art. 6 GG muss auch eine Aufnahme eines Kindes beim inhaftierten Vater möglich sein, wenn die Mutter als Bezugsperson nicht zur Verfügung steht. Ebenso wenig wie in einer Frauenanstalt kann jedoch auch in einer Institution für männliche Strafgefangene das Kind in eine normale Anstalt aufgenommen werden.[37] Entsprechend den vollzugsgesetzlichen Bestimmungen über Mutter-Kind-Einrichtungen sind die Vollzugsbehörden deshalb ermächtigt, besondere Einrichtungen für eine Unterbringung von Kindern bei ihren Vätern zu schaffen.[38]

Immerhin existieren in der Praxis bereits sog. Vater-Kind-Gruppen mit regelmäßigen Treffen zur Erhaltung bzw. Intensivierung der Beziehungen zwischen Vätern und ihren Kindern. Zugleich sollen dadurch – auch im Hinblick auf die Zeit nach der Inhaftierung – Väter stärker in die erzieherische Verantwortung genommen werden.[39]

6.3 Vollzugsgestaltung

688 Unterliegt der Frauenstrafvollzug zwar weitgehend den gleichen gesetzlichen Regelungen wie derjenige an Männern, so zeigen sich doch Unterschiede in der

---

[36] Zur Gleichbehandlung von Männern und Frauen im Strafvollzug siehe BVerfG, StrVert 2009, S. 597 ff.
[37] OLG Hamm, NStZ 1983, S. 575.
[38] Calliess/Müller-Dietz, 2008, § 142 Rdn. 1; Laubenthal, 1999, S. 164; a.A. Arloth, 2008, § 80 Rdn. 1; Steinhilper, in: Schwind/Böhm/Jehle/Laubenthal, 2009, § 80 Rdn. 6.
[39] Siehe z.B. Kawamura-Reindl/Brendle/Joos, 2006, S. 33 ff.

praktischen Ausgestaltung des Vollzugs von Freiheitsstrafen an Straftäterinnen[40], die letztlich zu einer Benachteiligung inhaftierter Frauen führen.[41]

Eine Zusammenfassung weiblicher Strafgefangener in zentralen (teilweise länderübergreifenden) Justizvollzugseinrichtungen für Frauen ermöglicht eine an den besonderen Bedürfnissen von Straftäterinnen orientierte Behandlung. Dies gilt insbesondere für Aus- und Weiterbildungsmaßnahmen.[42]

Tabelle 6.3. Verteilung der weiblichen Strafgefangenen am 31.3.2010 nach Bundesländern

Baden-Württemberg	284
Bayern	614
Berlin	198
Brandenburg	40
Bremen	35
Hamburg	79
Hessen	268
Mecklenburg-Vorpommern	44
Niedersachsen	220
Nordrhein-Westfalen	847
Rheinland-Pfalz	161
Saarland	—
Sachsen	279
Sachsen-Anhalt	7
Schleswig-Holstein	44
Thüringen	5

Quelle: Statistisches Bundesamt, Strafvollzug – Demographische und kriminologische Merkmale 2010 Reihe 4.1, S. 13.

Eine Unterbringung in Zentralanstalten der jeweiligen Bundesländer lässt jedoch angesichts der geringen Anzahl weiblicher Inhaftierter (Tabelle 6.3) **keine zureichende Klassifizierung** der Gefangenen zu. Es kommt zu keiner Zuweisung der Verurteilten nach bestimmten Merkmalen in verschiedene Institutionen, in denen vorhandene Einrichtungs- und Behandlungsmöglichkeiten den individuellen Erfordernissen gerecht werden können. Es besteht vielfach noch nicht einmal die Möglichkeit einer Differenzierung zwischen Erst- und Rückfalltäterinnen oder nach der zu verbüßenden Strafdauer (z.B. werden in Bayern die meisten Freiheitsstrafen von mehr als drei Monaten in der Justizvollzugsanstalt Aichach vollzogen[43]).

689

---

[40] Dazu Bernhardt, 1982, S. 27 ff.; Cummerow, 2006, S. 159 ff.; Dürkop/Hardtmann, 1978; Einsele/Rothe, 1982; Einsele, 1994; Fischer-Jehle, 1991; Funk, 2009, S. 50 ff.; Haverkamp, 2009, S. 227 ff.; Laubenthal, 2008b, S. 151 f.; Quensel E., 1982, S. 13 ff.; Zolondek, 2007, S. 94 ff.; siehe auch Boehlen, 2000, S. 131 ff.
[41] Maelicke H., 1995, S. 29 f.; Walter M., 1999, S. 197.
[42] Vgl. Cummerow, 2006, S. 164 ff.; Fichtner, 1990, S. 82 ff.
[43] Bayer. Staatsministerium der Justiz, 2010, S. 37.

Die Zuständigkeit einer Einrichtung sowohl für eine große Anzahl von Frauen mit relativ kurzen als auch für solche mit langen Freiheitsstrafen bedingt eine Orientierung der Sicherheitsaspekte an den Risikogruppen. Eine starke Zentralisation beeinträchtigt zudem den Prozess der sozialen Wiedereingliederung. Denn die zum Teil sehr großen räumlichen Entfernungen zum Wohnort der Familie oder zu sonstigen Bezugspersonen erschweren die Aufrechterhaltung bzw. Anknüpfung solcher Bindungen.[44]

690 Die in besonderen Abteilungen von Männerstrafanstalten untergebrachten Straftäterinnen befinden sich in Institutionen, deren Organisation, Personal, Ausstattung und Kontrollmechanismen in erster Linie für die Aufnahme und den Aufenthalt von Männern ausgerichtet sind.[45] Infolge der zumeist nur kurzen Strafen werden sie dort regelmäßig mit Hausarbeiten für die (Männer-)Anstalt betraut (z.B. Wäsche der Anstaltsbekleidung) oder sie erledigen leicht zu erlernende Tätigkeiten (z.B. Montage elektrotechnischer Artikel, Näh- oder Steckarbeiten).[46] Innerhalb der Abteilungen bleibt den weiblichen Gefangenen allerdings mehr Freiheit als den männlichen Inhaftierten. Stehen keine Sicherheitsbedenken entgegen, wird die Ausstattung des Haftraums mit eigenen Gegenständen großzügiger gehandhabt. Auch sonstige Sicherheitsvorkehrungen sind zumeist reduziert. Im Gegensatz hierzu steht jedoch ein in mehreren Bundesländern festzustellender geringer Anteil von Haftplätzen für Frauen im offenen Vollzug.[47]

---

[44] Cummerow, 2006, S. 159; Zolondek, 2007, S. 97.
[45] Dazu Quensel E., 1982, S. 14 ff.
[46] Vgl. Bayer. Staatsministerium der Justiz, 2010, S. 39.
[47] Siehe Cummerow, 2006, S. 160; Zolondek, 2007, S. 104 f.

7 Sicherheit und Ordnung

Bis zum Inkrafttreten des Bundes-Strafvollzugsgesetzes spielte das Begriffspaar 691
„Sicherheit und Ordnung" eine die Vollzugspraxis dominierende Rolle, wobei das traditionelle Verständnis von einer rein repressiven Interpretation ausging.[1] Der moderne Behandlungsvollzug ist nach der Intention des Bundesgesetzgebers jedoch am Vollzugsziel einer künftigen sozial verantwortlichen Lebensführung des Verurteilten ohne weitere Straftaten orientiert. Zugleich sehen sich die Einrichtungen mit erhöhten Ansprüchen der Gesellschaft im Hinblick auf die Sicherheit konfrontiert. Unter Hinweis darauf, dass die Realisierung des Sozialisationsauftrags auch dem Schutz der Allgemeinheit vor weiteren Straftaten dient, sind in den landesrechtlichen Regelungen zum Vollzug von Freiheitsstrafen Behandlungs- und Sicherungsauftrag gleichgesetzt (§ 2 Abs. 1 JVollzGB I, Art. 2 BayStVollzG, § 2 HmbStVollzG, § 2 HStVollzG, § 5 NJVollzG).[2] Die Erreichung der Vorgabe der sozialen Integration setzt auf der Seite der Strafgefangenen auch das Erlernen und die Befolgung vorgegebener Regeln für ein geordnetes Zusammenleben voraus. Sicherheit und Ordnung in der Anstalt stellen deshalb **Behandlungsfelder** dar. Nach § 4 Abs. 1 S. 2 StVollzG (§ 3 Abs. 1 S. 2 JVollzGB III, Art. 6 Abs. 1 S. 2 BayStVollzG, § 5 Abs. 1 S. 2 HmbStVollzG, § 4 S. 2 HStVollzG, § 6 Abs. 1 S. 2 NJVollzG) ist auch in diesen Bereichen auf die Bereitschaft des Gefangenen zur Mitarbeit hinzuwirken.

Der Bundesgesetzgeber hat den sozial positiven Aspekt in § 81 Abs. 1 692
StVollzG mit dem **Selbstverantwortungsprinzip** konkretisiert: Das Verantwortungsbewusstsein des Gefangenen für ein geordnetes Zusammenleben in der Anstalt ist zu wecken und zu fördern. (Entsprechende Regelungen finden sich in § 61 Abs. 1 JVollzGB III, Art. 87 Abs. 1 BayStVollzG, § 45 Abs. 1 S. 2 HStVollzG und § 74 NJVollzG.) Sicherheit und Ordnung in der Institution sollen primär auf der Grundlage eines verantwortungsbewussten Umgangs miteinander gewährleistet werden.[3] Es ist die Einsicht des Inhaftierten zu fördern, um ihn zu einem ordnungsgemäßen Verhalten zu veranlassen.

Besondere Pflichten und Beschränkungen präventiver oder repressiver Art zur 693
Aufrechterhaltung der Sicherheit und Ordnung dürfen dem Gefangenen deshalb

---

[1] Vgl. Calliess, 1992, S. 167.
[2] Dazu Kap. 3.1.1.2 (2).
[3] Arloth, 2008, § 81 Rdn. 4; Calliess/Müller-Dietz, 2008, § 81 Rdn. 3; Ullenbruch, in: Schwind/Böhm/Jehle/Laubenthal, 2009, § 81 Rdn. 5; zur Problematik der Sicherheit als Funktion von Betreuung und Kontrolle siehe Rehder, 1988, S. 34.

erst dann auferlegt werden, wenn andere Maßnahmen (z.B. Gespräche) nicht zu der notwendigen Einsicht führen[4] (**Subsidiaritätsprinzip**). Sicherungs-, Zwangs- und Disziplinarmaßnahmen kommen nur als Ultima Ratio in Betracht.

694 Bei der Anordnung eingreifender Maßnahmen zur Aufrechterhaltung der Sicherheit und Ordnung in den Vollzugseinrichtungen ist der **Verhältnismäßigkeitsgrundsatz** zu beachten. Die Pflichten und Beschränkungen sind so zu wählen, dass sie in einem angemessenen Verhältnis zu ihrem Zweck stehen und den Gefangenen nicht mehr und nicht länger als notwendig beeinträchtigen (§ 81 Abs. 2 StVollzG, § 61 Abs. 2 JVollzGB III, Art. 87 Abs. 2 BayStVollzG, § 68 Abs. 1 HmbStVollzG, § 45 Abs. 2 S. 1 HStVollzG). Dabei gilt der Verhältnismäßigkeitsgrundsatz als allgemeines verfassungsrechtliches Prinzip für Rechtseingriffe im Gesamtbereich des Justizvollzugs, so dass es insoweit eigentlich keiner expliziten gesetzlichen Normierung bedarf.

Neben der Angemessenheit und Erforderlichkeit der Maßnahmen kommt das **Proportionalitätsprinzip** zum Tragen. Danach ist bei der Verhältnismäßigkeitsprüfung auch abzuwägen, ob nicht durch die Auferlegung einer Maßnahme die Erreichung des Sozialisationsauftrags beeinträchtigt wird.[5] Eingriffe, die kurzfristige Sicherungs- und Ordnungserfolge bewirken, müssen unterbleiben, wenn sie die vollzugszielorientierte Behandlung langfristig gefährden.

695 Unter den Begriff der **Sicherheit** i.S.d. §§ 81 ff. StVollzG, §§ 61 ff. JVollzGB III, Art. 87 ff. BayStVollzG, §§ 68 ff. HmbStVollzG, §§ 45 ff. HStVollzG, §§ 74 ff. NJVollzG fällt sowohl die externe (Gewährleistung des Anstaltsaufenthalts) als auch die interne (Abwendung von – auch kriminalitätsunabhängigen – Gefahren für Personen und Sachen in der Einrichtung) Anstaltssicherheit.

Sicherheit lässt sich jedoch nicht nur nach den damit verbundenen Zielsetzungen definieren, sondern auch nach den angewandten Konzepten und Methoden unterscheiden. Insoweit ergibt sich eine **Unterteilung des Sicherheitsbegriffs**[6] in:
- instrumentelle Sicherheit (Mauern, Gitter, Schlösser, Alarmvorrichtungen, Waffen usw.),
- administrative Sicherheit (Vollzugskonzepte, Dienstpläne, Sicherungs- und Alarmpläne, Lockerungspraxis),
- soziale Sicherheit (Anstaltsatmosphäre, Arbeitsbedingungen, Freizeitangebote).

696 Der Begriff der **Ordnung** meint das geordnete und menschenwürdige Zusammenleben in der Institution.[7]

Bei der Vollzugsaufgabe des Schutzes der Allgemeinheit gem. § 2 S. 2 StVollzG, § 2 Abs. 1 S. 1 JVollzGB I, Art. 2 S. 1 BayStVollzG, § 2 S. 2 HmbStVollzG, § 2 S. 3 HStVollzG, § 5 S. 2 NJVollzG geht es um die Bewahrung der Gesellschaft vor weiteren Straftaten seitens des Inhaftierten. Die interne Anstaltssicherheit wird insoweit nur erfasst, als kriminalitätsabhängige Gefahren für Vollzugsbedienstete und Mitge-

---

[4] BT-Drs. 7/3998, S. 31.
[5] Dazu Baumann J., 1994, S. 105.
[6] Vgl. Korndörfer, 2001, S. 158; Stumpf, 2008, S. 103 ff.
[7] Ullenbruch, in: Schwind/Böhm/Jehle/Laubenthal, 2009, § 81 Rdn. 7.

fangene abzuwehren sind.[8] Jene durch § 2 S. 2 StVollzG, § 2 Abs. 1 S. 1 JVollzGB I, Art. 2 S. 1 BayStVollzG, § 2 S. 2 HmbStVollzG, § 2 S. 3 HStVollzG, § 5 S. 2 NJVollzG sowie die durch §§ 81 ff. StVollzG, §§ 61 ff. JVollzGB III, Art. 87 ff. BayStVollzG, §§ 68 ff. HmbStVollzG, §§ 45 ff. HStVollzG, §§ 74 ff. NJVollzG geschützten Bereiche überschneiden sich somit nur partiell.

Die Strafvollzugsgesetze legen in §§ 82 ff. StVollzG, §§ 62 ff. JVollzGB III, Art. 88 ff. BayStVollzG, §§ 68 ff. HmbStVollzG, §§ 45 ff. HStVollzG, §§ 75 ff. NJVollzG umfassende **Kataloge an Eingriffsbefugnissen** der Vollzugsbehörde zur Aufrechterhaltung der Sicherheit oder Ordnung der Anstalt fest:
- Verhaltensvorschriften (§§ 82, 83 StVollzG; §§ 62 f. JVollzGB III; Art. 88, 90 BayStVollzG; §§ 68 Abs. 2, 69 HmbStVollzG; § 45 Abs. 3–6 HStVollzG; §§ 75, 76 NJVollzG),
- Sicherungsmaßnahmen (§§ 84–92 StVollzG; §§ 64–71 JVollzGB III; Art. 91–100 BayStVollzG; §§ 70–76 HmbStVollzG; §§ 46–51 HStVollzG; §§ 77–85 NJVollzG),
- Anwendung unmittelbaren Zwangs (§§ 94–101 StVollzG; §§ 73–80 JVollzGB III; Art. 101–108 BayStVollzG; §§ 78–84 HmbStVollzG; §§ 53 f. HStVollzG; §§ 87–93 NJVollzG),
- Disziplinarmaßnahmen (§§ 102–107 StVollzG; §§ 81–86 JVollzGB III; Art. 109–114 BayStVollzG; §§ 85–90 HmbStVollzG; §§ 55 f. HStVollzG; §§ 94–99 NJVollzG),
- Ersatzansprüche gegen den Inhaftierten (§ 93 StVollzG; § 72 JVollzGB III; Art. 89 BayStVollzG; § 77 HmbStVollzG; § 52 HStVollzG; § 86 NJVollzG).

7.1 Verhaltensvorschriften

In § 82 StVollzG, § 62 JVollzGB III, Art. 88 BayStVollzG, § 68 HmbStVollzG, § 45 Abs. 3–6 HStVollzG, § 75 NJVollzG haben die Gesetzgeber allgemeine Vorschriften zur Gewährleistung eines **geordneten Zusammenlebens** in der Institution normiert. So muss sich der Gefangene an die in der Hausordnung (§ 161 Abs. 2 Nr. 2 StVollzG, § 15 Abs. 1 S. 2 Nr. 2 JVollzGB I, Art. 184 Abs. 2 Nr. 2 BayStVollzG, § 110 Abs. 2 Nr. 2 HmbStVollzG, § 79 Abs. 2 HStVollzG, § 183 Abs. 2 Nr. 2 NJVollzG) festgelegte Tageseinteilung halten. Er ist zur Rücksichtnahme gegenüber Vollzugsbediensteten, Mitinhaftierten und anderen Personen (z.B. ehrenamtlichen Vollzugshelfern, Anstaltsbeiräten) verpflichtet. Das geordnete Zusammenleben in der Anstalt darf durch sein Verhalten nicht konkret gestört werden.

697

Eine **Störung des geordneten Zusammenlebens** liegt insbesondere bei der Begehung von Straftaten gegen Mitgefangene oder Vollzugsbeamte vor.[9] Geht es dabei um eine Beleidigung i.S.d. § 185 StGB, ist aber das Grundrecht der freien Meinungsäußerung (Art. 5 Abs. 1 GG) zu beachten.

---

[8] Dazu Kap. 3.2.
[9] OLG Frankfurt, StrVert 1993, S. 442.

Beispiel: Ein Vollzugsbediensteter händigt einem Strafgefangenen eine ihn betreffende ablehnende Entscheidung des Bundesverfassungsgerichts aus. Dabei fühlt sich der Inhaftierte durch ein nicht näher aufgeklärtes Verhalten des Beamten gestört. Er sagt deshalb zu dem Bediensteten: „Seien Sie nicht so vorlaut, Sie hochnäsiger Tropf." Die Anstaltsleitung wertet die Äußerung als einen massiven Verstoß gegen die Pflicht zu geordnetem Zusammenleben und verhängt Disziplinarmaßnahmen.

Das Bundesverfassungsgericht[10] führte in seiner Entscheidung zu diesem Fall aus, dass die strafvollzugsgesetzliche Verhaltensvorschrift ein grundrechtseinschränkendes allgemeines Gesetz darstellt, welches im Lichte des von ihm eingeschränkten Grundrechts ausgelegt und angewandt werden muss. Dabei ergeben sich aus Art. 5 Abs. 1 S. 1 und Abs. 2 GG bereits besondere Anforderungen an die Aufklärung des Sachverhalts: „Es ist ... zunächst erforderlich, aufzuklären, in welchem Zusammenhang und aus welchem Anlass die beanstandeten Äußerungen gemacht worden sind und in welchem Maße sie zu einer Störung des geordneten Zusammenlebens in der Anstalt führen können. Erst auf der Grundlage einer solchen Klärung kann das Recht auf freie Meinungsäußerung des Gefangenen gegen die Belange des geordneten Zusammenlebens und der Sicherheit in der Justizvollzugsanstalt sachgerecht abgewogen werden."[11]

Das BVerfG sieht in der vom Gefangenen gemachten Äußerung von ihrem objektiven Bedeutungsgehalt her keine schwere Verfehlung gegen die Verpflichtung zu einem geordneten Zusammenleben – auch wenn es sich um eine Beleidigung im strafrechtlichen Sinne handelte. Die Vollzugsbehörde hätte die näheren Umstände aufklären müssen, die Anlass zu den Äußerungen gaben. Anstatt auf den bloßen Erklärungsinhalt abzustellen, wäre dann eine durch Art. 5 GG gebotene Abwägung zwischen dem Freiheitsrecht des Inhaftierten und den Belangen des Strafvollzugs erforderlich gewesen.

698 Gemäß § 82 Abs. 2 StVollzG, § 62 Abs. 2 JVollzGB I, Art. 88 Abs. 2 BayStVollzG, § 68 Abs. 2 Nr. 3 u. 4 HmbStVollzG, § 45 Abs. 4 HStVollzG, § 75 Abs. 1 u. Abs. 2 S. 2 NJVollzG haben die Gefangenen den Anordnungen der Vollzugsbediensteten Folge zu leisten und dürfen einen ihnen zugewiesenen Bereich nicht verlassen. Den Inhaftierten obliegt nach § 82 Abs. 3 StVollzG, § 62 Abs. 3 JVollzGB III, Art. 88 Abs. 3 BayStVollzG, § 68 Abs. 2 Nr. 5 HmbStVollzG, § 45 Abs. 5 HStVollzG, § 75 Abs. 3 NJVollzG eine allgemeine Sorgfaltspflicht für den jeweiligen Haftraum und die ihnen überlassenen Sachen. Sie müssen zudem Umstände unverzüglich melden, die eine Gefahr für das Leben oder eine erhebliche Gefahr für die Gesundheit einer Person bedeuten. Diese Meldepflicht von § 82 Abs. 4 StVollzG, § 62 Abs. 4 JVollzGB III, Art. 88 Abs. 4 BayStVollzG, § 68 Abs. 2 Nr. 6 HmbStVollzG, § 45 Abs. 6 HStVollzG, § 75 Abs. 4 NJVollzG entspricht im Hinblick auf den Angleichungsgrundsatz der allgemeinen Hilfeleistungspflicht i.S.d. § 323c StGB.[12]

699 § 83 StVollzG betrifft im Geltungsbereich des Bundes-Strafvollzugsgesetzes – neben den Regelungen zum Eigengeld[13] und einer Beschränkung der Verfügungsbefugnis über dieses (§ 83 Abs. 2 S. 3) – insbesondere den **persönlichen Gewahr-**

---

[10] BVerfG, StrVert 1994, S. 440 ff.; siehe auch BVerfG, StrVert 1994, S. 437 ff.; OLG Frankfurt, NStZ-RR 1997, S. 152.
[11] BVerfG, StrVert 1994, S. 441.
[12] BT-Drs. 7/3998, S. 32 (zu § 82 Abs. 4 StVollzG).
[13] Dazu in Kap. 5.3.4.

sam des Gefangenen an Sachen. Dieser ist grundsätzlich von einer Genehmigung der Vollzugsbehörde abhängig. Über deren Erteilung entscheidet die Anstaltsleitung im Zusammenhang mit den im Einzelfall relevanten spezifischen Besitzregelungen[14] sowie unter Berücksichtigung der Vollzugsaufgaben und Gestaltungsgrundsätze. § 83 StVollzG entsprechende Vorschriften zum persönlichen Gewahrsam enthalten auch die Landes-Strafvollzugsgesetze (§ 63 JVollzGB III, Art. 90 BayStVollzG, § 69 HmbStVollzG, § 20 HStVollzG[15], § 76 NJVollzG), während der Bereich des Eigengeldes dort bei den Vorschriften über die Gefangenengelder normiert ist (§§ 53 Abs. 3, 63 Abs. 2 JVollzGB III, Art. 52 BayStVollzG, § 48 HmbStVollzG, § 44 HStVollzG, § 48 NJVollzG).

Sofern die Anstaltsleitung nichts anderes anordnet, darf der Gefangene ohne **700** deren Zustimmung nach § 83 Abs. 1 S. 2 StVollzG, § 63 Abs. 1 S. 1 u. 2 JVollzGB III, Art. 90 Abs. 1 S. 2 BayStVollzG, § 69 Abs. 1 S. 2 u. 3 HmbStVollzG, § 20 Abs. 1 S. 2 HStVollzG von Mitinhaftierten geringwertige Sachen annehmen. (In Niedersachsen kann gem. § 76 Abs. 1 S. 2 NJVollzG insoweit die Zustimmung allgemein erteilt werden.) Damit wird der in den Institutionen vorhandene sog. kleine **Tauschhandel** gesetzlich gebilligt.[16] Zweck der grundsätzlichen Genehmigungspflicht bei nicht geringwertigen Gegenständen ist es nicht, rechtsgeschäftliche Erklärungen unter Strafgefangenen[17] von der Genehmigung der Vollzugsbehörde abhängig zu machen.[18] Es soll vielmehr vorhandenen Sicherheitsrisiken (z.B. Entstehung von Abhängigkeiten auf der subkulturellen Ebene[19]) Rechnung getragen werden. Dabei gelten die Regelungen nicht nur für in der Haftanstalt befindliche Sachen, sondern auch für Besitzwechsel unter Inhaftierten, wenn sich die Tausch- oder Kaufobjekte noch außerhalb befinden.[20]

§ 83 Abs. 1 StVollzG erfasst im Geltungsbereich des Bundes-Strafvollzugsgesetzes jedoch nur die **Annahme von Gegenständen**, nicht aber auch deren Abgabe. Für den Abgebenden begründet die Norm damit keinen Pflichtenverstoß. Da § 83 Abs. 1 StVollzG eine abschließende Regelung darstellt, darf die Vorschrift nicht dadurch umgangen werden, dass die Anstaltsleitung – auf der Grundlage von § 4 Abs. 2 S. 2 StVollzG – die Weitergabe von Gegenständen an Mitgefangene im Wege der Hausordnung untersagt.[21] Lediglich zur Abwendung einer konkreten Gefahr kann über § 4 Abs. 2 S. 2 StVollzG im Einzelfall ein disziplinarrechtlich bewehrtes Abgabeverbot ausgesprochen werden.[22]

In einigen Landes-Strafvollzugsgesetzen (§ 63 Abs. 1 S. 2 u. 3 JVollzGB III, Art. 90 Abs. 1 S. 2 BayStVollzG, § 69 Abs. 1 S. 2 u. 3 HmbStVollzG, § 76 Abs. 1

---

[14] Dazu Kap. 5.2.4.2.
[15] Verortet im Abschnitt über die Unterbringung und Versorgung der Gefangenen.
[16] Ullenbruch, in: Schwind/Böhm/Jehle/Laubenthal, 2009, § 83 Rdn. 6.
[17] Dazu Kölbel, 1999, S. 504 ff.
[18] OLG Zweibrücken, NStZ 1991, S. 208.
[19] Dazu oben Kap. 3.4.2.4.
[20] OLG Zweibrücken, NStZ 1991, S. 208.
[21] BVerfG, StrVert 1996, S. 499.
[22] Arloth, 2008, § 83 Rdn. 4.

S. 1 NJVollzG[23]) ist im Gegensatz zu § 83 Abs. 1 StVollzG nicht nur die Annahme, sondern auch die Abgabe prinzipiell untersagt.

7.2 Sicherungsmaßnahmen

701 Das Gesetz ermächtigt die Vollzugsbehörde zur Anordnung und Durchführung der zur Aufrechterhaltung von Sicherheit und Ordnung erforderlichen Eingriffe. Dabei wird herkömmlicherweise unterschieden zwischen
- **allgemeinen Sicherungsmaßnahmen** (§§ 84 bis 87 StVollzG, §§ 64 bis 66 JVollzGB III, Art. 91 bis 95 BayStVollzG, §§ 70 bis 73 HmbStVollzG, §§ 46 bis 49 HStVollzG, §§ 77 bis 80 NJVollzG) und
- **besonderen Sicherungsmaßnahmen** (§§ 88 bis 92 StVollzG, §§ 67 bis 71 JVollzGB III, Art. 96 bis 100 BayStVollzG, §§ 74 bis 76 HmbStVollzG, §§ 50 f. HStVollzG, §§ 81 bis 85 NJVollzG).

Die allgemeinen Sicherungsmaßnahmen können teilweise unabhängig vom Vorliegen einer konkreten Gefahr getroffen werden.[24]

Ist eine konkrete Gefahr zur Auferlegung besonderer Rechtsbeschränkungen erforderlich, muss deren Annahme auch mit entsprechenden Tatsachen belegt sein.

> *Beispiel:* Der Anstaltsleiter ordnet gegen einen Inhaftierten besondere Sicherungsmaßnahmen an. Er begründet dies damit, dass der Vollzugsbehörde vom Landeskriminalamt eine Mitteilung zugegangen sei. Danach verfüge dieses über vertrauliche Hinweise, wonach der Gefangene die Absicht habe, jede sich bietende Gelegenheit zur Flucht zu nutzen. Auch würden Befreiungsversuche nicht ausgeschlossen.
>
> Es fehlt hier jedoch am Vorliegen konkreter Tatsachen für eine Gefahr.[25] Denn ausschließlich aufgrund unsubstantiierter Verdächtigungen darf nicht durch besondere Sicherungsmaßnahmen in Rechte eingegriffen werden. Die Anstaltsleitung hätte ihre Überzeugungsbildung daher noch auf weitere Beweismittel zur Bestätigung der allein unzureichenden vertraulichen Hinweise stützen müssen.

7.2.1 Allgemeine Sicherungsmaßnahmen

702 Für die Auferlegung von Pflichten und Beschränkungen kann die Vollzugsbehörde nach pflichtgemäßem Ermessen und unter Beachtung der Grundprinzipien für Rechtseingriffe allgemeine Sicherungsmaßnahmen anordnen.

7.2.1.1 Durchsuchung

703 Bei der Sicherungsmaßnahme der Durchsuchung des Haftraums, der Sachen und der Person des Inhaftierten gem. § 84 StVollzG, § 64 JVollzGB III, Art. 91 BayStVollzG, § 70 HmbStVollzG, § 46 HStVollzG, § 77 NJVollzG geht es um die Suche nach Gegenständen oder Spuren.

---

[23] Anders insoweit nur § 20 HStVollzG.
[24] Müller-Dietz, 1978, S. 195.
[25] OLG Frankfurt, StrVert 1994, S. 431 f.

VV Nr. 1 zu § 84 StVollzG schreibt für den Geltungsbereich des Bundes-Strafvollzugsgesetzes vor, dass sich im geschlossenen Vollzug die Bediensteten laufend und in kurzen Zeitabständen durch unvermutete Durchsuchungen davon zu überzeugen haben, dass die von den Gefangenen benutzten **Hafträume** und **Einrichtungsgegenstände** unbeschädigt sind, nichts vorhanden ist, was die Sicherheit und Ordnung gefährden könnte und dass keine Vorbereitungen zu Angriffen oder zur Flucht getroffen werden. Die Räume sind in kurzen Zeitabständen zu kontrollieren. Bei gefährlichen und fluchtverdächtigen Gefangenen soll sogar eine tägliche Durchsuchung in Betracht kommen. Eine solche sehr rigide Durchsetzungspraxis stößt jedoch zu Recht auf Kritik.[26] Denn eine fortgesetzte Durchsuchung des Haftraums ruft bei Inhaftierten Misstrauen und Aggressivität hervor und ist einer für den Behandlungsvollzug notwendigen Atmosphäre abträglich, zumal der Betroffene kein Recht auf Anwesenheit während der Durchsuchung seines Haftraums hat.[27]

> In Hamburg regelt § 70 Abs. 1 S. 1 HmbStVollzG sogar explizit, dass Gefangene, ihre Sachen sowie die Hafträume zur Aufrechterhaltung der Sicherheit und Ordnung „jederzeit" durchsucht werden dürfen, die Sachen und Räume auch in Abwesenheit der Betroffenen. Nach § 70 Abs. 1 S. 2 HmbStVollzG, § 46 Abs. 1 S. 1 HStVollzG können bei der Durchsuchung auch technische Mittel eingesetzt werden.

Laufende und unvermutete oder jederzeitige Durchsuchungen stehen im Widerspruch zu den Prinzipien der Subsidiarität und Verhältnismäßigkeit von Rechtseingriffen und tangieren das Proportionalitätsprinzip. Erachtet man Routinedurchsuchungen als vollzugliche Alltagsmaßnahme auch ohne konkreten Grund für erlaubt, dann wird das Ermessen der Vollzugsbehörde zu deren Anordnung aber durch die Verpflichtung eingeschränkt, die Grundrechte der Betroffenen, das Übermaß- und Willkürverbot sowie die allgemeinen Vollzugs- und Gestaltungsgrundsätze der Strafvollzugsgesetze zu beachten.[28] Denn Durchsuchungen stellen regelmäßig nachhaltige Eingriffe in das Persönlichkeitsrecht des Einzelnen dar.[29]

> Nicht zum Haftraum i.S.v. § 84 Abs. 1 S. 1 StVollzG, § 64 Abs. 1 S. 1 JVollzGB III, Art. 91 Abs. 1 S. 1 BayStVollzG, § 70 Abs. 1 S. 1 HmbStVollzG, § 46 Abs. 1 S. 1 HStVollzG, § 77 Abs. 1 S. 1 NJVollzG zählt jedoch eine weder funktionell noch räumlich der Justizvollzugsanstalt zuzurechnende Wohnung eines im offenen Vollzug befindlichen Strafgefangenen.[30]

Bei der **Durchsuchung von Personen** unterscheiden die Gesetze zwischen einer solchen ohne und mit Entkleidung. Gemäß § 84 Abs. 1 StVollzG, § 64 Abs. 1 JVollzGB III, Art. 91 Abs. 1 BayStVollzG, § 70 Abs. 1 HmbStVollzG, § 46 Abs. 1 HStVollzG, § 77 Abs. 1 NJVollzG kann infolge einer allgemeinen Anord-

---

[26] Siehe z.B. Calliess/Müller-Dietz, 2008, § 84 Rdn. 3.
[27] Kaiser/Schöch, 2002, S. 351.
[28] Siehe auch KG, NStZ-RR 2005, S. 281.
[29] BVerfG, NJW 1997, S. 2165.
[30] LG Koblenz, NStZ-RR 2003, S. VI.

nung des Anstaltsleiters der Inhaftierte durch Abtasten der Kleidung und Suche in den Taschen der Kleidung kontrolliert oder mittels elektronischer Geräte überprüft werden.[31]

Dagegen darf eine mit **Entkleidung** verbundene körperliche Durchsuchung nach § 84 Abs. 2 StVollzG, § 64 Abs. 2 JVollzGB III, Art. 91 Abs. 2 BayStVollzG, § 70 Abs. 2 HmbStVollzG, § 46 Abs. 2 HStVollzG, § 77 Abs. 2 NJVollzG für den Einzelfall nur bei Gefahr im Verzug oder aber aufgrund einer konkreten Anordnung des Anstaltsleiters erfolgen. Voraussetzung ist damit eine besondere individual-spezifische Anordnung, wobei diese auch für mehrere bestimmte Einzelfälle gleichzeitig getroffen werden kann.[32] Für eine Einzelfallanordnung genügt es, wenn sich aus ihr Ort, Zeit, Anlass und Umfang der Maßnahme ergeben und der Kreis der Gefangenen zweifelsfrei bestimmt ist; einer besonderen Anordnung für jeden einzelnen Betroffenen unter namentlicher Nennung bedarf es nicht.[33]

§ 84 Abs. 3 StVollzG, § 64 Abs. 3 JVollzGB III, Art. 91 Abs. 3 BayStVollzG, § 70 Abs. 3 HmbStVollzG, § 46 Abs. 3 HStVollzG, § 77 Abs. 3 NJVollzG lassen eine an den Gesichtspunkten von Sicherheit und Ordnung orientierte[34] allgemeine Entkleidungsdurchsuchung – insbesondere zur Verhinderung des Einbringens von Betäubungsmitteln[35] – auf Anordnung des Anstaltsleiters ausschließlich zu

– im Rahmen des Aufnahmeverfahrens,
– nach Kontakten mit Besuchern,
– nach jeder Abwesenheit von der Anstalt.

705 Die von den Gesetzgebern zum Schutz des allgemeinen Persönlichkeitsrechts der Inhaftierten in § 84 Abs. 2 u. 3 StVollzG, § 64 Abs. 2 u. 3 JVollzGB III, Art. 91 Abs. 2 u. 3 BayStVollzG, § 70 Abs. 2 u. 3 HmbStVollzG, § 46 Abs. 2 u. 3 HStVollzG, § 77 Abs. 2 u. 3 NJVollzG vorgenommene Differenzierung der Eingriffsvoraussetzungen darf nicht durch „Einzelfallanordnungen" gem. Abs. 2 S. 1 2. Alt. umgangen werden, welche die Gesetze nur gem. Abs. 3 der Durchsuchungsnormen zulassen.

> *Beispiel*: Der im Geltungsbereich des Bundes-Strafvollzugsgesetzes inhaftierte Strafgefangene S wurde vor dem Gang zu einem Besuch körperlich durchsucht und er musste sich dafür entkleiden. S beantragt festzustellen, dass diese Durchsuchung rechtswidrig erfolgte. Denn es sei weder ein einzelfallbezogener Grund genannt worden noch habe ein solcher überhaupt existiert. Gegen die ablehnende Entscheidung des OLG im Rechtsbeschwerdeverfahren legte S Verfassungsbeschwerde ein, der das BVerfG stattgab.
>
> Das BVerfG[36] führt aus: „Wortlaut, Systematik sowie Sinn und Zweck der vom Gesetzgeber getroffenen Unterscheidung zwischen der allgemeinen Anordnungsbefugnis

---

[31] Ullenbruch, in: Schwind/Böhm/Jehle/Laubenthal, 2009, § 84 Rdn. 2.
[32] OLG Koblenz, ZfStrVo 1990, S. 56.
[33] OLG Celle, StrVert 2006, S. 153; OLG Celle, NStZ 2010, S. 441; siehe auch Kreuzer/Buckolt, 2006, S. 166.
[34] AK-Brühl/Feest, 2006, § 84 Rdn. 9.
[35] Vgl. BT-Drs. 13/11016, S. 26 (zu § 84 Abs. 3 StVollzG).
[36] BVerfG, NJW 2004, S. 1728 f.

nach Absatz 3 und der einzelfallbezogenen Anordnungsbefugnis nach Absatz 2 Satz 1 Alt. 2 lassen keinerlei Zweifel daran, dass allein auf Absatz 2 gestützte Durchsuchungen nicht in der pauschalen Weise angeordnet werden dürfen, in der Absatz 3 dies für die dort bezeichneten Fallgruppen zulässt ... Danach ist es zwar von Verfassungs wegen nicht zu beanstanden, wenn auf der Grundlage von § 84 Abs. 2 S. 1 Alt. 2 StVollzG mit Entkleidung verbundene Durchsuchungen – etwa im Wege der Stichprobe – auch für gewöhnlich an sich unverdächtige Gefangene angeordnet werden, sofern Anhaltspunkte für die Annahme bestehen, gefährliche Häftlinge könnten sonst die für sie angeordneten Kontrollen auf dem Umweg über von ihnen unter Druck gesetzte Mithäftlinge umgehen ... Dabei darf aber nicht die in § 84 Abs. 2 S. 1 Alt. 2 StVollzG und § 84 Abs. 3 StVollzG vorgesehene Abstufung der Anordnungsbefugnisse überspielt werden. Eine Anordnung auf der Grundlage des § 84 Abs. 2 S. 1 Alt. 2 StVollzG darf daher jedenfalls nicht zur Durchsuchung aller oder fast aller Gefangener vor jedem Besuchskontakt und damit zu einer Durchsuchungspraxis führen, die das Strafvollzugsgesetz aus Gründen der Verhältnismäßigkeit ausdrücklich nur in den Konstellationen des § 84 Abs. 3 StVollzG erlaubt."[37]

Eine mit Entkleidung verbundene körperliche Durchsuchung umfasst auch das **706** Nachforschen nach Gegenständen in natürlich einsehbaren Körperhöhlen und -öffnungen. § 84 Abs. 2 StVollzG, § 64 Abs. 2 JVollzGB III, Art. 91 Abs. 2 BayStVollzG, § 70 Abs. 2 HmbStVollzG, § 46 Abs. 2 HStVollzG, § 77 Abs. 2 NJVollzG stellen aber keine Rechtsgrundlagen für Eingriffe mit medizinischen Hilfsmitteln zur Suche nach verschluckten oder sonst im Körperinneren befindlichen Objekten dar.[38]

§ 84 Abs. 1 S. 2 und 3 StVollzG, § 64 Abs. 1 S. 2 Halbs. 2 und S. 3 JVollzGB III, Art. 91 Abs. 1 S. 2 u. 3 BayStVollzG, § 70 Abs. 1 S. 3 u. 4 HmbStVollzG, § 46 Abs. 1 S. 2 u. 3 HStVollzG, § 77 Abs. 1 S. 2 u. 3 NJVollzG bestimmen, dass eine Durchsuchung jeweils prinzipiell nur von Vollzugsbediensteten des dem Gefangenen gleichen Geschlechts vorgenommen werden darf und dabei das Schamgefühl durch eine in Wort und Tat behutsame Vorgehensweise[39] zu schonen ist. Hierbei handelt es sich um einen Ausfluss des Gebotes der Achtung der Menschenwürde gem. Art. 1 Abs. 1 GG.[40] Der **Wahrung des Schamgefühls** dienen bei Durchsuchungen mit Entkleidung ferner § 84 Abs. 2 S. 2 bis 4 StVollzG sowie § 64 Abs. 2 S. 2 bis 4 JVollzGB III, Art. 91 Abs. 2 S. 2 bis 4 BayStVollzG, § 70 Abs. 2 S. 2 u. 3 HmbStVollzG, § 46 Abs. 2 S. 3 bis 5 HStVollzG, § 77 Abs. 2 S. 2 bis 4 NJVollzG. Danach erfolgen diese nur in geschlossenen Räumen. Anwesend dürfen nur Bedienstete gleichen Geschlechts wie der Betroffene sein.[41] Die Anwesenheit von Mitgefangenen ist untersagt. Dabei kommt es auf einen geschlossenen Sichtschutz an, welcher Blicke von Mitgefangenen auf die Szene der Entkleidungsdurchsuchung ausschließt.[42]

---

[37] BVerfG, NJW 2004, S. 1729.
[38] Siehe auch OLG Stuttgart, NStZ 1992, S. 378.
[39] Arloth, 2008, § 84 Rdn. 4.
[40] OLG Celle, NStZ 2010, S. 441.
[41] Die hessische Regelung belässt es insoweit bei dem Gebot, die Untersuchung lediglich von Bediensteten des gleichen Geschlechts durchzuführen – ein explizites Anwesenheitsverbot kennt die Norm nicht.
[42] OLG Celle, StrVert 2006, S. 154.

7.2.1.2 Sichere Unterbringung

707 Die Maßnahme der sicheren Unterbringung nach § 85 StVollzG, § 65 JVollzGB III, Art. 92 BayStVollzG ergänzt die allgemeinen Verlegungsmöglichkeiten gem. § 8 StVollzG bzw. § 6 JVollzGB III, Art. 10 BayStVollzG.[43] Bei erhöhter Fluchtgefahr oder wenn sein Verhalten (z.B. eine ernst zu nehmende Bedrohung eines Vollzugsbediensteten[44]) bzw. Zustand eine Gefahr für die Sicherheit oder Ordnung der Anstalt darstellt, kann ein Inhaftierter nach § 85 StVollzG bzw. § 65 JVollzGB III, Art. 92 BayStVollzG in eine Vollzugsanstalt verlegt werden, die sich für seine sichere Unterbringung besser eignet.

> Die Landes-Strafvollzugsgesetze von Hamburg, Hessen und Niedersachsen regeln die Verlegung aus Sicherheitsgründen nicht im Rahmen der Vorschriften über die Sicherheit und Ordnung. Vielmehr finden sich § 85 StVollzG bzw. Art. 92 BayStVollzG entsprechende oder darüber hinausgehende Rechtsgrundlagen für Verlegungen aus Sicherheitsgründen in den jeweiligen Normen für Verlegungen im Strafvollzug selbst (§ 9 HmbStVollzG, § 11 Abs. 1 Nr. 2 HStVollzG, § 10 NJVollzG).[45]

Die strafvollzugsgesetzlichen Bestimmungen über den Anstaltswechsel aus Sicherheitsgründen stellen Rechtsgrundlagen dar für die **Verlegung** eines Strafgefangenen in eine andere Justizvollzugsanstalt (nicht Maßregelvollzugseinrichtung) ohne Berücksichtigung der Zuständigkeitsbestimmungen des Vollstreckungsplans. Es handelt sich um **spezielle Verlegungsregelungen**. Die besonderen Verlegungsgründe sind ebenso wie die Sicherheitseignung der aufnehmenden Anstalt unbestimmte Rechtsbegriffe, die der richterlichen Kontrolle unterliegen.[46]

Eine Verlegung gem. § 85 StVollzG bzw. § 65 JVollzGB III, Art. 92 BayStVollzG setzt voraus, dass der Verlegungsgrund der Person oder dem Verhalten des Gefangenen zuzurechnen ist.

> *Beispiel:* Die Leitung der Justizvollzugsanstalt K verfügte die Verlegung des Strafgefangenen G in die JVA B. Sie begründete dies damit, dass einige Stationsbedienstete gegen den G, der unrechtmäßig die Schreibmaschine eines Mitgefangenen in Besitz gehabt habe, nicht eingeschritten seien, was Zweifel an der notwendigen Distanz der Bediensteten zum G begründete. Da davon auszugehen sei, dass die Bediensteten der JVA B dem G mit der nötigen Distanz entgegentreten würden, erscheine diese Anstalt für die Unterbringung des G besser geeignet. Diese Verfügung wurde am Folgetag umgesetzt.
>
> Das Bundesverfassungsgericht[47] stellte fest, dass die Verlegung nicht rechtmäßig erfolgte: § 85 StVollzG setzt „eine konkrete vom Gefangenen selbst ausgehende Gefahr voraus. Die Norm ermöglicht eine Verlegung in eine andere Anstalt, in der Regel eine Anstalt höheren Sicherheitsgrades, eindeutig nur für den Fall, dass das Verhalten oder der Zustand des Gefangenen eine Gefahr für die Anstaltssicherheit oder -ordnung begründet, der in dieser JVA nicht angemessen begegnet werden kann. Eine Verlegung

---

[43] Dazu oben Kap. 5.2.2.
[44] OLG Karlsruhe, StraFo 2010, S. 128.
[45] Dazu Kap. 5.2.2.2.
[46] Ullenbruch, in: Schwind/Böhm/Jehle/Laubenthal, 2009, § 85 Rdn. 2.
[47] BVerfG, StrVert 2006, S. 146 f.

des Gefangenen zur Abwehr von Gefahren, die durch Fehlverhalten des Vollzugspersonals begründet sind, ist dagegen offensichtlich weder vom Wortlaut noch vom Sinn und Zweck des § 85 StVollzG gedeckt."[48]

Im Einzelfall kann auch ein sog. **Verlegungskarussell** zulässig sein. Inhaftierte, die infolge von hoher Gefährlichkeit personalintensive Behandlungsmaßnahmen erforderlich machen oder erhebliche Kosten verursachen, können sukzessiv in verschiedene Einrichtungen verlegt werden. Damit ist ihnen auch die Möglichkeit genommen, die Sicherheitsvorkehrungen in einer einzelnen Anstalt auf längere Zeit hin auszukundschaften.[49] Denn eine Zielanstalt geeignet sich selbst dann besser zur sicheren Unterbringung, wenn diese zwar kein höheres allgemeines Sicherheitsniveau aufweist, dem Inhaftierten jedoch durch die Verlegung dorthin seine subkulturellen Beziehungen oder Kenntnisse von Arbeitsabläufen in der Ausgangsanstalt, von Sicherheitseinrichtungen bzw. von Schwachstellen in der Anstaltssicherheit entzogen werden.[50] Die besonderen Verlegungsnormen setzen nicht zwingend voraus, dass der Gefangene in eine Einrichtung mit höherem Sicherheitsstandard verlegt wird.[51]

708

7.2.1.3 Erkennungsdienstliche Maßnahmen

(1) Bundesrechtliche Regelungen

Zur **Sicherung des Vollzugs** sind gem. § 86 StVollzG als erkennungsdienstliche Maßnahmen zulässig:
- Abnahme von Finger- und Handflächenabdrücken,
- Aufnahme von Lichtbildern,
- Feststellung äußerlicher körperlicher Merkmale,
- Messungen.

709

§ 86 Abs. 1 StVollzG normiert die Voraussetzungen der Erhebung der erkennungsdienstlichen Maßnahmen, wobei diese abschließend benannt sind. Damit bleibt ein weiter gehender Rückgriff auf die Generalklausel des § 4 Abs. 2 S. 2 StVollzG ausgeschlossen.[52] § 86 Abs. 2 StVollzG regelt die Verarbeitung und Nutzung der Daten, Abs. 3 Ansprüche auf deren Löschung.

Die erkennungsdienstlichen Maßnahmen sollen vor allem eine **Fahndung** und die **Wiederaufgreifung** flüchtiger Strafgefangener erleichtern. Deshalb kann der Betroffene verlangen, dass nach seiner Entlassung aus dem Vollzug eine Vernichtung der Unterlagen – mit Ausnahme von Lichtbildern und der Beschreibung körperlicher Merkmale – erfolgt, sobald die der Inhaftierung zugrunde liegende Vollstreckung der strafgerichtlichen Entscheidung abgeschlossen ist. Da gesetzlicher Zweck der Erhebung von erkennungsdienstlichen Maßnahmen gem. § 86 StVollzG die Vollzugssicherung, also die Erleichterung der Fahndung und Wie-

---

[48] BVerfG, StrVert 2006, S. 147.
[49] Dazu Arloth, 2008, § 85 Rdn. 1.
[50] BVerfG, Beschl. v. 8.5.2006 – 2 BvR 860/06; Ullenbruch, in: Schwind/Böhm/Jehle/Laubenthal, 2009, § 85 Rdn. 2.
[51] OLG Celle, Nds.Rpfl 2007, S. 125.
[52] Arloth, 2008, § 86 Rdn. 2.

derergreifung entflohener Gefangener ist[53], dürfen die durch erkennungsdienstliche Maßnahmen nach dieser Norm gewonnenen Daten gem. §§ 86 Abs. 2 S. 3, 87 Abs. 2 StVollzG auch an Strafvollstreckungs- und Strafverfolgungsbehörden übermittelt werden. Über den Erhebungszweck des § 86 StVollzG hinausgehend kommt nach § 86 Abs. 2 S. 3 StVollzG zudem eine Verarbeitung und Nutzung der Daten zur Verhinderung oder Verfolgung anderer Straftaten bzw. solcher Ordnungswidrigkeiten in Betracht, die eine Gefährdung der Sicherheit und Ordnung der Anstalt darstellen (§ 180 Abs. 2 Nr. 4 StVollzG).

Gemäß § 86 StVollzG kann die mit Kenntnis des Gefangenen erfolgende Aufnahme von Lichtbildern lediglich zur Sicherung des Vollzugs durchgeführt werden und deren Verwendung allein zu den in § 86 Abs. 2 StVollzG genannten Zwecken erfolgen. Darüber hinaus darf gem. § 180 Abs. 1 S. 2 StVollzG aus Gründen der Sicherheit und Ordnung dem Inhaftierten nur die Verpflichtung zur Mitführung eines **Lichtbildausweises** auferlegt werden.[54] Da die Justizvollzugsanstalten im Zuge der technischen Entwicklung zunehmend mit EDV-Anlagen ausgestattet sind, ist die Art des Identitätsnachweises mittels Ausweises veraltet.

710 § 86 StVollzG selbst gibt keine Rechtsgrundlage dafür, zum Zweck der **Identitätsüberprüfung** auf die elektronische Speicherung und Nutzung von **Lichtbildern** in den Computersystemen der Einrichtungen zurückzugreifen.[55] Durch das 6. Gesetz zur Änderung des Strafvollzugsgesetzes[56] wurde deshalb § 86a StVollzG eingefügt, wonach unbeschadet des § 86 StVollzG zur **Aufrechterhaltung der Sicherheit und Ordnung** der Einrichtung Lichtbilder der Gefangenen mit deren Kenntnis aufgenommen und mit dem Namen, dem Geburtsdatum und -ort der Inhaftierten gespeichert werden dürfen. Die Übermittlung der mit Kenntnis der Betroffenen aufgenommenen Lichtbilder (§ 86a Abs. 1 S. 2 StVollzG) ist gem. § 86a Abs. 2 StVollzG nach Maßgabe des § 87 Abs. 2 StVollzG zulässig oder wenn die Polizeivollzugsbehörden des Bundes und der Länder sie zur Abwehr einer gegenwärtigen Gefahr für erhebliche Rechtsgüter innerhalb der Anstalt benötigen.

Die **Nutzung** der Aufnahmen erfolgt durch die Justizvollzugsbediensteten, wenn eine Überprüfung der Identität der Inhaftierten im Rahmen einer Aufgabenwahrnehmung erforderlich ist (§ 86a Abs. 2 Nr. 1 StVollzG). Sie dient z.B. der Identitätsfeststellung innerhalb der einzelnen Abteilungen einer Institution, etwa bei Personalwechsel oder bei Anordnung von Sicherungsmaßnahmen. Allerdings bleibt die Nutzung nicht auf bestimmte Anstaltsbereiche beschränkt. Es können mit Hilfe der gespeicherten Bilder zudem Verwechslungen in all den Fällen vermieden werden, in denen – unabhängig vom Anlass – Strafgefangene die Einrichtung verlassen.[57]

Ist der Strafgefangene aus der Einrichtung entlassen oder in eine andere Anstalt verlegt worden, müssen die Lichtbilder gem. § 86a Abs. 3 StVollzG vernichtet

---

53 Calliess/Müller-Dietz, 2008, § 86 Rdn. 1.
54 Dazu auch Kap. 10.4.2.
55 Siehe auch OLG Celle, NStZ 2003, S. 54; OLG Hamm, NStZ 2003, S. 55.
56 BGBl. I 2002, S. 3954.
57 BR-Drs. 331/02, S. 3 f.

oder gelöscht werden. Das soll selbst dann gelten, wenn eine Rückkehr der Person in die Vollzugseinrichtung absehbar ist.[58]

(2) Landesrechtliche Regelungen

In den Landes-Strafvollzugsgesetzen enthalten § 31 JVollzGB I, Art. 93 BayStVollzG, § 71 HmbStVollzG, § 58 Abs. 2 HStVollzG, § 78 NJVollzG die Vorschriften über erkennungsdienstliche Maßnahmen. Diese sind gemäß der jeweiligen Landesnormen übereinstimmend zulässig 711
- zur Sicherung des Vollzugs,
- zur Aufrechterhaltung der Sicherheit und Ordnung der Anstalt oder
- zur Identitätsfeststellung.

Die Daten dürfen nur mit Kenntnis der betroffenen Gefangenen erhoben werden. Die **zulässigen erkennungsdienstlichen Maßnahmen** sind in den Vorschriften abschließend normiert. Es handelt sich um die Aufnahme von Lichtbildern, die Feststellung äußerlicher körperlicher Merkmale, um Messungen sowie die Erfassung biometrischer Merkmale von Fingern, Händen, Gesicht und Stimme (in Hessen ohne Begrenzung der erfassbaren biometrischen Daten). Entsprechend der in § 86 Abs. 2 S. 1 u. 2 StVollzG getroffenen Regelung über **Verarbeitung** und **Nutzung** werden auch gem. § 34 Abs. 2 JVollzGB I, Art. 93 Abs. 2 S. 1 u. 2 BayStVollzG, § 71 Abs. 2 S. 1 u. 2 HmbStVollzG, § 58 Abs. 3 HStVollzG, § 78 Abs. 2 S. 1 u. 2 NJVollzG die gewonnenen Unterlagen und Daten zu den Gefangenenpersonalakten genommen bzw. in personenbezogenen Daten gespeichert. Sie können ferner in kriminalpolizeilichen Sammlungen verwahrt werden. Hinsichtlich der Verarbeitungs- und Nutzungszwecke enthalten Art. 93 Abs. 2 S. 3 BayStVollzG, § 71 Abs. 2 S. 3 HmbStVollzG, § 78 Abs. 2 S. 3 NJVollzG im Wesentlichen § 86 Abs. 2 S. 3 StVollzG vergleichbare Bestimmungen.

In Niedersachsen ist darüber hinausgehend die Nutzung der erhobenen erkennungsdienstlichen Daten für Zwecke der Identitätsfeststellung in § 79 NJVollzG gesondert normiert. Bestimmungen zum Tragen von **Lichtbildausweisen** aus Gründen der Sicherheit und Ordnung enthalten auch § 34 Abs. 3 JVollzGB I, Art. 197 Abs. 1 S. 2 BayStVollzG, § 120 Abs. 1 S. 2 HmbStVollzG, § 48 HStVollzG.

Eine spezifische Vorschrift zur Löschung besteht in Hamburg (§ 71 Abs. 3 HmbStVollzG). Im Übrigen richten sich die Vernichtung bzw. Löschung der Daten nach den allgemeinen vollzugsdatenschutzrechtlichen Regelungen (§ 48 JVollzGB I, Art. 202 BayStVollzG, § 65 HStVollzG, § 197 NJVollzG).

7.2.1.4 Feststellung von Betäubungsmittelmissbrauch

Der Konsum von illegalen Betäubungsmitteln und anderer Suchtmittel bedeutet eine Gefahr für die Gesundheit des Konsumenten. Gerade der Drogenmissbrauch ist regelmäßig Anzeichen für eine behandlungsbedürftige Betäubungsmittelabhängigkeit. Deshalb können aus medizinischen Gründen Drogentests (z.B. Urinkontrollen) auf der Grundlage von § 56 Abs. 2 StVollzG, § 32 Abs. 2 JVollzGB III, 712

---

[58] Ullenbruch, in: Schwind/Böhm/Jehle/Laubenthal, 2009, § 86a Rdn. 5.

Art. 58 Abs. 2 BayStVollzG, § 23 Abs. 2 HStVollzG, § 56 Abs. 2 NJVollzG angeordnet und durchgeführt werden.

Die Landes-Strafvollzugsgesetze enthalten mit § 64 Abs. 4 JVollzGB III, Art. 94 BayStVollzG und § 72 HmbStVollzG, § 47 HStVollzG als allgemeine Sicherungsmaßnahmen Rechtsgrundlagen für Feststellungen von Suchtmittelmissbrauch zur **Aufrechterhaltung der Sicherheit und Ordnung** der Anstalt, ohne dass es eines medizinisch begründeten Anlasses bedarf.

Dabei beschränkt sich § 72 HmbStVollzG auf den Betäubungsmittelkonsum. Besteht ein konkreter Missbrauchsverdacht (z.B. aufgrund einschlägiger Vorahndungen), kann die Anstaltsleitung allgemein oder im Einzelfall Maßnahmen zur Missbrauchsfeststellung anordnen, die allerdings nicht mit einem körperlichen Eingriff verbunden sind. Dem Betroffenen dürfen die Kosten der Maßnahme auferlegt werden, wenn es zu einem positiven Testergebnis kommt.

Über den Regelungsgehalt von § 72 HmbStVollzG hinausgehend erfassen § 64 Abs. 4 JVollzGB III, Art. 94 BayStVollzG, § 47 HStVollzG auch Maßnahmen zur Feststellung anderer Suchtmittel (z.B. Verwendung von Atemalkoholgeräten).

7.2.1.5 Festnahme

713 § 87 Abs. 1 StVollzG, § 66 JVollzGB III, Art. 95 Abs. 1 BayStVollzG, § 73 HmbStVollzG, § 49 HStVollzG, § 80 Abs. 1 NJVollzG räumen den Vollzugsbehörden ein Festnahmerecht (ohne das Erfordernis eines Vollstreckungshaftbefehls nach § 457 StPO[59]) ein, wenn ein Inhaftierter entwichen ist oder sich sonst ohne Erlaubnis außerhalb der Anstalt aufhält.

Notwendig ist neben dem Entweichen aus der Anstalt bzw. einer Nichtrückkehr bei Hafturlaub bzw. Freistellung aus der Haft, Ausgang, Freigang, Strafunterbrechung usw., dass noch ein **unmittelbarer Bezug zum Strafvollzug** im Sinne einer sofortigen Nacheile besteht.[60] Ansonsten fällt die Anordnung von Maßnahmen zur Wiederergreifung des Flüchtigen in die Zuständigkeit der Strafvollstreckungsbehörden.

Ist ein Strafgefangener entwichen oder hält er sich sonst ohne Erlaubnis außerhalb der Einrichtung auf, dürfen über § 87 Abs. 2 StVollzG, § 36 Abs. 1 Nr. 5 JVollzGB I, Art. 95 Abs. 2 BayStVollzG, § 73 Abs. 2 HmbStVollzG, § 80 Abs. 2 NJVollzG die zur Vollzugssicherung intern erhobenen und zur Identifizierung oder Festnahme erforderlichen Daten auch extern von den Strafvollstreckungs- und Strafverfolgungsbehörden zu Fahndungs- und Festnahmezwecken genutzt werden.

---

[59] Dazu Laubenthal/Nestler, 2010, S. 58 f.
[60] Calliess/Müller-Dietz, 2008, § 87 Rdn. 2; Ullenbruch, in: Schwind/Böhm/Jehle/Laubenthal, 2005, § 87 Rdn. 3.

7.2.2 Besondere Sicherungsmaßnahmen

In § 88 Abs. 2 StVollzG sind für den Geltungsbereich des Bundes-Strafvollzugs- 714
gesetzes als besondere Sicherungsmaßnahmen **abschließend** aufgezählt:

Nr. 1: der Entzug oder die Vorenthaltung von Gegenständen (z.B. Rasierzeug),
Nr. 2: die Beobachtung bei Nacht,
Nr. 3: die einfache vorübergehende Absonderung von anderen Gefangenen,
Nr. 4: der Entzug oder die Beschränkung des Aufenthalts im Freien,
Nr. 5: die vorübergehende Unterbringung in einem besonders gesicherten Haftraum ohne gefährdende Gegenstände,
Nr. 6: die Fesselung.

Die Liste der zulässigen Sicherungsmaßnahmen des § 88 Abs. 2 StVollzG ist in den Landes-Strafvollzugsgesetzen weitgehend unverändert übernommen worden (§ 67 Abs. 2 JVollzGB III, Art. 96 Abs. 2 BayStVollzG, § 74 Abs. 2 HmbStVollzG, § 50 Abs. 2 HStVollzG, § 81 Abs. 2 NJVollzG). In Bayern enthält Art. 96 Abs. 2 Nr. 2 BayStVollzG keine Beschränkung der besonderen Sicherungsmaßnahme der Beobachtung auf die Nachtzeit. Es existiert vielmehr eine Rechtsgrundlage für eine ständige Beobachtung (auch mit technischen Mitteln), weil die zu verhindernden Gefahren auch tagsüber bestehen können. Rechtsgrundlagen für besondere Sicherungsmaßnahmen und Datenerhebungen durch Einsatz von Videotechnik zur Beobachtung von Haftträumen enthalten auch § 74 Abs. 2 Nr. 2 HmbStVollzG sowie in Baden-Württemberg § 32 Abs. 1 JVollzGB I.

7.2.2.1 Anordnungsvoraussetzungen

Voraussetzungen für eine Anordnung der besonderen Sicherungsmaßnahmen sind 715
neben den Prinzipien für Rechtseingriffe aus Gründen der Sicherheit und Ordnung:

Gemäß § 88 Abs. 1 StVollzG, § 67 Abs. 1 JVollzGB III, Art. 96 Abs. 1 BayStVollzG, § 74 Abs. 1 HmbStVollzG, § 50 Abs. 1 HStVollzG, § 81 Abs. 1 NJVollzG muss eine **erhebliche Störung** der Anstaltsordnung vom Inhaftierten ausgehen und die angeordnete Maßnahme gerade zu deren Abwendung notwendig sein. Erforderlich ist, dass aufgrund des Verhaltens des Gefangenen oder seines seelischen Zustands in erhöhtem Maße Fluchtgefahr oder die Gefahr von Gewalttätigkeiten gegen Personen oder Sachen oder die Gefahr eines Selbstmords oder der Selbstverletzung besteht. Nicht nur Gefahren für die innere und äußere Anstaltssicherheit, sondern auch solche einer Selbstschädigung begründen somit die Zulässigkeit der Maßnahmen. Hinsichtlich der Flucht- und Gewalttätigkeitsprognose steht der Anstaltsleitung ein Beurteilungsspielraum[61] mit eingeschränkter gerichtlicher Überprüfbarkeit zu.[62]

Neben den vom Gefangenen ausgehenden Gefahren ermöglichen § 88 Abs. 3 StVollzG, § 67 Abs. 3 JVollzGB III, Art. 96 Abs. 3 BayStVollzG, § 74 Abs. 4

---

[61] Dazu Kap. 8.2.2.2.
[62] OLG Frankfurt, NStZ-RR 2002, S. 155.

HmbStVollzG, § 50 Abs. 3 HStVollzG, § 81 Abs. 3 NJVollzG ferner die Anordnung bestimmter Eingriffe, wenn die Gefahr einer Befreiung vorliegt oder eine erhebliche Störung der Anstaltsordnung durch den Gefangenen oder durch sonstige Personen anders nicht vermieden oder behoben werden kann. Hierbei muss es sich um eine Ordnungsgefährdung handeln, welche in ihrem Schweregrad der Gefahr einer Befreiung des Inhaftierten entspricht (z.B. genügt dieser Anforderung ein Entzug von Gegenständen nicht, wenn dadurch lediglich das Verstecken von Drogen zum Eigenverbrauch verhindert werden soll).[63]

§ 88 Abs. 5 StVollzG, § 67 Abs. 5 JVollzGB III, Art. 96 Abs. 5 BayStVollzG konkretisieren und ergänzen für die besonderen Sicherungsmaßnahmen den Grundsatz der **Verhältnismäßigkeit**.[64] Die besonderen Sicherungsmaßnahmen dürfen schon ihrer Rechtsnatur nach ausschließlich zur Bewältigung zeitlich begrenzter und akuter Gefahrensituationen eingesetzt werden.[65] Sie bedeuten gravierende Beeinträchtigungen der Grundrechte des Strafgefangenen (Art. 2 Abs. 2 S. 1 GG, Art. 2 Abs. 1 i.V.m. Art. 1 Abs. 1 GG, Art. 2 Abs. 1 i.V.m. Art. 20 GG), welche mit zunehmender Dauer des Vollzugs immer schwerwiegender werden.[66]

7.2.2.2 Fesselung

716 Eine Fesselung kommt gem. § 88 Abs. 4 StVollzG, § 67 Abs. 4 JVollzGB III, Art. 96 Abs. 4 BayStVollzG, § 74 Abs. 5 HmbStVollzG, § 50 Abs. 4 HStVollzG, § 81 Abs. 4 NJVollzG neben den in § 88 Abs. 1 StVollzG, § 67 Abs. 1 JVollzGB III, Art. 96 Abs. 1 BayStVollzG, § 74 Abs. 1 HmbStVollzG, § 50 HStVollzG, § 81 Abs. 1 NJVollzG normierten Voraussetzungen auch dann in Betracht, wenn als Eingriffstatbestand das Bestehen einer erhöhten Fluchtgefahr aus anderen Gründen bei Ausführung, Vorführung oder Transport des Gefangenen gegeben ist. Gemäß § 88 Abs. 4 StVollzG und Art. 96 Abs. 4 BayStVollzG bedarf es hierfür allerdings in erhöhtem Maße einer Fluchtgefahr. Nach § 67 Abs. 4 JVollzGB III, § 74 Abs. 5 HmbStVollzG, § 50 Abs. 4 HStVollzG und § 81 Abs. 4 NJVollzG genügt dagegen bereits einfache Fluchtgefahr.

Fesseln dürfen in der Regel nur an Händen und Füßen angelegt werden. Ausschließlich im Interesse des Betroffenen (z.B. Fixierung mit Gurten an ein Bett zum Schutz vor erheblichen Selbstverletzungen) kann jedoch ausnahmsweise auch eine andere Fesselungsart angeordnet werden (§ 90 StVollzG, § 69 JVollzGB III, Art. 98 BayStVollzG, § 74 Abs. 6 HmbStVollzG, § 50 Abs. 5 HStVollzG, § 83 NJVollzG).

In Hamburg legt § 74 Abs. 2 S. 2 HmbStVollzG darüber hinaus explizit fest, dass eine Fesselung von zum Zweck der körperlichen Durchsuchung entkleideten Gefange-

---

[63] OLG Zweibrücken, StrVert 1994, S. 149.
[64] In Niedersachsen hält die Legislative eine ausdrückliche Erwähnung der in § 88 Abs. 5 StVollzG enthaltenen Regelung zum Verhältnismäßigkeitsprinzip für nicht erforderlich (Niedersächsischer Landtag, Drs. 15/3565, Begründung S. 151); ebenso fehlen entsprechende Regelungen in Hamburg und Hessen.
[65] OLG Zweibrücken, StrVert 1994, S. 149.
[66] BVerfG, NStZ 1999, S. 429.

nen nur erfolgen darf, wenn und soweit dies unerlässlich bleibt. Dabei sind möglichst das Schamgefühl schonende Maßnahme zu treffen.

7.2.2.3 Absonderung

Absonderung bedeutet die **bedingungslose Trennung** eines Strafgefangenen von den Mitinhaftierten zur Vermeidung von Gefahren für die Sicherheit und Ordnung der Anstalt.[67] Die Strafvollzugsgesetze differenzieren zwischen **verschiedenen Isolierungsarten**: 717

– Bei der **einfachen Absonderung** gem. § 88 Abs. 2 Nr. 3 StVollzG, § 67 Abs. 2 Nr. 3 JVollzGB III, Art. 96 Abs. 2 Nr. 3 BayStVollzG, § 74 Abs. 2 Nr. 3 HmbStVollzG, § 50 Abs. 2 Nr. 3 HStVollzG, § 81 Abs. 2 Nr. 3 NJVollzG kommt es zu einer vorübergehenden Trennung durch Unterbringung des Betroffenen in einem nur mit den notwendigen Gegenständen schlicht ausgestatteten Haftraum (sog. Schlichtzelle). Dies dient einer kurzfristigen Krisenintervention[68] (z.B. nach Gewaltausübung durch einen Inhaftierten). Deshalb darf die Absonderung nicht länger als 24 Stunden andauern. Sie kann sich auch auf die Arbeits- und Freizeit erstrecken.

– Die Unterbringung in einem **besonders gesicherten Haftraum** ohne gefährdende Gegenstände nach § 88 Abs. 2 Nr. 5 StVollzG, § 67 Abs. 2 Nr. 5 JVollzGB III, Art. 96 Abs. 2 Nr. 5 BayStVollzG, § 74 Abs. 2 Nr. 5 HmbStVollzG, § 50 Abs. 2 Nr. 5 HStVollzG, § 81 Abs. 2 Nr. 5 NJVollzG erfolgt in einem Haftraum, in dem mittels der Art der Einrichtungsgegenstände sowie besonderer Beobachtungsmöglichkeiten eine Selbstbeschädigung oder Selbsttötung durch den Gefangenen verhindert werden soll. Der Aufenthalt dort kann je nach Unterbringungsnotwendigkeit mehrere Tage dauern.

– Die **Einzelhaft** (sog. unausgesetzte Absonderung) gem. § 89 StVollzG, § 68 JVollzGB III, Art. 97 BayStVollzG, § 74 Abs. 3 HmbStVollzG, § 50 Abs. 7 HStVollzG, § 82 NJVollzG ist nicht nur vorübergehend, sondern sogar länger als drei Monate zulässig. Von den Anordnungsvoraussetzungen her bleibt der Eingriffstatbestand auf die in der Person des Betroffenen liegenden Gründe begrenzt. Hinzu kommen muss die Unerlässlichkeit der unausgesetzten Absonderung. Das bedeutet, dass die Anstaltsleitung zuvor alle sonstigen Mittel einzusetzen hat, die geeignet sind, der Anordnung von Einzelhaft im konkreten Fall vorzubeugen bzw. ihre Notwendigkeit zu beheben.[69] Angesichts der mit der Einzelhaft verbundenen schwerwiegenden Belastungen ist die Anstaltsleitung auch nach deren Anordnung verpflichtet, die Unerlässlichkeit in regelmäßigen Abständen unter Berücksichtigung der Entwicklung des Gefangenen zu überprüfen.[70] Die Einzelhaft wird wie die einfache Absonderung in sog. Schlichtzellen durchgeführt.

---

[67] Schwind, in: Schwind/Böhm/Jehle/Laubenthal, 2009, § 88 Rdn. 13.
[68] Böhm, 2003, S. 182.
[69] BVerfG, NStZ 1999, S. 428.
[70] OLG Karlsruhe, ZfStrVo 2004, S. 186.

7.2.2.4 Verfahren

718 Zuständig für die Anordnung besonderer Sicherungsmaßnahmen ist nach § 91 Abs. 1 S. 1 StVollzG, § 70 Abs. 1 S. 1 JVollzGB III, Art. 99 Abs. 1 S. 1 BayStVollzG, § 75 Abs. 1 S. 1 HmbStVollzG, § 51 Abs. 1 S. 1 HStVollzG, § 84 Abs. 1 S. 1 NJVollzG der **Anstaltsleiter**. Dieser darf seine Befugnis gem. § 156 Abs. 3 StVollzG, Art. 177 Abs. 3 BayStVollzG, § 104 Abs. 3 HmbStVollzG, § 176 Abs. 1 S. 2 NJVollzG, § 75 Abs. 1 S. 2 u. 3 HStVollzG mit Zustimmung der Aufsichtsbehörde auf andere Beamte übertragen.

Sonstige Vollzugsbedienstete können allein bei Gefahr im Verzug vorläufig die Eingriffe anordnen (§ 91 Abs. 1 S. 2 StVollzG, § 70 Abs. 1 S. 2 JVollzGB III, Art. 99 Abs. 1 S. 2 BayStVollzG, § 75 Abs. 1 S. 2 HmbStVollzG, § 51 Abs. 1 S. 2 HStVollzG, § 84 Abs. 1 S. 2 NJVollzG), wobei es sich um einen eng auszulegenden Rechtsbegriff handelt.[71] Gefahr im Verzug liegt vor, wenn sich beim Abwarten der Entscheidung des vorrangig entscheidungsbefugten Anstaltsleiters die durch die Sicherungsmaßnahme zu verhütende Gefahr zu verwirklichen droht bzw. wenn eine bereits eingetretene Störung mit nachteiligen Folgen fortdauern würde.[72]

Die Anordnungskompetenz des Anstaltsleiters besteht auch fort, wenn ein Strafgefangener etwa bei einer Ausführung im Wege der Amtshilfe von Beamten des gerichtlichen Justizwachtmeisterdienstes beaufsichtigt wird. Dann dürfen diese den Betroffenen nur fesseln, wenn die Anstaltsleitung zuvor darum ersucht hat.[73]

Der Anstaltsleiter ist nach § 91 Abs. 2 StVollzG, § 70 Abs. 2 JVollzGB III, Art. 99 Abs. 2 BayStVollzG, § 76 Abs. 1 HmbStVollzG, § 51 Abs. 2 HStVollzG, § 84 Abs. 2 NJVollzG zur vorherigen **Anhörung des Arztes** verpflichtet, wenn der betroffene Inhaftierte sich in ärztlicher Behandlung oder unter dessen Beobachtung befindet bzw. wenn es gerade sein seelischer Zustand ist, der den Anlass zur Anordnung der Sicherungsmaßnahme gibt. In den Fällen einer Unterbringung in einem besonders gesicherten Haftraum und einer Fesselung innerhalb der Anstalt bedarf es gem. § 92 Abs. 1 StVollzG, § 71 Abs. 1 JVollzGB III, Art. 100 Abs. 1 BayStVollzG, § 76 Abs. 2 HmbStVollzG, § 51 Abs. 3 HStVollzG, § 85 Abs. 1 NJVollzG einer ärztlichen Überwachung der Maßnahmen. Auch während der Dauer des Entzugs vom Aufenthalt im Freien ist der Arzt regelmäßig zu hören (§ 92 Abs. 2 StVollzG, § 71 Abs. 2 JVollzGB III, Art. 100 Abs. 2 BayStVollzG, § 76 Abs. 3 HmbStVollzG, § 51 Abs. 2 S. 3 HStVollzG, § 85 Abs. 2 NJVollzG.

7.3 Unmittelbarer Zwang

719 Die Anwendung unmittelbaren Zwangs nach §§ 94 ff. StVollzG, §§ 73 ff. JVollzGB III, Art. 101 ff. BayStVollzG, §§ 78 ff. HmbStVollzG, §§ 53 f.

---

[71] BVerfG, NJW 2001, S. 1121.
[72] KG, StrVert 2005, S. 670.
[73] OLG Celle, NStZ 1991, S. 559.

HStVollzG, §§ 87 ff. NJVollzG stellt die **am nachhaltigsten in Gefangenenrechte eingreifende vollzugliche Maßnahme** dar.

7.3.1 Zwangsmittel und Anwendungsvoraussetzungen

Nach der Legaldefinition von § 95 Abs. 1 StVollzG bzw. § 74 Abs. 1 JVollzGB III, Art. 102 Abs. 1 BayStVollzG, § 78 Abs. 1 HmbStVollzG, § 53 Abs. 1 S. 1 HStVollzG, § 88 Abs. 1 NJVollzG handelt es sich beim unmittelbaren Zwang um die **Einwirkung auf Personen oder Sachen** durch körperliche Gewalt, ihre Hilfsmittel und durch Waffen. Körperliche Gewalt bedeutet jede unmittelbare körperliche Einwirkung auf Personen oder Sachen (§ 95 Abs. 2 StVollzG, § 74 Abs. 2 JVollzGB III, Art. 102 Abs. 2 BayStVollzG, § 78 Abs. 2 HmbStVollzG, § 53 Abs. 1 S. 2 HStVollzG, § 88 Abs. 2 NJVollzG). Als Hilfsmittel der körperlichen Gewalt sind in § 95 Abs. 3 StVollzG, § 74 Abs. 3 JVollzGB III, Art. 102 Abs. 3 BayStVollzG, § 78 Abs. 3 HmbStVollzG, § 53 Abs. 1 S. 3 HStVollzG beispielhaft Fesseln genannt, in § 88 Abs. 3 NJVollzG zudem Diensthunde sowie Reiz- und Betäubungsstoffe. Zu den Hilfsmitteln zählen auch andere, äußerlich auf die Gefangenen einwirkende Mittel (z.B. Wasserwerfer), soweit nicht der Einsatz eines Hilfsmittels generell als menschenunwürdig erscheint. Waffen sind nach § 95 Abs. 4 StVollzG, § 74 Abs. 4 JVollzGB III, Art. 102 Abs. 4 BayStVollzG, § 78 Abs. 4 HmbStVollzG, § 53 Abs. 1 S. 4 HStVollzG die dienstlich zugelassenen Hieb- und Schusswaffen sowie Reizstoffe (gem. § 88 Abs. 4 NJVollzG nur Hieb- und Schusswaffen).

720

Auf der **formellen** Ebene beschränken § 94 Abs. 1 StVollzG, § 73 Abs. 1 JVollzGB III, Art. 101 Abs. 1 BayStVollzG, § 79 Abs. 1 HmbStVollzG, § 53 Abs. 2 HStVollzG, § 87 Abs. 1 NJVollzG die Anwendung unmittelbaren Zwangs auf die Bediensteten der Justizvollzugsanstalten. Diese sind hierzu gegenüber Inhaftierten sowie nach § 94 Abs. 2 StVollzG, § 73 Abs. 2 JVollzGB III, Art. 101 Abs. 2 BayStVollzG, § 79 Abs. 2 HmbStVollzG, § 53 Abs. 2 S. 2 HStVollzG, § 87 Abs. 2 NJVollzG gegenüber anderen Personen berechtigt. Sie werden eigeninitiativ tätig oder handeln auf Anordnung eines dazu befugten Vorgesetzten. Für letzteren Fall regeln § 97 StVollzG, § 76 JVollzGB III, Art. 104 BayStVollzG, § 81 HmbStVollzG, § 83 Nr. 2 HStVollzG i.V.m. § 97 StVollzG, § 89 NJVollzG Umfang und Grenzen der Befolgungspflicht des einzelnen Beamten sowie dessen Verantwortlichkeit für nicht rechtmäßige Anweisungen. Insbesondere ist ein Bediensteter zur Anwendung unmittelbaren Zwangs auf Anordnung hin nicht verpflichtet, wenn dadurch eine Straftat begangen würde. Erfolgt ein Einsatz (z.B. bei sog. Gefängnisrevolten) externer Polizeibeamter in der Justizvollzugsanstalt, richtet sich deren Befugnis zu unmittelbarem Zwang gem. § 94 Abs. 3 StVollzG bzw. § 73 Abs. 3 JVollzGB III, Art. 101 Abs. 3 BayStVollzG, § 79 Abs. 3 HmbStVollzG, § 53 Abs. 2 S. 3 HStVollzG, § 87 Abs. 3 NJVollzG nach den für sie gesetzlich geltenden Normen (insbesondere den landesrechtlichen Polizeiaufga-

721

bengesetzen). Auch kommen Handlungen in Ausübung von Notwehr- bzw. Nothilferechten (§ 32 StGB) in Betracht.[74]

Die Vollzugsbediensteten haben einen unmittelbaren Zwang nach § 98 StVollzG, § 77 JVollzGB III, Art. 105 BayStVollzG, § 82 HmbStVollzG, § 53 Abs. 4 HStVollzG, § 90 NJVollzG grundsätzlich vorher anzudrohen. Eine solche **Androhung** darf nur unterbleiben, wenn die Umstände es nicht zulassen oder wenn eine rechtswidrige Straftat verhindert oder eine gegenwärtige Gefahr abgewendet werden muss.

Als **materielle** Voraussetzungen der Anwendung unmittelbaren Zwangs sind zu prüfen:
- die Akzessorietät,
- die Subsidiarität,
- der Verhältnismäßigkeitsgrundsatz.

722 §§ 94 ff. StVollzG, §§ 73 ff JVollzGB III, Art. 101 ff. BayStVollzG, §§ 78 ff. HmbStVollzG, §§ 53 f. HStVollzG, §§ 87 ff. NJVollzG schaffen keine eigenen Ermächtigungsgrundlagen für Eingriffe in die Rechte von Inhaftierten oder anderen Personen. Sie regeln nur die Voraussetzungen, Mittel und Grenzen für eine zwangsweise Durchsetzung vollzuglicher Maßnahmen, die auf andere Vorschriften des jeweiligen Strafvollzugsgesetzes gegründet sind. Da die Strafvollstreckungsbehörden von der in Art. 35 Abs. 1 GG normierten Verpflichtung zur Amtshilfe nicht ausgenommen sind, werden darüber hinaus auch solche Maßnahmen erfasst, die aufgrund der Inhaftierung eines Betroffenen funktionell nur von Vollzugsbediensteten vorgenommen werden können, so dass im Rahmen zulässiger Amtshilfe auch unmittelbarer Zwang von den Vollzugsbediensteten angewendet werden darf (z.B. zur Vorbereitung der Entnahme einer Speichelprobe nach dem DNA-Identitätsfeststellungsgesetz bei einem deren Abgabe verweigernden Strafgefangenen).[75] Stets gilt der Grundsatz der **Akzessorietät** des unmittelbaren Zwangs: Ihm muss die Durchführung einer rechtmäßigen Vollzugs- oder Sicherungsmaßnahme zugrunde liegen.

Das **Subsidiaritätsprinzip** bei Rechtsbeschränkungen aus Gründen der Sicherheit und Ordnung der Anstalt wird in § 94 Abs. 1 StVollzG, § 73 Abs. 1 JVollzGB III, Art. 101 Abs. 1 BayStVollzG, § 79 Abs. 1 HmbStVollzG, § 53 Abs. 2 S. 1 HStVollzG, § 87 Abs. 1 NJVollzG konkretisiert. In dem auf (Re-)Sozialisierung ausgerichteten Behandlungsvollzug ist ein pflichtgemäßes Verhalten des Gefangenen mit Mitteln der behandelnden Einwirkung auf den Inhaftierten zu erreichen. Nur wenn dies nicht gelingt, darf es zur Aufrechterhaltung von Sicherheit oder Ordnung der Anstalt zu einer Auferlegung von Pflichten und Beschränkungen kommen. Reichen insoweit selbst Sicherungsmaßnahmen oder ein disziplinarisches Vorgehen nicht zur Zweckerreichung aus, dann werden die am nachhaltigsten eingreifenden Maßnahmen des unmittelbaren Zwangs angewendet.

Der Grundsatz der **Verhältnismäßigkeit** ist in § 96 StVollzG, § 75 JVollzGB III, Art. 103 BayStVollzG, § 80 HmbStVollzG, § 53 Abs. 3 HStVollzG für den Bereich des unmittelbaren Zwangs gesondert präzisiert. Von mehreren

---

[74] Dazu Koch R., 1995, S. 27 ff.
[75] Dazu Radtke/Britz, 2001, S. 134 ff.

möglichen und geeigneten Zwangsmaßnahmen sind diejenigen zu wählen, welche den Einzelnen und die Allgemeinheit am wenigsten belasten (z.B. Fesselung nur, wenn einfache körperliche Gewalt nicht ausreicht). Zudem darf der zu erwartende Schaden zu dem angestrebten Erfolg nicht außer Verhältnis stehen (z.B. auch nicht die Chancen einer Vollzugszielerreichung gefährden). Ferner ist eine Maßnahme einzustellen, wenn ihr Zweck erreicht ist oder dieser nicht erreicht werden kann.

7.3.2 Schusswaffengebrauch

Besondere zusätzliche Erfordernisse sind für den Schusswaffengebrauch normiert. **723** Die Voraussetzungen für den Einsatz von Schusswaffen im Strafvollzug benennen § 100 StVollzG, §§ 78 f. JVollzGB III, Art. 107 BayStVollzG, § 83 HmbStVollzG, § 54 HStVollzG, § 92 NJVollzG abschließend. **Gegen Gefangene** kommt der Waffeneinsatz als Maßnahme des unmittelbaren Zwangs nur in Betracht, wenn die Inhaftierten
– eine Waffe oder ein anderes gefährliches Werkzeug trotz wiederholter Aufforderung nicht ablegen,
– eine Meuterei i.S.d. § 121 StGB unternehmen oder
– eine Flucht vereitelt oder eine Wiederergreifung ermöglicht werden soll.

> Für Hessen bestimmt § 54 Abs. 1 HStVollzG als Voraussetzungen für den Schusswaffengebrauch neben den Zwecken der Fluchtvereitelung oder Wiederergreifung (Nr. 2) den Einsatz zur Abwehr eines gegenwärtigen rechtswidrigen Angriffs auf Leib oder Leben (Nr. 1).

§ 100 Abs. 1 S. 2 StVollzG, § 79 Abs. 1 S. 2 JVollzGB III, Art. 107 Abs. 1 S. 2 BayStVollzG, § 83 Abs. 3 S. 2 HmbStVollzG, § 54 Abs. 2 HStVollzG, § 92 Abs. 1 S. 2 NJVollzG schränken den Einsatzbereich insoweit ein, als ein Schusswaffengebrauch zur Verhinderung einer Flucht aus einer offenen Anstalt unzulässig bleibt. **Gegen außen stehende Personen** kann die Schusswaffe bei gewaltsamen Befreiungsversuchen eingesetzt werden oder wenn sie es unternehmen, gewaltsam in eine Anstalt einzudringen (§ 100 Abs. 2 StVollzG, § 79 Abs. 2 JVollzGB III, Art. 107 Abs. 2 BayStVollzG, § 83 Abs. 4 HmbStVollzG, § 54 Abs. 3 HStVollzG, § 92 Abs. 2 NJVollzG).

Wegen der Risiken eines Schusswaffengebrauchs sind diesem über die besonderen gesetzlichen Voraussetzungen hinausgehend mit § 99 StVollzG, § 78 JVollzGB III, Art. 106 BayStVollzG, § 83 Abs. 1, 2 u. 5 HmbStVollzG, § 54 Abs. 1 S. 2 bis 6 HStVollzG, § 91 NJVollzG weitere Grenzen gezogen. Zum einen enthalten die Normen spezielle Regelungen für die Androhung. Zum anderen erfahren Subsidiaritätsprinzip und Verhältnismäßigkeitsgrundsatz eine spezifische Ausprägung. Schusswaffen dürfen nur gebraucht werden, wenn andere Maßnahmen des unmittelbaren Zwangs (z.B. Hilfsmittel körperlicher Gewalt) versagt haben oder keinen Erfolg versprechen. Erkennbar Unbeteiligte dürfen nicht mit hoher Wahrscheinlichkeit gefährdet werden. Erscheint der angestrebte Zweck schon durch Waffeneinwirkung gegen Sachen erreichbar, scheidet ein Einsatz gegen Personen aus. Der Zweck des Schusswaffengebrauchs ist darauf beschränkt,

„angriffs- oder fluchtunfähig zu machen". Damit darf die Abgabe eines gezielten Todesschusses nicht auf Vorschriften des Strafvollzugsgesetzes gestützt werden.[76] Ein solcher kann jedoch unter den Voraussetzungen des § 32 StGB als Notwehr bzw. Nothilfe gerechtfertigt sein.[77]

7.3.3 Zwangsmaßnahmen zur Gesundheitsfürsorge

724 Speziell – und abschließend[78] – geregelt sind in § 101 StVollzG, § 80 JVollzGB III, Art. 108 BayStVollzG, § 84 HmbStVollzG, § 25 HStVollzG, § 93 NJVollzG die Sonderfälle der ärztlichen Zwangsmaßnahmen. Eine Maßnahme auf dem Gebiet der Gesundheitsfürsorge erfolgt zwangsweise, wenn sie mit den Mitteln von § 95 StVollzG, § 74 JVollzGB III, Art. 102 BayStVollzG, § 78 HmbStVollzG, § 53 Abs. 1 HStVollzG, § 88 NJVollzG gegen den ausdrücklich erklärten oder konkludent durch Gegenwehr geäußerten Willen des Gefangenen durchgeführt wird.[79]

Ärztliche Eingriffe gegen den Willen des Betroffenen tangieren das Recht des Individuums auf Achtung seiner Menschenwürde (Art. 1 Abs. 1 GG), auf freie Selbstbestimmung und auf körperliche Unversehrtheit (Art. 2 GG). Auch religiöse bzw. weltanschauliche Überzeugungen können in besonderen Fällen berührt sein (Art. 4 GG).[80] Gemäß §§ 56 ff. StVollzG, §§ 32 ff. JVollzGB III, Art. 58 ff. BayStVollzG, §§ 57 ff. HmbStVollzG, §§ 23 f. HStVollzG, §§ 56 ff. NJVollzG obliegt der Vollzugsbehörde jedoch eine Fürsorgepflicht für die körperliche und geistige Gesundheit des Inhaftierten.[81] Diesen trifft wiederum eine Unterstützungspflicht: Er hat an den Maßnahmen zum Schutz seiner Gesundheit (z.B. vorbeugenden ärztlichen Untersuchungen) und zur Hygiene (z.B. Untersuchung im Rahmen des Aufnahmeverfahrens) mitzuwirken. Unterlässt er dies, darf unter den Voraussetzungen der §§ 94 ff. StVollzG, §§ 73 ff. JVollzGB III, Art. 101 ff. BayStVollzG, §§ 78 ff. HmbStVollzG, § 53 i.V.m. § 25 HStVollzG, §§ 87 ff. NJVollzG unmittelbarer Zwang angewendet werden. Es erwächst somit dem Staat ein Eingriffsrecht, wenn das mit der gesundheitlichen Fürsorge verfolgte Ziel höherwertiger ist als jene durch die ärztlichen Maßnahmen beeinträchtigten Grundrechte des Inhaftierten.[82]

§ 101 Abs. 2 StVollzG, § 80 Abs. 2 JVollzGB III, Art. 108 Abs. 2 BayStVollzG, § 84 Abs. 2 HmbStVollzG, § 25 Abs. 2 HStVollzG, § 93 Abs. 2 NJVollzG lassen aus Gründen des allgemeinen Gesundheitsschutzes und der Hygiene eine **zwangsweise körperliche Untersuchung** zu, wenn diese mit keinem

---

[76] Calliess/Müller-Dietz, 2008, § 99 Rdn. 2; für einen gezielten Befreiungsschuss allerdings Koepsel, in: Schwind/Böhm/Jehle/Laubenthal, 2009, § 99 Rdn. 7.
[77] Calliess, 1992, S. 176; siehe auch Perron, in: Schönke/Schröder, 2010, § 32 Rdn. 42b; krit. AK-Brühl/Walter, 2006, § 99 Rdn. 6.
[78] Arloth, 2005, S. 239 (zu § 101 StVollzG).
[79] Calliess/Müller-Dietz, 2008, § 101 Rdn. 3.
[80] Dazu Kaiser/Schöch, 2002, S. 354; Laue, 2005, S. 219 ff.
[81] Siehe Kap. 5.8.1.
[82] Geppert, 1976, S. 15.

körperlichen Eingriff verbunden ist (z.B. Röntgenuntersuchungen, EKG usw.). Eingriffsvoraussetzungen sind die Zweckdienlichkeit und Verhältnismäßigkeit der Maßnahme für den Gesundheitsschutz (des Inhaftierten, von Mitgefangenen oder Dritten) sowie die Hygiene.

Zwangsweise vorgenommene **körperliche Eingriffe**[83] (medizinische Untersuchungen, Behandlung und Ernährung) zur Aufrechterhaltung oder Wiederherstellung der Gesundheit bleiben nach § 101 Abs. 1 S. 1 StVollzG, § 80 Abs. 1 S. 1 JVollzGB III, Art. 108 Abs. 1 S. 1 BayStVollzG, § 84 Abs. 1 S. 1 u. 2 HmbStVollzG, § 25 Abs. 1 S. 1 u. 2 HStVollzG, § 93 Abs. 1 NJVollzG nur zulässig: 725
- bei konkreter Lebensgefahr oder schwerwiegender Gefahr für die Gesundheit des Gefangenen oder bei Gefahr für die Gesundheit anderer Personen,
- wenn die Maßnahmen für die Beteiligten (Gefangener, Arzt, Vollzugsbedienstete) zumutbar und
- nicht mit erheblichen Gefahren für Leib und Leben oder Gesundheit des Inhaftierten verbunden sind (Verhältnismäßigkeit).

Befindet sich der Gefangene bei Vorliegen dieser Voraussetzungen im Zustand der freien Willensbestimmung, besteht nach § 101 Abs. 1 S. 2 StVollzG, § 80 Abs. 1 S. 2 JVollzGB III, Art. 108 Abs. 1 S. 2 BayStVollzG, § 84 Abs. 1 S. 3 HmbStVollzG, § 25 Abs. 1 S. 3 HStVollzG, § 93 Abs. 1 S. 3 NJVollzG keine Verpflichtung der Vollzugsbehörde, die notwendige ärztliche Maßnahme gegen den Willen des Betroffenen durchzuführen. Allerdings ist sie gem. § 101 Abs. 1 S. 1 StVollzG, § 80 Abs. 1 S. 1 Halbs. 1 JVollzGB III, Art. 108 Abs. 1 S. 1 BayStVollzG, § 84 Abs. 1 S. 1 HmbStVollzG, § 25 Abs. 1 S. 1 HStVollzG, § 93 Abs. 1 S. 1 NJVollzG aus überwiegenden Gründen ihrer gesundheitlichen Fürsorgepflicht berechtigt, sich über einen entgegenstehenden Willen des Gefangenen hinwegzusetzen. Es bleiben dann aber mit erheblicher Gefahr für Leben oder Gesundheit des Gefangenen verbundene Risikoeingriffe an dessen Zustimmung gebunden. Handelt es sich nicht um einen solch schweren Eingriff und ist die freie Willensbestimmung des Gefangenen (z.B. infolge einer psychischen Krankheit) ausgeschlossen, ergibt sich die Verpflichtung der Vollzugsbehörde zur Durchführung der notwendigen Maßnahme.[84] 726

Da die zwangsweisen medizinischen Maßnahmen ausschließlich der Gesundheitsfürsorge dienen müssen, können weiter gehende Eingriffe (z.B. stereotaktische Gehirnoperationen oder Kastration bei Sexualstraftätern) nicht auf § 101 StVollzG, § 80 JVollzGB III, Art. 108 BayStVollzG, § 84 HmbStVollzG, § 25 HStVollzG, § 93 NJVollzG gegründet werden.[85]

Für eine **zwangsweise Durchführung von Aids-Tests** für alle Gefangenen einer Justizvollzugsanstalt bieten die strafvollzugsgesetzlichen Normen über 727

---

[83] Dazu Arloth, 2005, S. 242 ff.; Heide, 2001, S. 98 ff.; Laue, 2005, S. 233 ff.; Neumann K., 2004, S. 164 ff.
[84] Riekenbrauck/Keppler, in: Schwind/Böhm/Jehle/Laubenthal, 2009, § 101 Rdn. 17 ff.
[85] Calliess/Müller-Dietz, 2008, § 101 Rdn. 6.

Zwangsmaßnahmen auf dem Gebiet der Gesundheitsfürsorge keine Rechtsgrundlagen.[86] Denn es fehlt an einer konkreten Lebensgefahr bzw. schwerwiegenden Gefahr für die Gesundheit des Inhaftierten oder anderer Personen. Eine freiwillige Untersuchung der Gefangenen auf HIV-Antikörper und sonstige Krankheitserreger im Blut ist zwar uneingeschränkt statthaft. Allerdings bleibt die Freiwilligkeit derartiger Untersuchungsmaßnahmen fraglich, wenn im Weigerungsfalle mit vollzugsinternen Nachteilen wie der Behandlung als HIV-positiv gerechnet werden muss.[87] § 36 Abs. 4 S. 7 IfSG statuiert zusätzlich gegenüber Personen, die in eine Justizvollzugsanstalt aufgenommen werden, die Pflicht zur Duldung ärztlicher Untersuchungen auf übertragbare Krankheiten einschließlich einer Röntgenaufnahme der Lunge. Ob hierunter auch Blutuntersuchungen fallen, erscheint nicht unzweifelhaft. Obwohl die Frage in der neueren Literatur bejaht wird[88], gilt es doch zu bedenken, dass die nicht mit einem Eingriff in die körperliche Unversehrtheit verbundene Röntgenuntersuchung im Gesetz ausdrückliche Erwähnung findet, die das Rechtsgut berührende Blutentnahme aber nicht. Berücksichtigt man allerdings, dass durch § 36 Abs. 5 IfSG das Grundrecht des Art. 2 Abs. 2 S. 1 GG eine Einschränkung erfährt und Blutentnahmen per se weniger gefährlich sein dürften als die mit einer Strahlenbelastung verbundene Röntgenuntersuchung, wird man von einer Zulässigkeit derartiger Tests auf der Basis des die Strafvollzugsgesetze ergänzenden Infektionsschutzgesetzes auszugehen haben.[89]

Die **Kompetenz zur Anordnung und Leitung** von Zwangsmaßnahmen auf dem Gebiet der Gesundheitsfürsorge liegt nach § 101 Abs. 3 StVollzG, § 80 Abs. 3 JVollzGB III, Art. 108 Abs. 3 BayStVollzG, § 84 Abs. 3 HmbStVollzG, § 93 Abs. 3 NJVollzG beim Arzt. Dabei muss es sich nicht notwendigerweise um den Anstaltsarzt handeln. Dieser ist nicht verpflichtet, Entscheidungen der Vollzugsbehörde zur Anwendung ärztlicher Zwangsmaßnahmen umzusetzen. (Für Hessen normiert § 25 Abs. 3 HStVollzG eine Anordnungskompetenz der Anstaltsleitung im Einvernehmen mit dem Arzt.) § 101 Abs. 3 StVollzG, § 80 Abs. 3 JVollzGB III, Art. 108 Abs. 3 BayStVollzG, § 84 Abs. 3 HmbStVollzG, § 25 Abs. 3 HStVollzG, § 93 Abs. 3 NJVollzG stellen insoweit Spezialvorschriften zu den Regelungen über das Handeln auf Anordnung gem. § 97 StVollzG, § 76 JVollzGB III, Art. 104 BayStVollzG, § 81 HmbStVollzG, § 89 NJVollzG dar.[90]

7.4 Disziplinarmaßnahmen

728 Dienen Sicherungsmaßnahmen und Anwendung unmittelbaren Zwangs der Abwehr von befürchteten oder bestehenden Gefahren für die Sicherheit oder Ord-

---

[86] Dargel, 1989, S. 208; Kaiser/Schöch, 2002, S. 356; Kreuzer, 1995, S. 321.
[87] AK-Boetticher/Stöver, 2006, vor § 56 Rdn. 49.
[88] Arloth, 2008, § 56 Rdn. 3; Calliess/Müller-Dietz, 2008, § 56 Rdn. 10; Rieckenbrauck/Keppler, in: Schwind/Böhm/Jehle/Laubenthal, 2009, § 101 Rdn. 23; krit. Hillenkamp, 2008a, S. 135 f.
[89] Laubenthal, 2005, S. 202.
[90] Arloth, 2005, S. 245.

nung der Anstalt, verfolgt die Verhängung von Disziplinarmaßnahmen gem. §§ 102 ff. StVollzG, §§ 81 ff. JVollzGB III, Art. 109 ff. BayStVollzG, §§ 85 ff. HmbStVollzG, §§ 55 f. HStVollzG, §§ 94 ff. NJVollzG dagegen auch **repressive Zwecke**.

Bestimmte, in der Vergangenheit liegende Beeinträchtigungen der Sicherheit oder Ordnung werden mit **strafähnlichen Sanktionen**[91] geahndet, die nicht unerheblich die Rechtssphäre des Betroffenen tangieren und auch nach ihrer Vollstreckung noch erhebliche Bedeutung im Rahmen späterer strafvollzugs- und strafvollstreckungsrechtlicher Entscheidungen erlangen können. Dabei wirkt die Verhängung von Disziplinarmaßnahmen zugleich **generalpräventiv**, weil den Insassen damit die Verbindlichkeit der für ein geordnetes Zusammenleben in der Institution festgelegten Regeln verdeutlicht wird.[92] In **spezialpräventiver** Hinsicht kommt der disziplinarischen Ahndung von Pflichtverstößen nicht nur eine Warnfunktion zu. Im weiteren Zusammenhang des auf Sozialisation ausgerichteten Vollzugs ist sie in die Behandlung einzubeziehen.[93] Nur wenn die Voraussetzungen für einen geordneten Behandlungsvollzug nicht auf andere Weise gewährleistet werden können, darf dies mittels Disziplinarmaßnahmen erfolgen. Der eigentliche Zweck liegt damit in der Sicherung eines auf die soziale (Re-)Integration ausgerichteten Strafvollzugs.[94]

7.4.1 Allgemeine Disziplinarvoraussetzungen

Die Anordnung von Disziplinarmaßnahmen setzt nach § 102 Abs. 1 StVollzG, **729** § 81 Abs. 1 JVollzGB III, Art. 109 Abs. 1 BayStVollzG, § 85 Abs. 1 S. 1 HmbStVollzG, § 94 Abs. 1 NJVollzG voraus:
– eine durch das jeweilige Strafvollzugsgesetz oder aufgrund dieses Gesetzes auferlegte Pflicht,
– einen schuldhaften Verstoß gegen die Pflicht.

Durch die Strafvollzugsgesetze des Bundes, von Baden-Württemberg, Bayern, Hamburg und Niedersachsen sind den Gefangenen zahlreiche **Pflichten** ausdrücklich auferlegt. Es handelt sich dabei in den jeweiligen Geltungsbereichen um disziplinarrechtlich relevante Pflichten:
– Tragen von Anstaltskleidung (§ 20 Abs. 1 StVollzG, § 16 Abs. 1 S. 1 JVollzGB III, Art. 22 Abs. 1 BayStVollzG, § 22 Abs. 1 2. Halbs. NJVollzG),
– Übergabe von Gegenständen bei Besuch nur mit Erlaubnis (§ 27 Abs. 4 StVollzG, § 21 Abs. 3 S. 1 JVollzGB III, Art. 30 Abs. 6 BayStVollzG, § 27 Abs. 4 S. 1 HmbStVollzG, § 28 Abs. 5 S. 1 NJVollzG),
– Absendung und Empfang von Schreiben durch Vermittlung der Anstalt (§ 30 Abs. 1 StVollzG, § 25 Abs. 1 JVollzGB III, Art. 33 Abs. 1 BayStVollzG, § 29 Abs. 1 S. 2 HmbStVollzG, § 31 Abs. 1 NJVollzG,

---

[91] BVerfG, NStZ 1993, S. 605; BVerfG, StrVert 2004, S. 613.
[92] Böhm/Laubenthal, in: Schwind/Böhm/Jehle/Laubenthal, 2009, § 102 Rdn. 1.
[93] BT-Drs. 7/918, S. 82.
[94] BVerfG, StrVert 1994, S. 438; OLG Karlsruhe, NStZ-RR 2002, S. 29.

- unverschlossene Aufbewahrung eingehender Schreiben (§ 30 Abs. 3 StVollzG, § 25 Abs. 2 JVollzGB III, Art. 33 Abs. 3 BayStVollzG, § 31 Abs. 3 NJVollzG),
- Arbeitspflicht, soweit keine Freistellung erfolgt (§ 41 Abs. 1 StVollzG, § 47 Abs. 1 S. 1 JVollzGB III, Art. 43 S. 1 u. 2 BayStVollzG, § 38 Abs. 1 S. 1 u. 2 HmbStVollzG, § 38 Abs. 1 NJVollzG),
- Unterstützung notwendiger Maßnahmen zum Gesundheitsschutz und zur Hygiene (§ 56 Abs. 2 StVollzG, § 32 Abs. 2 JVollzGB III, Art. 58 Abs. 2 BayStVollzG, § 56 Abs. 2 NJVollzG),
- Beachtung der Tageseinteilung in der Anstalt (§ 82 Abs. 1 S. 1 StVollzG, § 62 Abs. 1 S. 1 JVollzGB III, Art. 88 Abs. 1 S. 1 BayStVollzG, § 68 Abs. 2 Nr. 1 HmbStVollzG, § 75 Abs. 2 S. 1 NJVollzG),
- keine Störung des geordneten Zusammenlebens durch das Verhalten gegenüber Vollzugsbediensteten, Mitgefangenen und anderen Personen (§ 82 Abs. 1 S. 2 StVollzG, § 62 Abs. 1 S. 2 JVollzGB III, Art. 88 Abs. 1 S. 2 BayStVollzG, § 68 Abs. 2 Nr. 2 HmbStVollzG, § 75 Abs. 2 S. 3 NJVollzG),
- Befolgung der Anordnungen von Vollzugsbediensteten (§ 82 Abs. 2 S. 1 StVollzG, § 62 Abs. 2 S. 1 JVollzGB III, Art. 88 Abs. 2 S. 1 BayStVollzG, § 68 Abs. 2 Nr. 3 HmbStVollzG, § 75 Abs. 1 NJVollzG),
- kein Verlassen eines zugewiesenen Aufenthaltsbereichs ohne Erlaubnis (§ 82 Abs. 2 S. 2 StVollzG, § 62 Abs. 2 S. 2 JVollzGB III, Art. 88 Abs. 2 S. 2 BayStVollzG, § 68 Abs. 2 Nr. 4 HmbStVollzG, § 75 Abs. 2 S. 2 NJVollzG),
- In-Ordnung-Halten und schonende Behandlung von Haftraum und der von der Anstalt überlassenen Sachen (§ 82 Abs. 3 StVollzG, § 62 Abs. 3 JVollzGB III, Art. 88 Abs. 3 BayStVollzG, § 68 Abs. 2 Nr. 5 HmbStVollzG, § 75 Abs. 3 NJVollzG),
- unverzügliche Meldung von Umständen, die eine Gefahr für das Leben oder eine erhebliche Gefahr für die Gesundheit einer Person bedeuten (§ 82 Abs. 4 StVollzG, § 62 Abs. 4 JVollzGB III, Art. 88 Abs. 4 BayStVollzG, § 68 Abs. 2 Nr. 6 HmbStVollzG, § 75 Abs. 4 NJVollzG),
- Gewahrsam nur an Sachen, die von der Vollzugsbehörde oder mit ihrer Zustimmung überlassen sind (§ 83 Abs. 1 S. 1 StVollzG, § 63 Abs. 1 S. 1 JVollzGB III, Art. 90 Abs. 1 S. 1 BayStVollzG, § 69 Abs. 1 S. 1 HmbStVollzG, § 76 Abs. 1 S. 1 NJVollzG).

730 **Pflichten** können dem Inhaftierten zudem **aufgrund des** jeweiligen **Strafvollzugsgesetzes** auferlegt sein (§ 102 Abs. 1 StVollzG, § 81 Abs. 1 JVollzGB III, Art. 109 Abs. 1 BayStVollzG, § 85 S. 1 HmbStVollzG, § 94 Abs. 1 NJVollzG). Hierbei geht es zum einen um generelle Regelungen (z.B. durch Hausordnungen nach § 161 StVollzG, § 15 JVollzGB I, Art. 184 BayStVollzG, § 110 HmbStVollzG, § 183 NJVollzG) oder Allgemeinverfügungen (z.B. gem. § 84 Abs. 3 StVollzG, § 64 Abs. 3 JVollzGB III, Art. 91 Abs. 3 BayStVollzG, § 70 Abs. 3 HmbStVollzG, § 77 Abs. 3 NJVollzG) des Anstaltsleiters, die in Normen des Strafvollzugsgesetzes ihre Legitimationsgrundlage finden. Pflichten werden ferner durch Einzelfallanordnungen begründet, wenn diese sich auf das Gesetz stützen (z.B. Weisungserteilung für Lockerungen gem. § 14 Abs. 1 StVollzG, § 11 Abs. 1 JVollzGB III, Art. 16 Abs. 1 BayStVollzG, § 12 Abs. 4 HmbStVollzG, § 15 Abs. 1 NJVollzG).

Pflichten i.S.d. § 102 Abs. 1 StVollzG, § 81 Abs. 1 JVollzGB III, Art. 109 Abs. 1 BayStVollzG, § 85 S. 1 HmbStVollzG, § 94 Abs. 1 NJVollzG können sich auch **konkludent** aus dem jeweiligen Strafvollzugsgesetz ergeben. So ist etwa den mit einem Verlassen der Justizvollzugsanstalt für einen bestimmten Zeitraum verbundenen Vollzugslockerungen die Verpflichtung des Betroffenen zu einer rechtzeitigen Rückkehr inhärent. Durch die Erlaubnis zum Verlassen der Anstalt wird der Inhaftierte in eine entsprechende Pflicht genommen. Verstößt der Gefangene bewusst gegen die ihm bekannte Pflicht, hat er insoweit eine Voraussetzung für eine disziplinarische Ahndung erfüllt.[95]

> Für **Hessen** trifft § 55 Abs. 1 HStVollzG in Abweichung zu den übrigen Strafvollzugsgesetzen eine explizite Regelung hinsichtlich der Genese von Verhaltenspflichten in einem dem Wortlaut der Vorschrift nach abschließenden Katalog. Durch die Aufzählung der Verstöße, welche eine Disziplinarmaßnahme nach sich ziehen, will der Landesgesetzgeber deutlich machen, dass die gesamten Verhaltensweisen auf keinen Fall geduldet werden, sondern Konsequenzen nach sich ziehen.[96]
> Disziplinarmaßnahmen können angeordnet werden, wenn Gefangene rechtswidrig und schuldhaft
> – gegen Strafgesetze verstoßen oder eine Ordnungswidrigkeit begehen,
> – die aufgrund des Vollzugsplans zugewiesenen Tätigkeiten nach § 27 Abs. 3 HStVollzG (Arbeit, Teilnahme an schulischen, berufsorientierten, berufsqualifizierenden oder arbeitstherapeutischen Maßnahmen) nicht ausüben,
> – unerlaubt Gegenstände in die Anstalt einbringen, sich daran beteiligen oder solche Gegenstände besitzen,
> – entweichen oder zu entweichen versuchen,
> – unerlaubt Betäubungsmittel oder andere berauschende Stoffe konsumieren,
> – in sonstiger Weise wiederholt oder schwerwiegend gegen die Hausordnung verstoßen oder das Zusammenleben in der Anstalt stören.

Keine Pflichtverstöße i.S.d. § 102 Abs. 1 StVollzG bzw. § 81 Abs. 1 **731** JVollzGB III, Art. 109 Abs. 1 BayStVollzG, § 85 S. 1 HmbStVollzG, § 94 Abs. 1 NJVollzG stellen beispielsweise dar:

– Die Flucht und die Entweichung aus der geschlossenen Anstalt ohne Fremdschädigung bzw. entsprechende Versuchshandlungen. (In Hessen ist dagegen in § 55 Abs. 1 Nr. 4 HStVollzG das Entweichen bzw. das versuchte Entweichen ausdrücklich als Disziplinartatbestand normiert.)

> *Beispiel:* Ein zu einer mehrjährigen Freiheitsstrafe verurteilter Strafgefangener entweicht aus der Justizvollzugsanstalt. Er hat sich während eines Ladevorgangs auf einem Lkw versteckt und ist auf diese Weise aus der Anstalt gelangt. Erst nach einigen Monaten kann er wieder festgenommen werden. Nach Einleitung eines Disziplinarverfahrens wegen des Entweichens werden gegen ihn 14 Tage Arrest angeordnet.

---

[95] AK-Walter, 2006, § 102 Rdn. 6; Calliess/Müller-Dietz, 2008, § 102 Rdn. 6; Böhm/Laubenthal, in: Schwind/Böhm/Jehle/Laubenthal, 2009, § 102 Rdn. 6; Skirl, 1983, S. 319.
[96] Hessischer Landtag, Drs. 18/1396, Begründung S. 110.

Das OLG Hamm[97] hält dies – in Übereinstimmung mit Teilen der Literatur und Rechtsprechung[98] – für rechtmäßig, weil auch eine gewaltfreie Flucht aus der Justizvollzugsanstalt einen disziplinarrechtlichen Pflichtenverstoß begründe: „Wenn zahlreiche Einzelpflichten, die sich aus dem Freiheitsentzug ergeben, im Falle ihrer Verletzung mit Disziplinarmaßnahmen geahndet werden können, muss dies erst recht für die Aufhebung aller Pflichten durch Flucht gelten."

Dieser Ansicht steht jedoch entgegen[99], dass nach dem strafrechtlichen Selbstbegünstigungsprinzip ein solches Verhalten gem. §§ 120, 258 Abs. 5 StGB straflos bleibt, solange es nicht mit Gewalttätigkeiten i.S.d. § 121 StGB verbunden ist. Zudem fehlt es an einer in den Strafvollzugsgesetzen (außer in Hessen) ausdrücklich normierten Verpflichtung des Gefangenen zum Verbleib in der Justizvollzugsanstalt. Eine solche folgt auch nicht konkludent aus § 82 Abs. 2 S. 2 StVollzG bzw. § 62 Abs. 2 S. 2 JVollzGB III, Art. 88 Abs. 2 S. 2 BayStVollzG, § 68 Abs. 2 Nr. 4 HmbStVollzG, § 75 Abs. 2 S. 2 NJVollzG, wonach der Inhaftierte einen ihm zugewiesenen Bereich nicht ohne Erlaubnis verlassen darf. Denn diese Normen betreffen nicht den Anstaltsbereich als Ganzes, sondern lediglich Untergliederungen innerhalb des Anstaltsgeländes.[100]

- Eine fehlende Mitwirkung des Inhaftierten an der Gestaltung seiner Behandlung und der Erreichung des Sozialisationsziels, weil diese gem. § 4 Abs. 1 StVollzG, § 3 Abs. 1 JVollzGB III, Art. 6 Abs. 1 BayStVollzG, § 5 Abs. 1 HmbStVollzG, § 4 HStVollzG, § 6 Abs. 1 NJVollzG nicht erzwingbar ist, sondern die Anstalt die Bereitschaft dazu wecken und fördern soll.

In Hamburg ist zwar gem. § 5 Abs. 1 S. 1 HmbStVollzG eine Mitwirkungsverpflichtung im Vollzug der Freiheitsstrafe normiert. § 85 S. 2 HmbStVollzG stellt jedoch klar, dass selbst ein schuldhafter Verstoß hiergegen nicht zur Verhängung einer Disziplinarmaßnahme führen darf.

- Selbstschädigungen und Suizidversuche, soweit der Gefangene diese nicht als Nötigungsmittel einsetzt oder damit eine Störung der Anstaltsordnung bezweckt.[101]
- Die Begehung von strafbaren Handlungen und Ordnungswidrigkeiten während der Strafverbüßung (auch während eines Urlaubs), weil dies Pflichten nach den allgemeinen Strafgesetzen berührt. Etwas anderes gilt insoweit, als der Verstoß gegen ein Strafgesetz bzw. eine Ordnungswidrigkeitsvorschrift zugleich eine vollzugliche Pflichtverletzung darstellt[102] (z.B. die Körperverletzung eines Mitgefangenen als Straftat gem. §§ 223 ff. StGB sowie als Verstoß gegen die Pflicht von § 82 Abs. 1 S. 2 StVollzG, § 62 Abs. 1 S. 2 JVollzGB III, Art. 88

---

[97] OLG Hamm, NStZ 1988, S. 296.
[98] AK-Walter, 2006, § 102 Rdn. 8; Arloth, 2008, § 102 Rdn. 6; Böhm, 2003, S. 189; Grunau/Tiesler, 1982, § 102 Rdn. 3; Kaiser/Schöch, 2002, S. 358; Walter M., 1999, S. 447; OLG München, ZfStrVo 1979, S. 63; LG Braunschweig, ZfStrVo 1986, S. 187.
[99] Anders auch Böhm/Laubenthal, in: Schwind/Böhm/Jehle/Laubenthal, 2009, § 102 Rdn. 18; Calliess, 1992, S. 171; Calliess/Müller-Dietz, 2008, § 102 Rdn. 11; Ostendorf, 2007a, S. 315 ff.; OLG Frankfurt, NStZ-RR 1997, S. 153.
[100] Calliess/Müller-Dietz, 2008, § 82 Rdn. 4.
[101] Böhm/Laubenthal, in: Schwind/Böhm/Jehle/Laubenthal, 2009, § 102 Rdn. 7.
[102] AK-Walter, 2006, § 102 Rdn. 5.

Abs. 1 S. 2 BayStVollzG, § 68 Abs. 2 Nr. 2 HmbStVollzG, § 75 Abs. 2 S. 3 NJVollzG zu einem das geordnete Zusammenleben nicht störenden Verhalten gegenüber Mitgefangenen; die Beleidigung eines Vollzugsbediensteten als Delikt nach § 185 StGB sowie als Verletzung der aus § 82 Abs. 1 S. 2 StVollzG, § 62 Abs. 1 S. 2 JVollzGB III, Art. 88 Abs. 1 S. 2 BayStVollzG, § 68 Abs. 2 Nr. 2 HmbStVollzG, § 75 Abs. 2 S. 3 NJVollzG folgenden Verhaltenspflicht gegenüber den Beamten). Für Hessen ist dagegen der Verstoß gegen Strafgesetze oder das Begehen einer Ordnungswidrigkeit in § 55 Abs. 1 Nr. 1 HStVollzG ausdrücklich als Disziplinartatbestand normiert.

Die Regelungen von § 102 Abs. 3 StVollzG, § 81 Abs. 3 JVollzGB III, Art. 109 Abs. 3 BayStVollzG, § 86 Abs. 4 HmbStVollzG, § 55 Abs. 4 S. 1 HStVollzG, § 94 Abs. 3 NJVollzG, wonach eine Disziplinarmaßnahme auch neben der Einleitung eines **Straf- oder Bußgeldverfahrens** zulässig ist, verstößt nicht gegen das Doppelbestrafungsverbot des Art. 103 Abs. 3 GG, weil dieses nicht das Verhältnis von Disziplinarmaßnahme und Kriminalstrafe betrifft.[103] Ersteres enthält kein strafrechtliches Unwerturteil. Der strafzumessende Tatrichter hat jedoch aus rechtsstaatlichen Gründen eine vorangegangene disziplinarische Ahndung zu berücksichtigen. Wird der angeklagte Strafgefangene vom Strafgericht rechtskräftig freigesprochen, ist auch ein wegen desselben Sachverhalts anhängiges Disziplinarverfahren einzustellen.[104] Erfolgt der rechtskräftige Freispruch erst nach Abschluss des Disziplinarverfahrens, kann der Betroffene bei schon vollstreckter Disziplinarfolge bei der Strafvollstreckungskammer die Rechtswidrigkeit feststellen lassen.[105] **732**

Der disziplinarrechtlich relevante Verstoß muss **vollendet** sein. Dies ergibt sich schon aus dem eindeutigen Wortlaut von § 102 Abs. 1 StVollzG bzw. § 81 Abs. 1 JVollzGB III, Art. 109 Abs. 1 BayStVollzG, § 85 S. 1 HmbStVollzG, § 94 Abs. 1 NJVollzG, aus dem jeweils nichts für eine Erfassung von Versuchs- und Vorbereitungshandlungen entnommen werden kann. Eine unzulässige Umgehung der gesetzlichen Regelungen würde es bedeuten, wollte man den Versuch eines Verstoßes ausreichen lassen, wenn sich bereits daraus eine Gefahr für das geordnete Zusammenleben in der Anstalt ergibt.[106] Da § 102 Abs. 1 StVollzG bzw. § 81 Abs. 1 JVollzGB III, Art. 109 Abs. 1 BayStVollzG, § 85 S. 1 HmbStVollzG, § 94 Abs. 1 NJVollzG einen Bezug der Pflichtwidrigkeit zur Person des Täters und seinem Pflichtenkreis verlangt, unterfallen mangels eigener Pflichtverstöße auch bloße Teilnahmehandlungen eines Inhaftierten an Pflichtwidrigkeiten von Mitgefangenen nicht dieser Norm. **733**

Weiter gehend sind für Hessen mit dem Entweichungsversuch (§ 55 Abs. 1 Nr. 4 HStVollzG) oder mit der Beteiligung am Einbringen unerlaubter Gegenstände in die Anstalt (Nr. 3) auch bestimmte Versuchs- bzw. Teilnahmehandlungen disziplinarrechtlich relevant.

---

[103] Siehe BVerfGE 21, S. 384.
[104] OLG München, NStZ 1989, S. 294.
[105] OLG München, Beschl. v. 2.8.2007 – 3 Ws 451/07 R.
[106] So aber Arloth, 2008, § 102 Rdn. 3.

734 § 102 Abs. 1 StVollzG, § 81 Abs. 1 JVollzGB III, Art. 109 Abs. 1 BayStVollzG, § 85 S. 1 HmbStVollzG, § 55 Abs. 1 HStVollzG, § 94 Abs. 1 NJVollzG verlangen einen **schuldhaften** Verstoß. Die Verfehlung muss somit vorsätzlich (oder fahrlässig) begangen worden sein. Bei Fahrlässigkeit liegt regelmäßig jedoch ein Absehen von der Disziplinarmaßnahme sowie das Aussprechen einer Verwarnung nach § 102 Abs. 2 StVollzG, § 81 Abs. 2 JVollzGB III, Art. 109 Abs. 2 BayStVollzG, § 85 S. 1 HmbStVollzG, § 94 Abs. 2 NJVollzG[107] nahe.[108] Da das Strafvollzugsgesetz keine besonderen Anforderungen an den Schuldvorwurf enthält, gelten die allgemeinen strafrechtlichen Grundsätze (insbesondere auch die Schuldausschließungsgründe).

7.4.2 Disziplinarverfahren

735 Der schuldhafte Pflichtenverstoß muss dem Inhaftierten in einem **rechtsstaatlichen Verfahren** nachgewiesen werden. Dieses haben die Gesetzgeber in § 106 StVollzG bzw. § 85 JVollzGB III, Art. 113 BayStVollzG, § 89 HmbStVollzG, § 56 Abs. 2 HStVollzG, § 98 NJVollzG geregelt. Danach sind zunächst der Sachverhalt durch den Anstaltsleiter oder einen von ihm dazu beauftragten Bediensteten zu klären und der Gefangene anzuhören. Hierbei sind sowohl die belastenden als auch die entlastenden Umstände zu ermitteln. Die Einlassungen werden im Hinblick auf eine später möglicherweise notwendige (gerichtliche) Überprüfbarkeit der Maßnahmen in einer Niederschrift festgehalten.

In Disziplinarverfahren ist das **Beschleunigungsgebot** zu beachten.[109] Das ergibt sich nicht nur aus § 104 Abs. 1 StVollzG, § 83 Abs. 1 JVollzGB III, Art. 111 BayStVollzG, § 87 Abs. 1 HmbStVollzG, § 56 Abs. 3 S. 1 HStVollzG, § 96 Abs. 1 NJVollzG, wonach angeordnete Disziplinarmaßnahmen sofort vollstreckt werden, sondern auch aus Sinn und Zweck des disziplinarischen Vorgehens. Es soll durch eine alsbaldige Ahndung des Pflichtenverstoßes auf den Inhaftierten eingewirkt werden, damit so der beabsichtigte Lernerfolg erzielbar ist.[110] (In Baden-Württemberg wird der enge zeitliche Zusammenhang in § 81 Abs. 3 JVollzGB III besonders hervorgehoben.)

736 Das Bundes-Strafvollzugsgesetz sowie in Baden-Württemberg das JVollzGB III regeln für das Disziplinarverfahren nicht explizit eine Pflicht zur **Belehrung** des Inhaftierten im Hinblick auf seine **Aussagefreiheit**. Dieser ist jedoch der Gefahr einer Ahndung mit strafähnlichen Sanktionen ausgesetzt und muss – je nach Lage des Falles – mit einer Weitergabe disziplinarrechtlicher Ermittlungsergebnisse an die Strafverfolgungsbehörden rechnen. Zumindest wenn ein dem Strafgefangenen gemachter Vorwurf zugleich ein mit Strafe bedrohtes Verhalten betrifft, sind deshalb – so der BGH[111] – die strafprozessualen Grundsät-

---

[107] Ähnlich jedoch ohne ausdrücklichen Verweis auf eine Verwarnung § 55 Abs. 3 HStVollzG.
[108] Calliess/Müller-Dietz, 2008, § 102 Rdn. 13.
[109] OLG Hamburg, StrVert 2004, S. 276 f.
[110] Böhm/Laubenthal, in: Schwind/Böhm/Jehle/Laubenthal, 2009, § 104 Rdn. 2.
[111] BGH, NStZ 1997, S. 614.

ze zur Belehrung des Beschuldigten über seine Aussagefreiheit sowie zur Unverwertbarkeit einer Einlassung bei unterbliebener Belehrung (§§ 163a Abs. 4 S. 2, 136 Abs. 1 S. 2 StPO) heranzuziehen, soweit es um die Verwertung der Aussage im Strafverfahren geht. Aus rechtsstaatlichen Erwägungen ist wegen der strafähnlichen Folgen der betroffenen Strafgefangenen in vollzuglichen Disziplinarverfahren allgemein vom Anstaltsleiter über seine Aussagefreiheit zu belehren.

Die Landes-Strafvollzugsgesetze von Bayern, Hamburg und Niedersachsen enthalten in Art. 113 Abs. 1 S. 2 BayStVollzG, § 89 Abs. 1 S. 2 HmbStVollzG, § 98 Abs. 1 S. 2 u. 3 NJVollzG die gesetzliche Klarstellung, dass die Strafgefangenen im Rahmen der Anhörung darüber zu unterrichten sind, welche Verfehlungen ihnen zur Last gelegt werden. Zudem sind sie über ihr Recht zu belehren, sich nicht zur Sache zu äußern. Für Hessen sieht das HStVollzG in seinem § 56 Abs. 2 S. 3 lediglich einen Hinweis auf das Schweigerecht vor, ohne der Anstaltsleitung explizit eine Mitteilungspflicht in Bezug auf den vorgeworfenen Sachverhalt aufzuerlegen.

Die Strafvollzugsgesetze enthalten keine Regelungen über die Beiziehung eines **Verteidigers** im Disziplinarverfahren. Angesichts des strafähnlichen Charakters der Disziplinarmaßnahmen und des damit verbundenen nicht unerheblichen Eingriffs in die Freiheitsrechte des Betroffenen kann dem Rechtsstaatsprinzip aber nur Rechnung getragen werden, wenn der Gefangene sich eines anwaltlichen Beistands zu bedienen vermag.[112] Im vollzuglichen Disziplinarverfahren besteht jedoch ein besonderes Interesse an einer raschen Durchführung, damit sich – im Hinblick auf eine verhaltensbeeinflussende Wirkung der Sanktion im Erleben des Betroffenen – nicht der Zusammenhang von Pflichtenverstoß und Reaktion verliert. Angesichts dieses Bedürfnisses nach einem zügigen Verfahrensablauf reicht es regelmäßig aus, wenn der Inhaftierte auf sein Verlangen hin den Verteidiger vor der gem. § 106 Abs. 1 S. 2 StVollzG, § 85 Abs. 1 S. 2 JVollzGB III, Art. 113 Abs. 1 BayStVollzG, § 89 Abs. 1 S. 2 HmbStVollzG, § 56 Abs. 2 S. 2 HStVollzG, § 98 Abs. 1 S. 2 NJVollzG durchzuführenden Anhörung im Rahmen eines kurzfristig anzuberaumenden Besuchs oder jedenfalls telefonisch konsultieren kann.[113] 737

Befindet sich ein von einem Disziplinarverfahren Betroffener in ärztlicher Behandlung oder geht es um den Pflichtenverstoß einer schwangeren Inhaftierten bzw. einer stillenden Mutter, bedarf es gem. § 106 Abs. 2 S. 2 StVollzG, § 85 Abs. 2 S. 2 JVollzGB III, § 98 Abs. 2 S. 2 NJVollzG vor der Anordnung einer Disziplinarmaßnahme stets einer **Anhörung des Anstaltsarztes**. Diese Normen stellen keine bloße Ordnungsvorschriften dar, sondern dienen dem Schutz der Gesundheit der betroffenen Inhaftierten. Deshalb ist die ohne Anhörung des Arztes verhängte Disziplinarmaßnahme bei Vorliegen der Voraussetzungen von § 106 Abs. 2 S. 2 StVollzG, § 98 Abs. 2 S. 2 NJVollzG rechtswidrig.[114] 738

---

[112] AK-Walter, 2006, § 106 Rdn. 8; Böhm, 1999, S. 467; Heghmanns, 1998, S. 233 f.; ders., 2001, S. 44.
[113] OLG Karlsruhe, NStZ-RR 2002, S. 29; OLG Bamberg, StrVert 2010, S. 647.
[114] OLG Hamburg, StrVert 2004, S. 389; OLG Karlsruhe, NStZ-RR 2006, S. 190 f.

Anders als nach § 106 Abs. 2 S. 2 StVollzG, § 85 Abs. 1 S. 2 JVollzGB III, § 98 Abs. 2 S. 2 NJVollzG bedarf es in Hamburg gem. § 90 Abs. 1 S. 1 HmbStVollzG hinsichtlich der in ärztlicher Behandlung befindlichen Inhaftierten bzw. Schwangeren oder stillenden Müttern einer ärztlichen Anhörung erst vor dem Vollzug von Disziplinarmaßnahmen. Hessen beschränkt in § 56 Abs. 4 S. 4 HStVollzG die Einholung einer ärztlichen Stellungnahme sogar auf die Disziplinarmaßnahme des Arrestes. Bayern verzichtet in seinen Verfahrensvorschriften des Art. 113 BayStVollzG ebenfalls auf eine Anhörung des Arztes vor der Verhängung von Disziplinarmaßnahmen.

739 In Fällen schwerer Pflichtverstöße durch Inhaftierte soll der Anstaltsleiter sich gem. § 106 Abs. 2 S. 1 StVollzG, § 85 Abs. 2 S. 1 JVollzGB III, Art. 113 Abs. 2 BayStVollzG, § 89 Abs. 2 HmbStVollzG, § 56 Abs. 2 S. 5 HStVollzG, § 98 Abs. 2 S. 1 NJVollzG vor seiner Entscheidung in einer **Konferenz** mit den an der Behandlung des einzelnen Gefangenen mitwirkenden Personen besprechen. Allerdings dient dies nur der behördeninternen Meinungsbildung und führt zu keiner Verlagerung der Entscheidungsbefugnis auf ein solches Gremium.[115]

740 Das **Nichterscheinen des Inhaftierten** zur Anhörung im Disziplinarverfahren rechtfertigt nicht die Verhängung einer Disziplinarmaßnahme wegen dieses Fernbleibens. Denn die Mitwirkung des Betroffenen an einer Disziplinarverhandlung tangiert – ähnlich der Mitwirkung an der strafrechtlichen Hauptverhandlung – das Nemo-Tenetur-Prinzip.[116] Diesem rechtsstaatlichen Grundsatz gemäß darf niemand gezwungen werden, durch eigenes Handeln an einer strafrechtlichen Überführung mitzuwirken. Die Verletzung der Anwesenheitspflicht kann daher für den Betroffenen nur Nachteile bringen (z.B. Verlust des rechtlichen Gehörs), nicht aber erneute Sanktionierungen wegen Teilnahmeverweigerung bewirken.[117]

741 Die **Disziplinarbefugnis** liegt nach § 105 Abs. 1 S. 1 StVollzG, § 84 Abs. 1 S. 1 JVollzGB III, Art. 112 Abs. 1 S. 1 BayStVollzG, § 88 Abs. 1 S. 1 HmbStVollzG, § 56 Abs. 1 S. 1 HStVollzG, § 97 Abs. 1 S. 1 NJVollzG beim Anstaltsleiter.[118] Nur mit Zustimmung der Aufsichtsbehörde darf diese nach § 156 Abs. 3 StVollzG, Art. 177 Abs. 3 BayStVollzG, § 104 Abs. 3 HmbStVollzG, § 176 Abs. 1 S. 2 NJVollzG übertragen werden (z.B. auf den Leiter einer Teilanstalt).[119]

In Hessen findet sich hingegen lediglich die allgemeine Vorschrift des § 75 Abs. 1 S. 2 u. 3 HStVollzG zur Delegation von Anordnungsbefugnissen. Für Baden-Württemberg bestimmt § 84 Abs. 1 S. 3 JVollzGB III, dass die Befugnis nur auf Mitglieder der Anstalts- oder Vollzugsabteilungsleitung übertragbar ist.

Richtete sich die Verfehlung des Inhaftierten unmittelbar gegen den Anstaltsleiter selbst, entscheidet die Aufsichtsbehörde direkt über deren disziplinarische

---

[115] OLG Hamm, NStZ 1994, S. 380.
[116] Dazu Gericke, 2003, S. 306.
[117] OLG Frankfurt, NStZ-RR 1997, S. 153; OLG Frankfurt, NStZ-RR 2004, S. 157; Böhm/Laubenthal, in: Schwind/Böhm/Jehle/Laubenthal, 2009, § 106 Rdn. 7; Calliess/Müller-Dietz, 2008, § 106 Rdn. 2; a.A. Arloth, 2008, § 106 Rdn. 4.
[118] Krit. im Hinblick auf die Arrestanordnung Bemmann, 2000, S. 3116 f.
[119] Dazu Böhm, 1999, S. 470.

Ahndung (§ 105 Abs. 2 StVollzG, § 84 Abs. 2 JVollzGB III, Art. 112 Abs. 2 BayStVollzG, § 88 Abs. 2 HmbStVollzG, § 56 Abs. 1 S. 3 HStVollzG, § 97 Abs. 2 NJVollzG). Diese Regelung dient dem Zweck, eine Entscheidung durch einen befangenen Anstaltsleiter zu verhindern.[120]

Steht ein schuldhaft begangener Pflichtverstoß eines Gefangenen fest, hat dies nicht notwendigerweise eine Disziplinarmaßnahme zur Folge. Es gilt insoweit das **Opportunitätsprinzip**.[121] Die Anordnung steht im pflichtgemäßen Ermessen des Anstaltsleiters, wobei sich dieser vor allem an den mit §§ 102 ff. StVollzG, §§ 81 ff. JVollzGB III, Art. 109 ff. BayStVollzG, §§ 85 ff. HmbStVollzG, §§ 55 f. HStVollzG, §§ 94 ff. NJVollzG verfolgten Zwecken zu orientieren hat.[122] So kann er trotz Verfehlung in leichteren Fällen auch von einer Disziplinarmaßnahme absehen und gem. § 102 Abs. 2 StVollzG, § 81 Abs. 2 JVollzGB III, Art. 109 Abs. 2 BayStVollzG, § 85 S. 1 HmbStVollzG, § 55 Abs. 3 S. 1 HStVollzG, § 94 Abs. 2 NJVollzG als Ausdruck der Missbilligung den Betroffenen verwarnen.

Die in einem Disziplinarverfahren abschließend getroffene Entscheidung wird dem Gefangenen nach § 106 Abs. 3 StVollzG, § 85 Abs. 3 JVollzGB III, Art. 113 Abs. 3 BayStVollzG, § 89 Abs. 3 HmbStVollzG, § 56 Abs. 2 S. 7 HStVollzG, § 98 Abs. 3 S. 1 NJVollzG mündlich eröffnet und mit einer schriftlichen Begründung zusammengefasst.

Ein zur Anordnung einer Disziplinarmaßnahme führender Pflichtenverstoß und dessen schuldhafte Begehung sind dem Inhaftierten **nachzuweisen**. So muss festgestellt werden, ob er seine Verpflichtungen kannte oder kennen konnte.

Ein bloßer Verdacht genügt nicht zur Verhängung einer Disziplinarmaßnahme.[123] Dies stellt einen Verstoß gegen den Schuldgrundsatz dar.

742

743

Beispiel: In der Justizvollzugsanstalt U gab ein Mitgefangener gegenüber dem stellvertretenden Anstaltsleiter an, der Gefangene G habe ihn sexuell belästigt. Nur unter Einsatz von Gewalt sei er in der Lage gewesen, sich zu befreien. G wurde zu dem Vorwurf gehört. Er bestritt den Vorfall und gab an, der Mitgefangene belaste ihn zu Unrecht, weil dieser ihn nicht leiden könne. Die Anstaltsleitung ordnete die Verhängung eines fünftägigen Arrestes gegen G an. Zur Begründung dieser Maßnahme führte die Anstaltsleitung ohne nähere Darlegungen an, dass die tatbestreitende Einlassung des G nicht glaubhaft sei. Die Entscheidung hatte vor dem Landgericht Bestand.

Auf die Verfassungsbeschwerde des G hin stellte das Bundesverfassungsgericht[124] fest, dass der landgerichtliche Beschluss den G in seinem Grundrecht aus Art. 2 Abs. 1 i.V.m. Art. 1 Abs. 1 und Art. 20 Abs. 3 GG verletzte. Das BVerfG führt u.a. aus, dass die Verhängung einer Disziplinarmaßnahme auf der Grundlage eines bloßen Verdachts einen Verstoß gegen das Schuldprinzip bedeutet:

„Disziplinarmaßnahmen dürfen nur angeordnet werden, wenn zweifelsfrei geklärt ist, ob ein schuldhafter Pflichtverstoß überhaupt vorliegt ... Das LG stützt seine Entscheidung maßgeblich darauf, dass die JVA von einem vollständig ermittelten Sachver-

---

[120] KG, NStZ 2000, S. 111.
[121] Kaiser/Schöch, 2002, S. 356 f.
[122] AK-Walter, 2006, § 102 Rdn. 16.
[123] BVerfG, StraFo 2007, S. 24; OLG Brandenburg, NStZ 2010, S. 441; Calliess/Müller-Dietz, 2008, § 102 Rdn. 13.
[124] BVerfG, StrVert 2004, S. 612 f.

halt ausgegangen sei, der eine Disziplinarmaßnahme rechtfertige; daher sei die Verhängung und Vollstreckung von fünf Tagen Arrest rechtmäßig gewesen. Damit verkennt das Gericht die Anforderungen an die verfassungsrechtlich gebotene Tatsachenfeststellung bei der Festsetzung von Disziplinarmaßnahmen. Die Annahme, ein schuldhafter Pflichtverstoß, der mit der Anordnung einer Disziplinarmaßnahme geahndet werden kann, habe im vorliegenden Fall nachweislich vorgelegen, ist nicht nachvollziehbar. Der Beschwerdeführer hat den ihm zur Last gelegten Sachverhalt nachdrücklich bestritten. Die Disziplinarmaßnahme wurde allein auf die Aussage eines Mitgefangenen gestützt, obwohl der Beschwerdeführer Zweifel an der Glaubwürdigkeit des Mitgefangenen geäußert hatte, die nicht offenkundig haltlos sind. Er hat zum Ausdruck gebracht, dass der Mitgefangene ihn nicht leiden könne und er deshalb von diesem zu Unrecht belastet werde ... Der Entscheidung des LG ist nicht zu entnehmen, dass es sich der Notwendigkeit, sich vom Vorliegen eines schuldhaften Pflichtenverstoßes eine eigene Überzeugung zu bilden, überhaupt bewusst war. Das LG war an der gebotenen Prüfung der Tragfähigkeit der Tatsachenfeststellungen, die der Arrestanordnung zugrunde lagen, auch nicht dadurch gehindert, dass es hier einen Ermessensspielraum des Anstaltsleiters zu respektieren gehabt hätte. Das Ermessen des Anstaltsleiters beschränkt sich auf die Frage, ob und ggf. welche Disziplinarmaßnahmen wegen eines festgestellten Pflichtenverstoßes verhängt werden sollen. Die dargestellten Anforderungen in Bezug auf die Feststellung, ob überhaupt ein Pflichtverstoß stattgefunden hat, sind dagegen rechtlicher Natur. Diese Feststellung unterliegt daher in vollem Umfang der gerichtlichen Nachprüfung."[125]

744 Da es sich um strafähnliche Reaktionen handelt und deshalb für Disziplinarmaßnahmen der **Schuldgrundsatz** gilt, darf der Anstaltsleiter keine Disziplinarmaßnahmen anordnen, welche die Schuld des Gefangenen übersteigen oder den Verhältnismäßigkeitsgrundsatz außer Acht lassen.[126] Sind Grundrechte des Inhaftierten tangiert, muss seine Entscheidung den jeweiligen verfassungsrechtlichen Prinzipien entsprechen. Dies kann in einem ausreichenden Maße nur erfolgen, wenn eine vollständige Sachverhaltsermittlung stattgefunden hat.

Beispiel: In einer an das Justizministerium gerichteten Dienstaufsichtsbeschwerde wendet sich ein Inhaftierter wegen der Nichtaushändigung von Gegenständen gegen zwei Bedienstete der Anstalt. In seinem Schreiben beleidigt der Gefangene die beiden Beamten mit den Worten „hirnverbrannte Kommentare", „Schwachsinn", „gestört", „an der Grenze des Schwachsinns tümpelnd", „pervers", „Blödsinn", „sadistisch", „der ins Fett geratene F.".

Der Anstaltsleiter wertete diese Äußerungen als schuldhaften Verstoß gegen die Verhaltenspflicht zum geordneten Zusammenleben und ordnete mit Disziplinarverfügung vier Wochen getrennte Unterbringung während der Freizeit und zehn Tage Arrest an. Welche Gegenstände dem Betroffenen vorenthalten wurden, aus welchen Gründen dies erfolgte und was dieser dagegen vorgebracht hat, ist in den Unterlagen nicht näher festgehalten.

Das Bundesverfassungsgericht[127] geht in seiner Entscheidung zu diesem Fall davon aus, dass die gesetzliche Verhaltensvorschrift auch für Meinungsäußerungen gilt und ein Verstoß hiergegen mittels Disziplinarmaßnahmen geahndet werden kann. Die nor-

---

[125] BVerfG, StrVert 2004, S. 613.
[126] BVerfG, ZfStrVo 1995, S. 53; LG Hamburg, ZfStrVo 2001, S. 50.
[127] BVerfG, StrVert 1994, S. 437 ff.; siehe auch BVerfG, StrVert 1994, S. 440 ff.

mierten Verhaltens- sowie die vollzuglichen Disziplinarregelungen stellen bei Meinungsäußerungen grundrechtsbeschränkende Normen i.S.d. Art. 5 Abs. 2 GG dar.

Eine Anwendung dieser Vorschriften im Hinblick auf das von ihnen eingeschränkte Grundrecht sowie eine am Schuldprinzip orientierte Entscheidung hätte jedoch – so das BVerfG – eine hinreichende Sachverhaltsaufklärung vorausgesetzt:

„Im Hinblick auf die Bedeutung des betroffenen Freiheitsrechts ist es zunächst erforderlich, aufzuklären, in welchem Zusammenhang und aus welchem Anlass die beanstandeten Äußerungen gemacht worden sind und in welchem Maße sie zu einer Störung des geordneten Zusammenlebens in der Anstalt führen können. Erst auf der Grundlage einer solchen Klärung kann das Recht auf freie Meinungsäußerung des Gefangenen gegen die Belange des geordneten Zusammenlebens und der Sicherheit in der Justizvollzugsanstalt sachgerecht abgewogen werden.

Kommt der Anstaltsleiter bei dieser Abwägung zu dem Ergebnis, dass die beanstandeten Äußerungen auch im Blick auf die Meinungsfreiheit des Gefangenen dessen Disziplinierung unumgänglich machen, so hat er schließlich den Grundsatz der Schuldangemessenheit und der Verhältnismäßigkeit zu beachten. Für die konkrete Ausgestaltung einer Disziplinarmaßnahme folgt daraus, dass unter Abwägung aller sich nach Klärung des Sachverhaltes ergebenden Umstände des Einzelfalles geprüft werden muss, ob und gegebenenfalls welche Disziplinarmaßnahmen als Reaktion auf das dem Gefangenen vorgeworfene Fehlverhalten insgesamt schuldangemessen und verhältnismäßig sind. Dabei sind alle persönlichen und tatsächlichen Umstände des Einzelfalles, insbesondere Anlass und Auswirkungen der Maßnahme, mit einzubeziehen."[128]

7.4.3 Disziplinarmaßnahmen

Die Disziplinarfolgen sind in § 103 StVollzG, § 82 Abs. 1 JVollzGB III, Art. 110 BayStVollzG, § 86 Abs. 1 HmbStVollzG, § 55 Abs. 2 HStVollzG, § 95 NJVollzG **abschließend** normiert.

745

Die gesetzlich vorgegebenen Kataloge enthalten als zulässige Disziplinarmaßnahmen:
- Verweis,
- Beschränkung oder Entzug der Verfügung über das Hausgeld und des Einkaufs bis zu drei Monaten,
- die Beschränkung oder der Entzug des Hörfunk- und Fernsehempfangs bis zu drei Monaten (im Geltungsbereich des Bundes-Strafvollzugsgesetzes zudem die Beschränkung oder der Entzug des Lesestoffs bis zu zwei Wochen),
- die Beschränkung oder der Entzug von Gegenständen für die Freizeitbeschäftigung oder der Teilnahme an Gemeinschaftsveranstaltungen bis zu drei Monaten,
- die getrennte Unterbringung während der Freizeit bis zu vier Wochen,
- der Entzug der zugewiesenen Arbeit oder Beschäftigung bis zu vier Wochen unter Wegfall der gesetzlich geregelten Bezüge,

---

[128] BVerfG, StrVert 1994, S. 438.

– die Beschränkung des Verkehrs mit Personen außerhalb der Anstalt auf dringende Fälle bis zu drei Monaten[129].

§ 103 Abs. 4 S. 1 StVollzG, § 95 Abs. 4 S. 1 NJVollzG normieren für einige der Disziplinarfolgen das sog. Spiegelungsprinzip. Es soll nach Möglichkeit ein innerer Zusammenhang bestehen zwischen der zugrunde liegenden Verfehlung des Gefangenen und der vom Anstaltsleiter gegen ihn angeordneten Disziplinarmaßnahme. Hiermit wird auf einen pädagogischen Zweck der disziplinarischen Einwirkung abgestellt.[130] In den Landes-Strafvollzugsgesetzen von Baden-Württemberg, Bayern, Hamburg und Hessen verzichtet man dagegen auf eine Spiegelung. Es sollen den Inhaftierten auf disziplinarischem Weg gerade nicht diejenigen Befugnisse entzogen werden, mit denen sie nicht zurechtgekommen sind.

Wegen der abschließenden Regelungen der zulässigen Disziplinarmaßnahmen dürfen keine über die Grenzen der einzelnen Maßnahmen hinausreichenden Beschränkungen auferlegt werden. Kommt es allerdings zum Ausspruch mehrerer aufeinander folgender Disziplinarmaßnahmen, so regeln die Strafvollzugsgesetze nur die jeweilige Höchstdauer der einzelnen Disziplinarmaßnahme und legen keine absolute Zeitgrenze für sämtliche verhängten Disziplinarmaßnahmen fest.[131] Nicht angeordnet werden können auch solche Reaktionen, die zu einer Umgehung anderer Vorschriften führen würden.[132]

> *Beispiel:* Wegen eines Verstoßes gegen die Pflicht zum In-Ordnung-Halten des Haftraums leitete der Anstaltsleiter gegen einen Gefangenen ein Disziplinarverfahren ein. Der Inhaftierte hatte seinen Haftraum in verschmutztem Zustand belassen, zudem befand sich Müll neben der Abfalltonne. Angeordnet wurde unter anderem „vier Wochen Entzug der Gegenstände zur Freizeitbeschäftigung (nur noch landeseigene Gegenstände)". Hiergegen wendet sich der Betroffene, weil er sämtliche persönlichen Sachen (auch Koran, Gebetskette usw.) abgeben musste.
>
> Das OLG Koblenz[133] hat zutreffend die Disziplinarmaßnahme hinsichtlich ihres Umfangs für nicht rechtmäßig erachtet. Denn der Klammerzusatz („nur noch landeseigene Gegenstände") bewirkt, dass der Insasse für die Dauer des Vollzugs der Maßnahme überhaupt keine privaten Objekte mehr in seinem Haftraum besitzen darf. Die Strafvollzugsgesetze sprechen jedoch nur von Gegenständen, die der Gefangene zu seiner Freizeitbeschäftigung besitzen darf. Die angeordnete Maßnahme greift darüber hinausgehend in seine Befugnisse zur Ausstattung des Haftraums ein. Ein Entzug religiöser Schriften und Gegenstände ist schließlich gem. § 53 Abs. 2 S. 2 StVollzG, § 29 Abs. 2 u. 3 JVollzGB III, Art. 55 Abs. 2 BayStVollzG, § 54 Abs. 2 u. 3 HmbStVollzG, § 32 Abs. 2 HStVollzG, § 53 Abs. 2 u. 3 NJVollzG nur in besonderen Ausnahmefällen bei grobem Missbrauch zulässig.

---

[129] In Hamburg nicht im Disziplinarkatalog enthalten; in Hessen normiert als Beschränkung oder Entzug von Ausgangsstunden bei der Gewährung von vollzugsöffnenden Maßnahmen bis zu drei Monaten (§ 55 Abs. 2 Nr. 7 HStVollzG).
[130] Siehe BT-Drs. 7/3998, S. 39.
[131] OLG Frankfurt, NStZ-RR 2008, S. 224.
[132] Zur sog. informellen Disziplinierung in der Vollzugspraxis siehe Walter J., 2005, S. 130 ff.
[133] OLG Koblenz, StrVert 1994, S. 264 f.

7.4 Diszplinarmaßnahmen 455

Zu den zulässigen Disziplinarfolgen zählt der **Arrest** als **qualifizierte Diszipli-** 746
narmaßnahme von bis zu vier Wochen Dauer (§ 103 Abs. 1 Nr. 9 StVollzG, § 82
Abs. 1 Nr. 8 JVollzGB III, Art. 110 Abs. 1 Nr. 8 BayStVollzG, § 86 Abs. 1 Nr. 7
HmbStVollzG, § 55 Abs. 2 Nr. 8 HStVollzG, § 95 Abs. 1 Nr. 8 NJVollzG). Als
Ultima Ratio kommt ein Arrest nach § 103 Abs. 2 StVollzG, § 82 Abs. 2
JVollzGB III, Art. 110 Abs. 2 BayStVollzG, § 86 Abs. 2 HmbStVollzG, § 55
Abs. 4 S. 4 HStVollzG, § 95 Abs. 2 NJVollzG nur bei schweren oder mehrfach
wiederholten Verfehlungen in Betracht. Denn dieser wird gem. § 104 Abs. 5
StVollzG, § 83 Abs. 5 JVollzGB III, Art. 111 Abs. 5 BayStVollzG, § 87 Abs. 4
HmbStVollzG, § 56 Abs. 4 HStVollzG, § 96 Abs. 4 NJVollzG in Einzelhaft voll-
zogen. Es kann auch eine Unterbringung des Gefangenen in einem besonderen
Arrestraum erfolgen.

Als schwere Verfehlungen gelten solche, die eine Beeinträchtigung der inneren
und äußeren Anstaltssicherheit durch Gewalttätigkeit gegen Personen oder Sachen
bedeuten, worunter auch erhebliche Beeinträchtigungen des Funktionierens der
grundlegenden Arbeits- und Kommunikationszusammenhänge in der Institution
fallen.[134] Die Bewertung eines Pflichtenverstoßes als schwere Verfehlung muss
einzelfallorientiert erfolgen.

> *Beispiel:* Vollzugsbedienstete stellen bei einem Inhaftierten eine von ihnen als „leicht"
> bezeichnete sog. Alkoholfahne fest. Der Insasse räumt ein, vor dem abendlichen Ein-
> schluss einen Schluck Alkohol getrunken zu haben. Gegen ihn wird vom Anstaltsleiter
> ein dreitägiger Arrest verhängt. Diese vollzugliche Entscheidung wird vollstreckungs-
> gerichtlich bestätigt, denn jeder Alkoholkonsum, der über eine sog. Alkoholfahne deut-
> lich wahrnehmbar sei, stelle bereits eine schwere Verfehlung dar und gebiete die Ver-
> hängung eines Arrests.
>
> Das Bundesverfassungsgericht[135] hat eine solche Vorgehensweise beanstandet:
> „Denn das Gebot der Schuldangemessenheit von Strafen und strafähnlichen Sanktionen
> sowie der Verhältnismäßigkeitsgrundsatz verlangen eine an den schuldbestimmenden
> Umständen des Einzelfalles orientierte Prüfung, ob die tatsächlich verhängten Maß-
> nahmen zum Schuldausgleich, zur gebotenen spezialpräventiven Einwirkung ... und aus
> generalpräventiven Erwägungen heraus zwingend erforderlich waren oder ob diese Zie-
> le mit einem anderen Mittel ... hätten erreicht werden können".[136]

Ob und gegebenenfalls welche Disziplinarmaßnahmen wegen eines festgestellten schuldhaften Pflichtenverstoßes verhängt werden, steht im pflichtgemäßen
Ermessen des Anstaltsleiters.[137] Die gesetzlich benannten Disziplinarmaßnahmen
dürfen einzeln angeordnet werden. Der Anstaltsleiter ist jedoch gem. § 103 Abs. 3
StVollzG, § 82 Abs. 3 JVollzGB III, Art. 110 Abs. 3 BayStVollzG, § 86 Abs. 3
HmbStVollzG, § 55 Abs. 4 S. 2 HStVollzG, § 95 Abs. 3 NJVollzG auch befugt,
mehrere miteinander zu verbinden.

Verhängte Disziplinarmaßnahmen müssen nicht notwendigerweise **vollstreckt** 747
werden. Im Hinblick auf den Verhältnismäßigkeitsgrundsatz sowie aus pädagogischen Gesichtspunkten kann es ausreichen, wenn eine Aussetzung zur Bewährung

---

[134] BVerfG, NStZ 1993, S. 605; Calliess/Müller-Dietz, 2008, § 103 Rdn. 4.
[135] BVerfG, NStZ 1993, S. 605.
[136] Siehe auch BVerfG, StrVert 1994, S. 263; BVerfG, StrVert 1994, S. 4.
[137] BVerfG, StrVert 2004, S. 613.

erfolgt, § 104 Abs. 2 StVollzG, § 83 Abs. 2 JVollzGB III, Art. 111 Abs. 2 BayStVollzG, § 87 Abs. 2 HmbStVollzG, § 56 Abs. 3 S. 2 HStVollzG, § 96 Abs. 2 NJVollzG. Geschieht dies nicht, dann wird die Disziplinarmaßnahme möglichst sofort vollstreckt (§ 104 Abs. 1 StVollzG, § 83 Abs. 1 JVollzGB III, Art. 111 Abs. 1 BayStVollzG, § 87 Abs. 1 HmbStVollzG, § 56 Abs. 3 S. 1 HStVollzG, § 96 Abs. 1 NJVollzG). Denn nur so lässt sich der durch die Disziplinierung erhoffte Lernprozess realisieren. Besteht aus vom Strafgefangenen nicht zu vertretenden Gründen nicht mehr der erforderliche zeitliche Zusammenhang von Pflichtenverstoß und Ahndung, kommt eine Aufhebung der Disziplinaranordnung ebenso wie eine Einstellung des Disziplinarverfahrens in Betracht.[138]

7.5 Ersatzansprüche der Vollzugsbehörde

748 Im Rahmen der Vorschriften über die Sicherheit und Ordnung regeln § 93 StVollzG, § 72 JVollzGB III, Art. 89 BayStVollzG, § 77 HmbStVollzG, § 52 HStVollzG, § 86 NJVollzG i.V.m. § 93 Abs. 1 S. 1 StVollzG einen Sonderfall der Geltendmachung eines zivilrechtlichen Schadensersatzanspruchs gegen den Inhaftierten. Der Gefangene ist verpflichtet, der Vollzugsbehörde Aufwendungen (z.B. Kosten für Medikamente, Verbandsmaterial usw.) zu ersetzen, welche er durch eine vorsätzliche oder grob fahrlässige Selbstverletzung oder die Verletzung eines Mitinhaftierten (in Hessen auch die Verletzung anderer Personen oder Beschädigung fremder Sachen) verursacht hat.

Für die Forderungen kann die Anstalt auch das Hausgeldkonto des Insassen in Anspruch nehmen. Diese Rückgriffsmöglichkeit bezieht sich jedoch nicht auf weiter gehende Ersatzansprüche aus anderen Rechtsvorschriften.[139]

---

[138] OLG Hamburg, StrVert 2004, S. 276.
[139] Siehe auch BGHSt. 36, S. 80.

8 Vollzugsverfahrensrecht

Die der Justizverwaltung unterworfenen Inhaftierten bedürfen in einem besonderen Maße des Rechtsschutzes. Denn Freiheitsentzug stellt einen der massivsten Eingriffe staatlicher Gewalt in die Individualrechte des Bürgers dar. Dass der Innehabung von Macht über andere Menschen die Gefahr des Machtmissbrauchs inhärent ist – dies bleibt nicht nur eine Erkenntnis, die vor allem den Bereich der Makrokriminalität betrifft.[1] Auch die staatlich organisierte Kriminalitätskontrolle bedarf ihrerseits wiederum der Kontrolle und damit auch der Strafvollzug als eine der Institutionen im strafrechtlichen Kontrollprozess. Gerade für Strafanstalten als in weitgehender Abkapselung von der übrigen Gesellschaft existierende Institutionen und für das in ihnen tätige Personal sind deshalb **wirksame Kontrollmechanismen** erforderlich.

Den alltäglichen vielfältigen Rechtsbeschränkungen des Strafgefangenen stehen deshalb Beschwerdemöglichkeiten und Rechtsbehelfe gegenüber, mittels derer der Inhaftierte die Wahrung der ihm zustehenden Rechtspositionen durchsetzen kann. Diesen kommt neben ihrer rechtsstaatlichen Funktion zugleich in psychologischer Hinsicht Bedeutung als eine Art Ventil zu.[2] Denn die Einräumung kompensatorischer Rechte und deren Geltendmachung können den durch Beeinträchtigungen der Handlungsfreiheit gekennzeichneten Freiheitsentzug erträglicher gestalten.[3]

Die **Rechtsschutz- und Rechtsweggarantie** des Art. 19 Abs. 4 GG gilt uneingeschränkt für die Strafgefangenen, denen damit im allgemeinen Rechtsschutzsystem die gleichen Rechtsbehelfe (z.B. Verfassungsbeschwerde gem. Art. 93 Abs. 1 Nr. 4a GG), Beschwerdemöglichkeiten (z.B. Dienstaufsichtsbeschwerde) und Petitionsrechte (z.B. nach Art. 17 GG) offen stehen wie anderen Bürgern auch. Darüber hinaus sind den zu einer Freiheitsstrafe Verurteilten besondere Wege zur Anrufung eines Gerichts eröffnet. Dabei ist allerdings danach zu differenzieren, ob es sich bei der vom Betroffenen beanstandeten Maßnahme um eine solche der Strafvollstreckung oder des Strafvollzugs handelt.[4]

Geht es um eine Maßnahme der **Strafvollstreckung** (z.B. Strafzeitberechnung, § 458 Abs. 1 StPO; Aussetzung des Restes einer Freiheitsstrafe zur Bewährung, §§ 57, 57a StGB, § 454 StPO), ist die gerichtliche Zuständigkeit[5] nach § 462a StPO gegeben. Es

---

[1] Dazu Laubenthal, 1989a, S. 332 ff.
[2] Müller-Dietz, 1978, S. 219.
[3] Walter M., 1999, S. 235.
[4] Zur Abgrenzung oben Kap. 1.1.
[5] Dazu Laubenthal/Nestler, 2010, S. 28 ff.

entscheidet gem. § 462a Abs. 1 S. 1 u. 2, Abs. 4, Abs. 5 S. 2 StPO die Strafvollstreckungskammer beim Landgericht (§ 78a GVG). In den Fällen von § 462a Abs. 1 S. 3, Abs. 2 u. 3, Abs. 5 S. 1 StPO (z.B. nachträgliche Bildung einer Gesamtstrafe nach § 460 StPO) bleibt dagegen das Gericht des ersten Rechtszugs zuständig. Die Zuständigkeitsverteilung von § 462a StPO gilt für die Vollstreckung von Freiheitsstrafen, gem. § 463 Abs. 1 StPO entsprechend auch für die Vollstreckung freiheitsentziehender Maßregeln der Besserung und Sicherung (Unterbringung im psychiatrischen Krankenhaus, in der Entziehungsanstalt bzw. in der Sicherungsverwahrung). Gemäß den in § 462a StPO enthaltenen Bestimmungen entscheidet stets nur ein Gericht. Sobald die Strafvollstreckungskammer zuständig wird, verdrängt dies die Zuständigkeit des Gerichts des ersten Rechtszuges. Ansonsten bleibt das Gericht des ersten Rechtszuges zuständig. Die in § 462a StPO enthaltene Zuständigkeitsabgrenzung bezieht sich auch auf die in der Strafprozessordnung normierten gerichtlichen Entscheidungen im Rahmen des Rechtsschutzes gegen Maßnahmen oder Anordnungen der Strafvollstreckungsbehörde.[6]

751 Für Maßnahmen auf dem Gebiet des **Freiheitsstrafenvollzugs** hat der Gesetzgeber mit §§ 109 bis 121 StVollzG die Rechtsschutz- und Rechtsweggarantie des Art. 19 Abs. 4 GG konkretisiert. Der Inhaftierte kann sich an die Strafvollstreckungskammer beim Landgericht (§ 78a GVG) wenden und eine gerichtliche Entscheidung beantragen. Gleiches gilt für Dritte, die von vollzuglichen Maßnahmen mittelbar betroffen sind.

Der Schutz der Inhaftierten ist seit den Reformen des Strafvollzugsrechts in der zweiten Hälfte des 20. Jahrhunderts in Deutschland vom Grundsatz her gewährleistet. Er beginnt bereits damit, dass ein **Gefangener kein bloßes Verwaltungsobjekt** mehr darstellt. Das von dem Strafrechtswissenschaftler Berthold Freudenthal in seiner berühmten Frankfurter Rektoratsrede 1909 geforderte „Rechtsverhältnis von Strafgefangenen"[7] – also die Stellung des Einzelnen als **Rechtssubjekt** – ist heute ebenso unbestritten anerkannt, wie die Ausgestaltung des Vollzugs seit dem am 1.1.1977 in Kraft getretenen Strafvollzugsgesetz auf einer gesetzlichen Regelung gründet. Freudenthal hat jedoch nicht nur im Gesetz die „Magna Charta" des inhaftierten Verbrechers gesehen, sondern in diese gleichermaßen den „Richterspruch" einbezogen. Der dem Freiheitsentzug Unterliegende muss sich seiner Rechte sicher sein können – das Recht ihn vor möglichen Übergriffen schützen. Über Einwendungen gegen vollzugliche Maßnahmen sollten deshalb – so Freudenthal – unabhängige Gerichte befinden. Dies waren mit Einführung der justizförmigen Rechtskontrolle von Vollzugsentscheidungen nach §§ 23 ff. EGGVG a.F. für den Bereich der Freiheitsstrafe zunächst die Strafsenate der Oberlandesgerichte, also faktisch vom unmittelbaren vollzuglichen Geschehen zumeist weit abgehobene Rechtsmittelgerichte.[8] Positive Erfahrungen mit dem Jugendrichter als besonderem Vollstreckungsleiter, der im Jugendstrafrecht einen möglichst engen Kontakt zwischen Gericht und Anstalt bewirkt, haben dann am 1.1.1975 auch im Erwachsenenstrafrecht zur Errichtung von Strafvollstreckungskammern bei den anstaltsnäheren Landgerichten geführt. Diese fungierten zunächst als reine Vollstreckungsgerichte, Spruchkörper, bei denen es zu einer Konzentration insbesondere der Entscheidungen über bedingte Entlassungen aus

---

[6] Zu den Rechtsbehelfen in der Strafvollstreckung Laubenthal/Nestler, 2010, S. 217 ff.
[7] Freudenthal, 1955, S. 157 ff.
[8] Blau, 1988a, S. 341 ff.

dem Straf- und Maßregelvollzug kam. Die Aspekte der größeren Orts- und damit Vollzugsnähe sowie einer möglichst einheitlichen Rechtsprechung veranlassten den Gesetzgeber dann zu einer Kompetenzerweiterung. Der aus Art. 19 Abs. 4 GG garantierte Anspruch auf Gewährung effektiven Rechtsschutzes gegen den Staat, der die Möglichkeit einer unabhängigen richterlichen Kontrolle vollzuglicher Maßnahmen verlangt, führte 1977 zur Zuständigkeit der Strafvollstreckungskammern auch als Vollzugsgerichte.

Über den Antrag auf gerichtliche Entscheidung nach §§ 109 ff. StVollzG hinaus stehen dem einzelnen Gefangenen im Vollzug der Freiheitsstrafe weitere vollzugsinterne Rechtsbehelfe zur Verfügung: Beschwerderechte nach § 108 StVollzG, § 92 JVollzGB III, Art. 115 BayStVollzG, § 91 HmbStVollzG, § 57 HStVollzG, § 101 NJVollzG und Vorbringen von Beanstandungen beim Anstaltsbeirat gem. § 164 Abs. 1 S. 1 StVollzG, § 18 Abs. 3 S. 1 JVollzGB I, Art. 187 Abs. 1 S. 1 BayStVollzG, § 116 Abs. 1 S. 1 HmbStVollzG, § 81 Abs. 3 S. 1 HStVollzG, § 187 Abs. 2 S. 1 NJVollzG. Hinzu kommen Kontrollmöglichkeiten auf internationaler Ebene (Anrufung des Europäischen Gerichtshofs für Menschenrechte mittels Individualbeschwerde, Art. 34 EMRK). Auch in Vollzugssachen besteht schließlich die Möglichkeit einer Anrufung der Gnadenbehörde. **752**

Soweit einzelne Rechtsbehelfe eine Rechtswegerschöpfung nicht vorsehen (eine solche ist Voraussetzung für die Verfassungsbeschwerde bzw. für die Individualbeschwerde beim Europäischen Gerichtshof für Menschenrechte), kann der Inhaftierte sich wegen ein und derselben Maßnahme gleichzeitig mittels Beschwerden und Anrufung gerichtlicher Instanzen an verschiedene Stellen wenden.

Anfängliche Befürchtungen einer generellen Überstrapazierung der Rechtsbehelfe und damit einer unvertretbaren Überbelastung von Vollzugsbehörden und Gerichten haben sich nach Inkrafttreten des Strafvollzugsgesetzes nicht bestätigt.[9] Allerdings fällt in der **Praxis der Strafvollstreckungskammern** immer wieder die Streithäufigkeit einiger weniger Strafgefangener auf.[10] Aus allgemeiner Verärgerung über die Justiz oder als Folge von Konflikten mit einer Anstaltsleitung überschwemmen einzelne Inhaftierte Strafvollstreckungskammern mit einer Flut von Anträgen nach § 109 StVollzG, häufig noch jeweils garniert mit einem Eilantrag nach § 114 StVollzG und einem solchen auf Prozesskostenhilfe sowie auf Beiordnung eines Rechtsanwalts – Anträge, die nicht nur die Kräfte der Vollzugsverwaltungen binden, sondern auch diejenigen der Richter. Dabei gibt es Gefangene, deren schöpferische Phantasie zur Findung und Formulierung von Beschwerdegründen fast unerschöpflich zu sein scheint und die gelegentlich über erstaunliche Rechtskenntnisse auf dem Gebiet des Strafvollzugsgesetzes verfügen. Andere wiederum stellen eine Vielzahl von – unter Umständen noch interpretationsbedürftigen – Rechtsschutzbegehren in den Raum. Auf Nachfragen des Gerichts antworten sie dann aber nicht mehr. Bei der Gewährung rechtlichen Gehörs äußern sie sich nicht zu dem Vorbringen der Anstaltsleitung, so dass der zuständige Richter sich gelegentlich nicht des Eindrucks zu erwehren vermag: Hier werden verfahrensfremde Zwecke verfolgt. **753**

---

[9] Vgl. Kaiser/Schöch, 2002, S. 365.
[10] Bergmann, 2003, S. 213; Eschke, 1993, S. 10 f.; Laubenthal, 2007, S. 330.

Gerade bei Langzeitinhaftierten kann eine massive Inanspruchnahme der Rechtsschutzmöglichkeiten aber eine durch die Haftdeprivationen bedingte Adaptationsstrategie darstellen: Ein sog. Campaigning nicht nur, um auf aus subjektiver Sicht vorhandene Missstände aufmerksam zu machen, sondern in Ausmaß und Beharrlichkeit auch als ein Weg, dem Anstaltsaufenthalt einen Sinn zu geben.[11] Doch selbst wenn im Einzelfall der massive Gebrauch von Rechtsbehelfen in **Querulantentum**[12] ausartet, so bleibt nicht stets auszuschließen, dass es ein tatsächliches fehlerhaftes behördliches Verhalten in der Ursachenkette der Streitentwicklung gab, das bei einem Insassen derartige Überreaktionen hervorruft. Ebenso wenig schließt eine Flut von Anträgen aus, dass in einem einzelnen Fall eine Maßnahme tatsächlich rechtswidrig ergangen ist. Es darf nicht die Gefahr entstehen, mittels der generellen Zuordnung zum Querulantentum eine in einer konkreten Angelegenheit ernst zu nehmende Kritik auszuschalten.[13] Auch ein Gefangener mit einer grundsätzlich fanatisch-querulatorischen Einstellung kann im Verfahren nach §§ 109 ff. StVollzG seine Rechte geltend machen.

Der Ablehnung der Ausübung des Antragsrechts als querulatorisches Begehren, als willkürlich und deshalb unzulässig, dem sind zu Recht enge Grenzen gesetzt. Ein Antrag wird erst dann unzulässig, sofern er objektiv ausschließlich den Zweck verfolgt, die Vollzugsbehörde sowie die Strafvollstreckungskammer zu belästigen. Dies folgt aus dem allgemeinen **Schikaneverbot**, das einem Missbrauch der Rechtspflege entgegenwirken soll und das auch im Bereich des Strafvollzugs Geltung besitzt. Eine unzulässige Ausübung des Antragsrechts liegt somit vor, wenn keine Beschwer erkennbar ist, der Antragsteller selbst von einem Obsiegen in der Streitsache keinerlei irgendwie gearteten Nutzen haben kann – außer, die Anstaltsleitung und das Gericht zu belästigen.[14] Von einer Sachentscheidung oder einer Verwerfung eines Antrags als unzulässig kann ebenfalls abgesehen werden, falls sich die Eingabe im Einzelfall ausschließlich oder überwiegend in Beleidigungen erschöpft und nicht ersichtlich ist, dass zugleich auch ein sachliches Anliegen verfolgt wird[15], also die Kriterien des allgemeinen prozessualen Missbrauchsverbots[16] erfüllt sind.

754 Bei einer Vielzahl der gerichtlichen Verfahren nach §§ 109 ff. StVollzG geht es in der Praxis nur um Dinge von für Außenstehende untergeordneter Bedeutung; etwa darum, ob ein Nachporto vom Eigen- oder vom Hausgeldkonto abzubuchen ist oder ob im Haftraum ein Papagei gehalten werden darf.[17] Selbst die Frage, ob es erlaubt ist, den Graupapagei mit fünf einzubringenden Erbsen in der Schote zu

---

[11] Siehe Laubenthal, 1987, S. 138.
[12] Dazu eingehend Dinger/Koch, 1991.
[13] Dazu Peters, 1987, S. 457 ff.
[14] OLG Frankfurt, NStZ 1989, S. 296; LG Bonn, NStZ 1993, S. 54; LG Bayreuth, Beschl. v. 26.4.1999 – StVK 1523/97; Arloth, 2008, § 109 Rdn. 4; Kröpil, 1997, S. 354 ff.
[15] BVerfG, StrVert 2001, S. 698; BVerfG, NJW 2004, S. 1374; siehe auch OLG Karlsruhe, NStZ-RR 2000, S. 223.
[16] Dazu Calliess/Müller-Dietz, 2008, § 109 Rdn. 23; Schuler/Laubenthal, in: Schwind/Böhm/Jehle/Laubenthal, 2009, § 109 Rdn. 39.
[17] Dazu Stomps, 1996, S. 75 f.

füttern, hat die Instanzen beschäftigt.[18] Entscheidungen wie über die Rechtmäßigkeit der Anordnung, ein die Verlobte zeigendes Foto im Format 40 x 30 cm auf die Größe 20 x 30 cm zurückzuschneiden[19], mögen durchaus den Eindruck erwecken: Die Gerichte haben sich in Vollzugssachen in großer Häufigkeit mit Lappalien zu beschäftigen. In der Tat sind solche Streitgegenstände im Alltag außerhalb der Justizvollzugsanstalten von marginaler Bedeutung. Als Konsequenz hieraus jedoch im Hinblick auf den Streitwert die Rechtsschutzmöglichkeiten der Gefangenen einzuschränken, hieße, die Realitäten in den Vollzugseinrichtungen zu verkennen. Das Leben in der Institution mit seinen begrenzten Möglichkeiten zu Besitz und Privatsphäre gibt für die Betroffenen vielen im Alltag außerhalb der Justizvollzugsanstalt als unbedeutend anzusehenden Dingen durchaus ein erhebliches Gewicht.

8.1 Vollzugsinterne Kontrolle

Dem Strafgefangenen stehen mehrere Möglichkeiten zur Verfügung, um ein ihn selbst betreffendes Verhalten der Vollzugsbehörde schon verwaltungsintern kontrollieren zu lassen. Dabei handelt es sich um Mittel zur Konfliktbewältigung, denen im Hinblick auf das Vollzugsziel der Vorrang vor einer gerichtlichen Auseinandersetzung gegeben werden sollte.[20] Die Anstaltsleitung hat sich deshalb nach Möglichkeit um solche informellen Erledigungsmechanismen zu bemühen, bevor sie einen Inhaftierten auf den Rechtsweg nach §§ 109 ff. StVollzG verweist. Geht es um eine Angelegenheit ohne persönlichen Bezug zu einem einzelnen Insassen, kann zur Geltendmachung einer Beanstandung auch die Gefangenenmitverantwortung (§ 160 StVollzG, § 14 JVollzGB I, Art. 116 BayStVollzG, § 109 HmbStVollzG, § 78 HStVollzG, § 182 NJVollzG) eingeschaltet werden.

755

8.1.1 Beschwerderecht

§ 108 Abs. 1 S. 1 StVollzG, § 92 Abs. 1 S. 1 JVollzGB III, Art. 115 Abs. 1 S. 1 BayStVollzG, § 91 Abs. 1 S. 1 HmbStVollzG, § 57 Abs. 1 S. 1 HStVollzG, § 101 Abs. 1 NJVollzG geben den Gefangenen das Recht, sich in sie betreffenden Angelegenheiten mit Wünschen, Anregungen und Beschwerden in einem persönlichen Gespräch an die **Anstaltsleitung** zu wenden. Es sind zur Ermöglichung solcher Aussprachen regelmäßige Sprechstunden einzurichten. Deren Zeitpunkt, Ort und Dauer werden in der Hausordnung (§ 161 Abs. 2 Nr. 3 StVollzG, § 15 Abs. 1 Nr. 3 JVollzGB I, Art. 184 Abs. 2 Nr. 4 BayStVollzG, § 110 Abs. 2 Nr. 3 HmbStVollzG, § 79 Abs. 2 HStVollzG, § 183 Abs. 2 Nr. 3 NJVollzG) geregelt.

756

Der Anstaltsleiter (im Fall seiner Verhinderung dessen Stellvertreter, bei Untergliederung einer großen Einrichtung in Teilanstalten der jeweilige Behördenlei-

---

[18] LG Arnsberg – 2 Vollz 267/93; OLG Hamm, ZfStrVo 1994, S. 18 ff.
[19] OLG Zweibrücken, ZfStrVo 1995, S. 374 f.
[20] AK-Volckart, 2006, § 108 Rdn. 1.

ter[21]) darf den einen Gesprächswunsch äußernden Gefangenen zwar auf die Sprechstunden verweisen, er hat diese dann aber persönlich abzuhalten: Eine Delegation an nachgeordnete Mitarbeiter scheidet aufgrund des eindeutigen Wortlauts von § 108 Abs. 1 S. 1 StVollzG bzw. § 92 Abs. 1 S. 1 JVollzGB III, Art. 115 Abs. 1 S. 1 BayStVollzG[22], § 57 Abs. 1 S. 1 HStVollzG aus.[23]

> Gemäß § 91 Abs. 2 HmbStVollzG kann in Hamburg die Abwicklung der Sprechstunden in Anstalten, die wegen ihrer Größe in Teilanstalten oder in mehrere eigenständige Hafthäuser untergliedert sind, auch auf die Leitung der Teilanstalten bzw. Hafthäuser übertragen werden. In Niedersachsen gibt § 101 Abs. 1 NJVollzG den Gefangenen nur einen Anspruch darauf, sich mit ihrem Anliegen an die Vollzugsbehörde zu wenden.

Der **Verteidiger** hat ein Recht auf Anwesenheit bei dem Gespräch zwischen seinem Mandanten und dem Anstaltsleiter.[24] Ein Anspruch kann zwar nicht aus § 137 Abs. 1 S. 1 StPO i.V.m. § 120 Abs. 1 hergeleitet werden, denn § 137 StPO setzt ein förmliches Verfahren voraus. Dennoch hat der Verteidiger ein Recht auf Anwesenheit, soweit der Verteidigungsauftrag sich auf das Dauerrechtsverhältnis des Vollzugs der freiheitsentziehenden Unrechtsreaktion bezieht.[25]

Neben dem Besuch der Sprechstunde kann sich der Inhaftierte jederzeit mit schriftlichen Eingaben an den Anstaltsleiter wenden. Das Beschwerderecht begründet nicht nur einen Anspruch auf schriftliches oder mündliches Vorbringen von Anliegen, sondern auch auf eine abschließende Bescheidung des vorgetragenen Anliegens in angemessener Frist.[26] Das muss nicht notwendigerweise schriftlich erfolgen. Es kann jedoch in Fällen einer schwierigen Sach- oder Rechtslage ein überwiegendes Interesse des Gefangenen an einer schriftlichen Bekanntgabe bestehen.[27]

8.1.2 Gespräch mit Vertreter der Aufsichtsbehörde

757 Neben der Beschwerdemöglichkeit geben § 108 Abs. 2 StVollzG, § 92 Abs. 2 JVollzGB I, Art. 115 Abs. 2 BayStVollzG, § 91 Abs. 3 HmbStVollzG, § 57 Abs. 2 HStVollzG, § 101 Abs. 2 NJVollzG den Gefangenen das Recht, sich mit

---

[21] OLG Hamburg, ZfStrVo 2004, S. 371.
[22] Anders Bayerischer Landtag, Drs. 15/8101, Begründung S. 70: Im Rahmen der allgemeinen Delegationsbefugnis Abhaltung der Sprechstunde auch durch Abteilungsleiter.
[23] AK-Kamann/Volckart, 2006, § 108 Rdn. 6; Calliess/Müller-Dietz, 2008, § 108 Rdn. 4; Schuler/Laubenthal, in: Schwind/Böhm/Jehle/Laubenthal, 2009, § 108 Rdn. 3.
[24] AK-Kamann/Volckart, 2006, § 108 Rdn. 6; Calliess/Müller-Dietz, 2008, § 108 Rdn. 5; Schuler/Laubenthal, in: Schwind/Böhm/Jehle/Laubenthal, 2009, § 108 Rdn. 4; a.A. Arloth, 2008, § 108 Rdn. 3.
[25] AK-Kamann/Volckart, 2006, § 108 Rdn. 6; Calliess/Müller-Dietz, 2008, § 108 Rdn. 5; a.A. OLG Nürnberg, ZfStrVo SH 1979, S. 93; Arloth, 2008, § 108 Rdn. 3.
[26] OLG Koblenz, NStZ 1993, S. 425.
[27] OLG Bamberg, ZfStrVo 1993, S. 59.

ihren Angelegenheiten an einen Vertreter der jeweiligen Aufsichtsbehörde[28] zu wenden, wenn dieser die Anstalt besichtigt.

Die Vollzugsanstalt führt eine Liste, in welcher sich die Insassen für ein Gespräch mit dem Bediensteten der Aufsichtsbehörde vormerken lassen können. Näheres ist in der jeweiligen Hausordnung geregelt. Die Liste wird dem Beamten der Aufsichtsbehörde bei der Besichtigung vorgelegt. Der Gefangene muss dann seine Anliegen in Abwesenheit von Vollzugsbediensteten vortragen können.[29]

8.1.3 Dienstaufsichtsbeschwerde

Nach § 108 Abs. 3 StVollzG, § 92 Abs. 3 S. 1 JVollzGB I, Art. 115 Abs. 3 BayStVollzG, § 91 Abs. 4 HmbStVollzG, § 57 Abs. 3 HStVollzG bleibt die Möglichkeit einer Dienstaufsichtsbeschwerde unberührt. Diese Normen haben aber nur deklaratorischen Charakter, denn der Rechtsbehelf der Dienstaufsichtsbeschwerde wird durch die vollzugsspezifischen Beschwerdebefugnisse nicht tangiert.

758

Bei der Dienstaufsichtsbeschwerde handelt es sich um ein formloses verwaltungsinternes Mittel zur Überprüfung und Korrektur einer dienstlichen Entscheidung oder einer Pflichtverletzung von Vollzugsbeamten durch deren Dienstvorgesetzten. Richtet sich der Rechtsbehelf gegen eine Anordnung oder eine Maßnahme des Anstaltsleiters selbst und hilft dieser nicht ab, ist die Beschwerde der Aufsichtsbehörde vorzulegen.

Mit der Einlegung einer Dienstaufsichtsbeschwerde beanstandet der Beschwerdeführer das Verhalten von Vollzugsbediensteten. Er strebt an, dass diese im Wege der Dienstaufsicht dazu angehalten werden, Entscheidungen zu treffen, wie sie vom Gefangenen begehrt und aus seiner Sicht für richtig erachtet werden. Ziel ist somit das behördeninterne Einwirken auf Bedienstete zu richtigem Verhalten, so dass die Dienstaufsichtsbeschwerde in der Regel keine unmittelbare Rechtswirkung entfaltet.[30] Da es sich nicht um die Regelung einer einzelnen Angelegenheit auf dem Gebiet des Strafvollzugs handelt, kann eine Entscheidung über Dienstaufsichtsbeschwerden nicht im Verfahren nach §§ 109, 113 StVollzG gerichtlich erzwungen werden. Ebenso scheidet eine gerichtliche Nachprüfung der aufsichtlichen Entscheidung grundsätzlich aus.[31]

Der Beschwerdeführer hat lediglich einen Anspruch auf die förmliche Befassung und Bescheidung. Dies gilt nicht nur für die Dienstaufsichtsbeschwerde, sondern auch für die Sachaufsichtsbeschwerde. Bei Letzterer geht es nicht um die Überprüfung eines bestimmten Bedienstetenverhaltens; es soll vielmehr eine bestimmte getroffene Entscheidung geprüft werden. Auch insoweit kommt dem Beschwerdeführer kein Anspruch auf ein bestimmtes, etwa der Rechtslage entsprechendes Ergebnis zu.[32] Da es sich bei Dienst- und Sachaufsichtsbeschwerden

---

[28] Dazu in Kap. 4.1.
[29] Schuler/Laubenthal, in: Schwind/Böhm/Jehle/Laubenthal, 2009, § 108 Rdn. 5; a.A. Arloth, 2008, § 108 Rdn. 5.
[30] OLG Hamburg, NStZ 1991, S. 560.
[31] OLG Hamm, NStZ 1993, S. 425.
[32] Kopp/Ramsauer, 2010, § 79 Rdn. 19.

um nicht förmliche Rechtsbehelfe handelt, bestehen keine besonderen Verfahrensvorschriften.

Der Rechtsweg nach §§ 109 ff. StVollzG ist bei Vorliegen der Zulässigkeitsvoraussetzungen zur gerichtlichen Überprüfung jener der Dienstaufsichtsbeschwerde zugrunde liegenden Maßnahme eröffnet.[33] Ausnahmsweise kann der eine Dienstaufsichtsbeschwerde zurückweisende abschließende Bescheid dann eine nach § 109 StVollzG anfechtbare Maßnahme darstellen, wenn dieser erstmals eine den Insassen betreffende Sachentscheidung des Anstaltsleiters enthält.[34]

8.1.4 Vorbringen von Beanstandungen beim Anstaltsbeirat

759 Neben den in § 108 StVollzG, § 92 JVollzGB I, Art. 115 BayStVollzG, § 91 HmbStVollzG, § 57 HStVollzG, § 101 NJVollzG benannten Beschwerdemöglichkeiten geben § 164 Abs. 1 S. 1 StVollzG, § 18 Abs. 3 S. 1 JVollzGB I, Art. 187 Abs. 1 S. 1 BayStVollzG, § 116 Abs. 1 S. 1 HmbStVollzG, § 81 Abs. 3 S. 1 HStVollzG, § 187 Abs. 2 S. 1 NJVollzG dem Strafgefangenen eine weitere vollzugsinterne Kontrollinstanz: die Mitglieder des Anstaltsbeirats.[35] Diese können Wünsche, Anregungen und Beanstandungen seitens der Inhaftierten entgegennehmen, weshalb sie ungehinderten Zugang zu den Gefangenen haben und ihre Gespräche und Schriftwechsel mit den Insassen nicht überwacht werden dürfen (§ 164 Abs. 2 S. 2 StVollzG, § 18 Abs. 3 S. 3 JVollzGB I, Art. 187 Abs. 2 S. 2 BayStVollzG, §§ 30 Abs. 2 S. 1, 116 Abs. 2 HmbStVollzG, §§ 33 Abs. 4, 34 Abs. 4 S. 1 HStVollzG i.V.m. § 119 Abs. 4 S. 2 Nr. 19a StPO, § 187 Abs. 3 S. 2 NJVollzG).

Die Mitwirkung der Anstaltsbeiräte umfasst damit auch eine Kontrollfunktion, welche sie als Repräsentanten der Öffentlichkeit gegenüber dem Vollzug ausüben.[36] Dem Anstaltsbeirat und seinen Mitgliedern kommt jedoch **keine eigene Entscheidungsbefugnis** zu. Vielmehr werden die vorgetragenen Anliegen der Betroffenen im Rahmen von Anregungen und Verbesserungsvorschlägen an die Anstaltsleitung weitergegeben.

8.2 Gerichtliches Kontrollverfahren, §§ 109 ff. StVollzG

760 Macht eine Person geltend, durch die öffentliche Gewalt in eigenen Rechten verletzt zu sein, garantiert ihr Art. 19 Abs. 4 GG den Rechtsweg und gibt ihr einen substantiellen Anspruch auf einen effektiven und möglichst lückenlosen gerichtlichen Rechtsschutz gegen die sie betreffenden Maßnahmen.[37] Für den Bereich des Vollzugs von Freiheitsstrafen wird Art. 19 Abs. 4 GG durch die §§ 109 ff.

---

[33] OLG Hamburg, NStZ 1991, S. 560; Calliess/Müller-Dietz, 2008, § 108 Rdn. 10.
[34] KG, NStZ 1991, S. 382; KG, NStZ 1997, S. 428.
[35] Dazu in Kap. 4.6.
[36] Müller-Dietz, 1995a, S. 283.
[37] BVerfGE 8, S. 326; BVerfGE 104, S. 231.

StVollzG auf gesetzlicher Ebene konkretisiert.[38] Danach obliegt den **Strafvollstreckungskammern** bei den Landgerichten der gerichtliche Rechtsschutz auf dem Gebiet des Justizvollzugs.[39] In diesem Bereich getroffene Maßnahmen, deren Ablehnung oder Unterlassen, können auf ihre Rechtmäßigkeit hin überprüft werden.

Zwar gilt nach der Übergangsregelung von Art. 125a Abs. 1 S. 1 GG nach der Föderalismusreform[40] wegen der Änderung des Art. 74 Abs. 1 Nr. 1 GG durch Landesrecht ersetzbares Bundesrecht bis zu entsprechenden legislatorischen Aktivitäten des jeweiligen Landesgesetzgebers fort. Die Gesetzgebungskompetenz der Bundesländer bezieht sich infolge der Streichung der Materie „Strafvollzug" aus dem Katalog des Art. 74 Abs. 1 GG jedoch insoweit nur auf diesen Regelungsbereich. Die Vorschriften der §§ 109 bis 121 StVollzG über den gerichtlichen Rechtsschutz beruhen aber nicht auf der früheren Bundeskompetenz für den Strafvollzug. Sie haben sich vielmehr aus der Gesetzgebungskompetenz gem. Art. 74 Abs. 1 Nr. 1 GG für „das gerichtliche Verfahren" ergeben. Demgemäß nehmen § 93 JVollzGB III, Art. 208 BayStVollzG, § 130 Nr. 2 HmbStVollzG, § 83 Nr. 3 HStVollzG die §§ 109 bis 121 StVollzG vom Regelungsumfang der jeweiligen Landes-Strafvollzugsgesetze aus. § 102 NJVollzG verweist hinsichtlich des gerichtlichen Rechtsschutzes auf die §§ 109 ff. StVollzG.

Der gerichtliche Rechtsschutz in Vollzugssachen ist weitgehend an das verwaltungsgerichtliche Rechtsschutzverfahren angelehnt. Dabei nimmt das Gesetz allerdings subsidiär auf die Strafprozessordnung Bezug (§ 120 Abs. 1 StVollzG) und erklärt in § 114 Abs. 2 S. 2 StVollzG ausdrücklich allein § 123 Abs. 1 VwGO als verwaltungsgerichtliche Norm im Bereich des justiziellen Verfahrensrechts für entsprechend anwendbar. Trotz des Verweises auf die StPO ist davon auszugehen, dass das Verfahren nach §§ 109 ff. StVollzG von seiner Natur her einen spezifischen Anwendungsfall des Verwaltungsstreitverfahrens und keinen Strafprozess darstellt.[41]

Der nach §§ 109 ff. StVollzG gewährte Rechtsschutz beruht auf dem **Antragsprinzip**. Das Handeln oder Unterlassen der Vollzugsbehörde wird aus Gründen der Rechtssicherheit so lange als rechtswirksam erachtet, bis sich der Betroffene erfolgreich dagegen gewehrt hat (oder die Anstaltsleitung selbst Abhilfe schafft).[42] Abgesehen von den Mechanismen der vollzugsbehördlichen Eigenkontrolle (z.B. Dienstaufsicht) muss der sich in seinen Rechten beeinträchtigt fühlende Betroffene den justiziellen Rechtsschutz selbst in Gang setzen.

---

[38] BVerfG, StrVert 1994, S. 94.
[39] Dazu auch Baier, 2001, S. 582 ff.; Donath, 1997, S. 60 ff.; Dünkel F., 1996, S. 518 ff.; Eschke, 1993; Jung S., 2001, S. 57 ff.; Kamann, 1991; ders., 2008, S. 416 ff.; Koeppel, 1999, S. 13 ff.; Kösling, 1991; Laubenstein, 1984, S. 33 ff.; Litwinski/Bublies, 1989, S. 97 ff.; Lu, 1998, S. 187 ff.; Müller-Dietz, 1981, S. 57 ff.; ders., 1985c, S. 335 ff.; Voigtel, 1998, S. 27 ff.; Volckart/Pollähne/Woynar, 2008, S. 232 ff.; Zwiehoff, 1986.
[40] Dazu oben Kap. 2.5.3.
[41] Laubenthal, 2002a, S. 485 f.; Müller-Dietz, 1995a, S. 285.
[42] AK-Kamann/Volckart, 2006, § 109 Rdn. 2.

Wendet sich ein Inhaftierter oder eine dritte Person an die Strafvollstreckungskammer und macht dort eine Rechtsverletzung geltend, prüft das Gericht zunächst die **Zulässigkeit** des Antrags, bevor es sich mit der Sache selbst unter tatsächlichen und rechtlichen Gesichtspunkten beschäftigt und dann eine Sachentscheidung trifft. Fehlt es bereits an einer Zulässigkeitsvoraussetzung, tritt die Strafvollstreckungskammer nicht mehr in die sachliche Prüfung ein, sondern verwirft den Antrag als unzulässig.

Um einen Antrag nach §§ 109 ff. StVollzG wirksam zu stellen, muss ein Strafgefangener **nicht prozessfähig** sein. Die Zurückweisung eines Begehrens allein unter Hinweis auf eine fehlende Prozessfähigkeit würde den Anspruch des Antragstellers auf rechtliches Gehör verletzen.[43]

762   Der Strafgefangene kann sich bei der Einlegung eines vollzuglichen Rechtsbehelfs eines Verteidigers oder eines sonstigen **Verfahrensbevollmächtigten** bedienen.[44]

Auch eine **Hilfestellung durch einen Mitgefangenen** ist möglich. Wenn ein Gefangener einem anderen unterstützungsbedürftigen Mitgefangenen Hilfe bei der Wahrnehmung seiner Rechte im Einzelfall leistet, beurteilt sich die Zulässigkeit eines solchen Vorgehens nach dem am 1.7.2008 in Kraft getretenen RDG.[45] Gemäß § 6 Abs. 1 RDG kommt es dabei – im Gegensatz zur vorherigen Regelung im RBerG – auf eine geschäftsmäßige Besorgung fremder Angelegenheiten nicht mehr an. Für die Einordnung als erlaubte oder als unerlaubte Tätigkeit ist nach § 6 RDG relevant, ob die Tätigkeit entgeltlich bzw. unentgeltlich erfolgt. Das ist eine Frage des Einzelfalls[46], wobei im Hinblick auf die subkulturellen Abhängigkeitsverhältnisse allerdings die Erbringung irgendwelcher Gegenleistungen durch den unterstützten Mitgefangenen naheliegen wird. Dann handelt es sich um unerlaubte Tätigkeiten. Kann Entgeltlichkeit nicht festgestellt werden, bleiben Dienstleistungen statthaft, wenn sie innerhalb familiärer, nachbarschaftlicher oder ähnlich enger persönlicher Beziehungen erfolgen. Die Gesetzesmaterialien[47] nennen als Beispiel für derartige persönliche Beziehungen lediglich Arbeitskollegen und Vereinsmitglieder. Es erscheint zweifelhaft, die vollzugliche Zwangsgemeinschaft nachbarschaftlichen oder sonstigen freiwillig eingegangenen persönlichen Beziehungen gleichzustellen.[48] In jedem Fall ist weiter zu beachten: Nach § 6 RDG unzulässige Rechtsdienstleistungen erfüllen nur noch dann einen Ordnungswidrigkeitentatbestand, wenn die zuständige Behörde dem Betroffenen die Erbringung von Rechtsdienstleistungen vorher untersagt hat (§ 20 Abs. 1 Nr. 2 i.V.m. § 9 Abs. 1 RDG).

Bestehen **Zweifel an der Zulässigkeit eines Antrags** auf gerichtliche Entscheidung, kann das Gericht in Ausnahmefällen – im Interesse des Rechtsfrie-

---

[43] KG, NStZ 2001, S. 448.
[44] Dazu Schuler/Laubenthal, in: Schwind/Böhm/Jehle/Laubenthal, 2009, § 108 Rdn. 3; Volckart/Pollähne/Woynar, 2008, S. 228.
[45] BGBl. I 2007, S. 2840.
[46] Müller, in: Grunewald/Römermann, 2008, § 6 Rdn. 6 ff.
[47] BT-Drs. 16/3655, S. 58.
[48] Weiter gehend Müller, in: Grunewald/Römermann, 2008, § 6 Rdn. 18; siehe auch OLG Celle, NStZ 2009, S. 218.

dens – ohne Klärung der Zweifelsfrage eine eindeutige Sachentscheidung treffen. Ein solches Vorgehen kommt in Betracht, wenn die Zulässigkeitsvoraussetzungen unwiederholbar sind und zugleich die Unbegründetheit des Antrags feststeht.[49]

8.2.1 Zulässigkeit des Antrags auf gerichtliche Entscheidung

8.2.1.1 Rechtswegeröffnung

§ 109 Abs. 1 StVollzG eröffnet den Rechtsweg zum Verfahren vor der Strafvollstreckungskammer, wenn es sich bei der Beanstandung und dem Begehren des Antragstellers um eine Maßnahme zur Regelung einzelner Angelegenheiten auf dem Gebiet des Strafvollzugs oder um die Ablehnung oder das Unterlassen einer solchen Maßnahme handelt. 763

(1) Auf dem Gebiet des Strafvollzugs

Es muss um eine Maßnahme gehen, welche aus dem Rechtsverhältnis resultiert, das sich auf der Grundlage des Strafvollzugsgesetzes zwischen dem Staat und einem Inhaftierten ergibt.[50] 764

> *Beispiel:* G ist Strafgefangener in der Justizvollzugsanstalt F. Dort wurden während seiner Inhaftierung die Stationstreppen, die am Ende der Gebäudeflügel liegen und die Stockwerke miteinander verbinden, vergittert. Die Türe an jeder Treppe wird seitdem zentral auf elektrischem Wege betätigt. G wendet sich mit einer Klage vor dem Verwaltungsgericht gegen den Einbau der zusätzlichen Gitter und Türen und macht eine potentielle Gefährdung von Leib und Leben geltend. Es seien Rettungswege zugebaut bzw. eingeschränkt worden, so dass der Schutz der Person im Rettungsfall nicht mehr gewährleistet erscheine. Die elektrische Türöffnung im Brand- oder Panikfall könne versagen. Zudem beeinträchtige der Einbau der tonnenschweren Gitter die Statik des Gebäudes.
>
> Das Verwaltungsgericht hat in seinem Beschluss den Verwaltungsrechtsweg für unzulässig erklärt und den Rechtsstreit an die Strafvollstreckungskammer verwiesen. Diese Entscheidung bestätigte das OVG Hamburg[51], welches klarstellte, dass § 109 StVollzG den Rechtsweg zu den Landgerichten dem Sachbereich „Strafvollzug" nach von demjenigen zu den allgemeinen Verwaltungsgerichten abgrenzt. Zu dem Gebiet des Strafvollzugs zählen die räumlichen Bedingungen in einer Anstalt, die auch unter dem Aspekt der Fürsorge für die körperliche und geistige Gesundheit des Gefangenen Bestandteil des Vollzugsrechtsverhältnisses sind.

Der Rechtsweg nach §§ 109 ff. StVollzG gilt für den Vollzug der Freiheitsstrafe im Anwendungsbereich von § 1 StVollzG, § 1 Abs. 1 Nr. 2 JVollzGB I, Art. 1 BayStVollzG, § 1 HmbStVollzG, § 1 HStVollzG, § 1 NJVollzG sowie aufgrund gesetzlicher Regelungen entsprechend bei bestimmten anderen Vollzugsarten.

---

[49] AK-Kamann/Volckart, 2006, § 115 Rdn. 22; Calliess/Müller-Dietz, 2008, § 115 Rdn. 1.
[50] OLG Brandenburg, NJW 2001, S. 3351 f.; Calliess/Müller-Dietz, 2008, § 109 Rdn. 7; Schuler/Laubenthal, in: Schwind/Böhm/Jehle/Laubenthal, 2009, § 109 Rdn. 11.
[51] OVG Hamburg, NJW 1993, S. 1153 f.

Ein **Antrag nach §§ 109 ff. StVollzG** ist möglich bei:

- Vollzug einer strafgerichtlich verhängten Freiheitsstrafe oder Ersatzfreiheitsstrafe,
- Vollzug der freiheitsentziehenden Maßregel der Sicherungsverwahrung in einer Justizvollzugsanstalt (§ 130 i.V.m. §§ 109 ff. StVollzG),
- Vollzug der freiheitsentziehenden Maßregeln der Unterbringung in einem psychiatrischen Krankenhaus bzw. in einer Entziehungsanstalt (§ 138 Abs. 3 StVollzG i.V.m. §§ 109 ff. StVollzG),
- Vollzug von Jugendstrafe, Jugendarrest sowie der Unterbringung in einem psychiatrischen Krankenhaus oder in einer Entziehungsanstalt bei Anwendung von Jugendstrafrecht (§ 92 Abs. 1 JGG),
- Vollzug von Jugendstrafe, wenn der Verurteilte nach § 89b Abs. 1 JGG aus dem Jugendstrafvollzug ausgenommen ist und seine Strafe in einer Erwachsenenanstalt verbüßt (§ 92 Abs. 6 S. 2 JGG) bzw. der dem Jugendstrafrecht Unterfallende im Vollzug der Maßregel gem. § 60 Nr. 1 oder Nr. 2 StGB das vierundzwanzigste Lebensjahr vollendet hat,
- Vollzug des militärischen Strafarrestes in einer Justizvollzugsanstalt (§ 167 S. 1 i.V.m. §§ 109 ff. StVollzG),
- Vollzug von Ordnungs-, Sicherungs-, Zwangs- und Erzwingungshaft (§ 171 i.V.m. §§ 109 ff. StVollzG),
- Abschiebehaft, die im Wege der Amtshilfe in einer Justizvollzugsanstalt vollzogen wird (§ 422 Abs. 4 FamFG, § 171 i.V.m. §§ 109 ff. StVollzG).

Für sonstige Vollzugsformen gelten die §§ 109 ff. StVollzG nicht. Dies betrifft vor allem Maßnahmen im Vollzug von Untersuchungshaft (§ 119a StPO), einer Unterbringung gem. § 81 StPO oder einer Unterbringung aufgrund zivil- bzw. landesrechtlicher Regelungen. Bei der Auslieferungshaft besteht der Rechtsweg in der Anrufung des Vorsitzenden des Strafsenats gem. § 27 Abs. 3 IRG.

765 Die Vorschriften über die Rechtswegzuständigkeit sind zwingend und in jeder Lage des Rechtsstreits von Amts wegen zu prüfen.[52] Die §§ 109 ff. StVollzG lassen **anderweitig gegebene Rechtswege** unberührt. Macht ein Inhaftierter Ansprüche geltend, die auf einer anderen Rechtsgrundlage als dem Strafvollzugsgesetz beruhen, muss er insoweit den dafür vorgesehenen Rechtsweg beschreiten.

Beispiel: Der Leiter einer Justizvollzugsanstalt gestattete einem Kamerateam des Fernsehens, in der Anstalt Filmaufnahmen durchzuführen. Dabei wurde dem Sender zur Auflage gemacht, dass Insassen nicht erkennbar sein durften. Ein Gefangener wendet sich wegen der Filmaufnahmen an die Strafvollstreckungskammer und beantragt die Feststellung ihrer Unzulässigkeit sowie vorbeugend deren künftige Unterlassung ohne seine vorherige Zustimmung.
Das OLG Koblenz[53] hat die Anträge in einem Verfahren nach §§ 109 ff. StVollzG als unzulässig erachtet und den Gefangenen auf den Verwaltungsrechtsweg nach § 40

---

[52] Schilken, 2007, S. 220.
[53] OLG Koblenz, ZfStrVo 1994, S. 55 ff.

VwGO verwiesen. Denn die Maßnahmen resultierten nicht aus den Rechtsbeziehungen, die sich zwischen Staat und Inhaftierten aufgrund des Strafvollzugsgesetzes ergeben. Vielmehr ist die Gestattung von Filmaufnahmen durch den Anstaltsleiter der Öffentlichkeitsarbeit sowie der Ausübung des Hausrechts Dritten gegenüber zuzuordnen. Es handelt sich um hoheitliche Tätigkeit im öffentlich-rechtlichen Bereich.

Nicht der Rechtsweg zur Strafvollstreckungskammer, sondern derjenige zum Zivilgericht ist gegeben bei Schadensersatzansprüchen aus einer Amtspflichtverletzung (Art. 34 GG, § 839 BGB) oder anderen Fällen der Staatshaftung.[54] Der Zivilrechtsweg bleibt auch bei der Geltendmachung anderer zivilrechtlicher Ansprüche bestehen, selbst wenn diese in einem Zusammenhang mit dem Strafvollzug stehen.

Beispiel: Dem zu einer zwölfjährigen Freiheitsstrafe wegen versuchten Mordes verurteilten T gelang kurz nach seiner Inhaftierung die Flucht aus der Justizvollzugsanstalt. Bei seiner Wiederergreifung schoss er drei Menschen nieder und versuchte, zwei weitere zu töten. Er wurde deswegen ein Jahr später wegen versuchten Mordes in zwei und wegen versuchten Totschlags in drei Fällen zu vierzehn Jahren Haft und anschließender Sicherungsverwahrung verurteilt. Dreizehn Jahre danach erschien in einer großen Tageszeitung eine Serie über die Justizvollzugsanstalt, in der T einsitzt. Darin wird auch T erwähnt, wobei es u.a. heißt, dass T „kaltblütig drei Menschen erschoss". Da T jedoch nur wegen versuchter Tötungsdelikte inhaftiert ist, verlangt er wegen des durch den Zeitungsartikel verursachten Eingriffs in das Persönlichkeitsrecht von der Zeitung Schmerzensgeld.
Der geltend gemachte Anspruch des T steht zwar im Zusammenhang mit dem Strafvollzug. Es handelt sich jedoch um einen Schmerzensgeldanspruch gem. §§ 823, 847 BGB. Demgemäß war die Klage vom Zivilgericht zu entscheiden.[55]

Für Einwendungen eines Inhaftierten gegen die Rechtmäßigkeit von Pfändungs- und Überweisungsbeschlüssen sowie andere Fragen einer Zwangsvollstreckung ist allein das Vollstreckungsgericht nach § 766 ZPO zuständig.

Beispiel: Ein Gläubiger des Strafgefangenen G setzt seine Forderung mit Hilfe eines Pfändungs- und Überweisungsbeschlusses durch. In Ausführung dieses Beschlusses zahlt die Anstalt als Drittschuldnerin Geld vom Eigengeldkonto des G an den pfändenden Gläubiger. Hiergegen wendet sich G mit einem Antrag nach §§ 109 ff. StVollzG.
Das OLG Hamburg[56] hat die Zulässigkeit des Antrags verneint, weil schon in der Abführung des Geldes durch die Vollzugsbehörde keine Maßnahme i.S.d. § 109 Abs. 1 StVollzG liegt. Es werden nicht die durch das StVollzG geregelten Rechtsverhältnisse berührt. Vielmehr wendet sich G gegen die Art und Weise der Zwangsvollstreckung. Zur Entscheidung darüber bleibt ausschließlich das gem. § 766 ZPO zuständige Vollstreckungsgericht berufen.

Kommt es zu Rechtsstreitigkeiten des in einem freien Beschäftigungsverhältnis[57] stehenden Gefangenen, so sind die Arbeitsgerichte zuständig, soweit die

---

[54] LG Hamburg, ZfStrVo 1995, S. 245.
[55] LG Berlin, ZfStrVo 1995, S. 375; zur Verletzung von Persönlichkeitsrechten der Inhaftierten durch Presseberichterstattungen siehe Heischel, 1995, S. 351 ff.
[56] OLG Hamburg, ZfStrVo 1996, S. 182; siehe auch OLG Nürnberg, NStZ 1996, S. 378.
[57] Dazu oben Kap. 5.3.1.3.

Auseinandersetzungen das Verhältnis zwischen Arbeitgeber und Inhaftiertem betreffen.

> *Beispiel:* Dem Strafgefangenen G wird die Genehmigung erteilt, im Rahmen eines freien Beschäftigungsverhältnisses in seinem erlernten Schreinerberuf tätig zu sein. Zugleich schließt er einen Arbeitsvertrag mit einer Möbelfabrik ab. Während der vereinbarten Probezeit entwendet G wiederholt Werkzeuge aus der Schreinerei und versucht, diese in die Justizvollzugsanstalt einzubringen. Allerdings können ihm die Gegenstände jeweils bei Kontrollen zum Zeitpunkt der Rückkehr in die Anstalt wieder abgenommen werden. Der Inhaber der Möbelfirma spricht deshalb eine fristlose Kündigung gegen G aus. Hiergegen will G gerichtlich vorgehen.
>
> Eine gerichtliche Auseinandersetzung über die Wirksamkeit der fristlosen Kündigung betrifft nicht das Rechtsverhältnis zwischen Strafgefangenem und Vollzugsbehörde. Vielmehr handelt es sich um eine arbeitsrechtliche Streitigkeit zwischen Arbeitgeber und Arbeitnehmer über das Bestehen oder Nichtbestehen des Arbeitsverhältnisses. Bei derartigen Rechtsstreitigkeiten über die Beendigung eines Vertragsverhältnisses sieht § 2 Abs. 1 Nr. 3b ArbGG den Rechtsweg zur Arbeitsgerichtsbarkeit zwingend vor.

Nicht aus der – auf dem Strafvollzugsgesetz gründenden – Rechtsbeziehung zwischen Staat und Inhaftiertem herzuleiten sind auch Vorgänge, welche das gegen den Gefangenen gerichtete Strafverfahren betreffen sowie die Entscheidungen im Rahmen der Urteilsvollstreckung[58] oder in einem Gnadenverfahren.[59]

> *Beispiel:* Der wegen schwerer Körperverletzung verurteilte Strafgefangene G hat seine vorzeitige Entlassung auf Bewährung beantragt. Die vom Vollstreckungsgericht zu einer Stellungnahme aufgeforderte Leitung der Justizvollzugsanstalt holt ihrerseits ein Gutachten der den G behandelnden Anstaltspsychologin A zur Frage einer weiteren Gefährlichkeit des G ein. In einem Gespräch mit G teilt diese dem Gefangenen mit, dass sie sich in ihrem Schreiben an die Anstaltsleitung wegen seiner fortbestehenden Gefährlichkeit gegen eine vorzeitige Entlassung ausgesprochen habe. Daraufhin wendet G sich mit einem Antrag auf gerichtliche Entscheidung gem. § 109 StVollzG an die Strafvollstreckungskammer, damit das Gericht der Anstaltsleitung untersage, das Gutachten der A in ihrer Stellungnahme zu verwenden.
>
> Die Anstaltspsychologin zählt zwar zu den Vollzugsbediensteten. In dieser Eigenschaft hat sie auch ihr Gutachten erstellt. Sie wurde dabei jedoch für die Anstaltsleitung nicht i.S.d. § 109 Abs. 1 StVollzG auf dem Gebiet des Strafvollzugs tätig. Ihre schriftliche Äußerung betrifft den Bereich der Strafvollstreckung und kann – da sie auch keine unmittelbare Regelungswirkung entfaltet – erst mittelbar angegriffen werden, wenn das Gericht eine bedingte Entlassung versagt hat und der Betroffene hiergegen den Rechtsweg der sofortigen Beschwerde nach §§ 454 Abs. 3 S. 1, 311 StPO beschreitet.

Handelt es sich um keine Streitigkeit i.S.d. § 109 Abs. 1 StVollzG und ist auch sonst kein besonderer Rechtsweg vorgegeben, bleibt der **subsidiäre Rechtsbehelf** eines Antrags auf gerichtliche Entscheidung gem. §§ 23 ff. EGGVG eröffnet.[60]

---

[58] OLG Karlsruhe, ZfStrVo 1999, S. 111.
[59] Litwinski/Bublies, 1989, S. 100 f.
[60] Siehe z.B. BGH, NStZ-RR 2002, S. 26 f.; OLG Frankfurt, NStZ-RR 2006, S. 253; OLG Schleswig, NStZ-RR 2008, S. 126.

768 Hat ein Inhaftierter einen Antrag auf gerichtliche Entscheidung gem. §§ 109 ff. StVollzG gestellt und steht für sein Begehren nicht der vollzugliche Rechtsweg zur Strafvollstreckungskammer offen, sondern derjenige zu einem anderen Gericht, darf es nicht bereits deshalb zu einer Verwerfung des Antrags als unzulässig kommen. Vielmehr muss die Strafvollstreckungskammer nach Anhörung der Beteiligten und Feststellung der Unzulässigkeit des Rechtswegs die Sache gem. § 17a Abs. 2 S. 1 GVG **an das zuständige Gericht** des zulässigen Rechtswegs **verweisen**.[61] Ein derartiger Beschluss ist dann nach § 17a Abs. 2 S. 3 GVG für das Gericht, an welches die Sache verwiesen wurde, bindend. Diese Bindungswirkung kann umgekehrt auch zur Folge haben, dass eine Strafvollstreckungskammer im Verfahren nach §§ 109 ff. StVollzG über einen Antrag entscheiden muss, der als solcher überhaupt nicht zum Gegenstand eines Antrags auf gerichtliche Entscheidung i.S.d. § 109 Abs. 1 StVollzG gemacht werden kann.

> *Beispiel:* Ein Strafgefangener erhob mehrere Dienstaufsichtsbeschwerden gegen einen Vollzugsbediensteten. Nachdem diese unbeantwortet geblieben waren, reichte er beim Verwaltungsgericht Untätigkeitsklage ein, mit welcher er die Bescheidung der Dienstaufsichtsbeschwerden begehrte. Das Verwaltungsgericht erklärte jedoch durch Beschluss den Verwaltungsrechtsweg für unzulässig und verwies den Rechtsstreit an die Strafvollstreckungskammer des Landgerichts. Diese verwarf den Antrag des Inhaftierten, den Anstaltsleiter zur Bescheidung der Dienstaufsichtsbeschwerden zu verpflichten, als unzulässig, weil das Begehren des Antragstellers nicht auf eine Regelung einzelner Angelegenheiten auf dem Gebiet des Strafvollzugs abziele und daher nicht mit einem Vornahmeantrag i.S.d. §§ 109 Abs. 1, 113 Abs. 1 StVollzG geltend gemacht werden könne. Die vom Strafgefangenen erhobene Rechtsbeschwerde hatte in der Sache Erfolg.
> Das OLG Karlsruhe[62] erklärte den Antrag auf Verpflichtung des Anstaltsleiters zur Verbescheidung der Dienstaufsichtsbeschwerden für zulässig. Zwar stellt die Art und Weise der Behandlung einer Dienstaufsichtsbeschwerde – auch wenn diese an Vorgänge des Strafvollzugs anknüpft – keine Maßnahme zur Regelung einzelner Angelegenheiten auf dem Gebiet des Strafvollzugs dar und dementsprechend ist ein Anspruch auf Bescheidung der Dienstaufsichtsbeschwerden nicht im Verfahren gem. §§ 109 ff. StVollzG durchzusetzen. Der Rechtsanspruch des Einzelnen auf ordnungsgemäße Erledigung der Dienstaufsichtsbeschwerde binnen einer angemessenen Frist kann prinzipiell nur auf dem Rechtsweg zu den Verwaltungsgerichten verfolgt werden.[63] Hat das an sich zuständige Verwaltungsgericht die Sache jedoch an die Strafvollstreckungskammer des Landgerichts verwiesen, so ergibt sich die Zulässigkeit des Antrags auf gerichtliche Entscheidung gem. §§ 109 ff. StVollzG ausnahmsweise aus der Bindungswirkung, die der durch das Verwaltungsgericht ausgesprochenen Rechtswegverweisung nach § 17a Abs. 2 S. 3 GVG zukommt. Die Verweisungsentscheidung eröffnet somit endgültig den Rechtsweg, so dass die Zulässigkeit einer Entscheidung in der Sache selbst nicht mit der Begründung verneint werden darf, die Voraussetzungen für die Rechtswegeröffnung seien nicht erfüllt. Die durch den verwaltungsgerichtlichen Verweisungsbeschluss vorgenommene Qualifizierung des Streitgegenstands als Maßnahme zur Regelung einzelner Angelegenheiten auf dem Gebiet des Strafvollzugs bleibt für das gesamte weite-

---

[61] Zum Rechtsschutz gegen einen Verweisungsbeschluss gem. § 17a Abs. 4 GVG siehe Schilken, 2007, S. 230.
[62] OLG Karlsruhe, ZfStrVo 2002, S. 189.
[63] BVerwG, NJW 1976, S. 637.

re Verfahren unabänderlich. Kraft der Bindungswirkung war deshalb der Antrag des Inhaftierten auf Verpflichtung des Anstaltsleiters zur Verbescheidung der Dienstaufsichtsbeschwerden ausnahmsweise als ein Vornahmeantrag im Sinne des Strafvollzugsgesetzes zulässig.

(2) Vollzugsmaßnahme

769 Der Maßnahmebegriff des § 109 StVollzG ist im Gegensatz zum Begriff des Verwaltungsaktes i.S.d. § 35 VwVfG oder dem des Justizverwaltungsaktes nach § 23 EGGVG weit zu interpretieren.[64] Vorausgesetzt wird ein vollzugsbehördliches (hoheitliches) Handeln oder Unterlassen mit Regelungscharakter für den Einzelfall. Hierunter fallen nicht nur konkrete, seitens der Anstalt gegen einen Gefangenen erlassene Anordnungen. Dazu gehören vielmehr auch einzelne im Vollzugsplan vorgesehene Behandlungsmaßnahmen, die Aufstellung eines Vollzugsplans als solche[65] sowie dessen Fortschreibungen im weiteren Verlauf der Inhaftierung.[66]

Vom vollzuglichen Maßnahmebegriff erfasst wird ferner ein schlicht hoheitliches sowie ein rein tatsächliches Handeln (Realakt[67]), wenn dieses beim Betroffenen zu einer Rechtsverletzung führen kann[68] (z.B. Betreten des Haftraums durch Vollzugsbeamte ohne vorheriges Anklopfen[69], Verlegung eines Inhaftierten in einen anderen Haftraum[70]).

Für die Frage des Vorliegens einer justiziellen Maßnahme i.S.d. § 109 Abs. 1 StVollzG ist nicht relevant, ob diese von einem zuständigen Vollzugsbediensteten (z.B. dem Anstalts- oder Abteilungsleiter) entschieden wird. Die gerichtliche Zurückverweisung eines Antrags als unzulässig, weil die Maßnahme durch einen nicht befugten Beamten ergangen ist oder abgelehnt wurde, stellt einen Verstoß gegen das Willkürverbot dar.[71]

(3) Regelung

770 Nach § 109 Abs. 1 StVollzG sind nur solche Maßnahmen anfechtbar, denen eine **unmittelbare Rechtswirkung** zukommt. Durch die vollzugliche Maßnahme müssen die Lebensverhältnisse des Gefangenen in irgendeiner Weise mit – zumindest auch – rechtlicher Wirkung gestaltet werden.[72] Eine Maßnahme i.S.d. §§ 109 ff. StVollzG hat daher erst dann Regelungscharakter, wenn dadurch subjektive Rechte des Betroffenen begründet, geändert, aufgehoben bzw. verbindlich festgestellt

---

[64] BVerfG, StrVert 1994, S. 94 f.; Arloth, 2008, § 109 Rdn. 6; Calliess/Müller-Dietz, 2008, § 109 Rdn. 11; Schuler/Laubenthal, in: Schwind/Böhm/Jehle/Laubenthal, 2009, § 109 Rdn. 18.
[65] BVerfG, StrVert 1994, S. 95; BVerfG, NStZ-RR 2008, S. 60 f.
[66] OLG Karlsruhe, StrVert 2007, S. 200.
[67] Dazu eingehend Zwiehoff, 1986, S. 20 ff.
[68] Calliess/Müller-Dietz, 2008, § 109 Rdn. 11.
[69] OLG Celle, ZfStrVo 1994, S. 174.
[70] OLG Hamm, NStZ 1989, S. 592.
[71] BVerfG, NStZ 1990, S. 557.
[72] KG, NStZ 1993, S. 304.

werden oder die Begründung, Änderung, Aufhebung bzw. Feststellung solcher Rechte verbindlich abgelehnt wird.[73]

> *Beispiel:* Im Vollzugsplan für den Strafgefangenen G ist als voraussichtlicher Entlassungstermin die Verbüßung von zwei Dritteln der Strafe aufgenommen. G beantragt eine Abänderung des Vollzugsplans insoweit, als von einer Halbstrafenverbüßung auszugehen ist. Gegen die ablehnende Stellungnahme des Anstaltsleiters will er gerichtlich vorgehen.
>
> Einzelne im Vollzugsplan enthaltene konkrete Behandlungskriterien sind grundsätzlich gerichtlich anfechtbar.[74] Allerdings muss es sich dabei um Maßnahmen handeln, die unmittelbare Rechtswirkung erzeugen können. Dies ist bei der Festsetzung des voraussichtlichen Entlassungstermins nicht der Fall.[75] Dieser entfaltet keine unmittelbare Bindungswirkung, weil der Inhaftierte auch bezogen auf andere Zeitpunkte Anträge nach § 57 Abs. 1 und 2 StGB stellen kann. Über diese entscheidet die Strafvollstreckungskammer im vollstreckungsrechtlichen Verfahren eigenständig, ohne dass sie auf die im Vollzugsplan festgelegte spätere Entlassung verweisen kann.

Keinen Regelungscharakter haben auch bloße Ermahnungen, Mitteilungen 771 oder Ratschläge, denen keine rechtliche Bedeutung zukommt. Die Mitteilung der Vollzugsbehörde an einen Gefangenen, es liege ein Pfändungs- und Überweisungsbeschluss vor, greift nicht in dessen Rechte ein; es handelt sich hierbei nur um eine Wissenserklärung.[76] Keine Regelungswirkung nach außen entfalten auch Entscheidungen im Dienstaufsichtsverfahren[77], soweit diese keine den Beschwerdeführer erstmals belastende Sachentscheidung beinhalten. Die Rechtssphäre eines Gefangenen ist ferner nicht durch eine Ablehnungsentscheidung über die Forderung nach der Abberufung eines bestimmten Vollzugsbediensteten tangiert.[78] Von der Rechtsprechung wird einer Entscheidung, welche die Überstellung eines Inhaftierten in eine andere Anstalt des gleichen Bundeslandes ablehnt, kein Regelungscharakter beigemessen, soweit es die für eine Aufnahme vorgesehene Justizvollzugseinrichtung als entscheidende Institution betrifft. Hierbei geht es nur um eine Mitwirkungshandlung innerhalb eines mehrstufigen Verwaltungsaktes.[79] Der Betroffene hat vielmehr gegen die Ablehnungsentscheidung des Leiters derjenigen Institution vorzugehen, in welcher der die Überstellung begehrende Verurteilte einsitzt, denn dieser Anstaltsleiter entscheidet mit Regelungswirkung gegenüber dem Antragsteller.[80] Auch innerdienstliche Aktenvermerke, die lediglich der Erfassung oder Registrierung einer bereits getroffenen Entscheidung dienen und keine Rechtswirkung entfalten, besitzen keinen Regelungscharakter i.S.d. § 109 StVollzG.

---

[73] OLG Stuttgart, ZfStrVo 1997, S. 54.
[74] Dazu Kap. 5.1.5.
[75] OLG Frankfurt, NStZ 1995, S. 520; KG, NStZ 1997, S. 207; a.A. Walter/Dörlemann, 1996, S. 358 f.
[76] OLG Zweibrücken, NStZ 1992, S. 101 f.
[77] KG, NStZ 1991, S. 382; OLG Hamm, NStZ 1993, S. 425; siehe oben Kap. 8.1.3.
[78] OLG Hamm, NStZ 1993, S. 425.
[79] OLG Hamm, JR 1997, S. 83.
[80] Krit. dazu Böhm, 1997, S. 84 ff.

Beispiel: Ein Strafgefangener wird aus dem offenen in den geschlossenen Vollzug zurückverlegt. Dies begründet die Anstaltsleitung in ihrem schriftlichen Bescheid mit einem Fehlverhalten des Inhaftierten im Rahmen eines freien Beschäftigungsverhältnisses, wobei er mittels eines Scheinarbeitsvertrags die Bewilligung von Freigang erlangt hatte. Dieses Verhalten – so die Vollzugsbehörde – zeige die Unzuverlässigkeit des Insassen; er habe aus seinem Strafverfahren nichts gelernt und sein Handeln begründe den Verdacht, dass die Inhaftierung ihn nicht von weiteren Straftaten abhalten werde. Den Verlegungsbescheid hat der Gefangene nicht angefochten. Aufgrund des Bescheids vermerkt die Anstalt in den Personalakten: „Rückverlegung aufgrund des Verdachts der Vorbereitung neuer Straftaten". Auf dem Rechtsweg begehrt der Betroffene die Löschung dieses Aktenvermerks.

Da der Vermerk lediglich einen Teil der Begründung des vom Inhaftierten nicht angefochtenen und damit bestandskräftigen Verlegungsbescheids wiedergibt, dient er nicht der Entfaltung eigener Rechtswirkungen. Das Kammergericht[81] hat deshalb den Antrag auf Löschung für unzulässig erachtet. Der Zweck der Eintragung bestehe nur darin, die Rückverlegungsentscheidung und deren Begründung bei neuerlichen Vollzugsentscheidungen nicht in Vergessenheit geraten zu lassen. Nicht der Vermerksinhalt an sich, sondern derjenige der bestandskräftigen Entscheidung könne in Zukunft Berücksichtigung zum Nachteil des Betroffenen finden.

Anders stellt sich dies jedoch bei Aktenvermerken als innerdienstlichen Maßnahmen dar, wenn diese nicht bloß den Inhalt einer Regelung der Vollzugsbehörde wiedergeben, sondern ein weiteres Handeln der Anstaltsleitung nach sich ziehen und deshalb Regelungscharakter besitzen. Dies gilt etwa für den Vermerk „ohne Arbeit, eigenes Verschulden" mit der Folge einer Absonderung des Betroffenen von den Mitgefangenen oder einer Verkürzung von Aufschlusszeiten.[82] Auch der Vermerk „BTM-Konsument" in der Gefangenenpersonalakte berührt die Rechtsstellung eines Inhaftierten.[83] Zudem können verwaltungsinterne Anordnungen des Anstaltsleiters zum Umgang mit einem der Flucht Verdächtigen Maßnahmen sein, denen unmittelbare Rechtswirkung zukommt, wenn durch sie der Betroffene in eine bestimmte Straftäterkategorie eingeordnet wird und sich dadurch unmittelbare Auswirkungen auf dessen vollzugliche Behandlung ergeben (z.B. eine tägliche besondere Beobachtung).[84]

Stellungnahmen der Vollzugsbehörde, welche diese im Rahmen eines rechtlich geregelten Verfahrens gegenüber anderen Behörden abgibt (z.B. gegenüber der Strafvollstreckungskammer vor deren Entscheidung über eine Strafrestaussetzung)[85], fehlt ein selbständiger Regelungscharakter i.S.d. § 109 StVollzG.

(4) Einzelfall

772 Die vollzugliche Maßnahme muss nach § 109 Abs. 1 StVollzG zur Regelung einer einzelnen Angelegenheit getroffen worden sein oder getroffen werden sollen. Der Rechtsweg ist damit nur zur Überprüfung von Vollzugsmaßnahmen mit Regelungswirkung für den Einzelfall eröffnet, nicht aber für solche allgemeiner Art.[86]

---

[81] KG, NStZ 1993, S. 304.
[82] OLG Nürnberg, NStZ 1993, S. 425.
[83] KG, ZfStrVo 1990, S. 377.
[84] KG, StrVert 2002, S. 270.
[85] OLG Hamm, NStZ 1997, S. 428.
[86] BT-Drs. 7/918, S. 83.

Neben Gesetzen und Rechtsverordnungen können generelle Regelungen, die lediglich den Charakter von Richtlinien haben und deshalb in den Rechtskreis des Betroffenen noch nicht im Sinne einer Einzelfallentscheidung eingreifen, ebenfalls nicht Gegenstand unmittelbarer vollstreckungsgerichtlicher Prüfung sein.[87] Dies betrifft vor allem die Verwaltungsvorschriften und Runderlasse der Landesjustizverwaltungen, allgemeine Verwaltungsanordnungen, die für eine unbestimmte Vielzahl von Personen erlassenen Hausordnungen gem. § 161 StVollzG, § 15 JVollzGB I, Art. 184 BayStVollzG, § 110 HmbStVollzG, § 79 HStVollzG, § 183 NJVollzG Hausverfügungen, Allgemeinverfügungen oder Merkblätter.[88] Insoweit kann nur gegen eine aufgrund der allgemeinen Regelung getroffene, unterlassene oder abgelehnte konkrete Maßnahme gerichtlich vorgegangen werden.[89]

	einzelne Angelegenheit i.S.d. § 109 Abs. 1 StVollzG	kein Einzelfall
Adressaten:	individuell	abstrakt
Regelungswirkungen:	konkret	generell

Justiziell angreifbare Einzelfallregelungen i.S.d. § 109 Abs. 1 StVollzG stellen Hausordnungen, Hausverfügungen bzw. Allgemeinverfügungen jedoch ausnahmsweise dann dar, wenn sie für den einzelnen Inhaftierten unmittelbare Rechtswirkungen entfalten.

Beispiel: Die Anstaltsleitung legt in einer Allgemeinverfügung die Verschlusszeiten der nicht arbeitenden Gefangenen fest. Danach sollen die Haftträume der betreffenden Insassen erst um 11.45 Uhr aufgeschlossen werden. Mit einem Antrag auf gerichtliche Entscheidung wendet sich einer der arbeitslosen Inhaftierten gegen diese Regelung.

Das LG Hamburg[90] sieht in dieser Verfügung zutreffend eine Einzelfallregelung. Die Anordnung richtet sich an einen nach allgemeinen Merkmalen bestimmten Personenkreis. Sie greift unmittelbar in die Rechte des Gefangenen ein und entfaltet unmittelbare Rechtswirkung.[91] Denn die Verschlusszeitenregelung wirkt sich für den einzelnen arbeitslosen Insassen direkt freiheitsbeschränkend aus.

8.2.1.2 Antragsarten

Die im Verfahren nach §§ 109 ff. StVollzG statthaften Antragsarten sind im Gesetz nicht abschließend aufgezählt.[92] Entsprechend den verwaltungsprozessrechtlichen Regelungen unterscheidet man auch im vollzuglichen Hauptsacheverfahren[93] zwischen:

---

[87] OLG Celle, ZfStrVo 1990, S. 307.
[88] KG, NStZ 1995, S. 103 f.; Calliess/Müller-Dietz, 2008, § 109 Rdn. 14; Litwinski/Bublies, 1989, S. 102.
[89] OLG Koblenz, NStZ 2008, S. 683.
[90] LG Hamburg, NStZ 1992, S. 303.
[91] Siehe auch OLG Celle, ZfStrVo 1990, S. 307.
[92] AK-Kamann/Volckart, 2006, § 109 Rdn. 27.

- Anfechtungsantrag,
- Verpflichtungsantrag,
- Vornahmeantrag,
- Unterlassungsantrag,
- Feststellungsantrag.

774 Mit dem **Anfechtungsantrag** begehrt der Antragsteller die Aufhebung einer belastenden Maßnahme (§§ 109 Abs. 1 S. 1, 115 Abs. 2 S. 1 StVollzG). Es handelt sich um einen Gestaltungsantrag zur Abwehr rechtswidriger Eingriffe seitens der Vollzugsbehörde.

> *Beispiel:* Anstaltsleiter A spricht gegen den Strafgefangenen G die Disziplinarmaßnahme eines Verweises aus, weil dieser mehrfach seiner Arbeitspflicht nicht umfassend nachgekommen sei. G ist der Auffassung, seine Verpflichtung zur Arbeit immer zureichend erfüllt zu haben. Da der Verweis eine belastende Maßnahme darstellt, kann G sich hiergegen mit einem Anfechtungsantrag zur Wehr setzen mit dem Ziel, dass es zu einer Beseitigung der Maßnahme kommt.

Als **Annexantrag** zum Anfechtungsantrag lässt § 115 Abs. 2 S. 2 StVollzG einen **Folgenbeseitigungsantrag** zu. Ist die vom Betroffenen angefochtene Maßnahme bereits vollzogen, so kann das Gericht auf dessen Antrag hin aussprechen, dass und wie die Vollzugsbehörde diese Vollziehung rückgängig zu machen hat. Die Rückgängigmachung muss der Vollzugsbehörde allerdings rechtlich und tatsächlich möglich sein. Erforderlich ist zudem die Spruchreife; es dürfen keine weiteren Ermittlungen und Beweisaufnahmen mehr erforderlich werden.[94] Ziel des Antragstellers ist die Wiederherstellung des ursprünglichen Zustandes.

> *Beispiel:* Dem Strafgefangenen S wurde vorgeworfen, gegen eine vollzugliche Pflicht verstoßen zu haben. Zugleich mit der Einleitung eines Disziplinarverfahrens verfügt der Anstaltsleiter die Verlegung des S aus dem offenen in den geschlossenen Vollzug. S beschreitet sowohl gegen die Verhängung der Disziplinarmaßnahme als auch gegen die Verlegung mit einem Anfechtungsantrag den Rechtsweg. Die Strafvollstreckungskammer vermag keinen schuldhaften Pflichtenverstoß des Inhaftierten festzustellen. Auf Antrag des S kann das Gericht zugleich mit der Aufhebung der Verlegungsentscheidung die Rückverlegung in den offenen Vollzug anordnen.

775 Der **Verpflichtungsantrag** (§ 109 Abs. 1 S. 2 StVollzG) als spezialisierter Leistungsantrag richtet sich gegen die eine beantragte Maßnahme ablehnende Entscheidung. Er verfolgt zudem das Ziel, die Anstaltsleitung zum Erlass der abgelehnten Maßnahme zu zwingen *(§* 115 Abs. 4 S. 1 StVollzG) oder wenigstens zu einer Neubescheidung unter Berücksichtigung der Rechtsansicht des Gerichts zu veranlassen (Neubescheidungsantrag, § 115 Abs. 4 S. 2 StVollzG).

> *Beispiel:* Strafgefangener G beantragt die Gewährung eines Hafturlaubs von drei Tagen Dauer. Anstaltsleiter A lehnt den Antrag des G ab, weil dieser erst einige Ausgänge erfolgreich absolvieren müsse. G vermag für die Vorschaltung von erfolgreichen Ausgängen vor die Gewährung eines Hafturlaubs keinerlei Rechtsgrundlage zu erkennen.

---

[93] Zum Eilrechtsschutz siehe unten Kap. 8.2.5.
[94] Schuler/Laubenthal, in: Schwind/Böhm/Jehle/Laubenthal, 2009, § 115 Rdn. 16.

Will er die Entscheidung von A gerichtlich angreifen, so kommt ein Verpflichtungsantrag in Betracht.

Hat die Vollzugsbehörde eine Maßnahme unterlassen (d.h. auf einen Antrag auf Gewährung einer begünstigenden Maßnahme nicht reagiert), kann der Antragsteller sich mittels eines **Vornahmeantrags** (§§ 109 Abs. 1 S. 2, 113 StVollzG) als Unterfall des allgemeinen Leistungsantrags gegen die Untätigkeit der Anstalt wenden (Untätigkeitsantrag). Dabei hat der von der Untätigkeit Betroffene zwei Vorgehensmöglichkeiten: Er verfolgt mit dem einfachen Untätigkeitsantrag das Ziel der Bescheidung (Genehmigung oder Ablehnung) seines ursprünglichen Begehrens (§ 115 Abs. 4 StVollzG). Oder der Inhaftierte geht im Wege eines Stufenantrags vor, indem er sich nicht nur gegen die Untätigkeit der Anstaltsleitung wendet, sondern zugleich das Ziel des Erlasses der Maßnahme durch die Leitung begehrt.

Beispiel: Strafgefangener G schreibt an den Anstaltsleiter, dass er den in der Hausordnung festgesetzten Hofgang von täglich einer Stunde nicht für ausreichend erachtet. G beantragt deshalb, ihm die Möglichkeit eines zusätzlichen Aufenthalts im Freien von täglich einer Stunde zu gestatten. Der Anstaltsleiter A lässt das Schreiben des G unbeantwortet. Gegen dieses Unterlassen einer Entscheidung über das Begehren des G durch A kann G mittels eines Vornahmeantrags vorgehen.

G kann sich in seinem Antrag auf gerichtliche Entscheidung auf die Verpflichtung der Anstaltsleitung beschränken, den Antrag auf Gestattung des zusätzlichen Hofgangs zu bescheiden. Stellt er einen Stufenantrag, geht es ihm zunächst – wie beim einfachen Untätigkeitsantrag – um die Bescheidung seines Begehrens und für den späteren Fall der Ablehnung des zusätzlichen Aufenthalts im Freien durch die Vollzugsbehörde um deren Verpflichtung zur Gewährung des Hofgangs.

Will ein Inhaftierter die Leitung der Justizvollzugsanstalt auf dem Rechtsweg zum Erlass einer von ihr abgelehnten oder unterlassenen Maßnahme verpflichten, so kann die Strafvollstreckungskammer verlangen, dass der Gefangene zuvor sein Anliegen der Einrichtung in geeigneter Weise vorgetragen hat. Ein Bedürfnis nach gerichtlichem Rechtsschutz besteht erst, wenn die Maßnahme vergeblich von der Anstalt erbeten wurde. Hat der Inhaftierte jedoch ausdrücklich um eine gerichtlich anfechtbare Bescheidung seines Antrags auf eine ihn begünstigende Maßnahme ersucht, dann darf sein Antrag vom Gericht nicht mit der Begründung als unzulässig angesehen werden, es fehle an der erforderlichen Ablehnung durch die Anstaltsleitung, wenn das Gesuch nicht von dieser, sondern von einem dazu unbefugten nachgeordneten Bediensteten abschlägig beschieden wurde. Das Begehren ist vielmehr zumindest als Vornahmeantrag zu würdigen und sachlich zu bescheiden.[95]

Beispiel: G beantragte, ihm Erwerb und Besitz eines Walkmans zu genehmigen, den er von seinem Eigengeldguthaben zahlen wollte. Nachdem ihm von Beamten der Justizvollzugsanstalt widersprüchliche Auskünfte erteilt worden waren, bat G um eine verbindliche, gegebenenfalls klagefähige Entscheidung. Daraufhin teilte ihm der für ihn zuständige nachgeordnete Vollzugsbeamte mit, der Kauf des Gerätes werde nur zu Lasten seines Einkaufsguthabens genehmigt; damit habe es sein Bewenden. G beantragte

---

[95] BVerfG, NStZ-RR 1999, S. 28.

nunmehr bei der Strafvollstreckungskammer, die Anstalt zu verpflichten, ihm den Kauf des Gerätes von seinem Eigengeldguthaben zu gestatten. Das Gericht verwarf den Verpflichtungsantrag als unzulässig. G habe nicht zunächst eine Entscheidung hierfür zuständiger Personen (Anstaltsleiter oder Abteilungsleiter) herbeigeführt. Damit fehle ihm das Rechtsschutzbedürfnis für eine Anrufung des Gerichts.

Das Bundesverfassungsgericht[96] hat klargestellt, dass der durch die Verfahrensordnung bestimmte Zugang zu den Gerichten nicht in unzumutbarer, aus Sachgründen nicht mehr zu rechtfertigender Weise erschwert werden darf. Dies wäre dann der Fall, wenn das Gericht einem Antragsteller aufgibt, sein Begehren zunächst dem für ihn zuständigen nachgeordneten Vollzugsbeamten vorzutragen und erst, wenn dieser das Anliegen ablehnend verbeschieden hat, eine förmliche Entschließung der Anstaltsleitung zu erbitten. Demgemäß wird der Gefangene einem zuständigen Vollzugsbeamten auch einen Antrag übergeben dürfen, mit dem er die Entschließung der Anstaltsleitung erbittet, falls nicht seinem Begehren unmittelbar entsprochen wird. Erfolgt eine abschlägige Entscheidung durch den Vollzugsbeamten und leitet dieser das Gesuch nicht an die Anstaltsleitung weiter, sind aufgrund fehlender Entscheidung der Anstaltsleitung, an die das Gesuch gerichtet war, die Voraussetzungen eines Vornahmeantrags i.S.d. § 113 StVollzG zu prüfen.

778 Ein vorbeugender **Unterlassungsantrag** als eine Variante des allgemeinen Leistungsantrags richtet sich – mit dem Ziel einer Unterbindung – gegen angedrohte vollzugsbehördliche Maßnahmen sowie gegen ein sonstiges rechtswidriges Vorgehen der Anstalt, wenn eine Wiederholungsgefahr dargelegt wird. Er kommt zudem in Betracht, wenn die Gefahr besteht, dass anderenfalls vollendete Tatsachen geschaffen würden, deren Rückgängigmachung unmöglich bleibt bzw. wenn ein nicht wiedergutzumachender Schaden entstünde.[97] Ein vorbeugender Unterlassungsantrag ist aber nur dann zulässig, wenn ein effektiver Rechtsschutz auf andere Weise nicht erreicht werden kann.[98]

Beispiel: Der Vollzugsbedienstete V spricht sämtliche Inhaftierte der Anstalt mit „du" an. Strafgefangener G verbittet sich im Gespräch mit V diese Anrede. Als G sich nach § 108 Abs. 1 StVollzG mit seinem Anliegen an den Anstaltsleiter wendet, weigert sich dieser, den V auf eine Änderung seines Verhaltens hinzuweisen. Da V auch weiterhin den G mit „du" anredet, kann G hiergegen wegen der Wiederholungsgefahr mittels eines vorbeugenden Unterlassungsantrags vorgehen.

779 Gegenüber dem Anfechtungs- und dem Verpflichtungsantrag subsidiär ist der **Feststellungsantrag**. Hat sich eine angeordnete oder beantragte Maßnahme schon vor Anbringung des Antrags auf gerichtliche Entscheidung erledigt[99], kann ein Betroffener mit dem **allgemeinen Feststellungsantrag** entsprechend § 115 Abs. 3 StVollzG die gerichtliche Feststellung der Rechtswidrigkeit des behördlichen Handelns oder Unterlassens begehren, wenn er ein berechtigtes Interesse an einer solchen Feststellung geltend macht.

---

[96] BVerfG, NStZ-RR 1999, S. 28 f.
[97] Schuler/Laubenthal, in: Schwind/Böhm/Jehle/Laubenthal, 2009, § 109 Rdn. 25; siehe auch OLG Jena, NStZ-RR 2003, S. 189 f.
[98] OLG Dresden, NStZ 2007, S. 707.
[99] Siehe auch OLG Dresden, NStZ 2007, S. 708.

Der Betroffene kann einen **Fortsetzungsfeststellungsantrag** gem. § 115 Abs. 3 StVollzG stellen, wenn sich die Hauptsache erst nach Einlegung des Antrags auf gerichtliche Entscheidung erledigte. Eine **Erledigung** liegt vor, sobald die sich aus der beantragten, abgelehnten oder unterlassenen Maßnahme ergebende Beschwer weggefallen ist. Beide Arten des Feststellungsantrags verlangen anerkennenswerte **schutzwürdige Interessen**. Als solche kommen insbesondere in Betracht:[100]

- Andauern der diskriminierenden Folgen einer Maßnahme über deren Erledigung hinaus[101], was insbesondere auch bei tief greifenden Grundrechtseingriffen der Fall sein kann[102];
- eine sich konkret abzeichnende Wiederholungsgefahr;
- Rehabilitierungsinteresse des Antragstellers;
- Vorbereitung von Amtshaftungs-, Schadensersatz- bzw. Folgenbeseitigungsansprüchen.

> *Beispiel:* Weil seine Ehefrau sich einer Operation unterziehen muss, beantragt Strafgefangener G für die Zeit vom 2.11. bis 7.11. Hafturlaub. Er begründet dies mit der Notwendigkeit seiner Anwesenheit zur Betreuung seiner Kinder. Über den Antrag des G entscheidet der Anstaltsleiter erst am 12.11. und er genehmigt einen Hafturlaub vom 17.11. bis zum 21.11.
>
> G kam es bei seiner Antragstellung nicht darauf an, überhaupt Hafturlaub zu erhalten, sondern er wollte Hafturlaub für einen ganz bestimmten Zeitraum. Da der von ihm begehrte Zeitraum bereits überschritten war, kam es zur Erledigung seines Antrags. Hat sich der Anstaltsleiter dem G gegenüber geäußert, dass er sich auch in Zukunft bei ähnlichen Anträgen nicht unter Zeitdruck setzen lassen werde, so kann G den Rechtsweg gem. §§ 109 ff. StVollzG mittels eines Feststellungsantrags beschreiten. Hatte S dagegen bereits vor Erledigung einen Vornahmeantrag gestellt, darf er zu einem Fortsetzungsfeststellungsantrag gem. § 115 Abs. 3 StVollzG übergehen.

Über den in § 115 Abs. 3 StVollzG benannten Bereich hinaus ist ein Feststellungsantrag zudem in all denjenigen Fällen möglich, in denen ein Interesse an einer gerichtlichen Feststellung der Rechtswidrigkeit einer Maßnahme oder deren Unterlassen besteht, welches mit einem Anfechtungsantrag oder einem Leistungsantrag nicht mehr durchsetzbar ist, und wenn wegen der Schwere der Rechtsverletzung ein solches Interesse nicht verneint werden kann.[103]

8.2.1.3 Antragsbefugnis

Nach § 109 Abs. 2 StVollzG ist der Antrag auf gerichtliche Entscheidung zulässig, wenn der Antragsteller in der **Begründung** seines Antrags[104] geltend macht, durch eine Maßnahme, deren Ablehnung oder Unterlassung in seinen Rechten verletzt zu sein.

780

---

[100] Calliess/Müller-Dietz, 2008, § 115 Rdn. 13; Schuler/Laubenthal, in: Schwind/Böhm/Jehle/Laubenthal, 2009, § 115 Rdn. 17.
[101] Dazu BVerfG, ZfStrVo 2002, S. 176.
[102] BVerfG, NStZ-RR 2004, S. 59; OLG München, Beschl. v. 2.8.2007 – 3 Ws 451/07R; OLG Hamm, NStZ-RR 2010, S. 93.
[103] OLG Hamm, NStZ 1983, S. 240.
[104] Gegen eine Begründungspflicht: Müller, 1993, S. 211 ff.

Es muss zugunsten des Antragstellers selbst ein subjektives Recht oder ein Recht auf fehlerfreie Ermessensausübung bestehen und dieser die **Möglichkeit einer Verletzung** in seinem Recht durch die strittige Maßnahme geltend machen. Es sind von ihm Tatsachen vorzutragen, welche die Annahme einer solchen Rechtsbeeinträchtigung als nicht völlig abwegig erscheinen lassen. Allerdings dürfen die Anforderungen an den Vortrag des Antragstellers insoweit nicht überspannt werden: Dieser muss nur ausreichend konkretisieren, gegen welche Einzelmaßnahme er sich wendet und inwiefern er sich in seinen Rechten verletzt fühlt.[105]

Unzulässig ist wegen des Erfordernisses der **Verletzung eigener Rechte** gem. § 109 Abs. 2 StVollzG ein Antrag

- für Dritte,
- zugunsten aller Inhaftierten,
- mit der Geltendmachung einer Verletzung nur des objektiven Rechts.

781 Dies schließt jedoch nicht aus, dass auch **außerhalb des Strafvollzugsverhältnisses stehende Dritte** von Maßnahmen der Vollzugsbehörde, ihrer Ablehnung oder Unterlassung unmittelbar in ihren Rechten betroffen sein können.[106] Wegen einer möglichen Verletzung ihres Rechts auf freie Entfaltung der Persönlichkeit nach Art. 2 Abs. 1 GG kommt eine Antragsbefugnis gem. § 109 Abs. 2 StVollzG für Außenstehende in Betracht, denen eine persönliche Kontaktaufnahme zu einem Inhaftierten durch Besuchsverbote oder Behinderungen in der Korrespondenz untersagt oder erschwert wird.[107]

> *Beispiel:* Strafgefangener G hat wiederholt Mitinhaftierte massiv unter Druck gesetzt, um so in den Besitz von Werkzeugen zu gelangen, mit denen er Entweichungsversuche durchführen wollte. Anstaltsleiter A befürchtet, G könne auch seine Ehefrau E nötigen, ihm bei Besuchen unerlaubte Gegenstände zu übergeben. A genehmigt daher Besuche der E nur unter der Bedingung, dass diese in einem Besuchsraum mit Trennscheibe stattfinden, damit jegliche Übergabemöglichkeit ausgeschlossen bleibt.
>
> Gegen die Anordnung des A zur Verwendung einer Trennscheibe bei ihren Besuchen kann auch E mit einem Antrag gem. §§ 109 ff. StVollzG gerichtlich vorgehen, wenn sie insoweit gem. § 109 Abs. 2 StVollzG die Möglichkeit einer Verletzung eigener Rechte darlegen kann. Dies ist möglich, denn die Anordnung des Trennscheibeneinsatzes stellt einen Eingriff in die grundrechtlich gewährleistete Freiheit der Entfaltung der Persönlichkeit nach Art. 2 Abs. 1 GG dar[108], dessen Verletzung E ebenso geltend machen kann wie eine solche des Art. 6 Abs. 1 GG.

Auch bei einem Besuchsverbot können sowohl der betroffene Gefangene als auch die Besuchsperson in ihren Rechten tangiert sein und getrennt gegen die Ablehnung eines Besuchsantrags vorgehen.[109] Wird einem Insassen ein Gegen-

---

[105] OLG Zweibrücken, NStZ 1992, S. 512.
[106] OLG Zweibrücken, NStZ 1993, S. 407 f.; OLG Dresden, ZfStrVo 2000, S. 124; Arloth, 2008, § 109 Rdn. 12; Calliess/Müller-Dietz, 2008, § 109 Rdn. 15; Schuler/Laubenthal, in: Schwind/Böhm/Jehle/Laubenthal, 2009, § 109 Rdn. 28.
[107] OLG Zweibrücken, NStZ 1993, S. 407 f.; Kaiser/Schöch, 2002, S. 375.
[108] BVerfG, ZfStrVo 1994, S. 305.
[109] Dazu OLG Nürnberg, ZfStrVo 1988, S. 187 ff.

8.2 Gerichtliches Kontrollverfahren, §§ 109 ff. StVollzG

stand zugesandt und ausgehändigt, betrifft eine spätere Wegnahme der Sache allerdings nicht mehr die Rechtsstellung des Absenders.

Beispiel: Einem Gefangenen wird die Broschüre „Positiv, was nun?" zugeschickt und ihr Besitz von der Anstaltsleitung genehmigt. Diese widerruft einige Zeit später die erteilte Genehmigung, weil der Inhalt der Schrift einer Vollzugszielerreichung entgegenstehe und die Sicherheit und Ordnung der Anstalt gefährde. Die Broschüre wird daraufhin aus dem Haftraum des Insassen herausgenommen. Der von dem Vorgang unterrichtete Absender beantragt eine gerichtliche Entscheidung und macht eine Verletzung seiner Grundrechte geltend.

Dem Recht des Absenders zur Kontaktaufnahme aus Art. 2 GG wurde von der Vollzugsbehörde mit der Aushändigung der Schrift Genüge getan. Das OLG Zweibrücken[110] hat deshalb festgestellt, dass der Genehmigungswiderruf nur noch die Rechtsbeziehungen zwischen Insassen und Anstaltsleitung betrifft und deshalb eine Antragsbefugnis der außenstehenden Person verneint.

Eine Verletzung eigener Rechte gem. § 109 Abs. 2 StVollzG kann auch der Verteidiger eines Inhaftierten geltend machen (z.B. bei Einschränkungen im Rahmen der Aushändigung von Verteidigerpost an einen von ihm vertretenen Gefangenen).[111]

Neben den einzelnen Insassen und den unmittelbar durch vollzugliche Maßnahmen in ihren Rechten betroffenen außenstehenden natürlichen Personen kommt eine Antragsbefugnis auch für bestimmte **Personenmehrheiten** in Betracht, wenn sie durch das behördliche Handeln oder Unterlassen in ihren eigenen Angelegenheiten[112] betroffen sind.

782

Antragsbefugt können sein:
– Der Anstaltsbeirat i.S.d. §§ 162 ff. StVollzG (und seine einzelnen Mitglieder) hinsichtlich der gesetzlichen Rechte aus dem StVollzG bzw. den Landes-Strafvollzugsgesetzen, nicht aber Außenstehende wegen Nichtberücksichtigung bei der Bestellung zum Beirat[113];
– Vereinigungen (und Privatpersonen) als ehrenamtliche Vollzugshelfer bei Verweigerung der Zulassung, Beschränkungen der intramuralen Betätigung oder Zulassungswiderruf[114];
– Gefangenenvereine, die durch Inhaftierte geführt werden, in denen nur Gefangene Ämter wahrnehmen und die durch Eintragung im Vereinsregister Rechtsfähigkeit erlangt haben im Hinblick auf Angelegenheiten des jeweiligen Vereins selbst[115] (aber nicht bezüglich der Durchsetzung von Rechten einzelner Mitglieder);

---

[110] OLG Zweibrücken, NStZ 1993, S. 408.
[111] OLG Frankfurt, ZfStrVo 1987, S. 113 f.; OLG Dresden, ZfStrVo 2000, S. 124; siehe auch OLG Dresden, NStZ 2007, S. 707 ff.
[112] OLG Hamm, NStZ 1993, S. 513.
[113] OLG Stuttgart, ZfStrVo 1987, S. 126 ff.
[114] Theißen, 1990, S. 37.
[115] KG, NStZ 1982, S. 222; Schuler/Laubenthal, in: Schwind/Böhm/Jehle/Laubenthal, 2009, § 109 Rdn. 29.

– eine eingerichtete Gefangenenmitverantwortung nach § 160 StVollzG, § 14 JVollzGB I, Art. 116 BayStVollzG, § 109 HmbStVollzG, § 78 HStVollzG, § 182 NJVollzG, soweit sie eigene Rechtspositionen geltend macht[116], d.h. wenn es sich um Streitigkeiten über den Umfang der Rechte der Gefangenenmitverantwortung und der sich aus dem jeweiligen Strafvollzugsgesetz ergebenden Aufgaben handelt.

Keine Antragsbefugnis kommt jedoch einer Wohngruppe zu. Diese stellt im Gegensatz zu anderen Personenmehrheiten – wie dem Anstaltsbeirat oder der Insassenmitverantwortung – keine Rechtspersönlichkeit dar und ist damit nicht Trägerin von Rechten bzw. Pflichten.[117]

8.2.1.4 Vorverfahren

783   Gemäß § 109 Abs. 3 StVollzG kann der Antrag auf gerichtliche Entscheidung erst nach vorangegangener Durchführung eines Verwaltungsvorverfahrens zulässig gestellt werden, wenn das Landesrecht ein solches Vorschaltverfahren vorsieht. Das vorherige **Widerspruchserfordernis** gilt jedoch nur vor Stellung eines Anfechtungs- oder eines Verpflichtungsantrags.

Für ein solches Widerspruchsverfahren wird angeführt, „dass eine zunächst durchgeführte Überprüfung der angefochtenen Maßnahme durch die vorgesetzte Vollzugsbehörde zu einer sachgemäßeren und konstruktiveren Lösung führen kann als bei einer unmittelbaren Überprüfung durch das in den Möglichkeiten seiner Entscheidung eingeschränkte Gericht."[118] Die Aufsichtsbehörde kann nicht nur eine Rechtmäßigkeitsprüfung, sondern auch eine inhaltliche Zweckmäßigkeitskontrolle durchführen.

Gegen die Notwendigkeit einer Durchführung von behördlichen Vorschaltverfahren spricht auf dem Gebiet des Strafvollzugs aber vor allem eine hierdurch bedingte Verzögerungsgefahr hinsichtlich des gerichtlichen Rechtsschutzes, was gerade bei Kurzstrafigen von Relevanz sein kann.[119] Von der durch § 109 Abs. 3 StVollzG eingeräumten Ermächtigung hat daher auf landesrechtlicher Ebene für den Bereich des Vollzugs von Freiheitsstrafen nur ein Teil der Bundesländer Gebrauch gemacht.

---

[116] OLG Hamburg, ZfStrVo 2002, S. 181; AK-Kamann/Volckart, 2006, § 109 Rdn. 5; Calliess/Müller-Dietz, 2008, § 109 Rdn. 15; Kaiser/Schöch, 2002, S. 375; Schuler/Laubenthal, in: Schwind/Böhm/Jehle/Laubenthal, 2009, § 109 Rdn. 29; a.A. Arloth, 2008, § 109 Rdn. 12;

[117] OLG Hamm, NStZ 1993, S. 512; LG Arnsberg, NStZ 1992, S. 378; Schuler/Laubenthal, in: Schwind/Böhm/Jehle/Laubenthal, 2009, Rdn. 29.

[118] BT-Drs. 7/918, S. 84.

[119] Krit. auch Rotthaus K., 1985, S. 337; siehe ferner Kaiser/Schöch, 2002, S. 376; Zwiehoff, 1986, S. 44 ff.

Kein Vorverfahren in:	Von § 109 Abs. 3 StVollzG Gebrauch gemacht:
Baden-Württemberg Bayern Berlin Brandenburg Hessen Mecklenburg-Vorpommern Niedersachsen Nordrhein-Westfalen Rheinland-Pfalz Saarland Sachsen Sachsen-Anhalt Thüringen	Bremen (§ 26 Abs. 1 AGGVG) Hamburg (§ 6 AGVwGO) Schleswig-Holstein (§ 5 Vollzugsbeschwerdegesetz)

Sieht das Landesrecht ein Vorverfahren vor, beginnt dieses mit der Einlegung **784** des Widerspruchs, über den die nächsthöhere Behörde (= Widerspruchsbehörde) entscheidet. Das für den Rechtsweg nach §§ 109 ff. StVollzG notwendige Zulässigkeitserfordernis des Widerspruchsverfahrens ist erst dann erfüllt, wenn die Aufsichtsbehörde den Widerspruchsbescheid erlassen hat.

Versäumt der Widerspruchsführer die Einhaltung einer landesrechtlich festgelegten **Widerspruchsfrist**, weist die Widerspruchsbehörde den Widerspruch grundsätzlich als unzulässig ab. Die Widerspruchsbehörde befasst sich dann nicht mehr mit der Frage der Rechtmäßigkeit und Zweckmäßigkeit der angegriffenen vollzuglichen Maßnahme. In einem solchen Fall ist das Widerspruchsverfahren nicht i.S.d. § 109 Abs. 3 StVollzG durchgeführt worden, so dass auch ein dem Widerspruch entsprechender Antrag auf gerichtliche Entscheidung unzulässig bleibt.[120] Allerdings stellt es für die Zulässigkeit eines Anfechtungs- oder Verpflichtungsantrags keine Voraussetzung dar, dass der Antragsteller die Einhaltung des Vorschaltverfahrens selbst vorträgt. Dies hat das Gericht von Amts wegen zu ermitteln.[121]

8.2.1.5 Gerichtliche Zuständigkeit

Der Antrag auf gerichtliche Entscheidung ist an die Strafvollstreckungskammer **785** beim Landgericht zu richten. Deren **sachliche Zuständigkeit** als erstinstanzlicher Spruchkörper für Verfahren nach § 109 StVollzG folgt aus § 78a Abs. 1 S. 2 Nr. 2 GVG. Strafvollstreckungskammern werden in jedem Landgerichtsbezirk gebildet, in dem eine Anstalt zum Vollzug von Freiheitsstrafen oder von freiheitsentziehenden Maßregeln der Besserung und Sicherung besteht oder andere Vollzugsbehörden ihren Sitz haben (§ 78a Abs. 1 S. 1 GVG). Die Strafvollstreckungskammern

---

[120] Zur Entbehrlichkeit des Widerspruchsverfahrens im Ausnahmefall trotz landesrechtlicher Regelung siehe OLG Hamburg, NStZ-RR 2000, S. 94.
[121] OLG Hamm, NStZ 1994, S. 381.

sind in Verfahren gem. § 109 StVollzG mit jeweils einem Richter besetzt (§ 78b Abs. 1 Nr. 2 GVG).

786 Hinsichtlich der **örtlichen Zuständigkeit** kam es dem Gesetzgeber auf eine räumliche Nähe des Gerichts zum Vollzug an; dieses soll die Verhältnisse in der jeweiligen Anstalt kennen und sich einen unmittelbaren Eindruck von einem Inhaftierten verschaffen können.[122] Für den Antrag auf gerichtliche Entscheidung ist deshalb nach § 110 S. 1 StVollzG diejenige Strafvollstreckungskammer zuständig, in deren Bezirk die beteiligte Vollzugsbehörde[123] ihren Sitz hat.

Sieht das Landesrecht ein Widerspruchsverfahren i.S.d. § 109 Abs. 3 StVollzG vor, so stellt § 110 S. 2 StVollzG klar, dass sich deswegen die örtliche Zuständigkeit der Strafvollstreckungskammer nicht ändert. Hat also die im Vorverfahren über den eingelegten Widerspruch entscheidende Aufsichtsbehörde ihren Sitz in einem anderen Landgerichtsbezirk als die Strafvollzugsanstalt, deren Maßnahme strittig ist, dann verbleibt es bei der örtlichen Zuständigkeit des Spruchkörpers desjenigen Landgerichts, in dessen Bezirk die Anstalt liegt.

Zum Zweck einer besseren Verfahrensdurchführung und schnelleren Verfahrenserledigung sind nach § 78a Abs. 2 S. 2 GVG die Landesregierungen ermächtigt, durch Rechtsverordnung im Bereich der örtlichen Zuständigkeit eine gerichtliche **Zuständigkeitskonzentration** vorzunehmen und auswärtige Strafvollstreckungskammern einzurichten.[124] Von dieser Möglichkeit haben mehrere Bundesländer Gebrauch gemacht. Bilden Bundesländer Vollzugsgemeinschaften[125], können sie insoweit gem. § 78a Abs. 3 GVG auch Zuständigkeitsvereinbarungen für die Strafvollstreckungskammer treffen.

787 Wird ein Inhaftierter während eines vollzuglichen Verfahrens i.S.d. §§ 109 ff. StVollzG in eine andere Justizvollzugsanstalt verlegt[126], ist hinsichtlich der **örtlichen Zuständigkeit bei Anstaltswechsel** zu beachten:

Handelt es sich nur um eine **vorübergehende Verlegung** (z.B. im Wege einer Überstellung gem. § 8 Abs. 2 StVollzG, § 6 Abs. 1 JVollzGB III, Art. 10 Abs. 2 BayStVollzG, § 9 Abs. 3 HmbStVollzG, § 11 Abs. 1 HStVollzG, § 10 Abs. 2 NJVollzG), bleibt es bei der Zuständigkeit der ursprünglichen Strafvollstreckungskammer, es sei denn, der Inhaftierte wendet sich gegen eine Maßnahme, die die Leitung derjenigen Anstalt gegen ihn angeordnet hat, in der er sich vorübergehend befindet.[127]

788 Stellt der Anstaltswechsel dagegen eine **nicht vorübergehende Verlegung** dar, bleibt es grundsätzlich ebenfalls bei der örtlichen Zuständigkeit der Strafvollstreckungskammer. Es gibt **keinen automatischen Zuständigkeitswechsel**. Die auf Dauer angelegte Straforänderung kann jedoch zu einem Wechsel der Antragsgeg-

---

[122] BT-Drs. 7/918, S. 84.
[123] Dazu unten Kap. 8.2.1.7.
[124] Siehe z.B. in Bayern § 45 der Gerichtlichen Zuständigkeitsverordnung Justiz (BayGVBl. 2004, S. 471; 2007, S. 357).
[125] Dazu oben Kap. 1.5.
[126] Zur Verlegung oben Kap. 5.2.2.
[127] Schuler/Laubenthal, in: Schwind/Böhm/Jehle/Laubenthal, 2009, § 110 Rdn. 6.

nerin als Beteiligte i.S.d. § 111 Abs. 1 Nr. 2 StVollzG führen. In einem solchen Fall hat das Gericht die Sache an diejenige Strafvollstreckungskammer zu verweisen, in deren Bezirk die aufnehmende Anstalt ihren Sitz hat. Aber auch eine solche Verweisung erfolgt nicht automatisch, sondern nur auf einen entsprechenden Verweisungsantrag hin.[128] Dies folgt aus dem im vollzuglichen Verfahren geltenden Verfügungsgrundsatz, wonach das Gericht an die Anträge der Beteiligten gebunden ist.[129] Ob es bei einer nicht nur vorübergehenden Verlegung zu einem Wechsel der Antragsgegnerin kommt, richtet sich nach dem jeweiligen Antragsbegehren:

– Wird der Inhaftierte während eines Verfahrens verlegt, das einen **Verpflichtungs- oder Vornahmeantrag** zum Gegenstand hat und verfolgt er sein ursprüngliches Begehren weiter, wird beteiligte Vollzugsbehörde die aufnehmende Vollzugsanstalt.[130]   789

Beispiel: G war zunächst Strafgefangener in der Justizvollzugsanstalt Straubing. Einen von ihm dort an die Anstaltsleitung gestellten Antrag auf Aushändigung eines „Orion-Kalender – Extrascharf" hatte diese abgelehnt. Gegen den Bescheid ging G mit einem Antrag auf gerichtliche Entscheidung vor und begehrte bei der für Straubing zuständigen Strafvollstreckungskammer weiterhin die Aushändigung des Kalenders. Danach erfolgte die Verlegung des G in die Justizvollzugsanstalt Bayreuth. Das Landgericht Bayreuth lehnte die Übernahme des Verfahrens ab und legte die Sache dem BGH zur Bestimmung des zuständigen Gerichts vor.
Der BGH stellte fest, dass es G nicht nur um die Feststellung der angeblichen Rechtswidrigkeit der Nichtaushändigung des Kalenders ging, sondern um dessen Herausgabe aus der Habe. Adressat eines derartigen Begehrens kann allein diejenige Haftanstalt sein, in welcher der Gefangene gerade einsitzt. Wird ein Antragsteller, „nachdem er das gerichtliche Verfahren anhängig gemacht hat, in eine andere Anstalt verlegt, dann ist er, wenn der Betroffene mit seinem Begehren anstrebt, dass die Anstalt zu einer bestimmten (künftigen) Maßnahme verpflichtet wird, es also nicht allein um eine (oder die) in der Vergangenheit erfolgte Anordnung geht, auf seinen Antrag hin an die Strafvollstreckungskammer zu verweisen, in der diese Anstalt liegt."[131]

– Geht es dem Gefangenen mit seinem Antrag auf gerichtliche Entscheidung um eine **Feststellung** (z.B. der Rechtswidrigkeit einer von der Leitung der abgebenden Anstalt angeordneten und vollzogenen Disziplinarmaßnahme, die in die Personalakte eingetragen wurde und sich bei späteren Prognoseentscheidungen negativ auswirken kann[132]), ist das Verfahren gegen diejenige Justizvollzugsanstalt weiterzuführen, welche die Entscheidung getroffen hat.   790

---

[128] BGHSt. 36, S. 36; BGH, NStZ 1990, S. 205; BGH, NStZ 1999, S. 158; Calliess/Müller-Dietz, 2008, § 110 Rdn. 4; Schuler/Laubenthal, in: Schwind/Böhm/Jehle/Laubenthal, 2009, § 110 Rdn. 6; a.A. OLG Frankfurt, NStZ-RR 2008, S. 293.
[129] Arloth, 2008, § 110 Rdn. 4.
[130] BGHSt. 36, S. 35.
[131] BGH, NStZ 1999, S. 158.
[132] Dazu OLG Nürnberg, ZfStrVo 2000, S. 182.

791 – Bei **Anfechtungsanträgen** muss zwischen Dauermaßnahmen und Zustandsmaßnahmen differenziert werden[133], wobei Antragsgegnerin diejenige Justizvollzugsanstalt ist, die über den Streitgegenstand verfügen und die belastende Maßnahme gegebenenfalls aufheben kann. Setzt sich die mögliche Rechtsbeeinträchtigung noch in der aufnehmenden Anstalt fort und wird sie dort vollzogen (z.B. bei der andauernden Maßnahme des Anhaltens eines Schreibens oder der Anordnung, Besuche optisch und akustisch zu überwachen), muss es im Sinne eines möglichst effektiven Rechtsschutzes zu einem Wechsel der Antragsgegnerin kommen[134], weil anderenfalls ein Erfolg des Anfechtungsantrags keine die aufnehmende Anstalt verpflichtende Wirkung hätte.[135] Wendet sich der Inhaftierte jedoch gegen eine von der ursprünglichen Anstaltsleitung angeordnete Zustandsmaßnahme (wie z.B. die Verlegung in eine andere Einrichtung), deren Regelung mit der zustandsverändernden faktischen Verlegung abgeschlossen ist, verbleibt es trotz Durchführung der Maßnahme bei der abgebenden Anstalt als beteiligte Vollzugsbehörde i.S.d. § 111 Abs. 1 Nr. 2 StVollzG.[136] Damit kommt es zu keiner Änderung in der örtlichen Zuständigkeit der Strafvollstreckungskammer.

8.2.1.6 Antragsform und -frist

792 Der Antrag auf gerichtliche Entscheidung muss nach § 112 Abs. 1 S. 1 StVollzG **schriftlich** oder zur **Niederschrift** der Geschäftsstelle des Landgerichts bzw. der Rechtsantragsstelle eines nach § 299 StPO zuständigen Amtsgerichts gestellt werden. Da im Verfahren vor der Strafvollstreckungskammer kein Anwaltszwang besteht, braucht der Antrag weder von einem solchen verfasst noch unterzeichnet zu sein. Das Strafvollzugsgesetz und die Strafprozessordnung, auf die § 120 Abs. 1 StVollzG verweist, kennen grundsätzlich keine Vorschrift, die für die Abgabe von Willenserklärungen die Vertretung eines Inhaftierten im Willen und in der Erklärung ausschließt. Daher können auch Bevollmächtigte, die nicht Rechtsanwälte sind, für einen Gefangenen Anträge stellen.[137]

793 Damit dem Schriftformerfordernis genügt wird, müssen aus dem bei Gericht eingehenden Schriftsatz dessen Urheber, seine Anschrift und der Antrag hinreichend erkennbar sein; nicht notwendig ist dagegen eine Unterschrift.[138] § 112 Abs. 1 S. 1 StVollzG verlangt, dass der Gefangene zumindest den Verfahrensgegenstand bestimmt, also deutlich macht, gegen welche Maßnahme sich der Antrag richtet. Das Erfordernis einer den Anforderungen des § 109 Abs. 2 StVollzG genügenden Begründung innerhalb der Frist ist dem Wortlaut des § 112 Abs. 1 S. 1 StVollzG nicht zwingend zu entnehmen. Diese Angaben können in einer ange-

---

[133] Siehe auch AK-Kamann/Volckart, 2006, § 111 Rdn. 2.
[134] OLG Celle, Nds.-Rpfl 2002, S. 86; siehe auch OLG Saarbrücken, ZfStrVo 2004, S. 121.
[135] OLG Stuttgart, NStZ 1989, S. 496.
[136] Calliess/Müller-Dietz, 2008, § 110 Rdn. 4.
[137] OLG Nürnberg, NStZ 1997, S. 360; zur Antragstellung durch einen Mitgefangenen siehe BVerfG, NStZ 1998, S. 103.
[138] Calliess/Müller-Dietz, 2008, § 112 Rdn. 2.

messenen Zeit auch noch nach Fristablauf gemacht werden.[139] Dabei kann es die Fürsorgepflicht des Gerichts in bestimmten Fällen gebieten, einen Gefangenen, der innerhalb der Frist des § 112 Abs. 1 S. 1 StVollzG einen vom Gericht nicht als ausreichend angesehenen Antrag verfasst hat, auf die Mängel hinzuweisen und ihm ausnahmsweise zu gestatten, die fehlenden Erklärungen auch noch nach Ablauf der zweiwöchigen Frist des § 112 Abs. 1 S. 1 StVollzG nachzuholen. Dies gilt jedoch nicht für Antragsschriften, die von Rechtsanwälten oder von forensisch erfahrenen Gefangenen eingereicht werden.[140]

Die Antragsfrist beträgt bei einem **Anfechtungs-** und bei einem **Verpflichtungsantrag** gem. § 112 Abs. 1 StVollzG **zwei Wochen**. Diese Vorschrift gilt nicht für den Unterlassungs- bzw. Feststellungsantrag; eine besondere Regelung enthält § 113 StVollzG für den Vornahmeantrag.

794

Die Zwei-Wochen-Frist des § 112 Abs. 1 StVollzG beginnt mit der **Zustellung** oder der **schriftlichen Bekanntgabe** der vollzuglichen Maßnahme bzw. ihrer Ablehnung.

Eine schriftliche Bekanntgabe ist nicht vollständig, wenn das Schriftstück keine Unterschrift oder Namenswiedergabe enthält. Denn das Erfordernis der Unterzeichnung soll insbesondere im Interesse der Rechtssicherheit prinzipiell gewährleisten, dass bloße Entwürfe oder sonstige unfertige Schreiben als offizielle Entscheidung ergehen. Deshalb setzt eine unvollständige und damit fehlerhafte Bekanntgabe die Rechtsbehelfsfrist nicht in Lauf, es sei denn, aus den Gesamtumständen geht zweifelsfrei hervor, dass es sich nicht lediglich um einen Entwurf handelt.[141]

Beginnt die Zwei-Wochen-Frist mit dem Zugang der schriftlichen Bekanntgabe zu laufen, so ist für die **Bestimmung des Zugangszeitpunkts** § 130 BGB entsprechend heranzuziehen.[142] Verweigert der Inhaftierte unberechtigt und grundlos die Annahme des Schriftstücks, wird der Zugang fingiert, d.h. es gilt ihm in dem Zeitpunkt als zugegangen, in dem ihm die konkrete Übergabe angeboten wurde.[143] Die Zugangsfiktion des § 41 VwVfG ist auf die Berechnung der Frist des § 112 Abs. 1 S. 1 StVollzG nicht anwendbar.[144]

Bei der schriftlichen Bekanntgabe handelt es sich – weil eine Frist in Lauf gesetzt werden soll – um einen formalen und als solchen äußerlich erkennbaren Akt. Ist ein Inhaftierter im Verfahren gem. §§ 109 ff. StVollzG durch einen Verteidiger vertreten, beginnt der Lauf der Frist mit dem Zugang des Schreibens beim Rechtsanwalt. Erhält der Gefangene von der Anstaltsleitung eine sog. Mehrfertigung des an den Verteidiger gerichteten Schreibens, setzt dieser Akt nur dann die Frist des § 112 Abs. 1 StVollzG in Lauf, wenn sich aus dem Bescheid selbst bzw. aus weiteren Umständen

---

[139] KG, NStZ-RR 1997, S. 154.
[140] OLG Koblenz, NStZ-RR 2011, S. 32.
[141] KG, NStZ-RR 2005, S. 356.
[142] Schuler/Laubenthal, in: Schwind/Böhm/Jehle/Laubenthal, 2009, § 112 Rdn. 2.
[143] OLG Frankfurt, NStZ-RR 2002, S. 351.
[144] KG, NStZ-RR 2002, S. 383.

für den Inhaftierten eindeutig ergibt, dass durch die Übergabe des an seinen Verteidiger gerichteten Schreibens die Antragsfrist in Lauf gesetzt werden soll.[145]

Aufgrund des eindeutigen Wortlauts von § 112 Abs. 1 S. 1 StVollzG wird die Frist durch eine nur mündliche Bekanntgabe oder den mündlichen Erlass einer Maßnahme nicht in Gang gesetzt.[146] Sieht das Landesrecht ein Widerspruchsverfahren vor, beginnt der Lauf der Frist erst mit Zustellung oder schriftlicher Bekanntgabe des Widerspruchsbescheids. Die Zwei-Wochen-Frist berechnet sich nach § 120 Abs. 1 StVollzG i.V.m. § 43 StPO. Sie wird gewahrt durch den rechtzeitigen Eingang des Antrags bei der zuständigen Strafvollstreckungskammer i.S.d. § 110 StVollzG oder bei einem nach § 299 StPO zuständigen Amtsgericht.[147]

Beginnt bei einer **fehlenden schriftlichen Bekanntgabe** der vollzugsbehördlichen Entscheidung die Zwei-Wochen-Frist des § 112 Abs. 1 StVollzG nicht zu laufen, so bedeutet dies nicht, dass der Betroffene zeitlich unbegrenzt (gegebenenfalls noch nach Jahren) den Rechtsweg gem. §§ 109 ff. StVollzG beschreiten kann. Dies bleibt nur – obwohl das Gesetz nicht explizit eine Frist vorsieht – bis zum Ablauf eines Jahres zulässig. Insoweit ist die für den Vornahmeantrag geltende Frist des § 113 Abs. 3 StVollzG entsprechend anzuwenden.[148]

795 Hat ein Antragsteller unverschuldet (z.B. wegen schwerer Erkrankung) die Einhaltung einer Frist i.S.d. § 112 Abs. 1 StVollzG versäumt, kann er nach § 112 Abs. 2 bis 4 StVollzG **Wiedereinsetzung in den vorigen Stand** beantragen. An einem Verschulden fehlt es auch dann, wenn das Versäumnis im Verantwortungsbereich der Justizvollzugsanstalt (z.B. bei Verzögerungen in der Weiterleitung von Schreiben) oder der Geschäftsstelle des Gerichts (z.B. Rechtspfleger kann die Niederschrift aus von ihm zu verantwortenden Gründen nicht mehr rechtzeitig aufnehmen[149]) liegt. Da § 120 Abs. 1 StVollzG für das Verfahren vor der Strafvollstreckungskammer im Rahmen der §§ 109 ff. StVollzG auf die Regelungen der Strafprozessordnung verweist, gelten hinsichtlich eines Verschuldens des Verteidigers oder sonstigen Vertreters an der Fristversäumnis die strafprozessualen Grundsätze. Der Antragsteller muss sich daher das Vertreterverschulden nicht zurechnen lassen.[150] An der Nichteinhaltung der Frist des § 112 Abs. 1 StVollzG trifft einen Antragsteller auch dann kein Verschulden, wenn dieser sich für bedürftig halten konnte und deshalb innerhalb der Frist zunächst nur einen Antrag auf Prozesskostenhilfe gestellt hat und erst nach Entscheidung darüber den Rechtsbe-

---

[145] OLG Karlsruhe, StraFo 2007, S. 86 f.
[146] OLG Koblenz, ZfStrVo 1992, S. 321 f.
[147] AK-Kamann/Volckart, 2006, § 112 Rdn. 4.
[148] Calliess/Müller-Dietz, 2008, § 112 Rdn. 1.
[149] Vgl. OLG Hamm, NStZ 1991, S. 427.
[150] AK-Kamann/Volckart, 2006, § 112 Rdn. 12; Calliess/Müller-Dietz, 2008, § 112 Rdn. 3; Litwinski/Bublies, 1989, S. 110; Schuler/Laubenthal, in: Schwind/Böhm/Jehle/Laubenthal, 2009, § 112 Rdn. 8; a.A. OLG Hamburg, NStZ 1991, S. 426; Arloth, 2008, § 112 Rdn. 5; differenzierend dagegen Zwiehoff, 1986, S. 80 ff. (keine Zurechnung des Verschuldens nur in Verfahren zur Überprüfung von Disziplinarmaßnahmen).

helf selbst einlegt. Ist zu diesem Zeitpunkt die Frist bereits abgelaufen, liegt ein Wiedereinsetzungsgrund vor.[151]

Der Antrag auf Wiedereinsetzung in den vorigen Stand ist nach § 112 Abs. 3 StVollzG innerhalb von zwei Wochen nach Wegfall des unverschuldeten Hindernisses zu stellen. Dabei müssen die Tatsachen zur Begründung des Antrags glaubhaft gemacht werden. Innerhalb der Antragsfrist des § 112 Abs. 3 S. 1 StVollzG hat zudem die Nachholung der versäumten Rechtshandlung zu erfolgen. Ist dies geschehen, kann das Gericht eine Wiedereinsetzung auch ohne Antrag gewähren. Nach Ablauf eines Jahres seit Ende der ursprünglich versäumten Frist zur Stellung eines Antrags auf gerichtliche Entscheidung nach § 112 Abs. 1 StVollzG wird ein Wiedereinsetzungsantrag unzulässig (§ 112 Abs. 4 StVollzG). Diese Ausschlussfrist entfällt nur, wenn höhere Gewalt eine Antragstellung verhindert hat. **796**

Beispiel: Der in der bayerischen Justizvollzugsanstalt J seine Freiheitsstrafe verbüßende G beantragt am 3. April einen Hafturlaub für die Dauer von drei Tagen. Mit schriftlichem Bescheid, der dem G am 17. April bekannt gegeben wird, lehnt Anstaltsleiter A den Antrag des G ab. Da das Land Bayern von der Möglichkeit des vorgeschalteten Widerspruchsverfahrens i.S.d. § 109 Abs. 3 StVollzG keinen Gebrauch gemacht hat, kann G sich nun unmittelbar mit einem Antrag auf gerichtliche Entscheidung gegen den ablehnenden Bescheid des A wenden. Am 18. April wird G jedoch mit einer lebensgefährlichen Erkrankung in das Vollzugskrankenhaus eingeliefert; eine Besserung stellt sich erst nach drei Wochen ein. Auch jetzt kann G noch gegen den ablehnenden Bescheid des A vom 17. April vorgehen. Zwar hat er die Zwei-Wochen-Frist des § 112 Abs. 1 S. 1 StVollzG versäumt. Dieses Versäumnis war jedoch von ihm nicht verschuldet.

Nach Wegfall des Hindernisses der schweren Erkrankung muss G zwei Anträge stellen:
– Binnen zwei Wochen den Antrag auf Wiedereinsetzung gem. § 112 Abs. 3 S. 1 StVollzG, wobei das Nichtverschulden der Fristversäumnis glaubhaft zu machen ist.
– Innerhalb der Zwei-Wochen-Frist des § 112 Abs. 3 S. 1 StVollzG den Verpflichtungsantrag auf Gewährung von Hafturlaub bzw. Neubescheidung des Antrags.

Hat G innerhalb der Antragsfrist des § 112 Abs. 3 S. 1 StVollzG nur den Verpflichtungsantrag gestellt, ohne dass ein Wiedereinsetzungsantrag ausdrücklich vorliegt, dann kann nach § 112 Abs. 3 S. 4 StVollzG die Strafvollstreckungskammer dennoch die Wiedereinsetzung gewähren, wenn aus dem Zusammenhang ersichtlich ist, dass G Wiedereinsetzung begehrt und ein Verschulden nicht vorlag.

Ein **Vornahmeantrag** kann nach § 113 Abs. 1 StVollzG grundsätzlich erst nach Ablauf von drei Monaten seit dem vergeblichen Antrag an die Vollzugsbehörde auf Erlass oder Durchführung einer Maßnahme gestellt werden. Bei besonderer Eilbedürftigkeit kommt eine Anrufung der Strafvollstreckungskammer aber auch schon vor Ende dieses Zeitraumes in Betracht.[152] **797**

Beispiel: Strafgefangener G beantragt am 2.9. die Gewährung von zwei Tagen Hafturlaub am 25. und 26.9. Wie er in seinem Antrag darlegt, feiern an diesem Wochenende

---

[151] OLG Koblenz, NStZ-RR 1997, S. 187.
[152] BVerfG, StrVert 1985, S. 240.

seine Eltern ihre Goldene Hochzeit und G möchte an dieser Feier teilnehmen. G erhält auf sein Schreiben keine Antwort.

Da es dem G gerade auf Hafturlaub am 25. und 26.9. ankommt, wäre es nicht sinnvoll, ihn nach § 113 Abs. 1 StVollzG drei Monate warten zu lassen, bis er einen zulässigen Vornahmeantrag stellen kann. Vielmehr handelt es sich um eine Fallkonstellation, in der besondere Umstände für eine frühere Anrufung der Strafvollstreckungskammer gegeben sind.

§ 113 Abs. 3 StVollzG normiert für den Vornahmeantrag eine Ausschlussfrist von einem Jahr; nur bei höherer Gewalt oder außergewöhnlichen Umständen des Einzelfalles bleibt noch eine spätere Antragstellung möglich.

Bei einem **Feststellungsantrag** kann dessen Unzulässigkeit wegen Verwirkung infolge Zeitablaufs eintreten[153] (z.B. wenn erst nach Jahren die Feststellung einer erledigten Maßnahme durch die Strafvollstreckungskammer beantragt wird). Zwar ist es den Gerichten untersagt, den Weg zu ihnen in unzumutbarer, aus Sachgründen nicht mehr zu rechtfertigender Weise zu erschweren. Das ist jedoch dann nicht der Fall, wenn der Zeitraum, auf den abgestellt wird, nicht zu knapp bemessen erscheint und die rechtzeitige Einlegung des Rechtsbehelfs dem Betroffenen möglich, zumutbar und von ihm zu erwarten war.[154]

8.2.1.7 Beteiligtenfähigkeit

798 Verfahrensbeteiligte sind nach der abschließenden[155] Regelung des § 111 Abs. 1 StVollzG in erster Instanz
- der Antragsteller (Nr. 1),
- die Vollzugsbehörde (Nr. 2), welche die angefochtene Maßnahme angeordnet oder die beantragte abgelehnt oder unterlassen hat.[156]

Die Behörde i.S.d. Nr. 2 ist grundsätzlich die Justizvollzugsanstalt. Nur in besonderen Ausnahmefällen kommt auch eine Beteiligung der Aufsichtsbehörde in Betracht: wenn diese eine Maßnahme erlassen (z.B. infolge eines Vorbehalts nach § 153 StVollzG über die Verlegung eines Inhaftierten entscheidet) und der Anstaltsleiter nur die Durchführung der aufsichtsbehördlichen Anordnung zu veranlassen hat.[157]

---

[153] OLG Thüringen, NStZ 2004, S. 229.
[154] BVerfGE 32, S. 309 f.; siehe auch BVerfG, NStZ-RR 2004, S. 59 f.
[155] Calliess/Müller-Dietz, 2008, § 111 Rdn. 2.
[156] Dazu BGH, NStZ 1996, S. 207.
[157] Zur Änderung der beteiligten Vollzugsbehörde bei Anstaltswechsel oben Kap. 8.2.1.5.

8.2.1.8 Vereinfachtes Prüfungsschema 799

Zulässigkeit eines Antrags auf gerichtliche Entscheidung gem. §§ 109 ff. StVollzG

1. Rechtswegeröffnung, § 109 Abs. 1 StVollzG:
   – Maßnahme
   – auf dem Gebiet des Strafvollzugs
   – zur Regelung
   – einzelner Angelegenheiten.

2. Antragsart:
   – Anfechtungsantrag, §§ 109 Abs. 1 S. 1, 115 Abs. 2 S. 1 StVollzG,
   – Verpflichtungsantrag, §§ 109 Abs. 1 S. 2, 115 Abs. 4 StVollzG,
   – Vornahmeantrag, §§ 109 Abs. 1 S. 2, 113 StVollzG,
   – Unterlassungsantrag,
   – Feststellungsantrag, § 115 Abs. 3 StVollzG.

3. Antragsbefugnis, § 109 Abs. 2 StVollzG:
   Möglichkeit der Verletzung eines subjektiven Rechts.

4. Vorverfahren, § 109 Abs. 3 StVollzG:
   bei Anfechtungs- oder Verpflichtungsantrag, wenn nach Landesrecht erforderlich.

5. Zuständigkeit der Strafvollstreckungskammer:
   – sachlich, § 78a Abs. 1 S. 2 Nr. 2 GVG,
   – örtlich, § 110 S. 1 StVollzG.

6. Formalien:
   – Schriftform oder zur Niederschrift des Gerichts, § 112 Abs. 1 S. 1 StVollzG.
   – Frist bei Anfechtungs- oder Verpflichtungsantrag, § 112 Abs. 1 StVollzG:
     – zwei Wochen nach Zustellung oder schriftlicher Bekanntgabe der Maßnahme oder ihrer Ablehnung bzw.
     – zwei Wochen nach Zustellung oder schriftlicher Bekanntgabe des Widerspruchsbescheids.
   – Frist bei Vornahmeantrag, § 113 Abs. 1 StVollzG:
     – drei Monate nach vergeblichem Antrag an Behörde.

7. Beteiligtenfähigkeit, § 111 Abs. 1 StVollzG:
   – Antragsteller (Nr. 1),
   – Vollzugsbehörde, die die angefochtene Maßnahme angeordnet oder die beantragte abgelehnt oder unterlassen hat (Nr. 2).

8.2.2 Verfahren und Prüfungsumfang

800 Die Strafvollstreckungskammer entscheidet über einen Antrag nach §§ 109 ff. StVollzG ohne mündliche Verhandlung durch **Beschluss** (§ 115 Abs. 1 S. 1 StVollzG). Besetzt ist der Spruchkörper dabei gem. § 78b Abs. 1 Nr. 2 GVG mit einem Richter. Findet vor diesem Einzelrichter keine mündliche Verhandlung statt, schließt das nicht aus, zum Zweck der Sachverhaltsaufklärung einen am Verfahren Beteiligten oder einen Dritten persönlich anzuhören.[158]

801 Da das Strafvollzugsgesetz das gerichtliche Verfahren zur Überprüfung vollzuglicher Maßnahmen nicht abschließend regelt, gelten – soweit sich aus §§ 109 bis 121 StVollzG nichts anderes ergibt – nach § 120 Abs. 1 StVollzG die Vorschriften der Strafprozessordnung entsprechend. Dieser pauschale Verweis ist als missglückt anzusehen.[159] Denn das Verfahren nach §§ 109 ff. StVollzG stellt zum einen keinen Strafprozess mit einer Hauptverhandlung dar. Zum anderen ist es partiell dem verwaltungsgerichtlichen Rechtsstreit nachgebildet (z.B. Antragsarten).

Da es sich beim vollzuglichen Rechtsschutzverfahren um eine modifizierte Variante des verwaltungsgerichtlichen Rechtsstreits handelt, ist folgendermaßen vorzugehen: Regeln die §§ 109 bis 121 StVollzG eine Verfahrensfrage nicht unmittelbar, kommen wegen der strukturellen Ähnlichkeit zum verwaltungsgerichtlichen Verfahren auch Normen der Verwaltungsgerichtsordnung oder des Verwaltungsverfahrensgesetzes zur Anwendung, wenn die Strafprozessordnung zu keinem den Besonderheiten des Strafvollzugs adäquaten Ergebnis führen kann.[160]

8.2.2.1 Verfahrensprinzipien

(1) Verfügungsgrundsatz

802 Rechtsschutz im Verfahren nach §§ 109 ff. StVollzG gewährt die Strafvollstreckungskammer nur auf **Antrag** eines Betroffenen hin.

Der Antrag auf gerichtliche Entscheidung erfordert eine aus sich heraus verständliche Darstellung. Er muss erkennen lassen, durch welche Maßnahme der Vollzugsbehörde der Betroffene sich in seinen Rechten verletzt fühlt. Das Gericht ist in die Lage zu versetzen, den zugrunde liegenden Sachverhalt ohne Zuhilfenahme weiterer – gegebenenfalls erst zu ermittelnder – Erklärungen oder Unterlagen zu erfassen. Die Strafvollstreckungskammer muss erkennen können, durch welche Maßnahme sich der Antragsteller beschwert fühlt sowie inwiefern und wodurch er seine Rechte als verletzt erachtet. An das Vorbringen sind allerdings

---

[158] Litwinski/Bublies, 1989, S. 111.
[159] Kaiser/Schöch, 2002, S. 369; Laubenthal, 2002a, S. 493; ders., 2007, S. 328; Müller-Dietz, 1981, S. 125; ders., 1993, S. 478; ders., 1995a, S. 285.
[160] AK-Kamann/Volckart, 2006, § 120 Rdn. 3; Calliess/Müller-Dietz, 2008, § 120 Rdn. 1; Grunau/Tiesler, 1982, § 120 Rdn. 3; Kösling, 1991, S. 74 ff.; Müller-Dietz, 1985c, S. 335 ff.; Schuler, 1988, S. 259; Schuler/Laubenthal, in: Schwind/Böhm/Jehle/Laubenthal, 2009, § 120 Rdn. 1.

keine zu hohen Anforderungen zu stellen. Es ist keine Darstellung erforderlich, aus der sich „schlüssig" eine Rechtsverletzung ergibt.[161]

Angesichts des Antragsprinzips bei vollzuglichen Rechtsschutzverfahren gilt nicht die strafprozessuale Offizialmaxime, sondern der Verfügungsgrundsatz. Der Streitgegenstand steht zur Disposition des Antragstellers, d.h. das im Antrag vorgebrachte Begehren bestimmt und begrenzt den Streitgegenstand mit bindender Wirkung sowohl für das Gericht als auch für die anderen Verfahrensbeteiligten. Deshalb bleibt etwa eine eigenmächtige Erweiterung des Streitgegenstandes durch das Gericht unzulässig.[162] Aus dem Verfügungsgrundsatz folgt ferner: Ein Verfahren findet sein Ende, wenn der Betroffene sein Begehren nicht weiter gerichtlich verfolgen will und er seinen Antrag zurücknimmt.

Auch wenn das Gericht zwar grundsätzlich an den Antrag gebunden ist, gebietet es aber die prozessuale Fürsorgepflicht, einem rechtsunkundigen und anwaltlich nicht vertretenen Antragsteller durch sachgerechte Hinweise die Möglichkeit zur Behebung von Antragsmängeln zu geben.[163] Vor allem darf das Gericht einem Anliegen entgegen dem vorgetragenen Wortlaut und erkennbaren Sinn keine solche Bedeutung zumessen, dass diese zu einer Zurückweisung des Antrages als unzulässig führen muss, während bei sachdienlicher Interpretation eine Sachentscheidung möglich wäre.

> *Beispiel:* Die Anstaltsleitung lehnt den Antrag eines Inhaftierten auf Erteilung einer Erlaubnis zum Besitz eines Keyboards mit dem Hinweis ab, dass in der Justizvollzugsanstalt solche Instrumente nicht zugelassen seien. Hiergegen wendet sich der Betroffene auf dem Rechtsweg. Er beantragt, die Entscheidung aufzuheben und die Anstalt zu einer Neuentscheidung unter Beachtung der Rechtsauffassung des Gerichts zu verpflichten. Das Vollstreckungsgericht verwirft den Antrag auf gerichtliche Entscheidung als unzulässig, weil ausdrücklich nur ein solcher auf Feststellung der Rechtswidrigkeit der angegriffenen Entscheidung bzw. auf Aufhebung derselben gestellt worden sei.
>
> Die gerichtliche Entscheidung verstößt gegen das Willkürverbot des Art. 3 Abs. 1 GG.[164] Denn der Gefangene hat mit seinem Antrag auf eine Neubescheidung der Anstalt unter Aufhebung der ergangenen Entscheidung eindeutig zu erkennen gegeben, dass er gerade nicht nur die Rechtswidrigkeit der behördlichen Maßnahme festgestellt haben will und deren Aufhebung begehrt, sondern dass es ihm um die Erlaubnis zum Besitz des Keyboards geht. Dem steht auch nicht die irrtümliche Annahme des Inhaftierten entgegen, die Genehmigung des Besitzes von Gegenständen für die Freizeitbeschäftigung stehe im Ermessen der Vollzugsbehörde, während § 70 Abs. 1 StVollzG dem Gefangenen ein Besitzrecht im Rahmen der gesetzlichen Grenzen gibt. Die vom Vollstreckungsgericht vorgenommene Interpretation des Antrags war objektiv willkürlich. Denn das Rechtsstaatsprinzip verbietet es dem Richter, das Verfahrensrecht so auszulegen und anzuwenden, dass den Beteiligten der Zugang zu den in den Verfahrensordnungen eingeräumten Rechtsbehelf- und Rechtsmittelinstanzen in unzumutbarer, aus Sachgründen nicht mehr zu rechtfertigender Weise erschwert wird.[165]

---

[161] KG, NStZ-RR 2010, S. 61.
[162] OLG Koblenz, NStZ 2008, S. 684.
[163] KG, NStZ-RR 1997, S. 154.
[164] BVerfG, StrVert 1994, S. 201 f.
[165] BVerfG, StrVert 1994, S. 202.

803 Auch wenn im vollzuglichen Rechtsschutzverfahren nach §§ 109 ff. StVollzG der Verfügungsgrundsatz gilt, sind solche Erwägungen[166] abzulehnen, in § 115 StVollzG eine gesetzliche Verpflichtung zum Bemühen um eine einvernehmliche Regelung einzufügen. Zudem eignet sich die Materie Strafvollzug nur wenig für **Vergleichsabschlüsse**. Die Vergleichsmöglichkeiten würden schon durch zahlreiche gesetzliche Zwänge begrenzt. Dort, wo Spielräume gegeben sind, stellt sich nicht nur die Frage nach der Vergleichsfähigkeit, sondern auch nach der gerichtlichen Kompetenz, in diese Spielräume einzugreifen. So bleibt z.B. sowohl aus rechtlichen als auch aus tatsächlichen Gesichtspunkten kaum eine Einigung im Sinne eines Vergleichs über das Vorliegen einer Flucht- oder Missbrauchsgefahr i.S.d. § 11 Abs. 2 StVollzG, § 9 Abs. 1 JVollzGB III, Art. 13 Abs. 2 BayStVollzG, § 12 Abs. 1 S. 2 HmbStVollzG, § 13 Abs. 2 S. 1 HStVollzG, § 13 Abs. 2 NJVollzG bei der Gewährung von Vollzugslockerungen denkbar. Eine gesetzliche Verpflichtung des Richters, jedes Verfahren zunächst mit dem Ziel eines Vergleichsabschlusses zu führen, würde in der Praxis häufig unnötige Belastungen für die Beteiligten nach sich ziehen. Ein in vollzuglichen Verfahren erfahrener Richter wird selbst in der Lage sein abzuschätzen, ob und wann der Einsatz eines Mediators[167] angebracht ist. Kommt es im Einzelfall in einem Verfahren gem. § 109 StVollzG zu einem beiderseitigen Nachgeben, ist dies durchaus als positiv zu bewerten.

Vergleichsbemühungen finden in Einzelfällen auch unmittelbar zwischen einem Inhaftierten und der Anstaltsleitung statt, nachdem die Sache bereits vor Gericht anhängig ist. Der Strafgefangene kann dann einen Antrag stellen, das Verfahren bis zum Abschluss der Einigungsbestrebungen nicht weiter zu betreiben. Ein derartiger Antrag ist analog § 173 S. 1 VwGO als ein solcher auf das Ruhen des Verfahrens zu interpretieren.[168]

(2) Untersuchungsgrundsatz

804 Im Verfahren nach §§ 109 ff. StVollzG ermittelt die Strafvollstreckungskammer den Sachverhalt **von Amts wegen** (§ 120 Abs. 1 StVollzG i.V.m. § 244 Abs. 2 StPO).[169] Das Gericht muss daher den seine Entscheidung betreffenden Sachverhalt umfassend aufklären und sich bei strittigem Vorbringen um die Ermittlung der tatsächlichen Geschehnisse bemühen. In einem solchen Fall sind eigene Nachforschungen anzustellen[170] sowie selbst Beweise zu erheben.[171] Die Strafvollstreckungskammer darf ihrer Entscheidung nicht ungeprüft den Sachvortrag einer Seite zugrunde legen. Den Antragsteller trifft allerdings **keine Beweislast** und **kein Beweisrisiko**.

---

[166] Siehe Kamann, 1993a, S. 23; Rotthaus K., 1993, S. 59.
[167] Dazu Vogt/Schammler, 2009, S. 330 ff.
[168] Laubenthal, 2002a, S. 493.
[169] KG, NStZ 2001, S. 448; OLG Hamm, NStZ 2010, S. 441; Calliess/Müller-Dietz, 2008, § 115 Rdn. 3.
[170] OLG Frankfurt, NStZ 1994, S. 380; Voigtel, 1998, S. 197 ff.
[171] OLG Hamm, NStZ 2002, S. 224.

Beispiel: Ein an den Antragsteller gerichtetes, in jugoslawischer Sprache verfasstes Schreiben wird von der Anstalt angehalten, weil es ohne zwingenden Grund in einer fremden Sprache abgefasst sei. In seinem Antrag auf gerichtliche Entscheidung macht der inhaftierte Adressat als zwingenden Grund für die Abfassung in jugoslawischer Sprache geltend, dass der Absender in Jugoslawien inhaftiert sei und aus der dortigen Vollzugsanstalt nur Briefe in der Landessprache absenden dürfe. Obwohl diesem Vorbringen eine rechtliche Erheblichkeit nicht abgesprochen werden kann, hat die Strafvollstreckungskammer die Einlassung nicht berücksichtigt, weil der Inhaftierte die vorgetragenen Umstände nicht glaubhaft gemacht habe.

Das OLG Karlsruhe[172] hat diese Entscheidung zu Recht aufgehoben. Denn nach dem Untersuchungsgrundsatz muss das Gericht von Amts wegen eigene Feststellungen treffen und kann eine rechtlich erhebliche Einlassung im Ergebnis nur unberücksichtigt lassen, wenn sie widerlegt ist. Für die Forderung nach einer Glaubhaftmachung fehlt es an einer Rechtsgrundlage; den Antragsteller trifft keine Beweislast.

(3) Freibeweisverfahren

Die Regeln des strafprozessualen Strengbeweises in der Hauptverhandlung **805** (§§ 244 ff. StPO) eignen sich nicht für das vollzugliche Beschlussverfahren ohne mündliche Verhandlung. Ist eine **Beweiserhebung** durch die Strafvollstreckungskammer erforderlich, richtet sich diese daher nach den Regeln des Freibeweisverfahrens.[173] In diesen gelten die Grundsätze der Mündlichkeit, Unmittelbarkeit und Öffentlichkeit der Beweisaufnahme nicht.

Beweisanträgen kommt danach nur die Bedeutung von Beweisanregungen zu.[174] Es liegt im Ermessen des Gerichts, ob und inwieweit es Ermittlungen anordnet bzw. selbst durchführt, wobei jedoch die Beweismittel-, Beweismethoden- und Beweisverwertungsverbote zu beachten sind.[175] Bewiesen ist eine Tatsache, wenn das Gericht zu der Überzeugung gelangt, dass diese wahr und nicht lediglich wahrscheinlich ist.[176]

(4) Grundsatz des rechtlichen Gehörs

Auch im Verfahren nach §§ 109 ff. StVollzG besteht der mit Verfassungsrang **806** ausgestattete Anspruch der Beteiligten auf rechtliches Gehör (Art. 103 Abs. 1 GG).[177] Das Gericht darf seiner Entscheidung nur solche entscheidungserheblichen Tatsachen und Beweismittel zugrunde legen, zu denen die **Betroffenen** zuvor so rechtzeitig **Stellung nehmen** konnten, dass dies bei der endgültigen Überzeugungsbildung des Gerichts noch berücksichtigt zu werden vermag.[178] Wurde ihnen diese Gelegenheit nicht eingeräumt, ist der Anspruch auf rechtliches Gehör ver-

---

[172] OLG Karlsruhe, NStZ 1991, S. 509.
[173] OLG Hamm, ZfStrVo 1990, S. 308; OLG Hamburg, NStZ-RR 2010, S. 191; Calliess/Müller-Dietz, 2008, § 115 Rdn. 4; Voigtel, 1998, S. 139 ff.
[174] KG, ZfStrVo 1990, S. 119 f.
[175] AK-Kamann/Volckart, 2006, § 115 Rdn. 3.
[176] Schuler/Laubenthal, in: Schwind/Böhm/Jehle/Laubenthal, 2009, § 115 Rdn. 10.
[177] Dazu Voigtel, 1998, S. 269 ff.
[178] OLG Hamm, ZfStrVo 1990, S. 309; OLG Frankfurt, NStZ 1992, S. 455 f.; OLG Bremen, ZfStrVo 1997, S. 56.

letzt. Das Gericht hat dann gem. § 120 Abs. 1 StVollzG i.V.m. § 33a StPO das rechtliche Gehör nachzuholen und neu zu entscheiden.

Einen Verstoß gegen Art. 103 Abs. 1 GG stellt auch eine nur partielle Bescheidung eines Antrags dar (z.B. wenn ein gegen eine belastende Maßnahme gerichteter Anfechtungsantrag mit dem Ziel der Rückgängigmachung als bloßer Feststellungsantrag verbeschieden wird). Der Grundsatz des rechtlichen Gehörs gewährt einen Anspruch darauf, dass das Antragsbegehren eines Verfahrensbeteiligten in der gerichtlichen Entscheidung Berücksichtigung findet. Anträge sind nicht nur zur Kenntnis zu nehmen, sondern auch – sofern nicht Gründe des formellen oder materiellen Rechts entgegenstehen oder das Gericht den Sachvortrag aus Gründen formellen oder materiellen Rechts zulässigerweise unberücksichtigt lassen kann – bei der Entscheidung ernsthaft in Erwägung zu ziehen. Die Wahrung rechtlichen Gehörs erfordert, dass ein Gericht ein konkretes Antragsbegehren nicht aus willkürlichen Erwägungen ablehnt oder übergeht.[179]

(5) Recht auf faires Verfahren

807 Zu den obersten Geboten auch des vollstreckungsgerichtlichen Verfahrens gehört das **Fairnessprinzip**, das in Art. 6 Abs. 1 EMRK seinen positivrechtlichen Ausdruck gefunden hat. Es ist zudem eine Ausprägung des Rechtsstaatsprinzips gem. Art. 20 Abs. 3 GG i.V.m. dem allgemeinen Freiheitsrecht nach Art. 2 Abs. 1 GG.[180]

Das Prinzip des fairen Verfahrens garantiert den Beteiligten ein gerichtliches Vorgehen, das sich durch die Gewährung ihrer individuellen Teilhabe- und Abwehrrechte am rechtsstaatlichen Mindeststandard orientiert. Gerade im Hinblick auf die eingeschränkten Handlungsmöglichkeiten von Inhaftierten müssen die Vollstreckungsgerichte deshalb dafür Sorge tragen, dass die Betroffenen ihre Rechte umfassend wahrnehmen können.

8.2.2.2 Eingeschränkte Prüfungskompetenz

808 Auf der Begründetheitsebene stellt sich die Frage nach der **gerichtlichen Kontrolldichte**. Dies betrifft zum einen die justizielle Überprüfbarkeit von Ermessensentscheidungen der Vollzugsbehörde. Zum anderen geht es um die Justiziabilität unbestimmter Rechtsbegriffe, d.h. inwieweit der Anstaltsleitung hinsichtlich der Auslegung sowie der Subsumtion unter unbestimmte Rechtsbegriffe ein gerichtlich nur begrenzt überprüfbarer Beurteilungsspielraum zusteht.

(1) Ermessensentscheidungen

809 Ist die Vollzugsbehörde berechtigt, nach ihrem Ermessen zu handeln (z.B. der Anstaltsleiter: „kann ..."), schränkt § 115 Abs. 5 StVollzG die gerichtliche **Ermessensprüfung** ein: Die Strafvollstreckungskammer darf ihr eigenes nicht an die

---

[179] BVerfGE 83, S. 35.
[180] BVerfGE 57, S. 275 f.

Stelle des behördlichen Ermessens setzen. Sie überprüft die strittige Maßnahme nur auf:[181]
- Ermessensüberschreitung,
- Ermessensfehlgebrauch,
- Ermessensnichtgebrauch.

Ein **Überschreiten der gesetzlichen Ermessengrenzen** liegt vor, wenn die Vollzugsbehörde ihr Ermessen außerhalb des Rahmens ausübt, der ihr durch die gesetzlichen Grenzen einer bestimmten Norm vorgegeben ist. Die Entscheidung ist dann nicht mehr von der Ermächtigungsgrundlage gedeckt und es liegt eine von der Rechtsordnung im Ergebnis missbilligte Entscheidung vor.

810

> *Beispiel:* Dem Strafgefangenen G wird durch Anstaltsleiter A untersagt, Briefe an seine Ehefrau E abzusenden. A begründet seine Entscheidung damit, dass E als Mittäterin des G zwar nur zu einer Bewährungsstrafe verurteilt wurde, von einem Schriftwechsel mit E aber ein schädlicher Einfluss auf den G zu befürchten sei.
> Gemäß § 28 Abs. 2 StVollzG, § 23 Abs. 2 JVollzGB III, Art. 31 Abs. 2 BayStVollzG, § 29 Abs. 2 HmbStVollzG, § 33 Abs. 2 HStVollzG, § 29 Abs. 2 NJVollzG kann der Anstaltsleiter den Schriftwechsel mit bestimmten Personen untersagen. Die Nrn. 2 dieser Normen begrenzen jedoch den Ermessensspielraum des Anstaltsleiters, wenn es sich bei dem Briefpartner um einen Angehörigen i.S.d. § 11 Abs. 1 Nr. 1 StGB handelt. Dann darf das Untersagungskriterium der Befürchtung eines schädlichen Einflusses nicht herangezogen werden. A hat somit sein Ermessen außerhalb des durch die Norm vorgegebenen Rahmens ausgeübt. Es liegt also eine Ermessensüberschreitung durch A vor.

Ein **Ermessensfehlgebrauch** ist gegeben, wenn die Behörde zwar im durch die jeweilige Norm vorgegebenen Rahmen ihres Ermessens tätig wird, jedoch von dem eingeräumten Ermessen nicht im Sinne des Gesetzes oder der in der Norm zum Ausdruck kommenden Zweckbestimmung Gebrauch macht. Rechtlich missbilligt wird insoweit die Art und Weise des Zustandekommens der Ermessensentscheidung.

811

Ein Fehlgebrauch des vollzugsbehördlichen Ermessens ist insbesondere anzunehmen, wenn
- die Anstaltsleitung von unzutreffenden tatsächlichen oder rechtlichen Voraussetzungen ausgeht,
- Kriterien berücksichtigt hat, die nach dem Zweck der gesetzlichen Regelung keine Rolle spielen dürfen oder können,
- für die Ermessensentscheidung relevante Aspekte bei der behördlichen Willensbildung außer Acht bleiben,
- einzelne relevante Gesichtspunkte fehlgewichtet sind,
- der Anstaltsleiter sachfremde Erwägungen anstellt.

> *Beispiel:* Der wegen Eigentumsdelikten inhaftierte Strafgefangene G stellt den Antrag, den Besuch seines Freundes F empfangen zu dürfen. Der Anstaltsleiter A untersagt den Besuch durch F, weil dieser ebenfalls wegen Eigentumsdelikten einschlägig vorbestraft

---

[181] Siehe auch Treptow, 1978, S. 2228 ff.

sei und durch einen solchen Besuch ein schädlicher Einfluss auf den G befürchtet werden müsse.
§ 25 StVollzG, § 20 JVollzGB III, Art. 28 BayStVollzG, § 26 Abs. 6 HmbStVollzG, § 33 Abs. 2 HStVollzG, § 26 NJVollzG eröffnen den Anstaltsleitungen einen Ermessensspielraum zum Untersagen von Besuchen. Dabei lassen § 25 Nr. 2 StVollzG, § 20 Nr. 2 JVollzGB III, Art. 28 Nr. 2 BayStVollzG, § 26 Abs. 6 Nr. 2 HmbStVollzG, § 33 Abs. 2 Nr. 2 HStVollzG, § 26 Nr. 2 NJVollzG eine solche Entscheidung zu, wenn von einem Anstaltsbesuch ein schädlicher Einfluss auf den Inhaftierten zu befürchten ist. Bei seiner Entscheidung hält sich A zwar innerhalb der gesetzlich vorgegebenen Grenzen dieser Norm. Es liegt jedoch ein Ermessensfehlgebrauch vor, wenn A fälschlicherweise eine Vorahndung des F annahm, dieser jedoch gänzlich ohne Vorahndung ist. Dann ging A von unzutreffenden tatsächlichen Voraussetzungen aus. Seine Entscheidung ist ermessensfehlerhaft und damit rechtswidrig.

812 Um die Art und Weise des Zustandekommens der behördlichen Entscheidung geht es auch bei einem **Nichtgebrauch des Ermessens**.

Beispiel: Strafgefangener G arbeitet als Freigänger in einem freien Beschäftigungsverhältnis als Bauzeichner bei einer GmbH. Als diese in Insolvenz zu gehen droht, erwirbt er zusammen mit einem weiteren Mitarbeiter für 1 EUR die Geschäftsanteile und wird zum Geschäftsführer der GmbH bestellt. G schreibt an den Anstaltsleiter und beantragt eine weitere Tätigkeit bei der GmbH im Rahmen der Selbstbeschäftigung außerhalb der Anstalt. Der Anstaltsleiter lehnt den Antrag des G mit der alleinigen Begründung ab, eine Selbstbeschäftigung sei nur innerhalb der Anstalt möglich.
Gemäß § 39 Abs. 2 StVollzG, § 45 Abs. 2 JVollzGB III, Art. 42 Abs. 2 BayStVollzG, § 36 Abs. 1 HmbStVollzG, § 27 Abs. 4 S. 1 HStVollzG, § 36 Abs. 2 S. 1 NJVollzG kann einem Inhaftierten gestattet werden, sich selbst zu beschäftigen. Diese Normen beziehen sich jedoch nicht nur auf die Zulässigkeit der Ausübung freiberuflicher Tätigkeiten innerhalb der Institution. Es kann auch gestattet werden, sich außerhalb der Anstalt selbst zu beschäftigen.[182] A hat also von seinem vollzugsgesetzlich eingeräumten Ermessen überhaupt noch keinen Gebrauch gemacht, weil er sich durch eine fehlerhafte Interpretation der Regelung in seiner Entscheidung gebunden fühlte. Es liegt damit ein Fall des Ermessensnichtgebrauchs vor.

(2) Unbestimmte Rechtsbegriffe

813 Hat die Vollzugsbehörde einen unbestimmten Rechtsbegriff (z.B. „Sicherheit und Ordnung", „angemessen", „regelmäßig", „begründeter Ausnahmefall") konkretisierend auszufüllen, steht ihr allein deshalb noch kein Beurteilungsspielraum zu. Die Auslegung unbestimmter Rechtsbegriffe ist eine **Rechtsfrage**; sie unterliegt prinzipiell in vollem Umfang der gerichtlichen Nachprüfung.[183]

Eine im Umfang **beschränkte richterliche Kontrolle** der Anwendung unbestimmter Rechtsbegriffe ist jedoch dann anzunehmen, sobald das Gesetz der Vollzugsbehörde einen Beurteilungsspielraum eröffnet, in dessen Rahmen sie mehrere gleichermaßen vertretbare Entscheidungen treffen kann. Von einer derartigen **Beurteilungsermächtigung** wird ausgegangen, wenn

---

[182] BGH, NStZ 1990, S. 492 (zu § 39 Abs. 2 StVollzG).
[183] Siehe dazu BGHSt. 30, S. 320; OLG Nürnberg, NStZ 1998, S. 592; Calliess/Müller-Dietz, 2008, § 115 Rdn. 22 ff.; Schuler/Laubenthal, in: Schwind/Böhm/Jehle/Laubenthal, 2009, § 115 Rdn. 21; Wingenfeld, 1999, S. 99 f.

– es sich um die Beurteilung in der Zukunft liegender Vorgänge handelt (Wahrscheinlichkeitsprognosen) oder
– es um sonstige Fragen geht, die eine höchstpersönliche Wertung enthalten.

Ein behördlicher Beurteilungsspielraum mit eingeschränkter gerichtlicher Überprüfbarkeit liegt etwa vor hinsichtlich der unbestimmten Rechtsbegriffe einer Flucht- und Missbrauchsgefahr bei der Entscheidung über die Gewährung von Vollzugslockerungen[184], der Eignung für eine Unterbringung im offenen Vollzug[185], der Beurteilung des Angezeigtseins einer Verlegung in eine sozialtherapeutische Einrichtung[186], der Eignungsbeurteilung für die Teilnahme an aus- und weiterbildenden bzw. schulischen Maßnahmen[187] oder der bei der Anordnung besonderer Sicherungsmaßnahmen zu treffenden Flucht- und Gewalttätigkeitsprognose[188].
Insoweit darf das Gericht grundsätzlich die Entscheidung der Anstaltsleitung nicht durch eine eigene ersetzen (Ausnahme: Spruchreife). Vielmehr beschränkt sich die **justizielle Überprüfbarkeit** darauf[189],
– ob die Vollzugsbehörde von einem unzutreffend oder unvollständig ermittelten Sachverhalt ausgegangen ist bzw. sie nicht alle entscheidungsrelevanten Umstände berücksichtigt hat (Beurteilungsdefizit),
– ob sie bei ihrer Entscheidung die richtigen Wertmaßstäbe angewendet hat oder für die Bewertung sachfremde Erwägungen maßgeblich waren (Beurteilungsmissbrauch),
– ob die Grenzen ihrer Entscheidungsprärogative eingehalten wurden (Beurteilungsüberschreitung).

Eine derartige **Beschränkung der gerichtlichen Prüfungskompetenz**[190] und damit ein gewisser gerichtlich nicht überprüfbarer Freiraum bei Wahrscheinlichkeitsprognosen und höchstpersönlichen Wertungen muss der Anstaltsleitung zustehen, weil sie im Gegensatz zur Strafvollstreckungskammer in einem engeren Näheverhältnis zum Gefangenen steht und deshalb den Einzelfall sachgerechter bewerten kann.[191] Ob z.B. im Einzelfall Befürchtungen einer Flucht- oder Missbrauchsgefahr begründet sind, können die Vollzugsmitarbeiter aufgrund ihrer täglichen Wahrnehmungen am besten beurteilen. Denn diese stehen in einem engeren Kontakt zu den Inhaftierten als der Richter der Strafvollstreckungskam-

---

[184] BVerfG, ZfStrVo 1998, S. 181; BVerfG, NJW 1998, S. 1134; BVerfG, NStZ 1998, S. 375; BVerfG, NStZ 1998, S. 430; BGHSt. 30, S. 327; OLG Frankfurt, NStZ-RR 1998, S. 91; OLG Frankfurt, NStZ-RR 2001, S. 318; dazu oben Kap. 5.4.4.2.
[185] OLG Karlsruhe, ZfStrVo 1985, S. 247.
[186] OLG Hamm, NStZ 2008, S. 344.
[187] OLG Frankfurt, ZfStrVo 1982, S. 314; siehe auch Kaiser/Schöch, 2002, S. 309; Laubenthal, in: Schwind/Böhm/Jehle/Laubenthal, 2009, § 37 Rdn. 19.
[188] OLG Frankfurt, NStZ-RR 2002, S. 155.
[189] BGHSt. 30, S. 327.
[190] Dazu Calliess/Müller-Dietz, 2008, § 115 Rdn. 24; Heghmanns, 1999, S. 647 ff.; Schneider H., 1999, S. 140 ff.; Schuler/Laubenthal, in: Schwind/Böhm/Jehle/Laubenthal, 2009, § 115 Rdn. 22.
[191] BGHSt. 30, S. 325 f.

mer. Sie bilden sich aufgrund des persönlichen Umgangs und ihres spezifischen Fachwissens einen sachnäheren Eindruck. Die Einschätzung bestimmter Gefahren bezieht sich zudem auf einen in der Zukunft liegenden Vorgang – sie enthält ein Wahrscheinlichkeitsurteil, das auf einem ganzen Bündel objektiver und subjektiver Umstände beruht. Aufgrund dieser erforderlichen persönlichen Wertungen steht der **Anstaltsleitung** eine **Entscheidungsprärogative** und damit ein Beurteilungsspielraum zu. Das Gericht darf sich daher hinsichtlich der konkretisierenden Ausfüllung eines gesetzlichen Beurteilungsspielraums nicht in die Rolle einer Art Obervollzugsbehörde begeben.[192]

8.2.3 Gerichtliche Entscheidung

814 Die Strafvollstreckungskammer entscheidet über die Rechtmäßigkeit der angegriffenen Maßnahme. Der **Beschluss** ist entsprechend § 267 StPO zu **begründen** und er muss die entscheidungserheblichen Tatsachen und rechtlichen Erwägungen so umfassend und vollständig enthalten, dass eine hinreichende Überprüfung in einem Rechtsbeschwerdeverfahren möglich wird.[193]

Daran hat sich nach der Einfügung von § 115 Abs. 1 S. 2 bis 4 StVollzG durch das 7. StVollzÄndG 2005[194] prinzipiell nichts geändert. Gemäß § 115 Abs. 1 S. 2 StVollzG stellt das Gericht den Sach- und Streitstand „seinem wesentlichen Inhalt nach" zusammen. Allerdings darf dies „gedrängt" erfolgen. Um das Vollzugsverfahren durch Erleichterungen für die gerichtliche Arbeit effektiver zu gestalten[195] – ohne den Rechtsschutz zu beeinträchtigen –, kann gem. § 115 Abs. 1 S. 3 StVollzG bei der Formulierung des Tatbestands soweit wie möglich auf Gerichtsakten Bezug genommen werden. Dabei muss aber gewährleistet sein, dass der Tatbestand für die Beteiligten ebenso wie für außen stehende Dritte eine verständliche, klare, vollständige und richtige Entscheidungsgrundlage bietet.[196] Die Ausführungen der Strafvollstreckungskammer in ihrer Begründung haben zwar die Gründe wiederzugeben, welche für die richterliche Überzeugungsbildung maßgebend waren. Es ist erlaubt, sich hierbei auch auf die Begründung der angefochtenen vollzugsbehördlichen Entscheidung zu beziehen (§ 115 Abs. 1 S. 4 StVollzG). Insoweit muss allerdings deutlich werden, dass das Gericht sich diese Überlegungen zu Eigen macht. Durch die Bezugnahme darf die Verständlichkeit der Darstellung sowie der Begründung aus sich heraus nicht in Frage gestellt werden.[197]

---

[192] Kamann, 1994, S. 477.
[193] BR-Drs. 697/03, S. 4; OLG Celle, NStZ-RR 2005, S. 357 f.; OLG Hamburg, ZfStrVo 2005, S. 252; OLG Nürnberg, ZfStrVo 2006, S. 122; Calliess/Müller-Dietz, 2008, § 115 Rdn. 10; Schuler/Laubenthal, in: Schwind/Böhm/Jehle/Laubenthal, 2009, § 115 Rdn. 13.
[194] BGBl. I 2005, S. 930.
[195] BR-Drs. 697/03, S. 2.
[196] OLG Celle, NStZ-RR 2005, S. 357; siehe auch OLG Karlsruhe, NStZ-RR 2007, S. 325.
[197] OLG Celle, NStZ-RR 2005, S. 357; OLG Hamburg, StraFo 2010, S. 171.

§ 115 Abs. 1 S. 4 StVollzG gestattet es aber lediglich, von der Darstellung der Entscheidungsgründe abzusehen, soweit die Strafvollstreckungskammer in der Begründung ihres Beschlusses der vom Inhaftierten angefochtenen Entscheidung der Vollzugsbehörde folgt. Insoweit ist es nicht ausreichend, wenn das Gericht sich – bei nur mündlich ergangener Bekanntgabe der Maßnahme durch die Anstaltsleitung – lediglich auf die später vom Gericht zur Vorbereitung seiner Entscheidung eingeholte Stellungnahme der Justizvollzugsanstalt bezieht. In einem solchen Fall enthalten die Ausführungen der Strafvollstreckungskammer dann keine den gesetzlichen Vorgaben entsprechende nachvollziehbare Begründung.[198]

Gelangt die Strafvollstreckungskammer bei ihrer Entscheidungsfindung zu der Auffassung, dass die vom Antragsteller gerügte Maßnahme sowohl in formeller als auch in materieller Hinsicht **rechtmäßig** ist, so wird sein Antrag auf gerichtliche Entscheidung als **unbegründet** abgewiesen.

Hält das Gericht ein Verhalten der Vollzugsbehörde für rechtswidrig, so ist bezüglich des Ergebnisses der Begründetheitsprüfung **nach** den **Antragsarten** zu **differenzieren**.

Kommt das Gericht bei einem **Anfechtungsantrag** zum Ergebnis, dass die Maßnahme zum Zeitpunkt ihres Erlasses rechtswidrig war und der Antragsteller dadurch in seinen Rechten verletzt ist, so hebt es gem. § 115 Abs. 2 S. 1 StVollzG diese Maßnahme auf. (Ist ein Widerspruchsverfahren vorausgegangen, gilt dies auch für den Widerspruchsbescheid.) Wurde die rechtswidrige Maßnahme schon vollzogen, kann die Strafvollstreckungskammer nach § 115 Abs. 2 S. 2 StVollzG aussprechen, dass und wie eine Rückgängigmachung der Vollziehung zu erfolgen hat (Folgenbeseitigungsanspruch). **815**

Bei einem **Verpflichtungs- und** einem **Vornahmeantrag** spricht das Gericht gem. § 115 Abs. 4 S. 1 StVollzG die Verpflichtung der Vollzugsbehörde aus, die beantragte Amtshandlung vorzunehmen, wenn deren Ablehnung oder Unterlassung rechtswidrig war und dies zu einer Rechtsverletzung beim Antragsteller führt. Hierfür muss allerdings die Sache spruchreif sein. **Spruchreife** liegt dann vor, wenn im konkreten Fall nur eine einzige Entscheidungsmöglichkeit verbleibt, ein der Vollzugsbehörde eingeräumtes Ermessen also auf null reduziert ist. Besteht dagegen noch die Möglichkeit einer anderen rechtlich zulässigen Ermessensentscheidung oder hat die Anstaltsleitung von einem ihr gesetzlich eingeräumten Ermessen überhaupt noch keinen Gebrauch gemacht, so fehlt es an der Spruchreife. In diesen Fällen verpflichtet die Strafvollstreckungskammer in ihrer Entscheidung die Vollzugsbehörde, den Antragsteller unter Beachtung der Rechtsauffassung des Gerichts neu zu bescheiden (§ 115 Abs. 4 S. 2 StVollzG).[199] Ein solcher **Bescheidungsbeschluss** ergeht auch, wenn der Vollzugsbehörde ein Beurteilungsspielraum zusteht, in dessen Rahmen mehrere konkretisierende Entscheidungen gleichermaßen noch vertretbar sind.[200] **816**

---

[198] OLG Bamberg, Beschl. v. 6.2.2007 – 1 Ws 36/07; siehe auch OLG Nürnberg, ZfStrVo 2006, S. 122 f.
[199] Dazu auch Schuler/Laubenthal, in: Schwind/Böhm/Jehle/Laubenthal, 2009, § 115 Rdn. 18.
[200] BGHSt. 30, S. 327.

817 Die Rechtswidrigkeit einer Maßnahme spricht das Gericht auf einen **Feststellungsantrag** hin aus, wenn ein berechtigtes Interesse des Antragstellers an dieser Feststellung gegeben ist (§ 115 Abs. 3 StVollzG).

818 Gemäß § 121 Abs. 1 StVollzG muss der Beschluss der Strafvollstreckungskammer als eine ein gerichtliches Verfahren abschließende Entscheidung eine Bestimmung über die Verteilung der **Kosten** und notwendigen Auslagen enthalten. Mit § 121 Abs. 5 StVollzG hat der Gesetzgeber für die Strafgefangenen ein Kostenrisiko geschaffen.[201] Auch ein den dreifachen Tagessatz der Eckvergütung übersteigender Teil des Hausgeldes kann für die Kosten des Verfahrens nach den §§ 109 ff. StVollzG in Anspruch genommen werden. Die Aufrechnungserklärung gegen die Ansprüche der Inhaftierten auf Hausgeld stellt eine Maßnahme i.S.d. § 109 Abs. 1 S. 1 StVollzG dar.[202]

Nach § 120 Abs. 2 StVollzG i.V.m. §§ 114 ff. ZPO kann jedoch einem Antragsteller auch **Prozesskostenhilfe** bewilligt werden. Dabei gilt ein arbeitsunwilliger Strafgefangener als nicht hilfsbedürftig i.S.d. § 114 ZPO.[203] Die Beiordnung eines Rechtsanwalts als Pflichtverteidiger kommt jedoch im Verfahren nach §§ 109 ff. StVollzG nicht in Betracht. § 140 Abs. 2 StPO findet im Strafvollzugsverfahren keine entsprechende Anwendung.[204] Eine Beiordnung eines Rechtsanwalts ist nur im Wege der Prozesskostenhilfe gem. § 120 Abs. 2 StVollzG i.V.m. § 121 Abs. 2 ZPO möglich.

Prüft das Gericht den Antrag eines unbemittelten Beteiligten im Prozesskostenhilfeverfahren, dann dürfen an den Inhalt dieses Antrags keine zu strengen Anforderungen gestellt werden. Denn die Benachteiligung der unbemittelten Partei, der erst durch Bewilligung der Prozesskostenhilfe abgeholfen werden kann, liegt gerade darin, dass sie ohne rechtskundigen Beistand auskommen muss und ihr deshalb formale Fehler unterlaufen können.[205] § 114 ZPO setzt für die Gewährung von Prozesskostenhilfe[206] nicht nur eine Hilfsbedürftigkeit aufgrund persönlicher und wirtschaftlicher Verhältnisse des Betroffenen voraus. Die beabsichtigte Rechtsverfolgung darf auch nicht mutwillig erscheinen und sie muss eine hinreichende Aussicht auf Erfolg bieten. Erfolgsaussicht bedeutet nicht Erfolgsgewissheit, sondern Erfolgswahrscheinlichkeit, welche in tatsächlicher und rechtlicher Hinsicht nur summarisch zu prüfen ist. Dabei darf kein Auslegungsmaßstab verwendet werden, der einem unbemittelten Antragsteller seine beabsichtigte Rechtsverfolgung unverhältnismäßig erschwert.[207]

> Einem mittellosen Inhaftierten steht zwar auch ein Anspruch zu, zur Wahrnehmung seiner Rechte anwaltliche **Beratungshilfe** nach dem BerHG in Anspruch zu nehmen. Diese bezieht sich jedoch nur auf zunächst außergerichtliche Aspekte und umfasst

---

[201] Dazu Schuler/Laubenthal, in: Schwind/Böhm/Jehle/Laubenthal, 2009, § 121 Rdn. 9.
[202] OLG München, Beschl. v. 12.6.2008 – 4 Ws 77/08.
[203] OLG Nürnberg, NStZ 1997, S. 359.
[204] Meyer-Goßner, 2010, § 140 Rdn. 33b; Volckart/Pollähne/Woynar, 2008, S. 228.
[205] BVerfG, StrVert 1996, S. 445.
[206] Dazu Thomas/Putzo, 2010, § 114 Rdn. 1 ff.
[207] BVerfG, ZfStrVo 2001, S. 187.

nicht die eigentliche Vertretung des Antragstellers im Verfahren nach §§ 109 ff. StVollzG.[208]

Eine **Vollstreckung** von Entscheidungen der Strafvollstreckungskammern kennt das Strafvollzugsgesetz nicht. Es enthält keine Vorschriften über deren zwangsweise Durchsetzung. Da eine analoge Anwendung von §§ 170, 172 VwGO von der Rechtsprechung verneint wird[209], bleibt der Betroffene bei Nichtbefolgung einer gerichtlichen Entscheidung durch die Vollzugsbehörde (sog. Renitenz) auf weitere Rechtsbehelfe angewiesen[210], damit so das verfassungsrechtliche Gebot eines effektiven Rechtsschutzes (Art. 19 Abs. 4 GG) erfüllt wird. 819

8.2.4 Rechtsbeschwerde

Gegen eine erstinstanzliche Entscheidung der Strafvollstreckungskammer besteht gem. § 116 StVollzG das **Rechtsmittel** der Rechtsbeschwerde. Diese dient der Rechtsfortbildung und der Gewährleistung einer einheitlichen Rechtsprechung und wurde vom Gesetzgeber dementsprechend revisionsähnlich ausgestaltet.[211] Die Rechtsbeschwerde eröffnet keinen weiteren Tatsachenrechtszug. 820

Zulässigkeitsvoraussetzungen der Rechtsbeschwerde sind: 821
– Ein **Beschluss** (Prozess- oder Sachentscheidung) der Strafvollstreckungskammer in einem Hauptsacheverfahren nach §§ 109 ff. StVollzG.

Ausnahmsweise kann eine Rechtsbeschwerde auch gegen eine einstweilige Anordnung[212] nach § 114 Abs. 2 StVollzG eingelegt werden, wenn der Beschluss der Strafvollstreckungskammer schon eine endgültige Regelung der Hauptsache beinhaltet.[213]

– **Gebotenheit** der Rechtsbeschwerde gem. § 116 Abs. 1 StVollzG: 822
  – Eine **Fortbildung des Rechts** liegt vor, wenn der Einzelfall aufgrund seiner entscheidungserheblichen Fragestellungen dazu Anlass gibt, Leitsätze für die Auslegung gesetzlicher Vorschriften des materiellen oder formellen Rechts aufzustellen oder Gesetzeslücken rechtsschöpferisch auszufüllen.[214] Mit der Zulassung der Rechtsbeschwerde soll das Oberlandesgericht die Gelegenheit erhalten, in einer für die nachgeordneten Gerichte richtungsgebenden Weise seine Rechtsauffassung zum Ausdruck zu bringen. Zur Rechtsfortbildung kann die Beschwerde auch geboten sein, wenn das Oberlandesgericht in der konkreten Sache von der Rechtsprechung eines anderen Oberlandesgerichts

---

[208] Schoreit/Dehn, 2004, § 2 BerHG Rdn. 23.
[209] OLG Frankfurt, NStZ 1983, S. 335; KG, StrVert 1984, S. 33 f.; OLG Celle, NStZ 1990, S. 207 f.; OLG Karlsruhe, ZfStrVo 2004, S. 315; LG Gießen, NStZ-RR 2006, S. 61 f.
[210] Dazu unten Kap. 8.2.6.
[211] BT-Drs. 7/918, S. 85 f.
[212] Dazu Kap. 8.2.5.
[213] OLG Karlsruhe, NStZ 1993, S. 557 f.
[214] BGHSt. 24, S. 21.

oder des Bundesgerichtshofs abzuweichen beabsichtigt und deshalb durch Vorlage gem. § 121 Abs. 2 GVG eine Grundsatzentscheidung des Bundesgerichtshofs herbeiführen will.
- Zur **Sicherung einer einheitlichen Rechtsprechung** dient die Rechtsbeschwerde, wenn der angefochtene landgerichtliche Beschluss selbst aufgrund verschiedenartiger Rechtsauffassungen zu einer grundsätzlichen Frage von der Rechtsprechung einer anderen Strafvollstreckungskammer[215], eines Oberlandesgerichts oder des Bundesgerichtshofs abweicht.[216] Dies ist nicht regelmäßig schon dann gegeben, wenn die Entscheidung aufgrund eines Rechtsfehlers unrichtig ist. Durch die Rechtsauslegung muss vielmehr die Einheitlichkeit der Rechtsprechung gefährdet werden. Die Zulassung der Rechtsbeschwerde dient also der Vermeidung des Ent- oder Fortbestehens schwer erträglicher Unterschiede in der Rechtsprechung, wobei es darauf ankommt, welche Bedeutung der angefochtene Beschluss der Strafvollstreckungskammer für die Rechtsprechung im Ganzen hat.[217] Da die Rechtsbeschwerde insoweit aber nicht der Herstellung von Einzelfallgerechtigkeit dient, ist die Zulassungsvoraussetzung erst gegeben, wenn ein Landgericht in ständiger Rechtsprechung in einer bestimmten grundsätzlichen Rechtsfrage abweicht, womit dem Aspekt einer **Wiederholungsgefahr** wesentliche Bedeutung zukommt.

Nach Ansicht des OLG Hamburg[218] liegt der Zulassungsgrund der Einheitlichkeit der Rechtsprechung mit Inkrafttreten von Landes-Strafvollzugsgesetzen nur noch bei divergierenden Entscheidungen im Anwendungsbereich des jeweiligen Strafvollzugsgesetzes vor. Denn mit der Verlagerung der Gesetzgebungskompetenz auf die Bundesländer durch den Bundesgesetzgeber habe man sich bewusst für die Möglichkeit einer unterschiedlichen gesetzlichen Ausgestaltung des Strafvollzugs in den einzelnen Ländern entschieden. Daraus folge auch eine divergierende Ausgestaltung der Rechtsprechung.

Die Zulässigkeit einer Rechtsbeschwerde zur Sicherung einer einheitlichen Rechtsprechung muss in der Regel bejaht werden, wenn die Strafvollstreckungskammer erkennbar **elementare Verfahrensprinzipien verletzt** hat (z.B. Nichtgewährung rechtlichen Gehörs, Verstoß gegen den Grundsatz eines fairen Verfahrens oder gegen das Aufklärungsprinzip). Ein derartiger Verstoß führt nicht nur zu nicht mehr hinnehmbaren krassen Abweichungen in der Art und Weise der Ausübung der Rechtsprechung, sondern birgt regelmäßig auch eine Wiederholungsgefahr in sich.[219]

---

[215] OLG Bamberg, ZfStrVo SH 1978, S. 31.
[216] Calliess/Müller-Dietz, 2008, § 116 Rdn. 2; Schuler/Laubenthal, in: Schwind/Böhm/Jehle/Laubenthal, 2009, § 116 Rdn. 5.
[217] BGHSt. 24, S. 15; Schuler/Laubenthal, in: Schwind/Böhm/Jehle/Laubenthal, 2009, § 116 Rdn. 5.
[218] OLG Hamburg, StrVert 2008, S. 599.
[219] OLG Bamberg, ZfStrVo SH 1979, S. 111; OLG Koblenz, ZfStrVo 1994, S. 182; Schuler/Laubenthal, in: Schwind/Böhm/Jehle/Laubenthal, 2009, § 116 Rdn. 7.

- Eine Rechtsbeschwerde ist ferner dann zuzulassen, wenn die **Feststellungen** oder die rechtlichen Erwägungen der angefochtenen Entscheidung derart **unzureichend** bleiben, dass das Oberlandesgericht die Voraussetzungen des § 116 Abs. 1 StVollzG nicht überprüfen kann.[220]
- **Rechtsmittelbefugnis**: 823
  Der Beschwerdeführer muss geltend machen,
  - dass die angefochtene Entscheidung auf einer **Gesetzesverletzung** beruht, § 116 Abs. 2 S. 1 StVollzG. Eine solche liegt nach § 116 Abs. 2 S. 2 StVollzG vor, wenn eine Rechtsnorm nicht oder unrichtig angewendet wurde. Dabei umfasst der Begriff der Rechtsnorm das in den Verfassungen, Gesetzen und Rechtsverordnungen des Bundes und der Länder niedergelegte Recht sowie sämtliche Prinzipien, welche sich aus Sinn und Zusammenhang der gesetzlichen Vorschriften ergeben.[221]
- **Formalien**: 824
  - Frist: Einlegung, Antragstellung und Begründung binnen eines Monats nach Zustellung der Entscheidung i.S.d. § 115 Abs. 1 S. 1 StVollzG bei dem Gericht, dessen Beschluss angefochten wird, § 118 Abs. 1 S. 1 und 2 StVollzG.
  - Form: Wenn der Antragsteller Beschwerdeführer ist, eine von einem Rechtsanwalt unterzeichnete Schrift oder zur Niederschrift[222] der Geschäftsstelle, § 118 Abs. 3 StVollzG (im letzteren Fall auch durch einen Bevollmächtigten, der nicht Rechtsanwalt ist[223]).

Erfolgt die Aufnahme der Niederschrift durch einen Bediensteten der Justiz fehlerhaft und folgt daraus die Unzulässigkeit der Rechtsbeschwerde, so beruht dies nicht auf einem Verschulden des Beschwerdeführers (z.B. wenn der Urkundsbeamte der Geschäftsstelle den Gefangenen die Beschwerdebegründung selbst schreiben lässt und lediglich das Schriftstück dem Protokoll beifügt). In solchen Fällen besteht gem. § 120 Abs. 1 StVollzG i.V.m. §§ 44 ff. StPO die Möglichkeit der Wiedereinsetzung in den vorigen Stand. Ist der Wiedereinsetzungsgrund ein den Gerichten zuzuordnender Fehler, verlangt der Grundsatz des fairen Verfahrens eine ausdrückliche Belehrung des Betroffenen hierüber. Bei rechtzeitiger Nachholung der zuvor nicht wirksam eingelegten Rechtsbeschwerde ist die Wiedereinsetzung dann von Amts wegen zu gewähren.[224]

- Begründung, § 118 Abs. 2 StVollzG: Angabe, ob Verfahrensrüge oder Sachrüge.

  Bei einer Verfahrensrüge müssen – wie bei einer Revisionsbegründung – die den vorgetragenen Mangel enthaltenden Tatsachen so vollständig aufgeführt werden,

---

[220] OLG Hamm, NStZ 1989, S. 444; OLG Nürnberg, NStZ 1998, S. 215; OLG Frankfurt, ZfStrVo 2001, S. 53; OLG Saarbrücken, ZfStrVo 2004, S. 119.
[221] Schuler/Laubenthal, in: Schwind/Böhm/Jehle/Laubenthal, 2009, § 116 Rdn. 9.
[222] Dazu OLG Koblenz, NStZ 2001, S. 415.
[223] OLG Saarbrücken, ZfStrVo 1995, S. 184; zu den Formalien einer behördlichen Beschwerdeschrift: OLG Stuttgart, NStZ 1997, S. 152.
[224] BVerfG, NJW 2005, S. 3629 f.

dass das Beschwerdegericht ohne Rückgriff auf die Akten oder sonstige Unterlagen anhand der Beschwerdeschrift feststellen kann, ob bei Vorliegen der angegebenen Tatsachen die Verletzung einer Rechtsnorm zu bejahen ist.[225]

825 – **Beschwerdeberechtigung**:
Einlegung und Begründung der Beschwerde durch
- den aufgrund der erstinstanzlichen Entscheidung beschwerten Antragsteller,
- bei Unterliegen der Vollzugsanstalt als Verfahrensbeteiligte der ersten Instanz deren Leiter. Aber auch die Aufsichtsbehörde kann als Beteiligte im Verfahren vor dem Oberlandesgericht beschwerdeberechtigt sein. Das gilt jedenfalls dann, wenn sie bereits in der ersten Instanz Beteiligte war.[226]

826 – **Beteiligtenfähigkeit**, § 111 StVollzG:
- Antragsteller (Abs. 1 Nr. 1),
- die zuständige Aufsichtsbehörde (Abs. 2).[227]

Eine Rechtsbeschwerde ist unzulässig, wenn sie unter einer Bedingung eingelegt wird.[228]

827 Die Zulässigkeit einer Rechtsbeschwerde setzt zwar grundsätzlich einen Beschluss der Strafvollstreckungskammer in einem Hauptsacheverfahren gem. §§ 109 ff. StVollzG voraus. Das Rechtsmittel kann jedoch **ausnahmsweise** gem. § 116 Abs. 1 StVollzG als **Untätigkeitsbeschwerde** zulässig sein, ohne dass eine Hauptsacheentscheidung des Landgerichts vorliegt. Ein solches Rechtsmittel kommt in Betracht, wenn nach Stellung eines Antrags gem. § 109 StVollzG die Strafvollstreckungskammer untätig bleibt. Dabei reicht eine bloße Verfahrensverzögerung noch nicht aus. Vielmehr muss der unterlassenen landgerichtlichen Entscheidung die Bedeutung einer endgültigen Ablehnung im Sinne einer faktischen Rechtsverweigerung zukommen[229] und die Beschwerde beim Oberlandesgericht geeignet sein, schwerste Rechtsverletzungen durch Zeitablauf zu verhindern. Sowohl das Rechtsschutzprinzip des Art. 20 Abs. 3 GG als auch die Rechtsschutzgarantie des Art. 19 Abs. 4 GG machen einen Rechtsschutz bei überlanger und unvertretbarer Verfahrensverzögerung notwendig. Dies entspricht zugleich dem aus Art. 13 EMRK folgenden Anspruch auf eine wirksame Beschwerde sowie dem Recht auf ein faires Verfahren aus Art. 6 Abs. 1 EMRK.[230] Voraussetzung für die Untätigkeitsbeschwerde ist nicht nur, dass die Unterlassung in ihrer Bedeutung einer endgültigen Ablehnung gleichkommt bzw. faktisch eine Form der Rechtsverweigerung darstellt.[231] Die unterlassene Entscheidung oder deren Ablehnung müsste auch selbst anfechtbar sein, und es sind vom Beschwerdeführer die besonderen Zulässigkeitsvoraussetzungen des

---

[225] OLG Rostock, NStZ 1997, S. 429.
[226] Dazu Arloth, 2008, § 111 Rdn. 3; Schuler/Laubenthal, in: Schwind/Böhm/Jehle/Laubenthal, 2009, § 11 Rdn. 5.
[227] In Bayern wird die beteiligte Aufsichtsbehörde in Beschwerdeverfahren durch die Generalstaatsanwaltschaft bei dem Oberlandesgericht vertreten (BayVV zu § 111 StVollzG).
[228] OLG Hamm, NStZ 1995, S. 436.
[229] BVerfG, ZfStrVo 2003, S. 58.
[230] OLG Celle, StrVert 2008, S. 92.
[231] Schuler/Laubenthal, in: Schwind/Böhm/Jehle/Laubenthal, 2009, § 116 Rdn. 15.

Rechtsbeschwerdeverfahrens einzuhalten[232] (soweit dem nicht das Wesen der beanstandeten Untätigkeit – z.B. bezüglich der Einhaltung einer Rechtsbeschwerdefrist – entgegensteht). Aufgrund der im Rechtsbeschwerdeverfahren dem Oberlandesgericht nur eingeschränkt zukommenden Rechtskontrolle kann eine Untätigkeitsbeschwerde nur darauf gerichtet sein, die Untätigkeit der Strafvollstreckungskammer für rechtswidrig zu erklären. Die vom Betroffenen begehrte konkrete verfahrensbeendende Entscheidung trifft nicht der Strafsenat; diese bleibt dem Gericht des ersten Rechtszugs vorbehalten.[233]

828 Nach § 116 Abs. 3 S. 1 StVollzG hat die **Rechtsbeschwerde keine aufschiebende Wirkung**. Wurden von der Strafvollstreckungskammer in ihrem angefochtenen Beschluss auszuführende Anordnungen getroffen, so kann die unterlegene Seite aufgrund der Bindungswirkung der Entscheidung hiergegen mit einem Antrag auf Außervollzugsetzung gem. § 116 Abs. 3 S. 2 i.V.m. § 114 Abs. 2 StVollzG vorgehen.

829 Über die Rechtsbeschwerde entscheidet der Strafsenat des **Oberlandesgerichts**, in dessen Bezirk die Strafvollstreckungskammer ihren Sitz hat (§ 117 StVollzG), ohne mündliche Verhandlung durch **Beschluss** (§ 119 Abs. 1 und 5 StVollzG). Dabei bleibt die Nachprüfung der angefochtenen Entscheidung auf die Anträge des Beschwerdeführers beschränkt (§ 119 Abs. 2 StVollzG).

Eine unzulässige sowie eine offensichtlich unbegründete Beschwerde kann vom Strafsenat als letztinstanzliche gerichtliche Entscheidung gem. § 119 Abs. 3 StVollzG einstimmig ohne Begründung verworfen werden.[234] Erachtet das Oberlandesgericht das Rechtsmittel dagegen für begründet, hebt es die angefochtene Entscheidung auf. Es entscheidet selbst in der Sache, wenn diese spruchreif ist. Spruchreife i.S.d. § 119 Abs. 4 S. 2 StVollzG liegt vor, wenn eine Sachentscheidung ohne weitere Tatsachenaufklärung erfolgen kann.[235] Ansonsten wird die Sache zur neuen Entscheidung an die Strafvollstreckungskammer des Landgerichts zurückverwiesen (§ 119 Abs. 4 S. 3 StVollzG).

830 Will ein Strafsenat eines Oberlandesgerichts bei seiner Entscheidung über eine Rechtsbeschwerde nach § 116 StVollzG von derjenigen eines anderen Oberlandesgerichts oder des Bundesgerichtshofs abweichen, hat er die Sache gem. § 121 Abs. 2 GVG dem **Bundesgerichtshof** zur Entscheidung vorzulegen (Divergenzvorlage).

831 Gemäß § 119 Abs. 5 StVollzG ist eine **Entscheidung** des Strafsenats des Oberlandesgerichts **endgültig**, d.h. unanfechtbar. Das vollzugliche Verfahren nach §§ 109 ff. StVollzG kennt kein Wiederaufnahmeverfahren.[236] Dagegen wird die Möglichkeit der Einlegung einer Verfassungsbeschwerde[237] oder einer Individual-

---

[232] OLG Frankfurt, NStZ-RR 2006, S. 356.
[233] OLG Celle, StrVert 2008, S. 93.
[234] Dazu BVerfG, NStZ-RR 2002, S. 95.
[235] Zum Begriff der (nicht mit § 115 Abs. 4 S. 1 StVollzG identischen) Spruchreife i.S.d. § 119: OLG München, NStZ 1994, S. 560; Calliess/Müller-Dietz, 2008, § 119 Rdn. 5.
[236] OLG Hamburg, ZfStrVo 2001, S. 368.
[237] Dazu Kap. 8.3.

beschwerde zum Europäischen Gerichtshof für Menschenrechte[238] von § 119 Abs. 5 StVollzG nicht betroffen.

832 Nicht mit der Rechtsbeschwerde nach § 116 StVollzG angreifbar sind bloße **Nebenentscheidungen.** Will ein unterlegener Verfahrensbeteiligter gegen die Kostenentscheidung vorgehen, so kann er diese prinzipiell gem. § 121 Abs. 4 StVollzG unter den Voraussetzungen des § 464 Abs. 3 StPO isoliert mit der sofortigen Beschwerde anfechten. Da eine Nebenentscheidung nicht in einem weiteren Umfang als die Sachentscheidung selbst rechtsmittelzugänglich sein darf, kommt eine sofortige Beschwerde gegen die Kostenentscheidung nur in Betracht, wenn auch die Rechtsbeschwerde in der Hauptsache statthaft gewesen wäre.[239]

8.2.5 Vorläufiger Rechtsschutz

833 Zwischen dem Erlass einer belastenden Maßnahme durch die Vollzugsbehörde bis zur Entscheidung der Strafvollstreckungskammer über einen Antrag vergeht in der Praxis ein längerer Zeitraum.

Ein Antrag auf gerichtliche Entscheidung nach §§ 109 ff. StVollzG hat aber keine aufschiebende Wirkung (§ 114 Abs. 1 StVollzG). Eine auf dem Rechtsweg angefochtene Maßnahme kann daher von der Anstaltsleitung vollzogen werden. Keine aufschiebende Wirkung kommt auch der Rechtsbeschwerde zu (§ 116 Abs. 3 S. 1 StVollzG).

Art. 19 Abs. 4 GG gewährleistet jedoch gerichtlichen Rechtsschutz gegen die öffentliche Gewalt, der soweit als möglich der Schaffung vollendeter Tatsachen zuvorkommen muss, die im Fall der richterlich festgestellten Rechtswidrigkeit nicht mehr rückgängig gemacht werden können.[240] Der Gesetzgeber hat daher mit § 114 Abs. 2 und 3 StVollzG die Möglichkeit eines effektiven vorläufigen Rechtsschutzes eingeräumt.

§ 114 Abs. 2 StVollzG differenziert die Gewährung vorläufigen Rechtschutzes nach dem Gegenstand der Hauptsache:

834 – Wendet sich der Antragsteller gegen eine ihn belastende Maßnahme (Anfechtungs- oder Unterlassungsantrag in der Hauptsache), kann das Gericht den Vollzug einer angefochtenen **Maßnahme aussetzen** (= Aussetzungsanordnung), wenn die Gefahr besteht, dass die Verwirklichung eines Rechts des Antragstellers vereitelt oder wesentlich erschwert wird und ein höher zu bewertendes Interesse an dem sofortigen Vollzug nicht entgegensteht (§ 114 Abs. 2 S. 1 StVollzG). Die Entscheidung über den Antrag auf Aussetzung des Vollzugs einer angefochtenen vollzugsbehördlichen Maßnahme verlangt somit eine Abwägung zwischen dem in den Strafvollzugsgesetzen zum Ausdruck kommenden öffentlichen Interesse an einem geordneten und funktionsfähigen Ablauf des Strafvollzugs einerseits sowie andererseits dem Interesse des Betroffenen, von der belastenden Maßnahme vorläufig verschont zu bleiben.

---

[238] Siehe Kap. 8.4.
[239] OLG Koblenz, NStZ 1997, S. 430.
[240] BVerfG, StrVert 1993, S. 483; BVerfG, NStZ 1994, S. 101; BVerfG, NStZ 2004, S. 224.

– Begehrt der Antragsteller eine Verpflichtung zum Erlass einer von der Vollzugsbehörde abgelehnten oder unterlassenen Maßnahme (Verpflichtungs- oder Vornahmeantrag in der Hauptsache), kann das Gericht unter den Voraussetzungen des § 123 Abs. 1 VwGO eine **einstweilige Anordnung** erlassen (§ 114 Abs. 2 S. 2 StVollzG). 835

Es muss
– die Gefahr bestehen, dass durch eine Veränderung des bestehenden Zustands die Verwirklichung eines Rechts des Antragstellers vereitelt oder wesentlich erschwert wird (**Anordnung zur Sicherung** eines bestehenden Zustands gem. § 123 Abs. 1 S. 1 VwGO) oder
– eine Regelung eines vorläufigen Zustands in Bezug auf ein streitiges Rechtsverhältnis notwendig erscheinen, um wesentliche Nachteile abzuwenden oder eine drohende Gefahr zu verhindern (= **Regelungsanordnung** gem. § 123 Abs. 1 S. 2 VwGO vor allem bei einem auf Änderung oder Erweiterung der Rechtsposition gerichteten subjektiven Recht).

Die einstweilige Anordnung kann erlassen werden, wenn aufgrund einer summarischen Prüfung der Anordnungsvoraussetzungen durch das Gericht eine überwiegende Wahrscheinlichkeit für das Bestehen eines **Anordnungsanspruchs** spricht, d.h. hinsichtlich des Rechts i.S.d. § 123 Abs. 1 S. 1 VwGO bzw. dem Rechtsverhältnis i.S.d. § 123 Abs. 1 S. 2 VwGO überwiegende Erfolgsaussichten in der Hauptsache bestehen. Zudem muss ein **Anordnungsgrund** gegeben sein.[241] Das ist dann der Fall, wenn es dem Antragsteller unter Abwägung seiner Interessen einerseits sowie der öffentlichen Interessen (ggf. auch derjenigen Dritter) andererseits nicht zugemutet werden kann, die Entscheidung in der Hauptsache abzuwarten. Außerdem darf es keine zumutbare oder einfachere Möglichkeit geben, das bestehende Recht vorläufig zu wahren oder zu sichern. 836

Zulässig sind Anträge nach § 114 StVollzG nur, wenn sie im Hinblick auf ein (zulässiges) Hauptsacheverfahren gestellt werden und grundsätzlich keine Vorwegnahme der dort zu treffenden Entscheidung bezwecken[242], die vorläufige Entscheidung also faktisch nicht einer endgültigen gleichkäme.[243] Etwas anderes gilt ausnahmsweise nur bei besonders schweren sowie unzumutbaren, anders nicht abwendbaren Nachteilen, die durch die spätere Hauptsacheentscheidung nicht mehr beseitigt werden können.[244] 837

Zeitlich kann der einstweilige Rechtsschutz schon vor Einlegung eines Widerspruchs (in Bundesländern, die von der Möglichkeit des § 109 Abs. 3 StVollzG Gebrauch gemacht haben)[245] bzw. vor Stellung eines Antrags auf gerichtliche Entscheidung nach § 109 StVollzG begehrt werden (§ 114 Abs. 3 StVollzG).

Da ein Strafgefangener in der Regel seinen Eilantrag auf vorläufigen Rechtsschutz nicht selbst an das Gericht weiterleiten kann, sondern hierfür auf die An-

---

[241] Dazu Kopp/Schenke, 2009, § 123 Rdn. 26.
[242] Dazu BVerfG, NStZ 1999, S. 532; Litwinski/Bublies, 1989, S. 106.
[243] BVerfG, NVwZ 2003, S. 1112.
[244] BVerfG, NStZ 2000, S. 166.
[245] BVerfG, StrVert 1993, S. 487.

stalt angewiesen ist, muss diese bei der Briefkontrolle Vorkehrungen treffen, damit das Schreiben das Gericht wie bei einer sofortigen Weiterbeförderung erreicht.

> *Beispiel:* Anstaltsleiter A verhängt gegen den Strafgefangenen S die Disziplinarmaßnahme des Arrests. Am Tag der Bekanntgabe der Entscheidung des A verfasst S ein Schreiben an die Strafvollstreckungskammer und wendet sich mit einem Antrag auf vorläufigen Rechtsschutz i.S.d. § 114 StVollzG gegen die Maßnahme. Auf dem an die zuständige Strafvollstreckungskammer des Landgerichts adressierten Umschlag vermerkt er: „Eilantrag". Die Vollzugsbediensteten lassen sich für die Weiterleitung des Schreibens an das Landgericht vier Tage Zeit.
>
> Das Bundesverfassungsgericht[246] hat zu diesem Fall festgestellt, dass die Rechtsschutzgarantie des Art. 19 Abs. 4 GG auch Vorwirkungen auf das vollzugsbehördliche Verfahren zeitigt. Das Verhalten der Anstaltsbediensteten darf nicht daraufhin angelegt werden, gerichtlichen Rechtsschutz zu vereiteln oder unzumutbar zu erschweren. Stellt ein Gefangener einen Antrag auf Erlass einer einstweiligen Anordnung, so hat deshalb die JVA den Antrag unverzüglich weiterzuleiten, um dem Beschleunigungsgebot zu genügen. Kontrolliert die Anstalt ausgehende Briefe, so darf eine dadurch eintretende Verzögerung nicht zu Lasten des Gefangenen gehen. Da ein Inhaftierter auf die Tätigkeit der Anstalt angewiesen ist, hat diese bei einer Briefkontrolle Vorkehrungen zu treffen, dass ein Antrag das Gericht wie bei einer sofortigen Weiterbeförderung erreicht (z.B. durch Übermittlung mittels Telefax).

838 Das aus Art. 19 Abs. 4 GG folgende **Gebot der Gewährung effektiven Rechtsschutzes** betrifft nicht nur die vollzugliche, sondern insbesondere auch die gerichtliche Ebene. Dort darf sich der Rechtsschutz nicht in der bloßen Möglichkeit der Anrufung eines Gerichts erschöpfen. Er muss vielmehr zu einer wirksamen Kontrolle in tatsächlicher und rechtlicher Hinsicht durch ein mit zureichender Entscheidungsmacht ausgestattetes Gericht führen.[247]

Aus der Rechtsschutzgarantie ergibt sich ein **Beschleunigungsgebot**: Wirksamer Rechtsschutz ist ein solcher, der innerhalb angemessener Zeit gewährt wird. Gewährleistung effektiven Rechtsschutzes bedeutet deshalb bei tatsächlich nicht mehr rückgängig zu machenden, sofort vollzogenen Eingriffen (insbesondere Disziplinarmaßnahmen) eine unverzügliche Entscheidung des Gerichts über eine vorläufige Aussetzung.[248] In besonderen Fällen kann die Strafvollstreckungskammer daher sogar gehalten sein, eine Maßnahme vorläufig auszusetzen, ohne erst eine Stellungnahme der Anstaltsleitung abzuwarten.[249] Dies gilt umso mehr, als das Gericht seine Eilentscheidung nach § 114 Abs. 2 S. 3 2. Halbs. StVollzG jederzeit wieder ändern kann.[250]

Während sich bei einem Vorgehen gegen den Vollzug einer belastenden Maßnahme die Notwendigkeit einer raschen gerichtlichen Entscheidung zwangsläufig ergibt, drängt sich dies beim Begehren der Vornahme einer vollzugsbehördlichen Handlung nicht ohne Weiteres auf. Im letzteren Fall obliegt es dem Betroffenen,

---

[246] BVerfG, ZfStrVo 1994, S. 180 ff.
[247] BVerfG, NJW 1984, S. 2028; BVerfG, NStZ 2004, S. 225.
[248] BVerfG, StrVert 1993, S. 484; BVerfG, ZfStrVo 1995, S. 371; BVerfG, StrVert 2000, S. 215; BVerfG, NJW 2001, S. 3770.
[249] BVerfG, ZfStrVo 1994, S. 245 ff.
[250] BVerfG, NJW 2001, S. 3771.

dem Gericht einen drohenden Rechtsverlust oder unzumutbare Nachteile vorzutragen.[251]

Die **Zuständigkeit** zur Entscheidung über den Eilantrag liegt bei dem auch in der Hauptsache selbst zuständigen Gericht. Das ist im erstinstanzlichen Verfahren die Strafvollstreckungskammer beim Landgericht. Im Rechtsbeschwerdeverfahren (§ 116 Abs. 3 S. 2 i.V.m. § 114 Abs. 2 StVollzG) obliegt die Entscheidung dem Strafsenat des Oberlandesgerichts.

Beschlüsse der Strafvollstreckungskammer im einstweiligen Rechtsschutzverfahren bleiben nach § 114 Abs. 2 S. 3 1. Halbs. StVollzG **unanfechtbar**. Eine Rechtsbeschwerde gem. § 116 StVollzG ist aber dann ausnahmsweise statthaft, wenn das Gericht bereits endgültig mit der einstweiligen Anordnung die Hauptsache geregelt hat.[252] Dann liegt eine Entscheidung i.S.d. § 115 StVollzG vor.

8.2.6 Reformerfordernisse

Der Gesetzgeber hat mit den §§ 109 ff. StVollzG einen besonderen zweistufigen Rechtsweg geschaffen, mit dem ein effektiver Rechtsschutz für die Inhaftierten gegen vollzugliche Maßnahmen gewährleistet werden sollte. Die Erfahrungen mit diesem Verfahren seit Inkrafttreten des Strafvollzugsgesetzes haben gezeigt, dass aus der Sicht der Gefangenen ein Beschreiten des Rechtswegs von Anfang an überwiegend erfolglos blieb.

> Eine bundesweite Untersuchung von 238 Mitte der achtziger Jahre des 20. Jahrhunderts von Oberlandesgerichten entschiedenen Rechtsbeschwerden gem. § 116 StVollzG[253] ergab ein Obsiegen der Gefangenen in nur ca. 7 % der Fälle. Da der Erfolg dabei zu einem Großteil in Rückverweisungen an die Strafvollstreckungskammern bestand, setzten sich nach deren erneuter Entscheidung letztlich nur 3,5 % der Antragsteller mit ihrem Begehren durch. Eine Analyse von 1 611 in den Jahren 1986 bis 1989 bei der Strafvollstreckungskammer des Landgerichts Arnsberg angefallenen Verfahren nach §§ 109 ff. StVollzG erbrachte eine Erfolgsquote von lediglich 5,4 % (bei Abzug der Verfahren nach § 114 StVollzG von nur 4,8 %).[254]

Der gerichtliche Rechtsschutz in Vollzugssachen erfährt **Kritik**.[255] Denn die ursprünglichen Erwartungen an die Strafvollstreckungskammer als ein vollzugsna-

---

[251] BVerfG, ZfStrVo 1996, S. 46.
[252] OLG Karlsruhe, NStZ 1993, S. 557 f.; OLG Hamm, ZfStrVo 1987, S. 378; dazu auch Ullenbruch, 1993, S. 518 f.
[253] Siehe Feest, 1993, S. 8 ff.; Feest/Lesting/Selling, 1997, S. 50 ff.; Feest/Selling, 1988, S. 247 ff.
[254] Kamann, 1991, S. 180.
[255] Vgl. etwa Dünkel H., 1992, S. 196 ff.; Eschke, 1993, S. 120 ff.; Kamann, 1994, S. 474 ff.; Kretschmer, 2005, S. 217 ff.; Laubenthal, 2002, S. 43 ff.; ders., 2002a, S. 487 ff.; ders., 2007, S. 329 ff.; Müller-Dietz, 1985c, S. 335 ff.; Rotthaus K., 1992, S. 362; Wegner-Brandt, 1993, S. 153 ff.

hes Gericht mit den damit verbundenen Möglichkeiten einer besonderen Sachkunde in kriminologischer und strafvollzugswissenschaftlicher Hinsicht haben sich nicht erfüllt.[256]

Als wesentliche Ursachen hierfür gelten:

842 – Auf der Ebene der Justiz die **Schlussposition der richterlichen Tätigkeit** in der Strafvollstreckungskammer, welche schon von den Pensenschlüsseln her zu den am schlechtesten bewerteten Funktionen an den Landgerichten zählt.[257] Dies bedingt häufig eine möglichst schnelle Fallerledigung ohne eine umfassend vorgenommene Sachprüfung.[258]

Die vom Gesetzgeber ursprünglich angestrebte Einheitlichkeit der vollzuglichen Entscheidungen einer Strafvollstreckungskammer wird auch dadurch beeinträchtigt, dass diesem Spruchkörper zugeteilte Richter in der Praxis zumeist bestrebt sind, das Ressort zu wechseln. Es kommt daher in den Kammern zu einer hohen Fluktuation, was wiederum die Erlangung spezifischer kriminologischer und strafvollzugswissenschaftlicher Kenntnisse verhindert. Abhilfemöglichkeiten sind insoweit im Bereich der gerichtlichen Geschäftsverteilung sowie in einem intensiveren Angebot und der Förderung von strafvollzugsbezogenen Fortbildungsmaßnahmen für die Richter zu suchen.

843 – Die **Belastung der Strafvollstreckungskammern** durch eine Fülle von Verfahren, in denen die Verfahrenshandlungen der Inhaftierten – insbesondere von so genannten Intensivantragstellern – sich auf die Abfassung und Absendung von Antragsschriftsätzen beschränken.

Hat der Inhaftierte ein Rechtsschutzbegehren zulässig formuliert, geht es ihm damit um ein sachliches, von der eingeräumten prozessualen Befugnis gedecktes Anliegen, dann ist nach geltender Rechtslage vom Gericht über dieses zu entscheiden. Zu überlegen bleibt aber: Sollte im Verfahren nach §§ 109 ff. StVollzG zur Freistellung richterlicher Kapazität ein Rechtsinstitut eingeführt werden für jene nicht seltenen Verfahrenskonstellationen, in denen aus dem mit einem Antragsschreiben Rechtsschutz Begehrenden danach ein faktisch nur noch passiv am Verfahren Beteiligter wird?

Erwägen könnte man eine dem Grundgedanken des zivilprozessualen Versäumnisverfahrens entsprechende Regelung: Äußert sich z.B. ein Inhaftierter nicht mehr zur Stellungnahme der Anstaltsleitung, weigert er sich gar, zur mündlichen Anhörung zu erscheinen, würde die Möglichkeit zum Erlass einer Versäumnisentscheidung den Arbeitsanfall des in Vollzugssachen tätigen Richters nachhaltig reduzieren.

Zu denken ist aber auch an die Einführung eines der „Streichung von Beschwerden" im Verfahren vor dem Europäischen Gerichtshof für Menschenrechte vergleichbaren Rechtsinstituts. Richtet ein Strafgefangener eine Individualbeschwerde an den Gerichtshof, so kann dieser gem. Art. 37 Abs. 1 lit. a) EMRK die Beschwerde jederzeit während des Verfahrens in seinem Register streichen, wenn die Umstände Grund zu der Annahme geben, dass „der Be-

---

[256] Müller-Dietz, 1995a, S. 292 f.; Rotthaus K., 1985, S. 327.
[257] Northoff, 1985, S. 27; Rotthaus K., 1985, S. 329; Stomps, 1996, S. 75.
[258] Dünkel F., 1996, S. 527; Dünkel H., 1992, S. 197.

schwerdeführer seine Beschwerde nicht weiter zu verfolgen beabsichtigt". Dabei muss der Betroffene die Absicht nicht ausdrücklich mitteilen. Sie kann auch konkludent aus dem Verhalten des Beschwerdeführers geschlossen werden, z.B. wenn er auf Ermahnungen der Kanzlei des Gerichtshofs nicht mehr reagiert.[259] Durch Einführung eines derartigen Rechtsinstituts würde Kapazität freigesetzt, um die nicht querulatorischen und vom Antragsteller aktiv fortgeführten Verfahren mit Blick auf eine dem Einzelfall angemessene intensive Bearbeitung zu optimieren.

- Die **unzulängliche gesetzliche Ausgestaltung des gerichtlichen Verfahrens** 844 durch § 120 Abs. 1 StVollzG.
Obwohl es sich um ein eigenständiges Verfahren zur Kontrolle hoheitlichen Verwaltungshandelns auf dem Gebiet des Strafvollzugs handelt, das sowohl aus strafprozessualen als auch aus verwaltungsprozessualen Elementen besteht, hat der Gesetzgeber – abgesehen von einer Ausnahme im Rahmen des Eilverfahrens, wo gem. § 114 Abs. 2 S. 2 StVollzG der § 123 Abs. 1 VwGO zum Tragen kommt – sich mit einem bloß pauschalen Verweis auf die Vorschriften der Strafprozessordnung begnügt. Dies wird den Besonderheiten des gerichtlichen Rechtsschutzes auf dem Gebiet des Strafvollzugs nicht gerecht, denn dieser stellt ein eigenständiges Verfahren zur Kontrolle hoheitlichen Verwaltungshandelns mit strafprozessualen und verwaltungsprozessualen Elementen dar.[260] Die bestehende Regelung führt zu überflüssigem Streit über die Anwendung von strafprozessualen oder von verwaltungsgerichtlichen Prinzipien und Regelungen in den Einzelbereichen.[261] Insoweit gehen die Forderungen in Richtung einer gesetzlichen Neuregelung des Verfahrens.[262]

- Es mangelt an einer gesetzlichen Regelung, welche die **mündliche Anhörung** 845 des Gefangenen in noch nicht entscheidungsreifen Fällen vorschreibt.

Ein großer Teil von Anträgen auf gerichtliche Entscheidung hat Gründe, die letztlich weniger mit rechtlichen Defiziten der beanstandeten vollzuglichen Maßnahme zu tun haben als vielmehr auf allgemeinem Unmut, Ärger oder auf Missverständnissen beruhen. In vielen Fällen reicht es dann aus, wenn der Richter als eine vollzugsexterne, aufgrund seines Amtes akzeptierte Person mit dem einzelnen Gefangenen ein Gespräch führt. Gelingt es ihm, dem Inhaftierten die rechtliche Aussichtslosigkeit seines Antrags nachvollziehbar zu erklären und nimmt er sich gelegentlich einige wenige Minuten Zeit, sich die aus subjektiver Gefangenensicht gegebenen Gründe für dessen allgemeinen Unmut anzuhören, so führt das nicht selten zu einer Antragsrücknahme. Dies erspart es dem Gericht, eine förmliche Sachentscheidung zu treffen, wodurch der Mehraufwand für Vorbereitung und Durchführung der mündlichen Anhörung mehr als ausgeglichen wird.

---

[259] Villiger, 1999, Rdn. 96.
[260] Siehe auch Baier, 2001, S. 588; Müller-Dietz, 1985c, S. 339 ff.
[261] Müller-Dietz, 1993, S. 478.
[262] Zu Reformvorschlägen siehe Kamann, 1991, S. 336 ff.; Kösling, 1991, S. 278 ff.; Laubenthal, 2002a, S. 483 ff.; Lesting, 1993, S. 48 ff.

Die Ladung des Anstaltsleiters zum Termin der mündlichen Anhörung des Strafgefangenen sollte nach richterlichem Ermessen zulässig sein. Denn dies würde es dem Gericht ermöglichen, in dazu geeigneten Fällen auf eine gütliche Einigung hinzuwirken.[263]

846 – Der **Kontrollumfang** der Vollstreckungsgerichte wird durch eine Vielzahl an Ermessensvorschriften und unbestimmten Rechtsbegriffen **eingeschränkt**, so dass den Strafvollstreckungskammern nur eine partielle Überprüfungskompetenz der vollzuglichen Maßnahmen zukommt. Dies bewirkt letztlich eine gewisse Verunrechtlichung[264] des Strafvollzugs.

847 – Eine in der Praxis gelegentlich festzustellende **Renitenz der Vollzugsbehörden** beeinträchtigt die Effektivität des vollzuglichen Rechtsschutzes.[265]

Diese zeigt sich nicht nur in Maßnahmen seitens der Institution zur Verhinderung der Möglichkeiten einer Appellation an das Gericht[266] durch Störung der Kontaktaufnahme (z.B. verzögerte Weiterleitung eines Antrags auf vorläufigen Rechtsschutz an das Gericht durch die Anstalt[267]). Sog. Renitenz von Anstaltsleitungen[268] kommt auch in der Nichtbefolgung von Gerichtsentscheidungen zum Ausdruck. Insoweit ist mangels gesetzlicher Vollstreckungsmöglichkeiten an eine entsprechende Anwendung der §§ 170, 172 VwGO zu denken, um eine Vollzugsbehörde mittels Androhung und Festsetzung von Zwangsgeld zur Erfüllung gerichtlich auferlegter Verpflichtungen veranlassen zu können.[269]

Nach der bisherigen Rechtslage wird in solchen Fällen den betroffenen Inhaftierten letztlich zugemutet, weitere Rechtsbehelfe (z.B. Vornahmeantrag gem. §§ 109 Abs. 1 S. 2 2. Alt., 113 Abs. 1 StVollzG[270], Dienstaufsichtsbeschwerde, Petition oder Verfassungsbeschwerde) zu ergreifen, obwohl die Anstaltsleitungen bereits von der Verfassung her verpflichtet sind, den ihnen von unabhängigen Gerichten auferlegten Verpflichtungen nachzukommen.[271] Stellt das vollzugliche Verfahren vor den Strafvollstreckungskammern einen besonderen Anwendungsfall des nach Art. 19 Abs. 4 GG gegenüber hoheitlicher Gewalt garantierten Rechtsschutzes dar, so umfasst ein effektiver Rechtsschutz auch die **Rechtsdurchsetzung**, was die Vollstreckbarkeit gerichtlicher Entscheidungen in Vollzugssachen bedingt.[272] Der in Vollzugssachen tätige Rich-

---

[263] Kamann, 1993a, S. 23; Rotthaus K., 1996, S. 255; ders., 1996a, S. 9.
[264] Kamann, 1994, S. 474; siehe auch Dünkel F., 1996, S. 524; Volckart, 1997, S. 146 f.
[265] Dazu Kamann, 1991, S. 296 ff.; ders., 2006, S. 260 ff.; Feest/Lesting, 2009, S. 675; Feest/Lesting/Selling, 1997, S. 9 ff.; Lesting/Feest, 1987, S. 390 ff.; Ullenbruch, 1993, S. 522.
[266] Kamann, 1993, S. 485 f.
[267] Siehe BVerfG, StrVert 1993, S. 482 ff.; ferner BVerfG, ZfStrVo 1994, S. 245 ff.
[268] Dazu Kamann, 1991, S. 206 ff.; Lesting/Feest, 1987, S. 390 ff.
[269] AK-Kamann/Volckart, 2006, § 115 Rdn. 81; Kaiser/Schöch, 2002, S. 381; Ullenbruch, 1993, S. 522.
[270] A.A. OLG Hamm, NStZ-RR 2010, S. 191.
[271] Müller-Dietz, 1985c, S. 353.
[272] So auch Papier, 2001, § 154 Rdn. 175.

ter muss deshalb mit einer Entscheidungsbefugnis ausgestattet sein, die eine rechtskräftig festgestellte Rechtsverletzung effizient zu beseitigen vermag.

Die Probleme des gerichtlichen Rechtsschutzes in Vollzugssachen gründen schließlich aber auch auf den besonderen Strukturen der Justizvollzugsanstalten und den dort ablaufenden Prozessen, welche nur bedingt auf die Erfordernisse eines effektiven – Art. 19 Abs. 4 GG entsprechenden – Rechtsschutzsystems zugeschnitten sind.[273]

8.3 Verfassungsbeschwerde, Art. 93 Abs. 1 Nr. 4a GG

Der Strafgefangene kann als subsidiären Rechtsbehelf[274] Individualverfassungsbeschwerde zum **Bundesverfassungsgericht** einlegen. Hierzu ist er gem. Art. 93 Abs. 1 Nr. 4a GG i.V.m. § 90 Abs. 1 BVerfGG als natürliche Person antragsberechtigt. Dabei muss er geltend machen, durch eine Maßnahme der Vollzugsbehörde oder eine Entscheidung des Vollstreckungsgerichts als Teile der öffentlichen Gewalt selbst, gegenwärtig und unmittelbar in einem der in Art. 93 Abs. 1 Nr. 4a GG, § 90 Abs. 1 BVerfGG genannten Grundrechte oder grundrechtsähnlichen Rechte betroffen zu sein.[275]

848

Eine Verfassungsbeschwerde setzt jedoch eine **Rechtswegerschöpfung** voraus (Art. 94 Abs. 2 GG, § 90 Abs. 2 S. 1 BVerfGG). Der Inhaftierte muss daher vor ihrer Erhebung alles Zumutbare getan haben, um die Grundrechtsverletzung auf andere Weise zu beseitigen. Erforderlich ist somit, dass er den Rechtsweg nach §§ 109 ff. StVollzG beschritten hat und gegen eine ihn beschwerende Entscheidung der Strafvollstreckungskammer vergeblich mit dem Rechtsmittel der Rechtsbeschwerde (§ 116 StVollzG) vorgegangen wurde. Angesichts der besonderen Zulässigkeitsvoraussetzungen einer solchen Rechtsbeschwerde ist der vollzugliche Rechtsweg nach §§ 109 ff. StVollzG regelmäßig bereits mit der Entscheidung der Strafvollstreckungskammer erschöpft.

Das Bundesverfassungsgericht überprüft die angegriffenen Entscheidungen nicht umfassend auf ihre Rechtmäßigkeit nach den Strafvollzugsgesetzen, sondern beschränkt sich auf den Schutz der in Art. 93 Abs. 1 Nr. 4a GG benannten Rechte. Dabei hat es aber auch darüber zu wachen, dass die Normen der Strafvollzugsgesetze unter Beachtung der wertsetzenden Bedeutung und der Tragweite der Grundrechte interpretiert und angewendet werden und dass wesentliche verfassungsrechtliche Grundsätze (z.B. das Übermaßverbot und das Gebot des Vertrauensschutzes) auf der Rechtsanwendungsebene zur Geltung kommen.[276]

---

[273] Müller-Dietz, 1997a, S. 523.
[274] BVerfGE 49, S. 258.
[275] Siehe Zulässigkeitsvoraussetzungen bei Lechner/Zuck, 2006, § 90 Rdn. 73 ff.; Benda/Klein, 2001, S. 426 ff.
[276] BVerfG, StrVert 1993, S. 600; BVerfG, StrVert 1994, S. 148; BVerfG, StrVert 1994, S. 440.

Gibt das Bundesverfassungsgericht der Verfassungsbeschwerde gegen eine Entscheidung (der Strafvollstreckungskammer bzw. des Oberlandesgerichts) statt, hebt es diese nach § 95 Abs. 2 BVerfGG auf und verweist die Sache an das zuständige Gericht zurück.

8.4 Kontrolle auf europäischer Ebene

849 Ist der nationale Rechtsweg erschöpft, kann der Strafgefangene **Individualbeschwerde** beim **ständigen Europäischen Gerichtshof für Menschenrechte** (Art. 19 ff. EMRK) einlegen, Art. 34 EMRK.[277] Da zum nationalen Rechtsweg nicht nur das Rechtsbeschwerdeverfahren, sondern auch die Verfassungsbeschwerde gem. Art. 93 Abs. 1 Nr. 4a GG, §§ 90 ff. BVerfGG gehört, muss diese zuvor erfolglos eingelegt sein, wenn und soweit sich die im konkreten Fall geltend gemachten Rechte und Grundfreiheiten der EMRK mit den Grundrechten des Grundgesetzes decken.[278]

Fühlt sich der Inhaftierte durch eine Verletzung der in der EMRK anerkannten Rechte beschwert, muss er nach Art. 35 Abs. 1 EMRK die Beschwerde so rechtzeitig einreichen, dass sich der Gerichtshof innerhalb einer **Frist** von sechs Monaten nach Ergehen der endgültigen innerstaatlichen Entscheidung mit ihr befassen kann. Die Fristenregelung wird vom Gerichtshof großzügig interpretiert. Er stellt – anders als im deutschen Rechtsmittelrecht – nicht auf den Eingang des Schriftsatzes ab, sondern begnügt sich mit dessen Abfassung oder (bei offensichtlich vordatierten Beschwerden) mit der Absendung innerhalb der Frist.[279]

Der erwünschte Inhalt des Schreibens zur Einlegung des Rechtsbehelfs ergibt sich aus einem vom Gericht erstellten **Merkblatt**[280] und umfasst insbesondere eine Schilderung der Tatsachengrundlage, die Angabe der als verletzt gerügten Rechte und der eingelegten innerstaatlichen Rechtsmittel sowie Fotokopien der bereits in der Angelegenheit ergangenen Entscheidungen.

Die Beschwerde muss in einer der Amtssprachen des Europarats abgefasst sein (Art. 34 Abs. 2 VerfO). Parteifähig ist allerdings auch ein Gefangener, der keine Staatsbürgerschaft eines Mitgliedstaates des Europarats besitzt.[281] Anwaltlicher Vertretung bedarf es nicht (Art. 36 VerfO). Kosten werden nicht erhoben; für Auslagen wie Anwaltsgebühren kann Prozesskostenhilfe gewährt werden (Art. 91 ff. VerfO).

Schreiben von in Deutschland inhaftierten Strafgefangenen an den Europäischen Gerichtshof für Menschenrechte sowie dessen Sendungen an Inhaftierte bleiben gem. § 29 Abs. 2 S. 2 u. 3 StVollzG, § 24 Abs. 3 S. 2 Nr. 3 u. S. 3 JVollzGB III, Art. 32 Abs. 2 S. 2 u. 3 BayStVollzG, § 30 Abs. 3 Nr. 2, Abs. 4

---

[277] Dazu Laubenthal, 2002c, S. 175 ff.
[278] Frowein/Peukert, 1996, Art. 26 Rdn. 28; Meyer-Goßner, 2010, Art. 34, 35 EMRK Rdn. 2; Weigend, 2000, S. 389.
[279] Dazu Ehlers, 2000, S. 381; Villiger, 1999, Rdn. 143, 209.
[280] Abgedruckt in NJW 1999, S. 1166 f.
[281] So Ehlers, 2000, S. 375; Villiger, 1999, Rdn. 100.

HmbStVollzG, § 33 Abs. 4 HStVollzG i.V.m. § 119 Abs. 4 S. 2 Nr. 9 StPO, § 30 Abs. 3 S. 2 u. 3 NJVollzG unüberwacht. Sie dürfen zudem nach § 31 Abs. 4 StVollzG, § 26 Abs. 4 JVollzGB III, Art. 34 Abs. 4 BayStVollzG, § 31 Abs. 4 HmbStVollzG, § 32 Abs. 3 NJVollzG nicht von der Anstaltsleitung angehalten werden.

Eine unzulässige, offensichtlich unbegründete oder missbräuchlich eingelegte Beschwerde weist der Gerichtshof zurück, Art. 35 Abs. 3 und 4 EMRK. Beabsichtigt der Beschwerdeführer seine Sache nicht weiter zu verfolgen, darf das Gericht diese Beschwerde im Verlauf des Verfahrens aus dem Register streichen, Art. 37 Abs. 1 S. 1 lit. a) EMRK.

Zur **Entscheidung** über Beschwerden[282] berufen sind Ausschüsse, Kammern **850** sowie die Große Kammer des Europäischen Gerichtshofs für Menschenrechte (Art. 27 EMRK). Dabei beschränkt sich die Kompetenz der Ausschüsse gem. Art. 28 EMRK auf die Feststellung der Unzulässigkeit in einer Art Vorprüfungsverfahren[283], während die Erörterung der Begründetheit von Beschwerden einer Kammer vorbehalten bleibt (Art. 29 EMRK), die die Sache in Ausnahmefällen nach Art. 30 EMRK der Großen Kammer vorzulegen befugt ist. Kommt eine gütliche Einigung zwischen den Parteien gem. Art. 38, 39 EMRK nicht zustande, ergeht ein Feststellungsurteil durch die Kammer (Art. 41 EMRK).[284] Während eine Aufhebung konventionswidriger Akte der Mitgliedstaaten durch den Gerichtshof selbst nicht vorgesehen ist, darf dieser dem Verletzten allerdings eine Entschädigung in Geld zusprechen (Art. 41 EMRK).

Ein Rechtsmittel gegen das Urteil der Kammer steht nicht zur Verfügung. Nur **851** im Wege einer **Divergenz- und Grundsatzvorlage**[285] kann binnen drei Monaten nach Ergehen des Urteils Verweisung der Sache an die Große Kammer beantragt werden, wenn sie eine schwerwiegende Frage der Auslegung von Konvention oder Protokollen oder eine solche allgemeiner Art betrifft (Art. 43, 44 EMRK).

Endgültige Entscheidungen des Gerichtshofs werden nach Art. 46 Abs. 1 EMRK für den jeweiligen Mitgliedstaat bindend. Dieser hat konventionswidrige Maßnahmen seiner Vollzugsbehörden aufzuheben. Allerdings wird der Beschwerdeführer keineswegs selten aufgrund der Dauer des Verfahrens vor dem Europäischen Gerichtshof für Menschenrechte einschließlich der vorangegangenen Absolvierung des innerstaatlichen Rechtswegs nicht mehr persönlich in den Genuss des von ihm errungenen Erfolges kommen, so dass die Beschwerde in solchen Fällen nur noch präventive Wirkung erlangt.

---

[282] Dazu Laubenthal, 2002c, S. 177 ff.
[283] Schlette, 1999, S. 223.
[284] Vgl. Ehlers, 2000, S. 382; Meyer-Ladewig/Petzold, 1999, S. 1166; Villiger, 1999, Rdn. 225.
[285] Meyer-Ladewig, 1995, S. 2815.

8.5 Sonstige vollzugsexterne Kontrollmöglichkeiten

Zum vollzuglichen Rechtsschutzsystem gehören im weiteren Sinne auch die außergerichtlichen Rechtsbehelfe der Petition, der Eingabe bei Bürgerbeauftragten oder Ombudsmann sowie das Gnadengesuch.

8.5.1 Petitionen

852 Der Inhaftierte kann sich wegen vollzuglicher Maßnahmen nach Art. 17 GG schriftlich mit Bitten oder Beschwerden an die **Volksvertretung** wenden. Gleiches gilt nach den jeweiligen Landesverfassungen (z.B. Art. 115 Verfassung des Freistaates Bayern) hinsichtlich der Länderparlamente und Behörden.[286]

Gemäß § 29 Abs. 2 S. 1 StVollzG, § 26 Abs. 3 Nr. 1 JVollzGB III, Art. 32 Abs. 2 S. 1 BayStVollzG, § 30 Abs. 3 Nr. 1 HmbStVollzG, § 33 Abs. 4 HStVollzG i.V.m. § 119 Abs. 4 S. 2 Nr. 4 StPO, § 30 Abs. 3 S. 1 NJVollzG unterliegen die Schreiben an Volksvertretungen des Bundes und der Länder sowie an deren Mitglieder nicht der Überwachung, wenn sie an die Anschriften dieser Volksvertretungen gerichtet sind und den Absender zutreffend angeben. § 31 Abs. 4 StVollzG, § 26 Abs. 4 JVollzGB III, Art. 34 Abs. 4 BayStVollzG, § 31 Abs. 4 HmbStVollzG, § 32 Abs. 3 NJVollzG schließen das Anhalten dieser Schreiben aus.

Petitionen an die Volksvertretungen spielen in der vollzuglichen Praxis eine bedeutende Rolle, obwohl die Parlamente keine direkten Entscheidungsbefugnisse in Angelegenheiten besitzen, welche einzelne Strafgefangene betreffen. Es sind insbesondere die sachliche und politische Autorität der Abgeordneten sowie die Möglichkeit einer Öffentlichmachung von aus der Sicht der Inhaftierten bestehenden Missständen, die Betroffene zu einer solchen Vorgehensweise veranlassen.[287]

8.5.2 Eingaben bei Bürgerbeauftragten

853 In den Bundesländern Mecklenburg-Vorpommern[288] und Rheinland-Pfalz[289] kann sich ein Gefangener wie jeder Bürger mit Eingaben an die dortigen Bürgerbeauftragten wenden. Diese haben insbesondere die Aufgabe, die Rechte des Einzelnen gegenüber den Behörden des jeweiligen Bundeslandes zu wahren.

---

[286] Dazu Daum, 2005.
[287] Kaiser/Schöch, 2002, S. 364.
[288] Petitions- und Bürgerbeauftragtengesetz v. 5.4.1995 (GVBl. Meckl.-Vorp. 1995, S. 190).
[289] Gesetz über den Bürgerbeauftragten v. 3.5.1974 (GVBl. Rheinland-Pfalz 1974, S. 469).

8.5.3 Ombudsmann für Justizvollzug

Als Ansprechpartner in vollzuglichen Angelegenheiten gibt es im Bundesland Nordrhein-Westfalen den Ombudsmann für den Justizvollzug. An ihn können sich Inhaftierte, deren nahe Angehörige, Vollzugsbedienstete sowie ehrenamtliche Vollzugshelfer wenden, die durch Anregungen, Beobachtungen und Hinweise dazu beitragen möchten, das Klima in den Hafteinrichtungen zu verbessern.[290] Der Ombudsmann hat keine Entscheidungsbefugnis. Seine Aufgaben sind Vermittlung, Empfehlungen und Berichterstattung.

854

8.5.4 Gnadenbegehren

Gnadenentscheidungen spielen für Strafgefangene nicht nur im Bereich vorzeitiger Entlassungen eine Rolle.[291] Auch den Inhaftierten begünstigende Maßnahmen (Gewährung von Hafturlaub oder anderen Vollzugslockerungen) können durch den Gnadenträger genehmigt werden, wenn der Betroffene die gesetzlichen Voraussetzungen nicht erfüllt (z.B. schon die Höchstzahl der Tage des Hafturlaubs im Jahr erhalten hat).

855

Der Gnadenakt als ein Mittel außerrechtlicher Milde dient bezogen auf das Individuum der Anpassung von Rechtsfolgen an veränderte persönliche Lagen.[292] Der Gnadenträger hat deshalb auch im vollzuglichen Bereich einzelfallbezogene Entscheidungen zu treffen. Er darf entgegen der ihm zustehenden Individualbegnadigungsbefugnis aber keine allgemeine Praxis herbeiführen, welche im Widerspruch zu gesetzlichen Regelungen steht (z.B. im Geltungsbereich des StVollzG bei sog. Weihnachtsamnestien den Entlassungszeitpunkt vor den Feiertagen abweichend von den in § 16 Abs. 2 StVollzG bestimmten Terminen vorverlegen).[293]

---

[290] Siehe Justizministerium NRW, NRW-Justizportal: Justiz-Online (www.justiz.nrw.de); für eine Einführung der Institution eines Ombudsmanns auch in den übrigen Bundesländern: Rotthaus K., 2008, S. 387.
[291] Dazu Kap. 5.10.1; ferner Laubenthal, 2008, S. 39 ff; Schätzler, 1992, S. 36 ff.
[292] Schätzler, 1992, S. 7.
[293] Krit. auch Figl, 2001, S. 392 ff.; Klein, 2001, S. 59; Meier B.-D., 2000, S. 58, 64; Mickisch, 1996, S. 146; Müller-Dietz, 1987, S. 480; Süß, 2001, S. 99; Walter M., 1999, S. 356.

9 Besondere Vollzugsformen

9.1 Jugendstrafvollzug

Zum Bereich des Strafvollzugs zählt neben der gegen Erwachsene verhängten **856**
Freiheitsstrafe unter anderem auch der Jugendstrafvollzug.

> Bei Nichtaussetzung der Jugendstrafe zur Bewährung (§§ 21 ff. JGG) bzw. bei Widerruf der Strafaussetzung (§ 26 JGG) oder einer Strafrestaussetzung (§ 88 Abs. 6 S. 1 i.V.m. § 26 JGG) und dem Fehlen von Strafaufschubgründen (§§ 455, 456 StPO) lädt der Jugendrichter als Vollstreckungsleiter den auf freiem Fuß befindlichen Verurteilten zum Strafantritt, sobald ein geeigneter Haftplatz zur Verfügung steht. Stellt der Betroffene sich nicht, ist der Richter nach § 457 Abs. 2 S. 1 StPO befugt, einen Vorführungs- oder Haftbefehl zu erlassen. Befindet sich der Verurteilte bereits in behördlicher Verwahrung (z.B. in Untersuchungshaft), veranlasst der Richter dessen Überführung in die zuständige Vollzugseinrichtung.

9.1.1 Inhaftierte in Jugendstrafanstalten

In den deutschen Jugendstrafanstalten[1] befanden sich am 31.3.2010 insgesamt **857**
6 008 Inhaftierte. Hiervon waren 5 807 männlich (= 96,65 %) und nur 201 weiblich. Im Jahr 1992 betrug am gleichen Stichtag die Zahl der Gefangenen des Jugendstrafvollzugs 3 898 Verurteilte. Damit hat sich die Menge der Insassen seitdem fast verdoppelt (Tab. 9.1).

Allerdings bleibt ein leichter Rückgang der Anzahl im Jugendstrafvollzug Inhaftierter in den vergangenen zehn Jahren zu verzeichnen. Der Höchststand des Jahres 2001 mit 7 482 Jugendstrafgefangenen wurde seither nicht mehr erreicht. Die Zahl der jungen weiblichen in Jugendstrafe Inhaftierten, nahm jedoch seit dem Jahr 1992 beinahe um das Dreifache zu.

---

[1] Dazu eingehend Dünkel F., 2002, S. 67 ff.; ders., 2007, S. 65 ff.; Ostendorf, 2009, S. 56 ff.

Tabelle 9.1. Inhaftierte im Vollzug der Jugendstrafe 1992–2010, jeweils am 31.3.

Jahr	Inhaftierte	Männlich	Weiblich
1992	3 898	3 789	109
1993	4 284	4 165	119
1994	4 757	4 622	135
1995	4 980	4 851	129
1996	5 253	5 142	111
1997	5 742	5 592	132
1998	6 438	6 247	191
1999	7 150	6 953	197
2000	7 326	7 192	204
2001	7 482	7 250	232
2002	7 455	7 178	277
2003	7 276	7 010	266
2004	7 304	7 000	304
2005	7 061	6 797	264
2006	6 995	6 705	290
2007	6 989	6 685	304
2008	6 326	6 075	251
2009	6 180	5 937	243
2010	6 008	5 807	201

Quelle: Statistisches Bundesamt, Rechtspflege – Bestand der Gefangenen und Verwahrten in den deutschen Justizvollzugsanstalten nach deren Unterbringung auf Haftplätzen des geschlossenen und offenen Vollzugs, 2010.

858 Eine Aufteilung der Gefangenen des Jugendstrafvollzugs nach dem Gesichtspunkt der Deliktsstruktur (Tab. 9.2) macht deutlich, dass – ähnlich wie bei den Verurteilten im Erwachsenenstrafvollzug[2] – Diebstahls- und Unterschlagungsdelikte zusammen mit Raub und Erpressung an erster Stelle stehen. Den nächsten Rang nehmen die Körperverletzungsdelikte ein.

---

[2] Dazu oben Kap. 1.7.

Tabelle 9.2. Zu Jugendstrafe verurteilte Inhaftierte am 31.3.2009 nach Art der Straftat

Straftatengruppe	Jugendstrafe verbüßende Gefangene	Prozent
Straftaten gegen den Staat, die öffentliche Ordnung und im Amt (§§ 80–168, 331–357 StGB)	77	1,21
Straftaten gegen die sexuelle Selbstbestimmung (§§ 174–184b StGB)	237	3,74
Beleidigung (§§ 185–189 StGB)	15	0,24
Straftaten gegen das Leben (§§ 211–222 StGB)	284	4,0
Körperverletzungen (§§ 223–231 StGB)	1 522	23,99
Straftaten gegen die persönliche Freiheit (§§ 234–241a StGB)	38	0,6
Sonstige Straftaten gegen die Person (§§ 169–173, 201–206 StGB)	1	0,02
Diebstahl und Unterschlagung (§§ 242–248c StGB)	1 548	24,4
Raub, Erpressung, räuberischer Angriff auf Kraftfahrer (§§ 249–255, 316a StGB)	1 712	26,99
Begünstigung, Hehlerei (§§ 257–261 StGB)	21	0,33
Betrug, Untreue (§§ 263–266b StGB)	239	3,77
Urkundenfälschung (§§ 267–281 StGB)	76	1,2
Sonstige Straftaten gegen das Vermögen (§§ 283–305a StGB)	43	0,68
Gemeingefährliche Straftaten (§§ 306–323c, ohne 316a StGB)	97	1,53
Straftaten gegen die Umwelt (§§ 324–330a StGB)	1	0,02
Straftaten im Straßenverkehr	73	1,15
Straftaten nach anderen Gesetzen (ohne StGB, StVG)	360	5,67

Quelle: Statistisches Bundesamt, Strafvollzug – Demographische und kriminologische Merkmale der Strafgefangenen 2009 Reihe 4.1, S. 22 f.

9.1.2 Gesetzliche Regelung des Jugendstrafvollzugs

Bis zu Beginn des Jahres 2008 war das Erfordernis einer gesetzlichen Regelung des Jugendstrafvollzugs Dauerthema des fachlichen Diskurses. Ohne ausdrückliche gesetzliche Rechtsgrundlage gestaltete sich die Situation für die im Jugendstrafvollzug Inhaftierten als höchst unbefriedigend und blieb darüber hinaus aus verfassungsrechtlicher Sicht äußerst bedenklich. **859**

9.1.2.1 Reformversuche

Vorarbeiten für ein Jugendstrafvollzugsgesetz fanden schon seit den siebziger Jahren des 20. Jahrhunderts statt und haben in **Kommissionsberichten** und **Arbeitsentwürfen** ihren Niederschlag gefunden. **860**

So erarbeitete ab dem Jahr 1976 eine Jugendstrafvollzugskommission aufgrund einer Entschließung des Bundestags von 1975 Vorschläge für eine gesetzliche Regelung des Jugendstrafvollzugs.[3] Diese sahen insbesondere vor: eine Verzahnung der Jugend- und Sozialhilfe mit der Jugendkriminalrechtspflege. Zu diesem Zweck sollte der Jugendstrafvollzug an Jugendlichen und Heranwachsenden durch ambulante und stationäre Einrichtungen der Jugendhilfe und durch ambulante Maßnahmen der Jugendkriminalrechtspflege eingeschränkt werden. Es wurde eine stärkere Einbeziehung der Durchführung des Vollzugs von Jugendstrafe in die Kette anderer Sozialisationshilfen und Erziehungshilfen angestrebt. Der Jugendstrafvollzug sollte so weiterentwickelt werden, dass er eindeutig der Erziehung, der Behandlung und dem sozialen Training diente. Ein Arbeitsentwurf des Bundesjustizministeriums 1980[4] entwickelte eine Art Stufenplan, um diese Kommissionsvorschläge mittel- und langfristig umzusetzen. Der Entwurf wollte den Erziehungsgedanken des JGG verstärken. Darüber hinaus lagen ihm aber – gemessen an personellen und finanziellen Kapazitäten – eher realitätsferne Standards zugrunde.

Die Konzeptionen der Jugendstrafvollzugskommission und des Arbeitsentwurfs 1980 wurden dann mit dem Arbeitsentwurf eines Jugendstrafvollzugsgesetzes des Bundesministeriums der Justiz 1984 aufgegeben.[5] Dieser Entwurf lehnte sich stark an das StVollzG an. Es fehlte ihm insoweit an einer eigenständigen jugendrechtlichen Profilierung, als er der Autonomie des Jugendstrafvollzugs gegenüber dem Erwachsenenstrafvollzug nicht genügend Rechnung trug.

Mit der Vorlage eines weiteren Entwurfs reagierte die Bundesregierung dann 1991[6] auf verfassungsrechtliche Bedenken. Dieser griff das schon in den vorherigen Entwürfen angedachte Modell eines eigenständigen Jugendstrafvollzugsgesetzes auf. Während dieser Ansatz zwar die Gefahr einer zu großen Verselbstständigung des Jugendstrafvollzugs in sich birgt, betont er andererseits die Eigenständigkeit[7] des Jugendstrafvollzugs und die besondere Verantwortung des Jugendstrafrechts als Täterstrafrecht.[8] Im Ergebnis wurde aber auch dieser Entwurf der Realität und den besonderen Aufgaben des Jugendstrafvollzugs nur partiell gerecht.[9] Obwohl sich der Erziehungsgedanke in der Vollzugspraxis nicht überzeugend durchsetzte, hielt der Entwurf an diesem Leitprinzip fest. Als Vollzugsziel war vorgesehen: „Im Vollzug der Jugendstrafe sollen die jungen Gefangenen zu einem eigenverantwortlichen Leben in der Gemeinschaft unter Achtung der Rechte anderer erzogen werden." Zwar wurde aus verfassungsrechtlichen Gründen die Schaffung einer gesetzlichen Grundlage für den Jugendstrafvollzug als immer dringender erachtet. Dennoch setzte die Legislative auch den Entwurf von 1991 nicht um.

861 Im Jahr 2004 leitete das Bundesministerium der Justiz den Bundesländern sowie einschlägigen Fachverbänden den Referentenentwurf eines Gesetzes zur Regelung des Jugendstrafvollzugsgesetzes zur Stellungnahme zu.[10] Dieser hielt daran fest, die

---

[3] Zum Schlussbericht der Kommission siehe Ayass, 1980, S. 167 ff.
[4] Dazu Ayass, 1980a, S. 359 ff.
[5] Dazu Ayass, 1984, S. 350 f.; ders., 1985, S. 178 f.; Busch, 1985, S. 126 ff.; Eisenberg, 1985, S. 41 ff.
[6] Siehe hierzu Dünkel F., 1992b, S. 176, 180 f.; Sonnen, 1992, S. 307 ff.
[7] Ayass, 1980, S. 359, 360.
[8] Siehe Ayass, 1980, S. 359, 360; Claßen, 1984, S. 85 ff.; Eisenberg, 1985, S. 41, 44 f.; vgl. ferner Bereswill/Höynck, 2002.
[9] Ayass, 1992, S. 212.
[10] Dazu Dünkel F., 2006, S. 565 ff.; Eisenberg, 2004, S. 353 ff.; Walter J., 2004a, S. 397 ff.; ders., 2005a, S. 17 f.

Regelung der Ausgestaltung des Jugendstrafvollzugs in einem eigenständigen Gesetz vorzusehen. In der Entwurfsbegründung[11] wurde die Notwendigkeit einer präzisen gesetzlichen Regelung von Eingriffen in die Grundrechte junger Strafgefangener anerkannt. Es erfolgte zudem eine ausdrückliche Bezugnahme auf die Grundsatzentscheidung des BVerfG von 1972.[12] Zudem sollte mit der Neuregelung des Jugendstrafvollzugs den Vorgaben auf europäischer und internationaler Ebene[13] Rechnung getragen werden. Es wurde angestrebt, ein neues Jugendstrafvollzugsgesetz in den Gesamtkontext der für junge Menschen bedeutsamen nationalen Regelungen wie das Kinder- und Jugendhilferecht einzufügen.

9.1.2.2 Die Verfassungsgerichtsentscheidung 2006

In seinem Urteil vom 31.5.2006 stellte das Bundesverfassungsgericht[14] fest, dass **862** für den Jugendstrafvollzug die verfassungsrechtlich notwendigen, auf die spezifischen Anforderungen des Strafvollzugs an Jugendlichen zugeschnittenen gesetzlichen Grundlagen fehlten. Zugleich setzte das Gericht dem Gesetzgeber eine Frist bis zum Ablauf des Jahres 2007, eine verfassungsrechtlich konforme gesetzliche Regelung zur Durchführung des Jugendstrafvollzugs zu schaffen.[15]

In seinen Entscheidungsgründen wies das Bundesverfassungsgericht darauf hin, dass **Eingriffe in die Grundrechte** von Strafgefangenen einer **gesetzlichen Grundlage** bedürfen, welche die Eingriffsvoraussetzungen in hinreichend bestimmter Weise normiert, und dass es keinerlei Grund gibt, weshalb für den Jugendstrafvollzug insoweit etwas anderes gelten sollte als im Vollzug der Freiheitsstrafe an Erwachsenen. Das Gericht zeigte auf, dass bislang für beinahe den gesamten Bereich des Jugendstrafvollzugs zureichende gesetzliche Eingriffsgrundlagen fehlten und dieser Mangel sich nicht durch Rückgriff auf Rechtsgedanken des den Erwachsenenstrafvollzug betreffenden Strafvollzugsgesetzes beheben ließ. Denn Ausgangsbedingungen und Folgen strafrechtlicher Zurechnung sind bei Jugendlichen in wesentlichen Aspekten anders als bei Erwachsenen. Freiheitsentzug wirkt sich zudem in verschiedener Hinsicht für Jugendliche besonders einschneidend aus. Ihr Vollzug berührt gerade auch Grundrechte der Erziehungsberechtigten. Ein der Achtung der Menschenwürde und dem Grundsatz der Verhältnismäßigkeit staatlichen Strafens verpflichteter Strafvollzug muss diesen Besonderheiten Rechnung tragen. Das Erfordernis gesetzlicher Grundlagen, welche den Besonderheiten des Jugendstrafvollzugs angepasst sind, bezieht sich – so das Bundesverfassungsgericht – auf den Bereich unmittelbar eingreifender Maßnahmen ebenso wie auf die Ausgestaltung des gerichtlichen Rechtsschutzes. Das Bundesverfassungsgericht konstatierte, dass dessen Ausgestaltung als Rechtsweg zu den Oberlandesgerichten gem. §§ 23 ff. EGGVG den verfassungsrechtlichen Anforderungen nicht gerecht wird.

Das Erfordernis gesetzlicher Regelung betraf auch die Ausrichtung des Voll- **863** zugs auf das Ziel der sozialen Reintegration. Das Bundesverfassungsgericht wies

---

[11] EGJVollz 2004, Begründung S. 3.
[12] BVerfGE 33, S. 1 ff.; dazu Ostendorf, 2006b, S. 2073; ferner Streng, 2008, S. 241 ff.
[13] Hierzu Feest, 2004, S. 69 ff.; Laubenthal, 2002c, S. 169 ff.; Ostendorf, 2009, S. 50 ff.
[14] BVerfG, Urteil v. 31.5.2006 – 2 BvR 1673/04, BVerfGE 116, S. 69 ff.
[15] Dazu Goerdeler/Pollähne, 2007, S. 55 ff.; Walter J., 2007a, S. 186 f.

darauf hin, für den Jugendstrafvollzug besitze das Ziel der Befähigung zu einem straffreien Leben in Freiheit besonders hohes Gewicht. Die Legislative war deshalb verpflichtet, ein wirksames Resozialisierungskonzept zu entwickeln und den Vollzug der Jugendstrafe darauf aufzubauen. Zwar hatte der Gesetzgeber für die Ausgestaltung dieses Konzepts einen weiten Spielraum. Er musste jedoch durch gesetzliche Festlegung hinreichend konkretisierter Vorgaben dafür Sorge tragen, dass für allgemein als erfolgsnotwendig anerkannte Vollzugsbedingungen und -maßnahmen die erforderliche Ausstattung mit personellen und finanziellen Mitteln kontinuierlich gesichert blieb. Das betraf vor allem die Bereitstellung zureichender Bildungs- und Ausbildungsmöglichkeiten, geeignete Formen der Unterbringung und Betreuung sowie eine mit angemessenen Hilfen für die Phase nach der Entlassung verzahnte Entlassungsvorbereitung. Mit Rücksicht auf das besonders hohe Gewicht der grundrechtlichen Belange, welche durch den Jugendstrafvollzug berührt werden, wurde der Gesetzgeber schließlich zur Beobachtung sowie nach Maßgabe der Beobachtungsergebnisse zur Nachbesserung verpflichtet. Der Gesetzgeber musste deshalb sich selbst und den mit der Anwendung eines Jugendstrafvollzugsgesetzes befassten Behörden die Möglichkeit sichern, aus Erfahrungen mit der jeweiligen gesetzlichen Ausgestaltung des Vollzugs und der Art und Weise, wie die gesetzlichen Vorgaben angewendet werden, zu lernen.

9.1.2.3 Bundesrechtliche Regelungen

864 Bundesrechtliche Regelungen zu „Vollstreckung und Vollzug jugendstrafrechtlicher Sanktionen" finden sich in §§ 82 ff. JGG. Diese Vorschriften enthalten allerdings keine konkreten Bestimmungen zur Durchführung des Jugendstrafvollzugs; deren Normierung blieb nach verwirklichter Föderalismusreform[16] vielmehr den jeweiligen Landesgesetzgebern überlassen. Einzig die vollstreckungsrechtliche Regelung der Herausnahme aus dem Jugendstrafvollzug (§ 89b JGG) sowie die hinsichtlich vollzuglicher Maßnahmen zur Verfügung stehenden Rechtsbehelfe waren in § 92 JGG zu verorten.[17]

Darüber hinaus schreibt § 2 Abs. 1 S. 2 JGG den Erziehungsgedanken als Leitlinie des Jugendstrafrechts fest. Die Erziehung des Jugendlichen dient als primäres Mittel der Erreichung des Vollzugsziels, den Jugendlichen zu einem künftigen Leben ohne weitere Straftaten zu befähigen.[18]

9.1.2.4 Landes-Jugendstrafvollzugsgesetze

865 Überwiegend zum 1.1.2008 sind in 13 Bundesländern jeweils deren separate Landes-Jugendstrafvollzugsgesetze in Kraft getreten.[19] In Bayern[20] und Niedersach-

---

[16] Dazu Kap. 1.2.
[17] Siehe Kap. 9.1.6.
[18] Diemer/Schoreit/Sonnen, 2008, § 2 JGG Rdn. 1.
[19] Gesetz über den Vollzug der Jugendstrafe in Berlin (Berliner Jugendstrafvollzugsgesetz – JStVollzG Bln) v. 15.12.2007 (GVBl. Nr. 33/2007, S. 653); Gesetz über den Vollzug der Jugendstrafe im Land Brandenburg (Brandenburgisches Jugendstrafvollzugsgesetz – BbgJStVollzG) v. 18.12.2007 (GVBl. I Nr. 20/2007, S. 348); Gesetz über den Vollzug der Jugendstrafe im Land Bremen (Bremisches Jugendstrafvollzugsge-

sen[21] wurden Gesetze verabschiedet, die als Landes-Strafvollzugsgesetz bzw. Landes-Justizvollzugsgesetz die Regelungen zum Jugendstrafvollzug integrieren.[22]

Um einer Rechtszersplitterung entgegenzuwirken entschieden sich die Gesetzgeber der Länder Berlin, Brandenburg, Bremen, Mecklenburg-Vorpommern, Rheinland-Pfalz, Sachsen-Anhalt, Saarland, Sachsen, Schleswig-Holstein und Thüringen dafür, eine möglichst einheitliche Fassung der Jugendstrafvollzugsgesetze zu verabschieden. Gleichwohl weisen auch die Jugendstrafvollzugsgesetze dieser Länder Einzelfragen betreffend zum Teil gravierende Abweichungen voneinander auf. Im Übrigen präsentieren sich die Jugendstrafvollzugsgesetze durchaus als Realisierung landespolitischer Autonomie.[23]

9.1.3 Vollzugsgrundsätze und Vollzugsorganisation

Die Landes-Jugendstrafvollzugsgesetze regeln zunächst Ziel und Aufgabe des Jugendstrafvollzugs. Ferner werden vorab Gestaltungsgrundsätze und Stellung des Gefangenen normiert, ebenso das Trennungsprinzip. **866**

---

setz – BremJStVollzG) v. 27.3.2007 (GBl. Nr. 19/2007, S. 233); Gesetz über den Vollzug der Jugendstrafe in Hamburg (Hamburgisches Jugendstrafvollzugsgesetz – HmbJStVollzG) v. 14.7.2009 (HmbGVBl. Nr. 35/2009, S. 257); Hessisches Jugendstrafvollzugsgesetz (HessJStVollzG) v. 19.11.2007 (GVBl. I Nr. 35/2009, S. 280); Gesetz über den Vollzug der Jugendstrafe (Jugendstrafvollzugsgesetz Mecklenburg-Vorpommern – JStVollzG M-V) v. 14.12.2007 (GVBl. Nr. 19/2007, S. 427); Gesetz zur Regelung des Jugendstrafvollzuges in Nordrhein-Westfalen (Jugendstrafvollzugsgesetz Nordrhein-Westfalen – JStVollzG NRW) v. 20.11.2007 (GVBl. Nr. 27/2007, S. 539); Landesjugendstrafvollzugsgesetz Rheinland-Pfalz (LJStVollzG RLP) v. 3.12.2007 (GVBl. Nr. 16/2007, S. 252); Gesetz über den Vollzug der Jugendstrafe (Saarländisches Jugendstrafvollzugsgesetz – SJStVollzG) v. 30.10.2007 (Abl. 2007, S. 2370); Sächsisches Gesetz über den Vollzug der Jugendstrafe (Sächsisches Jugendstrafvollzugsgesetz – SächsJStVollzG) v. 12.12.2007 (Sächs. GVBl. Nr. 16/2007, S. 558); Gesetz über den Vollzug der Jugendstrafe in Sachsen-Anhalt (Jugendstrafvollzugsgesetz Sachsen-Anhalt – JStVollzG LSA) v. 7.12.2007 (GVBl. LSA Nr. 30/2007, S. 368); Gesetz über den Vollzug der Jugendstrafe in Schleswig-Holstein – Jugendstrafvollzugsgesetz – (JStVollzG S-H) v. 19.12.2007 (GVBl. Nr. 21, S. 563); Thüringer Gesetz über den Vollzug der Jugendstrafe (Thüringer Jugendstrafvollzugsgesetz – ThürJStVollzG) v. 20.12.2007 (GVBl. Nr. 13/2007, S. 221).

[20] Gesetz über den Vollzug der Freiheitsstrafe, der Jugendstrafe und der Sicherungsverwahrung (Bayerisches Strafvollzugsgesetz – BayStVollzG) vom 10.12.2007 (Bay-GVBl. Nr. 28/2007, S. 866).

[21] Gesetz zur Neuregelung des Justizvollzuges in Niedersachsen (Niedersächsisches Justizvollzugsgesetz – NJVollzG) vom 14.12.2007 (Nds. GVBl. Nr. 41/2007, S. 720).

[22] Dazu Dünkel/Pörksen, 2007, S. 55.

[23] Eisenberg, 2008, S. 251; zur Gefahr eines „Gefangenentourismus" Ostendorf, 2008, S. 14.

9.1.3.1 Vollzugszielvorgabe

867 Nach den meisten Landes-Jugendstrafvollzugsgesetzen dient der Vollzug der Jugendstrafe dem Ziel, die Gefangenen zu befähigen, künftig in sozialer Verantwortung ein Leben ohne Straftaten zu führen.[24] Damit zusammen hängt das in § 2 Abs. 1 S. 2 JGG verankerte Prinzip, das Jugendstrafrecht insgesamt einschließlich des Jugendstrafvollzugs am **Erziehungsgedanken** zu orientieren.[25] Der Grundsatz betrifft alle Mitarbeiter des Vollzugs und dient ihnen als Leitlinie bei der Erfüllung ihrer Aufgaben. Der **Ausrichtung auf künftiges Legalverhalten** kommt im Rahmen des Jugendstrafvollzugs eine noch größere Bedeutung zu als im Erwachsenenvollzug. Jedoch gilt es auch im Vollzug der Jugendstrafe, die Einwirkung dem Subsidiaritätsprinzip sowie dem Verhältnismäßigkeitsgrundsatz entsprechend insoweit zu beschränken, als dies ein Leben ohne künftige deliktische Handlungen erfordert.[26] Anzutreffen sind im Jugendstrafvollzug allerdings überwiegend Jugendliche, die bereits mehrfach in strafrechtlicher Hinsicht in Erscheinung getreten sind. Deren abweichendes Verhalten lässt sich nicht bloß auf Erziehungsmängel zurückführen. Die Gründe sind stattdessen vielschichtig, so dass ein schwerpunktmäßiges Ansetzen an jenen Defiziten zwar hilfreich, jedoch keineswegs ausreichend ist.[27]

> Abweichend von den übrigen Landesgesetzen normieren Bayern in Art. 121 S. 2 BayStVollzG, Baden-Württemberg in § 1 JVollzGB IV und Hamburg in § 3 Abs. 1 HmbJStVollzG lediglich einen **Erziehungsauftrag** mit derselben Zweckrichtung, ohne diesen als „Vollzugsziel" zu bezeichnen. § 2 Abs. 1 HessJStVollzG und § 2 Abs. 1 SJStVollzG bezeichnen den Vollzugszweck als „Erziehungsziel".[28]

868 Daneben benennen die meisten Landes-Jugendstrafvollzugsgesetze als **Aufgabe** des Jugendstrafvollzugs den **Schutz der Allgemeinheit** vor weiteren Straftaten (bspw. § 2 S. 2 JStVollzG Bln). Dieses Postulat wird dabei der Zielvorgabe des Jugendstrafvollzugs bzw. dem Erziehungsauftrag von einigen Ländern gleichgestellt[29], von anderen sogar vorangestellt[30]. Mit dem Erziehungsgedanken des Jugendstrafrechts sowie mit der verfassungsgerichtlichen Vorgabe, den Jugendstraf-

---

[24] § 2 S. 1 JStVollzG Bln, § 2 S. 1 BbgJStVollzG, § 2 S. 1 BremJStVollzG, § 2 Abs. 1 HessJStVollzG, § 2 S. 1 JStVollzG M-V, § 113 S. 1 NJVollzG, § 2 Abs. 1 JStVollzG NRW, § 2 Abs. 1 SJStVollzG, § 2 S. 2 SächsJStVollzG, § 2 S. 1 ThürJStVollzG, § 2 S. 1 LJStVollzG RLP, § 2 S. 1 JStVollzG LSA, § 2 S. 1 JStVollzG S-H.

[25] Walter J., 2006, S. 95; zum Erziehungsgedanken im Jugendstrafrecht siehe Dünkel, 2008, S. 2; Schlüchter, 1994, S. 31 ff.; Sonnen, 2007, S. 51; Streng, 1994a, S. 60 ff.

[26] Dünkel F., 1990a, S. 131 f.; Dünkel/Pörksen, 2007, S. 57; Eisenberg, 2010, § 5 Rdn. 5; ders., 2008, S. 251.

[27] Walter J., 2006, S. 95; vgl. ferner ders., 2003a, S. 139 f. zur Erweiterung sozialer Kompetenzen im Jugendstrafvollzug.

[28] Zur Terminologie Ostendorf, 2007, S. 106 f.; ders., 2008, S. 15.

[29] So z.B. vom JStVollzG Bln, BbgJStVollzG, BremJStVollzG, HessJStVollzG, JStVollzG M-V, NJVollzG, SJStVollzG, SächsJStVollzG, ThürJStVollzG, JStVollzG LSA, JStVollzG S-H.

[30] Art. 121 Abs. 1 BayStVollzG, § 1 JVollzGB IV, § 3 Abs. 1 S. 1 HmbJStVollzG.

vollzug auf das Vollzugsziel auszurichten, erscheint eine derartige Entwertung der Vollzugszielvorgabe indes kaum vereinbar.[31]

9.1.3.2 Gestaltungsgrundsätze und Stellung des Gefangenen

Auch im Vollzug der Jugendstrafe gelten als Gestaltungsprinzipien[32] die **Grundsätze der Angleichung, Gegensteuerung und Integration**.[33] Wie beim Vollzug der Freiheitsstrafe an Erwachsenen gewähren diese den Inhaftierten allerdings keine unmittelbaren Rechte, sondern richten sich in erster Linie an die Vollzugsbehörde.

869

Insbesondere der Gegensteuerungsgrundsatz gewinnt im Jugendstrafvollzug verstärkt an Bedeutung, weil die in ihrem Charakter noch nicht gefestigten Jugendlichen in besonderem Maße anfällig für die negativen und schädlichen mit dem Strafvollzug einhergehenden Folgen sind.[34] Die Gestaltungsgrundsätze müssen als eine Mindestgrenze begriffen werden, welche die Bedingungen optimaler Förderung der jungen Inhaftierten herstellen soll. Hierzu zählt vor allem die Schaffung eines gewaltfreien Vollzugsklimas, das ein positives Lernen begünstigt. Dabei schreibt die überwiegende Mehrzahl der Landesgesetze eine erzieherische Gestaltung des Jugendstrafvollzugs explizit vor.

Darüber hinaus wird eine **Mitwirkungspflicht** des jungen Inhaftierten bei der Erreichung des Vollzugsziels normiert.[35]

> In Niedersachsen ist die eine Mitwirkung des Inhaftierten an der Erreichung des Sozialisationsauftrags regelnde Norm als Soll-Vorschrift ausgestaltet, § 6 S. 1 NJVollzG.

Indes verleiten derartige Mitwirkungspflichten die jungen Inhaftierten oftmals zu oberflächlichen und der Erreichung des vollzuglichen Erziehungs- bzw. Sozialisationsziels nicht förderlichen Anpassungsstrategien. Zudem bleibt es verfassungsrechtlich bedenklich, solche Pflichten zur Mitwirkung an der eigenen Bestrafung festzuschreiben. Jedem Gefangenen muss insoweit das Recht zustehen, die Kooperation daran zu verweigern[36], vor allem weil Pflichtverletzungen die Verhängung von Disziplinarmaßnahmen nach sich ziehen können. Indes bleibt die

---

[31] Vgl. Dünkel, 2008, S. 2; Ostendorf, 2008, S. 15; Sonnen, 2007, S. 52 f.
[32] Laubenthal/Baier/Nestler, 2010, S. 594 ff.; ferner oben Kap. 3.4.
[33] § 2 Abs. 3 u. 4 JVollzGB IV, Art. 5 Abs. 1 bis 3, 122 BayStVollzG, § 3 Abs. 3 JStVollzG Bln, § 3 Abs. 3 BbgJStVollzG, § 3 Abs. 3 BremJStVollzG, § 3 Abs. 2 HmbJStVollzG, § 3 Abs. 2 HessJStVollzG, § 2 NJVollzG, § 3 Abs. 2 JStVollzG NRW, § 3 Abs. 3 LJStVollzG RLP, § 3 Abs. 3 SJStVollzG, § 3 Abs. 3 SächsJStVollzG, § 3 Abs. 3 ThürJStVollzG, § 3 Abs. 3 JStVollzG LSA, § 3 Abs. 3 JStVollzG S-H.
[34] Vgl. etwa Süddeutsche Zeitung vom 24.10.2007, S. 37.
[35] Ebenso § 3 Abs. 1 JVollzGB IV, Art. 123 Abs. 2 BayStVollzG, § 4 JStVollzG Bln, § 4 BbgJStVollzG, § 4 Abs. 1 BremJStVollzG, § 5 Abs. 1 HmbJStVollzG, § 4 Abs. 1 HessJStVollzG, § 4 JStVollzG M-V, § 4 Abs. 1 JStVollzG NRW, § 4 S. 1 JStVollzG RLP, § 4 S. 1 SJStVollzG, § 4 Abs. 1 SächsJStVollzG, § 4 S. 1 ThürJStVollzG, § 4 S. 1 JStVollzG LSA, § 5 S. 1 JStVollzG S-H.
[36] Ostendorf, 2008, S. 16; dazu ferner Dünkel/Pörksen, 2007, S. 64.

allgemeine Mitwirkungspflicht inhaltlich zu unbestimmt, als dass an ihre Verletzung disziplinarische Folgen geknüpft werden könnten.[37] Es erscheint ferner zweifelhaft, auf welche Weise der Jugendliche zur Mitwirkung motiviert werden soll, ohne selbst dabei zum bloßen Objekt staatlichen Handelns zu werden.

Die Rechtsstellung des Jugendstrafgefangenen regeln die Landes-Jugendstrafvollzugsgesetze in einer weithin dem Erwachsenenvollzug vergleichbaren Art und Weise.[38] Der Gefangene unterliegt nur den gesetzlich vorgesehenen Beschränkungen für die Dauer seiner Inhaftierung. Die meisten Landesgesetze normieren hier eine **Generalklausel**, nach der andere als die ausdrücklich geregelten Beschränkungen dem Inhaftierten allein insoweit auferlegt werden dürfen, als dies zur Abwendung schwerwiegender Störungen der Sicherheit oder Ordnung der Anstalt unerlässlich ist.

9.1.3.3 Trennungsprinzip

870 Dem Trennungsprinzip folgend bestimmen die Landesgesetze eine grundsätzliche **Trennung der Jugendstrafgefangenen von erwachsenen Inhaftierten** im Vollzug der Freiheitsstrafe und damit einhergehend den Vollzug der Jugendstrafe in **besonderen Jugendstrafanstalten**.[39] Für junge weibliche Inhaftierte sehen z.B. § 2 Abs. 8 JVollzGB IV, § 112 Abs. 1 S. 2 1. Hs. JStVollzG NRW und § 98 Abs. 4 2. Alt. JStVollzG S-H eine Unterbringung in getrennten Abteilungen einer Justizvollzugsanstalt für Frauen vor.[40]

> Während Bremen auf die Einrichtung besonderer Jugendstrafanstalten verzichtet und in § 98 Abs. 1 S. 1 1. Alt. BremJStVollzG den Vollzug der Jugendstrafe in Teilanstalten einer Anstalt des Erwachsenenvollzugs vorsieht, normieren andere Landesgesetze[41] diese Möglichkeit alternativ zum Vollzug in separaten Jugendstrafanstalten. Überwiegend stellen die landesrechtlichen Regelungen diesbezüglich beide Möglichkeiten gleich. Bayern, Berlin, Brandenburg, Hamburg, Hessen, Niedersachsen, Nordrhein-Westfalen, das Saarland und Sachsen-Anhalt sehen den Vollzug in Teilanstalten hingegen nicht vor.

---

[37] Diemer/Schoreit/Sonnen, 2008, § 4 Rdn. 1.
[38] § 3 JVollzGB IV, Art. 125 BayStVollzG, § 6 JStVollzG Bln, § 6 BbgJStVollzG, § 6 BremJStVollzG, § 5 HmbJStVollzG, § 6 HessJStVollzG, § 6 JStVollzG M-V, § 3 NJVollzG, § 4 Abs. 2 JStVollzG NRW, § 6 SJStVollzG, § 6 SächsJStVollzG, § 6 JStVollzG RLP, § 6 JStVollzG LSA, § 6 JStVollzG S-H, § 6 ThürJStVollzG.
[39] § 4 Abs. 4 S. 1 JVollzGB I, Art. 166 Abs. 1 BayStVollzG, § 98 Abs. 1 S. 1 JStVollzG Bln, § 98 Abs. 1 S. 1 1. Alt. BbgJStVollzG, § 93 Abs. 2 HmbJStVollzG; § 68 Abs. 1 S. 1 1. Alt. HessJStVollzG, § 98 Abs. 1 1. Alt. JStVollzG M-V, § 112 Abs. 1 S. 1 JStVollzG NRW, § 170 Abs. 2 1. Alt. NJVollzG, § 98 Abs. 1 S. 1 Var. 1 SächsJStVollzG, § 98 Abs. 1 S. 1 Var. 1 JStVollzG RLP, § 108 Abs. 1 S. 1 1. Alt. JStVollzG LSA, § 98 Abs. 1 S. 1 Var. 1 JStVollzG S-H, § 98 Abs. 1 S. 1 Var. 1 ThürJStVollzG; vgl. dazu auch Kamann, 2009, S. 47 f.
[40] Dazu Kamann, 2009, S. 48; Ostendorf, 2008, S. 15.
[41] § 98 Abs. 1 2. Alt. JStVollzG M-V, § 98 Abs. 1 S. 1 Var. 2 SächsJStVollzG, § 98 Abs. 1 S. 1 Var. 2 ThürJStVollzG, § 98 Abs. 1 S. 1 Var. 2 LJStVollzG RLP, § 98 Abs. 1 S. 1 Var. 2 JStVollzG S-H.

Die meisten Landes-Jugendstrafvollzugsgesetze eröffnen darüber hinaus die Möglichkeit, Jugendstrafgefangene unter bestimmten Voraussetzungen statt in selbständigen Jugendstrafanstalten in Einrichtungen des Erwachsenenvollzugs unterzubringen – dort allerdings in abgetrennten Abteilungen.[42] Als einzige Vollzugsgesetze enthalten das BayStVollzG und das SJStVollzG keinerlei derartige Ausnahmeregelungen, sowohl was den Vollzug in Teilanstalten als auch in gesonderten Abteilungen betrifft, weshalb es insoweit beim Grundsatz des Vollzugs ausschließlich in besonderen Jugendstrafanstalten verbleibt.

Für Fälle der Unterbringung von Jugendstrafgefangenen in Einrichtungen des Erwachsenenvollzugs gibt z.B. § 98 Abs. 1 S. 6 JStVollzG Bln[43] vor, dass dann der Strafvollzug an den jungen Gefangenen nach den Vorschriften des Jugendstrafvollzugsgesetzes erfolgen muss. § 112 Abs. 1 S. 3 JStVollzG NRW trifft dieselbe Anordnung für die Unterbringung weiblicher Jugendlicher in Justizvollzugsanstalten für Frauen. Trotz der Möglichkeit des Vollzugs in anderen Anstalten als solchen des Jugendstrafvollzugs enthalten dagegen das BbgJStVollzG, das HessJStVollzG, das JStVollzG M-V und das NJVollzG keine diesbezügliche Klarstellung. Bayern und das Saarland benötigen mangels Zulässigkeit des Vollzugs der Jugendstrafe in anderen Anstalten als Jugendstrafanstalten eine derartige Regelung nicht.

Die strengste Einhaltung des Trennungsgrundsatzes sehen folglich das BayStVollzG und das SJStVollzG vor, welche – weil sie weder den Vollzug in Teilanstalten noch in separaten Abteilungen von Anstalten des Erwachsenenvollzugs zulassen – keine andere Unterbringung als diejenige in besonderen Jugendstrafanstalten kennen.

871 Die schwerwiegendsten Ausnahmen vom Grundsatz der Trennung erlaubt u.a. § 171 Abs. 2 S. 2 u. 3 NJVollzG[44], denn diese Norm lässt die Möglichkeit einer gemeinsamen Unterbringung von Jugendlichen und Erwachsenen zu.

Die in Jugendstrafanstalten gegenüber dem Freiheitsstrafenvollzug regelmäßig bestehende Möglichkeit intensiverer Betreuung gibt aber den Betroffenen dort ein höheres Maß an sozialer Sicherheit. Durch die Trennung soll ein wesentlicher Teil der schädlichen Einflüsse des allgemeinen Strafvollzugs von den jungen Inhaftierten ferngehalten werden – durch den Sondervollzug von Jugendstrafen vor allem die unerwünschte Beeinflussung seitens der erwachsenen Gefangenen des Vollzugs von Freiheitsstrafen. Um dem Trennungsgebot faktisch gerecht zu werden, reicht es deshalb regelmäßig nicht aus, die Trennung der jungen Verurteilten durch die Einrichtung von besonderen Unterkunftsabteilungen für junge Strafgefangene in allgemeinen Justizvollzugsanstalten realisieren zu wollen, in denen

---

[42] § 4 Abs. 5 S. 1 JVollzGB I, § 98 Abs. 1 S. 2 JStVollzG Bln, § 98 Abs. 1 S. 1 2. Alt. BbgJStVollzG, § 98 Abs. 1 S. 1 2. Alt. BremJStVollzG, § 68 Abs. 1 S. 1 2. Alt. HessJStVollzG, § 170 Abs. 2 2. Alt. NJVollzG, § 98 Abs. 1 S. 1 Var. 3 SächsJStVollzG, § 98 Abs. 1 S. 1 Var. 3 ThürJStVollzG, § 98 Abs. 1 S. 1 Var. 3 LJStVollzG RLP, § 108 Abs. 1 S. 1 2. Alt. JStVollzG LSA, § 98 Abs. 1 S. 1 Var. 3 JStVollzG S-H.

[43] Ebenso § 4 Abs. 5 S. 2 JVollzGB I, § 98 Abs. 1 S. 4 BremJStVollzG, § 98 Abs. 1 S. 4 SächsJStVollzG, § 98 Abs. 1 S. 4 ThürJStVollzG, § 98 Abs. 1 S. 4 LJStVollzG RLP, § 108 Abs. 1 S. 2 2. Halbs. JStVollzG LSA, § 98 Abs. 1 S. 3 JStVollzG S-H.

[44] Daneben § 98 Abs. 1 S. 2 BremJStVollzG, § 98 Abs. 1 S. 2 SächsJStVollzG, § 98 Abs. 1 S. 2 ThürJStVollzG und § 98 Abs. 1 S. 2 LJStVollzG RLP.

auch Erwachsene ihre Freiheitsstrafe nach den Vorschriften der Strafvollzugsgesetze verbüßen.

Es genügt auch nicht den mit dem Trennungsgrundsatz verbundenen Anforderungen, die Jugendstrafe in einem separaten Gebäude oder einem Gebäudetrakt auf dem Gelände einer Anstalt für Erwachsene durchzuführen, wenn nicht eine strikte Trennung der erwachsenen Gefangenen von den Jugendstrafgefangenen in allen Lebensbereichen innerhalb der Anstalt, also vor allem bei Arbeit und Freizeit, ärztlicher Versorgung, Kirchgang, dem Aufenthalt im Freien und beim Sport, erfolgen kann. Nur sofern diese Trennung möglich ist, dürfen räumlich eine Jugendstrafanstalt und eine Erwachsenenstrafanstalt auf einem Gelände mit einer für beide nutzbaren Infrastruktur betrieben werden. Denn mit dem besonderen Jugendstrafvollzug wird den spezifischen Bedürfnissen und Hilfenotwendigkeiten Rechnung getragen, die verurteilte junge Menschen haben.

Deshalb stellen alle Landes-Jugendstrafvollzugsgesetze – im Gegensatz zum Erwachsenenvollzug – auch an das vollzugliche Personal in Jugendstrafanstalten besondere Anforderungen. Die Bediensteten müssen für die Erziehungsaufgabe geeignet und ausgebildet sein.[45] Die sorgfältige Auswahl des entsprechenden Personals anhand spezifischer Kriterien allein ist jedoch nicht geeignet, über die mit einer gemeinsamen Unterbringung von Jugendlichen und Erwachsenen verbundenen Risiken hinwegzuhelfen.

9.1.3.4 Vollzug der Jugendstrafe in Erwachsenenanstalten

872 Zu den vollstreckungsrechtlichen Entscheidungen gehört auch diejenige über eine Herausnahme des **zu Jugendstrafe verurteilten Erwachsenen** aus dem Jugendstrafvollzug. Hierüber befindet nach § 89b Abs. 2 JGG der Vollstreckungsleiter.

Zwar kann gem. § 89b Abs. 1 S. 1 JGG die Jugendstrafe in Jugendstrafanstalten vollzogen werden. Nachdem sich aber die Verhängung von Jugendstrafe an Alter und Reifezustand des Täters zum Zeitpunkt der Tatbegehung orientiert, darf sie auch gegen Heranwachsende verhängt werden bzw. mit Jugendstrafe Sanktionierte erreichen während der Dauer des Vollzugs das Erwachsenenalter. Auf solche Personen sind die speziellen Einwirkungsmöglichkeiten des Jugendstrafvollzugs nicht zugeschnitten. § 89b Abs. 1 JGG trägt daher dem Erfordernis Rechnung, Jugendstrafe unter bestimmten Voraussetzungen **in Anstalten des Erwachsenenstrafvollzugs** durchzuführen. Nach § 89b Abs. 1 S. 1 JGG **kann** die Strafe an einem Verurteilten, der das **18. Lebensjahr vollendet** hat und sich nicht (mehr) für den Jugendstrafvollzug eignet, nach den Vorschriften des Strafvollzugs für Erwachsene vollzogen werden. Eine mangelnde Eignung im Sinne der Vorschrift ist anzunehmen, wenn eine Einwirkung auf den Betroffenen mit den Mitteln des Jugendstrafvollzugs nicht möglich erscheint oder er durch sein Verhalten gegenüber den Mitinhaftierten die Erreichung des Vollzugsziels bei diesen Mitgefange-

---

[45] Bspw. Art. 157 BayStVollzG, § 102 S. 2 BbgJStVollzG, § 102 S. 2 JStVollzG Bln, § 102 S. 2 BremJStVollzG, § 72 Abs. 3 S. 1 HessJStVollzG, § 102 S. 2 JStVollzG M-V, § 177 Abs. 2 S. 1 NJVollzG, § 119 Abs. 1 S. 2 JStVollzG NRW, § 102 S. 2 JStVollzG RLP, § 102 S. 2 SJStVollzG, § 102 Abs. 2 S. 2 SächsJStVollzG, § 112 S. 2 JStVollzG LSA, § 102 S. 2 JStVollzG S-H, § 102 S. 2 ThürJStVollzG.

nen gefährdet, wobei die Gründe eng auszulegen sind.[46] Nach **Vollendung** des **24. Lebensjahres soll** Jugendstrafe gemäß den für den Erwachsenenstrafvollzug geltenden Regelungen vollzogen werden, § 89b Abs. 1 S. 2 JGG.

Während Verurteilte, die mindestens im 25. Lebensjahr stehen, von Anfang an im Rahmen der nach § 89b Abs. 1 S. 1 JGG zu treffenden **Ermessensentscheidung**[47] in eine Anstalt des Erwachsenenstrafvollzugs eingewiesen werden dürfen, hat für die Verurteilten im Alter zwischen 18 und 24 Jahren anderes zu gelten. Zwar wird vertreten, auch sie dürften von Beginn an aus dem Jugendstrafvollzug herausgehalten werden, wenn sie sich für diesen offensichtlich nicht mehr eignen.[48] Dagegen spricht jedoch, dass die Entscheidung über die Eignung von Verurteilten im Heranwachsenden- bzw. Jungerwachsenenalter für die speziellen Einwirkungsmöglichkeiten des Jugendstrafvollzugs erst nach Beobachtung und Erprobung von gewisser Dauer getroffen werden kann.[49] Zudem bestehen im Hinblick auf die divergierenden richterlichen Zuständigkeiten bei der Überprüfung von Maßnahmen im Jugend- und Erwachsenenstrafvollzug[50] gegen eine großzügige Handhabung der Einweisung direkt in den Erwachsenenstrafvollzug Bedenken im Hinblick auf die grundgesetzliche Garantie des gesetzlichen Richters (Art. 101 Abs. 1 S. 2 GG).[51]

873

Hat der Jugendrichter als Vollstreckungsleiter die Herausnahme eines zu Jugendstrafe Verurteilten beschlossen, bleibt er auch nach Aufnahme bzw. Verlegung des Betroffenen in die Einrichtung des Erwachsenenstrafvollzugs weiterhin für die Vollstreckung zuständig. Es kann jedoch eine **Abgabe der Zuständigkeit** nach § 85 Abs. 5 JGG an denjenigen vollzugsnäheren Jugendrichter erfolgen, in dessen Bezirk die Justizvollzugsanstalt liegt. Hat der Verurteilte das 24. Lebensjahr vollendet und dauert die Vollstreckung noch länger an, darf diese gem. § 85 Abs. 6 JGG endgültig an die nach den allgemeinen Vorschriften zuständige Vollstreckungsbehörde abgegeben werden.

Erfolgt eine Abgabe jedoch nicht, können Probleme entstehen, wenn gegen einen Verurteilten Jugendstrafe sowie Freiheitsstrafe zu vollstrecken sind und die Jugendstrafe nach den Vorschriften des Strafvollzugs für Erwachsene vollzogen wird. In diesem Fall sind für die Vollstreckung der Strafen zunächst verschiedene Stellen zuständig: die Strafvollstreckungskammer für die Freiheitsstrafe und der Jugendrichter für die Jugendstrafe.[52]

Die Fälle einer **Herausnahme aus dem Jugendstrafvollzug** gem. § 89b Abs. 1 JGG stellen in der Praxis keine seltene Ausnahme dar. Vielmehr erfolgt diese bei

874

---

[46] Eisenberg, 2010, § 89b Rdn. 3; zu § 92 JGG a.F. vgl. Brunner/Dölling, 2002, § 92 Rdn. 5; Diemer/Schoreit/Sonnen, 2008, § 92 Rdn. 11; Franze, 1997, S. 73.
[47] Eisenberg, 2010, § 89b Rdn. 5; zu § 92 JGG a.F. LG Rottweil, StrVert 2001, S. 185.
[48] So RiL zu § 92 JGG a.F. S. 3; Brunner/Dölling, 2002, § 92 Rdn. 5.
[49] Vgl. zur a.F. Ostendorf, 2007 (7. Aufl.), § 91 Rdn. 1; ferner Ostendorf, 2009a.
[50] Siehe Kap. 11.3.3.
[51] Hierzu Eisenberg, 2010, § 92 Rdn. 15.
[52] Ausführlich Maaß, 2008, S. 129 ff.

mehr als einem Fünftel der zu Jugendstrafe Verurteilten, die ihre Strafe auch verbüßen müssen.[53]

Mit der Anordnung der Herausnahme eines Betroffenen aus dem Jugendstrafvollzug weist der Jugendrichter als Vollstreckungsleiter diesen in die zuständige Justizvollzugsanstalt für den Vollzug von Freiheitsstrafen ein. Die Anordnung nach § 89b Abs. 2 JGG wirkt sich dann auf die Art und Weise der **Vollzugsgestaltung** aus. Sie erfolgt in diesem Fall nach den **Vorschriften der Strafvollzugsgesetze der Länder**. Dadurch wird vermieden, dass innerhalb einer Strafvollzugseinrichtung gleichartige Maßnahmen von der Vollzugsbehörde je nach Person des Inhaftierten auf unterschiedliche rechtliche Grundlagen zu stützen sind.

9.1.4 Vollzugsablauf

875 Zur Regelung des Vollzugsablaufs, also der Zeitspanne von Haftantritt bis zur Entlassung einschließlich vollzuglicher Nachsorge, treffen die Gesetze der Länder Bestimmungen weitgehend zu denselben Gegenständen.
Hierzu gehören:
– Strafantritt, Aufnahmeverfahren inklusive Vollzugsplanung,
– Unterbringung und Versorgung der Inhaftierten,
– Schule, Ausbildung und Weiterbildung,
– Freizeit und Sport,
– Religionsausübung,
– Besuche, Schriftwechsel und Telekommunikation,
– Entlassung, Entlassungsvorbereitung und vollzugliche Nachsorge.

9.1.4.1 Haftantritt und Entlassung

876 Der Jugendstrafvollzug beginnt, wie auch der Erwachsenenvollzug, mit der **Eingangsuntersuchung**, deren Ergebnisse maßgebend für die Erstellung des **Vollzugsplans** (bzw. Erziehungsplans in Baden-Württemberg oder Förderplans in Hessen und Niedersachsen) sind.[54]

> Die Landes-Jugendstrafvollzugsgesetze regeln die Inhalte des zu erstellenden Vollzugsplans allerdings recht unterschiedlich. Bspw. machen § 5 JVollzGB IV, § 117 Abs. 1 NJVollzG bestimmte Mindestvorgaben, über die § 11 Abs. 3 JStVollzG Bln, § 12 JStVollzG NRW noch hinaus gehen. In Bayern verweisen dagegen Art. 130 und 9 Abs. 1 u. 2 BayStVollzG auf Verwaltungsvorschriften.

---

53 Am 31.3.2010 betraf dies 1 954 Verurteilte von 6 008.
54 § 5 JVollzGB IV, Art. 128, 130 BayStVollzG, § 11 JStVollzG Bln, § 11 BbgJStVollzG, § 11 BremJStVollzG, § 8 HmbJStVollzG, § 10 HessJStVollzG, § 11 JStVollzG M-V, § 117 NJVollzG, § 12 JStVollzG NRW, § 11 SJStVollzG, § 11 SächsJStVollzG, § 11 ThürJStVollzG, § 11 JStVollzG RLP, § 11 JStVollzG LSA, § 11 JStVollzG S-H.

Mit dem Jugendlichen wird ein Aufnahme-, Erst- oder Zugangsgespräch geführt.[55] Dieses dient dazu, die gegenwärtige Lebenssituation des Jugendlichen zu erörtern und ihn über seine Rechte und Pflichten zu informieren. Andere Gefangene dürfen bei dem Gespräch nicht zugegen sein (vgl. etwa § 4 Abs. 1 JVollzGB IV[56]).

Steht der Haftantritt am Beginn des Vollzugs der Jugendstrafe, so endet dieser mit der **Entlassung**. Maßnahmen der **Entlassungsvorbereitung** nehmen angesichts der besonderen Bedeutung des Vollzugsziels eine herausgehobene Position ein. Die Anstalt ist daher dazu verpflichtet, bereits im Vorfeld der Entlassung[57] Maßnahmen zu ergreifen, um dem Jugendlichen die Rückkehr in die Freiheit zu erleichtern. In Betracht kommen dabei:

- Zusammenarbeit mit Organisationen und Vereinen. Dem zu Entlassenden werden Wohnung bzw. Unterbringung sowie Ausbildungs- bzw. Arbeitsstelle vermittelt (z.B. § 83 Abs. 1 JVollzGB IV, Art. 138 Abs. 1 BayStVollzG).
- Verlegung in den offenen Vollzug sowie
- besondere Formen des Urlaubs von der Haft.

877

So normieren bezogen auf den Hafturlaub z.B. § 19 Abs. 2 bis 4 JStVollzG Bln und § 83 Abs. 2 JVollzGB IV bis zu vier Monate, während nach § 119 Abs. 2 NJVollzG bis zu sechs Monate möglich sind. Hingegen lässt Art. 136 Abs. 5 BayStVollzG nur bis zu einem Monat zu.[58]

Dem Inhaftierten wird darüber hinaus im Rahmen der Nachsorge bei der Schuldenregulierung zur Seite gestanden oder sonstige finanzielle Unterstützung geleistet (z.B. Art. 122 i.V.m. Art. 74 ff. BayStVollzG[59]). Zudem können auch

---

[55] Art. 7 Abs. 2 S. 2, 122 BayStVollzG, § 9 Abs. 1 JStVollzG Bln, § 9 Abs. 1 S. 1 BbgJStVollzG, § 9 Abs. 1 S. 1 BremJStVollzG, § 6 Abs. 1 S. 1 HmbJStVollzG, § 8 Abs. 1 S. 1 HessJStVollzG, § 9 Abs. 1 S. 1 JStVollzG M-V, §§ 8 Abs. 2 S. 2, 166 NJVollzG, § 8 JStVollzG NRW, § 8 Abs. 1 S. 1 SJStVollzG, § 9 Abs. 1 S. 1 SächsJStVollzG, § 9 Abs. 1 S. 1 ThürJStVollzG, § 9 Abs. 1 S. 1 JStVollzG RLP, § 9 Abs. 1 S. 1 JStVollzG S-H; nicht ausdrücklich geregelt in § 4 JVollzGB IV, § 10 JStVollzG LSA.

[56] Ebenso § 9 Abs. 2 JStVollzG Bln, § 9 Abs. 2 BbgJStVollzG, § 9 Abs. 2 BremJStVollzG, § 6 Abs. 3 HmbJStVollzG, § 9 Abs. 2 JStVollzG M-V, §§ 8 Abs. 3 S. 1, 166 NJVollzG, § 10 Abs. 1 JStVollzG NRW, § 9 Abs. 2 SJStVollzG, § 9 Abs. 2 SächsJStVollzG, § 9 Abs. 2 ThürJStVollzG, § 9 Abs. 2 JStVollzG RLP, § 9 Abs. 1 JStVollzG LSA, § 9 Abs. 2 JStVollzG S-H.

[57] Die Landes-Jugendstrafvollzugsgesetze sehen hier durchaus verschiedene Fristen und Zeiträume vor: bspw. sechs Monate nach § 19 Abs. 1 S. 1 JStVollzG Bln, gem. Art. 136 Abs. 1 S. 1 BayStVollzG nur „rechtzeitig"; dazu Ostendorf, 2008, S. 17.

[58] Vgl. i.Ü. § 19 BbgJStVollzG, § 19 BremJStvollzG, § 15 HmbJStVollzG, § 16 HessJStVollzG, § 19 JStVollzG M-V, § 21 JStVollzG NRW, § 19 SJStVollzG, § 19 SächsJStVollzG, § 19 ThürJStVollzG, § 19 JStVollzG RLP, § 19 JStVollzG LSA, § 19 JStVollzG S-H.

[59] Siehe auch § 84 JVollzGB IV, §§ 8, 21 JStVollzG Bln, §§ 8, 21 BbgJStVollzG, §§ 8, 21 BremJStVollzG, § 17 Abs. 5, 18 Abs. 1 HmbJStVollzG, § 17 HessJStVollzG, §§ 8,

bereits im Vollzug begonnene Ausbildungs- oder Behandlungsmaßnahmen nach der Entlassung fortgeführt werden (etwa § 22 JStVollzG Bln). Diese Maßnahmen betreffen unmittelbar die Phase der Entlassung und sind daher von besonderer Bedeutung. Denn mit dem Ende des Strafvollzugs endet zugleich auch die Zuständigkeit der Jugendstrafanstalt, weshalb bis zu diesem Zeitpunkt sämtliche persönlichen, sozialen sowie wirtschaftlichen Angelegenheiten des Inhaftierten abgewickelt sein müssen.

Eine nachgehende Betreuung im Anschluss an die Entlassung wird von außervollzuglichen Stellen wahrgenommen. Solche Hilfestellungen kommen in Betracht, sofern das Vollzugsziel während der Dauer der Haft noch nicht vollständig erreicht werden konnte.[60]

9.1.4.2 Unterbringung

878 Ganz überwiegend bestimmen die Landesgesetze den **Wohngruppenvollzug** für geeignete Gefangene als Regelfall (z.B. § 26 Abs. 1 JStVollzG Bln[61]). Dies trägt der erhöhten Belastung Rechnung, die der Strafvollzug für die Jugendlichen im Vergleich zu Erwachsenen bedeutet.

Die Voraussetzungen der Aufnahme in den Wohngruppenvollzug werden von den Landesgesetzen allerdings nur unbestimmt umschrieben, indem diese an die „Geeignetheit" oder „Gruppenfähigkeit" des Jugendlichen anknüpfen. Indes hat die Beurteilung dieser Frage für die Einstufung des Inhaftierten entscheidende Bedeutung, so dass hier eine klarere Grenzziehung durch Herausbildung von Fallgruppen erforderlich erscheint.[62]

Die Ausgestaltung der Wohngruppen regeln die Landes-Jugendstrafvollzugsgesetze in unterschiedlicher Weise. Die Größe der Gruppen liegt dabei zwischen acht (§ 68 Abs. 4 S. 3 HessJStVollzG) und zwölf (§ 20 Abs. 2 S. 1 HmbJStVollzG) Personen.

Die Unterbringung im **offenen Vollzug** sehen die Landesgesetze überwiegend nicht als Regelfall vor.[63] Die meisten Gesetze belassen es bei der Normierung von Soll-Vorschriften.[64] Die fehlende Vorgabe exakter Kriterien durch die Landesge-

---

21 JStVollzG M-V, § 132 Abs. 1 i.V.m. §§ 68 ff. NJVollzG, § 22 JStVollzG NRW, §§ 8, 21 SJStVollzG, §§ 8, 21 SächsJStVollzG, §§ 8, 21 ThürJStVollzG, §§ 8, 21 JStVollzG RLP, §§ 8, 21 JStVollzG LSA, §§ 8, 21 JStVollzG S-H.

[60] Diemer/Schoreit/Sonnen, 2008, § 21 JStVollzG Rdn. 2.
[61] Ebenso § 12 Abs. 1 JVollzGB IV, § 26 BbgJStVollzG, § 26 BremJStVollzG, in § 20 Abs. 1 S. 1 HmbJStVollzG, § 18 Abs. 1 HessJStVollzG, § 26 JStVollzG M-V, § 26 SJStVollzG, § 26 SächsJStVollzG, § 26 ThürJStVollzG, § 26 S. 1 JStVollzG RLP, § 26 JStVollzG LSA, § 26 JStVollzG S-H; anders hingegen § 120 Abs. 2 NJVollzG und § 25 Abs. 1 JStVollzG NRW; Art. 140 Abs. 1 BayStVollzG indes stellt die Entscheidung in das Ermessen der Anstalt.
[62] Eisenberg, 2008, S. 254.
[63] Eine synoptische Zusammenstellung findet sich bei Dünkel/Pörksen, 2007, S. 59.
[64] § 13 Abs. 2 JStVollzG Bln, § 13 Abs. 2 BbgJStVollzG, § 13 Abs. 2 BremJStVollzG, § 13 Abs. 2 JStVollzG M-V, § 13 Abs. 2 SJStVollzG, § 13 Abs. 2 SächsJStVollzG, § 13 Abs. 2 ThürJStVollzG, § 13 Abs. 2 JStVollzG RLP, § 13 Abs. 2 JStVollzG LSA, § 13 Abs. 2 JStVollzG S-H.

setze erschwert allerdings an dieser Stelle eine eingehende Prüfung der Voraussetzungen. Bei der Entscheidung über die Verlegung in den offenen bzw. geschlossenen Vollzug bleibt ferner zu bedenken, dass der geschlossene Vollzug die Rückfallgefahr für den Gefangenen erhöht. So liegen die Rückfallquoten bei den im geschlossenen Vollzug untergebrachten Jugendlichen um ein Vielfaches höher als unter denjenigen, die sich im offenen Vollzug befanden.[65]

Für das Saarland etwa, das mit § 13 Abs. 2 SJStVollzG die Unterbringung im offenen Vollzug bei Erfüllung der entsprechenden Voraussetzungen als Soll-Vorschrift ausgestaltet, werden in VV zu § 13 SJStVollzG sehr ausführlich Negativvoraussetzungen normiert. Bei deren Vorliegen bleibt ein Inhaftierter vom offenen Vollzug ausgeschlossen. Einen ähnlichen Katalog enthält VV Nr. 9 zu § 13 JStVollzG LSA.

Teilweise folgt bei Eignung der Gefangenen zwingend deren Unterbringung im offenen Vollzug (z.B. nach § 15 Abs. 2 JStVollzG NRW). Andere Landesgesetze betrachten den **geschlossenen Vollzug** als Regelfall (z.B. Art. 133, 12 BayStVollzG[66]).

9.1.4.3 Vollzugslockerungen

Wie das Bundes-Strafvollzugsgesetz sehen auch die Landesgesetze Vollzugslockerungen vor.[67] Zum Teil wird bei der Ausgestaltung dem Erziehungsgedanken Rechnung getragen, indem zusätzlich etwa zu den nach dem Bundes-Strafvollzugsgesetz für Erwachsene normierten Lockerungsarten spezielle Möglichkeiten der Lockerung durch die Landesgesetze bereitgehalten werden. Geregelt sind dabei
– als Vollzugslockerungen i.e.S.:
  • Verlassen der Anstalt für eine bestimmte Zeit mit Aufsicht (**Ausführung**) oder ohne eine solche (**Ausgang**),
  • Regelmäßige Beschäftigung außerhalb der Anstalt mit Aufsicht (**Außenbeschäftigung**) oder ohne eine solche (**Freigang**),
– sowie als Vollzugslockerungen i.w.S.:
  • die Unterbringung in einer besonderen Erziehungseinrichtung oder einer Übergangseinrichtung freier Träger (etwa gem. § 15 Abs. 1 Nr. 3 JStVollzG Bln, § 15 Abs. 1 Nr. 3 JStVollzG M-V). Die jeweiligen landesrechtlichen Vorschriften, welche die Unterbringung in einer besonderen Erziehungseinrichtung normieren, sind dabei angelehnt an § 91 Abs. 3 JGG a.F.[68]

879

---

[65] Vgl. Ostendorf, 2008a, S. 150; Verrel/Käufl, 2008, S. 178.
[66] Ebenso § 19 Abs. 1 HmbJStVollzG, §§ 132 Abs. 1, 12 NJVollzG sowie § 13 Abs. 1 HessJStVollzG; ähnlich § 15 Abs. 2 JStVollzG NRW.
[67] § 9 JVollzGB IV, Art. 134 i.V.m. Art. 13 Abs. 1 BayStVollzG, § 15 JStVollzG Bln, § 15 BbgJStVollzG, § 15 BremJStVollzG, § 12 HmbJStVollG, § 13 Abs. 3 HessJStVollzG, § 15 JStVollzG M-V, § 119 Abs. 2 NJVollzG, § 16 JStVollzG NRW, § 15 SJStVollzG, § 15 SächsJStVollzG, § 15 ThürJStVollzG, § 15 JStVollzG RLP, § 15 JStVollzG LSA, § 15 JStVollzG S-H; siehe DVJJ, 2007, S. 5.
[68] Diemer/Schoreit/Sonnen, 2008, § 15 Rdn. 3.

- die Freistellung aus der Haft bzw. Urlaub für eine bestimmte – je nach anzuwendendem Landes-Jugendstrafvollzugsgesetz divergierende – Anzahl an Urlaubstagen (z.B. 24 Kalendertage gem. § 9 Abs. 2 Nr. 3 JVollzGB IV[69]). Vorausgesetzt bleibt jedoch, dass keine Flucht- oder Missbrauchsgefahr besteht.[70]

880   Ein unmittelbarer Anspruch auf die Gewährung von Vollzugslockerungen steht den Jugendstrafgefangenen jedoch nicht zu; eingeräumt wird lediglich ein **Anspruch auf ermessensfehlerfreie Entscheidung**.[71] Zum Teil stellen die Gesetze für die Gewährung von Vollzugslockerungen auch auf die Erfüllung der Mitwirkungspflichten durch die Inhaftierten ab (etwa § 15 Abs. 2 S. 2 BbgJStVollzG[72]). Sofern die Voraussetzungen ihrer Gewährung nicht vorliegen, sind die Lockerungen zu versagen.

Um der herausgehobenen Bedeutung des Vollzugsziels im Jugendstrafvollzug Rechnung zu tragen, dürfen Sicherheitsaspekte jedoch bei der Entscheidung über die Gewährung von Vollzugslockerungen nur eine weniger maßgebende Rolle spielen als im Strafvollzug an Erwachsenen.[73] Möglich bleiben die Erteilung von Weisungen sowie der Widerruf der gewährten Lockerung im Falle der Nichtbefolgung in weitgehender Entsprechung zu den Regelungen des Bundes-Strafvollzugsgesetzes (etwa § 17 BremJStVollzG). Bei den Weisungen handelt es sich um Verhaltensanordnungen für die Zeit, welche der Inhaftierte außerhalb der Anstalt verbringt. In Frage kommen dabei etwa die Weisung, weder Alkohol noch Drogen zu konsumieren, oder Kontakte zu bestimmten Personengruppen zu unterlassen.[74]

Einen Katalog negativer Kriterien der Bewilligung von Vollzugslockerungen enthält z.B. für das Saarland VV zu § 15 SJStVollzG. Dabei wird eine Unterscheidung zwischen von Vollzugslockerungen gänzlich ausgeschlossenen Inhaftierten und in der Regel ungeeigneten Gefangenen getroffen.

9.1.4.4 Kommunikation mit der Außenwelt

881   Die Landesgesetze erlauben den Jugendlichen den Empfang von Besuchen, Schriftwechsel mit Personen außerhalb der Anstalt, Telefongespräche sowie teil-

---

[69] 21 Kalendertage nach Art. 135 Abs. 1 BayStVollzG (dort allerdings nicht als Vollzugslockerung bezeichnet), ebenso 21 Tage nach § 132 Abs. 2 i.V.m. § 13 Abs. 1 Nr. 3 NJVollzG; 24 Tage gem. § 16 JStVollzG Bln, § 17 JStVollzG NRW, § 13 Abs. 3 Nr. 5 HessJStVollzG

[70] Art. 134 Abs. 2 BayStVollzG, § 9 Abs. 1 JVollzGB IV, § 15 Abs. 2 JStVollzG Bln, § 13 Abs. 2 S. 2 HessJStVollzG, § 132 Abs. 1 i.V.m. § 13 Abs. 2 NJVollzG.

[71] Siehe etwa Art. 134 Abs. 2 BayStVollzG, § 9 Abs. 1 JVollzGB IV, § 15 Abs. 2 JStVollzG Bln, § 13 Abs. 2 HessJStVollzG, § 132 Abs. 1 i.V.m. § 13 Abs. 2 NJVollzG, § 16 Abs. 1 JStVollzG NRW; vgl. dazu Dünkel/Pörksen, 2007, S. 60; Eisenberg, 2008, S. 256.

[72] Ähnlich in § 12 Abs. 2 HmbJStVollzG, § 16 Abs. 3 JStVollzG NRW.

[73] Eisenberg, 2008, S. 256.

[74] Diemer/Schoreit/Sonnen, 2008, § 17 Rdn. 1.

weise den Empfang von Paketen. Insgesamt enthalten die Regelungen dabei weniger strenge Voraussetzungen als die entsprechenden Bestimmungen des Erwachsenenvollzugs. Zudem gestatten die Landes-Jugendstrafvollzugsgesetze eine Kommunikation in zum Teil sehr viel weiter gehendem Umfang.[75]

(1) Besuche

In den meisten Landes-Jugendstrafvollzugsgesetzen wird eine Besuchszeit von mindestens vier Stunden monatlich vorgesehen (z.B. § 17 Abs. 2 JVollzGB IV[76]). Daneben werden Besuche von Rechtsanwälten und Beiständen überwiegend separat normiert.[77] Hinzu kommen die besondere Förderung des Kontakts zu eigenen Kindern, deren Besuche weder auf die Regelbesuchszeit angerechnet werden, noch auf diese begrenzt sind (bspw. Art. 144 Abs. 3 BayStVollzG, § 47 Abs. 2 JStVollzG Bln). Zudem enthalten die meisten Landes-Jugendstrafvollzugsgesetze Bestimmungen, welche über die Regelbesuchszeit hinaus gehende Besuche zulassen, soweit dies der Erziehung oder Eingliederung des Gefangenen dient oder der Regelung seiner persönlichen Angelegenheiten förderlich ist. Diese Normen sind zum Teil als Soll-Vorschriften (etwa § 47 Abs. 3 JStVollzG Bln), teilweise als Ermessensnormen ausgestaltet (z.B. Art. 144 Abs. 3 BayStVollzG).[78]

882

Die gegenüber dem Erwachsenenvollzug erweiterten Besuchsmöglichkeiten zur Festigung familiärer Kontakte tragen der auf Art. 6 Abs. 2 GG gegründeten Forderung des Bundesverfassungsgerichts hiernach Rechnung.[79] Ein Rechtsanspruch auf die Zulassung weiterer Besuche besteht indes nicht; der Inhaftierte hat lediglich einen Anspruch auf ermessensfehlerfreie Entscheidung.[80]

Soweit die Landesgesetze **Langzeitbesuche** nicht wie z.B. Art. 144 Abs. 3 BayStVollzG, § 123 Abs. 3 NJVollzG ausdrücklich regeln, können solche jedenfalls unter Gesichtspunkten der Erziehung und Wiedereingliederung zulässig sein.[81]

Die überwiegende Mehrzahl der Landes-Jugendstrafvollzugsgesetze enthält Regelungen, wonach Besuche von der Absuchung oder Durchsuchung der Besucher abhängig gemacht werden können (z.B. § 17 Abs. 4 JVollzGB IV[82]). Damit

---

[75] Dazu eingehend Ostendorf, 2008a, S. 400 ff.
[76] So auch in § 47 Abs. 1 JStVollzG Bln, § 123 Abs. 2 NJVollzG, § 33 Abs. 1 HessJStVollzG; anders aber etwa § 54 Abs. 1 JStVollzG LSA, der nur eine Stunde, außer „für Angehörige" vorsieht.
[77] Art. 144 Abs. 1 i.V.m. Art. 29 BayStVollzG, § 49 JStVollzG Bln, § 20 JVollzGB IV, § 32 Abs. 3 HessJStVollzG, § 123 Abs. 6 i.V.m. § 27 NJVollzG, § 56 JStVollzG LSA.
[78] Vgl. die Synopse bei Dünkel/Pörksen, 2007, S. 61.
[79] BVerfGE 116, S. 87 f.
[80] Diemer/Schoreit/Sonnen, 2008, § 47 JStVollzG Rdn. 3.
[81] § 47 Abs. 3 JVollzG Bln, § 30 Abs. 3 JStVollzG NRW, § 33 Abs. 2 HessJStVollzG.
[82] Ebenso § 47 Abs. 4 JStVollzG Bln, § 47 Abs. 4 BbgJStVollzG, § 47 Abs. 4 BremJStVollzG, § 33 Abs. 3 HessJStVollzG, § 47 Abs. 4 JStVollzG M-V, § 30 Abs. 4 JStVollzG NRW, § 47 Abs. 4 SJStVollzG, § 47 Abs. 4 SächsJStVollzG, § 47 Abs. 4 ThürJStVollzG, § 47 Abs. 4 JStVollzG RLP, § 54 Abs. 4 JStVollzG LSA, § 47 Abs. 4 JStVollzG S-H.

soll der Gefahr begegnet werden, dass diese unerlaubt Gegenstände in die Anstalt einbringen.[83]

Besuche dürfen zudem **optisch überwacht** werden.[84] Als Gründe nennen die jeweiligen Normen meist eine Gefährdung der Sicherheit oder Ordnung der Anstalt oder die Beeinträchtigung einer Vollzugszielerreichung bzw. der Erziehung (bspw. § 50 Abs. 1 S. 1 JStVollzG Bln, § 50 Abs. 1 BremJStVollzG). Darüber hinaus lassen die Landesgesetze teilweise sogar eine akustische Überwachung des Gesprächs zu, wobei hier überwiegend strengere Voraussetzungen einzuhalten sind oder dies eine Ausnahme bleiben soll (bspw. Berlin § 50 Abs. 1 S. 2 BremJStVollzG: „im Einzelfall").[85] Zum Teil kann von der Überwachung abgesehen werden, sofern diese im Einzelfall nicht erforderlich erscheint. Eine akustische Überwachung darf nur ausnahmsweise erfolgen und bildet damit nicht den Regelfall.[86]

Unter bestimmten, von den Landes-Jugendstrafvollzugsgesetzen näher bestimmten Voraussetzungen können Besuche (z.B. durch Trennvorrichtungen gem. Art. 144 Abs. 1 i.V.m. Art. 30 Abs. 3 BayStVollzG[87]) eingeschränkt oder gar abgebrochen werden (bspw. nach Art. 144 Abs. 5 BayStVollzG). Darüber hinaus bleibt in Einzelfällen das gänzliche **Verbot von Besuchen** möglich (etwa Art. 144 Abs. 2 S. 3, 28 BayStVollzG, § 48 JStVollzG Bln). Ein solches kann sich dabei entweder auf einen einzelnen Besuch beziehen, für jeden Besuch eines bestimmten Inhaftierten gelten oder hinsichtlich des Besuchs einer bestimmten Person bezogen auf sämtliche Insassen erteilt werden.[88]

(2) Schriftwechsel und Paketempfang

883 Die Landes-Jugendstrafvollzugsgesetze gestatten den Inhaftierten den **Schriftwechsel** mit Personen außerhalb der Anstalt.[89] Dieses Recht ist verfassungsrechtlich geschützt, wobei vor allem Art. 5, 6 und 10 GG Bedeutung erlangen.[90] Die Kosten für die Versendung der Schreiben tragen die Gefangenen dabei selbst.

---

[83] Diemer/Schoreit/Sonnen, 2008, § 47 JStVollzG Rdn. 4.
[84] Art. 144 Abs. 1 i.V.m. Art. 30 Abs. 1 BayStVollzG, § 19 Abs. 2 JVollzGB IV, § 50 Abs. 1 JStVollzG Bln, § 33 Abs. 5 S. 1 HessJStVollzG, § 33 Abs. 1 S. 1 u. 2 JStVollzG NRW, § 57 Abs. 1 JStVollzG LSA.
[85] Dazu Diemer/Schoreit/Sonnen, 2008, § 50 JStVollzG Rdn. 1 ff.
[86] § 19 Abs. 1 JVollzGB IV, Art. 144 Abs. 1 i.V.m. Art. 30 Abs. 2 BayStVollzG, § 50 Abs. 1 S. 2 JStVollzG Bln, § 33 Abs. 4 S. 2 HessJStVollzG, § 132 Abs. 1 i.V.m. § 28 Abs. 1 NJVollzG, § 33 Abs. 1 S. 3 JStVollzG NRW.
[87] So auch § 132 Abs. 1 i.V.m. § 28 Abs. 2 NJVollzG, § 33 Abs. 5 S. 4 HessJStVollzG.
[88] Diemer/Schöreit/Sonnen, 2008, § 48 JStVollzG Rdn. 2.
[89] § 21 JVollzGB IV, Art. 144, 31 Abs. 1 BayStVollzG, § 51 Abs. 1 BremJStVollzG, § 51 Abs. 1 JStVollzG Bln, § 51 Abs. 1 BbgJStVollzG, § 29 HmbJStVollzG, § 34 Abs. 1 HessJStVollzG, § 51 Abs. 1 JStVollzG M-V, §§ 160 Abs. 2 S. 2, 145 Abs. 1 S. 1 NJVollzG, § 34 Abs. 1 JStVollzG NRW, § 51 Abs. 1 SJStVollzG, § 51 Abs. 1 SächsJStVollzG, § 51 Abs. 1 ThürJStVollzG, § 51 Abs. 1 JStVollzG RLP, § 58 Abs. 1 JStVollzG LSA, § 51 Abs. 1 JStVollzG S-H.
[90] Dazu Gusy, 1997, S. 673 ff.

Als **Versagungsgründe** kommen – wie im Erwachsenenvollzug – die Gefährdung der Sicherheit oder Ordnung der Anstalt sowie bei nicht angehörigen Personen die Befürchtung eines schädlichen Einflusses auf den Inhaftierten oder seine Eingliederung in Betracht. Zusätzlich normieren die Landes-Jugendstrafvollzugsgesetze die Möglichkeit der Untersagung, sofern bei minderjährigen Gefangenen die Personensorgeberechtigten nicht einverstanden sind (z.B. Art. 144 Abs. 6 BayStVollzG, § 51 Abs. 2 Nr. 3 BremJStVollzG).

Ferner lassen die Gesetze eine Überwachung des Schriftwechsels aus Gründen der Erziehung oder Behandlung bzw. zur Erhaltung von Sicherheit und/oder Ordnung der Anstalt zu.[91] Ausnahmen bestehen für den Verteidiger sowie den Beistand nach § 69 JGG. Schriftwechsel mit diesen Personen unterliegt nach den Landesgesetzen nicht der Überwachung. Darüber hinaus gelten mit § 29 StVollzG vergleichbare Überwachungsverbote. Des Weiteren dürfen Schreiben unter verschiedenen Voraussetzungen angehalten werden.[92] Diese Bestimmungen korrespondieren weitgehend mit der Vorschrift des § 31 StVollzG.[93]

Den Empfang von **Paketen** regeln die Landesgesetze zum Teil recht unterschiedlich.[94] Nicht gestattet wird in den meisten Fällen, Pakete mit Nahrungs- und Genussmitteln zu empfangen; das Verbot ist umfassend ausgestaltet und erstreckt sich auf sämtliche derartigen Pakete. Zum Ausgleich für die fehlende Berechtigung Nahrungs- oder Genussmittel über Pakete zu empfangen, normieren manche Landesgesetze die Möglichkeit eines **Sondereinkaufs** für die Inhaftierten (etwa Art. 150, 53 BayStVollzG). Kompensiert wird das Verbot zusätzlich durch Vorschriften, die es Außenstehenden gestatten, dem Gefangenen in begrenztem Umfang Geldmittel für den Sondereinkauf zur Verfügung zu stellen.

Im Übrigen, d.h. soweit Pakete einen anderen Inhalt als Nahrungs- oder Genussmittel haben, hängt die Befugnis zu deren Empfang meist von einer vorherigen Erlaubniserteilung durch die Anstalt ab (etwa gem. § 26 Abs. 1 JVollzGB IV, Art. 150, 26 Abs. 1 S. 1 BayStVollzG).

884

(3) Telefongespräche

Im Ermessen der Anstaltsleitung steht es, den im Jugendstrafvollzug Inhaftierten die Erlaubnis zu **Telefongesprächen** zu erteilen (z.B. § 25 Abs. 1 JVollzGB IV[95]). Die Kosten hat dabei der Inhaftierte selbst zu tragen. In Bayern hingegen be-

885

---

[91] Art. 144 Abs. 1 i.V.m. Art. 32 Abs. 3 BayStVollzG, § 22 JVollzGB IV, § 52 Abs. 3 JStVollzG Bln, § 34 Abs. 2 HessJStVollzG, § 132 Abs. 1 i.V.m. § 30 Abs. 1 NJVollzG, § 35 Abs. 3 JStVollzG NRW, § 59 Abs. 3 JStVollzG LSA.
[92] Art. 144 Abs. 1 i.V.m. Art. 34 BayStVollzG, § 24 JStVollzG IV, § 54 JStVollzG Bln, § 34 Abs. 3 S. 2 HessJStVollzG, § 132 i.V.m. § 32 NJVollzG, § 37 JStVollzG NRW, § 61 JStVollzG LSA.
[93] Laubenthal/Baier/Nestler, 2010, S. 406 f.; siehe dazu schon oben Kap. 5.4.1.
[94] § 26 JVollzGB IV, § 56 JStVollzG Bln, § 56 BbgJStVollzG, § 56 BremJStVollzG, § 33 HmbJStVollzG, § 36 HessJStVollzG, § 56 JStVollzG M-V, §§ 160 Abs. 2, 34 NJVollzG, § 39 JStVollzG NRW, § 56 SJStVollzG, § 56 SächsJStVollzG, § 56 ThürJStVollzG, § 56 JStVollzG RLP, § 63 JStVollzG LSA, § 56 JStVollzG S-H.
[95] Ebenso § 55 JStVollzG Bln, § 35 Abs. 1 S. 1 HessJStVollzG, § 132 Abs. 1 i.V.m. § 33 NJVollzG, § 38 JStVollzG NRW, § 62 JStVollzG LSA.

schränkt Art. 144 Abs. 1 i.V.m. Art. 35 BayStVollzG das Telefonieren auf dringende Fälle.
Die Überwachung der Telefonate ermöglichen manche Jugendstrafvollzugsgesetze (z.B. § 55 S. 2 u. 3 BremJStVollzG, § 25 Abs. 2 JVollzGB IV), wobei dem Inhaftierten die beabsichtigte Überwachung unmittelbar nach Herstellung der Verbindung mitzuteilen ist.

9.1.4.5 Arbeit und Freizeit

886   Für die Jugendstrafgefangenen stellen die Länder **Bildungs-, Ausbildungs- und Arbeitsmöglichkeiten** bereit. Diese Maßnahmen sollen den Inhaftierten dazu befähigen, nach der Entlassung einer Erwerbstätigkeit nachzugehen.[96] Das setzt voraus, dass die Vollzugsanstalten mit entsprechenden (finanziellen) Mitteln ausgestattet werden.[97]
Schulische und berufliche Bildungsmaßnahmen genießen den **Vorrang** gegenüber der Arbeit.[98] Gleichzeitig normieren die Landes-Jugendstrafvollzugsgesetze die Pflicht zur Teilnahme an Ausbildungsmaßnahmen bzw. zur Arbeit.[99] Viele der im Jugendstrafvollzug Inhaftierten sind mit dem regelmäßigen Besuch schulischer Einrichtungen nicht oder nicht mehr vertraut. Vielmehr handelt es sich oftmals um Abbrecher oder zumindest um „Schwänzer".[100] Dem entsprechende Bedeutung kommt den Bildungs-, Ausbildungs- und Arbeitsmöglichkeiten zu. Diese tragen wesentlich zur Erreichung des Vollzugsziels bei, indem sie den Gefangenen wieder an eine „normale" Arbeitszeit- bzw. Freizeitgestaltung heranführen.
Teilweise können dem Inhaftierten unter bestimmten (je nach Landesrecht divergierenden) Voraussetzungen auch Ausbildung oder Arbeit in einem freien Beschäftigungsverhältnis gestattet werden.[101] Diese Regelungen entsprechen weitgehend § 39 StVollzG. Ein Rechtsanspruch auf die Gestattung steht dem Inhaftierten nicht zu, lediglich ein Anspruch auf ermessensfehlerfreie Entscheidung.[102]

---

[96] § 37 Abs. 1 S. 1 JStVollzG Bln, § 37 Abs. 1 S. 1 BbgJStVollzG, § 37 Abs. 1 S. 1 BremJStVollzG, § 34 Abs. 3 HmbJStVollzG, § 27 Abs. 1 S. 2 HessJStVollzG, § 37 Abs. 1 S. 1 JStVollzG M-V, § 161 Abs. 1 S. 3 NJVollzG, § 37 Abs. 2 S. 1 SJStVollzG, § 37 Abs. 1 S. 1 SächsJStVollzG, § 37 Abs. 1 S. 1 ThürJStVollzG, § 37 Abs. 1 S. 1 JStVollzG RLP, § 44 Abs. 1 S. 1 JStVollzG LSA, § 37 Abs. 1 S. 1 JStVollzG S-H; ähnlich Art. 145 Abs. 1 BayStVollzG, § 40 JVollzGB IV, § 40 Abs. 1 JStVollzG NRW.
[97] BVerfGE 116, S. 89 f.; Diemer/Schoreit/Sonnen, 2008, § 37 Rdn. 1.
[98] Art. 145 Abs. 1 bis 3 BayStVollzG, § 40 Abs. 1 JVollzGB IV, § 37 Abs. 2 JStVollzG Bln, § 27 Abs. 2 HessJStVollzG, § 124 Abs. 2 NJVollzG, § 40 Abs. 2 JStVollzG NRW, § 44 Abs. 2 JStVollzG LSA.
[99] Art. 123 Abs. 3 BayStVollzG, § 40 Abs. 2 JVollzGB IV, § 37 Abs. 2 JStVollzG Bln, § 27 Abs. 2 HessJStVollzG, § 124 NJVollzG, § 40 Abs. 2 JStVollzG NRW, § 44 Abs. 2 JStVollzG LSA.
[100] Diemer/Schoreit/Sonnen, 2008, § 37 Rdn. 1.
[101] Art. 147 BayStVollzG, § 37 Abs. 4 JStVollzG Bln, § 44 Abs. 4 JStVollzG LSA, § 40 Abs. 4 JStVollzG NRW, § 42 JVollzGB IV, § 132 Abs. 1 i.V.m. § 36 NJVollzG, § 27 Abs. 6 HessJStVollzG.
[102] Diemer/Schoreit/Sonnen, 2008, § 37 Rdn. 6.

Sofern der Jugendstrafgefangene zur **Arbeit** verpflichtet wird, sind Differenzierungen nach dessen Anlagen, Neigungen, Fähigkeiten und Fertigkeiten vorzunehmen.[103] Das gilt deshalb, weil die Arbeit, zu welcher der Jugendliche herangezogen wird, diesem eine Perspektive auf dem Arbeitsmarkt vermitteln soll. Aus diesem Grund darf dem Gefangenen nur eine bezogen auf das Vollzugsziel sinnvolle Tätigkeit zugewiesen werden.[104]

Die Landes-Jugendstrafvollzugsgesetze sehen in unterschiedlicher Dauer sportliche Betätigung während der **Freizeit** vor (z.B. § 53 Abs. 3 JVollzGB IV[105]). Daneben werden zum Teil andere Aktivitäten wie handwerkliche Tätigkeiten, Malen, Schreiben oder musische Fähigkeiten gefördert (etwa § 39 JStVollzG RLP). Die Freizeitgestaltung stellt einen wichtigen Faktor der Sozialisation dar und ist somit von fundamentaler Bedeutung für die Erreichung des Vollzugsziels. In Freiheit weicht allerdings das Freizeitverhalten Jugendlicher deren materieller Fixierung entsprechend vom Angebot in der Anstalt deutlich ab. Im Vordergrund stehen im Vollzug vielmehr die Motivierung und Interessenorientierung der Inhaftierten.

887

Im Ermessen der Anstaltsleitung steht überwiegend die Erteilung einer Erlaubnis zur Nutzung **elektronischer Geräte**. Dabei sehen, soweit es um die Zulassung solcher Geräte in Hafträumen geht, manche Gesetze jeweils eine Ermessensentscheidung über die Zulassung im Einzelfall vor (§ 41 Abs. 2 JStVollzG Bln[106]), während andere generelle Regelungen treffen (etwa Art. 152 Abs. 2 i.V.m. Art. 71 BayStVollzG[107]). Der Zugang zu Zeitungen und Zeitschriften wird durch die Landes-Jugendstrafvollzugsgesetze weitestgehend dem Bundes-Strafvollzugsgesetz entsprechend geregelt.[108]

9.1.5 Sicherheit und Ordnung

Wie in Anstalten des Erwachsenenvollzugs erfordert ein funktionsfähiger Vollzug auch in Jugendstrafanstalten **Aufsichtsmaßnahmen**.[109] Der wesentliche Zweck dieser Maßnahmen liegt dabei aber nicht in der Ahndung von Straftaten und ihrer Sanktionierung, sondern gemäß der erzieherischen Zielsetzung präventiv in ihrer Verhinderung.[110]

888

---

[103] Art. 146 Abs. 3 i.V.m. Art. 39 Abs. 2 BayStVollzG, § 37 Abs. 1 S. 2 JStVollzG Bln, § 44 Abs. 1 JStVollzG LSA, § 40 Abs. 2 S. 3 JStVollzG NRW, § 40 Abs. 3 JVollzGB IV, § 124 Abs. 2 S. 2 NJVollzG, § 27 Abs. 2 u. 5 HessJStVollzG.
[104] Diemer/Schoreit/Sonnen, 2008, § 37 Rdn. 4.
[105] Siehe auch § 39 S. 3 JStVollzG Bln, § 46 JStVollzG LSA, § 30 S. 3 HessJStVollzG, § 54 S. 3 JStVollzG NRW, § 39 SächsJStVollzG.
[106] Ferner § 48 JStVollzG LSA, § 53 Abs. 3 S. 1 HmbJStVollzG, § 132 Abs. 1 i.V.m. § 66 Abs. 2 NJVollzG, § 41 Abs. 2 S. 2 SächsJStVollzG.
[107] Ebenso § 57 Abs. 2 JStVollzG NRW, § 54 Abs. 3 JVollzGB IV, § 29 Abs. 4 HessJStVollzG.
[108] Art. 152 Art. 2 i.V.m. Art. 70 BayStVollzG, § 40 JStVollzG Bln, § 47 JStVollzG LSA, § 56 JVollzGB IV, § 132 Abs. 1 i.V.m. § 65 NJVollzG, § 29 Abs. 2 HessJStVollzG.
[109] Walter J., 2010, S. 60.

Überwiegend sehen die Landesgesetze äußere und innere Sicherheit und Ordnung als die Grundlage des Anstaltslebens an oder verlangen zumindest die Förderung des Verantwortungsbewusstseins für ein geordnetes Zusammenleben als Grundsatz (bspw. Art. 154 i.V.m. Art. 87 Abs. 1 BayStVollzG[111]). Dabei bleibt jedoch das Prinzip der Verhältnismäßigkeit für die Auferlegung von Pflichten und Beschränkungen zur Aufrechterhaltung der Sicherheit und Ordnung zu beachten, da diese Grundrechtseingriffe darstellen.

Die in den Landesgesetzen enthaltenen allgemeinen, der Sicherheit und Ordnung dienenden **Verhaltensvorschriften** korrespondieren weitgehend mit denen des § 82 StVollzG.[112]

> Strengere Regelungen enthalten bspw. § 63 Abs. 1 JStVollzG Bln, § 64 Abs. 1 SächsJStVollzG, § 72 JStVollzG LSA. Diese beschränken sich nicht darauf, Störungen des geordneten Anstaltslebens zu verbieten, sondern erlegen den Inhaftierten weitergehende Mitwirkungspflichten an dessen Erhalt und Förderung auf.

9.1.5.1 Allgemeine Sicherungsmaßnahmen

889 Die in den Landesgesetzen enthaltenen allgemeinen Sicherungsmaßnahmen entsprechen überwiegend denjenigen des Strafvollzugsgesetzes. Allerdings gestatten einige Landesgesetze zudem Kontrollen in Form **optischer Überwachung** mittels elektronischer Einrichtungen außerhalb (§ 67 Abs. 1 JStVollzG Bln, § 44 Abs. 2 S. 2 HessJStVollzG) oder sogar innerhalb der Hafträume (§ 74 Abs. 2 Nr. 2 HmbJStVollzG).

Die Landes-Jugendstrafvollzugsgesetze treffen Anordnungen, welche in weiten Teilen § 82 StVollzG gleich kommen. So haben die Inhaftierten die Tageseinteilung einzuhalten, Anordnungen von Bediensteten zu befolgen sowie einen ihnen zugewiesenen Bereich nicht zu verlassen. Zudem ist der Haftraum in Ordnung zu halten; Gefahren sind zu melden (z.B. § 63 BremJStVollzG, § 63 JStVollzG Bln). In einigen Fällen gehen die Regelungen allerdings über die bundesrechtlichen Bestimmungen zum Erwachsenenvollzug hinaus. Einige Landesgesetze konstatieren etwa aktive Mitwirkungspflichten der Inhaftierten am geordneten Zusammenleben, so dass hier ein Unterlassen zur Verhängung von Sanktionen führen kann (bspw. § 63 BremJStVollzG, § 63 JStVollzG Bln).[113]

890 Die Landesgesetze enthalten Regelungen zur **Durchsuchung** von Insassen sowie ihrer Sachen und Hafträume.[114] Dabei wird teilweise zwischen der Absuchung und der Durchsuchung unterschieden. Die Absuchung stellt eine allgemeine

---

[110] Walter J., 2010, S. 60 f.
[111] So auch § 62 Abs. 1 JStVollzG Bln, § 63 SächsJStVollzG, § 71 Abs. 1 JStVollzG LSA, ähnlich § 57 JVollzGB IV, § 44 Abs. 1 HessJStVollzG, § 132 Abs. 1 i.V.m. § 74 NJVollzG, § 71 Abs. 1 JStVollzG NRW.
[112] Art. 154 i.V.m. Art. 88 Abs. 1 BayStVollzG, § 58 JVollzGB IV, § 44 Abs. 3 u. 4 HessJStVollzG, § 132 Abs. 1 i.V.m. § 75 NJVollzG, § 72 JStVollzG NRW.
[113] Dazu Diemer/Schoreit/Sonnen, 2008, § 63 JStVollzG Rdn. 1.
[114] Art. 154 i.V.m. Art. 91 BayStVollzG, § 64 JStVollzG Bln, § 65 SächsJStVollzG, § 73 JStVollzG LSA, § 74 JStVollzG NRW, § 60 JVollzGB IV, § 132 Abs. 1 i.V.m. § 77 NJVollzG, § 45 HessJStVollzG.

Überwachungsmaßnahme dar, bei welcher der Inhaftierte lediglich äußerlich ohne Eingriffe in seinen Intimbereich betroffen ist. Dagegen bedeutet die sich auf Gefangene, deren Sachen oder Hafträume beziehende Durchsuchung einen Eingriff in die Privat- und Intimsphäre des Inhaftierten. Bezogen auf die Person des Gefangenen ist dabei zwischen der einfachen Durchsuchung, welche nicht mit einer Entkleidung verbunden ist, und der qualifizierten Durchsuchung, die Maßnahmen der Entkleidung einschließt und daher nur von Vollzugsbeamten desselben Geschlechts vorgenommen werden darf, zu unterscheiden.[115] Des Weiteren werden zum Teil Maßnahmen zur Feststellung von Drogenkonsum vorgesehen (bspw. Art. 154 i.V.m. Art. 94 BayStVollzG[116]). Dies ist insofern von besonderer Bedeutung, als die Drogenproblematik auch im Jugendstrafvollzug eine herausgehobene Rolle spielt. Die Regelungen erlauben den Anstalten, entsprechende Kontrollen durchzuführen, gehen in ihren Auswirkungen dabei allerdings zum Teil relativ weit.

Verlegungen in andere Einrichtungen sind zulässig bei erhöhter Fluchtgefahr oder sonstigen Gefahren für die Sicherheit und Ordnung.[117] Im Falle von Entweichungen besteht ein Festnahmerecht der Einrichtung.[118]

Geregelt wird auch die Durchführung **erkennungsdienstlicher Maßnahmen** zur Sicherung des Vollzugs sowie die Verwendung der dabei erhobenen Daten (z.B. Art. 154 i.V.m. Art. 93 BayStVollzG[119]).

9.1.5.2 Besondere Sicherungsmaßnahmen

Die Landesgesetze enthalten den §§ 88 ff. StVollzG vergleichbare Bestimmungen **891** zu besonderen Sicherungsmaßnahmen.[120] Dabei finden – zumindest teilweise – die Besonderheiten des Jugendstrafvollzugs Berücksichtigung, so etwa im Rahmen der Verhängung von **Einzelhaft** (z.B. § 49 Abs. 7 HessJStVollzG).

Als besondere Sicherungsmaßnahmen sind zulässig:
- der Entzug oder die Vorenthaltung von Gegenständen,
- die Beobachtung des Gefangenen,
- die Absonderung des Gefangenen,
- der Entzug oder die Beschränkung des Aufenthalts im Freien,

---

[115] Diemer/Schoreit/Sonnen, 2008, § 64 Rdn. 2 f.
[116] Ebenso § 68 JStVollzG Bln, § 72 HmbJStVollzG, § 46 HessJStVollzG, § 77 JStVollzG NRW, § 69 SächsJStVollzG.
[117] Art. 154 i.V.m. Art. 92 BayStVollzG, § 65 JStVollzG Bln, § 75 JStVollzG NRW, § 66 SächsJStVollzG, § 74 JStVollzG LSA, § 61 JVollzGB IV.
[118] Art. 154 i.V.m. Art. 95 BayStVollzG, § 69 JStVollzG Bln, § 78 JStVollzG NRW, § 70 SächsJStVollzG, § 78 JStVollzG LSA, § 62 JVollzGB IV, § 132 Abs. 1 i.V.m. § 80 NJVollzG, § 48 HessJStVollzG.
[119] Ferner in §§ 66 f. JStVollzG Bln, §§ 58 ff. HessJStVollzG, § 132 Abs. 1 i.V.m. § 78 NJVollzG, § 76 JStVollzG NRW, §§ 67 f. SächsJStVollzG, § 66 ThürJStVollzG, §§ 75 f. JVollzG LSA.
[120] Art. 154 i.V.m. Art. 96 ff. BayStVollzG, §§ 63 ff. JVollzGB IV, §§ 70 ff. JStVollzG Bln, § 132 Abs. 1 i.V.m. §§ 49, 50 HessJStVollzG, §§ 81 ff. NJVollzG, §§ 71 ff. SächsJStVollzG, §§ 79 ff. JStVollzG LSA.

- die Unterbringung in einem besonders gesicherten Haftraum sowie
- die Fesselung.

892 Die meisten Landes-Jugendstrafvollzugsgesetze schließen bezüglich der Maßnahme der Beobachtung den Einsatz technischer Mittel zu jeder Tages- und Nachtzeit ein.[121] Die **Fesselung** als am weitesten gehende Maßnahme wird genauer geregelt und beschränkt (bspw. § 72 BremJStVollzG).

Angeordnet werden die besonderen Sicherungsmaßnahmen in aller Regel vom Anstaltsleiter. Ausschließlich bei Gefahr im Verzug dürfen Bedienstete der Anstalt **vorläufige Anordnungen** treffen, sofern unverzüglich die Entscheidung der Anstaltsleitung eingeholt wird. Diese Verfahrensregelung ist aufgrund der hohen Belastung derartiger Maßnahmen für den jungen Inhaftierten erforderlich.[122]

Überwiegend den §§ 94 ff. StVollzG entsprechen die Normen der Landes-Jugendstrafvollzugsgesetze zur Anwendung unmittelbaren Zwangs (z.B. Art. 122 i.V.m. 101 ff. BayStVollzG). Darunter finden sich auch Vorschriften zum Gebrauch von (Schuss-)Waffen durch Vollzugsbedienstete (z.B. § 77 Abs. 4 SächsJStVollzG, § 90 JStVollzG LSA). Überwiegend ist die Subsidiarität des Einsatzes unmittelbaren Zwangs festgelegt.[123] Dieser kann nur insoweit rechtmäßig angewendet werden, als er die **Ultima Ratio** darstellt.[124]

9.1.5.3 Erzieherische Maßnahmen und Disziplinarmaßnahmen

893 Die Landes-Jugendstrafvollzugsgesetze sehen ein **abgestuftes System** erzieherischer Maßnahmen und Disziplinarmaßnahmen vor (z.B. Art. 155 f. i.V.m. Art. 110 ff. BayStVollzG). Der Vollzugszielvorgabe gemäß bleiben Disziplinarmaßnahmen dabei **subsidiär** gegenüber einvernehmlicher Konfliktlösung.[125] Den Vorrang auch vor erzieherischen Maßnahmen hat stets das erzieherische Gespräch, sofern ein solches durch die Landesgesetze vorgesehen wird. Das gestufte System entspricht internationalen Vorgaben, wie etwa Nr. 56.1 und 56.2 der Empfehlungen des Europarats zu den Strafvollzugsgrundsätzen 2006. Auch der Entscheidung des Bundesverfassungsgerichts vom 31.5.2006 lässt sich eine dahin gehende Beschränkung der Verhängung von Disziplinarmaßnahmen entnehmen. So muss durch positive Motivation der Gefangenen darauf hingewirkt werden,

---

[121] § 70 Abs. 2 Nr. 2 BbgJStVollzG, § 70 Abs. 2 Nr. 2 BremJStVollzG, § 70 Abs. 2 Nr. 2 JStVollzG Bln, § 49 Abs. 2 Nr. 2 HessJStVollzG, § 70 Abs. 2 Nr. 2 JStVollzG M-V, § 79 Abs. 2 Nr. 2 JStVollzG NRW, § 70 Abs. 2 Nr. 2 SJStVollzG, § 71 Abs. 2 Nr. 2 SächsJStVollzG, § 70 Abs. 2 Nr. 2 ThürJStVollzG, § 70 Abs. 2 Nr. 2 JStVollzG RLP, § 79 Abs. 2 Nr. 2 JStVollzG LSA, § 70 Abs. 2 Nr. 2 JStVollzG S-H.

[122] Diemer/Schoreit/Sonnen, 2008, § 73 JStVollzG Rdn. 1.

[123] Art. 122, 101 Abs. 1 BayStVollzG, § 77 Abs. 1 JStVollzG Bln, § 69 Abs. 1 JVollzGB IV, § 77 Abs. 1 BbgJStVollzG, § 77 Abs. 1 BremJStVollzG, § 79 Abs. 1 HmbStVollzG, § 52 Abs. 2 S. 1 HessJStVollzG, § 77 Abs. 1 JStVollzG M-V, § 77 Abs. 1 SJStVollzG, § 77 Abs. 1 ThürJStVollzG, § 77 Abs. 1 JStVollzG RLP, § 78 Abs. 1 SächsJStVollzG, § 86 Abs. 1 JStVollzG LSA, § 85 Abs. 1 JStVollzG NRW, §§ 166, 87 Abs. 1 NJVollzG, § 77 Abs. 1 JStVollzG S-H.

[124] Diemer/Schoreit/Sonnen, 2008, § 77 JStVollzG Rdn. 1.

[125] Eisenberg, 2008, S. 258; Ostendorf 2008a, S. 577 ff.

dass die für einen geordneten Anstaltsbetrieb notwendigen Verhaltensregeln eingehalten sind.[126]

Auf der ersten Stufe steht damit das **erzieherische Gespräch**, in welchem versucht werden soll, die Pflichtverstöße aufzuarbeiten. Ein solches kennen als primäre Reaktion die meisten Landesgesetze.[127] Die Gesetze sehen hier etwa eine Entschuldigung, Schadensbeseitigung oder Schadenswiedergutmachung als erzieherische Maßnahmen vor (z.B. § 82 Abs. 1 S. 3 JStVollzG Bln).

894

Die Landesgesetze enthalten Vorschriften zur Anwendung erzieherischer Maßregeln.[128] Diese sollen in ihrer Intensität als Reaktion auf Pflichtverstöße der Inhaftierten hinter den Disziplinarmaßnahmen zurückbleiben und damit eine dem Erziehungsgedanken entsprechende Sanktionierung ermöglichen. In Betracht kommen dabei etwa die Erteilung von Weisungen und Auflagen, die Beschränkung oder der Entzug einzelner Gegenstände für die Freizeitbeschäftigung sowie der Ausschluss des jungen Inhaftierten von gemeinsamer Freizeit oder einzelnen Freizeitveranstaltungen (z.B. § 82 Abs. 1 S. 3 BremJStVollzG).

Bei der Normierung der zulässigen Disziplinarmaßnahmen nehmen die Landesgesetze auf die Besonderheiten des Jugendstrafvollzugs Rücksicht.[129] Dies zeigt sich schon in der meist recht kurz gehaltenen Anordnungsdauer.

Zum Teil werden in den Landesgesetzen die Pflichtverstöße enumerativ aufgezählt.[130] So kommen als Grundlage der Verhängung von Disziplinarmaßnahmen in Betracht:

---

[126] BVerfGE 116, S. 93 f.
[127] § 82 Abs. 1 S. 1 JStVollzG Bln, § 82 Abs. 1 S. 1 BbgJStVollzG, § 82 Abs. 1 S. 1 BremJStVollzG, § 77 Abs. 1 JVollzGB IV, § 85 S. 1 HmbJStVollzG, § 54 HessJStVollzG, § 82 Abs. 1 S. 1 JStVollzG M-V, § 82 Abs. 1 S. 1 SJStVollzG, § 82 Abs. 1 S. 1 ThürJStVollzG, § 82 Abs. 1 S. 1 JStVollzG RLP, § 81 Abs. 1 S. 1 SächsJStVollzG, § 92 Abs. 1 S. 1 JStVollzG LSA, § 92 Abs. 1 S. 1 JStVollzG NRW, § 82 Abs. 1 S. 1 JStVollzG S-H; kein erzieherisches Gespräch sehen BayStVollzG, HessJStVollzG und NJVollzG vor.
[128] Art. 155 BayStVollzG, § 82 Abs. 1 S. 2 JStVollzG Bln, § 77 Abs. 1 JVollzGB IV, § 82 Abs. 1 S. 2 BbgJStVollzG, § 82 Abs. 1 S. 2 BremJStVollzG, § 85 HmbJStVollzG, § 54 Abs. 1 S. 2 HessJStVollzG, § 82 Abs. 1 S. 2 JStVollzG M-V, § 82 Abs. 1 S. 2 SJStVollzG, § 82 Abs. 1 S. 2 ThürJStVollzG, § 82 Abs. 1 S. 2 JStVollzG RLP, § 81 Abs. 1 S. 2 SächsJStVollzG, § 92 Abs. 1 S. 2 JStVollzG LSA, § 92 Abs. 1 S. 4 JStVollzG NRW, § 130 Abs. 1 NJVollzG, § 82 Abs. 1 S. 2 JStVollzG S-H.
[129] Art. 156 i.V.m. Art. 110 ff. BayStVollzG, §§ 77 ff. JVollzGB IV, §§ 83 ff. JStVollzG Bln, §§ 83 ff. BbgJStVollzG, §§ 83 ff. BremJStVollzG, §§ 86 ff. HmbJStVollzG, §§ 55 ff. HessJStVollzG, §§ 83 ff. JStVollzG M-V, §§ 83 ff. SJStVollzG, §§ 82 ff. SächsJStVollzG, §§ 93 ff. JStVollzG NRW, §§ 83 ff. ThürJStVollzG, §§ 93 ff. JStVollzG LSA, §§ 132 Abs. 1, 94 ff. NJVollzG, §§ 83 ff. JStVollzG RLP, §§ 83 ff. JStVollzG S-H.
[130] § 83 Abs. 2 JStVollzG Bln, § 83 Abs. 2 BbgJStVollzG, § 83 Abs. 2 BremJStVollzG, § 83 Abs. 2 HmbJStVollzG, § 55 Abs. 2 HessJStVollzG, § 83 Abs. 2 JStVollzG M-V, § 83 Abs. 2 SJStVollzG, § 82 Abs. 2 SächsJStVollzG, § 83 Abs. 2 ThürJStVollzG, § 83 Abs. 2 JStVollzG RLP, § 93 Abs. 1 JStVollzG LSA, § 83 Abs. 2 JStVollzG S-H.

- Straftaten oder Ordnungswidrigkeiten,
- verbale oder tätliche Angriffe gegen andere Personen,
- die Zerstörung von Lebensmitteln oder fremdem Eigentum,
- die Weigerung, zugewiesene Aufgaben zu erfüllen,
- das Einbringen verbotener Gegenstände in die Anstalt bzw. die Beteiligung hieran sowie deren Besitz,
- Entweichungsversuche,
- sonstige, ähnlich schwer wiegende Beeinträchtigungen des geordneten Zusammenlebens in der Anstalt.

Andere Landesgesetze verzichten auf eine abschließende Auflistung der maßgeblichen Pflichtverstöße und beschränken sich stattdessen auf die Normierung eines (schuldhaften) Pflichtverstoßes als Voraussetzung der Verhängung (z.B. Art. 156 Abs. 1 BayStVollzG[131]). Notwendig für die Anordnung einer Disziplinarmaßnahme bleibt ein **tatbestandsmäßiger, rechtswidriger** und **schuldhafter Pflichtverstoß** eines Gefangenen.[132] Dabei sind in den Landesgesetzen sowohl die Aufzählung der zur Verhängung von Disziplinarmaßnahmen führenden Pflichtverstöße wie auch diejenige der zulässigen Disziplinarmaßnahmen selbst abschließend.

895 Als Disziplinarmaßnahmen kennen die Landes-Jugendstrafvollzugsgesetze (wobei deren Zusammenstellung jeweils divergiert):
- die Beschränkung oder den Entzug des Hörfunk- oder Fernsehempfangs,
- die Beschränkung oder den Entzug von Gegenständen für die Freizeitbeschäftigung,
- den Ausschluss von der gemeinsamen Freizeit oder von einzelnen Freizeitveranstaltungen,
- die getrennte Unterbringung während der Freizeit,
- den Entzug zugewiesener Arbeit oder Beschäftigung unter Wegfall der Bezüge,
- die Beschränkung des Verkehrs mit Personen außerhalb der Anstalt,
- die Beschränkung des Einkaufs sowie
- Arrest.

Bei der Verhängung von Disziplinarmaßnahmen gilt es stets den **Verhältnismäßigkeitsgrundsatz** zu beachten. Damit muss der Arrest als eingriffsintensivste Maßnahme auf Ausnahmefälle begrenzt bleiben.[133]

Der Vollzug von Disziplinarmaßnahmen erfolgt in der Regel sofort. Dies ist erforderlich, um Zeitnähe zu dem vom Inhaftierten begangenen Pflichtverstoß zu wahren und damit die Grundlage einer erzieherischen Wirkung zu schaffen. Zuweilen ergeben sich aus der sofortigen Vollstreckung allerdings Probleme hinsichtlich des Rechtsschutzes, denn der junge Gefangene bleibt in solchen Fällen auf nachträglichen Schutz angewiesen. Zum Teil schränken die Landes-

---

[131] Ebenso z.B. § 77 Abs. 1 JVollzGB IV, § 164 Abs. 1 NJVollzG, § 93 Abs. 1 JStVollzG NRW.
[132] Diemer/Schoreit/Sonnen, 2008, § 83 JStVollzG Rdn. 2.
[133] Diemer/Schoreit/Sonnen, 2008, § 83 JStVollzG Rdn. 5.

Jugendstrafvollzugsgesetze aus diesem Grund die sofortige Vollstreckung ein (etwa § 83 Abs. 1 S. 2 SächsJStVollzG). Teilweise kann ferner der Vollzug der Disziplinarmaßnahme zur Bewährung ausgesetzt werden.[134]

9.1.6 Rechtsschutz

Will der eine Jugendstrafe verbüßende Inhaftierte sich gegen eine vollzugliche Gestaltungsentscheidung oder das Unterlassen einer Maßnahme wenden, stehen ihm vollzugsinterne Überprüfungsmöglichkeiten sowie ein gerichtliches Kontrollverfahren zur Verfügung. Zu differenzieren ist danach, ob der Gefangene die Jugendstrafe in einer Jugendstrafanstalt oder in einer Einrichtung des Strafvollzugs für Erwachsene verbüßt. 896

9.1.6.1 Rechtsbehelfe im Jugendstrafvollzug

Die Landes-Jugendstrafvollzugsgesetze geben dem jungen Gefangenen einerseits Möglichkeiten vollzugsinterner Kontrolle an die Hand. Andererseits existiert der gerichtliche Rechtsweg nach dem Bundesrecht. 897

Als **vollzugsinterne Kontrollmöglichkeit** normieren die Landes-Jugendstrafvollzugsgesetze ein **Beschwerderecht** beim Anstaltsleiter.[135] Mitunter wird die Einrichtung von Sprechstunden zu diesem Zweck ausdrücklich von den Gesetzen vorgesehen (z.B. von § 97 Abs. 1 S. 2 JStVollzG NRW). Sofern sich die Beschwerde gegen den Anstaltsleiter selbst richtet, entscheidet nach der Mehrzahl der Landes-Jugendstrafvollzugsgesetze die Aufsichtsbehörde. Einige Landesgesetze eröffnen dem Inhaftierten zudem die Möglichkeit, sich mit seinem Begehren an einen Vertreter der Aufsichtsbehörde zu wenden, wenn dieser die Anstalt besucht (etwa § 87 Abs. 2 JStVollzG RLP). Hinzu kommt noch der Rechtsbehelf der **Dienstaufsichtsbeschwerde**. Die Beschwerde zum Anstaltsleiter stellt keinen förmlichen Rechtsbehelf dar. Sie bildet vielmehr ein Gesprächs- und Anhörungsrecht, das der Aufarbeitung von Konflikten dient.[136]

Die Normierung eines **gerichtlichen Kontrollverfahrens** für den Vollzug der Jugendstrafe fällt auch nach der Föderalismusreform[137] nicht in den Bereich der Gesetzgebungskompetenz der Länder. Zuständig hierfür bleibt der Bund. Wie das 898

---

[134] Art. 165 Abs. 4, 111 BayStVollzG, § 79 Abs. 2 JVollzGB IV, § 84 Abs. 2 JStVollzG Bln, § 84 Abs. 2 BbgJStVollzG, § 84 Abs. 2 BremJStVollzG, § 87 Abs. 2 HmbJStVollzG, § 56 Abs. 3 S. 2 HessJStVollzG, § 84 Abs. 2 JStVollzG M-V, §§ 164 Abs. 3 S. 3, 96 NJVollzG, § 94 Abs. 2 JStVollzG NRW, § 84 Abs. 2 SJStVollzG, § 83 Abs. 2 SächsJStVollzG, § 84 Abs. 2 ThürJStVollzG, § 84 Abs. 2 JStVollzG RLP, § 94 Abs. 2 JStVollzG LSA, § 84 Abs. 2 JStVollzG S-H.
[135] Art. 115 Abs. 1, 122 BayStVollzG, § 86 JVollzGB IV, § 87 JStVollzG Bln, § 87 BbgJStVollzG, § 87 BremJStVollzG, § 91 HmbJStVollzG, § 57 HessJStVollzG, § 87 JStVollzG M-V, § 101 NJVollzG, § 97 JStVollzG NRW, § 87 JStVollzG RLP, § 87 SJStVollzG, § 87 SächsJStVollzG, § 97 JStVollzG LSA, § 87 JStVollzG S-H, § 87 ThürJStVollzG; dazu eingehend Kamann, 2009, S. 83 ff.
[136] Diemer/Schoreit/Sonnen, 2008, § 87 JStVollzG Rdn. 1.
[137] Siehe dazu oben Kap. 2.5.3.

Bundesverfassungsgericht in seiner Entscheidung vom 31.5.2006 konstatierte, genügte der Rechtsweg zu den Oberlandesgerichten nach §§ 23 ff. EGGVG nicht den Erfordernissen eines effektiven Rechtsschutzes.[138] Daher hat der Bundesgesetzgeber in **§ 92 Abs. 1 bis 6 JGG** Normierungen zum gerichtlichen Rechtsschutz getroffen.

Der junge Inhaftierte kann eine gerichtliche Entscheidung beantragen, wobei gem. § 92 Abs. 1 S. 2 1. Halbs. JGG die §§ 109, 111 bis 120 StVollzG entsprechende Anwendung finden.[139] Zuständig für die Entscheidung über den Antrag ist nach § 92 Abs. 2 S. 1 JGG die **Jugendkammer**, in deren Bezirk die beteiligte Vollzugsbehörde ihren Sitz hat. Der Gesetzgeber ging davon aus, dass diesem Spruchkörper eine besondere erzieherische Kompetenz zukommt. Wegen seiner Nähe zum Vollzug und der damit zusammenhängenden Befürchtung der Befangenheit aus Sicht der Inhaftierten wurde von einer Erteilung der Zuständigkeit an den Jugendrichter als Vollstreckungsleiter abgesehen.[140] Die Jugendkammer entscheidet gem. § 92 Abs. 3 JGG über den Antrag durch Beschluss. § 92 Abs. 1 S. 2 JGG verweist auch auf § 116 StVollzG. Damit ist gegen die Entscheidung der Jugendkammer das Rechtsmittel der **Rechtsbeschwerde** statthaft.

899 Gemäß § 92 Abs. 1 S. 2 1. Halbs. JGG i.V.m. § 109 Abs. 1 StVollzG ist der Antrag auf gerichtliche Entscheidung **statthaft**, wenn es sich bei der Beanstandung und dem Begehren des Antragstellers um eine Maßnahme zur Regelung einzelner Angelegenheiten auf dem Gebiet des Jugendarrestes, der Jugendstrafe oder der Maßregeln der Unterbringung in einem psychiatrischen Krankenhaus bzw. einer Entziehungsanstalt handelt. Ebenso ist der Antrag statthaft, sofern es um die Ablehnung oder das Unterlassen einer solchen Maßnahme geht. Die §§ 92 Abs. 1 S. 2 1. Halbs. JGG, 109, 111 ff. StVollzG lassen anderweitig gegebene Rechtswege jedoch unberührt. Macht ein jugendlicher oder heranwachsender Inhaftierter etwa Schadensersatzansprüche aus einer Amtspflichtverletzung (Art. 34 GG, § 839 BGB) geltend, so bleibt hierfür der Rechtsweg zu den Zivilgerichten gegeben.[141] Handelt es sich nicht um eine Streitigkeit i.S.d. §§ 92 Abs. 1 S. 2 1. Halbs. JGG, 109 Abs. 1 StVollzG und ist auch kein besonderer Rechtsweg vorgegeben, bleibt der subsidiäre Rechtsbehelf nach den §§ 23 ff. EGGVG möglich.[142]

Die statthaften **Antragsarten**[143] sind im Gesetz nicht abschließend aufgezählt. Insoweit gilt jedoch nichts anderes als für den Erwachsenenvollzug, so dass dem jungen Inhaftierten im vollzuglichen Hauptsacheverfahren
- Anfechtungsantrag,
- Verpflichtungsantrag,
- Vornahmeantrag,

---

[138] BVerfGE 116, S. 88.
[139] Dazu ausführlich oben Laubenthal/Baier/Nestler, 2010, S. 415 ff.; ebenso Kap. 8.2.
[140] Diemer/Schoreit/Sonnen, 2008, § 92 JGG Rdn. 4.
[141] Vgl. zum Erwachsenenvollzug LG Hamburg, ZfStrVo 1995, S. 245.
[142] Vgl. z.B. BGH, NStZ-RR 2002, S. 26 f.; OLG Frankfurt, NStZ-RR 2006, S. 253; OLG Schleswig, NStZ-RR 2008, S. 126 zum Erwachsenenvollzug.
[143] Ausführlich zu den Antragsarten Laubenthal/Baier/Nestler, S. 416 f. sowie Kap. 8.2.12.

– Unterlassungsantrag sowie
– Feststellungsantrag

zur Verfügung stehen. Mit dem Anfechtungsantrag begehrt der Antragsteller die Aufhebung einer belastenden Maßnahme (§ 92 Abs. 1 S. 2 1. Halbs. JGG i.V.m. §§ 109 Abs. 1 S. 1, 115 Abs. 2 S. 1 StVollzG). Es handelt sich um einen Gestaltungsantrag zur Abwehr rechtswidriger Eingriffe seitens der Vollzugsbehörde.

> Als Annexantrag zum Anfechtungsantrag lässt § 115 Abs. 2 S. 2 StVollzG einen Folgenbeseitigungsantrag zu, sofern die vom Betroffenen angefochtene Maßnahme bereits vollzogen ist.

Der Verpflichtungsantrag (§ 92 Abs. 1 S. 2 1. Halbs. JGG i.V.m. § 109 Abs. 1 S. 2 StVollzG) als spezialisierter Leistungsantrag richtet sich gegen die eine beantragte Maßnahme ablehnende Entscheidung der Vollzugsbehörde. Zudem verfolgt er das Ziel, die Anstaltsleitung zum Erlass der abgelehnten Maßnahme zu zwingen (§ 115 Abs. 4 S. 1 StVollzG) oder wenigstens eine Neubescheidung unter Berücksichtigung der Rechtsansicht des Gerichts zu veranlassen (Neubescheidungsantrag, § 115 Abs. 4 S. 2 StVollzG).

Hat die Vollzugsbehörde eine Maßnahme unterlassen bzw. auf einen entsprechenden Antrag des Inhaftierten nicht wunschgemäß reagiert, kann der Antragsteller sich mittels eines Vornahmeantrags als Unterfall des allgemeinen Leistungsantrags gegen die Untätigkeit der Anstalt wenden (Untätigkeitsantrag, § 92 Abs. 1 S. 2 1. Halbs. JGG i.V.m. §§ 109 Abs. 1 S. 2, 113 StVollzG).

Daneben stehen ein vorbeugender Unterlassungsantrag als Variante des allgemeinen Leistungsantrags sowie ein Feststellungsantrag (§ 92 Abs. 1 S. 2 1. Halbs. JGG i.V.m. § 115 Abs. 3 StVollzG) zur Verfügung.

Die **Antragsbefugnis** folgt für den Inhaftierten aus § 92 Abs. 1 S. 2 1. Halbs. **900** JGG i.V.m. § 109 Abs. 2 StVollzG. Der Antragsteller muss in der Begründung seines Antrags geltend machen, durch eine Maßnahme, deren Ablehnung oder Unterlassung in seinen Rechten verletzt zu sein. Es muss daher zugunsten des Antragstellers ein subjektives Recht oder zumindest ein solches auf ermessensfehlerfreie Entscheidung bestehen und dieser hat die Möglichkeit einer entsprechenden Rechtsverletzung durch die strittige Maßnahme anzumahnen. Zudem können außerhalb des Vollzugsverhältnisses stehende Dritte von Maßnahmen der Vollzugsbehörde, ihrer Ablehnung oder Unterlassung unmittelbar in ihren eigenen Rechten betroffen sein. Neben einer möglichen Verletzung ihres Rechts auf freie Entfaltung der Persönlichkeit nach Art. 2 Abs. 1 GG kommt eine Antragsbefugnis gem. § 92 Abs. 1 S. 2 1. Halbs. JGG i.V.m. § 109 Abs. 2 StVollzG für Außenstehende in Betracht, denen eine persönliche Kontaktaufnahme zu einem Inhaftierten durch Besuchsverbote oder Behinderungen in der Korrespondenz untersagt oder erschwert wird. Für die Erziehungsberechtigten, in der Regel die Eltern des Verurteilten, ist hierbei insbesondere Art. 6 Abs. 2 GG von Relevanz.

Zulässigkeitsvoraussetzung bildet gem. § 92 Abs. 1 S. 2 2. Halbs. JGG zudem, dass ein entsprechendes Schlichtungsverfahren zur gütlichen Streitbeilegung erfolglos verlaufen ist, sofern das Landesrecht dies vorsieht.[144]

---

[144] So etwa § 87 Abs. 4 SJStVollzG; zur Ombudsperson § 97 Abs. 2 JStVollzG NRW.

Die **Zuständigkeit** für die Entscheidung über den Antrag liegt bei der Jugendkammer, § 92 Abs. 2 S. 1 JGG, die durch Beschluss entscheidet. Hinsichtlich der Formalia gelten §§ 112, 113 StVollzG analog, so dass der Antrag schriftlich oder zur Niederschrift des Gerichts binnen einer Frist von zwei Wochen nach Zustellung bzw. schriftlicher Bekanntgabe der Maßnahme oder ihrer Ablehnung gestellt werden muss; für den Vornahmeantrag gilt die Drei-Monats-Frist des § 113 Abs. 1 StVollzG entsprechend.

Exkurs: Vereinfachtes Prüfungsschema

Zulässigkeit eines Antrags auf gerichtliche Entscheidung
gem. § 92 Abs. 1 S. 2 1. Halbs. JGG i.V.m. §§ 109, 111 bis 120 Abs. 1 StVollzG

1. Rechtswegeröffnung, § 109 Abs. 1 StVollzG:
   – Maßnahme
   – auf dem Gebiet des Strafvollzugs
   – zur Regelung
   – einzelner Angelegenheiten.

2. Antragsart:
   – Anfechtungsantrag, §§ 109 Abs. 1 S. 1, 115 Abs. 2 S. 1 StVollzG,
   – Verpflichtungsantrag, §§ 109 Abs. 1 S. 2, 115 Abs. 4 StVollzG,
   – Vornahmeantrag, §§ 109 Abs. 1 S. 2, 113 StVollzG,
   – Unterlassungsantrag,
   – Feststellungsantrag, § 115 Abs. 3 StVollzG.

3. Antragsbefugnis, § 109 Abs. 2 StVollzG:
   Möglichkeit der Verletzung eines subjektiven Rechts.

4. Schlichtungsverfahren, § 92 Abs. 1 S. 2 2. Halbs. JGG:
   sofern nach Landesrecht erforderlich.

5. Zuständigkeit der Jugendkammer, § 92 Abs. 2 S. 1 JGG.

6. Formalien:
   – Schriftform oder zur Niederschrift des Gerichts, § 112 Abs. 1 S. 1 StVollzG.
   – Frist bei Anfechtungs- oder Verpflichtungsantrag, § 112 Abs. 1 StVollzG:
     • zwei Wochen nach Zustellung oder schriftlicher Bekanntgabe der Maßnahme oder ihrer Ablehnung bzw.
     • zwei Wochen nach Zustellung oder Bekanntgabe des Widerspruchsbescheids.
   – Frist bei Vornahmeantrag, § 113 Abs. 1 StVollzG:
     • drei Monate nach vergeblichem Antrag an Behörde.

7. Beteiligtenfähigkeit, § 111 Abs. 1 StVollzG:
   – Antragsteller (Nr. 1),
   – Vollzugsbehörde, die die angefochtene Maßnahme angeordnet oder die beantragte abgelehnt oder unterlassen hat (Nr. 2).

Ob die **Schlechterstellung** der Jugendstrafgefangenen durch die Neufassung des § 92 JGG nunmehr behoben werden konnte, bleibt zweifelhaft. Weil Jugendliche in besonderem Maße ungeübt im Schriftverkehr mit Behörden sind, bedeutet die bloße Verweisung auf eine analoge Anwendung der Vorschriften des Erwachsenenvollzugs für sie eine ungleich größere Herausforderung, als der Rahmen des Art. 19 Abs. 4

GG zulässt.[145] Ungeklärt bleibt ferner die Frage der Rechtsbehelfe bei anderen Formen des Freiheitsentzugs – etwa der Unterbringung in geschlossenen Einrichtungen der Jugendhilfe.[146]

9.1.6.2 Rechtsbehelfe im Erwachsenenvollzug

Verbüßt der zu Jugendstrafe Verurteilte nach Herausnahme aus dem Jugendstrafvollzug gem. § 89b JGG diese in einer Justizvollzugsanstalt für den Vollzug der Freiheitsstrafe, richten sich nicht nur Fragen der Vollzugsgestaltung, sondern auch seine (vollzugsinternen) Rechtsschutzmöglichkeiten nach den Vorschriften des jeweiligen Strafvollzugsgesetzes[147]; keine Anwendung findet dagegen der gerichtliche Rechtsschutz nach § 92 Abs. 1 bis 5 JGG i.V.m. §§ 109, 111 bis 120 StVollzG (vgl. § 92 Abs. 6 S. 2 JGG). **901**

§ 92 Abs. 6 S. 2 JGG stellt folglich eine besondere Rechtswegeröffnung für den **gerichtlichen Rechtsschutz** dar, welche die §§ 109 ff. StVollzG zur Anwendung gelangen lässt. Dies wirkt sich insbesondere bei der Zuständigkeit aus, die damit nicht mehr bei der Jugendkammer liegt. Der Inhaftierte kann sich vielmehr an die **Strafvollstreckungskammer** beim Landgericht (§ 110 StVollzG) wenden, wenn es sich bei der Beanstandung oder dem Begehren um eine ihn betreffende Maßnahme zur Regelung einzelner Angelegenheiten auf dem Gebiet des Strafvollzugs oder um die Ablehnung oder das Unterlassen einer solchen Maßnahme handelt (§ 109 Abs. 1 StVollzG). Ein vorheriges Widerspruchserfordernis nach § 109 Abs. 3 StVollzG vor Stellung eines Anfechtungs- oder Verpflichtungsantrags sehen die Bundesländer Bremen, Hamburg, Nordrhein-Westfalen und Schleswig-Holstein vor.[148] Gegen eine Entscheidung der Strafvollstreckungskammer (§ 115 StVollzG) besteht gem. § 116 StVollzG das Rechtsmittel der Rechtsbeschwerde.

> Dass § 92 Abs. 6 S. 2 JGG ausdrücklich die §§ 109 ff. StVollzG in Bezug nimmt, nicht aber wie § 92 Abs. 2 S. 2 JGG a.F. auf die Regelungen zum Erwachsenenvollzug insgesamt verweist, bedeutet keinen Ausschluss der Möglichkeit der **vollzugsinternen Kontrolle** nach § 108 StVollzG, § 92 JVollzGB III, Art. 115 BayStVollzG, § 91 HmbJStVollzG, § 57 HStVollzG, § 101 NJVollzG. Das Fehlen einer Verweisung auf die vollzugsinternen Kontrollmöglichkeiten in § 92 Abs. 6 S. 2 JGG stellt eine Folge der Kompetenzzuweisung an die Landesgesetzgeber dar. Eine Einschränkung des Rechtsschutzes für diejenigen Inhaftierten, deren Strafe in einer Einrichtung für Erwachsene vollzogen wird, ist mit dieser Änderung nicht verbunden. Sind zu Jugendstrafe Verurteilte demnach aus dem Jugendstrafvollzug herausgenommen, so stehen ihnen auch die vollzugsinternen Rechtsbehelfe nach den § 108 Abs. 1 StVollzG, § 92 JVollzGB III, Art. 115 BayStVollzG, § 91 HmbJStVollzG, § 57 HStVollzG, § 101 NJVollzG zu.

---

[145] Dazu Eisenberg, 2008, S. 260 f.
[146] Siehe Dünkel, 2008, S. 3.
[147] Dazu Laubenthal 2008, S. 446 ff.
[148] § 26 Abs. 1 AGGVG – Bremen, § 6 AGVwGO – Hamburg, § 1 Vorschaltverfahrengesetz – Nordrhein-Westfalen, §§ 1 und 5 Vollzugsbeschwerdegesetz – Schleswig-Holstein; siehe dazu Kap. 8.2.

9.1.7 Vollstreckung

902 Die Vollstreckung von Jugendstrafen[149] obliegt gem. § 82 Abs. 1 S. 1 JGG dem **Jugendrichter als Vollstreckungsleiter**. Dies ist zunächst nach § 84 JGG der Jugendrichter des örtlichen Amtsgerichts, in dessen Bezirk der Jugendliche bzw. Heranwachsende verurteilt wurde oder bei dem die familien- bzw. vormundschaftsrichterlichen Erziehungsaufgaben liegen. Ist der Verurteilte in die Jugendstrafanstalt aufgenommen, geht die weitere Vollstreckung gem. § 85 Abs. 2 JGG auf den besonderen Vollstreckungsleiter über. Dies ist regelmäßig der Jugendrichter des Amtsgerichts, in dessen Bezirk die Jugendstrafanstalt liegt bzw. den die Landesjustizverwaltung wegen der besonderen örtlichen Nähe hierfür allgemein bestimmt hat.

Zur Durchführung der nicht zur Bewährung ausgesetzten oder infolge des Bewährungswiderrufs zu verbüßenden Jugendstrafe enthalten **§§ 88, 89a JGG** besondere Vollstreckungsbestimmungen. Diese betreffen die Aussetzung des Restes einer Jugendstrafe zur Bewährung und regeln Vollstreckungsfragen speziell bei einem Zusammentreffen von Jugendstrafe und Freiheitsstrafe. Zudem befindet der Jugendrichter als Vollstreckungsleiter auf der vollstreckungsrechtlichen Ebene gem. **§ 89b Abs. 2 JGG** über die Ausnahme eines zu Jugendstrafe Verurteilten vom Jugendstrafvollzug. Die Vorschriften gelten nach § 110 Abs. 1 JGG auch für Heranwachsende, wenn das Gericht Jugendstrafrecht angewendet und Jugendstrafe verhängt hat.

Nach § 88 Abs. 1 JGG kann der Jugendrichter als Vollstreckungsleiter den Rest einer Jugendstrafe zur **Bewährung** aussetzen. Die Entscheidung hierüber steht in seinem Ermessen („kann").

903 Gemäß § 88 Abs. 2 JGG erfordert eine bedingte Entlassung, dass bereits **mindestens ein Drittel** der Jugendstrafe, **wenigstens** aber **sechs Monate** verbüßt sind. Aus besonders wichtigen Gründen darf von der Sechs-Monats-Untergrenze des § 88 Abs. 2 S. 1 JGG abgewichen werden (z.B. bei besonderen Leistungen während des Vollzugs). Dagegen lässt das Gesetz für die Ein-Drittel-Verbüßung des § 88 Abs. 2 S. 2 JGG keine Ausnahme zu. Die gegenüber den Regelungen des allgemeinen Strafrechts deutlich geringere Mindestverbüßungsdauer ermöglicht eine an der individuellen Entwicklung der Persönlichkeit orientierte flexiblere Handhabung der vorzeitigen Entlassung.

Neben der Erfüllung der Mindestverbüßungsdauer muss eine günstige Legalprognose gegeben sein. Eine bedingte Entlassung darf gem. § 88 Abs. 1 JGG nur erfolgen, wenn dies im Hinblick auf die **Entwicklung des Jugendlichen**, auch unter Berücksichtigung des **Sicherheitsinteresses der Allgemeinheit**, verantwortet werden kann. Damit sind die unter spezialpräventiven Gesichtspunkten für eine Aussetzung des Restes der Jugendstrafe zur Bewährung sprechenden Aspekte mit den Risiken abzuwägen, die sich für die Gesellschaft aus einer bedingten Entlassung des Verurteilten ergeben könnten.[150]

---

[149] Dazu eingehend Laubenthal/Baier/Nestler, 2010, S. 377 ff.
[150] Brunner/Dölling, 2002, § 88 Rdn. 1; Diemer/Schoreit/Sonnen, 2008, § 88 JGG Rdn. 14.

Teilweise wird nach besonders gravierenden Straftaten eine Ermessensausübung dahin gehend vorgeschlagen, unter Sühneaspekten die Aussetzung der Jugendstrafe zur Bewährung in Anlehnung an die Fristen des § 57 StGB durchzuführen.[151] Diese Ansicht ist jedoch abzulehnen, weil sie in § 88 JGG keine Stütze findet und der Gesetzgeber sich – im Hinblick auf eine möglichst erfolgreiche erzieherische Einwirkung – bewusst für die flexiblere Regelung im Jugendstrafrecht entschieden hat.[152]

9.2 Vollzug freiheitsentziehender Maßregeln der Besserung und Sicherung

Zum Bereich des Strafvollzugs zählt auch der Vollzug der sicherungsbezogenen Maßregel der Sicherungsverwahrung (§§ 66 ff. StGB) sowie der therapiebezogenen Unterbringungen in einem psychiatrischen Krankenhaus (§ 63 StGB) und in einer Entziehungsanstalt (§ 64 StGB).   **904**

Hat das erkennende Gericht in seinem Urteil gegen einen Straftäter neben einer Freiheitsstrafe dessen Unterbringung nach § 63 bzw. § 64 StGB angeordnet, wird nach § 67 Abs. 1 StGB die Maßregel grundsätzlich vor der Strafe vollzogen. Ein Vorwegvollzug der Strafe oder eines Teils hiervon kommt in Umkehrung der gesetzlichen Reihenfolge nach § 67 Abs. 2 StGB u.a. in Betracht, wenn dadurch der Rehabilitationszweck der Maßregel besser erreicht wird.

9.2.1 Unterbringung im psychiatrischen Krankenhaus

Im Bundes-Strafvollzugsgesetz finden sich nur in §§ 136 und 138 Regelungen, die ausdrücklich den Vollzug einer Unterbringung im psychiatrischen Krankenhaus[153] betreffen. Gemäß Art. 208 BayStVollzG, § 130 Nr. 4 HmbStVollzG wurden diese Bestimmungen in Bayern und Hamburg vom jeweiligen Landes-Strafvollzugsgesetz nicht ersetzt, so dass insoweit die Normen des StVollzG Bestand haben. Gleiches folgt in Hessen aus § 1 HStVollzG und in Niedersachsen aus § 1 NJVollzG. Der dort normierte Anwendungsbereich des NJVollzG umfasst nicht den Vollzug der stationären Maßregel des § 63 StGB. Lediglich Baden-Württemberg hat mit den §§ 104, 106 JVollzGB III Vorschriften zum Vollzug der Maßregel erlassen. § 106 Abs. 1 JVollzGB III verweist dabei auf § 15 UBG, der die nähere Ausgestaltung der Unterbringung regelt.   **905**

§ 1 Abs. 1 Nr. 2 Var. 2 JVollzGB I schreibt für Baden-Württemberg die Anwendung des Landesgesetzes auf den Vollzug der freiheitsentziehenden Maßregeln der Besse-

---

[151] In diesem Sinne LG Berlin, NStZ 1999, S. 103; Böhm, 1996, S. 216.
[152] Vgl. Brunner/Dölling, 2002, § 88 Rdn. 2; Diemer/Schoreit/Sonnen, 2008, § 88 Rdn. 12; Eisenberg, 2010, § 88 Rdn. 9b.
[153] Dazu Best/Rössner, 2007, S. 330 ff.; Gebauer/Jehle, 1993; Jehle, 2005, S. 3 ff.; ders., 2006, S. 211 ff.; Kammeier, 1996; ders., 2010; Kreuzer, 1994; Leygraf, 1998; Rasch, 1989, S. 8 ff.; Schöch, 1994, S. 445 ff.; Volckart/Grünebaum, 2009.

rung und Sicherung vor und ersetzt damit die bundesrechtlichen Regelungen der §§ 136 bis 138 StVollzG.

§ 136 StVollzG (§ 104 JVollzGB III) normiert als **Vollzugsziel** die Behandlung nach ärztlichen (bzw. gem. § 104 S. 1 JVollzGB III nach medizinischen) Gesichtspunkten zum Zweck der **Besserung und Wiedereingliederung**.[154] Soweit wie möglich, soll der strafgerichtlich Untergebrachte geheilt oder sein Zustand so gebessert werden, dass er nicht mehr gefährlich ist. Dabei wird ihm die nötige Aufsicht, Besserung und Pflege zuteil. Hinsichtlich des Vollzugs der Maßregel finden nach § 138 Abs. 1 S. 2 StVollzG für den Untergebrachten entsprechend die vollzuglichen Vorschriften über die Unpfändbarkeit von Überbrückungsgeld (§ 51 Abs. 4 u. 5 StVollzG) und finanziellen Leistungen zur Heimreise nach der Entlassung (§ 75 Abs. 3 StVollzG) Anwendung. Gemäß § 138 Abs. 2 StVollzG gilt mit Modifizierungen hinsichtlich des Beitrags für die Unterbringung § 50 StVollzG entsprechend.[155]

Da § 138 Abs. 3 StVollzG (bzw. § 106 Abs. 3 JVollzGB III i.V.m. § 138 Abs. 3 StVollzG) ferner auf die §§ 109 bis 121 StVollzG verweist, ist gegen Maßnahmen auf dem Gebiet des Unterbringungsvollzugs der **Rechtsweg** zu den Strafvollstreckungskammern eröffnet. Der Untergebrachte kann unter den gleichen Voraussetzungen[156] wie ein im Vollzug der Freiheitsstrafe Inhaftierter einen Antrag auf gerichtliche Entscheidung stellen.

906 Im Übrigen richtet sich der **Vollzug** – soweit ein Bundesgesetz nichts anderes bestimmt – nach **Landesrecht** (§ 138 Abs. 1 S. 1 StVollzG; § 106 Abs. 1 JVollzGB III i.V.m. § 15 UBG). Die Bundesländer haben demgemäß landesrechtliche Bestimmungen eingeführt. Dabei wurden zum Teil eigenständige Maßregelvollzugsgesetze verabschiedet (in Hamburg, Hessen, Niedersachsen, Nordrhein-Westfalen, Rheinland-Pfalz, Saarland, Sachsen-Anhalt, Schleswig-Holstein) oder das Landesunterbringungsrecht mit Vorschriften über den Maßregelvollzug ergänzt (in Baden-Württemberg, Bayern, Berlin, Brandenburg, Bremen, Mecklenburg-Vorpommern, Sachsen und Thüringen).[157] Allerdings enthalten diese Regelungen nicht nur Divergenzen in der Ausgestaltung einzelner vollzuglicher Aspekte. Sie erfassen diese nicht durchweg umfassend, so dass es – in den einzelnen Bundesländern in jeweils unterschiedlichem Ausmaß – an einer zureichenden Verrechtlichung aller relevanten Bereiche mangelt.

907 In seiner bundesweiten Studie über die Praxis des psychiatrischen Maßregelvollzugs hat Leygraf[158] in den achtziger Jahren des 20. Jahrhunderts überwiegend „desolate" Unterbringungs- und Behandlungsbedingungen ermittelt und gelangte zu einem „deprimierenden" Gesamteindruck.[159] Da die Unterbringung im psychiatrischen Kran-

---

[154] Kammeier, 2010, S. 73.
[155] Für Baden-Württemberg verweist § 106 Abs. 2 JVollzGB III diesbezüglich auf die entsprechende landesrechtliche Vorschrift des § 51 JVollzGB III.
[156] Dazu in Kap. 8.2.1.
[157] Übersicht der landesrechtlichen Regelungen bei Volckart/Grünebaum, 2009, S. 387 ff.
[158] Leygraf, 1988.
[159] Leygraf, 1988, S. 183.

kenhaus eine freiheitsentziehende Maßregel der Besserung und Sicherung darstellt, welche schon bei erstmaliger Anordnung keine zeitliche Höchstgrenze kennt, führte dies zu unberechenbaren, teilweise auffallend langen Verweilzeiten in den Einrichtungen.[160] Obwohl nicht nur bei der gerichtlichen Anordnung der Unterbringung (§ 62 StGB), sondern auch hinsichtlich ihrer Fortdauer und Vollstreckung der Grundsatz der Verhältnismäßigkeit gilt[161], ließ sich häufig kein signifikanter Zusammenhang zwischen dem Schweregrad des Anlassdelikts und der Verweildauer in der Institution feststellen.[162] So blieb die Verweildauer etwa der wegen gewalttätiger Vermögens- und Sexualdelikte Untergebrachten im Durchschnitt kürzer als diejenige der Probanden mit entsprechend gewaltfreien Begehungsweisen (z.B. nach §§ 183, 183a StGB).[163] Gegenwärtig ist ein enormer Anstieg der Verweildauer im psychiatrischen Maßregelvollzug zu beobachten. Diskutiert wird insoweit die Schaffung von Langzeiteinrichtungen.[164]

Folgen überlanger Verweilzeiten in den psychiatrischen Krankenhäusern und der teilweise damit einhergehenden unzureichenden therapeutischen Behandlung sind irreversible Hospitalisierungsschäden. Eine Differenzierung, inwieweit abweichendes Verhalten auf den ursprünglichen krankhaften Zustand i.S.d. §§ 20, 21 StGB oder aber auf solche Hospitalisierungsdefekte zurückzuführen ist, bleibt dann nach Jahren kaum noch möglich. Gefordert wird deshalb eine zeitliche Befristung der Maßregel des § 63 StGB[165], wobei der Gesetzgeber sich an der Strafrahmenobergrenze des jeweiligen Anlassdelikts orientieren sollte.

In Deutschland haben im psychiatrischen Maßregelvollzug nach § 63 StGB erkennbare Entwicklungsprozesse stattgefunden.[166] Diese sind insbesondere geprägt durch eine zunehmende Verselbständigung der forensischen von der Allgemeinpsychiatrie. Der Maßregelvollzug befindet sich auf dem Weg von der bloßen Anstalt hin zur klinischen Behandlung, welche vermehrt auch eine kriminaldiagnostische Fundierung erfährt. Insgesamt gesehen ist in den Einrichtungen der forensischen Psychiatrie heute eine therapeutische Professionalisierung festzustellen. Zugleich gewinnt in der Praxis aber auch der Sicherheitsgedanke an Bedeutung.[167]

Seit den neunziger Jahren des 20. Jahrhunderts ist ein **Anstieg** der strafgerichtlichen **Unterbringungsanordnungen** gem. § 63 StGB zu verzeichnen. Obwohl sich die gesetzlichen Anordnungsvoraussetzungen nicht geändert haben, hat sich von 1995 bis 2010 in den alten Bundesländern die Patientenzahl in den forensischen Einrichtungen des psychiatrischen Maßregelvollzugs mehr als verdoppelt (siehe Tab. 9.3). Dies ist nicht nur Folge vermehrter Anordnungen und längerer Verweildauer. Auch bei der Entlassungsprognose werden offensichtlich verschärfte Kriterien herangezogen.[168]

---

[160] Vgl. z.B. Ritzel, 1989, S. 123; Leygraf, 2002, S. 3 ff.
[161] BVerfGE 70, S. 311; dazu auch Kruis, 1998, S. 94 ff.; vgl. ferner etwa BVerfG, StrVert 2009, S. 148 ff.; BVerfG, NJW 2009, S. 2804 ff. statt vieler.
[162] Siehe z.B. Jacobsen, 1987, S. 66.
[163] Leygraf, 1988, S. 115 ff.
[164] Dazu Dönisch-Seidel, 2005, S. 169 ff.; Kammeier, 2009, S. 18 f.
[165] Siehe Baur, 1988, S. 121; Horstkotte, 1993, S. 189; Laubenthal, 1990, S. 372; Volckart/Grünebaum, 2009, S. 357 f.
[166] Siehe dazu auch Jehle, 2005, S. 12 f.; Kröber, 1999, S. 93 ff.
[167] Siehe Royen, 2005, S. 411 ff.
[168] Jehle, 2005, S. 6; siehe auch Dessecker, 2005, S. 23 ff.; ders., 2010, S. 197 ff.

Tabelle 9.3. Im psychiatrischen Krankenhaus nach § 63 StGB Untergebrachte 1995–2010, jeweils am 31.3. (alte Bundesländer)

Jahr	Anzahl
1995	2 902
1996	2 956
1997	3 216
1998	3 539
1999	3 838
2000	4 098
2001	4 297
2002	4 462
2003	5 118
2004	5 390
2005	5 640
2006	5 917
2007	6 061
2008	6 287
2009	6 440
2010	6 569

Quelle: Statistisches Bundesamt, Strafvollzug – Im psychiatrischen Krankenhaus und in der Entziehungsanstalt aufgrund strafrichterlicher Anordnung Untergebrachte (Maßregelvollzug), 2010, S. 8.

909 Bestimmt § 136 StVollzG (§ 104 S. 2 JVollzGB III) als Unterbringungsziel die Wiedereingliederung des Betroffenen[169], so folgt aus dieser Norm nicht nur die Geltung des Integrationsprinzips. Unabhängig von der Ausgestaltung der landesrechtlichen Bestimmungen muss der Vollzug auch von den Grundsätzen der **Gegensteuerung** und der **Angleichung** geprägt sein. Die psychiatrische Einrichtung hat schädlichen Folgen des Freiheitsentzugs in ihrer Institution mit geeigneten Maßnahmen entgegenzusteuern und den Aufenthalt im Krankenhaus den allgemeinen Lebensverhältnissen so weit wie möglich anzupassen.[170] So sehen die Landesgesetze z.B. – sehr unterschiedliche – Regelungen für die Gewährung von Vollzugslockerungen und Urlaub vor. Praktiziert werden vor allem Gruppen- und Einzelausführungen, begleiteter Ausgang, Außenbeschäftigung oder Ausgang ohne Begleitung. Ausgeschlossen sind solche Maßnahmen nach den Bestimmungen aller Bundesländer bei Vorliegen einer Flucht- oder Missbrauchsgefahr.[171] Dagegen kennt keines der Landesgesetze Regelungen über Disziplinarmaßnahmen als Reaktion auf Pflichtverletzungen. Die Verarbeitung von Disziplinwidrigkeiten wird in der Praxis vielmehr in den Kernbereich ärztlichen Handelns eingeordnet.[172]

---

[169] Zur Gestaltung des Maßregelvollzugs Best/Rössner, 2007, S. 330 ff.; Dessecker, 1997, S. 104 ff.; Nowara, 1997, S. 116 ff.
[170] Volckart/Grünebaum, 2009, S. 80 f.
[171] Zu Risiken und Beurteilungskriterien Schumann, 1993, S. 131 ff.; Westfälischer Arbeitskreis „Maßregelvollzug", 1991, S. 64; siehe auch Frisch, 1996, S. 29; Kammeier/Pollähne, 2002, S. 201 ff.; Pollähne, 1994, S. 33 ff.
[172] Dazu Lindemann, 2004, S. 18 ff.; ferner Baer, 2009, S. 531 zur Gefahrenabwehr.

Die **Entlassung** eines gem. § 63 StGB Untergebrachten aus dem psychiatri- **910** schen Krankenhaus ist auf drei verschiedenen Wegen möglich[173]:

1. Stellt sich nach Beginn des Maßregelvollzugs heraus, dass infolge eines diagnostischen Irrtums[174] oder simulierter geistiger Erkrankung – nicht aber bei ausschließlich rechtlich fehlerhafter Anordnung[175] – die vom Gericht angenommene biologische Komponente i.S.d. §§ 20, 21 StGB von vornherein nicht vorgelegen hat, wird der weitere Vollzug der Unterbringung im psychiatrischen Krankenhaus unzulässig. Die Maßregel ist von der Strafvollstreckungskammer (§§ 463 Abs. 6 S. 1, 462, 462a Abs. 1 S. 1 StPO, § 78a Abs. 1 S. 2 Nr. 1 GVG) nach § 67d Abs. 6 S. 1 StGB – selbst bei ungünstiger Prognose – für erledigt zu erklären[176] und der Betroffene aus dem Maßregelvollzug zu entlassen. Zwar tritt nach § 67d Abs. 6 S. 2 StGB mit der Erledigung Führungsaufsicht ein.[177] Das Gericht hat jedoch deren Nichteintritt anzuordnen, wenn zu erwarten ist, dass der Betroffene auch ohne sie keine Straftaten mehr begehen wird (§ 67d Abs. 6 S. 3 StGB). Nach § 66b StGB kommt unter bestimmten Voraussetzungen[178] die nachträgliche Anordnung der Unterbringung in der Sicherungsverwahrung in Betracht, um zu vermeiden, dass hochgefährliche Täter nach Wegfall der Unterbringungsvoraussetzungen in Freiheit gesetzt werden müssen. § 66b StGB findet deshalb keine Anwendung, wenn der Betroffene im Anschluss an die erledigte Unterbringung noch Freiheitsstrafe zu verbüßen hat.[179]
2. Kommt es zur Erreichung des Maßregelzwecks, d.h. entfällt der krankhafte psychische Zustand, der zur Anordnung der Unterbringung nach § 63 StGB geführt hat, infolge Heilung oder Vollremission, ist die Voraussetzung für eine Vollstreckbarkeit der Maßregel entfallen. Gleiches gilt, wenn die weitere Vollstreckung der Maßregel unverhältnismäßig wäre.[180] Sie muss gerichtlich für erledigt erklärt werden, § 67d Abs. 6 S. 1 StGB. Für den Eintritt von Führungsaufsicht und die Unterbringung in der Sicherungsverwahrung gilt das zu 1. Gesagte.
3. Ist die Behandlung so weit fortgeschritten, dass im Interesse einer sozialen Wiedereingliederung des Untergebrachten das Risiko einer Entlassung aus dem Maßregelvollzug vertretbar erscheint, setzt die Strafvollstreckungskammer im Überprüfungsverfahren nach § 67e StGB (Überprüfung mindestens einmal

---

[173] Dazu auch Koller, 2006, S. 229 ff.
[174] Zum Problem der Fehleinweisungen Konrad N., 1991, S. 315 ff.
[175] BVerfG, NStZ-RR 2007, S. 30; OLG Frankfurt, StrVert 2007, S. 230; OLG Frankfurt, NStZ-RR 2008, S. 324 ff.; Fischer, 2011, § 67d Rdn. 23; a.A. Berg/Wiedner, 2007, S. 441.
[176] Fischer, 2011, § 67d Rdn. 24; Laubenthal, 2006, S. 96; Laubenthal/Nestler, 2010, S. 152; a.A. OLG Dresden, StraFo 2005, S. 432.
[177] Vgl. Laubenthal/Nestler, 2010, S. 159.
[178] Dazu Fischer, 2011, § 66b Rdn. 14 f., 40; Lackner/Kühl, 2011, § 66b Rdn. 12 f.; siehe weiter Schneider U., 2004, S. 650 ff.
[179] Zu § 66b Abs. 3 StGB a.F. vgl. BGH, NJW 2008, S. 240; BGH, NStZ-RR 2009, S. 201; BGHSt. 52, S. 379 ff.; ferner Zschieschack/Rau, StraFo 2008, S. 372 ff.
[180] Siehe KG, StrVert 2007, S. 432; Laubenthal/Nestler, 2010, S. 152.

jährlich[181]) die Unterbringungsvollstreckung gem. § 67d Abs. 2 S. 1 StGB zur Bewährung aus. Es muss zu erwarten sein, dass der Untergebrachte außerhalb des Maßregelvollzugs keine rechtswidrigen Taten mehr begehen wird.[182]

911 Setzt das Gericht die weitere Vollstreckung der Unterbringung nach § 67d Abs. 2 StGB zur Bewährung aus, hat der Betroffene seine Fähigkeit zu zukünftigem positivem Legalverhalten außerhalb des Krankenhauses unter Beweis zu stellen. Eine in psychiatrischen Krankenhäusern bislang vorgefundene Umwandlungspraxis[183] – dem Maßregelvollzug folgt unmittelbar eine zivilrechtliche Unterbringung nach § 1906 BGB zum Wohl des Betreuten mit Genehmigung des Vormundschaftsgerichts oder wegen erheblicher Gefährdung der öffentlichen Sicherheit und Ordnung nach den landesrechtlichen Unterbringungsgesetzen[184] – steht im Widerspruch zu Sinn und Zweck des § 67d Abs. 2 StGB. Eine Unterbringung in der Sicherungsverwahrung gem. § 66b StGB kommt bei einer solchen Konstellation ebenfalls nicht in Betracht.

9.2.2 Unterbringung in einer Entziehungsanstalt

912 Der Vollzug der Unterbringung von Straftätern mit Hang zu alkoholischen Getränken oder anderen Rauschmitteln gem. § 64 StGB in einer Entziehungsanstalt[185] dient nach § 137 StVollzG (§ 105 JVollzGB III) der Heilung des Untergebrachten von seinem Hang sowie einer Behebung der zugrunde liegenden Fehlhaltung.[186] Durch die Behandlung wird zugleich der Zweck einer Sicherung der Allgemeinheit verfolgt.[187]

> § 137 StVollzG gilt in Bayern, Hamburg, Hessen und Niedersachsen weiter (Art. 208 BayStVollzG, § 130 Nr. 4 HmbStVollzG, § 1 HStVollzG, § 1 NJVollzG). Für Baden-Württemberg enthält § 105 JVollzGB III eine in Wortlaut bzw. Zielsetzung mit der bundesrechtlichen Vorschrift identische Regelung.

Die Verknüpfung der **Zweckerreichung durch Behandlung** setzt nicht nur bei der Anordnung (§ 64 S. 2 StGB) der Maßregel, sondern auch für deren weiteren Vollzug eine hinreichend konkrete Aussicht auf einen Behandlungserfolg voraus. Erweist sich dieser Zweck als unerreichbar, hat deshalb das Vollstreckungsgericht

---

[181] Dazu Laubenthal/Nestler, 2010, S. 153 f.
[182] Zur Gefährlichkeitsprognose im Maßregelvollzug Koller, 2005, S. 240 ff.; Seifert/Möller-Mussavi/Bolten/Losch, 2004, S. 302 ff.; Weber F., 1996, S. 9 ff.
[183] Bischof, 1987, S. 103 ff.; Wagner, 1992, S. 11.
[184] Umfassend Marschner u.a., 2010.
[185] Dazu Best/Rössner, 2007, S. 332; Dessecker, 2004, S. 192 ff.; Dessecker/Egg, 1995; Externbrink/Schmitz, 1991, S. 111 ff.; Schalast, 1994, S. 2 ff.; Volckart/Grünebaum, 2009, S. 277 ff.
[186] Krit. Kammeier, 2010, S. 362.
[187] BVerfG, StrVert 1994, S. 595; Arloth, 2008, § 137 Rdn. 1; Fischer, 2011, § 64 Rdn. 2; a.A. Kammeier, 2010, S. 363.

den Vollzug der Unterbringung zu beenden.[188] Sie ist dann für erledigt zu erklären (§ 67d Abs. 5 S. 1 StGB); es tritt Führungsaufsicht ein (§ 67d Abs. 5 S. 2 StGB). Die Höchstdauer der Maßregel beträgt nach § 67d Abs. 1 S. 1 StGB zwei Jahre. Der Untergebrachte ist daher spätestens zu diesem Zeitpunkt zu entlassen (§ 67d Abs. 4 S. 1 StGB), wobei er der Führungsaufsicht unterliegt (§ 67d Abs. 4 S. 3 StGB). Eine Aussetzung der Unterbringungsvollstreckung zur Bewährung durch die Strafvollstreckungskammer im Verfahren nach § 67e StGB (Überprüfung wenigstens alle sechs Monate) vor Fristablauf kommt nach § 67d Abs. 2 S. 1 StGB in Betracht, wenn die Möglichkeit zukünftigen positiven Legalverhaltens einen zureichenden Wahrscheinlichkeitsgrad erreicht hat.[189]

Der **Vollzug** der Maßregel findet überwiegend in psychiatrischen Krankenhäusern oder in besonderen Entziehungseinrichtungen statt. Ebenso wie bei der Unterbringung nach § 63 StGB gelten für diejenige in der Entziehungsanstalt nur die §§ 51 Abs. 4 und 5, 75 Abs. 3 und 109 bis 121 StVollzG entsprechend (§ 138 Abs. 1 S. 2, Abs. 3 StVollzG).[190] Im Übrigen richtet sich die Ausgestaltung der Unterbringung gem. § 138 Abs. 1 S. 1 StVollzG nach Landesrecht und ist dort in den Maßregelvollzugs- bzw. den Unterbringungsgesetzen[191] geregelt. § 138 StVollzG findet in Bayern, Hamburg, Hessen und Niedersachsen weiterhin Anwendung (Art. 208 BayStVollzG, § 130 Nr. 4 HmbStVollzG, § 1 HStVollzG, § 1 NJVollzG).

913

Der praktische Vollzugsablauf in der Entziehungseinrichtung beginnt mit der Entgiftung. Dem folgt dann eine intensive Behandlung des Abhängigen unter Heranziehung von psycho-, sozial- und gruppentherapeutischen Methoden sowie konfliktzentrierter Einzelberatung. In dieser Phase kommt es bereits zu einer schrittweisen Belastungserprobung des Betroffenen mittels Vollzugslockerungen. Bis zur Schlussphase der Entlassungsvorbereitung sollten Kontakte mit Einrichtungen der Nachsorge aufgebaut sein.

Ebenso wie bei der Unterbringung im psychiatrischen Krankenhaus nach § 63 StGB ist auch in den Entziehungsanstalten seit 1995 die Patientenzahl deutlich angestiegen (siehe Tab. 9.4), was in der Praxis zu einer Überlastung der Einrichtungen führt.[192]

---

[188] Dazu Kammeier, 2010, S. 363; Schneider U., 2008, S. 69; Spiess, 2008, S. 161.
[189] Vgl. dazu Kreiker, 2010, S. 242 bei lebenslanger Freiheitsstrafe.
[190] Bzw. für Baden-Württemberg § 106 Abs. 21 JVollzGB II i.V.m. § 51 JVollzGB III.
[191] Übersicht bei Volckart/Grünebaum, 2009, S. 387 ff.
[192] Siehe auch Dessecker, 2005, S. 23; Heinz, 2007, S. 214 ff.

Tabelle 9.4. In der Erziehungsanstalt nach § 64 StGB Untergebrachte 1995–2010, jeweils am 31.3. (alte Bundesländer)

Jahr	Anzahl
1995	1 373
1996	1 277
1997	1 363
1998	1 529
1999	1 657
2000	1 774
2001	1 922
2002	2 088
2003	2 281
2004	2 412
2005	2 473
2006	2 619
2007	2 603
2008	2 656
2009	2 811
2010	3 021

Quelle: Statistisches Bundesamt, Strafvollzug – Im psychiatrischen Krankenhaus und in der Entziehungsanstalt aufgrund strafrichterlicher Anordnung Untergebrachte (Maßregelvollzug), 2010, S. 8.

9.2.3 Organisationshaft

914 Die sog. Organisationshaft ist gesetzlich nicht vorgesehen. Ordnet das erkennende Gericht in seinem Urteil als Unrechtsreaktion neben der Freiheitsstrafe eine Unterbringung in einem psychiatrischen Krankenhaus oder in einer Entziehungsanstalt an, dann ist gem. § 67 Abs. 1 StGB – soweit gerichtlich nichts anderes bestimmt wird – die Maßregel vor der Strafe zu vollziehen. Befand sich der rechtskräftig Verurteilte bereits in Untersuchungshaft oder hatte er zuvor eine Freiheitsstrafe wegen einer anderen Verurteilung zu verbüßen und steht nunmehr für den Inhaftierten nicht sofort ein Unterbringungsplatz im Maßregelvollzug zur Verfügung, verbringt er die **Zwischenzeit bis zum tatsächlichen Beginn der Maßregel** in einer Justizvollzugsanstalt in Organisationshaft.[193] Dies stellt jedoch eine Regelwidrigkeit[194] dar, einen durch faktische Zwänge bedingten Verstoß gegen § 67 StGB.[195]

Den Vollstreckungsbehörden wurde von der Rechtsprechung eine gewisse **Organisationsfrist** von bis zu drei Monaten eingeräumt, innerhalb derer der Betroffene noch in der Justizvollzugsanstalt festgehalten werden darf.[196] Diese kann

---

[193] Dazu Laubenthal/Nestler, 2010, S. 85, 150; Lemke, 1998, S. 78; Morgenstern, 2007a, S. 441 ff.; Neumann U., 2007, S. 614 ff.; Pohlmann/Jabel/Wolf, 2001, § 53 Rdn. 17.
[194] BVerfG, NStZ 1998, S. 77.
[195] Krit. Linke, 2001, S. 361; Ostermann, 1993, S. 52 ff.; Trennhaus, 1999, S. 511 ff.
[196] OLG Düsseldorf, NStZ 1981, S. 366; OLG Celle, NStZ-RR 2002, S. 349; Laubenthal/Nestler, 2010, S. 150.

jedoch nur so lange dauern, wie die Behörde benötigt, um im konkreten Einzelfall – unter Beachtung des Beschleunigungsgrundsatzes in Haftsachen – einen vorhandenen Vollzugsplatz zu lokalisieren und die Überführung des Betroffenen dorthin zu bewerkstelligen.[197] Das Bundesverfassungsgericht hält die Organisationshaft für nicht per se verfassungswidrig. Es betont aber, dass die Vollstreckungsbehörde **unverzüglich** die **Überstellung** des Verurteilten in den Maßregelvollzug herbeiführen muss.[198] Insoweit kann die vertretbare Organisationsfrist nicht allgemein im Sinne einer festen Zeitspanne bestimmt werden. Vielmehr richtet sich die zulässige Organisationsfrist nach dem jeweiligen Einzelfall unter Berücksichtigung der vollstreckungsbehördlichen Bemühungen um eine beschleunigte Unterbringung im Maßregelvollzug.

Der bis zur tatsächlichen Aufnahme in den Maßregelvollzug stattfindende Freiheitsentzug wird als Strafhaft angesehen.[199] Für gerichtliche Entscheidungen, die während der Organisationshaft ergehen, ist deshalb die Strafvollstreckungskammer des Landgerichts zuständig.[200] Geht es nicht um die Organisation der Unterbringung, sondern um ein bloßes Warten auf das Freiwerden eines Therapieplatzes in der Maßregeleinrichtung, rechtfertigt das dagegen nicht, den Verurteilten während dieser Zeit in Haft zu halten.[201]

Kann die Organisationshaft im Einzelfall zu einer Verlängerung des effektiven Freiheitsentzugs führen, gebieten Art. 2 Abs. 2 S. 2 und 104 Abs. 1 GG, dass die Vollstreckungsbehörde den Folgen dieser Regelwidrigkeit im Rahmen der Strafzeitberechnung entgegenwirkt.[202] Die vor Beginn des Maßregelvollzugs erlittene Organisationshaft ist deshalb auf die Dauer der Freiheitsstrafe anzurechnen.[203]

9.2.4 Sicherungsverwahrung

In den deutschen Justizvollzugsanstalten befanden sich am 31.3.2010 im Vollzug der Maßregel der Sicherungsverwahrung 536 Personen. Bleibt ihr Anteil gegenüber den eine Freiheitsstrafe Verbüßenden auch sehr gering, so war dennoch in den letzten Jahren ein deutlicher Anstieg zu verzeichnen (Tab. 9.5). Im Hinblick auf die Geschlechterverteilung der **Untergebrachten** fällt bei der Sicherungsverwahrung auf, dass in den Jahren von 1992 bis 2006 keine Frau diese Maßregel zu verbüßen hatte. Erst 2007 wurde eine weibliche Verurteilte in der Sicherungsverwahrung untergebracht, 2010 waren es drei Frauen.

---

[197] OLG Brandenburg, NStZ 2000, S. 500; OLG Hamm, NStZ-RR 2004, S. 381; siehe auch Rautenberg, 2000, S. 502 f.
[198] BVerfG, NJW 2006, S. 427.
[199] OLG Hamm, NStZ 1998, S. 479; Laubenthal/Nestler, 2010, S. 85 f.
[200] Pohlmann/Jabel/Wolf, 2001, § 53 Rdn. 17; a.A. OLG Hamm, NStZ 1998, S. 479 (Gericht erster Instanz).
[201] OLG Brandenburg, NStZ 2000, S. 500.
[202] BVerfG, StrVert 1997, S. 476.
[203] OLG Celle, StrVert 1997, S. 477; OLG Zweibrücken, StrVert 1997, S. 478; OLG Celle, StrVert 2007, S. 428.

Tabelle 9.5. In der Sicherungsverwahrung Untergebrachte 1995–2010, jeweils am 31.3.

Jahr	Anzahl
1995	183
1996	176
1997	200
1998	202
1999	206
2000	219
2001	257
2002	299
2003	306
2004	304
2005	350
2006	375
2007	427
2008	448
2009	491
2010	536

Quelle: Statistisches Bundesamt, Strafvollzug – Demographische und kriminologische Merkmale der Strafgefangenen 2010 Reihe 4.1, S. 12.

916 Etwa die Hälfte der Sicherungsverwahrten ist wegen Straftaten gegen die sexuelle Selbstbestimmung untergebracht.

Tabelle 9.6. In der Sicherungsverwahrung Untergebrachte am 31.3.2010 nach Art der Straftat

Straftatengruppe	Sicherungs-verwahrte	Prozent
Straftaten gegen den Staat, die öffentliche Ordnung und im Amt (§§ 80–168, 331–357 StGB)	—	—
Straftaten gegen die sexuelle Selbstbestimmung (§§ 174–184b StGB)	274	51,1
Straftaten gegen das Leben (§§ 211–222 StGB)	52	9,7
Körperverletzungen (§§ 223–231 StGB)	32	6,0
Straftaten gegen die persönliche Freiheit (§§ 234–241a StGB)	7	1,3
Diebstahl und Unterschlagung (§§ 242–248c StGB)	19	3,5
Raub, Erpressung, räuberischer Angriff auf Kraftfahrer (§§ 249–255, 316a StGB)	109	20,3
Betrug, Untreue (§§ 263–266b StGB)	21	3,9
Urkundenfälschung (§§ 267–281 StGB)	3	0,6
Gemeingefährliche Straftaten (§§ 306–323c, ohne 316a StGB)	16	3,0

Quelle: Statistisches Bundesamt, Strafvollzug – Demographische und kriminologische Merkmale der Strafgefangenen 2010 Reihe 4.1, S. 23.

9.2.4.1 Ziel der Sicherungsverwahrung

Als Maßregel der Besserung und Sicherung nach §§ 61 Nr. 3, 66 ff. StGB dient **917** die Sicherungsverwahrung gem. § 129 StVollzG, § 97 JVollzGB III, Art. 159 BayStVollzG, § 66 HStVollzG, § 93 HmbStVollzG, § 107 NJVollzG dem Ziel, die weitere **sichere Unterbringung** des gefährlichen Rückfalltäters nach Verbüßung seiner Freiheitsstrafe zum Schutz der Allgemeinheit vor erneuten erheblichen Straftaten zu gewährleisten. Über eine bloße Verwahrung hinaus wird die Vollzugsbehörde jedoch auch zur **Eingliederungshilfe** verpflichtet.

Bereits der Maßregelzweck des § 66 StGB bedingt zwar eine unterschiedliche Akzentuierung der Aufgaben des Vollzugs von Freiheitsstrafe einerseits und Sicherungsverwahrung andererseits.[204] Im Bereich des Vollzugs der Sicherungsmaßregel steht jedoch nicht generell und von vornherein die Sicherungskomponente im Vordergrund, denn das Gebot der Eingliederungshilfe von § 129 S. 2 StVollzG, § 97 S. 2 JVollzGB III, Art. 159 S. 2 BayStVollzG, § 93 S. 2 HmbStVollzG, § 66 Abs. 2 HStVollzG, § 107 S. 2 NJVollzG lässt sich nicht als ein Minus im Verhältnis zur Zielsetzung beim Vollzug der Freiheitsstrafe interpretieren. Dies würde dem Gebot zur Achtung der Menschenwürde und dem Sozialstaatsprinzip widersprechen. Auch das Bundesverfassungsgericht[205] betont, dass sowohl der Vollzug der Freiheitsstrafe als auch derjenige der Sicherungsverwahrung auf das Ziel hin gerichtet sein muss, die Voraussetzungen für ein verantwortliches Leben in Freiheit zu schaffen, dass also die Sicherungsverwahrung normativ wie tatsächlich am (Re-)Sozialisierungsgedanken auszurichten ist. Der Besserungszweck tritt aber dann hinter dem Sicherungszweck zurück, wenn es zur Verhinderung künftiger Straftaten im Einzelfall zu dauerhafter Unterbringung eines Betroffenen kommt.[206] § 129 S. 2 StVollzG, § 97 S. 2 JVollzGB III, Art. 159 S. 2 BayStVollzG, § 93 S. 2 HmbStVollzG, § 66 Abs. 2 HStVollzG, § 107 S. 2 NJVollzG schließen eine Denaturierung des Sicherungsverwahrungsvollzugs zum bloßen Verwahrvollzug[207] aus.

9.2.4.2 Historische Entwicklung der vollzuglichen Situation

Der Vollzug der Sicherungsverwahrung in der Praxis wie auch die vorhandene **918** gesetzliche Regelung sind **defizitär**. Dies erklärt sich zum Teil aus der historischen Entwicklung des Rechts dieser Maßregel, die immer wieder Gegenstand der kriminalpolitischen, gesellschaftlichen und medialen Diskussion sowie zahlreicher höchstrichterlicher Judikate war.

> Vor allem an Kindern in den neunziger Jahren des 20. Jahrhunderts verübte schwere Sexualstraftaten mit anschließender Tötung der Opfer hatten zu Bestrebungen geführt, die Allgemeinheit besser vor gefährlichen Rückfalltätern zu schützen.[208] Dies

---

[204] Koepsel, in: Schwind/Böhm/Jehle/Laubenthal, 2009, § 130 Rdn. 2.
[205] BVerfG, NJW 2004, S. 740.
[206] BVerfG, NJW 2004, S. 744.
[207] Calliess/Müller-Dietz, 2008, § 129 Rdn. 1.
[208] Siehe Düx, 2006, S. 87 ff.; Laubenthal, 2000, S. 11 f.; ders., 2004, S. 704 ff.; Reindl/Weber, 2002, S. 137 ff.; Stoiber, 2006, S. 5 ff.; Streng, 1997, S. 457 f.

sollte unter anderem durch eine **Ausdehnung der Anordnungsvoraussetzungen** der Sicherungsverwahrung erreicht werden. Mit dem „Gesetz zur Bekämpfung von Sexualdelikten und anderen schweren Straftaten"[209] vom 26.1.1998[210], das die Gefahr von Wiederholungstaten verringern sollte, hatte der Gesetzgeber auch Voraussetzungen für eine erleichterte Unterbringung von einschlägig rückfälligen Sexualstraftätern und anderen Gewalttätern in der Sicherungsverwahrung geschaffen: Das Gericht konnte bei den zu zeitiger Freiheitsstrafe von mindestens zwei Jahren Verurteilten neben der Strafe Sicherungsverwahrung anordnen, wenn sie wegen eines oder mehrerer der im Gesetz genannten Delikte, die sie vor der neuen Tat begangen hatten, schon einmal zu Freiheitsstrafe von mindestens drei Jahren verurteilt wurden (§ 66 Abs. 3 S. 1 StGB a.F.). Selbst ohne frühere Verurteilung oder Freiheitsentzug durfte ein Rechtsbrecher, der wegen zweier Gewalt- oder Sexualstraftaten jeweils eine Freiheitsstrafe von mindestens zwei Jahren verwirkt hatte, neben der Strafe in Sicherungsverwahrung eingewiesen werden, wenn er wegen eines oder mehrerer dieser Delikte zu zeitiger Freiheitsstrafe von mindestens drei Jahren verurteilt wurde (§ 66 Abs. 3 S. 2 StGB a.F.). Damit konnte Sicherungsverwahrung nicht nur nach einer Vorverurteilung, sondern sogar schon nach Begehung zweier Sexualstraftaten zur Anwendung gelangen. Bei erstmals angeordneter Sicherungsverwahrung musste der Untergebrachte nicht mehr mit Ablauf von zehn Jahren zwangsläufig entlassen werden. Bestand seine hochgradige Gefährlichkeit fort, war also zu befürchten, dass er wegen seines kriminellen Hangs weitere erhebliche Straftaten begehen und dadurch seine Opfer seelisch oder körperlich schwer schädigen würde, brauchte gem. § 67d Abs. 3 StGB die Unterbringung in der Sicherungsverwahrung nicht mehr vom Gericht für erledigt erklärt zu werden. Damit war es zulässig, auch bei erstmalig angeordneter Sicherungsverwahrung diese lebenslang zu vollstrecken.

919   Das Bundesverfassungsgericht[211] hatte die Zulässigkeit einer solch lang andauernden Unterbringung in der Sicherungsverwahrung grundsätzlich gebilligt. Ein Verstoß gegen die Menschenwürde (Art. 1 Abs. 1 GG) lag darin seiner Meinung nach nicht, wenn die Gefährlichkeit des Betroffenen fortbestand. Die Festschreibung einer Höchstfrist für die Maßregel galt damit weder generell (im Gesetz) noch speziell (im Strafurteil oder während des Vollzugs) als erforderlich. Allerdings stellte das Bundesverfassungsgericht Anforderungen an die verfassungskonforme Ausgestaltung der Maßregel. Die Unterbringung müsse ebenso wie der Strafvollzug darauf abzielen, ein verantwortungsvolles Leben in Freiheit zu ermöglichen, die Untergebrachten aber nach Möglichkeit im Vergleich zu den Strafgefangenen besser stellen. Der Verhältnismäßigkeitsgrundsatz gebiete es ferner, umso strengere Anforderungen an die Unterbringung anzulegen, je länger diese fortdauert.[212] Nur ausnahmsweise dürfe die Sicherungsverwahrung nach Ablauf der in § 67d Abs. 3 S. 1 StGB vorgesehenen Zehn-Jahres-Frist aufrechterhalten bleiben, sofern dies unter „erhöhten Anforderungen an das bedrohte Rechtsgut und den Nachweis der Gefährlichkeit"[213] noch gerechtfertigt sei. Wegen der besonderen Bedeutung von Vollzugslockerungen für die Prognosebasis könne die Vollzugsbehörde schließlich nicht ohne hinreichenden Grund Vollzugslockerungen versagen, welche die Erledigung der Maßregel vorbereiten mögen.

---

[209] Dazu Albrecht H.-J., 1999, S. 866 ff.; Dessecker, 1998, S. 1 ff.; Meier B.-D., 1999, S. 445 ff.; Schöch, 1998, S. 1257 ff.
[210] BGBl. I 1998, S. 160.
[211] BVerfGE 109, S. 133 ff.; dazu Passek, 2005, S. 105 ff.
[212] Vgl. auch BVerfG, NStZ-RR 2005, S. 187 f.; BVerfG, NJW 2006, S. 211.
[213] BVerfGE 109, S. 133.

Die Befürchtung einer bloß abstrakten Flucht- oder Missbrauchsgefahr stelle keinen solchen ausreichenden Grund dar.[214]

Da die Maßregel der Sicherungsverwahrung nach § 66 StGB nur im strafrechtlichen Erkenntnisverfahren („neben der Strafe") angeordnet werden kann, kam es auf der legislatorischen Ebene zu Bestrebungen divergierenden Inhalts, im Hinblick auf den Schutz der Allgemeinheit vor gefährlichen Straftätern eine **nachträgliche Anordnung** der Sicherungsverwahrung[215] zu ermöglichen.[216] Hatte das Gericht im Zeitpunkt des strafrechtlichen Urteilsspruchs von einer Anordnung der Sicherungsverwahrung abgesehen, sollte dennoch eine spätere Unterbringung möglich sein, wenn sich im Verlauf des Strafvollzugs ergibt, dass der Täter infolge seines Hangs zur Begehung erheblicher Delikte eine Gefahr für die Gesellschaft darstellt.

920

Auf Landesebene wurde Anfang des Jahres 2001 in Baden-Württemberg ein „Gesetz über die Unterbringung besonders rückfallgefährdeter Straftäter" verabschiedet.[217] Danach konnte die Strafvollstreckungskammer gegenüber einem Inhaftierten, an dem unter den Voraussetzungen des § 66 Abs. 1 Nr. 1 und 2, Abs. 2 bis 4 StGB a.F. eine Freiheitsstrafe vollstreckt wird – befristet oder unbefristet – die Unterbringung in der Sicherungsverwahrung anordnen, falls aufgrund von nach der Verurteilung eingetretenen Tatsachen angenommen wird, dass von dem Betroffenen eine „erhebliche gegenwärtige Gefahr für das Leben, die körperliche Unversehrtheit, die persönliche Freiheit oder die sexuelle Selbstbestimmung ausgeht". Als Kriterium für einschlägige Tatsachen galt insbesondere die beharrliche Verweigerung der Mitwirkung an der Erreichung des Vollzugsziels, namentlich an einer Rückfall vermeidenden Psycho- oder Sozialtherapie.[218] Die Bundesländer Bayern[219], Niedersachsen[220], Sachsen-Anhalt[221] und Thüringen[222] folgen diesem Vorbild mit jeweils eigenen Landesgesetzen, wobei die Anordnungsvoraussetzungen der nachträglichen Sicherungsverwahrung der Regelung Baden-Württembergs im Wesentlichen entsprachen.

Das Bundesverfassungsgericht[223] hat die landesrechtlichen Regelungen jedoch für verfassungswidrig erklärt. Es fehlte an der Gesetzgebungskompetenz der Bundesländer. Nach Art. 74 Abs. 1 Nr. 1 GG erstreckt sich die konkurrierende Gesetzgebung auf den Bereich des Strafrechts. Darunter versteht das Bundesverfassungsgericht alle repressiven oder präventiven Sanktionen, „die an die Straftat anknüpfen, ausschließlich für Straftäter gelten und ihre sachliche Rechtfertigung auch aus der Anlasstat be-

---

[214] BVerfGE 109, S. 166.
[215] Dazu Hanack, 2002, S. 709 ff.
[216] Siehe BR-Drs. 48/02; BR-Drs. 118/02; BT-Drs. 14/8586.
[217] GBl. Nr. 5 v. 16.3.2001, S. 188 f.; dazu Goll/Wulf, 2001, S. 284 ff.
[218] Krit. zum Landesgesetz Dünkel/Kunkat, 2001, S. 16 ff.; Eisenberg, 2001, S. 131 ff.; Greiner, 2001, S. 650 f.; Ullenbruch, 2001, S. 292 ff.; Würtenberger/Sydow, 2001, S. 1201 ff.
[219] BayGVBl. Nr. 26/2001, S. 978 f.
[220] Nds. GVBl. 2003, S. 368.
[221] GVBl. LSA Nr. 12/2002, S. 79 ff.
[222] ThürGVBl. 2003, S. 195.
[223] BVerfGE 109, S. 190 ff.; dazu etwa Baier, 2004, S. 552 ff.; Dünkel, 2004, S. 42 ff.

ziehen."[224] Die präventive Zielrichtung der Unterbringung, weitere Straftaten zu verhindern, erlangt demgegenüber keine entscheidende Bedeutung. Nachdem das Verfassungsgericht die Unterbringung gefährlicher Straftäter als Teilbereich der Materie Strafrecht einordnete und den Regelungen im StGB abschließenden Charakter zubilligte, blieb für die Ländergesetze insoweit kein Raum mehr.

921 Auf Bundesebene wurde zunächst durch das „Gesetz zur Einführung der vorbehaltenen Sicherungsverwahrung" vom 21.8.2002[225] mit § 66a StGB (a.F.) die Möglichkeit der nachträglichen Anordnung der Sicherungsverwahrung für diejenigen Fälle geschaffen, in denen bereits das erkennende Gericht bei der Verurteilung wegen einer der in § 66 Abs. 3 S. 1 StGB a.F. genannten Straftaten diese Anordnung **vorbehalten** hatte.[226] Das **Verfahren** über die Entscheidung des Vorbehalts der Sicherungsverwahrung normiert § 275a StPO. Danach befindet das Gericht des ersten Rechtszugs über die im Urteil vorbehaltene Maßregel. Es holt vor seiner Entscheidung das Gutachten eines Sachverständigen ein, wobei dieser im Rahmen des Vollzugs der Freiheitsstrafe nicht mit der Behandlung des Verurteilten befasst gewesen sein darf, § 275 Abs. 4 S. 1 u. 3 StPO.

922 Der Bundesgesetzgeber reagierte sodann auf die Entscheidung des Bundesverfassungsgerichts zur Verfassungswidrigkeit der Länderunterbringungsgesetze, indem er durch das „Gesetz zur Einführung der nachträglichen Sicherungsverwahrung" vom 23.7.2004[227] mit § 66b StGB a.F. die Möglichkeit der **nachträglichen Unterbringung** in der Sicherungsverwahrung einführte.[228] Das Verfahren ihrer Verlegung richtete sich nach § 275a StPO.[229]

Im Jahr 2009 hatte sich auf eine Beschwerde eines Verurteilten hin schließlich der EGMR mit der Sicherungsverwahrung zu befassen. Das Verfahren betraf den zeitlichen Geltungsbereich von § 67d StGB a.F. und die Frage einer rückwirkenden Verlagerung der Unterbringungsdauer. Der Gerichtshof stellte dabei Verstöße

---

[224] BVerfGE 109, S. 190.
[225] BGBl. I 2002, S. 3344 ff.; dazu Passek, 2005, S. 99 ff.; krit. Kreuzer, 2011, S. 3.
[226] Siehe auch Wagner Ch., 2002, S. 93; dazu ferner BGHSt. 50, S. 188 ff.; BGH, StrVert 2006, S. 64; BGHSt. 51, S. 159 ff.
[227] BGBl. I 2004, S. 1838 ff.; dazu etwa Kinzig, 2004, S. 655 ff.; Kreuzer, 2006, S. 146 ff.; Passek, 2005, S. 110 ff.; Peglau, 2004, S. 3599 ff.; Renzikowski, 2004, S. 271 ff.; Ullenbruch, 2006, S. 1377 ff.
[228] Vgl. dazu BVerfG, NJW 2006, S. 3483 ff.; dazu Foth, 2007, S. 89 ff.; Ullenbruch, 2007, S. 62 ff.; ferner zu den Voraussetzungen des § 66b Abs. 1 StGB näher BGHSt. 50, S. 121 ff.; BGHSt. 50, S. 180 ff.; BGHSt. 50, S. 275 ff.; BGHSt. 50, S. 284 ff.; BGHSt. 51, S. 25 ff.; BGHSt. 51, S. 185 ff.; BGHSt. 51, S. 191 ff.; BGH, NStZ-RR 2007, S. 370; OLG Frankfurt, StrVert 2005, S. 142; ThürOLG, StrVert 2006, S. 71 ff.; ThürOLG, StrVert 2006, S. 186 ff.; Brettel, 2006, S. 64 ff.; Fischer, 2011, § 66b Rdn. 10 ff. mit weiterer Literatur in Rdn. 1a; Hörnle, 2006, S. 188 ff.; dies., 2006a, S. 386 ff.; Kinzig, 2007, S. 1006 ff.; Rau/Zschieschack, 2006, S. 797 ff.; Streng, 2006, S. 92 ff.; Wollmann, 2007, S. 152 ff.; Zschieschack/Rau, 2006, S. 895 ff.; speziell zur Kriminalprognose Eisenberg, 2005a, S. 345 ff.; Harrendorf, 2008, S. 6 ff.; Schneider H., 2006, S. 99 ff.
[229] Siehe BGH, NStZ-RR 2006, S. 74; Wolf Th. 2004, S. 666 ff.

insbesondere gegen Art. 5 Abs. 1 lit. a), 7 EMRK fest[230], was die Freilassung einiger in der Sicherungsverwahrung untergebrachter Straftäter zur Folge hatte.[231] Als Reaktion auf die Entscheidung des EGMR nahm es der bundesdeutsche Gesetzgeber mit dem „Gesetz zur Neuordnung des Rechts der Sicherungsverwahrung und zu begleitenden Regelungen" vom 22. Dezember 2010[232] in Angriff, eine den engen Vorgaben von GG und EMRK gerecht werdende gesetzliche Grundlage für diese Maßregel zu schaffen. Für diejenigen Fälle, in denen infolge des Urteils des EGMR vom 17. Dezember 2009 weiterhin als gefährlich eingestufte Straftäter aus der Sicherungsverwahrung entlassen wurden, schuf der Gesetzgeber ein „Gesetz zur Therapierung und Unterbringung psychisch gestörter Gewalttäter" (ThUG), das eingreift, soweit es sich um psychisch gestörte Straftäter handelt.[233] Die Unterbringung erfolgt dabei gem. § 2 ThUG in geschlossenen Therapieeinrichtungen und endet in der Regel nach 18 Monaten, sofern keine Verlängerung angeordnet wird, § 12 Abs. 1, 2 ThUG.

Im Zuge dieser Neuregelung wurde vor allem die Möglichkeit zur nachträglichen Verhängung von Sicherungsverwahrung nach § 66b StGB weitgehend eliminiert. Unberührt geblieben ist jedoch die Vorschrift des § 7 Abs. 2 JGG, welche die nachträgliche Sicherungsverwahrung für nach Jugendstrafrecht Verurteilte einräumt.[234]

Zusätzlich haben die Bundesländer, in deren Zuständigkeit es liegt, den Vollzug der Sicherungsverwahrung zu regeln, angekündigt, diese künftig in neu zu schaffenden eigenständigen Anstalten vollziehen zu wollen, in denen den Betroffenen wissenschaftlich fundierte Therapieangebote gemacht werden.[235] Der **Strafvollzugsausschuss der Länder** hat auf seiner Tagung am 5. bis 7. Mai 2010 eine Arbeitsgruppe beauftragt, Mindeststandards für den Vollzug der Sicherungsverwahrung zu erarbeiten, die u.a. die Fragen einer baulichen Trennung von Einrichtungen des Strafvollzugs sowie der den Untergebrachten zu unterbreitenden Behandlungsangebote betreffen sollen. Im Januar 2011 wurden schließlich von den Ländern Berlin und Brandenburg „Eckpunkte für den Vollzug der Sicherungsverwahrung"[236] vorgelegt, die u.a. Behandlungsbelange sowie differenzierte Unterbringungsformen betreffen.[237]

---

[230] EGMR, NJW 2010, S. 2495 ff. (Beschwerde Nr. 19359/04).
[231] Siehe Amann/Steinle, 2011, S. 21 ff.; Kreuzer, 2011, S. 11.
[232] BGBl. I 2010/S. 2300; vgl. zu weiteren Gesetzesvorhaben Kreuzer, 2011, S. 8 ff.; ferner Kinzig, 2011, S. 177 ff.
[233] BT-Drs. 17/3403, S. 2 f., 9 ff.
[234] Krit. dazu Nestler/Wolf, 2008, S. 153 ff.; ferner Brettel, 2010, S. 121 ff.
[235] Vgl. Hahn, 2010, S. 39; Merk, 2010, S. 1, 7.
[236] Im Internet abrufbar unter http://www.mdj.brandenburg.de/sixcms/media.php/4055/ Eckpunkte%20Sicherungsverwahrung_%20Fassung%205%20Jan%202011.pdf (31.1.2011)
[237] Vgl. dazu die Stellungnahme der DAV v. 6. Januar 2011, im Internet abrufbar unter http://anwaltverein.de/interessenvertretung/pressemitteilungen/pm-0111?PHPSESSID= a72b54a9026c430f95783d6746b67415 (Stand: 7.1.2011).

9.2.4.3 Vollzug der Sicherungsverwahrung

923 Im Vollzug der Sicherungsverwahrung finden nach § 130 StVollzG, § 98 JVollzGB III, Art. 160 BayStVollzG, § 94 HmbStVollzG, § 68 Abs. 1 HStVollzG, § 112 NJVollzG die Bestimmungen über den Vollzug der Freiheitsstrafe entsprechende Anwendung, soweit sich nicht aus den Regelungen zur Sicherungsverwahrung Besonderheiten ergeben. Da die Vollstreckung der Sicherungsverwahrung erst der Verbüßung einer Freiheitsstrafe nachfolgt und sie grundsätzlich unbegrenzt andauern kann, muss den schädlichen Folgen eines langen Freiheitsentzugs entgegengewirkt werden. § 131 StVollzG, § 99 JVollzGB III, Art. 161 BayStVollzG, § 95 HmbStVollzG, § 67 HStVollzG, § 108 NJVollzG bestimmen deshalb, dass sachliche Ausstattung sowie Förderungs- und Betreuungsmaßnahmen dem Gegensteuerungsgrundsatz entsprechend zu einer sinnvollen Lebensgestaltung verhelfen und vor schädlichen Belastungen bewahren sollen.

Der Untergebrachte darf eigene Kleidung, Wäsche und Bettzeug benutzen, wenn dem keine Sicherheitsaspekte entgegenstehen und er für Reinigung, Instandsetzung und Wechsel sorgt (§ 132 StVollzG, § 101 JVollzGB III, Art. 162 BayStVollzG, § 96 HmbStVollzG, § 68 Abs. 3 HStVollzG, § 109 NJVollzG). Während im Vollzug der Freiheitsstrafe die Gestattung einer **Selbstbeschäftigung** nach § 39 Abs. 2 StVollzG im Ermessen der Anstaltsleitung liegt, geben § 133 Abs. 1 StVollzG, § 102 Abs. 1 JVollzGB III, Art. 163 Abs. 1 BayStVollzG, § 97 Abs. 1 HmbStVollzG, § 68 Abs. 6 i.V.m. § 27 Abs. 4 HStVollzG, § 110 Abs. 1 NJVollzG dem Sicherungsverwahrten einen Anspruch[238] hierauf, wenn dies der Vermittlung von Fähigkeiten für eine Erwerbstätigkeit nach der Entlassung dient. § 133 Abs. 2 StVollzG, § 102 Abs. 3 JVollzGB III, Art. 163 Abs. 2 BayStVollzG, § 97 Abs. 2 HmbStVollzG, § 68 Abs. 8 HStVollzG, § 110 Abs. 2 NJVollzG setzen für Untergebrachte, die unverschuldet kein Arbeitsentgelt bzw. keine Ausbildungsbeihilfe erhalten und bedürftig sind, den monatlichen Mindestbetrag des Taschengelds fest. Zur Entlassungsvorbereitung kann die Vollzugsbehörde über die im Vollzug der Freiheitsstrafe geltenden Möglichkeiten hinausgehend Sonderurlaub gewähren, § 134 StVollzG, § 103 Abs. 1 S. 1 JVollzGB III, Art. 164 BayStVollzG, § 111 NJVollzG. Hamburg und Hessen sehen derartige Regelungen nicht vor.

924 § 139 StVollzG, § 4 Abs. 3 S. 1 JVollzGB III, Art. 166 Abs. 2 S. 1 BayStVollzG, § 98 Abs. 4 HmbStVollzG stellen klar, dass die Unterbringung in der Sicherungsverwahrung wie die Freiheitsstrafe **in Justizvollzugsanstalten vollzogen** wird. § 140 Abs. 1 StVollzG, § 4 Abs. 3 S. 2 JVollzGB III, Art. 166 Abs. 2 S. 2 BayStVollzG, § 99 Abs. 4 HmbStVollzG, § 70 Abs. 4 HStVollzG, § 171 Abs. 2 S. 1 NJVollzG bestimmen die **Trennung** dieser beiden Haftarten voneinander. Hiernach kommt es zur Durchführung der Unterbringung in der Sicherungsverwahrung in getrennten Anstalten oder in getrennten Abteilungen einer für den Vollzug der Freiheitsstrafe bestimmten Vollzugsanstalt. Baden-Württemberg, Bayern und Hamburg sehen ausschließlich die letztgenannte Möglichkeit vor. In Bayern lässt Art. 166 Abs. 2 S. 2 BayStVollzG sogar eine gemeinsame Unterbringung zu, sofern die geringe Zahl der Sicherungsverwahrten eine Trennung nicht

---

[238] Calliess/Müller-Dietz, 2008, § 133 Rdn. 1.

rechtfertigt. § 4 Abs. 3 S. 2 JVollzGB III, § 98 Abs. 4 HmbStVollzG erlauben eine Abweichung von dem Grundsatz, sofern der Betroffene einer anderen Unterbringung zustimmt. § 70 Abs. 5 HStVollzG sowie § 171 Abs. 2 S. 2 und 3 NJVollzG lassen ebenfalls Ausnahmen zu.

Bundesweit existieren keine noch eigenständigen Sicherungsverwahrungsanstalten. Sicherungsverwahrte sind deshalb regelmäßig in besonderen Abteilungen von Einrichtungen für den Vollzug der Freiheitsstrafe untergebracht. Nach § 140 Abs. 3 StVollzG, Art. 166 Abs. 4 BayStVollzG, § 98 Abs. 5 HmbStVollzG, § 70 Abs. 5 Nr. 3 HStVollzG, § 171 Abs. 2 S. 3 Nr. 2 NJVollzG darf dort vom Trennungsprinzip abgewichen werden, um einem Sicherungsverwahrten die Teilnahme an Behandlungsmaßnahmen in einer anderen Anstalt oder in einer anderen Abteilung zu ermöglichen. Für weibliche Sicherungsverwahrte lassen § 135 StVollzG, § 171 Abs. 2 S. 2 Nr. 1 NJVollzG eine Inhaftierung in einer für den Vollzug der Freiheitsstrafe bestimmten Frauenanstalt zu. Dann muss diese jedoch für den Vollzug auch von Sicherungsverwahrung eingerichtet sein. Baden-Württemberg, Bayern, Hamburg und Hessen treffen demgegenüber eine solche Regelung nicht ausdrücklich.

Als die größte Schwachstelle der Maßregel Sicherungsverwahrung gilt die Durchführung ihres Vollzugs in der **Praxis**.[239] Dieser unterscheidet sich nicht wesentlich von dem der Freiheitsstrafe, obwohl sich im Gegensatz zum Strafgefangenen der Sicherungsverwahrte nunmehr für zukünftig prognostizierte, aber noch nicht begangene Delikte im Freiheitsentzug befindet. Die neuen bundesrechtlichen Regelungen werden an dieser Situation substanziell nichts ändern.[240] Angezeigt ist daher eine verbesserte (insbesondere therapeutische) Ausgestaltung des Sicherungsverwahrungsvollzugs.[241]

925

Das Gebot der **getrennten Unterbringung** der Sicherungsverwahrten sollte allgemein gelten. Das Trennungsprinzip bekommt nur dann einen Sinn, wenn der Vollzug der Sicherungsverwahrung in den Justizvollzugsanstalten sich in seiner Ausgestaltung tatsächlich erkennbar von demjenigen der Freiheitsstrafe abhebt. Durch einen **privilegierten Vollzug** soll zum einen der Tatsache Rechnung getragen werden, dass der Untergebrachte seine Strafe bereits verbüßt hat und er nunmehr zum Schutz der Allgemeinheit einer schuldindifferenten Maßregel unterliegt. Zum anderen muss gerade bei der mit einer Sicherungsverwahrung verbundenen lang andauernden Inhaftierung dem vollzuglichen Gegensteuerungsprinzip gemäß für eine Vermeidung oder zumindest Verminderung schädlicher Folgen der Inhaftierung Sorge getragen werden.[242] Unter diesem Blickwinkel ist die durch § 130 StVollzG, Art. 160 BayStVollzG, § 98 JVollzGB III, § 94 HmbStVollzG, § 68 Abs. 1 HStVollzG, § 112 NJVollzG erfolgende umfassende Verweisung auf die Vorschriften über den Vollzug der Freiheitsstrafe durchaus als positiver Ansatz zu bewerten. Es stehen damit den Sicherungsverwahrten im Vollzug die gleichen Rechte zu wie den Strafgefangenen; in ihre Rechte kann nur unter den ent-

926

---

[239] Dazu Bartsch T., 2007, S. 399 ff.; Böhm, 2011, S. 16 f.; Kinzig, 1996, S. 595; Koepsel, 2006a, S. 677 ff.
[240] Vgl. Arbeitsgruppe Sicherungsverwahrung Berlin-Brandenburg, 2011, S. 5.
[241] Kern, 1997a, S. 185; Kinzig, 1996, S. 595 f.; krit. auch Weber/Reindl, 2001, S. 18.
[242] So bereits BT-Drs. 7/918, S. 89.

sprechenden Voraussetzungen und in denselben Grenzen eingegriffen werden. Die Anwendung einzelner Bestimmungen über den Freiheitsstrafenvollzug auf den Sicherungsvollzug darf nicht mit der Begründung ausgeschlossen werden, dass sie auf die Sicherungsverwahrten nicht passten oder mit dem Sicherungszweck unvereinbar seien.[243]

Vor dem Hintergrund einer Zielsetzung auf künftiges Legalverhalten in der Freiheit sowie in Anbetracht der gravierenden Vollzugsdefizite sind auch die von den Ländern Berlin und Brandenburg gemeinsam erarbeiteten „Eckpunkte für den Vollzug der Sicherungsverwahrung" zu sehen. Diese fokussieren neben der Ausgestaltung des Vollzugs der Sicherungsverwahrung gleichermaßen den Vollzug einer vorangehenden Freiheitsstrafe bei denjenigen Verurteilten, bei denen die Maßregel bereits angeordnet oder zumindest vorbehalten wurde.

927 Nach § 67d Abs. 2 S. 1 StGB bleibt eine Aussetzung der **Vollstreckung** der Sicherungsverwahrung zur Bewährung durch die Strafvollstreckungskammer möglich (Überprüfung nach § 67e StGB mindestens alle zwei Jahre). Wird die Unterbringung im Lauf der Vollstreckung im Hinblick auf die Bedeutung der Anlasstat und des Gewichts drohender Delikte unverhältnismäßig, ist die Sicherungsverwahrung für erledigt zu erklären.[244]

9.3 Sonstige in Justizvollzugsanstalten vollzogene Haftarten

928 Während Jugendstrafe und freiheitsentziehende Maßregeln der Besserung und Sicherung zum Bereich des Strafvollzugs gehören, jedoch – abgesehen von der Sicherungsverwahrung – in eigenen Institutionen zu verbüßen sind, fallen einige andere Haftarten nicht unter den Strafvollzug, werden aber in Justizvollzugsanstalten vollzogen: Untersuchungshaft, Abschiebungshaft, Ordnungs-, Sicherungs-, Zwangs- und Erzwingungshaft sowie Auslieferungshaft.

9.3.1 Untersuchungshaft

929 Das Bundes-Strafvollzugsgesetz beinhaltet mit § 177 StVollzG lediglich eine eigenständige Bestimmung zur Untersuchungshaft. Danach erhält der Untersuchungsgefangene, der freiwillig eine ihm angebotene Tätigkeit in der Anstalt ausübt, ein nach § 43 Abs. 2 bis 5 StVollzG zu bemessendes Arbeitsentgelt mit einer gegenüber § 200 StVollzG geringeren Eckvergütung.[245] Im Übrigen sind Grundla-

---

[243] AK-Feest/Köhne, 2006, § 130 Rdn. 1.
[244] OLG Celle, Recht und Psychiatrie 1994, S. 34.
[245] Zur Verfassungsmäßigkeit der unterschiedlichen Arbeitsentlohnung von Strafgefangenen und Untersuchungshäftlingen siehe BVerfG, NStZ 2004, S. 514 f.

gen des Vollzugs der Untersuchungshaft[246] in § 119 StPO sowie in der von den Landesjustizverwaltungen bundeseinheitlich vereinbarten Untersuchungshaftvollzugsordnung (UVollzO) als Verwaltungsvorschrift geregelt.

Mit dem Gesetz zur Änderung des Grundgesetzes v. 28.6.2006 (Föderalismusreformgesetz)[247] wurden auch die Aufgaben des Untersuchungshaftvollzugs den Gegenständen der konkurrierenden Gesetzgebung entnommen und der Kompetenz der Länder zugeordnet. Beim Bund verblieb lediglich das Untersuchungshaftrecht als Teil des gerichtlichen Verfahrens, einschließlich der Anordnungsvoraussetzungen, der Dauer sowie des Rechtsschutzes.[248] § 119 StPO erfuhr daher durch das Gesetz zur Änderung des Untersuchungshaftrechts v. 29.7.2009 (Untersuchungshaftrechtsänderungsgesetz) eine grundlegende Änderung in Bezug auf seinen Regelungsumfang.

Auf **Landesebene** haben bislang 14 Länder von der Kompetenz zur Regelung 930 des Untersuchungshaftvollzugs Gebrauch gemacht und detaillierte gesetzliche Grundlagen für die Durchführung des Vollzugs von Untersuchungshaft geschaffen. Dies geschah überwiegend in eigenständigen Gesetzen (Baden-Württemberg, Berlin, Brandenburg, Bremen, Hamburg, Hessen, Mecklenburg-Vorpommern, Nordrhein-Westfalen, Rheinland-Pfalz, Saarland, Sachsen, Thüringen).[249] Ledig-

---

[246] Zur Untersuchungshaft siehe Dünkel F., 1994, S. 67 ff.; Gebauer, 1987; Koop/Kappenberg, 1988; Münchhalffen/Gatzweiler, 2009; Schlothauer/Weider, 2001; Seebode, 1995.

[247] BGBl. I 2006, S. 2034; BR-Drs. 178/06; BR-Drs. 462/06.

[248] Vgl. Laubenthal/Baier/Nestler, 2010, S. 136; Nestler, 2010, S. 546 ff.; dazu auch Bittmann, 2010, S. 510 ff.; ders., 2010a, S. 13 ff.

[249] Gesetzbuch über den Justizvollzug in Baden-Württemberg (Justizvollzugsgesetzbuch – JVollzGB) v. 10. 11.2009, Buch II, GBl. S. 545 ff.; Gesetz über den Vollzug der Untersuchungshaft in Berlin (Berliner Untersuchungshaftvollzugsgesetz – UVollzG Bln) v. 3.12.2009, GVBl. 2009, S. 686 ff.; Gesetz über den Vollzug der Untersuchungshaft im Land Brandenburg (Brandenburgisches Untersuchungshaftvollzugsgesetz – BbgUVollzG) v. 8.7.2009, GVBl. I 2009, S. 271 ff.; Bremisches Gesetz über den Vollzug der Untersuchungshaft (Bremisches Untersuchungshaftvollzugsgesetz – BremUVollzG) v. 2.3.2010, Brem. GBl. 2010, S. 191 ff.; Gesetz über den Vollzug der Untersuchungshaft (Hamburgisches Untersuchungshaftvollzugsgesetz – HmbUVollzG) v. 15.12.2009, HmbGVBl. 2009, S. 473 ff.; Hessisches Untersuchungshaftvollzugsgesetz (HUVollzG) v. 28.6.2010, S. 185 ff.; Gesetz über den Vollzug der Untersuchungshaft in Mecklenburg-Vorpommern (Untersuchungshaftvollzugsgesetz Mecklenburg-Vorpommern – UVollzG M-V) v. 17.12.2009, GVOBl. M-V 2009, S. 763 ff.; Gesetz zur Regelung des Vollzuges der Untersuchungshaft in Nordrhein-Westfalen (Untersuchungshaftvollzugsgesetz Nordrhein-Westfalen – UVollzG NRW) v. 27.10.2009, GV. NRW 2009, S. 540 ff.; Landesuntersuchungshaftvollzugsgesetz Rheinland-Pfalz (LUVollzG) v. 15.9.2009, GVBl. 2009, S. 317 ff.; Gesetz über den Vollzug der Untersuchungshaft im Saarland (Untersuchungshaftvollzugsgesetz – SUVollzG) v. 1.7.2009, Amtsblatt 2009, S. 1219 ff.; Gesetz über den Vollzug der Untersuchungshaft im Freistaat Sachsen (Sächsisches Untersuchungshaftvollzugsgesetz – SächsUHaftVollzG), SächsGVBl. 2010, S. 414 ff.; Gesetz über den Vollzug der Untersuchungshaft in Sachsen-Anhalt

lich Niedersachsen normiert mit den §§ 133 bis 169 NJVollzG eine Regelung innerhalb des Justizvollzugsgesetzes.[250] In Bayern und Schleswig-Holstein wird nach wie vor nach der Untersuchungshaftvollzugsordnung verfahren.

Gemäß Nr. 1 UVollzO[251] dient Untersuchungshaft dem **Zweck**, „durch sichere Verwahrung des Beschuldigten die Durchführung eines geordneten Strafverfahrens zu gewährleisten oder der Gefahr weiterer Straftaten zu begegnen."

Die **Voraussetzungen** für die Anordnung von Untersuchungshaft[252] ergeben sich aus §§ 112 ff. StPO. Es muss ein dringender Tatverdacht bestehen und ein besonderer Haftgrund gegeben sein:
- Der Beschuldigte ist flüchtig oder hält sich verborgen (§ 112 Abs. 2 Nr. 1 StPO),
- Fluchtgefahr, d.h. die Gefahr, dass sich der Beschuldigte dem Strafverfahren und der Strafvollstreckung entziehen werde (§ 112 Abs. 2 Nr. 2 StPO),
- Verdunkelungsgefahr, weil das Verhalten des Beschuldigten den dringenden Verdacht begründet, er werde auf Beweismittel einwirken, weshalb die Gefahr einer Erschwerung der Wahrheitsermittlung droht (§ 112 Abs. 2 Nr. 3 StPO),
- die Tatschwere bei den in § 112 Abs. 3 StPO genannten Verbrechen,
- Wiederholungsgefahr, wenn der Beschuldigte eine der in § 112a StPO normierten Straftaten begangen hat und bestimmte Tatsachen die Gefahr begründen, dass er vor rechtskräftiger Aburteilung weitere erhebliche Delikte gleicher Art begehen oder die Straftat fortsetzen wird.

Haftausschließungsgrund ist gem. § 112 Abs. 1 S. 2 StPO die Unverhältnismäßigkeit einer Inhaftierung. Zur Sicherung der Hauptverhandlung im beschleunigten Verfahren kann gem. § 127b StPO auch Hauptverhandlungshaft angeordnet werden.

931 Die Untersuchungshaft wird dem **Trennungsgrundsatz** der Nr. 11 Abs. 1 UVollzO[253] gemäß in besonderen Abteilungen der Justizvollzugsanstalten vollzogen; nur vereinzelt existieren in Deutschland auch eigenständige Untersuchungshaftvollzugsanstalten. Daher erlaubt Nr. 11 Abs. 2 S. 1 UVollzO den Untersuchungsgefangenen in besonderen, separaten Abteilungen für den Vollzug der

---

(Untersuchungshaftvollzugsgesetz Sachsen-Anhalt – UVollzG LSA) v. 22.3.2010, GVBl. LSA 2010, S. 157 ff.; Thüringer Untersuchungshaftvollzugsgesetz (Thür-UVollzG), GVBl. 2009, S. 553 ff.

[250] Winzer/Hupka, 2008, S. 146 ff.
[251] § 2 Abs. 2 JVollzGB II, § 2 UVollzG Bln, § 2 BbgUVollzG, § 2 BremUVollzG, § 2 HmbUVollzG, § 1 Abs. 1 HUVollzG, § 2 UVollzG M-V, § 133 NJVollzG, § 1 Abs. 1, 3 UVollzG NRW, § 2 LUVollzG, § 2 SUVollzG, § 3 Abs. 1 SächsUHaftVollzG, § 2 UVollzG LSA, § 2 ThürUVollzG; ferner zu Nordrhein-Westfalen Piel/Püschel/Tsambikakis, ZRP 2009, S. 33 ff.
[252] Zu den Voraussetzungen der Untersuchungshaft bei Jugendlichen siehe Laubenthal/Baier/Nestler, 2010, S. 136 ff.
[253] § 4 Abs. 2 JVollzGB I, § 11 Abs. 1 UVollzG Bln, § 11 Abs. 1 BremUVollzG, § 11 Abs. 1 BbgUVollzG, § 11 Abs. 1 HmbUVollzG, § 62 Abs. 2 S. 1 HUVollzG, § 11 Abs. 1 UVollzG M-V, § 172 NJVollzG, § 3 Abs. 1 UVollzG NRW, § 11 Abs. 1 LUVollzG, § 11 Abs. 1 SUVollzG, § 11 Abs. 1 SächsUHaftVollzG, § 11 Abs. 1 UVollzG LSA, § 11 Abs. 1 ThürUVollzG.

Untersuchungshaft unterzubringen.²⁵⁴ Weitere Ausnahmen gestattet Nr. 11 Abs. 2 S. 2 UVollzO aus räumlichen Gründen; darüber hinaus kennen die Landesgesetze zusätzliche Ausnahmetatbestände, etwa die Zustimmung des Inhaftierten oder Gründe der Sicherheit und Ordnung der Anstalt.²⁵⁵

Der Untersuchungsgefangene darf sich nach Nr. 18 Abs. 3 UVollzO²⁵⁶ auf seine Kosten Bequemlichkeiten und Beschäftigungen verschaffen. **Grundrechtseinschränkungen** sind gem. § 119 Abs. 1 S. 1 u. 2 StPO nach Maßgabe des Haftzwecks zulässig.²⁵⁷ Regelungen zur Stellung des Untersuchungsgefangenen und zu den aus anderen Gründen erforderlich werdenden Beschränkungen enthalten die Landesgesetze.²⁵⁸ Diese orientieren sich an den Notwendigkeiten der Anstaltssicherheit und –ordnung.²⁵⁹

Beispiel: Gegen einen in Nordrhein-Westfalen in der Untersuchungshaft Untergebrachten ergeht die Anordnung, dass Besuche seines Bruders überwacht werden.

a) Die Anordnung wird vom Gericht getroffen und gründet sich auf den Umstand, dass der Inhaftierte mit großer Wahrscheinlichkeit versuchen wird, mit Hilfe seines Bruders Beweismittel zu vernichten und diesbezüglich Absprachen oder Handlungen anlässlich der Besuche stattfinden werden. Grundlage der Anordnung ist dann § 119 Abs. 1 S. 2 Nr. 2 StPO; sie dient zur Abwehr des Haftgrundes der Verdunkelungsgefahr, § 112 Abs. 1 Nr. 3a StPO.

b) Die Anstaltsleitung ordnet an, Besuche des Bruders zu überwachen. Es steht zu befürchten, dass der Bruder den Inhaftierten in der Justizvollzugsanstalt mit Betäubungsmitteln versorgen wird. Hier ist Grundlage der Anordnung § 19 Abs. 1

---

²⁵⁴ § 76 UVollzG Bln, § 76 Abs. 1 BbgUVollzG, § 76 Abs. 1 BremUVollzG, § 76 Abs. 1 UVollzG M-V, § 170 Abs. 2 NJVollzG, § 76 Abs. 1 SUVollzG, § 76 Abs. 1 SächsUHaftVollzG, § 76 UVollzG LSA, § 76 Abs. 1 ThürUVollzG.

²⁵⁵ § 4 Abs. 7 S. 2 JVollzGB I, § 11 Abs. 1 S. 2 UVollzG Bln, § 11 Abs. 1 S. 2 BbgUVollzG, § 11 Abs. 1 S. 2 BremUVollzG, § 11 Abs. 1 S. 3 HmbUVollzG, § 62 Abs. 2 S. 2 HUVollzG, § 11 Abs. 1 S. 2 UVollzG M-V, § 3 Abs. 2 UVollzG NRW, § 172 Abs. 2 S. 2 NJVollzG, § 11 Abs. 1 S. 2 LUVollzG, § 11 Abs. 1 S. 2 SUVollzG, § 11 Abs. 1 S. 2 SächsUHaftVollzG, § 11 Abs. 1 S. 2 UVollzG LSA, § 11 Abs. 1 S. 2 ThürUVollzG.

²⁵⁶ §§ 11 Abs. 2, 42 JVollzGB II; §§ 19, 27 UVollzG Bln; §§ 19, 27 BbgUVollzG; §§ 19, 27 BremUVollzG; §§ 19, 37 HmbUVollzG; § 22 Abs. 2 HUVollzG; §§ 19, 27 UVollzG M-V; §§ 12 Abs. 2 u. 3, 1 Abs. 2 UVollzG NRW; §§ 65 ff. NJVollzG; § 19 LUVollzG; § 20 SUVollzG; §§ 19, 27 SächsUHaftVollzG; §§ 19, 27 UVollzG LSA; §§ 19, 27 ThürUVollzG.

²⁵⁷ Vgl. dazu auch OLG Hamm, NStZ-RR 2009, S. 293 ff.

²⁵⁸ § 2 JVollzGB II, § 4 UVollzG Bln, § 4 Abs. 1 u. 2 BbgUVollzG, § 4 BremUVollzG, § 4 Abs. 1 u. 2 HmbUVollzG, § 4 HUVollzG, § 4 UVollzG M-V, § 1 Abs. 1 u. 3 UVollzG NRW, § 135 NJVollzG, § 4 LUVollzG, § 4 Abs. 1 u. 2 SUVollzG, § 3 SächsUVollzG, § 4 Abs. 1 u. 2 UVollzG LSA, § 4 ThürUVollzG.

²⁵⁹ Zu Eingriffen in den Briefverkehr: Berndt, 1996, S. 115 ff., 157 ff.; zum Anspruch auf Taschengeld SG Düsseldorf, StraFo 2008, S. 527 ff.; zur früheren Rechtslage allgemein BVerfG, NStZ 1994, S. 604 ff.; siehe auch BVerfG, StrVert 1997, S. 257 f.; zur Gestattung intimer Kontakte zwischen Ehepartnern Seebode, 1996, S. 158 ff.; vgl. ferner BVerfG, Beschl. v. 4.2.2009 – 2 BvR 455/08; Paeffgen, NStZ 2009a, S. 138.

UVollzG NRW; die Überwachung dient dazu, die Sicherheit und Ordnung der Anstalt zu gewährleisten.

Zuständig zur Anordnung der nach § 119 Abs. 1 StPO erforderlichen Maßnahmen ist der Richter (§§ 119 Abs. 1 S. 3, 126 StPO). In dringenden Fällen können auch der Staatsanwalt oder die Justizvollzugsanstalt vorläufige Maßnahmen ergreifen (z.B. den Gefangenen fesseln), die jedoch dann einer nachträglichen richterlichen Genehmigung bedürfen (§ 119 Abs. 1 S. 4, 5 StPO).

932 Maßnahmen, welche allein den Vollzug der Untersuchungshaft betreffen, ohne dass dabei ein Bezug zu den Haftgründen der §§ 112 Abs. 2, 112a StPO und dem Zweck der Untersuchungshaft besteht, trifft die Justizvollzugsanstalt.

Gegen Anordnungen im Vollzug der Untersuchungshaft kann der Untersuchungsgefangene den **Rechtsweg** beschreiten. Hierbei ist zu differenzieren:[260]
– Wird von der Anstaltsleitung eine Anordnung zur Regelung des Vollzugsablaufs ohne Bezug zu den Haftgründen erlassen, kann der Inhaftierte gem. § 119a Abs. 1 S. 1 StPO Antrag auf gerichtliche Entscheidung stellen. Nach Abs. 1 S. 2 der Norm steht es ihm ferner frei, einen Verpflichtungsantrag bei Untätigkeit der Anstalt einzureichen. Die gerichtliche Zuständigkeit folgt in diesem Fall aus § 126 Abs. 1 S. 1 StPO.
– Soweit es sich um Anordnungen handelt, die das Gericht gem. § 119 Abs. 1, Abs. 2 S. 1. StPO zur Abwehr von Flucht-, Verdunkelungs- oder Wiederholungsgefahr trifft, kann der Inhaftierte gleichfalls gem. § 119 Abs. 1 StPO eine gerichtliche Entscheidung bei dem nach § 126 Abs. 1 S. 1 StPO zuständigen Spruchkörper beantragen. Hat jedoch ein Oberlandesgericht oder der Ermittlungsrichter beim Bundesgerichtshof die fragliche Anordnung getroffen, ist das Rechtsmittel der Beschwerde statthaft (vgl. § 304 Abs. 4 S. 2 Nr. 1, Abs. 5 StPO).[261]

933 Im Bereich der Untersuchungshaft waren bereits vor dem Gesetz zur Änderung des Untersuchungshaftrechts v. 29.7.2009 Bemühungen[262] eingeleitet worden, um eine rechtsstaatlich zureichende gesetzliche Grundlage zu schaffen. Schon im Jahr 1999 legte die Bundesregierung den „Entwurf eines Gesetzes über den Vollzug der Untersuchungshaft (**Untersuchungshaftvollzugsgesetz** – UVollzG)" vor.[263] Damit sollten nicht nur als eine – späte – Konsequenz aus der Entscheidung des Bundesverfassungsgerichts[264] zur Einschränkung von Grundrechten in besonderen Gewaltverhältnissen die Freiheitsbeeinträchtigungen eine umfassende gesetzliche Grundlage finden. Ein Schwerpunkt des UVollzG lag auch darin, die in der Praxis als wenig praktikabel erachtete alleinige Zuständigkeit des Richters für die Haftgestaltung (§ 119 Abs. 6 StPO) durch eine sachgerechtere Kompetenzaufteilung zwischen Richter und Justizvollzugsanstalt zu ersetzen. Erst mehr als zehn Jahre später gelang die

---

[260] Siehe BGHSt. 29, S. 135; BVerfG, NStZ 1995, S. 254; OLG Koblenz, ZfStrVo 1996, S. 116; dazu auch Schriever, 1996, S. 356; Sowada, 1995, S. 565.
[261] BT-Drs. 16/11644, S. 31.
[262] Siehe z.B. Entwürfe von Baumann J., 1981; Döschl/Herrfahrdt/Nagel/Preusker, 1982.
[263] BR-Drs. 249/99; dazu Paeffgen/Seebode, 1999, S. 524 ff.
[264] BVerfGE 33, S. 1 ff.

Realisierung dieser Bestrebungen im Anschluss an die vorangegangene Änderung des Grundgesetzes im Zuge der Föderalismusreform.[265]

9.3.2 Zwischenhaft

Wird ein in Untersuchungshaft befindlicher Inhaftierter rechtskräftig zu einer Freiheitsstrafe verurteilt und die Haft bis zur **Einleitung der Strafvollstreckung** durch die Staatsanwaltschaft fortgesetzt, befindet er sich in dieser Zeitspanne in Zwischenhaft.[266] Die Untersuchungshaft geht mit Rechtskraft des verurteilenden Erkenntnisses nicht ohne Weiteres in Strafhaft über mit der Konsequenz, dass der Verurteilte bereits i.S.d. § 462a Abs. 1 S. 1 StPO in der betreffenden Justizvollzugsanstalt zum Strafvollzug aufgenommen ist, in welcher er sich zur fraglichen Zeit befindet.[267] 934

Es findet keine automatische Umwandlung der Untersuchungs- in Strafhaft statt. Denn Letztere setzt die Einleitung der Strafvollstreckung mittels eines nach außen hin zu dokumentierenden Willensakts voraus.[268] Strafhaft erfordert das Vorliegen eines vollstreckbaren Strafurteils. Ein solches verlangt die Vollstreckbarkeitsbescheinigung des Urkundsbeamten auf einer Urteilsabschrift.[269] Bis diese erteilt ist, befindet sich der Betroffene in Zwischenhaft.[270] Nr. 91 Abs. 1 Nr. 1 UVollzO gibt vor, dass der inhaftierte Verurteilte während dieser Zeitspanne „als Gefangener zu behandeln" ist, „soweit sich dies schon vor der Aufnahme in den Strafvollzug durchführen lässt".[271]

9.3.3 Zivilhaft

Als Formen der Zivilhaft[272] werden Ordnungs-, Sicherungs-, Zwangs- und Erzwingungshaft in Justizvollzugsanstalten vollzogen. 935

Ordnungshaft wird festgesetzt bei Zuwiderhandlungen, die weder Straftaten noch Ordnungswidrigkeiten sind (z.B. gem. § 51 Abs. 1 S. 2 StPO oder § 70 Abs. 1 S. 2 StPO – nach Art. 6 Abs. 2 EGStGB bis zu sechs Wochen – bei Aus-

---

[265] Siehe oben Kap. 2.5.3.
[266] Dazu Laubenthal/Nestler, 2010, S. 65 f.; Neumann U., 2007, S. 601 ff.; Paeffgen, 2008, S. 36 ff.; Seebode, 1985, S. 97 ff.
[267] A.A. BGHSt. 38, S. 63; OLG Düsseldorf, StrVert 1999, S. 607; OLG Dresden, NStZ-RR 1998, S. 382; OLG Hamm, StrVert 2002, S. 209; Meyer-Goßner, 2010, § 120 Rdn. 15.
[268] Laubenthal/Nestler, 2010, S. 65 f.; Linke, 2001, S. 363; Schlothauer/Weider, 2001, S. 390.
[269] Zur Strafvollstreckung oben Kap. 1.1.
[270] Krit. hierzu Ostermann, 1993, S. 52; Seebode, 1988, S. 119 ff.
[271] Zustimmend Böhm/Jehle, in: Schwind/Böhm/Jehle/Laubenthal, 2009, § 1 Rdn. 2.
[272] Dazu AK-Kellermann/Köhne, 2006, § 171 Rdn. 7 ff.; Calliess/Müller-Dietz, 2008, § 171 Rdn. 1; Böhm/Jehle, in: Schwind/Böhm/Jehle/Laubenthal, 2009, § 175 Rdn. 2; Winter, 1987.

bleiben eines ordnungsgemäß geladenen Zeugen bzw. unberechtigter Zeugnis- oder Eidesverweigerung; gem. § 178 Abs. 1 GVG bis zu einer Woche bei Ungebühr vor Gericht).

936 Unter **Sicherungshaft** fallen der persönliche Sicherheitsarrest gem. §§ 918, 933 ZPO zur Sicherung einer Zwangsvollstreckung in das Schuldnervermögen (bis zu sechs Monaten, § 913 S. 1 ZPO) oder einer Vollstreckung in das Vermögen eines Steuerpflichtigen (§ 326 Abs. 1 S. 1 AO), Haft zur Sicherung der Auskunfts- und Mitwirkungspflichten des Schuldners sowie der Insolvenzmasse nach § 98 Abs. 2 Nr. 2, 3 InsO.

937 **Zwangs- und Erzwingungshaft** dienen der Bewirkung eines vom Gesetz befohlenen Verhaltens (z.B. gem. § 70 Abs. 2 StPO bis sechs Monate zur Erzwingung einer Zeugenaussage oder gem. § 901 ZPO zur Erzwingung der Abgabe der eidesstattlichen Versicherung ebenfalls für maximal sechs Monate, § 913 S. 1 ZPO). Weitere praxisrelevante Anwendungsfälle bilden die Erzwingungshaft gegen säumige Schuldner von Geldbußen für eine Höchstdauer von sechs Wochen bzw. drei Monaten bei mehreren in einer Entscheidung festgesetzten Geldbußen gem. § 96 Abs. 1, 3 S. 1 OWiG sowie die Ersatzzwangshaft im Steuerrecht bei uneinbringlichem Zwangsgeld (höchstens zwei Wochen, § 334 Abs. 1, 3 S. 1 AO).[273] Auch die Haft als Reaktion auf die Nichterfüllung von Auskunfts- und Mitwirkungspflichten des Schuldners im Insolvenzverfahren gehört hierher (§ 98 Abs. 2 Nr. 1 InsO) ebenso wie die Erzwingungshaft bei grundloser Zeugnisverweigerung vor einem Untersuchungsausschuss des Deutschen Bundestags nach § 27 Abs. 2 PUAG.

938 Nach § 171 StVollzG gelten für den **Vollzug** der Zivilhaft grundsätzlich die Vorschriften der §§ 3 bis 49, 51 bis 121 sowie §§ 179 bis 187 StVollzG entsprechend, soweit dem nicht Eigenart und Zweck der jeweiligen Haftart entgegenstehen. Gemäß Art. 208 BayStVollzG, § 130 Nr. 6 HmbStVollzG sind die §§ 171 bis 175 StVollzG nicht durch landesrechtliche Bestimmungen ersetzt worden, so dass insoweit die Regelungen des StVollzG fortgelten. Dies gilt auch in Baden-Württemberg, Hessen und Niedersachsen, wo § 1 Abs. 1 JVollzGB I, § 1 HStVollzG und § 1 NJVollzG die Zivilhaft nicht umfassen.

Die **Vorbehaltsklausel** des § 171 StVollzG dient dem Zweck, vom Vollzug der Zivilhaft spezifisch (re-)sozialisierungsbezogene Regelungen des StVollzG fern zu halten; zugleich räumt sie im Hinblick auf die Stellung des Gefangenen in der Justizvollzugsanstalt die Möglichkeit ein, die Unterschiede der einzelnen Haftarten untereinander zu berücksichtigen.[274] Erlaubt wird dadurch, einzelne Vorschriften des StVollzG nicht zur Anwendung zu bringen. Nicht eingeräumt ist durch die Klausel allerdings die Möglichkeit, an die Stelle einer der Zivilhaft nicht gerecht werdenden Regelung eine andere mit neuem Regelungsgehalt zu setzen, welche sich weder aus den speziellen Normen der §§ 172 ff. StVollzG noch aus den entsprechend anwendbaren §§ 3 bis 49, 51 bis 121 bzw. 179 bis 187 StVollzG ergibt (z.B. bei Beugehaft nach § 70 Abs. 2 StPO die gem. § 171 i.V.m. §§ 28 Abs. 2, 29, 31 Abs. 1 StVollzG im Zuständigkeitsbereich des Anstaltsleiters liegende

---

[273] Dazu Fürmann, DRiZ 2009, S. 365 ff.
[274] BT-Drs. 7/918, S. 99 f.

Überwachung des Schriftwechsels in Anlehnung an die Regelungen in den Landesgesetzen zum Vollzug der Untersuchungshaft etwa in die Zuständigkeit des Ermittlungsrichters zu legen).[275]

Besondere Ausnahmen regelt das Gesetz in §§ 172 bis 175 StVollzG für die gemeinsame Unterbringung (nur mit Einwilligung des Betroffenen), die Benutzung eigener Bekleidung und Wäsche, den Einkauf und die Ausnahme von der Arbeitspflicht. Nach § 178 Abs. 3 StVollzG bleibt ein Schusswaffengebrauch zur Vereitelung einer Flucht oder zur Wiederergreifung bei Zivilhaft als alleinigem Inhaftierungsgrund ausgeschlossen. **939**

9.3.4 Abschiebungshaft

Ein Ausländer kann nach § 62 Abs. 1 AufenthG zur Vorbereitung seiner Ausweisung nach §§ 53 ff. AufenthG oder zur Sicherung seiner Abschiebung gem. § 62 Abs. 2 AufenthG in Haft genommen werden.[276] Dies ist nur zulässig, wenn noch über die tatsächlichen Voraussetzungen einer Ausweisung oder die ihr entgegenstehenden Gründe ermittelt werden muss und die in Vorbereitung befindliche Ausweisung und die damit verbundene Abschiebung ohne die Inhaftierung wesentlich vereitelt oder erschwert würde. Dabei beträgt die Obergrenze der **Vorbereitungshaft** regelmäßig sechs Wochen. Eine Verlängerung kommt nur in Ausnahmefällen in Betracht. Da eine Freiheitsentziehung zur Vorbereitung einer Abschiebung nach Art. 5 Abs. 1f) EMRK nur so lange gerechtfertigt ist, wie das Verfahren voranschreitet, muss dieses auch zügig durchgeführt werden.[277] **940**

Die **Sicherungshaft** darf bis zu sechs Monaten Dauer angeordnet und in Fällen, in denen der Betroffene seine Abschiebung verhindert, um höchstens zwölf Monate verlängert werden (§ 62 Abs. 3 AufenthG). Sicherungshaft ist zulässig, wenn **941**
– der Nichtdeutsche aufgrund seiner Ausweisung oder seines sonst unrechtmäßigen Aufenthalts unanfechtbar und vollziehbar ausreisepflichtig ist,
– die Voraussetzungen für eine Abschiebung gem. § 58a AufenthG vorliegen, weil eine freiwillige Ausreise nicht gesichert oder eine Überwachung notwendig erscheint,
– die Durchführung der Abschiebung innerhalb der kommenden drei Monate erfolgen kann,
– einer der in § 62 Abs. 2 S. 1 Nr. 1 bis 5 AufenthG normierten Haftgründe vorliegt, welche in der Regel den Verdacht der Vereitelung der Abschiebung begründen und
– die Abschiebungshaft als Mittel zur Sicherung der Abschiebung erforderlich ist.[278]

---

[275] Dazu BVerfG, NJW 2000, S. 273 f.
[276] Vgl. dazu Kühn, 2009, S. 126 ff.; Marschner u.a., 2010, S. 387 ff.; Marx, 2007, S. 259 ff.
[277] EGMR, NVwZ 1997, S. 1093; siehe auch Piorreck, 1995, S. 190.
[278] BVerfG, InfAuslR 1994, S. 342.

942 Über die Freiheitsentziehung entscheidet nach §§ 416 S. 1, 417 Abs. 1 FamFG das Amtsgericht auf Antrag der Ausländerbehörde. Zu vollstrecken ist die Haft jedoch nicht durch die Justiz, sondern von der Antrag stellenden Behörde. Wird die Abschiebungshaft dann im Wege der **Amtshilfe** in einer **Justizvollzugsanstalt** vollzogen, gelten gem. § 422 Abs. 4 FamFG die Vorschriften über den Vollzug von Ordnungs-, Sicherungs-, Zwangs- und Erzwingungshaft (§§ 171, 173 bis 175, 178 Abs. 3 StVollzG) entsprechend. Diese gelten auch in Bayern (Art. 208 BayStVollzG), Hamburg (§ 130 Nr. 6 HmbStVollzG), Hessen (§ 1 HStVollzG) und Niedersachsen (§ 1 NJVollzG) fort. Es sind damit beim Vollzug der Abschiebungshaft in Justizvollzugsanstalten die Normen des StVollzG über den Vollzug der Freiheitsstrafe anwendbar, soweit nicht Eigenart und Zweck der Abschiebungshaft entgegenstehen oder §§ 171 bis 175 StVollzG etwas anderes bestimmen. Damit ist auch für Einwendungen gegen Maßnahmen des Vollzugs der Abschiebungshaft in Justizvollzugsanstalten der Rechtsweg nach §§ 109 ff. StVollzG zu den Strafvollstreckungskammern der Landgerichte gegeben.

943 Die **Praxis**[279] des Abschiebungshaftvollzugs in den Justizvollzugsanstalten sieht sich Kritik ausgesetzt.[280] Denn während nur wenige Bundesländer über eigene Abschiebehafteinrichtungen verfügen, befinden sich die Abschiebehäftlinge zumeist zusammen mit Strafgefangenen in einer Institution. Dabei mangelt es teilweise an einer Beachtung des vollzuglichen Trennungsprinzips. Die Abschiebungshaft – die keine Sanktion für ein Fehlverhalten darstellt – in Gemeinschaft mit strafrechtlich Verurteilten führt zu einer unnötigen Kriminalisierung der Betroffenen.[281] Räumliche Enge, Hygieneprobleme, Verständnisschwierigkeiten, fehlende Arbeitsmöglichkeiten sowie Diskriminierungen und Übergriffe seitens deutscher Insassen und Vollzugsbediensteter[282] bringen psychische Belastungen mit sich, die zu Suiziden und Suizidversuchen führen.[283]

944 Wird die Abschiebungshaft außerhalb des Justizvollzugs in besonderen **Einrichtungen der Innenverwaltung** vollzogen[284], bleiben über den Freiheitsentzug hinausgehende Grundrechtseingriffe unzulässig, soweit die einzelnen Bundesländer den Vollzug nicht gesondert geregelt haben. Bislang auf landesrechtlicher Ebene verabschiedete Abschiebungshaftvollzugsgesetze[285] erklären – mit Ausnahme des gerichtlichen Rechtswegs – die Vorschriften des Strafvollzugsgesetzes über den Vollzug der Freiheitsstrafe für entsprechend anwendbar.[286] Für Einwen-

---

[279] Dazu Heinold, 2004, S. 20 ff.; Holz, 2007.
[280] Siehe z.B. Deutscher Caritasverband, 1994, S. 13 ff.; Gierlichs/Uhe, 2007, S. 239 ff.; Graebsch, 2008, S. 32 ff.; Graunke, 2001, S. 70 ff.; Hagenmaier, 2000, S. 10 ff.; ders., 2003, S. 82 ff.; Horstkotte, 1999, S. 31 ff.
[281] van Kalmthout, 1999, S. 30.
[282] Deutscher Caritasverband, 1994, S. 14.
[283] van Kalmthout, 1999, S. 30.
[284] So in Berlin, Brandenburg, Bremen, Niedersachsen, Nordrhein-Westfalen, Rheinland-Pfalz, Schleswig-Holstein.
[285] Z.B. in Berlin, Brandenburg, Bremen, Rheinland-Pfalz.
[286] Vgl. dazu Schuler/Laubenthal, in: Schwind/Böhm/Jehle/Laubenthal, 2009, § 109 Rdn. 2.

dungen gegen vollzugliche Maßnahmen ist der Rechtsweg zu den Verwaltungsgerichten eröffnet.[287]

9.3.5 Auslieferungshaft

Kommt es im Fall des Auslieferungsbegehrens eines anderen Staates bei Vorliegen der Voraussetzungen der §§ 24, 25 IRG zu einer auslieferungsrechtlichen Freiheitsentziehung, dann richtet sich deren Vollzug nach § 27 IRG. Die Vorschriften der Strafprozessordnung gelten entsprechend. Die Gestaltung der Auslieferungshaft bestimmt sich somit nach § 119 StPO und der UVollzO. 945

Eine auslieferungsrechtliche Freiheitsentziehung i.S.d. § 15 IRG, die **eigentliche Auslieferungshaft**, ist möglich, wenn ein Auslieferungsbegehren eines anderen Staates gemäß den Voraussetzungen der §§ 2 ff. IRG vorliegt.[288]

Nach Eingang eines Auslieferungsersuchens darf gem. § 15 Abs. 1 IRG Auslieferungshaft gegen den Verfolgten angeordnet werden, wenn
- die Gefahr besteht, dass er sich dem Auslieferungsverfahren oder der Durchführung der Auslieferung entziehen wird, oder
- aufgrund bestimmter Tatsachen der dringende Verdacht begründet ist, dass der Verfolgte die Ermittlung der Wahrheit in dem ausländischen Verfahren oder im Auslieferungsverfahren erschwert.

Demgegenüber kann es nach § 16 IRG unter den Voraussetzungen des § 15 IRG schon vor dem Eingang des Auslieferungsersuchens zur Anordnung von **vorläufiger Auslieferungshaft** kommen, wenn
- eine zuständige Stelle des ersuchenden Staates darum ersucht oder
- ein Ausländer einer Tat, die zu seiner Auslieferung Anlass geben kann, aufgrund bestimmter Tatsachen dringend verdächtig ist.

Während Haftbefehl und Haftvollzug (§ 17 IRG) in beiden Fällen identisch sind, besteht der zur eigentlichen Auslieferungshaft grundlegende Unterschied darin, dass die Auslieferungsunterlagen (noch) nicht vorliegen. Es wird über die vorläufige Auslieferungshaft demzufolge auf dem Boden einer wesentlich schmäleren Tatsachengrundlage entschieden.

Die Auslieferungshaft ist als Maßnahme der internationalen Rechts- und Amtshilfe Teil der gegen den Verfolgten durchgeführten Strafverfolgung insgesamt. Sie stellt keine besondere Form der Untersuchungshaft dar, sondern eine im Interesse des ausländischen Staates vorgenommene Rechtshilfemaßnahme eigener Art.[289] Rechtshilfemaßnahmen sind Hoheitsakte des ersuchten Staates auf seinem Hoheitsgebiet, so dass sich das Verhältnis zwischen ersuchtem Staat und betroffenem Individuum nach der innerstaatlichen Verfassung und den innerstaatlichen Gesetzen bestimmt.[290] 946

---

[287] LG Berlin, InfAuslR 1999, S. 242.
[288] Dazu Lagodny, in: Schomburg/Lagodny/Gleß/Hackner, 2006, S. 36 ff.
[289] BGHSt. 2, S. 48; BVerfGE 61, S. 34.
[290] Grützner/Pötz/Vogel, 2001, vor § 1 Rdn. 30.

947 Da nahezu jede Leistung von Rechtshilfe die Grundrechte des Verfolgten tangiert, bedürfen die Maßnahmen des ersuchten Staates einer Legitimation durch entsprechende Ermächtigungsgrundlagen. Diese können sich aus dem IRG oder in innerstaatliches Recht transformierten völkerrechtlichen Verträgen ergeben. Der Umstand, dass die Strafverfolgung außerhalb der Grenzen der Bundesrepublik initiiert wird, soll die Grundrechtspositionen des Betroffenen nicht schmälern.[291] Neben den einfachgesetzlichen, innerstaatlichen Bestimmungen finden deshalb zugunsten des Verfolgten außerdem die grundgesetzlichen und grundrechtlichen Garantien Anwendung, so insbesondere der Richtervorbehalt bei freiheitsentziehenden Maßnahmen (Art. 104 Abs. 1, 2 GG). Eine innerstaatliche Eingriffsermächtigung i.S.v. Art. 104 GG für auslieferungsrechtliche Freiheitsentziehungen stellen die Vorschriften der §§ 15, 16 IRG bereit. Diese geben dem ersuchenden Staat ein Instrument an die Hand, um durch den unmittelbaren Zugriff auf den Betroffenen ein Strafverfahren vorzubereiten und zu sichern. Gleichzeitig ermöglichen sie dem ersuchten Staat unter anderem die Feststellung, ob die beantragte Auslieferung zulässig ist[292] und damit ggf. die Erfüllung einer bestehenden Auslieferungspflicht.

948 Für den **Vollzug** sowohl der vorläufigen als auch der eigentlichen Auslieferungshaft gelten nach § 27 Abs. 1 IRG die Vorschriften der StPO bzw. des JGG über den Vollzug der Untersuchungshaft entsprechend. Maßgebend für die Gestaltung der Auslieferungshaft sind somit die Vorschriften des § 119 StPO sowie der UVollzO.

Vollstreckungsbehörde ist nach § 27 Abs. 2 IRG die Staatsanwaltschaft bei dem gem. § 13 Abs. 1 S. 1 IRG zuständigen Oberlandesgericht. Will ein in Auslieferungshaft befindlicher Gefangener gegen vollzugliche Maßnahmen vorgehen, so kann er den Vorsitzenden des für ihn zuständigen Strafsenats des Oberlandesgerichts anrufen (§ 27 Abs. 3 IRG). Dessen Entscheidungen sind nach § 13 Abs. 1 S. 2 IRG unanfechtbar.

---

[291] Schomburg/Hackner, in: Schomburg/Lagodny/Gleß/Hackner, 2006, vor § 15 Rdn. 6.
[292] BGHSt. 27, S. 266, 271.

10 Datenschutz

Im Fünften Titel des Fünften Abschnitts des Strafvollzugsgesetzes findet sich der 949
Kernbereich des vollzuglichen Datenschutzes geregelt. Auch die Landesstrafvollzugsgesetze sehen entsprechende Regelungen vor (§§ 27 bis 45 JVollzGB I, Art. 196 bis 205 BayStVollzG, §§ 118 bis 128 HmbStVollzG, §§ 58 bis 65 HStVollzG, §§ 190 bis 200 NJVollzG).

In Baden-Württemberg galt bis zum 31.12.2009 ein eigenes Gesetz über den Datenschutz im Justizvollzug (JVollzDSG).[1] Mit Erlass des Justizvollzugsgesetzbuchs wurden die notwendigen Regelungen dort integriert.

10.1 Informationelles Abwehrrecht

Konzeptionell besteht die Grundidee des Datenschutzes darin, die wegen des Einsatzes moderner Technologien fortschreitende Intensivierung staatlicher Herrschaftsmacht durch eine Stärkung der Bürgerrechte normativ ins Lot zu bringen.[2] 950
Mit anderen Worten: Den verbesserten und erweiterten Möglichkeiten des Staates, Informationen aller Art über den Bürger zu erlangen, speichern und auszuwerten, werden im Wege des Datenschutzes stärkere Rechte der Betroffenen gegenübergestellt. Für den Bereich des Strafvollzugs wurde mit dem 4. Strafvollzugsänderungsgesetz vom 26. August 1998[3] eine bereichsspezifische gesetzliche Grundlage für die Erhebung, Verarbeitung und Nutzung personenbezogener Daten geschaffen. Der Gesetzgeber entsprach damit auch für den Bereich des Justizvollzugs den Forderungen, die das Bundesverfassungsgericht im sog. Volkszählungsurteil[4] aufgestellt hat. Die tragende Feststellung der verfassungsgerichtlichen Entscheidung bestand darin, dass unter den Bedingungen der modernen Datenverarbeitung der Schutz des Individuums gegen unbegrenzte Erhebung, Verwaltung, Speicherung oder Weitergabe seiner persönlichen Daten vom allgemeinen Persönlichkeitsrecht der Art. 2 Abs. 1, 1 Abs. 1 GG umfasst ist. Dieses **Grundrecht auf Datenschutz** bzw. das **Recht auf informationelle Selbstbestimmung** gewährleistet die Befugnis des Einzelnen, prinzipiell selbst über die Preisgabe und Ver-

---

[1] Vom 3.7.2007, GBl. 2007, S. 320.
[2] Zum Grundgedanken des Datenschutzes: Hassemer, 1998, S. 73; Tinnefeld/Ehmann/Gerling, 2005, S. 138 ff.
[3] BGBl. I 1998, S. 2461 ff.
[4] BVerfGE 65, S. 1 ff.

wendung seiner persönlichen Daten zu bestimmen. Der Betroffene muss in der Lage sein, zu erkennen, wer was wann und woher über ihn weiß.[5]

Gerade bei den im Strafvollzug verarbeiteten Daten handelt es sich typischerweise um solche von hoher Sensibilität. Es werden hier straf- und sicherheitsrechtliche Daten nicht nur äußerer, sondern auch innerer, intimer Art erfasst.

951 Geregelt wurde der **Kernbereich des vollzuglichen Datenschutzes** – neben Änderungen und Ergänzungen bereits rudimentär vorhandener Befugnisse – in den Vorschriften der §§ 179 bis 187 StVollzG bzw. den korrespondierenden Vorschriften der vorhandenen Landesgesetze. Diese entsprechen einer auf die Bedürfnisse des Strafvollzugs zugeschnittenen Variante des Bundesdatenschutzgesetzes (BDSG)[6] und realisieren die Idee eines informationellen Abwehrrechts des sich im Freiheitsentzug befindenden Bürgers gegenüber dem Staat. Unverkennbar legen allerdings vor allem neuere Regelungen den Schwerpunkt auf die Schaffung vollzuglicher Eingriffsbefugnisse.

Normiert sind insbesondere:
– Ermächtigungsgrundlagen zur Erhebung, Verarbeitung und Nutzung personenbezogener Daten, §§ 179, 180 StVollzG, §§ 29, 31 bis 39, 41 bis 44, 51 bis 54 JVollzGB I, Art. 196 bis 198 BayStVollzG, §§ 118 bis 121 HmbStVollzG, §§ 58, 59 HStVollzG, § 9 Abs. 2, 190 bis 193 NJVollzG;
– Zweckbindung und Schutzvorschriften für den Umgang mit besonderen Daten und deren Speicherung in Akten und Dateien, §§ 181 bis 183 StVollzG, §§ 45 bis 47 JVollzGB I, Art. 199 bis 201 BayStVollzG, §§ 122 bis 124 HmbStVollzG, §§ 60, 61 HStVollzG, §§ 194 bis 196 NJVollzG;
– Anspruch des Inhaftierten auf Berichtigung, Löschung und Sperrung, § 184 StVollzG, § 48 JVollzGB I, Art. 202 BayStVollzG, § 125 HmbStVollzG, § 65 HStVollzG, § 197 NJVollzG;
– Auskunfts- und Akteneinsichtsansprüche des Betroffenen sowie für wissenschaftliche Zwecke, §§ 185, 186 StVollzG, §§ 40, 49 JVollzGB I, Art. 203, 204 BayStVollzG, §§ 126, 127 HmbStVollzG, § 64 HStVollzG, §§ 198, 199 NJVollzG,
– Verweisung auf anwendbare Vorschriften des BDSG bzw. der Landesdatenschutzgesetze, § 187 StVollzG, § 55 JVollzGB I, Art. 205 BayStVollzG, § 128 HmbStVollzG, § 58 Abs. 1 S. 2 HStVollzG, § 200 NJVollzG.

10.2 Anwendbarkeit

952 Die datenschutzrechtlichen Vorschriften der §§ 179 bis 187 StVollzG finden nicht nur für die Vollziehung von Freiheitsstrafen Anwendung, sondern auch für die Sicherungsverwahrung (§ 130 StVollzG[7]), den in der Justizvollzugsanstalt statt-

---

[5] BVerfGE 65, S. 42 f.
[6] So Rixen, 2000, S. 640.
[7] § 27 Abs. 2 S. 1 JVollzGB I, Art. 160 BayStVollzG, § 94 HmbStVollzG, § 68 Abs. 1 HStVollzG, § 112 NJVollzG.

findenden Strafarrest (§ 167 StVollzG[8]) und den Vollzug einer gerichtlich angeordneten Ordnungs-, Sicherungs-, Zwangs- und Erzwingungshaft (§ 171 StVollzG[9]). Gemäß § 422 Abs. 4 FamFG i.V.m. § 171 StVollzG sind sie zudem für die in Justizvollzugsanstalten vollzogene Abschiebungshaft einschlägig. Die Regelungen der §§ 179 bis 187 StVollzG (bzw. die entsprechenden Vorschriften der Landesgesetze) normieren den Bereich des Umgangs mit personenbezogenen Daten abschließend nur im Anwendungsbereich des jeweiligen Strafvollzugsgesetzes.[10] Außerhalb dieses Gesetzes bestehende Rechtsgrundlagen für Eingriffe in das Recht auf informationelle Selbstbestimmung bleiben unberührt. Gleiches gilt für die landesrechtlichen Bestimmungen über den Datenschutz. Sie finden Anwendung, soweit der Landesgesetzgeber die Freiheitsentziehung in Einrichtungen des Justizvollzugs geregelt hat.

Sachlich betrifft die Regelung den **Umgang mit personenbezogenen Daten** und umfasst deren Erhebung, Verarbeitung oder Nutzung. **Personenbezogen** sind Daten nach der Definition des § 187 S. 1 StVollzG i.V.m. § 3 Abs. 1 BDSG[11], wenn sie Einzelangaben über persönliche oder sachliche Verhältnisse einer bestimmten oder bestimmbaren natürlichen Person (Betroffener) enthalten. Der Begriff der personenbezogenen Daten versteht sich außerordentlich weit und umfasst alle Informationen über die Bezugsperson, gleich, ob diese äußerliche, körperliche Merkmale, innere, geistige Zustände, Sachangaben oder Werturteile enthalten. Beispiele hierfür sind:

– Name,
– Alter,
– Familienstand,
– Kfz-Nummern,
– Versicherungsnummern,
– Vorstrafen, gesundheitliche Verhältnisse,
– Krankenunterlagen,
– genetische Daten, Pass- oder Röntgenbilder,
– Kreditkarteninformationen usw.

Datenschutzrechtliche Vorschriften werden bei den im Strafvollzug verarbeiteten Daten daher regelmäßig anwendbar sein.

---

[8] § 108 JVollzGB III, Art. 190 BayStVollzG.
[9] § 113 JVollzGB III.
[10] Schmid, in: Schwind/Böhm/Jehle/Laubenthal, 2009, vor § 179 Rdn. 6.
[11] § 28 Abs. 1 JVollzGB I i.V.m. § 3 LDSG (B-W), Art. 205 BayStVollzG i.V.m. Art. 4 Abs. 1 BayDSG, § 128 HmbStVollzG i.V.m. § 4 Abs. 1 HmbDSG, § 58 Abs. 1 S. 2 HStVollzG i.V.m. § 2 HDSG, § 200 Abs. 2 i.V.m. § 3 Abs. 1 NDSG.

Übersicht: Umgang mit Daten[12]

953

```
                    ┌─────────────────┐
                    │ Umgang mit Daten│
                    └────────┬────────┘
                   ┌─────────┴─────────┐
          ┌────────┴──────┐    ┌───────┴───────┐
          │    Erheben    │    │   Verwenden   │
          └───────────────┘    └───────┬───────┘
```

Erheben: zielgerichtetes Beschaffen von Daten durch aktives Handeln

Verarbeiten (5 Phasen) — **Nutzen**

Nutzen: Auffangtatbestand, z.B. auch Veröffentlichung

Verarbeiten gliedert sich in: Speichern, Verändern, Übermitteln, Sperren, Löschen

Speichern
- Erfassen: schriftlich fixieren
- Aufnehmen: Fixieren von Daten mit Aufnahmetechnik
- Aufbewahren von anderweitig fixierten Daten

Verändern
- jede inhaltliche Umgestaltung

Übermitteln
- Weitergabe an einen Dritten

Sperren
- Kennzeichnung, um eine weitere Verarbeitung oder Nutzung zu beschränken, z.B. durch Vermerk

Löschen
- jede Form der Unkenntlichmachung, die zur Unlesbarkeit führt

---

[12] Die Übersicht orientiert sich am BDSG. Teilweise gelten in den Ländern Abweichungen. So sind nach § 3 Abs. 2 S. 1 LDSG-BW, § 4 Abs. 2 S. 1 HmbDSG, § 3 Abs. 2 S. 1 NDSG das Erheben und Nutzen von Daten Unterfälle des Verarbeitens; § 2 HDSG behandelt Erheben als Unterfall des Verarbeitens, nicht aber des Nutzens; zudem kennt das HDSG den Begriff des Veränderns nicht.

10.3 Systematisierung

Der Gefangene muss nach Maßgabe des sog. Volkszählungsurteils[13] Einschränkungen seines Rechts auf informationelle Selbstbestimmung nur im überwiegenden Allgemeininteresse und aufgrund einer gesetzlichen Grundlage hinnehmen, die im Einzelnen sowohl die Voraussetzungen als auch den Umfang des Eingriffs regelt. Der Umgang mit personenbezogenen Daten unterliegt demzufolge einem strikten **Verbot mit Erlaubnisvorbehalt**[14], welcher sich – außer aus der Einwilligung des Betroffenen, § 187 S. 1 StVollzG i.V.m. § 4a Abs. 1 und 2 BDSG[15] – nur aus einer verfassungsgemäßen Rechtsnorm ergeben kann. Die Gesetzgeber haben deshalb in den §§ 179 ff. StVollzG bzw. den entsprechenden Normen des Landesrechts mit einer Fülle von verschiedenartig kombinierbaren Kriterien, „Schachtel"-Tatbeständen und Querverweisen eine nicht leicht zu durchdringende Vielzahl von Eingriffsmöglichkeiten in das Recht auf informationelle Selbstbestimmung geschaffen.[16] Gemeinsam sind den datenschutzrechtlichen Vorschriften aber gewisse wiederkehrende Tatbestandsmerkmale, die jeweils auf den Einzelfall bezogen überprüft werden müssen.

954

Die Eingriffsnormen regeln zunächst die **Modalitäten des Umgangs** mit Daten, wobei zwischen ihrer Erhebung, §§ 179, 27 Abs. 1, 29 Abs. 3, 32, 86 Abs. 1, 86a Abs. 1 StVollzG[17] und ihrer Verarbeitung sowie Nutzung, §§ 180, 86 Abs. 2 S. 3, 86a Abs. 2, 87 Abs. 2 StVollzG[18], differenziert wird.

955

Um der jeweils verschieden hohen Intensität des Eingriffs in das Recht auf informationelle Selbstbestimmung Rechnung tragen zu können, unterscheiden die Regelungen zwischen **offener und verdeckter Erhebung** von Daten. Die verdeckte Erhebung stellt den Ausnahmefall dar. Von ihr hat der Betroffene weder Kenntnis, noch hat er seine Zustimmung zu ihr erteilt. Sie ist lediglich vorgesehen in § 179 Abs. 2 S. 2 und Abs. 4 StVollzG.[19] Vorrang hat nach diesen Bestimmungen aber die Direkterhebung. Dieser **Grundsatz der Primärerhebung beim Be-**

956

---

[13] BVerfGE 65, S. 1 ff.
[14] Calliess/Müller-Dietz, 2008, § 179 Rdn. 2.
[15] § 30 JVollzGB I, Art. 205 BayStVollzG i.V.m. Art. 15 Abs. 2 bis 4 BayDSG, § 128 HmbStVollzG i.V.m. § 5 Abs. 1 Nr. 2, Abs. 2 HmbDSG, § 58 Abs. 1 S. 1 und S. 2 HStVollzG i.V.m. § 7 Abs. 2 HDSG, § 200 NJVollzG i.V.m. § 4 Abs. 2 und 3 NDSG.
[16] Bäumler, 1998, S. 3; Kutscha, 1999, S. 156 ff.; krit. Kamann, 2000, S. 87.
[17] §§ 31 bis 33 JVollzGB I; Art. 30 Abs. 1 und 2, 32 Abs. 1, 35 Abs. 1, 93 Abs. 1, 94, 196 BayStVollzG; §§ 27, 30 Abs. 1, 31 Abs. 1, 71 Abs. 1, 118, 119 HmbStVollzG; §§ 58, 59, 34 Abs. 4, 35 Abs. 2 HStVollzG; §§ 16, 28 Abs. 1, 30 Abs. 1, 33, 78 Abs. 1, 79 S. 1, 190 NJVollzG.
[18] §§ 34 bis 44 JVollzGB I; Art. 93 Abs. 2, 95 Abs. 2, 197, 198 BayStVollzG; §§ 71 Abs. 2, 73 Abs. 2, 120 HmbStVollzG; §§ 60, 62 HStVollzG; §§ 78 Abs. 2, 80 Abs. 2, 191 bis 193 NJVollzG.
[19] § 31 Abs. 3 bis 5 JVollzGB I; Art. 196 Abs. 2 S. 2, Abs. 4 BayStVollzG; § 118 Abs. 2 S. 2, Abs. 4 HmbStVollzG; § 59 Abs. 1 S. 2, Abs. 3 HStVollzG; § 190 Abs. 2 S. 3 und 4, Abs. 4 NJVollzG.

troffenen ist in § 179 Abs. 2 S. 1 StVollzG[20] niedergelegt und stellt sich als unmittelbarer Ausfluss des informationellen Selbstbestimmungsrechts dar. Der Betroffene soll wissen, wer wann und bei welcher Gelegenheit über ihn welche Daten sammelt, speichert, verarbeitet oder nutzt.[21] Er soll bereits in dieser Phase zuverlässige Informationen erhalten, die es ihm ermöglichen, die Situation richtig einzuschätzen. Die Nutzung von Daten, welche von Dritten oder von Behörden erlangt wurden, bleibt gem. § 179 Abs. 2 S. 2 StVollzG[22] die Ausnahme.

957 Den datenschutzrechtlichen Regelungen liegt weiterhin der **Grundsatz der Zweckbindung** zugrunde. Er soll die Zweckentfremdung der erhaltenen Informationen verhindern und erstreckt sich über die Vorschrift des § 181 StVollzG[23] auch auf den Übermittlungsempfänger. Dieser darf die Daten nur zu demjenigen Zweck verarbeiten oder nutzen, zu dem sie ihm übermittelt wurden oder ihm – gemessen an § 180 StVollzG bzw. einer entsprechenden Befugnisnorm des Landesrechts – hätten übermittelt werden dürfen. Dies gilt sowohl im vollzuglichen Bereich als auch für den außervollzuglichen Datenempfänger. Private Datenempfänger sind als mit datenschutzrechtlichen Anforderungen weniger vertraute Adressaten gem. § 181 S. 3 StVollzG[24] auf die Zweckbindung sogar ausdrücklich hinzuweisen. Eine Legaldefinition des Empfängers enthält § 46 Abs. 3 BDSG. Hierunter fallen nur Personen oder Stellen außerhalb der verantwortlichen Stelle. Gleiches gilt beispielsweise gem. Art. 4 Abs. 6 S. 2 Nr. 3 BayDSG. Die anstaltsinterne Zweckbindung beruht dann auf den Vorschriften des § 180 Abs. 1 S. 1 und Abs. 3 StVollzG[25] bzw. des Art. 197 Abs. 1 S. 1 und Abs. 3 BayStVollzG.

Anders verhält es sich nach den Regelungen der übrigen Länder, die zwischen „Empfängern" und „Dritten" differenzieren. Empfänger ist danach jede Person oder Stelle, die Daten erhält (mit Ausnahme des Betroffenen), während Dritter jede Person oder Stelle außerhalb der verantwortlichen Stelle ist.[26] Insoweit basiert die anstaltsinterne Zweckbindung bereits darauf, dass die Datenübermittlung nicht nur an Dritte, sondern an Empfänger allgemein und damit auch an andere anstaltsinterne Stellen oder Personen einer Befugnis bedarf.

958 Es erfolgt in den Eingriffsnormen eine Abstufung nach der **Sensibilität des Dateninhalts**. Insbesondere Daten, die Auskunft über das religiöse oder weltanschauliche Bekenntnis des Betroffenen geben, das Ergebnis ärztlicher Untersuchungen enthalten oder innerhalb eines besonderen Vertrauensverhältnisses gem.

---

[20] § 31 Abs. 2 S. 1 JVollzGB I, Art. 196 Abs. 2 S. 1 BayStVollzG, § 118 Abs. 2 S. 1 HmbStVollzG, § 59 Abs. 1 S. 1 HStVollzG, § 190 Abs. 2 S. 1 NJVollzG.
[21] Vgl. BVerfGE 65, S. 42 f.; Schmid, in: Schwind/Böhm/Jehle/Laubenthal, 2009, vor § 179 Rdn. 2.
[22] § 31 Abs. 3 JVollzGB I, Art. 196 Abs. 2 S. 2 BayStVollzG, § 119 Abs. 2 S. 2 HmbStVollzG, § 190 Abs. 2 S. 2 NJVollzG.
[23] § 45 JVollzGB I, Art. 199 BayStVollzG, § 122 HmbStVollzG, § 60 Abs. 1 bis 4 HStVollzG, § 194 NJVollzG.
[24] § 45 Abs. 1 S. 3 JVollzGB I, Art. 199 S. 3 BayStVollzG, § 122 S. 3 HmbStVollzG, § 60 Abs. 5 S. 3 HStVollzG, § 194 Abs. 1 S. 3 NJVollzG.
[25] AK-Weichert, 2006, § 181 Rdn. 2; Calliess/Müller-Dietz, 2008, § 181 Rdn. 2.
[26] § 28 Abs. 1 JVollzGB I i.Vm. § 3 Abs. 4 und 5 LDSG (B-W), § 4 Abs. 4 und 5 HmbDSG, § 2 Abs. 4 und 5 HDSG, § 3 Abs. 4 S. 1 und 2 NDSG.

§ 203 Abs. 1 Nr. 1, 2 und 5 StGB erhoben wurden, erfahren eine besondere Behandlung, § 182 StVollzG.[27]

Was den von der Datenverarbeitung **Betroffenen** i.S.d. § 187 S. 1 StVollzG **959** i.V.m. § 3 Abs. 1 BDSG[28] anbelangt, so unterscheiden die Bestimmungen zwischen dem Inhaftierten und nichtinhaftierten Dritten. Für Letztere gelten insbesondere die Vorschriften der §§ 179 Abs. 3, 180 Abs. 9 StVollzG[29], wonach die Datenverarbeitung nur unter eingeschränkten Voraussetzungen zulässig bleibt.

Beschränkt werden die datenschutzrechtlichen Eingriffsbefugnisse jeweils **960** durch den **Grundsatz der Verhältnismäßigkeit**, welcher in Gestalt der Standardformel „Erforderlichkeit/Unerlässlichkeit für die Aufgabenerfüllung" Eingang in den Normtext gefunden hat. Eine spezifisch datenschutzrechtliche Ausprägung dieses Grundsatzes stellt somit das **Erforderlichkeitsprinzip** dar. Es soll eine „Datensammlung auf Vorrat"[30] ausschließen und die Datenverarbeitung nur gestatten, wenn ein Bedürfnis des Strafvollzugs sie notwendig macht. Unbeschadet der in § 32 StVollzG[31], §§ 100a ff. StPO getroffenen abschließenden Regelungen scheidet es somit aus, die Verbindungsdaten und Gesprächsinhalte der von Gefangenen geführten Telefonate zu speichern, um sie bei später evtl. auftretendem Verdacht auf strafrechtlich relevante Vorgänge hin auszuwerten.[32] Zwar gestattet beispielsweise § 33 Abs. 1 S. 5 NJVollzG die Speicherung einer mittels Telekommunikation erfolgten Unterhaltung, allerdings nur zum Zweck der zeitversetzten Überwachung.

Bei jedem datenschutzrechtlich relevanten Sachverhalt müssen zunächst die **961** Kriterien herausgearbeitet werden, welche Voraussetzung für die Eingriffsgrundlage sind. Liegen diese vor, darf eine Erhebung, Verarbeitung oder Nutzung personenbezogener Daten in Abhängigkeit von der Eingriffsintensität erfolgen, wenn bei der im Rahmen der Verhältnismäßigkeitsprüfung vorzunehmenden **Abwägung zwischen Verwendungszweck der Daten und Schutzgut der informationellen Selbstbestimmung** das öffentliche Interesse an der Verwendung überwiegt. Was den Verwendungszweck anbelangt, unterscheidet die gesetzliche Regelung zwischen vollzuglichen, ihnen gleichgestellten und vollzugsfremden Zwecken.

Wird das Persönlichkeitsrecht durch einen Eingriff schwerwiegend gefährdet, etwa weil der Eingriff besonders intensiv ist, muss der Verwendungszweck selbst konkret festgelegt sein und eine restriktive Handhabung erfolgen. Dies soll beispielsweise für den Umgang mit Krankenakten gelten. Bei geringeren Auswirkungen des Eingriffs oder wenn sich ein konkreter Verwendungszweck aus der Natur

---

[27] § 47 JVollzGB I, Art. 200 BayStVollzG, § 123 HmbStVollzG, § 61 HStVollzG, § 195 NJVollzG; dazu unten Kap. 10.4.3.

[28] § 28 Abs. 1 JVollzGB I i.V.m. § 3 Abs. 1 LDSG (B-W); Art. 205 BayStVollzG i.V.m. Art. 4 Abs. 1 BayDSG; § 128 HmbStVollzG i.V.m. § 4 Abs. 1 HmbDSG; § 200 Abs. 2 NJVollzG i.V.m. § 3 Abs. 1 NDSG.

[29] §§ 31 Abs. 4, 45 Abs. 2 JVollzGB I, Art. 196 Abs. 3, 197 Abs. 9 BayStVollzG, §§ 118 Abs. 3, 120 Abs. 9 HmbStVollzG, § 59 Abs. 2 HStVollzG, §§ 190 Abs. 3, 191 Abs. 3 S. 2 NJVollzG.

[30] AK-Weichert, 2006, § 179 Rdn. 4.

[31] Art. 35 BayStVollzG, § 32 HmbStVollzG, § 34 Abs. 2 HStVollzG, § 33 NJVollzG.

[32] OLG Frankfurt, NStZ-RR 2003, S. 221.

der Sache nicht von vornherein festlegen lässt, genügen generalklauselartige Regelungen. Dies gilt etwa für das Anbringen des Namens des Gefangenen an seinen persönlichen Gegenständen, die während der Haft in einem geschlossenen Behältnis aufbewahrt werden.

Aufgrund der Vielzahl der in den einschlägigen Normen enthaltenen unbestimmten Rechtsbegriffe ist der Rahmen für die Datenerhebung und -verarbeitung sehr weit gesteckt. Aus diesem Grund erfährt die Kodifizierung der Materie auch Kritik. Sie wird für verfehlt gehalten, weil sie das Regel-Ausnahme-Verhältnis der Datenerhebung in ihr Gegenteil verkehrt.[33]

10.4 Eingriffsgrundlagen

10.4.1 Erhebung personenbezogener Daten

962 Nach § 187 S. 1 StVollzG i.V.m. § 3 Abs. 3 BDSG[34] handelt es sich beim Erheben um das zielgerichtete Beschaffen von Daten über den Betroffenen. Darunter ist ein aktives Handeln zu verstehen, das auf die Gewinnung von personenbezogenen Daten abzielt.[35] Es genügt dennoch nicht, wenn sich die Wahrnehmung nur zufällig oder in Verbindung mit einer anderen Handlung ergibt; Verhalten in der Öffentlichkeit scheidet als Erhebung ebenso aus wie die „aufgedrängte" Erhebung, die erst bei einer Speicherung datenschutzrechtlich relevant wird (vgl. § 14 Abs. 1 S. 2 BDSG, § 191 Abs. 1 S. 2 NJVollzG).[36]

> *Beispiel:* Der Strafgefangene A klagt bei einem Vollzugsbeamten über gesundheitliche Beschwerden im Zusammenhang mit seiner HIV-Infektion. Hierbei handelt es sich nicht um eine Datenerhebung seitens des Anstaltsbediensteten, sondern um eine diesem aufgedrängte Information.
>
> Anders wäre der Fall hingegen zu beurteilen, wenn der Vollzugsbedienstete dieselben Informationen erst im Wege der Nachfrage bei dem Inhaftierten, dem Anstaltsarzt oder der Schwester des Gefangenen bei deren Angehörigenbesuch erhalten hätte.

Die Zusammenstellung von bereits der Vollzugsanstalt vorliegenden Daten sowie die Sekundärbeschaffung von Daten aus allgemein zugänglichen Quellen wie Zeitungen oder Telefonbüchern fallen ebenfalls nicht unter den Tatbestand der Datenerhebung, es liegt vielmehr eine Verwendung vor.[37]

---

[33] Dazu Kamann, 2000, S. 87.
[34] § 28 Abs. 1 JVollzGB I i.V.m. § 3 Abs. 2 S. 2 Nr. 1 LDSG (B-W), Art. 205 BayStVollzG i.V.m. Art. 4 Abs. 5 BayDSG, § 128 HmbStVollzG i.V.m. § 4 Abs. 2 S. 2 Nr. 1 HmbDSG, § 58 Abs. 1 S. 2 HStVollzG i.V.m. § 2 Abs. 2 S. 2 Nr. 2 HDSG, § 200 Abs. 2 NJVollzG i.V.m. § 4 Abs. 2 S. 2 Nr. 1 NDSG.
[35] Simitis/Dammann, 2006, § 3 Rdn. 102.
[36] Tinnefeld/Ehmann/Gerling, 2005, S. 297.
[37] Schmid, in: Schwind/Böhm/Jehle/Laubenthal, 2009, § 179 Rdn. 6.

Die **allgemeine Befugnis** zur Datenerhebung im Strafvollzug ist in der **Gene-** 963
ralklausel des § 179 Abs. 1 StVollzG[38] geregelt. Danach bleibt die Erhebung
personenbezogener Daten nur zulässig, soweit dies für den Vollzug der Freiheitsstrafe (oder der dieser gleichgestellten Haftart[39]) erforderlich ist. Eine umfangreiche Datenerhebung findet insbesondere in der vollzuglichen Eingangsphase statt.
Um dem Vollzugsziel Rechnung tragen zu können, muss sich die Vollzugsbehörde Kenntnis von zahlreichen personenbezogenen Daten eines Inhaftierten verschaffen.

> *Beispiel:* Dem Strafantritt des rechtskräftig Verurteilten schließt sich die Aufnahme des Gefangenen an.[40] Sie beginnt auf der Vollzugsgeschäftsstelle mit der Feststellung seiner Personalien. In diesem Rahmen wird der Betroffene nach Anschrift, Familienstand sowie unterhaltsberechtigten Personen befragt. Es kommt zu einer Durchsuchung nach mitgeführten Gegenständen. In die Vollzugsplanung[41] fließen als Erkenntnis aus der Behandlungsuntersuchung Einzelangaben über persönliche und sachliche Verhältnisse ein, die notwendig sind für die dort vorgesehenen Entscheidungen. In all diesen Fällen erfolgt jeweils eine Erhebung personenbezogener Daten beim Inhaftierten.

Eine Datenerhebung ist während der gesamten Inhaftierung nahezu vor jeder Einzelfallentscheidung für eine sachgerechte Ermessensausübung notwendig.[42] So hat die Anstaltsleitung beispielsweise bei einer Gewährung von Vollzugslockerungen die Eignung des Inhaftierten im Hinblick auf eine Flucht- oder Missbrauchsgefahr i.S.d. § 11 Abs. 2 StVollzG[43] zu prüfen. Dies beurteilt sich etwa danach, ob der Inhaftierte Auslandskontakte hat. An solche Informationen kann die Vollzugsbehörde aber in der Regel nur im Wege einer Datenerhebung gelangen.

Grundsätzlich sind gem. § 179 Abs. 2 S. 1 StVollzG[44] die Daten bei dem Be- 964
troffenen selbst zu erheben. Für die Erhebung **ohne Mitwirkung des Betroffenen**, die Erhebung bei anderen Personen oder Stellen und die Hinweis- und Aufklärungspflichten verweist § 179 Abs. 2 S. 2 StVollzG auf §§ 4 Abs. 2 und 3, 13 Abs. 1a BDSG. Nach § 4 Abs. 2 S. 2 BDSG ist die Erhebung ohne Mitwirkung des Betroffenen nur zulässig, wenn
- eine Rechtsvorschrift dies vorsieht oder zwingend voraussetzt oder
- die zu erfüllende Verwaltungsaufgabe ihrer Art nach oder der Geschäftszweck eine Erhebung bei anderen Personen oder Stellen erforderlich macht oder
- die Erhebung beim Betroffenen einen unverhältnismäßigen Aufwand erfordern würde.

---

[38] § 31 Abs. 1 S. 1 JVollzGB I, Art. 196 Abs. 1 BayStVollzG, § 118 Abs. 1 HmbStVollzG, § 58 Abs. 1 HStVollzG, § 190 Abs. 1 S. 1 NJVollzG.
[39] Siehe oben Kap. 10.2.
[40] Dazu oben Kap. 5.1.3.
[41] Kap. 5.1.5.
[42] Vassilaki, 1999, S. 14; krit. Kamann, 2000, S. 85.
[43] § 7 Abs. 1 JVollzGB III, Art. 13 Abs. 2 BayStVollzG, § 11 Abs. 2 S. 2 HmbStVollzG, § 13 Abs. 2 S. 1 HStVollzG, § 13 Abs. 2 NJVollzG.
[44] § 31 Abs. 2 S. 1 JVollzGB I, Art. 196 Abs. 2 S. 1 BayStVollzG, § 118 Abs. 2 S. 1 HmbStVollzG, § 59 Abs. 1 S. 1 HStVollzG, § 190 Abs. 2 S. 1 NJVollzG.

Zudem dürfen überwiegende schutzwürdige Interessen des Betroffenen nicht beeinträchtigt werden.[45]

Ähnliche Regelungen wie im Bundesrecht finden sich in Art. 196 Abs. 2 S. 2 BayStVollzG i.V.m. Art. 16 Abs. 2 bis 4 BayDSG, in § 119 Abs. 2 S. 2 HmbStVollzG i.V.m. § 12 Abs. 2 HmbDSG sowie § 59 Abs. 2 S. 2 HStVollzG i.V.m. § 12 Abs. 2, 3 HDSG. Nach 31 Abs. 3 S. 1 JVollzGB III kommt eine Datenerhebung ohne Kenntnis des Betroffenen dann in Betracht, wenn dies für die Aufgabenerfüllung der Vollzugsbehörde erforderlich ist und Anhaltspunkte für eine Beeinträchtigung überwiegender schutzwürdiger Interessen des Betroffenen nicht bestehen. Nach § 190 Abs. 2 S. 3 NJVollzG kommt es darauf an, ob anderenfalls die Aufgabenerfüllung erheblich gefährdet würde oder eine Rechtsvorschrift die nicht-offene Erhebung vorsieht oder zwingend voraussetzt.

§ 179 Abs. 3 StVollzG[46] stellt an die Erhebung von Daten über Personen, die keine Strafgefangenen sind, strengere Anforderungen. Nach diesen Normen dürfen Daten bei Personen oder Stellen ohne ihre Mitwirkung außerhalb der Vollzugsbehörde nur erhoben werden, wenn sie für die Behandlung eines Gefangenen bzw. ihn betreffende Maßnahmen, die Sicherheit der Anstalt oder die Sicherung des Vollzugs einer Freiheitsstrafe bzw. einer anderen vom Gesetz erfassten Freiheitsentziehung unerlässlich sind und die Art der Erhebung schutzwürdige Interessen der Betroffenen nicht beeinträchtigt.

Nach § 179 Abs. 4 StVollzG werden Gefangene und andere Betroffene über die zulässigerweise ohne ihre Kenntnis erhobenen personenbezogenen Daten **unterrichtet**, soweit der Vollzug der Freiheitsstrafe dadurch nicht gefährdet wird. Diese Regelung gewährleistet die Kenntnis des Betroffenen von der Datenerhebung, um diesem die Wahrnehmung seiner Rechte aus § 185 StVollzG zu ermöglichen.[47]

965 Neben den Generalklauseln finden sich **besondere Eingriffsgrundlagen** im Bereich der Datenerhebung beispielsweise für die Überwachung der Besuche in § 27 Abs. 1 StVollzG[48], für Schriftwechsel in § 29 Abs. 3 StVollzG[49], für erkennungsdienstliche Maßnahmen in § 86 Abs. 1 StVollzG[50] sowie für die Aufnahme von Lichtbildern in § 86a StVollzG. Für Maßnahmen zur Identitätsfeststellung enthält § 79 NJVollzG eine Grundlage, für Maßnahmen zur Feststellung von Suchtmittelkonsum Art. 94 Abs. 1 BayStVollzG, § 72 Abs. 1 HmbStVollzG, § 32 HStVollzG.

---

[45] Siehe auch Rixen, 2000, S. 641.
[46] § 31 Abs. 4 S. 5 JVollzGB I, Art. 196 Abs. 3 BayStVollzG, § 118 Abs. 3 HmbStVollzG, § 59 Abs. 2 HStVollzG und § 190 Abs. 3 NJVollzG.
[47] Vergleichbare Regelungen über Unterrichtungspflichten treffen § 31 Abs. 5 JVollzGB I, Art. 196 Abs. 4 BayStVollzG, § 118 Abs. 4 HmbStVollzG, § 59 Abs. 3 HStVollzG i.V.m. § 12 Abs. 4 und 5 HDSG und § 190 Abs. 4 NJVollzG; dazu ausführlich unten Kap. 10.5.1.
[48] § 21 Abs. 1 und 2 JVollzGB I, Art. 30 Abs. 1 und 2 BayStVollzG, § 30 Abs. 1 und 2 HmbStVollzG, § 34 Abs. 4 HStVollzG, § 28 Abs. 1 NJVollzG.
[49] § 24 Abs. 1 JVollzGB III, Art. 32 Abs. 3 BayStVollzG, § 32 Abs. 1 HmbStVollzG, § 35 Abs. 2 HStVollzG, § 30 Abs. 1 NJVollzG.
[50] § 31 Abs. 1 S. 2 JVollzGB I, Art. 93 BayStVollzG, § 71 HmbStVollzG, § 78 NJVollzG.

Beispiel: Ein im Geltungsbereich des Bundes-Strafvollzugsgesetzes inhaftierter Strafgefangener befand sich nach Verurteilung zu einer Freiheitsstrafe von 12 Jahren wegen Totschlags seit 1995 im geschlossenen Vollzug. Im Oktober 1998 wurde er von Anstaltsbediensteten aufgefordert, die Aufnahme von Lichtbildern zu dulden. Das geschah mit der auf § 23 VGO gestützten Begründung, diese erkennungsdienstliche Maßnahme sei zuletzt Anfang 1995 erfolgt, die früheren Bilder entsprächen nicht mehr dem Erscheinungsbild des Gefangenen und die Neuanfertigung sei im Hinblick auf die Reststrafe geboten. Nachdem im darauf folgenden Monat von dem Gefangenen vier Lichtbilder gefertigt wurden, begehrte dieser mit seinem Antrag auf gerichtliche Entscheidung, die Justizvollzugsanstalt zu verpflichten, die neu gefertigten Lichtbilder zu vernichten.

Der Antrag war als unbegründet zurückzuweisen. Die Neuanfertigung der Lichtbilder war gem. § 86 Abs. 1 Nr. 2 StVollzG zureichend begründet und verhältnismäßig. Zwar muss Zweck der erkennungsdienstlichen Maßnahmen nach § 86 Abs. 1 StVollzG die Sicherung des Vollzugs sein. Sie sollen dazu dienen, die Fahndung und Wiederergreifung flüchtiger Gefangener zu erleichtern. Hieraus ist aber nicht zu folgern, dass solche Maßnahmen im Einzelfall konkrete Anhaltspunkte für eine Fluchtgefahr voraussetzen. Diese kann vielmehr schon durch eine noch lange Vollzugsdauer und ein nach der Tatschwere zu bemessendes besonderes Sicherungsbedürfnis indiziert sein.[51]

Durch die Einfügung von § 86a StVollzG hat sich an diesem Ergebnis nichts geändert. Denn die Vorschrift des § 86a StVollzG hat nicht die Sicherung des Vollzugs[52] im Blick, sondern betrifft die Speicherung und Nutzung von Lichtbildern zu internen Zwecken, also der Identitätsfeststellung von Gefangenen durch die Vollzugsbediensteten.[53]

Die landesrechtlichen Bestimmungen enthalten darüber hinaus Rechtsgrundlagen für Formen der Datenerhebung durch den Einsatz von Videotechnik, etwa zur Beobachtung

– des Anstaltsgeländes (z.B. § 32 Abs. 3 JVollzGB I, § 119 Abs. 2 HmbStVollzG) bzw.
– von Haftäumen (§ 32 Abs. 1 und 2 JVollzGB I, Art. 86 Abs. 2 Nr. 2 BayStVollzG, § 119 Abs. 3 HmbStVollzG) oder
– gemeinschaftlich genutzten Räumen in der Anstalt (§ 190 Abs. 2 S. 4 2. Halbs. NJVollzG).

§ 33 JVollzGB I gestattet sogar eine Überwachung des Anstaltsgeländes durch Radio-Frequenz-Identifikation, wobei ein entsprechender Transponder einem Gefangenen mit dessen Einwilligung sogar nach Art der sog. „elektronischen Fußfessel" angelegt werden kann.

---

[51] Vgl. dazu OLG Frankfurt, NStZ-RR 2000, S. 29 zur früheren Rechtslage; der Regelung des § 96 Abs. 1 Nr. 2 StVollzG entspricht seit 1.10.2010 in Hessen § 58 Abs. 2 Nr. 2 HStVollzG.
[52] Dazu Kap. 7.2.1.3.
[53] Arloth, 2008, § 86a Rdn. 1; Ullenbruch, in: Schwind/Böhm/Jehle/Laubenthal, 2009, § 86a Rdn. 1.

10.4.2 Verarbeitung und Nutzung personenbezogener Daten

966 Nach § 187 S. 1 StVollzG i.V.m. § 3 Abs. 4 BDSG wird die **Verarbeitung** von Daten in fünf Phasen unterteilt: Speichern, Verändern, Übermitteln, Sperren und Löschen. Die einzelnen Verarbeitungsmodalitäten sind in § 3 Abs. 4 S. 2 Nr. 1 bis 5 BDSG legaldefiniert.[54]

967 Unter **Nutzung** versteht man nach § 187 S. 1 StVollzG i.V.m. § 3 Abs. 5 BDSG jede Verwendung personenbezogener Daten, die keine Verarbeitung darstellt. Nach der moderneren datenschutzrechtlichen Konzeption der meisten Bundesländer meint Nutzen – in der Sache ohne Unterschied – die Verwendung personenbezogener Daten (innerhalb der Daten verarbeitenden Stelle), wenn weder Erheben, Speichern, Verändern, Übermitteln, Sperren oder Löschen vorliegt.[55] Die **Generalklausel** für die vollzugliche Verarbeitung und Nutzung von Daten bildet § 180 Abs. 1 S. 1 StVollzG[56]. Danach sind Verarbeitung und Nutzung nur insoweit zulässig, als die Erfüllung der den Vollzugsbehörden im Strafvollzug aufgegebenen Aufgaben sie erfordert.

> *Beispiel:* Zur Person jedes Gefangenen führen die Justizvollzugsanstalten Unterlagen in verschiedenen Formen. Dazu gehören die Gefangenenpersonalakte, die Gesundheitsakte, das Buchwerk der Vollzugsgeschäftsstelle (Nr. 63 VGO), die Besucherkartei usw. Für alle derartigen Speichermedien hat § 180 Abs. 1 S. 1 StVollzG eine Rechtsgrundlage geschaffen. Die Landesgesetzgeber haben zum Teil für die Führung von Personalakten Spezialbestimmungen vorgesehen, z.B. in § 34 Abs. 2 S. 1 JVollzGB I, Art. 195 BayStVollzG.

Gemäß § 180 Abs. 1 S. 2 StVollzG[57] kann die Vollzugsbehörde Gefangenen die Pflicht auferlegen, Lichtbildausweise mit sich zu führen, soweit dies aus Gründen der Sicherheit oder Ordnung der Anstalt erforderlich ist. Dies trägt den Sicherheitsbedürfnissen der Praxis insbesondere im Freizeit- und Arbeitsbereich Rechnung. Nach § 34 Abs. 3 JVollzGB I kann dies in Baden-Württemberg sogar unbeschadet von Sicherheitserfordernissen angeordnet werden. Aus Gründen der Sicherheit und Ordnung der Anstalt oder des Erfordernisses, den Aufenthaltsort von Gefangenen in der Einrichtung zu überwachen, können darüber hinaus offen zu tragende Ausweise mit Radio-Frequenz-Identifikation-Transponder ausgegeben werden (§ 34 Abs. 4 JVollzGB I). Ob diese Befugnisnormen wegen der in § 86a StVollzG[58] zugelassenen Speicherung von Lichtbildern in anstaltsinternen Infor-

---

[54] Siehe auch oben die Übersicht in Kap. 10.2 mit Hinweis auf abweichende landesrechtliche Konzeptionen.
[55] § 28 Abs. 1 JVollzGB I i.V.m. § 3 Abs. 2 Nr. 5 LDSG (B-W), § 128 HmbStVollzG i.V.m. § 4 Abs. 2 S. 2 Nr. 7 HmbDSG, § 200 Abs. 2 NJVollzG i.V.m. § 3 Abs. 2 S. 2 Nr. 7 NDSG; ähnlich Art. 4 Abs. 7 BayDSG.
[56] Bzw. § 34 Abs. 1 JVollzGB I, Art. 197 Abs. 1 S. 1 BayStVollzG, § 120 Abs. 1 S. 1 HmbStVollzG, § 58 Abs. 1 HStVollzG, § 191 Abs. 1 S. 1 NJVollzG.
[57] § 34 Abs. 3 JVollzGB I, Art. 197 Abs. 1 S. 2 BayStVollzG, § 120 Abs. 1 S. 2 HmbStVollzG, § 48 HStVollzG, § 79 S. 1 NJVollzG.
[58] § 31 Abs. 1 JVollzGB I, Art. 93 BayStVollzG, § 71 HmbStVollzG, § 58 Abs. 2 HStVollzG, § 78 NJVollzG.

mationssystemen bei Schaffung der erforderlichen technischen Möglichkeiten obsolet werden dürften[59], bleibt abzuwarten.

Besondere Eingriffsbefugnisse sind in den anderen Absätzen des § 180 **968** StVollzG (§§ 35 bis 39, 51 bis 54 JVollzGB I, Art. 197 BayStVollzG, §§ 120, 121 HmbStVollzG, §§ 191 bis 193 NJVollzG, ähnlich § 58 Abs. 2 bis 4, 60 HStVollzG) geregelt. Dies betrifft z.B. die Verarbeitung und Nutzung von Daten bei der Überwachung der Besuche, des Schriftwechsels oder des Inhalts von Paketen in § 180 Abs. 8 StVollzG.[60] Eine Verarbeitung und Nutzung von Daten kommt hier sowohl für vollzugliche als auch für andere Zwecke in Betracht. Durch den Verweis auf § 180 Abs. 2 Nr. 4 StVollzG[61] ergibt sich, dass die so gewonnenen Informationen auch zur Verhinderung oder Verfolgung von Straftaten eingesetzt werden dürfen. Bei Ordnungswidrigkeiten gilt dies jedoch nur dann, wenn sie die Sicherheit oder Ordnung der Anstalt gefährden. Die Daten dürfen in diesem Fall an Polizei- und Strafverfolgungsbehörden übermittelt werden.

Beispiel: Die Anstalt erfährt aus dem Briefwechsel eines Strafgefangenen mit seiner Bekannten B, dass diese eine bisher nicht aufgeklärte Straftat verübt hat. Es muss eine Ermessensentscheidung getroffen werden, ob Polizei oder Staatsanwaltschaft informiert werden sollen.

Rühmt sich Mitgefangener C dagegen einer im Straßenverkehr begangenen Geschwindigkeitsübertretung, liegt eine für Sicherheit und Ordnung der Anstalt nicht relevante Ordnungswidrigkeit vor. Eine Weitergabe der Information scheidet aus.

Mit § 180 Abs. 2, 4 und 5 StVollzG[62] wird der Zweckbindungsgrundsatz durchbrochen. In diesen Fällen ist eine Nutzung und Verarbeitung von Daten auch für andere Zwecke als die sich aus dem Strafvollzugsgesetz ergebende Aufgabenerfüllung zulässig. So kommt etwa die Erteilung von Auskünften an den Verletzten einer Straftat in Betracht, § 180 Abs. 5 S. 1 Nr. 2, S. 2 StVollzG.[63] § 180 Abs. 3 StVollzG[64] stellt klar, dass in Äußerungen und Stellungnahmen der Anstalt, welche in Verfahren vor den Strafvollstreckungskammern und Rechtsbeschwerdeverfahren vor den Strafsenaten der Oberlandesgerichte (§§ 109 ff. StVollzG)

---

[59] So die Prognose von Schmid, in: Schwind/Böhm/Jehle/Laubenthal, 2009, § 180 Rdn. 10.
[60] § 44 Abs. 1 JVollzGB I, Art. 197 Abs. 8 BayStVollzG, § 120 Abs. 8 HmbStVollzG, § 60 Abs. 2 HStVollzG.
[61] Art. 197 Abs. 2 Nr. 4 BayStVollzG, § 120 Abs. 2 Nr. 4 HmbStVollzG, § 60 Abs. 1 HStVollzG i.V.m. § 12 Abs. 2 Nr. 4 HDSG; Ähnliches folgt aus § 36 Abs. 1 Nr. 4 JVollzGB I sowie § 192 Abs. 1 i.V.m. Abs. 3 S. 1 Nr. 4 NJVollzG.
[62] §§ 36, 37, 38 JVollzGB I, Art. 197 Abs. 2, 4 und 5 BayStVollzG, § 120 Abs. 2, 4 und 5 HmbStVollzG, § 192 Abs. 1 bis 4 NJVollzG.
[63] § 38 Abs. 1 Nr. 2, Abs. 3 JVollzGB I, Art. 197 Abs. 5 S. 1 Nr. 2, S. 2 BayStVollzG, § 120 Abs. 5 S. 1 Nr. 2, S. 2 und 3 HmbStVollzG, § 60 Abs. 3 S. 1 Nr. 2 HStVollzG, § 192 Abs. 3 Nr. 2, Abs. 4 NJVollzG; zum Verletztenbegriff LG Karlsruhe, NStZ 2003, S. 596; Arloth, 2008, § 180 Rdn. 7; Calliess/Müller-Dietz, 2008, § 180 Rdn. 6; Schmid, in: Schwind/Böhm/Jehle/Laubenthal, 2009, § 180 Rdn. 33.
[64] Art. 197 Abs. 3 BayStVollzG, § 120 Abs. 3 HmbStVollzG, § 60 Abs. 1 Nr. 4 HStVollzG, § 191 Abs. 4 NJVollzG; ähnlich § 37 Abs. 1 Nr. 3 JVollzGB I.

erfolgen, keine Zweckentfremdung personenbezogener Daten liegt. In Baden-Württemberg wird insoweit von Datennutzung zu vollzugsbegleitenden Zwecken gesprochen (§ 35 JVollzGB I). Das JVollzGB kennt weiter die – eine Zweckentfremdung darstellende – Datennutzung zu vollzugsunterstützenden Zwecken (§ 37 JVollzGB I), etwa zum Zweck der Nachsorge.

Den Möglichkeiten moderner Datenverarbeitung tragen die Länder schließlich durch besondere Befugnisnormen für die Einrichtung zentraler Dateien und die Datenübermittlung in automatisierten Verfahren Rechnung (z.B. §§ 51, 52 JVollzGB I, Art. 198 BayStVollzG, § 121 HmbStVollzG, § 62 HStVollzG, § 193 NJVollzG).

10.4.3 Schutz besonderer Daten und spezifische Eingriffsvoraussetzungen

969 Sehr sensible persönliche Daten, die Rückschlüsse auf ein religiöses oder weltanschauliches Bekenntnis zulassen, durch ärztliche Untersuchungen oder innerhalb eines Vertrauensverhältnisses i.S.d. § 203 Abs. 1 Nr. 1, 2 und 5 StGB gewonnen wurden, erfahren einen besonderen Schutz, § 182 StVollzG.[65] Sie dürfen in der Anstalt nicht allgemein bekannt gemacht werden, also nicht für eine unbestimmte Vielzahl von Personen zugänglich sein. Gesetzestechnisch wird dieser Schutz durch erhöhte Anforderungen an die Verhältnismäßigkeit des Eingriffs in das Recht auf informationelle Selbstbestimmung erreicht. Die allgemeine Zulässigkeitsvoraussetzung für die Verarbeitung und Nutzung vollzugsrelevanter personenbezogener Daten, die gem. § 180 Abs. 1 S. 1 StVollzG bzw. der korrespondierenden Norm des Landesrechts[66] in der Erforderlichkeit für die Aufgabenerfüllung besteht, genügt hier nicht zur Rechtfertigung des Eingriffs.[67]

970 Je nach Eingriffsschwelle hat der Gesetzgeber darüber hinaus die Anforderungen an die Beachtung des Grundsatzes der Verhältnismäßigkeit angehoben. Mit fortschreitender Eingriffsintensität ergibt sich ein Stufenverhältnis, das die einzelnen Tatbestände auch nach der Sensibilität des Dateninhalts unterscheidet.[68] Allerdings wird weiter nach Eingriffszweck und -richtung differenziert, so dass der Umgang mit sämtlichen personenbezogenen Daten zum Teil an besonderen Voraussetzungen zu messen ist. Die Gesetze sehen im Wesentlichen folgende Abstufung vor:

– **Erforderlichkeit**
  • für ein **geordnetes Zusammenleben** in der Anstalt (§ 182 Abs. 1 S. 2 StVollzG, § 47 Abs. 1 S. 3 JVollzGB I, Art. 197 Abs. 1 S. 2 BayStVollzG,

---

[65] § 21 JVollzGB I, Art. 200 BayStVollzG, § 123 HmbStVollzG, § 61 HStVollzG, § 195 NJVollzG; zur Kritik an dieser Vorschrift vgl. AK-Weichert, 2006, § 182 Rdn. 1.

[66] § 34 Abs. 1 JVollzGB I, Art. 197 Abs. 1 S. 1 BayStVollzG, § 120 Abs. 1 S. 1 HmbStVollzG, § 58 Abs. 1 S. 1 HStVollzG, § 191 Abs. 1 S. 1 NJVollzG.

[67] Arloth, 2008, § 182 Rdn. 1; Calliess/Müller-Dietz, 2008, § 182 Rdn. 1; Schmid, in: Schwind/Böhm/Jehle/Laubenthal, 2009, § 182 Rdn. 1.

[68] BT-Drs. 13/10245, S. 25.

§ 123 Abs. 1 S. 2 HmbStVollzG, § 61 Abs. 1 S. 2 HStVollzG, § 195 Abs. 1 S. 2 NJVollzG),
- aus Gründen der **Sicherheit oder Ordnung** der Anstalt (§ 180 Abs. 1 S. 2 StVollzG, § 34 Abs. 4 JVollzGB I, Art. 197 Abs. 1 S. 2 BayStVollzG, §§ 119 Abs. 2 S. 1, 120 Abs. 1 S. 2 HmbStVollzG, § 61 Abs. 2 S. 2 HStVollzG, § 79 S. 1 NJVollzG),
- zur Abwehr von **erheblichen Gefahren für Leib oder Leben** des Gefangenen oder Dritter (§ 182 Abs. 2 S. 2 und 3 StVollzG, §§ 32 Abs. 2 S. 1, 47 Abs. 2 S. 2 JVollzGB I, Art. 200 Abs. 2 S. 2 und 3 BayStVollzG, §§ 120 Abs. 3 S. 1, 123 Abs. 2 S. 2 und 4 HmbStVollzG, § 195 Abs. 2 S. 2 und 3 NJVollzG),
- zur Abwehr **schwerwiegender Gefahren** oder zur Wahrung bestimmter **übergeordneter Rechtsgüter** (Katalog in § 180 Abs. 2 StVollzG, § 36 JVollzGB I, Art. 197 Abs. 2 BayStVollzG, § 120 Abs. 2 HmbStVollzG, § 191 Abs. 3 NJVollzG),

- **Unerlässlichkeit**
  - für die **Aufgabenerfüllung** (§ 182 Abs. 2 S. 3 StVollzG, Art. 200 Abs. 2 S. 3 BayStVollzG, § 123 Abs. 2 S. 4 HmbStVollzG, § 195 Abs. 2 S. 3 NJVollzG),
  - für die Behandlung eines Gefangenen, die Sicherheit der Anstalt oder die Sicherung des Vollzugs einer Freiheitsstrafe, wenn die Art der Erhebung schutzwürdige Interessen der Betroffenen nicht beeinträchtigt (§ 179 Abs. 3 StVollzG, Art. 196 Abs. 3 BayStVollzG, § 118 Abs. 3 HmbStVollzG, § 59 Abs. 2 HStVollzG, § 190 Abs. 3 NJVollzG),
  - zur Wahrung bestimmter übergeordneter Rechtsgüter (Katalog in § 184 Abs. 2 S. 1 StVollzG, Art. 202 Abs. 2 S. 1 BayStVollzG, § 125 Abs. 3 S. 1 HmbStVollzG, § 65 Abs. 3 S. 3 HStVollzG, § 197 Abs. 2 S. 1 NJVollzG).

Insbesondere im baden-württembergischen Landesrecht wird von der geschilderten Systematik durch die Statuierung geringerer Eingriffsvoraussetzungen abgewichen. So begnügt man sich hier bisweilen mit der Erforderlichkeit des Eingriffs anstelle von Unerlässlichkeit (etwa §§ 31 Abs. 4, 48 Abs. 3 S. 1 JVollzGB I).
Abweichend von den übrigen Gesetzen kennt Hessen vor §§ 61 Abs. 2 S. 2 und 65 Abs. 2 HStVollzG noch die Offenbarungspflicht bei Unerlässlichkeit aus Gründen der Anstaltssicherheit oder zur Abwehr erheblicher Gefahren für Leben oder Gesundheit Gefangener oder Dritter.

Im Bereich der besonders geschützten Daten gem. § 182 Abs. 2 StVollzG, § 47 Abs. 2 JVollzGB I, Art. 200 Abs. 2 BayStVollzG, § 123 Abs. 2 HmbStVollzG, § 61 Abs. 2 HStVollzG, § 195 Abs. 2 NJVollzG hat der Gesetzgeber ergänzend zu den datenschutzrechtlichen Eingriffsbefugnissen sowie der Möglichkeit, nach Entbindung von der Verschwiegenheit durch den Betroffenen ein Geheimnis preiszugeben[69], eine **Offenbarungspflicht** für die in § 203 Abs. 1 Nr. 1, 2 und 5

---

[69] Zu den verschiedenen Konstellationen Rösch, 2000a, S. 153; Volckart, 1998, S. 193.

StGB genannten Personen[70] geschaffen. Grundsätzlich gilt deren strafbewehrte Schweigepflicht auch gegenüber der Vollzugsbehörde (§ 182 Abs. 2 S. 1 StVollzG[71]). Namentlich Ärzte, Psychologen, Sozialarbeiter und Sozialpädagogen sind aber zur Offenbarung nicht nur befugt[72], sondern sogar verpflichtet, soweit dies für die Aufgabenerfüllung der Vollzugsbehörde oder zur Abwehr von erheblichen Gefahren für Leib oder Leben des Gefangenen oder Dritter erforderlich ist (§ 182 Abs. 2 S. 2 StVollzG[73]).

> Das baden-württembergische Landesrecht stellt klar, dass eine Offenbarungspflicht aller anderen Vollzugsbediensteten mit Ausnahme der Seelsorger besteht. Dies gilt bereits bei Dienlichkeit der Information für Vollzugszwecke (§ 47 Abs. 2 S. 3 JVollzGB I).

Als Ansprechpartner haben die Gesetze überwiegend den Anstaltsleiter vorgesehen. Dieser kann die Offenbarung auch gegenüber anderen Bediensteten allgemein zulassen (§ 182 Abs. 3 S. 2 StVollzG, § 47 Abs. 3 S. 2 JVollzGB I, Art. 200 Abs. 3 S. 2 BayStVollzG, § 123 Abs. 3 S. 2 HmbStVollzG). Die Pflicht zur Offenbarung besteht nur gegenüber dem Anstaltsleiter selbst. Darüber hinaus ordnet § 195 Abs. 2 S. 2 NJVollzG eine Offenbarungspflicht auch gegenüber dem beauftragten Vollzugsmitarbeiter an.[74]

972 Ein gesteigerter Geheimschutz gilt allerdings – mit Ausnahme von Baden-Württemberg – für Informationen, die der **Arzt** im Rahmen der **allgemeinen Gesundheitsfürsorge** (§§ 56 ff. StVollzG, §§ 32 ff. JVollzGB III, Art. 58 ff. BayStVollzG, §§ 56 ff. HmbStVollzG, §§ 23 f. HStVollzG, §§ 56 ff. NJVollzG) erlangt hat.[75] Zur Preisgabe von Geheimnissen, die ihm hierbei bekannt geworden sind, ist er nicht verpflichtet, sondern nur **befugt**.

> In Hamburg ist insofern eine Ausnahme von diesem Grundsatz statuiert, als dort eine Offenbarungspflicht für fiskalische Zwecke, insbesondere der Kontrolle ärztlicher Tätigkeit auf ihre Wirtschaftlichkeit hin besteht (§ 123 Abs. 2 S. 3 HmbStVollzG).

Im Hinblick auf die Offenbarung für Zwecke der Vollzugsbehörden darf der Arzt von seiner Berechtigung nicht bereits dann Gebrauch machen, wenn der Bruch der Verschwiegenheit für die behördliche Aufgabenerfüllung nur erforderlich ist. Erst sofern die Offenbarung für die Erfüllung der Aufgaben unerlässlich bleibt, darf er die Information preisgeben (§ 182 Abs. 2 S. 3 StVollzG, Art. 200

---

[70] Im Landesrecht von Bayern und Hamburg ist der Verweis auf § 203 StGB durch eine besondere Aufzählung der Berufsangehörigen ersetzt worden, in Baden-Württemberg wird zusätzlich der seelsorgerische Dienst genannt.
[71] § 47 Abs. 2 S. 1 JVollzGB I, Art. 200 Abs. 2 S. 1 BayStVollzG, § 123 Abs. 2 S. 1 HmbStVollzG, § 61 Abs. 2 HStVollzG, § 195 Abs. 2 S. 1 NJVollzG.
[72] Vgl. § 203 Abs. 1 StGB: „Wer unbefugt …".
[73] § 47 Abs. 2 S. 2 JVollzGB I, Art. 197 Abs. 2 S. 2 BayStVollzG, § 123 Abs. 2 S. 2 HmbStVollzG, § 61 Abs. 2 S. 2 HStVollzG, § 195 Abs. 2 S. 2 NJVollzG.
[74] Volckart, 1998, S. 193.
[75] Dazu Busch R., 2000, S. 344 ff.

Abs. 2 S. 3 BayStVollzG, § 123 Abs. 2 S. 4 HmbStVollzG, § 195 Abs. 2 S. 3 NJVollzG). „Unerlässlichkeit" bedeutet dabei, dass die Daten in einem gesteigerten Maß erforderlich sein müssen.[76] Der Arzt hat dabei die für und gegen einen Geheimnisbruch sprechenden Aspekte abzuwägen, wobei auch Beachtung finden darf, dass Ärzte grundsätzlich zur Verschwiegenheit verpflichtet sind.[77]

Soweit ein Arzt aber nicht im Rahmen der allgemeinen Gesundheitsfürsorge, sondern aufgrund seiner sonstigen Einbeziehung in das Vollzugsgeschehen von personenbezogenen Daten Kenntnis erlangt, trifft ihn demgegenüber die Offenbarungspflicht nach § 182 Abs. 2 S. 2 StVollzG.[78] Zum sonstigen Vollzugsgeschehen und nicht zum Bereich der Gesundheitsfürsorge gehört insbesondere die ärztliche Untersuchung im Aufnahmeverfahren (§ 5 Abs. 3 StVollzG, § 4 Abs. 1 S. 1 JVollzGB I, Art. 7 Abs. 3 BayStVollzG, § 6 Abs. 1 S. 2 HmbStVollzG, § 8 Abs. 2 HStVollzG, § 8 Abs. 2 S. 3 NJVollzG). Denn diese Maßnahme stellt keine freie Inanspruchnahme der üblichen ärztlichen Leistung[79] dar.

> *Beispiele:* Den Anstaltsarzt trifft zur Aufgabenerfüllung der Vollzugsbehörde eine Offenbarungspflicht gegenüber dem Anstaltsleiter, wenn sich bei der Eingangsuntersuchung ergibt, dass ein Gefangener wegen einer Erkrankung oder Allergie bestimmte Tätigkeiten nicht ausüben kann. Insoweit genügt jedoch die Mitteilung der betreffenden Beschäftigung, denn die genaue Diagnose benötigt die Vollzugsbehörde zur Erfüllung ihrer Aufgaben nicht.[80]
>
> Aus vollzuglichen Gründen kann aber z.B. die Offenbarung von Betäubungsmittelmissbrauch oder Drogenabhängigkeit geboten sein.[81] Eine Offenbarungsbefugnis besteht z.B. nicht, wenn der Gefangene beim Arzt über Kopfschmerzen klagt und als deren Ursache den Genuss (illegal) selbst angesetzten Alkohols benennt.[82] Die Schweigepflicht muss demgegenüber durchbrochen werden, wenn der Therapeut erfährt, dass der Gefangene eine Vollzugslockerung zur Begehung neuer Straftaten missbrauchen will.[83]
>
> Eine Verpflichtung zur Offenbarung von personenbezogenen Daten zur Abwehr von erheblichen Gefahren für Leib oder Leben des Gefangenen oder Dritter besteht beispielsweise auch für den Anstaltspsychologen, der begründete Hinweise auf die Suizidgefahr des von ihm therapierten Gefangenen erhält.[84] Das Gleiche gilt für den Anstaltsarzt, der von einer ansteckenden Krankheit eines Gefangenen erfährt, die Vorkehrungen zum Schutze der Mitgefangenen und Bediensteten erfordert.[85] Der Arzt wird sich regelmäßig um der Abwehr künftiger Leibesgefahren für einen Gefangenen willen zur

---

[76] Vgl. AK-Weichert, 2006, § 182 Rdn. 50; Arloth, 2008, § 182 Rdn. 8; Schwind, in: Schwind/Böhm/Jehle/Laubenthal, 2009, § 68 Rdn. 2.
[77] AK-Weichert, 2006, § 182 Rdn. 35 f.
[78] Calliess/Müller-Dietz, 2008, § 182 Rdn. 8; Kaiser/Schöch, 2002, S. 340.
[79] Zum Begriff der Gesundheitsfürsorge: Calliess/Müller-Dietz, 2008, § 58 Rdn. 2.
[80] Calliess/Müller-Dietz, 2008, § 182 Rdn. 7; Schmid, in: Schwind/Böhm/Jehle/Laubenthal, 2009, § 182 Rdn. 12.
[81] AK-Weichert, 2006, § 182 Rdn. 33; Schmid, in: Schwind/Böhm/Jehle/Laubenthal, 2009, § 180 Rdn. 12.
[82] Rösch, 2000a, S. 158.
[83] Arloth, 2008, § 182 Rdn. 5; Kaiser/Schöch, 2002, S. 344; Rösch, 2000a, S. 159; Wulf, 1998, S. 190; vgl. dazu auch Harrendorf, 2007, S. 19.
[84] Schmid, in: Schwind/Böhm/Jehle/Laubenthal, 2009, § 182 Rdn. 13.
[85] Busch R., 2000, S. 347.

Offenbarung entschließen, wenn er Verletzungen eines Gefangenen feststellt, die den Verdacht körperlicher Übergriffe durch Mitgefangene begründen. Der betroffene Inhaftierte muss dann im Rahmen der Unterbringung von diesen Gefangenen getrennt werden.[86]

Bei Bekanntwerden einer HIV-Infektion eines Gefangenen dürfte eine Pflicht zur Offenbarung wegen der nur sehr eingeschränkten Übertragbarkeit des Virus im Regelfall zu verneinen sein.[87]

Die Durchbrechung der in § 203 Abs. 1 Nr. 1, 2 und 5 StGB vorgesehenen Schweigepflicht wird nach Ansicht des Gesetzgebers durch den strengen Maßstab der Verhältnismäßigkeit gerechtfertigt.[88] Die Privilegierung des Arztes liegt darin begründet, dass der Gefangene den Mediziner seines Vertrauens nicht frei wählen darf, sich aber schon zur Wahrung der staatlichen Schutzpflicht für die Gesundheit der Gefangenen diesem öffnen soll.

973 In der – in allen Ländern mit Ausnahme von Baden-Württemberg vorliegenden – Ungleichbehandlung von Psychologen, Sozialarbeitern und Sozialpädagogen sehen Teile des Schrifttums einen Verstoß gegen Art. 3 GG, weil die ärztliche Hilfe nicht von existenziell derart höherer Bedeutung sei.[89] Zudem verhindere die Offenbarungspflicht das Entstehen eines vertrauensvollen Beratungs- und Behandlungsverhältnisses.[90] Darin liege eine unverhältnismäßige Beeinträchtigung des (Re-)Sozialisierungsauftrags, die zu einem Verstoß gegen das Sozialstaatsprinzip (Art. 20 Abs. 1, 28 Abs. 1 S. 1 GG) führe.[91] Begegnen lässt sich dem aber durch eine restriktive Auslegung des § 182 Abs. 2 S. 2 StVollzG[92].

Die Offenbarung muss für die Aufgabenerfüllung der Vollzugsbehörde erforderlich sein; bei der Entscheidung über den Geheimnisbruch ist daher konsequenterweise zu berücksichtigen, dass auch die (Re-)Sozialisierung des Gefangenen zu den Aufgaben der Vollzugsbehörde gehört. Hierzu bedarf es der Behandlung durch Fachkräfte, die nach § 182 Abs. 2 S. 1 StVollzG, § 47 Abs. 2 S. 1 JVollzGB I, § 195 Abs. 2 S. 1 NJVollzG, jeweils i.V.m. § 203 StGB bzw. nach Art. 200 Abs. 2 S. 1 BayStVollzG, § 123 Abs. 2 S. 1 HmbStVollzG, § 61 Abs. 2 S. 1 HStVollzG generell im Interesse der Therapie einer strafbewehrten Verschwiegenheitspflicht unterliegen. Damit wird der Weg frei zur Vornahme einer Güterabwägung zwischen dem informationellen Selbstbestimmungsrecht des

---

[86] Busch R., 2000, S. 347.
[87] Dazu ausführlich Arloth, 2008, § 56 Rdn. 4; Calliess/Müller-Dietz, 2008, § 56 Rdn. 8 ff.; Schmid, in: Schwind/Böhm/Jehle/Laubenthal, 2009, § 182 Rdn. 13 m. w. Nachw.
[88] BT-Drs. 13/10245, S. 26.
[89] AK-Weichert, 2006, § 182 Rdn. 51; Böllinger, 1999, S. 142.
[90] Adt, 1998, S. 331 ff.; Böllinger, 1999, S. 143 ff.; ders., 2000, S. 13 ff.; Kamann, 1998, S. 321 f.; ähnlich Hartmann, 1999, S. 74 ff.; Thorwart, 1999, S. 12.
[91] AK-Weichert, 2006, § 182 Rdn. 52; Böllinger, 1999, S. 148 ff.; ders., 2000, S. 12; Goderbauer, 1999, S. 160; ablehnend auch Deutsche Gesellschaft für Sexualforschung, 1999, S. 340 f.
[92] Bzw. der entsprechenden landesrechtlichen Vorschriften von § 47 Abs. 2 S. 2 JVollzGB I, Art. 200 Abs. 2 S. 2 BayStVollzG, § 123 Abs. 2 S. 2 HmbStVollzG, § 61 Abs. 2 S. 2 HStVollzG, § 195 Abs. 2 S. 2 NJVollzG.

Gefangenen mit dem (Re-)Sozialisierungsauftrag einerseits und sonstigen vollzuglichen Interessen andererseits.[93] Geht es demgegenüber um die Offenbarung zur Abwehr von Leibes- und Lebensgefahren, hat der Gesetzgeber in nicht zu beanstandender Weise die erforderliche Abwägungsentscheidung selbst getroffen.[94]

Nach § 182 Abs. 2 S. 4 StVollzG, § 47 Abs. 2 S. 4 JVollzGB I, Art. 200 Abs. 2 S. 4 BayStVollzG, § 123 Abs. 2 S. 5 HmbStVollzG, § 195 Abs. 2 S. 4 NJVollzG bleiben sonstige Offenbarungsbefugnisse unberührt. Das betrifft beispielsweise die Pflicht zur Anzeige geplanter Straftaten, was sich u.a. aus § 138 StGB ergibt. Ärzte und Psychologische Psychotherapeuten sind insoweit wiederum gem. § 139 Abs. 3 S. 2 StGB privilegiert.

§ 182 Abs. 4 StVollzG, § 47 Abs. 4 JVollzGB I, Art. 200 Abs. 4 BayStVollzG, **974** § 123 Abs. 4 HmbStVollzG, § 195 Abs. 4 NJVollzG erstrecken die Befugnis zur Geheimnisoffenbarung in Abs. 2 auch auf Ärzte und Psychologen, die außerhalb der Anstalt mit der Untersuchung oder Behandlung eines Gefangenen beauftragt sind. Sie sind nicht nur zur Information des Anstaltsleiters berechtigt, sondern können sich auch an den zuständigen Anstaltsarzt oder -psychologen wenden. Allerdings sind diese Vollzugsexternen (außer in Baden-Württemberg) nicht zum Bruch ihrer Verschwiegenheit verpflichtet, wie sich aus dem Wortlaut der Normen ergibt.[95]

§ 182 Abs. 3 S. 1 StVollzG, § 47 Abs. 3 S. 1 JVollzGB I, Art. 200 Abs. 3 S. 1 BayStVollzG, § 123 Abs. 3 S. 1 HmbStVollzG, § 61 Abs. 5 HStVollzG, § 195 Abs. 3 NJVollzG enthalten eine spezielle Regelung für die Zweckbindung. Daten dürfen allein für den Zweck, für den sie offenbart wurden oder für den eine Offenbarung zulässig gewesen wäre, und nur unter denselben Voraussetzungen, unter denen eine in § 203 Abs. 1 Nr. 1, 2 und 5 StGB genannte Person zur Verarbeitung oder Nutzung befugt wäre, Verwendung finden. Nach § 47 Abs. 3 S. 3 JVollzGB I und Art. 200 Abs. 3 S. 3 BayStVollzG sind zur Abwehr von Gefahren für Leib oder Leben des Gefangenen oder Dritter medizinische Warnhinweise in Akten oder Dateien zulässig, die keinen Rückschluss auf konkrete Erkrankungen gestatten (etwa der Hinweis „Blutkontakt vermeiden").

---

[93] Ähnlich BVerfG, NStZ 2000, S. 55; Harrendorf, 2007, S. 19; Preusker/Rosemeier, 1998, S. 324; Rösch, 2000a, S. 157 f.; Schöch, 1999, S. 263 f.; Schmid, in: Schwind/Böhm/Jehle/Laubenthal, 2009, § 182 Rdn. 12; im Ergebnis auch Arloth, 2008, § 182 Rdn. 5; Calliess/Müller-Dietz, 2008, § 182 Rdn. 6; Kaiser/Schöch, 2002, S. 341 ff., die von verfassungskonformer Auslegung sprechen; weiter gehend noch Rosenau, 1999, S. 397.
[94] Vgl. Calliess/Müller-Dietz, 2008, § 182 Rdn. 7; Kaiser/Schöch, 2002, S. 341; Schöch, 1999, S. 263.
[95] AK-Weichert, 2006, § 182 Rdn. 60; anders Arloth, 2008, § 182 Rdn. 11; Calliess/Müller-Dietz, 2008, § 182 Rdn. 12; Kaiser/Schöch, 2002, S. 342; Kamann, 1998, S. 321; Rösch, 2000a, S. 154; Schmid, in: Schwind/Böhm/Jehle/Laubenthal, 2009, § 182 Rdn. 23.

10.4.4 Speicherung in Akten und Dateien

Hinsichtlich der in Akten und Dateien gespeicherten Daten legen § 183 StVollzG, § 46 JVollzGB I, Art. 201 BayStVollzG, § 124 HmbStVollzG, § 63 HStVollzG i.V.m. § 10 HDSG, § 196 NJVollzG besondere Kriterien fest, um sowohl den unbefugten Zugang zu ihnen als auch ihren unbefugten Gebrauch zu verhindern.

975 § 183 Abs. 1 StVollzG, § 46 Abs. 2 JVollzGB I, Art. 201 Abs. 1 BayStVollzG, § 124 Abs. 1 HmbStVollzG, § 196 Abs. 1 NJVollzG regeln die **Weitergabe personenbezogener Daten** innerhalb der Anstalt. Der einzelne Vollzugsbedienstete darf sich davon Kenntnis nur insoweit verschaffen, als es zur Erfüllung seiner Aufgabe oder für die Zusammenarbeit aller im Vollzug Tätigen erforderlich ist.

Der Zweck der Weitergabe liegt somit in der Aufgabenerfüllung. Hierbei muss grundsätzlich auf die dem jeweiligen Vollzugsbediensteten obliegende Aufgabe abgestellt werden. Da die Vollzugsbediensteten aber nicht isoliert voneinander arbeiten, werden sie zwangsläufig Kenntnis von Daten nehmen, die über die eigene, eng begrenzte unmittelbare Zuständigkeit hinausgehen.[96]

> *Beispiel:* Bei anstaltsinternen Datenweitergaben ist seitens der Vollzugsbehörde darauf zu achten, dass andere Gefangene keine Kenntnis nehmen können. Daher dürfen auch keine Gefangenenlisten in den Räumen der Stationsbeamten über Arbeitseinsätze ausgehängt werden. Bei der Versendung personenbezogener Daten müssen – selbst wenn die Versendung an einen Gefangenen erfolgt – von der Anstalt verschlossene Umschläge Verwendung finden. Gleiches gilt für offizielle dienstliche Schreiben an Gefangene.[97]

Nach § 183 Abs. 2 S. 1 StVollzG, § 46 Abs. 3 JVollzGB I, Art. 202 Abs. 2 S. 1 BayStVollzG, § 124 Abs. 2 S. 1 HmbStVollzG, § 63 S. 1 HStVollzG, § 10 HDSG, § 196 Abs. 2 S. 1 NJVollzG sollen personenbezogene Daten in Akten und Dateien gegen unbefugten Zugang und unbefugten Gebrauch durch die erforderlichen technischen und organisatorischen Maßnahmen geschützt werden. Für Gesundheitsakten und Krankenblätter gelten gesteigerte Anforderungen, § 183 Abs. 2 S. 2 StVollzG, § 47 Abs. 1 S. 2 JVollzGB I, Art. 201 Abs. 2 S. 2 BayStVollzG, § 124 Abs. 2 S. 2 HmbStVollzG, § 63 S. 2 HStVollzG, § 196 Abs. 2 S. 2 NJVollzG. In Bayern und Hamburg erstreckt sich der besondere Schutz auch auf Therapieakten.

976 **Dateien** in diesem Sinne sind gem. § 46 Abs. 1 BDSG[98] Sammlungen personenbezogener Daten, die durch automatisierte Verfahren nach bestimmten Merkmalen ausgewertet werden können (so z.B. Gefangenenstammdatei, Zellenbelegungsdatei, Gefangenenkontendatei als automatisierte Dateien), oder alle sonstigen Sammlungen personenbezogener Daten, die gleichartig aufgebaut sind und nach bestimmten Merkmalen geordnet, umgeordnet und ausgewertet werden

---

[96] BT-Drs. 13/10245, S. 27.
[97] AK-Weichert, 2006, § 183 Rdn. 4; für Zahlungsbelege und Kontoauszüge LG Karlsruhe, ZfStrVo 2002, S. 188; a.A. OLG Hamburg, NStZ 2005, S. 56; OLG Karlsruhe, NStZ-RR 2004, S. 349; OLG Koblenz, ZfStrVo 2004, S. 314; OLG Saarbrücken, ZfStrVo 2004, S. 367.
[98] § 3 Abs. 9 LDSG (B-W), Art. 4 Abs. 3 S. 1 BayDSG, § 4 Abs. 6 HmbDSG, § 2 Abs. 8 HDSG.

können (beispielsweise Gefangenenbuch, Zugangs-, Abgangs- und Belegungsbuch als nicht automatisierte Dateien). Akten und Aktensammlungen gelten nach § 46 Abs. 1 S. 2 BDSG, Art. 4 Abs. 3 S. 2 BayDSG nicht als Dateien, es sei denn, eine Umordnung und Auswertung durch ein automatisiertes Verfahren bleibt möglich.

Eine **Akte** stellt nach § 46 Abs. 2 BDSG[99] jede sonstige amtlichen oder dienstlichen Zwecken dienende Unterlage dar, die nicht dem Dateibegriff unterfällt, wie Gefangenenpersonalakte, Gesundheitsakte, aber auch Bild- und Tonträger (z.B. Tonbänder, Kassetten, Fotos oder Bücher). Die Akte unterscheidet sich von der Datei somit zwar durch Inhalt und Art der Datensammlung, nicht aber nach der Beschaffenheit des genutzten Mediums. Deshalb kann eine Gefangenenpersonalakte auch in elektronischer Form geführt werden.[100] Nicht unter den Begriff der Akte fallen Vorentwürfe, persönliche Notizen oder Schmierzettel.[101] 977

In der Praxis wird die Sicherung personenbezogener Daten in Dateien und Akten bei elektronischer Datenverarbeitung durch die differenzierte Vergabe von Zugriffsberechtigungen sichergestellt. Dieses Vorgehen gewährleistet, dass viele Vollzugsbedienstete allenfalls begrenzt Stammdaten abrufen können. Hierbei handelt es sich um Schutzvorrichtungen gem. § 183 Abs. 2 S. 3 StVollzG i.V.m. § 9 BDSG.[102]

10.4.5 Berichtigung, Löschung und Sperrung

Eine Regelung der Aufbewahrung von in Dateien oder Akten gespeicherten personenbezogenen Daten enthalten § 184 StVollzG, § 48 JVollzGB I, Art. 202 BayStVollzG, § 125 HmbStVollzG, § 65 HStVollzG, § 197 NJVollzG. Grundsätzlich bleiben für die Berichtigung, Löschung und Sperrung gem. § 184 Abs. 5 StVollzG[103] die allgemeinen Normen des § 20 Abs. 1 bis 4 und 6 bis 8 BDSG maßgebend. Für die **Löschung von personenbezogenen Daten**, die in Dateien gespeichert sind, sehen § 184 Abs. 1 S. 1 StVollzG, § 48 Abs. 1 S. 1 JVollzGB I, Art. 205 Abs. 1 S. 1 BayStVollzG, § 125 Abs. 1 S. 1 HmbStVollzG, § 65 Abs. 3 S. 1 HStVollzG, § 197 Abs. 1 S. 1 NJVollzG Besonderheiten vor. Die Daten sind spätestens zwei Jahre gemäß Bundesrecht, fünf Jahre gemäß Landesrecht nach der 978

---

[99] § 3 Abs. 10 LDSG (B-W), Art. 4 Abs. 4 BayDSG, § 2 Abs. 7 HDSG, § 3 Abs. 6 NDSG.
[100] Arloth, 2008, § 183 Rdn. 3; Calliess/Müller-Dietz, 2008, § 183 Rdn. 2; Schmid, in: Schwind/Böhm/Jehle/Laubenthal, 2009, § 183 Rdn. 5; Tolzmann, 2003, S. 56; a.A. OLG Celle, NStZ 2003, S. 55.
[101] Schmid, in: Schwind/Böhm/Jehle/Laubenthal, 2009, § 183 Rdn. 3; siehe noch LG Stuttgart, ZfStrVo 2002, S. 190 für Behandlungsblätter der sozialtherapeutischen Anstalt.
[102] § 46 Abs. 3 S. 4 JVollzGB I i.V.m. § 9 Abs. 3 u. 5 LDSG (B-W), Art. 201 Abs. 2 S. 3 BayStVollzG i.V.m. Art. 7 BayDSG, § 125 Abs. 2 S. 3 HmbStVollzG i.V.m. § 8 HmbDSG, § 63 S. 2 HStVollzG i.V.m. § 10 Abs. 2 und 3 HDSG.
[103] Gleiches gilt nach § 48 Abs. 6 JVollzGB I i.V.m. §§ 22 bis 24 LDSG (B-W), Art. 202 Abs. 5 BayStVollzG i.V.m. Art. 11 u. 12 BayDSG, § 125 Abs. 6 HmbStVollzG i.V.m. § 19 Abs. 1 bis 3 u. 5 HmbDSG, § 65 HStVollzG i.V.m. § 19 HDSG sowie § 197 Abs. 5 NJVollzG i.V.m. § 17 NDSG.

Entlassung oder Verlegung des Gefangenen in eine andere Anstalt zu löschen oder – in Baden-Württemberg – zu anonymisieren. Ausnahmsweise dürfen Personalien sowie das Datum von Ein- und Austritt in die bzw. aus der Anstalt bis zum Ablauf der Aufbewahrungsfrist für die Gefangenenpersonalakte nicht gelöscht werden, soweit dies für das Auffinden der Gefangenenpersonalakte erforderlich ist (§ 184 Abs. 1 S. 2 StVollzG, § 48 Abs. 1 S. 2 JVollzGB I, Art. 202 Abs. 1 S. 2 BayStVollzG, § 125 Abs. 1 S. 2 HmbStVollzG, § 65 Abs. 3 S. 2 HStVollzG, § 197 Abs. 1 S. 2 NJVollzG). Gemäß § 86a StVollzG gefertigte Lichtbilder sind nach Entlassung oder Verlegung des Gefangenen zu vernichten bzw. zu löschen, § 86a Abs. 3 StVollzG. Dies muss unverzüglich geschehen; die Zwei-Jahres-Frist des § 184 Abs. 1 S. 1 StVollzG gilt nicht.[104]

Dem entspricht die Rechtslage in Niedersachsen, § 79 S. 2 NJVollzG, während in Hamburg auch insoweit die Drei-Jahres-Frist gilt, § 71 Abs. 3 HmbStVollzG. Mangels besonderer Regelung verhält es sich in Baden-Württemberg und Bayern wie in Hamburg. In Baden-Württemberg (§ 48 Abs. 2 JVollzGB I), Hamburg (§ 125 Abs. 2 HmbStVollzG) und Hessen (§ 65 Abs. 2 HStVollzG) finden sich schließlich besondere Bestimmungen für Videoaufzeichnungen, die prinzipiell nach relativ kurzer Zeit (maximal vier Wochen bzw. ein Monat) zu löschen sind.

979 § 184 Abs. 2 StVollzG, § 48 Abs. 3 JVollzGB I, Art. 202 Abs. 2 BayStVollzG, § 125 Abs. 3 HmbStVollzG, § 197 Abs. 2 NJVollzG schaffen im Hinblick auf den Grundsatz der Aktenvollständigkeit für personenbezogene Daten in Akten eine besondere Regelung. An die Stelle der Löschung tritt die nur **begrenzt zulässige Übermittlung und Nutzung**. Die Daten dürfen – nach Ablauf von zwei Jahren (Bundesrecht, Niedersachsen) bzw. fünf Jahren (Baden-Württemberg, Bayern, Hamburg) seit der Entlassung des Gefangenen – prinzipiell nur zu einigen besonders aufgezählten Zwecken (Verfolgung von Straftaten, wissenschaftliche Forschung, Behebung einer Beweisnot, Bearbeitung von Rechtsansprüchen im Zusammenhang mit dem Vollzug einer Freiheitsstrafe sowie in Baden-Württemberg und Niedersachsen zusätzlich zur Abwehr einer Gefahr für die Sicherheit der Anstalt) verwandt werden. Die Akten sind entsprechend zu sperren.[105]

Die Verwendungsbeschränkungen für personenbezogene Daten in Akten enden, wenn der Gefangene erneut zum Vollzug einer Freiheitsstrafe aufgenommen wird oder der Betroffene in die Verwendung einwilligt, § 184 Abs. 2 S. 2 StVollzG, § 48 Abs. 3 S. 2 JVollzGB I, Art. 202 Abs. 2 S. 2 BayStVollzG, § 125 Abs. 3 S. 2 HmbStVollzG, § 65 Abs. 3 S. 4 HStVollzG, § 197 Abs. 2 S. 2 NJVollzG.

Beispiel: Tritt ein Gefangener einige Jahre nach der Entlassung erneut in einer deutschen Haftanstalt eine Freiheitsstrafe an, darf seine zwischenzeitlich gesperrte Gefangenenpersonal- oder Gesundheitsakte wieder uneingeschränkt zu vollzuglichen Zwecken verwendet werden.

---

[104] Arloth, 2008, § 86a Rdn. 4.
[105] Calliess/Müller-Dietz, 2008, § 184 Rdn. 2; Schmid, in: Schwind/Böhm/Jehle/Laubenthal, 2009, § 184 Rdn. 8.

Enthält die Akte aber Daten, für die kein Bedarf mehr besteht oder deren Erhebung in rechtswidriger Weise erfolgte, hat eine Entfernung dieser Datenteile zu erfolgen.[106]

Die Aufbewahrungsfristen von Akten dürfen gem. § 184 Abs. 3 StVollzG, § 48 Abs. 4 JVollzGB I, Art. 202 Abs. 3 BayStVollzG, § 125 Abs. 4 HmbStVollzG, § 65 Abs. 5 HStVollzG, § 197 Abs. 3 NJVollzG für Gefangenenpersonalakten, Gesundheitsakten (soweit erfasst auch Therapieakten) und Krankenblätter längstens 20 Jahre, für Gefangenenbücher 30 Jahre betragen, wobei Ausnahmen in engen Grenzen zulässig sind.

10.5 Auskunft und Akteneinsicht

10.5.1 Rechte des Betroffenen

§ 185 S. 1 StVollzG und § 19 BDSG[107] konkretisieren den dem Inhaftierten oder einem anderen Betroffenen (z.B. Angehörigem oder Besucher)[108] als Ausfluss seines Rechts auf informationelle Selbstbestimmung zustehenden Anspruch auf Auskunft über die zu seiner Person gespeicherten Daten, deren Herkunft, Empfänger und den Zweck der Speicherung.[109] Die Erteilung der Auskünfte in diesem Sinne kann nach pflichtgemäßem Ermessen mündlich, schriftlich oder durch die Gewährung von Akteneinsicht seitens der Vollzugsbehörde erfolgen.[110] § 185 S. 1 StVollzG, § 49 Abs. 1 JVollzGB I, Art. 203 BayStVollzG, § 126 HmbStVollzG, § 64 S. 1 HStVollzG, § 198 NJVollzG differenzieren zwischen dem Recht auf Auskunft einerseits und demjenigen auf Akteneinsicht andererseits. **980**

Der **Auskunftsanspruch** wird – abgesehen von den spezifischen Besonderheiten des Datenschutzrechts – grundsätzlich schrankenlos gewährt. Nach baden-württembergischem Landesrecht können dem Auskunftsbegehren überwiegende Interessen der Anstalt oder die Schutzbedürftigkeit der Informationsquelle entgegenstehen (§ 49 Abs. 1 S. 1 JVollzGB I). Ein Gefangener besitzt regelmäßig ein berechtigtes Interesse an der Kenntnis des Inhalts – vor allem von in seinen Vollzugsakten gespeicherten Daten, weil diese sich in vielfältiger Weise auf seinen Alltag als Inhaftierter auswirken können. Das betrifft z.B. die Gewährung von Vollzugslockerungen, die Fortschreibung des Vollzugsplans Stellungnahmen der Justizvollzugsanstalt im Rahmen von Verfahren einer vorzeitigen Entlassung usw. Weil die Form der Auskunftserteilung im (pflichtgemäßen) Ermessen der Behörde liegt, dürfen dabei auch der anfallende Arbeitsaufwand und Wirtschaftlichkeitser- **981**

---

[106] AK-Weichert, 2006, § 184 Rdn. 11; Calliess/Müller-Dietz, 2008, § 184 Rdn. 3.
[107] § 49 Abs. 1 JVollzGB I i.V.m. § 21 Abs. 2 bis 6 LDSG (B-W), Art. 203 BayStVollzG i.V.m. Art. 10 BayDSG, § 126 HmbStVollzG i.V.m. § 18 HmbDSG, § 64 S. 1 HStVollzG i.V.m. § 18 Abs. 3 bis 6 HDSG, § 198 NJVollzG i.V.m. § 16 NDSG.
[108] OLG Naumburg, NStZ 2004, S. 613.
[109] BT-Drs. 13/10245, S. 28; dazu Weichert, 2000a, S. 88.
[110] § 19 Abs. 1 S. 4 BDSG, § 21 Abs. 3 S. 1 LDSG (B-W), Art. 10 Abs. 3 S. 3 BayDSG, § 18 Abs. 1 S. 4 HmbDSG, § 16 Abs. 2 S. 2 NDSG; in Hessen demgegenüber wohl schriftlich gem. § 64 S. 1 HStVollzG i.V.m. § 18 Abs. 1 S. 1 HDSG.

wägungen Berücksichtigung finden. So kann der Gefangene nicht nach jeder Buchung, die die Anstalt auf den für ihn geführten Konten vornimmt, die Erteilung eines Auszuges verlangen; es genügt, wenn dies monatlich erfolgt.[111]

982 Ein **Recht auf Akteneinsicht** wird durch § 185 S. 1 StVollzG, § 49 Abs. 1 S. 2 JVollzGB I, Art. 203 BayStVollzG, § 126 HmbStVollzG, § 64 S. 1 HStVollzG, § 198 NJVollzG erst gewährt, wenn die Auskunftserteilung nicht ausreicht. Das Verlangen nach Akteneinsicht erfordert die Darlegung, dass eine Auskunft für die Wahrung der rechtlichen Interessen des Betroffenen nicht gerecht wird und er hierzu gerade auf die Akteneinsicht angewiesen ist.[112] In der Literatur wird zum Teil die Ansicht vertreten, einer solchen Begründung bedürfe es nicht, vielmehr genüge bereits der bloße Hinweis, das Recht auf informationelle Selbstbestimmung wahrnehmen zu wollen.[113] Dagegen spricht jedoch, dass dies im Widerspruch zu dem eindeutigen Wortlaut des § 185 S. 1 StVollzG bzw. den entsprechenden Normen des Landesrechts steht. Auch aus der Möglichkeit der Gewährung des Auskunftsanspruchs aus Praktikabilitätsgründen durch Akteneinsicht ergibt sich nicht notwendigerweise, dass die Vollzugsbehörde eine Akteneinsicht ohne die Darlegung der vom Gesetz verlangten berechtigten Interessen gestatten muss.[114] Die Frage, ob die Auskunftserteilung ausreicht, unterliegt in vollem Umfang der gerichtlichen Überprüfung.[115]

Da ein Antrag auf Auskunft die Art der fraglichen Daten näher umschreiben muss (§ 19 Abs. 1 S. 2 BDSG, § 21 Abs. 2 S. 1 LDSG (B-W), Art. 10 Abs. 3 S. 1 BayDSG, § 18 Abs. 1 S. 2 HmbDSG, § 18 Abs. 3 S. 2 HDSG, § 16 Abs. 2 S. 1 NDSG), darf der Gefangene nicht durch das Begehren, über sämtliche Daten in Kenntnis gesetzt zu werden, die gesetzlichen Beschränkungen des Rechts auf Akteneinsicht unterlaufen.[116] Im Hinblick auf die Bedeutung des Vollzugsplans für die Resozialisierung des Gefangenen[117] kann dieser allerdings nicht auf eine mündliche Unterrichtung über dessen Inhalt verwiesen werden, sondern es ist vom Vorliegen der Voraussetzungen des Akteneinsichtsrechts auszugehen.[118] Ähnliches gilt, wenn ein Aussetzungsantrag oder ein Antrag auf Gewährung von Vollzugslockerungen[119] die Kenntnis der Gefangenenpersonalakte erforderlich macht. Das Recht auf ein faires Verfahren gebietet es, den Verurteilten bzw. seinen Ver-

---

[111] OLG Frankfurt, NStZ-RR 2004, S. 316 f.
[112] KG, NStZ-RR 2008, S. 327; OLG Celle, StraFo 2010, S. 304 f.; OLG Frankfurt, NStZ-RR 2005, S. 64; OLG Hamm, NStZ-RR 2002, S. 256; OLG Hamm, ZfStrVo 2005, S. 372; OLG München, StrVert 2009, S. 200 f.; krit. dazu Bung, StrVert 2009, S. 202 ff.
[113] AK-Weichert, 2006, § 185 Rdn. 13.
[114] OLG Hamm, NStZ-RR 2002, S. 256.
[115] OLG Dresden, ZfStrVo 2000, S. 124; OLG Bamberg, Beschl. v. 21.1.2002 – Ws 823/01; OLG Koblenz, ZfStrVo 2003, S. 302; siehe auch OLG München, NStZ 2001, S. 415.
[116] LG Hamburg, NStZ 2002, S. 56.
[117] Dazu oben Kap. 5.1.5.
[118] BVerfG, StrVert 2003, S. 408; LG Landau, NStZ 2007, S. 175.
[119] KG, StrVert 2008, S. 93.

10.5 Auskunft und Akteneinsicht 607

teidiger (vgl. § 147 Abs. 1 StPO) die Akte zu diesem Zweck einsehen zu lassen.[120] Akteneinsicht kann dann auch durch die Aushändigung von Ablichtungen gewährt werden.[121]

Auch die bei Unterbringung im Maßregelvollzug geführten Krankenunterlagen können Gegenstand eines Akteneinsichtsanspruchs sein, wobei eine Beschränkung auf sog. objektive Befunde (naturwissenschaftlich objektivierbare Befunde, Aufzeichnungen über Behandlungsmaßnahmen) im Gegensatz zu subjektiven Einschätzungen des Therapeuten nicht ohne Weiteres vorgenommen werden darf.[122] Die Aufbewahrung und Herausgabe von Röntgenbildern bemisst sich demgegenüber nach den vorrangigen Bestimmungen der Verordnung über den Schutz vor Schäden durch Röntgenstrahlen.[123]

Um dem Inhaftierten die Möglichkeit der Wahrnehmung von ihm zustehenden bestimmten Rechten zu gewährleisten, sind im Vorfeld dazu verschiedene Hinweis-, Aufklärungs- und Unterrichtungspflichten der Vollzugsbehörde vorgesehen.[124]

Eine **Hinweispflicht** ist insbesondere in § 179 Abs. 2 S. 2 StVollzG i.V.m. §§ 4 Abs. 3 S. 2, 13 Abs. 1a BDSG für die Primärerhebung der Daten angeordnet. Der Betroffene muss nach § 4 Abs. 3 S. 2 BDSG informiert werden über **983**
- die zur Auskunft verpflichtende Rechtsvorschrift,
- die Freiwilligkeit der Angaben, falls sie nicht aufgrund einer verpflichtenden Rechtsvorschrift gemacht werden sollen,
- die Gewährung von Rechtsvorteilen, falls die Angaben Voraussetzung hierfür sind.

Derartige Hinweise haben rechtzeitig zu erfolgen, d.h. bevor sich der Gefangene zur Preisgabe der Daten entschieden hat.

Werden Daten statt beim Betroffenen bei einer **nicht öffentlichen Stelle** erhoben, ist nach § 13 Abs. 1a BDSG[125] die zur Auskunft verpflichtende Rechtsvorschrift oder die Freiwilligkeit der Angaben mitzuteilen.

Beispiel: Ein Gefangener beantragt Urlaub, weil er seinen pflegebedürftigen Eltern behilflich sein will. Überprüft die Anstalt die gesundheitliche Verfassung der Eltern durch eine Anfrage bei deren Nachbarn, sind diese auf die Freiwilligkeit einer solchen Auskunftserteilung aufmerksam zu machen.

---

[120] OLG Nürnberg, NStZ-RR 2004, S. 319.
[121] Vgl. BVerfG, StrVert 2003, S. 409; KG, StrVert 2008, S. 94; OLG Koblenz, ZfStrVo 2003, S. 301.
[122] BVerfG, StrVert 2007, S. 421 ff.
[123] KG, NStZ-RR 2006, S. 328.
[124] Dazu allgemein Gola/Schomerus, 2007, § 4 Rdn. 29 ff.; Simitis/Sokol, 2006, § 4 Rdn. 39 ff.
[125] Entsprechendes ergibt sich aus § 31 Abs. 2 S. 2 JVollzGB I, Art. 196 Abs. 2 S. 2 BayStVollzG i.V.m. Art. 16 Abs. 2 bis 4 BayDSG, § 118 Abs. 2 S. 2 HmbStVollzG i.V.m. §§ 12 Abs. 2, 12a Abs. 1 bis 4 HmbDSG, § 59 Abs. 3 S. 2 HStVollzG, § 190 Abs. 5 NJVollzG i.V.m. § 9 Abs. 2 u. 3 NDSG.

Hinweispflichten folgen zudem aus §§ 180 Abs. 5 S. 3, 182 Abs. 2 S. 5, 32 S. 4 und 86a Abs. 1 S. 2 StVollzG.[126] Sie ergeben sich weiter aus § 187 StVollzG i.V.m. § 4a Abs. 1 S. 2 BDSG.[127]

Sollen Daten mit Einwilligung des Betroffenen erhoben werden, weil eine sonstige Befugnisnorm nicht existiert, ist Wirksamkeitsvoraussetzung u.a. ein Hinweis auf den vorgesehenen Erhebungs-, Verarbeitungs- oder Nutzungszweck. Erforderlichenfalls oder auf Verlangen muss auch auf die Folgen der Verweigerung der Einwilligung hingewiesen werden.

> *Beispiel:* Die Anstaltsleitung ordnet an, dass ein Gefangener seinen Lebenslauf mit der Hand schreiben soll. Für dieses Verlangen fehlt es an einer besonderen Rechtsgrundlage. Es kommt also auf die Einwilligung des Betroffenen an. Die Einwilligung ist schriftlich oder mündlich zu erklären. Eine konkludente oder mutmaßliche Erklärung bleibt unbeachtlich.[128]

Die Hinweispflicht kann nur ausnahmsweise entfallen, wenn der Schutzzweck der Norm wegen offensichtlicher Kenntnis des Betroffenen bereits erreicht ist und sich die Behörde dessen vergewissert hat: Eine Hinweispflicht würde in einem solchen Fall einen bloßen Formalismus darstellen.

984 Eine **Aufklärungspflicht** wird nach § 179 Abs. 2 S. 2 StVollzG i.V.m. § 4 Abs. 3 S. 3 BDSG[129] entweder auf Verlangen des Betroffenen oder insoweit begründet, als dies nach den Umständen des Einzelfalls erforderlich ist. Sie umfasst eine Aufklärung über die zur Erteilung einer Auskunft verpflichtende Rechtsvorschrift sowie die Folgen der Verweigerung von Angaben. Dabei bedeutet Aufklären nicht lediglich die bloße Wiedergabe des Gesetzestextes. Bereits erfolgte Hinweise müssen gegebenenfalls ausführlicher wiederholt werden, wobei auf den individuellen Bildungsstand des Betroffenen abzustellen ist. Eine in der vollzuglichen Praxis besonders wichtige Aufklärungspflicht normiert § 86 Abs. 3 S. 2 StVollzG, wonach der Betroffene bei Vornahme einer erkennungsdienstlichen Behandlung und bei der Entlassung darüber aufzuklären ist, dass er – abgesehen von Lichtbildern und Beschreibung körperlicher Merkmale – die Vernichtung der dort gewonnenen Daten verlangen kann, sobald die Vollstreckung der richterlichen Entscheidung ihren Abschluss gefunden hat.

---

[126] §§ 32 Abs. 3 S. 3, 38 Abs. 3 S. 3, 39 Abs. 4 S. 1, 47 Abs. 2 S. 5 JVollzGB I; Art. 197 Abs. 5 S. 3, 200 Abs. 2 S. 5, 30 Abs. 1 S. 2, 35 Abs. 2 S. 4 BayStVollzG; §§ 120 Abs. 4 S. 2, 120 Abs. 5 S. 4, 123 Abs. 2 S. 6, 27 Abs. 1 S. 3, 32 Abs. 1 S. 3 und 5 HmbStVollzG; §§ 34 Abs. 5 S. 3, 36 Abs. 2 S. 2, 61 Abs. 4 HStVollzG; §§ 192 Abs. 4 S. 3, 195 Abs. 2 S. 5, 28 Abs. 1 S. 1, 33 Abs. 1 S. 4, 78 Abs. 1 NJVollzG.

[127] Art. 205 BayStVollzG i.V.m. Art. 15 Abs. 2 BayDSG, § 128 HmbStVollzG i.V.m. § 5 Abs. 2 S. 2 HmbDSG, § 59 Abs. 3 S. 1 HStVollzG i.V.m. § 12 Abs. 4 und 5 HDSG, § 200 Abs. 2 NJVollzG i.V.m. § 9 Abs. 2 NDSG.

[128] Calliess/Müller-Dietz, 2008, § 187 Rdn. 3; Schmid, in: Schwind/Böhm/Jehle/Laubenthal, 2009, § 187 Rdn. 10.

[129] Art. 196 Abs. 2 S. 2 BayStVollzG i.V.m. Art. 16 Abs. 3 S. 3 u. 4 BayDSG, § 59 Abs. 3 S. 1 HStVollzG i.V.m. § 12 Abs. 4 und 5 HDSG, § 200 Abs. 2 NJVollzG i.V.m. § 9 Abs. 2 S. 2 NDSG.

Unterrichtungspflichten ergeben sich für den Fall der verdeckten Erhebung, **985**
Verarbeitung oder Nutzung ab dem Zeitpunkt des Wegfalls des Hinderungsgrundes einer Gefährdung der rechtmäßigen Aufgabenerfüllung. Solche Pflichten sind beispielsweise in §§ 179 Abs. 4 S. 1, 180 Abs. 5 S. 4, 184 Abs. 4 StVollzG[130] geregelt.

Eine Unterrichtungspflicht besteht nach Bundesrecht weiter in dem Fall, dass **986** personenbezogene Daten beim Betroffenen selbst erhoben werden. Sofern er nicht bereits Kenntnis hat, muss er von der verantwortlichen Stelle (§ 3 Abs. 7 BDSG) über
– ihre Identität,
– die Zwecke der Erhebung, Verarbeitung und Nutzung sowie
– die Kategorien von Empfängern unterrichtet werden, soweit der Betroffene nicht mit der Übermittlung an sie rechnen muss.

Das folgt aus § 179 Abs. 2 S. 2 StVollzG i.V.m. § 4 Abs. 3 S. 1 BDSG. Zwar verweist das Strafvollzugsgesetz nur hinsichtlich „Hinweis- und Aufklärungspflichten" auf § 4 Abs. 3 BDSG. Eine Unterrichtungspflicht wäre bei engem Verständnis hiervon nicht erfasst. Insoweit ist jedoch von einem Redaktionsversehen des Gesetzgebers auszugehen. Vor der Änderung des § 179 Abs. 2 S. 2 StVollzG durch Art. 8f des Gesetzes zur Änderung des Bundesdatenschutzgesetzes und anderer Gesetze vom 18.5.2001[131] wurde auf die Pflicht zum Hinweis auf den Erhebungszweck gem. § 13 Abs. 3 S. 1 BDSG Bezug genommen. Die letztgenannte Regelung hat der Gesetzgeber durch den ebenfalls neu gefassten § 4 Abs. 3 BDSG ersetzt.

In § 179 StVollzG sollte ausweislich der Materialien[132] nur die Verweisung angepasst, nicht aber eine inhaltliche Neuerung eingeführt werden.[133] Erhebt die Vollzugsbehörde Daten, wird der Gefangene regelmäßig Kenntnis von ihrer Identität als verantwortliche Stelle und von potentiellen Empfängern haben. Insoweit kommt der Regelung der Unterrichtungspflichten für den Bereich des Strafvollzugs kaum Bedeutung zu.[134]

Eine spezielle Regelung im Hinblick auf die Offenbarungsbefugnisse von Ärzten, Psychologen, Sozialarbeitern und Sozialpädagogen für die Pflicht zur Unterrichtung vor Datenerhebung treffen jedoch § 182 Abs. 2 S. 5 StVollzG, Art. 200 Abs. 2 S. 5 BayStVollzG, § 123 Abs. 2 S. 6 HmbStVollzG, § 61 Abs. 4

---

[130] §§ 31 Abs. 5, 32 Abs. 4, 39 Abs. 4 S. 2 JVollzGB I; Art. 196 Abs. 4 S. 1, 197 Abs. 5 S. 4, 202 Abs. 4 BayStVollzG; §§ 118 Abs. 4 S. 1, 120 Abs. 5 S. 5, 125 Abs. 5 HmbStVollzG; §§ 190 Abs. 4 S. 1, 192 Abs. 4 S. 4, 197 Abs. 4 NJVollzG; ähnlich z.B. § 60 Abs. 3 S. 4 HStVollzG, vgl. aber § 64 S. 2 HStVollzG i.V.m. § 18 Abs. 1 S. 1 HDSG.
[131] BGBl. I 2001, S. 904.
[132] Vgl. BR-Drs. 461/00, S. 19; BT-Drs. 14/5793, S. 67.
[133] Wie hier Schmid, in: Schwind/Böhm/Jehle/Laubenthal, 2009, § 179 Rdn. 13.
[134] Vgl. Tinnefeld, 2001, S. 3080 zu den Auswirkungen des modifizierten Datenschutzrechts auf die Datenverarbeitung durch Private.

HStVollzG, § 195 Abs. 2 S. 5 NJVollzG (vgl. auch § 47 Abs. 2 S. 5 JVollzGB I).[135]

987 Die **haftungsrechtlichen Konsequenzen** eines Verstoßes gegen die Pflichten zu Hinweis, Aufklärung bzw. Unterrichtung regeln die Landesdatenschutzgesetze, die über § 187 S. 2 StVollzG bzw. § 55 S. 2 JVollzGB I, Art. 205 BayStVollzG, § 128 HmbStVollzG, § 58 Abs. 1 S. 2 HStVollzG, § 200 Abs. 2 NJVollzG Anwendung finden. Daneben besteht ein Amtshaftungsanspruch nach Art. 34 GG i.V.m. § 839 BGB bei schuldhafter Pflichtverletzung und Schadenseintritt, dessen Voraussetzungen aber selten zu bejahen sind.[136]

Zurücktreten müssen die Auskunftsrechte des Betroffenen in den Fällen von § 19 Abs. 4 BDSG, § 49 Abs. 1 S. 1 JVollzGB I i.V.m. § 21 Abs. 5 LDSG (B-W), Art. 10 Abs. 5 BayDSG, § 18 Abs. 3 HmbDSG, § 16 Abs. 4 NDSG, insbesondere wenn die ordnungsgemäße Aufgabenerfüllung durch die Auskunft gefährdet würde, bei einer Gefahr für die öffentliche Sicherheit oder Ordnung, einem Nachteil für das Wohl des Bundes oder eines Landes oder bei einer gesetzlich oder insbesondere aufgrund überwiegender berechtigter Interessen eines Dritten begründeten Geheimhaltungspflicht mit der Folge, dass eine Auskunftserteilung unterbleibt. In Hessen bleibt es demgegenüber bei den Ausschlussgründen des § 64 S. 1 HStVollzG i.V.m. § 18 Abs. 2 HDSG.

10.5.2 Auskunft und Akteneinsicht für wissenschaftliche Zwecke

988 Zu wissenschaftlichen Zwecken können gem. § 186 StVollzG (§ 40 JVollzGB I, Art. 204 BayStVollzG, § 127 HmbStVollzG, § 56 Abs. 8 HStVollzG, § 199 NJVollzG) i.V.m. § 476 StPO an öffentliche oder nichtöffentliche Stellen, die Forschung betreiben, personenbezogene Daten in Akten übermittelt werden, wenn die Erforderlichkeit des Zugriffs auf diese dargelegt wird.[137] Die Vollzugsbehörde trifft bei einem entsprechenden Antrag eine Ermessensentscheidung, bei welcher zwei gegenläufige Faktoren in die gebotene Abwägung einzustellen sind: Es ist die in Art. 5 Abs. 3 S. 1 GG normierte Freiheit von Wissenschaft und Forschung zu beachten, wobei der Vollzugsbehörde generell nicht das Recht zukommt, über die (Un-)Vernünftigkeit eines wissenschaftlichen Projekts und die Art und Weise des methodischen Vorgehens Urteile abzugeben.[138] Anderes muss allerdings gelten, sofern an der methodischen Unzulänglichkeit kein Zweifel besteht.[139] Art. 5 Abs. 3 S. 1 GG gegenüber steht aber das ebenfalls mit Verfassungsrang ausgestattete Recht der Betroffenen auf informationelle Selbstbestimmung.[140] Eine Datenübermittlung mit Einwilligung der Betroffenen bleibt ohne Weiteres möglich.

---

[135] Dazu oben Kap. 10.4.3.
[136] Simitis/Sokol, 2006, § 4 Rdn. 60 i.V.m. § 7 Rdn. 74.
[137] BT-Drs. 13/10245, S. 28.
[138] Rixen, 2000, S. 644.
[139] Vgl. AK-Weichert, 2006, § 186 Rdn. 12; Calliess/Müller-Dietz, 2008, § 186 Rdn. 3; Schmid, in: Schwind/Böhm/Jehle/Laubenthal, 2009, § 186 Rdn. 4.
[140] BT-Drs. 13/10245, S. 29.

Die Übermittlung der Informationen erfolgt nach § 476 Abs. 2 StPO grundsätzlich durch Auskünfte, ausnahmsweise auch durch Akteneinsicht, wenn anders der Zweck der Forschungsarbeit nicht erreicht werden kann oder die Erteilung einen unverhältnismäßigen Aufwand erfordert. Die Personen, zu denen die Daten gelangen, müssen einer öffentlich-rechtlich begründeten Schweigepflicht unterliegen, ansonsten erfolgt entsprechend den Bestimmungen des Verpflichtungsgesetzes[141] eine besondere Verpflichtung zur Geheimhaltung (§ 476 Abs. 3 StPO).

10.6 Kontrolle

Eine **interne Kontrolle** der Durchführung des Datenschutzes erfolgt durch die Bestellung eines Datenschutzbeauftragten (§ 4f BDSG, § 55 S. 1 JVollzGB I, § 205 BayStVollzG i.V.m. § 29 BayDSG, § 200 Abs. 2 NJVollzG) der einzelnen Vollzugsbehörde, welcher gem. § 4g BDSG (§ 10 LDSG (B-W), Art. 30 BayDSG, § 10a HmbDSG, § 5 HDSG, § 8a NDSG) auf die Einhaltung der Datenschutzvorschriften hinzuwirken hat. Zudem sind die sich aus § 187 S. 1 StVollzG i.V.m. § 18 Abs. 2 BDSG[142] ergebenden Anforderungen zu beachten. **989**

Verantwortlich für die **externe Kontrolle** der Anwendung des vollzuglichen Datenschutzrechts sind die Landesdatenschutzbeauftragten, § 187 S. 2 StVollzG, § 55 S. 1 JVollzGB I, Art. 205 BayStVollzG, § 128 HmbStVollzG, § 200 Abs. 2 NJVollzG i.V.m. §§ 21 ff. NDSG.[143] Der Schriftwechsel zwischen diesen Beauftragten und den Gefangenen wird nicht überwacht, § 29 Abs. 2 S. 2 und 3 StVollzG, § 24 Abs. 3 Nr. 5 JVollzGB I, Art. 32 Abs. 2 S. 2 und 3 BayStVollzG, § 30 Abs. 3 Nr. 5, Abs. 4 HmbStVollzG, § 30 Abs. 3 S. 2 und 3 NJVollzG. Sind personenbezogene Informationen zu wissenschaftlichen Zwecken an nichtöffentliche Forschung betreibende Stellen übermittelt worden, obliegt den nach Landesrecht mit der Überwachung des Datenschutzes betrauten Aufsichtsbehörden deren Kontrolle. Es handelt sich dabei um eine anlassunabhängige Prüfung (§ 186 StVollzG, § 40 Abs. 1 JVollzGB I, Art. 204 BayStVollzG, § 127 HmbStVollzG, § 56 Abs. 8 HStVollzG, § 199 NJVollzG, jeweils i.V.m. § 476 Abs. 8 StPO, § 38 BDSG).[144] **990**

Soweit eine Maßnahme die Anwendung der Datenschutznormen des Strafvollzugsgesetzes betrifft und es um eine Angelegenheit auf dem Gebiet des Strafvollzugs, des Vollzugs der Sicherungsverwahrung, einer Unterbringung im psychiatrischen Krankenhaus bzw. in einer Entziehungsanstalt oder um den Vollzug von Zivilhaft geht, steht für eine Kontrolle auf gerichtlicher Ebene der Rechtsweg nach §§ 109 ff. StVollzG zur Verfügung.[145]

---

[141] Vom 2. März 1974, BGBl. I, S. 469, 547.
[142] Auf Landesebene z.B. Art. 205 BayStVollzG i.V.m. Art. 25 bis 27 BayDSG.
[143] Über Vollzugs- und Durchsetzungsdefizite Weichert, 1999, S. 492.
[144] Dazu Calliess/Müller-Dietz, 2006, § 186 Rdn. 7.
[145] BVerfG, NStZ 2000, S. 55.

10.7 Datenschutz und besondere Vollzugsformen

991 Die Bundesländer, die besondere Jugendstrafvollzugsgesetze erlassen haben, mussten – mit Ausnahme von Baden-Württemberg – in diesen auch eigenständige Regelungen über den Datenschutz treffen. Diese entsprechen im Wesentlichen den §§ 179 ff. StVollzG. Im Einzelnen handelt es sich um folgende Bestimmungen:
- §§ 88 bis 96   JStVollzG Bln,
- §§ 88 bis 96   BbgJStVollzG,
- §§ 88 bis 96   BremJStVollzG,
- §§ 58 bis 65   HessJStVollzG,
- §§ 88 bis 96   JStVollzG M-V,
- §§ 98 bis 107   JStVollzG NRW,
- §§ 88 bis 96   JStVollzG RLP,
- §§ 88 bis 96   SJStVollzG,
- §§ 88 bis 96   SächsJStVollzG,
- §§ 98 bis 106   JStVollzG LSA,
- §§ 88 bis 96   JStVollzG S-H sowie
- §§ 88 bis 96   ThürJStVollzG.

Für Baden-Württemberg ordnet § 27 Abs. 2 S. 1 JVollzGB I die Geltung der datenschutzrechtlichen Vorschriften auch für den Jugendstrafvollzug an. Auch in den übrigen Bundesländern (Bayern, Hamburg, Niedersachsen) gelten die Regelungen der Landes-Strafvollzugsgesetze für alle von ihnen erfassten Vollzugsformen.

Maßnahmen im Geltungsbereich der datenschutzrechtlichen Bestimmungen im Jugendstrafvollzug können gerichtlich im Verfahren nach § 92 JGG überprüft werden.

Gesetzestext: Bundes-Strafvollzugsgesetz

Erster Abschnitt. Anwendungsbereich

§ 1. [Anwendungsbereich]. Dieses Gesetz regelt den Vollzug der Freiheitsstrafe in Justizvollzugsanstalten und der freiheitsentziehenden Maßregeln der Besserung und Sicherung.

Zweiter Abschnitt. Vollzug der Freiheitsstrafe

Erster Titel. Grundsätze

§ 2. Aufgaben des Vollzuges. ¹Im Vollzug der Freiheitsstrafe soll der Gefangene fähig werden, künftig in sozialer Verantwortung ein Leben ohne Straftaten zu führen (Vollzugsziel). ²Der Vollzug der Freiheitsstrafe dient auch dem Schutz der Allgemeinheit vor weiteren Straftaten.

§ 3. Gestaltung des Vollzuges. (1) Das Leben im Vollzug soll den allgemeinen Lebensverhältnissen soweit als möglich angeglichen werden.

(2) Schädlichen Folgen des Freiheitsentzuges ist entgegenzuwirken.

(3) Der Vollzug ist darauf auszurichten, daß er dem Gefangenen hilft, sich in das Leben in Freiheit einzugliedern.

§ 4. Stellung des Gefangenen. (1) ¹Der Gefangene wirkt an der Gestaltung seiner Behandlung und an der Erreichung des Vollzugszieles mit. ²Seine Bereitschaft hierzu ist zu wecken und zu fördern.

(2) ¹Der Gefangene unterliegt den in diesem Gesetz vorgesehenen Beschränkungen seiner Freiheit. ²Soweit das Gesetz eine besondere Regelung nicht enthält, dürfen ihm nur Beschränkungen auferlegt werden, die zur Aufrechterhaltung der Sicherheit oder zur Abwendung einer schwerwiegenden Störung der Ordnung der Anstalt unerläßlich sind.

Zweiter Titel. Planung des Vollzuges

§ 5. Aufnahmeverfahren. (1) Beim Aufnahmeverfahren dürfen andere Gefangene nicht zugegen sein.

(2) Der Gefangene wird über seine Rechte und Pflichten unterrichtet.

(3) Nach der Aufnahme wird der Gefangene alsbald ärztlich untersucht und dem Leiter der Anstalt oder der Aufnahmeabteilung vorgestellt.

§ 6. Behandlungsuntersuchung. Beteiligung des Gefangenen. (1) ¹Nach dem Aufnahmeverfahren wird damit begonnen, die Persönlichkeit und die Lebensverhältnisse des Gefangenen zu erforschen. ²Hiervon kann abgesehen werden, wenn dies mit Rücksicht auf die Vollzugsdauer nicht geboten erscheint.

(2) ¹Die Untersuchung erstreckt sich auf die Umstände, deren Kenntnis für eine planvolle Behandlung des Gefangenen im Vollzug und für die Eingliederung nach seiner Entlassung notwendig ist. ²Bei Gefangenen, die wegen einer Straftat nach den §§ 174 bis 180 oder 182 des Strafgesetzbuches verurteilt worden sind, ist besonders gründlich zu prüfen, ob die Verlegung in eine sozialtherapeutische Anstalt angezeigt ist.

(3) Die Planung der Behandlung wird mit dem Gefangenen erörtert.

§ 7. Vollzugsplan. (1) Auf Grund der Behandlungsuntersuchung (§ 6) wird ein Vollzugsplan erstellt.

(2) Der Vollzugsplan enthält Angaben mindestens über folgende Behandlungsmaßnahmen:
1. die Unterbringung im geschlossenen oder offenen Vollzug,
2. die Verlegung in eine sozialtherapeutische Anstalt,
3. die Zuweisung zu Wohngruppen und Behandlungsgruppen,
4. den Arbeitseinsatz sowie Maßnahmen der beruflichen Ausbildung oder Weiterbildung,
5. die Teilnahme an Veranstaltungen der Weiterbildung,
6. besondere Hilfs- und Behandlungsmaßnahmen,
7. Lockerungen des Vollzuges und
8. notwendige Maßnahmen zur Vorbereitung der Entlassung.

(3) ¹Der Vollzugsplan ist mit der Entwicklung des Gefangenen und weiteren Ergebnissen der Persönlichkeitserforschung in Einklang zu halten. ²Hierfür sind im Vollzugsplan angemessene Fristen vorzusehen.

(4) Bei Gefangenen, die wegen einer Straftat nach den §§ 174 bis 180 oder 182 des Strafgesetzbuches zu Freiheitsstrafe von mehr als zwei Jahren verurteilt worden sind, ist über eine Verlegung in eine sozialtherapeutische Anstalt jeweils nach Ablauf von sechs Monaten neu zu entscheiden.

§ 8. Verlegung. Überstellung. (1) Der Gefangene kann abweichend vom Vollstreckungsplan in eine andere für den Vollzug der Freiheitsstrafe zuständige Anstalt verlegt werden,
1. wenn die Behandlung des Gefangenen oder seine Eingliederung nach der Entlassung hierdurch gefördert wird oder
2. wenn dies aus Gründen der Vollzugsorganisation oder aus anderen wichtigen Gründen erforderlich ist.

(2) Der Gefangene darf aus wichtigem Grund in eine andere Vollzugsanstalt überstellt werden.

§ 9. Verlegung in eine sozialtherapeutische Anstalt. (1) ¹Ein Gefangener ist in eine sozialtherapeutische Anstalt zu verlegen, wenn er wegen einer Straftat nach den §§ 174 bis 180 oder 182 des Strafgesetzbuches zu zeitiger Freiheitsstrafe von mehr als zwei Jahren verurteilt worden ist und die Behandlung in einer sozialtherapeutischen Anstalt nach § 6 Abs. 2 Satz 2 oder § 7 Abs. 4 angezeigt ist. ²Der Gefangene ist zurückzuverlegen, wenn der Zweck der Behandlung aus Gründen, die in der Person des Gefangenen liegen, nicht erreicht werden kann.

(2) ¹Andere Gefangene können mit ihrer Zustimmung in eine sozialtherapeutische Anstalt verlegt werden, wenn die besonderen therapeutischen Mittel und sozialen Hilfen der

Anstalt zu ihrer Resozialisierung angezeigt sind. ²In diesen Fällen bedarf die Verlegung der Zustimmung des Leiters der sozialtherapeutischen Anstalt.

(3) Die §§ 8 und 85 bleiben unberührt.

§ 10. Offener und geschlossener Vollzug. (1) Ein Gefangener soll mit seiner Zustimmung in einer Anstalt oder Abteilung des offenen Vollzuges untergebracht werden, wenn er den besonderen Anforderungen des offenen Vollzuges genügt und namentlich nicht zu befürchten ist, daß er sich dem Vollzug der Freiheitsstrafe entziehen oder die Möglichkeiten des offenen Vollzuges zu Straftaten mißbrauchen werde.

(2) ¹Im übrigen sind die Gefangenen im geschlossenen Vollzug unterzubringen. ²Ein Gefangener kann auch dann im geschlossenen Vollzug untergebracht oder dorthin zurückverlegt werden, wenn dies zu seiner Behandlung notwendig ist.

§ 11. Lockerungen des Vollzuges. (1) Als Lockerung des Vollzuges kann namentlich angeordnet werden, daß der Gefangene
1. außerhalb der Anstalt regelmäßig einer Beschäftigung unter Aufsicht (Außenbeschäftigung) oder ohne Aufsicht eines Vollzugsbediensteten (Freigang) nachgehen darf oder
2. für eine bestimmte Tageszeit die Anstalt unter Aufsicht (Ausführung) oder ohne Aufsicht eines Vollzugsbediensteten (Ausgang) verlassen darf.

(2) Diese Lockerungen dürfen mit Zustimmung des Gefangenen angeordnet werden, wenn nicht zu befürchten ist, daß der Gefangene sich dem Vollzug der Freiheitsstrafe entziehen oder die Lockerungen des Vollzuges zu Straftaten mißbrauchen werde.

§ 12. Ausführung aus besonderen Gründen. Ein Gefangener darf auch ohne seine Zustimmung ausgeführt werden, wenn dies aus besonderen Gründen notwendig ist.

§ 13. Urlaub aus der Haft. (1) ¹Ein Gefangener kann bis zu einundzwanzig Kalendertagen in einem Jahr aus der Haft beurlaubt werden. ²§ 11 Abs. 2 gilt entsprechend.

(2) Der Urlaub soll in der Regel erst gewährt werden, wenn der Gefangene sich mindestens sechs Monate im Strafvollzug befunden hat.

(3) Ein zu lebenslanger Freiheitsstrafe verurteilter Gefangener kann beurlaubt werden, wenn er sich einschließlich einer vorhergehenden Untersuchungshaft oder einer anderen Freiheitsentziehung zehn Jahre im Vollzug befunden hat oder wenn er in den offenen Vollzug überwiesen ist.

(4) Gefangenen, die sich für den offenen Vollzug eignen, aus besonderen Gründen aber in einer geschlossenen Anstalt untergebracht sind, kann nach den für den offenen Vollzug geltenden Vorschriften Urlaub erteilt werden.

(5) Durch den Urlaub wird die Strafvollstreckung nicht unterbrochen.

§ 14. Weisungen, Aufhebung von Lockerungen und Urlaub. (1) Der Anstaltsleiter kann dem Gefangenen für Lockerungen und Urlaub Weisungen erteilen.

(2) ¹Er kann Lockerungen und Urlaub widerrufen, wenn
1. er auf Grund nachträglich eingetretener Umstände berechtigt wäre, die Maßnahmen zu versagen,
2. der Gefangene die Maßnahmen mißbraucht oder
3. der Gefangene Weisungen nicht nachkommt.

²Er kann Lockerungen und Urlaub mit Wirkung für die Zukunft zurücknehmen, wenn die Voraussetzungen für ihre Bewilligung nicht vorgelegen haben.

§ 15. Entlassungsvorbereitung. (1) Um die Entlassung vorzubereiten, soll der Vollzug gelockert werden (§ 11).

(2) Der Gefangene kann in eine offene Anstalt oder Abteilung (§ 10) verlegt werden, wenn dies der Vorbereitung der Entlassung dient.

(3) [1]Innerhalb von drei Monaten vor der Entlassung kann zu deren Vorbereitung Sonderurlaub bis zu einer Woche gewährt werden. [2]§ 11 Abs. 2, § 13 Abs. 5 und § 14 gelten entsprechend.

(4) [1]Freigängern (§ 11 Abs. 1 Nr. 1) kann innerhalb von neun Monaten vor der Entlassung Sonderurlaub bis zu sechs Tagen im Monat gewährt werden. [2]§ 11 Abs. 2, § 13 Abs. 5 und § 14 gelten entsprechend. Absatz 3 Satz 1 findet keine Anwendung.

§ 16. Entlassungszeitpunkt. (1) Der Gefangene soll am letzten Tag seiner Strafzeit möglichst frühzeitig, jedenfalls noch am Vormittag entlassen werden.

(2) Fällt das Strafende auf einen Sonnabend oder Sonntag, einen gesetzlichen Feiertag, den ersten Werktag nach Ostern oder Pfingsten oder in die Zeit vom 22. Dezember bis zum 2. Januar, so kann der Gefangene an dem diesem Tag oder Zeitraum vorhergehenden Werktag entlassen werden, wenn dies nach der Länge der Strafzeit vertretbar ist und fürsorgerische Gründe nicht entgegenstehen.

(3) Der Entlassungszeitpunkt kann bis zu zwei Tagen vorverlegt werden, wenn dringende Gründe dafür vorliegen, daß der Gefangene zu seiner Eingliederung hierauf angewiesen ist.

Dritter Titel. Unterbringung und Ernährung des Gefangenen

§ 17. Unterbringung während der Arbeit und Freizeit. (1) [1]Die Gefangenen arbeiten gemeinsam. [2]Dasselbe gilt für Berufsausbildung, berufliche Weiterbildung sowie arbeitstherapeutische und sonstige Beschäftigung während der Arbeitszeit.

(2) [1]Während der Freizeit können die Gefangenen sich in der Gemeinschaft mit den anderen aufhalten. [2]Für die Teilnahme an gemeinschaftlichen Veranstaltungen kann der Anstaltsleiter mit Rücksicht auf die räumlichen, personellen und organisatorischen Verhältnisse der Anstalt besondere Regelungen treffen.

(3) Die gemeinschaftliche Unterbringung während der Arbeitszeit und Freizeit kann eingeschränkt werden,
1. wenn ein schädlicher Einfluß auf andere Gefangene zu befürchten ist,
2. wenn der Gefangene nach § 6 untersucht wird, aber nicht länger als zwei Monate,
3. wenn es die Sicherheit oder Ordnung der Anstalt erfordert oder
4. wenn der Gefangene zustimmt.

§ 18. Unterbringung während der Ruhezeit. (1) [1]Gefangene werden während der Ruhezeit allein in ihren Haftraumen untergebracht. [2]Eine gemeinsame Unterbringung ist zulässig, sofern ein Gefangener hilfsbedürftig ist oder eine Gefahr für Leben oder Gesundheit eines Gefangenen besteht.

(2) [1]Im offenen Vollzug dürfen Gefangene mit ihrer Zustimmung während der Ruhezeit gemeinsam untergebracht werden, wenn eine schädliche Beeinflussung nicht zu befürchten ist. [2]Im geschlossenen Vollzug ist eine gemeinschaftliche Unterbringung zur Ruhezeit außer in den Fällen des Absatzes 1 nur vorübergehend und aus zwingenden Gründen zulässig.

§ 19. Ausstattung des Haftraumes durch den Gefangenen und sein persönlicher Besitz. (1) [1]Der Gefangene darf seinen Haftraum in angemessenem Umfang mit eigenen Sachen ausstatten. [2]Lichtbilder nahestehender Personen und Erinnerungsstücke von persönlichem Wert werden ihm belassen.

(2) Vorkehrungen und Gegenstände, die die Übersichtlichkeit des Haftraumes behindern oder in anderer Weise Sicherheit oder Ordnung der Anstalt gefährden, können ausgeschlossen werden.

§ 20 Kleidung. (1) [1]Der Gefangene trägt Anstaltskleidung. [2]Für die Freizeit erhält er eine besondere Oberbekleidung.

(2) [1]Der Anstaltsleiter gestattet dem Gefangenen, bei einer Ausführung eigene Kleidung zu tragen, wenn zu erwarten ist, daß er nicht entweichen wird. [2]Er kann dies auch sonst gestatten, sofern der Gefangene für Reinigung, Instandsetzung und regelmäßigen Wechsel auf eigene Kosten sorgt.

§ 21. Anstaltsverpflegung. [1]Zusammensetzung und Nährwert der Anstaltsverpflegung werden ärztlich überwacht. [2]Auf ärztliche Anordnung wird besondere Verpflegung gewährt. [3]Dem Gefangenen ist zu ermöglichen, Speisevorschriften seiner Religionsgemeinschaft zu befolgen.

§ 22. Einkauf. (1) [1]Der Gefangene kann sich von seinem Hausgeld (§ 47) oder von seinem Taschengeld (§ 46) aus einem von der Anstalt vermittelten Angebot Nahrungs- und Genußmittel sowie Mittel zur Körperpflege kaufen. [2]Die Anstalt soll für ein Angebot sorgen, das auf Wünsche und Bedürfnisse der Gefangenen Rücksicht nimmt.

(2) [1]Gegenstände, die die Sicherheit oder Ordnung der Anstalt gefährden, können vom Einkauf ausgeschlossen werden. [2]Auf ärztliche Anordnung kann dem Gefangenen der Einkauf einzelner Nahrungs- und Genußmittel ganz oder teilweise untersagt werden, wenn zu befürchten ist, daß sie seine Gesundheit ernsthaft gefährden. [3]In Krankenhäusern und Krankenabteilungen kann der Einkauf einzelner Nahrungs- und Genußmittel auf ärztliche Anordnung allgemein untersagt oder eingeschränkt werden.

(3) Verfügt der Gefangene ohne eigenes Verschulden nicht über Haus- oder Taschengeld, wird ihm gestattet, in angemessenem Umfang vom Eigengeld einzukaufen.

Vierter Titel. Besuche, Schriftwechsel sowie Urlaub, Ausgang und Ausführung aus besonderem Anlaß

§ 23. Grundsatz. [1]Der Gefangene hat das Recht, mit Personen außerhalb der Anstalt im Rahmen der Vorschriften dieses Gesetzes zu verkehren. [2]Der Verkehr mit Personen außerhalb der Anstalt ist zu fördern.

§ 24. Recht auf Besuch. (1) [1]Der Gefangene darf regelmäßig Besuch empfangen. [2]Die Gesamtdauer beträgt mindestens eine Stunde im Monat. [3]Das Weitere regelt die Hausordnung.

(2) Besuche sollen darüber hinaus zugelassen werden, wenn sie die Behandlung oder Eingliederung des Gefangenen fördern oder persönlichen, rechtlichen oder geschäftlichen Angelegenheiten dienen, die nicht vom Gefangenen schriftlich erledigt, durch Dritte wahrgenommen oder bis zur Entlassung des Gefangenen aufgeschoben werden können.

(3) Aus Gründen der Sicherheit kann ein Besuch davon abhängig gemacht werden, daß sich der Besucher durchsuchen läßt.

§ 25. Besuchsverbot. Der Anstaltsleiter kann Besuche untersagen,
1. wenn die Sicherheit oder Ordnung der Anstalt gefährdet würde,
2. bei Besuchern, die nicht Angehörige des Gefangenen im Sinne des Strafgesetzbuches sind, wenn zu befürchten ist, daß sie einen schädlichen Einfluß auf den Gefangenen haben oder seine Eingliederung behindern würden.

§ 26. Besuche von Verteidigern, Rechtsanwälten und Notaren. [1]Besuche von Verteidigern sowie von Rechtsanwälten oder Notaren in einer den Gefangenen betreffenden Rechtssache sind zu gestatten. [2]§ 24 Abs. 3 gilt entsprechend. [3]Eine inhaltliche Überprüfung der vom Verteidiger mitgeführten Schriftstücke und sonstigen Unterlagen ist nicht zulässig. [4]§ 29 Abs. 1 Satz 2 und 3 bleibt unberührt.

§ 27. Überwachung der Besuche. (1) [1]Die Besuche dürfen aus Gründen der Behandlung oder der Sicherheit oder Ordnung der Anstalt überwacht werden, es sei denn, es liegen im Einzelfall Erkenntnisse dafür vor, daß es der Überwachung nicht bedarf. [2]Die Unterhaltung darf nur überwacht werden, soweit dies im Einzelfall aus diesen Gründen erforderlich ist.

(2) [1]Ein Besuch darf abgebrochen werden, wenn Besucher oder Gefangene gegen die Vorschriften dieses Gesetzes oder die auf Grund dieses Gesetzes getroffenen Anordnungen trotz Abmahnung verstoßen. [2]Die Abmahnung unterbleibt, wenn es unerläßlich ist, den Besuch sofort abzubrechen.

(3) Besuche von Verteidigern werden nicht überwacht.

(4) [1]Gegenstände dürfen beim Besuch nur mit Erlaubnis übergeben werden. [2]Dies gilt nicht für die bei dem Besuch des Verteidigers übergebenen Schriftstücke und sonstigen Unterlagen sowie für die bei dem Besuch eines Rechtsanwalts oder Notars zur Erledigung einer den Gefangenen betreffenden Rechtssache übergebenden Schriftstücke und sonstigen Unterlagen; bei dem Besuch eines Rechtsanwalts oder Notars kann die Übergabe aus Gründen der Sicherheit oder Ordnung der Anstalt von der Erlaubnis abhängig gemacht werden. [3]§ 29 Abs. 1 Satz 2 und 3 bleibt unberührt.

§ 28. Recht auf Schriftwechsel. (1) Der Gefangene hat das Recht, unbeschränkt Schreiben abzusenden und zu empfangen.

(2) Der Anstaltsleiter kann den Schriftwechsel mit bestimmten Personen untersagen,
1. wenn die Sicherheit oder Ordnung der Anstalt gefährdet würde,
2. bei Personen, die nicht Angehörige des Gefangenen im Sinne des Strafgesetzbuches sind, wenn zu befürchten ist, daß der Schriftwechsel einen schädlichen Einfluß auf den Gefangenen haben oder seine Eingliederung behindern würde.

§ 29. Überwachung des Schriftwechsels. (1) [1]Der Schriftwechsel des Gefangenen mit seinem Verteidiger wird nicht überwacht. [2]Liegt dem Vollzug der Freiheitsstrafe eine Straftat nach des § 129a, auch in Verbindung mit § 129b Abs. 1, des Strafgesetzbuches zugrunde, gelten § 148 Abs. 2, § 148a der Strafprozeßordnung entsprechend; dies gilt nicht, wenn der Gefangene sich in einer Einrichtung des offenen Vollzuges befindet oder wenn ihm Lockerungen des Vollzuges gemäß § 11 Abs. 1 Nr. 1 oder 2 zweiter Halbsatz oder Urlaub gemäß § 13 oder § 15 Abs. 3 gewährt worden sind und ein Grund, der den Anstaltsleiter nach § 14 Abs. 2 zum Widerruf oder zur Zurücknahme von Lockerungen und Urlaub ermächtigt, nicht vorliegt. [3]Satz 2 gilt auch, wenn gegen einen Strafgefangenen im Anschluß an die dem Vollzug der Freiheitsstrafe zugrundeliegende Verurteilung eine Freiheitsstrafe wegen einer Straftat nach § 129a, auch in Verbindung mit § 129b Abs. 1, des Strafgesetzbuches zu vollstrecken ist.

(2) [1]Nicht überwacht werden ferner Schreiben des Gefangenen an Volksvertretungen des Bundes und der Länder sowie an deren Mitglieder, soweit die Schreiben an die An-

schriften dieser Volksvertretungen gerichtet sind und den Absender zutreffend angeben. ²Entsprechendes gilt für Schreiben an das Europäische Parlament und dessen Mitglieder, den Europäischen Gerichtshof für Menschenrechte, die Europäische Kommission für Menschenrechte, den Europäischen Ausschuß zur Verhütung von Folter und unmenschlicher oder erniedrigender Behandlung oder Strafe und die Datenschutzbeauftragten des Bundes und der Länder. ³Schreiben der in den Sätzen 1 und 2 genannten Stellen, die an den Gefangenen gerichtet sind, werden nicht überwacht, sofern die Identität des Absenders zweifelsfrei feststeht.

(3) Der übrige Schriftwechsel darf überwacht werden, soweit es aus Gründen der Behandlung oder der Sicherheit oder Ordnung der Anstalt erforderlich ist.

§ 30. Weiterleitung von Schreiben. Aufbewahrung. (1) Der Gefangene hat Absendung und Empfang seiner Schreiben durch die Anstalt vermitteln zu lassen, soweit nichts anderes gestattet ist.

(2) Eingehende und ausgehende Schreiben sind unverzüglich weiterzuleiten.

(3) Der Gefangene hat eingehende Schreiben unverschlossen zu verwahren, sofern nichts anderes gestattet wird; er kann sie verschlossen zu seiner Habe geben.

§ 31. Anhalten von Schreiben. (1) Der Anstaltsleiter kann Schreiben anhalten
1. wenn das Ziel des Vollzuges oder die Sicherheit oder Ordnung der Anstalt gefährdet würde,
2. wenn die Weitergabe in Kenntnis ihres Inhalts einen Straf- oder Bußgeldtatbestand verwirklichen würde,
3. wenn sie grob unrichtige oder erheblich entstellende Darstellungen von Anstaltsverhältnissen enthalten,
4. wenn sie grobe Beleidigungen enthalten,
5. wenn sie die Eingliederung eines anderen Gefangenen gefährden können oder
6. wenn sie in Geheimschrift, unlesbar, unverständlich oder ohne zwingenden Grund in einer fremden Sprache abgefaßt sind.

(2) Ausgehenden Schreiben, die unrichtige Darstellungen enthalten, kann ein Begleitschreiben beigefügt werden, wenn der Gefangene auf der Absendung besteht.

(3) ¹Ist ein Schreiben angehalten worden, wird das dem Gefangenen mitgeteilt. ²Angehaltene Schreiben werden an den Absender zurückgegeben oder, sofern dies unmöglich oder aus besonderen Gründen untunlich ist, behördlich verwahrt.

(4) Schreiben, deren Überwachung nach § 29 Abs. 1 und 2 ausgeschlossen ist, dürfen nicht angehalten werden.

§ 32. Ferngespräche und Telegramme. ¹Dem Gefangenen kann gestattet werden, Ferngespräche zu führen oder Telegramme aufzugeben. ²Im übrigen gelten für Ferngespräche die Vorschriften über den Besuch und für Telegramme die Vorschriften über den Schriftwechsel entsprechend. ³Ist die Überwachung der fernmündlichen Unterhaltung erforderlich, ist die beabsichtigte Überwachung dem Gesprächspartner des Gefangenen unmittelbar nach Herstellung der Verbindung durch die Vollzugsbehörde oder den Gefangenen mitzuteilen. ⁴Der Gefangene ist rechtzeitig vor Beginn der fernmündlichen Unterhaltung über die beabsichtigte Überwachung und die Mitteilungspflicht nach Satz 3 zu unterrichten.

§ 33. Pakete. (1) ¹Der Gefangene darf dreimal jährlich in angemessenen Abständen ein Paket mit Nahrungs- und Genußmitteln empfangen. ²Die Vollzugsbehörde kann Zeitpunkt und Höchstmengen für die Sendung und für einzelne Gegenstände festsetzen. ³Der Empfang weiterer Pakete oder solcher mit anderem Inhalt bedarf ihrer Erlaubnis. ⁴Für den Ausschluß von Gegenständen gilt § 22 Abs. 2 entsprechend.

(2) [1]Pakete sind in Gegenwart des Gefangenen zu öffnen. [2]Ausgeschlossene Gegenstände können zu seiner Habe genommen oder dem Absender zurückgesandt werden. [3]Nicht ausgehändigte Gegenstände, durch die bei der Versendung oder Aufbewahrung Personen verletzt oder Sachschäden verursacht werden können, dürfen vernichtet werden. [4]Die hiernach getroffenen Maßnahmen werden dem Gefangenen eröffnet.

(3) Der Empfang von Paketen kann vorübergehend versagt werden, wenn dies wegen Gefährdung der Sicherheit oder Ordnung der Anstalt unerläßlich ist.

(4) [1]Dem Gefangenen kann gestattet werden, Pakete zu versenden. [2]Die Vollzugsbehörde kann ihren Inhalt aus Gründen der Sicherheit oder Ordnung der Anstalt überprüfen.

§ 34. *(aufgehoben)*

§ 35. Urlaub, Ausgang und Ausführung aus wichtigem Anlass. (1) [1]Aus wichtigem Anlaß kann der Anstaltsleiter dem Gefangenen Ausgang gewähren oder ihn bis zu sieben Tagen beurlauben; der Urlaub aus anderem wichtigen Anlaß als wegen einer lebensgefährlichen Erkrankung oder wegen des Todes eines Angehörigen darf sieben Tage im Jahr nicht übersteigen. [2]§ 11 Abs. 2, § 13 Abs. 5 und § 14 gelten entsprechend.

(2) Der Urlaub nach Absatz 1 wird nicht auf den regelmäßigen Urlaub angerechnet.

(3) [1]Kann Ausgang oder Urlaub aus den in § 11 Abs. 2 genannten Gründen nicht gewährt werden, kann der Anstaltsleiter den Gefangenen ausführen lassen. [2]Die Aufwendungen hierfür hat der Gefangene zu tragen. [3]Der Anspruch ist nicht geltend zu machen, wenn dies die Behandlung oder die Eingliederung behindern würde.

§ 36. Gerichtliche Termine. (1) [1]Der Anstaltsleiter kann einem Gefangenen zur Teilnahme an einem gerichtlichen Termin Ausgang oder Urlaub erteilen, wenn anzunehmen ist, daß er der Ladung folgt und keine Entweichungs- oder Mißbrauchsgefahr (§ 11 Abs. 2) besteht. [2]§ 13 Abs. 5 und § 14 gelten entsprechend.

(2) [1]Wenn ein Gefangener zu einem gerichtlichen Termin geladen ist und Ausgang oder Urlaub nicht gewährt wird, läßt der Anstaltsleiter ihn mit seiner Zustimmung zu dem Termin ausführen, sofern wegen Entweichungs- oder Mißbrauchsgefahr (§ 11 Abs. 2) keine überwiegenden Gründe entgegenstehen. [2]Auf Ersuchen eines Gerichts läßt er den Gefangenen vorführen, sofern ein Vorführungsbefehl vorliegt.

(3) Die Vollzugsbehörde unterrichtet das Gericht über das Veranlaßte.

Fünfter Titel. Arbeit, Ausbildung und Weiterbildung

§ 37. Zuweisung. (1) Arbeit, arbeitstherapeutische Beschäftigung, Ausbildung und Weiterbildung dienen insbesondere dem Ziel, Fähigkeiten für eine Erwerbstätigkeit nach der Entlassung zu vermitteln, zu erhalten oder zu fördern.

(2) Die Vollzugsbehörde soll dem Gefangenen wirtschaftlich ergiebige Arbeit zuweisen und dabei seine Fähigkeiten, Fertigkeiten und Neigungen berücksichtigen.

(3) Geeigneten Gefangenen soll Gelegenheit zur Berufsausbildung, beruflichen Weiterbildung oder Teilnahme an anderen ausbildenden oder weiterbildenden Maßnahmen gegeben werden.

(4) Kann einem arbeitsfähigen Gefangenen keine wirtschaftlich ergiebige Arbeit oder die Teilnahme an Maßnahmen nach Absatz 3 zugewiesen werden, wird ihm eine angemessene Beschäftigung zugeteilt.

(5) Ist ein Gefangener zu wirtschaftlich ergiebiger Arbeit nicht fähig, soll er arbeitstherapeutisch beschäftigt werden.

§ 38. Unterricht. (1) [1]Für geeignete Gefangene, die den Abschluß der Hauptschule nicht erreicht haben, soll Unterricht in den zum Hauptschulabschluß führenden Fächern oder ein der Sonderschule entsprechender Unterricht vorgesehen werden. [2]Bei der beruflichen Ausbildung ist berufsbildender Unterricht vorzusehen; dies gilt auch für die berufliche Weiterbildung, soweit die Art der Maßnahme es erfordert.

(2) Unterricht soll während der Arbeitszeit stattfinden.

§ 39. Freies Beschäftigungsverhältnis. Selbstbeschäftigung. (1) [1]Dem Gefangenen soll gestattet werden, einer Arbeit, Berufsausbildung oder beruflichen Weiterbildung auf der Grundlage eines freien Beschäftigungsverhältnisses außerhalb der Anstalt nachzugehen, wenn dies im Rahmen des Vollzugsplanes dem Ziel dient, Fähigkeiten für eine Erwerbstätigkeit nach der Entlassung zu vermitteln, zu erhalten oder zu fördern und nicht überwiegende Gründe des Vollzuges entgegenstehen. [2]§ 11 Abs. 1 Nr. 1, Abs. 2 und § 14 bleiben unberührt.

(2) Dem Gefangenen kann gestattet werden, sich selbst zu beschäftigen.

(3) Die Vollzugsbehörde kann verlangen, daß ihr das Entgelt zur Gutschrift für den Gefangenen überwiesen wird.

§ 40. Abschlußzeugnis. Aus dem Abschlußzeugnis über eine ausbildende oder weiterbildende Maßnahme darf die Gefangenschaft eines Teilnehmers nicht erkennbar sein.

§ 41. Arbeitspflicht. (1) [1]Der Gefangene ist verpflichtet, eine ihm zugewiesene, seinen körperlichen Fähigkeiten angemessene Arbeit, arbeitstherapeutische oder sonstige Beschäftigung auszuüben, zu deren Verrichtung er auf Grund seines körperlichen Zustandes in der Lage ist. [2]Er kann jährlich bis zu drei Monaten zu Hilfstätigkeiten in der Anstalt verpflichtet werden, mit seiner Zustimmung auch darüber hinaus. [3]Die Sätze 1 und 2 gelten nicht für Gefangene, die über 65 Jahre alt sind, und nicht für werdende und stillende Mütter, soweit gesetzliche Beschäftigungsverbote zum Schutz erwerbstätiger Mütter bestehen.

(2) [1]Die Teilnahme an einer Maßnahme nach § 37 Abs. 3 bedarf der Zustimmung des Gefangenen. [2]Die Zustimmung darf nicht zur Unzeit widerrufen werden.

(3)* *[1]Die Beschäftigung in einem von privaten Unternehmen unterhaltenen Betriebe (§ 149 Abs. 4) bedarf der Zustimmung des Gefangenen. [2]Der Widerruf der Zustimmung wird erst wirksam, wenn der Arbeitsplatz von einem anderen Gefangenen eingenommen werden kann, spätestens nach sechs Wochen.*

§ 42. Freistellung von der Arbeitspflicht. (1) [1]Hat der Gefangene ein Jahr lang zugewiesene Tätigkeit nach § 37 oder Hilfstätigkeiten nach § 41 Abs. 1 Satz 2 ausgeübt, so kann er beanspruchen, achtzehn Werktage von der Arbeitspflicht freigestellt zu werden. [2]Zeiten, in denen der Gefangene infolge Krankheit an seiner Arbeitsleistung verhindert war, werden auf das Jahr bis zu sechs Wochen jährlich angerechnet.

(2) Auf die Zeit der Freistellung wird Urlaub aus der Haft (§§ 13, 35) angerechnet, soweit er in die Arbeitszeit fällt und nicht wegen einer lebensgefährlichen Erkrankung oder des Todes eines Angehörigen erteilt worden ist.

(3) Der Gefangene erhält für die Zeit der Freistellung seine zuletzt gezahlten Bezüge weiter.

(4) Urlaubsregelungen der Beschäftigungsverhältnisse außerhalb des Strafvollzuges bleiben unberührt.

§ 43. Arbeitsentgelt, Arbeitsurlaub und Anrechnung der Freistellung auf den Entlassungszeitpukt. (1) Die Arbeit des Gefangenen wird anerkannt durch Arbeitsentgelt und eine Freistellung von der Arbeit, die auch als Urlaub aus der Haft (Arbeitsurlaub) genutzt oder auf den Entlassungszeitpunkt angerechnet werden kann.

(2) [1]Übt der Gefangene eine zugewiesene Arbeit, sonstige Beschäftigung oder eine Hilfstätigkeit nach § 41 Abs. 1 Satz 2 aus, so erhält er ein Arbeitsentgelt. [2]Der Bemessung des Arbeitsentgelts ist der in § 200 bestimmte Satz der Bezugsgröße nach § 18 des Vierten Buches Sozialgesetzbuch zu Grunde zu legen (Eckvergütung). [3]Ein Tagessatz ist der zweihundertfünfzigste Teil der Eckvergütung; das Arbeitsentgelt kann nach einem Stundensatz bemessen werden.

(3) [1]Das Arbeitsentgelt kann je nach Leistung des Gefangenen und der Art der Arbeit gestuft werden. [2]75 vom Hundert der Eckvergütung dürfen nur dann unterschritten werden, wenn die Arbeitsleistungen des Gefangenen den Mindestanforderungen nicht genügen.

(4) Übt ein Gefangener zugewiesene arbeitstherapeutische Beschäftigung aus, erhält er ein Arbeitsentgelt, soweit dies der Art seiner Beschäftigung und seiner Arbeitsleistung entspricht.

(5) Das Arbeitsentgelt ist dem Gefangenen schriftlich bekannt zu geben.

(6) [1]Hat der Gefangene zwei Monate lang zusammenhängend eine zugewiesene Tätigkeit nach § 37 oder eine Hilfstätigkeit nach § 41 Abs. 1 Satz 2 ausgeübt, so wird er auf seinen Antrag hin einen Werktag von der Arbeit freigestellt. [2]Die Regelung des § 42 bleibt unberührt. [3]Durch Zeiten, in denen der Gefangene ohne sein Verschulden durch Krankheit, Ausführung, Ausgang, Urlaub aus der Haft, Freistellung von der Arbeitspflicht oder sonstige nicht von ihm zu vertretende Gründe an der Arbeitsleistung gehindert ist, wird die Frist nach Satz 1 gehemmt. [4]Beschäftigungszeiträume von weniger als zwei Monaten bleiben unberücksichtigt.

(7) [1]Der Gefangene kann beantragen, dass die Freistellung nach Absatz 6 in Form von Urlaub aus der Haft gewährt wird (Arbeitsurlaub). [2]§ 11 Abs. 2, § 13 Abs. 2 bis 5 und § 14 gelten entsprechend.

(8) § 42 Abs. 3 gilt entsprechend.

(9) Stellt der Gefangene keinen Antrag nach Absatz 6 Satz 1 oder Absatz 7 Satz 1 oder kann die Freistellung nach Maßgabe der Regelung des Absatzes 7 Satz 2 nicht gewährt werden, so wird die Freistellung nach Absatz 6 Satz 1 von der Anstalt auf den Entlassungszeitpunkt des Gefangenen angerechnet.

(10) Eine Anrechnung nach Absatz 9 ist ausgeschlossen,
1. soweit eine lebenslange Freiheitsstrafe oder Sicherungsverwahrung verbüßt wird und ein Entlassungszeitpunkt noch nicht bestimmt ist,
2. bei einer Aussetzung der Vollstreckung des Restes einer Freiheitsstrafe oder einer Sicherungsverwahrung zur Bewährung, soweit wegen des von der Entscheidung des Gerichts bis zur Entlassung verbleibenden Zeitraums eine Anrechnung nicht mehr möglich ist,
3. wenn dies vom Gericht angeordnet wird, weil bei einer Aussetzung der Vollstreckung des Restes einer Freiheitsstrafe oder einer Sicherungsverwahrung zur Bewährung die Lebensverhältnisse des Gefangenen oder die Wirkungen, die von der Aussetzung für ihn zu erwarten sind, die Vollstreckung bis zu einem bestimmten Zeitpunkt erfordern,

4. wenn nach § 456a Abs. 1 der Strafprozessordnung von der Vollstreckung abgesehen wird,
5. wenn der Gefangene im Gnadenwege aus der Haft entlassen wird.

(11) ¹Soweit eine Anrechnung nach Absatz 10 ausgeschlossen ist, erhält der Gefangene bei seiner Entlassung für seine Tätigkeit nach Absatz 2 als Ausgleichsentschädigung zusätzlich 15 vom Hundert des ihm nach den Absätzen 2 und 3 gewährten Entgelts oder der ihm nach § 44 gewährten Ausbildungsbeihilfe. ²Der Anspruch entsteht erst mit der Entlassung; vor der Entlassung ist der Anspruch nicht verzinslich, nicht abtretbar und nicht vererblich. ³Einem Gefangenen, bei dem eine Anrechnung nach Absatz 10 Nr. 1 ausgeschlossen ist, wird die Ausgleichszahlung bereits nach Verbüßung von jeweils zehn Jahren der lebenslangen Freiheitsstrafe oder Sicherungsverwahrung zum Eigengeld (§ 52) gutgeschrieben, soweit er nicht vor diesem Zeitpunkt entlassen wird; § 57 Abs. 4 des Strafgesetzbuches gilt entsprechend.

§ 44. Ausbildungsbeihilfe. (1) ¹Nimmt der Gefangene an einer Berufsausbildung, beruflichen Weiterbildung oder an einem Unterricht teil und ist er zu diesem Zweck von seiner Arbeitspflicht freigestellt, so erhält er eine Ausbildungsbeihilfe, soweit ihm keine Leistungen zum Lebensunterhalt zustehen, die freien Personen aus solchem Anlaß gewährt werden. ²Der Nachrang der Sozialhilfe nach § 2 Abs. 2 des Zwölften Buches Sozialgesetzbuch wird nicht berührt.

(2) Für die Bemessung der Ausbildungsbeihilfe gilt § 43 Abs. 2 und 3 entsprechend.

(3) Nimmt der Gefangene während der Arbeitszeit stunden- oder tageweise am Unterricht oder an anderen zugewiesenen Maßnahmen gemäß § 37 Abs. 3 teil, so erhält er in Höhe des ihm dadurch entgehenden Arbeitsentgelts eine Ausbildungsbeihilfe.

§ 45. **Ausfallentschädigung.** (1) Kann einem arbeitsfähigen Gefangenen aus Gründen, die nicht in seiner Person liegen, länger als eine Woche eine Arbeit oder Beschäftigung im Sinne des § 37 Abs. 4 nicht zugewiesen werden, erhält er eine Ausfallentschädigung.*

(2) ¹Wird ein Gefangener nach Beginn der Arbeit oder Beschäftigung infolge Krankheit länger als eine Woche an seiner Arbeitsleistung verhindert, ohne daß ihn ein Verschulden trifft, so erhält er ebenfalls eine Ausfallentschädigung. ²Gleiches gilt für Gefangene, die eine Ausbildungsbeihilfe nach § 44 oder Ausfallentschädigung nach Absatz 1 bezogen haben.

(3) Werdende Mütter, die eine Arbeit oder Beschäftigung im Sinne des § 37 nicht verrichten, erhalten Ausfallentschädigung in den letzten sechs Wochen vor der Entbindung und bis zum Ablauf von acht Wochen, bei Früh- und Mehrlingsgeburten bis zu zwölf Wochen nach der Entbindung.

(4) Die Ausfallentschädigung darf 60 vom Hundert der Eckvergütung nach § 43 Abs. 1 nur dann unterschreiten, wenn der Gefangene das Mindestentgelt des § 43 Abs. 2 vor der Arbeitslosigkeit oder Krankheit nicht erreicht hat.

(5) ¹Ausfallentschädigung wird unbeschadet der Regelung nach Absatz 3 insgesamt bis zur Höchstdauer von sechs Wochen jährlich gewährt. ²Eine weitere Ausfallentschädigung wird erst gewährt, wenn der Gefangene erneut wenigstens ein Jahr Arbeitsentgelt oder Ausbildungsbeihilfe bezogen hat.

(6) Soweit der Gefangene nach § 566 Abs. 2 der Reichsversicherungsordnung Übergangsgeld erhält, ruht der Anspruch auf Ausfallentschädigung.

§ 46. Taschengeld. Wenn ein Gefangener ohne sein Verschulden kein Arbeitsentgelt und keine Ausbildungsbeihilfe erhält, wird ihm ein angemessenes Taschengeld gewährt, falls er bedürftig ist.

§ 47. Hausgeld. (1) Der Gefangene darf von seinen in diesem Gesetz geregelten Bezügen drei Siebtel monatlich (Hausgeld) und das Taschengeld (§ 46) für den Einkauf (§ 22 Abs. 1) oder anderweitig verwenden.

(2) Für Gefangene, die in einem freien Beschäftigungsverhältnis stehen (§ 39 Abs. 1) oder denen gestattet ist, sich selbst zu beschäftigen (§ 39 Abs. 2), wird aus ihren Bezügen ein angemessenes Hausgeld festgesetzt.

§ 48. Rechtsverordnung. Das Bundesministerium der Justiz wird ermächtigt, im Einvernehmen mit dem Bundesministerium für Wirtschaft und Arbeit mit Zustimmung des Bundesrates zur Durchführung der §§ 43 bis 45 Rechtsverordnungen über die Vergütungsstufen zu erlassen.

§ 49.[*] *Unterhaltsbeitrag. (1) Auf Antrag des Gefangenen ist zur Erfüllung einer gesetzlichen Unterhaltspflicht aus seinen Bezügen an den Berechtigten oder einen Dritten ein Unterhaltsbeitrag zu zahlen.*

(2) [1]Reichen die Einkünfte des Gefangenen nach Abzug des Hausgeldes und des Unterhaltsbeitrages nicht aus, um den Haftkostenbeitrag zu begleichen, so wird ein Unterhaltsbeitrag nur bis zur Höhe des nach § 850c der Zivilprozeßordnung unpfändbaren Betrages gezahlt. [2]Bei der Bemessung des nach Satz 1 maßgeblichen Betrages wird die Zahl der unterhaltsberechtigten Personen um eine vermindert.

§ 50. Haftkostenbeitrag. (1) [1]Als Teil der Kosten der Vollstreckung der Rechtsfolgen einer Tat (§ 464a Abs. 1 Satz 2 der Strafprozessordnung) erhebt die Vollzugsanstalt von dem Gefangenen einen Haftkostenbeitrag. [2]Ein Haftkostenbeitrag wird nicht erhoben, wenn der Gefangene
1. Bezüge nach diesem Gesetz erhält oder
2. ohne sein Verschulden nicht arbeiten kann oder
3. nicht arbeitet, weil er nicht zur Arbeit verpflichtet ist.

[3]Hat der Gefangene, der ohne sein Verschulden während eines zusammenhängenden Zeitraumes von mehr als einem Monat nicht arbeiten kann oder nicht arbeitet, weil er nicht zur Arbeit verpflichtet ist, auf diese Zeit entfallende Einkünfte, so hat er den Haftkostenbeitrag für diese Zeit bis zur Höhe der auf sie entfallenden Einkünfte zu entrichten. [4]Dem Gefangenen muss ein Betrag verbleiben, der dem mittleren Arbeitsentgelt in den Vollzugsanstalten des Landes entspricht. [5]Von der Geltendmachung des Anspruchs ist abzusehen, soweit dies notwendig ist, um die Wiedereingliederung des Gefangenen in die Gemeinschaft nicht zu gefährden.

(2) [1]Der Haftkostenbeitrag wird in Höhe des Betrages erhoben, der nach § 17 Abs. 1 Nr. 3 des Vierten Buches Sozialgesetzbuch durchschnittlich zur Bewertung der Sachbezüge festgesetzt ist. [2]Das Bundesministerium der Justiz stellt den Durchschnittsbetrag für jedes Kalenderjahr nach den am 1. Oktober des vorhergehenden Jahres geltenden Bewertungen der Sachbezüge, jeweils getrennt für das in Artikel 3 des Einigungsvertrages genannte Gebiet und für das Gebiet, in dem das Strafvollzugsgesetz schon vor dem Wirksamwerden des Beitritts gegolten hat, fest und macht ihn im Bundesanzeiger bekannt. [3]Bei Selbstverpflegung entfallen die für die Verpflegung vorgesehenen Beträge. [4]Für den Wert der Unterkunft ist die festgesetzte Belegungsfähigkeit maßgebend. [5]Der Haftkostenbeitrag darf auch von dem unpfändbaren Teil der Bezüge, nicht aber zu Lasten des Hausgeldes und der Ansprüche unterhaltsberechtigter Angehöriger angesetzt werden.

(3) Im Land Berlin gilt einheitlich der für das in Artikel 3 des Einigungsvertrages genannte Gebiet geltende Durchschnittsbetrag.

(4) Die Selbstbeschäftigung (§ 39 Abs. 2) kann davon abhängig gemacht werden, dass der Gefangene einen Haftkostenbeitrag bis zur Höhe des in Absatz 2 genannten Satzes monatlich im Voraus entrichtet.

(5) [1]Für die Erhebung des Haftkostenbeitrages können die Landesregierungen durch Rechtsverordnung andere Zuständigkeiten begründen. [2]Auch in diesem Fall ist der Haftkostenbeitrag eine Justizverwaltungsabgabe; auf das gerichtliche Verfahren finden die §§ 109 bis 121 entsprechende Anwendung.

§ 51. Überbrückungsgeld. (1) Aus den in diesem Gesetz geregelten Bezügen und aus den Bezügen der Gefangenen, die in einem freien Beschäftigungsverhältnis stehen (§ 39 Abs. 1) oder denen gestattet ist, sich selbst zu beschäftigen (§ 39 Abs. 2), ist ein Überbrückungsgeld zu bilden, das den notwendigen Lebensunterhalt des Gefangenen und seiner Unterhaltsberechtigten für die ersten vier Wochen nach seiner Entlassung sichern soll.

(2) [1]Das Überbrückungsgeld wird dem Gefangenen bei der Entlassung in die Freiheit ausgezahlt. [2]Die Vollzugsbehörde kann es auch ganz oder zum Teil dem Bewährungshelfer oder einer mit der Entlassenenbetreuung befaßten Stelle überweisen, die darüber entscheiden, wie das Geld innerhalb der ersten vier Wochen nach der Entlassung an den Gefangenen ausgezahlt wird. [3]Der Bewährungshelfer und die mit der Entlassenenbetreuung befaßte Stelle sind verpflichtet, das Überbrückungsgeld von ihrem Vermögen gesondert zu halten. [4]Mit Zustimmung des Gefangenen kann das Überbrückungsgeld auch dem Unterhaltsberechtigten überwiesen werden.

(3) Der Anstaltsleiter kann gestatten, daß das Überbrückungsgeld für Ausgaben in Anspruch genommen wird, die der Eingliederung des Gefangenen dienen.

(4) [1]Der Anspruch auf Auszahlung des Überbrückungsgeldes ist unpfändbar. [2]Erreicht es nicht die in Absatz 1 bestimmte Höhe, so ist in Höhe des Unterschiedsbetrages auch der Anspruch auf Auszahlung des Eigengeldes unpfändbar. [3]Bargeld des entlassenen Gefangenen, an den wegen der nach Satz 1 oder Satz 2 unpfändbaren Ansprüche Geld ausgezahlt worden ist, ist für die Dauer von vier Wochen seit der Entlassung insoweit der Pfändung nicht unterworfen, als es dem Teil der Ansprüche für die Zeit von der Pfändung bis zum Ablauf der vier Wochen entspricht.

(5) [1]Absatz 4 gilt nicht bei einer Pfändung wegen der in § 850d Abs. 1 Satz 1 der Zivilprozeßordnung bezeichneten Unterhaltsansprüche. [2]Dem entlassenen Gefangenen ist jedoch so viel zu belassen, als er für seinen notwendigen Unterhalt und zur Erfüllung seiner sonstigen gesetzlichen Unterhaltspflichten für die Zeit von der Pfändung bis zum Ablauf von vier Wochen seit der Entlassung bedarf.

§ 52. Eigengeld. Bezüge des Gefangenen, die nicht als Hausgeld, Haftkostenbeitrag, Unterhaltsbeitrag oder Überbrückungsgeld in Anspruch genommen werden, sind dem Gefangenen zum Eigengeld gutzuschreiben.

Sechster Titel. Religionsausübung

§ 53. Seelsorge. (1) [1]Dem Gefangenen darf religiöse Betreuung durch einen Seelsorger seiner Religionsgemeinschaft nicht versagt werden. [2]Auf seinen Wunsch ist ihm zu helfen, mit einem Seelsorger seiner Religionsgemeinschaft in Verbindung zu treten.

(2) ¹Der Gefangene darf grundlegende religiöse Schriften besitzen. ²Sie dürfen ihm nur bei grobem Mißbrauch entzogen werden.

(3) Dem Gefangenen sind Gegenstände des religiösen Gebrauchs in angemessenem Umfang zu belassen.

§ 54. Religiöse Veranstaltungen. (1) Der Gefangene hat das Recht, am Gottesdienst und an anderen religiösen Veranstaltungen seines Bekenntnisses teilzunehmen.

(2) Zu dem Gottesdienst oder zu religiösen Veranstaltungen einer anderen Religionsgemeinschaft wird der Gefangene zugelassen, wenn deren Seelsorger zustimmt.

(3) Der Gefangene kann von der Teilnahme am Gottesdienst oder anderen religiösen Veranstaltungen ausgeschlossen werden, wenn dies aus überwiegenden Gründen der Sicherheit oder Ordnung geboten ist; der Seelsorger soll vorher gehört werden.

§ 55. Weltanschauungsgemeinschaften. Für Angehörige weltanschaulicher Bekenntnisse gelten die §§ 53 und 54 entsprechend.

Siebter Titel. Gesundheitsfürsorge

§ 56. Allgemeine Regeln. (1) ¹Für die körperliche und geistige Gesundheit des Gefangenen ist zu sorgen. ²§ 101 bleibt unberührt.

(2) Der Gefangene hat die notwendigen Maßnahmen zum Gesundheitsschutz und zur Hygiene zu unterstützen.

§ 57. Gesundheitsuntersuchungen, medizinische Vorsorgeleistungen. (1) Gefangene, die das fünfunddreißigste Lebensjahr vollendet haben, haben jedes zweite Jahr Anspruch auf eine ärztliche Gesundheitsuntersuchung zur Früherkennung von Krankheiten, insbesondere zur Früherkennung von Herz-Kreislauf- und Nierenerkrankungen sowie der Zuckerkrankheit.

(2) Gefangene haben höchstens einmal jährlich Anspruch auf eine Untersuchung zur Früherkennung von Krebserkrankungen, Frauen frühestens vom Beginn des zwanzigsten Lebensjahres an, Männer frühestens vom Beginn des fünfundvierzigsten Lebensjahres an.

(3) Voraussetzung für die Untersuchungen nach den Absätzen 1 und 2 ist, daß
1. es sich um Krankheiten handelt, die wirksam behandelt werden können,
2. das Vor- oder Frühstadium dieser Krankheiten durch diagnostische Maßnahmen erfaßbar ist,
3. die Krankheitszeichen medizinisch-technisch genügend eindeutig zu erfassen sind,
4. genügend Ärzte und Einrichtungen vorhanden sind, um die aufgefundenen Verdachtsfälle eingehend zu diagnostizieren und zu behandeln.

(4) Gefangene Frauen haben für ihre Kinder, die mit ihnen in der Vollzugsanstalt untergebracht sind, bis zur Vollendung des sechsten Lebensjahres Anspruch auf Untersuchungen zur Früherkennung von Krankheiten, die die körperliche oder geistige Entwicklung ihrer Kinder in nicht geringfügigem Maße gefährden.

(5) ¹Gefangene, die das vierzehnte, aber noch nicht das zwanzigste Lebensjahr vollendet haben, können sich zur Verhütung von Zahnerkrankungen einmal in jedem Kalenderhalbjahr zahnärztlich untersuchen lassen. ²Die Untersuchungen sollen sich auf den Befund des Zahnfleisches, die Aufklärung über Krankheitsursachen und ihre Vermeidung, das Erstellen von diagnostischen Vergleichen zur Mundhygiene, zum Zustand des Zahnfleisches und zur

Anfälligkeit gegenüber Karieserkrankungen, auf die Motivation und Einweisung bei der Mundpflege sowie auf Maßnahmen zur Schmelzhärtung der Zähne erstrecken.

(6) Gefangene haben Anspruch auf ärztliche Behandlung und Versorgung mit Arznei-, Verband-, Heil- und Hilfsmitteln, wenn diese notwendig sind,
1. eine Schwächung der Gesundheit, die in absehbarer Zeit voraussichtlich zu einer Krankheit führen würde, zu beseitigen,
2. einer Gefährdung der gesundheitlichen Entwicklung eines Kindes entgegenzuwirken oder
3. Pflegebedürftigkeit zu vermeiden.

§ 58. Krankenbehandlung. [1]Gefangene haben Anspruch auf Krankenbehandlung, wenn sie notwendig ist, um eine Krankheit zu erkennen, zu heilen, ihre Verschlimmerung zu verhüten oder Krankheitsbeschwerden zu lindern. [2]Die Krankenbehandlung umfaßt insbesondere
1. ärztliche Behandlung,
2. zahnärztliche Behandlung einschließlich der Versorgung mit Zahnersatz,
3. Versorgung mit Arznei-, Verband-, Heil- und Hilfsmitteln,
4. medizinische und ergänzende Leistungen zur Rehabilitation sowie Belastungserprobung und Arbeitstherapie, soweit die Belange des Vollzuges dem nicht entgegenstehen.

§ 59. Versorgung mit Hilfsmitteln. [1]Gefangene haben Anspruch auf Versorgung mit Seh- und Hörhilfen, Körperersatzstücken, orthopädischen und anderen Hilfsmitteln, die im Einzelfall erforderlich sind, um den Erfolg der Krankenbehandlung zu sichern oder eine Behinderung auszugleichen, sofern dies nicht mit Rücksicht auf die Kürze des Freiheitsentzugs ungerechtfertigt ist und soweit die Hilfsmittel nicht als allgemeine Gebrauchsgegenstände des täglichen Lebens anzusehen sind. [2]Der Anspruch umfaßt auch die notwendige Änderung, Instandsetzung und Ersatzbeschaffung von Hilfsmitteln sowie die Ausbildung in ihrem Gebrauch, soweit die Belange des Vollzuges dem nicht entgegenstehen. [3]Ein erneuter Anspruch auf Versorgung mit Sehhilfen besteht nur bei einer Änderung der Sehfähigkeit um mindestens 0,5 Dioptrien. [4]Anspruch auf Versorgung mit Kontaktlinsen besteht nur in medizinisch zwingend erforderlichen Ausnahmefällen.

§ 60. Krankenbehandlung im Urlaub. Während eines Urlaubs oder Ausgangs hat der Gefangene gegen die Vollzugsbehörde nur einen Anspruch auf Krankenbehandlung in der für ihn zuständigen Vollzugsanstalt.

§ 61. Art und Umfang der Leistungen. Für die Art der Gesundheitsuntersuchungen und medizinischen Vorsorgeleistungen sowie für den Umfang dieser Leistungen und der Leistungen zur Krankenbehandlung einschließlich der Versorgung mit Hilfsmitteln gelten die entsprechenden Vorschriften des Sozialgesetzbuchs und die auf Grund dieser Vorschriften getroffenen Regelungen.

§ 62. Zuschüsse zu Zahnersatz und Zahnkronen. [1]Die Landesjustizverwaltungen bestimmen durch allgemeine Verwaltungsvorschriften die Höhe der Zuschüsse zu den Kosten der zahnärztlichen Behandlung und der zahntechnischen Leistungen bei der Versorgung mit Zahnersatz. [2]Sie können bestimmen, daß die gesamten Kosten übernommen werden.

§ 62a. Ruhen der Ansprüche. Der Anspruch auf Leistungen nach den §§ 57 bis 59 ruht, solange der Gefangene auf Grund eines freien Beschäftigungsverhältnisses (§ 39 Abs. 1) krankenversichert ist.

§ 63. Ärztliche Behandlung zur sozialen Eingliederung. [1]Mit Zustimmung des Gefangenen soll die Vollzugsbehörde ärztliche Behandlung, namentlich Operationen oder prothetische Maßnahmen durchführen lassen, die seine soziale Eingliederung fördern. [2]Er ist an den Kosten zu beteiligen, wenn dies nach seinen wirtschaftlichen Verhältnissen gerechtfertigt ist und der Zweck der Behandlung dadurch nicht in Frage gestellt wird.

§ 64. Aufenthalt im Freien. Arbeitet ein Gefangener nicht im Freien, so wird ihm täglich mindestens eine Stunde Aufenthalt im Freien ermöglicht, wenn die Witterung dies zu der festgesetzten Zeit zuläßt.

§ 65. Verlegung. (1) Ein kranker Gefangener kann in ein Anstaltskrankenhaus oder in eine für die Behandlung seiner Krankheit besser geeignete Vollzugsanstalt verlegt werden.

(2) [1]Kann die Krankheit eines Gefangenen in einer Vollzugsanstalt oder einem Anstaltskrankenhaus nicht erkannt oder behandelt werden oder ist es nicht möglich, den Gefangenen rechtzeitig in ein Anstaltskrankenhaus zu verlegen, ist dieser in ein Krankenhaus außerhalb des Vollzuges zu bringen. [2]*Ist während des Aufenthalts des Gefangenen in einem Krankenhaus die Strafvollstreckung unterbrochen worden, hat der Versicherte nach den Vorschriften der gesetzlichen Krankenversicherung Anspruch auf die erforderlichen Leistungen.**

§ 66. Benachrichtigung bei Erkrankung oder Todesfall. (1) [1]Wird ein Gefangener schwer krank, so ist ein Angehöriger, eine Person seines Vertrauens oder der gesetzliche Vertreter unverzüglich zu benachrichtigen. [2]Dasselbe gilt, wenn ein Gefangener stirbt.

(2) Dem Wunsch des Gefangenen, auch andere Personen zu benachrichtigen, soll nach Möglichkeit entsprochen werden.

Achter Titel. Freizeit

§ 67. Allgemeines. [1]Der Gefangene erhält Gelegenheit, sich in seiner Freizeit zu beschäftigen. [2]Er soll Gelegenheit erhalten, am Unterricht einschließlich Sport, an Fernunterricht, Lehrgängen und sonstigen Veranstaltungen der Weiterbildung, an Freizeitgruppen, Gruppengesprächen sowie an Sportveranstaltungen teilzunehmen und eine Bücherei zu benutzen.

§ 68. Zeitungen und Zeitschriften. (1) Der Gefangene darf Zeitungen und Zeitschriften in angemessenem Umfang durch Vermittlung der Anstalt beziehen.

(2) [1]Ausgeschlossen sind Zeitungen und Zeitschriften, deren Verbreitung mit Strafe oder Geldbuße bedroht ist. [2]Einzelne Ausgaben oder Teile von Zeitungen oder Zeitschriften können dem Gefangenen vorenthalten werden, wenn sie das Ziel des Vollzuges oder die Sicherheit oder Ordnung der Anstalt erheblich gefährden würden.

§ 69. Hörfunk und Fernsehen. (1) [1]Der Gefangene kann am Hörfunkprogramm der Anstalt sowie am gemeinschaftlichen Fernsehempfang teilnehmen. [2]Die Sendungen sind so auszuwählen, daß Wünsche und Bedürfnisse nach staatsbürgerlicher Information, Bildung und Unterhaltung angemessen berücksichtigt werden. [3]Der Hörfunk- und Fernsehempfang kann vorübergehend ausgesetzt oder einzelnen Gefangenen untersagt werden, wenn dies zur Aufrechterhaltung der Sicherheit oder Ordnung der Anstalt unerläßlich ist.

(2) Eigene Hörfunk- und Fernsehgeräte werden unter den Voraussetzungen des § 70 zugelassen.

§ 70. Besitz von Gegenständen für die Freizeitbeschäftigung. (1) Der Gefangene darf in angemessenem Umfang Bücher und andere Gegenstände zur Fortbildung oder zur Freizeitbeschäftigung besitzen.

(2) Dies gilt nicht, wenn der Besitz, die Überlassung oder die Benutzung des Gegenstands
1. mit Strafe oder Geldbuße bedroht wäre oder
2. das Ziel des Vollzuges oder die Sicherheit oder Ordnung der Anstalt gefährden würde.

(3) Die Erlaubnis kann unter den Voraussetzungen des Absatzes 2 widerrufen werden.

Neunter Titel. Soziale Hilfe

§ 71. Grundsatz. ¹Der Gefangene kann die soziale Hilfe der Anstalt in Anspruch nehmen, um seine persönlichen Schwierigkeiten zu lösen. ²Die Hilfe soll darauf gerichtet sein, den Gefangenen in die Lage zu versetzen, seine Angelegenheiten selbst zu ordnen und zu regeln.

§ 72. Hilfe bei der Aufnahme. (1) Bei der Aufnahme wird dem Gefangenen geholfen, die notwendigen Maßnahmen für hilfsbedürftige Angehörige zu veranlassen und seine Habe außerhalb der Anstalt sicherzustellen.

(2) Der Gefangene ist über die Aufrechterhaltung einer Sozialversicherung zu beraten.

§ 73. Hilfe während des Vollzuges. Der Gefangene wird in dem Bemühen unterstützt, seine Rechte und Pflichten wahrzunehmen, namentlich sein Wahlrecht auszuüben sowie für Unterhaltsberechtigte zu sorgen und einen durch seine Straftat verursachten Schaden zu regeln.

§ 74. Hilfe zur Entlassung. ¹Um die Entlassung vorzubereiten, ist der Gefangene bei der Ordnung seiner persönlichen, wirtschaftlichen und sozialen Angelegenheiten zu beraten. ²Die Beratung erstreckt sich auch auf die Benennung der für Sozialleistungen zuständigen Stellen. ³Dem Gefangenen ist zu helfen, Arbeit, Unterkunft und persönlichen Beistand für die Zeit nach der Entlassung zu finden.

§ 75. Entlassungsbeihilfe. (1) Der Gefangene erhält, soweit seine eigenen Mittel nicht ausreichen, von der Anstalt eine Beihilfe zu den Reisekosten sowie eine Überbrückungsbeihilfe und erforderlichenfalls ausreichende Kleidung.

(2) ¹Bei der Bemessung der Höhe der Überbrückungsbeihilfe sind die Dauer des Freiheitsentzuges, der persönliche Arbeitseinsatz des Gefangenen und die Wirtschaftlichkeit seiner Verfügungen über Eigengeld und Hausgeld während der Strafzeit zu berücksichtigen. ²§ 51 Abs. 2 Satz 2 und 3 gilt entsprechend. ³Die Überbrückungsbeihilfe kann ganz oder teilweise auch dem Unterhaltsberechtigten überwiesen werden.

(3) ¹Der Anspruch auf Beihilfe zu den Reisekosten und die ausgezahlte Reisebeihilfe sind unpfändbar. ²Für den Anspruch auf Überbrückungsbeihilfe und für Bargeld nach Auszahlung einer Überbrückungsbeihilfe an den Gefangenen gilt § 51 Abs. 4 Satz 1 und 3, Abs. 5 entsprechend.

Zehnter Titel. Besondere Vorschriften für den Frauenstrafvollzug

§ 76. Leistungen bei Schwangerschaft und Mutterschaft. (1) ¹Bei einer Schwangeren oder einer Gefangenen, die unlängst entbunden hat, ist auf ihren Zustand Rücksicht zu nehmen. ²Die Vorschriften des Gesetzes zum Schutz der erwerbstätigen Mutter über die Gestaltung des Arbeitsplatzes sind entsprechend anzuwenden.

(2) ¹Die Gefangene hat während der Schwangerschaft, bei und nach der Entbindung Anspruch auf ärztliche Betreuung und auf Hebammenhilfe in der Vollzugsanstalt. ²Zur ärztlichen Betreuung während der Schwangerschaft gehören insbesondere Untersuchungen zur Feststellung der Schwangerschaft sowie Vorsorgeuntersuchungen einschließlich der laborärztlichen Untersuchungen.

(3) ¹Zur Entbindung ist die Schwangere in ein Krankenhaus außerhalb des Vollzuges zu bringen. ²Ist dies aus besonderen Gründen nicht angezeigt, so ist die Entbindung in einer Vollzugsanstalt mit Entbindungsabteilung vorzunehmen. ³Bei der Entbindung wird Hilfe durch eine Hebamme und, falls erforderlich, durch einen Arzt gewährt.

§ 77. Arznei-, Verband- und Heilmittel. Bei Schwangerschaftsbeschwerden und im Zusammenhang mit der Entbindung werden Arznei-, Verband- und Heilmittel geleistet.

§ 78. Art, Umfang und Ruhen der Leistungen bei Schwangerschaft und Mutterschaft. Die §§ 60, 61, 62a und 65 gelten für die Leistungen nach den §§ 76 und 77 entsprechend.

§ 79. Geburtsanzeige. In der Anzeige der Geburt an das Standesamt dürfen die Anstalt als Geburtsstätte des Kindes, das Verhältnis des Anzeigenden zur Anstalt und die Gefangenschaft der Mutter nicht vermerkt sein.

§ 80. Mütter mit Kindern. (1) ¹Ist das Kind einer Gefangenen noch nicht schulpflichtig, so kann es mit Zustimmung des Inhabers des Aufenthaltsbestimmungsrechts in der Vollzugsanstalt untergebracht werden, in der sich seine Mutter befindet, wenn dies seinem Wohl entspricht. ²Vor der Unterbringung ist das Jugendamt zu hören.

(2) ¹Die Unterbringung erfolgt auf Kosten des für das Kind Unterhaltspflichtigen. ²Von der Geltendmachung des Kostenersatzanspruchs kann abgesehen werden, wenn hierdurch die gemeinsame Unterbringung von Mutter und Kind gefährdet würde.

Elfter Titel. Sicherheit und Ordnung

§ 81. Grundsatz. (1) Das Verantwortungsbewußtsein des Gefangenen für ein geordnetes Zusammenleben in der Anstalt ist zu wecken und zu fördern.

(2) Die Pflichten und Beschränkungen, die dem Gefangenen zur Aufrechterhaltung der Sicherheit oder Ordnung der Anstalt auferlegt werden, sind so zu wählen, daß sie in einem angemessenen Verhältnis zu ihrem Zweck stehen und den Gefangenen nicht mehr und nicht länger als notwendig beeinträchtigen.

§ 82. Verhaltensvorschriften. (1) ¹Der Gefangene hat sich nach der Tageseinteilung der Anstalt (Arbeitszeit, Freizeit, Ruhezeit) zu richten. ²Er darf durch sein Verhalten gegenüber Vollzugsbediensteten, Mitgefangenen und anderen Personen das geordnete Zusammenleben nicht stören.

(2) ¹Der Gefangene hat die Anordnungen der Vollzugsbediensteten zu befolgen, auch wenn er sich durch sie beschwert fühlt. ²Einen ihm zugewiesenen Bereich darf er nicht ohne Erlaubnis verlassen.

(3) Seinen Haftraum und die ihm von der Anstalt überlassenen Sachen hat er in Ordnung zu halten und schonend zu behandeln.

(4) Der Gefangene hat Umstände, die eine Gefahr für das Leben oder eine erhebliche Gefahr für die Gesundheit einer Person bedeuten, unverzüglich zu melden.

§ 83. Persönlicher Gewahrsam. Eigengeld. (1) ¹Der Gefangene darf nur Sachen in Gewahrsam haben oder annehmen, die ihm von der Vollzugsbehörde oder mit ihrer Zustimmung überlassen werden. ²Ohne Zustimmung darf er Sachen von geringem Wert von einem anderen Gefangenen annehmen; die Vollzugsbehörde kann Annahme und Gewahrsam auch dieser Sachen von ihrer Zustimmung abhängig machen.

(2) ¹Eingebrachte Sachen, die der Gefangene nicht in Gewahrsam haben darf, sind für ihn aufzubewahren, sofern dies nach Art und Umfang möglich ist. ²Geld wird ihm als Eigengeld gutgeschrieben. ³Dem Gefangenen wird Gelegenheit gegeben, seine Sachen, die er während des Vollzuges und für seine Entlassung nicht benötigt, abzusenden oder über sein Eigengeld zu verfügen, soweit dieses nicht als Überbrückungsgeld notwendig ist.

(3) Weigert sich ein Gefangener, eingebrachtes Gut, dessen Aufbewahrung nach Art und Umfang nicht möglich ist, aus der Anstalt zu verbringen, so ist die Vollzugsbehörde berechtigt, diese Gegenstände auf Kosten des Gefangenen aus der Anstalt entfernen zu lassen.

(4) Aufzeichnungen und andere Gegenstände, die Kenntnisse über Sicherungsvorkehrungen der Anstalt vermitteln, dürfen von der Vollzugsbehörde vernichtet oder unbrauchbar gemacht werden.

§ 84. Durchsuchung. (1) ¹Gefangene, ihre Sachen und die Haft räume dürfen durchsucht werden. ²Die Durchsuchung männlicher Gefangener darf nur von Männern, die Durchsuchung weiblicher Gefangener darf nur von Frauen vorgenommen werden. ³Das Schamgefühl ist zu schonen.

(2) ¹Nur bei Gefahr im Verzug oder auf Anordnung des Anstaltsleiters im Einzelfall ist es zulässig, eine mit einer Entkleidung verbundene körperliche Durchsuchung vorzunehmen. ²Sie darf bei männlichen Gefangenen nur in Gegenwart von Männern, bei weiblichen Gefangenen nur in Gegenwart von Frauen erfolgen. ³Sie ist in einem geschlossenen Raum durchzuführen. ⁴Andere Gefangene dürfen nicht anwesend sein.

(3) Der Anstaltsleiter kann allgemein anordnen, daß Gefangene bei der Aufnahme, nach Kontakten mit Besuchern und nach jeder Abwesenheit von der Anstalt nach Absatz 2 zu durchsuchen sind.

§ 85. Sichere Unterbringung. Ein Gefangener kann in eine Anstalt verlegt werden, die zu seiner sicheren Unterbringung besser geeignet ist, wenn in erhöhtem Maß Fluchtgefahr gegeben ist oder sonst sein Verhalten oder sein Zustand eine Gefahr für die Sicherheit oder Ordnung der Anstalt darstellt.

§ 86. Erkennungsdienstliche Maßnahmen. (1) Zur Sicherung des Vollzuges sind als erkennungsdienstliche Maßnahmen zulässig
1. die Abnahme von Finger- und Handflächenabdrücken,
2. die Aufnahme von Lichtbildern mit Kenntnis des Gefangenen,
3. die Feststellung äußerlicher körperlicher Merkmale,
4. Messungen.

(2) ¹Die gewonnenen erkennungsdienstlichen Unterlagen werden zu den Gefangenenpersonalakten genommen. ²Sie können auch in kriminalpolizeilichen Sammlungen verwahrt werden. ³Die nach Absatz 1 erhobenen Daten dürfen nur für die in Absatz 1, § 87 Abs. 2 und § 180 Abs. 2 Nr. 4 genannten Zwecke verarbeitet und genutzt werden.

(3) ¹Personen, die aufgrund des Absatzes 1 erkennungsdienstlich behandelt worden sind, können nach der Entlassung aus dem Vollzug verlangen, daß die gewonnenen erkennungsdienstlichen Unterlagen mit Ausnahme von Lichtbildern und der Beschreibung von körperlichen Merkmalen vernichtet werden, sobald die Vollstreckung der richterlichen Entschei-

dung, die dem Vollzug zugrunde gelegen hat, abgeschlossen ist. ²Sie sind über dieses Recht bei der erkennungsdienstlichen Behandlung und bei der Entlassung aufzuklären.

§ 86a. Lichtbilder. (1) ¹Unbeschadet des § 86 dürfen zur Aufrechterhaltung der Sicherheit und Ordnung der Anstalt Lichtbilder der Gefangenen aufgenommen und mit den Namen der Gefangenen sowie deren Geburtsdatum und -ort gespeichert werden. ²Die Lichtbilder dürfen nur mit Kenntnis der Gefangenen aufgenommen werden.

(2) Die Lichtbilder dürfen nur
1. genutzt werden von Justizvollzugsbediensteten, wenn eine Überprüfung der Identität der Gefangenen im Rahmen ihrer Aufgabenwahrnehmung erforderlich ist,
2. übermittelt werden
   a) an die Polizeivollzugsbehörden des Bundes und der Länder, soweit dies zur Abwehr einer gegenwärtigen Gefahr für erhebliche Rechtsgüter innerhalb der Anstalt erforderlich ist,
   b) nach Maßgabe des § 87 Abs. 2.

(3) Die Lichtbilder sind nach der Entlassung der Gefangenen aus dem Vollzug oder nach ihrer Verlegung in eine andere Anstalt zu vernichten oder zu löschen.

§ 87. Festnahmerecht. (1) Ein Gefangener, der entwichen ist oder sich sonst ohne Erlaubnis außerhalb der Anstalt aufhält, kann durch die Vollzugsbehörde oder auf ihre Veranlassung hin festgenommen und in die Anstalt zurückgebracht werden.

(2) Nach § 86 Abs. 1 erhobene und nach §§ 86a, 179 erhobene und zur Identifizierung oder Festnahme erforderliche Daten dürfen den Vollstreckungs- und Strafverfolgungsbehörden übermittelt werden, soweit dies für Zwecke der Fahndung und Festnahme des entwichenen oder sich sonst ohne Erlaubnis außerhalb der Anstalt aufhaltenden Gefangenen erforderlich ist.

§ 88. Besondere Sicherungsmaßnahmen. (1) Gegen einen Gefangenen können besondere Sicherungsmaßnahmen angeordnet werden, wenn nach seinem Verhalten oder auf Grund seines seelischen Zustandes in erhöhtem Maß Fluchtgefahr oder die Gefahr von Gewalttätigkeiten gegen Personen oder Sachen oder die Gefahr des Selbstmordes oder der Selbstverletzung besteht.

(2) Als besondere Sicherungsmaßnahmen sind zulässig:
1. der Entzug oder die Vorenthaltung von Gegenständen,
2. die Beobachtung bei Nacht,
3. die Absonderung von anderen Gefangenen,
4. der Entzug oder die Beschränkung des Aufenthalts im Freien,
5. die Unterbringung in einem besonders gesicherten Haftraum ohne gefährdende Gegenstände und
6. die Fesselung.

(3) Maßnahmen nach Absatz 2 Nr. 1, 3 bis 5 sind auch zulässig, wenn die Gefahr einer Befreiung oder eine erhebliche Störung der Anstaltsordnung anders nicht vermieden oder behoben werden kann.

(4) Bei einer Ausführung, Vorführung oder beim Transport ist die Fesselung auch dann zulässig, wenn aus anderen Gründen als denen des Absatzes 1 in erhöhtem Maß Fluchtgefahr besteht.

(5) Besondere Sicherungsmaßnahmen dürfen nur soweit aufrechterhalten werden, als es ihr Zweck erfordert.

§ 89. Einzelhaft. (1) Die unausgesetzte Absonderung eines Gefangenen (Einzelhaft) ist nur zulässig, wenn dies aus Gründen, die in der Person des Gefangenen liegen, unerläßlich ist.

(2) ¹Einzelhaft von mehr als drei Monaten Gesamtdauer in einem Jahr bedarf der Zustimmung der Aufsichtsbehörde. ²Diese Frist wird nicht dadurch unterbrochen, daß der Gefangene am Gottesdienst oder an der Freistunde teilnimmt.

§ 90. Fesselung. ¹In der Regel dürfen Fesseln nur an den Händen oder an den Füßen angelegt werden. ²Im Interesse des Gefangenen kann der Anstaltsleiter eine andere Art der Fesselung anordnen. ³Die Fesselung wird zeitweise gelockert, soweit dies notwendig ist.

§ 91. Anordnung besonderer Sicherungsmaßnahmen. (1) ¹Besondere Sicherungsmaßnahmen ordnet der Anstaltsleiter an. ²Bei Gefahr im Verzuge können auch andere Bedienstete der Anstalt diese Maßnahmen vorläufig anordnen. ³Die Entscheidung des Anstaltsleiters ist unverzüglich einzuholen.

(2) ¹Wird ein Gefangener ärztlich behandelt oder beobachtet oder bildet sein seelischer Zustand den Anlaß der Maßnahme, ist vorher der Arzt zu hören. ²Ist dies wegen Gefahr im Verzug nicht möglich, wird seine Stellungnahme unverzüglich eingeholt.

§ 92. Ärztliche Überwachung. (1) ¹Ist ein Gefangener in einem besonders gesicherten Haftraum untergebracht oder gefesselt (§ 88 Abs. 2 Nr. 5 und 6), so sucht ihn der Anstaltsarzt alsbald und in der Folge möglichst täglich auf. ²Dies gilt nicht bei einer Fesselung während einer Ausführung, Vorführung oder eines Transportes (§ 88 Abs. 4).

(2) Der Arzt ist regelmäßig zu hören, solange einem Gefangenen der tägliche Aufenthalt im Freien entzogen wird.

§ 93. Ersatz von Aufwendungen. (1) ¹Der Gefangene ist verpflichtet, der Vollzugsbehörde Aufwendungen zu ersetzen, die er durch eine vorsätzliche oder grob fahrlässige Selbstverletzung oder Verletzung eines anderen Gefangenen verursacht hat. ¹Ansprüche aus sonstigen Rechtsvorschriften bleiben unberührt.

(2) Bei der Geltendmachung dieser Forderungen kann auch ein den dreifachen Tagessatz der Eckvergütung nach § 43 Abs. 2 übersteigender Teil des Hausgeldes (§ 47) in Anspruch genommen werden.

(3) Für die in Absatz 1 genannten Forderungen ist der ordentliche Rechtsweg gegeben.

(4) Von der Aufrechnung oder Vollstreckung wegen der in Absatz 1 genannten Forderungen ist abzusehen, wenn hierdurch die Behandlung des Gefangenen oder seine Eingliederung behindert würde.

Zwölfter Titel. Unmittelbarer Zwang

§ 94. Allgemeine Voraussetzungen. (1) Bedienstete der Justizvollzugsanstalten dürfen unmittelbaren Zwang anwenden, wenn sie Vollzugs- und Sicherungsmaßnahmen rechtmäßig durchführen und der damit verfolgte Zweck auf keine andere Weise erreicht werden kann.

(2) Gegen andere Personen als Gefangene darf unmittelbarer Zwang angewendet werden, wenn sie es unternehmen, Gefangene zu befreien oder in den Anstaltsbereich widerrechtlich einzudringen, oder wenn sie sich unbefugt darin aufhalten.

(3) Das Recht zu unmittelbarem Zwang auf Grund anderer Regelungen bleibt unberührt.

§ 95. Begriffsbestimmungen. (1) Unmittelbarer Zwang ist die Einwirkung auf Personen oder Sachen durch körperliche Gewalt, ihre Hilfsmittel und durch Waffen.

(2) Körperliche Gewalt ist jede unmittelbare körperliche Einwirkung auf Personen oder Sachen.

(3) Hilfsmittel der körperlichen Gewalt sind namentlich Fesseln.

(4) Waffen sind die dienstlich zugelassenen Hieb- und Schußwaffen sowie Reizstoffe.

§ 96. Grundsatz der Verhältnismäßigkeit. (1) Unter mehreren möglichen und geeigneten Maßnahmen des unmittelbaren Zwanges sind diejenigen zu wählen, die den Einzelnen und die Allgemeinheit voraussichtlich am wenigsten beeinträchtigen.

(2) Unmittelbarer Zwang unterbleibt, wenn ein durch ihn zu erwartender Schaden erkennbar außer Verhältnis zu dem angestrebten Erfolg steht.

§ 97. Handeln auf Anordnung. (1) Wird unmittelbarer Zwang von einem Vorgesetzten oder einer sonst befugten Person angeordnet, sind Vollzugsbedienstete verpflichtet, ihn anzuwenden, es sei denn, die Anordnung verletzt die Menschenwürde oder ist nicht zu dienstlichen Zwecken erteilt worden.

(2) ^{1}Die Anordnung darf nicht befolgt werden, wenn dadurch eine Straftat begangen würde. ^{2}Befolgt der Vollzugsbedienstete sie trotzdem, trifft ihn eine Schuld nur, wenn er erkennt oder wenn es nach den ihm bekannten Umständen offensichtlich ist, daß dadurch eine Straftat begangen wird.

(3) ^{1}Bedenken gegen die Rechtmäßigkeit der Anordnung hat der Vollzugsbedienstete dem Anordnenden gegenüber vorzubringen, soweit das nach den Umständen möglich ist. ^{2}Abweichende Vorschriften des allgemeinen Beamtenrechts über die Mitteilung solcher Bedenken an einen Vorgesetzten (§ 36 Abs. 2 und 3 des Beamtenstatusgesetzes) sind nicht anzuwenden.

§ 98. Androhung. ^{1}Unmittelbarer Zwang ist vorher anzudrohen. ^{2}Die Androhung darf nur dann unterbleiben, wenn die Umstände sie nicht zulassen oder unmittelbarer Zwang sofort angewendet werden muß, um eine rechtswidrige Tat, die den Tatbestand eines Strafgesetzes erfüllt, zu verhindern oder eine gegenwärtige Gefahr abzuwenden.

§ 99. Allgemeine Vorschriften für den Schußwaffengebrauch. (1) ^{1}Schußwaffen dürfen nur gebraucht werden, wenn andere Maßnahmen des unmittelbaren Zwanges bereits erfolglos waren oder keinen Erfolg versprechen. ^{2}Gegen Personen ist ihr Gebrauch nur zulässig, wenn der Zweck nicht durch Waffenwirkung gegen Sachen erreicht wird.

(2) ^{1}Schußwaffen dürfen nur die dazu bestimmten Vollzugsbediensteten gebrauchen und nur, um angriffs- oder fluchtunfähig zu machen. ^{2}Ihr Gebrauch unterbleibt, wenn dadurch erkennbar Unbeteiligte mit hoher Wahrscheinlichkeit gefährdet würden.

(3) ^{1}Der Gebrauch von Schußwaffen ist vorher anzudrohen. ^{2}Als Androhung gilt auch ein Warnschuß. ^{3}Ohne Androhung dürfen Schußwaffen nur dann gebraucht werden, wenn das zur Abwehr einer gegenwärtigen Gefahr für Leib oder Leben erforderlich ist.

§ 100. Besondere Vorschriften für den Schußwaffengebrauch. (1) ^{1}Gegen Gefangene dürfen Schußwaffen gebraucht werden,
1. wenn sie eine Waffe oder ein anderes gefährliches Werkzeug trotz wiederholter Aufforderung nicht ablegen,
2. wenn sie eine Meuterei (§ 121 des Strafgesetzbuches) unternehmen oder
3. um ihre Flucht zu vereiteln oder um sie wiederzuergreifen.

²Um die Flucht aus einer offenen Anstalt zu vereiteln, dürfen keine Schußwaffen gebraucht werden.

(2) Gegen andere Personen dürfen Schußwaffen gebraucht werden, wenn sie es unternehmen, Gefangene gewaltsam zu befreien oder gewaltsam in eine Anstalt einzudringen.

§ 101. Zwangsmaßnahmen auf dem Gebiet der Gesundheitsfürsorge. (1) ¹Medizinische Untersuchung und Behandlung sowie Ernährung sind zwangsweise nur bei Lebensgefahr, bei schwerwiegender Gefahr für die Gesundheit des Gefangenen oder bei Gefahr für die Gesundheit anderer Personen zulässig; die Maßnahmen müssen für die Beteiligten zumutbar und dürfen nicht mit erheblicher Gefahr für Leben oder Gesundheit des Gefangenen verbunden sein. ²Zur Durchführung der Maßnahmen ist die Vollzugsbehörde nicht verpflichtet, solange von einer freien Willensbestimmung des Gefangenen ausgegangen werden kann.

(2) Zum Gesundheitsschutz und zur Hygiene ist die zwangsweise körperliche Untersuchung außer im Falle des Absatzes 1 zulässig, wenn sie nicht mit einem körperlichen Eingriff verbunden ist.

(3) Die Maßnahmen dürfen nur auf Anordnung und unter Leitung eines Arztes durchgeführt werden, unbeschadet der Leistung erster Hilfe für den Fall, daß ein Arzt nicht rechtzeitig erreichbar und mit einem Aufschub Lebensgefahr verbunden ist.

Dreizehnter Titel. Disziplinarmaßnahmen

§ 102. Voraussetzungen. (1) Verstößt ein Gefangener schuldhaft gegen Pflichten, die ihm durch dieses Gesetz oder auf Grund dieses Gesetzes auferlegt sind, kann der Anstaltsleiter gegen ihn Disziplinarmaßnahmen anordnen.

(2) Von einer Disziplinarmaßnahme wird abgesehen, wenn es genügt, den Gefangenen zu verwarnen.

(3) Eine Disziplinarmaßnahme ist auch zulässig, wenn wegen derselben Verfehlung ein Straf- oder Bußgeldverfahren eingeleitet wird.

§ 103. Arten der Disziplinarmaßnahmen. (1) Die zulässigen Disziplinarmaßnahmen sind:
1. Verweis,
2. die Beschränkung oder der Entzug der Verfügung über das Hausgeld und des Einkaufs bis zu drei Monaten,
3. die Beschränkung oder der Entzug des Lesestoffs bis zu zwei Wochen sowie des Hörfunk- und Fernsehempfangs bis zu drei Monaten; der gleichzeitige Entzug jedoch nur bis zu zwei Wochen,
4. die Beschränkung oder der Entzug der Gegenstände für eine Beschäftigung in der Freizeit oder der Teilnahme an gemeinschaftlichen Veranstaltungen bis zu drei Monaten,
5. die getrennte Unterbringung während der Freizeit bis zu vier Wochen,
6. *(aufgehoben)*
7. der Entzug der zugewiesenen Arbeit oder Beschäftigung bis zu vier Wochen unter Wegfall der in diesem Gesetz geregelten Bezüge,
8. die Beschränkung des Verkehrs mit Personen außerhalb der Anstalt auf dringende Fälle bis zu drei Monaten,
9. Arrest bis zu vier Wochen.

(2) Arrest darf nur wegen schwerer oder mehrfach wiederholter Verfehlungen verhängt werden.

(3) Mehrere Disziplinarmaßnahmen können miteinander verbunden werden.

(4) ¹Die Maßnahmen nach Absatz 1 Nr. 3 bis 8 sollen möglichst nur angeordnet werden, wenn die Verfehlung mit den zu beschränkenden oder zu entziehenden Befugnissen im Zusammenhang steht. ²Dies gilt nicht bei einer Verbindung mit Arrest.

§ 104. Vollzug der Disziplinarmaßnahmen. Aussetzung zur Bewährung. (1) Disziplinarmaßnahmen werden in der Regel sofort vollstreckt.

(2) Eine Disziplinarmaßnahme kann ganz oder teilweise bis zu sechs Monaten zur Bewährung ausgesetzt werden.

(3) Wird die Verfügung über das Hausgeld beschränkt oder entzogen, ist das in dieser Zeit anfallende Hausgeld dem Überbrückungsgeld hinzuzurechnen.

(4) ¹Wird der Verkehr des Gefangenen mit Personen außerhalb der Anstalt eingeschränkt, ist ihm Gelegenheit zu geben, dies einer Person, mit der er im Schriftwechsel steht oder die ihn zu besuchen pflegt, mitzuteilen. ²Der Schriftwechsel mit den in § 29 Abs. 1 und 2 genannten Empfängern, mit Gerichten und Justizbehörden in der Bundesrepublik sowie mit Rechtsanwälten und Notaren in einer den Gefangenen betreffenden Rechtssache bleibt unbeschränkt.

(5) ¹Arrest wird in Einzelhaft vollzogen. ²Der Gefangene kann in einem besonderen Arrestraum untergebracht werden, der den Anforderungen entsprechen muß, die an einen zum Aufenthalt bei Tag und Nacht bestimmten Haftraum gestellt werden. ³Soweit nichts anderes angeordnet wird, ruhen die Befugnisse des Gefangenen aus den §§ 19, 20, 22, 37, 38, 68 bis 70.

§ 105. Disziplinarbefugnis. (1) ¹Disziplinarmaßnahmen ordnet der Anstaltsleiter an. ²Bei einer Verfehlung auf dem Weg in eine andere Anstalt zum Zwecke der Verlegung ist der Leiter der Bestimmungsanstalt zuständig.

(2) Die Aufsichtsbehörde entscheidet, wenn sich die Verfehlung des Gefangenen gegen den Anstaltsleiter richtet.

(3) ¹Disziplinarmaßnahmen, die gegen einen Gefangenen in einer anderen Vollzugsanstalt oder während einer Untersuchungshaft angeordnet worden sind, werden auf Ersuchen vollstreckt. ²§ 104 Abs. 2 bleibt unberührt.

§ 106. Verfahren. (1) ¹Der Sachverhalt ist zu klären. ²Der Gefangene wird gehört. ³Die Erhebungen werden in einer Niederschrift festgelegt; die Einlassung des Gefangenen wird vermerkt.

(2) ¹Bei schweren Verstößen soll der Anstaltsleiter sich vor der Entscheidung in einer Konferenz mit Personen besprechen, die bei der Behandlung des Gefangenen mitwirken. ²Vor der Anordnung einer Disziplinarmaßnahme gegen einen Gefangenen, der sich in ärztlicher Behandlung befindet, oder gegen eine Schwangere oder eine stillende Mutter ist der Anstaltsarzt zu hören.

(3) Die Entscheidung wird dem Gefangenen vom Anstaltsleiter mündlich eröffnet und mit einer kurzen Begründung schriftlich abgefaßt.

§ 107. Mitwirkung des Arztes. (1) ¹Bevor der Arrest vollzogen wird, ist der Arzt zu hören. ²Während des Arrestes steht der Gefangene unter ärztlicher Aufsicht.

(2) Der Vollzug des Arrestes unterbleibt oder wird unterbrochen, wenn die Gesundheit des Gefangenen gefährdet würde.

Vierzehnter Titel. Rechtsbehelfe

§ 108. Beschwerderecht. (1) ¹Der Gefangene erhält Gelegenheit, sich mit Wünschen, Anregungen und Beschwerden in Angelegenheiten, die ihn selbst betreffen, an den Anstaltsleiter zu wenden. ²Regelmäßige Sprechstunden sind einzurichten.

(2) Besichtigt ein Vertreter der Aufsichtsbehörde die Anstalt, so ist zu gewährleisten, daß ein Gefangener sich in Angelegenheiten, die ihn selbst betreffen, an ihn wenden kann.

(3) Die Möglichkeit der Dienstaufsichtsbeschwerde bleibt unberührt.

§ 109. Antrag auf gerichtliche Entscheidung. (1) ¹Gegen eine Maßnahme zur Regelung einzelner Angelegenheiten auf dem Gebiet des Strafvollzuges kann gerichtliche Entscheidung beantragt werden. ²Mit dem Antrag kann auch die Verpflichtung zum Erlaß einer abgelehnten oder unterlassenen Maßnahme begehrt werden.

(2) Der Antrag auf gerichtliche Entscheidung ist nur zulässig, wenn der Antragsteller geltend macht, durch die Maßnahme oder ihre Ablehnung oder Unterlassung in seinen Rechten verletzt zu sein.

(3) Das Landesrecht kann vorsehen, daß der Antrag erst nach vorausgegangenem Verwaltungsvorverfahren gestellt werden kann.

§ 110. Zuständigkeit. ¹Über den Antrag entscheidet die Strafvollstreckungskammer, in deren Bezirk die beteiligte Vollzugsbehörde ihren Sitz hat. ²Durch die Entscheidung in einem Verwaltungsvorverfahren nach § 109 Abs. 3 ändert sich die Zuständigkeit der Strafvollstreckungskammer nicht.

§ 111. Beteiligte. (1) Beteiligte des gerichtlichen Verfahrens sind
1. der Antragsteller,
2. die Vollzugsbehörde, die die angefochtene Maßnahme angeordnet oder die beantragte abgelehnt oder unterlassen hat.

(2) In dem Verfahren vor dem Oberlandesgericht oder dem Bundesgerichtshof ist Beteiligte nach Absatz 1 Nr. 2 die zuständige Aufsichtsbehörde.

§ 112. Antragsfrist. Wiedereinsetzung. (1) ¹Der Antrag muß binnen zwei Wochen nach Zustellung oder schriftlicher Bekanntgabe der Maßnahme oder ihrer Ablehnung schriftlich oder zur Niederschrift der Geschäftsstelle des Gerichts gestellt werden. ²Soweit ein Verwaltungsvorverfahren (§ 109 Abs. 3) durchzuführen ist, beginnt die Frist mit der Zustellung oder schriftlichen Bekanntgabe des Widerspruchsbescheides.

(2) War der Antragsteller ohne Verschulden verhindert, die Frist einzuhalten, so ist ihm auf Antrag Wiedereinsetzung in den vorigen Stand zu gewähren.

(3) ¹Der Antrag auf Wiedereinsetzung ist binnen zwei Wochen nach Wegfall des Hindernisses zu stellen. ²Die Tatsachen zur Begründung des Antrags sind bei der Antragstellung oder im Verfahren über den Antrag glaubhaft zu machen. ³Innerhalb der Antragsfrist ist die versäumte Rechtshandlung nachzuholen. ⁴Ist dies geschehen, so kann die Wiedereinsetzung auch ohne Antrag gewährt werden.

(4) Nach einem Jahr seit dem Ende der versäumten Frist ist der Antrag auf Wiedereinsetzung unzulässig, außer wenn der Antrag vor Ablauf der Jahresfrist infolge höherer Gewalt unmöglich war.

§ 113. Vornahmeantrag. (1) Wendet sich der Antragsteller gegen das Unterlassen einer Maßnahme, kann der Antrag auf gerichtliche Entscheidung nicht vor Ablauf von drei Monaten seit dem Antrag auf Vornahme der Maßnahme gestellt werden, es sei denn, daß eine frühere Anrufung des Gerichts wegen besonderer Umstände des Falles geboten ist.

(2) [1]Liegt ein zureichender Grund dafür vor, daß die beantragte Maßnahme noch nicht erlassen ist, so setzt das Gericht das Verfahren bis zum Ablauf einer von ihm bestimmten Frist aus. [2]Die Frist kann verlängert werden. [3]Wird die beantragte Maßnahme in der gesetzten Frist erlassen, so ist der Rechtsstreit in der Hauptsache erledigt.

(3) Der Antrag nach Absatz 1 ist nur bis zum Ablauf eines Jahres seit der Stellung des Antrags auf Vornahme der Maßnahme zulässig, außer wenn die Antragstellung vor Ablauf der Jahresfrist infolge höherer Gewalt unmöglich war oder unter den besonderen Verhältnissen des Einzelfalles unterblieben ist.

§ 114. Aussetzung der Maßnahme. (1) Der Antrag auf gerichtliche Entscheidung hat keine aufschiebende Wirkung.

(2) [1]Das Gericht kann den Vollzug der angefochtenen Maßnahme aussetzen, wenn die Gefahr besteht, daß die Verwirklichung eines Rechts des Antragstellers vereitelt oder wesentlich erschwert wird und ein höher zu bewertendes Interesse an dem sofortigen Vollzug nicht entgegensteht. [2]Das Gericht kann auch eine einstweilige Anordnung erlassen; § 123 Abs. 1 der Verwaltungsgerichtsordnung ist entsprechend anzuwenden. [3]Die Entscheidungen sind nicht anfechtbar; sie können vom Gericht jederzeit geändert oder aufgehoben werden.

(3) Der Antrag auf eine Entscheidung nach Absatz 2 ist schon vor Stellung des Antrags auf gerichtliche Entscheidung zulässig.

§ 115. Gerichtliche Entscheidung. (1) [1]Das Gericht entscheidet ohne mündliche Verhandlung durch Beschluß. [2]Der Beschluss stellt den Sach- und Streitstand seinem wesentlichen Inhalt nach gedrängt zusammen. [3]Wegen der Einzelheiten soll auf bei den Gerichtsakten befindliche Schriftstücke, die nach Herkunft und Datum genau zu bezeichnen sind, verwiesen werden, soweit sich aus ihnen der Sach- und Streitstand ausreichend ergibt. [4]Das Gericht kann von einer Darstellung der Entscheidungsgründe absehen, soweit es der Begründung der angefochtenen Entscheidung folgt und dies in seiner Entscheidung feststellt.

(2) [1]Soweit die Maßnahme rechtswidrig und der Antragsteller dadurch in seinen Rechten verletzt ist, hebt das Gericht die Maßnahme und, soweit ein Verwaltungsvorverfahren vorhergegangen ist, den Widerspruchsbescheid auf. [2]Ist die Maßnahme schon vollzogen, kann das Gericht auch aussprechen, daß und wie die Vollzugsbehörde die Vollziehung rückgängig zu machen hat, soweit die Sache spruchreif ist.

(3) Hat sich die Maßnahme vorher durch Zurücknahme oder anders erledigt, spricht das Gericht auf Antrag aus, daß die Maßnahme rechtswidrig gewesen ist, wenn der Antragsteller ein berechtigtes Interesse an dieser Feststellung hat.

(4) [1]Soweit die Ablehnung oder Unterlassung der Maßnahme rechtswidrig und der Antragsteller dadurch in seinen Rechten verletzt ist, spricht das Gericht die Verpflichtung der Vollzugsbehörde aus, die beantragte Amtshandlung vorzunehmen, wenn die Sache spruchreif ist. [2]Anderenfalls spricht es die Verpflichtung aus, den Antragsteller unter Beachtung der Rechtsauffassung des Gerichts zu bescheiden.

(5) Soweit die Vollzugsbehörde ermächtigt ist, nach ihrem Ermessen zu handeln, prüft das Gericht auch, ob die Maßnahme oder ihre Ablehnung oder Unterlassung rechtswidrig ist, weil die gesetzlichen Grenzen des Ermessens überschritten sind oder von dem Ermessen in einer dem Zweck der Ermächtigung nicht entsprechenden Weise Gebrauch gemacht ist.

§ 116. Rechtsbeschwerde. (1) Gegen die gerichtliche Entscheidung der Strafvollstreckungskammer ist die Rechtsbeschwerde zulässig, wenn es geboten ist, die Nachprüfung zur Fortbildung des Rechts oder zur Sicherung einer einheitlichen Rechtsprechung zu ermöglichen.

(2) [1]Die Rechtsbeschwerde kann nur darauf gestützt werden, daß die Entscheidung auf einer Verletzung des Gesetzes beruhe. [2]Das Gesetz ist verletzt, wenn eine Rechtsnorm nicht oder nicht richtig angewendet worden ist.

(3) [1]Die Rechtsbeschwerde hat keine aufschiebende Wirkung. [2]§ 114 Abs. 2 gilt entsprechend.

(4) Für die Rechtsbeschwerde gelten die Vorschriften der Strafprozeßordnung über die Beschwerde entsprechend, soweit dieses Gesetz nichts anderes bestimmt.

§ 117. Zuständigkeit für die Rechtsbeschwerde. Über die Rechtsbeschwerde entscheidet ein Strafsenat des Oberlandesgerichts, in dessen Bezirk die Strafvollstreckungskammer ihren Sitz hat.

§ 118. Form. Frist. Begründung. (1) [1]Die Rechtsbeschwerde muß bei dem Gericht, dessen Entscheidung angefochten wird, binnen eines Monats nach Zustellung der gerichtlichen Entscheidung eingelegt werden. [2]In dieser Frist ist außerdem die Erklärung abzugeben, inwieweit die Entscheidung angefochten und ihre Aufhebung beantragt wird. [3]Die Anträge sind zu begründen.

(2) [1]Aus der Begründung muß hervorgehen, ob die Entscheidung wegen Verletzung einer Rechtsnorm über das Verfahren oder wegen Verletzung einer anderen Rechtsnorm angefochten wird. [2]Ersterenfalls müssen die den Mangel enthaltenden Tatsachen angegeben werden.

(3) Der Antragsteller als Beschwerdeführer kann dies nur in einer von einem Rechtsanwalt unterzeichneten Schrift oder zur Niederschrift der Geschäftsstelle tun.

§ 119. Entscheidung über die Rechtsbeschwerde. (1) Der Strafsenat entscheidet ohne mündliche Verhandlung durch Beschluß.

(2) Seiner Prüfung unterliegen nur die Beschwerdeanträge und, soweit die Rechtsbeschwerde auf Mängel des Verfahrens gestützt wird, nur die Tatsachen, die in der Begründung der Rechtsbeschwerde bezeichnet worden sind.

(3) Der Beschluß, durch den die Beschwerde verworfen wird, bedarf keiner Begründung, wenn der Strafsenat die Beschwerde einstimmig für unzulässig oder für offensichtlich unbegründet erachtet.

(4) [1]Soweit die Rechtsbeschwerde für begründet erachtet wird, ist die angefochtene Entscheidung aufzuheben. [2]Der Strafsenat kann an Stelle der Strafvollstreckungskammer entscheiden, wenn die Sache spruchreif ist. [3]Sonst ist die Sache zur neuen Entscheidung an die Strafvollstreckungskammer zurückzuverweisen.

(5) Die Entscheidung des Strafsenats ist endgültig.

§ 120. Entsprechende Anwendung anderer Vorschriften. (1) Soweit sich aus diesem Gesetz nichts anderes ergibt, sind die Vorschriften der Strafprozessordnung entsprechend anzuwenden.

(2) Auf die Bewilligung der Prozesskostenhilfe sind die Vorschriften der Zivilprozeßordnung entsprechend anzuwenden.

§ 121. Kosten des Verfahrens. (1) In der das Verfahren abschließenden Entscheidung ist zu bestimmen, von wem die Kosten des Verfahrens und die notwendigen Auslagen zu tragen sind.

(2) ¹Soweit der Antragsteller unterliegt oder seinen Antrag zurücknimmt, trägt er die Kosten des Verfahrens und die notwendigen Auslagen. ²Hat sich die Maßnahme vor einer Entscheidung nach Absatz 1 in anderer Weise als durch Zurücknahme des Antrags erledigt, so entscheidet das Gericht über die Kosten des Verfahrens und die notwendigen Auslagen nach billigem Ermessen.

(3) Absatz 2 Satz 2 gilt nicht im Falle des § 115 Abs. 3.

(4) Im übrigen gelten die §§ 464 bis 473 der Strafprozeßordnung entsprechend.

(5) Für die Kosten des Verfahrens nach den §§ 109 ff. kann auch ein den dreifachen Tagessatz der Eckvergütung nach § 43 Abs. 2 übersteigender Teil des Hausgeldes (§ 47) in Anspruch genommen werden.

Fünfzehnter Titel. Strafvollstreckung und Untersuchungshaft

§ 122. *(aufgehoben)*

Sechzehnter Titel. Sozialtherapeutische Anstalten

§ 123. Sozialtherapeutische Anstalten und Abteilungen. (1) Für den Vollzug nach § 9 sind von den übrigen Vollzugsanstalten getrennte sozialtherapeutische Anstalten vorzusehen.

(2) ¹Dem Beurlaubten Aus besonderen Gründen können auch sozialtherapeutische Abteilungen in anderen Vollzugsanstalten eingerichtet werden. ²Für diese Abteilungen gelten die Vorschriften über die sozialtherapeutische Anstalt entsprechend.

§ 124. Urlaub zur Vorbereitung der Entlassung. (1) ¹Der Anstaltsleiter kann dem Gefangenen zur Vorbereitung der Entlassung Sonderurlaub bis zu sechs Monaten gewähren. ²§ 11 Abs. 2 und § 13 Abs. 5 gelten entsprechend.

(2) ¹Dem Beurlaubten sollen für den Urlaub Weisungen erteilt werden. ²Er kann insbesondere angewiesen werden, sich einer von der Anstalt bestimmten Betreuungsperson zu unterstellen und jeweils für kurze Zeit in die Anstalt zurückzukehren.

(3) ¹§ 14 Abs. 2 gilt entsprechend. ²Der Urlaub wird widerrufen, wenn dies für die Behandlung des Gefangenen notwendig ist.

§ 125. Aufnahme auf freiwilliger Grundlage. (1) ¹Ein früherer Gefangener kann auf seinen Antrag vorübergehend wieder in die sozialtherapeutische Anstalt aufgenommen werden, wenn das Ziel seiner Behandlung gefährdet und ein Aufenthalt in der Anstalt aus diesem Grunde gerechtfertigt ist. ²Die Aufnahme ist jederzeit widerruflich.

(2) Gegen den Aufgenommenen dürfen Maßnahmen des Vollzuges nicht mit unmittelbarem Zwang durchgesetzt werden.

(3) Auf seinen Antrag ist der Aufgenommene unverzüglich zu entlassen.

§ 126. Nachgehende Betreuung. Die Zahl der Fachkräfte für die sozialtherapeutische Anstalt ist so zu bemessen, daß auch eine nachgehende Betreuung der Gefangenen gewährleistet ist, soweit diese anderweitig nicht sichergestellt werden kann.

§ 127, 128. *(aufgehoben)*

Dritter Abschnitt. Besondere Vorschriften über den Vollzug der freiheitsentziehenden Maßregeln der Besserung und Sicherung

Erster Titel. Sicherungsverwahrung

§ 129. Ziel der Unterbringung. [1]Der Sicherungsverwahrte wird zum Schutz der Allgemeinheit sicher untergebracht. [2]Ihm soll geholfen werden, sich in das Leben in Freiheit einzugliedern.

§ 130. Anwendung anderer Vorschriften. Für die Sicherungsverwahrung gelten die Vorschriften über den Vollzug der Freiheitsstrafe (§§ 3 bis 126, 179 bis 187) entsprechend, soweit im folgenden nichts anderes bestimmt ist.

§ 131. Ausstattung. [1]Die Ausstattung der Sicherungsanstalten, namentlich der Hafträume, und besondere Maßnahmen zur Förderung und Betreuung sollen dem Untergebrachten helfen, sein Leben in der Anstalt sinnvoll zu gestalten, und ihn vor Schäden eines langen Freiheitsentzuges bewahren. [2]Seinen persönlichen Bedürfnissen ist nach Möglichkeit Rechnung zu tragen.

§ 132. Kleidung. Der Untergebrachte darf eigene Kleidung, Wäsche und eigenes Bettzeug benutzen, wenn Gründe der Sicherheit nicht entgegenstehen und der Untergebrachte für Reinigung, Instandsetzung und regelmäßigen Wechsel auf eigene Kosten sorgt.

§ 133. Selbstbeschäftigung. Taschengeld. (1) Dem Untergebrachten wird gestattet, sich gegen Entgelt selbst zu beschäftigen, wenn dies dem Ziel dient, Fähigkeiten für eine Erwerbstätigkeit nach der Entlassung zu vermitteln, zu erhalten oder zu fördern.

(2) Das Taschengeld (§ 46) darf den dreifachen Tagessatz der Eckvergütung nach § 43 Abs. 2 im Monat nicht unterschreiten.

§ 134. Entlassungsvorbereitung. [1]Um die Entlassung zu erproben und vorzubereiten, kann der Vollzug gelockert und Sonderurlaub bis zu einem Monat gewährt werden. [2]Bei Untergebrachten in einer sozialtherapeutischen Anstalt bleibt § 124 unberührt.

§ 135. Sicherungsverwahrung in Frauenanstalten. Die Sicherungsverwahrung einer Frau kann auch in einer für den Vollzug der Freiheitsstrafe bestimmten Frauenanstalt durchgeführt werden, wenn diese Anstalt für die Sicherungsverwahrung eingerichtet ist.

Zweiter Titel. Unterbringung in einem psychiatrischen Krankenhaus und in einer Erziehungsanstalt

§ 136. Unterbringung in einem psychiatrischen Krankenhaus. [1]Die Behandlung des Untergebrachten in einem psychiatrischen Krankenhaus richtet sich nach ärztlichen Gesichtspunkten. [2]Soweit möglich, soll er geheilt oder sein Zustand so weit gebessert werden, daß er nicht mehr gefährlich ist. [3]Ihm wird die nötige Aufsicht, Betreuung und Pflege zuteil.

§ 137. Unterbringung in einer Entziehungsanstalt. Ziel der Behandlung des Untergebrachten in einer Entziehungsanstalt ist es, ihn von seinem Hang zu heilen und die zugrunde liegende Fehlhaltung zu beheben.

§ 138. Anwendung anderer Vorschriften. (1) [1]Die Unterbringung in einem psychiatrischen Krankenhaus oder in einer Entziehungsanstalt richtet sich nach Landesrecht, soweit Bundesgesetze nichts anderes bestimmen. [2]§ 51 Abs. 4 und 5 sowie § 75 Abs. 3 gelten entsprechend.

(2) [1]Für die Erhebung der Kosten der Unterbringung gilt § 50 entsprechend mit der Maßgabe, dass in den Fällen des § 50 Abs. 1 Satz 2 an die Stelle erhaltener Bezüge die Verrichtung zugewiesener oder ermöglichter Arbeit tritt und in den Fällen des § 50 Abs. 1 Satz 4 dem Untergebrachten ein Betrag in der Höhe verbleiben muss, der dem Barbetrag entspricht, den ein in einer Einrichtung lebender und einen Teil der Kosten seines Aufenthalts selbst tragender Sozialhilfeempfänger zur persönlichen Verfügung erhält. [2]Bei der Bewertung einer Beschäftigung als Arbeit sind die besonderen Verhältnisse des Maßregelvollzugs zu berücksichtigen. [3]Zuständig für die Erhebung der Kosten ist die Vollstreckungsbehörde; die Landesregierungen können durch Rechtsverordnung andere Zuständigkeiten begründen. [4]Die Kosten werden als Justizverwaltungsabgabe erhoben.

(3) Für das gerichtliche Verfahren gelten die §§ 109 bis 121 entsprechend.

Vierter Abschnitt. Vollzugsbehörden

Erster Titel. Arten und Einrichtung der Justizvollzugsanstalten

§ 139. Justizvollzugsanstalten. Die Freiheitsstrafe sowie die Unterbringung in der Sicherungsverwahrung werden in Anstalten der Landesjustizverwaltungen (Justizvollzugsanstalten) vollzogen.

§ 140. Trennung des Vollzuges. (1) Die Unterbringung in der Sicherungsverwahrung wird in getrennten Anstalten oder in getrennten Abteilungen einer für den Vollzug der Freiheitsstrafe bestimmten Vollzugsanstalt vollzogen.

(2) [1]Frauen sind getrennt von Männern in besonderen Frauenanstalten unterzubringen. [2]Aus besonderen Gründen können für Frauen getrennte Abteilungen in Anstalten für Männer vorgesehen werden.

(3) Von der getrennten Unterbringung nach den Absätzen 1 und 2 darf abgewichen werden, um dem Gefangenen die Teilnahme an Behandlungsmaßnahmen in einer anderen Anstalt oder in einer anderen Abteilung zu ermöglichen.

§ 141. **Diffenrenzierung.** (1) Für den Vollzug der Freiheitsstrafe sind Haftplätze vorzusehen in verschiedenen Anstalten oder Abteilungen, in denen eine auf die unterschiedlichen Bedürfnisse der Gefangenen abgestimmte Behandlung gewährleistet ist.

(2) Anstalten des geschlossenen Vollzuges sehen eine sichere Unterbringung vor, Anstalten des offenen Vollzuges keine oder nur verminderte Vorkehrungen gegen Entweichungen.

§ 142. **Einrichtungen für Mütter mit Kindern.** In Anstalten für Frauen sollen Einrichtungen vorgesehen werden, in denen Mütter mit ihren Kindern untergebracht werden können.

§ 143. **Größe und Gestaltung der Anstalten.** (1) Justizvollzugsanstalten sind so zu gestalten, daß eine auf die Bedürfnisse des einzelnen abgestellte Behandlung gewährleistet ist.

(2) Die Vollzugsanstalten sind so zu gliedern, daß die Gefangenen in überschaubaren Betreuungs- und Behandlungsgruppen zusammengefaßt werden können.

(3) Die für sozialtherapeutische Anstalten und für Justizvollzugsanstalten für Frauen vorgesehene Belegung soll zweihundert Plätze nicht übersteigen.

§ 144. **Größe und Gestaltung der Räume.** (1) ^{1}Räume für den Aufenthalt während der Ruhe- und Freizeit sowie Gemeinschafts- und Besuchsräume sind wohnlich oder sonst ihrem Zweck entsprechend auszugestalten. ^{2}Sie müssen hinreichend Luftinhalt haben und für eine gesunde Lebensführung ausreichend mit Heizung und Lüftung, Boden- und Fensterfläche ausgestattet sein.

(2) Das Bundesministerium der Justiz wird ermächtigt, mit Zustimmung des Bundesrates durch Rechtsverordnung Näheres über den Luftinhalt, die Lüftung, die Boden- und Fensterfläche sowie die Heizung und Einrichtung der Räume zu bestimmen.

§ 145. **Festsetzung der Belegungsfähigkeit.** ^{1}Die Aufsichtsbehörde setzt die Belegungsfähigkeit für jede Anstalt so fest, daß eine angemessene Unterbringung während der Ruhezeit (§ 18) gewährleistet ist. ^{2}Dabei ist zu berücksichtigen, daß eine ausreichende Anzahl von Plätzen für Arbeit, Ausbildung und Weiterbildung sowie von Räumen für Seelsorge, Freizeit, Sport, therapeutische Maßnahmen und Besuche zur Verfügung steht.

§ 146. **Verbot der Überbelegung.** (1) Hafträume dürfen nicht mit mehr Personen als zugelassen belegt werden.

(2) Ausnahmen hiervon sind nur vorübergehend und nur mit Zustimmung der Aufsichtsbehörde zulässig.

§ 147. **Einrichtungen für die Entlassung.** Um die Entlassung vorzubereiten, sollen den geschlossenen Anstalten offene Einrichtungen angegliedert oder gesonderte offene Anstalten vorgesehen werden.

§ 148. **Arbeitsbeschaffung, Gelegenheit zur beruflichen Bildung.** (1) Die Vollzugsbehörde soll im Zusammenwirken mit den Vereinigungen und Stellen des Arbeits- und Wirtschaftslebens dafür sorgen, daß jeder arbeitsfähige Gefangene wirtschaftlich ergiebige Arbeit ausüben kann, und dazu beitragen, daß er beruflich gefördert, beraten und vermittelt wird.

(2) Die Vollzugsbehörde stellt durch geeignete organisatorische Maßnahmen sicher, daß die Bundesagentur für Arbeit die ihr obliegenden Aufgaben wie Berufsberatung, Ausbildungsvermittlung und Arbeitsvermittlung durchführen kann.

§ 149. **Arbeitsbetriebe, Einrichtungen zur beruflichen Bildung.** (1) In den Anstalten sind die notwendigen Betriebe für die nach § 37 Abs. 2 zuzuweisenden Arbeiten sowie die erforderlichen Einrichtungen zur beruflichen Bildung (§ 37 Abs. 3) und arbeitstherapeutischen Beschäftigung (§ 37 Abs. 5) vorzusehen.

(2) ¹Die in Absatz 1 genannten Betriebe und sonstigen Einrichtungen sind den Verhältnissen außerhalb der Anstalten anzugleichen. ²Die Arbeitsschutz- und Unfallverhütungsvorschriften sind zu beachten.

(3) Die berufliche Bildung und die arbeitstherapeutische Beschäftigung können auch in geeigneten Einrichtungen privater Unternehmen erfolgen.

(4) In den von privaten Unternehmen unterhaltenen Betrieben und sonstigen Einrichtungen kann die technische und fachliche Leitung Angehörigen dieser Unternehmen übertragen werden.

§ 150. Vollzugsgemeinschaften. Für Vollzugsanstalten nach den §§ 139 bis 149 können die Länder Vollzugsgemeinschaften bilden.

Zweiter Titel. Aufsicht über die Justizvollzugsanstalten

§ 151. Aufsichtsbehörden. (1) ¹Die Landesjustizverwaltungen führen die Aufsicht über die Justizvollzugsanstalten. ²Sie können Aufsichtsbefugnisse auf Justizvollzugsämter übertragen.

(2) An der Aufsicht über das Arbeitswesen sowie über die Sozialarbeit, die Weiterbildung, die Gesundheitsfürsorge und die sonstige fachlich begründete Behandlung der Gefangenen sind eigene Fachkräfte zu beteiligen; soweit die Aufsichtsbehörde nicht über eigene Fachkräfte verfügt, ist fachliche Beratung sicherzustellen.

§ 152. Vollstreckungsplan. (1) Die Landesjustizverwaltung regelt die örtliche und sachliche Zuständigkeit der Justizvollzugsanstalten in einem Vollstreckungsplan.

(2) ¹Der Vollstreckungsplan sieht vor, welche Verurteilten in eine Einweisungsanstalt oder -abteilung eingewiesen werden. ²Über eine Verlegung zum weiteren Vollzug kann nach Gründen der Behandlung und Eingliederung entschieden werden.

(3) Im übrigen ist die Zuständigkeit nach allgemeinen Merkmalen zu bestimmen.

§ 153. Zuständigkeit für Verlegungen. Die Landesjustizverwaltung kann sich Entscheidungen über Verlegungen vorbehalten oder sie einer zentralen Stelle übertragen.

Dritter Titel. Innerer Aufbau der Justizvollzugsanstalten

§ 154. Zusammenarbeit. (1) Alle im Vollzug Tätigen arbeiten zusammen und wirken daran mit, die Aufgaben des Vollzuges zu erfüllen.

(2) ¹Mit den Behörden und Stellen der Entlassenenfürsorge, der Bewährungshilfe, den Aufsichtsstellen für die Führungsaufsicht, den Agenturen für Arbeit, den Trägern der Sozialversicherung und der Sozialhilfe, den Hilfeeinrichtungen anderer Behörden und den Verbänden der freien Wohlfahrtspflege ist eng zusammenzuarbeiten. ²Die Vollzugsbehörden sollen mit Personen und Vereinen, deren Einfluß die Eingliederung des Gefangenen fördern kann, zusammenarbeiten.

§ 155. Vollzugsbedienstete. (1) ¹Die Aufgaben der Justizvollzugsanstalten werden von Vollzugsbeamten wahrgenommen. ²Aus besonderen Gründen können sie auch anderen

Bediensteten der Justizvollzugsanstalten sowie nebenamtlichen oder vertraglich verpflichteten Personen übertragen werden.

(2) Für jede Anstalt ist entsprechend ihrer Aufgabe die erforderliche Anzahl von Bediensteten der verschiedenen Berufsgruppen, namentlich des allgemeinen Vollzugsdienstes, des Verwaltungsdienstes und des Werkdienstes, sowie von Seelsorgern, Ärzten, Pädagogen, Psychologen und Sozialarbeitern vorzusehen.

§ 156. Anstaltsleitung. (1) ¹Für jede Justizvollzugsanstalt ist ein Beamter des höheren Dienstes zum hauptamtlichen Leiter zu bestellen. ²Aus besonderen Gründen kann eine Anstalt auch von einem Beamten des gehobenen Dienstes geleitet werden.

(2) ¹Der Anstaltsleiter vertritt die Anstalt nach außen. ²Er trägt die Verantwortung für den gesamten Vollzug, soweit nicht bestimmte Aufgabenbereiche der Verantwortung anderer Vollzugsbediensteter oder ihrer gemeinsamen Verantwortung übertragen sind.

(3) Die Befugnis, die Durchsuchung nach § 84 Abs. 2, die besonderen Sicherungsmaßnahmen nach § 88 und die Disziplinarmaßnahmen nach § 103 anzuordnen, darf nur mit Zustimmung der Aufsichtsbehörde übertragen werden.

§ 157. Seelsorge. (1) Seelsorger werden im Einvernehmen mit der jeweiligen Religionsgemeinschaft im Hauptamt bestellt oder vertraglich verpflichtet.

(2) Wenn die geringe Zahl der Angehörigen einer Religionsgemeinschaft eine Seelsorge nach Absatz 1 nicht rechtfertigt, ist die seelsorgerische Betreuung auf andere Weise zuzulassen.

(3) Mit Zustimmung des Anstaltsleiters dürfen die Anstaltsseelsorger sich freier Seelsorgehelfer bedienen und für Gottesdienste sowie für andere religiöse Veranstaltungen Seelsorger von außen zuziehen.

§ 158. Ärztliche Versorgung. (1) ¹Die ärztliche Versorgung ist durch hauptamtliche Ärzte sicherzustellen. ²Sie kann aus besonderen Gründen nebenamtlichen oder vertraglich verpflichteten Ärzten übertragen werden.

(2) ¹Die Pflege der Kranken soll von Personen ausgeübt werden, die eine Erlaubnis nach dem Krankenpflegegesetz besitzen. ²Solange Personen im Sinne von Satz 1 nicht zur Verfügung stehen, können auch Bedienstete des allgemeinen Vollzugsdienstes eingesetzt werden, die eine sonstige Ausbildung in der Krankenpflege erfahren haben.

§ 159. Konferenzen. Zur Aufstellung und Überprüfung des Vollzugsplanes und zur Vorbereitung wichtiger Entscheidungen im Vollzug führt der Anstaltsleiter Konferenzen mit an der Behandlung maßgeblich Beteiligten durch.

§ 160. Gefangenenmitverantwortung. Den Gefangenen und Untergebrachten soll ermöglicht werden, an der Verantwortung für Angelegenheiten von gemeinsamem Interesse teilzunehmen, die sich ihrer Eigenart und der Aufgabe der Anstalt nach für ihre Mitwirkung eignen.

§ 161. Hausordnung. (1) ¹Der Anstaltsleiter erläßt eine Hausordnung. ²Sie bedarf der Zustimmung der Aufsichtsbehörde.

(2) In die Hausordnung sind namentlich die Anordnungen aufzunehmen über
1. die Besuchszeiten, Häufigkeit und Dauer der Besuche,
2. die Arbeitszeit, Freizeit und Ruhezeit sowie
3. die Gelegenheit, Anträge und Beschwerden anzubringen, oder sich an einen Vertreter der Aufsichtsbehörde zu wenden.

(3) Ein Abdruck der Hausordnung ist in jedem Haftraum auszulegen.

Vierter Titel. Anstaltsbeiräte

§ 162. Bildung der Beiräte. (1) Bei den Justizvollzugsanstalten sind Beiräte zu bilden.

(2) Vollzugsbedienstete dürfen nicht Mitglieder der Beiräte sein.

(3) Das Nähere regeln die Länder.

§ 163. Aufgabe der Beiräte. ^{1}Die Mitglieder des Beirats wirken bei der Gestaltung des Vollzuges und bei der Betreuung der Gefangenen mit. ^{2}Sie unterstützen den Anstaltsleiter durch Anregungen und Verbesserungsvorschläge und helfen bei der Eingliederung der Gefangenen nach der Entlassung.

§ 164. Befugnisse. (1) ^{1}Die Mitglieder des Beirats können namentlich Wünsche, Anregungen und Beanstandungen entgegennehmen. ^{2}Sie können sich über die Unterbringung, Beschäftigung, berufliche Bildung, Verpflegung, ärztliche Versorgung und Behandlung unterrichten sowie die Anstalt und ihre Einrichtungen besichtigen.

(2) ^{1}Die Mitglieder des Beirats können die Gefangenen und Untergebrachten in ihren Räumen aufsuchen. ^{2}Aussprache und Schriftwechsel werden nicht überwacht.

§ 165. Pflicht zur Verschwiegenheit. ^{1}Die Mitglieder des Beirats sind verpflichtet, außerhalb ihres Amtes über alle Angelegenheiten, die ihrer Natur nach vertraulich sind, besonders über Namen und Persönlichkeit der Gefangenen und Untergebrachten, Verschwiegenheit zu bewahren. ^{2}Dies gilt auch nach Beendigung ihres Amtes.

Fünfter Titel. Kriminologische Forschung im Strafvollzug

§ 166. (1) Dem kriminologischen Dienst obliegt es, in Zusammenarbeit mit den Einrichtungen der Forschung den Vollzug, namentlich die Behandlungsmethoden, wissenschaftlich fortzuentwickeln und seine Ergebnisse für Zwecke der Strafrechtspflege nutzbar zu machen.

(2) Die Vorschriften des § 186 gelten entsprechend.

Fünfter Abschnitt. Vollzug weiterer freiheitsentziehender Maßnahmen in Justizvollzugsanstalten, Datenschutz, Sozial- und Arbeitslosenversicherung, Schlußvorschriften

Erster Titel. Vollzug des Strafarrestes in Justizvollzugsanstalten

§ 167. Grundsatz. ^{1}Für den Vollzug des Strafarrestes in Justizvollzugsanstalten gelten die Vorschriften über den Vollzug der Freiheitsstrafe (§§ 2 bis 122, 179 bis 187) entsprechend, soweit im Folgenden nichts anderes bestimmt ist. ^{2}§ 50 findet nur in den Fällen einer in § 39 erwähnten Beschäftigung Anwendung.

§ 168. Unterbringung, Besuche und Schriftverkehr. (1) ^{1}Eine gemeinsame Unterbringung während der Arbeit, Freizeit und Ruhezeit (§§ 17 und 18) ist nur mit Einwilligung des Gefangenen zulässig. ^{2}Dies gilt nicht, wenn Strafarrest in Unterbrechung einer Strafhaft oder einer Unterbringung im Vollzuge einer freiheitsentziehenden Maßregel der Besserung und Sicherung vollzogen wird.

(2) Dem Gefangenen soll gestattet werden, einmal wöchentlich Besuch zu empfangen.

(3) Besuche und Schriftwechsel dürfen nur untersagt oder überwacht werden, wenn dies aus Gründen der Sicherheit oder Ordnung der Anstalt notwendig ist.

§ 169. Kleidung, Wäsche und Bettzeug. Der Gefangene darf eigene Kleidung, Wäsche und eigenes Bettzeug benutzen, wenn Gründe der Sicherheit nicht entgegenstehen und der Gefangene für Reinigung, Instandsetzung und regelmäßigen Wechsel auf eigene Kosten sorgt.

§ 170. Einkauf. Der Gefangene darf Nahrungs- und Genußmittel sowie Mittel zur Körperpflege in angemessenem Umfang durch Vermittlung der Anstalt auf eigene Kosten erwerben.

Zweiter Titel. Vollzug von Ordnungs-, Sicherungs-, Zwangs- und Erzwingungshaft

§ 171. Grundsatz. Für den Vollzug einer gerichtlich angeordneten Ordnungs-, Sicherungs-, Zwangs- und Erzwingungshaft gelten die Vorschriften über den Vollzug der Freiheitsstrafe (§§ 3 bis 49, 51 bis 122, 179 bis 187) entsprechend, soweit nicht Eigenart und Zweck der Haft entgegenstehen oder im folgenden etwas anderes bestimmt ist.

§ 172. Unterbringung. [1]Eine gemeinsame Unterbringung während der Arbeit, Freizeit und Ruhezeit (§§ 17 und 18) ist nur mit Einwilligung des Gefangenen zulässig. [2]Dies gilt nicht, wenn Ordnungshaft in Unterbrechung einer Strafhaft oder einer Unterbringung im Vollzug einer freiheitsentziehenden Maßregel der Besserung und Sicherung vollzogen wird.

§ 173. Kleidung, Wäsche und Bettzeug. Der Gefangene darf eigene Kleidung, Wäsche und eigenes Bettzeug benutzen, wenn Gründe der Sicherheit nicht entgegenstehen und der Gefangene für Reinigung, Instandsetzung und regelmäßigen Wechsel auf eigene Kosten sorgt.

§ 174. Einkauf.. Der Gefangene darf Nahrungs- und Genußmittel sowie Mittel zur Körperpflege in angemessenem Umfang durch Vermittlung der Anstalt auf eigene Kosten erwerben.

§ 175. Arbeit. Der Gefangene ist zu einer Arbeit, Beschäftigung oder Hilfstätigkeit nicht verpflichtet.

Dritter Titel. Arbeitsentgelt in Jugendstrafanstalten und im Vollzug der Untersuchungshaft

§ 176. Jugendstrafanstalten. (1) [1]Übt ein Gefangener in einer Jugendstrafanstalt eine ihm zugewiesene Arbeit aus, so erhält er unbeschadet der Vorschriften des Jugendarbeitsschutzgesetzes über die Akkord- und Fließarbeit ein nach § 43 Abs. 2 und 3 zu bemessendes Arbeitsentgelt. [2]Übt er eine sonstige zugewiesene Beschäftigung oder Hilfstätigkeit aus, so erhält er ein Arbeitsentgelt nach Satz 1, soweit dies der Art seiner Beschäftigung und seiner Arbeitsleistung entspricht. [3]§ 43 Abs. 5 bis 11 gilt entsprechend.

(2)[*] [1]*Arbeitsfähige Gefangene, denen aus Gründen, die nicht in ihrer Person liegen, Arbeit nicht zugewiesen werden kann, erkrankte Gefangene, bei denen die Voraussetzungen des § 45 Abs. 2 vorliegen, und werdende Mütter, die eine Arbeit nicht verrichten, erhalten* *eine Ausfallentschädigung.* ²*Höhe und Dauer der Ausfallentschädigung sind nach § 45 Abs. 3 bis 6 zu bestimmen.*

(3) Wenn ein Gefangener ohne sein Verschulden kein Arbeitsentgelt und keine Ausbildungsbeihilfe erhält, wird ihm ein angemessenes Taschengeld gewährt, falls er bedürftig ist.

(4) Im übrigen gelten § 44 und die §§ 49 bis 52 entsprechend.

§ 177. Untersuchungshaft. ¹Übt der Untersuchungsgefangene eine ihm zugewiesene Arbeit, Beschäftigung oder Hilfstätigkeit aus, so erhält er ein nach § 43 Abs. 2 bis 5 zu bemessendes und bekannt zu gebendes Arbeitsentgelt. ²Der Bemessung des Arbeitsentgelts ist abweichend von § 200 fünf vom Hundert der Bezugsgröße nach § 18 des Vierten Buches Sozialgesetzbuch zu Grunde zu legen (Eckvergütung). ³§ 43 Abs. 6 bis 11 findet keine Anwendung. ⁴Für junge und heranwachsende Untersuchungsgefangene gilt § 176 Abs. 1 Satz 1 und 2 entsprechend.

Vierter Titel. Unmittelbarer Zwang in Justizvollzugsanstalten

§ 178. (1) Die §§ 94 bis 101 über den unmittelbaren Zwang gelten nach Maßgabe der folgenden Absätze auch für Justizvollzugsbedienstete außerhalb des Anwendungsbereichs des Strafvollzugsgesetzes (§ 1).

(2) Beim Vollzug der Untersuchungshaft und der einstweiligen Unterbringung nach § 126a der Strafprozeßordnung bleibt § 119 Abs. 5 und 6 der Strafprozeßordnung unberührt.

(3) ¹Beim Vollzug des Jugendarrestes, des Strafarrestes sowie der Ordnungs-, Sicherungs-, Zwangs- und Erzwingungshaft dürfen zur Vereitelung einer Flucht oder zur Wiederergreifung (§ 100 Abs. 1 Nr. 3) keine Schußwaffen gebraucht werden. ²Dies gilt nicht, wenn Strafarrest oder Ordnungs-, Sicherungs-, Zwangs- oder Erzwingungshaft in Unterbrechung einer Untersuchungshaft, einer Strafhaft oder einer Unterbringung im Vollzug einer freiheitsentziehenden Maßregel der Besserung und Sicherung vollzogen wird.

(4) Das Landesrecht kann, namentlich beim Vollzug der Jugendstrafe, weitere Einschränkungen des Rechtes zum Schußwaffengebrauch vorsehen.

Fünfter Titel. Datenschutz

§ 179. Datenerhebung. (1) Die Vollzugsbehörde darf personenbezogene Daten erheben, soweit deren Kenntnis für den ihr nach diesem Gesetz aufgegebenen Vollzug der Freiheitsstrafe erforderlich ist.

(2) ¹Personenbezogene Daten sind bei dem Betroffenen zu erheben. ²Für die Erhebung ohne Mitwirkung des Betroffenen, die Erhebung bei anderen Personen oder Stellen und für die Hinweis- und Aufklärungspflichten gilt § 4 Abs. 2 und 3 und § 13 Abs. 1a des Bundesdatenschutzgesetzes.

(3) Daten über Personen, die nicht Gefangene sind, dürfen ohne ihre Mitwirkung bei Personen oder Stellen außerhalb der Vollzugsbehörde nur erhoben werden, wenn sie für die Behandlung eines Gefangenen, die Sicherheit der Anstalt oder die Sicherung des Vollzuges einer Freiheitsstrafe unerläßlich sind und die Art der Erhebung schutzwürdige Interessen der Betroffenen nicht beeinträchtigt.

(4) ¹Über eine ohne seine Kenntnis vorgenommene Erhebung personenbezogener Daten wird der Betroffene unter Angabe dieser Daten unterrichtet, soweit der in Absatz 1 genannte Zweck dadurch nicht gefährdet wird. ²Sind die Daten bei anderen Personen oder Stellen erhoben worden, kann die Unterrichtung unterbleiben, wenn
1. die Daten nach einer Rechtsvorschrift oder ihrem Wesen nach, namentlich wegen des überwiegenden berechtigten Interesses eines Dritten, geheimgehalten werden müssen oder
2. der Aufwand der Unterrichtung außer Verhältnis zum Schutzzweck steht und keine Anhaltspunkte dafür bestehen, daß überwiegende schutzwürdige Interessen des Betroffenen beeinträchtigt werden.

§ 180. Verarbeitung und Nutzung. (1) ¹Die Vollzugsbehörde darf personenbezogene Daten verarbeiten und nutzen, soweit dies für den ihr nach diesem Gesetz aufgegebenen Vollzug der Freiheitsstrafe erforderlich ist. ²Die Vollzugsbehörde kann einen Gefangenen verpflichten, einen Lichtbildausweis mit sich zu führen, wenn dies aus Gründen der Sicherheit oder Ordnung der Anstalt erforderlich ist.

(2) Die Verarbeitung und Nutzung personenbezogener Daten für andere Zwecke ist zulässig, soweit dies
1. zur Abwehr von sicherheitsgefährdenden oder geheimdienstlichen Tätigkeiten für eine fremde Macht oder von Bestrebungen im Geltungsbereich dieses Gesetzes, die durch Anwendung von Gewalt oder darauf gerichtete Vorbereitungshandlungen
   a) gegen die freiheitliche demokratische Grundordnung, den Bestand oder die Sicherheit des Bundes oder eines Landes gerichtet sind,
   b) eine ungesetzliche Beeinträchtigung der Amtsführung der Verfassungsorgane des Bundes oder eines Landes oder ihrer Mitglieder zum Ziele haben oder
   c) auswärtige Belange der Bundesrepublik Deutschland gefährden,
2. zur Abwehr erheblicher Nachteile für das Gemeinwohl oder einer Gefahr für die öffentliche Sicherheit,
3. zur Abwehr einer schwerwiegenden Beeinträchtigung der Rechte einer anderen Person,
4. zur Verhinderung oder Verfolgung von Straftaten sowie zur Verhinderung oder Verfolgung von Ordnungswidrigkeiten, durch welche die Sicherheit oder Ordnung der Anstalt gefährdet werden, oder
5. für Maßnahmen der Strafvollstreckung oder strafvollstreckungsrechtliche Entscheidungen
erforderlich ist.

(3) Eine Verarbeitung oder Nutzung für andere Zwecke liegt nicht vor, soweit sie dem gerichtlichen Rechtsschutz nach den §§ 109 bis 121 oder den in § 14 Abs. 3 des Bundesdatenschutzgesetzes genannten Zwecken dient.

(4) ¹Über die in den Absätzen 1 und 2 geregelten Zwecke hinaus dürfen zuständigen öffentlichen Stellen personenbezogene Daten übermittelt werden, soweit dies für
1. Maßnahmen der Gerichtshilfe, Jugendgerichtshilfe, Bewährungshilfe oder Führungsaufsicht,
2. Entscheidungen in Gnadensachen,
3. gesetzlich angeordnete Statistiken der Rechtspflege,
4. Entscheidungen über Leistungen, die mit der Aufnahme in einer Justizvollzugsanstalt entfallen oder sich mindern,
5. die Einleitung von Hilfsmaßnahmen für Angehörige (§ 11 Abs. 1 Nr. 1 des Strafgesetzbuchs) des Gefangenen,
6. dienstliche Maßnahmen der Bundeswehr im Zusammenhang mit der Aufnahme und Entlassung von Soldaten,

7. ausländerrechtliche Maßnahmen oder
8. die Durchführung der Besteuerung

erforderlich ist. ²Eine Übermittlung für andere Zwecke ist auch zulässig, soweit eine andere gesetzliche Vorschrift dies vorsieht und sich dabei ausdrücklich auf personenbezogene Daten über Gefangene bezieht.

(5) ¹Öffentlichen und nicht-öffentlichen Stellen darf die Vollzugsbehörde auf schriftlichen Antrag mitteilen, ob sich eine Person in Haft befindet sowie ob und wann ihre Entlassung voraussichtlich innerhalb eines Jahres bevorsteht, soweit

1. die Mitteilung zur Erfüllung der in der Zuständigkeit der öffentlichen Stelle liegenden Aufgaben erforderlich ist oder
2. von nicht-öffentlichen Stellen ein berechtigtes Interesse an dieser Mitteilung glaubhaft dargelegt wird und der Gefangene kein schutzwürdiges Interesse an dem Ausschluß der Übermittlung hat.

²Dem Verletzten einer Straftat können darüber hinaus auf schriftlichen Antrag Auskünfte über die Entlassungsadresse oder die Vermögensverhältnisse des Gefangenen erteilt werden, wenn die Erteilung zur Feststellung oder Durchsetzung von Rechtsansprüchen im Zusammenhang mit der Straftat erforderlich ist. ³Der Gefangene wird vor der Mitteilung gehört, es sei denn, es ist zu besorgen, daß dadurch die Verfolgung des Interesses des Antragstellers vereitelt oder wesentlich erschwert werden würde, und eine Abwägung ergibt, daß dieses Interesse des Antragstellers das Interesse des Gefangenen an seiner vorherigen Anhörung überwiegt. ⁴Ist die Anhörung unterblieben, wird der betroffene Gefangene über die Mitteilung der Vollzugsbehörde nachträglich unterrichtet.

(6) ¹Akten mit personenbezogenen Daten dürfen nur anderen Vollzugsbehörden, den zur Dienst- oder Fachaufsicht oder zu dienstlichen Weisungen befugten Stellen, den für strafvollzugs-, strafvollstreckungs- und strafrechtliche Entscheidungen zuständigen Gerichten sowie den Strafvollstreckungs- und Strafverfolgungsbehörden überlassen werden; die Überlassung an andere öffentliche Stellen ist zulässig, soweit die Erteilung einer Auskunft einen unvertretbaren Aufwand erfordert oder nach Darlegung der Akteneinsicht begehrenden Stellen für die Erfüllung der Aufgabe nicht ausreicht. ²Entsprechendes gilt für die Überlassung von Akten an die von der Vollzugsbehörde mit Gutachten beauftragten Stellen.

(7) Sind mit personenbezogenen Daten, die nach den Absätzen 1, 2 oder 4 übermittelt werden dürfen, weitere personenbezogene Daten des Betroffenen oder eines Dritten in Akten so verbunden, daß eine Trennung nicht oder nur mit unvertretbarem Aufwand möglich ist, so ist die Übermittlung auch dieser Daten zulässig, soweit nicht berechtigte Interessen des Betroffenen oder eines Dritten an deren Geheimhaltung offensichtlich überwiegen; eine Verarbeitung oder Nutzung dieser Daten durch den Empfänger ist unzulässig.

(8) Bei der Überwachung der Besuche oder des Schriftwechsels sowie bei der Überwachung des Inhaltes von Paketen bekanntgewordene personenbezogene Daten dürfen nur für die in Absatz 2 aufgeführten Zwecke, für das gerichtliche Verfahren nach den §§ 109 bis 121, zur Wahrung der Sicherheit oder Ordnung der Anstalt oder nach Anhörung des Gefangenen für Zwecke der Behandlung verarbeitet und genutzt werden.

(9) Personenbezogene Daten, die gemäß § 179 Abs. 3 über Personen, die nicht Gefangene sind, erhoben worden sind, dürfen nur zur Erfüllung des Erhebungszweckes, für die in Absatz 2 Nr. 1 bis 3 geregelten Zwecke oder zur Verhinderung oder Verfolgung von Straftaten von erheblicher Bedeutung verarbeitet oder genutzt werden.

(10) Die Übermittlung von personenbezogenen Daten unterbleibt, soweit die in § 182 Abs. 2, § 184 Abs. 2 und 4 geregelten Einschränkungen oder besondere gesetzliche Verwendungsregelungen entgegenstehen.

(11) ¹Die Verantwortung für die Zulässigkeit der Übermittlung trägt die Vollzugsbehörde. ²Erfolgt die Übermittlung auf Ersuchen einer öffentlichen Stelle, trägt diese die Verantwortung. ³In diesem Fall prüft die Vollzugsbehörde nur, ob das Übermittlungsersuchen im Rahmen der Aufgaben des Empfängers liegt und die Absätze 8 bis 10 der Übermittlung nicht entgegenstehen, es sei denn, daß besonderer Anlaß zur Prüfung der Zulässigkeit der Übermittlung besteht.

§ 181. Zweckbindung. ¹Von der Vollzugsbehörde übermittelte personenbezogene Daten dürfen nur zu dem Zweck verarbeitet oder genutzt werden, zu dessen Erfüllung sie übermittelt worden sind. ²Der Empfänger darf die Daten für andere Zwecke nur verarbeiten oder nutzen, soweit sie ihm auch für diese Zwecke hätten übermittelt werden dürfen, und wenn im Falle einer Übermittlung an nicht-öffentliche Stellen die übermittelnde Vollzugsbehörde zugestimmt hat. ³Die Vollzugsbehörde hat den nicht-öffentlichen Empfänger auf die Zweckbindung nach Satz 1 hinzuweisen.

§ 182. Schutz besonderer Daten. (1) ¹Das religiöse oder weltanschauliche Bekenntnis eines Gefangenen und personenbezogene Daten, die anläßlich ärztlicher Untersuchungen erhoben worden sind, dürfen in der Anstalt nicht allgemein kenntlich gemacht werden. ²Andere personenbezogene Daten über den Gefangenen dürfen innerhalb der Anstalt allgemein kenntlich gemacht werden, soweit dies für ein geordnetes Zusammenleben in der Anstalt erforderlich ist; § 180 Abs. 8 bis 10 bleibt unberührt.

(2) ¹Personenbezogene Daten, die den in § 203 Abs. 1 Nr. 1, 2 und 5 des Strafgesetzbuchs genannten Personen von einem Gefangenen als Geheimnis anvertraut oder über einen Gefangenen sonst bekanntgeworden sind, unterliegen auch gegenüber der Vollzugsbehörde der Schweigepflicht. ²Die in § 203 Abs. 1 Nr. 1, 2 und 5 des Strafgesetzbuchs genannten Personen haben sich gegenüber dem Anstaltsleiter zu offenbaren, soweit dies für die Aufgabenerfüllung der Vollzugsbehörde oder zur Abwehr von erheblichen Gefahren für Leib oder Leben des Gefangenen oder Dritter erforderlich ist. ³Der Arzt ist zur Offenbarung ihm im Rahmen der allgemeinen Gesundheitsfürsorge bekanntgewordener Geheimnisse befugt, soweit dies für die Aufgabenerfüllung der Vollzugsbehörde unerläßlich oder zur Abwehr von erheblichen Gefahren für Leib oder Leben des Gefangenen oder Dritter erforderlich ist. ⁴Sonstige Offenbarungsbefugnisse bleiben unberührt. ⁵Der Gefangene ist vor der Erhebung über die nach den Sätzen 2 und 3 bestehenden Offenbarungsbefugnisse zu unterrichten.

(3) ¹Die nach Absatz 2 offenbarten Daten dürfen nur für den Zweck, für den sie offenbart wurden oder für den eine Offenbarung zulässig gewesen wäre, und nur unter denselben Voraussetzungen verarbeitet oder genutzt werden, unter denen eine in § 203 Abs. 1 Nr. 1, 2 und 5 des Strafgesetzbuchs genannte Person selbst hierzu befugt wäre. ²Der Anstaltsleiter kann unter diesen Voraussetzungen die unmittelbare Offenbarung gegenüber bestimmten Anstaltsbediensteten allgemein zulassen.

(4) Sofern Ärzte oder Psychologen außerhalb des Vollzuges mit der Untersuchung oder Behandlung eines Gefangenen beauftragt werden, gilt Absatz 2 mit der Maßgabe entsprechend, daß der beauftragte Arzt oder Psychologe auch zur Unterrichtung des Anstaltsarztes oder des in der Anstalt mit der Behandlung des Gefangenen betrauten Psychologen befugt sind.

§ 183. Schutz der Daten in Akten und Dateien. (1) Der einzelne Vollzugsbedienstete darf sich von personenbezogenen Daten nur Kenntnis verschaffen, soweit dies zur Erfüllung der ihm obliegenden Aufgabe oder für die Zusammenarbeit nach § 154 Abs. 1 erforderlich ist.

(2) ¹Akten und Dateien mit personenbezogenen Daten sind durch die erforderlichen technischen und organisatorischen Maßnahmen gegen unbefugten Zugang und unbefugten Gebrauch zu schützen. ²Gesundheitsakten und Krankenblätter sind getrennt von anderen Unterlagen zu führen und besonders zu sichern. ³Im übrigen gilt für die Art und den Umfang der Schutzvorkehrungen § 9 des Bundesdatenschutzgesetzes.

§ 184. Berichtigung, Löschung und Sperrung. (1) ¹Die in Dateien gespeicherten personenbezogenen Daten sind spätestens zwei Jahre nach der Entlassung des Gefangenen oder der Verlegung des Gefangenen in eine andere Anstalt zu löschen. ²Hiervon können bis zum Ablauf der Aufbewahrungsfrist für die Gefangenenpersonalakte die Angaben über Familienname, Vorname, Geburtsname, Geburtstag, Geburtsort, Eintritts- und Austrittsdatum des Gefangenen ausgenommen werden, soweit dies für das Auffinden der Gefangenenpersonalakte erforderlich ist.

(2) ¹Personenbezogene Daten in Akten dürfen nach Ablauf von zwei Jahren seit der Entlassung des Gefangenen nur übermittelt oder genutzt werden, soweit dies
1. zur Verfolgung von Straftaten,
2. für die Durchführung wissenschaftlicher Forschungsvorhaben gemäß § 186,
3. zur Behebung einer bestehenden Beweisnot,
4. zur Feststellung, Durchsetzung oder Abwehr von Rechtsansprüchen im Zusammenhang mit dem Vollzug einer Freiheitsstrafe

unerläßlich ist. ²Diese Verwendungsbeschränkungen enden, wenn der Gefangene erneut zum Vollzug einer Freiheitsstrafe aufgenommen wird oder der Betroffene eingewilligt hat.

(3) ¹Bei der Aufbewahrung von Akten mit nach Absatz 2 gesperrten Daten dürfen folgende Fristen nicht überschritten werden:

Gefangenenpersonalakten, Gesundheitsakten und Krankenblätter   20 Jahre,
Gefangenenbücher   30 Jahre.

²Dies gilt nicht, wenn aufgrund bestimmter Tatsachen anzunehmen ist, daß die Aufbewahrung für die in Absatz 2 Satz 1 genannten Zwecke weiterhin erforderlich ist. ³Die Aufbewahrungsfrist beginnt mit dem auf das Jahr der aktenmäßigen Weglegung folgenden Kalenderjahr. ⁴Die archivrechtlichen Vorschriften des Bundes und der Länder bleiben unberührt.

(4) Wird festgestellt, daß unrichtige Daten übermittelt worden sind, ist dies dem Empfänger mitzuteilen, wenn dies zur Wahrung schutzwürdiger Interessen des Betroffenen erforderlich ist.

(5) Im übrigen gilt für die Berichtigung, Löschung und Sperrung personenbezogener Daten § 20 Abs. 1 bis 4 und 6 bis 8 des Bundesdatenschutzgesetzes.

§ 185. Auskunft an den Betroffenen, Akteneinsicht. ¹Der Betroffene erhält nach Maßgabe des § 19 des Bundesdatenschutzgesetzes Auskunft und, soweit eine Auskunft für die Wahrnehmung seiner rechtlichen Interessen nicht ausreicht und er hierfür auf die Einsichtnahme angewiesen ist, Akteneinsicht. ²An die Stelle des Bundesbeauftragten für den Datenschutz in § 19 Abs. 5 und 6 des Bundesdatenschutzgesetzes tritt der Landesbeauftragte für den Datenschutz, an die Stelle der obersten Bundesbehörde tritt die entsprechende Landesbehörde.

§ 186. Auskunft und Akteneinsicht für wissenschaftliche Zwecke. Für die Auskunft und Akteneinsicht für wissenschaftliche Zwecke gilt § 476 der Strafprozessordnung entsprechend.

§ 187. Anwendung des Bundesdatenschutzgesetzes. ¹Die Regelungen des Bundesdatenschutzgesetzes über öffentliche und nicht-öffentliche Stellen (§ 2), weitere Begriffsbestimmungen (§ 3), Einholung und Form der Einwilligung des Betroffenen (§ 4a Abs. 1 und 2), das Datengeheimnis (§ 5), unabdingbare Rechte des Betroffenen (§ 6 Abs. 1) und die Durchführung des Datenschutzes (§ 18 Abs. 2) gelten entsprechend. ²Die Landesdatenschutzgesetze bleiben im Hinblick auf die Schadensersatz-, Straf- und Bußgeldvorschriften sowie die Bestimmungen über die Kontrolle durch die Landesbeauftragte für den Datenschutz unberührt.

Sechster Titel. Anpassung des Bundesrechts

§ 188. *(aufgehoben)*

§ 189. *(vom Abdruck wurde abgesehen)*

Siebter Titel. Sozial- und Arbeitslosenversicherung

§ 190-194. *(vom Abdruck wurde abgesehen)*

§ 195. **Einbehaltung von Beitragsteilen.** Soweit die Vollzugsbehörde Beiträge zur Kranken- und Rentenversicherung sowie zur Bundesagentur für Arbeit zu entrichten hat, kann sie von dem Arbeitsentgelt, der Ausbildungsbeihilfe oder der Ausfallentschädigung einen Betrag einbehalten, der dem Anteil des Gefangenen am Beitrag entsprechen würde, wenn er diese Bezüge als Arbeitnehmer erhielte.

Achter Titel. Einschränkung von Grundrechten. Inkrafttreten

§ 196. **Einschränkung von Grundrechten.** Durch dieses Gesetz werden die Grundrechte aus Artikel 2 Abs. 2 Satz 1 und 2 (körperliche Unversehrtheit und Freiheit der Person) und Artikel 10 Abs. 1 (Brief-, Post- und Fernmeldegeheimnis) des Grundgesetzes eingeschränkt.

§ 197. *(aufgehoben)*

§ 198. **Inkrafttreten.** (1) Dieses Gesetz tritt unbeschadet der §§ 199 und 201 am 1. Januar 1977 in Kraft, soweit die Absätze 2 und 3 nichts anderes bestimmen.

(2) 1. Am 1. Januar 1980 treten folgende Vorschriften in Kraft:

§ 37	– Arbeitszuweisung –
§ 39 Abs. 1	– Freies Beschäftigungsverhältnis –
§ 41 Abs.	– Zustimmungsbedürftigkeit bei weiterbildenden Maßnahmen –
§ 42	– Freistellung von der Arbeitspflicht –
§ 149 Abs. 1	– Arbeitsbetriebe, Einrichtungen zur beruflichen Bildung –
§ 162 Abs. 1	– Beiräte –.

2., 3. *(aufgehoben)*

(3) Durch besonderes Bundesgesetz werden die folgenden Vorschriften an inzwischen vorgenommene Gesetzesänderungen angepaßt und in Kraft gesetzt:

§ 41 Abs. 3	– Zustimmungsbedürftigkeit bei Beschäftigung in Unternehmerbetrieben –
§ 45	– Ausfallentschädigung –
§ 46	– Taschengeld –
§ 47	– Hausgeld –
§ 49	– Unterhaltsbeitrag –
§ 50	– Haftkostenbeitrag –
§ 65 Abs. 2 Satz 2	– Krankenversicherungsleistungen bei Krankenhausaufenthalt –
§ 93 Abs. 2	– Inanspruchnahme des Hausgeldes –
§ 176 Abs. 2 und 3	– Ausfallentschädigung und Taschengeld im Jugendstrafvollzug –
§ 189	– Verordnung über Kosten –
§ 190 Nr. 1 bis 10 und 13 bis 18, §§ 191 bis 193	– Sozialversicherung –.

(4) Über das Inkrafttreten des § 41 Abs. 3 - Zustimmungsbedürftigkeit bei Beschäftigung in Unternehmerbetrieben - wird zum 31. Dezember 1983 und über die Fortgeltung des § 201 Nr. 1 - Unterbringung im offenen Vollzug - wird zum 31. Dezember 1985 befunden.

§ 199. Übergangsfassungen. (1) Bis zum Inkrafttreten des besonderen Bundesgesetzes nach § 198 Abs. 3 gilt folgendes:

1.–5. *(vom Abdruck wurde abgesehen)*

6. *(aufgehoben)*

(2) Bis zum 31. Dezember 2002 gilt § 9 Abs. 1 Satz 1 in der folgenden Fassung:
"Ein Gefangener soll in eine sozialtherapeutische Anstalt verlegt werden, wenn er wegen einer Straftat nach den §§ 174 bis 180 oder 182 des Strafgesetzbuches zu zeitiger Freiheitsstrafe von mehr als zwei Jahren verurteilt worden ist und die Behandlung in einer sozialtherapeutischen Anstalt nach § 6 Abs. 2 Satz 2 oder § 7 Abs. 4 angezeigt ist."

§ 200. Höhe des Arbeitsentgelts. Der Bemessung des Arbeitsentgelts nach § 43 sind 9 vom Hundert der Bezugsgröße nach § 18 des Vierten Buches Sozialgesetzbuch zu Grunde zu legen.

§ 201. Übergansbestimmungen für bestehende Anstalten. Für Anstalten, mit deren Errichtung vor Inkrafttreten dieses Gesetzes begonnen wurde, gilt folgendes:
1. Abweichend von § 10 dürfen Gefangene ausschließlich im geschlossenen Vollzug untergebracht werden, solange die räumlichen, personellen und organisatorischen Anstaltsverhältnisse dies erfordern.
2. Abweichend von § 17 kann die gemeinschaftliche Unterbringung während der Arbeitszeit und Freizeit auch eingeschränkt werden, wenn und solange die räumlichen, personellen und organisatorischen Verhältnisse der Anstalt dies erfordern; die gemeinschaftliche Unterbringung während der Arbeitszeit jedoch nur bis zum Ablauf des 31. Dezember 1988.
3. ¹Abweichend von § 18 dürfen Gefangene während der Ruhezeit auch gemeinsam untergebracht werden, solange die räumlichen Verhältnisse der Anstalt dies erfordern. ²Eine gemeinschaftliche Unterbringung von mehr als acht Personen ist nur bis zum Ablauf des 31. Dezember 1985 zulässig.
4. Abweichend von § 143 Abs. 1 und 2 sollen Justizvollzugsanstalten so gestaltet und gegliedert werden, daß eine auf die Bedürfnisse des einzelnen abgestellte Behand-

lung gewährleistet ist und daß die Gefangenen in überschaubaren Betreuungs- und Behandlungsgruppen zusammengefaßt werden können.
5. Abweichend von § 145 kann die Belegungsfähigkeit einer Anstalt nach Maßgabe der Nummern 2 und 3 festgesetzt werden.

§ 202. Freiheitsstrafe und Jugendhaft der Deutschen Demokratischen Republik.
(1) Für den Vollzug der nach dem Strafgesetzbuch der Deutschen Demokratischen Republik gegen Jugendliche und Heranwachsende erkannten Freiheitsstrafe gelten die Vorschriften für den Vollzug der Jugendstrafe, für den Vollzug der Jugendhaft die Vorschriften über den Vollzug des Jugendarrestes.

(2) Im übrigen gelten für den Vollzug der nach dem Strafgesetzbuch der Deutschen Demokratischen Republik rechtskräftig erkannten Freiheitsstrafe und der Haftstrafe die Vorschriften des Strafvollzugsgesetzes über den Vollzug der Freiheitsstrafe.

---

* wird durch besonderes Bundesgesetz in Kraft gesetzt (vgl. § 198 Abs. 3).

Literatur

Adt, M.: Schweigepflicht und die Entbindung von der Schweigepflicht, in: MschrKrim 1998, S. 328 ff.
Albrecht, H.-J.: Die Determinanten der Sexualstrafrechtsreform, in: ZStW 1999, S. 863 ff.
Albrecht, H.-J.: Der elektronische Hausarrest: das Potential für Freiheitsstrafenvermeidung, Rückfallverhütung und Rehabilitation, in: MschrKrim 2002, S. 84 ff.
Albrecht, H.-J./Arnold, H./Schädler, W.: Der hessische Modellversuch zur Anwendung der „elektronischen Fußfessel": Darstellung und Evaluation eines Experiments, in: ZRP 2000, S. 466 ff.
Albrecht, P.-A.: Jugendstrafrecht. 3. Aufl., München 2000.
Alex, M.: Sozialtherapie als Alibi? in: Neue Kriminalpolitik 4/2001, S. 4 f.
Alex, M.: Sozialpsychologische Überlegungen zur Anfälligkeit von Justizvollzugsbediensteten für „mafiöse Verstrickungen", in: Neue Kriminalpolitik 2005, S. 34 f.
Alex, M.: Sozialtherapie unter den Bedingungen der Gesetzesverschärfungen seit 1998 unter besonderer Berücksichtigung von vorbehaltener und nachträglicher Sicherungsverwahrung, in: StrVert 2006, S. 105 ff.
Alex, M.: Strafvollzugsrecht: Der „Wettbewerb der Schäbigkeit" schreitet unaufhaltsam voran, in: StrVert 2006a, S. 726 ff.
Alleweldt, R.: Präventiver Menschenrechtsschutz: ein Blick auf die Tätigkeit des Europäischen Komitees zur Verhütung von Folter und unmenschlicher und erniedrigender Behandlung oder Strafe (CPT), in: EuGRZ 1998, S. 245 ff.
Altenhain, G.: Organisation des Strafvollzuges, in: Schwind, H.-D./Blau, G. (Hrsg.): Strafvollzug in der Praxis. 2. Aufl., Berlin – New York 1988, S. 31 ff.
Altintas, I.: Islamische Seelsorge in der Praxis, in: BewHi 2008, S. 29 ff.
Amann, H./Steinle, C.: Sicherungsverwahrung. Das Urteil des Europäischen Gerichtshofs für Menschenrechte und seine Folgen für die Polizei, in: Kriminalistik 2011, S. 21 ff.
Amelung, K.: Die Einwilligung des Unfreien. Das Problem der Freiwilligkeit bei der Einwilligung eingesperrter Personen, in: ZStW 1983, S. 1 ff.
Ammerer, G./Bretschneider, F./Weiß, A. (Hrsg.): Gefängnis und Gesellschaft. Zur (Vor-)Geschichte der strafenden Einsperrung. Leipzig 2003.
Arbeitsgruppe Bayerischer Justizvollzugsanstalten: Handlungsstrategien im Umgang mit russlanddeutschen Gefangenen. Kaisheim 2004.
Arbeitsgruppe Einheitliches Strafvollzugskonzept: Abschlussbericht. Wiesbaden 2001.
Arbeitsgruppe Sicherungsverwahrung Berlin-Brandenburg, 5. Januar 2011, S. 1 ff., http://www.mdj.brandenburg.de/sixcms/media.php/4055/Eckpunkte%20Sicherungsverwahrung_%20Fassung%205%20Jan%202011.pdf (Stand: 7.2.2011).
Arloth, F.: Strafzwecke im Strafvollzug, in: GA 1988, S. 403 ff.
Arloth, F.: Über die Zukunft des Strafvollzugs, in: GA 2001, S. 307 ff.
Arloth, F.: Anmerkung zum Beschluss des OLG Frankfurt v. 16.10.2001, in: NStZ 2002, S. 280.

Arloth, F.: Neue Entwicklungen im Strafvollzug im internationalen Vergleich: Privatisierungstendenzen und Alternativen, in: ZfStrVo 2002a, S. 3 ff.
Arloth, F.: Strafvollzug im europäischen Vergleich, in: Bottke, W./Möllers, Th./Schmidt R. (Hrsg.): Recht in Europa. Baden-Baden 2003.
Arloth, F.: Grundfragen und aktuelle Probleme des Strafvollzugs, in: JuS 2003a, S. 1041 ff.
Arloth, F.: Zwangsbehandlung im Strafvollzug. Statement, in: Hillenkamp, Th./Tag, B. (Hrsg.): Intramurale Medizin – Gesundheitsfürsorge zwischen Heilauftrag und Strafvollzug. Heidelberg 2005, S. 239 ff.
Arloth, F.: Trennscheibe bei Besuchen in Justizvollzugsanstalten, in: Jura 2005a, S. 108 ff.
Arloth, F.: Strafvollzugsgesetz – Bund, Bayern, Hamburg, Niedersachsen. 2. Aufl., München 2008.
Arloth, F.: Neue Gesetze im Strafvollzug, in: GA 2008a, S. 129 ff.
Arloth, F.: Einführung in das neue Bayerische Strafvollzugsgesetz, in: JA 2008b, S. 561 ff.
Arloth, F.: Zur weiteren Entwicklung des Strafvollzugs, in: Festschrift für Schöch. Berlin 2010, S. 337 ff.
Arloth, F.: Die „beleidigungsfreie Sphäre" bei Briefen im Strafvollzug, in: ZIS 2010a, S. 263 ff.
Arndt, J.: Strafvollzugsbau. Der Einfluss des Vollzugszieles auf den Bau von Anstalten für den Vollzug der Freiheitsstrafe. Bochum 1981.
Arnold, J.: Vergangenes und Zukünftiges im Strafvollzug der ehemaligen DDR, in: ZfStrVo 1990, S. 327 ff.
Arnold, J.: „Strafvollzug in der DDR" – Ein Gegenstand gegenwärtiger und zukünftiger Forschung, in: MschrKrim 1993, S. 390 ff.
Aschrott, P.: Strafensystem und Gefängniswesen in England. Berlin 1887.
Asprion, P.: Sozialarbeit und Justiz – immer wieder im Dilemma, in: BewHi 1999, S. 23 ff.
Augustin, A.: Gefängnisse als Privatbetrieb und Staatsverständnis, in: ARSP Beiheft Nr. 83, 2002, S. 109 ff.
Aumüller, Th.: Motive und Argumente für eine Privatisierung im Strafvollzug aus der Sicht der Politik, in: Stober, R. (Hrsg.): Privatisierung im Strafvollzug? Köln u.a. 2001, S. 59 ff.
Ayass, W.: Schlussbericht der Jugendstrafvollzugskommission, in: BewHi 1980, S. 167 ff.
Ayass, W.: Jugendhilfegesetz vom Bundestag beschlossen, vom Bundesrat abgelehnt – Arbeitsentwurf zur Änderung des Jugendgerichtsgesetzes in der Anhörung, in: BewHi 1980a, S. 358 ff.
Ayass, W.: Regierungsentwurf eines Strafrechtsänderungsgesetzes, in: BewHi 1984, S. 53 f.
Ayass, W.: Ablehnende Stellungnahme zum Arbeitsentwurf eines Jugendstrafvollzugsgesetzes (vom 1.6.84), in: BewHi 1985, S. 178 f.
Ayass, W.: Hilfen zur Erziehung für straffällige junge Menschen in Heimen, in: BewHi 1992, S. 212 ff.
Baer, M.: Gefahrenabwehrrechtliche Denkfiguren im Straf- und Maßregelvollzugsrecht, in: NStZ 2009, S. 529 ff.
Baier, H.: Grundzüge des gerichtlichen Verfahrens in Strafvollzugssachen, in: JA 2001, S. 582 ff.
Baier, H.: Grenzenlose Sicherheit? Die Unterbringung gefährlicher Straftäter zwischen Bundes- und Landesrecht, in: Jura 2004, S. 552 ff.
Bales, St./Baumann, H./Schnitzler, N.: Infektionsschutzgesetz. Kommentar und Vorschriftensammlung. 2. Aufl. Stuttgart u.a. 2003.

Bammann, K.: Anwendbarkeit des elektronisch überwachten Hausarrests in Deutschland? in: JA 2001, S. 471 ff.
Bammann, K.: Ist der Jugendstrafvollzug rechtswidrig? in: RdJB 2001a, S. 24 ff.
Bammann, K.: Die rechtliche Situation ausländischer Inhaftierter im Spannungsfeld von Strafvollzugsrecht und Ausländerrecht, in: Kawamura-Reindl, G./Keicher, R./Krell, W. (Hrsg.): Migration, Kriminalität und Kriminalisierung. Herausforderung an Soziale Arbeit und Straffälligenhilfe. Freiburg i.Br. 2002, S. 95 ff.
Bammann, K.: Der Jugendstrafvollzug vor neuen Herausforderungen – rechtlicher und tatsächlicher Art, in: UJ 2002a, S. 30 ff.
Bammann, K.: Tätowierungen und das Recht – Allgemeine Rechtslage und rechtliche Situation im Strafvollzug, in: Bammann, K./Stöver, H. (Hrsg.): Tätowierungen im Strafvollzug. Oldenburg 2006, S. 79 ff.
Bandell, D./Kühling, P./Schwind, H.-D.: Anmerkung zum Beschluss des OLG Koblenz v. 9.6.1987, in: NStZ 1988, S. 383.
Bank, R.: Die internationale Bekämpfung von Folter und unmenschlicher Behandlung auf den Ebenen der Vereinten Nationen und des Europarates. Freiburg i.Br. 1996.
Bannenberg, B./Uhlmann, P.: Die Konzeption des Täter-Opfer-Ausgleichs in Wissenschaft und Kriminalpolitik, in: Dölling, D. (Hrsg.): Täter-Opfer-Ausgleich in Deutschland. Bonn 1998, S. 1 ff.
Bartsch, H.-J.: Strafvollstreckung im Heimatstaat, in: NJW 1984, S. 513 ff.
Bartsch, T.: Der Vollzug der Sicherungsverwahrung in Deutschland, in: BewHi 2007, S. 399 ff.
Bartsch, T.: Sicherungsverwahrung – Recht, Vollzug, aktuelle Probleme. Baden-Baden 2010.
Bath, M.: Der Strafvollzug, in: Zieger, G./Schroeder, F.-C.: Die strafrechtliche Entwicklung in Deutschland – Divergenz oder Konvergenz. Köln u.a. 1988, S. 167 ff.
Battegay, R.: Der Mensch in der Gruppe. 5. Aufl., Bern u.a. 1976.
Bauer-Cleve, A./Jadasch, M./Oschwald, A.: Das Anti-Gewalt-Training in der JVA Neuburg-Herrenwörth, in: ZfStrVo 1995, S. 202 ff.
Baumann, J.: Einige Modelle zum Strafvollzug. Bielefeld 1979.
Baumann, J.: Entwurf eines Untersuchungshaftvollzugsgesetzes. Tübingen 1981.
Baumann, J.: Art. 5 GG versus §§ 68 II 2 u. 70 II 2 StVollzG, in: StrVert 1992, S. 331 f.
Baumann, J.: Der Vorrang der Vollzugszielerreichung vor Sicherheits- und Ordnungsmaßnahmen, in: Gedächtnisschrift für Krebs. Pfaffenweiler 1994, S. 103 ff.
Baumann, J. u.a.: Alternativ-Entwurf Wiedergutmachung (AE-WGM). München 1992.
Baumann, J./Brauneck, A./Calliess, R.-P. u.a.: Alternativ-Entwurf eines Strafvollzugsgesetzes. Tübingen 1973.
Baumann, J./Brauneck, A./Hanack, E.-W. u.a.: Alternativ-Entwurf eines Strafgesetzbuches – Allgemeiner Teil. Tübingen 1966.
Baumann, K.-H.: Der Einfluss von Bildungsmaßnahmen im Strafvollzug auf das Rückfallverhalten, in: ZfStrVo 1984, S. 31 ff.
Baumann, K.-H./Maetze, W./Mey, H.-G.: Zur Rückfälligkeit nach Strafvollzug, in: MschrKrim 1983, S. 133 ff.
Bäumler, H.: „Der neue Datenschutz" – Datenschutz in der Informationsgesellschaft von morgen. Neuwied 1998.
Baur, F.: Der Vollzug der Maßregeln der Besserung und Sicherung nach den §§ 63 und 64 StGB in einem psychiatrischen Krankenhaus und in einer Entziehungsanstalt. Münster 1988.

Bayer, W. et al.: Tatschuldausgleich und vollzugliche Entscheidungen, in: MschrKrim 1987, S. 167 ff.
Bayerisches Staatsministerium der Justiz: Bericht zur Situation Jugendlicher und junger erwachsener Gefangener aus der ehemaligen UdSSR. München 1999.
Bayerisches Staatsministerium der Justiz: Justizvollzug in Bayern. München 2010.
Beaucamp, G.: Pressefreiheit im Gefängnis, in: JA 1998, S. 209 ff.
Beaucamp, G.: Verfassungsrecht: Die Strafgefangenen-Entscheidung, in: JA 2003, S. 937 ff.
Bechmann, M./Bousvaros, E.: Frauen des allgemeinen Vollzugsdienstes, in: Möller, H. (Hrsg.): Frauen legen Hand an. Tübingen 1996, S. 151 ff.
Becker, H.: Ritual Knast. Leipzig 2008.
Becker, H./Geer, B.: Latent Culture: A Note on the Theory of Latent Social Roles, in: Administrative Science Quarterly 1960, S. 304 ff.
Becker, M./Kinzig, J.: Therapie bei Sexualstraftätern und die Kosten: Von den Vorstellungen des Gesetzgebers und den Realitäten im Strafvollzug, in: ZfStrVo 1998, S. 259 ff.
Beckmann, P.: Lebenslagen Straffälliger und Straffälligenhilfe. Das Hilfesystem auf dem Prüfstand aus der Sicht der Sozialarbeit im Vollzug, in: Nickolai, W./Kawamura, G./Krell, W./Reindl, R. (Hrsg.): Straffällig. Lebenslagen und Lebenshilfen. Freiburg i.Br. 1996, S. 78 ff.
Begemann, H.: Freigängerurlaub (§ 15 IV StVollzG) ohne Freigang? in: NStZ 1991, S. 517 ff.
Beier, K./Hinrichs, G. (Hrsg.): Psychotherapie mit Straffälligen. Standorte und Thesen zum Verhältnis Patient – Therapeut – Justiz. Stuttgart u.a. 1995.
Bemmann, G.: Über den Angleichungsgrundsatz des § 3 Abs. 1 StVollzG, in: Festschrift für Karl Lackner. Berlin u.a. 1987, S. 1046 ff.
Bemmann, G.: „Im Vollzug der Freiheitsstrafe soll der Gefangene fähig werden, künftig in sozialer Verantwortung ein Leben ohne Straftaten zu führen", in: StrVert 1988, S. 549 ff.
Bemmann, G.: Strafvollzug im sozialen Rechtsstaat, in: Bemmann, G./Manoledakis, I. (Hrsg.): Probleme des staatlichen Strafens unter besonderer Berücksichtigung des Strafvollzugs. Baden-Baden 1989, S. 35 ff.
Bemmann, G.: Strafvollzug und Menschenwürde, in: Prittwitz, C./Manoledakis, I. (Hrsg.): Strafrecht und Menschenwürde. Baden-Baden 1998, S. 123 ff.
Bemmann, G.: Anmerkung zum Urteil des BVerfG v. 1.7.1998, in: StrVert 1998a, S. 604 f.
Bemmann, G.: Zur Frage der Arbeitspflicht des Strafgefangenen, in: Festschrift für Grünwald. Baden-Baden 1999, S. 69 ff.
Bemmann, G.: Über die Befugnis zur Anordnung des Arrestes im Strafvollzug, in: NJW 2000, S. 3116 f.
Bemmann, G.: Freie Arztwahl im Strafvollzug? in: StrVert 2001, S. 60 f.
Bemmann, G.: Über den Gefangenentransport, in: Festschrift für Lüderssen. Baden-Baden 2002, S. 803 ff.
Bemmann, G.: Über das Anhalten ehrverletzender Gefangenenpost, in: Festschrift für Tsatsos. Baden-Baden 2003.
Benda, E.: Resozialisierung als Verfassungsauftrag, in: Festschrift für Faller. München 1984, S. 307 ff.
Benda, E./Klein, E.: Verfassungsprozessrecht. 2. Aufl., Heidelberg 2001.
Bennefeld-Kersten, K.: Suizide von Gefangenen in der Bundesrepublik Deutschland in den Jahren 2000 bis 2008, in: BewHi 2009, S. 396 ff.

Bennefeld-Kersten, K.: Ausgeschieden durch Suizid – Selbsttötungen im Gefängnis. Lengerich 2009a.

Benz, W./Distel, B. (Hrsg.): Der Ort des Terrors. Geschichte der nationalsozialistischen Konzentrationslager. Band 1: Die Organisation des Terrors. München 2005.

Berckhauer, F./Hasenpusch, B.: Legalbewährung nach Strafvollzug, in: Schwind, H.-D./ Steinhilper, G. (Hrsg.): Modelle zur Kriminalitätsvorbeugung und Resozialisierung. Heidelberg 1982, S. 281 ff.

Bereswill, M.: The Society of Captives – Formierungen von Männlichkeit im Gefängnis, in: KrimJ 2004, S. 92 ff.

Bereswill, M./Hoynck, T. (Hrsg.): Jugendstrafvollzug in Deutschland. Mönchengladbach 2002.

Berg, J./Wiedner, St.: Die Erledigterklärung nach § 67d Abs. 6 StGB bei „Fehleinweisungen" in den psychiatrischen Maßregelvollzug, in: StrVert 2007, S. 234 ff.

Bergmann, M.: Die Verrechtlichung des Strafvollzugs und ihre Auswirkungen auf die Strafvollzugspraxis. Herbolzheim 2003.

Berndt, S.: Eingriffe in den Briefverkehr von Untersuchungsgefangenen, in: NStZ 1996, S. 115 ff., 157 ff.

Bernhardt, S.: Frauen in Haft, in: KrimPäd Heft 14/15, 1982, S. 27 ff.

Bernsmann, H.: Elektronisch überwachter Hausarrest unter besonderer Berücksichtigung von Privatisierungstendenzen. Göttingen 2000.

Bernsmann, K.: „Der wohnungslose Gefangene" – Anmerkungen zu einem fast vergessenen Problem, in: Festschrift für Schwind. Heidelberg 2006, S. 515 ff.

Best, D./Rössner, D.: Der Maßregelvollzug und die Aussetzung der Maßregelvollstreckung zur Bewährung, in: Kröber, H.-L./Dölling, D./Leygraf, N./Sass, H. (Hrsg.): Handbuch der Forensischen Psychiatrie. Band 1. Berlin 2007, S. 323 ff.

Best, P.: Ambulante Soziale Dienste der Justiz im Verbund mit der Freien Straffälligenhilfe, in: BewHi 1993, S. 131 ff.

Best, P.: Europäische Kriminalpolitik auf der Grundlage der Menschenrechtskonvention – die European Rules, in: Festschrift für Böhm. Berlin – New York 1999, S. 49 ff.

Best, P.: Europäische Kriminalpolitik, in: Deutsche Bewährungshilfe – Fachverband für Soziale Arbeit, Strafrecht und Kriminalpolitik (Hrsg.): Strafvollzug und Straffälligenhilfe in Europa. Köln 2001, S. 5 ff.

Bethkowsky-Spinner, H.-D./Djambasoff, K.-P./Greger, L. u.a.: Grundlegung einer Gefängnisseelsorge, in: Lösch, M. (Hrsg.): Genügt nicht einfach ein weites Herz? Konzeptionsentwürfe für die Seelsorge im Gefängnis. Berlin 1999, S. 62 ff.

Beulke, W./Swoboda, S.: Trennscheibenanordnung „zum Schutz" des Strafverteidigers bei Verteidigerbesuchen im Strafvollzug? in: NStZ 2005, S. 67 ff.

Beyler, O.: Das Recht des Strafgefangenen auf Besitz von Gegenständen nach § 70 (i.V.m. § 69 II) StVollzG unter besonderer Berücksichtigung der allgemeinen technischen Entwicklung, in: ZfStrVo 2001, S. 142 ff.

Biener, K.: Die Gesundheitsproblematik im Strafvollzug. Grüsch 1989.

Bienert, A.: Gefängnis als Bedeutungsträger – Ikonologische Studie zur Geschichte der Strafarchitektur. Frankfurt a.M. u.a. 1996.

Bierschwale, P.: Die pädagogische Abteilung. Zum Berufsbild der Lehrer im Justizvollzug des Landes Niedersachsen, in: ZfStrVo 1994, S. 195 ff.

Binder, D.: Verfassungswidrigkeit des Jugendstrafvollzugs, in: StrVert 2002, S. 452 ff.

Birtsch, V./Rosenkranz, J. (Hrsg.): Mütter und Kinder im Gefängnis. Weinheim u.a. 1988.

Bischof, H.: Zum weiteren Verbleib strafrechtlich Untergebrachter im psychiatrischen Krankenhaus nach Aussetzung des Maßregelvollzugs, in: Forensia 1987, S. 102 ff.

Bittmann, F.: Änderungen im Untersuchungshaftrecht, in: JuS 2010, S. 510 ff.
Bittmann, F.: Gesetz zur Änderung des Untersuchungshaftrechts, in: NStZ 2010a, S. 13 ff.
Blaschke, R.: Ablenkung von der Eintönigkeit hinter Gittern, in: Süddeutsche Zeitung v. 28.12.2007, S. 29.
Blau, G.: Die Entwicklung des Strafvollzugs seit 1945 – Tendenzen und Gegentendenzen, in: Schwind, H.-D./Blau, G. (Hrsg.): Strafvollzug in der Praxis. 2. Aufl., Berlin – New York 1988, S. 17 ff.
Blau, G.: Die Strafvollstreckungskammer, in: Schwind, H.-D./Blau, G. (Hrsg.): Strafvollzug in der Praxis. 2. Aufl., Berlin – New York 1988a, S. 339 ff.
Blau, G.: Die Sicherungsverwahrung – Ein Nekrolog? in: Festschrift für Schneider. Berlin u.a. 1998, S. 579 ff.
Blocher, D./Henkel, K./Ziegler, E./Rösler, M.: Zur Epidemiologie psychischer Beschwerden bei Häftlingen einer Justizvollzugsanstalt, in: RuP 2001, S. 136 ff.
Block, P.: Rechtliche Strukturen der Sozialen Dienste in der Justiz. 2. Aufl., Wiesbaden 1997.
Blum, W.: Der Sozialarbeiter, in: Schwind, H.-D./Blau, G. (Hrsg.): Strafvollzug in der Praxis. 2. Aufl., Berlin – New York 1988, S. 165 ff.
Bock, M.: Kriminologie. 3. Aufl., München 2007.
Bode, L.: Freizeitgestaltung im Strafvollzug – Möglichkeiten der Freizeitgestaltung, in: Schwind, H.-D./Blau, G. (Hrsg.): Strafvollzug in der Praxis. 2. Aufl., Berlin – New York 1988, S. 313 ff.
Boehlen, M.: Frauen im Gefängnis. Zürich 2000.
Boetticher, A.: Der neue Umgang mit Sexualstraftätern – eine Zwischenbilanz, in: MschrKrim 1998, S. 354 ff.
Bohling, H./Kunze, R.: Der Psychologe, in: Schwind, H.-D./Blau, G. (Hrsg.): Strafvollzug in der Praxis. 2. Aufl., Berlin – New York 1988, S. 172 ff.
Böhm, A.: Anmerkung zum Beschluss des OLG Hamm v. 17.4.1986, in: NStZ 1987, S. 189.
Böhm, A.: Strafzwecke und Vollzugsziele, in: Busch, M./Krämer, E. (Hrsg.): Strafvollzug und Schuldproblematik. Pfaffenweiler 1988.
Böhm, A.: Kirche im Strafvollzug. Gefängnisseelsorge im Wandel der Zeit, in: ZfStrVo 1995, S. 3 ff.
Böhm, A.: Vollzugsaufgaben und Allgemeiner Vollzugsdienst, in: Müller-Dietz, H./Walter, M. (Hrsg.): Strafvollzug in den 90er Jahren. Pfaffenweiler 1995a, S. 31 ff.
Böhm, A.: Einführung in das Jugendstrafrecht. 3. Aufl., München 1996.
Böhm, A.: Anmerkung zum Beschluss des OLG Hamm v. 10.10.1996, in: JR 1997, S. 84 ff.
Böhm, A.: Zur Diskussion um die gesetzliche Regelung und die tatsächliche Entwicklung des Jugendstrafvollzugs, in: Festschrift für H. J. Schneider. Berlin – New York 1998, S. 1013 ff.
Böhm, A.: Zu den Disziplinarmaßnahmen und den Disziplinarverfahren nach dem Strafvollzugsgesetz, in: Festschrift für Hanack. Berlin – New York 1999, S. 457 ff.
Böhm, A.: 25 Jahre Strafvollzugsgesetz, in: BewHi 2002, S. 92 ff.
Böhm, A.: Bemerkungen zum Vollzugsziel, in: Festschrift für Lüderssen. Baden-Baden 2002a, S. 807 ff.
Böhm, A.: Strafvollzug. 3. Aufl., Neuwied 2003.
Böhm, A.: Strafvollzug und „Strafübel", in: Festschrift für Schwind. Heidelberg 2006, S. 533 ff.
Böhm, A./Erhardt, C.: Strafaussetzung und Legalbewährung. Wiesbaden 1988.

Böhm, A./Feuerhelm, W.: Einführung in das Jugendstrafrecht, 4. Aufl., München 2004.
Böhm, H./Möbius, P.: Drogenkonsum in bayerischen Justizvollzugsanstalten, in: ZfStrVo 1990, S. 94 ff.
Böhm, K. M.: Opferschutz – Präventionsprinzip – Sicherungsverwahrung. Bleibt die Polizei der Lückenbüßer der Rechtspolitik? in: Kriminalistik 2011, S. 14 ff.
Bohne, G.: Die Freiheitsstrafe in den italienischen Stadtrechten des 12.–16. Jahrhunderts. Teil 1: Das Aufkommen der Freiheitsstrafe. Leipzig 1922.
Bohnert, C.: Aufgaben der Jugendämter in Vollstreckung und Vollzug, in: ZfJ 2005, S. 393 ff.
Böllinger, L.: Ein Schlag gegen das Resozialisierungsprinzip: Offenbarungspflicht der Therapeuten im Strafvollzug, in: Zeitschrift für Sexualforschung 1999, S. 140 ff.
Böllinger, L.: Offenbarungspflicht der Therapeuten im Strafvollzug – ein Schlag gegen die forensische Psychotherapie, in: MschrKrim 2000, S. 11 ff.
Bölter, H.: Rechtseinheit im Strafvollzug, in: ZfStrVo 1990, S. 323 ff.
Bölter, H.: Verlauf von Lockerungen im Langstrafenvollzug, in: ZfStrVo 1991, S. 71 ff.
Bondy, C.: Pädagogische Probleme im Strafvollzug. Mannheim 1925.
Bongartz, Th.: Teilprivatisierung im Strafvollzug von Nordrhein-Westfalen, in: ZfStrVo 2005, S. 25 ff.
Bonk, H. J.: Rechtliche Rahmenbedingungen einer Privatisierung im Strafvollzug, in: JZ 2000, S. 435 ff.
Borkenstein, C.: Drogenabhängige im Strafvollzug, in: Egg, R. (Hrsg.): Drogentherapie und Strafe. Wiesbaden 1988, S. 235 ff.
Borkenstein, C.: Drogenarbeit im Vollzug, künftig eine gemeinsame Aufgabe der Drogenhilfe? in: BewHi 1994, S. 80 ff.
Bosch, N./Reichert, C.: Konkurrenz der Strafvollzugsmodelle in den USA: empirisch vergleichende Untersuchungen zu Kosten und Qualität des Strafvollzugs in staatlich und privat betriebenen Haftanstalten, in: ZStW 2001, S. 207 ff.
Böse, G./Henke, S./Ingenhag-Schuster, D.: Gruppenarbeit mit Vergewaltigern im Strafvollzug, in: Janshen, D. (Hrsg.): Sexuelle Gewalt. Frankfurt a.M. 1991, S. 345 ff.
Bosinski, H.: Rahmenbedingungen intramuraler Therapie von Sexualstraftätern, in: Neue Kriminalpolitik 2004, S. 2 ff.
Bösling, Th.: Elektronisch überwachter Hausarrest als Alternative zur kurzen Freiheitsstrafe? in: MschrKrim 2002, S. 105 ff.
Bothge, R.: Zur Teilnahme Strafgefangener an religiösen Veranstaltungen, in: ZfStrVo 1999, S. 352 ff.
Böttcher, R.: Die Kriminologische Zentralstelle in Wiesbaden, in: Festschrift für Kaiser. Berlin 1998, S. 47 ff.
Braum, St./Varwig, M./Bader, C.: Die „Privatisierung des Strafvollzugs" zwischen fiskalischen Interessen und verfassungsrechtlichen Prinzipien, in: ZfStrVo 1999, S. 67 ff.
Brettel, H.: Anmerkung zum Urteil des BGH v. 11.5.2005, in: StrVert 2006, S. 64 ff.
Brettel, H.: Gesetzeslücken bei Sicherungsverwahrung nach Verurteilung zu Jugendstrafe – Eindrücke aus Anlass des ersten Anordnungsfalls, in: ZRP 2010, S. 121 ff.
Bringewat, P.: Strafvollstreckung. Kommentar zu den §§ 449–463d StPO. Baden-Baden 1993.
Britz, G.: Leistungsgerechtes Arbeitsentgelt für Strafgefangene? in: ZfStrVo 1999, S. 195 ff.
Broszat, M.: Nationalsozialistische Konzentrationslager, in: Buchheim, H. u.a. (Hrsg.): Anatomie des SS-Staates. 6. Aufl., München 1994, S. 321 ff.

Brown, M./Elrod, P.: Electronic House Arrest: An Examination of Citizen Attitudes, in: Crime and Delinquency 1995, S. 332 ff.

Bruhn, H./Mischkowitz, R.: Korruption im Strafvollzug – ein Problem? in: ZfStrVo 2001, S. 261 ff.

Brunner, R./Dölling, D.: Jugendgerichtsgesetz. 11. Aufl., Berlin – New York 2002.

Bruns, W.: Theorie und Praxis des Wohngruppenvollzugs. Pfaffenweiler 1989.

Buchert, M./Metternich, J./Hauser, S.: Die Auswirkungen von Langzeitbesuchen und ihre Konsequenzen für die Wiedereingliederung von Strafgefangenen, in: ZfStrVo 1995, S. 259 ff.

Buchta, A./Schäfer, K.: Substitution hinter Gittern. Ein Bericht über die Verordnung, Abgabe und Verabreichung von Methadon zum Zwecke der Substitution heroinabhängiger Gefangener in hessischen Justizvollzugsanstalten, in: ZfStrVo 1996, S. 21 ff.

Bulczak, G.: Erziehung und Behandlung in der Jugendanstalt Hameln. Hameln 1979.

Bulczak, G.: Jugendanstalten, in: Schwind, H.-D./Blau, G. (Hrsg.): Strafvollzug in der Praxis. 2. Aufl., Berlin – New York 1988, S. 70 ff.

Bullens, R./Egg, R.: Therapiemotivation bei Missbrauchstätern, in: BewHi 2003, S. 273 ff.

Bundesarbeitsgemeinschaft der Lehrer im Justizvollzug (Hrsg.): Justizvollzug & Pädagogik: Tradition und Herausforderung. Pfaffenweiler 1999.

Bundesarbeitsgemeinschaft für Straffälligenhilfe: Tarifgerechte Entlohnung für Inhaftierte, in: ZfStrVo 1993, S. 174 ff.

Bundesministerium des Innern/Bundesministerium der Justiz (Hrsg.): Erster Periodischer Sicherheitsbericht. Berlin 2001.

Bundesministerium der Justiz (Hrsg.): Täter-Opfer-Ausgleich in der Entwicklung. Auswertung der bundesweiten Täter-Opfer-Ausgleich-Statistik für den Zehnjahreszeitraum 1993 bis 2002. Berlin 2005.

Bundesministerium der Justiz/Bundesministerium für Justiz/Eidgenössisches Justiz- und Polizeidepartement (Hrsg.): Empfehlungen des Europarates zum Freiheitsentzug 1962–2003. Mönchengladbach 2004.

Bundesvereinigung der Anstaltsleiter im Strafvollzug: Stellungnahme der Bundesvereinigung der Anstaltsleiter im Strafvollzug e.V. zur Verfassungsmäßigkeit der Arbeitsentgeltregelungen des StVollzG, in: ZfStrVo 1993, S. 180 f.

Bung, J.: Anmerkung zum Beschluss des OLG München v. 30.7.2008, in: StrVert 2009, S. 200 ff.

Burgi, M.: Statement „Beleihung im Strafvollzug", in: Stober, R. (Hrsg.): Privatisierung im Strafvollzug? Köln u.a. 2001, S. 43 ff.

Burmeister, U.: Die Justizvollzugsanstalt Waldeck – ein Investorenmodell, in: KrimPäd Heft 1, 1997, S. 11 ff.

Burstein, J.: Conjugal Visits in Prison. Toronto 1977.

Busch, M.: Erziehung junger Gefangener, UJ 1985, S. 126 ff.

Busch, M.: Ehren- und nebenamtliche Mitarbeiter im Strafvollzug, in: Schwind, H.-D./Blau, G. (Hrsg.): Strafvollzug in der Praxis. 2. Aufl., Berlin – New York 1988, S. 221 ff.

Busch, R.: Die Schweigepflicht des Anstaltsarztes gegenüber dem Anstaltsleiter und der Aufsichtsbehörde, in: ZfStrVo 2000, S. 344 ff.

Busemann, B.: Fahrverbot als Sanktion? in: ZRP 2010, S. 239.

Bussmann, K.-D./Seifert, S./Richter, K.: Probanden im sozialtherapeutischen Strafvollzug: Delinquenzbelastung, Biographie und Persönlichkeitsmerkmale, in: MschrKrim 2008, S. 6 ff.

Calliess, R.-P.: Stellungnahme zu den Vorschlägen einiger Bundesländer in der Justizministerkonferenz des Bundes und der Länder, im Wege einer Bundesratsinitiative das Strafvollzugsgesetz zu ändern, in: InfoStVollzPR 1987, S. 341 ff.
Calliess, R.-P.: Strafvollzugsrecht. 3. Aufl., München 1992.
Calliess, R.-P.: Die Neuregelung des Arbeitsentgelts im Strafvollzug, in: NJW 2001, S. 1692 ff.
Calliess, R.-P.: Die Durchsuchung des Strafverteidigers bei Betreten der Justizvollzugsanstalt, in: StrVert 2002, S. 675 ff.
Calliess, R.-P./Müller-Dietz, H.: Strafvollzugsgesetz. 11. Aufl., München 2008.
Caspari, St.: Unterschiedliches Strafvollzugsrecht belastet Justiz, in: DRiZ 2006, S. 142.
Christiansen, G.: Anmerkung zum Beschluss des SG Düsseldorf v. 23.6.2008, in: StraFo 2008, S. 527 ff.
Claßen, H.: Die Problematik des Sanktionierens im erziehungsorientierten Jugendstrafvollzug, in: ZfStrVo 1984, S. 85 ff.
Clemmer, D.: The Prison Community. New York u.a. 1958.
Clever, C./Ommerborn, R.: Erwachsenenbildung im Gefängnis. Untersuchungen zum Fernstudium von inhaftierten Menschen in deutschen Haftanstalten, in: Jahrbuch der Gesellschaft der Freunde der Fernuniversität. Hagen 1995, S. 49 ff.
Cohen, S./Taylor, L.: Psychological Survival – The Experience of Long-term Imprisonment. 2. Aufl., Harmondsworth 1981.
Cornel, H.: Geschichte des Jugendstrafvollzugs. Weinheim – Basel 1984.
Cornel, H.: Resozialisierung – Klärung des Begriffs, seines Inhalts und seiner Verwendung, in: Cornel, H./Maelicke, B./Sonnen, B.-R. (Hrsg.): Handbuch der Resozialisierung. Baden-Baden 1995, S. 13 ff.
Cornel, H.: Soziale Arbeit und Strafjustiz, in: Neue Kriminalpolitik 2/1997, S. 10 ff.
Cornel, H.: Neuere Entwicklungen hinsichtlich der Anzahl der Inhaftierten in Deutschland, in: Neue Kriminalpolitik 2002, S. 42 f.
Cornel, H.: Gemeinnützige Arbeit zur Abwendung der Vollstreckung von Ersatzfreiheitsstrafen und als selbständige Sanktion, in: Festschrift für Lüderssen. Baden-Baden 2002a, S. 821 ff.
Cornel, H.: Gesetzgebungskompetenz für den Strafvollzug muss beim Bund bleiben, in: ZfStrVo 2005, S. 48.
Cornel, H.: Nachlese zum Aufruf für den Verbleib der Gesetzgebungskompetenz für den Strafvollzug beim Bund, in: Neue Kriminalpolitik 2005a, S. 42 f.
Cornel, H.: Warum hört man so wenig wirklich gute Argumente für die Privatisierung des Strafvollzugs? in: Neue Kriminalpolitik 2006, S. 7 ff.
Cornel, H.: Soziale Arbeit im Strafvollzug des 21. Jahrhunderts, in: Bundesarbeitsgemeinschaft Soziale Arbeit im Justizvollzug (Hrsg.): Soziale Arbeit im Justizvollzug des 21. Jahrhunderts. Straubing 2007, S. 52 ff.
Council of Europe: European Prison Rules. Strasbourg 2006.
Coyle, A.: Revision of the European Prison Rules, a contextual report, in: European Prison Rules. Strasbourg 2006, S. 101 ff.
Cummerow, B.: Chancengleichheit? Frauen und Männer im Strafvollzug, in: BewHi 2006, S. 153 ff.
Dahle, K.-P.: Therapiemotivation inhaftierter Straftäter, in: Steller, M./Dahle, K.-P./Basqué, M. (Hrsg.): Straftäterbehandlung. Pfaffenweiler 1994, S. 227 ff.
Dahm, G.: Das Strafrecht Italiens im ausgehenden Mittelalter. Berlin – Leipzig 1931.
Dammann, B.: Drogentherapie als privatrechtlich ausgestaltete Form des Strafvollzugs? in: KrimJ 1985, S. 97 ff.

v. Danwitz, K.-St.: Examens-Repetitorium Kriminologie. Heidelberg 2004.
Dargel, H.: Die rechtliche Behandlung HIV-infizierter Gefangener, in: NStZ 1989, S. 207 ff.
Daum, G.: Die Petition im Strafvollzug. Baden-Baden 2005.
Degenhard, K.: Anmerkung zum Beschluss des OLG München v. 27.11.2000, in: StrVert 2002, S. 663 f.
Deimling, G.: Die Gründung Bridewells im Kontext der europäischen Armenfürsorge im 16. Jahrhundert, in: Gedächtnisschrift für Busch. Pfaffenweiler 1995, S. 42 ff.
Deiters, M.: Anmerkung zum Urteil des BGH v. 4.11.2004, in: JR 2005, S. 327 f.
Dertinger, C./Marks, E. (Hrsg.): Führungsaufsicht. Versuch einer Zwischenbilanz zu einem umstrittenen Rechtsinstitut. Bonn 1990.
Dessecker, A.: Straftäter und Psychiatrie. Eine empirische Untersuchung zur Praxis der Maßregel nach § 63 StGB im Vergleich mit der Maßregel nach § 64 StGB und sanktionslosen Verfahren. Wiesbaden 1997.
Dessecker, A.: Veränderungen im Sexualstrafrecht, in: NStZ 1998, S. 1 ff.
Dessecker, A.: Unterbringungen nach § 64 StGB in kriminologischer Sicht, in: Recht und Psychiatrie 2004, S. 192 ff.
Dessecker, A.: Die Überlastung des Maßregelvollzugs: Folge von Verschärfungen im Kriminalrecht? in: Neue Kriminalpolitik 2005, S. 23 ff.
Dessecker, A.: Die Reform der Führungsaufsicht und ihre Grenzen, in: BewHi 2007, S. 276 ff.
Dessecker, A.: Lebenslange Freiheitsstrafe, Sicherungsverwahrung und Unterbringung in einem psychiatrischen Krankenhaus. Wiesbaden 2008.
Dessecker, A./Egg, R. (Hrsg.): Die strafrechtliche Unterbringung in einer Entziehungsanstalt. Wiesbaden 1995.
Dessecker, A./Spöhr, M.: Entwicklung der Sozialtherapie in Deutschland und im Rahmen der sozialtherapeutischen Behandlung angewandte Diagnoseverfahren, in: Praxis der Rechtspsychologie 2007, S. 305 ff.
Deutsche AIDS-Hilfe e.V. (Hrsg.): Betreuung im Strafvollzug. Ein Handbuch. Berlin 1996.
Deutsche Gesellschaft für Sexualforschung: Stellungnahme zum „Gesetz zur Bekämpfung von Sexualdelikten", in: MschrKrim 1998, S. 368 ff.
Deutsche Gesellschaft für Sexualforschung: Stellungnahme zur Offenbarungspflicht der Therapeuten im Strafvollzug, in: MschrKrim 1999, S. 340 f.
Deutsche Vereinigung für Jugendgerichte und Jugendgerichtshilfen u.a.: Mindeststandards für den Jugendstrafvollzug, in: Neue Kriminalpolitik 2007, S. 4 ff.
Deutscher Caritasverband: Erfahrungsbericht zur Situation von Asyl Suchenden und Flüchtlingen in Deutschland. Freiburg 1994.
Diemer, H./Schoreit, A./Sonnen, B.-R.: Jugendgerichtsgesetz. 5. Aufl., Heidelberg 2008.
Dietl, H.: Sollen Strafzwecke wie Schuldausgleich, Sühne, Verteidigung der Rechtsordnung in den Strafvollzug hineinwirken? in: Schwind, H.-D./Steinhilper, G./Böhm, A. (Hrsg.): 10 Jahre Strafvollzugsgesetz. Heidelberg 1988, S. 55 ff.
Dietlein, M.: Bilder des GULag im baden-württembergischen Jugendstrafvollzug von heute, in: ZfStrVo 2002, S. 151 ff.
Dimoulis, D.: Die Begnadigung in vergleichender Perspektive. Berlin 1996.
Dinger, A./Koch, U.: Querulanz in Gericht und Verwaltung. München 1991.
Dolde, G.: Wissenschaftliche Begleitung des Strafvollzugs unter besonderer Berücksichtigung des Kriminologischen Dienstes, in: ZfStrVo 1987, S. 16 ff.

Dolde, G.: Vollzugslockerungen im Spannungsfeld zwischen Resozialisierungsversuch und Risiko für die Allgemeinheit, in: Gedächtnisschrift für Albert Krebs. Pfaffenweiler 1994, S. 109 ff.
Dolde, G.: Zur „Bewährung" der Sozialtherapie im Justizvollzug von Baden-Württemberg: Tendenzen aus einer neuen Rückfalluntersuchung, in: ZfStrVo 1996, S. 290 ff.
Dolde, G.: Alkoholauffällige Täter im Strafvollzug: Ein Sonderprogramm für Straßenverkehrstäter, in: BewHi 1996a, S. 117 ff.
Dolde, G.: Kriminelle Karrieren von Sexualstraftätern: Erscheinungs- und Verlaufsformen, Bewährung und Rückfall, in: ZfStrVo 1997, S. 323 ff.
Dolde, G.: Zum Vollzug von Ersatzfreiheitsstrafen: Eindrücke aus einer empirischen Erhebung, in: Festschrift für Böhm. Berlin – New York 1999, S. 581 ff.
Dolde, G.: Spätaussiedler – „Russlanddeutsche" – ein Integrationsproblem, in: ZfStrVo 2002, S. 146 ff.
Dolde, G./Grübl, G.: Verfestigte „kriminelle Karriere" nach Jugendstrafvollzug? Rückfalluntersuchungen an ehemaligen Jugendstrafgefangenen in Baden-Württemberg, in: ZfStrVo 1988, S. 29 ff.
Dolde, G./Grübl, G.: Jugendstrafvollzug in Baden-Württemberg. Untersuchungen zur Biographie, zum Vollzugsverlauf und zur Rückfälligkeit von ehemaligen Jugendstrafgefangenen, in: Kerner, H.-J./Dolde, G./Mey, H.-G. (Hrsg.): Jugendstrafvollzug und Bewährung. Bonn 1996, S. 219 ff.
Dolde, G./Jehle, J.-M.: Wirklichkeit und Möglichkeiten des Kurzstrafenvollzugs, in: ZfStrVo 1986, S .195 ff.
Doleisch, W.: Kritische Gedanken zu den Neuen Europäischen Gefängnisregeln (European Prison Rules), in: ZfStrVo 1989, S. 35 ff.
Dölling, D.: Junge Mehrfachtäter und präventive Möglichkeiten der Jugendstrafrechtspflege, in: DVJJ (Hrsg.): Mehrfach Auffällige – Mehrfach Betroffene. Bonn 1990, S. 666 ff.
Dölling, D.: Sexueller Missbrauch von Kindern – Entwicklung der Gesetzgebung und Aufgaben der Kriminologie, in: Egg, R. (Hrsg.): Sexueller Missbrauch von Kindern: Täter und Opfer. Wiesbaden 1999, S. 19 ff.
Dölling, D./Heinz, W./Kerner, H.-J./Rössner, D./Walter, M.: Täter-Opfer-Ausgleich. Rechtspolitischer Ausblick, in: Dölling, D. (Hrsg.): Täter-Opfer-Ausgleich in Deutschland. Bonn 1998, S. 481 ff.
Dolsperg, F.: Die Entstehung der Freiheitsstrafe unter besonderer Berücksichtigung des Auftretens moderner Freiheitsstrafe in England. Breslau 1928.
Donath, M.: Haft und Strafvollzug. Erläuterungen, Schriftsatzmuster, Rechtsprechungsdatenbank für die anwaltliche Praxis. Köln u.a. 1997.
Dönisch-Seidel, U.: Langzeiteinrichtungen im psychiatrischen Maßregelvollzug, in: Egg, R. (Hrsg.): „Gefährliche Straftäter" – Eine Problemgruppe der Kriminalpolitik? Wiesbaden 2005, S. 169 ff.
Döring, N.: Sexualität im Gefängnis: Forschungsstand und -perspektiven, in: Zeitschrift für Sexualforschung 2006, S. 315 ff.
Döschl, H./Herrfahrdt, R./Nagel, G./Preusker, H.: Entwurf eines Gesetzes über den Vollzug der Untersuchungshaft. Bonn 1982.
Dreger, L.: Folgerung für den Vollzug aus der geänderten Gesetzeslage: Gesetz zur Bekämpfung von Sexualdelikten und anderen gefährlichen Straftaten, in: Herrfahrdt, R. (Hrsg.): Behandlung von Sexualstraftätern. Hannover 2000, S. 63 ff.

Dreger, L.: Behandlung von Sexualstraftätern im Justizvollzug des Landes Nordrhein-Westfalen: Folgerungen aus der Gesetzesänderung, in: Egg, R. (Hrsg.): Behandlung von Sexualstraftätern im Justizvollzug. Wiesbaden 2000a, S. 129 ff.

Dreier, H. (Hrsg.): Grundgesetz Kommentar. Band 1. 2. Aufl., Tübingen 2004.

Drenkhahn, K.: Endlich Therapie für alle? Die Bundesländer und ihre sozialtherapeutischen Einrichtungen, in: Neue Kriminalpolitik 2003, S. 62 ff.

Drenkhahn, K.: Sozialtherapeutischer Strafvollzug in Deutschland. Mönchengladbach 2007.

Drescher, M.: Der Auftrag der katholischen Kirche im Gefängnis, in: BewHi 2008, S. 18 ff.

Droogendijk, K.: Elektronische Überwachung in den Niederlanden. Bedingungen und erste Erfahrungen mit dem Modellversuch, in: Kawamura, G./Reindl, R. (Hrsg.): Strafe zu Hause: die elektronische Fußfessel. Freiburg i.Br. 1999, S. 45 ff.

Dümmig, K.-H.: Evangelische Seelsorge im Vollzug, in: BewHi 2008, S. 11 ff.

Dünkel, F.: Die Geschichte des Strafvollzuges als Geschichte von (vergeblichen?) Vollzugsreformen, in: Driebold, R. (Hrsg.): Strafvollzug. Erfahrungen, Modelle, Alternativen. Göttingen 1983.

Dünkel, F.: Stellungnahme zum Entwurf eines Gesetzes zur Änderung des Strafvollzugsgesetzes, in: ZfStrVo 1990, S. 105 ff.

Dünkel, F.: Freiheitsentzug für junge Rechtsbrecher. Situation und Reform von Jugendstrafe, Jugendstrafvollzug, Jugendarrest und Untersuchungshaft in der Bundesrepublik Deutschland und im internationalen Vergleich. Bonn 1990a.

Dünkel, F.: Empirische Beiträge und Materialien zum Strafvollzug – Bestandsaufnahmen des Strafvollzugs in Schleswig-Holstein und des Frauenvollzugs in Berlin. Freiburg 1992.

Dünkel, F.: Anmerkung zum Beschluss des OLG Hamm v. 25.9.1991, in: ZfStrVo 1992a, S. 138 f.

Dünkel, F.: Brauchen wir ein Jugendstrafvollzugsgesetz? in: ZRP 1992b, S. 176 ff.

Dünkel, F.: Sicherheit im Strafvollzug – Empirische Daten zur Vollzugswirklichkeit unter besonderer Berücksichtigung der Entwicklung bei den Vollzugslockerungen, in: Festschrift für Schüler-Springorum. Köln u.a. 1993, S. 641 ff.

Dünkel, F.: Strafvollzug im Übergang, in: Neue Kriminalpolitik 1/1993a, S. 37 ff.

Dünkel, F.: Jugendstrafvollzug im internationalen Vergleich, in: Trenczek, Th. (Hrsg.): Freiheitsentzug bei jungen Straffälligen. Bonn 1993b, S. 93 ff.

Dünkel, F.: Untersuchungshaft und Untersuchungshaftvollzug – Deutschland, in: Dünkel, F./Vagg, J. (Hrsg.): Untersuchungshaft und Untersuchungshaftvollzug. Waiting for Trial. Freiburg 1994, S. 67 ff.

Dünkel, F.: Die Rechtsstellung von Strafgefangenen und Möglichkeiten der rechtlichen Kontrolle von Vollzugsentscheidungen in Deutschland, in: GA 1996, S. 518 ff.

Dünkel, F.: Empirische Forschung im Strafvollzug. Bestandsaufnahme und Perspektiven. Bonn 1996a.

Dünkel, F.: Sicherungsverwahrung. Kriminalpolitischer Rundumschlag, in: Neue Kriminalpolitik 2/1997, S. 8 f.

Dünkel, F.: Riskante Freiheiten? – Offener Vollzug, Vollzugslockerungen und Hafturlaub zwischen Resozialisierung und Sicherheitsrisiko, in: Kawamura, G./Reindl, R. (Hrsg.): Wiedereingliederung Straffälliger. Eine Bilanz nach 20 Jahren Strafvollzugsgesetz. Freiburg i.Br. 1998, S. 42 ff.

Dünkel, F.: Minimale Entlohnung verfassungswidrig! in: Neue Kriminalpolitik 4/1998a, S. 14 f.

Dünkel, F.: Jugendstrafvollzug zwischen Erziehung und Strafe – Entwicklungen und Perspektiven im internationalen Vergleich, in: Festschrift für Böhm. Berlin – New York 1999, S. 100 ff.

Dünkel, F.: Aktuelle Entwicklungen und statistische Daten zum Jugendstrafvollzug in den neuen und alten Bundesländern, in: ZfStrVo 2002, S. 67 ff.

Dünkel, F.: Sicherheit als Vollzugsziel? in: Neue Kriminalpolitik, 2003, S. 8 f.

Dünkel, F.: Sicherungsverwahrung (erneut) auf dem Prüfstand, in: Neue Kriminalpolitik 2/2004, S. 42 ff.

Dünkel, F.: Die Reform des Jugendstrafvollzuges in Deutschland, in: Festschrift für Schwind. Heidelberg 2006, S. 549 ff.

Dünkel, F.: Rechtstatsächliche Befunde zum Jugendstrafvollzug in Deutschland, in: FS 2007, S. 65 ff.

Dünkel, F.: Rechtsschutz im Jugendstrafvollzug – Anmerkungen zum Zweiten Gesetz zur Änderung des Jugendgerichtsgesetzes vom 13.12.2007, in: Neue Kriminalpolitik 2008, S. 2 ff.

Dünkel, F.: Vollzugslockerungen und offener Vollzug – die Bedeutung entlassungsvorbereitender Maßnahmen für die Wiedereingliederung, in: FS 2009, S. 192 ff.

Dünkel, F.: Gefangenenraten im internationalen und nationalen Vergleich, in: NK 2010, S. 4 ff.

Dünkel, F./Geng, B.: Zur Rückfälligkeit von Karrieretätern nach unterschiedlichen Strafvollzugs- und Entlassungsformen, in: Kaiser, G./Kury, H. (Hrsg.): Kriminologische Forschung in den 90er Jahren. Freiburg i.Br. 1993, S. 193 ff.

Dünkel, F./Geng, B.: Fakten zur Überbelegung im Strafvollzug und Wege zur Reduzierung von Gefangenenraten, in: Neue Kriminalpolitik 2003, S. 146 ff.

Dünkel, F./Gensing, A./Morgenstern, Ch.: Germany, in: v. Kalmthout, A./Hofstee-van der Meulen, F./Dünkel, F. (Ed.): Foreigners in European Prisons I. Nijmegen 2007, S. 343 ff.

Dünkel, F./Grosser, R.: Vermeidung von Ersatzfreiheitsstrafen durch gemeinnützige Arbeit, in: Neue Kriminalpolitik 1/1999, S. 28 ff.

Dünkel, F./Kühl, J.: Neuregelung des Strafvollzugs in Hamburg, in: NK 2009, S. 82 ff.

Dünkel, F./Kunkat, A.: Zwischen Innovation und Restauration. 20 Jahre Strafvollzugsgesetz, in: Neue Kriminalpolitik 2/1997, S. 24 ff.

Dünkel, F./Kunkat, A.: Nachträgliche Sicherungsverwahrung – Der Staat als Sicherheitsrisiko? in: Neue Kriminalpolitik 3/2001, S. 16 ff.

Dünkel, F./Morgenstern, Ch.: Überbelegung im Strafvollzug – Gefangenenraten im internationalen Vergleich, in: Festschrift für Müller-Dietz. München 2001, S. 133 ff.

Dünkel, F./Morgenstern, Ch./Zolondek, J.: Europäische Strafvollzugsgrundsätze verabschiedet, in: Neue Kriminalpolitik 2006, S. 86 ff.

Dünkel, F./Nemec, R./Rosner, A.: Organisationsstruktur, Behandlungsmaßnahmen und Veränderungen bei Insassen in einer sozialtherapeutischen Anstalt, in: MschrKrim 1986, S. 1 ff.

Dünkel, F./Pörksen, A.: Stand der Gesetzgebung zum Jugendstrafvollzug und erste Einschätzungen, in: Neue Kriminalpolitik 2007, S. 55 ff.

Dünkel, F./Scheel, J./Grosser, R.: Vermeidung von Ersatzfreiheitsstrafe durch gemeinnützige Arbeit durch das Projekt „Ausweg" in Mecklenburg-Vorpommern, in: BewHi 2002, S. 56 ff.

Dünkel, F./Schüler-Springorum, H.: Strafvollzug als Ländersache? Der „Wettbewerb der Schäbigkeit" ist schon im Gange! in: ZfStrVo 2006, S. 145 ff.

Dünkel, H.: Die Strafvollstreckungskammer – weiterhin ein unbeliebter Torso? in: BewHi 1992, S. 196 ff.
Dürkop, M./Hardtmann, G. (Hrsg.): Frauen im Gefängnis. Frankfurt a.M. 1978.
Düx, H.: Sexualstraftaten und Sicherungsverwahrung – Abschied vom rechtsstaatlichen Strafverfahren? in: ZRP 2006, S. 82 ff.
Ebert, K.: Das öffentliche Telefon im geschlossenen Vollzug. Hamburg 1999.
Egerer, H.: Das Justizvollzugsgesetzbuch Baden-Württemberg, in: FS 2010, S. 34 ff.
Egg, R.: Die sozialtherapeutische Behandlung von Straftätern in der Bundesrepublik Deutschland, in: Driebold, R. (Hrsg.): Strafvollzug. Erfahrungen, Modelle, Alternativen. Göttingen 1983, S. 124 ff.
Egg, R.: Straffälligkeit und Sozialtherapie. Konzepte, Erfahrungen, Entwicklungsmöglichkeiten. Köln u.a. 1984.
Egg, R.: Zur Therapie drogenabhängiger Straftäter. Die Anwendung der §§ 35 ff. BtMG, in: Egg, R. (Hrsg.): Drogentherapie und Strafe. Wiesbaden 1988, S. 21 ff.
Egg, R.: Sozialtherapeutische Behandlung und Rückfälligkeit im längerfristigen Vergleich, in: MschrKrim 1990, S. 358 ff.
Egg, R.: Die Entwicklung des Behandlungsgedankens im Strafvollzug in der Bundesrepublik Deutschland von 1949 bis heute, in: Kury, H. (Hrsg.): Gesellschaftliche Umwälzung. Freiburg i.Br. 1992, S. 485 ff.
Egg, R.: Praxis und Bewährung der §§ 35 ff. BtMG, in: Egg, R. (Hrsg.): Die Therapieregelungen des Betäubungsmittelrechts. Wiesbaden 1992a, S. 21 ff.
Egg, R. (Hrsg.): Sozialtherapie in den 90er Jahren. Wiesbaden 1993.
Egg, R.: Zur Situation in den sozialtherapeutischen Einrichtungen, in: ZfStrVo 1996, S. 276 ff.
Egg, R.: Legalbewährung und kriminelle Karrieren von Sexualstraftätern – Design und ausgewählte Ergebnisse des KrimZ-Projektes, in: Egg, R. (Hrsg.): Sexueller Missbrauch von Kindern: Täter und Opfer. Wiesbaden 1999, S. 45 ff.
Egg, R.: Die Behandlung von Sexualstraftätern in sozialtherapeutischen Anstalten, in: Egg, R. (Hrsg.): Behandlung von Sexualstraftätern im Justizvollzug. Wiesbaden 2000, S. 75 ff.
Egg, R.: Sozialtherapie im Strafvollzug. Entwicklung und aktuelle Situation einer Sonderform der Straftäterbehandlung in Deutschland, in: Gutiérrez-Lobos, K./Katschnig, H./Pilgram, A. (Hrsg.): 25 Jahre Maßnahmenvollzug – eine Zwischenbilanz. Baden-Baden 2002, S. 119 ff.
Egg, R.: Entwicklung und Perspektiven der sozialtherapeutischen Einrichtungen in Deutschland, in: Wischka, B./Rehder, U./Specht, F./Foppe, E./Willems, R. (Hrsg.): Sozialtherapie im Strafvollzug. Lingen 2005, S. 18 ff.
Egg, R.: Sexualkriminalität. Über den gesellschaftlichen Umgang mit den Bösen, in: Festschrift für Kury. Frankfurt a.M. 2006, S. 557 ff.
Egg, R.: Wie erfolgreich ist der Strafvollzug? in: Koop, G./Kappenberg, B. (Hrsg.): Hauptsache ist, dass nichts passiert? Selbstbild und Außendarstellung des Justizvollzuges in Deutschland. Lingen 2006a, S. 65 ff.
Egg, R./Pearson, F./Cleland, C./Lipton, D: Evaluation von Straftäterbehandlungsprogrammen in Deutschland: Überblick und Meta-Analyse, in: Rehn, G./Wischka, B./Lösel, F./Walter, M. (Hrsg.): Behandlung „gefährlicher Straftäter". Herbolzheim 2001, S. 321 ff.
Egg, R./Schmitt, G.: Sozialtherapie im Justizvollzug, in: Egg, R. (Hrsg.): Sozialtherapie in den 90er Jahren. Wiesbaden 1993, S. 113 ff.
Ehlers, D.: Die Europäische Menschenrechtskonvention, in: Jura 2000, S. 372 ff.

Eick-Wildgans, S.: Anstaltsseelsorge. Möglichkeiten und Grenzen des Zusammenwirkens von Staat und Kirche im Strafvollzug. Berlin 1993.

Eiermann, H.: Die einzelnen Anstaltstypen, in: Schwind, H.-D./Blau, G. (Hrsg.): Strafvollzug in der Praxis. 2. Aufl., Berlin – New York 1988, S. 47 ff.

Eifler, S.: Kriminalsoziologie. Bielefeld 2002.

Einsele, H.: Mein Leben mit Frauen in Haft. Stuttgart 1994.

Einsele, H.: Gustav Radbruchs Vorlesung über Strafvollzug und heutige Praxis, in: Schäfer, K./Sievering, U. (Hrsg.): Strafvollzug und Menschenwürde. Frankfurt a.M. 2001, S. 27 ff.

Einsele, H./Rothe, G.: Frauen im Strafvollzug. Reinbek 1982.

Eisenberg, U.: Aufgaben (ergänzender) gesetzlicher Regelungen des Jugendstrafvollzugs, in: ZRP 1985, S. 41 ff.

Eisenberg, U.: Anmerkung zum Beschluss des OLG Karlsruhe v. 25.6.1997, in: NStZ 1998, S. 104.

Eisenberg, U.: Über Gefangenenarbeit für Bedienstete zu Vorzugspreisen, in: MschrKrim 1999, S. 256 ff.

Eisenberg, U.: Nachträgliche Sicherungsverwahrung? in: ZfStrVo 2001, S. 131 ff.

Eisenberg, U.: Zum RefE eines JStVollzG des BMJ vom 28.4.2004, in: MschrKrim 2004, S. 353 ff.

Eisenberg, U.: Kriminologie, Jugendstrafrecht, Strafvollzug. 7. Aufl., Köln u.a. 2004a.

Eisenberg, U.: Kriminologie. 6. Aufl., München 2005.

Eisenberg, U.: Anmerkung zum Beschluss des OLG Frankfurt a.M. v. 4.1.2005, in: StrVert 2005a, S. 345 ff.

Eisenberg, U.: Jugendstrafvollzugsgesetze der Bundesländer – eine Übersicht, in: NStZ 2008, S. 250 ff.

Eisenberg, U.: Jugendgerichtsgesetz. 14. Aufl., München 2010.

Eisenberg, U./Hackethal, A.: „Gesetz zur Bekämpfung von Sexualdelikten und anderen gefährlichen Straftaten" vom 26.1.1998, in: ZfStrVo 1998, S. 196.

Eisenberg, U./Ohder, C.: Aussetzung des Strafrestes zur Bewährung. Eine empirische Untersuchung der Praxis am Beispiel von Berlin (West). Berlin – New York 1987.

Eisenhardt, T.: Strafvollzug. Stuttgart u.a. 1978.

Elz, J.: Zur Rückfälligkeit bei sexuellem Kindesmissbrauch – Erste Ergebnisse der Aktenanalyse, in: Egg, R. (Hrsg.): Sexueller Missbrauch von Kindern: Täter und Opfer. Wiesbaden 1999, S. 63 ff.

Enders, M.: Soziales Training im offenen Vollzug der JVA Frankenthal, in: ZfStrVo 2004, S. 280 ff.

Ernst, S.: Zum Ausmaß der Gewalt in deutschen Justizvollzugsanstalten. Kernbefunde einer Täter-Opfer-Befragung, in: BewHi 2008, S. 357 ff.

Ernst, S.: Risikofaktoren und „Intensivtäterschaft". Die Bedrohungs-, Erpressungs- und Körperverletzungstäter unter den Inhaftierten, in: MschrKrim 2010, S. 16 ff.

Esch, F.-R.: Nonverbale und symbolische Kommunikation durch Gefängnisarchitektur, in: ZfStrVo 1993, S. 78 ff.

Eschke, D.: Mängel im Rechtsschutz gegen Strafvollstreckungs- und Strafvollzugsmaßnahmen. Heidelberg 1993.

Esser, W.: Die Gefangenenmitverantwortung nach § 160 StVollzG. Göttingen 1992.

Essig, K.: Die Entwicklung des Strafvollzuges in den neuen Bundesländern. Bestandsaufnahme und Analyse unter besonderer Berücksichtigung der Situation der Strafvollzugsbediensteten aus der ehemaligen DDR. Mönchengladbach 2000.

European Prison Rules: Recommendation No. R (87) 3 adopted by the Committee of Ministers of the Council of Europe on 12 February 1987 and Explanatory Memorandum. Strasbourg 1987.
Externbrink, D./Schmitz, K.: Maßregelvollzug nach § 64 StGB, in: Reimer, F. (Hrsg.): Maßregelvollzug im psychiatrischen Krankenhaus. Neuss 1991, S. 111 ff.
Di Fabio, U.: Privatisierung und Staatsvorbehalt: zum dogmatischen Schlüsselbegriff der öffentlichen Aufgabe, in: JZ 1999, S. 585 ff.
Falk, A./Walkowitz, G./Wirth, W.: Benachteiligung wegen mangelnden Vertrauens? in: MschrKrim 2009, S. 526 ff. (zit.: Falk u.a.).
Feest, J.: Totale Institution und Rechtsschutz, in: KrimJ 1993, S. 8 ff.
Feest, J.: Internationale Standards für den Jugendstrafvollzug, in: Pollähne/Bammann/Feest (Hrsg.): Wege aus der Gesetzlosigkeit: Rechtslage und Regelungsbedürftigkeit des Jugendstrafvollzugs. Godesberg 2004, S. 69 ff.
Feest, J. (Hrsg.): Kommentar zum Strafvollzugsgesetz (AK-StVollzG). 5. Aufl., Neuwied 2006 (zit.: AK-Bearbeiter).
Feest, J.: CPT, OPCAT und Co.: Unabhängige Inspektion von Gefängnissen, in: ZJJ 2007, S. 306 ff.
Feest, J.: Chancen im Vollzug oder „Chancenvollzug"? in: StrVert 2008, S. 553 ff.
Feest, J./Bammann, K.: Menschenunwürdige Behandlung von Gefangenen in Deutschland. Vorhandene Kontrollinstanzen, Probleme und Alternativen, in: Reindl, R./Kawamura, G. (Hrsg.): Menschenwürde und Menschenrechte im Umgang mit Straffälligen. Freiburg i.Br. 2000.
Feest, J./Lesting, W.: Contempt of Court. Zur Wiederkehr des Themas der renitenten Strafvollzugsbehörden, in: Festschrift für Eisenberg. München 2009, S. 675 ff.
Feest, J./Lesting, W./Selling, P.: Totale Institution und Rechtsschutz. Eine Untersuchung zum Rechtsschutz im Strafvollzug. Opladen 1997.
Feest, J./Selling, P.: Rechtstatsachen und Rechtsbeschwerden. Eine Untersuchung zur Praxis der Oberlandesgerichte in Strafvollzugssachen, in: Kaiser, G./Kury, H./Albrecht, H.-J. (Hrsg.): Kriminologische Forschung in den 80er Jahren. Freiburg 1988, S. 247 ff.
Fehl, E.: Monetäre Sanktionen im deutschen Rechtssystem. Frankfurt a.M. u.a. 2002.
Feller, F.: Die strafrechtliche Verantwortung des Entscheidungsträgers für die Gewährung von Vollzugslockerungen nach dem Strafvollzugsgesetz und im Maßregelvollzug. Bochum 1991.
Feltes, Th.: Ist der Strafvollzug am Ende? in: ZfStrVo 1984, S. 195 ff.
Fennel, K.: Gefängnisarchitektur und Strafvollzugsgesetz – Anspruch und Wirklichkeit am Beispiel des hessischen Vollzugs unter Einbeziehung innovativer Ideen aus England und Frankreich. Würzburg 2006.
Fenton, N.: An introduction to group counseling in State Correctional Service. New York 1958.
Fenton, N./Reimer, E./Wilmer, H.: The Correctional Community – An Introduction and Guide. Berkeley 1967.
v. Feuerbach, P. J. A.: Lehrbuch des gemeinen in Deutschland geltenden Peinlichen Rechts. Gießen 1801.
Feuerhelm, W.: Die gemeinnützige Arbeit im Strafrecht, in: Neue Kriminalpolitik 1/1999, S. 22 ff.
Fezer, G./Paulus, R.: Kommentar zur Strafprozessordnung. Neuwied 1997 (zit.: KMR-Bearbeiter).

Fichtner, D.: Berufs- und Weiterbildungswünsche von Frauen im Strafvollzug des Landes Nordrhein-Westfalen, in: ZfStrVo 1990, S. 82 ff.
Fiedler, H.: Wohltat, Behandlungsmaßnahme, Risiko? Zur ideologischen und pragmatischen Einordnung des Urlaubs aus dem Vollzug, in: ZfStrVo 1996, S. 326 ff.
Figl, E.: „Alle Jahre wieder ..."? Vorzeitige Entlassung von Strafgefangenen aus Anlass des Weihnachtsfestes, in: BewHi 2001, S. 392 ff.
Fischer, Th.: Strafgesetzbuch und Nebengesetze. 58. Aufl., München 2011.
Fischer-Jehle, P.: Frauen im Strafvollzug. Bonn 1991.
Flanagan, T.: Long-term Prisoners: A Study of the Characteristics, Institutional Experience and Perspectives of Long-term Inmates in State Correctional Facilities. New York 1980.
Flügge, Ch.: Das Geschäft mit der Sicherheit: Moderne Technik im Justizvollzug, Technische Überwachung von Menschen, Privatisierung der Strafanstalten, in: ZfStrVo 2000, S. 259 ff.
Flügge, Ch./Maelicke, B./Preuser, H. (Hrsg.): Das Gefängnis als lernende Organisation. Baden-Baden 2001.
Fluhr, H.: Zur Pfändbarkeit der Forderungen des Strafgefangenen, in: ZfStrVo 1989, S. 103 ff.
Fluhr, H.: Die Pfändbarkeit der Forderungen eines zum Freigang zugelassenen Strafgefangenen, in: NStZ 1994, S. 115 ff.
Follmar-Otto, P.: Die Zeichnung, Ratifikation und Implementation des Zusatzprotokolls zur UN-Anti-Folter-Konvention in Deutschland, in: Deutsches Institut für Menschenrechte (Hrsg.): Prävention von Folter und Misshandlung in Deutschland. Baden-Baden 2007, S. 57 ff.
Försterling, W.: Methoden sozialtherapeutischer Behandlung im Strafvollzug und die Mitwirkungspflicht des Gefangenen. Bochum 1981.
Foth, E.: Anmerkung zum Beschluss des BVerfG v. 23.8.2006, in: NStZ 2007, S. 89 ff.
Foucault, M.: Überwachen und Strafen. Die Geburt des Gefängnisses. 4. Aufl., Frankfurt a.M. 1976.
Fraenkel, E.: Der Doppelstaat. Recht und Justiz im „Dritten Reich". Frankfurt a.M. 1984.
Franck, K.: Strafverfahren gegen HIV-Infizierte. Berlin 2001.
Frank, H.: Der Sinn der Strafe, in: BlfGefK 1935, S. 191 f.
Franke, U.: Das Fahrverbot als Hauptstrafe bei allgemeiner Kriminalität? in: ZRP 2002, S. 20 ff.
Franke, U./Wienroeder, K.: Betäubungsmittelgesetz. 3. Aufl., Heidelberg 2008.
Frankenberger, H.: Offener Jugendstrafvollzug, Vollzugsbedingungen und Legalbewährung von Freigängern aus der Jugendstrafanstalt in Rockenberg/Hessen. Frankfurt a.M. 1999.
Franze, K.: Probleme des Vollzugs der Jugendstrafe nach Erwachsenenrecht, in: Jura 1997, S. 72 ff.
Freise, U.: Erfahrungen beim Aufbau eines rechtsstaatlichen Justizvollzuges in den Neuen Bundesländern, in: Bieschke, V./Egg, R. (Hrsg.): Strafvollzug im Wandel – Neue Wege in Ost- und Westdeutschland. Wiesbaden 2001, S. 83 ff.
Frellesen, P.: Konkretisierung des Strafvollzugsgesetzes durch sachfremde Verwaltungsvorschriften, in: NJW 1977, S. 2050 ff.
Freudenthal, B.: Gefängnisrecht und Recht der Fürsorgeerziehung, in: v. Holtzendorff, F./Kohler, J. (Hrsg.): Enzyklopädie der Rechtswissenschaft. Band V. 7. Aufl., München 1914/15, S. 77 ff.

Freudenthal, B.: Die staatsrechtliche Stellung des Gefangenen. Jena 1910. Abgedruckt in: ZfStrVo 1955, S. 157 ff.
Freytag, H.: Resozialisierungsfonds in der Bundesrepublik Deutschland – eine Bestandsaufnahme, in: ZfStrVo 1990, S. 259 ff.
Friauf, K./Höfling, W. (Hrsg.): Berliner Kommentar zum Grundgesetz. Berlin 2010 (zit.: BKGG-Bearbeiter).
Frisch, W.: Dogmatische Grundfragen der bedingten Entlassung und der Lockerungen des Vollzugs von Strafen und Maßregeln, in: ZStW 1990, S. 707 ff.
Frisch, W.: Verantwortbare Risiken? Rechtsdogmatische Grundfragen der bedingten Entlassung und von Vollzugslockerungen, in: Neue Kriminalpolitik 1/1996, S. 24 ff.
Fröhmcke, V.: Muslime im Strafvollzug. Die Rechtsstellung von Strafgefangenen muslimischer Religionszugehörigkeit in Deutschland. Berlin 2005.
Frowein, J./Peukert, W.: EMRK-Kommentar. 2. Aufl., Kehl/Arlington 1996.
Funck, A.: Schuld und Sühne im Strafvollzug, in: ZRP 1985, S. 137 ff.
Funk, I: Inhaftierte Frauen – eine aktuelle Bestandsaufnahme des Frauenstrafvollzugs in Deutschland, in: NK 2009, S. 50 ff.
Fürmann, J.: Das unterschätzte Beugemittel „Erzwingungshaft"!? in: DRiZ 2009, S. 365 ff.
Futter, U.: Therapie von Sexualstraftätern im baden-württembergischen Justizvollzug: Gesamtkonzeption, Umsetzung, Erfahrungen, in: Egg, R. (Hrsg.): Behandlung von Sexualstraftätern im Justizvollzug. Wiesbaden 2000, S. 99 ff.
Gahlen, J.: Der Leiter der Arbeitsverwaltung/Arbeitsinspektor, in: Schwind, H.-D./Blau, G. (Hrsg.): Strafvollzug in der Praxis. 2. Aufl., Berlin – New York 1988, S. 133 ff.
Gandela, J.: Anstaltsbeiräte, in: Schwind, H.-D./Blau, G. (Hrsg.): Strafvollzug in der Praxis. 2. Aufl., Berlin – New York 1988, S. 229 ff.
Garabedian, P.: Social Roles and Processes of Socialization in the Prison Community, in: Social Problems, Vol. 11, 1963, S. 139 ff.
Garfinkel, H.: Bedingungen für den Erfolg von Degradierungszeremonien, in: Gruppendynamik 1974, S. 77 ff.
Gasch, U.: Privatisierung des Strafvollzugs: Vorstellung eines außereuropäischen Modells am Beispiel der Vereinigten Staaten von Amerika, in: BewHi 2004, S. 260 ff.
Gauer, D.: Sozialarbeit im Strafvollzug – Profession im Schatten von Gitterstäben, in: Forensische Psychiatrie und Psychotherapie Werkstattschriften 2005, S. 49 ff.
Gazeas, N.: Die Menschenwürde ist zu teuer – Zu Entschädigungsansprüchen eines Strafgefangenen wegen menschenunwürdiger Unterbringung, in: HRRS Heft 5/2005, S. 172 ff.
Gear, S.: Verschwindende Opfer, entwertetes Begehren. Vergewaltigung, Homophobie und Männlichkeit in südafrikanischen Männergefängnissen, in: Zeitschrift für Sexualforschung 2007, S. 285 ff.
Gebauer, M.: Die Rechtswirklichkeit der Untersuchungshaft in der Bundesrepublik Deutschland. München 1987.
Gebauer, M./Jehle, J.-M.: Die strafrechtliche Unterbringung in einem psychiatrischen Krankenhaus. Probleme und Perspektiven. Wiesbaden 1993.
Gehlhaar, S./Hennings, J.: Die Rolle des Psychologen im Strafvollzug aus der Sicht von Anstaltsbediensteten, in: ZfStrVo 1983, S. 29 ff.
Geissler, I.: Ausbildung und Arbeit im Jugendstrafvollzug – Haftverlaufs- und Rückfallanalyse. Freiburg 1991.
v. Gélieu, C.: Frauen in Haft. Berlin 1994.
Geppert, K.: Freiheit und Zwang im Strafvollzug. Tübingen 1976.

Geppert, K.: Zum Einsichtsrecht des Strafgefangenen in die anstaltsärztlichen Krankenunterlagen, in: Festschrift zum 125-jährigen Bestehen der Juristischen Gesellschaft zu Berlin. Berlin – New York 1984, S. 151 ff.

Gericke, C.: Zur Unzulässigkeit von Disziplinarmaßnahmen nach positiven Urinproben. Ein Beitrag zur Geltung des nemo-tenetur-Grundsatzes im vollzuglichen Disziplinarverfahren, in: StrVert 2003, S. 305 ff.

Gerken, J.: Anstaltsbeiräte. Erwartungen an die Beteiligung der Öffentlichkeit am Strafvollzug und praktische Erfahrungen in Hamburg. Frankfurt a.M. u.a. 1986.

Gerstner, St./Goebel, B.: Grundrechtsschutz in Europa, in: Jura 1993, S. 626 ff.

Giefers-Wieland, N.: Private Strafvollzugsanstalten in den USA – eine Perspektive für Deutschland? Herbolzheim 2002.

Giehring, H.: Das Absehen von der Strafvollstreckung bei Ausweisung und Auslieferung ausländischer Strafgefangener nach § 456a StPO, in: Festschrift zum 125-jährigen Bestehen der Staatsanwaltschaft Schleswig-Holstein. Köln u.a. 1992, S. 499 ff.

Gierlichs, H./Uhe, F.: Gefährdung kranker Flüchtlinge durch Abschiebung und Abschiebehaft, in: Deutsches Institut für Menschenrechte (Hrsg.): Prävention von Folter und Misshandlung in Deutschland. Baden-Baden 2007, S. 237 ff.

Gillen, Ch.: Das Verhältnis von Ehren- und Privatsphärenschutz im Strafrecht. Frankfurt a.M. u.a. 1999.

Gilsenbach, R.: Die Verfolgung der Sinti – ein Weg, der nach Auschwitz führte, in: Beiträge zur Nationalsozialistischen Gesundheits- und Sozialpolitik 6: Feinderklärung und Prävention – Kriminalbiologie, Zigeunerforschung und Asozialenpolitik. Berlin 1988, S. 11 ff.

Goderbauer, R.: Grundzüge des Sozialen Trainings im Strafvollzug, in: Justizministerium Baden-Württemberg (Hrsg.): Soziales Training und Sozialarbeit. Stuttgart 1984, S. 31 ff.

Goderbauer, R.: Stationäre Behandlung von Sexualstraftätern im Strafvollzug, in: Egg, R. (Hrsg.): Sexueller Missbrauch von Kindern. Wiesbaden 1999, S. 157 ff.

Goderbauer, R.: Behandlungsnotwendigkeiten und Behandlungsvoraussetzungen bei Sexualstraftätern, in: Egg, R. (Hrsg.): Behandlung von Sexualstraftätern im Justizvollzug. Wiesbaden 2000, S. 167 ff.

Goderbauer, R.: Die Behandlung von Sexualstraftätern in sozialtherapeutischen Einrichtungen erfordert weitere Entwicklungen, in: ZfStrVo 2004, S. 15 ff.

Goderbauer, R./Göttinger, G./Guth, U. u.a.: Standards für Justizpsychologen, in: FS 2007, S. 276 ff.

Goeckenjan, I.: Straftaten im Strafvollzug, in: Festschrift für Eisenberg. München 2009, S. 705 ff.

Gödl, W.: Group Counselling im Gefüge des österreichischen Strafvollzuges, in: Bundesministerium für Justiz (Hrsg.): 25 Jahre Group Counselling im österreichischen Strafvollzug. Wien 1996, S. 23 ff.

Goerdeler, J./Pollähne, H.: Das Urteil des Bundesverfassungsgerichts vom 31. Mai 2006 als Prüfmaßstab für die neuen (Jugend-)Strafvollzugsgesetze der Länder, in: Goerdeler, J./Walkenhorst, Ph. (Hrsg.): Jugendstrafvollzug in Deutschland. Mönchengladbach 2007, S. 55 ff.

Goffman, E.: Asyle. Über die soziale Situation psychiatrischer Patienten und anderer Insassen. 4. Aufl., Frankfurt a.M. 1981.

Gola, P./Schomerus, R.: Bundesdatenschutzgesetz (BDSG). 9. Aufl., München 2007.

Goll, U./Wulf, R.: Schutz vor besonders rückfallgefährdeten Straftätern: Das baden-württembergische Modell, in: ZRP 2001, S. 284 ff.

Goll, U./Wulf, R.: Nachsorge für junge Strafentlassene – Ein innovatives Netzwerk in Baden-Württemberg, in: ZRP 2006, S. 91 ff.

Gollan, L.: Private Sicherheitsdienste in der Risikogesellschaft. Freiburg i.Br. 1999.

Göppinger, H.: Kriminologie. 6. Aufl., München 2008.

Görgen, Th./Greve, W.: Alte Menschen in Haft: der Strafvollzug vor den Herausforderungen durch eine wenig beachtete Personengruppe, in: BewHi 2005, S. 116 ff.

Götte, S.: Die Mitbetroffenheit der Kinder und Ehepartner von Strafgefangenen. Berlin 2000.

Graebsch, Ch.: Abschiebungshaft – Abolitionistische Perspektiven und Realitäten, in: KrimJ 2008, S. 32 ff.

Gräf, D.: Die Missachtung der Menschenrechte und der rechtsstaatlichen Grundsätze durch die Justiz, in: Enquete-Kommission „Aufarbeitung von Geschichte und Folgen der SED-Diktatur in Deutschland". Band IV: Recht, Justiz und Polizei im SED-Staat. Frankfurt a.M. 1995, S. 451 ff.

Gramm, Ch.: Schranken der Personalprivatisierung bei der inneren Sicherheit, in: VerwArch 1999, S. 329 ff.

Gramm, Ch.: Privatisierung und notwendige Staatsaufgaben. Berlin 2001.

Grant, K./Metternich, H.-J.: Veränderung durch soziales Lernen, in: ZfStrVo 2004, S. 328 ff.

Granzow, B./Püschel, K.: Todesfälle im Hamburger Strafvollzug 1962–1995, in: ArchKrim 1998, S. 1 ff.

Grau, G.: Homosexualität in der NS-Zeit. Frankfurt a.M. 1993.

Graunke, M.: Abschiebungshaft. Eine rechtssoziologische Untersuchung zur Umsetzung des Rechts der Abschiebungshaft. Aachen 2001.

Greiner, A.: Wegschließen, und zwar für immer? in: Kriminalistik 2001, S. 650 ff.

Gronemeyer, D.: Zur Reformbedürftigkeit der strafrechtlichen Fahrerlaubnisentziehung und des strafrechtlichen Fahrverbots. Frankfurt a.M. u.a. 2001.

Gross, U.: Wissenschaftliche Begleitung und Beurteilung des Spritzentauschprogramms im Rahmen eines Modellversuchs der Justizbehörde der Freien und Hansestadt Hamburg, Hannover 1998.

Groß, K.-H.: Zum Absehen von der Strafvollstreckung gegenüber Ausländern nach § 456a StPO, in: StrVert 1987, S. 36 ff.

Grübl, G./Walter, J.: „Russlanddeutsche" im Jugendstrafvollzug, in: BewHi 1999, S. 360 ff.

Grunau, Th.: Vollzug von Freiheitsentziehung. Teil II: Erläuterungen zur Dienst- und Vollzugsordnung. Köln u.a. 1972.

Grunau, Th./Tiesler, E.: Strafvollzugsgesetz. 2. Aufl., Köln u.a. 1982.

Grünebaum, R.: Zur Strafbarkeit der Bediensteten der Maßregelkrankenhäuser wegen fehlgeschlagener Vollzugslockerung, in: BewHi 1990, S. 241 ff.

Grünebaum, R.: Zur Strafbarkeit der Therapeuten im Maßregelvollzug bei fehlgeschlagenen Lockerungen. Frankfurt a.M. 1996.

Grunewald, B./Römermann, V. (Hrsg.): Rechtsdienstleistungsgesetz. Köln 2008.

Grünwald, G.: Überlegungen zur lebenslangen Freiheitsstrafe, in: Festschrift für Bemmann. Baden-Baden 1997, S. 161 ff.

Grützner, H./Pötz, P.-G.: Internationaler Rechtshilfeverkehr in Strafsachen. Heidelberg 2001.

Günther, K.: Die Konstitutionalisierung des Strafvollzuges durch das Bundesverfassungsgericht – Ein Beispiel für die Fragilität der Verfassungsdynamik (BVerfGE 33, 1 ff.), in: KritV 2000, S. 298 ff.

Gusy, Ch.: Verfassungsrechtliche Probleme der §§ 28 ff. StVollzG, in: Festschrift für Bemmann. Baden-Baden 1997, S. 673 ff.

Gusy, Ch.: Zulässigkeit und Grenzen des Einsatzes privater Sicherheitsdienste im Strafvollzug, in: Stober, R. (Hrsg.): Privatisierung im Strafvollzug? Köln u.a. 2001, S. 5 ff.

Gusy, Ch./Lührmann, O.: Rechtliche Grenzen des Einsatzes privater Sicherheitsdienste im Strafvollzug, in: StrVert 2001, S. 46 ff.

Gutman, I. (Hrsg.): Enzyklopädie des Holocaust – Die Verfolgung und Ermordung der europäischen Juden. Berlin 1993.

Häberle, P.: Die Menschenwürde als Grundlage der staatlichen Gemeinschaft, in: Isensee, J./Kirchhof, P. (Hrsg.): Handbuch des Staatsrechts. Band I. 2. Aufl., Heidelberg 1995, S. 815 ff.

Haberstroh, D.: Grundlagen des Strafvollzugsrechts, in: Jura 1982, S. 617 ff.

Hadamek, R.: Art. 10 GG und die Privatisierung der Deutschen Bundespost. Berlin 2002.

Häde, U.: Zur Föderalismusreform in Deutschland, in: JZ 2006, S. 930 ff.

Hagemann, O.: Leistungsgerechte Entlohnung im Strafvollzug: das Hamburger Modell, in: MschrKrim 1995, S. 341 ff.

Hagenmeier, M.: Abschiebungshaft – Seelsorgerische Erfahrungen und Anfragen an das Recht, in: Neue Kriminalpolitik 1/2000, S. 10 ff.

Hagenmeier, M.: Abschiebungshafteinrichtung in Rendsburg, in: Neue Kriminalpolitik 2003, S. 82 ff.

Hahn, J.-U.: Mitleid mit Tätern, in: Focus v. 17.5.2010, S. 39.

Hallema, A.: Geschiedenis van het gevangeniswezen, hoofdzakelijk in Nederland, 's-Gravenhage 1958.

Hammerschlag, H./Schwarz, O.: Das Gesetz zur Bekämpfung von Sexualdelikten und anderen gefährlichen Straftaten, in: NStZ 1998, S. 321 ff.

Hanack, E.-W.: Nachträgliche Anordnung von Sicherungsverwahrung? in: Festschrift für Rieß. Berlin – New York 2002, S. 709 ff.

Harbordt, S.: Die Subkultur des Gefängnisses. 2. Aufl., Stuttgart 1972.

Hardes, M.: Gesetzliche Grundfragen der beruflichen Bildung für Gefangene, in: ZfStrVo 1995, S. 273 ff.

Hardes, M.: Förderung der beruflichen Weiterbildung im Justizvollzug nach den Vorschriften des SGB III, in: ZfStrVo 1998, S. 147 ff.

Hardes, M.: Leistungen für Gefangene bei Arbeitslosigkeit, in: ZfStrVo 2001, S. 139 ff.

Harding, R. W.: Private Prisons and Public Accountability. Buckingham 1997.

Harjes, U.: „Frauenfreigang" zur Versorgung der Kinder und des Haushaltes – Vorschlag einer Verwaltungsvorschrift zu § 11 StVollzG, in: ZfStrVo 1985, S. 284 ff.

v. Harling, A.: Der Missbrauch von Vollzugslockerungen zu Straftaten. München 1997.

Harmening, K.: Therapie von Sexualstraftätern im Justizvollzug des Landes Niedersachsen: Ausgangssituation und Grundsätze, in: Egg, R. (Hrsg.): Behandlung von Sexualstraftätern im Justizvollzug. Wiesbaden 2000, S. 125 ff.

Harrendorf, St.: Die nachträgliche Sicherungsverwahrung und die Schweigepflicht des Therapeuten im Strafvollzug, in: JR 2007, S. 18 ff.

Harrendorf, St.: Wo sind die Adressaten der Sicherungsverwahrung? Zur Rückfallgefahr schwerer Gewalttäter, in: JR 2008, S. 6 ff.

Härri, M.: Zur Problematik des vorzeitigen Strafantritts. Bern 1987.

Hartmann, Th.: Zu den Rahmenbedingungen von Psychotherapie mit (Sexual-)Straftätern im Regelstrafvollzug, in: Recht und Psychiatrie 1999, S. 70 ff.

Hassemer, W.: Über die absehbare Zukunft des Datenschutzes, in: Prittwitz, C. (Hrsg.): Strafrecht und Menschenwürde. Baden-Baden 1998, S. 73 ff.

Häßler, F.:/Keiper, P./Schläfke, D.: Maßregelvollzug für Jugendliche, in: ZJJ 2004, S. 24 ff.
Hauf, C.-J.: Strafvollzug. Neuwied 1994.
Haverkamp, R.: Intensivüberwachung mit elektronischer Kontrolle, in: BewHi 1999, S. 51 ff.
Haverkamp, R.: Intensivüberwachung mit elektronischer Kontrolle. Das schwedische Modell, seine Bedingungen und Ergebnisse, in: Kawamura, G./Reindl, R. (Hrsg.): Strafe zu Hause: die elektronische Fußfessel. Freiburg i.Br. 1999a, S. 21 ff.
Haverkamp, R. : Elektronisch überwachter Hausarrestvollzug : ein Zukunftsmodell für den Anstaltsvollzug ? Freiburg i. Br. 2002.
Haverkamp, R. : Geschlechtsspezifische Merkmale und Behandlung von Frauen im Strafvollzug, in: FS 2009, S. 227 ff.
de la Haye, J.: La Guillotine du Sexe. Paris 1978.
Hefendehl, R.: Die rechtliche Zulässigkeit der derzeitigen faktischen Behandlung von HIV-Infizierten im Strafvollzug, in: ZfStrVo 1996, S. 136 ff.
Hefendehl, R.: Sozialtherapie: Was der Gesetzgeber wollte und die Praxis macht, in: MschrKrim 2010, S. 24 ff.
Heghmanns, M.: Die Anhörung des Gefangenen im vollzugsrechtlichen Disziplinarverfahren, in: ZfStrVo 1998, S. 232 ff.
Heghmanns, M.: Die neuere Rechtsprechung des Bundesverfassungsgerichts zur gerichtlichen Überprüfung der Versagung von Vollzugslockerungen – eine Trendwende? in: ZStW 1999, S. 647 ff.
Heghmanns, M.: Fahrverbot, Arbeitsstrafe und Hausarrest als taugliche Instrumente zur Vermeidung von unnötigem Strafvollzug? in: ZRP 1999a, S. 297 ff.
Heghmanns, M.: Verteidigung in Strafvollstreckung und Strafvollzug. Baden-Baden 2001.
Heide, J.: Medizinische Zwangsbehandlung. Berlin 2001.
Heilemann, M./Fischwasser von Proeck, G.: Täter als Trainer: Die Weiterentwicklung des Anti-Aggressivitäts-Trainings (AAT), in: Wischka, B./Jesse, J./Klettke, W./Schaffer, R. (Hrsg.): Justizvollzug in neuen Grenzen. Modelle in Deutschland und Europa. Lingen 2002, S. 238 ff.
Heinold, H.: Abschiebungshaft in Deutschland. Karlsruhe 2004.
Heinrich, M.: Ansätze zur Reform des Erwachsenenstrafvollzugs, in: JA 1995, S. 75 ff.
Heinrich, W.: Gewalt im Gefängnis, in: BewHi 2002, S. 369 ff.
Heinz, W.: Jugendgerichtshilfe in den 90er Jahren, in: BewHi 1988, S. 261 ff.
Heinz, W.: Freiheitsentziehende Maßregeln der Besserung und Sicherung, insbesondere für suchtkranke Straftäter – statistische Eckdaten, in: Sucht 2007, S. 214 ff.
Heinz, W.: „Wegschließen, und zwar für immer!" Das deutsche Strafrecht auf dem Weg zum Sicherheitsstrafrecht? – Rechtsfolgensystem, Sanktionierungspraxis und kriminalpolitischer Diskurs im Wandel, in: Festschrift für Strätz. Regenstauf 2009, S. 233 ff.
Heischel, O.: Pressefreiheit gegen Strafgefangene, in: ZfStrVo 1995, S. 351 ff.
Heischel, O.: Anmerkung zum Beschluss des LG Berlin v. 16.8.2002, in: StrVert 2003, S. 397 f.
Hellstern, F.: Handbuch für den Strafvollzug. 4. Aufl., Regensburg – Berlin 2003.
Hensel, G.: Geschichte des Grauens. Deutscher Strafvollzug in 7 Jahrhunderten. Altendorf 1979.
Henze, H.: Der allgemeine (mittlere) Vollzugsdienst, in: Schwind, H.-D./Blau, G. (Hrsg.): Strafvollzug in der Praxis. 2. Aufl., Berlin – New York 1988, S. 154 ff.
Henze, H.: Mindestanforderungen an sozialtherapeutische Abteilungen aus rechtlicher Sicht, in: KrimPäd Heft 30, 1990, S. 18 ff.

Herbert, U./Orth, K./Dieckmann, Ch. (Hrsg.): Die nationalsozialistischen Konzentrationslager. Entwicklung und Struktur. Band I. Göttingen 1998.
Hermann, D.: Die Konstruktion von Realität in Justizakten, in: Zeitschrift für Soziologie 1987, S. 44 ff.
Hermann, D./Berger, S.: Prisonisierung im Frauenstrafvollzug, in: MschrKrim 1997, S. 370 ff.
Hermann, D./Kerner, H.-J.: Die Eigendynamik der Rückfallkriminalität, in: KZfSS 1988, S. 485 ff.
Hessisches Ministerium der Justiz: Justizvollzug in Hessen – Informationen und Zahlen. Wiesbaden 1995.
Hessisches Ministerium der Justiz: Projektinformationen Elektronische Fußfessel (EFF) in Hessen. Wiesbaden 2005.
Hessisches Ministerium der Justiz: JVA Hünfeld. Bundesweit erste teilprivatisierte Justizvollzugsanstalt. Wiesbaden 2005a.
Hessler, H. D.: Justizvollzugsanstalten in privater Trägerschaft, in: Schäfer, K. H./Sievering, U. O. (Hrsg.): Strafvollzug im Wandel – Privatisierung contra Resozialisierung? Frankfurt a.M. 1999, S. 39 ff.
Hettinger, M.: Entwicklungen im Strafrecht und Strafverfahrensrecht der Gegenwart. Heidelberg 1997.
Heudtlass, J.-H./Duckwitz, J.: Drogenkonsum? Piercing? Tattoo? in: akzept e. V. u.a. (Hrsg.): Zweite Europäische Konferenz zur Gesundheitsförderung in Haft. Berlin 2006, S. 65 ff.
Heyme, T./Schumann, F.: „Ich kam mir vor wie'n Tier" – Knast in der DDR. Berlin 1991.
Hilberg, R.: Die Vernichtung der europäischen Juden. Frankfurt a.M. 1990.
Hillenkamp, Th.: Der Arzt im Strafvollzug. Rechtliche Stellung und medizinischer Auftrag, in: Hillenkamp, Th./Tag, B. (Hrsg.): Intramurale Medizin – Gesundheitsfürsorge zwischen Heilauftrag und Strafvollzug. Heidelberg 2005, S. 11 ff.
Hillenkamp, Th.: Gesundheitsfürsorge im Strafvollzug, in: Festschrift für Laufs. Berlin – Heidelberg 2006, S. 881 ff.
Hillenkamp, Th.: Eckpfeiler der Intramuralen Medizin in Deutschland, in: Festschrift für Katoh. Lengerich 2008, S. 148 ff.
Hillenkamp, Th.: Intramurale Medizin in Deutschland, in: Tag, B./Hillenkamp, Th. (Hrsg.): Intramurale Medizin im internationalen Vergleich. Berlin – Heidelberg 2008a, S. 73 ff.
Hinrichs, G.: Was ist „Tatverarbeitung" und wozu kann sie dienen? in: MschrKrim 1994, S. 95 ff.
v. Hinüber, M.: Schutz der Menschenwürde im Vollzug der Freiheitsentziehung aufgrund strafrichterlicher Entscheidung, in: StrVert 1994, S. 212 ff.
v. Hippel, R.: Beiträge zur Geschichte der Freiheitsstrafe, in: ZStW 1898, S. 419 ff., 608 ff.
v. Hippel, R.: Die geschichtliche Entwicklung der Freiheitsstrafe, in: Bumke, E. (Hrsg.): Deutsches Gefängniswesen. Berlin 1928, S. 1 ff.
Hirsch, S.: Die Kommunikationsmöglichkeiten des Strafgefangenen mit seiner Familie. Frankfurt u.a. 2003.
Hoeck-Gradenwitz, E.: Probleme der Psychotherapie und der Sozialtherapie von Delinquenten nach den Erfahrungen in Dänemark, in: Ehrhardt, H. (Hrsg.): Perspektiven der heutigen Psychiatrie. Frankfurt a.M. 1972, S. 246 ff.
Hoffmann, K.: Grenzen der Unfreiheit. Konturen der Versagungen aus Behandlungsgründen im Strafvollzug. Mönchengladbach 2000.
Hoffmann-Riem, W.: Justizdienstleistungen im kooperativen Staat, in: JZ 1999, S. 421 ff.
Hoffmeyer, C.: Grundrechte im Strafvollzug. Karlsruhe 1979.

Höffler, K./Schöch, H.: Die rechtliche Stellung des Psychologen im Strafvollzug nach dem Psychotherapeutengesetz, Heilpraktikergesetz und Strafvollzugsgesetz, in: Recht und Psychiatrie 2006, S. 3 ff.
Hofinger, V./Pilgram, A.: Droht eine Rückkehr in den Verwahrvollzug? in: Bundesministerium der Justiz (Hrsg.): Fremde im Gefängnis – Herausforderungen und Entwicklungen. Graz 2007, S. 29 ff.
Höflich, P./Schriever, W.: Grundriss Vollzugsrecht. 3. Aufl., Berlin – Heidelberg 2003.
Hohage, B./Walter, M./Neubacher, F.: Die Entwicklung der personellen Ausstattung der Justizvollzugsanstalten in Abhängigkeit von kriminalpolitischen Strömungen, in: ZfStrVo 2000, S. 136 ff.
Hohlfeld, N.: Moderne Kriminalbiologie. Die Entwicklung der Kriminalbiologie vom Determinismus des 19. Jahrhunderts zu den sozialen Theorien des 20. Jahrhunderts. Frankfurt a.M. – Berlin u.a. 2002.
Hohmeier, J.: Soziale Verhaltenstypen bei Insassen von Strafanstalten, in: MschrKrim 1971, S. 1 ff.
Hohmeier, J.: Aufsicht und Resozialisierung. Stuttgart 1973.
Hohmeier, J.: Probleme der Sozialarbeit im Strafvollzug, in: Informationsdienst Sozialarbeit, Heft 19, 1975, S. 25 ff.
Hohmeier, J.: Die soziale Situation des Strafgefangenen: Deprivation der Haft und ihre Folgen, in: Lüderssen, K./Sack, F. (Hrsg.): Seminar Abweichendes Verhalten III. Die gesellschaftliche Reaktion auf Kriminalität. Band 2: Strafprozess und Strafvollzug. Frankfurt a.M. 1977, S. 433 ff.
Holste, H.: Die Begnadigung – Krönung oder Störung des Rechtsstaates? in: Jura 2003, S. 738 ff.
v. Holtzendorff, F.: Wesen, Verhältnisbestimmungen und allgemeine Literatur der Gefängniskunde, in: v. Holtzendorff, F./v. Jagemann, E. (Hrsg.): Handbuch des Gefängniswesens. Band 1. Hamburg 1888, S. 3 ff.
Holz, St.: Alltägliche Ungewissheit – Erfahrungen von Frauen in Abschiebehaft. Münster 2007.
Holzbauer, A./Brugger, S.: Strafvollzugsgesetz. Wien 1996.
Hompesch, R./Kawamura, G./Reindl, R. (Hrsg.): Verarmung – Abweichung – Kriminalität. Straffälligenhilfe vor dem Hintergrund gesellschaftlicher Polarisierung. Bonn 1996.
Hoppensack, H.: Über die Strafanstalt und ihre Wirkung auf Einstellung und Verhalten von Gefangenen. Göttingen 1969.
Horn, E.: Anmerkung zum Beschluss des OLG Karlsruhe v. 2.11.1982, in: JR 1983, S. 380 ff.
Hörnle, T.: Anmerkung zum Beschluss des ThürOLG v. 8.6.2005, in: StrVert 2006, S. 186 ff.
Hörnle, T.: Verteidigung und Sicherungsverwahrung, in: StrVert 2006a, S. 383 ff.
Horstkotte, H.: Einige Überlegungen zur Reform des Maßregelrechts, in: Gebauer, M./Jehle, J.-M. (Hrsg.): Die strafrechtliche Unterbringung in einem psychiatrischen Krankenhaus. Wiesbaden 1993, S. 187 ff.
Horstkotte, H.: Realität und notwendige Grenzen der Abschiebehaft, in: Neue Kriminalpolitik 4/1999, S. 31 ff.
Hosser, D./Taefi, A.: Die subkulturelle Einbindung von Aussiedlern im Jugendstrafvollzug, in: MschrKrim 2008, S. 131 ff.
Howard, J.: The State of the Prisons in England and Wales (deutsche Übersetzung von Köster, G.). Leipzig 1780.

Huber, F.: Wahrnehmung von Aufgaben im Bereich der Gefahrenabwehr durch das Sicherheits- und Bewachungsgewerbe: eine rechtsvergleichende Untersuchung zu Deutschland und den USA. Berlin 2000.
Hudy, M.: Elektronisch überwachter Hausarrest. Befunde zur Zielgruppenplanung und Probleme einer Implementation in das deutsche Sanktionensystem. Baden-Baden 1999.
Hudy, M.: Die Versuche mit elektronisch überwachtem Hausarrest in Großbritannien – kriminalpolitischer Hintergrund, Zielgruppen und Erfahrungen, in: Kawamura, G./Reindl, R. (Hrsg.): Strafe zu Hause: die elektronische Fußfessel. Freiburg i.Br. 1999a, S. 55 ff.
Human Rights Watch. No escape: Male rape in U.S. prisons, 2001. http://www.hrw.org/reports/2001/prison/report.html.
Hürlimann, M.: Führer und Einflussfaktoren in der Subkultur des Strafvollzugs. Pfaffenweiler 1993.
Ipsen, J.: Staatsrecht II – Grundrechte. 10. Aufl., München 2007.
Jacob, J.: Drogenhilfe im Justizvollzug, in: Jacob, J./Keppler, K./Stöver, H. (Hrsg.): LebHaft: Gesundheitsförderung für Drogen Gebrauchende im Strafvollzug. Teil 2. Berlin 2001, S. 12 ff.
Jacob, J./Keppler, K./Stöver, H. (Hrsg.): Drogengebrauch und Infektionsgeschehen (HIV/AIDS und Hepatitis) im Strafvollzug. Berlin 1997.
Jacob, J./Keppler, K./Stöver, H. (Hrsg.): LebHaft: Gesundheitsförderung für Drogen Gebrauchende im Strafvollzug. Teil 1 und 2. Berlin 2001.
Jacobsen, H.: Bedingt aus § 63 StGB entlassene Probanden, in: Kammeier, H./Schumann, V. (Hrsg.): Wiedereingliederung psychisch kranker Rechtsbrecher. Lippstadt 1987, S. 66.
Jäger, M.: „Wege aus dem Labyrinth" – zu therapeutischer Arbeit bei sexuellem Missbrauch von Kindern, in: MschrKrim 1998, S. 38 ff.
Jäger, M.: Sicherheit durch Therapie – Alibifunktion der Strafgesetzgebung? in: ZRP 2001, S. 28 ff.
Jäger, S.: Behandlung von Sexualstraftätern im Strafvollzug. Frankfurt a.M. u.a. 2003.
Jarass, H./Pieroth, B.: Grundgesetz für die Bundesrepublik Deutschland. 8. Aufl., München 2006.
Jehle, J.-M. (Hrsg.): Der Kriminologische Dienst in der Bundesrepublik Deutschland. Wiesbaden 1988.
Jehle, J.-M.: Die Kriminologische Zentralstelle – Programm, Organisation, Projekte, in: Kaiser, G./Kury, H./Albrecht, H.-J. (Hrsg.): Kriminologische Forschung in den 80er Jahren. Berichte aus der Bundesrepublik Deutschland, der Deutschen Demokratischen Republik, Österreich und der Schweiz. Freiburg i.Br. 1988a, S. 199 ff.
Jehle, J.-M.: Arbeit und Entlohnung von Strafgefangenen, in: ZfStrVo 1994, S. 259 ff.
Jehle, J.-M.: Strafrechtliche Unterbringung in einem psychiatrischen Krankenhaus, in: BewHi 2005, S. 3 ff.
Jehle, J.-M.: Rechtswirklichkeit der strafrechtlichen Unterbringung in einem psychiatrischen Krankenhaus, in: Duncker, H./Koller, M./Foerster, K. (Hrsg.): Festschrift für Venzlaff. Lengerich 2006, S. 211 ff.
Jehle, J.-M./Albrecht, H.-J./Hohmann-Fricke, S./Tetal, C.: Legalbewährung nach strafrechtlichen Sanktionen. Eine bundesweite Rückfalluntersuchung 2004 bis 2007. Berlin 2010.
Jehle, J.-M./Heinz, W./Sutterer, P.: Legalbewährung nach strafrechtlichen Sanktionen. Eine kommentierte Rückfallstatistik. Berlin 2003.

Jescheck, H.-H.: Der erste Kongress der Vereinten Nationen über die Verhütung von Verbrechen und die Behandlung von Straffälligen, in: ZStW 1955, S. 137 ff.
Jescheck, H.-H.: Die Freiheitsstrafe und ihre Surrogate in rechtsvergleichender Darstellung, in: Jescheck, H.-H. (Hrsg.): Die Freiheitsstrafe und ihre Surrogate im deutschen und ausländischen Recht. Baden-Baden 1984, S. 1939 ff.
Jescheck, H.-H./Weigend, Th.: Lehrbuch des Strafrechts. Allgemeiner Teil. 5. Aufl., Berlin 1996.
Jolin, A./Rogers, R.: Elektronisch überwachter Hausarrest: Darstellung einer Strafvollzugsalternative in den Vereinigten Staaten, in: MschrKrim 1990, S. 201 ff.
Jones, M.: Social Psychiatry in the Community in Hospitals and in Prisons. Springfield 1962.
Jost, K.: Freie und ehrenamtliche Mitarbeit in und nach dem Strafvollzug, in: BewHi 2002, S. 257 ff.
Judith, U.: Konzept für die intramurale Behandlung von Sexualstraftätern. Mainz 1995.
Julius, N.: Vorlesungen über die Gefängniskunde oder über die Verbesserung der Gefängnisse. Berlin 1828.
Jung, H.: Behandlung als Rechtsbegriff, in: ZfStrVo 1987, S. 38 ff.
Jung, H.: Paradigmawechsel im Strafvollzug – Eine Problemskizze zur Privatisierung der Gefängnisse, in: Kaiser, G./Kury, H./Albrecht, H.-J.: Kriminologische Forschung in den 80er Jahren. Freiburg 1988, S. 377 ff.
Jung, H.: Das Gefängnis als Symbol, in: ZfStrVo 1993, S. 339.
Jung, H.: Zur Privatisierung des Strafrechts, in: Jung, H./Müller-Dietz, H./Neumann, U. (Hrsg.): Perspektiven der Strafrechtsentwicklung. Baden-Baden 1996, S. 69 ff.
Jung, H./Müller-Dietz, H. (Hrsg.): Langer Freiheitsentzug – wie lange noch? Plädoyer für eine antizyklische Kriminalpolitik. Bonn 1994.
Jung, S.: Richterliche Kontrolle bei Strafvollstreckung und Strafvollzug. Frankfurt a.M. u.a. 2001.
Justizministerium des Landes Nordrhein-Westfalen: Frauenkriminalität und Strafvollzug. Düsseldorf 1998.
Justizministerium des Landes Nordrhein-Westfalen: Justiz in Zahlen. Düsseldorf 2001.
Justizministerium des Landes Nordrhein-Westfalen: Justizvollzug in Nordrhein-Westfalen. Düsseldorf 2008.
Jutzi, S.: Kostentragung bei gemeinsamer Unterbringung von Mutter und Kind in einer Justizvollzugsanstalt, in: DÖV 2004, S. 26 ff.
Kaiser, G.: Täter-Opfer-Ausgleich nach dem SPD-Entwurf eines Gesetzes zur Reform des strafrechtlichen Sanktionensystems, in: ZRP 1994, S. 314 ff.
Kaiser, G.: Strafvollstreckungsrecht: Die äußere Kontrolle der Gesetzlichkeit der Strafvollstreckung, in: Eser, A./Kaiser, G. (Hrsg.): Strafrechtsreform, Strafverfahrensrecht, Wirtschafts- und Umweltstrafrecht, Strafvollstreckungsrecht. Baden-Baden 1995, S. 297 ff.
Kaiser, G.: Kriminologie. 3. Aufl., Heidelberg 1996.
Kaiser, G.: Europäischer Antifolterausschuss und krimineller Machtmissbrauch, in: Festschrift für Triffterer. Wien 1996a, S. 777 ff.
Kaiser, G.: Deutscher Strafvollzug in europäischer Perspektive, in: Festschrift für Böhm. Berlin – New York 1999, S. 25 ff.
Kaiser, G.: Strafvollzug unter totalitärer Herrschaft, in: Festschrift für Müller-Dietz. München 2001, S. 327 ff.
Kaiser, G.: Strukturwandel des Strafvollzuges durch Privatisierung, in: Festschrift für Trechsel. Zürich 2002, S. 869 ff.

Kaiser, G./Schöch, H.: Strafvollzug. 5. Aufl., Heidelberg 2002.
Kaiser, G./Schöch, H.: Kriminologie, Jugendstrafrecht, Strafvollzug. 6. Aufl., München 2006.
van Kalmthout, A.: Abgewiesen und Abgeschoben, in: Neue Kriminalpolitik 4/1999, S. 25 ff.
van Kalmthout, A./Dünkel, F.: Ambulante Sanktionen und Maßnahmen in Europa, in: Neue Kriminalpolitik 4/2000, S. 26 ff.
Kamann, U.: Gerichtlicher Rechtsschutz. Grenzen und Möglichkeiten der Kontrollen vollzuglicher Maßnahmen am Beispiel der Strafvollstreckungskammer beim Landgericht Arnsberg. Pfaffenweiler 1991.
Kamann, U.: Anmerkung zum Beschluss des BVerfG v. 30.4.1993, in: StrVert 1993, S. 485 f.
Kamann, U.: Der Richter als Mediator im Gefängnis: Idee, Wirklichkeit und Möglichkeit, in: KrimJ 1993a, S. 13 ff.
Kamann, U.: Der Beurteilungsspielraum und sein Einfluss auf die Ver-un-rechtlichung des Strafvollzuges, in: ZRP 1994, S. 474 ff.
Kamann, U.: Der hierarchische Anstaltsleiter und seine Bedeutung für die Liquidierung des Behandlungsvollzuges, in: Betrifft Justiz Nr. 50/1997, S. 81 ff.
Kamann, U.: Therapeuten in Uniform? Das Ende der Schweigepflicht im Strafvollzug, in: Betrifft Justiz Nr. 55/1998, S. 321 f.
Kamann, U.: Das Urteil des Bundesverfassungsgerichts vom 1.7.1998 zur Gefangenenentlohnung, ein nicht kategorischer Imperativ für den Resozialisierungsvollzug, in: StrVert 1999, S. 348 ff.
Kamann, U.: Datenschutz im Strafvollzug – Verfassungsgebot und Wirklichkeit, in: ZfStrVo 2000, S. 84 ff.
Kamann, U.: Anmerkung zum Beschluss des LG Gießen v. 7.12.2005, in: StrVert 2006, S. 260 ff.
Kamann, U.: Handbuch für die Strafvollstreckung und den Strafvollzug. 2. Aufl., Münster 2008.
Kamann, U.: Vollstreckung und Vollzug der Jugendstrafe. Verteidigung und Rechtsschutz. Münster 2009.
Kammeier, H.: Maßregelrecht. Kriminalpolitik, Normgenese und systematische Struktur einer schuldunabhängigen Gefahrenabwehr. Berlin – New York 1996.
Kammeier, H. (Hrsg.): Maßregelvollzugsrecht. 3. Aufl., Berlin – New York 2010.
Kaspar, J.: Wiedergutmachung im Strafvollzug – Bestandsaufnahme und Perspektiven, in: ZfStrVo 2005, S. 85 ff.
Kaufmann, B./Dobler-Mikola, H./Uchtenhagen, A.: Kontrollierte Opiatabgabe im schweizerischen Strafvollzug, in: Jacob, J./Keppler, K./Stöver, H. (Hrsg.): LebHaft: Gesundheitsförderung für Drogen Gebrauchende im Strafvollzug. Teil 2. Berlin 2001, S. 127 ff.
Kaufmann, H.: Kriminologie III. Strafvollzug und Sozialtherapie. Stuttgart u.a. 1977.
Kawamura, G.: Täter-Opfer-Ausgleich und Wiedergutmachung im Strafvollzug? in: ZfStrVo 1994, S. 3 ff.
Kawamura, G.: Strafe zu Hause? in: Neue Kriminalpolitik 1/1999, S. 7 ff.
Kawamura-Reindl, G./Brendle, Ch./Joos, B.: Inhaftierung betrifft alle in der Familie – Die Vater-Kind-Gruppe des Treffpunkt e. V. Nürnberg, in: ZfStrVo 2006, S. 33 ff.
Keck, F.: Die systematische Einordnung von Haftkosten, in: NStZ 1989, S. 309 ff.
Kempe, Ch.: Sexualtäter und Sozialtherapie, in: ZfStrVo 1997, S. 332 ff.

Kemter, E.: Schulden und Schuldenregulierung der Gefangenen in sächsischen Justizvollzugsanstalten. Leipzig 1999.
Keppler, K.: Die Substitutionsbehandlung mit Methadon im Justizvollzug der Bundesrepublik Deutschland, in: Jacob, J./Keppler, K./Stöver, H. (Hrsg.): Drogengebrauch und Infektionsgeschehen (HIV/AIDS und Hepatitis) im Strafvollzug. Berlin 1997, S. 73 ff.
Keppler, K.: Probleme und Praxis der Substitution im Justizvollzug, in: Stöver, H. (Hrsg.): Substitution in Haft. Berlin 2007, S. 23 ff.
Keppler, K./Fritsch, K./Stöver, H.: Behandlungsmöglichkeiten von Opiatabhängigkeit, in: Keppler, K./Stöver, H. (Hrsg.): Gefängnismedizin. Medizinische Versorgung unter Haftbedingungen. Stuttgart – New York 2009, S. 193 ff.
Keppler, K./Schaper, G.: Das Spritzenumtauschprogramm in der JVA für Frauen in Vechta/Niedersachsen, in: Jacob, J./Keppler, K./Stöver, H. (Hrsg.): LebHaft: Gesundheitsförderung für Drogen Gebrauchende im Strafvollzug. Teil 2. Berlin 2001, S. 31 ff.
Keppler, K./Stöver, H. (Hrsg.): Gefängnismedizin. Medizinische Versorgung unter Haftbedingungen. Stuttgart – New York 2009.
Kern, J.: Brauchen wir die Sicherungsverwahrung – Zur Problematik des § 66 StGB. Frankfurt a.M. 1997a.
Kern, J.: Zum Ausmaß des Drogenmissbrauchs in den Justizvollzugsanstalten und den Möglichkeiten seiner Eindämmung, in: ZfStrVo 1997b, S. 90 ff.
Kerner, H.-J.: Erfolgsbeurteilung nach Strafvollzug, in: Kerner, H.-J./Dolde, G./Mey, H.-G. (Hrsg.): Jugendstrafvollzug und Bewährung. Bonn 1996, S. 3 ff.
Kerner, H.-J./Janssen, H.: Rückfall nach Verbüßung einer Jugendstrafe, in: Kerner, H.-J./ Dolde, G./Mey, H.-G. (Hrsg.): Jugendstrafvollzug und Bewährung. Bonn 1996, S. 137 ff.
Kerner, H.-J./Streng, F.: Anmerkung zum Beschluss des KG v. 19.7.1983, in: NStZ 1984, S. 95 f.
Kessler, D.: Stasi-Knast. Berlin 2001.
Keßler, I.: Straffälligkeit im Alter: Erscheinungsformen und Ausmaße. Münster 2005.
Kiesel, M.: Anmerkung zum Beschluss des BVerfG v. 12.9.1994, in: JR 1995, S. 381 ff.
Kilger, H.: Fahrverbot als Hauptstrafe? Nein! in: ZRP 2009, S. 13 ff.
Killias, M.: Grundriss der Kriminologie. Eine europäische Perspektive. Bern 2002.
Kintrup, R.: Ausfallentschädigung für Strafgefangene im Strafvollzug, in: NStZ 2001, S. 127 ff.
Kintzi, H.: Anmerkung zum Beschluss des BGH v. 22.11.1994, in: JR 1995, S. 249 f.
Kinzig, J.: Die Sicherungsverwahrung auf dem Prüfstand. Ergebnisse einer theoretischen und empirischen Bestandsaufnahme des Zustandes einer Maßregel. Freiburg i.Br. 1996.
Kinzig, J.: Umfassender Schutz vor dem gefährlichen Straftäter? – Das Gesetz zur Einführung der nachträglichen Sicherungsverwahrung, in: NStZ 2004, S. 655 ff.
Kinzig, J.: Anmerkung zum Urteil des BGH v. 21.12.2006, in: JZ 2007, S. 1006 ff.
Kinzig, J.: Anmerkung zum Beschluss des BVerfG v. 8.11.2006, in: JR 2007a, S. 165 ff.
Kinzig, J.: Die Neuordnung des Rechts der Sicherungsverwahrung, in: NJW 2001, S. 178 ff.
Kirchhoff, F.: Russlanddeutsche im Bayerischen Justizvollzug, in: FS 2008, S. 157 ff.
Kirchner, G.: Verfassungsgrundsätze und betriebswirtschaftliches Management im Justizvollzug, in: Schäfer, K. H./Sievering, U. O. (Hrsg.): Strafvollzug im Wandel – Privatisierung contra Resozialisierung? Frankfurt a.M. 1999, S. 45 ff.
Kirsch, B.: „Bundesweit neue Maßstäbe? Ansätze zur Privatisierung des Strafvollzugs in Hessen, in: KrimJ 2005, S. 128 ff.

Kirschke, B.: Geschlossener Vollzug und freies Beschäftigungsverhältnis – Zwei-Klassen-Medizin? in: Hillenkamp, Th./Tag, B. (Hrsg.): Intramurale Medizin – Gesundheitsfürsorge zwischen Heilauftrag und Strafvollzug. Heidelberg 2005, S. 121 ff.

Kissel, O./Mayer, H.: Gerichtsverfassungsgesetz. 5. Aufl., München 2008.

Kleespies, S.: Kriminalität von Spätaussiedlern. Erscheinungsformen, Ursachen, Prävention. Frankfurt a.M. – Berlin 2006.

Klein, A.: Gnade – ein Fremdkörper im Rechtsstaat? Frankfurt a.M. u.a. 2001.

Klesczewski, D.: Anmerkung zum Beschluss des OLG Hamburg v. 23.9.1991, in: NStZ 1992, S. 351 f.

Klesczewski, D.: Anmerkung zum Urteil des OLG Hamburg v. 2.8.1995, in: NStZ 1996, S. 103 f.

Klesczewski, D.: Anmerkung zum Urteil des BGH v. 30.4.1997, in: JZ 1998, S. 310 ff.

Klingst, M.: Die Täter sind anders – Was Resozialisierung bewirken kann, muss neu überlegt werden, in: DIE ZEIT Nr. 25/1997, S. 4.

Klocke, G.: Geschlossener Sprachvollzug? in: ZfStrVo 2000, S. 21 ff.

Klocke, G.: Zur Übereinstimmung der öffentlichen Meinung mit dem Vollzugsziel des Strafvollzugsgesetzes, in: ZfStrVo 2004, S. 89 ff.

Klotz, W.: Strafentlassenenhilfe, in: Salmann, M. (Hrsg.): Soziale Arbeit mit Straffälligen. Frankfurt u.a. 1986, S. 89 ff.

Knabe, H. (Hrsg.): Gefangen in Hohenschönhausen. Berlin 2007.

Knauer, F.: Strafvollzug und Internet. Rechtsprobleme der Nutzung elektronischer Kommunikationsmedien durch Strafgefangene. Berlin 2006.

Knauer, F.: Der allgemeine Vollzugsdienst im Strafvollzug, in: FS 2009, S. 247 ff.

Knauer, F.: Der Sozialdienst im Strafvollzug, in: FS 2009a, S. 302 ff.

Knoche, Ch.: Besuchsverkehr im Strafvollzug. Frankfurt a.M. u.a. 1987.

Knorr, B.: Gesundheit und Prävention in Haft, in: Klee, J./Stöver, H. (Hrsg.): Drogen, HIV/Aids, Hepatitis. 2. Aufl. Berlin 2005, S. 144 ff.

Knorr, B.: Substitutionspraxis im Justizvollzug der Bundesländer, in: Stöver, H. (Hrsg.): Substitution in Haft. Berlin 2007, S. 66 ff.

Köberer, W.: Ein Rückfall in die Kleinstaaterei, in: Süddeutsche Zeitung v. 16.6.2006, S. 2.

Koch, H.: Evangelische Seelsorge, in: Schwind, H.-D./Blau, G. (Hrsg.): Strafvollzug in der Praxis. 2. Aufl., Berlin – New York 1988, S. 209 ff.

Koch, R.: Die rechtliche Behandlung zweckgebunden eingezahlter Gelder, in: ZfStrVo 1994, S. 267 ff.

Koch, R.: Zur Ausübung von Notwehrrechten im Rahmen der Anwendung unmittelbaren Zwanges gem. §§ 94 ff. StVollzG, in: ZfStrVo 1995, S. 27 ff.

Koeppel, Th.: Kontrolle des Strafvollzuges. Mönchengladbach 1999.

Koepsel, K.: Strafvollzug im Sozialstaat. Die Auswirkungen des Sozialstaatsprinzips auf das Strafvollzugsrecht. Hamburg 1985.

Koepsel, K.: Gefangenenmitverantwortung, in: Schwind, H.-D./Blau, G. (Hrsg.): Strafvollzug in der Praxis. 2. Aufl., Berlin – New York 1988, S. 308 ff.

Koepsel, K.: Besondere Probleme verheirateter Strafgefangener, in: ZfStrVo 1989, S. 151 ff.

Koepsel, K.: Der erste Repräsentant einer Justizvollzugsanstalt – der Anstaltsleiter, in: Gedächtnisschrift für Krebs. Pfaffenweiler 1994, S. 134 ff.

Koepsel, K.: Prüfstein Praxis – Entspricht die Ausbildung in Sozialarbeit den Anforderungen der Vollzugspraxis? in: BewHi 1998, S. 45 ff.

Koepsel, K.: Resozialisierungsziele auf dem Prüfstand – Oder: Sind neue Sicherheitsstrategien für den Strafvollzug erforderlich, in: Kriminalistik 1999, S. 81 ff.

Koepsel, K.: Privatisierung des Strafvollzuges als Lösung sanktionsrechtlicher und fiskalischer Probleme, in: BewHi 2001, S. 148 ff.
Koepsel, K.: „Hoffnungslose Fälle" – resignative Tendenzen im deutschen Strafvollzug, in: Festschrift für Schwind. Heidelberg 2006, S. 571 ff.
Koepsel, K.: Die Sicherungsverwahrung in Deutschland – eine unbarmherzige Sanktion, in: Festschrift für Bolle. Bale 2006a, S. 677 ff.
Köhne, M.: Geschlechtertrennung im Strafvollzug, in: BewHi 2002, S. 221 ff.
Köhne, M.: Alkohol im Strafvollzug, in: ZRP 2002a, S. 168 f.
Köhne, M.: Der „angemessene Umfang" der Eigenausstattung des Haftraums, in: StraFo 2002b, S. 351 ff.
Köhne, M.: Die „allgemeinen Lebensverhältnisse" im Angleichungsgrundsatz des StVollzG, in: BewHi 2003, S. 250 ff.
Köhne, M.: Eigene Kleidung im Strafvollzug, in: ZRP 2003a, S. 60 f.
Köhne, M.: Eigene Ernährung im Strafvollzug, in: NStZ 2004, S. 607 ff.
Köhne, M.: Die Gefährlichkeit von Gegenständen im Strafvollzug, in: ZfStrVo 2005, S. 280 ff.
Köhne, M.: Das Ziel des Strafvollzugs als Ländersache? in: JR 2007, S. 494 ff.
Köhne, M.: Mehrfachbelegung von Hafträumen in Neubauten von Strafvollzugsanstalten, in: BewHi 2007a, S. 270 ff.
Köhne, M.: Reform der Regelung der Verpflegung von Strafgefangenen, StraFo 2007b, S. 49 ff.
Köhne, M.: Landesstrafvollzugsgesetze – Beiträge zum „Wettbewerb der Schäbigkeit"? in: NStZ 2009, S. 130 ff.
Köhne, M.: Menschen(un)würdige Unterbringung von Strafgefangenen, in: StrVert 2009a, S. 215 ff.
Kölbel, R.: Strafgefangene als Eigentümer und Vertragspartner. Überlegungen zur Rechtsstellung in der Haft, in: StrVert 1999, S. 498 ff.
Koller, M.: Die bedingte Entlassung aus der Unterbringung nach den §§ 63, 64 StGB – Voraussetzungen, Verfahren, Praxis, in: BewHi 2005, S. 237 ff.
Koller, M.: Die Erledigung der Unterbringung nach § 63 StGB, in: Festschrift für Venzlaff, Lengerich 2006, S. 229 ff.
Komitee für Grundrechte und Demokratie (Hrsg.): Wider die lebenslange Freiheitsstrafe. Erfahrungen, Analysen, Konsequenzen aus menschenrechtlicher Sicht. Sensbachtal 1990.
Kommission Gewaltprävention im Strafvollzug – Nordrhein-Westfalen: Ergebnis der Überprüfung des Erwachsenenvollzugs in Nordrhein-Westfalen. Bonn 2007, S. 171 ff.
König, P.: Fahrverbot bei allgemeiner Kriminalität? in: NZV 2001, S. 6 ff.
König, P.: Ist das strafrechtliche Sanktionensystem reformbedürftig? in: DRiZ 2003, S. 267 ff.
Konrad, N.: Fehleinweisungen in den psychiatrischen Maßregelvollzug, in: NStZ 1991, S. 315 ff.
Konrad, N.: Sexualstraftäter und Sozialtherapeutische Anstalt: Nach der Gesetzesänderung – Eine Stellungnahme aus der Perspektive der Forensischen Psychiatrie und Psychotherapie, in: ZfStrVo 1998, S. 265 ff.
Konrad, N.: Suizid in Haft – Europäische Entwicklungen, in: ZfStrVo 2001, S. 103 ff.
Konrad, N.: Suizid in Haft, in: Schweizer Archiv f. Neurologie u. Psychiatrie 2002, S. 131 ff.
Konrad, W.: Pfändbarkeit der Geldforderungen von Strafgefangenen, in: ZfStrVo 1990, S. 203 ff.

Koop, G.: Drogenabhängige im Gefängnis – Möglichkeiten und Grenzen der Betreuung, in: KrimPäd Heft 19/20, 1985, S. 20 ff.
Koop, G.: Ist uns die Kundschaft aus dem Auge geraten? in: KrimPäd Heft 41, 2002, S. 4 ff.
Koop, G./Kappenberg, B. (Hrsg.): Praxis der Untersuchungshaft. Lingen 1988.
Kopp, F./Ramsauer, O.: Verwaltungsverfahrensgesetz. 11. Aufl., München 2010.
Kopp, F./Schenke, W.-R.: Verwaltungsgerichtsordnung. 16. Aufl., München 2009.
Korn-Odenthal, St.: Täter-Opfer-Begegnungen und Wiedergutmachung während der Haft, in: KrimPäd I/2002, S. 36 ff.
Korndörfer, H.: Bauen für den Strafvollzug, in: ZfStrVo 1993, S. 337 f.
Korndörfer, H.: Aspekte der Sicherheit im Justizvollzug, in: BewHi 2001, S. 158 ff.
Körner, H.: Betäubungsmittelgesetz. 6. Aufl., München 2007.
Kösling, K.-G.: Die Bedeutung verwaltungsprozessualer Normen und Grundsätze für das gerichtliche Verfahren nach dem Strafvollzugsgesetz. Mainz 1991.
Krä, H.: Anmerkung zum Urteil des BGH v. 11.3.2010, in: FS 2010, S. 238 ff.
Kraft, E./Knorr, B: HIV und Gefängnis, in: Keppler, K./Stöver, H. (Hrsg.): Gefängnismedizin. Medizinische Versorgung unter Haftbedingungen. Stuttgart – New York 2009, S. 170 ff.
Krahl, M.: Anmerkung zum Beschluss des OLG Hamburg v. 23.9.1991, in: NStZ 1992, S. 207 f.
Krahl, M.: Der elektronisch überwachte Hausarrest, in: NStZ 1997, S. 457 ff.
Kramer, R.: Praktische Erfahrungen im Justizvollzugsdienst, in: Herrfahrdt, R. (Hrsg.): Privatisierung des Strafvollzuges und Kriminalpolitik in Europa. Garbsen 2005, S. 27 ff.
Kratz, A.: PPP-Projekt JVA Burg, in: FS 2007, S. 215 ff.
Krause, J.-U.: Gefängnisse im Römischen Reich. Stuttgart 1996.
Krause, Th.: Geschichte des Strafvollzugs. Von den Kerkern des Altertums bis zur Gegenwart. Darmstadt 1999.
Krauß, K.: Im Kerker vor und nach Christus. Freiburg i.Br. – Leipzig 1895.
Krebs, A.: Landesstrafanstalt in Untermaßfeld, in: Frede, L. (Hrsg.): Gefängnisse in Thüringen. Berichte über die Reform des Strafvollzugs. Weimar 1930, S. 69 ff.
Krebs, A.: Nikolaus Heinrich Julius, in: MschrKrim 1973, S. 307 ff.
Krech, D./Crutchfield, R.: Grundlagen der Psychologie. Band I. 7. Aufl., Weinheim – Basel 1976.
Kreicker, H.: Die Unterbringung in einer Entziehungsanstalt neben lebenslanger Freiheitsstrafe, in: NStZ 2010, S. 239 ff.
Kretschmer, J.: Ergänzungen und Alternativen zum strafvollzugsrechtlichen Rechtsschutzsystem, in: ZfStrVo 2005, S. 217 ff.
Kretschmer, J.: Die Mehrfachbelegung von Haftträumen im Strafvollzug in ihrer tatsächlichen und rechtlichen Problematik, in: NStZ 2005a, S. 251 ff.
Kretschmer, J.: Das Phänomen des Tätowierens im Strafvollzug, in: Festschrift für Schwind. Heidelberg 2006, S. 579 ff.
Kretschmer, J.: Die menschen(un)würdige Unterbringung von Strafgefangenen, in: NJW 2009, S. 2406 ff.
Kreuzer, A.: Behandlung, Zwang und Einschränkungen im Maßregelvollzug. Bonn 1994.
Kreuzer, A.: HIV-Prävention im Strafvollzug und Entlassung Aids-kranker Gefangener, in: Festschrift für Geerds. Lübeck 1995, S. 317 ff.
Kreuzer, A.: Spritzenvergabe im Strafvollzug, in: Festschrift für Böhm. Berlin – New York 1999, S. 379 ff.

Kreuzer, A.: Nachträgliche Sicherungsverwahrung – rote Karte für gefährliche Gefangene oder für den rechtsstaatlichen Vertrauensschutz? in: ZIS 2006, S. 145 ff.
Kreuzer, A.: Strafvollzug – Quo vadis? Kritische Bestandsaufnahme nach 30 Jahren eines Strafvollzugsgesetzes, in: BewHi 2006a, S. 195 ff.
Kreuzer, A.: Sicherungsverwahrung. Eine Herausforderung für Gesetzgebung, Justiz und öffentliche Sicherheit, in: Kriminalistik 2011, S. 3 ff.
Kreuzer, A./Bartsch, T.: Vergleich der Landesstrafvollzugsgesetze – Insbesondere der Entwurf eines Hessischen Strafvollzugsgesetzes, in: FS 2010, S. 87 ff.
Kreuzer, A./Buckolt, O.: Mit Entkleidung verbundene körperliche Durchsuchungen Strafgefangener, in: StrVert 2006, S. 163 ff.
Kreuzer, A./Hürlimann, M. (Hrsg.): Alte Menschen als Täter und Opfer. Freiburg i.Br. 1992.
Krieg, H.: Private-public-partnership – die besondere Qualität externer Dienstleister, in: Flügge, Ch./Maelicke, B./Preusker, H. (Hrsg.): Das Gefängnis als lernende Organisation. Baden-Baden 2001, S. 300 ff.
Kriegsmann, H.: Einführung in die Gefängniskunde. Heidelberg 1912.
Kröber, H.-L.: Die prognostische Bedeutung der „Auseinandersetzung mit der Tat" bei der bedingten Entlassung, in: Recht und Psychiatrie 1993, S. 140 ff.
Kröber, H.-L.: Wandlungsprozesse im psychiatrischen Maßregelvollzug, in: Zeitschrift für Sexualforschung 1999, S. 93 ff.
Kröber, H.-L.: Ansätze zur gezielten Psychotherapie mit Sexualstraftätern, in: Herrfahrdt, R. (Hrsg.): Behandlung von Sexualstraftätern. Hannover 2000, S. 40 ff.
Krohne, K.: Lehrbuch der Gefängniskunde unter Berücksichtigung der Kriminalstatistik und Kriminalpolitik. Stuttgart 1889.
Krohne, K./Uber, R.: Strafanstalten und Gefängnisse in Preußen. Stuttgart 1901.
Krölls, A.: Die Privatisierung der inneren Sicherheit, in: GewArch 1997, S. 445 ff.
Kröpil, K.: Zum Meinungsstreit über das Bestehen eines allgemeinen strafprozessualen Missbrauchsverbots, in: JuS 1997, S. 354 ff.
Kropp, Ch.: Rechtswidrigkeit des gegenwärtigen Gefangenentransports, in: ZRP 2005, S. 96 ff.
Krüger, U.: Mütter mit Kindern im Strafvollzug, in: KrimPäd Heft 14/15, 1982, S. 24 ff.
Krüger-Potratz, M.: Kriminal- und Drogenprävention am Beispiel jugendlicher Aussiedler. Göttingen 2003.
Kruis, K.: Die Vollstreckung freiheitsentziehender Maßregeln und die Verhältnismäßigkeit, in: StrVert 1998, S. 94 ff.
Kruis, K.: Haftvollzug als Staatsaufgabe, in: ZRP 2000, S. 1 ff.
Kruis, K./Cassardt, G.: Verfassungsrechtliche Leitsätze zum Vollzug von Straf- und Untersuchungshaft, in: NStZ 1995, S. 521 ff., 574 ff.
Kruis, K./Wehowsky, R.: Fortschreibung der verfassungsrechtlichen Leitsätze zum Vollzug von Straf- und Untersuchungshaft, in: NStZ 1998, S. 593 ff.
Kube, E.: Elektronisch überwachter Hausarrest, in: DuD 2000, S. 633 ff.
Kubink, M.: Anmerkung zum Urteil des OLG Hamburg v. 2.8.1995, in: ZfStrVo 1996, S. 374 ff.
Kubink, M.: Anmerkung zum Beschluss des OLG Hamburg v. 13.9.2001, in: StrVert 2002, S. 266 ff.
Kudlich, H.: Der Strafvollzug im Spannungsverhältnis zwischen Vollzugsziel und Sicherheit, in: JA 2003, S. 704 ff.
Küfner, H./Beloch, E./Scharfenberg, C./Türk, D.: Evaluation von externen Beratungsangeboten für suchtgefährdete und suchtkranke Gefangene. München 1999.

Kühn, J.: Abschiebungsanordnung und Abschiebungshaft. Eine Untersuchung zu § 58a und § 62 des Aufenthaltsgesetzes in verfassungsrechtlicher Hinsicht. Berlin 2009.
Kühnel, W.: Gruppen und Gruppenkonflikte im Jugendstrafvollzug, in: MschrKrim 2006, S. 276 ff.
Kühnel, W./Hieber, K./Tölke, J.: Fremdenfeindlichkeit und ethnische Konflikte im Jugendstrafvollzug. Berlin 2003.
Kulas, A.: Privatisierung hoheitlicher Verwaltung: zur Zulässigkeit privater Strafvollzugsanstalten. 2. Aufl., Köln u.a. 2001.
Kulas, A.: Die gesetzlichen Grundlagen der Privatisierung im Strafvollzug, in: Stober, R. (Hrsg.): Privatisierung im Strafvollzug? Köln u.a. 2001a, S. 35 ff.
Kunert, H.: Gerichtliche Aussetzung des Restes der lebenslangen Freiheitsstrafe kraft Gesetzes, in: NStZ 1982, S. 89 ff.
Künkel, J.: Private Straffälligenhilfe. Bonn 1979.
Kunz, K.-L.: Kriminologie. 5. Aufl., Bern u.a. 2008.
Kunze, T.: Privatisierung im Strafvollzug – Das hessische Modellprojekt einer teilprivatisierten Justizvollzugsanstalt, in: Meurer, E./Stephan, G. (Hrsg.): Rechnungswesen und Controlling in der öffentlichen Verwaltung. Freiburg i. Br. 2003, Gruppe 6, S. 695 ff.
Küpper, G.: Anmerkung zum Urteil des OLG Hamburg v. 2.8.1995, in: JR 1996, S. 524 f.
Kury, H.: Die Behandlung Straffälliger. Teilband 1: Inhaltliche und methodische Probleme der Behandlungsforschung. Berlin 1986.
Kury, H.: Zum Stand der Behandlungsforschung – oder: Vom nothing works zum something works, in: Festschrift für Böhm, 1999, S. 251 ff.
Kury, H.: Herausforderungen an die Sozialtherapie: Persönlichkeitsgestörte Straftäter, in: Rehn, G./Wischka, B./Lösel, F./Walter, M. (Hrsg.): Behandlung „gefährlicher Straftäter". Herbolzheim 2001, S. 54 ff.
Kury, H./Fenn, R.: Probleme und Aufgaben für den Psychologen im behandlungsorientierten Vollzug, in: PsychRdsch 1977, S. 190 ff.
Kury, H./Smartt, U.: Gewalt an Strafgefangenen: Ergebnisse aus dem angloamerikanischen und deutschen Strafvollzug, in: ZfStrVo 2002, S. 323 ff.
Kurze, M.: Die Praxis des § 35 BtMG – Ergebnisse einer Aktenanalyse, in: Egg, R. (Hrsg.): Die Therapieregelungen des Betäubungsmittelrechts. Wiesbaden 1992, S. 43 ff.
Kurze, M.: Empirische Daten zur Zurückstellungspraxis gem. § 35 BtMG, in: NStZ 1996, S. 178 ff.
Kürzinger, J.: Die Freiheitsstrafe und ihre Surrogate in der Bundesrepublik Deutschland, in: Jescheck, H.-H. (Hrsg.): Die Freiheitsstrafe und ihre Surrogate im deutschen und ausländischen Recht. Baden-Baden 1984, S. 1737 ff.
Kürzinger, J.: Der kriminelle Mensch – Ausgangspunkt oder Ziel empirischer kriminologischer Forschung? in: Festschrift für Jescheck. 2. Halbband. Berlin 1985, S. 1061 ff.
Kusch, R.: Die Strafbarkeit von Vollzugsbediensteten bei fehlgeschlagenen Lockerungen, in: NStZ 1985, S. 385 ff.
Kusch, R.: Therapie von Sexualtätern, in: ZRP 1997, S. 89 ff.
Kutscha, M.: Datenschutz durch Zweckbindung – ein Auslaufmodell? in: ZRP 1999, S. 156 ff.
Lackner, K./Kühl, K.: Strafgesetzbuch. 27. Aufl., München 2011.
Lambropoulou, E.: Erlebnisbiographie und Aufenthalt im Jugendstrafvollzug. Freiburg i.Br. 1987.
Lambropoulou, E.: Soziale Funktionen der Gefängnisorganisation und die Reform des Strafvollzugs, in: Festschrift für Kaiser. Berlin 1998, S. 1219 ff.

Lamneck, S.: Sozialisation und kriminelle Karriere, in: Schüler-Springorum, H. (Hrsg.): Mehrfach auffällig – Untersuchungen zur Jugendkriminalität. München 1982, S. 13 ff.
Lamneck, S.: Theorien abweichenden Verhaltens. 8. Aufl., München 2007.
Landau, H./Kunze, T./Poseck, R.: Die Neuregelung des Arbeitsentgelts im Strafvollzug, in: NJW 2001, S. 2611 ff.
Landau, S.: The effect of length of imprisonment and subjective distance from release on future time perspective and time estimation of prisoners, in: Drapkin, J. (Ed.): Studies in criminology, Jerusalem 1969, S. 182 ff.
Lang, F./Stark, K.: Die Berliner Modellprojekte zur Spritzenvergabe in Haft, in: Jacob, J./Keppler, K./Stöver, H. (Hrsg.): LebHaft: Gesundheitsförderung für Drogen Gebrauchende im Strafvollzug. Teil 2. Berlin 2001, S. 52 ff.
Lange, M.: Privatisierungspotenziale im Strafvollzug, in: DÖV 2001, S. 898 ff.
Langelüddecke, A./Bresser, P.: Gerichtliche Psychiatrie. 4. Aufl., Berlin – New York 1976.
Latza, B.: Intramurale Psychotherapie von Sexualstraftätern in den Justizvollzugsanstalten Kiel und Neumünster, in: KrimPäd Heft 34, 1993, S. 43 ff.
Laubenstein, K.: Verteidigung im Strafvollzug. Zugleich ein Beitrag zu den Rechtsschutzverfahren nach den §§ 109 ff. StVollzG. Frankfurt a.M. 1984.
Laubenthal, K.: Die Zuweisung zu Wohngruppen und Behandlungsgruppen. Würzburg 1983.
Laubenthal, K.: Der Wohngruppenvollzug – Entwicklung, Zielsetzung, Perspektiven, in: ZfStrVo 1984, S. 67 ff.
Laubenthal, K.: § 57a StGB – Aussetzung des Strafrests der lebenslangen Freiheitsstrafe, in: JA 1984a, S. 471 ff.
Laubenthal, K.: Anmerkung zum Beschluss des BVerfG v. 24.4.1986, in: JZ 1986, S. 850 f.
Laubenthal, K.: Lebenslange Freiheitsstrafe. Vollzug und Aussetzung des Strafrestes zur Bewährung. Lübeck 1987.
Laubenthal, K.: Die Einwilligung des Verurteilten in die Strafrestaussetzung zur Bewährung, in: JZ 1988, S. 951 ff.
Laubenthal, K.: Ein verhängnisvoller Hafturlaub, in: JuS 1989, S. 827 ff.
Laubenthal, K.: Ansätze zur Differenzierung zwischen politischer und allgemeiner Kriminalität, in: MschrKrim 1989a, S. 326 ff.
Laubenthal, K.: Wege aus dem Maßregelvollzug im psychiatrischen Krankenhaus, in: Festschrift für F.-W. Krause. Köln u.a. 1990, S. 357 ff.
Laubenthal, K.: Phänomenologie der Alterskriminalität, in: Geriatrie Praxis 1/1990a, S. 36 ff.
Laubenthal, K.: Jugendgerichtshilfe im Strafverfahren. Köln u.a. 1993.
Laubenthal, K.: Arbeitsverpflichtung und Arbeitsentlohnung des Strafgefangenen, in: Festschrift für Geerds. Lübeck 1995, S. 337 ff.
Laubenthal, K.: Anmerkung zum Urteil des BGH v. 7.6.1995, in: JR 1996, S. 290 ff.
Laubenthal, K.: Anmerkung zum Urteil des BGH v. 7.1.1997, in: JZ 1997, S. 686 ff.
Laubenthal, K.: Anmerkung zum Urteil des BGH v. 15.7.1998, in: JR 1999, S. 163 f.
Laubenthal, K.: Vollzugliche Ausländerproblematik und Internationalisierung der Strafverbüßung, in: Festschrift für Böhm. Berlin – New York 1999a, S. 307 ff.
Laubenthal, K.: Sexualstraftaten. Die Delikte gegen die sexuelle Selbstbestimmung. Berlin – Heidelberg 2000.
Laubenthal, K.: Anmerkung zum Beschluss des OLG Hamm v. 11.2.1999, in: JR 2000a, S. 170 f.
Laubenthal, K.: Lexikon der Knastsprache. Berlin 2001.

Laubenthal, K.: Rechtsschutz im Strafvollzug. Reform aus Sicht der Wissenschaft und Praxis, in: Herrfahrdt, R. (Hrsg.): Sicherheit und Behandlung – Strafvollzug im Wandel. Hannover 2002, S. 43 ff.
Laubenthal, K.: Gewährung verwaltungsrechtlichen Rechtsschutzes durch den Strafrichter im Verfahren nach §§ 109 ff. StVollzG, in: Gedächtnisschrift für Meurer. Berlin 2002a, S. 483 ff.
Laubenthal, K.: Der strafrechtliche Schutz Gefangener und Verwahrter vor sexuellen Übergriffen, in: Festschrift für Gössel, 2002b, S. 359 ff.
Laubenthal, K.: Schutz der Gefangenenrechte auf europäischer Ebene, in: Festschrift 600 Jahre Würzburger Juristenfakultät. Berlin 2002c, S. 169 ff.
Laubenthal, K.: Ist das deutsche Jugendstrafrecht noch zeitgemäß? in: JZ 2002d, S. 807 ff.
Laubenthal, K.: Die Renaissance der Sicherungsverwahrung, in: ZStW 2004, S. 703 ff.
Laubenthal, K.: Migration und Justizvollzug, in: AWR-Bulletin 3/2004a, S. 33 ff.
Laubenthal, K.: Vollzug von Freiheitsstrafe durch private Unternehmen, in: Gedächtnisschrift für Blomeyer. Berlin 2004b, S. 415 ff.
Laubenthal, K.: Sucht- und Infektionsgefahren im Strafvollzug, in: Hillenkamp, Th./Tag, B. (Hrsg.): Intramurale Medizin – Gesundheitsfürsorge zwischen Heilauftrag und Strafvollzug. Heidelberg 2005, S. 195 ff.
Laubenthal, K.: Jugendstrafvollzug und Gesetz, in: DVJJ-Nordbayern (Hrsg.): Entwicklungen im Jugendstrafrecht. Erlangen 2005a, S. 65 ff.
Laubenthal, K.: Phänomenologie der Alterskriminalität, in: forum kriminalprävention Heft 3/2005b, S. 5 ff.
Laubenthal, K.: Erscheinungsformen subkultureller Gegenordnungen im Strafvollzug, in: Festschrift für Schwind. Heidelberg 2006a, S. 593 ff.
Laubenthal, K.: 30 Jahre Vollzugszuständigkeit der Strafvollstreckungskammern, in: Festschrift für Böttcher. Berlin 2007, S. 325 ff.
Laubenthal, K.: Schutz des Strafvollzugs durch das Strafrecht, in: Festschrift für Otto. Köln u.a. 2007a, S. 659 ff.
Laubenthal, K.: Historische Entwicklung der Kriminalbiologie, in: Hilgendorf, E./Weitzel, J. (Hrsg.): Der Strafgedanke in seiner historischen Entwicklung. Berlin 2007b, S. 147 ff.
Laubenthal, K.: Fallsammlung zu Kriminologie, Jugendstrafrecht und Strafvollzug. 4. Aufl., Berlin – Heidelberg 2008.
Laubenthal, K.: Alterskriminalität und Altenstrafvollzug, in: Festschrift für Seebode. Berlin 2008a, S. 499 ff.
Laubenthal, K.: Divergierende Gefangenengruppen im Vollzug der Freiheitsstrafe, in: FS 2008b, S. 151 ff.
Laubenthal, K.: Jugendstrafvollzug im Umbruch, in: DVJJ-Nordbayern (Hrsg.): Ursachen und Sanktionierung von Jugendkriminalität. Erlangen 2009, S. 127 ff.
Laubenthal, K.: Gewalt als statusbestimmendes Mittel in vollzuglichen Subkulturen, in: Festschrift für Kreuzer. 2. Aufl., Frankfurt a.M. 2009a, S. 496 ff.
Laubenthal, K.: Disziplinierung unbotmäßigen Verhaltens im Vollzug von Freiheitsstrafe nach dem Bayerischen Strafvollzugsgesetz, in: Festgabe für Paulus. Würzburg 2009b, S. 103 ff.
Laubenthal, K.: Deutsche Strafvollzugsgesetzgebung – eine Abfolge gescheiterter Reformversuche, in: Festschrift für Stöckel. Berlin 2010, S. 415 ff.
Laubenthal, K.: Gefangenensubkulturen, in: APuZ 7/2010a, S. 34 ff.
Laubenthal, K./Baier, H./Nestler, N.: Jugendstrafrecht. 2. Aufl. Berlin – Heidelberg 2010.
Laubenthal, K./Nestler, N.: Strafvollstreckung. Berlin – Heidelberg 2010.

Laubenthal, K./Nestler, N.: Geltungsbereich und Sanktionenkatalog des JGG, in: Dollinger, B./Schmidt-Semisch, H. (Hrsg.): Handbuch Jugendkriminalität. Wiesbaden 2010a, S. 475 ff.
Laue, Ch.: Zwangsbehandlung im Strafvollzug, in: Hillenkamp, Th./Tag, B. (Hrsg.): Intramurale Medizin – Gesundheitsfürsorge zwischen Heilauftrag und Strafvollzug. Heidelberg 2005, S. 217 ff.
Lechner, H./Zuck, R.: Bundesverfassungsgerichtsgesetz. 5. Aufl., München 2006.
Lehmann, M.: Suizide und Suizidprävention in Haft, in: Keppler, K./Stöver, H. (Hrsg.): Gefängnismedizin. Medizinische Versorgung unter Haftbedingungen. Stuttgart – New York 2009, S. 240 ff.
Lehmann, M./Lehmann, M./Wedemeyer, H.: Spezifische Aspekte von Virushepatitiden (HBV, HCV) und Drogenkonsum, in: Keppler, K./Stöver, H. (Hrsg.): Gefängnismedizin. Medizinische Versorgung unter Haftbedingungen. Stuttgart – New York 2009, S. 177 ff.
Leipziger Kommentar. Strafgesetzbuch. Berlin (zit.: LK-Bearbeiter).
Lekschas, J./Buchholz, E.: Strafrecht der DDR. Lehrbuch. Berlin 1988.
Lemke, M.: Anmerkung zum Beschluss des BVerfG v. 18.6.1997, in: NStZ 1998, S. 77 ff.
Lemke, M.: Überstellung ausländischer Strafgefangener ohne deren Einwilligung, in: ZRP 2000, S. 173 ff.
Lesting, W.: Normalisierung im Strafvollzug. Potential und Grenzen des § 3 Abs. 1 StVollzG. Pfaffenweiler 1988.
Lesting, W.: Vorschläge zur Verbesserung des Rechtsschutzes von Strafgefangenen, in: KrimJ 1993, S. 48 ff.
Lesting, W./Feest, J.: Renitente Strafvollzugsbehörden. Eine rechtstatsächliche Untersuchung in rechtspolitischer Absicht, in: ZRP 1987, S. 390 ff.
Lettau, S./Sawallisch, P./Schulten, I./Tieding, K.: Das Spritzenumtauschprogramm der Justizvollzugsanstalt Lingen, in: Jacob, J./Keppler, K./Stöver, H. (Hrsg.): LebHaft: Gesundheitsförderung für Drogen Gebrauchende im Strafvollzug. Teil 2. Berlin 2001, S. 35 ff.
Leyendecker, N.: (Re-)Sozialisierung und Verfassungsrecht. Berlin 2002.
Leygraf, N.: Psychisch kranke Straftäter – Epidemiologie und aktuelle Praxis des psychiatrischen Maßregelvollzugs. Berlin u.a. 1988.
Leygraf, M.: Verschiedene Möglichkeiten, als nicht therapierbar zu gelten, in: Recht und Psychiatrie 2002, S. 3 ff.
Lilly, J. R.: Private Gefängnisse in den Vereinigten Staaten – das heutige Bild, in: ZfStrVo 1999, S. 78 ff.
Lindemann, M.: Die Sanktionierung unbotmäßigen Patientenverhaltens. Berlin 2004.
Lindemann, M.: Die Pflicht zur menschenwürdigen Unterbringung Strafgefangener als „Kardinalpflicht der Justizvollzugsorgane", in: JR 2010, S. 469 ff.
Lindenberg, M.: Kommerzielle Gefängnislogik. Zur Debatte um die Privatisierung von Haftanstalten, in: Vorgänge Heft 135, 1996, S. 89 ff.
Lindenberg, M.: Ware Strafe. Elektronische Überwachung und die Kommerzialisierung strafrechtlicher Kontrolle. München 1997.
Lindenberg, M.: Elektronisch überwachter Hausarrest auch in Deutschland? in: BewHi 1999, S. 11 ff.
Lindenberg, M.: Keine versuchte Gefangenenbefreiung. Ein Organisationsbeispiel zum elektronisch überwachten Hausarrest aus den USA sowie Anmerkungen zur deutschen Diskussion, in: Kawamura, G./Reindl, R. (Hrsg.): Strafe zu Hause: die elektronische Fußfessel. Freiburg i.Br. 1999a, S. 81 ff.

Lindhorst, A.: Über die Zulässigkeit des Besitzes und der Nutzung einer Sony-Playstation 2 im Haftraum während der Verbüßung von Strafhaft, in: StrVert 2006, S. 274 ff.
Lindner, A.: 100 Jahre Frauenkriminalität. Frankfurt a.M. u.a. 2006.
Linke, T.: Zwischenhaft, Vollstreckungshaft, Organisationshaft: Haftinstitut ohne Rechtsgrundlage? in: JR 2001, S. 358 ff.
Lippenmeier, N./Steffen, M.: Erfahrungen als Wohngruppenleiter, in: Rasch, W. (Hrsg.): Forensische Sozialtherapie. Karlsruhe – Heidelberg 1977, S. 89 ff.
v. Liszt, F.: Strafrechtliche Aufsätze und Vorträge. Band I. Berlin 1905.
Litwinski, H./Bublies, W.: Strafverteidigung im Strafvollzug. München 1989.
Lohmann, H.: Arbeit und Arbeitsentlohnung des Strafgefangenen. Frankfurt a.M. – Berlin u.a. 2002.
Loos, E.: Die offene und halboffene Anstalt im Erwachsenenstraf- und Maßregelvollzug. Stuttgart 1970.
Lorch, A./Schulte-Altedorneburg, M./Stäwen, G.: Die Behandlungswohngruppe als lernende Gemeinschaft – Grundlagen und Folgerungen, in: ZfStrVo 1989, S. 265 ff.
Lösel, F.: Sprechen Evaluationsergebnisse von Meta-Analysen für einen frischen Wind in der Straftäterbehandlung? in: Egg, R. (Hrsg.): Sozialtherapie in den 90er Jahren. Wiesbaden 1993, S. 21 ff.
Lösel, F.: Erziehen – Strafen – Helfen, in: Karrer, A. (Hrsg.): Einmal verknackt – für immer vermauert? Tutzing 1993a, S. 6 ff.
Lösel, F.: Ist der Behandlungsgedanke gescheitert? in: ZfStrVo 1996, S. 259 ff.
Lösel, F./Bliesener, Th.: Psychologen im Strafvollzug. Eine empirische Untersuchung zur Berufsrolle, Tätigkeitsstruktur und zu situativen Bedingungsfaktoren, in: KrimPäd Heft 15, 1987, S. 30 ff.
Lösel, F./Köferl, P./Weber, F.: Meta-Evaluation der Sozialtherapie. Qualitative und quantitative Analysen zur Behandlungsforschung in sozialtherapeutischen Anstalten des Justizvollzugs. Stuttgart 1987.
Lösel, F./Mey, H.-G./Molitor, A.: Selbst- und Fremdwahrnehmung der Berufsrolle beim Strafvollzugspersonal, in: Kaiser, G./Kury, H./Albrecht, H.-J. (Hrsg.): Kriminologische Forschung in den 80er Jahren. Projektberichte aus der Bundesrepublik Deutschland. Freiburg i.Br. 1988, S. 389 ff.
Lu, Y.: Rechtsstellung und Rechtsschutz der Strafgefangenen. Tübingen 1998.
Lübbe-Wolff, G./Geisler, C.: Neuere Rechtsprechung des BVerfG zum Vollzug von Straf- und Untersuchungshaft, in: NStZ 2004, S. 478 ff.
Lübbe-Wolff, G./Lindemann, M.: Neuere Rechtsprechung des BVerfG zum Vollzug von Straf- und Untersuchungshaft und zum Maßregelvollzug, in: NStZ 2007, S. 450 ff.
Lübcke-Westermann, D./Nebe, R.: Die Aufnahme von Sexualstraftätern in die Sozialtherapeutische Justizvollzugsanstalt in Kassel – ein Werkstattbericht, in: MschrKrim 1994, S. 34 ff.
Lückemann, C.: Anmerkung zu den Beschlüssen des OLG Frankfurt v. 29.8.2001, OLG Hamm v. 2.10.2000, OLG Saarbrücken v. 26.9.2001, in: ZfStrVo 2002, S. 121 ff.
Lüderssen, K.: Resozialisierung und Menschenwürde, in: KJ 1997, S. 179 ff.
Maaß, H.: Vollstreckung einer Jugendstrafe neben einer Freiheitsstrafe: Zuständigkeitskonzentration bei Staatsanwaltschaft und Strafvollstreckungskammer? in: NStZ 2008, S. 129 ff.
Mackeben, A.: Grenzen der Privatisierung der Staatsaufgabe Sicherheit. Baden-Baden 2004.
Maelicke, B.: Der Strafvollzug und die Neue Wirklichkeit, in: ZfStrVo 1999, S. 73 ff.
Maelicke, B.: Quo Vadis, Strafvollzug? in: KrimPäd Heft 41, 2002, S. 11 ff.

Maelicke, B.: Überbelegung = Fehlbelegung? Plädoyer für grundlegende Systemverbesserungen im deutschen Strafvollzug, in: Neue Kriminalpolitik 2003, S. 143 ff.

Maelicke, B.: Konsequenzen der Föderalismusreform für den Deutschen Strafvollzug, in Neue Kriminalpolitik 2006, S. 89.

Maelicke, H.: Ist Frauenstrafvollzug Männersache? Eine kritische Bestandsaufnahme des Frauenstrafvollzugs in den Ländern der Bundesrepublik Deutschland. Baden-Baden 1995.

Maelicke, H.: Mütter und Kinder im Gefängnis, in: Neue Kriminalpolitik 2004, S. 119.

Maelicke, H./Maelicke, B. (Hrsg.): Zur Lebenssituation von Müttern und Kindern in Gefängnissen. Frankfurt 1984.

Magliana, M.: Aspekte der Privatisierung des Strafvollzuges in den USA, in: Herrfahrdt, R. (Hrsg.): Privatisierung des Haftvollzuges und Kriminalpolitik in Europa. Garbsen 2005, S. 75 ff.

Mai, K. (Hrsg.): Psychologie hinter Gittern. Probleme psychologischer Tätigkeit im Strafvollzug. Weinheim – Basel 1981.

Maisch, H.: Kommunikationsprobleme im Prozess gemeinschaftlicher Entscheidungsfindung, in: DVJJ (Hrsg.): Jugendgerichtsbarkeit und Sozialarbeit. Hamburg 1975, S. 86 ff.

Maldener, J.: Die Beitragspflicht der Gefangenen zur Arbeitslosenversicherung, in: ZfStrVo 1996, S. 14 ff.

Maldener, J.: Bezüge für die Zeit der Freistellung von der Arbeitspflicht, in: ZfStrVo 1996a, S. 342 ff.

v. Mangoldt, H./Klein, F./Starck, Ch.: Das Bonner Grundgesetz. Band 1: Präambel, Artikel 1–19. 5. Aufl., München 2005.

Marks, E.: Freie Helfer im Strafvollzug, in: ZfStrVo 1985, S. 82 ff.

Marschner, R./Lesting, W./Saage, E./Göppinger, H./Volckart, B.: Freiheitsentziehung und Unterbringung. 5. Aufl., München 2010 (zit.: Marschner u.a.).

Marx, R.: Abschiebungshaft und Abschiebung aus rechtlicher Sicht, in: Deutsches Institut für Menschenrechte (Hrsg.): Prävention von Folter und Misshandlung in Deutschland. Baden-Baden 2007, S. 259 ff.

Marxen, K.: Rechtliche Grenzen der Amnestie. Heidelberg 1984.

Mathiesen, Th.: Gefängnislogik – Über alte und neue Rechtfertigungsversuche. Bielefeld 1989.

Matt, E.: Resozialisierung in der Lebenslaufperspektive, in: Neue Kriminalpolitik, 2004, S. 140 ff.

Matt, E.: Gewalthandeln und Kontext: Das Beispiel Bullying, in: BewHi 2006, S. 339 ff.

Matt, E./Winter, F.: Täter-Opfer-Ausgleich in Gefängnissen, in: Neue Kriminalpolitik, 2002, S. 128 ff.

Matthews, R.: Private Gefängnisse in Großbritannien – eine Debatte, in: Neue Kriminalpolitik 2/1993, S. 32.

Mauch, G./Mauch, R.: Sozialtherapie und die sozialtherapeutische Anstalt. Erfahrungen in der Behandlung Chronisch-Krimineller: Voraussetzungen, Durchführung und Möglichkeiten. Stuttgart 1971.

Maurach, R./Zipf, H.: Strafrecht. Allgemeiner Teil, Teilband. 1. 8. Aufl., Heidelberg 1992.

Mayer, M.: Modellprojekt Elektronische Fußfessel. Befunde der Begleitforschung – Zwischenbericht Mai 2002. Freiburg i. Br. 2002.

Mayr, S.: Vergewaltigt und im Stich gelassen, in: Süddeutsche Zeitung v. 24.10.2007, S. 37.

McConville, S.: The Victorian Prison, in: Morris, N./Rothman, D. (Ed.): The Oxford History of the Prison. New York – Oxford 1998, S. 117 ff.
McCorkle, L./Korn, R.: Resocialisation within Walls, in: The Sociology of Punishment and Correction. 2. Aufl., New York 1970, S. 409 ff.
McKay, B./Jayewardene, C./Reedie, P.: The Effects of Long-term Incarceration and a Proposed Strategy for Future Research. Ottawa 1979.
Mechler, A.: Psychiatrie des Strafvollzugs. Stuttgart – New York 1981.
Mechler, A./Wilde, K.: Psychoanalytisch orientierte Arbeit mit Strafgefangenen, in: MschrKrim 1976, S. 191 ff.
Meier, A.: Subkultur im Jugendstrafvollzug im Kontext von Jugendlichenbiographien, in: ZfStrVo 2002, S. 139 ff.
Meier, B.-D.: Zum Schutz der Bevölkerung erforderlich? Anmerkungen zum „Gesetz zur Bekämpfung von Sexualdelikten und anderen gefährlichen Straftaten" vom 26.1.1998, in: Ehrengabe für Brauneck. Mönchengladbach 1999, S. 445 ff.
Meier, B.-D.: Amnestie und Gnade im System des Rechts – Störfaktor oder notwendiges Korrektiv? in: Vögele, W. (Hrsg.): Gnade vor Recht oder gnadenlos gerecht? Amnestie, Gerechtigkeit und Gnade im Rechtsstaat. Rehburg-Loccum 2000, S. 43 ff.
Meier, B.-D.: Kriminologie. 3. Aufl., München 2007.
Meier, B.-D.: Strafrechtliche Sanktionen. 3. Aufl., Berlin u.a. 2009.
Meier, B.-D./Rössner, D./Schöch, H.: Jugendstrafrecht. München 2003.
Meier, P.: Die Entscheidung über Ausgang und Urlaub aus der Haft. Freiburg i.Br. 1982.
du Mênil, B.: Die Resozialisierungsidee im Strafvollzug. Bestandsaufnahme und Reformanregungen hinsichtlich der Ausgestaltung der Vollzugsgrundsätze des § 3 StVollzG. München 1995.
Merk, B.: Wir brauchen ein völlig neues System, in: Süddeutsche Zeitung v. 14.5.2010, S. 1, 7.
Mertin, H.: Verfassungswidrigkeit des Jugendstrafvollzugs? in: ZRP 2002, S. 18 ff.
Meurer, D.: Strafaussetzung durch Strafzumessung bei lebenslanger Freiheitsstrafe, in: JR 1992, S. 441 ff.
Mey, H.-G.: Auswirkungen schulischer und beruflicher Bildungsmaßnahmen während des Strafvollzugs, in: ZfStrVo 1986, S. 265 ff.
Mey, H.-G.: Zum Begriff der Behandlung im Strafvollzugsgesetz (aus psychologisch-therapeutischer Sicht), in: ZfStrVo 1987, S. 42 ff.
Mey, H.-G.: Zur Bedeutung des Vollzugsplans, in: ZfStrVo 1992, S. 21 ff.
Mey, H.-G.: Erfahrungen mit Einweisungs- und Auswahlanstalten, in: Gedächtnisschrift für Albert Krebs. Pfaffenweiler 1994, S. 126 ff.
Meyer, F.: Privatisierung und Strafvollzug, in: BewHi 2004, S. 272 ff.
Meyer, H.: Anmerkungen zum Langzeitbesuch. Persönliche Erfahrungen im Vergleich zum Normalbesuch, in: ZfStrVo 1991, S. 220 ff.
Meyer, P.: Die Entscheidung über Ausgang und Urlaub aus der Haft – Eine rechtsdogmatische Analyse anhand der Rechtsprechung der Vollzugsgerichte und der Entscheidungspraxis einer Justizvollzugsanstalt. Freiburg i.Br. 1982.
Meyer, P.: Fahrverbot als Sanktion? in: ZRP 2010, S. 239.
Meyer-Goßner, L.: Strafprozessordnung. 53. Aufl., München 2010.
Meyer-Ladewig, J.: Ein neuer ständiger Europäischer Gerichtshof für Menschenrechte, in: NJW 1995, S. 2813 ff.
Meyer-Ladewig, J./Petzold, H.: Der neue ständige Europäische Gerichtshof für Menschenrechte, in: NJW 1999, S. 1165 f.

Michelitsch-Traeger, I.: Krisenintervention, in: Mai, K. (Hrsg.): Psychologie hinter Gittern. Probleme psychologischer Tätigkeit im Strafvollzug. Weinheim – Basel 1981, S. 49 ff.
Michl, Ch.: Das Anti-Aggressions-Training in der JVA Iserlohn, in: Bereswill, M./Höynck, Th. (Hrsg.): Jugendstrafvollzug in Deutschland – Grundlagen, Konzepte, Handlungsfelder. Mönchengladbach 2002, S. 235 ff.
Mickisch, Ch.: Die Gnade im Rechtsstaat. Frankfurt a.M. u.a. 1996.
Missoni, L.: Über die Situation der Psychiatrie in den Justizvollzugsanstalten in Deutschland, in: ZfStrVo 1996, S. 143 ff.
Mitsch, Chr.: Tatschuld im Strafvollzug. Frankfurt a.M. u.a. 1990.
Mitsch, W.: Strafrechtlicher Schutz des Rechts am eigenen Bild im Strafvollzug, in: Festschrift für Schwind. Heidelberg 2006, S. 603 ff.
Mittermaier, K. J. A.: Der gegenwärtige Zustand der Gefängnißfrage mit Rücksicht auf die neuesten Leistungen der Gesetzgebung und Erfahrungen über Gefängnißeinrichtungen mit besonderer Beziehung auf Einzelhaft. Erlangen 1860.
Mittermaier, W.: Gefängniskunde – Ein Lehrbuch für Studium und Praxis. Berlin u.a. 1954.
Moers, U.-J.: Das Freizeitproblem im deutschen Erwachsenenstrafvollzug. Stuttgart 1969.
Möhler, R.: Volksgenossen und „Gemeinschaftsfremde" hinter Gittern – zum Strafvollzug im Dritten Reich, in: ZfStrVo 1993, S. 17 ff.
Möhler, R.: Strafvollzug im „Dritten Reich": Nationale Politik und regionale Ausprägung am Beispiel des Saarlandes, in: Jung, H./Müller-Dietz, H. (Hrsg.): Strafvollzug im „Dritten Reich". Baden-Baden 1996, S. 9 ff.
Molitor, A.: Rollenkonflikte des Personals im Strafvollzug. Heidelberg 1989.
Möller, R.: Die Situation des allgemeinen Vollzugsdienstes, in: Bandell, D. u.a.: Hinter Gittern. Wir auch? Frankfurt a.M. 1985, S. 16 ff.
Mommsen, T.: Römisches Recht. Leipzig 1899.
Morgan, R./Evans, M.: Bekämpfung der Folter in Europa. Berlin u.a. 2003.
Morgenstern, Ch.: (EU-)Ausländer in europäischen Gefängnissen, in: Neue Kriminalpolitik 2007, S. 139 ff.
Morgenstern, Ch.: Die Anrechnung von »Organisationshaft« bei Unterbringung nach § 64 und gleichzeitig verhängter Freiheitsstrafe, in: StrVert 2007a, S. 441 ff.
Morris, T./Morris, P.: Pentonville. A Sociological Study of an English Prison. London 1963.
Mösinger, Th.: Privatisierung des Strafvollzugs, in: BayVBl. 2007, S. 417 ff.
Mroß, A.: Realität und Rechtswidrigkeit der gegenwärtigen Transporthaft, in: StrVert 2008, S. 611 ff.
Muckel, St.: Gleichbehandlung weiblicher und männlicher Häftlinge, in: JA 2009, S. 396 ff.
Mühlfeld, Stefanie: Mediation im Strafrecht. Frankfurt a.M. – Berlin u.a. 2002.
Müller, H.: Begründung als Zulässigkeitsvoraussetzung des Antrags auf gerichtliche Entscheidung gem. § 109 StVollzG, in: ZfStrVo 1993, S. 211 ff.
Müller, Th./Wulf, R.: Offener Vollzug und Vollzugslockerungen (Ausgang, Freigang), in: ZfStrVo 1999, S. 3 ff.
Müller-Dietz, H.: Strafvollzugsgesetzgebung und Strafvollzugsreform. Köln u.a. 1970.
Müller-Dietz, H.: Wege zur Strafvollzugsreform. Berlin 1972.
Müller-Dietz, H.: Strafvollzugsrecht. Berlin – New York 1978.
Müller-Dietz, H.: Die Strafvollstreckungskammer, in: Jura 1981, S. 57 ff., 113 ff.
Müller-Dietz, H.: Die Rechtsprechung der Strafvollstreckungskammern zur Rechtsgültigkeit der VVStVollzG, in: NStZ 1981a, S. 409 ff.
Müller-Dietz, H.: Schuldschwere und Urlaub aus der Haft, in: JR 1984, S. 353 ff.

Müller-Dietz, H.: Strafvollzug, Tatopfer und Strafzwecke, in: GA 1985, S. 147 ff.
Müller-Dietz, H.: Aussetzung des Strafrests nach § 57a StGB, in: Müller-Dietz, H./Kaiser, G./Kerner, H.-J.: Einführung und Fälle zum Strafvollzug. Heidelberg 1985a, S. 259 ff.
Müller-Dietz, H.: Gefangenenmitverantwortung, in: Müller-Dietz, H./Kaiser, G./Kerner, H.-J.: Einführung und Fälle zum Strafvollzug. Heidelberg 1985b, S. 177 ff.
Müller-Dietz, H.: Die Strafvollstreckungskammer als besonderes Verwaltungsgericht, in: 150 Jahre Landgericht Saarbrücken. Köln u.a. 1985c, S. 335 ff.
Müller-Dietz, H.: Recht und Gnade, in: DRiZ 1987, S. 474 ff.
Müller-Dietz, H.: Der Strafvollzug in der Weimarer Zeit und im Dritten Reich, in: Busch, M./Krämer, E. (Hrsg.): Strafvollzug und Schuldproblematik. Pfaffenweiler 1988a, S. 15 ff.
Müller-Dietz, H.: Grundfragen des Sozialen Trainings im Strafvollzug, in: KrimPäd Heft 27, 1988b, S. 7 ff.
Müller-Dietz, H.: Anmerkung zum Beschluss des OLG Bamberg v. 23.3.1989, in: StrVert 1990, S. 29 ff.
Müller-Dietz, H.: Anmerkung zum Beschluss des OLG Hamm v. 18.1.1990, in: ZfStrVo 1992, S. 327 ff.
Müller-Dietz, H.: Anmerkung zum Beschluss des OLG Hamm v. 22.12.1992, in: JR 1993, S. 476 ff.
Müller-Dietz, H.: Langstrafen und Langstrafenvollzug, in: Neue Kriminalpolitik 2/1993a, S. 18 ff.
Müller-Dietz, H.: Lebenslange Freiheitsstrafe und bedingte Entlassung, in: Jura 1994, S. 72 ff.
Müller-Dietz, H.: Menschenwürde und Strafvollzug. Berlin – New York 1994a.
Müller-Dietz, H.: Menschenrechte und Strafvollzug, in: Jung, H./Müller-Dietz, H. (Hrsg.): Langer Freiheitsentzug – wie lange noch? Bonn 1994b, S. 43 ff.
Müller-Dietz, H.: Einleitung zu Gustav Radbruch, Strafvollzug. Heidelberg 1994c, S. 1 ff.
Müller-Dietz, H.: Rechtliche und gerichtliche Kontrolle von Strafvollstreckung und Strafvollzug in der Bundesrepublik Deutschland, in: Eser, A./Kaiser, G. (Hrsg.): Strafrechtsreform, Strafverfahrensrecht, Wirtschafts- und Umweltstrafrecht, Strafvollstreckungsrecht. Baden-Baden 1995, S. 273 ff.
Müller-Dietz, H.: Möglichkeiten und Grenzen der körperlichen Durchsuchung von Besuchern, in: ZfStrVo 1995a, S. 214 ff.
Müller-Dietz, H.: Unterbringung in der Entziehungsanstalt und Verfassung, in: JR 1995b, S. 353 ff.
Müller-Dietz, H.: Die Bedeutung der sozialtherapeutischen Einrichtungen im deutschen Strafvollzug, in: ZfStrVo 1996, S. 268 ff.
Müller-Dietz, H.: Chancen und Probleme sozialer Integration. Probleme der freien und staatlichen Entlassungs- und Entlassenenhilfe unter sich verändernden gesellschaftlichen Bedingungen, in: Neue Kriminalpolitik 1/1996a, S. 37 ff.
Müller-Dietz, H.: Standort und Bedeutung des Strafvollzugs im „Dritten Reich", in: Jung, H./Müller-Dietz, H. (Hrsg.): Strafvollzug im „Dritten Reich". Baden-Baden 1996b, S. 9 ff.
Müller-Dietz, H.: Verfassungsgerichtliche Anforderungen an den gerichtlichen Rechtsschutz nach den §§ 109 ff. StVollzG, in: Festschrift für Lüke. München 1997, S. 503 ff.
Müller-Dietz, H.: Zusammenarbeit zwischen Justizvollzug und freien Trägern der Straffälligenhilfe. Rechtliche Grundlagen und praktische Konsequenzen, in: ZfStrVo 1997a, S. 35 ff.

Müller-Dietz, H.: Anmerkung zum Urteil des BGH v. 9.4.1997, in: NStZ 1997b, S. 615 f.
Müller-Dietz, H.: Hat der Strafvollzug noch eine Zukunft? in: Festschrift für H. J. Schneider. Berlin – New York 1998, S. 995 ff.
Müller-Dietz, H.: 20 Jahre Strafvollzugsgesetz – Anspruch und Wirklichkeit, in: ZfStrVo 1998a, S. 12 ff.
Müller-Dietz, H.: Offener Vollzug – ein Weg von der Freiheitsentziehung zur kontrollierten Freiheit? in: ZfStrVo 1999, S. 279 ff.
Müller-Dietz, H.: Arbeit und Arbeitsentgelt für Strafgefangene, in: JuS 1999a, S. 952 ff.
Müller-Dietz, H.: Strafvollzug heute, in: ZfStrVo 2000, S. 230 ff.
Müller-Dietz, H.: Strafvollzugskunde in europäischer Perspektive, in: Ranieri, F. (Hrsg.): Die Europäisierung der Rechtswissenschaft. Baden-Baden 2002, S. 99 ff.
Müller-Dietz, H.: Strafvollzug als Ländersache? in: ZfStrVo 2005, S. 38 ff.
Müller-Dietz, H.: Gesetzgebungszuständigkeit für den Strafvollzug, in: ZRP 2005a, S. 156 ff.
Müller-Dietz, H.: Europäische Perspektiven des Strafvollzugs, in: Festschrift für Schwind. Heidelberg 2006, S. 621 ff.
Müller-Dietz, H.: Verfassungs- und strafvollzugsrechtliche Aspekte der Privatisierung im Strafvollzug, in: Neue Kriminalpolitik 2006a, S. 11 ff.
Müller-Dietz, H.: Der Strafvollzug als Seismograph gesellschaftlicher Entwicklungen, in: Festschrift für Kury. Frankfurt a.M. 2006b, S. 397 ff.
Müller-Dietz, H.: Strafvollzug seit den 1980er Jahren im Blickwinkel der „Bewährungshilfe", in: BewHi 2009, S. 232 ff.
Müller-Dietz, H./Kaiser, G./Kerner, H.-J.: Einführung und Fälle zum Strafvollzug. Heidelberg 1985.
Müller-Dietz, H./Würtenberger, Th.: Fragebogenenquete zur Lage und Reform des deutschen Strafvollzugs. Bonn – Bad Godesberg 1969.
Müller-Gerbes, St.: Auf dem Prüfstand des BVerfG: das Recht der Unterbringung in einer Entziehungsanstalt, in: StrVert 1996, S. 633 ff.
Münchhalffen, G./Gatzweiler, N.: Das Recht der Untersuchungshaft. 3. Aufl., München 2009.
Münchner Institut für Strafverteidigung (Hrsg.): JVA-Verzeichnis: Justizvollzugsanstalten – Einrichtungen des Maßregelvollzugs – Staatsanwaltschaften – Vollstreckungspläne. 4. Aufl., Bonn 1999.
Musielak, H.-J.: Kommentar zur Zivilprozessordnung. 4. Aufl., München 2005.
Müther, D.: Die Privatisierung des Haftvollzugs, in: Herrfahrdt, R. (Hrsg.): Privatisierung des Haftvollzugs und Kriminalpolitik in Europa. Garbsen 2005, S. 11 ff.
Nedopil, N.: Forensische Psychiatrie: Klinik, Begutachtung und Behandlung zwischen Psychiatrie und Recht. 3. Aufl., Stuttgart – New York 2007.
Neibecker, B.: Strafvollzug und institutionelle Garantie von Ehe und Familie, in: ZfStrVo 1984, S. 335 ff.
Nestler, N.: Zum „Recht des Untersuchungshaftvollzugs" i.S.v. Art. 74 Abs. 1 Nr. 1 GG, in: HRRS 2010, S. 546 ff.
Nestler, N./Wolf, Ch.: Sicherungsverwahrung gem. § 7 Abs. 2 JGG und der Präventionsgedanke im Strafrecht – kritische Betrachtungen eines legislativen Kunstgriffs, in: NK 2008, S. 153 ff.
Neu, A.: Arbeitsentgelte, Surrogationsleistungen und Verwendungsauflagen bei Reform des Jugendstrafvollzugs. Heidelberg 1979.
Neu, A.: Betriebswirtschaftliche und volkswirtschaftliche Aspekte einer tariforientierten Gefangenenentlohnung. Berlin 1995.

Neu, A.: Produktivität der Gefängnisarbeit: eingemauert auf bescheidenem Niveau? in: Hammerschick, W./Pilgram, A. (Hrsg.): Arbeitsmarkt, Strafvollzug und Gefangenenarbeit. Baden-Baden 1997, S. 97 ff.

Neu, A.: Verfassungsgerichtsurteil zur Gefangenenentlohnung – Der Gesetzgeber bleibt gefragt, in: Neue Kriminalpolitik 4/1998, S. 16 ff.

Neu, A.: Arbeitsentgelt im Strafvollzug: Neuregelung auf dem kleinsten Nenner, in: BewHi 2002, S. 83 ff.

Neu, G.: Nichtdeutsche im bundesdeutschen Strafvollzug, in: Schwind, H.-D./Blau, G. (Hrsg.): Strafvollzug in der Praxis. 2. Aufl., Berlin – New York 1988, S. 329 ff.

Neubacher, F.: Der internationale Schutz von Menschenrechten Inhaftierter durch die Vereinten Nationen und den Europarat, in: ZfStrVo 1999, S. 210 ff.

Neubacher, F.: Gewalt hinter Gittern. Stuttgart – München u.a. 2008.

Neubacher, F.: Gewalt unter Gefangenen, in: NStZ 2008a, S. 361 ff.

Neumann, K.: Strafrechtliche Risiken des Anstaltsarztes. Heidelberg 2004.

Neumann, U.: Die »Zwischenhaft« – ein verfassungswidriges Institut der Rechtspraxis, in: Institut für Kriminalwissenschaften und Rechtsphilosophie Frankfurt a.M. (Hrsg.): Jenseits des rechtsstaatlichen Strafrechts. Frankfurt a.M. 2007, S. 601 ff.

Nibbeling, J.: Die Privatisierung des Haftvollzugs: die neue Gefängnisfrage am Beispiel der USA. Frankfurt a.M. u.a. 2001.

Nickolai, W./Reindl, R.: Lebenslänglich. Zur Diskussion um die Abschaffung der lebenslangen Freiheitsstrafe. Freiburg i.Br. 1993.

Niedt, C./Stengel, M.: Belastung, Beanspruchung, Bewältigung am Arbeitsplatz „Justizvollzugsanstalt", in: ZfStrVo 1988, S. 95 ff.

Niemz, S.: Sozialtherapie im Strafvollzug. Wiesbaden 2010.

Nitsch, A.: Die Unterbringung von Gefangenen nach dem Strafvollzugsgesetz. Berlin 2006.

Nitschke, K.: Der Knast macht Kasse, Stand 16.1.2011 (im Internet abrufbar unter http://www.bundestag.de/cgibin/druck.pl?N=parlament).

Nix, Ch.: Die Vereinigungsfreiheit im Strafvollzug. Gießen 1990.

Nogala, D./Haverkamp, R.: Elektronische Bewachung, in: DuD 2000, S. 31 ff.

Noll, Th./Spiller, H.: Identifizierung und Umgang mit gewaltbereiten Strafgefangenen, in: Kriminalistik 2009, S. 233 ff.

Northoff, R.: Strafvollstreckungskammer – Anspruch und Wirklichkeit. Bonn 1985.

Nowara, S.: Stationäre Behandlungsmöglichkeiten im Maßregelvollzug nach § 63 StGB und der Einsatz von Lockerungen als therapeutisches Instrument, in: MschrKrim 1997, S. 116 ff.

Nutz, Th.: Strafanstalt als Besserungsmaschine. Reformdiskurs und Gefängniswissenschaft 1775–1848. München 2001.

Oberfeld, M.: Behinderung und Alter, in: Keppler, K./Stöver, H. (Hrsg.): Gefängnismedizin. Medizinische Versorgung unter Haftbedingungen. Stuttgart – New York 2009, S. 234 ff.

Obermaier, G.: Anleitung zur vollkommenen Besserung der Verbrecher in den Strafanstalten. München 1835.

Ohler, W.: Die Strafvollzugsanstalt als soziales System. Entwurf einer Organisationstheorie zum Strafvollzug. Heidelberg – Karlsruhe 1977.

Oleschinski, B.: Schlimmer als schlimm. Strafvollzug in der DDR, in: Bundesministerium der Justiz (Hrsg.): Im Namen des Volkes? Über die Justiz im Staat der SED. Leipzig 1994, S. 255 ff.

Olschok, H.: Privatisierung und Strafvollzug, in: Stober, R. (Hrsg.): Privatisierung im Strafvollzug? Köln u.a. 2001, S. 111 ff.

Ommerborn, R./Schuemer, R.: Fernstudium im Strafvollzug. Hagen 1996.
Ommerborn, R./Schuemer, R.: Einige empirische Befunde und Empfehlungen zur Weiterentwicklung des Fernstudiums im Strafvollzug, in: ZfStrVo 1997, S. 195 ff.
Ommerborn, R./Schuemer, R.: Fernstudium im Strafvollzug – Eine empirische Untersuchung. Pfaffenweiler 1999.
Ortmann, R.: Die Nettobilanz einer Resozialisierung im Strafvollzug: Negativ? in: Kury, H.: Gesellschaftliche Umwälzung. Kriminalitätserfahrungen, Straffälligkeit und soziale Kontrolle. Freiburg i.Br. 1992, S. 375 ff.
Ortmann, R.: Zur Evaluation der Sozialtherapie, in: ZStW 1994, S. 782 ff.
Ortmann, R.: Zum Resozialisierungseffekt der Sozialtherapie anhand einer experimentellen Längsschnittstudie zu Justizvollzugsanstalten des Landes Nordrhein-Westfalen, in: Müller-Dietz, H./Walter, M. (Hrsg.): Strafvollzug in den 90er Jahren. Pfaffenweiler 1995, S. 86 ff.
Ortmann, R.: Sozialtherapie im Strafvollzug. Eine experimentelle Längsschnittstudie zu den Wirkungen von Strafvollzugsmaßnahmen auf Legal- und Sozialbewährung. Freiburg i.Br. 2002.
Ortmann, R.: Zu den Wirkungen von Strafvollzug und sozialtherapeutischen Maßnahmen nach der experimentellen Längsschnittstudie zum Strafvollzug in Nordrhein-Westfalen, in: Festschrift für Kury. Frankfurt a.M. 2006, S. 427 ff.
Ossenbühl, F.: Die Erfüllung von Verwaltungsaufgaben durch Private, in: VVDStRL Heft 29. Berlin – New York 1971, S. 137 ff.
Ostendorf, H.: Die „elektronische Fessel" – Wunderwaffe im „Kampf" gegen die Kriminalität? in: ZRP 1997, S. 473 ff.
Ostendorf, H.: Jugendstrafvollzug – Warten auf gesetzliche Regelung, in: Neue Kriminalpolitik 3/2001, S. 8.
Ostendorf, H.: Privatisierung des Maßregelvollzugs in Schleswig-Holstein erlaubt, in: Neue Kriminalpolitik 2006, S. 38 f.
Ostendorf, H.: Flexibilität versus Rechtsstaatlichkeit im Jugendstrafrecht, in: GA 2006a, S. 515 ff.
Ostendorf, H.: Gesetzliche Grundlagen für den Jugendstrafvollzug verfassungsrechtlich geboten! in: NJW 2006b, S. 2073.
Ostendorf, H.: Jugendgerichtsgesetz. 7. Aufl., Köln u.a. 2007.
Ostendorf, H.: Das Verbot einer strafrechtlichen und disziplinarrechtlichen Ahndung der Gefangenenbefreiung, in: NStZ 2007a, S. 313 ff.
Ostendorf, H.: Das Ziel des Jugendstrafvollzugs nach zukünftigem Recht, in: Goerdeler, J./Walkenhorst, Ph. (Hrsg.): Jugendstrafvollzug in Deutschland. Mönchengladbach 2007b, S. 100 ff.
Ostendorf, H.: Jugendstrafvollzugsgesetz: Neue Gesetze – neue Perspektiven? in: ZRP 2008, S. 14 ff.
Ostendorf, H.: Jugendstrafrecht – Reform statt Abkehr, in: StrVert 2008a, S. 148 ff.
Ostendorf, H.: Jugendstrafvollzugsrecht. Baden-Baden 2009.
Ostendorf, H.: Jugendgerichtsgesetz. 8. Aufl., Baden-Baden 2009a.
Osterloh, K.: „Kriminelle Subkulturen" bei Migranten und Migrantinnen aus der GUS. Geschichte, Hintergründe, Ausdrucksformen und ihre Adaption in der bundesdeutschen Gesellschaft, in: Krüger-Potratz, M. (Hrsg.): Kriminal- und Drogenprävention am Beispiel jugendlicher Aussiedler. Göttingen 2003.
Ostermann, St.: Haft ohne Rechtsgrundlage – Zum Übergang von der Untersuchungshaft in den Maßregelvollzug, in: StrVert 1993, S. 52 ff.
Otto, M.: Gemeinsam lernen durch Soziales Training. Lingen 1988.

Otto, M.: Verhaltensmodifikation durch allgemeines und spezielles Soziales Training, in: KrimPäd Heft 33, 1993, S. 48 ff.
Otto, M.: Gefährliche Gefangene – Mitarbeitsbereitschaft und subkulturelle Haltekräfte im Strafvollzug, in: Rehn, G./Wischka, B./Lösel, F./Walter, M. (Hrsg.): Behandlung „gefährlicher Straftäter". Herbolzheim 2001, S. 218 ff.
Otto, M.: Der Präsident des Landtags Rheinland-Pfalz (Hrsg.): Russlanddeutsche im Strafvollzug. Mainz 2002, S. 22 ff.
Otto, M./Pawlik-Mierzwa, K.: Kriminalität und Subkultur inhaftierter Aussiedler, in: DVJJ-Journal 2001, S. 124 ff.
Özsöz, F.: Rechtsextreme Gefangene im Strafvollzug, in: MschrKrim 2007, S. 30 ff.
Päckert, W.: Teilprivatisierter Justizvollzug am Beispiel der JVA Hünfeld, FS 2007, S. 217 ff.
Paeffgen, H.-U.: Zwischenhaft, Organisationshaft. Verfassungswidriges mit (nicht nur) stillschweigender Billigung des Verfassungsgerichtes, in: Festschrift für Seebode. Berlin 2008, S. 35 ff.
Paeffgen, H.-U.: Das Niedersächsische Justizvollzugsgeseetz vom 14.12.2007, in: StrVert 2009, S. 46 ff.
Paeffgen, H.-U.: Übersicht über die (ober-)gerichtliche Rechtsprechung in Haft-Sachen, in: NStZ 2009a, S. 134 ff.
Paeffgen, H.-U./Seebode, M.: Stellungnahme zum Entwurf eines Gesetzes zur Regelung des Vollzuges der Untersuchungshaft (BR-Dr 249/99 vom 30.4.1999), in: ZRP 1999, S. 524 ff.
Paetow, S.: Die Klassifizierung im Erwachsenenvollzug. Stuttgart 1972.
Papendorf, K.: Gesellschaft ohne Gitter. Eine Absage an die traditionelle Kriminalpolitik. München 1985.
Papier, H.-J.: Rechtsschutzgarantie gegen die öffentliche Gewalt, in: Isensee, J./Kirchhof, P. (Hrsg.): Handbuch des Staatsrechts der Bundesrepublik Deutschland. Band 6. 2. Aufl., München 2001.
Parverdian, J.: „Ver-rücktheit" als Bewältigungsstrategie im Strafvollzug, in: Recht und Psychiatrie 1993, S. 158 ff.
Passek, I.: Sicherungsverwahrung im Wandel: Neuregelungen der §§ 66, 66a und 66b StGB, in: GA 2005, S. 96 ff.
Pätzel, C.: Elektronisch überwachter Hausarrest für Strafgefangene, in: DuD 2000, S. 27 ff.
Pawlik-Mierzwa, K./Otto, M.: Wer beeinflusst wen? Über die Auswirkungen subkultureller Bindungen auf die pädagogische Beziehung und Lernprozesse bei inhaftierten Aussiedlern, in: ZfStrVo 2000, S. 227 ff.
Pawlita, C.: Die Gefangenenentlohnung und ihre Bedeutung für das Sozialrecht, in: ZfSH/SGB 1999, S. 67 ff.
Pecher, W.: Tiefenpsychologisch orientierte Psychotherapie im Justizvollzug. Pfaffenweiler 1999.
Pecher, W. (Hrsg.): Justizvollzugspsychologie in Schlüsselbegriffen. Stuttgart 2004.
Pecher, W./Nöldner, W./Postpischil, S.: Suizide in der Justizvollzugsanstalt München 1984 bis 1993, in: ZfStrVo 1995, S. 347 ff.
Peglau, J.: Strafvollstreckungsvereitelung durch Mitwirkung beim Erschleichen von Freigang, in: NJW 2003, S. 3256 f.
Peglau, J.: Die nachträgliche Sicherungsverwahrung, das Rechtsmittelverfahren und das Verschlechterungsverbot, in: NJW 2004, S. 3599 ff.
Pendon, M.: Berufliche Weiterbildung im Strafvollzug, in: ZfStrVo 1990, S. 268 ff.

Pendon, M.: Die Rolle berufsbildender Maßnahmen im Vollzug – Bedeutung und Erfolg im Hinblick auf die Wiedereingliederung Straffälliger, in: ZfStrVo 1992, S. 31 ff.
Perwein, S.: Erteilung, Rücknahme und Widerruf der Dauertelefongenehmigung, in: ZfStrVo 1996, S. 16 ff.
Perwein, S.: Dauer und Höhe der Überbrückungsbeihilfe gemäß § 75 StVollzG, in: ZfStrVo 2000, S. 351 ff.
Peters, K.: Beurlaubung von zu lebenslanger Freiheitsstrafe Verurteilter, in: JR 1978, S. 177 ff.
Peters, K.: Reaktion und Wechselspiel. Zur Problematik des Begriffs „Querulant" aus strafprozessualer Sicht, in: Gedächtnisschrift für Küchenhoff. Berlin 1987, S. 457 ff.
Petersen, M./Ptucha, J./Scharnowski, R.: Aggressions-Los planen, handeln, akzeptiert werden, in: ZfStrVo 2004, S. 21 ff.
Pfister, W.: Die Freistellung des Strafgefangenen von der Arbeitspflicht (§ 42 StVollzG), in: NStZ 1988, S. 117 ff.
Pichler, K.: Tätowieren als Element der Gefängniskultur, in: Bammann, K./Stöver, H. (Hrsg.): Tätowierungen im Strafvollzug. Oldenburg 2006, S. 145 ff.
Piel, M./Püschel, Ch./Tsambikakis, M.: Der Entwurf eines Untersuchungshaftvollzugsgesetzes NRW – Ein rechtliches und politisches Ärgernis, in: ZRP 2009, S. 33 ff.
Pilgram, A.: ... endet mit dem Tode. Die lebenslange Strafe in Österreich. Wien 1989.
Pilgram, A.: Voraussetzungen, Perzeption und Folgen der österreichischen Vollzugsnovelle 1993 – Untersuchung zu Genese und Implementation eines neuen Arbeits- und Sozialrechts für Gefangene, in: Hammerschick, W./Pilgram, A. (Hrsg.): Arbeitsmarkt, Strafvollzug und Gefangenenarbeit. Baden-Baden 1997, S. 49 ff.
Piorreck, K.: Abschiebungshaft: Wie die Praxis mit dem Gesetz umgeht, in: BewHi 1995, S. 183 ff.
Plewig, H.-J./van den Boogaart, H.: Vollzugslockerungen und „Missbrauch". Hamburg 1991.
Pohl, H.-A.: Mobilfunkblocker im Justizvollzug, in: FS 2010, S. 332 ff.
Pohlmann, H./Jabel, H.-P./Wolf, Th.: Strafvollstreckungsordnung und gesetzliche Grundlagen. 8. Aufl., Bielefeld 2001.
Pollähne, H.: Lockerungen im Maßregelvollzug. Eine Untersuchung am Beispiel der Anwendung des nordrhein-westfälischen Maßregelvollzugsgesetzes im Westfälischen Zentrum für Forensische Psychiatrie (Lippstadt). Frankfurt a.M. 1994.
Pollähne, H.: Schleichwege durch die Gesetzlosigkeit (VVJug), in: Pollähne, H./Bammann, K./Feest, J. (Hrsg.): Wege aus der Gesetzlosigkeit. Rechtslage und Reformbedürftigkeit des Jugendstrafvollzugs. Mönchengladbach 2004, S. 45 ff.
Pollähne, H.: Anmerkung zum Beschluss des OLG Hamm v. 1.7.2004, in: ZJJ 2005, S. 79 ff.
Pollähne, H.: Mindeststandards der Vollzugsplanung (§ 7 StVollzG), in: JR 2007, S. 446 ff.
Pörksen, A.: Neuregelung der Gefangenen-Entlohnung, in: Neue Kriminalpolitik 1/2001, S. 5 f.
Postpischil, S.: Sozialtherapie von Sexualstraftätern im Strafvollzug, in: Recht und Psychiatrie 2002, S. 69 ff.
Preusker, H.: Der Anstaltsleiter, in: Schwind, H.-D./Blau, G. (Hrsg.): Strafvollzug in der Praxis. 2. Aufl., Berlin – New York 1988, S. 118 ff.
Preusker, H.: Erfahrungen mit der „Ehe- und familienfreundlichen Besuchsregelung" in der JVA Bruchsal, in: ZfStrVo 1989, S. 147 ff.
Preusker, H.: Reform-Entzug? Zum Strafvollzugsgesetz und warum es in der Praxis auf der Strecke blieb, in: Neue Kriminalpolitik 2/1997, S. 34 ff.

Preusker, H.: Strafvollzug im Wandel – kontinuierliche Verbesserung als Daueraufgabe, in: Flügge, Ch./Maelicke, B./Preusker, H. (Hrsg.): Das Gefängnis als lernende Organisation. Baden-Baden 2001, S. 11 ff.
Preusker, H.: Langzeitbesuche in deutschen Gefängnissen, in: FS 2008, S. 255 f.
Preusker, H./Rosemeier, D.: Umfang und Grenzen der Schweigepflicht von Psychotherapeuten im Justizvollzug nach dem 4. Gesetz zur Änderung des Strafvollzugsgesetzes, in: ZfStrVo 1998, S. 323 ff.
Quanter, R.: Deutsches Zuchthaus- und Gefängniswesen. Leipzig 1905.
Quensel, E.: Frauen im Gefängnis – Überlegungen zur psychologischen und sozialen Situation inhaftierter Frauen, in: KrimPäd Heft 14/15, 1982, S. 13 ff.
Quensel, St.: Wie wird man kriminell? in: Kritische Justiz 1970, S. 375 ff.
Radbruch, G.: Die Psychologie der Gefangenschaft, in: ZStW 1911, S. 339 ff.
Radbruch, G.: Die ersten Zuchthäuser und ihr geistesgeschichtlicher Hintergrund, in: Elegantiae Juris Criminalis – vierzehn Studien zur Geschichte des Strafrechts. 2. Aufl., Basel 1950, S. 116 ff.
Radtke, H.: Materielle Rechtskraft bei der Anordnung freiheitsentziehender Maßregeln der Besserung und Sicherung, in: ZStW 1998, S. 297 ff.
Radtke, H.: Die Zukunft der Arbeitsentlohnung von Strafgefangenen, in: ZfStrVo 2001, S. 4 ff.
Radtke, H./Britz, G.: Zur Anwendbarkeit unmittelbaren Zwangs durch Vollzugsbeamte zur Vorbereitung der Entnahme einer Speichelprobe im Rahmen von § 2 DNA-Identitätsfeststellungsgesetz, in: ZfStrVo 2001, S. 134 ff.
Raming, A.: Katholische Seelsorge, in: Schwind, H.-D./Blau, G. (Hrsg.): Strafvollzug in der Praxis. 2. Aufl., Berlin – New York 1988, S. 214 ff.
Rasch, W.: Forensische Sozialtherapie. Karlsruhe – Heidelberg 1977.
Rasch, W.: Die Prognose im Maßregelvollzug als kalkuliertes Risiko, in: Festschrift für Blau. Berlin 1985, S. 309 ff.
Rasch, W.: Situation und Perspektiven des Maßregelvollzugs in der Bundesrepublik Deutschland, in: Sozialpsychiatrische Informationen 1989, S. 8 ff.
Rau, I./Zschieschack, F.: Examensrelevante Probleme der nachträglichen Sicherungsverwahrung, in: JA 2006, S. 797 ff.
Rauchfleisch, U.: Außenseiter der Gesellschaft. Psychodynamik und Möglichkeiten zur Psychotherapie Straffälliger. Göttingen 1999.
Rautenberg, E.: Anmerkung zum Beschluss des OLG Brandenburg v. 8.2.2000, in: NStZ 2000, S. 502 f.
Rebmann, K./Wulf, R.: Freie Straffälligenhilfe in Baden-Württemberg, in: Kerner, H.-J.: Straffälligenhilfe in Geschichte und Gegenwart. Bonn 1990, S. 343 ff.
Regul, H.-J.: Anmerkung zum Beschluss des OLG Hamm v. 13.1.2009, in: NStZ-RR 2009, S. 293 ff.
Rehder, U.: Sicherheit durch Behandlung, in: KrimPäd Heft 28, 1988, S. 32 ff.
Rehder, U.: Aggressive Sexualdelinquenten. Lingen 1990.
Rehder, U.: Sexualdelinquenz, in: KrimPäd Heft 33, 1993, S. 18 ff.
Rehder, U.: Ziel und Umfang der Behandlungsuntersuchung, in: Wischka, B./Jesse, J./Klettke, W./Schaffer, R. (Hrsg.): Justizvollzug in neuen Grenzen. Modelle in Deutschland und Europa. Lingen 2002, S. 180 ff.
Rehn, G.: Behandlung im Strafvollzug: unzeitgemäß? in: Müller-Dietz, H./Walter, M. (Hrsg.): Strafvollzug in den 90er Jahren. Pfaffenweiler 1995, S. 69 ff.
Rehn, G.: Konzeption und Praxis der Wohngruppenarbeit in sozialtherapeutischen Einrichtungen, in: ZfStrVo 1996, S. 281 ff.

Rehn, G.: Folgerungen aus der Änderung des § 9 StVollzG, in: Egg, R. (Hrsg.): Behandlung von Sexualstraftätern im Justizvollzug. Wiesbaden 2000, S. 117 ff.
Rehn, G.: Strafvollzug, in: Bange, D./Körner, W. (Hrsg.): Handwörterbuch Sexueller Missbrauch. Göttingen u.a. 2002, S. 609 ff.
Rehn, G.: Sozialtherapie. Anspruch und Wirklichkeit 2003, in: Neue Kriminalpolitik 2003, S. 66 ff.
Rehn, G.: Was wird nach der Föderalismusreform aus der Gesetzgebung zum Strafvollzug? in: Neue Kriminalpolitik 2006, S. 122 ff.
Rehn, G.: Die Sozialtherapeutische Anstalt – das andere Gefängnis? in: KrimJ 2008, S. 42 ff.
Reich, K.: Kriminalität von Jugendlichen mit Migrationshintergrund, in: Der Bürger im Staat 1/2003, S. 51 ff.
Reichardt, H.: Recht auf Arbeit für Strafgefangene. Frankfurt a.M. 1999.
Reichenbach, P.: Die Erzwingung von Vollzugslockerungen zur Vorbereitung einer bedingten Entlassung aus dem Strafvollzug, in: NStZ 2010, S. 424 ff.
Reindl, R./Weber, H.-M.: Sicherungsverwahrung: Zur Renaissance eines verdachtsbegründeten Rechtsinstituts, in: Gutiérrez-Lobos, K./Katschnig, H./Pilgram, A. (Hrsg.): 25 Jahre Maßnahmenvollzug – eine Zwischenbilanz. Baden-Baden 2002, S. 137 ff.
Reinfried, H.: Mörder, Räuber, Diebe ... Psychotherapie im Strafvollzug. Stuttgart – Bad Cannstatt 1999.
Rennhak, P.: Alte Menschen im Justizvollzug – Erfahrungen aus Baden-Württemberg, in: KrimPäd Heft 45, 2007, S. 19 ff.
Renzikowski, J.: Die nachträgliche Sicherungsverwahrung und die Europäische Menschenrechtskonvention, in: Jura 2004, S. 271 ff.
Richards, B.: The Experience of Long-term Imprisonment. An Exploratory Investigation, in: British Journal of Criminology 1978, S. 162 ff.
Rieder-Kaiser, A.: Vollzugliche Ausländerproblematik und Internationalisierung der Strafverbüßung. Frankfurt a.M. – Berlin u.a. 2004.
Rieger, W.: Die Subkultur im Strafvollzug, in: ZfStrVo 1977, S. 218 ff.
Riemer, L.: Das Netzwerk der „Gefängnisfreunde" (1830–1872). Karl Josef Anton Mittermaiers Briefwechsel mit europäischen Strafvollzugsexperten. Frankfurt a.M. 2005.
Ritzel, G.: Stand und Entwicklung des psychiatrischen Maßregelvollzugs in Niedersachsen, in: MschrKrim 1989, S. 123 ff.
Rixen, St.: Wiedergutmachung im Strafvollzug? Eine kritische Analyse der Vorschläge des „Alternativ-Entwurfs Wiedergutmachung (AE-WGM)", in: ZfStrVo 1994, S. 215.
Rixen, St.: Neues Datenschutzrecht für den Strafvollzug, in: DuD 2000, S. 640 ff.
Rixen, St.: Schutz minderjähriger Verbrechensopfer durch Besuchsverbote gemäß § 25 StVollzG, in: ZfStrVo 2001, S. 278 ff.
Robbers, G.: Anmerkung zum Beschluss des OLG Koblenz v. 28.9.1987, in: NStZ 1988, S. 573 f.
Roberts, J.: Reform and Retribution. An Illustrated History of American Prisons. Lanham 1997.
Robinson, L.: Penology in the United States. Philadelphia 1923.
Rode, Ch.: Kriminologie in der DDR. Freiburg i.Br. 1996.
Röhl, K.: Über die lebenslange Freiheitsstrafe. Berlin 1969.
Rolinski, K.: Lebenslange Freiheitsstrafe und ihr Vollzug, in: Festschrift für Schwind. Heidelberg 2006, S. 635 ff.
Roosenburg, A.: Psychotherapeutische Erfahrungen an Strafgefangenen, in: Bitter, W. (Hrsg.): Verbrechen – Schuld oder Schicksal? Stuttgart 1969, S. 88 ff.

Rösch, Th.: Aufgaben des Normalvollzuges bei der Behandlung von Sexualstraftätern, in: Egg, R. (Hrsg.): Behandlung von Sexualstraftätern im Justizvollzug. Wiesbaden 2000, S. 139 ff.
Rösch, Th.: Schweigepflicht – Offenbarungspflicht der Ärzte, Psychologen und Sozialarbeiter im Strafvollzug, in: Herrfahrdt, R. (Hrsg.): Behandlung von Sexualstraftätern. Hannover 2000a, S. 150 ff.
Rösch, Th.: Das Vorurteil „einmal kriminell, immer kriminell" ist falsch. „Der Strafvollzug ist besser als sein Ruf." in: BlStVK 4–5/2004, S. 1 ff.
Rosenau, H.: Tendenzen und Gründe der Reform des Sexualstrafrechts, in: StrVert 1999, S. 388 ff.
Rosenhayn, W.: Unüberwachte Langzeitfamilienbesuche im Strafvollzug. Ein Recht der Strafgefangenen und ihrer Angehörigen. Bonn 2004.
Rosenkranz, J.: Kinder hinter Gittern, in: ZfStrVo 1985, S. 77 ff.
Rosenthal, M.: Arbeitslohn im Strafvollzug, in: Neue Kriminalpolitik 2/1998, S. 12 ff.
Rosner, A.: Suicid im Strafvollzug, in: KrimPäd Heft 21/22, 1986, S. 42 ff.
Rössner, D.: Erlernte Hilflosigkeit und Soziales Training, in: Justizministerium Baden-Württemberg (Hrsg.): Soziales Training und Sozialarbeit. Stuttgart 1984, S. 5 ff.
Rössner, D.: Die strafrechtliche Beurteilung der Vollzugslockerungen, in: JZ 1984a, S. 1065 ff.
Rössner, D.: Wiedergutmachen statt Übelvergelten, in: Marks, E./Rössner, D. (Hrsg.): Täter-Opfer-Ausgleich. Bonn 1990, S. 7 ff.
Roth, Th.: Das Grundrecht auf den gesetzlichen Richter. Berlin 2000.
Rothman, D.: Perfecting the Prison: United States 1789–1865, in: Morris, N./Rothman, D. (Ed.): The Oxford History of the Prison. New York – Oxford 1998, S. 100 ff.
Rotthaus, K.: Sozialtherapie in der Dr.-van-der-Hoeven-Klinik in Utrecht, in: MschrKrim 1975, S. 83 ff.
Rotthaus, K.: Die Zusammenarbeit zwischen Justizvollzugsanstalt und Strafvollstreckungskammer, in: Festschrift für Blau. Berlin – New York 1985, S. 327 ff.
Rotthaus, K.: Die Bedeutung des Strafvollzugsgesetzes für die Reform des Strafvollzugs, in: NStZ 1987, S. 1 ff.
Rotthaus, K.: Anmerkung zum Beschluss des OLG Koblenz v. 23.11.1990, in: NStZ 1991, S. 511 f.
Rotthaus, K.: Totale Institution und Rechtsschutz, in: ZfStrVo 1992, S. 362.
Rotthaus, K.: Die Grundfragen des heutigen Strafvollzugs aus der Sicht der Praxis, in: ZfStrVo 1992a, S. 41 ff.
Rotthaus, K.: Rechtsschutz und Mediation im Strafvollzug, in: KrimJ 1993, S. 56 ff.
Rotthaus, K.: Die Sozialtherapeutische Anstalt als Modell für die Reform des Vollzugs der langen Freiheitsstrafe, in: Jung, H./Müller-Dietz, H. (Hrsg.): Langer Freiheitsentzug – wie lange noch? Bonn 1994, S. 143 ff.
Rotthaus, K.: Die Aufgaben der Fachaufsicht im Strafvollzug, in: Gedächtnisschrift für Busch. Pfaffenweiler 1995, S. 517 ff.
Rotthaus, K.: Anmerkung zum Beschluss des BVerfG v. 28.9.1995 und zum Beschluss des OLG Hamm v. 24.3.1995, in: NStZ 1996, S. 254 f.
Rotthaus, K.: Der Schutz der Grundrechte im Gefängnis, in: ZfStrVo 1996a, S. 3 ff.
Rotthaus, K.: 50 Jahre Justizvollzug in Nordrhein-Westfalen, in: Justizministerium des Landes Nordrhein-Westfalen (Hrsg.): 50 Jahre Justiz in Nordrhein-Westfalen. Düsseldorf 1996b, S. 179 ff.
Rotthaus, K.: Anmerkung zum Beschluss des BVerfG v. 14.8.1996 und zum Beschluss des BGH v. 6.11.1996, in: NStZ 1997, S. 206 f.

Rotthaus, K.: Neue Aufgaben für den Strafvollzug bei der Bekämpfung von Sexualdelikten und anderen gefährlichen Straftaten, in: NStZ 1998, S. 597 ff.
Rotthaus, K.: Die Mitarbeiter des Behandlungsvollzuges im XXI. Jahrhundert, in: Festschrift für Böhm. Berlin – New York 1999, S. 187 ff.
Rotthaus, K.: Anmerkung zum Beschluss des KG v. 28.4.2000 – 2 Ws 794/99 Vollz und zum Beschluss des LG Stuttgart v. 19.12.2000 – 2 StVK 136/00, in: ZfStrVo 2002, S. 182 f.
Rotthaus, K.: Die Strafvollzugsreform – Fragmente einer Erfolgsgeschichte, in: Festschrift für Schwind. Heidelberg 2006, S. 651 ff.
Rotthaus, K.: Ein Ombudsmann für das deutsche Gefängniswesen, in: BewHi 2008, S. 373 ff.
Rotthaus, K.: Altersabbau bei Gefangenen im Justizvollzug, in: BewHi 2010, S. 327 ff.
Rotthaus, W.: Organisation und Kooperation in einer Vollzugsanstalt, in: KrimPäd Heft 30, 1990, S. 30 ff.
Röttle, R./Wagner, A.: Strafvollstreckung. 8. Aufl., München 2009.
Roxin, C.: Strafverfahrensrecht. 25. Aufl., München 1998.
Roxin, C.: Hat das Strafrecht eine Zukunft? in: Gedächtnisschrift für Zipf. Heidelberg 1999, S. 135 ff.
Royen, G.: Die Unterbringung in einem psychiatrischen Krankenhaus bzw. in einer Entziehungsanstalt nach §§ 63, 64 StGB als kleine Sicherungsverwahrung? in: StrVert 2005, S. 411 ff.
Rudolphi, H.-J.: Anmerkung zum Urteil des BGH v. 30.4.1997, in: NStZ 1997, S. 599 ff.
Rusche, G./Kirchheimer, O.: Sozialstruktur und Strafvollzug. Frankfurt a.M. – Köln 1974.
Rüther, W.: Internationale Erfahrungen bei der Behandlung von Sexualstraftätern, in: MschrKrim 1998, S. 246 ff.
Rüther, W./Neufeind, W.: Offener Vollzug und Rückfallkriminalität, in: MschrKrim 1978, S. 363 ff.
Ryan, M./Sim, J.: Power, Punishment and Prisons in England and Wales 1975–1996, in: Weiss, R. P./South, N. (Ed.): Comparing Prison Systems. Amsterdam 1998, S. 175 ff.
Ryssdal, R.: Die Europäische Menschenrechtskonvention: ein Verfassungsgesetz für das ganze Europa, in: Festschrift für Odersky. Berlin – New York 1996, S. 245 ff.
Rzepka, D.: Die §§ 91, 92, 115 JGG in der Rechtsprechung, in: Pollähne/Bammann/Feest (Hrsg.): Wege aus der Gesetzlosigkeit: Rechtslage und Regelungsbedürftigkeit des Jugendstrafvollzugs. Godesberg 2004, S. 27 ff.
Sachs, M.: Anmerkung zum Beschluss des BVerfG v. 7.11.2008, in: JuS 2009, S. 654 ff.
Salewski, B.: Anmerkungen zu Smartts „Die neue Vollzugsanstalt Gelsenkirchen – Ein Einstieg in die Gefängnisprivatisierung", in: ZfStrVo 1999, S. 276 f.
Salewski, B.: Erfahrungen im Ausland, in: Stober, R. (Hrsg.): Privatisierung im Strafvollzug? Köln u.a. 2001, S. 81 ff.
Sapsford, R.: Life-Sentence Prisoners: Psychological Changes during Sentence, in: British Journal of Criminology, Vol. 18, 1978, S. 128 ff.
Schaaf, B.: Anklopfen an Haftraumtür vor Betreten durch Vollzugsbedienstete, in: ZfStrVo 1994, S. 145 ff.
Schäche, W.: Das Zellengefängnis Moabit – Zur Geschichte einer preußischen Anstalt. Berlin 1992.
Schädler, W./Wulf, R.: Thesen zur Erprobung der elektronischen Überwachung als Weisung und elektronischer Hausarrest, in: BewHi 1999, S. 3 ff.
Schäfer, J.-U.: Nicht-monetäre Entlohnung von Gefangenenarbeit. Frankfurt a.M. u.a. 2005.

Schäfer, K.: Anstaltsbeiräte – die institutionalisierte Öffentlichkeit? Heidelberg 1987.
Schäfer, K./Buchta, A.: Aids im Justizvollzug, in: ZfStrVo 1995, S. 323 ff.
Schäfer, K./Schoppe, R.: Betäubungsmittel-Straftäter im Strafvollzug, in: Kreuzer, A. (Hrsg.): Handbuch des Betäubungsmittelstrafrechts. München 1998, S. 1401 ff.
Schaffstein, F.: Die strafrechtliche Verantwortlichkeit Vollzugsbediensteter für den Missbrauch von Vollzugslockerungen, in: Festschrift für Karl Lackner. Berlin 1987, S. 795 ff.
Schaffstein, F./Beulke, W.: Jugendstrafrecht. 14. Aufl., Stuttgart u.a. 2002.
Schalast, N.: Unterbringung in der Entziehungsanstalt: Probleme der Behandlung alkoholabhängiger Straftäter – Argumente für eine Vollzugslösung, in: Recht und Psychiatrie 1994, S. 2 ff.
Schambach, S.: Johann Hinrich Wichern. Hamburg 2008.
Schammler, A.: Transsexualität und Strafvollzug. Die Störung der geschlechtlichen Identität von Strafgefangenen als strafvollzugsrechtliches Problem. Berlin 2008.
Scharfetter, Ch.: Selbstmanipulierte Krankheit, in: Deutsche Medizinische Wochenschrift 1985, S. 685 ff.
Schattke, H.: Die Geschichte der Progression im Strafvollzug und der damit zusammenhängenden Vollzugsziele in Deutschland. Frankfurt a.M. u.a. 1979.
Schätzler, J.-G.: Handbuch des Gnadenrechts. 2. Aufl., München 1992.
Scheffler, G.: Inhaftierte Mütter – „Strafkinder" des Strafvollzugs? Erhalt familiärer Bedingungen inhaftierter Frauen, in: BewHi 2009, S. 45 ff.
Schenk, Ch.: Bestrebungen zur einheitlichen Regelung des Strafvollzugs in Deutschland von 1870 bis 1923. Frankfurt a.M. u.a. 2001.
Schenke, W.-R.: Verwaltungsprozessrecht. 11. Aufl., Heidelberg 2007.
Scherer, R.: Der Allgemeine Vollzugsdienst im Spannungsfeld von institutionellen Rahmenbedingungen und psychologischer Konfliktlösung, in: Bereswill, M./ Höynck, Th. (Hrsg.): Jugendstrafvollzug in Deutschland – Grundlagen, Konzepte, Handlungsfelder. Mönchengladbach 2002, S. 100 ff.
Scheu, W.: In Haft. Zum Verhalten deutscher Strafgefangener. München 1983.
Schidorowitz, M.: H. B. Wagnitz und die Reform des Vollzugs der Freiheitsstrafe an der Wende vom 18. zum 19. Jahrhundert. St. Augustin 2000.
Schilken, E.: Gerichtsverfassungsgesetz. 4. Aufl., Köln – München 2007.
Schirrmacher, G.: Heroinabgabe an Strafgefangene – eine Chance? in: ZRP 1997, S. 242 ff.
Schlebusch, St.: Ausländer im Erwachsenenvollzug – Zur Situation und Möglichkeit der Hilfe, in: Kawamura-Reindl, G./Keicher, R./Krell, W. (Hrsg.): Migration, Kriminalität und Kriminalisierung. Herausforderung an Soziale Arbeit und Straffälligenhilfe. Freiburg i.Br. 2002, S. 117 ff.
Schlette, V.: Europäischer Menschenrechtsschutz nach der Reform der EMRK, in: JZ 1999, S. 219 ff.
Schleusener, J.: Psychische Veränderungen als Reaktion auf die Haftsituation, in: ZfStrVo 1976, S. 19 ff.
Schleuss, G.: Psychiatrische Manifestationen im Strafvollzug, in: Venzlaff, U./Foerster, K. (Hrsg.): Psychiatrische Begutachtung. Stuttgart u.a. 1994, S. 425 ff.
Schlömer, U.: Der elektronisch überwachte Hausarrest: eine Untersuchung der ausländischen Erfahrungen und der Anwendbarkeit in der Bundesrepublik Deutschland. Frankfurt a.M. 1998.
Schlömer, U.: Die Anwendbarkeit des elektronisch überwachten Hausarrests als Bewährungsweisung nach geltendem Recht, in: BewHi 1999, S. 31 ff.
Schlothauer, R./Weider, H.-J.: Untersuchungshaft. 3. Aufl., Heidelberg 2001.

Schlüchter, E.: Plädoyer für den Erziehungsgedanken. Berlin – New York 1994.

Schmelz, G.: Tätowierungen und Kriminalität, in: Kriminalistik 2010, S. 102 ff.

Schmidt, Eb.: Zuchthäuser und Gefängnisse. Göttingen 1960.

Schmidt, Eb.: Einführung in die Geschichte der deutschen Strafrechtspflege. 3. Aufl., Göttingen 1965.

Schmidt, J.: Überbelegung im Strafvollzug. Frankfurt 1986.

Schmidt, J.: Zum Anwesenheitsrecht des Verteidigers im Rahmen der Vollzugsplankonferenz, in: Festschrift für E. Müller. Saarbrücken 2003, S. 45 ff.

Schmidt, Je.: Verteidigung von Ausländern. 2. Aufl., Heidelberg 2005.

Schmidt, P.: Behandlung von Sexualstraftätern im Berliner Justizvollzug: Folgerungen aus den Gesetzesänderungen, in: Egg, R. (Hrsg.): Behandlung von Sexualstraftätern im Justizvollzug. Wiesbaden 2000, S. 105 ff.

Schmidt, V./Klug, E./Gutewort, R.: Zum „Bunkern" in Haftanstalten, in: Kriminalistik 1998, S. 595 ff.

Schmidt-Bleibtreu, B./Klein, F./Hofmann, H./Hopfauf, A. (Hrsg.): Kommentar zum Grundgesetz. 11. Aufl., Köln – München 2008.

Schmitt, G.: Synopse der Sozialtherapeutischen Anstalten und Abteilungen in der Bundesrepublik Deutschland und Westberlin, in: Bundeszusammenschluss für Straffälligenhilfe: Sozialtherapeutische Anstalten – Konzepte und Erfahrungen. 2. Aufl., Bonn 1977, S. 182 ff.

Schmitt, G.: Inhaftierte Sexualstraftäter, in: BewHi 1996, S. 3 ff.

Schmitt, G.: Verhütung von Suizid und Suizidversuchen im Justizvollzug, in: BewHi 2006, S. 291 ff.

Schmitz, M.: Gandenbringende Weihnachtszeit … auch für sog.»Vollverbüßer«! in: StrVert 2007, S. 608 ff.

Schmölzer, G.: Aktuelle Diskussionen zum Thema „Frauenkriminalität", in: MschrKrim 1995, S. 219 ff.

Schmuck, R.: Probleme mit HIV-Infizierten und an AIDS erkrankten Personen im Vollzug der Untersuchungshaft und Strafhaft, in: ZfStrVo 1989, S. 165 ff.

Schmucker, M.: Der Einfluss der Therapie auf die Legalbewährung von Sexualstraftätern: Ergebnisse aus kontrollierten Wirksamkeitsuntersuchungen, in: Egg, R. (Hrsg.): „Gefährliche Straftäter". Eine Problemgruppe der Kriminalpolitik? Wiesbaden 2005, S. 129 ff.

Schneider, H.: Tempus fugit. Trendwende in der Rechtsprechung zu den unbestimmten Rechtsbegriffen? in: ZfStrVo 1999, S. 140 ff.

Schneider, H.: Telefonieren ohne Grenzen? in: ZfStrVo 2001, S. 273 ff.

Schneider, H.: Die Kriminalprognose bei der nachträglichen Sicherungsverwahrung, in: StrVert 2006, S. 99 ff.

Schneider, H. J.: Behandlung des Rechtsbrechers in der Strafanstalt und in Freiheit, in: Schneider, H. J.: Kriminalität und abweichendes Verhalten. Band 2. Weinheim – Basel 1983, S. 295 ff.

Schneider, H. J.: Jugendstrafrecht, Wirtschaftsstrafrecht, Strafvollzug. 3. Aufl., München 1992.

Schneider, H. J.: Kriminologie der Gewalt. Stuttgart – Leipzig 1994.

Schneider, H. J.: Die Verbesserung des Schutzes der Gesellschaft vor gefährlichen Sexualstraftätern, in: JZ 1998, S. 436 ff.

Schneider, H. J.: Die Behandlung von Sexualstraftätern im Strafvollzug, in: Festschrift für Böhm. Berlin – New York 1999, S. 419 ff.

Schneider, R.: Strafvollzug und Jugendstrafvollzug im Bayerischen Strafvollzugsgesetz. Baden-Baden 2010.
Schneider, U.: Beendigung der Unterbringung in einem psychiatrischen Krankenhaus bei „Zweckerreichung" – Eine kriminalpolitische Herausforderung, in: NStZ 2004, S. 649 ff.
Schneider, U.: Reform des Maßregelrechts, in: NStZ 2008, S. 68 ff.
Schöch, H.: Empfehlen sich Änderungen und Ergänzungen bei den strafrechtlichen Sanktionen ohne Freiheitsentzug? München 1992.
Schöch, H.: Maßregelvollzug, in: Venzlaff, U./Foerster, K. (Hrsg.): Psychiatrische Begutachtung. 2. Aufl., Stuttgart u.a. 1994, S. 445 ff.
Schöch, H.: Das Gesetz zur Bekämpfung von Sexualdelikten und anderen gefährlichen Straftaten vom 26.1.1998, in: NJW 1998, S. 1257 ff.
Schöch, H.: Zur Offenbarungspflicht der Therapeuten im Justizvollzug gemäß § 182 Abs. 2 StVollzG, in: ZfStrVo 1999, S. 259 ff.
Schöch, H.: Scientology ante portas? – Ein Beitrag zur Auslegung der §§ 53–55 StVollzG und zur Beurteilung einer pseudoreligiösen Organisation, in: Festschrift für Müller-Dietz. München 2001, S. 803 ff.
Schollbach, St./Krüger, M.: Alte Menschen im Strafvollzug, in: FS 2009, S. 130 ff.
Schölz, J./Lingens, E.: Wehrstrafgesetz. 4. Aufl., München 2000.
Schomburg, W.: Anmerkung zum Urteil des BGH v. 9.9.1997, in: NStZ 1998, S. 142 ff.
Schomburg, W./Lagodny, O./Gleß, S./Hackner, Th.: Internationale Rechtshilfe in Strafsachen. 4. Aufl., München 2006.
Schönke, A./Schröder, H.: Strafgesetzbuch. 28. Aufl., München 2010.
Schoreit, A./Dehn, J.: Beratungshilfe, Prozesskostenhilfe. 8. Aufl., Heidelberg 2004.
Schott, T.: Subkultur im Mauerschatten – Die Justizvollzugsanstalt als Stätte konzentrierten kriminellen Milieus, in: Kriminalistik 2001, S. 629 ff.
Schott, T.: Strafvollzugsrecht für SozialarbeiterInnen. Baden-Baden 2002.
Schrag, C.: Some Foundations for a Theory of Correction, in: Cressey, D. (Ed.): The Prison. New York 1964, S. 309 ff.
Schramke, H.: Alte Menschen im Strafvollzug. Empirische Untersuchung und kriminalpolitische Überlegungen. Bonn 1996.
Schreckling, J.: Bestandsaufnahmen zur Praxis des Täter-Opfer-Ausgleichs in der Bundesrepublik Deutschland. Bonn 1991.
Schriever, W.: Rechtswege und Zuständigkeiten im Bereich der Untersuchungshaft, in: ZfStrVo 1996, S. 354 ff.
Schroeder, F.-C.: Menschenrechte im Strafverfahren und Strafvollzug, in: Brunner, G. (Hrsg.): Menschenrechte in der DDR. Baden-Baden 1989, S. 257 ff.
Schubert, W. (Hrsg.): Ausschüsse für Strafrecht, Strafvollstreckungsrecht, Wehrstrafrecht, Strafgerichtsbarkeit der SS und des Reichsarbeitsdienstes, Polizeirecht sowie für Wohlfahrts- und Fürsorgerecht (Bewahrungsrecht). Akademie für Deutsches Recht 1933–1945: Protokolle der Ausschüsse Band VIII. Frankfurt a.M. u.a. 1999.
Schuh, J.: Zur Behandlung des Rechtsbrechers in Unfreiheit. Möglichkeiten und Grenzen der Therapie in geschlossenem Milieu. Diessenhofen 1980.
Schuler, M.: Rechte (Rechtsbehelfe) und Pflichten, in: Schwind, H.-D./Blau, G. (Hrsg.): Strafvollzug in der Praxis. 2. Aufl., Berlin – New York 1988, S. 255 ff.
Schüler-Springorum, H.: Strafvollzug im Übergang. Göttingen 1969.
Schüler-Springorum, H.: Zur Fortentwicklung des Behandlungsgedankens im Strafvollzug, in: Schwind, H.-D./Steinhilper, G./Böhm, A.: 10 Jahre Strafvollzugsgesetz. Heidelberg 1988, S. 117 ff.

Schüler-Springorum, H.: Tatschuld im Strafvollzug, in: StrVert 1989, S. 262 ff.
Schüler-Springorum, H.: Angemessene Anerkennung als Arbeitsentgelt, in: Festschrift für Böhm. Berlin – New York 1999, S. 219 ff.
Schüler-Springorum, H.: Erläuterungen zum Gesetz zur Bekämpfung von Sexualdelikten und anderen gefährlichen Straftaten vom 26.1.1998, in: Herrfahrdt, R. (Hrsg.): Behandlung von Sexualstraftätern. Hannover 2000, S. 23 ff.
Schüler-Springorum, H.: Rechtsfragen des sozialtherapeutischen Strafvollzuges nach dem Gesetz vom 26.1.1998, in: KrimPäd Heft 42, 2002, S. 10 ff.
Schüler-Springorum, H.: Sexualstraftäter-Sozialtherapie, in: GA 2003, S. 575 ff.
Schüler-Springorum, H.: Strafvollzug und Föderalismus, in: Festschrift für Böttcher. Berlin 2007, S. 403 ff.
Schulte-Sasse, G.: Die Exploration im Rahmen der Behandlungsuntersuchung, in: Wischka, B./Jesse, J./Klettke, W./Schaffer, R. (Hrsg.): Justizvollzug in neuen Grenzen. Modelle in Deutschland und Europa. Lingen 2002, S. 199 ff.
Schultze, A.: Zwischen Hoffnung und Hoffnungslosigkeit. 10 Jahre Substitution im Bremer Strafvollzug. Oldenburg 2001.
Schumann, K./Steinert, H./Voß, M. (Hrsg.): Vom Ende des Strafvollzugs. Ein Leitfaden für Abolitionisten. Bielefeld 1988.
Schumann, V.: Lockerungen, Entlassungsvorbereitungen und -hindernisse aus therapeutischer Sicht, in: Gebauer, M./Jehle, J.-M. (Hrsg.): Die strafrechtliche Unterbringung in einem psychiatrischen Krankenhaus. Wiesbaden 1993, S. 131 ff.
Schütze, H.: Probleme der Vollzugsanstalten mit der wachsenden Zahl der ausländischen Gefangenen, in: DVJJ-Journal 4/1993, S. 381 ff.
Schwartz, M.: Pre-Institutional vs. Situational Influence in a Correctional Community, Journal of Research in Crime and Delinquency, Vol. 62, 1971, S. 532 ff.
Schweinhagen, K.: Arbeitstherapie im geschlossenen Erwachsenenvollzug, in: ZfStrVo 1987, S. 95 ff.
Schwind, H.-D.: Kurzer Überblick über die Geschichte des Strafvollzugs, in: Schwind, H.-D./Blau, G. (Hrsg.): Strafvollzug in der Praxis. 2. Aufl., Berlin – New York 1988, S. 1 ff.
Schwind, H.-D.: Nichtdeutsche Straftäter – eine kriminalpolitische Herausforderung, die bis zum Strafvollzug reicht, in: Festschrift für Böhm. Berlin – New York 1999, S. 323 ff.
Schwind, H.-D.: Tiere im Strafvollzug, in: Festschrift für Seebode. Berlin 2008, S. 551 ff.
Schwind, H.-D.: Kriminologie. 20. Aufl., Heidelberg 2010.
Schwind, H.-D./Blau, G. (Hrsg.): Strafvollzug in der Praxis. 2. Aufl., Berlin – New York 1988.
Schwind, H.-D./Böhm, A/Jehle, J.-M./Laubenthal, K. (Hrsg.): Strafvollzugsgesetz. Bund und Länder. 5. Aufl., Berlin – New York 2009.
Seebode, M.: Anmerkung zum Beschluss des BayObLG v. 20.8.1981, in: NStZ 1982, S. 86 ff.
Seebode, M: Der Vollzug der Untersuchungshaft. Berlin – New York 1985.
Seebode, M.: Anmerkung zum Beschluss des OLG Hamm v. 28.5.1986, in: NStZ 1987, S. 45 ff.
Seebode, M.: Zwischenhaft, ein vom Gesetz nicht vorgesehener Freiheitsentzug (§ 345 StGB), in: StrVert 1988, S. 119 ff.
Seebode, M.: Anmerkung zum Beschluss des OLG Jena v. 13.9.1994, in: JZ 1996, S. 158 ff.
Seebode, M.: Einsicht in Personalakten Strafgefangener, in: NJW 1997, S. 1754 ff.

Seebode, M.: Behandlungsvollzug für Ausländer, in: KrimPäd Heft 37, 1997a, S. 52 f.
Seebode, M.: Strafvollzug – Recht und Praxis. 1. Teil: Grundlagen. Lingen 1997b.
Seebode, M.: Anmerkung zum Urteil des BGH v. 30.4.1997, in: JR 1998, S. 338 ff.
Seebode, M.: Aktuelle Fragen zum Justizvollzug 2000 und seiner Reform, in: Herrfahrdt, R. (Hrsg.): Strafvollzug in Europa. Hannover 2001, S. 47 ff.
Seebode, M.: Vollzugliche Reformüberlegungen, in: Festschrift für Spinellis. Athen 2001a.
Seelich, A.: Handbuch Strafvollzugsarchitektur. Wien 2009.
Seggelke, G.: Die Entstehung der Freiheitsstrafe. Breslau 1928.
Seifert, D./Möller-Mussavi, S./Bolten, S./Losch, M.: Wegweiser aus dem Maßregelvollzug (gemäß § 63 StGB), in: StrVert 2003, S. 301 ff.
Seifert, S./Thyrolf, A.: Das Klima im Strafvollzug. Eine Befragung von Gefangenen einer sozialtherapeutischen Einrichtung, in: NK 2010, S. 23 ff.
v. Selle, D.: Die Reform des Sanktionenrechts, in: JR 2002, S. 227 ff.
Shalikashvili, M.: "Diebe im Gesetz": Eine kriminelle Organisation im deutschen Jugendstrafvollzug? Berlin 2009.
Short, R.: The Care of Long-term Prisoners. London 1979.
Siekmann, H.: Staat und Staatlichkeit am Ende des 20. Jahrhunderts, in: Burmeister, J. (Hrsg.): Festschrift für Stern, 1997, S. 341 ff.
Sieverts, B.: Zur Geschichte der Reformversuche im Freiheitsstrafvollzug, in: Rollmann, D. (Hrsg.): Strafvollzug in Deutschland. Frankfurt a.M. 1967, S. 43 ff.
Sigel, W.: Freistellung von der Arbeitspflicht nach § 42 StVollzG, in: ZfStrVo 1985, S. 276 f.
Sigel, W.: AIDS und Gefängnis, in: ZfStrVo 1993, S. 218 f.
Sigel, W.: Alternative Überlegungen zur Verbesserung der Gefangenenentlohnung, in: ZfStrVo 1995, S. 81 ff.
Simitis, Sp. (Hrsg.): Bundesdatenschutzgesetz. 6. Aufl., Baden-Baden 2006.
Simons, D.: Die „Erforschung der Persönlichkeit" gemäß § 6 StVollzG: Probleme und Alternativen, in: ZfStrVo 1985, S. 278 ff.
Skirl, M.: Anmerkung zum Beschluss des OLG Celle v. 9.3.1983, in: ZfStrVo 1983, S. 317 ff.
Skoblikow, P.: Vermögensstreitigkeiten und Schattenjustiz im postsowjetischen Russland, in: Kriminalistik 2005, S. 19 ff.
Sluga, W.: Geisteskranke Rechtsbrecher. Forensische Psychiatrie und Strafrechtspflege. Wien – München 1977.
Sluga, W./Grünberger, J.: Selbstverletzungen und Selbstbeschädigungen bei Strafgefangenen, in: Wiener Medizinische Wochenschrift 1969, S. 453 ff.
Smartt, U.: Privatisierung im englischen Strafvollzug: Erfahrungen mit englischen Privatgefängnissen, in: ZfStrVo 1995, S. 290 ff.
Smartt, U.: Die neue Vollzugsanstalt Gelsenkirchen – Ein Einstieg in die Gefängnisprivatisierung? in: ZfStrVo 1999, S. 270 ff.
Smartt, U.: Privatisierung des Justizvollzuges nun auch in Deutschland? Erfahrungen aus dem britischen und amerikanischen Bereich, in: ZfStrVo 2001, S. 67 ff.
Smartt, U.: Private Gefängnisse: Bald auch in Deutschland? in: Neue Kriminalpolitik 4/2001a, S. 8 ff.
Smartt, U.: Ein Einstieg in die deutsche Gefängnisprivatisierung, in: Wischka, B./Jesse, J./ Klettke, W./Schaffer, R. (Hrsg.): Justizvollzug in neuen Grenzen. Modelle in Deutschland und Europa. Lingen 2002, S. 49 ff.
Smaus, G.: Die ultimative Erniedrigung – Was die Vergewaltigung von Männern durch Männer in Gefängnissen bedeutet, in: Neue Züricher Zeitung v. 2.11.2007, S. 29.

Sofsky, W.: Die Ordnung des Terrors: Das Konzentrationslager. Frankfurt a.M. 1993.
Solbach, G./Hofmann, H.: Einführung in das Strafvollzugsrecht. Köln u.a. 1982.
Sönnecken, I.: Substitution im Strafvollzug, in: MedR 2004, S. 246 ff.
Sonnen, B.-R.: Entwurf eines Jugendstrafvollzugsgesetzes (Stand: 24.9.1991). Reform oder Rückschritt? in: BewHi 1992, S. 307 ff.
Sonnen, B.-R.: Jugendstrafvollzug in Deutschland – Rechtliche Rahmenbedingungen und kriminalpolitische Entwicklungen, in: Bereswill, M./Höynck, Th. (Hrsg.): Jugendstrafvollzug in Deutschland – Grundlagen, Konzepte, Handlungsfelder. Mönchengladbach 2002, S. 57 ff.
Sonnen, B.-R.: Fördern, Fordern, Fallen lassen, in: Neue Kriminalpolitik 2007, S. 51 ff.
Sowada, Ch.: Anmerkung zum Beschluss des BVerfG v. 26.1.1995, in: NStZ 1995, S. 563 ff.
Spaans, E.: Elektronische Überwachung: das niederländische Experiment, in: BewHi 1999, S. 68 ff.
Specht, F.: Entwicklung und Zukunft der Sozialtherapeutischen Anstalten im Justizvollzug der Bundesrepublik Deutschland, in: Egg, R. (Hrsg.): Sozialtherapie in den 90er Jahren. Wiesbaden 1993, S. 11 ff.
Spiess, K.: Das Gesetz zur Sicherung der Unterbringung in einem psychiatrischen Krankenhaus und in einer Entziehungsanstalt, in: StrVert 2008, S. 160 ff.
Spitczok v. Brisinski, U./Alsleben, R./Zahn, W.: Deliktorientierte Behandlung von jungen Sexualstraftätern im sozialtherapeutischen Setting, in: Wischka, B./Rehder, U./Specht, F./Foppe, E./Willems, R. (Hrsg.): Sozialtherapie im Strafvollzug. Lingen 2005, S. 271 ff.
Spöhr, M.: Sozialtherapie im Strafvollzug. Wiesbaden 2007.
Spöhr, M.: Sozialtherapie von Sexualstraftätern im Justizvollzug: Praxis und Evaluation. Mönchengladbach 2009.
Stark, H.-D.: Haftschäden durch den Vollzug der lebenslangen Freiheitsstrafe, in: Jescheck, H.-H./Triffterer, O. (Hrsg.): Ist die lebenslange Freiheitsstrafe verfassungswidrig? Baden-Baden 1978.
Starke, E.: Zur Problematik – vor allem im rechtlichen Sinne – einer teilprivatisierten Justizvollzugsanstalt, in: Herrfahrdt, R. (Hrsg.): Privatisierung des Haftvollzuges und Kriminalpolitik in Europa. Garbsen 2005, S. 23 ff.
Steffen, M.: TOA und Wiedergutmachung im Strafvollzug, in: ZRP 2005, S. 218 ff.
Steinberger, K.: Verflucht sind die Fische, in: Neue Kriminalpolitik 2007, S. 32 ff.
Steinböck, H.: Das Problem schwerer Gewalttaten und deren Prognostizierbarkeit, in: Recht und Psychiatrie 1997, S. 67 ff.
Steindorfner, M.: Die Einbeziehung Dritter in der baden-württembergischen Justiz, in: FS 2007, S. 205 ff.
Steiner, M.: Der Strafgefangene im System der gesetzlichen Sozialversicherung. Frankfurt a.M. u.a. 2006.
Steinhilper, G.: Der Kriminologische Dienst, in: Schwind, H.-D./Blau, G. (Hrsg.): Strafvollzug in der Praxis. 2. Aufl., Berlin – New York 1988, S. 189 ff.
Steinhilper, M.: Chancenvollzug und sichere Unterbringung – ein Paradigmenwechsel in der niedersächsischen Strafvollzugspolitik? in: Festschrift für Schwind. Heidelberg 2006, S. 687 ff.
Steinhilper, M./Steinhilper, G.: Aufsicht über die Justizvollzugsanstalten (§ 151 StVollzG), in: Neue Kriminalpolitik 2005, S. 19 ff.
Steller, M.: Sozialtherapie statt Strafvollzug. Psychologische Probleme der Behandlung von Delinquenten. Köln 1977.

Steller, M.: Für eine Neubestimmung der Aufgaben von Strafvollzugspsychologen, in: PsychRdsch 1978, S. 209 ff.
Sternkopf, F.: Der Werkmeister/Technischer Dienst, in: Schwind, H.-D./Blau, G. (Hrsg.): Strafvollzug in der Praxis. 2. Aufl., Berlin – New York 1988, S. 138 ff.
Stiebig, V.: Die Vereinbarkeit aufenthaltsbeschränkender Vollstreckungsmaßnahmen mit europäischem Recht, in: ZAR 2000, S. 127 ff.
Stiebig, V.: Vollstreckungsverzicht und Grundfreiheiten. Ein Beitrag zur Entwicklung des Europäischen Strafrechts. Frankfurt a.M. u.a. 2003.
Stiehler, M.: Gesundheitsförderung im Gefängnis – eine strukturreflexive Analyse am Beispiel der AIDS-Prävention im sächsischen Justizvollzug. Aachen 2000.
Stock, St.: Behandlungsuntersuchung und Vollzugsplan. Zum Instrumentarium einer an der Rückfallverhinderung orientierten Ausgestaltung des Strafvollzugs in der Bundesrepublik Deutschland. Egelsbach u.a. 1993.
Stöckle-Niklas, C.: Das Gefängnis – eine eingeschlechtliche Institution. Bonn 1989.
Stoiber, E.: Zur Renaissance der Sicherungsverwahrung, in: Festschrift für Schroeder. Heidelberg 2006, S. 3 ff.
Stolk, M./Lehnen, R./Metternich, H.-J.: Soziales Training als Methode der Suchtarbeit, in: ZfStrVo 2004, S. 74 ff.
Stolle, P./Brandt, K.: Verwahrung als Zukunft des Strafvollzuges? in: ZfStrVo 2004, S. 67 ff.
Stomps, H.: Über die Bedeutung des Strafvollzugsgesetzes für die richterliche Arbeit, in: psychosozial Nr. 65, 1996, S. 71 ff.
Stöver, H.: HIV/AIDS-Prävention für DrogengebraucherInnen im Strafvollzug? in: KrimJ 1993, S. 184 ff.
Stöver, H.: Drogen, HIV und Hepatitis im Strafvollzug, in: Jacob, J./Keppler, K./Stöver, H. (Hrsg.): LebHaft: Gesundheitsförderung für Drogen Gebrauchende im Strafvollzug. Teil 1. Berlin 2001, S. 13 ff.
Stöver, H.: Drug and HIV/AIDS Services in European Prisons. Oldenburg 2002.
Stöver, H./Bammann, K.: Tätowierungen im Strafvollzug – Gesundheitsrisiken und Infektionsprophylaxe, in: Bammann, K./Stöver, H. (Hrsg.): Tätowierungen im Strafvollzug. Oldenburg 2006, S. 161 ff.
Stöver, H./Nelles, J.: Zehn Jahre Spritzenvergabe im Gefängnis: Spritzenvergabeprojekte in der Schweiz, Deutschland, Spanien und Moldawien, in: ZfStrVo 2003, S. 345 ff.
Strak, N.: Leistungsbericht über den aktuellen Stand von Group Counselling, in: Bundesministerium für Justiz (Hrsg.): 25 Jahre Group Counselling im österreichischen Strafvollzug. Wien 1996, S. 17 ff.
Streng, F.: Der Beitrag der Kriminologie zu Entstehung und Rechtfertigung staatlichen Unrechts im „Dritten Reich", in: MschrKrim 1993, S. 141 ff.
Streng, F.: Bewältigungsstrategien der Opfer von Gewaltdelikten, in: ÖJZ 1994, S. 145 ff.
Streng, F: Der Erziehungsgedanke im Jugendstrafrecht, in: ZStW 1994a, S. 60 ff.
Streng, F.: Strafrechtliche Folgenorientierung und Kriminalprognose, in: Dölling, D. (Hrsg.): Die Täter-Individualprognose. Heidelberg 1995, S. 97 ff.
Streng, F.: „Besonders schwer" in Relation wozu? – § 57a I S. 1 Nr. 2 StGB, in: JZ 1995a, S. 556 ff.
Streng, F.: Überfordern Sexualstraftaten das Strafrechtssystem? in: Festschrift für Bemmann. Baden-Baden 1997, S. 443 ff.
Streng, F.: Modernes Sanktionenrecht? in: ZStW 1999, S. 827 ff.
Streng, F.: Aktuelle Probleme des Justizvollzuges – Vollzugsmodifikationen, in: Herrfahrdt, R. (Hrsg.): Strafvollzug in Europa. Hannover 2001, S. 71 ff.

Streng, F.: Strafrechtliche Sanktionen – Die Strafzumessung und ihre Grundlagen. 2. Aufl., Stuttgart 2002.
Streng, F.: Allgemeines Fahrverbot und Gerechtigkeit, in: ZRP 2004, S. 237 ff.
Streng, F.: „Erkennbar gewordene Tatsachen" und rechtsstaatliche Anforderungen an die nachträgliche Sicherungsverwahrung, in: StrVert 2006, S. 92 ff.
Streng, F.: Jugendstrafrecht. 2. Aufl., Heidelberg 2008.
Stumpf, M.: Sicherheit im Justizvollzug, in: FS 2008, S. 103 ff.
Stürup, G.: Die Behandlung von Sittlichkeitstätern in Herstedvester/Dänemark, in: ZfStrVo 1968, S. 276 ff.
Suhling, St./Wischka, B.: Indikationskriterien für die Verlegung von Sexualstraftätern in eine sozialtherapeutische Einrichtung, in: MschrKrim 2008, S. 210 ff.
Süß, F.: Studien zur Amnestiegesetzgebung. Berlin 2001.
Swientek, Ch.: Autoaggressivität bei Gefangenen aus pädagogischer Sicht. Göttingen 1982.
Sykes, G.: The Society of Captives. A Study of Maximum Security Prisons. Princeton 1958.
Sykes, G.: The Pains of Imprisonment, in: Radzinowicz, L./Wolfgang, M. (Ed.): Crime and Justice. The Criminal in Confinement. New York – London 1971, S. 131 ff.
Sykes, G./Matza, D.: Techniken der Neutralisierung: Eine Theorie der Delinquenz, in: Sack, F./König, R. (Hrsg.): Kriminalsoziologie, Frankfurt a.M. 1968, S. 360 ff.
Sykes, G./Messinger, S.: The Inmate Social System, in: Cloward, R. et al. (Ed.): Theoretical Studies in the Social Organisation of the Prison. New York 1960, S. 5 ff.
Szczekalla, P.: Anmerkung zum Beschluss des OLG Celle v. 13.2.2002, in: StrVert 2002, S. 324 ff.
Tag, B.: Das Arztgeheimnis im Strafvollzug, in: Hillenkamp, Th./Tag, B. (Hrsg.): Intramurale Medizin – Gesundheitsfürsorge zwischen Heilauftrag und Strafvollzug. Heidelberg 2005, S. 89 ff.
Tak, P.: Prison Labour as a feature of the Dutch prison regime, in: Festschrift für Spinellis. Athen 2001, S. 1085 ff.
Theile, H.: Menschenwürde und Mehrfachbelegung im geschlossenen Vollzug, in: StrVert 2002, S. 670 ff.
Theißen, R.: Ehrenamtliche Mitarbeit im Strafvollzug der Bundesrepublik Deutschland. Bonn 1990.
Thiele, A.: Die Neuregelung der Gesetzgebungskompetenzen durch die Föderalismusreform, in: JA 2006, S. 714 ff.
Thiem-Schräder, B.: Normalität und Delinquenz. Bielefeld 1989.
Thomas, C./Foster, S.: Prisonization in the Inmate Contraculture, in: Social Problems, Vol. 20, 1972, S. 229 ff.
Thomas, H./Putzo, H.: Zivilprozessordnung. 31. Aufl., München 2010.
Thorwart, J.: Juristische und ethische Grenzen der Offenbarung von Geheimnissen: Anmerkungen zur aktuellen Gesetzgebung und zu juristischen sowie beziehungsdynamischen Aspekten der innerinstitutionellen Schweigepflicht, in: Recht und Psychiatrie 1999, S. 10 ff.
Tinnefeld, M.-Th.: Die Novellierung des BDSG im Zeichen des Gemeinschaftsrechts, in: NJW 2001, S. 3078 ff.
Tinnefeld, M.-Th./Ehmann, E./Gerling, R.: Einführung in das Datenschutzrecht. 4. Aufl., München – Wien 2005.
Toch, H.: Living in Prison. The Ecology of Survival. New York – London 1977.
Todorov, D.: 22 Jahre Knast. Autobiographie eines Lebenslänglichen. München 2002.

Tolzmann, G.: Anmerkung zu den Beschlüssen des OLG Celle v. 18.1.2002 und des OLG Hamm v. 30.1.2001, in: NStZ 2003, S. 55 ff.
Trechsel, St.: Gerichtlicher Rechtsschutz in Grund- und Menschenrechtsfragen auf europäischer Ebene aus der Sicht der Europäischen Kommission für Menschenrechte, in: Stern, K. (Hrsg.): 40 Jahre Grundgesetz. München 1990, S. 189 ff.
Trennhaus, M.: Der Vollzug von „Organisationshaft", in: StrVert 1999, S. 511 ff.
Treptow, W.: Gerichtliche Kontrolle von Ermessensentscheidungen und unbestimmten Rechtsbegriffen im Strafvollzugsrecht, in: NJW 1978, S. 2227 ff.
Tretter, H.: Die Menschenrechte im abschließenden Dokument des Wiener KSZE-Folgetreffens v. 15. Januar 1989, in: EuGRZ 1989, S. 79 ff.
v. Trotha, T.: Strafvollzug und Rückfälligkeit. Heidelberg 1983.
Tzschaschel, N.: Ausländische Gefangene im Strafvollzug. Herbolzheim 2002.
Ullenbruch, Th.: Vollzugsbehörde contra Strafvollstreckungskammer – Zur Problematik justizinterner Rechtsbeschwerden, in: NStZ 1993, S. 517 ff.
Ullenbruch, Th.: Anmerkung zum Beschluss des OLG Celle v. 5.11.1998, in: NStZ 1999, S. 429 ff.
Ullenbruch, Th.: Neuregelung des Arbeitsentgelts für Strafgefangene – Sand in die Augen des BVerfG? in: ZRP 2000, S. 177 ff.
Ullenbruch, Th.: Nachträgliche „Sicherungsverwahrung" durch die „Polizei", in: NStZ 2001, S. 292 ff.
Ullenbruch, Th.: Schadensersatz wegen Amtspflichtverletzung durch Gewährung von Vollzugslockerungen und Hafturlaub, in: NJW 2002, S. 416 ff.
Ullenbruch, Th.: Nachträgliche Sicherungsverwahrung – heikle Materie in Händen des BGH! in: NJW 2006, S. 1377 ff.
Ullenbruch, Th.: Nachträgliche Sicherungsverwahrung – ein legislativer „Spuk" im judikativen „Fegefeuer"? in: NStZ 2007, S. 62 ff.
Ullmann, R.: Anmerkung zum Beschluss des OLG Hamburg v. 13.9.2001, in: StrVert 2003, S. 293 ff.
Unterreitmeier, J.: Geldentschädigung bei menschenunwürdiger Unterbringung, in: NJW 2005, S. 475 ff.
Unterreitmeier, J.: Grundrechtsverletzung und Geldentschädigung – kein zwingendes Jungtim? in: DVBl. 2005a, S. 1235 ff.
Urban, G./Mildner, H.: Der Leiter der Wirtschaftsverwaltung, in: Schwind, H.-D./Blau, G. (Hrsg.): Strafvollzug in der Praxis. 2. Aufl., Berlin – New York 1988, S. 125 ff.
Vassilaki, I.: Personenbezogene Informationen in der Strafverfolgung: Potential zur Repression, Resozialisierung oder Gefahrenabwehr? in: BewHi 1999, S. 141 ff.
Verrel, Th.: Der Anstaltsleiter als Garant für die Verfolgung von Straftaten während des Strafvollzugs? in: GA 2003, S. 595 ff.
Verrel, Th./Käufl, M.: „Warnschussarrest" – Kriminalpolitik wider besseres Wissen? in: NStZ 2008, S. 178.
Villiger, M.: Handbuch der Europäischen Menschenrechtskonvention (EMRK). 2. Aufl., Zürich 1999.
Villmow, B.: Ausländer in der strafrechtlichen Sozialkontrolle, in: BewHi 1995, S. 155 ff.
Villmow, B.: Ausländer als Täter und Opfer, in: MschrKrim Sonderheft 1999, S. 22 ff.
Vogelgesang, E.: Kleintierhaltung im Strafvollzug, in: ZfStrVo 1994, S. 67 f.
Vogt, M./Schammler, A.: Gerichtliche Meditation in Strafvollzugssachen, in: FS 2009, S. 330 ff.

Voigtel, St.: Zum Freibeweis bei Entscheidungen der Strafvollstreckungskammer. Eine Untersuchung zu ausgewählten Fragen des Beweisrechts im gerichtlichen Verfahren in Strafvollstreckungs- und Strafvollzugssachen. Frankfurt a.M. u.a. 1998.

Volckart, B.: Praxis der Kriminalprognose. Methodologie und Rechtsanwendung. München 1997.

Volckart, B.: Schweigen und Offenbaren der Therapeuten im Strafvollzug gesetzlich geregelt, in: Recht und Psychiatrie 1998, S. 192 ff.

Volckart, B./Grünebaum, R.: Maßregelvollzug. Das Recht des Vollzugs der Unterbringung nach §§ 63, 64 StGB in einem psychiatrischen Krankenhaus und in einer Entziehungsanstalt. 7. Aufl., Neuwied 2009.

Volckart, B./Pollähne, H./Woynar, E.: Verteidigung in Strafvollstreckung und Strafvollzug. 4. Aufl., Heidelberg 2008.

Völkl-Fischer, B./Pfalzer, St.: JVA Aichach – Mütter und Kinder gemeinsam in Haft, in: FS 2009, S. 235 ff.

Vosgerau, R.: Elektronische Überwachung: Auf dem Weg zur Abschaffung von Freiheitsstrafen oder in die totale Kontrolle? in: BewHi 1990, S. 166 ff.

Wachsmann, N.: Between Reform and Repression: Imprisonment in Weimar Germany, in: The Historical Journal 2002, S. 411 ff.

Wachsmann, N.: Gefangen unter Hitler. Justizterror und Strafvollzug im NS-Staat. München 2006.

Wagner, A.: Strafvollstreckung. 2. Aufl., München 2009.

Wagner, B.: Schuldvergeltung und Generalprävention im Vollzug zeitiger Freiheitsstrafen? in: InfoStVollzPR 1986, S. 637 ff.

Wagner, B.: Die Länderregelungen zur Ernennung, Entlassung und Suspendierung von Anstaltsbeiräten gemäß § 162 III StVollzG, in: ZfStrVo 1986a, S. 340 ff.

Wagner, B.: Effektiver Rechtsschutz im Maßregelvollzug – § 63 StGB. 2. Aufl., Bonn 1992.

Wagner, B.: Strafvollzugspersonal im Dienst der Strafverfolgung? in: Festschrift zum 125-jährigen Bestehen der Staatsanwaltschaft Schleswig-Holstein. Köln u.a. 1992a, S. 511 ff.

Wagner, Ch.: Privatisierung im Justizvollzug – Ein Konzept für die Zukunft, in: ZRP 2000, S. 169.

Wagner, Ch.: Die „nachträgliche Sicherungsverwahrung" – Problem und Lösung, in: RuP 2002, S. 93 ff.

Wagner, G.: Psychologie im Strafvollzug. München 1972.

Wagner, G.: Das absurde System. Strafurteil und Strafvollzug in unserer Gesellschaft. 2. Aufl., Heidelberg 1985.

Wagner, J.: Der Rechtsschutz des Gefangenen, in: MschrKrim 1976, S. 241 ff.

Wagnitz, H.: Historische Nachrichten und Bemerkungen über die merkwürdigsten Zuchthäuser in Deutschland. Halle 1791.

Wahl, A.: Zur Entwicklung der deutschen Straffälligen- und Bewährungshilfevereinigungen, in: Kerner, H.-J. (Hrsg.): Straffälligenhilfe in Geschichte und Gegenwart. Bonn 1990, S. 101 ff.

Wahlberg, W.: Das Prinzip der Individualisierung in der Strafrechtspflege. Wien 1869.

Wahlberg, W.: Die Gesamtentwicklung des Gefängniswesens und die Haftsysteme von der Mitte des XVI. Jahrhunderts bis zur Gegenwart, in: v. Holtzendorf, F. u.a. (Hrsg.): Handbuch des Gefängniswesens. Hamburg 1888, S. 79 ff.

Waitz, G.: Deutsche Verfassungsgeschichte. Band VI. 3. Aufl., Darmstadt 1955.

Walkenhorst, Ph.: Animative Freizeitgestaltung im Strafvollzug als pädagogische Herausforderung, in: DVJJ-Journal 3/2000, S. 265 ff.
Wallmann, S.: Wie konventionswidrig ist die nachträgliche Sicherungsverwahrung? in: Neue Kriminalpolitik 2007, S. 152 ff.
Walmsley, R.: World Prison Population List. 2. Aufl., London 2000.
Walter, J.: Jugendvollzug in der Krise? in: DVJJ-Journal 2002, S. 127 ff.
Walter, J.: Ist der Jugendstrafvollzug verfassungswidrig – ggf. mit welchen Folgen? in: DVJJ-Journal 2002a, S. 349 ff.
Walter, J.: Aktuelle Entwicklungen und Herausforderungen im deutschen Jugendstrafvollzug, in: Neue Kriminalpolitik 2003, S. 10 ff.
Walter, J.: Der neue Entwurf eines Gesetzes zur Regelung, in: ZfJ 2004, S. 397 ff.
Walter, J.: „Apokryphe" Disziplinarmaßnahmen im Strafvollzug, in: Neue Kriminalpolitik 2005, S. 130 ff.
Walter, J.: Jugendstrafvollzugsgesetz: Ein Schritt nach vorn oder zurück in die Kleinstaaterei? in: Neue Kriminalpolitik 2005a, S. 17 f.
Walter J.: Optimale Förderung oder was sollte Jugendstrafvollzug leisten? in: Neue Kriminalpolitik 2006, S. 93 ff.
Walter, J.: Überrepräsentation von Minderheiten im Strafvollzug, in: Neue Kriminalpolitik 2007, S. 127 ff.
Walter, J.: Bedingungen bestmöglicher Förderung im Jugendstrafvollzug, in: Goerdeler, J./Walkenhorst, Ph. (Hrsg.): Jugendstrafvollzug in Deutschland. Mönchengladbach 2007a, S. 184 ff.
Walter, J.: Die Jugendstrafanstalt – pädagogische Institution oder Ort für die Akquisition von Strafanzeigen? in: NStZ 2010, S. 57 ff.
Walter, M.: Sicherheit durch Strafvollzug, in: Müller-Dietz, H./Walter, M. (Hrsg.): Strafvollzug in den 90er Jahren. Pfaffenweiler 1995, S. 191 ff.
Walter, M.: Strafvollzug. 2. Aufl., Stuttgart u.a. 1999.
Walter, M.: Privatisierung der Strafrechtspflege: Leistungsoptimierung oder staatliche Kapitulation? in: Schäfer, K. H./Sievering, U. O. (Hrsg.): Strafvollzug im Wandel – Privatisierung contra Resozialisierung? Frankfurt a.M. 1999a, S. 21 ff.
Walter, M.: Elektronisch überwachter Hausarrest als neue Vollzugsform? in: ZfStrVo 1999b, S. 287 ff.
Walter, M.: Menschenwürdiger Strafvollzug – humane Verwahrung statt Resozialisierung? in: Reindl, R./Kawamura, G. (Hrsg.): Menschenwürde und Menschenrechte im Umgang mit Straffälligen. Freiburg i.Br. 2000, S. 53 ff.
Walter, M.: Strafvollzug – Ende der Resozialisierung? in: Bieschke, V. (Hrsg.): Strafvollzug im Wandel. Wiesbaden 2001, S. 25 ff.
Walter, M.: Abkehr von der Resozialisierung im Strafvollzug? in: Festschrift für Müller-Dietz. München 2001a, S. 961 ff.
Walter, M.: Jugendkriminalität. 3. Aufl., Stuttgart u.a. 2005.
Walter, M.: Gewaltkriminalität. Stuttgart u.a. 2006.
Walter, M./Dörlemann, M.: Anmerkung zum Beschluss des OLG Frankfurt v. 3.11.1994, in: NStZ 1996, S. 358 f.
Walter, M./Neubauer, F.: Ist der Jugendstrafvollzug verfassungswidrig, in: ZfJ 2003, S. 1 ff.
Ward, D./Kassebaum, G.: Sexual Tensions in a Woman's Prison, in: Radzinowicz, L./Wolfgang, M. (Ed.): Crime and Justice. The Criminal in Confinement. New York – London 1971, S. 146 ff.

Wasmuth, J.: Anmerkung zum Beschluss des BVerfG v. 26.4.1994, in: NStZ 1995, S. 100 ff.
Wassermann, R.: Paradigmenwechsel im Strafvollzug? in: ZRP 2003, S. 327 ff.
Weber, F.: Gefährlichkeitsprognose im Maßregelvollzug. Entwicklung sowie Reliabilitätsprüfung eines Prognosefragebogens als Grundlage für Hypothesenbildung und langfristige Validierung von Prognosefaktoren. Pfaffenweiler 1996.
Weber, H.-M./Reindl, R.: Sicherungsverwahrung – Argumente zur Abschaffung eines umstrittenen Rechtsinstituts, in: Neue Kriminalpolitik 1/2001, S. 16 ff.
Weber, St.: Überstellung in den Heimatstaat. Ein internationales Konzept wider den Strafvollzug in der Fremde. Frankfurt a.M. 1997.
Wegner-Brandt, E.: Totale Institution und Rechtsschutz, in: ZfStrVo 1993, S. 153 ff.
Weichert, Th.: Datenschutzstrafrecht – ein zahnloser Tiger? in: NStZ 1999, S. 490 ff.
Weichert, Th.: Der elektronische Hausarrest aus der Sicht des Datenschutzes, in: StrVert 2000, S. 335 ff.
Weichert, Th.: Akteneinsicht im Strafvollzug, in: ZfStrVo 2000a, S. 88 ff.
Weider, H.-J.: Anmerkung zum Urteil des BGH v. 9.9.1997, in: StrVert 1998, S. 68 ff.
Weidner, J.: Anti-Aggressivitäts-Training für Gewalttäter. Bonn 1990.
Weigend, Th.: Privatgefängnisse, Hausarrest und andere Neuheiten, in: BewHi 1989, S. 289 ff.
Weigend, Th.: Die Europäische Menschenrechtskonvention als deutsches Recht – Kollisionen und ihre Lösung, in: StrVert 2000, S. 384 ff.
Weinert, A.: Arbeit und Arbeitsentgelt, in: Schwind, H.-D./Blau, G. (Hrsg.): Strafvollzug in der Praxis. 2. Aufl., Berlin – New York 1988, S. 285 ff.
Weis, K.: Die Subkultur der Strafgefangenen, in: Schwind, H.-D./Blau, G. (Hrsg.): Strafvollzug in der Praxis. 2. Aufl., Berlin – New York 1988, S. 239 ff.
Welker, B.-W.: Der Einsatz sozialtherapeutischer Methoden im Strafvollzug. Konzeption für eine Sozialtherapeutische Abteilung innerhalb des allgemeinen Regelvollzuges an einer bundesdeutschen Justizvollzugsanstalt. Regensburg 1993.
Welzel, T.: Lockerungen im Maßregelvollzug, in: BewHi 1990, S. 253 ff.
Westf. Arbeitskreis „Maßregelvollzug": Lockerungen im Maßregelvollzug (§ 63 StGB) – ein „kalkuliertes Risiko"? in: NStZ 1991, S. 64 ff.
Westin, A.: Privacy and Freedom. London 1970.
Wever, D./Haag, U.: Evangelische Gefängnisseelsorge in Deutschland, in: BewHi 2008, S. 3 ff.
Wheeler, S.: Socialisation in Correctional Communities, in: American Sociological Review, Vol. 26, 1961, S. 697 ff.
Whitfield, R. G.: Electronic Monitoring: Erfahrungen aus den USA und Europa, in: BewHi 1999, S. 44 ff.
Wichern, J.: Ausgewählte Schriften. Band III: Schriften zur Gefängnisreform. Gütersloh 1979.
Wiegand, M.: Schulische und berufliche Bildung, in: Schwind, H.-D./Blau, G. (Hrsg.): Strafvollzug in der Praxis. 2. Aufl., Berlin – New York 1988, S. 276 ff.
Willenbruch, K./Bischoff, K.: Verfassungsrechtliche Zulässigkeit der Privatisierung des Maßregelvollzugs, in: NJW 2006, S. 1776 ff.
Winchenbach, K.: Praxisprobleme der Anstaltsleitung, in: Bandell, D. u.a.: Hinter Gittern. Wir auch? Frankfurt a.M. 1985, S. 125 ff.
Winchenbach, K.: Das Strafvollzugsgesetz – Anspruch und Wirklichkeit, in: psychosozial Nr. 65, 1996, S. 7 ff.

Winchenbach, K.: Die Auswirkungen des Gesetzes zur Bekämpfung von Sexualdelikten und anderen gefährlichen Straftaten vom 26.1.98 auf die Vollzugspraxis – Ist das Gesetz auf halbem Wege stehen geblieben? in: ZfStrVo 2000, S. 277 ff.

Winchenbach, K.: Verbrechensbekämpfungsgesetz vom 26.01.1998, in: Herrfahrdt, R. (Hrsg.): Behandlung von Sexualstraftätern. Hannover 2000a, S. 121 ff.

Wingenfeld, A.: Die Verrechtlichung des Strafvollzugs in ihren Auswirkungen auf die judikative Entscheidungspraxis. Aachen 1999.

Winkler, S.: Migration – Kriminalität – Prävention. Ausländer und Aussiedler im Strafvollzug. Gutachten zum 8. Deutschen Präventionstag, in: Kerner, H.-J./Marks, E. (Hrsg.): Internetdokumentation Deutscher Präventionstag, 2003 (http://www.praeventionstag.de/content/8_praev/gutachten.html).

Winter, M.: Vollzug der Zivilhaft. Heidelberg 1987.

Winterhoff, Ch.: Die rechtlichen Möglichkeiten und Grenzen der Public Private Partnership im Strafvollzug, in: Festschrift für Starck. Tübingen 2007, S. 463 ff.

Winzer, St./Hupka, J.: Das neue niedersächsische Justizvollzugsgesetz, in: DRiZ 2008, S. 146 ff.

Wirth, W.: Ersatzfreiheitsstrafe oder „Ersatzhausarrest"? Ein empirischer Beitrag zur Diskussion um die Zielgruppen potentieller Sanktionsalternativen, in: ZfStrVo 2000, S. 337 ff.

Wirth, W.: Das Drogenproblem im Justizvollzug, in: BewHi 2002, S. 104 ff.

Wirth, W.: Gewalt unter Gefangenen. Kernbefunde einer empirischen Studie im Strafvollzug des Landes Nordrhein-Westfalen. Düsseldorf 2006.

Wischka, B.: Möglichkeiten der Behandlung von Sexualstraftätern im niedersächsischen Justizvollzug, in: Egg, R. (Hrsg.): Behandlung von Sexualstraftätern im Justizvollzug. Wiesbaden 2000, S. 201 ff.

Wischka, B.: Das Behandlungsprogramm für Sexualstraftäter (BPS) in der Praxis, in: Wischka, B./Rehder, U./Specht, F./Foppe, E./Willems, R. (Hrsg.): Sozialtherapie im Strafvollzug. Lingen 2005, S. 208 ff..

Wischka, B./Beckers, Ch. (Hrsg.): Psychologie im System Justizvollzug. Lingen 1990.

Wischka, B./Rehder, U./Specht, F./Foppe, E./Willems, R. (Hrsg.): Sozialtherapie im Strafvollzug. Lingen 2005.

Wischka, B./Specht, F.: Integrative Sozialtherapie – Mindestanforderungen, Indikation und Wirkfaktoren, in: Rehn, G./Wischka, B./Lösel, F./Walter, M. (Hrsg.): Behandlung „gefährlicher Straftäter". Herbolzheim 2001, S. 249 ff.

Witter, H.: Allgemeine und spezielle Psychopathologie, in: Göppinger, H./Witter, H. (Hrsg.): Handbuch der forensischen Psychiatrie. Band I. Berlin u.a. 1972, S. 429 ff.

Wittstamm, K.: Elektronischer Hausarrest? Zur Anwendbarkeit eines amerikanischen Sanktionsmodells in Deutschland. Baden-Baden 1999.

Wohlgemuth, R.: Gibt es eine Knastsprache? in: Klein, U./Koch, H. (Hrsg.): Gefangenenliteratur. Sprechen – Schreiben – Lesen in deutschen Gefängnissen. Hagen 1988, S. 51 ff.

Wohlgemuth, R.: Das Gefängnis als Unternehmen, in: Flügge, Ch./Maelicke, B./Preusker, H. (Hrsg.): Das Gefängnis als lernende Organisation. Baden-Baden 2001, S. 317 ff.

Wohlgemuth, R.: Chancen und Risiken privat geführter Gefängnisse, in: Wischka, B./Jesse, J./Klettke, W./Schaffer, R. (Hrsg.): Justizvollzug in neuen Grenzen. Modelle in Deutschland und Europa. Lingen 2002, S. 58 ff.

Wolf, Th.: „Fehleinweisung" in das psychiatrische Krankenhaus (§ 63 StGB) – Erledigterklärung oder Wiederaufnahme? in: NJW 1997, S. 779 ff.

Wolf, Th.: Die wichtigsten Änderungen der Strafvollstreckungsordnung vom 1. April 2001, in: Rpfleger 2002, S. 122 ff.
Wolf, Th.: Vorbehaltene und nachträgliche Sicherungsverwahrung – neue Aufgabe für die Strafvollstreckungsbehörde, in Rpfleger 2004, S. 665 ff.
Wolff-Reske, M.: Die Korrespondenz zwischen Gefangenen und ihnen nahe stehenden Personen als „beleidigungsfreier Raum", in: Jura 1996, S. 184 ff.
Wölfl, B.: Wann wird der Jugendstrafvollzug verfassungswidrig? in: ZRP 2000, S. 511 ff.
Wölfl, B.: Zur Verfassungswidrigkeit der Gesetzlosigkeit, in: Pollähne/Bammann/Feest (Hrsg.): Wege aus der Gesetzlosigkeit: Rechtslage und Regelungsbedürftigkeit des Jugendstrafvollzugs. Godesberg 2004, S. 77 ff.
Wolters, G.: Der Entwurf eines „Gesetzes zur Reform des Sanktionenrechts", in: ZStW 2002, S. 63 ff.
Wolters, J.: Das Anti-Aggressivitäts-Training zur Behandlung jugendlicher inhaftierter Gewalttäter in der Jugendanstalt Hameln, in: KrimPäd Heft 30, 1990, S. 26 ff.
Wolters, J.: Modelle der Behandlung von Gewalttätern im Jugendstrafvollzug: Darstellung der Theorie und Praxis eines sporttherapeutischen Anti-Gewalt-Trainings, in: ZfStrVo 1994, S. 20 ff.
Wormith, S.: The Controversy over the Effects of Long-term Incarceration, in: Canadian Journal of Criminology, Vol. 26, 1984, S. 423 ff.
Wrage, N.: Resozialisierung und Ressourcen, in: Neue Kriminalpolitik 4/1997, S. 14 ff.
Wulf, R.: Opferbezogene Vollzugsgestaltung – Grundzüge eines Behandlungsansatzes, in: ZfStrVo 1985, S. 67 ff.
Wulf, R.: Grund- und Menschenrechte im Justizvollzug, in: Neue Justiz 1996, S. 227 ff.
Wulf, R.: Innerbehördliche Offenbarungs- und Schweigepflichten psychotherapeutischer Fachkräfte im Strafvollzug, in: Recht und Psychiatrie 1998, S. 185 ff.
Wunschik, T.: Der Strafvollzug als Aufgabe der Deutschen Volkspolizei in den fünfziger Jahren, in: Archiv für Polizeigeschichte 1997, S. 74 ff.
Würtenberger, Th.: Die geistige Situation der deutschen Strafrechtswissenschaft. 2. Aufl., Karlsruhe 1959.
Würtenberger, Th.: Kriminalpolitik im sozialen Rechtsstaat. Stuttgart 1970.
Würtenberger, Th./Sydow, G.: Die nachträgliche Anordnung der Sicherungsverwahrung, in: NVwZ 2001, S. 1201 ff.
Wydra, B.: Die Bedeutung von Aus-, Fort- und Weiterbildungsmaßnahmen für Veränderungsprozesse im Vollzug, in: Flügge, Ch./Maelicke, B./Preusker, H. (Hrsg.): Das Gefängnis als lernende Organisation. Baden-Baden 2001, S. 154 ff.
Yeager, J.: Lifer's Orientation, in: Keystone 1959, Pennsylvania, S. 17 ff.
Zettel, D.: Anstaltsarzt und ärztliche Versorgung, in: Schwind, H.-D./Blau, G. (Hrsg.): Strafvollzug in der Praxis. 2. Aufl., Berlin – New York 1988, S. 193 ff.
Zeuch, A.: Musiktherapie im Strafvollzug: Grundlagen, Ergebnisse und Möglichkeiten, in: ZfStrVo 2002, S. 99 ff.
v. Zezschwitz, F.: Der elektronisch überwachte Hausarrest als Bewährungsauflage, in: DuD 2000, S. 11 ff.
Ziegenhahn, D.: Der Schutz der Menschenrechte bei der grenzüberschreitenden Zusammenarbeit in Strafsachen. Berlin 2002.
Zimmermann, D.: Resozialisierung und Verschuldung, in: Cornel, H./Maelicke, B./Sonnen, B.-R. (Hrsg.): Handbuch der Resozialisierung. Baden-Baden 1995, S. 277 ff.
Zingraff, M.: Prisonization as an Inhibitor of Effective Resocialization, in: Criminology, Vol. 13, 1975, S. 366 ff.
Zippelius, R./Würtenberg, Th.: Deutsches Staatsrecht. 31. Aufl., München 2005.

Zöller, R./Stöber, K.: Zivilprozessordnung. 25. Aufl., Köln 2005.
Zolondek, J.: Lebens- und Haftbedingungen im deutschen und europäischen Frauenstrafvollzug. Mönchengladbach 2007.
Zschieschack, F./Rau, I.: Die nachträgliche Sicherungsverwahrung in der aktuellen Rechtsprechung des BGH, in: JZ 2006, S. 895 ff.
Zwiehoff, G.: Die Rechtsbehelfe des Strafgefangenen nach §§ 109 ff. StVollzG. Hagen 1986.

Sachverzeichnis

A

Abolitionismus 1
Abschiebungshaft 74 f., 764, 911, 924 ff.
Absonderung 714, 717 ff.
– einfache 717
– in besonders gesichertem Haftraum 717
– Einzelhaft 717
Adaptationsmechanismen 193, 209 f., 224 ff.
Aids-Problematik 638
Aids-Test 727
Akteneinsicht 935
Akzessorietätsgrundsatz 722
Altanstalten 25
Altenstrafvollzug 71
Alternativentwurf 1973 130
Alternativen zur Freiheitsstrafe 2 ff.
Amsterdamer Zuchthaus 93 f.
Amtshaftungsanspruch 384, 568
Anfechtungsantrag 774, 791, 794, 815
Angemessene Beschäftigung 398, 406
Angleichungsgrundsatz 196, 227, 233, 197 f., 382, 390, 409, 436
Anklopfen an Haftraumtüre 390
Annexantrag 774
Anstaltsarzt 256, 280 ff., 637 f., 738, 922
Anstaltsbeirat 251, 293 ff., 495, 752, 759, 782
Anstaltsformen 57, 63 ff.
Anstaltskonferenz 263, 269
Anstaltsleiter 51, 256, 262 ff., 730, 735, 739 ff.
– Allzuständigkeit 263
– Delegation 264

– Fachaufsicht 277
– Strafrechtliche Haftung 259, 564 ff.
Anstaltsordnung 248
Anstaltspersonal 251 ff.
– Strafrechtliche Haftung 259
Anstaltssicherheit 246
Antifolterausschuss 37, 495
Antrag auf gerichtliche Entscheidung 758 ff.
Antragsbefugnis 780 f.
Antragsform 792 f.
Antragsfrist 794
Antragsprinzip 761, 802
Arbeit 376, 378, 392 ff.
Arbeitsentgelt 438 ff., 850
Arbeitsentlohnung 434 ff.
– Monetäre Komponente 438 ff.
– Nicht monetäre Komponente 445 ff.
Arbeitslosenversicherung 482
Arbeitslosigkeit 460
Arbeitspflicht 50, 395
– Freistellung 409 ff., 431
Arbeitstherapeutische Beschäftigung 398, 407
Arbeitsurlaub 448
Arbeitszeit 378
Arrest 744
Aufklärungsphilosophie 98, 105
Aufnahmedurchführung 313
Aufnahmeersuchen 302
Aufnahmeuntersuchung 313
Aufnahmeverfahren 312 ff.
Aufnahmeverhandlung 312
Aufsichtsbehörde 252 ff., 757
Ausantwortung 365
Ausbildung 392 ff.
Ausbildungsbeihilfe 455 ff.

Ausfallentschädigung 459
Ausführung 525, 529, 531
Ausgang 525, 530, 531
Ausgleichsentschädigung 451 ff.
Ausländer 75, 331 ff.
Auslieferungshaft 74, 929 f.
Aussagefreiheit 736
Außenbeschäftigung 414, 525, 526

B
Bauweise 368
Begnadigung 662 ff., 855
Behandlung
 – Begriff 81, 158 ff., 573
 – Fehlende Mitwirkungsbereitschaft 239
 – Methoden 158 f.
 – Mitwirkung des Gefangenen 169, 236 ff., 574
Behandlungsgruppen 576 ff.
Behandlungskonferenz 269, 324
Behandlungsplan 330
Behandlungsuntersuchung 316 ff., 575, 601
Bekenntnis 622 ff.
Bekleidung 313, 639
Belegung 41, 368 ff.
Beratungshilfe 818
Beschäftigungsarten 398 ff.
Bescheidungsbeschluss 816
Beschleunigungsgebot 837
Beschwerderecht 756
Besitz von Gegenständen 385, 617 ff., 700
Besserungsvollzug 88, 91 ff.
Besuch 485, 507 ff.
 – Abbruch 512
 – Durchsuchung 510
 – Partnerbesuch 520 ff.
 – Überwachung 511
 – Verbot 508 f.
Beteiligtenfähigkeit 798
Betreuungsgruppe 373
Beurteilungsspielraum 542 ff., 604, 811 f.

Bewährungshelfer 675
Bildung
 – Berufliche 423 ff.
 – Schulische 429
Briefgeheimnis 489
Bullying 215
Bundesgerichtshof 830
Bundesratsgrundsätze 113
Bürgerbeauftragter 851

D
Datenschutz 950
 – Akten 975, 979, 982, 988
 – Aufklärungspflicht 984
 – Auskunft 981, 988
 – Dateien 976
 – Erforderlichkeitsprinzip 960
 – Erhebung 956, 962 ff.
 – Hinweispflicht 983
 – Kontrolle 989
 – Löschung 978
 – Nutzung 967
 – Offenbarungspflicht 971
 – Personenbezogene Daten 952
 – Speicherung 975 ff.
 – Unterrichtungspflicht 985
 – Verarbeitung 966
 – Weitergabe 975
 – Zweckbindung 957
Datenschutzbeauftragter 495, 989
DDR 14, 130, 134 ff.
Deprivationsmodell 227
Diagnose, psycho-soziale 317 ff.
Diebe im Gesetz 218
Dienstaufsichtsbeschwerde 758
Dienst- und Sicherheitsvorschriften 42
Dienst- und Vollzugsordnung 124 ff.
Differenzierungsprinzip 25, 61 f., 304
Disziplinarbefugnis 741
Disziplinarmaßnahmen 728 ff.
 – Allgemeine 745
 – Arrest 746
 – Schuldgrundsatz 743 f.
 – Spezielle 746

– Voraussetzungen 729 ff.
Disziplinarverfahren 735 ff.
Drogenabhängigkeit 220, 579 ff.
Durchsuchung 510
– Entkleidung 704
– Haftraum 703

E
Eigenbetrieb 401
Eigengeld 475 ff., 699
– Freies 476
– Gesperrtes 477
Eingriffe, körperliche 725 f.
Einkauf 466, 642
Einstweilige Anordnung 833
Einweisungsanstalt (-abteilung) 57, 307, 310
Einzelfallregelung 772
Einzelhaft 717
Einzelhaftsystem 109, 118
Einzelunterbringung 380 f.
Elektronischer Hausarrest 6 ff.
Entbindungsabteilung 682
Entlassung 70, 651 ff.
– Arten 652 ff.
– Verhandlung 674
– Vorbereitung 649, 667 ff.
– Vorgang 674
Entlassungszeitpunkt
– Anrechnung von Freistellungstagen 449 ff.
– Vorverlegung 449
Entziehungsanstalt 9, 904, 912 ff.
Erkennungsdienstliche Maßnahmen 313, 709 ff.
Ermessensausübung 545, 552, 809 ff.
Ernährung 633, 641
Ersatzansprüche der Vollzugsbehörde 748
Ersatzfreiheitsstrafe 72
Erziehungsvollzug 117
Erzwingungshaft 18, 27, 74, 937 ff.
Europäische Konvention zum Schutze der Menschenrechte 34, 850 ff.

Europäische Strafvollzugsgrundsätze 38
Europäische Übereinkommen 37
Europäischer Gerichtshof für Menschenrechte 495, 752, 849 ff.
Europäisches Parlament 495
Evaluation 84

F
Fahrverbot 5
Fairnessprinzip 807
Familienangehörige 490, 508, 520 ff.
Ferngespräche 485, 504 ff.
Fernsehempfang 614 ff.
Fesselung 716
Festnahmerecht 713
Feststellungsantrag 779, 790, 794, 817
Flucht- oder Missbrauchsgefahr 352, 533, 549
Föderalismusreform 14 f., 40
Folgenbeseitigungsantrag 774
Fränkisches Recht 85, 87
Frauenanstalt (-abteilung) 58, 69, 73, 681
Frauenfreigang 686
Frauenstrafvollzug 679 ff.
Freiberufliche Tätigkeit 419
Freibeweisverfahren 805
Freies Beschäftigungsverhältnis 414, 485
Freigang 415, 525, 527 f.
Freigang, unechter 405
Freigängerstatus 527, 673
Freigängerurlaub 673
Freistellung von der Arbeitspflicht 409 ff., 431, 646
– Anteilige 412
– Fehlzeiten 411
Freizeit 379, 432, 608 ff.
– Besitz von Gegenständen 617 ff.
– Gestaltung 609 f.
Führungsaufsicht 676

G
Geburt 682

Gefangene
- Allgemeine Rechtsstellung 237 ff.,
- Altersstruktur 80
- Angehörige 205, 319, 360
- Anpassung an Institution 224 ff.
- Ausländer 81, 331 ff.
- Deliktsstruktur 82
- Drogenabhängigkeit 579 ff.
- Einkünfte 433 ff.
- Haftdeprivationen 201 ff.
- Mitwirkung bei Behandlung 169, 236 ff.
- Pflichten 728 f.
- Privatsphäre 202
- Rechtsbeschränkungen 236 ff.
- Sicherheitsverlust 203
- Statuswandel 200, 321
- Subjektstellung 238
- Zeitfaktor 207
Gefangenenbefreiung 261, 564
Gefangenenmitverantwortung 295 ff., 782
Gefangenenpopulation 75, 76 ff.
Gefangenenvereine 782
Gefängnisarchitektur 368
Gefängnisgesellschaften 106
Gefängniswissenschaft 107
Gegensteuerungsgrundsatz 138, 199 ff., 227
Gemeines Recht 90
Gemeinnützige Arbeit 4
Gemeinschaft, problemlösende 161 ff.
Generalprävention 178
Geschlossener Vollzug 65, 345 ff., 527
Gesetzgebungskompetenz 14, 26, 40, 42
Gestaltungsentscheidungen 176 ff.
Gestaltungsprinzipien 137, 196 ff.
Gesundheitsfürsorge 280 f., 635 ff., 956
Gewahrsam, persönlicher 699
Gewaltmonopol, staatliches 49
Gewaltverhältnis, besonderes 120, 124
Gnadenbegehren 662 ff., 847

Group counselling 577
Grundrechtseinschränkungen 243 f., 931
Gruppe 373 ff., 576
Gruppenhierarchie 217 ff.

H
Haftdeprivationen 201 ff.
Haftfolgen 199 ff.
Haftkostenbeitrag 419, 470 ff.
Haftraum 382 ff.
- Durchsuchung 703 ff.
Hafturlaub 546 ff.
- Bemessung 554
- Dauer 553
- Missbrauch 560 ff.
- Rücknahme 557
- Strafrechtliche Haftung 563 ff.
- Voraussetzungen 547 ff.
- Weisungserteilung 555
- Widerruf 556
- Zivilrechtliche Haftung 568 ff.
Halboffene Anstalt 67, 346
Hausgeld 465 ff.
Hausordnung 266
Hilfstätigkeiten 408
Hochschulstudium 430
Hörfunk 614 f.

I
Individualisierung 303 ff.
Information 611 ff.
Informationsfreiheit 32
Inpflichtnahme, soziale 148, 239
Insassenrolle 225 f.
Institution, totale 193
Integrationsgrundsatz 138, 196, 234 f.
Integrationsmodell 227

J
Jugendstrafe 9, 20, 28, 59, 74 f., 158, 856 ff.
Jugendstrafvollzug 856 ff.
- Aufnahmegespräch 876
- Bildungsmaßnahmen 886

- Disziplinarmaßnahmen 893 ff.
- Erzieherische Maßnahmen 893
- Erziehungsauftrag 867 f.
- Erziehungseinrichtung 879
- Erziehungsgedanke 860, 864, 867 f., 879, 894
- Gesetze 20
- Gestaltungsgrundsätze 866, 869 ff.
- Herausnahme 872 ff.
- Jugendstrafanstalten 870 ff.
- Landesgesetze 865
- Mitwirkungspflicht 869, 880
- Pflichtverstöße 894 f.
- Rechtsschutz 896 ff.
- Reformversuche 860 f.
- Trennungsprinzip 870 f.
- Verwaltungsvorschriften 876
- Vollstreckung 902 f.
- Vollstreckungsleiter 872 ff., 902 f.
- Vollzugslockerungen 879 f.
- Vollzugsplan 876
- Vollzugsziel 867 f.
- Wohngruppen 878

K
Klassifikationsmerkmale 61, 308
Klassifizierung 303 ff., 689
Klosterhaft 88
Knastsprache 221
Kommerzialisierung 44 ff.
Kommissionsentwurf 128
Kontaktsperre 519
Kooperationsklausel 251, 265
Krankenpfleger 256, 280
Krankenversicherung 479
Kriminologischer Dienst 298
Krisenintervention 678
KSZE 36
Kurzstrafige 321

L
Labeling approach 154
Ladung zum Strafantritt 301
Langstrafenvollzug 1

Langzeitbesuch 522
Lebenslange Freiheitsstrafe 186 ff., 538, 551, 657, 659
Lichtbilder 709 f.

M
Machtkämpfe 220
Maßregeln der Besserung und Sicherung 11, 16 ff., 904 ff.
Maßregelvollzug 904 ff.
Mediative Verfahren 3
Meinungsfreiheit 32, 497 ff.
Menschenwürde 1, 30, 38, 383
Migrationshintergrund 217
Militärischer Strafarrest 9, 21, 74 f.
Mittelalter 98
Mutter-Kind-Einrichtungen 683 ff.
Mutterschutz 682

N
Nachsorge 678
Namensschild 391
Nationalsozialismus 121 f.
Nordamerikanische Systeme 101 ff.
Normalitätsthese 154

O
Oberlandesgericht 829
Offener Vollzug 67, 70 f,. 160, 173, 182, 345 ff., 528, 671
Ombudsmann 851
Opportunitätsprinzip 742
Ordnungshaft 18, 935, 938 f.
Organisationshaft 914
Organisationskonferenz 269

P
Pädagogen 256, 282 ff.
Paketempfang 485
Partnerbesuch 520 ff.
Petitionsrecht 852
Pfändungsschutz 444, 459, 463, 466, 473 f., 477
Pflichten des Gefangenen 729 f.
Postverkehr 503 ff.
Prisonisierung 224 ff., 685

Privatisierung 44 ff.
Problemlösende Gemeinschaft 161 ff.
Prognoseentscheidung 534
Progressivsystem 99, 115, 116 ff., 124, 163 ff.
Proportionalitätsprinzip 694
Prozesskostenhilfe 817
Psychiatrisches Krankenhaus 9, 905 ff.
– Entlassungsmöglichkeiten 910 f.
– Landesrecht 906, 911
– Rechtsweg 905
– Unterbringung 908 f.
– Vollzugsziel 905
Psychische Haftwirkungen 228 ff.
Psychologen 256, 283 ff.

Q
Querulantentum 753

R
Räumlichkeiten 376 ff.
Realakte 769
Rechtliches Gehör 806
Rechtsberatung 762
Rechtsbeschwerde 820 ff.
Rechtsbeugung 566
Rechtsquellen, internationale 33 ff.
Rechtsschutz, gerichtlicher 760 ff.
Rechtsschutzgarantie 750
Rechtsstaatsprinzip 17, 30 ff., 47, 49
Rechtswegeröffnung 763 ff., 849
Rechtswegerschöpfung 848
Rechtswegverweisung 768
Regeleinkauf 476, 503, 642
Regelungswirkung 770 f.
Regelvollzugsform 355
Regierungsentwurf 1972 128
Reichsratsgrundsätze 118
Reichsstrafgesetzbuch 111
Reisekostenbeihilfe 649
Religionsausübung 622 ff.
Rentenversicherung 479
Resozialisierungsfonds 648
Römisches Recht 85, 86, 90
Rückfallquote 84

Rücknahme 557
Rückverlegung in geschlossenen Vollzug 356
Ruhezeit 380 f.

S
Schadenswiedergutmachung 3
Schikaneverbot 753
Schriftverkehr (-wechsel) 485, 488 ff.
– Anhalten von Schreiben 496 ff.
– Überwachung 491 ff.
– Untersagung 490
– Vollzugsinterner 501
Schuldenregulierung 648
Schuldschwere
– Aussetzung des Strafrests 185, 190, 193
– Einschränkung des Vollzugsziels 182 ff.
– Gestaltungswirkung 181 ff.
– Rechtsanwendung 188 ff.
– Reflexwirkung 195, 539
Schuldverarbeitung 191 ff.
Schulischer Unterricht 429
Schusswaffengebrauch 723
Schutz der Allgemeinheit 137, 151, 171 ff.
Schwangerschaft 682
Schwarzmarkt 222
Seelsorger 256, 278 f., 623
Selbstbeschädigungen 230
Selbstbeschäftigung 419 ff.
Selbstverantwortungsprinzip 692
Sexualkontakte 520 ff.
Sexualstraftäter 54, 598 ff.
Sexueller Missbrauch von Gefangenen 216, 260
Sicherheit und Ordnung 386, 691 ff.
Sicherungshaft 18, 74, 936, 938
Sicherungsklausel 171
Sicherungsmaßnahmen 701 ff.
– Allgemeine 702 ff.
– Besondere 714 ff.
Sicherungsverwahrung 915 ff.
– Historische Entwicklung 918 ff.

- Nachträgliche Anordnung 920 ff.
- Trennungsprinzip 924 ff.
- Unterbringungsziel 917
- Vollstreckung 927
- Vollzug 923 ff.
- Vorbehaltene Anordnung 921
Sichtspion 391
Silent-system 102
Solitary-system 101
Sondereinkauf 476, 478, 503, 874
Sonderurlaub 595, 672
Sozialarbeiter 256, 285 ff., 923
- Rollenkonflikte 289
Soziale Hilfe 643 ff.
Soziales Training 164
Sozialhilfe 454
Sozialisation 139
Sozialpädagogen 256, 282 ff.
Sozialstaatsprinzip 30, 47, 51, 54
Sozialstab 275 ff.
Sozialtherapeutische Anstalt 68, 585 ff.
- Behandlungsmethoden 588 ff.
- Rückverlegung 592
- Sexualstraftäter 598 ff.
- Verlegungsvoraussetzungen 591 ff.
- Wirkungsanalysen 595 ff.
Sozialtherapie 163, 585 ff., 588 ff., 604
Sozialversicherung 418, 479 ff.
Spätaussiedler 217 f.
Speisevorschriften 633
Spezialprävention 146, 178 f.
Spritzentausch 581
Spruchreife 816
Statusentscheidungen 176 ff.
Statushierarchie 213
Stigmatisierungsprozesse 308
Strafantritt 204, 301 f.
Strafentlassenenhilfe 677
Strafrestaussetzung zur Bewährung 654 ff., 675
Strafvereitelung 565
Strafvollstreckung 10 ff., 750
Strafvollstreckungskammer 658, 753, 760, 785, 841 ff.
Strafzwecke, allgemeine 175 ff.
Stufenstrafvollzug 103 ff., 120
Subkultur 211 ff., 223
Subsidiaritätsprinzip 721 ff.
Substitutionsbehandlung 583
Suizidale Handlungen 230
Surrogatsleistungen 454 ff.

T
Tagesphasen 377
Taschengeld 460
Täter-Opfer-Ausgleich 3, 165 ff.
Tätowieren 223
Tauschgeschäfte 222
Telegramme 485, 504
Terroristische Vereinigung 494, 514
Therapeutische Maßnahmen 572 ff.
Therapieunterbringungsgesetz 922
Trennscheibe 515 ff.
Trennungsprinzip 57, 73, 107, 304, 681, 870, 926, 931, 943

U
Überbelegungsverbot 377
Überbrückungsaufenthalt 678
Überbrückungsbeihilfe 649
Überbrückungsgeld 473 f.
Übergangsregelungen 23
Übergangsvollzug 62
Überstellung 371, 787
Überstellungsübereinkommen 337 ff.
Ubiquitätsthese 154
Unbestimmter Rechtsbegriff 450, 541, 813 f., 846
Unfallversicherung 481
Unmittelbarer Zwang 719 ff.
Untätigkeitsbeschwerde 827
Unterbringung 344 ff., 707 f.
Unterhaltsbeitrag 469
Unterlassungsantrag 778, 794
Unternehmerbetrieb 402
Untersuchungsgrundsatz 804
Untersuchungshaft 60, 74 f., 928 ff.

V

Veranstaltungen, religiöse 626 ff.
Verdingungsverbot 404
Verfahrensbevollmächtigter 762
Verfahrenskosten 818
Verfahrensprinzipien 802 ff.
Verfassungsbeschwerde 848 ff.
Verfassungsrechtliche Grundlagen 30 ff.
Verfügungsgrundsatz 802
Vergleichsabschluss 803
Verhaltenstypen, soziale 225 f.
Verhaltensvorschriften 697 ff.
Verhältnismäßigkeitsgrundsatz 715, 721 f.
Verlegung 309, 357 ff., 787
– Vorübergehende 787
Verlegungskarussell 707
Verpflichtungsantrag 775, 789, 794, 816
Verschubung 365
Verteidiger 493, 513 f., 737, 818
Vertrauensschutz 389, 621
Verwaltungsdienst 256, 270
Verwaltungsvorschriften 42 ff.
Volksvertretungen 495
Vollstreckung gerichtlicher Entscheidungen 819, 847
Vollstreckungsplan 305
Vollstreckungstransfer 343
Vollverbüßer 676
Vollzugsaufgaben 137 ff.
– Schutz der Allgemeinheit 171 ff.
Vollzugsbedienstete 267 ff.
Vollzugsdeutsch 221
Vollzugsdienst, allgemeiner 256, 271 ff.
Vollzugsgemeinschaften 41, 681
Vollzugsgeschäftsordnung 42
Vollzugshelfer, ehrenamtliche 251, 290 ff.
Vollzugskonferenz 264, 269
Vollzugskosten 472
Vollzugslockerungen 182, 334, 524 ff., 670
– Entlassungsvorbereitung 670

– Missbrauch 560 ff.
– Rücknahme 557
– Strafrechtliche Haftung 563 ff.
– Voraussetzungen 532 ff.
– Weisungserteilung 555
– Widerruf 556
– Zivilrechtliche Haftung 568 ff.
Vollzugsmaßnahme 769
Vollzugsplan 322 ff.
Vollzugspopulation 75, 76 ff.
Vollzugsstab 255 ff.
Vollzugsziel 137, 139 ff., 334
– Begrenzungsfunktion 156
– (Re-)Sozialisierung 140 ff.
– Schuldschwereerwägungen 182 ff.
– Soziale Kompetenz 152 f.
– Soziale Verantwortung 152
– Verfassungsrechtliche Grundlagen 30 ff.
– Vorrang 149 ff.
Vorbereitungshaft 924
Vorbestraftenquote 84
Vorläufiger Rechtsschutz 826 ff.
Vornahmeantrag 776, 789, 794, 797, 816
Vorverfahren 783 f.

W

Weihnachtsamnestie 855
Weiterbildung 392, 432, 610
Weltanschauungsgemeinschaften 631
Werkdienst 256, 272
Widerruf 556, 620
Widerspruchsverfahren 783 f.
Wiederaufnahme in den Vollzug 678
Wiederaufnahmeverfahren 831
Wiedereinsetzung in den vorigen Stand 795 f.
Wirtschaftlich ergiebige Arbeit 399
Wohlfahrtspflege 251
Wohngruppe 374, 782

Z

Zeitungs-(Zeitschriften-)bezug 611 ff.
Zeugnisse 431

Zivilhaft 935 ff.
Zurückstellung von der Strafvollstreckung 45, 584
Zuständigkeit, gerichtliche 785 ff.
Zustimmung des Gefangenen 348, 404, 533, 548

Zwangshaft 18, 64 f., 937 f.
Zwangsmaßnahmen, ärztliche 727 ff.
Zwischenhaft 934

 springer.de

Ebenfalls bei Springer erschienen

2000. XVI, 302 S. (Springer-Lehrbuch) Brosch.
ISBN 978-3-540-67834-2

4., neu bearb. Aufl. 2008. XII, 210 S.
(Juristische ExamensKlausuren) Brosch.
ISBN 978-3-540-78458-6

2., aktualisierte u. überarb. Aufl. 2010. XX, 463 S.
(Springer-Lehrbuch) Brosch.
ISBN 978-33-642-13003-8

1. Auflage 2010. XVII, 235 S.
(Springer-Lehrbuch) Brosch.
ISBN 978-3-642-05285-9

Weitere Informationen auf ▶ springer.de

014926x

Printed by Books on Demand, Germany